自由中國

FREE CHINA

合訂本 第十五集
（第十六卷）

中華民國四十六年六月十五日合訂
社址：臺北市和平東路二段十八巷一號

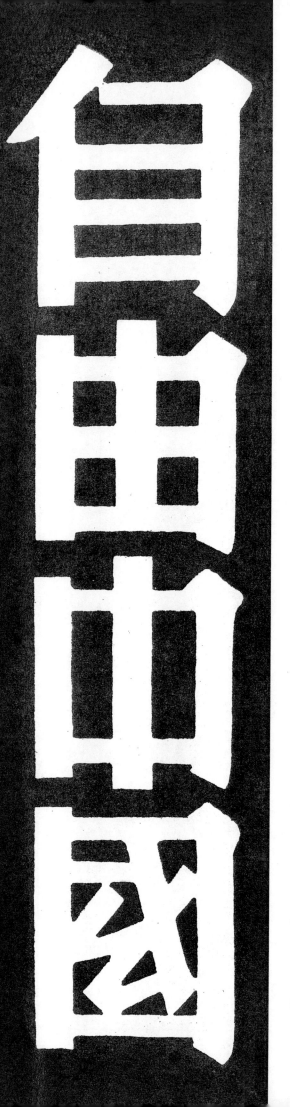

自由中國合訂本第十五集要目

第十六卷　第一期

軍公教人員待遇的調整還可再拖嗎？……社論
不要怕民主！……社論
張其昀部長的原子迷……社論
爭自由為革命的動因……蔣勻田
我對反共救國會議之希望……邵鏡人
正視越南壓迫華僑改變國籍事件……蘇子
論美元銀行承兌滙票(上)……劉國增
反資本主義的心理(一)……米塞斯著・夏道平譯
參加「佛教對藝術文學暨哲學貢獻講習會」……周祥光
英馬獨立談判之前瞻……史信
我關心免試升學的前途……馮文正
白夜……張秀亞
詩三首……李經
斜暉(八續)……孟瑤
「百獸圖」與諷刺文學……梁實秋
這樣就能推行簡易商業會計制度嗎？……李進財
四十元够租房子？……韋青

第十六卷　第二期

觀念的混亂・理論的破產……社論
我們的答辯……社論
美國國情的透視……丘漢平
一九五七年世局試測……伴耘
論美元銀行承兌滙票(下)……劉國增
反資本主義的心理(二)……米塞斯著・夏道平譯
印尼軍人政變記詳……蘇益生
印尼軍人政變續訊……蘇益生
哈德遜劇院……陳之藩
斜暉(九續)……孟瑤
經濟學新辭典……凡夫
中華日報鼓吹暴動！……范度才
談自由與違法……王木公

第十六卷　第三期

艾森豪主義與中東危機……社論
艾登辭職與責任政治……社論
個人主義的觀點與態度……東方既白
略論反對黨問題的癥結……牟力非
懷念沈從文教授……馬逢華
反資本主義的心理(三)……米塞斯著・夏道平譯
介紹一間優良的空軍官校……顧文中
拜年……夏承楹
河邊的故事……陳之藩
斜暉(十續)……孟瑤
李辰冬著『陶淵明評論』……廉齋
建議推胡適先生為諾貝爾文學獎金候選人……余光中等
可以强學生去充臨時演員嗎？……徐萬駒
待遇還不調整嗎？……劉鳴
答王木公先生談自由……陳致平

第十六卷　第四期

對搆陷與誣衊的抗議……社論
從日本的已變看日本的未變……徐逸樵
駁一種浮誇的歷史考證……宋岑
我對「淸議與干戈」的看法……范度才
反資本主義的心理(四)……米塞斯著・夏道平譯
殉……林海音
悠揚的山歌……陳之藩
斜暉(十一續)……孟瑤
有感於曹聖芬先生的「看法和作法」……易水寒
「懷念沈從文教授」讀後……劉祖年

第十六卷　第五期

如何使和談失掉作用……社論
一項亟待解決的土地問題……社論
為調整待遇闢財源……夏佐虞
大學教育的悲哀……袁始
寫在反共救國會議之前……趙世洵
從讀「胡適文存」說起……李敖
多瑪主義與辯證唯物論……法蘭克著・陳少廷譯
華僑與古巴獨立……漢聲譯
瑪德里近事……牧人
春回……童眞
斜暉(續完)……孟瑤
不可栽誣前賢！……樊努材

第十六卷　第六期

不要上了圈套！……社論
懷疑與希望……社論
創刊「自由中國」的意旨……雷震
中共開放自由市場的分析……李靜之
論國軍現代化之另一面……吳秋山
匈牙利的革命與輿論……姜懷平
從艾登辭職說起……萬遜
晚餐……聶華苓
二月之夜……光中
對高普考的幾點改進意見……林金順

第十六卷　第七期

日「中」貿易的嚴重性……社論
寫在本屆地方選舉之前……社論
反對黨！反對黨！反對黨！……朱伴耘
論臺灣省的選舉……王嵐僧
怎樣以凱因斯的理論來研究臺灣經濟……趙岡
波蘭的「一次革命」……龍平甫
雲南邊區紀行……汪京金
蘇迦諾的救國方案……蘇益生
冷月……琦君
湖上的小詩……張秀亞
林何皮三案判後感……余致力
這是什麼作風？……趙正誠
獻玉乎？獻寶乎？……郭慕泰
公路局不應停售學生月票……劉無欲

第十六卷　第九期

重整五四精神！……社論
殷臺案必須澈底澄清……社論
行為科學中的新概念……徐道鄰
學術思想的自由創進及其演變……曾子友
對本屆地方選舉的檢討……傅正
俄毛貸款之謎……趙岡
「五四」與文藝……梁實秋
對於新詩的一點意見……夏濟安
一個低調的批評論……周棄子
鳥仔卦……林海音
我掏出良心說話！……陳力行
「公共場所，莫談國事！」……陳希哲
國家和個人……樂志誠

第十六卷　第十一期

雷諾判決無罪與臺北騷動事件之檢討……社論
我們要求一貫的僑務政策……社論
發展臺灣經濟的方向……趙岡
劉自然案帶來的血的教訓！……傅正
日匪貿易問題……梁振超
伽納的獨立……龍平甫
奧地利社會黨的勝利原因……紀夢平
帶淚的百合……於梨華
劊子手……朱西甯
讀徐著「語意學概要」……張佛泉
這樣的辦法怎可不再修正？……鄭誠

第十六卷　第八期

反民主的民主……社論
論效忠……社論
一本萬利案奇觀……陶百川
我看「選賢與能、節約守法」……朱文伯
人心重要！……蔣勻田
有關臺省地方選舉的幾個問題……沈雲龍
美國憲法所保障之信教自由……周道濟
加拿大自由黨之政策及其成就……力元生
湯餅會……鍾梅音
仰望……光中
請國民黨放棄「革命」……賈長卿
國民黨可以不守選舉法規嗎？……陸大順
讀李辰冬評先翁詩後的感言……陳陶淑明

第十六卷　第十期

選票與人心……社論
放寬對匪禁運的危險性……社論
緊握收拾人心的機會……蔣勻田
約旦政潮之面面觀……沙清海
戈慕卡主義的本質及將來……宋文明
論議會機關應有的專家機構……孟浩
請看新竹縣試辦「免試升學」之成果……本刊記者
朱安達——印尼的新總理……蘇益生
熄滅了的星火……童眞
詩二首……余光中
我的解釋……王鈞
確立院士的標準與榮譽……陳一士

第十六卷　第十二期

怎樣挽救當前的危局？……社論
臺北騷動事件的心理分析……徐道鄰
個人主義與英雄主義……東方既白
論新資本主義……劉道元
告大陸農民書……董時進
越南排華的遠因近果……趙家將
匈牙利報紙給予的啓示……姜懷平
試談新詩形式上的問題……嚴明
涼棚下……琦君
詩二首……張秀亞
為地理教本審查事質詢教育部……李月軒

定價：精裝每冊七十元
平裝每冊五十元

自由中國

FREE CHINA

第十六卷 第一期

新年特刊

四十六年

目錄

社論
(一)軍公教人員待遇的調整還可再拖嗎？
(二)不要怕民主！
(三)張其昀部長的原子迷

爭自由爲革命的動因 …… 蔣匀田
我對反共救國會議之希望 …… 邵鏡人
正視越南壓迫華僑改變國籍事件 …… 蘇子
論美元銀行承兌滙票(上) …… 劉國增
反資本主義的心理(一) …… 米塞斯著 夏道平譯

通訊
參加「佛教對藝術文學暨哲學貢獻講習會」 …… 周祥光
英馬獨立談判之前瞻 …… 史信
我關心免試升學的前途 …… 馮文正

白夜 …… 張秀亞
詩三首 …… 李經
斜暉(八續) …… 孟瑤

書刊評介
「百獸圖」與諷刺文學 …… 梁實秋

讀者投書
(一)這樣就能推行簡易商業會計制度嗎？ …… 李進財
(二)四十元够租房子？ …… 章青

中華民國四十六年一月一日出版
社址：臺北市和平東路二段十八巷一號

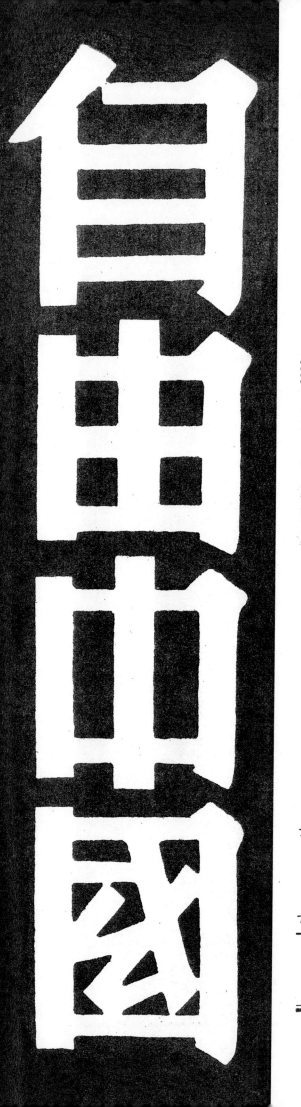

半月大事記

十二月十日（星期一）
匈牙利萬餘自由鬪士襲擊俄軍，全國工人開始總罷工。
艾森豪演說，號召西方人民以語言與行動反對蘇俄侵匈。

十二月十一日（星期二）
波蘭斯德丁港發生反俄示威，羣衆與軍警衝突，多人被捕。
匈共代表於聯大辯論蘇俄侵匈案時退出會場。
羅馬尼亞、捷克、南斯拉夫三國拒絕聯合國觀察員入境調查匈牙利情勢，奧地利則表示同意。
北大西洋公約理事會在巴黎開幕，杜勒斯致詞，指俄帝控制附庸國已感困難，並謂鐵幕內壓力可能顛覆俄共。
美英法三國協議迅速恢復運河航運。

十二月十二日（星期三）
聯大以五十五票對八票，十三票棄權，通過譴責蘇俄對匈暴行案。
葉外長飛美出席聯合國大會。
安理會通過日本加入聯合國案，外蒙入會申請被否決。
南斯拉夫前副總統吉拉斯受秘密審訊，被控中傷政府罪。
日俄正式復交，兩國在東京交換協定批准書。

十二月十三日（星期四）
匈共卡達爾政府誘捕勞工領袖，工人繼續罷工抗議。匈南部煤礦工人擊斃俄軍三百餘人。
杜勒斯在北大西洋公約理事會聲明，中共如攻擊臺灣，美立即採取軍事行動。
波蘭波茲南等十一城市發生示威運動。
北大西洋公約理事會通過東歐政策五點宣言。

十二月十四日（星期五）
日本自由民主黨選舉石橋湛山為總裁，將繼鳩山出任首相。
西德與薩爾國會批准德法薩爾條約。
北越共區大學生發生反共抗暴運動，學生兩名被殺害。
聯大通過結束多哥蘭託管，與黃金海岸合併。

十二月十五日（星期六）
波羅的海各國學生示威，波蘭反共羣衆殺死警察七名。
北大西洋公約理事會閉幕，公報強調迅速清理運河，主張聯合國促俄軍離匈。
敘利亞不協助修復油管，美向敘提抗議。

十二月十六日（星期日）
匈牙利革命戰士肅清米斯柯爾克城俄軍。
蘇俄學生反共，百餘學生被開除學籍。
印度總理尼赫魯抵華府晤艾森豪。我在美僑團聲明，促美勿受欺騙。
英法聯軍向埃報復，塞港發生戰事。

十二月十七日（星期一）
美助理國務卿勞勃森來臺訪問。
紐約時報報導，蘇俄可能採戰爭手段以解決目前各種困難，謂此已成為美國外交政策大前提。

十二月十八日（星期二）
聯大一致通過日本為會員國。
勞勃森離臺，行前發表談話強調中美關係密切。
蔣廷黻在聯大聲明，原則上支持聯大修憲建議，但反對以安理會席位給予俄帝附庸國。
蘇俄加强對波蘭控制，兩國簽訂駐軍協定。

十二月十九日（星期三）
蘇俄境內工潮蔓延，各地續有反政府示威，前在匈服役之紅軍三百名，因拒絕屠殺匈人，被俄政府處決，另數千名被捕。
美副總統尼克森抵奧，處理匈難民問題。
英下院通過法案，黃金海岸將於明年三月獨立。

十二月二十日（星期四）
尼克森與奧總理會談，保證採可能措施救濟匈國難民。
日首相鳩山總辭職，石橋湛山當選首相。
艾森豪尼赫魯會談結束，發表公報，謂雙方政策已獲更多諒解。

十二月廿一日（星期五）
希臘正式拒絕英國所提塞島新憲法。
塞得港英軍結束佔領，統帥部開始撤離。

十二月廿二日（星期六）
蘇俄在聯大拒絕擴大安理會之建議。
中央社慕尼黑電：烏克蘭人民抗暴，游擊隊與俄軍展開血戰，俄軍七八百人被擊斃命。
印尼蘇門答臘陸軍叛變，當地司令官飽隆宣佈不承認現政府。
美政府採緊急措施，貸英五億美元。
美政府派特別顧問委會調查美援外計劃。
美衆院外委會報告，主張減少援外工作，建議將軍援列入國防預算。

十二月廿三日（星期日）
日本新閣正式組成，石橋暫兼任三閣席。

十二月廿四日（星期一）
埃及接受塞得港。
日新任首相石橋湛山表示不考慮與中共建交。
羅馬教皇發表耶穌聖誕文告，呼籲組織堅強聯盟，對抗蘇俄侵略。

『自由中國』的宗旨

第一、我們要向全國國民宣傳自由與民主的真實價值，並且要督促政府(各級的政府)，切實改革政治經濟，努力建立自由民主的社會。

第二、我們要支持並督促政府用種種力量抵抗共產黨鐵幕之下剝奪一切自由的極權政治，不讓他擴張他的勢力範圍。

第三、我們要盡我們的努力，援助淪陷區域的同胞，幫助他們早日恢復自由。

第四、我們的最後目標是要使整個中華民國成為自由的中國。

社論

(一)

軍公教人員待遇的調整還可再拖嗎？

關於軍公教人員待遇的調整問題（以下簡稱本問題），本刊曾於上年先後發表兩篇文字（十四卷十期社論二及十五卷八期「適時調整文武公教人員待遇平議」），藉資檢討和呼籲。同時，一部份人民代表，於集會期間，又質詢及此。最堪注意的是，行政院長對此曾公開表示已加考慮。當時我們十分慶幸，滿以為本問題畢竟解決有期了。却不料直至上年底，還是在所謂考慮中。如此因循下去，我們眞是十分焦慮。焦慮是雙重的，一是軍公教人員的生活日陷於苦境，一是已經形成了的貪污之風將更狂熾。

我們認為如此嚴重，並非憑空立論，而是基於客觀的情勢和歷史的教訓。軍公教人員目前的待遇標準，還是四十二年十一月所釐訂者。這一標準，較之三十九年八月所定者，雖提高至百分之一一六。但是現在的物價指數，較之三十九年八月，已漲達百分之三〇〇以上（還是根據臺省主計處所編者）。這樣，怎能使他們維持今日的生活？請再看一下他們每月所得的現金部份之生活費罷。他們薪津的名目雖多，但是一個非主管的普通人員，其主要收入，也就是說可以無條件領得的：公務員為統一薪俸、服裝費及醫衞費三項；軍官則為薪餉、副食及副食定費三項；教員除上三項外，再加教師加給及研究費兩項；三者中以教員所得較多，公務員次之，軍官最低，其相當階級間之差額約百元。就普通公務員說，簡任除職務加給（二百元）外，平均月支四三五元，薦任約三四三元，委任約一六〇元（准尉一四〇）。敢問行政當局和政府首長：像這樣的月收入額（即其月支出額），視尊府每日之開支，相去幾何？視貴价一月之工資及賞賜收入，相去幾何？視諸公每月之機密費、特支費，或兼職之伕馬費等，相去又何啻於天壤？……如此一加比較，更可想像他們生活之苦。以如此的待遇標準，硬要責之以達成「管理衆人之事」的使命，善盡「捍衞國家維持治安」的責任，毋忝「百年樹人」的職責；不是失諸苛求，便是跡近夢囈。固然，人是有理性和抱負的，所以有固窮的君子，也有貧賤不移的丈夫；但不能以此期望於人人。因為芸芸衆生，都有利己之心和求生之慾。當他們處於無法維持一己一家的水準生活之時，我們將不易責望其能做一個合乎標準的軍公教人員。這不須旁徵博引，祇須回顧抗戰末期和戡亂之役的一段史實便夠了。那時候，當局以全力傾注於軍政大計的一面，忽略了維持軍公教人員合理生活的一面，也就是忽略了培蓄軍政文化原動力的一面；結果竟使我們政府，蒙上「貪污無能」的惡名，弄得不可收拾而有今日！殷鑒不遠，還不值得我們反省和警惕嗎？

有人推測行政當局對本問題，將會以財源無着四字，輕輕結束這一公案。但是「量出制入」為財政主要特性之一，我們在上次社論裏業已指出當局這一態度之不當。何況財源並非無着？當前的財政，我們覺得既有源可開，也有流須節。節流方面的犖犖大端，如一般公務機關之臨時費及特別支出。事業機構之業務費、「美援機關」之經臨各費，以及機關首長之機密特支等費等等之嚴實削減；駢枝機構以及黨政有關組訓一類訓練機構之裁撤；出國冗員（例如本屆世運會我國代表團選手二十一名而職員竟達二十七人）之限制，「高貴洋娛樂」的拒絕結滙（例如最近哈林籃球隊及白雪溜冰團出口結滙當在十萬美金以上），諸如此類可以撙節之欵，有人估計可能超過公教人員部份的現在用人費四倍以上。此外如國防費一項，有多少是不用於國防的，也未嘗不可以移充提高官兵待遇和兵工建設之需，豈非順理成章，一舉數便？至於開源方面，其途有三：一、課稅收入部份，從歷年國民所得看，雖似近極限；但是政府倘能從改訂租稅政策，健全人事，及嚴密稽徵幾方面着力，還可增收。二、課稅外收入中之營業盈餘及事業收入一項，雖然大企業（除民營四公司外）幾乎全在政府手中，然每年繳庫盈餘不多（約佔收入總額百分之四），顯屬經營不善。倘嚴加整頓，其每年繳庫盈餘，大可提高一兩倍。三、差額抵補收入中之美援協欵，可依有關協定，洽商友邦再擴增生產建設和部隊實物給養兩項援助，藉以減輕國庫對經建和國防兩費之負擔，即無異增裕庫存。如此開源節流，双管齊下，不僅本問題可以迎刃而解，就是歷年的赤字財政，也可從今消弭！

也有人推測當局對本問題的次一藉口，將是「籌措不及，延期（下年度）實施」八字，企圖拖延！果眞如此，那眞應了「飽人不知餓人饑」一句俗諺了。就是從開源節流以籌措財源一方面說，除「開源」或需三兩月方有效可見外，至於節流，祇要有關當局肯實心做事，集一會，籌一策，定一原則，發一公文，便可解決本問題的初期經費來源；再緊接着整理財政，逐步充實財源，問題便可全部解決。如此看來，也沒有再拖的理由。

最近欣聞監察院，有調查有關本問題財源之擧。我們希望立法院，也能在職權範圍以內予以呼應。就是行政院，也應從大處遠處看，認清本問題是政治隆汚國家安危之所繫，竭盡心力，從制度上作一根本的合理解決。一鼓作氣，以竟全功！

總之，本問題拖到今天，實已到了必須解決和可能解決的時機。萬萬不容再拖，不可再拖了！

社論

(二) 不要怕民主！

在反共制俄的民主陣營裏有一種奇異的現象。這種奇異的現象，我們認為明白陳示出來，比諱疾忌醫，要有利於反共制俄的前途些。現在有若干人固然不是沒有致力反共，可是他們一聽到反共必須實行民主，心裏就大不自在。有些主持反共的人士甚至以為提倡民主者是他們「潛在的敵人」。他們竟把「自由主義者」與「共產主義者」視同一坵之貉。因此，無論在言論和行動方面，或是在情緒方面，他們對于提倡自由民主的人，總流露着一股仇視和憤懣的意味。顯然得很，這種情形之存在，是足以分散甚至抵銷反共力量的。

這種情形之所以構成，因素當然很多。不過，最基本的原因，還是利害之心在那裏作怪，尤其是權力欲在那裏作怪。若干主持反共的人士所孜孜在念者，惟恐在實行民主的過程中，他們的權力被消散。從表面說來，這些人士自命為「負有神聖的歷史使命」；可是，在骨子裏的算盤，則是反共不可無我。如果反共而又使我得以在反共過程中延續下去或至壯大起來，拿反共的客觀形勢來營養主觀的權力統緒，那末這種反共是最可人意的反共。如果從事反共，但在反共的過程中逐漸消解了我的權力統緒，一切走上了「脫離掌握」之路，以致汨沒了「我」的存在，那末這種反共是不太令人稱意的。照這一部份人士看來，反共而走民主的路線，勢必發生這一結果。因此，他們對於談民主反共，深懷戒心。由這一戒心，他們發展出一種辯飾的「理論」，說民主有害於反共。目前，為了支持這一「理論」，他們又提出在大陸失敗的往事當做有力的佐證。目前，這一套說法，正在若干人之間盪漾着，阻滯着民主的展進。

但是，從反共國際的形勢看，民主的浪潮正是波瀾壯濶。這一壯濶的波瀾不僅再度堅定着自由世界人民的信念，而且正在衝激着鐵幕深處。東歐人民之掀起巨大的感應，是很顯著的事實。從自由中國內部看，民主自由的要求，也正與日俱增。身臨這一客觀形勢發展中的反共而又反民主的人士，即使是最主觀用事的，對此情此境心中也不能沒有一個數。所以，他們雖然心中不懌於民主，但口中又不便公開明言。這一事實於是構成一種主客的衝突。陷入主客衝突之中的反共人士，水土不服，冷熱不調，於是對民主自由，表現在行動上的，是忽進忽退，忽倨忽恭，忽卽忽離；表現在言論上的，是蹩蹩扭扭，陰陽怪氣，前後矛盾，莫知所云。

我們試行檢閱時下一部份主持反共的人士之言論，便可證明這種情形。

最近有頭腦比較冷靜的人士提醒大家，不必侈言「革命」，而須致力法治以俾建造近代化的國家。這本是稍有現代知識者的老生常談，低調之至。不料這種低調甫出，馬上招來一陣「革命」高調：「我們反對那些取消革命的論調。取消革命就阻止反攻。取消革命就是放棄大陸上反共抗暴的羣衆。取消革命就是穩定共匪的鐵幕和極權主義的暴政。取消革命就對不住匈牙利及其他俄帝附庸國的革命羣衆，更對不住俄帝共匪奴役宰割下的大陸同胞。」又說：「這是反共抗俄的革命時代，也正是我們國民革命飛躍進展的時代。海內外愛國志士們！我們大家在國民革命的道路上攜手前進！」

這一番話，眞是典型的「革命文學」！可惜太講究修詞了！當今之世，修詞太美的語言，我們要接受的時候，難免唯恐過於幸運，頭獎會從手上溜走。「革命」一詞，在三十年前，許多人聽到，血液流行的速度可能增加。然而，三十年來的事實表現，使稍有閱歷的人聽到「革命」二字只有血液凝結。若干職業革命家為一種「泛革命主義（Pan-revolutionism）」所迷。他們把「革命」視作符咒，以為一談「革命」就可以領導羣倫，就可以能人之所不能：發展所及，幾乎成了革命巫術。但是，巫術也有失靈的時候。現在到了二十世紀原子時代，解決問題要靠知識與技術。「革命」口號中如何產生知識與技術？

而且，沒有任何名詞是可以漫無限制地應用的。一個名詞漫無限制地應用，像衣服穿得太久會破一樣，會減少它的效力的。至少，從政治的意義說，「革命」一詞所指是在野羣衆對在朝當權者採取非常的手段來實現政治變革而言的。這就是以下對上的一種關係。目前共黨竊據大陸，我們要剷除它，這能說是以下對上嗎？

復次又有人指陳「共匪政治攻勢的兩面」。這一指陳表示共黨的「民主鬪爭」與「自由主義」不同；但是，居然同時又把二者相提並論：「自由主義者亦主張政府應該容忍反對黨的存在，而共匪的民主鬪爭却決不容忍我們中國國民黨的存在。我們可以從這裏分辨什麼是共匪的『民主鬪爭』，和什麼是自由主義。自由主義者雖不做顚覆工作，但『民主鬪爭』却就是顚覆工作。」這一段話，無異於說孔子類陽貨！

稍加分析，我們不難發現這種論調之發出，不外有兩種用意。第一種用意是想藉着將「自由主義」和共黨的「民主鬪爭」相提並論而使人對於二者發生某種微妙的心理聯想。只要這種心理聯想一經鑄成，那末反共必反民主的思想前題也就可以建立。共黨和民主一起反，結果怎樣，環觀世界大勢和內部人心背向，是不問可知的。

第二、如果作此論調者的用意，眞在指出共黨的「民主鬪爭」，而不在製造「自由主義」與「民主鬪爭」二者間的某種微妙的心理聯想。那末此舉頗為令人費解。所謂共黨的「民主鬪爭」，究竟是指過去而言呢？還是指目前而言？如果係指過去而言，顯屬不通。主持反共者是信仰三民主義的。三民主義中包含着民權主義。信仰民權主義者又有民權主義可資實行，何懼乎「民主鬪爭」？如果係指目前而言，那簡直是文不對題，無的放矢。因為，如所周知，共黨現階段的策略並不是「民主鬪爭」，而是所謂「和平解放」。他說「和平解放」，你說「民主鬪爭」，豈非風馬牛不相及？

若干主持反共的人士之所以既反共又要反民主，還有一個重要的理由，就是他們以為「必須用共產黨的方法來反共」才有效；而用民主的方式來反共不僅無效，反而適足予共黨以可乘之隙。這眞是一個致命的錯誤！這項錯誤，助長了納粹，法西斯，以及在美國曇花一現的麥加錫主義！

　深藏在這項錯誤背後的，有一項想法，就是「只問目的，不擇手段」；或者更神秘地說，是「目的可使手段成爲正確」。依據這種說法，無論手段怎樣黑暗，只要目標是光明的，手段便立刻變成光明的，因而可以放手採用。這種想法，是共黨的基本「意識形態」之一。具備這種意識形態，乃共黨對於徒衆採取黨的行動路線時之一個嚴格的要求。凡不合於這一要求者，其思想都被共黨斥爲「小資產階級意識」，或「溫情主義」。多少年來，共黨藉着「目的可使手段成爲正確」之說，辯飾了他所行的一切極權罪惡，而使千千萬萬好人誤入了害人之路！

　我們必須明瞭，古往今來，在一切大變革之中，所標尙的「目標」，無一不是遠隔塵寰的理想；而實現這些理想的手段，才是實際的東西。千千萬萬人在最大多數的時間裏所實際接觸的，並不是那遙遠的美麗理想，而是强有力者施用某些手段時所產生的具體影響和決定。因此，如果理想的目標光明而且達到這一目標時所採取的手段也光明，那末大家切身感受到的就是光明。如果理想的目標是光明的而達到這一目標時所採取的手段是黑暗的，那末大家切身感受到的就是黑暗。共產黨統治的方法極其苛煩、殘酷、和恐怖。如果反共者用共產黨的方法來反共，那末所產生的實際效果怎能不是苛煩、殘酷、和恐怖呢？假若如此，那末反共之事對於千千萬萬的人有何實際價值可言呢？假若因此而打擊了千千萬萬人的反共意志和情緒，那末豈不是自毀長城？豈不是自行斲喪了反共的有生力量？

　這樣看來，如果拿共產黨的方法來反共，那末是可以從根子上實際地取消反共目標的。這種辦法孕育着自我毀滅的種子。從經驗的觀點看去，反共的手段必須與目標一致。手段與目標一致的反共，就是民主的反共。世界民主潮流發展到了今天，人民的醒覺程度是如此日漸增長，那些小動作，小見識是沒有用的了。空喊「革命」，大言欺世更是徒徒暴露內心的空虛。小孩子們在溪中作個泥堤，擋得住急流幾時？逆乎潮流，逆乎人心來行事，總是吃力不討好的。順着民主潮流和人心之所向來反共，眞是順理成章的事。做順理成章的事者，是不愁被時代遺棄的。多一分正面的努力，就多一分質實的收穫。又何懼乎不被時代所選擇呢？

　迎接民主，不要怕！

社論

（三）

張其昀部長的原子迷

　上月二十四日，中央日報載教育部長張其昀氏對六教育團體聯合年會的講詞「原子時代的教育哲學」。這篇講演，如果不是標明係出自教育部長之口，我們幾乎疑心是出自一個說夢的痴人。這篇講詞，眞够得上說是「語無倫次」。這樣語無倫次的話，張氏以堂堂教育部長的身分，居然向六個教育團體聯合年會發表，實在有辱國體！自由中國有這個樣子的教育部長，難怪今天的教育弄得這麼癱瘓，亂雜無章，黑漆一團！國家到了目前這個地步，主持教育者的頭腦竟至這麼糊塗荒唐，寧不令人興悲！

　張氏的「教育哲學」分作「目的論」與「方法論」。我們且看他是怎麼講的。他說：「現在世界已經進入原子時代。核子科學對於宇宙眞相的洩露和闡明，是人類文化無上的光榮和最大的勝利。而最足以令人歡欣鼓舞之事，就是核子科學的空前發明，使我們三民主義教育哲學的精義，益見發揚光大。」請問部長先生！核子科學是做什麼的？愛因斯坦、波爾、歐本海默等科學家對於貴部長先生創造的「三民主義教育哲學」並無所知呀！這些人之所以研究「核子科學」，並不是爲了在一個權力之下跑龍套，裝門面，或湊夥什麼政治宣傳。人家的心志是精純的。利慾和名位一點也引不起他們的注意。他們一心一意只在探究物理世界的眞理。如果他們所探究到的眞理能够應用到有益於人類的地方，也是他們所樂聞的。假若有人摭拾他們學說中的一兩個名子濫用，裝璜政治神話，那末相形之下，眞是太可恥了。

　又說：「自古以來，中國教育哲學之目的論曰『致中和』，其方法論曰『得中行』。中和是中庸的『理論』方面，中行是中庸的『實踐』方面。中庸是中國立國之大本，中國教育之大經大脈，而與原子時代最新思潮，脈絡貫通，心心相印的。」請問：這裏所說「原子時代最新思潮」究竟是什麼呢？中庸裏的「大本」和「大經大脈」又是些什麼呢？古代的中庸怎樣與現代的「原子時代最新思潮」來一個「心心相印」呢？是中庸時代的人早已見及「原子時代最新思想」呢？還是「原子時代」的人開倒車回到「中庸」的「大本」裏去呢？如果所謂「原子時代最新思潮」所指係一些原子學說，那末這些學說的對象是無機世界。「中庸之道」則是關於人文世界行爲倫範的道理。一在無機世界；一在人文世界。二者怎樣「脈絡貫通，心心相印」呢？

　又說：「核子科學的研究，證明原子爲宇宙構造的基點。可是這最微小的基本單位，乃是一個雛型的太陽系，便是整個宇宙的縮影。原子的構造以核子爲核心，這是原子的中心，也是原子的重心。」說了這一段望文生義的妙文以後，部長先生活像親眼看見了原子的倩影，以詩人的口吻贊歎道：「試看原子的結構，是何等美麗，何等和諧，何等奧妙！原子彷彿是一個小宇宙。整個的大宇宙也是同樣的非常和諧，非常均衡，萬象森羅，秩然有序。孔子曰：『致中和，天地位焉，萬物育焉。』這是原子構造最正確的描寫。中國固有的思想，已因核子的研究，而得到充分的證明。」毫無疑問，孔子是中國歷史上最偉大的倫教家。但是，說二千五百多年前的孔子能「描寫」「原子構造」，這是張氏「超歷史」的發現。孔子一生以謙德教人。孔子如其九泉有知，聽到後人恭維他竟有描寫原子構造的本領，一定愧不敢當吧！

張氏的精采言論還不止此。他又說：「中庸要義就是致中和。美國艾森豪總統在此次大選期間解釋現代共和主義，提出三個要點。曰和諧，均衡，與進步。……如何方能和諧，那必須有一個核心，在幾何學上稱爲中心。在力學上稱爲重心。原子核的自然現象，就是中庸之道具體的解釋。」照張氏這樣說來，外國的大人物如艾森豪者，科學如幾何學及力學者，彷彿都是爲了體現並且證明「中庸之道」而存在的。艾森豪總統是否有這份興趣，請張氏問問艾氏自己，我們不便臆測。但是，我們感到困惑的，是「原子核的自然現象」如何能「具體的解釋」中庸之道。「自然現象」自己在那裏運行變化。自然現象不會說話。它如何能「解釋」中庸之道呢？而且，「原子核的自然現象」，無論美英德法都是一樣的。張氏總不能說中國的原子核與美國的原子核不同。既然如此，張氏憑什麼來推斷「原子核的自然現象」特別爲了「具體解釋」中庸之道而服務呢？

張氏又說什麼「現代原子哲學『中立一元論』」。是否有這種名色的「哲學」，我們且不去追究。不過，有一點却是任何有常識的人所能看個清楚明白的。就是：原子物理學家是最嚴格的自然科學家。最嚴格的自然科學家是謹守他們研究的範圍的。他們不作題外之言，更不造作荒誕不經的怪說。原子科學家所需要的，除了科學的一般假設和方法以外，是數學的推算和實驗的證明。他們不需要什麼「哲學基礎」。這種哲學基礎，那種哲學基礎，是科學實驗室以外的妄人扯來裝門面的空話。眞正有科學和哲學修養的人才不理它哩！

張氏把他的教育「目的論」講完了以後，接着又講他的教育「方法論」。張氏的教育方法論之精采，也絲毫不下於他的「目的論」。他說：「以上講的是目的論，以下要講方法論。我們看看原子是如何運行的？那就是『日月經天，江河行地』般的運行不息，生生不已。令人不能不驚嘆易經裏『天行健』的妙語。假使把『君子以自强不息』改易一字爲『核子以自强不息』，那末，宇宙的眞理，自然的定律，不是完全形容出來了嗎？」在這一段話裏，眞是妙語如珠！

在這個社會裏，有不少的「迷」。好色者叫做「色迷」。喜歡錢的叫做「財迷」。喜歡看電影的叫做「影迷」。我們的部長先生這樣喜歡原子，眞可以叫做「原子迷」。部長先生沒有進過原子實驗室一天，讀不通半篇有關原子的論文。他只看見「原」和「子」兩個中國字，他只才對幾位原子科學家頒過奬，居然對於原子這樣熱情迷戀，實在是難得！在他的熱情眼光之下，原子簡直變成了有生命的小精靈！可是，俗語說：「利令智昏」。同樣，情也可令智昏。我們都知道，「君子」之所以能「自强不息」者，因其有生命，有意志，有剛毅精神。請問張部長：核子如何有意志，有剛毅精神？如何「自强不息」？如何「自强不息」法？火車站的時鐘也是一天到晚旋轉着，這也是「君子以自强不息」嗎？汚水中的鞭毛蟲不斷旋轉其鞭毛，這也是「君子以自强不息」嗎？我們眞欽佩張先生的想像力之豐富。在他的豐富想像力之中，這個世界連無生命的東西也賦予生命。

總而言之，張氏這篇講詞所表現的，是把幾個假的科學名詞，攙雜在一堆假的哲學名詞裏，再用他個人的想像與情緒糅和起來。這樣的講詞，眞是極盡牽强附會，胡扯亂湊，捕風捉影之能事。就張氏個人在該講詞全篇所瀰漫的氣氛看來，再證以他年來的言論，他似乎是很自以爲「學貫中西」的。可惜得很，僅僅根據他這篇傑作，就足以證明他既不通西學，又不通中學；他既不懂哲學，更不懂科學。他所優爲之的，只是誇大與幻想而已。自由中國的教育讓這種人來主持，豈不是太危險嗎？

參加六個教育團體聯合年會的人士中，當不乏飽學之士；因此自然不會沒有人聽得出張氏言論之荒謬絕倫。然而，六七年來，臺灣被糅弄成一種風氣：「官兒至上」。只要是一個人做了官，有權有勢，便是高人一等。只要是一個人做了官，便是才德兼備。而且，官大就是學問大。在這種風氣之下，官兒說話，無論怎樣胡扯，都沒有人反駁。有知識有良心的人聽了，只當耳邊風，聽過了完事。無知識無良心的人聽了，還要曲解附和，冀博青睞，爲爬昇攀附預留地步。於是乎，官兒愈來愈被嬌慣，自以爲眞的「一言而爲天下法」了。這種風氣滋蔓下去，必至是非不明，善惡不分，邪惡流行。一個國家社會到了這種地步，一切唯官是聽，前途何堪設想！

我們再聲明一句：我們與張氏個人毫無恩怨可言。本刊宗旨，絕不對任何人作人身攻擊。我們只批評張氏的言論。我們之所以批評張氏的言論，並非因爲他的言論特別有被批評的價值。在一個眞正自由的社會裏，只要不誹謗他人，任何人有散播痴夢之自由。像張氏這種非科學、非哲學、非歷史、非文藝的妙品，散播在一個自由而又知識程度較高的社會裏，倒也可以引人發噱，增加人生的興味。可惜他不是以一個笑匠的身分在劇場出現，而是以堂堂教育部長的身分，正正經經地向六個教育團體聯合年會上講演的。歷史發展到了二十世紀六十年代，自由中國竟有這等頭腦糊塗的教育部長發表這樣的言論，實在是丟人的事。職司言責者，爲了國家尊嚴，爲了教育前途，爲了矯正視聽，所以不能默爾而息，將張氏講演荒謬之處略予指陳出來。當然，我們深知，若張氏者，以孔子自況，而且他正當「大有爲」之時。我們的話他未必能虛心靜聽。不過，我們爲責任感所驅迫，將上面所說的話公諸社會，以待有識之士的評判。

爭自由爲革命的動因

蔣勻田

英國史學家陶蔭培近著「世界與西方」一書，第一章的題目是「俄羅斯與西方」，列舉出一千年來俄國受西方國家侵略的史事。

陶氏根據這些西方國家侵略俄國的歷史，引發出兩個觀念：一、蘇俄現在對於西方的疑嫉與敵視，是一千年來俄人受西方侵略的心理反映。現在的形勢，只是「俄國與西方之間位置的倒轉」。陶氏之言曰：「西方人相信，他們現在對於俄國二次大戰後所給予西方的威脅，非常擔心，是很有理由的。可是同時，西方人必須當心，也萬不可讓自一九四五年以來，俄國與西方之間位置的倒轉，就誤引導大家只注意俄國目前對西方的威脅，而忘記了西方國家以前對於俄國的威脅了。大家對於俄國與西方之間的遭遇，如果以歷史家的觀點來看，而不是以新聞記者的觀點來看，那末，大家就可以看出，在過去幾個世紀裏，直到一九四五年爲止，俄國人也有同樣理由，可以對西方敵視，如同今日西方敵視俄國的情形，完全一樣。」

二、俄國之實行共產主義，是借用西方人馬克斯與恩格思所創的信條，以爲反對西方的利器。陶氏視共產主義所以實現於蘇俄的主因，乃西方的侵略結果，而忽略俄國的政治與經濟原因。陶氏之言曰：「除了借用西方的工業革命之外，俄國布爾什維克黨人又在一九一七年借用了一個西方意識形態，以作爲它反對西方的工具，這在俄國歷史上，是不曾開創了一個新的面目。因爲這還是俄國人借用西方信條的第一次，它以前並未這樣作過。」

……………………

「讀者們一定可以看出來，一九一七年俄國所採行的這種西方國家的信條，作爲俄國人手裏一種對西方進行精神戰爭的工具，是特別合於俄國人之需要的。但共產主義雖然發源於西方，可是在西方，它却是一種異端邪說。它代表西方對於西方自身的一種批評，認爲它未能在經濟與社會方面，對於其自稱的基督教社會的許多基督教的教義，未能實現。像這種發源於西方，而又對西方本身許多實際行爲指摘的信條，當然恰恰是一個反對西方的敵人，特別願意拿起來，用作反對西方的一種精神工具。掌握了這種精神作戰的工具之後，俄國人當然可以把它對西方所進行的戰爭，一直帶進敵人的本土，和它在精神上作戰。因爲共產主義的產生，是由於西方國家良心上的不安，現在經過俄國人的宣傳，又反射到西方國家的本土之後，當然又可以訴之於西方國家更多在其他方面的良心不安與內疚。因此今天西方又發現它自己一種精神上解體的威脅所逼迫，除了又受到外來攻擊威脅之外。……

「因爲它可以在西方本國的領土上，暗中可以威脅到西方文明本身基礎的關係，所以共產主義到了俄國手裏之後，就證明它確是一個比任何物質工具更有效的，一種反西方的精神戰爭工具。」

陶氏前一個觀念，是歷史學家很容易有的觀念。因爲歷史學家總好從歷史的事實裏，尋找它們彼此因果的關係。陶氏對於民族接受外來刺激的反應能力視爲一個民族興衰的準確尺度；所以他看俄國現在向外侵略的行爲，是歷史應有的現象，是「俄國與西方之間位置的倒轉」，從陶氏的歷史學法則說，當然是很自然的結論。

我們倘能客觀的從其他民族間的歷史關係，加以綜合與比較的研究，則民族間亦確有仇恨史的存在。如西歐德法兩民族間仇恨；如東亞日韓兩民族間的仇恨，都足以佐證陶氏的觀念有其實在之處。

不過陶氏在這一篇文章裏，忽略了一點；也可以說是很重要的一點：即蘇俄自列寧以來所實行的世界革命，其重心不在民族間宿怨的報復；而在遵從馬克斯的共產主義革命理論。

馬克斯的共產主義世界革命觀，不是佔在一個民族的立場，以報復對民族仇恨所演成的觀念；而是共產主義國家不能與資本主義國家同時並存的假設所演成的觀念。陶氏忽視共產主義世界革命的哲學意味，儘管不以新聞記者的立場，而以史家立場，很客觀的根據千百年的史事，以衡量今日蘇俄與西方的關係，亦不能透視蘇俄與西方今日緊張關係的實在性。

共產主義革命的動因，固然是基於「恨」字；但是這一恨的心理，是導源於階級的對立；不是導源於民族間的仇恨。假使馬克斯當時站在民族的立場，便不會提出階級鬪爭的口號，而創立共產主義的階級革命學說，今日落到俄國人手裏，用之以爲反對西方的精神工具了。共產主義革命在俄國成功之後，農工階級的專權雖然建立，而國家死亡的理論，却未實現。於是世界革命的形態，不只是起於工人無祖國的運動；而反變成蘇俄爲領袖的共產集團向隣國施展武裝革命的運動。對國際關係說，共產黨的世界革命，不能不說是從工人無祖國的假定，變成共產主義國家的新侵略方式；但絕不能因爲共產主義對國家觀的轉變，而將共產主義世界革命的概念又加入國家間的仇恨因素。

共產黨不能以工人無祖國的運動，實現世界革命的願望，此卽說明階級利益的相異關係，不能衝破民族文化的相同關係。因此，我們根據歷史的經驗，可以證明馬克斯的共產理論，一大部份是落空了。假使依陶氏的說法，俄國的共產黨人是用借自西方的共產主義，爲報復西方的精神工具，乃是從歷史的另一角度，掩蓋共產主義世界革命原始意義的落空點。此與陶氏尋覓歷史眞正因果關係的目的，大相違背。陶氏這種歷史的看法，足以掩蓋共產主義的失敗點，而於陶氏第二觀念，卽蘇俄共產黨革命成功的原因，重點在借西方人的意識形態爲對付西方利器之說，表現得更爲顯著。

我們分析人類歷史幾件大革命的原因，可以歸納爲：一、國家對外的失敗屈辱；二、國家經濟的破產；三、國家政治的不自由。

有歷史記載最早的革命，要算中國的湯武革命，與陳勝、吳廣所領導的農民革命。湯王革桀的命與武王革紂的命，時間相去數百年。兩個革命時代的社會經濟條件，當然不能完全一樣。可是中國古代史重於帝王家系與政治大事，忽於社會層的經濟狀況。所以對於湯武革命的經濟原因，無法臆斷。但夏商兩代在中國大陸上皆爲一統的局面，雖有未入化的四夷，而歷史上無相對敵國的記載，因此，我們可以推斷湯武革命的原因，絕無國際的仇恨因素。

據中國史書的記載，湯武革命的原因，是由於桀紂的暴虐。史記載紂用炮烙之刑，令有罪者行焉。用現代的術語說，卽是政府用暴力侵犯人民的身體自由，因而喪失人心。當時開明的貴族湯王與武王，乃得乘時利便，奪取桀紂的政權。孟子說：「聞誅一夫紂矣，未聞弒君也。」從孟子這兩句話裏，我們可以衡量紂用嚴刑峻法本所以鎭壓反側，然其結果，不但不能强化政權，而自身已變成獨夫，自然成爲革命的好對象了。

秦始皇統一六國，一統中國大陸十二年，卽有陳勝、吳廣的揭竿而起。這一平民革命，更不能說是緣於民族間的仇恨。秦朝的實邊政策，與築萬里長城，徭役太繁，影響人民的生計。經濟條件，可能是陳吳革命原因之一；然秦政的苛察，特務滿地，偶語棄市，不許人民有批評政治的自由；集中天下富豪於咸陽，不許人民有居住的自由，實逼成陳吳劉項革命的主要原因。劉邦是個最聰明的人，看穿秦朝失人心的苛察政治，乃提出解放的主張，與民約法三章，卽此盡除秦之苛政的政治攻勢，很快的就瓦解了秦朝的政權，而劉邦終得收大成於羣雄爭奪的局面中。

中國這三件革命的史事，都可說明促成革命的原因，政治的不自自由實佔主要成份。就連一九一一年中國武昌新軍革命的起因，孫中山先生的排滿運動，雖佔主流，然淸政府對於戊戌政變六君子的慘殺，對於改良政治運動的高壓，對於立憲運動的拖延，不知從政治開自由之路，以收攬日去的人心，仍居重要的成份。

美國的獨立革命原因，已在美國歷史文獻賓夕維尼亞特權憲章中交代明白了，要求心靈的自由重於一切。茲引特權憲章一段話如下：

「正因爲沒有人能夠眞正的快樂，雖然具有公民自由的最大享受，假使他們的良心的自由，如信仰表白，如禮拜，如對於全能上帝的信心，是被剝奪了。」

這些話說明了人類要求良心自由的迫切，不能單以吃飽 穿暖了就算 人生的滿足。美國的獨立宣言更對革命的謹愼心理，有很沉痛的宣示說：

「凡成立已久的政府，不可因輕微與一時的理由，便予更換，並且經驗告訴我們：人類是天生寧願受苦的，祇要苦難是可以忍受的，他們並不願意廢除他們已經習慣的制度，以謀自救。但是在長期的虐待侵奪，充分表明統治者的一貫目的是要有計劃的使人民受極端專制主義的壓迫的時候，人民就有他們的權利，他們的責任，去推翻這個政府，並爲他們將來的安全，重新設置新的護衛。」

根據這個文獻的說明，我們可以斷定促成美國獨立革命也是政治的不自由。現在我們可以說美國是個獨立的民族；但在獨立之前，大多數都是來自英國而不滿意英國政教的人，根本談不到民族的對立。

法國的大革命是自路易十四到路易十六三朝間中央集權，壓迫人民的結果，所以當時激起了許多新的思想，呼籲解放。如符爾德 (Voltaire) 攻擊宗教的自然神論 (Deism)，孟德士鳩三權鼎立的政治新說，盧梭主權在民的民約論，與奎納 (Quesnay) 重農主義的經濟放任說，無不以解放人民的政治枷鎖爲目的。結果卽滙成大革命的口：自由、平等、博愛，震撼了法國的人心，摧垮了專制政體。

英國克倫威爾的革命與其後一六八八年的光榮革命，都是由於君權侵犯民權，不但沒有民族的仇恨因素，就是經濟的因素也未表現出來。

擧出了這些革命的歷史因素，並不想以之比擬一九一七年的俄國革命，而確定其革命因素也與以上所擧的革命的一樣。而是要以這些革命的史事，證明人民所受內政上直接的壓迫，使他們到不能忍受的時候，就構成了革命的主要原因。

陶氏在那一篇文章裏也曾這樣說：「自十四世紀初年以來，俄國歷任政府的基本性質，都是專制的，中央集權的。莫斯科式的俄國人政治傳統，不獨對於它的隣國來說，是可驚的，是難以接受的，甚至對俄國人自己來說，恐怕也並非什麼愉快的事。但所不幸的是，俄國人居然已習慣了可以忍受。這一部份原因，是由於習慣成自然；但又有一部份原因，則是因爲他們感覺到，比起另一種受西方侵略的隣國征服的可能，則國內專制的痛苦，畢竟還是較輕微的一種邪惡。」

上錄陶氏話的上半截，說俄國政府的專制集權，爲西方人所不能接受，亦非俄國人愉快的事。這種專制集權的政府，就中國、英國、法國、美國的歷史說，都應當構成革命的政治原因；究竟是否也算一九一七年俄國革命原因之一，陶氏雖未否認，亦未明言。我爲保持謹愼的態度，也不願在此就指定它是一九一七年俄國革命原因之一，留待下文再說。

但是陶氏說俄國人所以願忍受專制原因之一則爲：「國內專制的痛苦，畢竟還是輕微的一種邪惡。」倘此忍受專制的心理果然普遍存在，則與一九一七年俄國革命的實情，完全衝突。一九一七年俄國的處境，是西方强隣大兵又將壓境的時候，何以克倫斯基竟在內部領導革命成功？陶氏所說俄人忍受專制的心理那去了？同時列寧更是由德國參謀本部設計送回俄國的，這證明列寧痛恨國內專制，絕不止是一種輕微的邪惡。從這兩個理由看，我們可以說，俄國人忍受專制，也是有其限度的。同時我們更可以說一九一七年俄國革命的原因，是人民想推翻專制，爭取自由，恐非武斷。當然我們不應忽視它的經濟原因。可是當時的革命心理，來不及包含對西方報復的因素，此則可以推斷。至於舊沙皇推翻了，又來一個新沙皇，原因是以暴以暴，不易走上法治民主之路。就不是共產革命，亦多如此。此中道理，筆者已於「革命與法治」(載民主潮六卷二十四期)文中詳之，讀者可以參閱。然無論俄國一九一七年的革命結果如何，我却不敢苟同陶氏對於它的動因看法。試看一九一七年四月四日晚，列寧在彼德格勒的芬勒陽德斯基臺車站(Finlyandsky Station)下車伊始，即向衆宣布：一、布爾喬亞的民主革命與沙皇的推翻尚不够澈底；二、普羅們必須增加地方蘇維埃的力量；三、要掀起農民與鄉曲之氓對臨時政府的不信任，起來反對臨時政府；最後，普羅們必須奪取最高政權，在社會的基礎上，行使政權。這一番演說，純粹站在階級的立場，着重內政障碍的肅清，並無一點激動民族情感的話。我們怎能說俄國一九一七年的革命，是激於對西方國家仇恨心理呢？根據列寧的三點意見，我說俄國的共產革命，雖所抱的信條與革命的結果，都與上文所列擧的革命逈異，但其仍以內政的專制爲主要的對象，了無疑義。根據這些史實，我說人民爭取自由，爲一切革命的主因，當非臆斷。

陶氏說：「掌握了這種精神作戰的工具之後，俄國人當然可以把它對西方所進行的戰爭，一直帶進敵人的本土，和它在精神上作戰。」這却是事實。但這一精神作戰工具，對西方的民主政治，並不是太有效的工具。我可以擧英美兩國的實例，以證明我的看法。

共產黨在西方很多國家中，皆可以公開活動，並非不受法律保護的政黨，在英美兩國爲尤然。然英國的共產黨於一九三五年選擧，僅有國會一席。一九四五年選擧，在國會內增爲二席。其後一九五〇年選擧，一九五一年選擧，一九五五年選擧，皆無一人當選。可知共產黨在英國已陷入式微狀態。共產黨在美國國會中則始終未有一席，其不受美國選民的歡迎，則甚爲明顯。所以我說共產主義對付眞正的民主政治，並不是有效的利器。

第一次大戰後，德國與土耳其皆係戰敗國家。列寧以爲有機可乘，遵照馬克斯的世界革命理想，欲在德國發動革命，結果失敗了。因爲當時德國雖然戰敗，而康德哲學自由意志的傳統尚在，威瑪憲法的民主精神方張，足以抵當共產主義的侵襲。其後列寧又轉而試之於土耳其，又遭遇凱穆爾開明政權的抵抗而退却。這證明一個國家的文化能有本源，政治能行民主，養成人民自動保衞自由的力量，即足以抵禦共產主義。

德國自黑格爾以後全體主義的哲學，與共產主義本有同臭之點。諾斯羅伯教授在其名著「東西會合」裏，曾有懷疑民主政治能否在德國成長之論，即根據黑格爾的哲學而言。然在威瑪憲法時代，德國確是在民主的氛圍中；即此即足以使列寧對德國的共產革命運動失敗。

史達林在二次大戰後所行的共產革命，已放棄陶氏所說的精神利器，而代之以大礮坦克。它的猙獰面目，更無法遁形於民主國家。所以民主國家更有信心，讓共產黨公開活動。這就證明共產主義對付民主政治，不是有效的利器。反過來看，共產國家內，不許民主政黨存在；共產鐵幕亦始終不敢打開，這就表示出民主政治對於共產國家，倒有很大的威脅力。

我們不要眩於二次大戰後，蘇俄的開疆拓土，就認爲共產主義是銳不可當的利器。東歐國家的淪入共產鐵幕，從遠言，有各該國家專制落後的餘毒；從近言，有希特勒納粹訓練的餘毒，使人民失去自動保衞自由的能力。然最主要的原因，係受蘇俄的軍力控制，使赤手空拳的人民無法抵抗。這只能說是蘇俄坦克大礮的力量，不能說是共產主義的精神力量。西方民主國家未受蘇俄軍事佔領，而共產黨尚有相當力量者，只有法義兩國。法國於希特勒蹂躪之後，民心有反常的現象。戴高樂與普嘉德的右傾反民主政黨，既能有其羣衆，共產黨當然亦可有其羣衆。但是只要笛卡兒的理性哲學傳統尚在，民主政體不變，戴高樂既失敗於前，共產黨亦難有成功之日。義大利的共產黨活躍，不能不說是墨索里尼的極權政治餘波。右傾的極權與左傾的極權，都是不承認個人的自由與尊嚴。喪失了自由與尊嚴的人民，能喊墨索里尼萬歲；形勢一變，再喊史達林萬歲，有何困難？但是義大利自由文化的根基很深，並不是發展共產主義的好園地，不過不要再有墨索里尼。我以爲反對共產黨最有效的精神力量，就是要養成人民獨立自尊的人格。切不可馴服人民，使他們可以接受一切壓迫與屈辱。

陶氏也曾說：「俄國人之易於向一個專制政體低頭，已經成爲它一個傳統。這在西方人看起來，就是今天西方與俄國之間調整關係的難關之一。西方人之中，大多數都把暴政爲萬難容忍的社會邪惡之一。我們西方人曾經不惜可怕的代價，平息了出現在西方本身的許多暴政，當它以法西斯主義或以納粹主義出現在義德兩國的時候。因此，西方人對於俄國一切形式的暴政，都感厭恨與不信任，不管它是沙皇政治，或是共產主義。」

根據陶氏上一段話的意思，本文的結論可以這樣說：俄國人之易於向專制政體低頭，就是俄國共產黨革命成功的條件。西方人不能容忍暴政，共產主義對於西方就不是精神的利器。西方人不計可怕的代價，平息本身許多暴政，即是西方的民主政治養成了人民自動保衞自由力量的結果。因此，我們可以說：爭取自由是一切革命的動因。反共必須培養人民爭取自由的力量。

一九五六、一二、二五。

米 芝 蘭 輪 胎

MICHELIN RUBBER TIRES

臺 灣 總 代 理

Sole Agents in Taiwan

萬 生 行

VAN SUN COMPANY

臺北市新生南路一段五二巷二號

52–2 Sing Sung South Road, (Sec. 1)

Taipei, Taiwan, China

米 芝 蘭 鋼 絲 輪 胎

享譽全球 獨一無二

絕 對 保 證

① 哩程記錄最高

② 載 重 量 高

③ 不 爆 裂

④ 翻修次數高

我對反共救國會議之希望

邵鏡人

反共救國會議，倡導召集在三年以前，現在舊案重提，雖然稍嫌遲緩，也可收之桑榆。因爲團結各方面反共力量，本是一個値得讚揚的原則，也是具有號召力的漂亮口號。但是，如果大信未建立於事前，又沒有妥善辦法爲之配合，恐怕無從有助於問題解決，更無助於反共抗俄大業的完成，只不過是一時漂亮口號喊喊罷了。

我對於這個會議，雖有期望，但不能期望過奢，因爲會議不易產生奇蹟，大家不是孫悟空，把猴毛一拔，卽變成幾百萬天兵直下北平呢！只不過是散居各地非共反共人士，有機會聚在一起，把對於政府所有的隔閡意見，與反共的錦囊妙計，痛快的盡量發表出來，變消極的批評爲積極的建議，進一步形成一個決議案，共同遵守，這末，分散的力量便凝結成一個力量，而後自然團結了，自然發揮作用了。

如上所云，我們對於會議，不必亟在表面上聲勢虛張，而應該切切實實，把政府當局與在野人士的意見設法溝通，使理想與事實打成一片，彼此互相信賴，互相尊重，共籌協定一個反共救國而可以行得通的方案。

因此之故，在會議召集以前，應該把所有的癥結，消釋淨盡，而後自然進行順利。現在，我指出幾點重要癥結，並附帶提出解決的辦法：

第一：海外人士，多年來所懷疑的，便是自由中國政府，尚未能遵守憲法所規定的人民基本自由。我們所以反共，爲的反對極權，反對暴政，反對牠隨時隨地剝奪人民的自由。因此，以民主自由而反抗中共極權，乃是我們最大的武器，亦是必勝的條件，政府未能充分運用這個武器，實屬不智，更是中華民國的缺憾！

但是，我們也不可冤枉自由中國完全沒有自由，不過，自由是有限度的。有人說，臺灣言論自由，只有胡適之先生一人取得了，這句話雖然有點尖刻，也許與事實相差不遠。擧例來說，老報人龔德柏，在抗戰時，他發表抗日必勝論，反共時，他痛罵共產黨不已，這在輿論上已有很大的貢獻，對國家也算有相當的功績。我向來不認識此人，但憑我想像所得，一個窮書生不會有通謀外國、傾覆中華民國的外患罪吧？也不會有推翻政府、破壞國體的內亂罪吧？爲甚麼一押數年，不審不判，等於無期徒刑？這就難怪別人懷疑到政府剝奪人民基本自由呢？爲今之計，惟有釋放龔德柏，並變更有限度的自由，爲憲法上所賦予的自由，如此，則國內外人士，莫不額首稱慶，喜相告曰，自由中國眞自由了！

第二：海外人士懷疑自由中國對於報章雜誌，仍有限制。憲法第十一條規定：『人民有言論、講學、著作、及出版之自由。』今則以政府權力施以限制，是不是違憲？我們不是憲法專家，無從作肯定的解釋。可是，民主政治需要輿論監督，需要人民批評施政得失，乃是天經地義的道理。而且，合理的監督，善意的批評，愈督愈評，愈有進步。政府威信並不因此而減低，民主基礎倒反因此而鞏固了。

從前鄭國子產很瞭解這套理論，所以不毀鄉校，儘讓人民批評施政的得失。傳曰：『防民之口，甚於防川，川壅而潰，傷人必多。……爲民者，宣之使言。』在君主時代尚且注意及此，而況今日嗎？

而且，由於人類倔強和好奇的心理，愈是限制他說話，他滿肚皮牢騷，愈積愈多，譬如骨鯁在喉，非吐不快的。愈是禁止他看的書報，愈要設法偷看，看過了所受感應格外的强大。所以政府禁閱某報某刊，而某報某刊流傳更廣，聲勢更大，心勞日拙，結果適得其反，未免太不明智了。

所以，應在召集會議之前明令宣佈，凡海外報章雜誌，除共產黨刊物以外，一律自由入臺銷售，以表示政府求治心切，廣納天下諍言，澈底的開放言論自由，則海外人士亦必額首稱慶，喜相告曰，自由中國眞自由了！

第三：海外僑胞及由大陸逃出來的志士義民，六七年來最不滿意政府的，便是入臺限制太嚴了。當初政府甫至臺灣，布署未備，基礎未固，爲防止匪諜滲入，未始不是一時的權宜辦法。今則戶政修明，軍警林立，區區匪諜自無容身之餘地，何以應該入境而依然不得入境呢？以致徘徊海外，靠外國人救濟，救濟是不够的，流浪街頭，乞丐爲生，比比皆是。政府當局，捫心自問，是否有點愧負呢？

其中最不可解的，還有一部份人民代表，申請入臺，亦遭拒絕，據政府宣佈是『有理由的，有根據的。』究竟甚麼理由？甚麼根據？六七年之久，始終未明白宣佈。假定這些人，有通敵叛國的事實，就應該除名，應該通緝，然而，不除名，不通緝，依然拒絕入境，任意剝奪代表執行職務的權利，任意剝奪憲法所賦予人民的自由，是不是民主國家的汚點？是不是政府措施的錯誤？我們不願多所論列，留待公正輿論來批評吧？

所以，在會議未開之前，政府應該特別簡化入境手續，使應該入境的，均得到早日入境，使對人民代表，久懸未決的問題，獲得公正、明確、合理的解決。看來這是一個角落一部份人的問題，而實爲自由中國政府是否誠心實行民主，是否誠心團結海外反共力量一個很嚴重的考驗呢？

二

自由中國當局，既有鏟除褊私作風的誠意，就應該將本文上節所指出的三項重要癥結，從速消釋，以示大公，以立大信，進一步作召集會議的準備工作。準備工作中，却有幾件事，也值得考慮的：

第一：要首先聲明，這次會議與過去所召集的國難會議、參政會議不同，不是國民黨要領導反共抗俄大業而召集的，乃是自由中國政府誠心實行民主政治，誠心團結海內外反共力量，共同作救民族、救國家運動而召集的。這種運動是超黨派的運動。自應不分派系，不計恩怨，不分階層，不計宗教，凡屬自由中國人民，人人都應團結起來，共負救國、救民、救民族的神聖大任。

第二：參加會議人選問題應如何解決？我想政府既是寬宏大量，團結人心，就應該包羅萬象，廣納衆流，對於人選標準，不妨放寬一些。過去對於人選的衡量，總是偏重在甚麼社會賢達，名流、紳士、以及特任官、上將、中委、立法委員、監察委員等等，這種偶象觀念，却是新社會、新國家進步的障礙。我不是說上述人士中沒有有道德、有學術、有智慧的人才，但是，這類人中，起碼有一部份是：『十年散進士，一品大白丁。』起碼有一部是從舊社會、舊政治環境中陶鎔出來的，多少沾染點官僚、政客、黨棍、流氓、營混子的習氣，這類人已與新時代脫節了，決不能負起反共救國的大任。

因此我主張應從各階層有學識、有才智、有相當建樹、有領導作用、而又具有反共堅決意志的人士中遴選延聘。不獨請他們參與會議，還要多多給予他們負責國事的機會，這才是爲國求才，這才是注意國家百年大計。千萬不可專在故有圈子裏檢點陳貨，也不可專在酆都城門口向人握手。

第三：要請的不肯到會，不是轉而不美嗎？這點却不值得顧慮的！因爲人之愛國，誰不如我，只要政府眞有誠意、決心，被請的個個都可到會的。假定不肯參加，便是他對於反共救國發生疑問有了疑問，何必要他參加，又有參加甚麼作用呢？聽說張君勱先生爲此會議，曾馳書香港朋友，諄諄詢及政府誠意如何？以張先生一向對政府持不同的意見，今則注意及此，亦可見人心歸向了。

政府當局多年來一貫的錯誤，認爲批評政治得失是惡意的，對政府持不同意見不是國家忠貞份子，殊不知批評出於期望，持不同意見，正是希望改善進步的，這與惡意的反動迥不相同，決不能混爲一談的。

第四：我同意左舜生先生的意見。他在自由人刊上發表過這樣主張，在召集會議前，由政府派王世杰、白崇禧、雷震、吳忠信四位先生，分赴美、菲、日、泰、及香港將政府召集會議的誠意，向各方詳述一番，同時徵詢意見，這樣鄭重進行，到將來召集時，自然順理成章，事半功倍了。

既然宣佈召集，就應當從速籌備，從速公佈會期，絕不可因循拖延，以致影響海外人心的歸向。只說不做，早說遲做，此乃過去政治上的老毛病，已喪失人心不少了，今日何日？可不能再蹈覆轍啊！

三

當大會開議時，各方人士，濟濟一堂，議論紛紜，各抒所見，此爲必然的現象，不過，在千頭萬緒之中，自有幾個重要課題，應當愼重考慮的。我預想有五個問題，率爾提出，以供國人參考，也算我對政治上獻曝。

第一：制定反共救國綱領。因爲反共救國已成爲海內外人民共同一致的要求，這一個共同要求，亦可說是中國前所未有的民族運動，幾與美國獨立、法國革命有同樣的重要性。因此之故，必須制定一個反共救國綱領，由自由中國政府鄭重的對自由世界及大陸人民、海外僑胞，宣告反共的目的。綱領中要特別提出對於大陸人民的鼓勵，對於中共份子寬予自新的鼓勵。使大陸億兆人民聞風興起，隨時隨地展開對極權鬪爭，卽中共覺悟份子，亦可受綱領的感召，而唾棄其暴戾政權，卽世界各盟國，見中國有劃時代復興運動，亦將拭目以待我們的成功。

第二：建立國家制度。自從十六年北伐統一以至今天，國家制度，始終未樹立起來，以致形成個人中心主義，在個人中心主義支配之下，則一切政治設施，基於個人好惡，個人一紙手令，可以變更政府命令。因此之故，凡是從政人員，皆感覺到智慧和努力，不够保障，必須把個人關係搞好了，才有出路。此官僚政治之所以產生。今當反共救國開始之日，亦卽建國開始之時，應從今起，根據中華民國憲法所規定者，從事建立國家制度。否則，以人爲中心，人有代謝，所謂『人存政擧，人亡政息。』縱使得人，亦是一時的郅治，故爲國家百年大計着想，一定要確立各種制度。制度定後，人人遵守，政府當局，率先尊重，則一切施政自然納於常軌，爲中華民國歷史上留一頁燦爛紀錄，我想政府當局一定是樂予贊同的。

第三：樹立善良風氣。國家之敗，由於官邪，前人已詳論了。因爲政治風氣不良，不獨敗壞政治，而更影響社會人心，馴至世風澆漓，人心險惡，爾詐我虞，上行下效，以夤緣諂媚爲能事，以持正守分爲迂濶，四維不張，何怪國家之敗亡？梁任公先生嘗言：『國之有風，其作始也甚簡，其將畢乃鉅，其始也起於一二人心術之微，及其既成，則合千萬人而莫之能禦。』到了莫之能禦之時，雖有賢者，無能爲力，此中共所以乘虛而入，席捲大陸，以造成今日的局面。平心而論，這一筆爛賬，如專寫在一個人身上，也未免寃枉。全國人民國，民黨全黨同志，俱應各自檢省，從今以後，一德一心，樹立起良好風氣，以拯人心，挽回國運。這好像是一個迂濶而不值得注意的問題，而實在是一個反共建國最嚴重的問題。

第四：建立強有力的反對黨。民主政治就是政黨政治，故同時必須有兩個以上有力的政黨，相互提携補偏救弊。可是，近三十年來皆是一黨執政。一黨執政，很容易陷於專權、自私，終成官僚的政治。因爲沒有強有力的反對黨，居於反對地位，監督政府施政。所以民主政治有反對黨，是政治進步最重要條件。國父孫先生早見及此，嘗有肯切說明：「政黨之作用，在提携國民以求進步也。甲黨執政，則甲黨以其所抱持之政策盡力施行之，而乙黨在野，則立於監督者之地位焉。有不善者則糾正之，其不盡善者，則更研究至善之政策，以圖進步焉。」何以三十年來漠視孫先生遺敎？及今不圖，前途更不堪設想！

第五：駐會代表之人選。反共救國會議的決議案，自無法律上效力，只是有賴於政府虛心採納，實力執行，更有賴於參與會議及輿論界督促施行。但在大會閉幕後，應由大會愼重選擧駐會代表九人至十五人，負責督促政府施行決議案，並備當局諮詢關於外交內政各項重要問題，彷彿日本元老制，又似國家元首的諍友。因爲今日自由中國元首，勇於負責，差不多國家大政，集於一身，以一個年逾古稀的老人，負擔這樣繁劇大任，自然免不了有些疏忽，有些褊見，有些老羞成怒的情感用事。平時既無諍友，而一般僚屬，又盡是唯唯諾諾，無一人敢抗顏直諫的，所以，發生錯誤，却是難免的事情。孝經有言：「天子有爭臣七人，雖無道不失其天下，諸侯有爭臣五人，雖無道不失其國。……士有爭友，則身不離於令名。」故必於閉會之時，選擧德高望重，學貫中外，而素爲國人所景仰之人士，爲駐會代表，以收補偏救弊之效，而必有助於反共建國大業的完成。

四

我寫出許多卑無高論的意見，也許是閉門造車，也許與別人所發表的大同小異。不過本於「天下興亡，匹夫有責。」聊表對反共救國會議的希望罷了。

此次蔣總統六項號召，要人說話，要人建議，要人批評他個人的言行。這種謙冲胸懷，却是值得讚佩，亦可說是國家復興的徵兆。在君主時代，國家遭遇大難，君主往往下「罪己之詔」。廣開言路，因此收到轉危爲安的效果，歷史上屢見不鮮。但在今天民主時代，我們不可認爲是甚麼罪己，求言，而却認爲蔣先生已大澈大悟，放寬胸懷，開我們進言之路，實行憲法；使我們批評政府獲得言論自由保障了。

我們深深體會到，民主自由是廣大民主人士配合全體人民從自覺自動中掙扎與陶鎔出來的。今當歷史上前所未有的民族運動開始時期，正是中華民族欣欣向榮的青春。而且，中華民族具有五千年傳統文化、美德，中華民國又是無量數熱血頭顱所鑄成的，決不會被暴戾的蘇俄大鼻子所嗾使一般狂悖殘酷中共極權政治所能摧毀的。所以，這次反共救國會議，是我們重新創造歷史，奠定中華民族與全國人民永恒幸福的會議。

中華民國四十五年十二月一日

正視越南壓迫華僑改變國籍事件

蘇　子

在越南的華僑，包括十萬「明鄉」華僑，其總數約爲一百二十萬。所謂「明鄉」者，是在西元一六七九年，正當明末，兩廣官軍三千餘人，不甘臣服滿清，逃亡南越，從事拓荒，從此奠定了西貢、堤岸以及南越各省的繁榮基礎。中國軍士在越日久便和土人發生婚姻關係。於是華人和越婦生下的混血子女，便被稱爲「明鄉」，是具有明朝的同鄉之意義。

越南在法國統治時期，各地區政制不一，北越和中越是保護國地區，南越爲殖民地區，北越的河內與海防，中越的峴港，這三個市却列爲直接行使政權的特區。法國對於華僑不論土生或來自中國，是享有其他外國人的同樣待遇，對於「明鄉」的國籍問題，曾一度規定在殖民地和特區生長的，列爲法國亞洲歸化人民；在保護地區生長的，屬於法國保護人民。另外又規定在殖民地及特區生長的「明鄉」，而未請求准許入法國籍的，則屬於外國人。實則自一八六二年至一九四六年的漫長歲月中，「明鄉」華僑的國籍問題，始終沒有明白的確定。不過在地方習慣上「明鄉」人得免服兵役，對於稅項的負擔，「明鄉」是稍高於本土人，較優惠於一般華僑而已。

自吳廷琰就任越閣總理後，對於「明鄉」的國籍，曾規定凡明鄉人已告長成，而尙未申請司法機構證明其有外國國籍的，則將被視爲越南籍的人，但在六個月的期限內有權除却越南籍，政府則於三年內有權予以反對。此一規定，「明鄉」尙保有自由選擇國籍之權。吳氏就職總統後，對於越南的國籍法，又重新訂定，於去年十二月七日公佈之第十號命令，其中總則之第十一條，對於明鄉人，不論他們持有越南或外僑之身份證，不論年齡和居住何處，均擁有越南籍。同時關涉到華僑子女的國籍問題，在第二章第十六條規定：『出生於越南之孩童，父母均爲中國人，如果父母中之一人，係在越南生長者，則此孩童係越南人，並無退出越籍之權。』這次命令，明鄉人竟被硬性規定爲越南籍，而且牽涉到華僑子女的國籍問題了。到了本年八月廿一日，吳氏再簽署第四十八號命令，是專對華僑而設的修改國籍法令，把第十六條條文改爲：『在越南出生而父母爲中國人的子女，即爲越南人，在此命令頒布前出生者亦然。』接着吳氏爲迫使華僑就範，加入越籍，更陸續頒布種種專對華僑縛束的新法令。

八月廿九日總統第五十二號命令規定：在六個月內凡土生華僑名字，一律改用越南字音，逾期塡表申請改名的，將被處罰。

九月六日總統第五十三號命令規定：禁止華僑經營十一項行業，華僑如不將其商業主權轉給其屬於越籍的子女，或其他越籍人士，則不能繼續經營，至遲要在一年之內停止活動。凡違反此法令的，將被處以五萬元以上五百萬元以下之罰金。

九月十六日越南內政部簽發命令，規定全體外僑總調查，在十八歲以上不分男女，一律須遵令塡報姓名履歷，未足年齡的由家長或僱主代辦。呈報表須要所屬甯長證明。此項命令於十一月十五日開始，實施倘有違例者，依法處罰或驅逐出境。

八月卅日越南教育部通知西堤華僑教育會，自本年度秋季開始，凡未經向越南教育部立案的華僑中學校，不准繼續開辦。（按：西堤各華僑中學，最近已獲越教育廳發給開課許可證，於十一月十四日起開課，條件是照當局規定，自原來每週教授越文五小時，增加至九小時，並於三個月內辦理由取得越籍的華僑爲校長，申請立案，否則自動停辦。）

十月廿五日越南總統命令，補充第十號國籍法命令，增加一條名爲又第五十八條：『唯中國人可以由總統視其各別情況，特殊獲免受上述各條規則限制，而得入越南國籍。』

十一月十四日總統府華僑事務專員發出公告，催促土生華僑，迅速辦理入籍手續，該專員並於同月十七日召集西堤十幫中華理事長擧行座談會，重申當局實施新國籍法，及十一種行業越化案的決心。他說：「越南政府已頒布的命令，必須澈底執行。」又說：「如果三個月後，實施華僑總調查時，倘發覺土生華僑，仍未辦入籍者，將予以處罰。」

越南政府以上種種的命令，無非企圖用一年半載的時間，把華僑幾十年以至百多年經營的商業，及所有的財產，改變爲越籍人的商業，越籍人的財產，並且馬上獲得至少有三十萬的優秀華僑青年爲越南而服兵役。吳總統更於十一月七日簽署一項第五十九號B命令，修改第三十號命令中之第二條，條文爲：『當國家情勢及國家軍隊有所需要時，總統可下令將服兵役青年之合法服役期延長。』這更令到一般土生青年華僑耽心，如果加入越籍，將會負無限期服兵役的義務。

本來國籍法是屬於國家內政管轄的事件，每一個國家都有權予以規定。但國際法的一般原則，公認一國的國籍法，僅在符合國際協定，國際習慣，以及國籍法法理的精神條件下，可以得到其他國家的承認。世界各國對於國籍法之訂定，有採取屬人主義（卽血統主義），有採取屬地主義（卽出生地主義），也有同時兼採二種主義者。所謂屬人主義，是以父親的國籍爲國籍，卽使母親是外國人，其所生子女，都一律以父的國籍爲國籍，此項主義爲許多國家所採用的。所謂屬地主義，是以子女出生的所在地的國爲國籍，換句話說，凡父母爲外國人，而在所駐國生下的子女，均視爲所駐國的國籍，這是美洲諸國採用的主義。有些時，採用屬人主義國家的人民，駐在採用屬地主義的國家內生下子女，這些子女的國籍就發生問題了。國與國之間爲着解決這種國際上的國籍，問題都從外交途徑上商妥，雙方締訂條約，規定這些子女適達年齡時，讓其本人自由選擇其所願意的國家而加入其國籍。至於同時兼採二種主義的國家，法國和比利時便可以爲例，法比國境接壤，同文同種，原屬兄弟之邦，法比男女通婚，爲數不少，法比夫婦所生下的子女，其國籍便成問題了。法比兩國曾爲此而惹起爭執，法比混血子女，在法或在比出生的，法比政府雙方都從有利方面着想，若一方採屬人主義，另一方則採屬地主義，以定這些法比子女的國籍，經過雙方爭持，結果妥協，仍然是讓這些法比子女年達廿一歲時，自由選擇其國籍。

中國國籍法是採用屬人主義的，而越南的國籍法第十二條也規定父爲越南籍的子女均爲越南籍，足證越南國籍法也是採屬人主義者。但此次修改國籍法，於屬人主義之外，特別對中國僑民兼採屬地主義，二種主義既同時採用，可是又不讓土生華僑有自由選擇國籍之權，而其他外僑在越出生者，又可不必加入越籍，這顯然是對我僑胞加以一種不公平的差別待遇。

戰後世界人權宣言明白規定：凡屬人類均有選擇國籍之自由權。越南此次修改之國籍法，既屬違背國際慣例，又與法律不能回溯既往的原則抵觸，更可以謂之侵害人權。

這種不合法理的措施，越南政府似無意改變其態度，將不顧一切蠻幹下去，越南官員正以優惠華僑的口號而解釋其修改國籍法的用意。

越南外交部長爲此事發出通告稱：『在傳統上，由於中越雙方民族在文化、風俗、習慣上之相同性，越南一向並不把中國人當作外人看待。因此，那些中越混血的明鄉人，在法律上已被視作越南人，修改國籍法之命令，只係將此種恩惠擴及更多的華僑，……許多國家不肯將其國籍給予在其境內出生的外僑，越南政府之允許華僑入越籍，表示相信華僑對越南之忠誠，越南政府此項措施，無形中犧牲了不少稅收。以數目如此龐大的外僑在一國家內生活，不加入該國之整體，不負擔應有的義務，而只顧享受利益，這也是甚難接受的事。』

事實勝於雄辯，一方面宣傳優惠華僑，他方面却陸續頒布專爲約束華僑而設的命令，而這些命令，事先一切都未有考慮過華僑的意見，或者祖國政府的意見，事後則毫無商榷之餘地，就算眞是好意，也不會令人置信的。豚肉可稱爲佐膳妙品之一，如果請朋友吃豚肉，不能不說是一種好意，可是對回教人硬要强他吃一頓豚肉，這種美意對他可能變成一種侮辱。

說到華僑只知到享受利益，而不負擔應有的義務，這未免抹煞事實。遠且不說，單就吳廷琰氏執政以來，華僑爲協助救濟南撤難民而捐輸，爲配合政府反共工作而努力，爲支持吳氏競選總統而宣傳，爲慰勞越軍平亂而獻金等等，華僑都曾盡了策動和響應的最大力量。而吳廷琰氏用以剿平叛逆的軍隊中，無可否認是有中國人參加作戰，而能獲致全盤勝利的。平川叛亂在西堤市區巷戰之役，華僑除死傷外，房屋四千餘棟爲叛軍所焚，財產損失值越幣八千萬元，華僑不但毫無怨言，而對當時三萬餘衆的災民，不分中越人及外僑，馬上展開救助收容工作，協助政府組織救濟會，立即捐出食米五十餘萬斤，越幣二百餘萬，其他衣物等等尙未計算在內。凡此種種，都可以表示華僑對當地政府具有充分合作之熱忱，對於負擔應有的義務，方之本地人相信是有過而無不及。今日華僑所得的報酬就是：人權被侵害，事業被摧殘，權益被剝奪。以怨報德，越南政府實難免忘恩負義之譏。

華僑在越南南部有着二百七十多年的歷史，每個華僑基於中國固有文化精神，都具有强烈的愛國思想、民族意識和宗族觀念，用這樣迫促時間，勉强他們變更國籍，等於要他們拋棄祖先、斷絕宗嗣，這實在不容易辦到的事。越南執政當局對於華僑的習慣和心理太不了解了！我們希望越南政府覺悟，能尊重人權，取得華僑合作這才是利己利人之道。不然的話，倒行逆施，縱然逞一時之快，將必招致後患於無窮。

在歐洲匈牙利人民慘受蘇俄武力彈壓，爲着正義，我國人也會奮起爲之聲援，難道今日我旅越一百二十萬僑胞遭逢這樣嚴重的厄運，我們又豈能熟視無覩？相信支持越南華僑的「後援會」，不久當會出現的。我們要把越南無理壓迫僑胞的事實，昭告於世界；我們要密切注視越南政府還有什麼虐待華僑的命令頒行；我們要促請政府向越南據理力爭，提出强硬抗議。

四五、十二、十。

論美元銀行承兌滙票及其與自由世界金融貿易之關係(上)

劉國增

在說明美元銀行承兌滙票之前，我們必先明瞭何謂銀行承兌滙票。所謂銀行承兌滙票者，乃定期滙票之一種，向銀行支取由銀行承兌之謂也。如更進一步說明則為：從事國內貨物交易商人或經營國外進出口貿易商人因貨物運輸、貨物存儲等關係必須先期通融貨欵，因之開一定期滙票請求他們有往來的銀行代為承兌。此定期滙票一經銀行承兌即謂之銀行承兌滙票。此項滙票到期時，無論何人持票到原承兌銀行支取，該行均須按票面數目照付。此種承兌辦法對於銀行客戶週轉資金甚為方便，同時他們的客戶僅付少許手續費，所費亦頗經濟。銀行承兌滙票由投資家觀點觀之則為私人短期票據，有絕對保障，並可在市面上流通無阻，與財政庫劵媲美。所謂美元銀行承滙票者乃美銀行所簽署之承兌滙票也。美元等於黃金，在國際市場上最有信用。美元承兌滙票代表美元，故各國商人均樂於收受。美元承兌滙票在美國國內國外均可使用，但由統計數字觀察：用之通融國內交易者僅佔一小部份，用之通融國際貿易者則佔一大部份。蓋國際貿易買賣對方彼此多素不相識，信用如何亦不深知。不但此也，彼此相距甚遠，運交貨物需時較長，因之銀行承兌滙票商業信用狀尙焉。美元承兌滙票既便利國外貿易，故美國銀行不僅為他們的客戶簽署，同時又為國外代理店簽署。此種滙票除幫助美國商人通融國內交易外，又可作為國際信用及短期資金週轉之工具。蓋各國利率不同，金融情況各異，美元為國際間的標準貨幣，故美元銀行承兌滙票在各國間均可通用。現在世界上各金融中心逐漸擴大，美元銀行承兌滙票使用範圍，不僅便利國際貿易，同時對於各國國際收支平衡及貨幣自由兌換 (Convertibility) 亦大有裨益也。

美元銀行承兌滙票發展之過程

美國銀行承兌業務在二十五年前最為發達。從此以後乃逐漸式微。及至一九五四年又欣欣向榮。其原因，一由國外短期信用之發展，一由於貿易商及銀行對於此種通融資金辦法感覺興趣。最近紐約準備銀行奉聯邦準備制度公開市場委員會 (Open Market Committee) 指示，由市場上購進承兌滙票，足見美國金融當局對於此種銀行業務亦頗感興趣。由美國金融統計數字觀察：美國銀行承兌滙票數額在一九五四年為七億五千萬元，較之一九五三年多三億餘元，較之廿五年前則少一大半。在此三億餘元中計四分之三是由於外國貨物之進口，其餘則係世界其他國家交易時所使用之通融資金。及至一九五三年春季銀行承兌滙票數額減少約一億元。其原因係屬季節性的，但較之一年前則仍多一億餘元。

在一九一三年美國國會通過聯邦準備銀行條例以前，美國商人均向少數私人錢莊及英國銀行辦理承兌滙票。當時並無根據公司法成立之美國銀行經營承兌滙票業務者。至國民銀行 (National Banks) 更無權簽署承兌滙票。自聯邦準備銀行成立以後，在特種情形之下始有權收受下列銀行所簽署之承兌滙票：一、若干國民銀行，二、若干州立銀行，三、三個特許承兌銀行，四、私立銀行，五、外國銀行在美國設有代理店者。自承兌滙票買賣商行開設以後，始有承兌滙票公開市場。承兌滙票買賣商行是承兌滙票買賣間的掮客。承兌滙票買賣帳簿亦由該商行保管。承兌滙票交易數額自一九一三年起始逐漸增加，至一九二〇年其數額已達到十億元。由承兌滙票交易數字逐漸增加情形觀之，足見美國國外貿易已日漸發達。更足證明美國銀行已從事通融國外貿易資金，同時亦象徵國際金融已逐漸活動。此就國外方面言之。如就美國國內交易情形觀察：當時商業往來因運輸貨物需時，為通融貨欵計，亦使用銀行承兌滙票，但其數額不如國外之大。承兌滙票之數額在一九二〇至一九二一年間不景氣期間不足十億元，直至一九二七年始恢復此數額。在此期間影響美國銀行承兌滙票使用數額的因素有二：一為美國對外貿易數量之多少，多時則美元承兌滙票數額大，少則數額小；一為倫敦紐約兩地利率之高低，如倫敦利率高於紐約時，則美元承兌滙票數額多，如低於紐約時則少。承兌滙票交易數額自一九二七年起開始增加，至一九二九年底已達到十七億元，同時世界其他國家因國際貿易關係需要美元承兌滙票之處亦日漸增加，截至一九二九年底其數額幾佔全貿易額四分之一，較之一九二七年僅佔全貿易額八分之一者則增加多矣。在一九二九年至一九三〇年間國際貿易之增加為美元承兌滙票數額加多之主因。其次促成承兌滙票增加之因素則為聯邦準備銀行於一九二七年將進出口貿易使用銀行承兌滙票的範圍放寬，因之大多數交易均可使用承兌滙票。又在一九二〇年至一九三〇年間，德國及中歐國家同時亦均使用銀行承兌滙票，並與駐在各該國內的外國銀行發生承兌關係。及至一九三一年德國及中歐國家發生金融恐慌，外資紛紛提存，各國財政當局認為外滙有統制之必要，乃規定種種限制，限制美元等承兌滙票提存。並於是年九月與各國訂立延期付欵協定(standstill agreement)，其目的在阻止外國銀行承兌滙票馬上收回，同時亦可保護債權人的兌現權利也。到一九三一年夏季，德國銀行積欠美國銀行承兌滙票債欵已達三億美元之多。根據延期付欵協定，美國及其他國家仍保有債權權利，不過以新承兌滙票代替已到期之承兌滙票耳。此項債欵在一九三一年至一九四〇年間雖已償還一部份，但所付債欵之一大部份均係德國登記馬克。所謂登記馬克者，乃打折扣能兌換黃金美元之謂也。所有全部承兌滙票債欵至第二次大戰以後德國始行償清。在此種情形之下，原來的美國承兌銀行頗受損失，對於簽署之承兌滙票多延期償付，但對於承兌滙票持有者從未失掉信用，足見美元承兌滙票信用卓著，此美國銀行從事承兌業務者足以自豪者也。

在一九三〇年至一九四〇年間，因世界貿易數量減少，故美元承兌滙票流通額亦隨之減少。在美國參加第二次大戰後，其數額竟不及兩億元。自美國實行銀行承兌滙票之始至一九二九年止，承兌滙票最大的買主：(一)聯邦準備銀行，(二)外國中央銀行，(三)外國商業銀行。聯邦準備銀行爲鼓勵使用銀行承兌滙票並發展承滙票市場起見，除積極參加承兌滙票市場外，又以承兌滙票市場爲媒介從事公開市場活動。當時聯邦準備銀行保存承兌滙票的數額幾佔市面總流通額三分之一强。其購買之方式或由市場直接購進，或與承兌滙票買賣商行訂立購買合約。原始承兌滙票（卽第一次由銀行簽署之承兌滙票）在市場上賣出之價格較之聯邦準備銀行買進之價格相差無幾，而聯邦準備銀行買進之價格則較該行貼現率爲低，此其大較也。

美元銀行承兌滙票信用之創立

美元銀行承兌滙票信用之創立有三種方式：(一)美國國內商人所開之滙票向美國銀行支取由美國銀行承兌者，(二)外國商人所開之滙票向美國銀行支取由美國銀行承兌者，(三)外國銀行交換「美元外滙承兌滙票」時所得之「美元外滙承兌滙票」向美國銀行支取由美國銀行承兌者。以上三種滙票一經美國銀行承兌，則此滙票卽變成美元銀行承兌滙票，以承兌銀行之信用在市場上行使。

大多數美國銀行所有國內國外承兌業務均由國外部負責辦理。聯邦準備銀行條例雖授權會員銀行得收受各種定期滙票，但大多數承兌滙票是由幾個大城市少數銀行所簽署。截至一九五四年底止，三分之二的美元承兌滙票由十家美國銀行所簽署。又在市場上流通之承兌滙票其中八分之七是由二十五家美國銀行所簽署，其餘八分之一的承兌滙票是由約七十五家銀行所簽署。又截至同年底，紐約各銀行所簽署之承兌滙票佔市面流通總數三分之二，其中七分之一是由私立銀行及外國銀行代理店所簽署者。紐約爲美國銀行經營承兌業務最大城市，等而下之，則爲波斯頓（Boston）道拉斯（Dollars）芝加哥（Chicago）。美元承兌滙票具有特別性質，又與國外發生關係，因之小銀行無國外部者頗難經營此項業務。尤有進者，由承兌滙票本質觀之：承兌銀行簽署承兌滙票後，則開定期滙票之個人或公司的信用由該銀行代爲保證，因之個人或公司的信用爲之增加。購買承兌滙票者只看該滙票係某家銀行簽署，如簽署的銀行有信用則此承兌滙票卽有信用，容易被人收受。各大銀行信用卓著，故其簽署之承兌滙票亦容易售出。由銀行觀點來看：承兌滙票可使銀行自己的信用轉移到他的客戶身上，因之承兌滙票乃市場上轉移信用的一種工具。承兌滙票對於承兌銀行亦有好處，蓋當承兌滙票在市場上出售時，承兌銀行無須先拿出現欵，如能將自己簽署之承兌滙票予以貼現，卽可表示此承兌滙票甚有信用，在市場卽可通用無阻，同時又無需減少他種貸欵以補償此種貸欵，更無需向聯邦準備銀行借欵用作準備金。當銀行準備金奇緊之時，辦理承兌滙票業務最爲有利，故銀行均樂爲之。但銀行經營承兌業務時所得之利潤，不如直接放欵多，故當銀行準備金充裕之時，多願從事直接放欵。又當銀行準備金奇緊之時，各銀行國外部彼此對於承兌業務互相競爭，但當準備金充裕之時各銀行放欵部則又從事直接放欵之競爭矣。如承兌銀行將自己承兌之滙票予以貼現又從而收存之，則與直接放欵毫無分別，故很多美國銀行多不保存自己承兌之滙票，而將此項滙票賣與承兌滙票買賣商人，以換取其他銀行承兌滙票，並將換進之其他銀行承兌滙票之大部份售予國外代理店，以資週轉。

美元銀行承兌滙票信用之利用

當美國國外貿易賴美元承兌滙票通融時，此項承兌滙票是時常根據信用狀來的。所謂信用狀者，乃美國銀行代替進口商簽署交給出口商者。所謂進口商者包括美國進口商及外國進口商而言。如係代替外國進口商簽署的，則外國銀行事先必與美國銀行有代理店關係，或彼此有信用往來。如信用狀上特別註明根據此信用狀可開發定期滙票時，則美元銀元承兌滙票尙爲。

按照以上手續，出口商辦完運貨一切手續後向開發信用狀銀行索取定期滙票連同提單（Bill of lading）及其他有關文件，經他們的往來銀行送交美國開發定期滙票銀行。此定期滙票一經向美國銀行支取，並經美國銀行承兌時，卽變爲美元銀行承兌滙票。此時出口商無論其爲美國人或外國人，均可持此承兌滙票在市場上貼現。承兌滙票貼現後，出口商卽可得現欵。同時請求簽署承兌滙票的進口商在滙票到期前無須向原承兌銀行付現，故承兌滙票對於交易之通融貢獻頗大。承兌滙票之到期日期往往爲三十日，六十日或九十日不等。

有時美國出口商根據與美國銀行訂立之承兌契約，（Acceptance Agreement）貨物一經運出，卽可依據契約，按照貨價開一定期滙票請該銀行簽署。此定期滙票一經銀行簽署，卽變成銀行承兌滙票。出口商將此滙票在市場上貼現卽可得到現欵，一俟貨物運到外國買主付欵後，卽可償還到期之承兌滙票。出口商根據承兌契約直接利用銀行承兌滙票通融貨欵，較之進口商向有往來的銀行辦理承兌滙票再送交出口商以通融貨欵者又捷便多矣。

外國商人向美國輸出時有時用他種承兌辦法，以通融貨欵，其辦法爲：外國出口商開一美國進口商或進口商的往來銀行照付之卽期美元或其外幣滙票，同時美國進口商開一他的往來銀行定期滙票，此定期滙票由該行允爲承兌並予貼現後，所得現欵卽用以支付外國出口商支取之卽期滙票。此種通融貨欵辦法亦有時爲外國進口商所採用，其辦法爲：外國進口商直接或透過他的往來銀行開一美國銀行照付滙票，用以支付美國出口商的卽期滙票。

美國商人收購棉花等重要商品存在倉庫以備將來售出。所有倉庫費用等開支在需欵，又因此種商品很容易在國際市場售出，故在購進後卽託由他們有往來的銀行開一承兌滙票，並將此承兌滙票在市場上貼現，以應付上項開支，一俟時機到來，立將商品售出，貨運到後即將所得償還承兌銀行。此種信用謂之承兌信用。此種承兌滙票佔一九五四年美國市場上流通之承兌滙票之大部份，但多係國外交易時所用，國內交易因運貨期間較短很少用之。

除以上各種美元承兌滙票外，又有一種美元承兌滙票係爲開美元外滙帳戶所發生者。此種承兌滙票的用處爲：某種外國出口商品有季節性，當出口淡季時，各該國銀行可利用此美元外滙帳戶簽署承兌滙票，供給他們的客戶以美元，一俟出口旺季到來，出口商即可以其出口所得償還之。

以上各種美元承兌滙票對於國際貿易之發展，國際銀行信用交流有很大貢獻，研究國際金融市場者應特別注意及之。

使用美元銀行承兌滙票之各種條件

美國及其他各國商人在通融貨欵時，是否使用美元承兌滙票或採用其他美元貸欵方式，則視下列各種條件以爲斷：1.因交易習慣之不同。如某種交易在習慣上適用承兌滙票者，則不採用其他貸欵方式。2.交易對方如欲使用承兌滙票時，則不採用其他貸欵方式。3.如普通直接貸欵，利息少於承兌滙票各種費用時，則多採用直接貸欵方式。4.如辦理承兌滙票時預付欵項各種手續較之其他直接貸欵簡便時，則多採承兌滙票方式。5.如其他直接貸欵可以先期償還以減輕利息負擔時，則多採用直接貸欵方式。

凡貨物交易在運貨期間採用延期付欵辦法時，除按交易習慣可以賒帳外，普通所採取之信用方式：一爲銀行承兌滙票方式；一爲銀行直接貸欵方式。貿易商既能託銀行簽署承兌滙票，同時亦必能够向銀行借欵，二者究何去何從，則視承兌滙票市場貼現率加上承兌手續費(Acceptance Commission)是否低於貸欵利息，如較低時則使用承兌滙票的傾向較高，否則較低。此就貿易商觀點言之也。如就銀行方面言之：凡直接放欵帳戶須時時存有餘額以備客戶隨時支取。其餘額百分比雖時常變更，但普通說起來，則往往爲存欵總額百分之二十，而經營承兌滙票業則無須存有餘額，蓋承兌滙票係定期的，不到期不能支取現欵，因此即使承兌滙票各項費用與直接貸欵利息相等，各銀行亦均樂於做承兌滙票業務也。

另就其他方面觀察：直接貸欵亦有優點，承兌滙票亦有缺點。蓋按美國銀行慣例，凡客戶借到欵項者在未到期前可先還本，利息照扣。而承兌滙票則不到期不能照票面償還，所有各項費用亦不能打折扣。

其他國家使用美元銀行承兌滙票問題

美國銀行代替外國貿易商買進在國際市場上流通之外國銀行信用狀及證明信用狀，開發此項信用狀之外國銀行的代理店必須與美國銀行有信用往來關係。如此項信用狀有變爲定期滙票需要時，此定期滙票經美國銀行承兌，即謂之美元承兌滙票。外國商人開發美元承兌滙票時往往受本國貨幣不自由兌換黃金美元(inconvertibility)限制。蓋現代自由經濟國家除美國及加拿大外，多爲貨幣不自由兌換國家，對於美元外滙多加限制。美元承兌滙票到期時必須以美元支付，故各國對於此種滙票亦多加限制，因之美國銀行對於貨幣不自由兌換國家所開之美元承兌滙票亦受限制，蓋恐到期時不能以美元償還也。如交易國家之一方係貨幣自兌換國家，或從事交易大多數國家與美國有貿易關係時，則貨幣不自由兌換對於美元承兌滙票之限制不甚重要，蓋彼此可以互相通融也。

除貨幣不自由兌換足以限制外國商人使用美元承兌滙票外，尙有其他兩種限制：一、外國進口商人如有其他國際市場之途徑可循時，尤其是倫敦，除非使用美元承兌滙票各種費用特別較少時，絕不使用美元承兌滙票。二、外國銀行貨幣準備金充足，不欲進口商向外國借欵，恐損失本國放欵利息，當此時也，外國銀行對於進口商之貨欵通融辦法則爲：與以即期滙票以便週轉。2.直接貸欵以便現欵支付。換言之，即使進口商的國際貿易根據現期支付(current payment basis)也。

美元銀行承兌滙票市場

美國銀行承兌滙票市場以紐約爲最大。買賣承兌滙票機構爲：1.銀行：銀行代理他們的客戶或代理店買賣銀行承兌滙票以應需要。2.銀行承兌滙票買賣商行。(簡稱掮客)3.商行兼營銀行承兌滙票買賣營業者。這些商行有時利用游資由掮客手中買進銀行承兌滙票以謀取利潤。承兌滙票掮客在紐約不過六家，其主要業務爲買賣政府債券及其他有價證券，經營承兌滙票買賣營業不過近年來之一種副業而已。掮客在買賣差價之間取得利潤，其利潤爲百分之1/8。彼等經營此項業務，隨買隨賣，保存承兌滙票過一夜者不過少數而已。掮客手中的承兌滙票之一大部份是由承兌銀行買來的。該行已經貼現之承兌滙票其貼現率與掮客買價相同，因之原承兌行並不賺錢。爲謀取利潤起見經過相當期間再由掮客手中買進其他銀行所簽署之承兌滙票，其買價與自已賣出的價格相等，其數額已與賣出的數額大致相同。市場上流通之承兌滙票經掮客一買一賣後，結果一個承兌滙票上有兩個銀行簽字。此種滙票最有信用，外國中央銀行商業銀行均樂購進。因此之故，美國銀行有國外部者爭向掮客購進此種滙票以應國外代理店需要。美國銀行將此種滙票售予外國銀行時，往往收取百分之1/8的手續費。此項手續費係銀行簽署費用，其高低百分比由百分之1/8起至百分之1/16止。專營國內業務之銀行賣與掮客之承兌滙票數額甚小。蓋此種銀行無國外代理店，故亦不希望買進其他銀行承兌滙票以資通融也。(未完)

反資本主義的心理（一）

米塞斯教授著
夏道平譯

鼎鼎大名的自由主義者奧國經濟學家米塞斯教授(Prof. Ludwig von Mises)最近又寫了一本新書「反資本主義的心理」(The Anti-Capitalistic Mentality)，於一九五六年十月由美國 D. Nostrand Company, Inc. 出版。這位國際聞名的維也納學派(亦名心理學派)經濟學大師米塞斯博士，除掉曾在他的本國維也納大學執教以外，英國、德國、瑞士、荷蘭、法國、意大利、墨西哥、秘魯等國的大學與學術機關都曾請他講過學。他的著作，幾乎每本都有好幾國文字的譯本。一九四〇年他到了美國，一直留到現在（現在紐約大學工商管理研究院任客座教授）。他本着十六年來對於美國社會的親身觀察，在這本新書裏面，把美國知識分子、白領工作人員、專門職業者等反資本主義的心理，描繪得維妙維肖，分析得合理合情；同時也指出這反資本主義的偏見在輿論方面所發生的不可忽視的影響。這本書在出版前夕，「美國新聞與世界導報」(U. S. News and World Report)取得了摘要發表的權利，儘先以"What's Behind the War on Business"為題，於一九五六年十月十九日摘要發表。這篇譯稿，是根據「美國新聞與世界導報」翻譯的。

——譯者

緒論

自由放任的資本主義代替了從前的經濟制度以後，人口倍增，一般生活水準也空前地提高了。

今天，凡是對於自由企業與個人創業精神所加的障碍比較少的國家，也就是比較繁榮的國家。美國人比別國人生活得好些，就是因為美國政府之採取經濟干涉政策，比較別國政府要遲些。

儘管如此，美國有許多人，尤其是知識分子，在情感上厭惡資本主義。照他們看來，資本主義這個怪物只帶來罪惡與苦難。在工業革命以前，大家曾過過康樂的日子，現在資本主義之下，大多數的人被一些粗俗的傢伙剝削得窮困不堪，而那些傢伙只是為的賺錢。他們並不生產好的東西和真正有用的東西，只是找最賺錢的東西來生產。他們的身心，糜爛於煙酒與色情之中。資本主義的意理，表現於腐化而下流的著作、滑稽表演、脫衣舞、好萊塢電影、以及偵探小說。

這種偏見很明顯地表現於「資本主義的」這一形容詞的使用。他們總是把「資本主義的」來形容許多可惡的事體，從不把它來形容大家所喜歡的東西。資本主義如何會有好的結果哩！有價值的東西與資本主義無關，壞的事物都是資本主義造成的。

這篇論文是要對於這種反資本主義的偏見加以分析，並找出它的根源和後果。

第一章 知識分子為甚麼厭惡資本主義

現代資本主義的特質，是在為大家的消費而大量生產。大量生產的結果，使一般的生活狀況繼續改善，使若干人的財富不斷增加……

在資本主義的市場上，普通的消費者握有至高無上的權力。他們的購買或拒絕購買，對於應該生產甚麼、品質應該怎樣、數量應該多少，都會作最後的決定。那些專門迎合富人的好尚而製造奢侈品的廠商，在廣大的市場經濟中，只是一個配角，他們的生意不會做得很大。大規模的工商業總是直接或間接為大衆服務的。

平民大衆在這方面的抬頭，是工業革命所引起的一個社會大變動。那些向來屬於低級社會的奴隸、農奴、窮民、叫化子等等，現在成了購買者羣，工商界要向他們兜攬生意。他們成了「無不是的」買主；他們能够叫窮的賣主富起來，富的賣主窮下去。

在市場經濟(假定沒有被政府和政客們妄事破壞的話)的結構中，不會有特權的貴族騎在平民的背上搾取平民；不會一方面鐘鳴鼎食，一方面冷炙殘羹。

在利潤制度下成功的人，是那些能够以廉價物美的東西滿足大衆慾望的人。

只有為消費者羣服務，才是發財之道。

資本家投資，如果沒有看準大衆的需要，他就會很快地賠掉他的資金。消費者在市場上用一分錢，就是投一次票；在每天的全民投票中，消費者就決定那些人應該保有和經營工廠、商店、與農場。生產手段之能否掌握，以消費者的認可或撤消以爲斷。就這一社會機能來看，消費者至上。

現代觀念中的自由，其意義就是如此。每個成年人都可自由地按照自己的計畫來生活，不致在警察監督之下被迫地遵照政府的甚麼計畫。個人自由之有限制，不是來自別人的迫害或迫害的威脅，而是來自自己身體上的生理組織以及自然界生產因素的缺少性。人，永久不能違背自然法則去安排他的命運。

確認這些事實，並不等於以絕對標準或玄學觀念來爲個人自由找理論的根據；也不是對於流行中的左派或右派極權主義的理論加以任何評判或辯駁。極權主義者認爲平民羣衆都是愚昧的，不懂得自己「眞正的」需要和利益，所以必須有個「監護者」的政府，否則他們會傷害他們自己；這種監護的責任就由一些所謂「超人」來擔當。

經濟改善的要求

在資本主義時代，一個普通人也能享受以前最富的人所享受不到的東西。自然，像汽車、電視器、冰箱這一類的東西，並不能叫人快樂，但在剛剛得到這些東西的時候，他是會感覺愉快的。某些慾望滿足了，另一些慾望又發生，這就是人性。

美國人的生活標準是全世界最高的；從那些非資本主義國家的人民看來，美國人的平均生活，可望而不可及。這種事實，少數的美國人是充分了解的。大多數的人總是輕視已經享有和易於獲得的事物，而渴求那些難於得到的東西。慨歎人心不足，只是沒出息的表現；不知足的慾望，正是經濟改善的動力。滿足於既得或易得的事物，對於進一步改善物質環境毫不動心，這並不是美德。這種生活態度，與其說是有理智的人類的行爲，無寧說是禽獸的習性。人類最明顯的特質，就是不斷地努力改善自己的生活。

可是，這些努力一定要與目的相符。換句話講，這些努力必須適於達成所追求的目標。我們這個時代的人，大多數所犯的錯誤並不在於渴求更豐富的財貨，而在於用錯了方法。他們被一些揑造的意理誤了。他們所採用的政策，與他們自己所了解的眞正的重要利益相衝突。他們短視，看不清這些行爲所不可避免的終極結果。那些結果，必然地是大家貧困，是社會合作（在分工的原則下之合作）的解體，是野蠻狀態的回復。

改善人類物質生活，只有一個方法。就是相對於人口的增加，加速地累積資本。每個工人得以利用的投資額愈大，則生產與消費的貨物也就愈多愈精。這就是資本主義（也卽是被人咒罵的利潤制度）日新月異的成就。可是，今天大多數的政府和政黨反而急於想毀壞這個制度。

他們爲甚麼要厭惡資本主義呢？他們在生活方面正享受現代資本主義的成果，同時却把羨慕的眼光投射到過去的「黃金時代」和現在的蘇俄，爲甚麼？

階級社會與資本主義

資本主義的兩派敵人，保守的與「進步的」，對於舊的軌範，彼此估價不同，但他們對於資本主義社會的軌範則一致攻擊。自他們看來，在資本主義社會中，名利雙收的，並不是那些值得他們敬重的人，而是一些無聊的輕薄的傢伙。這兩派人都妄想以較好的「分配」方法去代替資本主義制度下不公平的方法。

從絕對的價值標準來看，誰也不會認爲：在毫無限制的資本主義之下，凡是應該被選擇的人就是生活最好的人。資本主義的市場民主，並不是按照人們天賦的美德或道德修養而給予報酬；資本主義之所以使人或多或少地享有財富，不是從「絕對的」正義來評量他的貢獻，而是由大多數人以其個人慾望的滿足作標準所定的評價。市場的民主制度，其意義就是如此。消費者至上，也卽是說，主權在於消費者。

無數的人喜歡喝「賓卡賓卡」(Pinkapinka爲舉世歡迎的賓卡賓卡公司所供給的一種飲料)；無數的人喜歡偵探故事、神密性的影片、小型報紙、鬪牛、拳賽、威士忌、煙捲、口香糖。所以，凡是能夠以最好最便宜的方法供給這些東西以滿足大衆需要的人，就會成爲富翁。所以在市場經濟當中所應計較的，不是理論上的價值判斷，而是實際上大家的購買與不購買。

在市場制度之下，有的人深感不平。對於這種人，我可提出一個忠告：如果你想發財，那末，就得想法拿出價廉而又爲人所更喜歡的東西來滿足大衆，例如，調製一種比賓卡賓卡更好的飲料。法律之前，人人平等。你有權向每個百萬富翁挑戰。在一個未經政府干擾的市場當中，如果你不能夠勝過巧克力大王、電影明星、和拳賽選手，那就完全是你自己的過失。

但是，如果你寧可吟風弄月或研究哲學以求滿足，而不屑於去開服裝店或做個拳擊專家而致富，這是你的自由。這樣，你所能夠賺得的錢，當然不能像那般爲大衆服務的人所賺得的錢一樣多。因爲這是市場的民主經濟的法則。在市場的民主經濟中，誰能夠滿足多數人，誰就可以贏得多數的選票——金元。所以就賺錢這件事講，電影明星當然勝過哲學家，賓卡賓卡的製造者當然勝過交響樂的作曲家。

我們必須認淸，社會給予獎品讓大家都有競爭的機會，這是一個社會制度。但在這個競爭獎品的制度下，許多人因天賦的障碍，妨害了他的成功。有的一生下來就是病夫，有的到了後半生就能力減退，這都不是競獎制度所能改變的。生理上的裝備，嚴格地限制了一個人所能工作的範圍。有能力可以自由思想的人與不能自由思想的人，其間有一道不可踰越的鴻溝。

失敗者的怨氣

現在我們來看人們爲甚麼厭惡資本主義。

在一個以階級爲基礎的社會裏面，倒霉的人可以把環境歸咎於命運。他之所以爲奴隸，是因爲有一種決定一切的超人力量，指派了他的階級。他自己無可如何，因而他沒有理由要以身世卑賤爲己恥。他的妻也不能指責他。如果他的妻眞的問他：「你爲甚麼不是一個公爵呢？你若是公爵，我就是公爵夫人了，」他一定會答覆：「假如我一生下來就是公爵的兒子，我也不會和你，這個奴隸的女兒結婚，而要做另一個公爵小姐的丈夫了。你不能做公爵夫人，完全是你自己的錯過；你爲甚麼不好好地選擇你的父母呢？」

在資本主義的制度下，事情就全然不同了。每個人的生活地位都靠自己來決定。凡是有野心而未完全實現的人，都會知道得很清楚是他自己錯過了若干機會，或是由於不合時宜而被冷落。如果他的妻埋怨他：「你爲甚麼只賺八十元的週薪呢？假若你像同事的保羅那麼能幹的話，你應該昇爲領班的，而我也可過點較好的生活，」這時，他就會覺得不如人而感到慚愧。

大多數人批評資本主義太冷酷，這是由於在資本主義下每個人只能按照他對於別人的貢獻而取得報酬。這個原則的權威，對於個人的缺陷毫無寬假。每個人都知道，在他自己失敗了的地方，有的人成功了。每個人也都知道，在他所妬羨的人當中，有些原來與他立於同等地位，由於努力而爬起來的。他想起這些，自然心有不甘；最壞的，他還知道別人也淸楚這些事情，於是他更覺難過。從妻子兒女的眼光中，他領會到一種無言的責難：「爲甚麼你不能更能幹一點呢？」他經常看到大家都恭維那些成功的人而以冷眼或憐惜的態度對他。

資本主義使每個人有發展的機會，但是，成功的只有少數。這一事實，使得許多人感覺不快。就大多數講，一個人努力的收穫，無論它是甚麼，若與他的野心所希望的相比較，總是微乎其微。另一方面，他又經常看到別人成功的地方，正是自己失敗的地方。由於下意識裏自卑感的滋長，於是對於那些勝過他的人，他就心懷憎恨了。此所以走江湖的人嫉妬有恒業的人；工廠裏工人嫉妬領班的；公司管理員嫉妬副經理；副經理嫉妬總經理；富有三十萬元的人嫉妬百萬富翁……每個人的自我信賴心與道德平衡，無形中都被另外的少數人傷害了。那些少數人是以事業的成功來炫耀他們的能力强、才幹高。

以價格與市場爲主體的資本主義社會，是以個人的作爲決定他的成敗。這種功績原則，固爲摩沙（Moser）的偏見所反對，但他對於那些從市場制度中失敗下來的人所作的心理觀察，確是很對的。

爲着自安自慰並爲自己辯護，這樣失敗的人總要找一個替罪的羔羊。他要使自己相信，失敗的原因不在自己。他覺得，他的聰明才智與努力至少不會比那些成功的人差。不幸，這個萬惡的社會制度不獎勵最可敬佩的人，而是把光榮給那些非法橫行的惡棍、騙子、剝削者、魯莽漢。他所以失敗則是由於他的誠實。他不屑於採用卑鄙汚濁的手段，而那些手段正是成功者所賴以成功的。在資本主義制度下，一個人只有兩條路可以選擇：一是富而不仁，一是仁而不富。他，他自己，謝謝上帝，作了正確的選擇，沒有走上富而不仁的途徑！

這就是生活在資本主義社會的人，爲着自己的失敗找尋替罪羔羊的心理狀態。其實，資本主義社會是按照各人對於大家福利的貢獻而分別待遇的，因此每個人都是他自己命運的創造者。在這種社會裏，凡是野心沒有充份滿足的人總不免心懷憤慨，因而對於那些比較成功的人也就怨恨了。於是，愚蠢一點的，就以惡言惡語任意誹謗，發洩肚皮裏的怨氣。有點養修而慣於矯飾的，則把他們的怨氣昇華爲一種哲學——反資本主義的哲學。他們想以這種哲學來抑制自己內心深處一種聽不見的聲音，那個聲音時時刻刻在告訴他們：失敗，完全是自己的過失。

他們那麼狂熱地爲反資本主義的立場而辯護，正是由於他們的意識界正在進行自我交戰。

生活在法律之前人人平等的社會裏面，野心受了挫折的人所感受到的苦痛，是不同尋常的。其所以如此，並不是由於法律之前人人平等這一事實，而是由於在法律之前人人平等的社會中，人與人之間才智的差異，意志力的强弱，勤勉程度的不同，都會毫無掩蓋地顯現出來。由於這種無情的暴露，那些受了挫折而又缺乏自知之明的人，就得爲他的心靈找個避難所，於是形成了一些空想，想出一個「完善的」世界來。在那個「完善的」世界裏，大家所接受的待遇，是以各人的所謂「眞實價值」爲標準。

知識分子的憤慨

一般平民，在通常情形下，沒有機會和那些比他更成功的人經常在一起。平民總是在平民圈子內打轉，他不會從社交中遇到他職務上的頭兒。他不會從親身的經驗中，看出一個企業家或一個管理員有何不同的才能可以爲消費者服務而獲致成功。因此，他所嫉妬和憤恨的，不是有血有肉的活生生的人物，而是模模糊糊的一些抽象的東西，像「管理」、「資本」、「華爾街」等等。怨恨這些抽象的東西與怨恨一個天天見面的人，在感情上是不一樣的，前者不會像後者那麼激烈。

另外有些人，由於職業的特殊性或家庭親戚關係，經常要與那些比他們更有成就的人親身接觸；而後者的成就，照前者想來，應該是屬於他們自己的。因此、這般人的怨恨，就不像一般平民那樣以抽象的東西爲對象，而是以他們日常接觸的人爲對象，所以他們的感情更爲激切。他們咒罵資本主義，因爲資本主義把他們應該享有的地位給了別人。

這就是普通稱爲知識分子的情形。我們以醫生爲例來講吧。每個醫生從日常工作與經驗中都已認知這個事實，卽醫界是一階級社會，所有醫生的分等都是以各人的功績爲標準。那些技術造詣比他好而地位比他高的人，大都是他當年在醫科學校的同班同學，他們曾經同他在一塊做過住院醫生，他們曾經同他一起出席過醫生協會。他經常在病人牀邊碰到他們，也經常在社交場合碰到他們。他們當中有些是他的朋友，有些是他的親戚。他們都對他很客氣，也把他當作同僚來稱呼。但是，他們的社會地位則高高在他之上，而收入也比他的多得多。他們勝過他而屬於另一個階層了。當他這樣一想的時候，他就感到羞辱。但是他又必須隨時隨地提防自己，以免這份怨憤和嫉妬的情感被人窺出，更使人瞧他不起。他必須掩蓋這份情感，另找一個替代的目標來發洩怨氣。於是社會經濟制度就成了他攻擊的對象了：這個萬惡的資本主義！其實就他的能力、他的才智、他的努力與造詣來講，這個不公平的制度，已給他應得的報酬了。

同樣地，在律師與教員、藝術家與演員、作家與記者、建築師與科學家、工程師與藥劑師當中，也有許多人有這種心理狀態。他們眼看着以前的同事、同學、和親密朋友騰達起來，也覺得自己受了委屈；同時，由於同行同事等等關係應有的情誼遮蓋住嫉妬的實情，更加深了他們內心的憤懣。

在某些知識分子的心目中，資本主義的經濟制度就體現在那些熟人的身上。那些人的成功是他所憎惡的，他們把自己的委屈都歸咎於那些人。那些人既是資本主義的化身，所以資本主義也爲他們所厭惡。要了解知識分子爲甚麼多對資本主義大肆攻擊，我們必須認清這一個要點。

美國知識分子反資本主義的偏見

知識份子之反資本主義，這一現象不只見之於一個國家或少數國家，但在美國則比在歐洲各國更爲普遍，更爲厲害。爲解釋這個令人頗爲驚奇的現象，我們必須從「社交界」(Society) 或法文的 le Monde 說起。

在歐洲，「社交界」包括各方面活躍的有名人物。政治家與國會的領袖、行政機關各部門的首長、名報刊的出版者與編輯、聞名的作家、科學家、藝術家、演員、音樂家、工程師、律師與醫生，再加上工商界鉅子、貴族的後裔，這般人就形成所謂上流社會。他們彼此之間常常接觸，宴會、茶會、跳舞會、展覽會、演劇，都是他們碰頭的機會。他們常常到同一的餐館、旅社與其他聚會場所。

當着他們聚會在一塊的時候，他們都喜歡談論關於知識方面的事情，這種社交風氣，是從文藝復興時代的意大利開始的，接着盛行於巴黎的沙龍(Salon)，後來西歐與中歐所有重要城市的「社交界」也都羣起倣效。

凡是新的觀念與新的意理，在影響廣大的社會以前，都在這些聚會中經過了若干次的議論。研究十九世紀歐洲美術史與文學史的人如不從當時的「社交界」着手，是難於獲得要領的。因爲當時的「社交界」對於美術與文學等方面的人物，曾發生過抑揚褒貶的作用。

歐洲這樣的社交界，並不是緊關大門的，凡在任何方面出色當行的人物，都可以加入。闊人與富人的加入，當然更容易一點，但在這裏面富與貴並不能決定某個人的地位與聲望；能够在這裏享有聲望的人，是由於他的個人有些卓越之處。巴黎沙龍的泰斗，並不是百萬富翁，而是法蘭西研究院（Académie Française）的分子。知識分子既佔領導地位，其他的人至少也得附庸風雅，對於知識方面的事物，表示很有興趣的樣子。

歐洲這樣的社交界，對於美國人是陌生的。美國所謂的「社交界」幾乎只是包括最富有的家庭。工商界鉅子與卓越的著作家、藝術家、科學家之間沒有社交上的接觸。有些人是輿論的倡導者，有些人是某些觀念的先進，而這些觀念將會影響國家的前途，可是這般人與那些在社會名人錄上有姓名的人，也沒有甚麼社交上的來往。大多數社交界的名人，對於讀書沒有興趣，對於觀念上的問題，更沒有興趣。當着他們聚會在一塊而不玩紙牌的時候，就是議論人物，或者以娛樂的節目做話題，很少很少涉及文化方面的事體。這些人當中縱然有少數人對於讀書不很厭惡，但他們也不想結識著作家、科學家和藝術家。所以在社交界與知識分子之間，橫着一道不可踰越的鴻溝。

這種情況的形成，我們不難於從歷史上求得解釋。但這樣的解釋並不能改變實際的情況。「社交界」旣蔑視知識分子，知識分子的反應就是憤恨。

美國的著作家或科學家慣於把工商界的富人看作粗俗的市儈，教授先生每每瞧不起那些熱心於學校球隊而不熱心於學術成就的學生。如果他知道，競技的訓練者比哲學教授賺得的薪水更多，他便覺得是個侮辱。有些工商界的人只重視研究工作的金錢價值，對於這些人，也是一般做研究工作，發明過新的生產方法的人所痛恨的。

美國有很多的物理學家同情社會主義或共產主義，這是一個很嚴重的問題。由於他們不懂得經濟學而又常常聽到大學內某些經濟學的教員也反對他們所咒罵的利潤制度，這就難於希望他們抱持其他的態度了。

一個國家，如果有一羣人把自己圈起來，與其他的人羣隔絕，特別是與知識界的領袖們隔絕，像美國「社交界」那樣的作風，則他們必然會成爲圈子外的衆矢之的。美國那些有錢的人在社交上的排他主義，正是自己孤立自己，而且激怒羣情，以致知識分子大都傾向於反資本主義。(待續)

印度通訊

參加「佛敎對藝術文學暨哲學貢獻講習會」

周祥光

「維塞波涅般」(Baisakhi Purniva) 爲人類史上一個最偉大而神聖的日子。因爲在今年五月的月圓日，我們看見了佛陀於二千五百年前誕生於羅明臺(Lumbini)；因爲我們在今年五月的月圓日，我們看見了佛陀於菩提樹下證覺；因爲我們在今年五月的月圓日，我們看見了佛陀走完了人間世的旅程，而在雙樹林下 (Kushinagar) 登涅般之境。佛陀離開我們已二千五百年了，可是佛陀大智大仁大勇之精神，却永遠留在我們心中。佛陀生於印度，所以，印度人之紀念佛陀誕辰、成道與涅般 (按南傳佛敎三者同日舉行) 亦特別隆重。不但由國庫撥出印幣一千五百萬盾來慶祝，且由印度副總統羅達克拉須那博士(Dr. S. Radhakrishna) 親自出任慶祝佛誕委員會主席職，策劃一切，其重視此一節日，可想而知。惟佛陀誕生地羅明臺現已劃歸尼泊爾管轄，因此，尼國亦隆重慶祝。十一月間，世界佛敎徒友誼會第四屆大會卽在尼國首都伽滿都舉行，我雖經該會會長馬拉羅須來伽 (Dr. S.G. Malaseraka) 之邀請，但因我今日流亡異域爲一無國籍之人 (因自由中國與印度無外交關係故)，辦理出入境困難而未去；然印度召開之「佛敎對於藝術、文學及哲學貢獻講習會」(Symposium on Buddhism's Contribution to Art, Letters and Philosophy)，我承印度總理尼赫魯先生親自向佛誕慶祝委員會推薦，得有機會參加，目擊一切，用將所見，簡略述之，以實「自由中國」半月刊，諒自由中國佛敎徒及關心學術文化者亦所樂聞也。

× × ×

「佛敎對於藝術文學及哲學貢獻講習會」係印度佛誕慶祝委員會與聯合國文敎科學組織所共同主辦者，故所請之人，亦較世佛會爲愼重，且徧重於佛敎學者，當然有名的僧人，亦經邀請參加。講習會於十一月廿六日起假座聯合國文敎科學組織會議廳舉行，先後計四天，到廿九日止。在此期中，新德里到處黃旗飄揚，使我們無形中感覺到：釋迦牟尼佛重囘印度來了。

講習會原來決定由印度副總統羅達克立須那博士擔任主席，可是在廿六日的早晨，羅氏接到家中來電，其夫人於淸晨在南印馬特拉斯寓所逝世，因此，羅氏遂匆匆搭機飛赴南印料理喪事，故講習會主席一職，臨時由尼赫魯總理擔任。參加講習會之人士，大概約有一百人，代表着二十四個國家，由達賴、班禪、錫金王公及前緬甸總理宇奴等四人領導。當講習會開幕時，因羅副總統夫人逝世，大家起立默哀一分鐘示敬，旋由尼赫魯總理致詞稱：

「我們印度的政府，爲一唯俗平等的政府，對於所有宗敎一律尊重，並給予宗敎信仰之自由，可是我們並不單純的以宗敎去執行，然此次印度政府與聯合國文敎科學組織鑒於佛陀二千五百年誕辰，具有深遠之文化及人本意義存在，故聯合舉行此一講習會。我們住在這個佛陀誕生及其遺訓所被之印度，實覺榮寵，不論我們稱自己爲佛敎徒與否，可是佛陀之遺訓，却深印我們心坎中。此佛陀誨人之敎，依然馥郁芳香，在此艱難之娑婆世界中，將更指引人類走向正途。當我想到千萬印人思及佛陀遺訓曾被千萬人所敬信，歷二十餘世紀而未嘗稍衰，眞使我心動，熱淚盈眶而出也。」

尼氏講完後並說：「我非佛敎學人，但我要坐在學人的席位上。」卽從臺走下坐在代表席中，博得全場掌聲不少。

講習開始時，首先由日本佛敎學人，「佛敎爲日本國敎」一書作者原山氏 (Rirl Nakayama) 起立致詞，同時，他又是佛敎對藝術貢獻講習會主席，他反復說明：「任何一件佛敎的藝術作品，均應視作當日佛敎徒對於其信仰之公正表白。佛敎的雕塑藝術，歷二千多年，可惜對於此種佛敎藝術研究工作，尚鮮有成就，今後應注意及之。」繼之講述者爲匈牙利佛學者鮑克臺博士(Dr. Ervin Baktay)。他認爲佛敎雖到中世紀時，逐漸在印度衰弱，却給予大衆一種新的觀念，使婆羅門敎一新耳目。此點我們可以自愛羅拉石洞 (Ellora Caves) 及伊羅芬多石洞 (Elephanta Caves) 所見之印度藝術，充份表現了人的觀念，而無宗敎抽象之處。繼之錫蘭宗敎文化部長郭魯普 (Kurupu) 謂錫蘭所有建築、雕刻、繪畫無不受佛敎之影響，他更認爲佛敎將藝術成爲一種國際語言，我們亞洲人民從佛敎的藝術中，而通曉佛陀遺訓之眞義所在。斯時，印度代表現任印度考古部副主任羅摩羯陀羅博士 (Ramachandra) 以佛敎上的古蹟，不論在印度或亞洲各國，都給予人類一種指示——博愛與慈悲。上午講習會自九時半開始到十二時止，下午講習會二時半開始到五時止。下午開會時，由柬浦寨 (Cambodia) 代表沙薩來 (Sam Sary) 主持。他認爲此次大家慶祝佛陀二千五百年誕辰，可使佛敎徒得有機會，共同討論，使佛敎原來之和平與藝術之特質，得能重建。他又講到目前在柬浦寨計有三千八角塔，寺廟亦隨之，此種塔廟，爲佛敎之眞正藝術建築。同時泰國皇家學院院長羅迦同 (Anuman Rajadhon) 認爲佛敎乃泰國人民生活之潛在力量，佛敎使泰國人民享受着精神上的慰藉。最後則由西孟省立法會議主席迦[illegible]基博士 (S.K.

Chatterji) 謂馬陀羅 (Mudra) 地方之塑像，即是佛教藝術所給予印度的一種畫像。迦泰基博士爲印度語言學者，除擔任西孟省立法會議主席外，近更由政府任爲梵文委員會主席，考慮今後印度使用梵文問題。他在去冬曾到大陸遊訪，見到甚多大陸各大學教授，據他面告作者，謂大陸上的大學教授，皆面帶愁容，不敢多說，中共之所謂學術自由，百花齊放者，徒屬欺騙耳。其時夕陽西下，我們就匆匆散會。有些人去看佛陀生活之舞影，有些則去看印度宣傳部所放映之宣傳片子，有些則去看佛教藝術展覽，我則驅車赴阿育王大旅社去看老友吳俊才兄，七載分襟，一旦竺國重聚，喜慰何似！他還自臺灣帶來兩罐超特茶葉送我，故人深情，使我受之愧感無似！同時，更見到了曾約農老先生。曾先生爲曾文正公四世孫，昔年負笈英倫，近任東海大學校長，學德俱隆，爲我素所欽敬也。我贈以拙著「中國政治思想」(英文本)，該書列有「曾國藩之政治思想」一章，約六千字，曾老先生看到此書，謂國人用中文寫述曾文正公者多矣，惟以英文寫述者，此書爲首倡，言之高興已極。我之所以寫述此書者，即所以表明曾文正公一介書生耳，他之所以能擊敗太平天國者，非兵力也，實彼之倡導綱常名教，義理道德所致。

× × ×

講習會的第二天程序爲討論佛教對於文學之貢獻。上午之會由泰國親皇兼樞密院院長尼婆多(Prince Dhani Nivat) 主持。他首先說明了佛教不但對於崇奉佛教之國家發生極大影響，即對非佛教國家亦然，如英國阿諾達爵士 (Sir Edwin Arnold)所著「亞洲之光」(Light of Asia) 便是一例。繼而安南代表杜上座 (Thich Tri Do Sthavira) 起立，說明佛教一面直接傳入安南，一面則經中國而入安南，時在第一世紀間也。印度代表前浦那大學老教授鮑浦 (Dr. P. V. Bapat) 博士說明佛教文學之發展，可以從目前所存之經典中見之。印度的社會容許着各種不同思想之發展，佛教思想就是最重要之一種。印度雖是佛教之誕生地，然不復爲佛教文學唯一之地，佛教所至之處，即有其本地之佛典譯述與創作，中國與西藏爲最顯著之例，其中藏多數人民信奉佛教。此外，巴利文(Pali)經典爲當今佛教文學源泉之一。鮑氏更認定印度對於各宗教之容忍性，常人認爲佛教有輕視婆羅門教之處，殊屬錯誤，蓋佛陀並無抨擊婆羅門教之處，祇對這些婆羅門教徒以世襲所得者而抨擊之。鮑氏更鄭重說明：「佛陀自稱爲一婆羅門，且過着婆羅門觀念之生活。」此點，我則認爲錯誤。佛陀雖出生於婆羅門家族，但他創立宗教後，即反對婆羅門之四族姓制度，排斥婆羅門教之神我或梵天觀念，更未過着婆羅門形式的生活。即當代印度教大聖人唯微剛難陀尊者 (Shri Vivekananda) 亦認爲佛陀乃婆羅門教之反叛孩子，足以證明鮑氏觀點之不正確處也。

下午講習由印度尼西亞代表海廸西華迦 (K. R. H. Asnawi Hadisiwaja) 主持，他述明佛教傳入印尼時在第五世紀，斯時有三個克什米爾商人前往該地。其後佛教與印度教同時並行不背，迄今未衰。其後有大陸前來之代表將起立致辭，我即離席去參觀藝術展覽會。展覽會中印度所陳列之佛陀生前到寂滅之模型三十座，頗引人入勝。錫金、不丹、尼泊爾之展覽品，完全將當地整個寺廟搬出陳列，使我人有入錫金不丹之感。晚應印度佛教學人杜德博士之宴，錫蘭大學文科學長兼世界佛教徒友誼會會長摩拉羅須來伽博士(Dr. Malalaseraka) 亦在座，我與摩氏相談較久，他並說明我所著英文「中國佛學史」已被該大學東方學系採作教本，這一消息使我心中彌覺慰藉。摩氏將於明年三月間出使蘇俄云。

× × ×

講習會第三天是「佛教對於哲學之貢獻」，引起了大家的激烈辯論。首先印度代表毘迦東伽 (J. Vijaptunga) 說明我們不但希望對於教佛的倫理觀念，有更善之審定，同時更要注重佛教對於哲學貢獻之所在。他要在各代表中，對於佛教哲學上的若干地方，有確切之討論與解答，例如涅槃(Mirvana)一字之意義，是否由完全絕對的潛隱而進入「虛無之境」(Soonya)。依照他之見解「虛妄」(Maya) 與「虛無」(Soonya) 非同義之語。毘迦東 伽對於迦 葉波比丘 (Bhikhu Kashyap) 所持佛教一辭意義表示異義。他認爲佛教爲世界上最優之宗教。佛教注重哲理之探討。佛陀在生之日，則忙於形而上學之論究。斯時印度代表默而蒂(T. R. Murti)則以爲此一講習會並非專事討論形而上學或其他理論之地，否則，講習會之四天會期必須延展，而來會代表亦未必願意。所以，此一講習會祇宜討論佛教之基本原則可矣。他又說：佛陀自然不反對形而上學之研究，假若對於佛教，祇自哲學上觀之，則發生兩種極端之困惱。印度教徒欲將佛教統一於印度教 (Hindusim) 中，可是我對此點則反對，當然印度教與佛教有其相似之處，即該兩教宗旨皆使世人獲取人生最高之解脫，可是兩教不同之點亦多。而安南代 表龍上座 (Naga Thera) 則說明佛陀並非一個哲學家，乃一至尊先師，蓋哲學家祇重知識理論之探究，而佛陀則處處注重事實。於是迦葉波比丘起立發言，認定我們佛教徒此刻之首要責任，在於找出佛教一辭之定義，佛教對於哲學之貢獻如何？我們亦須知道對於佛教之不同釋義。有些學者恃實體論而觀佛教，有些學者僅自片面去觀佛教，有些則自形而上學的觀點去觀佛教，因此我們對於佛教之定義，實無法決定之。其時德 國代表 格拉憎波 (Prof. Helmuth van Glasenap)教授，他原是主持上午講習會者，起立致詞，略以佛教在印度二千五百年來之哲學園地上，具有不可磨滅之事蹟在，此爲我人所確認者，佛教不但奠定各種形而上學之體制，且因佛教之存在，迫使婆羅教及耆那教 (Jainsim) 之哲學家，起而護衛他們之教理及改進他們之教理。繼而日本代表宮本正尊博士 (Dr. Shoson Miyamoto)認為佛教有其二千五百年來之歷史背景，我們不可單認佛教為哲學上或宗教上的體制而已。宮本正尊老博士為牛津大學哲學博士，曾任東京早稻田及駒澤各大學校長，現主持日本佛教學與印度學學會事宜，為日本當代佛教權威，著作等身，他代表日本當局邀我出席第九屆國際宗教歷史會議，該會議去年在羅馬舉行，明年將在東京召集，我雖經他們正式邀請，可是我今日以流亡之身，能否如願，則不敢說也，國破家亡，我今日始知亡國之苦。午間因印度總統柏魯沙總統約見，故我較早離席，下午則應印度文化國際研究院院長兼印度上議院議員羅古毘爾老博士 (Dr. Raghu Vira) 之請，到其家小酌，羅氏通十國文字，尤精梵文，著有梵文、印地文及藏文字典，為世所欽。他想到自由中國搜集有關中印文化典籍，據他云，他曾函行政院俞鴻鈞院長請求協助，可是羅氏祇接到俞女公子復函，以俞院長赴美公幹，回臺後再告等語。羅氏與作者相交甚久，深知其為人，故誌之，希望我政府當局對於此類要求，能予協助為是。

× × ×

今天為講習會之最後一天，所講習者為「佛陀示訓」。昨天為佛教對於哲學之貢獻，為我最所感到興趣者，惟因瑣事蝟集，我祇將所印英文「佛學對於孔學之貢獻——宋明理學之研究」一文散發各國代表閱覽耳。上午講習會由錫金王太子主持，他亦是全印摩訶菩提大會主席，他在八年前在德里大學攻讀文學士學位，我則正在考取哲學博士學位，故相識，今異地重逢，亦覺欣慰。繼而由錫蘭代表現任世界佛教友會主席摩羅拉須米伽博士，尼泊爾代表現任尼泊爾大法會會長甘露難陀 (Bhikhu Amritnanda) 講述「佛陀遺教」。摩氏執教於錫蘭大學數十年，學問為人所重，口才亦好，博得掌聲不少。甘露難陀未有受過通俗教育，祇在錫蘭受了幾年僧教育，且年紀亦不到四十歲，故經驗學問俱差。如第四次世界佛教友誼會在尼泊爾開會，由他主持籌備事宜，他曾經邀請自由中國「中國佛教會」派代表參加，同時又邀請中共派代表前來，其時中共曾函詢甘露難陀有否邀請臺灣參加，他即答復說：我們請臺灣代表來，祇是地區代表，非代表整個中國，由此可見佛教亦隨政治路線走，釋迦佛在上蒼有知，亦必呵叱此一小沙彌也。

下午大會場中比較熱鬧，不但各代表全體出席，同時參觀者亦衆，一則下午講習會面臨閉幕式，同時，尼赫魯、達賴、班禪等亦來參加故也。

達賴喇嘛在講習會閉幕典禮時會云：

「佛教於第七世紀時傳入西藏，我必以力之所及使佛陀遺教，永生西藏。印度對於佛教，具有熱愛與敬信之情，甚至印度政府採取法輪及阿育王石柱之頂獅作為國徽。如目前更熱烈紀念佛陀二千五百年誕辰大典。印度邀請佛教及非佛教國家之名人前來慶祝佛誕我亦榮幸參加其中。」繼而又云：「在佛陀涅般二千五百年後，佛法將傳至紅臉人民之國家中。依我想來，佛法將傳至歐亞各國。」

達賴說完後，班禪起立致詞，略以印度與共產中國首先倡導佛陀之「五戒」(Panch Shile)，由此而表示彼此間之友誼，我們將以全力維持此五戒之實踐。佛陀顯示眞理，解脫衆生。我們人類均應宏揚佛陀遺教且實現之。

尼赫魯總理在此閉幕典禮中，希望與會各代表應將佛陀遺教携回在各該地區宏揚起來：「我不知道和平之路如何？可是暴力與憎恨決非正路。觀夫近來世界上所遭遇之事實，暴力不能解決問題。暴力與惡勢力益形強大，我們必須設法制止之，否則，世界將遭受損害也。」

其他致詞者尚有日本代表田中於菟彌 (S. Tanaka)，謂所有佛教徒應聯合起來建立社會之和諧。德國代表哈甫曼 (Hoffman) 則以佛陀與教理與傳教師之擴大活動，其地區擴及伊朗之東到日本，所有人民無不受佛學之薰陶。印度代表杜德教授 Prof. Dutt) 則以佛教使亞洲各國在文化與宗教上與印度合一。

大會閉幕前，各國代表贈尼赫魯以禮物留念，而印度佛誕紀念委員會亦贈各代表以阿禪多佛洞及藝術畫冊一本、八角塔一座以誌紀念。我步出會場時，見青天白日滿地紅之國旗在聯合國文教科學會議大廈前飄揚，心中無限欣慰。

此次我個人所感覺者，佛誕生於印度，今日已回故鄉，佛教將從此宏揚於世界各地，所可惜者，此次講習會中惟我自由中國佛教學人如印順演培竺摩章嘉諸法師，居士中如屈映光，李子寬、蔡念生等均未被邀請，不免美中之不足。所好第五次世佛會在曼谷開會時，我已面告世佛會會長摩羅拉須來伽博士，上列諸人應予邀請出席矣。

民國四十五年十二月十日寫於印度阿拉哈巴大學中文系

吉隆坡航訊・十二月十二日

英馬獨立談判之前瞻

史　信

馬來亞聯合邦獨立的鑼鼓聲，愈打愈近，也更一天天的響起來了。聯合邦首席部長東姑、押都拉曼在十二月十日，正當他起程赴英的前夕，在吉隆坡官邸舉行了一次擴大記者招待會，說明他去與英國向倫敦當局，如何洽商馬來亞獨立之前途。亞洲另一個新興國家的產生，相信祇是時間問題而已。

這一次隨東姑一同去的尚有財政部長李孝式上校，教育部長阿都拉查。他們已在今日(十二月十二日)飛英。東姑在記者招待會中指出此次赴英最大的任務乃是向倫敦當局洽商撥給直接津貼金以及免息貸欵。前者作爲若干重要建設計劃的基本開支，而後者將撥充本邦五年經濟計劃發展之用。東姑對所要借的數額若干未予揭露，但據國際銀行調查團之估計，全部所需之欵項至少是七億七千六百萬元(叻幣單位)，但東姑透露聯合邦實際上所需之欵，乃不止此數。其原因乃是由於國際銀行調查團調查的時候，把馬來亞仍視作一殖民地，但本邦獨立以後，情形完全不同，例如，獨立以後，馬來亞必定要建軍，而海、陸、空三軍軍費及國防建設費用自然更浩大了。

東姑說，目前我們馬來亞最親切的朋友，捨英國莫屬了。但我們此行並非向人伸手求乞，而是作一友善之告貸，以取得上欵，爲本邦獨立建設而用。

關於聯合邦所擬定的建設計劃，東姑指出非常龐大，包括土地發展、造路、築橋及交通郵電等方面的開支。此次所計劃中的費用，百份之六十用於社會服務及教育發展。有關擴展武裝部隊的支出也將佔一部份。

過去東姑曾經計劃向英國貸欵廿億元，馬來亞的戡亂支出，不必再由英國負擔了，但現在東姑已經收回這個原來擬定的數字。他透露他將要求英國政府負擔本邦戡亂費的一半，直到亂平爲止。馬來亞每年戡亂經費，經計算出來的，乃是一億三千萬元。換言之，英國要負擔上述數字之半。東姑說：我們將要求英政府將本邦的緊急狀態，視爲世界性共黨威脅的一環，因此，我們認爲本邦是無理由單獨負擔戡亂支出的。東姑這個要求，英國是否肯答應，則不得而知。但我們可以記得不久以前，東姑與泰國警察總監乃炮上將也提出過這個問題，希望泰國也能負擔一些馬來亞的戡亂支出，但爲乃炮頂回去，而且把東姑頂得下不下臺。

這一次英馬會商獨立談判中，駐軍問題，也是主要程序之一。東姑透露：本邦代表將要求英政府目前駐馬之英軍及英聯邦軍隊，在本邦獨立後仍繼續留駐於馬來亞，對付馬共。這些軍隊只能聽候聯合邦政府的命令，駐在被指定的地區，至於在什麼地區，現時不能透露。他又說：目前駐馬的英軍及英聯邦軍，似乎到處與馬共作戰，但本邦獨立後，這種現象就不大好看了。東姑答覆記者的詢問說：將來作戰指揮官之職，將由聯合邦本身的高級軍官充任，英軍及英聯邦軍將受該作戰指揮官的統率，該作戰指揮官則直接向國防部長負責。

提及有關英馬聯防條約的問題，(本文後段將詳其始末)，東姑說：該條約將施行至何時爲止，目前尚未決定。有關該條約的條文，只有若干不重要的細則尚待解決，這些細則包括將來英軍觸犯刑法之時，是否應先交民事法庭審問的問題。但該條約將於本邦獨立後簽署之。東姑又說：問題是我們爲了要保持本邦的主權起見，對若干事項不能讓步，另一方面英國也不能毫無保障的便派軍隊來馬作戰。這個問題只能在英馬雙方開誠佈公的情形下，方能完成之。

至於本邦的陸軍實力，東姑說：目前已經有聯合軍團八營(按馬來亞軍隊完全抄英軍的傳統與編制，英軍以營爲作戰單位，每營人數計一千二百人，與我國每營五百人不同，英軍一營大於我國之一營—作者)及英聯邦軍十五營，在這種實力下，我們仍感到難使緊急狀態結束，因此，我們將不減少軍隊的實力。關於今後武裝部隊的擴展計劃，在空軍方面將有四個半大隊，但功能僅限於空運而已，談不上作戰火力。在海軍方面，因有英國海軍駐守星加坡及東佛海峽，我們的海軍僅有小型沿海巡邏艇，用作海上緝私而已。

關於星馬合併的問題，在東姑的談話中似乎是十分渺茫。他說：雙方各有自己的麻煩，而吾人自己的麻煩已够多。東姑又進一步透露，他在倫敦與英殖民大臣波德會談時，將不舉行包括有林有福(星加坡之首席部長，已於日前赴英)在內之星馬英三頭會議。但他又說：在緊急之時，馬來亞的軍隊隨時可供星洲之用。但在林有福這方面，他此次去英，正是和殖民大臣會商明年二月星加坡獨立談判之程序，記得上一次馬紹爾所率領的各黨派代表團赴英會商談判，便在內部治安問題上觸礁。此次林有福建議成立一個星加坡治安委員會，委員的議席三份之二爲星加坡，三份之一由英國及馬來亞各分其半。所以東姑才說出必要時馬來亞的軍隊可以調星任用，便是基於上述的諒解。

至於檳城與馬六甲合併在聯合邦中的問題，現在英國及聯合邦都沒有歧見，但此事最後解決的辦法，需視李特憲制調查團之建議而有所決定。

從東姑的談話中，我們可以知道除了馬來亞中央銀行將在一九五八年正式開業外，他復決定向「蘇格蘭廣場」(英警察局之代名詞)聘請情報專家來馬，希望成立一個馬來亞中央情報局，作撲滅危害馬來亞一切之政治活動及反貪汚之調查。

東姑最後道：我答應馬來亞人民取得本邦獨立。此事若能在明年八月三十一日實現，我將感到無限的快樂。我認爲本邦的獨立日期不會展延。東姑又說：此次要求英國政府的借欵，用來改善本邦人民之生活，英政府如堅持索息，聯合邦政府亦準備支付之。

關於英馬聯防條約，一度馬來亞各蘇丹曾經與東姑鬧翻，在聯盟政府方面指派了東姑、李孝式及阿都拉查三人，而蘇丹會議方面，祇准許派一人。如蘇丹一度擬「杯葛」東姑。在十二月七日英駐東南亞高級專員蘇高德爵士曾親自飛來吉隆坡，與東姑緊急商議。經過蘇氏與東姑之會商，已同意增派兩人爲蘇丹之代表，該二人爲掌璽大臣阿爾巴克里及押都阿齊斯。

在另一方面，該條約可能在倫敦簽署，目前英馬雙方對於本邦安全有威脅時(指外來之威脅)，將以何種方式使用「英聯邦戰略後備隊」，這個問題，蘇丹方面堅持此事應由聯合邦處於主動，以證明聯合邦之自主獨立。換言之，上述英軍須聽聯合邦遣調之令，否則他們不能自由出擊與行動。

在英馬聯防條約上，雙方也涉及馬來亞的建軍問題，據記者從關係方面探悉，聯合邦陸軍總司令波祿克少將在十二月六日飛英，他此行最主要之目的，乃促使馬來亞政府與英國陸軍部發生直接聯繫，供給本邦軍械及訓練人員，以建立聯合邦獨立之陸軍。

他曾在行前透露，他將使聯合邦的陸軍，在建軍過程中儘量馬來亞化，而又顧到其實力不致退減，因此，現代化的配備是不可缺少的。彼此將與英國國防部大臣直接商談此事。目下馬來亞軍隊的配備乃仰給於星加坡的英國遠東陸軍總司令部。

在外交方面根據十二月十一日東姑飛抵星加坡時宣稱：俟他與英國把借欵洽妥後，他即將在倫敦分訪各國駐英之大使及公使，和他們會商，互派使節的問題，因爲馬來亞獨立後，不論外交與軍事完全算是自主的了。

我關心免試升學的前途

新竹通訊·十二月一日

馮文正

自本年三月教育部將「國民學校畢業生免試升學初中實施方案」公布後，社會上曾一度起了軒然大波，教育界人士及熱心教育的人，贊成反對莫衷一是，惟咸認教育是「百年大計」，爲國家培養人材的制度，不可輕率更張，對於「免試」升學之舉尤非愼重不可。因而政府才決定在新竹地區，暫行試辦，如試辦成績良好時，則將在本省全面實施。但十一月十日各報又載有關於「免試」升學消息，如臺南、嘉義、臺北、花蓮等縣，已在研討，所謂：「國校畢業生免試升學五年計劃」云云。從此可見政府並未考慮，新竹地區試辦結果之好壞如何，已有準備全面實行的跡象了。此在法律上是否可以，姑暫不置論。茲僅就觀察所及，將新竹試辦過程中的實際弊害，提供出來，以就教於教育當局，並供各界賢達參考。

新竹縣原有初級中學十一所，因限於經費各校設備，本來就談不到好，本年爲了容納「免試升學」的學生，又增設了二女中一所，再加石光、竹北、香山、二重、峨眉等十處分校，就是二十二所學校了，共新增初中五十八班。按原預算爲臺幣八百三十萬元。如教育當局能全部付出，經費也許不成問題，然事實上八百三十萬元之中，省政府僅補助二百一十萬元，縣政府二百五十萬元。其他不足之數由地方籌欵二百萬元，地方人士樂捐一百七十萬元。簡明一點說，就是在這八百三十萬元的經費之中，三百七十萬元是由地方人士自行負責的。

地方籌欵與地方人士樂捐，在名目上雖不相同，然在實質上就等於一而二，二而一的事。據官方解釋，所謂籌欵，就是就地籌措之意，按照各校的比例，除官方撥付的經費外，其不足之數，由學校所在地區內，設法自行籌出。按新竹縣立中學，除第一二男中、第一二女中外，其他各校均位於鄉鎭，因此一談到「籌欵」，問題就多了，在原則上「籌欵」大部份是指將原有的公產變賣而言。當然在較大的地區，就容易解決，例如新竹市區，市公所原有的產業，國民大戲院，爲了籌措「免試升學」的經費，正在標售中，如能順利出脫，當然問題可獲解決。但相反的，如峨眉、五峯、尖石等地，地勢偏僻貧瘠，人民生活艱苦，根本就無公產可以變賣，地方人士爲了子女教育問題，當然會盡全力支持的，但實在「籌」不出來時，又徒喚奈何？

至於「樂捐」呢？筆者認爲「樂捐」的困難重點，亦與籌欵的情形相似，如在工商業發達的市區，或土地肥沃的鄉鎭，居民生活富裕，問題都容易解決；但也有不少貧瘠地區，生產力薄弱，居民生活本來已很艱苦，平時爲他們的子女交上學雜費，已經就感到吃不消了，試想再讓他們「樂捐」豈不是「心有餘而力不足」嗎？

「免試升學」試辦以來，從量的一面看，是增加了，據新竹縣教育科統計，去年度國民學校畢業生升入初中的學生，爲二千六百餘名，而本年實行「免試」以來，突增至四千五百餘名，幾乎增加到一倍，這一點確已達到教育當局「理想」的目的了。但如從質的方面來看，簡直是一塌糊塗，因很多學生在小學的素質就不整齊，初中又是一窩風「免試」進來的，所以上課時的秩序壞和進度慢是意料中的事，這一來無形中教室裏就變成兒童業餘俱樂部了。在這種情形之下，既便有一部份潛心好學的學生，事實上也因受環境的影響，而不能求進步了！並且教師遇到這種情形，又何能不敷衍了事？長此以往，將來初中畢業的學生，假如不能再「免試」升高中，那就只有望校門而興嘆了！希望教育當局，確確實實的爲教育子弟作一番審愼的考慮。如爲逞一時之快，奏一時之功，將來一定是遺害無窮的！

筆者認爲問題尙不在今年，而在明年，甚至後年，今後一年會比一年的問題多；因爲卽使把今年的問題敷衍過去，這僅是今年一年級新生的問題，明年這些學生到了二年級時，仍是需要這些原有的校舍和一切設備，那麼明年的新生又怎麼安排呢？由此問題類推下去，「免試升學」的前途眞是充滿了危機的。筆者現在還不敢斷定，明年國校畢業生「免試」升入初中的數字，但相信至少也會多於今年，屆時省府會不會加倍補助？縣府的教育經費是否可以運用自如？地方籌欵如何籌起？熱心教育的人士們是否還有餘錢樂捐？凡此種種都是不可忽略的問題。如果教育當局實行「免試升學」主要是爲了免除國校的惡性補習，藉以增進兒童健康，則大可不必，因作父母的對自己的兒女，總比政府對人民照顧得週到；自「免試」試辦以來，作學生家長的對政府無不抱着一個最大的希望，希望千萬不要把他們的子女看成一種試驗品，認爲爲國家造就人材絕不是兒戲的事！不悉肩負着國家教育重任的諸君子考慮及此否？試辦兩年乎？普遍實行乎？深望政府提早公布眞相！若依筆者管見，凡是一種行不通的政策，不如及早停止，主事者也不必認爲這是一件失面子的事，「人非聖賢，孰能無過」？否則一失足卽成「千古恨」了！

（四十五年十一月一日）

白夜

——在篇章中，我企圖把捉的，是那如游絲般飄渺的情緒。

張秀亞

有月亮的白色秋夜。

月光海潮似的，無聲的延展着，大地宛如巴黎新頹廢派詩人的著作，有着閃發着燐光的封面。

他迎着月光，坐在窗前，口邊的雪茄，輕柔的織着煙紋，爲他的頭像，渲染出一派神秘的氣氛。

「呵，夢，生命，青春，不再來，永不再來！」他在月光與燈影中，展開了回憶的卷帙，吟味着那寫滿了理想、情感和欲念的篇頁，他的唇邊不禁發出了一絲苦笑：

「我是幸福的麼？」他捫着前額，轉眼去望對面那個伴侶。那瑩潔而年輕的圓面孔，就彷彿是月亮的映影，又彷彿是一只瓷盤，爲一個藝術家細心的描繪過。在夜色輕紗的籠罩下，顯得那麼清媚而帶有幾分神秘。在那面孔上，有着兩個小小的發光體，正放射着極其燦爛的青春光輝，似乎向他做無言的挑戰，他有幾分畏葸了，只有意無意的說着：

「多美妙的夜晚！」

「是的，太美妙了。」對面的她，像是神思不屬的麼答着。但那隻拿着織針的手，忽然放慢了，她一聲不響，靜靜的轉過頭去看月亮，月亮正流照着她。他們同時像是都聽到那銀色小夜曲旋律的悠揚，是怎樣的優美，又是怎樣的淒厲呵！

他吐了一口煙，望着地面上光與影交織的圖案。月光縱屬如此澄明，但他感覺到自己的靈魂深處，夜色正撒下它黑色的大網……他不敢再向那網下面望下去了，只有意自慰的低語着：

「你還在想什麼，你還不够幸福的麼？」

「你是幸福的；但也可說你是不幸的；你在欺騙着自己，你不敢把生活的面罩拿下來，一窺它的究竟。」幾種不同的聲音，都似乎自月光中發了出來，同時在搶着回答他，這使他出乎意料之外，感到些微的驚悸，……那些聲音，好像又變成了三條黑色的蛇，糾結着他發疼的神經……。

「鎮靜，鎮靜，這不過都是些幻象。」他看到那些黑色的蛇又都消失了，消失在月光形成的一池碧水裏。這時，自窗口又移來那麼一片更爲清明的月影，正在撫摸着那張圓面孔的鼻子，像是一個雕塑家的手，充滿了溫情與愛意的，撫摸着他才完工的塑像。

玻璃走廊外，可以看到對面人家燈影輝煌，那裏正設華筵，時時傳來喧嘩的笑語，他悵然的：

「我羨慕那些沉浸於現實中的人，他們滿意於已有的一切，懷着感激，接受生活給予他們的一切，爲什麼我却不能？……跋涉復跋涉，追尋復追尋，棘茨滿衣，胼手胝足，如今夜色已然來臨，我的終點又在哪裏呢？」

他凝望着她，——那月光正在撫摸着的塑像，看來有幾分超越世俗的美麗，使他感覺到幾分陌生與驚訝，他衷心的向她發出讚嘆，他凝視得有幾分入神了，裊裊的煙紋，織起一層稀薄的霧，將那圓面孔隔了起來。他默默的想：

「許多人都以爲，我能將這尊塑像移到家中，是無上的幸福，我自己當初確也這麼想過。所以孤注一擲，抛去了一切，贏得了她，她成了我的妻子，但是誰知道我們的靈魂至今仍是陌生人！至今她的心靈中，有一種東西，非我所能理解……這證明了我的一切代價近乎虛擲，爲什麼人的形體接近了，靈魂却離得更遠了？這眞是一個謎，一個痛苦的謎……。」他大張着眼睛，望着滿地月色，月光已流溢滿了磨石子的地面，發出白堊般的光彩，……那光彩似乎是起伏的微波，向前湧流着，湧流着，一道更寬廣的乳色河流形成了，將他及對面的她分隔在兩岸，他已看不清楚她的眉眼，只見她在支頤沉思，他不知道她正在想些什麼。他嘆息了一聲，月亮遠看是如此的燦麗，誰知道它却是沒有溫度的？

她向他望着，將手中未完工的毛線衣擲在桌子上：

「你爲什麼嘆息呢？」

「沒有什麼，只覺得風有點涼，你說是不是？」他答着，一邊想幸虧是在朦朧的月色中，她看不清他臉上那種痛苦的表情。他感覺到夜深風冷，是的，夜深風冷，即是在炎夏長晝，他也有如斯的感覺。她知道他已得了一種精神上的痼疾，很久以來，他已感到這症候，他曾焦灼的到處尋覓靈藥。他發現了她，純潔天眞，活潑歡笑的她，生活中充溢着新鮮的青春氣息，他想，照耀在她心靈中的那春日的陽光，會治癒了他的痼疾。但是，自從與他婚後，那股絢爛的陽光消失不見了，他的屋子裏仍充滿了陰影，到處是陰影，這使他在失望之餘，更感到無限的惶惑。

他甚至懊悔自己當年的莽撞，曾毫不思慮，一無猶豫的，將她的命運與自己的勉强綰在一起。他自己的症狀並未見痊，她却是在陰翳的房中日漸憔悴……。

他想，她也許只是適於生長在小河邊的水蓼花，她需要的是原野中新鮮的空氣，而他却以那一片夕陽般垂暮的愛情，爲她建造了一座暖房，其實，這並不適宜她，她置身其中，只有日見枯萎，這是看得出來的。將這活潑的生命誤植，確是他的過失，也是他的罪惡。不然的話，他如今掀起了自己平凡生活的褪色窗帷，仍可遙遙見到這鮮美的水蓼，在晨風中淸流邊搖曳輕盈……。他想起了那一夕，他第一次看到她，在一個獨唱會上，那給予他多麼鮮明的印象呵，他深爲她的丰采，她在藝術上的造詣而傾倒了。他出神的坐在來賓席上，他想像她是一隻偶而自天外飛來的鳥雀，暫時的棲於林間，當她唱到一個休止符而停歇下來時，她是靜謐中的靜謐，當她的歌聲流瀉時，那曼妙的聲音，代表的是語言中最精彩的語言。他渾忘了身置廣大的廳堂，千萬個聽衆之間，他只覺得自己面向着羣峯前的山湖，悄然佇立，他意識到她是那諸峯之頂，永恆的聲音的回聲，而他自己是那偶而投向湖心的映影中之映影。當時他曾感動得至與泣下，自己在心中低語着：「千年不過一瞬，我要把握住這頃刻來諦聽她。」她那着了白緞禮服的身影，在他的目光中，眞是一枝通明的銀燭，在人間的遙夜，發出了那麼溫柔的光輝，他開始希望這光輝，照射上他那黝暗的岩壁一般乏味的生活。

在人生的道途上，他開始了一個朝聖者艱苦的跋涉，那淸輝閃爍之處，卽是他心靈的聖殿。但當他走近她的一瞬，卽是那光彩幻滅之頃，悲哀幾乎將他淹沒，他不知所以，無可告訴……。

月光在地上廻旋，他並感到心中是如此空漠，天地蒼茫，甚至聽不到一聲牧女的遼夐的笛音。他覺得已面臨了生活的危機，這情形延續下去，沒有別的，只有將他們變成化石，空留回憶的痕迹，失去生命，長此沉埋。

「未央！」他狂喊着她的名字，他感到瀰漫生命週遭的正是「長夜未央！」他那麼用力的喊着她，實際上，也可以說他是仰天呼喚，他只是以她的名字爲代表，而向了那冥冥中的女神呼籲，這是生命中的帆船在行將觸礁之時，發出的呼救信號。他直是以全部的生命力在呼喚，他希望能產生奇蹟，得到應答，在那應答的柔聲裏，生活的畫面會立刻幻出池塘生春草，園柳變鳴禽的境界。

「嗯？你爲什麼用這麼高的聲音來喊我，你以爲我睡着了麼？」她並沒了解他語聲的含義，並不會把頭轉過來，只微帶幾分不耐煩的回答着。她是聰明而多感的，但她是太年輕了，她只是爲了接受愛撫而生的，而非爲了做病患者的看護。目前的生活，對她眞成了艱澀的課題了，她日日感到那山雨欲來前的低氣壓，她在爲生活受苦，她無從了解她的丈夫。她的生命中更有一些東西，還等待人去喚醒。但直到現在，他還不會理解如何去喚醒它。

她是驕矜多幻想的，唯其不了解生活及愛情的眞義，她曾渴望着傳奇式的不平凡的愛，她嫁了他，那只是長時的幻想與突發的熱情的結果。他那星星的華鬢，那沉鬱的神情，那掛在唇邊的諷世的微笑，她認爲那是一個天才的象徵，並且，他懂得太多了，他會把她引到一個多麼繁複的世界上去，那可以滿足她的好奇，豐富她的智慧，她遂接受了他情感的獻贈，但她怎知道，他是以一個病人的身份，來向她祈求魔藥的？一日日的過去，她得到的只是家庭生活的桔桎，與那無限的煩瑣。青春的時光，它在幽閉中溜走了兩年，她未尋到了她所希冀的，却嗅到毀滅與死亡的氣息，此刻她望着他那月光鍍得更爲斑白的華髮，那發亮的鼻尖，她淒然的自問：

「這便是我以青春換來的麼？」她重拾起那件毛衣，將無限的悵惘都織入那一針一線之中。

他望着月光，突然想到歌德小詩中的一段，不知爲什麼，那些句子此刻如此使他感動，他悄然的低吟着：

「我漫步叢林，悠然意自適，忽見一小花，搖曳樹蔭中，盈盈如美目，皎皎若星辰，我欲前攀折，伊乃吐淸音。草木有本心，不求美人折，以免就凋零……。」

她輕輕的問着：

「你在唸什麼？」

他靜靜的說：

「重述起來，就沒有味道了。」

她失望的低下頭。

沉默，又恢復了那可怕的沉默，她仍去織那件毛線衣，嘴裏喃喃着：「總是這樣，眞是一個怪人！」

一陣微風吹了過來，他深深的呼吸着夜深的空氣，多麼沁涼，像冰水一般！他突然感覺出自己適間的答語使她太失望了，他惶急的站起來，握住那隻柔軟微涼的手：

「未央，你是不是愛我的？」這是許久以來便梗在他心頭的一句話，直到此刻他才說了出來，他覺得自己心跳得是如此劇烈，在無望中，他希望得到她肯定的答覆，卽使是謊語也罷，那對他的精神也許會是一付鎭定劑。

「難道你還懷疑？」她避免正面的答覆，聲音裏沒有絲毫的情感，她回答得那麼迅速，竟好似是背誦現成的答案。

「是的，我相信你。」他凝望着她，心中感到輕微的失望：「只是我覺得有點什麼東西來到我們的中間，將我們隔開，我爲這而日夜感到不安，但那到底是一種什麼東西呢？你可以告訴我麼？」

一片落葉，自窗ㄇ飛了進來，正好落到他的身上，他顫慄的拿下那片葉子，覺得那好像是命運給他的答覆。他神經質的笑着：

「也許就是它吧，就是秋天，到我們中間來了，我只是感到冷，你是否也是這樣？」

「什麼？」她並不曾注意的聽他的話，只覺得夜深時分寒意濕重，她偎近了他一些，但是，沒有用，似乎有一層更冷的霜霰，灑落在她的心上。同時，她更嗅到了一股濃烈的雪茄煙氣息，是如此的刺激。

他並不答她，只緩緩的說了下去：

「一定的，兩年來和我在一起你不會感到快樂……，人都是要追求快樂和幸福的，你，一個年輕的女孩子，你爲什麼應該去尋求那些？……離開我吧！」他以那煙蒂染黃的手指，撫摸着她的肩膀，一份過度的自傷，使他轉而憐惜眼前的她。前天他在她的抽屜底，無意中發現了一個年輕男子的照片，當時，他曾感到異樣的煩惱與憤怒，只是他隱忍住了，未曾說出來，心中感到十分痛苦與妒嫉，他曾想找尋一個機會向她逼問這件事，今天他遲遲不肯去睡也是爲了這原因。但是，是由於今天的月亮還是由於其它，他納罕自已心中的惱怒完全消除了，只是充滿了感傷與懺悔。

月光溜過了屋子中央，展開肩巾的一角於白壁上，在對照交映之中，檯燈的光更顯得慵然欲睡，發出了淡綠的顏色。由這盞檯燈座上的名字，他更憶起許多往事，他似乎看到了他從前的妻子，仍然向他那麼淡淡的苦笑着，那微帶鼻音的語聲，是如此的酸楚：

「在遇到你以前，我本來就預備孤獨下去的。你來了，你破壞了我孤獨的生活，如今你又把孤獨交還我了，謝謝你。既然如此，我沒有什麼可說的，但願你和那位小姐是幸福的，不要再有什麼『事變』了。」他突然發現她的靈魂是如此的美麗，他更發現自己從來不曾如此愛慕過她，他迷茫的試着去握住她的手，但她已經走了，只把他丟在一片冷清清的月光裏，他好像在適才的瞌睡中看見了一個幻象。只有那溫柔的語聲，在空氣中蕩漾：

「但願你和那位小姐是幸福的！」

「唉，什麼幸福，千瘡百孔！」他頹然的又倒在椅子上，他看到對面的座位是空的，只有那件未織完的深藍毛衣，扔在那裏。

「未央！」他呼喚着她，此時此地，除了向她呼喚以外他更想不出再去做什麼。

聽到他的招喚，她又走了進來，搓搓手，她驀的將窗子關上了：

「眞涼，關上窗子好不好？」

他並沒有理會她的話，只怔怔的向她望着：

「未央，容我再問一句，我覺得你並不愛我，一天天的過去，你離我似乎更遠了。」

「難道你愛過我嗎？你愛過眞的我嗎，你認識眞的我嗎？」她想如此詰問他，並未說出來，她唯恐他受不了這過份的震撼。她此刻更明白的意識到，他們一直是在欺騙中生活着，並不是有意如此，當初却是被一種幻想欺騙了，這些她都不願意說出來，只支吾的：

「但是，我一直也不曾離開你的身邊呵！」

「你的心思，早不在我的身邊了！」他默默的想。他又記起了她的抽屜底那個陌生男子的照片，他不相信她曾做出什麼愧對自己的事，只是，在她的心中，自己的影子日漸黯淡，却是一個不可否認的事實：「春天本不是我的，我爲什麼要把它試着關閉起來呢？她的一切是值得原諒的，錯的是我，導致這錯誤的是我一時的狂想。」

他的眼睛望着她，他走到前面，以一隻手憐愛的撫摸着她的柔髮，他看到她披的是一條銀紅色的披肩，但在月光下那變成了深灰的顏色。

「我可以原諒你，也可以尊重你的一切意思，隨便你如何來處理這件事，只是你得告訴我，那個人，那個像片中的人是誰？」他感覺到自己是如此的軟弱，無望而又無助，他的聲音裏沒有恫嚇，却像是祈求。

她的眼睛射發出那麼動人的光燦，淚珠在睫毛下閃爍着，說明她靈魂的傷痛：

「什麼事情都沒有，你用不着知道他的名字。」

有什麼微妙的情感潛入他的內心，他悵然的倚牆而立，聲音是那樣的感人：

「未央，你不說也沒有關係，我決不逼迫你。我還不至於愚昧到那地步，一定要將帶翅翼的天神拘留起來。我是愛你的，但那是一種極端自私的愛，我是像一個病人敬愛他的醫生的那樣的愛着你，我只要求的是給予我快樂同健康，總之，我只是索要，而忘了給予。兩年過去了，在這期間，我是太忽略了你的幸福了，你自我這兒，什麼也不曾得到，除了這屋子中陰冷的空氣。我是生活在錯誤當中，這錯誤，造成了我們中間的苦惱，今晚，感謝月亮，我悟出來應該如何的來愛你，應該如何來表現我的愛。現在我更明白，生命中的秋天就是秋天，絕不會成爲春天，我是可怕的衰老了，我爲什麼要否認這一點，而企求春日陽光再度照耀着我？我當初企圖向你借到光與美，如同月亮之於太陽，我忘了這會使你遭受到多麼大的犧牲。我現在後悔了，我要你離開了我，恢復了你過去的生活。我如今知道眞正的愛在於割捨了所愛。我從來不曾向今晚這樣的愛過你，但在這最初眞正愛上你的片刻，我決定要你離開了我，你走吧，你走了我會心安一些：：離開我吧，孩子，這屋子對你的確太冷了，你怎麼受得了？」他多皺的眼角，滲出了淸淚，他吻着她的面頰，像一個父親似的吻着她，衰老的容顏上，浮現出那麼動人的愛之柔輝。

她伏在他的肩上顫抖着，她突然覺得靈魂中有一種神聖的情感開始覺醒。她深深的感到他對自己的愛情是如此的深厚，從來還沒有一個人如此愛過自己，愛得忍心使自已離開他。她感到一陣快樂浪潮的衝擊，她懂得愛了，從這一分這一秒起，是他喚醒了她，是他敎育了她。她是如此深摯的愛上了他，這不是愛的映影及回聲，而是愛，它的本身。眼前這個人，在他的垂老之年，向自已呈獻出最後一次的戀情，和夕陽中的霜葉一般絢麗，而同時又熾燃着如此動人的神聖光燄，直似人生的初戀——她心中那份尙不曾動用過的，純摯的初戀。她不禁感泣：

「求你不要再說下去了，我是永遠也不肯離開你的。」

窗外，月亮沉落了，遠處傳來了斷續的雞鳴，透過黎明的霧氣，竟也帶了幾分濕重的意味。

她溫柔的望着他：

「要不要喝杯熱茶？」

他點點頭，充滿了感激的微笑着。

她如今才了解，她的伴侶是需要溫暖的，她燃着了那酒精爐子去煮水，望着那淡藍微弱的火燄，顫抖在黎明的銀線之中，她想：這火燄象徵着一點什麼，要想說明它，很容易，也很困難。

詩三首

李經

半途

所有的希望都已嘗試過，
看見過生命的曲折；走過。
灼熱的沙，荒涼的天，
最勸誘旅人的地圖也失去了雄辯。
綠色，春天，都已是字典裏僵死的詞彙，
甚至和回憶也切斷了聯繫；
它們偶然出現，僅像悖時的服裝，
出現在錯誤的時代。

好像有過信心，
路都有美滿的終點，
硬將一個終點的概念，
焊接在一片沒有歸宿的荒原；
希望？如荒漠裏烏鴉的呼喚，
連不祥的回音都沒有。

如果有一座
貧瘠的山
希望還可以寄託在山的那一邊。
滿眼是沙堆起的安慰。

半途的旅人，
你從那裏來？

十字架

是複雜的哲理最簡單的象徵，
是紛亂的生命第一次的寧靜。
在這裏，只有在這裏，
焦慮的眸子放下不眠的眼瞼。

神秘的黃昏，
宇宙摺成血污的十字——

聖者和罪人，眞實和幻影，
　神和獸
　　快樂和痛楚，
以及不可調協的矛盾，
通過流血的心，各自走向極端。

希望

—給艾略特—

只有神能生活在無欲的睿智裏，
只有野獸才滿足於慾望的滿足；
人要希望，在希望裏獲得勇敢和進步。
希望是人的良心
　渴求全知與全聖。
它點燃了燼滅的生命的火
　在黑暗的現實的迷宮裏
　　尋覓失去的樂園。
你，蒼白的哲人啊，
顫抖地擁抱住永恆——
在那眩暈的一瞬，
你的希望爆裂成
　熊熊的烈火；
　於是，你說：
讓我們不要希望，
　在無望的寧靜裏安於命運。
　　幫助我們，
假如，我們的記憶裏
　沉重地負擔着失去的樂園；
假如，在黑夜裏無助地行走，
　我們需要一盞明燈；
假如，在死亡的荒原上，
　我們還固執地渴念希望的安慰。

斜暉

（八續）

孟瑤

十二

來時的心情因爲遺失得太多，所以悄然而隱；如今是因爲創夷平復的緣故嗎？我忽然有意追尋那已然失去的。

午睡醒來，已是四點左右光景，我習慣地想拿一本書去淺灘邊消磨，隨便抽出一本後主詞向後院走去，經過斜坡，步下海濱，四野闃寂無人，我放縱地滾向柔沙，隨意掇取近身的一貝一介，我收攏它們，像收攏我的思慮；我堆砌它們，像堆砌我的感情，這一堆被我精心雕鏤過的感情，如今正孤獨地孑立在淺灘邊。

我遙望那山尖白屋，正不知裏面將要發生什麼，我看見樓上那間面西的窗子，那窗門正推向外面，一如爲那居住在裏面的主人攤開兩隻歡迎的手，迎接那最被主人熱愛的斜暉！是的，那斜暉，柔麗，溫暖，多情，每天不忘記進去安慰那主人的寂寞，使她的內心變得比來時充實些。

斜倚石上，讀了半天後主詞，想到這位亡國之君終日以淚洗面的生活，我沒有勇氣再讀下去，我站了起來，抖落掉渾身的細沙，連同那心靈上的煩憂。但是，離開晚飯的時候還早，我不願意過早回去，因爲我不願意那別墅拘束住我的靈魂，靠近誰邊；也不願意聽見那低吼，更不願意看見那冷箭。於是我又繼續向右走去，輕步漫行，經過一段滑溼的澤地，不自覺又到了那岩洞口，我不知道是什麼鬼支使着我，還是我又再度地禁不住那神秘氣氛的引誘，我渾身恐懼，又到那洞外逡巡不去。想到那岩壁滴水，那岩頂蛛封，那蝙蝠，那崎嶇……無一處不是陰森森的。我從洞外探首，裏面雖然黝黯，但不是黯不見人，隱約中我又看見那一塊平滑的石頭，那裏我曾匍匐蜷臥過，現在又在那裏引誘着我，我望望外面，太陽尚未歸去，斜射一部份可愛的柔光進去，我忽然又決定作第二次的探險，事實上，我並無第一次的緊張，因爲一切我皆見過，我走到那平滑的石頭上坐下，斜倚岩壁，這角度使我坐得很舒服，於是，我揮去低飛的蝙蝠，閉目靜思，那稍感陰寒的空氣，把我飄拂的感情凝聚起來。於是環繞我渾身的雲霧，變成了無數幻影，在我面前跳躍。他們都是柳塘，有十年前的，有失明後的，或微笑，或低吼，或沉思，或小語，却都是爲我而發，一點也沒有對我冷淡。正當我凝神靜坐時，門外響起了脚步聲，我的心裏雖然萬分緊張，但是我不相信鬼怪會出現得這樣早，因此我强自鎭定以爲這是我的錯覺。但是，脚步聲漸漸近了，而且夾雜着人語，我聽出了他們是誰，但是，要逃出却已來不及，於是，匆忙中，我向裏面黑暗的角落藏身進去。

進來的竟是彥珊與致中，這不是件太了不起的事；但他倆靠得很近，狀極親密，這也沒有關係；但是，彥珊的神態完全不一樣了，她已不是一座冰山，也不是一束冷箭，她像沙漠揚起的熱風，夏日晴空的太陽，她的嘴與她的眼睛表現着使人退懼的狂愛，致中是她的俘虜，那表情是十分可憫的。我一直在懷疑這一對姑姪，果然這一對姑姪的關係是這樣的，我想到柳塘與翠微，一種强烈的情緒幾乎使我暈了過去，這目擊的一件事，破開了無數神秘，解除了多少困惑，所謂鬧鬼原來就是他們兩個人呀！那午夜海濱雙影是他們，那嚴禁人來岩洞，也正是彥珊的詭計，於是，我又想起了那松林，致中熟悉路徑，也許正是他白日來此時最好的一條隱蔽道路，想到這一對無恥的東西欺侮柳塘盲目如此之甚，我恨不能立刻躍上前去宰了他們，但，我隱忍着，且看他們來此，究竟有什麼作爲。彥珊雖然對致中表現着無盡的愛，吻他，擁抱他……但是，終像是有很重大的問題即待解決似的，彥珊立刻又正顏責備起致中來：「這些天你都裝傻不來這裏，告訴我，你與翠微到底是怎麼一回事？」

致中很畏怯，沒有能說出什麼話來，只是傻笑。

「事情不能這樣做了，遲則有變，我們原定的計劃推翻，你們的這一齣戲也不必唱。一切還是等我來先下手爲强，把那瞎子……」

「你……」致中向她搖手：「你不要這樣，這一種喪天害理的事怎麼可以……」

「我不能賠了夫人又折兵，」彥珊氣惱萬分：「要是你們兩人假戲眞唱的話，我豈不是人財兩空？」

「不過……」致中攤開手，又抓抓頭，依然把話接不下去。

「致中，」彥珊指着那待宰的羔羊：「我告訴你，你不能昧良心，這些年來，我對你費盡了什麼心事，你沒有什麼不明白，假若你眞愛上了那年青的小姑娘，做了對不起我的事，我絕對饒不過你們，我是什麼事都能做得出來的。」

「我……」致中依然期期艾艾。

「你說眞話，你對翠微到底是怎麼回事？」

「我愛她！」致中終於勇敢地說出了這一句話。

聽見了這一句話，彥珊像一隻被射中的野獸，立刻伏身到那一塊石頭上，我也隨着望去，天，我那一本後主詞正遺落在那裏，他們的眼睛適應了那黝黯的光線，兩個人同時看到那一本書，也都大吃一驚，他倆都忘了商談自已的事，彥珊却立刻指向那本書，像看見了魔鬼似的說：「誰？是誰也敢跑到這岩洞裏來？眞是遇見鬼了！」

致中也恐懼於那醜惡秘密的洩露，於是放眼找尋；彥珊則像一個巫婆似的唸着咒語：「出來，出來，是鬼我也會宰了你的！」

是的，我已無法躲藏，是刀山油鍋斷頭臺我也必須硬起頭皮接受，於是我挺身而出：「是我，是我想在洞裏看看，並沒有意思來闖破你們的秘密。」

「我知道你就是我的尅星，從你到這個屋裏來起，我就沒有把你看順眼過，」她詛咒着：「今天，我一定要你死，我一定殺了你！」說時，她像一隻餓鷹似的撲了過來，那一副亡命的樣子把我嚇壞了，除了閃避，我無力反抗她，幸而致中過來一把抱住了她，於是，她又全力對付致中，咒罵着：「你還攔着我留她這張活口呢！你怎麼這樣傻啊！殺了她，殺死她！致中，致中！」

這一件太出乎意料之外的事，使我失去了神志，一切的思想，以及應付的辦法我都拿不出來，我只有痴痴地對彥珊說：「你冷靜一些，讓我向你立誓，我爲你們保守秘密，我決不向外宣揚一個字，但是，你們也必須爲我保證，保證柳塘父女生命的安全！」

「不要你立誓，不要你保證，」彥珊像狼似的狂嘷：「只要你的命，從看見你，我就想殺掉你。」

「陳小姐，你還不走？」致中一面制止彥珊，一面喘着氣向我說：「你的話我們一定遵守，你去吧！彥珊是我的事。」

致中提醒了我，搶到石頭上的那本書，我倉皇地從岩洞裏逃了出來，洞外夜色已臨，海風很大，天氣有些變了，浪濤捲在我的脚下，就像一隻大海怪似的，令人生畏，我餘悸未已，渾身顫抖着，也找不到那山邊石階的方位了，星月都被雲層遮住，直到一次探照燈的光線射過來，我才於隱約中找到歸路，倉卒上山，才進別墅，柳塘的吼聲又響自室內，老高與傻大姐都不敢進去，因爲他們以爲女主人還在別墅，我也不顧說明什麼，匆忙地打開柳塘的房門，連連答應着：「來了，來了，你要什麼嗎？」

「人呢？人呢？彥珊呢？」柳塘站在書桌前，雙手敲擊着，滿臉脹得緋紅。

「她……」我努力鎮定自己：「她有一些不舒服，不能起床了，叫我來侍候你的一切。」

柳塘竭力使自己安靜，沉默着，咬緊嘴唇，用手巾擦着頭上各部的汗，然後對我說：「你走進來！」

我如言地走近他身邊，他剛剛伸手拉住我，便又立刻變色地問：「你又去岩洞了嗎？」

我大吃一驚，竭力掩飾否認：「不，我沒有去！」

他生氣地推開我的手，堅定地說：「你不要騙我！」

我不知道他的第六感官又在起着什麼玄妙的作用，要想否認到底，是不可能的，因此我沉默着。

「是她病了嗎？」他又問。

「是的！」我漫應着，在我沒有把一切的事情思考周密以前，那一個可厭的秘密，我必須暫時瞞過他。

柳塘遲疑着，沒有相信我的話，也沒有堅持着反對，半天，才低緩地說：「是什麼事使你們忘記了吃晚飯啊！我餓了！」

無怪柳塘生疑呢！我們是眞的連晚飯都忘記吃了，於是我答應着，跑到厨房，老高叨念着問我們爲什麼不叫傻丫頭端飯，我也沒有來得及答應他，先端起晚飯到大廳，然後分出柳塘的一份替他送了進去，就在我安排食桌的時候，柳塘早已摸索了過來，坐到他的位置，然後又對我說：「今晚你就陪我吃飯，我有幾句話問你。」

我裝出平淡的樣子答應了他。

晚餐開始了不久，我食不知味，柳塘却又不放鬆地問我：「你今天又跑到岩洞裏去做什麼？」

「我……」我想否認，但又知否認不了，於是只得說：「我那一天掉了一本書在那裏，今天想起來就去找尋！」

「找到了嗎？」他顯出過份的關切：「相隔這樣久的時間？」

「嗯，」我猶豫地：「找到了！」

沉默了一會，柳塘吃了幾口菜，又問：「彥珊是眞病了嗎？」

「是眞病了！」

「什麼病？」

「有一點發熱！」

「你從岩洞裏匆忙回來，又去看了彥珊，才跑到我這裏來的嗎？」

「你怎麼知道我是岩洞裏剛回來就到你這裏來的呢？」我力辯着：「我是到彥珊那裏坐了半天才上你這裏來的！」

「但是你喘着氣，進來的時候。」他指正我：「而且我發了很久的脾氣，你不可能坐在她屋裏閒聊都不來理我。」

我辭窮了，半天找不出什麼語言，做爲我謊話的辯護。

「告訴我，」柳塘忽然放下他手中的碗筷，拉住我的手問：「彥珊是不是在家？」

「她不在家，我又何須騙你呢？」我竭力掩飾那一件意外所給與我的不安：「她是躺在床上，柳塘，我不明白你今天爲什麼這樣不相信我？」

柳塘沒有說什麼，但他咬着他的嘴唇，像隱忍着許多話，又像是該說的話太多了，不知語從何起。半天，他只嘆了一口氣，鬆開我的手，說：「你的手有一些發抖。」

「是的，外面起風了！」我解釋着。

「快到夏天了，海風不會使人發抖的。」

我又失敗了，找不到一句話回答他。

「我只要你不要輕視我沒有眼睛，我的第六感官是非常敏銳的！」他說完，似怕引起我的過份難堪，才笑笑說：「我也不再問你什麼了！我知道有一種不安的情緒使你疲倦，我今天也想早點休息！假若彥珊是眞病了的話，你告訴她，我這位做丈夫的問候她！」

雖然我知道柳塘已經察覺出來許多破綻，但是，我的思想已經組織不出一句完整的話來回答他，於是，且自由他憤怒回屋，我只匆忙地收拾好一切送回厨房，我回屋以後，納頭便睡，我想，這樣也許可以使我的腦筋清楚些，但是，雖經幾番努力，依然整理不出一點頭緒來，不久，我門外却又響起了輕微的叩門聲。我以爲是彥珊，又想到她若來，定不會這麼斯文，便已聽見外面是致中的聲音說：「陳小姐，開門，我有話告訴你！」

「你等一等！」我輕聲回答他，然後，先燃起室內油燈，打開門，又提醒致中說：「你的聲音輕一點，翠微的爸爸就在樓下，一切的事，先不要給他知道了！」

「知道，」致中說：「好在今天外面的風浪聲特別大，他不會察覺出來的！」說完，他抱頭不語，我想想那些意外的事故，心裏更加鄙薄他，因此便沒有與他作禮貌上的寒暄。

沉默很久，他終於自語似的說了下去：「我知道你會看不起我，不過，假若你知道我的身世的話，或者會原諒我一點。我是一個孤兒，我被父親的一位朋友撫養大，後來我父親的那位朋友去世後，我又被彥珊原來的丈夫繼續撫育，她的丈夫是一位豪爽，任俠，而又性情暴虐的人，他們夫妻之間的感情不算好，而且，因爲他倆人都十分揮霍的原因，在她丈夫去世時，家裏便已十分拮据了。那年我十七歲，因爲過去雖然住校，每逢寒暑假總是去他們家的緣故，所以與他們都很熟，等到她丈夫去世不久，我們即發生了不可告人的關係，這關係很使我痛苦，我受着良心的責備，沒有一分鐘不想切斷它，但她死命不肯，抓得我牢牢的不放，直到我們把所有的錢都化光了，她忽然發現她的一位同學死了，那就是翠微的母親，她們過去的感情很好，她又知道這一家很有錢，於是，想盡方法要嫁過來，當然我很同意，我的意思是想趁機切斷這不正常的、令人厭惡的關係，她則是想騙一筆錢好與我一塊去過舒服日子。不久，她嫁過來了，以爲一個瞎子十分好欺騙，但是他有一個女兒可以做她的眼睛，於是，叫我用方法去攏絡他的女兒，蒙蔽住以便自己在家庭中好爲所欲爲。我一直是被她控制慣了的，對於她的命令，只有依計行事。但是，翠微是個好孩子，我沒有辦法不對這純潔的女孩子發生眞實的感情，這使她的計劃不能認眞實行了，所以她非常恨我，以及一切她所看到的人……這就是你所看到我們以前，一切眞實的事實。我知道我是一個極卑鄙的人，但是，自從遇見翠微以後，我早已決心好好做人了。」

「彥珊呢！」我雖然相信他的話是眞的，但是我並不同情他，倒是不使事態擴大明朗是我所關心的，於是我問。

「被我勸回去了，只要她在我身上存有希望，她也不肯使這件事情宣揚出去，這一點你可以放心。」

「過去你們既然有一段感情，如今你這樣不負責任地擺脫她，照情理上你也說不過去。」

「這沒有什麼說不過去的！」致中情急地爲自己辯護着：「過去我年幼無知，是受她的引誘，再嫁的時候，我曾再三地勸她忘掉我們過去的一段，好好地做家庭主婦，求得夫妻幸福，她又不肯，死命地拉住我不放，這一點也不是我的意思，我年紀還輕，我要正正式式地結婚，有家，有孩子，我不能這樣胡混一輩子，而且翠微對我這樣好，我不能對不起她。」

「好，你們的事情我也明白了，」我對他說：「很晚了，你回去吧！」

致中站起來，猶豫一會，又對我說：「你所看到的那件事，千萬不要叫翠微知道，她要知道了我是那樣一個沒有品格的人，她會傷心死的，這一件事也一半是屬於我的被迫無奈，不過從這以後，我一定會對得起她的！」

「那麼彥珊呢？她會放手？」

「讓我慢慢勸她，她應該和她的丈夫乖乖地在一塊兒過日子！」

「好了！」我有一些不耐煩：「你走吧！這件事我一定保守秘密就是，不過，你可絕對不許做對不起人的事！」

「我保證，那是絕對不會的。」他愼重地向我一鞠躬，然後才告辭而退。

外面的風浪大了起來，我知道我一定有一個不眠之夜。

（未完）

書刊評介

「百獸圖」與諷刺文學

梁實秋

「百獸圖」原名"Animal Farm"是George Orwell作的一部小說。歐威爾已於一九五〇年逝世。他的眞姓名是Eric Blair，他生於一個英印混血種的家庭，在倫敦受教育，在緬甸作過警察五年，經常給「倫敦觀察報」、「新政治家與國家」等雜誌撰稿，是英國一位有相當聲望的文藝評論家、散文及小說作家。

自青年時代，歐威爾卽對西方社會十分的不滿。他的作品如：The Road to Wigan Pier, Down and Out in London and Paris 等，都充分的表現着他的憤怒。西班牙內戰時，他加入了共產黨的國際義勇軍，曾受重傷。這是他的一生的轉捩點。西班牙的經歷使他親眼看到共產黨的手段之違反人性，他從此開始反共。一九三八年他寫了『向加塔隆尼西致敬』(Homage to Catalonia)，開始揭露共黨將人類「畜化」的殘酷眞象。自此以後，他的文章時常是在兩面作戰，一面在攻擊不合理的西方社會，一面斥責共產黨之違反人性的行爲。歐威爾的反共的作品特別值得我們重視，因爲共黨是人類的最大的威脅，而歐威爾又有他的特殊的犀利的文筆，予以無情的諷刺。

一九四九年十月號的「讀者文摘」曾介紹歐威爾的一本小說『一九八四年』，使得這部預言性質的小說轟動世界。這是歐威爾的最後一部作品，他描寫了未來世界之如何的完全遭受共產主義的集權統治，人的生活之如何的不如牛馬。其中有若干預言，今日已經實現。這部小說聽說已有人譯爲中文。

「百獸圖」出版於一九四五年，是薄薄的只有一百二十頁的小書，但是內容非常精彩。如果「反共的文藝」也能成爲一個名詞，則此書無疑的應該被推爲一部最出色的反共文藝作品。也許這本書問世稍嫌太早一點，在十年前很多英美人士對於共產黨還存有若干幻想，還沒能透澈了解共產黨的本來面目，還以爲共產黨不過是一些激進的民主自由人士，因而對于這一本深刻的諷刺小說尚未能予以應得的重視。但是這本小說，和「一九八四年」一樣如今在歐美已成爲一部最受歡迎的名著了。此書現有李啓純先生譯本，正中書局出版。

這部小說是把俄國的共產黨徒，列寧、托洛斯基、史達林等統統在內，描寫成爲一羣獸。關於這一點，首先需要說明：將人比做獸，在我們的習慣裏是極嚴重的謾罵，但在英美人的習慣這却並不是侮辱。英國人還不是常常自喻爲「牛頭狗」bull dog麼？美國共和黨的象徵是一頭大象，民主黨則自命是驢。所以，歐威爾固然痛恨共產黨，但是他總還保有相當分量的紳士習氣，不至於用「畜牲」罵人，在筆頭上逞一時之快。歐威爾的諷刺是深刻的，但其深刻處不在將人比獸這一點上。讀者具有此理解，然後讀此小說才能格外的欣賞其幽默的趣味。

這小說裏的故事大致是這樣的：

「獸畜農場」最初叫作「莊園農場」，以後農場上的牲畜起了革命，驅逐了不務生產而剝削畜力的人類，才改成這個名字。農莊的角色包括誠懇、智力遲鈍、努力工作的兩匹耕馬，好虛榮的駕車牝馬，玩世不恭、不爲任何社會學說所左右的驢，狡滑、隨時逃避工作的貓，愚蠢、好心、作應聲蟲的羣羊，殘酷、樂於追隨任何强大主人的衆狗，智慧、機警的羣猪。

最初大家同心耕耘收穫，在在力求平等，在一個叫作『拿破崙』的牡猪領導下，利用着狗的保護，羣猪變成了新的享受剝削者；慢慢地牠們破壞了『獸畜農場』成立時的七條公守誡命：『㊀、兩腿的是敵人；㊁、四腿或有翼的是朋友；㊂、獸畜不得穿衣服；㊃、獸畜不得睡床；㊄、獸畜不得飲酒；㊅、獸畜不得殺害獸畜；㊆、一切獸畜皆平等。』羣猪不但破壞了公誡，並且在深夜塗改了寫在牆上的公誡，將它們易作：『……㊃、獸畜不得睡有被單的床；㊄、獸畜不得飲過量的酒；㊅、獸畜不得無理由地殺害其他獸畜；㊆、一切獸畜皆平等，但有些獸畜是更平等的。』牛乳由羣猪專享，雞卵被羣猪出售換酒，言論不再有自由，反抗的獸畜都被猪狗所殺害，大家的食糧也都由羣猪來配給，最後，羣猪學會了直立起來用兩隻後脚走路，也會用皮鞭去督勵大家工作了。

有一天，拿破崙竟邀宴附近農莊的『人』來歡聚：『獸畜農場』它宣佈易爲原名：『莊園農場』，原來綠地有一白蹄白角的『莊旗』改爲一色純綠，衆牲畜以後不許再互相稱呼『同志』了。羣猪與羣人(各六位)歡宴時，農莊上衆牲畜在房外偷看；屋內的賓主正在玩牌賭錢：『屋中發出了許多的叫聲……有的喊叫，有的拍桌子，有的以懷疑的怒目互視，有的在憤怒地否認。爭吵的原因，大概是因爲拿破崙(猪)和皮金頓先生(人)同時各出了一張黑桃A。十二個嗓音同時憤怒地喊叫，十二個聲音完全相似。……外面的獸畜們從人望到猪，從猪望到人；但是已經無法辨認，誰個是猪，誰個是人。』

「百獸圖」的整個故事是用譬喻的手法描寫俄國共黨之如何革命，如何獲得政權，如何統治羣衆，如何努力建設，如何剝削農工，如何違背本來的主義而與資本主義再度妥協……。在他的描寫之下，這個共黨國家各階層之心理狀態暴露無遺。這部小說之具有强烈的反共意義，自不待言。但是這部書之眞值得讚美處，並不在於它具備强烈的反共意義。老實說，俄國共產黨那一些罪過、殘酷、虛僞、橫暴，誰人不知，誰人不曉？更何待文學家用小說的筆法去曲予描繪？這本小說之所以令人叫絕，是在於它的描寫人性之透澈，描寫手段之高明，使得它成爲一部優秀的文藝作品，反共云云，其餘事耳！

「百獸圖」屬於諷刺文學的類型。在西洋文學裏，諷刺的文學作品是不以個人爲對象的，不作私人攻訐，亦不指某某固定事件而提供意見，既不對人亦不對事，而只是針對着人性中的弱點，（表現出來卽爲 vices 或 follies），加以誇張形容，使其不合理處昭然若揭，使其醜態畢露，使其缺陷客觀的陳列在讀者的目前。其手段儘管尖刻，其用心是在規勸儆醒。被諷刺的對象是普遍的，因其是人性中之一面。例如：綏夫特著的「格利弗遊記」，便是這一類作品的典型。他曾說：『我恨那種叫做「人」的動物。』其實他恨的是人類之黑暗的一面，人類之光明的一面不會招致他的嫉恨的。「格利弗遊記」所諷刺的是人類的虛僞、愚昧、殘酷、貪婪、怯懦。這些毛病不屬於任何一個人，而是人類共同的缺點。服爾德的「戇第德」(Candide) 也是一部諷刺小說，他諷刺的是過份的樂觀主義的人生觀。盧梭固然是樂觀主義的大師，但是樂觀的人滔滔皆是，又豈只盧梭一人？「百獸圖」裏面的人物固然是俄共的首要及其人民，但是諷刺的眞正的對象是一般人普通常犯的毛病——嫉妒、仇恨、殘酷、欺騙、愚蠢。共產黨徒也是人，共產黨犯的毛病卽是人性中的惡劣部份之充分的發展。人性中本有一部份是獸性，我們常說共產黨違反人性，實際上卽是他們過份發展那人性中的獸性。這「百獸圖」正是這獸性發展之最好的一個寫照。

寫諷刺文學作品最需要冷靜的頭腦。動不得火，一動火就不免要罵街，或是喊口號。罵街或喊口號，固然也是痛快事，不過那距文學的境界就遠了。諷刺文學者，心裏當然蘊藏着一腔憤怒，但是動起筆來，卻是心平氣和，十分鎭定，把對象看得清清楚楚，把對象安放在一個服服貼貼動彈不得的位置上，然後慢條斯理的一刀一刀的去解剖他，一下一下的去雕塑他。諷刺的文學家，有如外科醫生，看他操動刀圭，然而態度自若，臨完了我們還不能不說他：「是乃仁術」！「百獸圖」就妙在故事寫得入情入理，沒有一點張牙舞爪的氣味，使讀者感覺到作者是在發掘人性——給人性做「滌瑕蕩穢」的工作。

讀者投書

(一)這樣就能推行簡易商業會計制度嗎？

李進財

自由中國主筆大鑒：貴刊主持正義，爲民喉舌，茲有一令人極端困惑之事，敬請惠予刋登，並賜指敎，實爲感激之至。因我是一個平凡的小商人，爲了家庭生計開設一間小商店，資本僅新臺幣一萬數千元，遵章使用統一發票，每月自動報繳稅欵，從無違誤。因爲資本小，收入微，不能雇用員工，又兼眷屬全是老弱，店務乃由我一人照料。爲了生活，每天披星即起，灑掃店面，收放貨物，由晨至夕，要接待顧客，稱分量，包貨物，找零錢，開發票，買貨，送貨，跑街取欵存欵，並要兼理家庭雜務，一個人忙得整天打轉轉，片刻無休息。在每天二十四小時的中間，至少要工作十六七小時以上，雖然如此勞苦，但因近年社會不景，生意競爭得一天比一天厲害起來，一年中胼手胝足，心身交瘁，也不過僅能維持一家數口的最低生活而已。本來自從小商店使用統一發票以來，已經平添了無數麻煩，一有疏忽，隨時均有被罰的危險，但當一筆交易尙未完成之時，其他客人又來買東西，叫他等一等，他往往十分着急不耐，生氣走掉了，發票未拿走，要代他暫爲保存，以便下次來時再交給他，否則隨時有被告發爲未開發票的危險。此種統一發票之使用，已極令商人焦頭爛額，並且時出麻煩。不意上(十一月)月底我又接奉本市簡易商業會計制度推行小組主任的通知，內稱：「查簡易商業會計制度業經臺灣省政府公佈，並規定自四十六年元月一日起實施。茲爲輔導各商號依照該制度如限設賬，經奉省府推行小組令知本市推行小組設立講習班。茲指調該商號負責人或會計人員參加講習受訓……」等語。我爲了遵守政令，只好每天在該小組規定之受訓時間，提早打烊前往受訓，對於老師們所講習的會計原理、記帳、轉賬、結賬的內容，因其內容深奧，根本毫無理解，尤其受訓期間只有一星期，這一部複式簿記的會計學，怎能叫人學會呢？但每天往返在途及聽講時間至少要浪費四五小時的工夫，因爲提早打烊的結果，收入減少，弄得損失不貲，其結果是會計學未學會，所謂「制度」者更是茫無所知，同時同班受訓的「同學」們，有男有女有老有小，經過互相談論的結果，我才知道未學會的並不只我一個人，大多數，也可以說絕大多數的人都是不得要領，虛應故事而已。

受訓結果，毫無所得，本來並無大碍，不過現在剩下來的問題，却十二萬分的嚴重，因爲根據省政府的公告，明年元月一日開始採用簡易商業會計制度了。凡是使用統一發票的營利事業，據說全要依照所謂的「簡易商業會計制度」開始記帳了。但據我所知，絕大多數的受訓商人，在一星期中並未學到記帳及處理這種複式簿記的技能。尤其這種複習簿記中，內分借貸原理、會計科目、分錄簿、總分類賬、日記帳、試算表、資產負債表、損益計算書、各種憑單等等……，頭緒紛繁，記載必須正確，決無緩衝的餘地，一筆記錯，全賬皆錯，全賬一錯，結果是弄得一場糊塗。這種複雜的玩藝兒，叫我如何去記？叫我如何轉賬？叫我如何去結賬？但如果不記帳，據說就要「依法罰辦」。如一旦稅吏臨門，問東問西，叫我如何應付？天啊！這樣一來，眞叫人走頭無路了！生意還是繼續作呢？還是乾脆就此結束呢？繼續去作吧，只恨沒有記賬的能力，到時候一定受罰，受完罰照舊還是不會記呀！如此這般地，你不記賬我就罰你，罰了還是不會記，於是只有一罰再罰，不罰到民窮財盡才怪呢？這種措施如從表面看來，本來冠冕堂皇，作生意的必要記帳，所謂「使工商業管理趨於科學化」，所謂「保障商業主體人權益」，所謂「增進工商業信譽」，所謂「組織化、企業化……」等等，本來全是大道理，但是一旦加諸小商人的身上，在我們的立場上看來，全是官腔，全是宣傳，全是不合實際的措施！這種措施，好有一比，像把一套成人的衣服硬叫三歲孩子穿起來走路，不穿就要挨打。試想穿起大人衣服的三歲孩提，你叫他怎能走路呢？怎能負擔得了呢？

現在我思前想後，毫無辦法，生意結束吧，人海茫茫，何以謀生!?一家老小，嗷嗷待哺，作爲一家主幹的我何以仰事俯蓄？眞叫我無語問蒼天？欲哭無淚！同時我也想到有此困難的人，全臺灣省何止萬千，小商人們！這是我們應該講話的時候了！以下我謹將我對此次受訓及設賬的問題，寫出數點疑問及感想，敬請有關單位及同業不吝指敎。

一、省政府在明令實行此種所謂簡易商業會計制度叫商人記帳之前，對於全省各縣市商民之知識程度，經營實態，現在生活狀況，每月收入，及有無記載複式簿記之能力等項，曾否認眞逐一詳細調查？臺灣省內各縣市之商店，大多數俱屬家庭生意，爲了一家生計，妻兒老小，全體日夜操勞，能雇得起所謂「會計人員」的店舖每一百家中有幾家？能自己會記載複式簿記的，每一百家中有幾個人？

二、前述明令實行簡易商業會計制度一案，曾否提交省臨時議會開會討論？議會曾否通過此案？如果提出，在議事進行中，我們的議員諸公曾否考慮到實行時的困難，以及施行的後果？曾否爲我們小商人有所剖白？

三、上述所謂簡易商業會計制度推行小組究係何種機關？並根據何種法令而有權「指調」人民參加受訓？

四、所謂簡易商業會計制度云云者，純屬一種複式商業簿記，在大專及商業職業等學校中列爲專門學科，普通授業時間，至少需時一年左右，方可修畢，決非一蹴可幾的東西。此乃大多數人的常識。乃此次各縣市所辦的講習班，爲時僅一星期，每日上課二三小時，自開講之日起至修畢之日止，總共不過二十多小時。以二十多小時的時間，要講授複式簿記，欲使受訓人明瞭，進而迫其應用，這是一種開玩笑而不可有恕的行爲。這種走馬看花，虛應故事的舉措，除了虛靡公帑而外，我們看不出有什麼其他的眞實意義。同時驅使大多數未學會應用複式簿記的商人去記帳、轉賬、結算，到頭來不過弄個錯誤百出，一塌糊塗，而此種流弊所及以至於將來在法律上的責任，應由誰人負擔？難到你們眞忍心叫小商民來負責嗎？

五、數年來「便民」之聲，高唱入雲，前述所謂指調講習，所謂設立複式簿記，迫令困苦缺乏的小商人，在終日勞瘁之餘，平添了很多勞力的負擔，廢時誤事，苦惱萬分，這就是所謂的便民嗎？這就是所謂的「輔導工商之發展」嗎？

六、當此反攻在卽、舉國鼓舞振奮之秋，有錢的應該出錢，有力的應該出力，卽在平時，商人納稅，本爲應有之義務，我以爲叫他出錢，尙無不可，但叫他既出錢又出力，又給他平添了多少的麻煩，迫使他作不會作的事，增加他精神上體力上的負擔，則是萬萬要不得的。

七、敬請國內輿論界實業界及學者專家們和曾經由我們選舉出來的各級人民代表們，在聆聽小商人緊急呼籲後，抽出部份時間，對上述實施簡易商業會計制度的問題，惠賜檢討，發爲讜論，趕快主持正義來救助我們這弱小的一羣！

肅此敬頌

撰祺

李進財謹上

四十五年十二月五日

讀者投書

(二) 四十元够租房子？

韋青

我在本省當了十年的中學教員，平時不多講話，但這次破一回例，讓我把許多同事們常論起的事，借「自由中國」半月刊一角篇幅披露出來，好給當政者參考：

一、房租津貼要酌情增加　目前全省各中小學校，十之八九缺少宿舍供教員住宿。教員配不到宿舍，勢非自己租屋居住不可。而今房租之昂貴，教員實無力負擔。以本人爲例，單身漢，租四席半大的斗室，月租金就達一百五十元，外加水電費十五元，共一百六十五元。但政府所發房租津貼僅四十元。以本人月薪照薦任三級計算，每月也不過四百多元；付出百餘元房租，剩下的僅够吃伙食。若是將來名下多了一「口」，將何以過日？因此想到有家眷的同事們，難怪他們要拚老命去教夜間補習、去當家庭教師了。所以在這教師待遇尙未作適當調整之時，應先變更「房租津貼」的核發，使「住者無其屋」的教師們有足够的「房租金」去租房子，不必將那少得可憐的薪水還要勻出一部分去租房子。我想這四十塊錢，卽使廳長那麼大面子的人也沒法租到房子吧！

其次，房租津貼似乎可分兩類發給：其一是眞正在校外靠現錢去租房子住的人，這種人最可憐，像我，每月咬着牙根付房租金給房東；不然沒得住怎麼辦！這類的房租津貼要核實發給，或仿照東海大學定等級發給。總之發給他們的房租津貼要够作租房之用。另一類是沒住學校宿舍也非租屋居住，而是住自家的房屋，這類人發不發房租津貼沒重大影響，多發更好，少發也够補助補助水電費用。

據說××公司、××局規定有眷屬的職員若不願住機關配給的那一棟既漂亮又寬敞的宿舍，就可以按月發給房租津貼五百元，比我們窮教員全月薪水還多。於是就有許多職員寧願領五百元房租津貼而不願住公司宿舍。這事與學校教員相比，何啻天壤懸殊？

二、文史教員應准聘兼任　教育法令規定文史教員一律不得聘請兼任的，當然表面上看，提高文史科重要性，使文史教員專心教書。但事實卻因教員待遇不足餬口，英數理教員十之八九都另找「外快」，或教補習班，或當家庭教師，或往他校兼課。而文史教員呢？沒補習班可教，也沒人會請去當文史科家庭教師；卽使他校聘不到文史專任教員，卽使他教學極有成績，也不准去賺些鐘點費。難怪今日的文史教員一個個垂頭喪氣、或牢騷滿腹，甚至公開的以現身說法勸告學生子弟們：千萬別再去攻讀什麼國文歷史了，否則將來生活都成問題。所以我認爲應該取消這條禁令，讓教學優良而被生活重擔壓得透不過氣來的文史教員也有喘氣的機會，另一方面在目前大量增班，師資缺乏聲中，也可以替許多學校解決「請不到文史科合格教員」的困難。

再說：教員是「自由職業」，照理就不應該有此不合理的限制，正如律師、醫師、建築師……一樣，難道只允許他們爲甲家服務就不可爲乙家服務嗎？

以上二點僅是兩樁小事，卻是我們所最關心的。當然我們還希望政府拿出辦法來，調整教師待遇；我們不會幻想有像中信局、銀行、糖廠、郵電、海關、電力公司、水泥廠、肥料廠、……廠、……公司、……局等的好待遇，我們只盼望不要跟他們差太多，弄得望塵莫及，就好了。

勘誤

本刊第十五卷第十二期社論(二)「政治改革不容再緩」，文內第四段第十六行，「……再如青年反共救國團之妨害教育行政的統一」，句中「團」字排漏，特此勘正。

給讀者的報告

本刊從本期起開始進入第十六卷，而本期發行之日又正值民國四十六年元旦。爲紀念此雙重的意義，我們特於本期發行特大號，篇幅增加至五十二頁，而售價則仍和從前一樣。

值此歲秩更新之時，我們盱衡世局，深感反共復國大業之前途，仍有無限艱難。中國局勢與世界局勢密切相關。此已爲世人所公認之事實。在此前提之下，我們勢必認清環境，面對問題，作一番切切實實的努力，萬不能再一相情願，自我陶醉。記得去年元旦，我們還曾爲文敦促當局，從事內政改革，以迎接日益艱危的局勢。一年的時間輕輕地溜走了，而實際究有幾許表現？時不我予，那有太多的歲月可供我們蹉跎！

「軍公教待遇問題」是我們內政上一項最迫切最嚴重的問題。現在軍公教待遇之菲薄，實已到了不能再不調整的地步。如果當局對此問題仍再事拖延，則後果誠不堪設想。此非危言聳聽，而實有前轍可鑒。本刊爲改善軍公教待遇，前此曾多次爲文呼籲。行政院長亦且對此表示考慮。我們但望能及早調整，勿再因循。舊俗新年只許說好話，但我們却以爲「爲民請命」要比「歌功頌德」更有意義！

反共而又反民主，是一種思想上的怪病，這種怪病得勢的地區，國家就不能免於災厄。上一期，我們曾爲黃季陸氏之敢言而喝彩，不意這半月來，某些報紙，却又在大倡「革命文學」，甚且竟有視自由主義與共產主義爲一丘之貉者。這種「七路半」的思想眞是不可救藥的荒唐愚昧，爲此我們不能不爲文予以澄清，我們奉勸這些人：「接迎民主，不要怕！」

上月廿四日報載張其昀部長對六教育團體聯合年會的講詞「原子時代的教育哲學」。「拜誦」之餘，不勝駭異。原來竟是一篇毫無科學常識的語無倫次的「天書」。這樣頭腦的人可以當教育部長，實在爲國家丟人。我們與張氏個人無絲毫恩怨，但站在輿論立場，却不能默爾而息。我們在社論(三)裏將這篇演講的荒謬處指陳出來，正所以維護國家尊嚴，珍惜教育前途。

本期蔣勻田先生的大文以論學的態度對陶蔭培近著「世界與西方」一書之第一章「俄羅斯與西方」中的幾個基本觀念，有所商榷。陶氏視共產主義所以實現於蘇俄的主因，乃西方侵略的結果，而忽略俄國的政治與經濟因素。蔣先生在本文中，以歷史的論據，說明爭自由爲一切革命的動力。蘇俄人民易於向專制政體低頭，而西方人則不能容忍暴政，故共產主義在西方無法得勢。由此，我們不難了解，反共的有效方法乃在於培養人民爭取自由的力量。

關於反共救國會議，本刊前此已登過好幾篇文字，本期我們再刊出邵鏡人先生的大文。邵先生在這裏對會議的準備工作與重要課題，提供了甚多平實的意見。

越南政府最近頒佈實施的國籍法强迫旅越華僑變更國籍，實違反世界人權宣言人民有自由選擇國籍之權利，蘇子先生爲文呼籲越南政府「不遠而復」，並促請我政府當局據理力爭。

劉國增先生的「論美元銀行承兌滙票及其與自由世界金融貿易之關係」是一篇專門性的論著，爲研究金融問題者所應一讀，本文以本刊稿擠被壓積甚久，應向作者致歉。

在目前反共陣營中，思想的混亂不僅見之於我們自由中國，即在美國也有一種反資本主義的心理在作祟。鼎鼎大名的米塞斯教授最近寫了一本新書，對這個問題作一透闢的分析。其中許多精采獨到之處，令人叫絕。茲由夏道平先生根據「美國新聞與世界報導」的摘要，譯成中文，從本期起連續發表。這是一篇極有分量的文章，而且難能可貴的，是意義嚴肅而情調輕鬆，再加以夏先生優美而傳神的文筆譯出，讀起來更覺津津有味。

自由中國 半月刊 第十六卷第一期 總第一七二號

中華民國四十六年一月一日出版

發行人兼主編　「自由中國」編輯委員會

出版者　自由中國社

社址：臺北市和平東路二段十八巷一號

電話：二 八 五 七 〇

航空版

香港　友聯書報發行公司 Union Press Circulation Company, No. 26-A, Des Voeux Rd. C., 1st Fl. Hong Kong

總經銷

臺灣　自由中國社發行部

美國　自由中國日報 Free China Daily 719 Sacramento St., San Francisco 8, Calif. U. S. A.

經售者

日本　東京僑豐企業公司

韓國　漢城裕昌德號

馬尼剌　大中華日報社

印尼　新疆書店 椰嘉達天聲日報

越南　泗水文光圖書公司 西貢中原文化印刷公司

緬甸　仰光振成書報店

印度　加爾各答塔梅學校

澳洲　雪梨瑞田公司

北婆羅洲　西利亞坡青年書店

新加坡　檳榔嶼、吉打邦均有出售

澳門　友聯圖書公司

印刷者　精華印書館

廠址：臺北市長沙街二段六〇號

電話：二 三 四 二 九 號

恭賀新禧

立人義記製油廠
基隆市北五堵山腳街二號

龍山製油工廠股份有限公司
臺北市大理街一五五號

協和祥植物油廠股份有限公司
臺北市和平東路一段五二號

錦泰製油廠股份有限公司
臺北縣三重鎮福德北路七八號

桃園油脂工業股份有限公司
桃園縣桃園鎮雲林里四一號

新竹油脂化學工廠
新竹市南大路一一號

竹南油廠股份有限公司
苗栗縣竹南鎮新南里東平路九十六號

德源製油廠
苗栗縣後龍鎭南龍里一八九

泰成油廠股份有限公司
臺中縣沙鹿鎮日新街八〇號

洽發製油工廠股份有限公司
臺中縣沙鹿鎮中山路六二四號

協泉製油廠
臺中縣豐原鎮中正路一二七號

新光產業化學工廠
臺中縣霧峰鄉吉峰村中正路二號

中一化學工廠股份有限公司
彰化市西安里中華路二一九號

源泉製油廠
彰化縣員林鎮惠來街一一七號

益裕製油廠
彰化縣員林鎮仁美里浮圳路三七號

源興油廠
嘉義市博愛路一一八號

豐台農產加工廠
嘉義市博愛路三二一號

臺灣油廠有限公司
嘉義市台斗街二六一號

大德昌植物油料廠股份有限公司
臺南縣新營鎮中山路一五巷二號

大山製油工廠
臺南市北區公園路二五一號

豐年工業股份有限公司
臺南市東區裕農路三五號

南華化學工業股份有限公司
高雄市前金區運河路一八五號

大慶成油廠
花蓮市節約街一六號

美援黄豆加工油廠委員會
主任委員：吳敦禮
臺北市武昌街二段九十二號

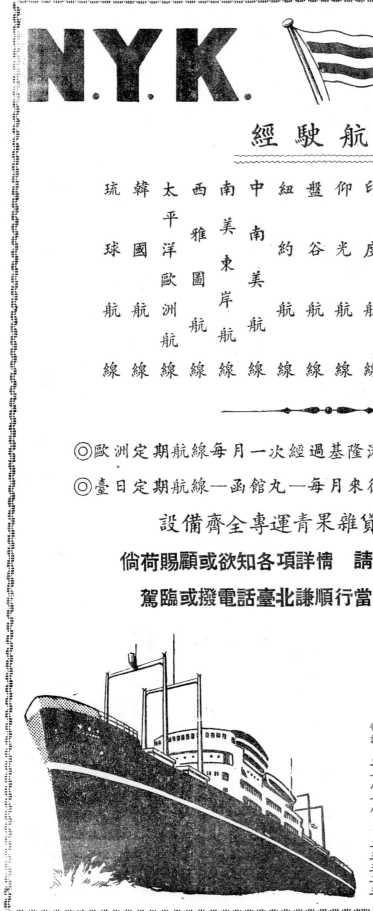

本刊經中華郵政登記認爲第一類新聞紙類　臺灣郵政管理局新聞紙類登記執照第五九七號　臺灣郵政劃撥儲金帳戶第八一三九號
(每份臺幣四元，美金三角)

自由中國　第十六卷　第一期　內政部雜誌登記證內警臺誌字第三八二號　臺灣省雜誌事業協會會員

自由中國

FREE CHINA

第十六卷 第二期

目錄

社論
(一)觀念的混亂・理論的破產
(二)我們的答辯
美國國情的透視……丘漢平
一九五七年世局試測……伴耘
論美元銀行承兌滙票(下)……劉國增
反資本主義的心理(二)……米塞斯著 夏道平譯
通訊
印尼軍人政變記詳……蘇益生
印尼軍人政變續訊……蘇益生
哈德遜劇院……陳之藩
斜暉(九續)……孟瑤
書刊評介
經濟學新辭典……凡夫
讀者投書
(一)中華日報鼓吹暴動!……范度才
(二)談自由與違法……王木公
行政院來函

中華民國四十六年一月十六日出版
社址：臺北市和平東路二段十八巷一號

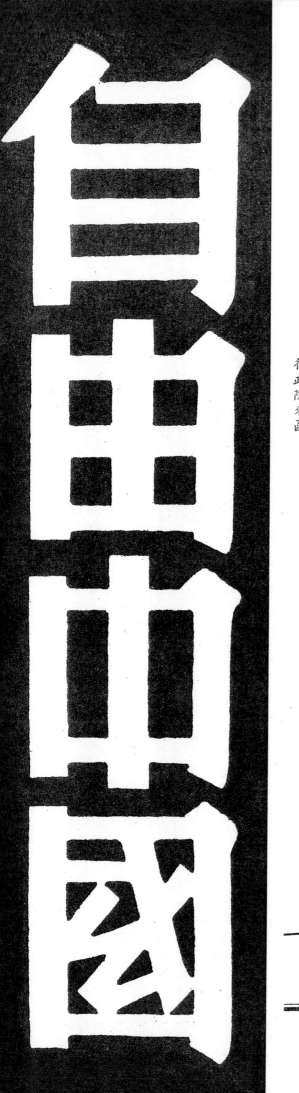

半月大事記

十二月廿五日（星期二）
冒險逃港投奔自由之反共義士抵臺。
國大聯誼會舉行年會，促請聯大開除俄闽會籍。

十二月廿六日（星期三）
日首相石橋湛山發表談話，重申對我友好政策。

十二月廿七日（星期四）
印尼政變首領之一辛波倫埼臺，詹明亭中校繼任北蘇門答臘軍區司令。
美援外顧問委員會派員出發環旅行，視察援外實施情形。
日外相岸信介發表談話，保證日本不承認共匪，對匪貿易將避免戰略物資。

十二月廿八日（星期五）
倫敦每日鏡報消息，烏克蘭首府基輔發生嚴重反蘇暴動，蘇俄採殘暴軍事行動。

十二月廿九日（星期六）
內政部開會檢討都市平均地權實施工作，謀求改進辦法。
聯合國運河打撈隊開始清除沉船。
杜勒斯晤哈瑪紹商討中東情勢。
美國務院吊銷違禁進入中共區的三名美國記者之護照。
印尼西里伯斯發生暴動，焚毁房屋數千幢。
尼赫魯返抵印度，謂艾森豪將于明年訪印。
中央日報訊，康藏反共部隊繼續據險抗暴，分向新川康藏高原活動。
南波共黨於歷時十日之會議後，發表聯合聲明，認循不同途徑可以達到社會主義。
匈牙利陸軍抗俄領袖基拉里抵美。
白宮聲明，艾森豪總統無訪問印度計劃。

十二月三十日（星期日）
以色列與約但邊境又發生衝突，約但向聯合國控訴。
埃及召回駐伊拉克大使，商埃伊緊張關係。
合衆社維也納電，烏克蘭境內四千猶太人遭俄集體放逐。
印尼回教黨促政府辭職。

十二月卅一日（星期一）
立法院修正通過國營事業綜合預算。
蔣廷黻、羅慕洛分別抨擊周匪恩來廣播，謂周匪為俄帝主子辯護。
杜勒斯發表除夕聲明，指出蘇俄在中東地區擴張勢力，美有義務協助遏止。

四十六年元旦（星期二）
蔣總統發表元旦告全國軍民同胞書。
印尼總統宣布蘇門答臘南部進入戰爭狀態。
薩爾重歸德國，百萬人民歡狂慶祝。

一月二日（星期三）
印尼面臨分裂危機，蘇門答臘兩步兵團宣佈支持叛軍作戰。
中央社波昂電，俄帝內部不穩，高加索發生革命。
艾森豪與兩黨領袖會談後，發表公報，强調蘇俄處境日惡，呼籲兩黨支持武力保衞中東計劃。
前任韓國副總統咸台永訪臺。

一月三日（星期四）
蔣總統告英記者，匪黨絕無成爲狄托可能，促英人勿存幻想。
美英法拒絕蘇俄建議，舉行五國會議商討裁軍問題。艾森豪函覆布加寧，反對蘇俄開放部份領空之建議。
我與美國協議，由美援撥欵在中部建新式軍用機場。
美國第八十五屆新國會正式揭幕。
杜勒斯呼籲美國會領袖支持艾森豪中東政策。
狄托發表聲明，强調波南合作。

一月四日（星期五）
立法院修正通過軍人婚姻條例。
聯大政委會准許韓國列席辯論韓國問題。
聯合國與埃及簽訂清理運河障碍協定。

一月五日（星期六）
艾森豪要求美國會授權保衞中東，對抗共黨侵略。
美政府建議聯合國在監督下舉行全韓選舉，以促成統一，但韓國政府僅允在北韓境內舉行。
聯合國一代表團抵匈，與卡達爾政權磋商救濟事宜。

一月六日（星期日）
檳榔嶼馬來人與華人衝突，傷亡多人，當局宣佈宵禁。
路透社莫斯科電，蘇俄與東歐附庸共黨會在匈京舉行會議。
突尼西亞與利比亞簽友好條約。

一月七日（星期一）
俞院長在國民黨中央紀念週上報告本年施政方針。
日外首岸信介向我駐日大使保證，決與我友好合作，無意與中共建交。
艾森豪指派民主黨議員雷查德率領一特別代表團，前往中東地區解釋美國新中東計劃。
哈瑪紹建議聯合國設委員會調查匈局勢。
蘇俄與東德政權簽訂駐軍協定。

一月八日（星期二）
葉門指控英軍入侵，準備應戰；英方則稱戰爭在亞丁境內，係葉門暴徒越界挑釁。
美參議員諾蘭宣佈退出下屆參院。
檳城馬華衝突事件平息。
英法同意與埃及舉行運河間接談判。

一月九日（星期三）
聯大政委會通過美提案，以自由選舉之和平方式統一韓國。
印尼瑪斯友美黨退出聯合內閣。
葉門佔領亞丁境內據點，英向葉門提强硬抗議。

『自由中國』的宗旨

第一、我們要向全國國民宣傳自由與民主的真實價值，並且要督促政府(各級的政府)，切實改革政治經濟，努力建立自由民主的社會。

第二、我們要支持並督促政府用種種力量抵抗共產黨鐵幕之下剝奪一切自由的極權政治，不讓他擴張他的勢力範圍。

第三、我們要盡我們的努力，援助淪陷區域的同胞，幫助他們早日恢復自由。

第四、我們的最後目標是要使整個中華民國成為自由的中國。

社論

（一）

觀念的混亂‧理論的破產

去年十二月二十九日中共偽政權的機關報「人民日報」，發表了一篇長達兩萬餘字的文章，題名叫做「再論無產階級專政的歷史意義」。這篇文章，是根據中共中央政治局擴大會議的討論，由人民日報編輯部寫成的。既名「再論」，當然還有初論。那個初論發表於去年四月間。筆者祇看到「再論」的全文，對初論實未嘗寓目。但初論的要點，實已包含在這篇「再論」之中。單從結論來看，這篇文章是重要的，它似乎對共產主義運動當前所面臨的幾個麻煩問題，都獲得了一定的解答，可以使那些盲目的黨徒們節省許多腦筋，祇要現成的接受而無須再加思索；對外界，它更是一個較為明確的態度表示，大家對中共偽政權在現階段以至今後的政策路線，用不着再去費心猜度。這篇文章的主要目的，在於強調共產運動的國際性。世界各國的共黨，仍應該接受俄國的領導。史大林的功勞，遠遠的超出了他的錯誤。俄國派遣坦克車羣去屠殺匈牙利抗暴人民是完全正當的，因為這一舉動幫助匈牙利的無產階級保全了革命成果。狄托主義仍然是要不得的分離運動，為着共產大家庭的團結必須予以清除。重要結論大致如此。達到這些結論的語氣極為堅定，似乎再不留下絲毫疑義了。

但是，達到這些結論的論據，却實在使人有一點不容易瞭解。這篇長文，除了引述許多馬克斯、列寧等輩的遺說，堆積了許多陳腔濫調與教條術語之外，理論的成分簡直空虛貧乏到了難以想像的程度，除了那些一聽見神秘的咒語就會中了風魔的人們以外，誰也無法從裏面獲得一些明確的理解。理論之空虛，其原因顯然是在於觀念之混亂；自己却把握不定該如何想法，就當然不知道該如何的說法。

我們於此可以隨便舉幾個例子來看。這篇文章雖誇張史大林的功績，但仍不否認史大林曾犯嚴重的錯誤。何以史大林會犯錯誤？這沒有說明。那文章祇是說：「西方資產階級想用史大林的錯誤來說明社會主義制度的錯誤。這是完全沒有根據的。」何以沒有根據，當然要說出一番道理來。我們且把那道理抄錄一段，供大家欣賞：——

「……在過去適合需要的情況下，在生產關係和生產力之間，在上層建築和經濟基礎之間，也仍然存在着一定的矛盾。這種矛盾表現成為經濟制度和政治制度的某些環節上的缺陷。這種矛盾，雖然不需要用根本性質的變革來解決，仍然需要及時加以調整。有了適合需要的基本制度，也調整了制度中的日常性質的矛盾，是否就可以保證不發生錯誤了呢？問題沒有這樣簡單。制度是有決定性的，但是制度本身並不是萬能的。無論怎樣好的制度，都不能保證工作中不會發生嚴重的錯誤……。」

這段話眞是難懂。究竟矛盾是「一定的」還是非「一定的」？究竟制度是「有決定性的」，還是「沒有決定性的」？這些問題，根本沒有弄得清楚，於是整篇道理，成了一個不知所云。與其這樣使用一套嚕囌的咒語，還不如簡單明瞭的說一句，「任何制度都難免有缺點，任何政策運用都難免有錯誤」，倒可以把問題支吾過去。

此文對於所謂教條主義與修正主義的問題，也反反覆覆的提出了一個非常怪誕的「理論」。它明明白白的反對教條主義，照清醒的推理來說，它應該是贊成修正主義的了。恰恰相反，它又明明白白的反對修正主義。文中有云：「各個共產黨的隊伍在批判史大林的錯誤的同時，開展了反對教條主義鬭爭。這個鬭爭完全是必要的。但是一部份共產主義者由于對史大林採取了否定一切的態度，由于提出了反對史大林主義的錯誤口號，因而幫助了對於馬克斯列寧主義的修正主義思潮的發展。這種修正主義的思潮無疑是有利于帝國主義對于共產主義運動的進攻的。」照這說法，史大林是錯誤的，而反對史大林主義卻同樣是錯誤的。教條是應該反對的，但它同時也是不能夠加以修正的。這是共產黨人理論上的一個基本矛盾，從這個基本矛盾，可以演繹出一聯串的矛盾，即在這一篇「再論」之中，也隨處都表現出來。

關於各國共產主義運動進行路線的問題，它一方面強調必須遵照馬列主義所規定的一定程序，另一方面却又強調必須適應各民族國家的特殊環境與條件。它是不變的，但同時却又是可變的。也可以說，不變是錯誤的，因為那成了教條主義；但可變也同樣是錯誤的，因為那成了修正主義。關於各國共黨的合作問題，它一方面主張小國應提高民族「傾向」，另一方面却同時又大聲疾呼的要維護以俄國為首的國際團結。對各國的內部統治它認為要追隨羣衆路線，而另一方面却同時又確認人民必須接受並服從黨的領導。諸如此類的奇怪論點，全文之中，隨處皆是，我們也懶得於此把它一一列舉了。

共產主義本質上，就是一個矛盾主義，在其整個理論之中，此亦一矛盾，彼亦一矛盾，全靠所謂辯證法的魔術來把它們「統一」起來。過去的魔術師如馬列等輩，似乎手法比較高明，還能把一些怪誕道理勉強的自圓其說，但也仍然留下許多重大的破綻，無法彌補。例如所謂「民主集中制」這一個怪論，就從來沒有能够解釋得圓滿。現在，這些前輩魔術師的徒弟們，却是手法拙劣，不但不能把過去遺留下來的破綻補好，反而又露出了許多新的破綻，弄得捉襟見肘，衣不蔽體。他們逢到較爲疑難的理論問題，除了到馬恩列諸人的文獻中找尋陳舊不堪的武器來應付以外，簡直想不出任何其它的辦法。這一篇「再論」，實使我們清楚的看到共產主義理論已殭化到如何可怕的程度，這樣一個殭化的屍體使任何人也無法顯露智慧的光芒，其所表現出來的情形，不僅是理念之貧乏，論點之牽强與拙劣，甚至連文字的句法與章法，都是顚三倒四，零亂不堪。

我們知道，共產主義者完全以玩弄觀念的魔術起家。在他們運動的初期，由於一套僞裝爲「科學」的煽動性言詞，常能透過人們的感情作用而模糊了理智，乃能發出龐大的影響與力量。至今在非共世界或甚至反共世界，都有許多恐共病者，仍然認爲共產主義的那一套理論最難擊破，甚至還要從那裏面去竊取其一肢一節，來裝點自已的門面。現在的情形是：共產主義統治所面臨的許多實際問題，已把這一套貧乏的理論逼迫到破產的邊緣，無論怎樣的挖肉補瘡，也無法掩蓋其周身的潰爛。

人類在神權時代，祭師們僅祇憑藉幾句念念有詞的咒語，就可以統治人羣。但在人類理智已經發展的時代，這已經辦不到。暴力統治者所想做的，是儘可能不讓人思索；如果這一點做不到，就要拿一套神秘含糊的理論來陷人們的理智於觀念的迷宮，使之不能順理成章的思索，而最後仍不得放棄思索，這是共黨統治的秘密。我們瞭解這一點，就能覺悟到對暴力統治理念之朦朧，文字章法之倒亂，以及術法含義之不清等等，都是必要的，要這樣，才能使人們的理智成爲統治者的俘虜。有了這一點瞭解，我們就可以讀通世界上所有的一切讀不通的文字。

我們不敢說共產主義理論之破產是否就是它力量崩解的開端。按理說，應該是如此。但如果有些人仍然拒絕聆取那種清楚的、簡單的、人人都能懂得的語言，而讓自已沉湎於一種莫名其妙的高深與神秘之中，那就難說。祇有民主自由的語言，是清楚簡單的語言；到了大家都祇願講這一種語言、聽這一種語言的時候，世界上就決不可能再有暴力存在了。

社論

(二) 我們的答辯

本刊第十五卷第九期「總統祝壽專號」之發刊，曾引起社會廣泛的注意，同時也招惹到對本刊的一次顯然是含有某種計劃性的圍攻，一個半月以來，我們在「國魂」、「幼獅」、「革命思想」、「軍友報」、「政論周刊」、這些刊物與報紙上面，看到許多文章，對我們作惡意攻擊，說我們是「思想走私」，說我們是爲「共匪的統戰工作鋪路」，其立論與態度，都超越了自由討論應守的範圍，而成爲一種誣衊與構陷。最近期間，執政黨的機關報中央日報已開始拒絕刊登本刊的廣告(另一個被拒絕刊登廣告的雜誌爲民主潮)；另一家黨報中華日報，則甚至鼓吹暴動，要拿棒頭來給本刊以「教訓」。我們如果還是一個民主法治的國家，此種現象之發生，實在是一個非常嚴重的問題。

本刊「祝壽專號」之發刊，是響應總統在壽辰以前所發表的六點號召，他「切望全國報章雜誌，徵請海內外同胞」，對所引六點，「率直抒陳所見，俾政府洞察輿情，集納衆議，虛心研討，分別緩急，採擇施行」。我們相信，凡屬對國是具有責任感的人士，都能知道總統廣泛求言的至意，決不是要聆取一些對政府、對元首歌功頌德的諛詞；凡屬有血氣有良心的人士，也決不願意拿一些歌功頌德的諛詞來搪塞，無論一已所見對與不對，總想坦白陳明，以期有所貢獻於國家。本刊也是出於這一點動機，才邀集一些作者撰文，刊行了這個「專號」。却不料有些人就正因爲我們不願拿一些歌功頌德的諛詞來搪塞而大爲激怒，乃發動此種大規模的圍攻，他們以爲這樣才算充分表現了對總統的忠誠，却忘記了此種舉動，實完全違背總統廣泛求言的原意。

我們對自已的主張與言論，從不認爲是唯一的、終極的眞理。我們歡迎批評與討論。如果我們發現對我們的批評與討論確有值得採納之處，我們願意公開聲明修改我們的主張。不幸得很，我們却直至今日仍未能發現我們所期望的那種批評與討論。退一步說，即使對我們毫無理由的橫施謾駡，我們也願以容忍的態度來一笑置之，決不準備一一的予以答辯。但現在施諸於我們的，既不是批評與討論，也不祇是謾駡而已，而是一種陷構，一種誣衊，而且是一種最爲可怖的陷構與誣衊，我們就感覺無法繼續沉默下去。

本刊創刊至今，曾經表現了相當一貫的立場與態度；本刊同人在思想型式方面，也大致相同，其要點表現於隨時在本刊發表的創刊宗旨，早爲世人所共見。但本刊從未標揭，說這一種立場與態度，是屬於什麼主義的，本刊同人也未嘗以什麼主義者自居。現在一般論者，都說本刊代表自由主義。我們並不感覺自由主義是一個惡劣的名詞。如果人們判斷我們那些立場與態度，就是自由主義，我們感覺也沒有否認的必要。現在我們所要辯明的是這樣子的自由主義的思想，是否足以導致共產主義的思想，如一般惡意攻擊者所說的，在爲共黨匪徒的統戰工作鋪路。

在基本的思想型式方面，共產主義完全是教條式的，而我們最反對教條；在政治方面，共產主義是暴力的、專橫的、極權主義的，而我們則强調分權與制衡；在經濟方面，共產主義是管制的、計劃的、社會主義的，而我們則主張自由與發揚私人企業精神。此僅就其犖犖大者而言，已能顯得我們的思想與意見，實可說是沒有一分一毫與共產主義有共同之點，不僅沒有共同之點，甚至是在任何細微的節目上都與共產主義針鋒相對，沒有調和或折衷的餘地。說這一套的思想就是共黨思想的「走私」，其是非曲直應該是有目共見，用不着我們來申說。

我們常常批評政府，也常常批評執政黨。請容許我們在此坦白說明：「我們批評之處，十之八九都正是政府與執政黨措施之中，與共產主義多少有些類似的那些部分。現在有些人認爲反共要採行共黨的方法。我們對此始終期期以爲不可，共黨匪徒的所作所爲，對我們猶如一面鏡子，我們不僅從理智上反對那些作爲，並且也從感情上憎惡那些作爲。如果我們在鏡子裏發現了自己竟與那個憎惡的對象有一二分類似之處，我們是於心難安的。所以我們要反對政府與執政黨採行共黨的那些方法。

我們相信我們的主張與意見，會在國內外反共同胞之間，在國際間，都能得到公正的評價，甚至在執政黨多數黨員之間，也能够得到公正的評價。對我們感覺不能容忍的，並非他人，而正就是那些無意中在思想上沾染了共產主義毒素的少數分子。我們說他們沾染毒素，是無意的，因爲我們不願陷構，不願誣衊。我們知道這少數分子的反共誠意，但我們仍要向他們提醒：不要因爲反共而讓自己成爲第二個共黨。人民反共是要反對共產黨的本質，而並非僅僅反對毛澤東、朱德那幾個可恨的名字而已。

對我們圍攻的人們，常常喜歡提到過去在大陸時一段慘痛的經驗，來比擬今日的事態。他們指出在抗日戰爭勝利前後，以至我們退出大陸時爲止的那一段期間內，共黨匪徒曾經利用一種亂烘烘的「民主運動」，來煽惑一些中立人士，攻擊政府，破壞政府，終至於造成我們慘痛的失敗。因此，今天在自由中國的民主自由思想，也可能發生同樣的作用，以致再度爲共匪製造機會。這種論調，如果僅僅是爲着呼籲團結，我們尚可原諒。因爲我們促進各種改革的動機，本來就是欲達成反共力量之加强，而以非希圖反共陣營之分化。但如果拿這樣的理由來扼殺民主自由的思想，那就是妨礙改革，拒絕進步，就根本上阻塞了中興的機運。

我們本來不願常常提到過去的那些慘痛經驗，因爲一提到那些經驗，就難免要連帶想起「責任」問題，而現在尙不是澈底追究責任的時候。現在，旣然有許多人提起，我們也不得不把當時的情況追憶一番。

我們完全承認，過去在大陸上所出現的那一陣亂烘烘的「民主運動」，所包含的分子，確是相當複雜，其中有灰色的共黨分子，有十足的共黨同路人，有思想糊塗對共黨眞面目全無認識的中立者，有企圖混水摸魚的投機者。這中間並非全無純眞的自由民主分子，但爲數甚少，並且也沒有力量；甚至於，他們要發表反共言論，還時常受到政府的壓抑。（例如，在言論上攻擊俄國，會被視爲損害邦交。）這種混亂，有其政治上的客觀原因。當時政府且在與共黨進行協商與和談，共黨分子在到處公開活動，如何能希望思想界會分成如涇渭之不相混淆那樣的鮮明壁壘。但是一到和談破裂以後，雙方陣容就顯得淸楚起來。青年黨民社黨先後脫離了爲親共分子所把持的「民主同盟」，其他個別分子也都先後表明了非中立的態度。經此次分化以後，一直到今日，都沒有重大的變化。由此可以見得，思想之混亂，不過是政治混亂之一個反映而已。現在自由中國的政治是穩定的，防諜保安工作是嚴謹的，在這裏號召民主自由的人們，都是在上一次的大分化之中表明了堅定態度的。如果這樣還不能信任，則可以信任的反共工作者，將祇剩下一手把的少數人而已。艱鉅的反共工作，豈能在這樣一種狹隘的心理狀態下達到最後的成功。

事實上，過去大陸上出現的那種「民主運動」，並不是眞正的民主運動。當時那些人提出的最大號召，卽是所謂聯合政府（包含共黨在內的聯合政府）。聯合政府本身就不是民主的正擧。除此之外，那個「運動」也祇提了一些政治性的口號。它對經濟問題，文化問題等，極少主張。它對於民主自由的基本思想，也從來沒有認眞去發揮。更重要的，它提出民主而沒有强調自由。這就更容易爲共黨的理論魔術所乘，鬧出「民主雙包案」的悲喜劇。我們現在已經完全瞭解：要談民主就必須標出這是一種歐美式的議會民主，斷不能讓共黨匪徒拿「民主集中」之類的冒牌貨來蒙混。我們已經完全明瞭：要談民主決不能撇開自由，而且必須標明這是一種個人自由；不拿自由思想做基礎，民主是不會眞實的。自由與民主的運動，決不會造成混亂，自由運動的具體目標是人權之保障，民主運動的終極結果是法治。難道說，人權保障與法治會造成混亂，而革命與暴動的鼓吹反而有利於秩序之維持嗎？

現在，抗暴運動已在俄幕世界內部普遍的醞釀與爆發。此種運動，有其民主自由的思想基礎，至少是表現了一種民主自由的意識之醒覺。鐵幕廣大人民，不僅僅是反對極權、搾取、與奴役，他們也反對思想訓練，反對通行證，反對購買證。他們要求的是什麼，我們已能看得非常淸楚。立志反共的人們應該瞭解：大陸人民所希望的什麼，同時再來檢討一下，我們所能够給予他們的，又是些什麼。我們倘若不能把他們所迫切願望的東西帶給他們，縱然共匪一旦崩潰，我們也是回不了大陸的。

美國國情的透視

丘漢平

在近代史上，只有美國的發展是一貫的遵循憲法的文義和精神。在任何危難中，美國人民及政府不背棄憲法而採取權宜的措施或藉口國難而停止實施憲法。這種守法與護法的精神是造成美國富庶强盛的源泉。我二十餘年來觀察美國的國情，只有這一點可以說明是美國能達到繁榮與强盛的原因。今日雖面臨國際共產主義的威脅，美國政府和人民在積極的及消極的反抗共產主義，仍不絲毫的動搖其民主精神與信念。相反的，他們深信只有民主主義才能戰勝共產主義。基於此信念，美國人民因共產主義的威脅而更形積極。從外表觀察，像美國這麼地大人多和如此複雜的民族，能够在一百六十餘年間共同建立天地間唯一的豐衣足食和高度民主的國家，豈不是奇蹟？在另一方面，任何落後及不民主國家的外僑，一旦移居美國之後，也會逐漸養成美國人的民主精神，豈不是怪事？不，這不是奇蹟，更不是怪事。任何國家，遵照美國民主典型的公式，也會一樣的强盛與繁榮。

一　國勢一瞥

要瞭解美國國情，應先瞭解美國的國勢。所謂國勢，主要的是富力。美國的人口，雖佔世界人口總數百分之七，而其財富却佔有世界的一半。一億六千五百萬人口中，有六千五百萬人是就業，一九〇〇年，美國農民佔全人口百分之卅七點五，到了一九五〇年，（美國人口每十年普查一次）農民只有百分之十一點六，但農產却超過一九〇〇年數倍，而全國人民（包括農民）的生活亦提高數倍。在學學生達三千三百萬人。每年國民的消費額達二千五百億元左右，其中食物及煙酒的消費達八百餘億。每年國內遊覽觀光的費用在十億以上。全國有五千萬幢以上的房屋，百分之五十五以上是住者所有。國民每年儲蓄達一百八十億左右，此外每四家庭中有三家是持有人壽保險。生產的供給超過需要，形成美國今日的嚴重問題。美國今日的生產，無論在那一方面是世界第一：㈠電力產量佔世界百分之四十二，鋼鐵佔百分之四十七，鐵路佔百分之廿九，汽車佔百分之七十六，卡車佔百分之五十一，無線電收音機佔百分之四十七，而電視幾乎是美國人獨佔。㈡汽油類生產佔世界百分之五十一，煤佔百分之卅；航輪操縱了海上霸權，爲世界最大的對外貿易國。

這些國民的消費加上政府的支出，在經濟學卽構成國民生產總和（Gross National Product，縮寫爲GNP）。從一九三〇至一九五五年，依照物資生產量而言，在短短的廿五年間，生產量超過二倍半（一九一九年爲基數）。一九五四年的國民所得近三千億元（確數爲二千九百九十六億七千三百萬元），其中職工報酬佔百分之六九點四爲最多。美國國民財富在近二十年來亦逐漸平均。一九三五年間，家庭收入每年在五千元以上者不到百分之二，但到了一九五四年，却增加到百分之卅二；家庭收入每年在三千至五千元者，一九三五年僅佔百分之三，而一九五四年却增加到百分之卅一。在另一方面，往昔收入在三千以下者佔多數，到了一九五四年却大大改觀。例如一九四六年，家庭收入每年在二千至三千元者佔百分之廿五，至一九五四年減到百分之十三左右；一九三五年，家庭收入每年在一千至二千元者佔百分之卅一，到了一九五四年就減到百分之十三。在一九三五年，最大多數收入爲一千元以下者，佔百分之五十二，到了一九五四年僅佔百分之十。

美國家庭所不可缺乏的現代生活，亦可趁此列一數字：㈠汽車近五千萬輛，㈡電冰箱四千餘萬具，㈢電話六千萬具，㈣無線電收音機一億二千五百餘萬具。這些東西乃是美國人生活上所不可少的，而在大多數國家却是少數或特殊階級的享受。除電視乃近十年的發明外，其餘用具，在卅年前，美國人亦不能普遍的享受。三十年前，美國家庭的百分之八十每年收入在二千元以下，而當時的此類東西與收入比較一下，很少人有能力可以購買到。三十年的轉變，美國人民的生活由少數的享受轉變到絕對大多數的享受。這是使美國國富力量龐大的源泉。

美國政府的收支，因人民生活水準的提高以及國內生產的突飛猛進，而有顯著的變化。二十世紀初，美國的重要收入爲關稅與其他貨物稅等，所得稅尚未徵收。一九〇九年間，六十一屆國會增修憲法第十六條，規定聯邦政府得徵收所得稅，一九一三年二月廿三日生效。但開始數年並無顯著的收入。直至一九一八年，所得稅乃爲政府收入之大宗，而關稅却甚少，在近四十年間，美國政府大部倚賴所得稅收入；到目前，佔稅收總數百分之七十以上，而關稅不及百分之十。政府每年支出由一九一五年的七億六千一百萬元到了一九五五年的六百餘億元，增加了八十倍；同時政府的收入，由一九一五年的六億九千八百萬元到了一九五五年的五百八十餘億元。在同時期內，美國國債亦自一九一五年的十一億九千一百萬元，到了一九五五年的二千七百億的數字。以人口平均而言，一九一五年每人平均負擔十一元八角三分。到一九五五年每人就要負擔一千七百十三元左右，增加了一百五十餘倍，但人民的生活享受反而提高許多。一九五五年美國國防的支出佔百分之六十五，利息負擔佔百分之十一，退役軍人費用佔百分之八，其他僅佔百分之十六。但美國百分之六十五的國防費用不是消極的，而是對本國的產業有大大的幫助。

從以上的幾個數字，我們可以知道，美國人民今日負擔百倍於往昔，而生活的提高也百倍於往昔。這說明了開發國民經濟，增加國民收入，才能提高人民生活水準，才能增加稅收。

這是美國人的國民經濟學。

二 政治的：人民至上、法律第一

憲法前文是美國民主主義的精神。他們認爲國家是爲人民的幸福而建立。如果國家的建立是不能爲人民謀幸福，則國家將是桎梏人民，和極權國家以人民爲附屬零件並無多大區別。人民至上的觀念是美國獨立革命建國的主要原因。美國人因不堪英國殖民地政府的非法征稅而革命獨立。所以他們獨立後的憲法全文就是如何使組成的聯邦政府受人民的控制。聯邦憲法於一七八九年一月(第一週星期三)生效。第一屆國會認爲對於人民自由方面未作正面的規定，甚恐將來發生枝節，又通過增修案第一條至第十條，一般稱爲人權法案，於一七九一年十二月十六日生效。美國的民主制度是徹頭徹尾的。從縱的方面言，有聯邦政府、州政府、縣市鄉鎮政府。這三級政府各不相統屬，均有其獨立行使的權責，不相侵犯。憲法雖然只規定聯邦與各州政府的關係，沒有列入地方自治的條文，但憲法上𨚫規定未列入憲法的一切權利是屬於人民的。基於此規定，以及英美的傳統的自治精神，地方自治當然是人民直接行使民權的所在。

美國因爲地大物博，對於地方自治，一向聽由人民自己的意見去組織，並無如中國的行政統一法規。在形式上，中國的行政統一法規是較優於美國，但在實際上容許各地方人民組織自治政府，視各地方的財力及需要而對地方自治政府有繁簡的差略，是美國各地方發達的最大原因。我們的縣市，在大陸，有些人口到了二三百萬，有些縣只數千人。而縣政府之組織大同小異。大縣不能發達，小縣負擔過重，臺灣地方雖小，而各縣市的情形亦不盡同。因此，有些縣市須仰靠上級政府的補助，地方人民的負擔亦嫌過重。我以爲美國式的地方自治制度可爲將來大陸的借鏡。美國各州政府的組織，大多模仿聯邦政府，有民選的州長和副州長及州議會，除尼勿拉斯卡(Nebraska)係一院制外，均採參衆兩院制。各州有最高法院及普通法院等。不論採取任何方式，人民控制了政府。

美國人對民主制度在實事求是，其觀念：

㈠民主政治是民有的政府，所以政府是人民的代理人，爲人民做事。

㈡政府只能在憲法規定權限內及人民選出的國會所制定的法律下行使職權，超過此部份的職權便是違法。

㈢政府和人民均受憲法及法律的保障及制裁。

㈣民主制度下的人民是法律平等、機會平等，所以沒有人在法律之上，亦沒有人獨享的機會。

㈤民主制度必須人人爲我，我爲人人，而不是高談不做，更不是以政府官吏爲特殊階級。

㈥自由必須在法律內行使，並以不損害他人的自由爲範圍。

㈦民主制度不是用來壓迫個人，更不是用以建立極權的政治。

㈧人民必須有自治的能力和自尊自重的觀念，遵守法令，反對强權。

㈨公平的和自由的競爭乃是最好的制度，應該用於經濟的，政治的各方面。

㈩保障私有財產制，爲獨立宣言所明示，不能加以動搖，但爲公衆利益及國防上的需要，政府有權給價收購。

(十一)公平的稅捐是促進社會安全的最好制度。

(十二)人權不容許任何非法的干涉，憲法上的保障各條欵應絕對的執行。容許小數人的意見及反對意見。

綜合起來，美國人的民主精神在尊重㈠個人，㈡人與人間的平等，㈢自由的珍貴，但是「人民至上」，如果不是尊重法律，國家將無由建立，社會秩序將無法維持，政府更無可作爲。國父說人民要有權，政府要有能，這是人民至上的觀念。美國人認爲權能之分開與尊重，一定要人民與政府有共同守法與護法的觀念。法律第一和法律神聖的觀念，可以說是英美民族的最特有和最强烈的思想。

所謂「法律第一」不只是空言而是實際表現。美國人亦知道人爲制度沒有十全十美的，但在無可奈何之中，美國人深信民主制度必須有一個獨立行使職權的機構去判明是非，這就是最高法院。

美國人民對於最高法院是絕對擁護的，平常可以聽到對行政與立法兩部門的嚴峻的批評，𨚫很少對此最高司法機關加以攻擊。從好的方面來看，最高法院是民主政治的砥柱，調和時代的衝突，因而形成保守的力量。從壞的方面來說，牠是阻梗進步的因素，消極的工具，打擊開明的立法，尤其在現在，是錯綜，紛歧，矛盾，複雜的總滙。然而美國人民，從最愚妄的階級到極上層的官吏，都很尊重最高法院的崇嚴。他們雖不知道最高法院究竟是什麼東西，𨚫百分之百的擁護到底。如果有人要起而改革或是廢除牠，一定受到百分之百的攻擊。國會可以建議改組行政部門，修訂政策，同時，行政當局也可促請國會改組及改革其內部；或是各進行其內部的改革，——都不會有何等的反響。然而如果有人，其得衆望似傑克遜總統 (Jackson)，傑富遜總統 (Jefferson) 或是本世紀的前後任的兩位羅斯福總統，(T. Roosevelt 和 F. Roosevelt) 要提議改革最高法院，不管其提議如何，一定立刻遭受到各方面的紛紛抗議，終而使提議的改革無形打銷下去。美國人民，本於一百餘年的民主政治的生活，已一致的認定最高法院必須讓牠獨立的自由自在，保有牠的無上權力，和維持牠自己的尊嚴。此種奇特而不可思議的思想，可以說是美國人獨有的。誠如英儒勃來斯(James Bryce)在其名著「美國民主政治」(American Commonwealth 一九一一年修訂版) 一書所說：「美利堅合衆國政府的現象中，最足動歐洲人的好奇心和議論的，同時也最足博歐洲人的稱賞和引起誤解的，莫過於最高法院的職務和維護憲法的權限。但是從事實來觀察，絕不會有什麼奇怪的，其實亦是最簡單的道理。」這些道理完全基於保障人權的理論。

㈠最高法院有解釋憲法的絕對權力

從最高法院的解釋憲法之特權看來，好似牠是經憲法賦予的規定職權，其實，美憲對於最高法院的職權，並無解釋憲法一項的特權。憲法祇規定何種案件屬於最高法院及其管轄而已。至於法院的組織，亦無隻字提及。對於總統，國會參衆兩院議員的年齡和國籍都有明確的規定，但對於最高法院的法官並無規定。不過當時制憲會議的表示，都要最高法院能有獨立的行使司法權。例如制憲會議的有名代表漢彌爾敦 (Hamilton) 在聯邦論 (Federalist) 雜誌曾經如此的說：「法院的任務應該是宣告違反憲法精神的一切法令」。雖然有人持異議，但大多數都認定法院應有解釋法律的權力。

在最高法院方面，因爲憲法並無明文賦予此項權力，故對於解釋憲法一項亦無有如何的規定，更未嘗對於總統或國會的法案是否違憲行使事前的諮詢意見。在事實上，如果國會通過的法案經總統簽署而成法律後，即使是違反憲法的規定，最高法院亦不聞不問，除非被害人民控告到法院而層轉到最高法院，才涉及解釋適用的法律是否違憲。但是此種判決也祇涉及繫訟事件的處理，並無當然的使該違憲的法律失效。不過在此種情形下，因爲人民將紛紛的向法院請求救濟，勢必使違憲的法律失去被遵守的效力。政府一遇到此種違憲的法律在特定案件被提及後，不得不立刻停止該法律的執行。最高法院的原有職權是審判案件，但其被視爲重要的地位却在於宣告法律是否違憲的一項。對於最高法院的判決案件中所涉及的適用法律認爲違憲時，其效力是絕對的。因爲國會通過的法案，總統有權否決；對總統的否決，國會復可覆議而成立。然而對於最高法院判決法律違反憲法時，却無何種救濟。唯一的辦法，是最高法院自己推翻或更新其以前所持的意見。

其次，最高法院對於法律是否違憲一項，只是涉及其與明文的規定有無違反的事實，却不涉及憲法未經規定的事項。所謂「違憲」「合憲」問題，是從憲法的明文來解釋。但解釋憲法，亦不是咬文嚼義的。最高法院，在解釋憲法關係上，近乎半政治的性質，不免受民意力量的影響。因此，其判決不是純憑法理根據，而是隨政治的氣壓有高低。如果民主政治是以人民的大多數意見爲意見，那末政府——包括立法行政司法——應該以民意爲旨歸，即民之所好者好之，民之所惡者惡之。最高法院，以九位法官組成的團體，有五名以上之法官即可構成判決，以推翻全國人民選出的國會所判定的法律，豈不是怪事？基於此種情形，最高法院在審議法律是否合乎憲法時，必須探討該椿法律是否人民所需要的，抑是當局的一種幻想或存有其他不正當的目的。如果是人民所需要的，那末進一步去探究有無歧視或危害美國全體人民自由生活的安全。此種審議或探討，便是使最高法院攪入政治。因此，最高法院對於新的立法，不但須研討其是否合乎憲法的背境，而且必須觀察當時的經濟狀況、社會情形、政治環境，以及時代的要求和過去的經驗。故在實際上，最高法院是一種永久性的立法團體，使法律適應時代的要求，以達到法律的目的。美國本世紀的最負盛名的法官荷爾姆 (Holmes) 曾如此地說：「法律的生長並不完全合理，但却是經驗。」他對於美國最高法院的觀察是很得當的，他說：「時代的感覺的需要，時行的道德與政治學說，公共政策的直覺意識，不論有意或無意的偏見，法官都與常人一樣，對於人情行爲規則的決定有很大的影響，較之純粹邏輯尤爲重要。」對於最高法院的審議法律的權力，他並不過分重視爲民主制度的基石。他說：「我不信美國將會降臨末日，如果我們(最高法院)失掉宣告國會通過的法案違憲之權力。」

美國最高法院的大功臣馬薩爾，對於最高法院審議法律的權力，曾對其同僚說過：「只要目的正當，只要在憲法範圍之內，和手段適當，很明顯的合乎目的，而非明文禁止但與憲法的文義精神符合，就是合乎憲法。」此種解釋，無疑地是要法院順應潮流與時代的要求方可解釋憲法，其非純粹法理而爲政治的性質，不言而喻。法官們，不論願意與否，要對經濟的和社會的情形加以評價而下判決，却不能盲目的斤斤乎文字的解釋。白蘭第斯法官 (Brandeis) 在一個案件裏曾指出一具體的例，說：「罷工，在從前不但視爲非法，而且是犯罪的，現已視爲合法。此種變更，並無須立法，而是由法院認定經濟界的生活現象有此變更的必要。」寫下判決書的法官們，耳朵都充塞着政潮和時代的呼聲。自馬薩爾法官在一八一九年的判決案中所謂應注意執者是政治的和合理的便是形成所謂合憲的或違憲的問題。任何法院，如果提及這些問題而不牽涉政治的環境是不可能的。同時，最高法院內部不斷地改革，擴大其解釋權力和建立其解釋的標準，使牠能適應時代的要求。

最高法院的重要，不是其爲最後的審判機關，乃在於對國會通過的法律有解釋合憲與否的問題。其次，就是其所爲的判決成爲先例後，除自行推翻外，無任何程序可以廢止或變更的——除非修正憲法。所以憲法的精神和意義，僅是存乎最高法院的九位法官的意識。從法理上來看，那眞是滑稽之至。但從民主政治來說，則法律是否合憲一問題，必須有一個獨立的機關，在維護憲法的尊嚴外，復能體會此等法律是否時代的需要和人民的要求。由此觀之，最高法院隨時代的進展而更改或推翻其先例是一種適應人民的要求，而不是咬文嚼義於文句的解釋，不顧經濟或社會的環境已有重大的改變。最高法院的寶貴成績是那些少數不同意的意見附載於判決書末的部份。此等少數意見乃表明時代的演變，常是從文義之爭到精神之爭——換言之，依傳統的解釋，新的法律是違憲的，但依新的社會程序，此新的法律又是急需的，最高法院的重要即在此種場合。

最高法院雖然與人民選出的國會鬭爭，但其根本精神是維護憲法與擴大國會的權力。國會在早期時代，牠的行使權力常受各州的反對，在法官馬薩爾任內，不斷地宣判州的法律違憲事件，而且首先判定第一間設立的聯邦銀行不受各州的課稅。此外如廣義的解釋憲法所賦與聯邦政府對州際商業的權力，都是對於聯邦政府權力的擴大有所幫助。因此，各州雖有些零星反對最高法院的態度，終而使牠獲得全國的最高解釋憲法之權。

十九世紀開頭。法院與國會的鬭爭日趨激烈，而與總統的措施也時常相左。大體言之，國會的攻擊法院着重其制度，而總統的攻擊則是對人的關係。故國會對付最高法院在設法限制其權力的使用情形，而總統對最高法院的糾正方法是設法推薦新的法官。國會可以利用彈劾官吏的權力以彈劾最高法院的法官，但經一次嘗試失敗之後，國會就小心的運用此彈劾權。一八〇五年時，森苗爾蔡士法官 (Samuel Chase) 當他兼任聯邦巡廻法官時，在指示陪審員辭句中涉及政治的意見，由傑富遜總統的授意，國會對森氏提出彈劾案，其目的在使運用此方法以撤換與國會意旨逕庭的法官，但彈劾案終未成立，此猶國會於一八六八年間以政見的不同，對强森總統提出彈劾案而不成立是具同樣的理由，但國會仍想以法律方法來對付法官的任用。在一八〇八年至一八一六年間，會經四次在衆院提出任免法官的法案而不能成立，其大旨是要最高法院的法官，經兩院聯合決議成立免職後，由總統執行之。一八二〇年後，人民對於聯邦政府權力的伸張，甚爲焦慮，而法官們爲避免個人的受攻擊，以多數的決議寫下判決書，藉可避免國會的彈劾。此種情形，遂引起些議員提議將法官的任期限爲六年。在一八二一年時，參議院提議一案，以參議院爲解釋憲法的上訴庭，其理由是因爲最高法院對於聯邦政府權力的解釋過分寬大。有些提議宣告最高法院的若干判決爲無效，甚至提議須全體法官同意方可宣告關於涉及憲法的判決。此種鬭爭還是很平和的。到了一八五〇年後，最高法院在施高德案件 (Scot Decision) 判決：㈠黑人並非憲法所謂公民，㈡奴隸不能成爲公民，㈢國會無權取締州內的奴隸制度。此案宣告後，國會大爲震怒，有些甚至提議將最高法院撤銷，痛責最高法院專橫，不亞於羅馬的凡蒂崗 (Vatlcan)，而報界又添油加火，益使國會內充分極度的憤激。但不久南北內戰開始，終而不能動搖最高法院的地位。迨戰事結束，最高法院依然行使解釋憲法權。今日美國的黑人分校問題依然存在，但最高法院的新判決，認爲白人學校禁止黑人入學是違反憲法增修案第十四條的精神，迫得聯邦政府必須執行。

㈡最高法院與政潮

前面說過，最高法院雖能依據憲法而存在渡過各期的逆境，但其不免政潮的影響却是事實。其組織人數曾經變更六次。一九三六年，羅斯福總統的改革，雖否認具有政治的意味，却也不能解釋無政治的動機。總統對法官既無更免之權，則其唯一的方法是增減其員額。在六次變更員額之中，至少有數次增加員額和兩次減少員額是純粹政治的動機。

第一次是一八〇一年間，國會屆期前通過修正一七八九年條例，將最高法院的法官人數由六人減至五人，規定以後如出缺一人，不得再任命。(當時已有六人) 此屆國會的動機是想限制未來的總統——傑富遜，首次由「非聯邦派」的人擔任——任命出缺法官。但新國會成立後，立刻廢止前國會的修正案。仍恢復六人的員額。一八〇七年，復將人數從六名法官增至七名。一八三七年，更從七名增至九名。一八〇七年的增加人數是由於法院事務的增加，特別是西部幾區的事件。傑富遜總統屢受最高法院的困迫，却能推派非政治的人員去任此一新職。一八三七年三月三日，即安德雷傑克遜 (Andrew Jackson) 離開白宮前一天(當時美國總統就職的日期是三月四日)，國會通過增加最高法院的人數，從七人至九人，傑氏因在職與最高法院甚不和諧，立刻放馬後礮，任命二位法官，但其中一人不願擔任，因爲不願捲入政潮。一八三七年增加人數，雖屬於政治的動機，但最高法院却也需要在內戰——即南北戰爭——期間，最高法院的法官復增加一人以兼任增設加利福尼州和澳立崗州的巡廻法庭。一八六六年的國會復將人數削減至七人，藉可杜絕强森總統推派遺缺，但當强森 (Johnson) 卸任總統一個月之後，國會復將法院人數增至九人，因爲國會認定格蘭總統 (Grant) 是穩健人物，是可順從國會的意志。此後，便無對法院的組織想加以變更，直至羅斯福總統於一九三六年當選連任後，他開始對最高法院想以行動來改組，遂於一九三七年咨文國會，擬將法官人數增加，使法院可以迅速地處理案件。其實際動機，則以爲最高法院的法官對於時代的認識不够，因此，對於羅氏的新政推行大受影響。可是美國人民和國會雖然對於羅斯福總統是熱烈的擁護，可是對於羅氏藉政治權力來改組法院以配合「新政」却未能同情，終而受到國會的打擊。

在美國三權分立的歷史上，最高法院的受人攻擊無非是「保守」二字而已，因爲法官們或者不能追上時代的進展，使他們對於政治的或經濟的改革不能不採取愼重的考慮，故對於憲法的文義恆是採取保守的解釋。但經過相當時間和民意的反映，也就斷然地推翻自已的判例或解釋。法院對於違憲案件的判決，亦是非常的愼重。倘是人民確實需要新的改革，美國憲法也有修正憲法的規定。美國人民和與論對於法律的觀念看得很重，尤其是修正法律。他們以爲行政當局如何因國家一時的特殊情形即可不顧法統或憲法加以改革，那末必定一朝君主一朝法，人民的生命財產將受到威脅了。修改憲法雖是麻煩，但此種麻煩是給人民一番考慮的機會。與其草率從事，朝令夕改，還不如愼重於始，較爲穩重，民主政治是妥協爲本，並不是走上極端犧牲一部份人民的利益。「痛快」是極權的表示，絕不是民主的精神。美國最高法院在此方面的成就是不可磨滅的。

三　軍事的：國防第一、以文統武

翻開近十年的美國聯邦政府預算，很顯然的，國防經費佔第一位，以一九五七年度所編送預算爲例，國防經費佔百分之六十一點三。（以數目字言，爲四百零三億七千萬美元。）任何國家遭遇到此種情形，人民生活將被降低，社會及經濟狀況將惡化，軍權將伸張，到處將可以看出軍事的活動。然而你走遍了美國，不但看不出此種現象，而且政府的如此龐大的國防預算，在若干方面協助提高了人民的生活水準，增加社會及經濟狀況的活潑；同時人民仍可控制政府的行動，而軍權仍被視爲第二。「以文統武」是美國立國以來的不可動搖的基本原則，在中國歷代創業和中興大業能够成功也是由於以文統武。

美國人的「以文統武」的信念，自開國第一任總統華盛頓到了今日的艾森豪總統都不能動搖絲毫。以美國歷史言，凡是軍人當選爲總統後，他們對於軍權與趣特別減低，尤其是以軍事方式來管理政治。軍權主義思想在美國人的政治信念可以說從來不存在。歐陸國家，不少以軍權而獲得政權，十九世紀的西歐各國亦不例外，德國尤其是顯著的一例。英國亦經數世紀的鬬爭才奠下「以文統武」的鐵則。美國人深信軍權主義思想與民主政治精神是絕對相反的。凡是一國的政治安全制度繫乎軍權主義，這個國家早晚要走入敗亡之路。中外歷史均有例認。其故安在？第一、軍權主義是由上而下的權力，而民主政治是由下而上的權力。第二、軍權主義產生了紀律與盲目的服從，民主政治建立於人民的公共意見上，一視人民之好惡。第三、軍事命令大多不受司法的審議，而軍事審判亦不容有立刻糾正的機會。墨索林尼常說的：『信仰、服從、戰鬬』。這代表了軍權主義的中心思想。實行民主政治的國家，在國家危難的時候，亦一樣的能使人民『信仰、服從、戰鬬。』但必需是擁護自由、平等、正義始能得到人民的同意。第四、軍權主義是以武力決定政權的目的及行使，終必走上專橫的暴政，而引致敗亡，因爲軍權主義只求獨裁者權力之伸張，絕不會顧及人民全體的福利，民主政治是以人民全體福利爲目的，國內外的情勢違反或侵害此目的，始得行使武力。

不過，我們要明白一點，就是「軍權主義」與「軍事」是兩回事。前者是一種支配慾病態，利用武力統制人民思想及行動，以達到其「自大」及「表現」狂。過去德意兩國的希墨二魔和今日中共匪黨的一羣就是此一類血型的首魁。

美國人認爲在軍事上，當然需要勇敢，犧牲，堅忍，機警的精神。在平時，軍事是隱藏着，可是一遇戰時，立刻可以上下一致的行動。暴力原是人類的最衝動的本能，在家庭、學校、勞工方面，我們已以其他有效方法代替暴力，如調解，諒解，辯論，等解決糾紛，可是具有此野性的人們，一旦獲得機會，仍然要走上暴力政治。美國人今日亦面臨兩個問題：第一、由於武器科學的迅速進展，若干武器，如原子彈、氫氣彈、州際自導彈等等，在軍事上幾成爲專有的設備，人民難予控制。不過美國國會的原子能委員會仍是美國人民控制此類武器的製造及使用的最高機關。而政府部門亦以人民的控制爲必要。第二、美國雖然以文統武，但在法律上及待遇上武職人員却優於文職人員。例如文職人員雖然與武職人員居於同等或較高地位，而其責任在客觀上常較武職人員爲繁重與緊要，然而在光榮上與待遇上却遠不及武職人員。如一個尉官或校官每被敬重，但同等的文職人員常常視爲政府科秘或官僚之流，不無帶些輕薄之意。可是如果沒有此等文職人員的配合工作，軍事效率怎能做到？在立法方面亦然。武職人員常常在津貼名義下獲得較優厚的報酬，不論是退休或撫恤。如武職人員的眷屬可以使用政府的交通工具，而文職人員則無此優待，乃是最好的例證。最奇怪的，是美國人一面「以文統武」，但同時又敬重軍人。一面人民絕不放鬆對政府的控制，他方面又不知不覺中容許軍事機構有比較專斷的行動。這表明了美國的國民性，亦因此國民性始能建立美國典型的民主制度。

四　經濟的：自由企業、公平競爭

在政治觀念上，既以「人民至上」，「生活第一」；在軍事上，復「以文統武」，「軍權第二」；那末在經濟上，其自然趨勢是「自由企業」和「公平競爭」。由此而產生十二大原則，而此十二條原則是實行的：

㈠保障財產私有制；
㈡人民享有及使用私有財產的權利；
㈢政府非依法定程序及給予適當報酬不得征收人民私有財產；
㈣確認自由企業的基本原則；
㈤個人及其眷屬負發展經濟的責任，不受任何方面的干涉；
㈥保障各人企業並限制壟斷事業；
㈦保障專利權及著作權以奬勵個人企業之發展；
㈧國境內之貨物及勞務絕對自由流通；
㈨政府監督有關社會福利的事業，以保障大衆的享受；
㈩政府對於公共利益受勞工或工業的威脅時得加以保護；
(十一)調協勞資雙方的衝突；
(十二)政府對於各經濟團體的利益負有維護與改善的責任。

美國人的經濟生活不能離開上述的十二大原則。從美國人的生活觀點來看，所謂「經濟物」有三：(一)必需物，則衣食住三大項目。(二)舒服物，就是人生除了必需物外，還要求生活上的舒適，這就是美國人的生活水準。如今日的美國人不能離開電氣冰箱、洗衣機、電話、無線電、電視、汽車等。(三)奢侈物乃是水準以上的更富裕的生活，如上等汽車、遊艇、珠寶、別墅等等。所謂舒適物與奢侈品，從美國人的生活看來，很容易區別；凡是大衆能普遍享受的，就是舒適物；少數能享受的，就是奢侈品。

美國人民消費面臨的最大問題是如何使消費者可以得到貨眞價實而大衆又均能享用的問題。各級政府對此甚爲注意，擧其大者，如(一)設立聯邦食品及藥材局，以執行食品之清潔及藥材之製造合于健康。(二)設立聯邦貿易委員會，以取締非法及不公平的競爭而免消費者受到損失；(三)制定惠勒李亞條例，以取締關于食品、藥材等容易引起消費者誤信的廣告；(四)設立標準局，嚴格執行各種標準；(五)在農林部內設立家事經濟指導局，以倡導比較合理的家庭經濟；設立畜產局以檢驗家畜及肉類之衞生；設立牛乳局以改良牛種及飼養方法而增進牛乳的產量及品質；設立植物局以介紹國內外優良植物品種與農民，以期有較好的收穫。此外，州及地方政府執行此項檢驗工作以及私人團體進行檢定產品及製造者之品質而介紹與大衆。例如美國醫療協會、美國家事經濟協會、消費者合作社等均係在使消費者不致受損失。我引這些例子是在說明美國經濟社會是怎樣與其他各國不同的原因。

從美國人民的消費項目，可以看出美國人的生活水準。依據美國商業部的調查統計，自一九二九年至一九五四年的全國消費數額如左：

美國人民的消費額

(單位：百萬美元)

項目／年份	一九二九年	一九三三年	一九三九年	一九四五年	一九四七年	一九四九年	一九五三年	一九五四年	一九五四年的百分比
食品、煙酒	二一、三七四	一三、七一九	二一、〇七二	四五、九二四	六〇、四八三	六三、一四九	七七、一九七	七八、五八六	三三·二%
衣着及珠寶	一一、〇一八	五、九七三	八、二九九	二〇、二四七	二三、一四四	二三、〇〇七	二三、〇六三	二四、五四五	一〇·四
個人需要	一、一一六	八一七	一、〇〇四	二、〇七七	二、二六一	二、三一六	二、六五〇	二、七五九	一·二
住的費用	一一、四二一	八、九六四	八、九四〇	一三、二〇五	一四、六〇三	一八、〇八〇	二七、八六九	二七、七五八	一一·六
住的維持	一〇、五〇九	六、六七五	九、四六一	一四、八六五	二三、七一七	二三、五四〇	三〇、二八八	三〇、七七六	一三·〇
醫藥及死亡費用	三、六二〇	二、五七五	三、三八六	五、九〇二	七、八一三	八、八八五	一一、一七八	一一、七五六	五·〇
個人事故	五、二一一	三、一一一	三、七二五	四、七八七	六、二三三	七、五七六	一〇、五七三	一一、三七九	四·八
交通費用	七、四九六	三、九二四	六、二五〇	六、九六四	一四、八七六	一九、二七四	二七、〇〇九	二六、九二八	一一·四
運動費用	四、三七三	二、四三九	三、四四六	六、三一四	九、七三三	一〇、二七六	一一、八三三	一二、三三〇	五·二
私人教育及研究	六六四	五七一	六二八	八七一	一、三一六	一、六三三	一、六六三	二、六五〇	一·一
宗教及福利活動	一、一六九	九七三	九三八	一、五七三	一、五八九	一、七六二	一、七六二	三、三〇三	一·四
外國銀行及滙欵對抵以外之淨額	七九九	四六七	三七一	一、六二二	八〇四	一、一六四	一、一六三	二、〇一八	〇·八
總額	七八、七六一	四九、二〇八	六七、四六六	一二三、〇七九	一六五、五七〇	一八〇、五八八	二三〇、五七八	二三六、五三三	一〇〇

美國人民生活水準能夠提高，一方面是低級薪資的逐漸提高，他方面是分期付欵制度的建立。在前已說過，一九二九年間，美國人每年平均收入在二千元以下者佔百分之八十。到了一九五四年，減少到百分之二十強。相反的，薪資每年收入在五千元以上者佔百分之三十強，收入在三千元至五千元者佔百分之卅以上。同時期的物價(一九二九年——一九五五年)，僅增加百分之四十五強，在分期付欵方面，一九二九年的消費者信用中，其中分期付欵僅佔百分之五十左右，而一九五五年卻增加到百分之八十，由此而可看出美國人民生活的一般提高與改善。

在自由企業與公平競爭之下，美國人民的財富在近二十餘年來已大大的改觀。一個國家的繁榮未必卽是國民生活的改善。因爲分配上的不平均，會使大衆生活仍處於困境。前已說過，一九二九年的美國，平均每年收入在二千元以下者佔百分八十，則可看出分配的不均，美國在一九三〇年遭遇的經濟恐慌就是財富失去過分的不均衡的結果。在人類社會中，經濟上的絕對的平等是不可能，因爲人人依其智能勞力及勤勞而不能不發生差別。而且生存上的必需品又必倚靠心力的役使才能獲得。在財富失去過分的不平衡的社會，就有人出來提出再分配的主張，這就是現代面臨共產主義與社會主義的二大潮流，共產主義的理論是「各盡所能，各盡所需」，而實際上的蘇聯所實施是：「奴役人民，限制所需」，不管是前一個理論或後一個理論，都是抹殺人類的自由活動力。社會主義雖然是承認私有制，但主張一切生產工具社會化，其口號是「生產爲服務而非利潤」及「獲得依其生產力」。今日多數國家朝向社會主義，但依其歷史及環境而有各種不同的措施。美國人是反對共產主義，亦不贊成社會主義，但卻採取下列幾項：第一、實施累進稅及重稅方法以期分配之趨近平衡。政府將稅收用於大衆的福利事業，不過重稅的結果，亦有其危險與弊害，因爲人們將不願冒投資的危險與費盡心力去增加收入。第二、美國人認爲提高薪資級的收入是改善大衆生活的一個重要方式。今日美國的勞工人數多得驚人，約在六千五百萬人。其在國內的經濟、政治、社會的力量是一支不可思議的力量。這些人的生活是影響美國全面的。研究美國國情如果忽略此一點，將無法瞭解其眞相。第三、增加生產與降低價格使大衆可以普遍消費與享受。第四、保養天然資源，興修水利，發展水電，使美國窮鄉僻壤及不毛地區的人民獲得現代生活。此部份的成就已將美國大大改觀。

五　社會的：安全福利、社會互助

近二十年來，美國的社會福利及安全措施擴張到全面。美國民衆受此利益的最多而最顯著。一方面是聯邦及州縣的積極立法，他方面是人民及團體對社會事業的注意與推動。人民的貧困是國力內在孱弱的原因。我們歷代的經濟哲學是「藏富於民」。今日的美國可以說是完全全實行中國的經濟理論。

造成人民貧困的原因，不外三項：第一、天然環境的影響。如果一個不毛之地或高山地區，以及氣候等等的不適宜，那末生存在此地區的人民，先天的條件已是使他們貧困。就是最大的努力，亦是很少改善。人類文明及文化開展都是循着有最好的天然環境而進展。今日的美國亦是如此。第二、人爲制度的原因。這是最大的原因，可說是歷史的。如(一)生產方式，使用機器生產的地區，在生產的質與量都有顯著的增加，因而人民的生活亦較寬裕。以農地而言，用獸畜耕作的生產力已十倍於人力，推而廣之，則可知生產方式的重要。現代許多經濟理論均以此爲出發點。可是在另一方面，因生產方式的轉變而產生其他的經濟病態，如因職業而發生的疾病，工業災害，低廉工資，失業等。這些又重新造成貧困的原因。美國的社會亦不能例外。(二)社會的因素則由於都市的發達，人民爲尋求職業而麕集市鎭，而致發生居住問題。因此，在各國的大都市均有「貧民窟」一類的存在。不過話說回來，「貧民窟」是貧困的結果而不是原因。污穢的環境及簡陋的工作場所對於人民的健康影響甚大。美國的社會調查結果認爲貧困是離婚的主要原因之一。貧困並不是遺傳的，完全是環境及人爲的因素。(三)個人的原因很多：白癡、低能、惡習慣、酗酒、犯罪、疾病、衰老、殘廢、懶惰、家長死亡等等。人類社會就是對於上述三種貧困的原因予以防止救濟或改善。美國在此方面的努力，均較各國爲積極。一九三七年的實施社會安全方案便是積極的行動。此法案經過一九三九、一九五〇、一九五二及一九五四年數次的修正。聯邦社會安全法案包括十一項目，其二項是保險方案，即聯邦政府老年及遺屬的保險和聯邦政府與州政府合辦的失業保險。其他九項是聯邦政府補助各州推行的方案爲：老年、瞎盲、永久殘廢、孤兒、產婦健康、兒童健康、殘廢兒童、兒童福利、公共衞生與職業善後救濟等。老年及遺屬的保險方案已包括全部工作人民(律師及醫生除外)，此方案的精神就是雇傭雙方均須各半負擔。照現行規定，雇傭各須負擔百分之二，如自己爲雇主，則應負擔百分之三。(如農牧場場主、牧師、工程師、技術師等)。到了六十五歲的退休年或其遺屬則可依其月薪而可領到年金。如每月收入四十五元或以下者，本人每月可領卅元，本人及其妻屬合領四十五元；寡婦及子女二人可合領五十元二角正。月入三百元者，本人可領九十八元五角正，本人及妻屬合領一百四十七元八角正，寡婦及子女二人可合領一百九十七元一角正。以美國今日月入在二三百元以上者爲大多數，(月入二百元者三口可領一百五十七元一角) 衡以當前物價，尚可渡過水準生活。子女以在未滿十八歲者爲限。除可領年金外，如本人死亡，遺屬尚可領到一次等於本人最後三個月薪給的整數，以爲喪葬之費用。

聯邦政府與州政府合辦的失業保險方案因各州而大同小異。原則上是由政府向雇主征收失業保險稅百分之三，其中百分之點三撥充聯邦政府在該州內辦理失業保險業務的管理費，其百分之二點七則用於該州的失業保險救濟金。此項稅金之繳納按每一員工三千元收入爲限。詳細的說，雇主只負擔員工三千元的百分之三而已。一旦員工遇到失業，就可按週領取失業救濟金，自每週二十二元至四十五元不等，其時間以自十四星期至二十六星期不同，均視各州的立法而有參差。凡雇主僱用員工，八人以上而工作時間在二十週以上者均應繳納失業保險稅。因限於篇幅，不再多論列。

都市發達及強烈物慾引起的犯罪問題亦日趨嚴重。一九五四年的統計，全國罪犯被捕者達一百六十八餘萬人，女性佔十八萬五千人，十八歲以下的佔二十萬人，形成嚴重問題。犯罪最多的是酗酒鬧事，其次是行動失檢一類。一九五四年，由法院判送監獄的囚犯爲二萬二千多人，其中青年犯佔八百多人。美國近年來對於青年犯罪的積極的及消極的預防及措施已在不斷的努力。

要之，美國的社會事業及安全措施，除政府外，民間的積極推動及重視，尤爲各國所不及。所以從整個社會來言，美國的社會民主可以概括的歸納爲左列六大原則：

一、法律上一律平等，均受到政府的保障。
二、宗教信仰自由，與教育機會公開和平等。
三、政府負救濟貧困及保護國民健康之責。
四、人民有集會結社的自由，不受非法干涉與限制。
五、人民能爲自己的康樂去發展自己的個性。
六、推廣社會安全制度，建立互助合作社會。

六　觀感

美國的人民快樂是建築在自己身上。詳細的說，美國人不是犧牲他人的幸福與快樂來自己享受。所以在美國，職業上有分別，地位上有區別，身份上無不同。雇傭關係存在工作之間，而不存在身份之間。瞭解此一點，才能瞭解美國的民主政治，才能奉行民主主義。多少人到過美國，多少人在美國生活，然而不明美國民主的形態，不明美國民主精神。這和許多人信仰上帝，信仰耶穌，早晚祈禱，日夕看聖經，而畢生沒有瞭解基督眞理是要信徒們去實行做人正是一樣。

一九五七年世局試測

倖耘

一

國際局勢的演變是所謂「列強」國策衝突的結果。儘管他們的國策是靜態的，可是推行國策的技術却是動態的，隨環境的變遷而更張，而修正。因此形成國際張弛不定的局面。也因此我從不敢以預言家自命，寫推測國際局勢的文章。最多我所能作的只是，將已成的事實作客觀的分析，請讀者從分析中看出形將發生的可能勢態。可是在此歲暮之際，我却大膽一改過去作風，對一九五七年來一個「試測」。這並不是我得到了什麼機要情報，主要的是一九五六年的幾件國際大勢，已爲一九五七年的世局演進奠下了穩定的基礎。在近日美蘇衝突上，我認爲一九五六年實在是一個大轉捩點。蘇俄的攻勢業已過去，今後主動在誰手中，已不待雙方宣傳，大家只要看清每日發生的事實就明瞭了。這幾件大事便是反史的蘇俄新貌、運河事件、東歐動盪及艾森豪總統的再度當選。我現在便將每一件大事的國際意義逐一分析，再作對結論的「試測」！

二

在論美蘇外交戰中，我從來未說美國是主動者，「徬徨歧途的美國外交」一文(載在本刊第十五卷第三期)中，論此最爲澈底。近十年來，美國處處被動，着重軍事基地，軍事聯盟，金元外交，而忽視勢之所在以及國策的基本原則。報章雜誌只知罵蘇俄滲透挑撥，表示一籌莫展的樣子。蘇俄則處處利用時勢增高國際聲譽。須知「勢」者並非任何一方的專利品，誰都可以利用的。美國如能早知利用，今日的情勢當更能有利。「反史新貌」是蘇俄趨勢的高潮。我是相信決不是宣傳戰，的確是共產主義要取信於人必經的階段。人類要經濟的安全及政治的自由，是天賦的本能，缺一談不上滿足。共產主義者之攻擊資本主義主要點在於經濟安全，可是在共產制度下人民自由之被剝奪是誰也不能否認的事實。在美蘇之爭由軍事進入政治階段時，蘇俄必要世人相信共產主義的奇蹟：有經濟安全也有政治自由，唯一的辦法是打開鐵幕，給事實予人家看。我不是蘇俄問題專家，但從反史運動的如火如荼看來，克姆林宮中的人們當有過激烈的爭執，反史既成爲蘇俄向外宣傳的資料，自然是表示「求變」的一派戰勝，也因之「新貌」是有內容的。我從來不願意討論某國國策變與不變的問題，問題是完成國策的方式。「新貌」是蘇俄推行國策「方式」的大轉變，自然值得注視其發展。所以我在那篇文章中，一再提及蘇俄的冒險嘗試，評論家最好多予鼓勵，少加譏評。編者先生在「給讀者的報告」中說「這篇文章含有對蘇俄新貌挑釁的意味」，是一針見血之論。而其動機是提醒西方假如新貌成功應如何對付新的國際環境。假定新貌一舉成功，其發展使蘇俄也有言論自由，反對黨的存在，不成問題的，共產主義與獨裁政體可以分家，與帝國主義可以絕緣，則二十世紀將成爲共產主義的世紀已成定局。反之，如「新貌」一舉失敗，那麼蘇俄的共產主義，不用西方的宣傳，是向失敗之途邁進。可是東歐附庸國家的人民如何才有辦法表示他們的自由意志呢？唯一的策略是贊揚蘇俄打開鐵幕，向蘇俄作「自由」的挑釁？今日世局之所以進入柳暗花明又一村的局面，可說完全是「新貌」之賜。換句話說，共產主義經不起「自由的挑釁」。沒有「新貌」，便沒有「匈牙利事件」。沒有匈牙利事件，就無法揭開蘇俄的眞面目。在沒有事實證明東歐人民是否擁護共產主義以前，就無法取得對蘇外交的攻勢。所以就檢討一九五六年的國際形勢言，蘇俄新貌自然是第一件大事。東歐不安及匈牙利的反蘇運動，輕易地便斷送了近十年來的蘇俄「主動外交」。同時也證明了人類是會爲天賦的基本要求，經濟安全及政治自由而戰的。即令共產主義能給人們以經濟安全（當然，事實則却却相反），可是人們並不願以政治自由作爲交換的代價。

三

納塞將蘇彝士運河收歸國有，這本是一個法律問題，也是蘇俄利用反帝心理的外交大勝利。這一問題英法以爲蘇俄在東歐多事之秋，企圖以閃電戰方式一舉而以武力重佔運河，充分表示出帝國主義的眞面目，在美國以全力宣傳蘇俄以新帝國主義姿態出現之際，而英法重演舊帝國主義的復活，英法即令有千萬爲生命線而戰的理由，在國際輿論上找不出法律的根據，無怪乎弄得美國氣沖牛斗。在英法的打算，以爲蘇俄既忙於帝國的內部平亂，最多只能給埃及以口頭支持，而美國方面，即令不明加支持，也會暗中贊許，因爲還是英法人流血，果能重佔運河，推翻納塞，樹立一個親美傀儡政權阻止蘇俄在中東擴張，對整個西方也頗有利。殊不知在美蘇政治戰的緊要關頭，英法的侵略行爲，不得不迫使美國對世界輿論表明其是非善惡的立場，是作正義的維護者？還是帝國主義者的幫兇？不論是出於自願抑是環境的迫使，美國終於採取了前者，在聯合國中竟與蘇俄站在一條線上給英法以難堪。英法之愚昧行爲可能說是舊帝國主義的最後一次廻光反照。美國的用心是很明顯的，她之所以不惜用一切壓力迫使英法就範，就是將國際輿論由對英法而轉到對蘇俄之匈牙利暴行，在外交上我認爲這是最主動最成功的一着棋。

從運河收歸國有到英法用兵以及聯合國出面干涉，這一幕驚險鏡頭，對未來的世局影響是很大的。第一、這個世界是「民族至上」的世界。凡是被壓迫的地區，都會走向獨立自由之途。帝國主義在亞洲已被逐出，在非洲將遭受同樣的命運。因爲民族主義不僅是蘇俄用以攻擊西方的武器，同時也是美國用以攻擊蘇俄的武器、爭取與國及國際同情，誰能同情民族運動，誰就是正義的維護者。第二、對於舊式帝國主義的復活，弱小國家不得不再度提高警覺。我想美國之所以給英法難堪也在此點。美蘇外交戰中，美國歷年的宣傳就是與英法爲盟，是爲了防禦西歐，而不是助長帝國主義的復活，可是英法用兵埃及，如美國不表明立場，自然有口難辯，假定沒有英法的用兵，國際目標完全集中於蘇俄對匈的武力鎭壓，對於美國該是多大的收穫。可是聯合國內埃匈事件並唱一時，對美國的外交勝利不知打了多少折扣。第二個影響，便是中立國地位的提高。對於許多或弱或小的國家採用中立政策，我是十分同情的。埃及之求援蘇俄當然是飛蛾撲火，可是看了英法的炮艦政策，只有利用蘇俄才可擊退英法。相反的，在蘇俄控制下的國家，唯一的出路是利用美國以求解放。這些情形，所謂第三勢力看得清清楚楚。我說過這些國家非弱卽小，最適宜於他們生存的國際環境是能玩弄於兩强之間，東歐及中東的兩幕悲劇已告訴他們新帝國主義的產生及舊帝國主義的復活都是可能的。世界上如只有一個强大集團存在，必然魚肉其他的弱小民族，所以他們主張中立，主張共存。同時他們是美蘇表演的觀衆，雙方都得討好於他們，他們的集團會逐漸擴大，力量也日漸增强，觀乎尼赫魯之以橋樑自居的態度，卽可想見中立趨勢之高漲，因爲有一調停勢力介乎二强之間，則直接衝突的機會自然逐漸減少了。

四

談到匈牙利事件，在近十年美蘇外交戰上自是一件大事。沒有匈牙利事件，美國很難找出攻擊蘇俄的事實。可是由於蘇俄對匈施以屠殺，那麽共產主義便是新式帝國主義的代名詞，蘇俄十年的外交勝利及主動可云毁於一旦。東歐的動亂也充分證明，我在「徬徨歧途的美國外交」一文中的論斷不差：那就是新貌是有內容的，同時也是成功前不得不冒險的嘗試，如果新貌施行後，沒有匈牙利血案，世人對共產主義自不能不另眼相待，——共產制度下也能有經濟安全及政治自由的奇蹟出現，蘇俄過去的屠殺及獨裁皆史太林之過，非共產主義之過也。至於蘇俄確是一片苦心，幫助人家，毫無帝國主義的野心，東歐共產皆人民自願的，假如沒有相反的事實，很可自圓其說。可惜好景不常，逃不過最後一關，匈牙利人民的血才是迫使蘇俄取下假面具的眞正武器，這是蘇俄空前的大失敗。其影響對世人言，蘇俄口中的共產主義是新帝國主義的別名，除非蘇俄自所有衞星國家撤退，讓人們自由選擇其政府的形式，她的任何巧妙宣傳，也無法洗刷其罪惡。至於蘇俄之所以有新貌外交，我說她是冒險，是假定他已考慮各種後果的，這並不是失策與否的問題，而是何以「不得不」作此冒險的問題，那麽什麽是迫使蘇俄採取冒險的新貌政策的力量呢？那就是共產主義者也不敢否認經濟安全與政治自由同時皆是人民所追求的。一個制度欲取信於人，必須滿足人民這兩大基本要求。共產主義既好稱人類的理想制度，爲有奴役人民之理，這個「勢」旣迫使蘇俄一試「新貌」，可見得人民才是一個制度的總裁判官。他們要求的是「實質」，什麽主義者都是騙人的，而人民都不會爲名詞所騙。匈牙利反蘇運動對蘇俄的影響又如何呢？克姆林宮的人們從此要知道，世界上可能有傀儡政府，但是沒有傀儡人民。二十世紀是人民的世紀，又得着一新的實例。蘇俄之所以厚顏用兵，就是由於政府是傀儡，而人民却要作主人。在蘇俄的想法，以爲加强對傀儡政府的控制就可解決問題，不料當人民意志堅定之時，軍隊及警察也不得不跟着人民走。從此蘇俄當覺悟到樹立傀儡政權，訂立軍事條約這一套辦法，是經不起時代考驗的。同時也給一切集權主義者一警告，不要夢想所謂思想訓練或子弟兵的奇蹟，以爲把握了軍隊及秘密警察就可安享天下。因爲兵出於民，未有不獲民心的措施而能獲得軍心的。經過這一次教訓，蘇俄的美夢當已覺醒，再也不能高枕無憂，以弱小民族的救星姿態出現，她不得不發出一部份精力調整她與附庸國間的關係。更要緊的是調整克姆林宮少數主人與全體蘇俄人民的關係。當爭取自由成爲全民要求時，卽令有忠心的軍警特務也是無能爲力的。這個世界是屬於大多數的，一個政體能順應大多數的要求，就能長期存在，短期的武力控制遲早有爆發的一天。一九五七年起的蘇俄，在現況下是無法主動的。蘇俄是否就馬上崩潰，我不敢作任何判斷，可是我相信蘇俄再也不會狂吹「二十世紀是共產主義的世紀」的。這是我從事實上所下的結論！

五

最後我再來分析一下艾氏再度當選的國際義意。在競選開始，共和黨提出的和平與繁榮，以及艾氏的改進共和黨的諾言，大家都料到了艾氏的勝利。投票前後，正值匈牙利及運河事件鬧得如火如荼，人心不安，在這種情況下，政府又提出決不捲入中東戰事的保證，結果造成艾氏的空前大勝。誰都知道共和黨是代表有產階級的，民主黨是代表工人及小生意人利益的，可是儘管民主黨在國會中及各地方政府獲勝，而白宮主人則仍請艾氏蟬聯。這原因很清楚說明美國人的重要選擇——繼續艾氏的和平解政放策。美國人之畏戰，不亞於任何國家，而這次戰爭不發生則已，一旦爆發，不是勝負之爭的問題，而是同歸於盡的問題。用點錢打打氣都無不可，主動的迫使蘇俄就範，這不是全民的意志。假定艾氏以爲人民再度授權給他是信任他過去四年的措施，那麽未來的四年，尤其就對外政策而言，當與過去無大出入，只要環境有利，未決的爭端當以妥協的方式求解決。由於蘇俄眞面目的暴露，美國的環境是逐漸有利，美國的用心已逐漸爲人了解，其在聯合國中迫使英法就範一節，卽令苦在心頭，也是爲了獲得中立者了解不得不付出的代價。由埃及領導的回教國家，也不會輕易再接受蘇俄的宣傳。相反地，再觀其對於匈牙利事件應付的態度，儘管美國主動在手，所靠的仍是國際的道義支持，「希望」蘇俄能自動撤兵，給匈牙利人民以自由，從不敢如蘇俄對埃及的態度一樣大膽，說一聲「志願軍援助」的恐嚇。何以美國不趁此時機也迫使蘇俄就範呢？原因是對蘇俄不能「迫」，只能「希望」。所謂和平解放的主旨，就是在造成一個有利的國際環境，「希望」與蘇俄達成「共存」的協議。今後美國對東歐的方式是救濟難民，在面子上給蘇俄難堪，如此而已。姑且不談遣送志願軍的問題，軍火接濟都不會提及的。所以艾氏連任，等於和平解放政策的繼續。解放是要解放的，方式却是和平的。只要蘇俄不再擴張，美國對於現有的蘇俄帝國，並無武力打破之意。假定東歐人民的血能喚起克姆林宮主人的自覺，那是美國最祈求的。

六

在我的試測中，第一我要分析的是蘇俄今後的動向。我說過旁觀者對於美蘇的外交戰，主要的是以「事實」作爲判斷的根據。在未有蘇俄鎮壓匈牙利人民的暴行以前，蘇俄的宣傳大體皆可自圓其說，而和平新貌更是外交戰的高潮。如果這一次冒險成功，旁人尚無理由因有共產主義之名而否認其事實的存在。可是新貌經不起時代的考驗，匈牙利人民的要求，超過了蘇俄所能容忍的範圍，結果，蘇俄奮相畢露，十年經營敗於一旦，崩潰之兆已伏，她在國際舞臺上再也不够資格攻擊舊式帝國主義。她的中心工作，是如何應付民主自由的高潮，來調整其與附庸國間的關係。誰也知道目下以戰爭爲推行國策的工具，已爲世所唾棄，蘇俄建國以來，煽動旁人作戰而坐收漁人之利則有之，本身並未發動大戰，尤其今日發現世界上只有傀儡政府而無傀儡人民之際，最多只能作防禦的措施，談不上再有向外挑釁的行爲。她很清楚如能努力獲取「既成事實」與東歐諸國改善關係而相處，已是莫大的成就。他是不敢輕易言戰的。不過她被迫作戰的可能性並非沒有，其關鍵則操在東德人民之手。

何以東德人民的動向關乎世界和戰的前途呢？第一、東歐其他小國的對蘇反抗，蘇俄所遭受的損害，是面子問題，蘇俄並不難厚着面皮過下去。假定東德人民起而反抗，則關乎蘇俄的存亡問題，在這種情況下，蘇俄之被迫而作兩敗俱傷的大戰是極爲可能的。第二、東歐小國的反蘇，蘇方可以將其與外界隔離而施以壓力，可是東德則不然，蘇方無法使之與西方隔離令其屠殺，同時西德人民也不會坐視其東德同胞被人屠殺而不施以援手。這樣一來，蘇俄與北大西洋公約國家正式接觸，三次大戰便於焉開始，而人類浩刧也將再度降臨。本月中的北大西洋公約會議，通過西德外長的建議，向蘇俄保證西方無意以武力解放東歐，是深堪玩味的。這一方面是要蘇俄安心，西方無逼狗跳牆之意，同時也要東歐人民尤其暗示東德人民不可輕率從事，要忍耐以求和平解放。西德外長，當然非常了解獨裁者的心理，一旦瘋狂起來，會犧牲千萬人的生命在所不惜，即令蘇俄戰敗，剩下的世界也是殘缺不堪的。西方國家，誰也不會以全人類的犧牲來換取東歐人的自由，因爲漂亮的口號固要叫囂，而血淋淋的遠景也不得不加以考慮。所以我的第一個試測便是蘇俄今後會全力作挽回面子的工作，調整其與東歐諸國的關係，而令人值得注意的地方是東德人民的動態。

七

其次，我得試測的是美國今後積極的程度。在艾氏的連任中，已充分表出今後的美國外交是「和平解放」的繼續。匈牙利事件，已將外交主動自蘇俄之手轉給美國，弄得美國大有不安之勢。在宣傳戰上美國是鼓勵幕後人民反蘇的，等待匈牙利人民執干戈以求自由之時，美國却停止於「紅十字會工作」的階段上，不敢作進一步的措施，在對東歐人民言，不無失信之感，而就美國本身言，也有其苦衷。不僅美國盟邦無意以戰爭作爲解放的工具，美國人民之所以再度信任艾氏，就是由於其穩重而不將美國捲入戰爭的政策。是以對蘇俄言，她只能做到揭破蘇俄的面子而不是摧毀其存在。以前的美蘇外交戰，以反對帝國主義以博得觀衆的喝采。帝國主義的劣蹟，蘇俄俯拾卽是，西方自無法招架蘇俄的攻勢，美國卽令反攻，苦於沒有實證，縱然舌破唇焦，難以使聽衆心折。今後情勢大變，蘇俄有嶄新的劣蹟握在美國之手，美國旣不願以戰爭迫使蘇俄就範，在談判上美國却處於有利的地位：蘇俄的共產世界，再也不是想像中的統一強大，蘇俄的國際聲譽再也不是正人君子。這一切都使美國處於談判有利的地位。討價還價，美國也有交換的條件，她當會再度努力與蘇俄從協商方式解決懸案。同時美國爲了應付非洲民族主義的高潮，聯合國之解決運河問題，已爲美國外交上找到了一條新的出路。非洲問題如再發生，聯合國的國際警察，當可化大事爲小事，已滿足非洲人獨立自主的願望。寫到這裏，綜合我的第二個試測是，在一九五七年，美國縱然獲得了外交上的主動，爲了避免戰爭，她只能作有限度的利用，而不會採逼狗跳牆的政策。聯合國的運用將日漸加强以解決小的爭端，同時利用蘇俄的被告地位，求各項問題的解決。

八

我之在前文中指出一九五七年，世局已進入柳暗花明又一村的局面，主要的含義便是世界是開始走向解決問題之途。就蘇俄講已是負傷的野獸，她的心情是可能養傷以求復元，同時也可作困獸之鬬，來一個兩敗俱傷。在美國方面縱令主動在手，爲了恐怕世界的浩刧，也無法再有積極的動作，只能對蘇作傷皮不傷骨的挑釁，使蘇俄能對實際問題的解決上多作讓步，不再從事拖延時間的爭辯。在「畏戰心理加中立主義等於調停」的公式下，大家可以想像到，一九五七年將是中立主義者最忙碌的一年。我在前文提過所謂中立集團的國家，非弱卽小，最理想的國際環境是兩強並立，他們居於中間人的地位，調停出一

(下轉第18頁)

論美元銀行承兌滙票及其與自由世界金融貿易之關係(下)

劉國增

購買美元銀行承兌滙票的機關

近年來美國銀行由掮客手中購進之承兌滙票，其中一大部份賣與外國銀行，蓋外國銀行認爲美元承兌滙票是國際貿易盈餘之美元，一種最好投資。不但此也，購買美元承兌滙票較之購買一般庫券有利。尤其是對於外國持有者更爲有利。其所以如此者，是因爲外國人持有美元承兌滙票者所得之利潤的收入，在美國免征利得稅。自一九五五年春季以來，市場上承兌滙票供給量日漸增加，美國一般公司行號均樂於購進，尤其是對於短期承兌滙票最感興趣。而外國購買者則對於長期承兌滙票感覺興趣，此則由於投資觀點不同故也。現在美國市場上流通之承兌滙票之一小部份由紐約聯邦準備銀行購進，該行購進承兌滙票已往是代替外國中央銀行買的，近來亦有時爲自身買的。聯邦準備銀行爲外國中央銀行購進美元承兌滙票並在滙票上簽署爲之擔保，所收取之擔保費用極少，不過百分之一的又幾分之幾而已。此種交易詳情由聯邦準備銀行年報上即可查出。經營承兌滙票銀行所保存之承兌滙票數額各不相同。大體說起來，一部份係他們自己所簽署者，一小部份係其他銀行所簽署者。按照慣例，承兌銀行樂於保存自己簽署之承兌滙票，但不滿九十天即行到期之承兌滙票原承兌銀行則樂於賣出。蓋此項承兌滙票之貼現率爲百分之1/4至1/8，較之九十天以上到期之承兌滙票貼現率爲高。

美元銀行承兌滙票利率

利用美元承兌滙票通融資金時所出之費用有兩種：1.手續費：銀行簽署定期滙票代爲承兌，多少冒有風險，故委託承兌者必須支付手續費，以爲報酬。2.利息：出售承兌滙票者以承兌滙票向銀行貼現，所出貼現費卽係承兌滙票利息。此項利息係使用銀行貼現現欵的一種報酬，故須由請求貼現者負擔。承兌滙票的利息除以貼現方式行之外，尙有其他兩種方式：A、承兌滙票掮客買賣承兌滙票時收取的費用。B、簽署承兌滙票銀行所收取之簽署費用。就手續費言：當銀行允許承兌一張定期滙票起至委託承兌者償還時止，在此期間銀行負票面錢數兌現義務。換言之，該定期滙票到期時，任何人持此滙票到原承兌銀行兌現，該行均須照付。美國銀行爲他們的國內客戶簽署之承兌滙票，支取手續費，按年利百分之1.5計算。如按月利計算，則爲百分之1/8。按此比例數支取手續費對於大部份客戶均可通用，較之銀行放欵利率百分比對於各客戶多不相同者則又有別矣。至外國銀行與美國銀行有代理店關係時，美國銀行爲他們簽署之承兌滙票所支取的手續費，則爲年利百分之一。其所以較國內手續費爲低者，蓋因外國之對方爲銀行，並非個人及公司，其風險較小故也。

美元銀行承兌滙票的貼現率

美國承兌滙票掮客按照承兌滙票到期日期之長短決定買賣價格。此種價格又謂之貼現率。所有買賣均以此貼現率爲依據。美國報紙所刋登之承兌滙票價格均係九十日及九十日以內到期之原始承兌滙票掮客售出價格。就實際情形觀察：美元承兌滙票到期日期分爲九十日、一百二十日、一百八十日三種。但到期日期超過九十日者不過少數而已。依照慣例，九十日到期之承兌滙票出售價格係按票面價格年利百分之1/8計算。一百二十日到期者較之九十日到期者高百分之1/8，而一百八十日到期又較一百二十日到期者又高百分之1/8。以上各種不同價格謂之原始價格，又謂之原始貼現率。換言之，卽甫經銀行承兌之承兌滙票的出售價格或貼現率也。如更進一步說明，卽未經第二家銀行簽署之承兌滙票的出售價格或貼現率也。所有承兌滙票買賣價格均按原始貼現率計算。凡報紙登載之貼現率與此不同者均非原始貼現率。承兌滙票買賣價格並不每日變動，如因供給需求關係必須根本變更時亦須經過相當期間。如以開承兌滙票時所需之費用與原始銀行貸欵者所出之利息比較時，則承兌滙票的費用須將手續費加在掮客買進價格上。此二者之高低程度時時不同。在大戰後初期承兌滙票費用較銀行貸欵利息低。到一九四九年夏季，承兌滙票費用較之貸欵利息每年高百分之3/4。至一九五四年初兩者相等，在一九五四年三月至一九五五年一月之間前者又較後者爲低。及至一九五五年四月中旬，承兌滙票掮客買進價格高至百分之15/8，因之承兌滙票最低費用爲百分之31/8，而貸欵利息則僅爲百分之三。承兌滙票費用與貸欵利息孰高孰低，卽爲商人通融資金時所注意之目標。承兌滙票費用低時則進行承兌滙票，否則進行直接貸欵。在一九五四年承兌滙票費用低，故商人通融資金多用承兌滙票。利之所在，趨之若鶩，商業競爭爲尤甚耳。

美元銀行承兌滙票與短期庫券之比較

由投資人觀點來看，購買承兌滙票是否有利，端視購買該項滙票之所得，是否優於其他短期投資，尤其是短期庫券投資。有時投資承兌滙票不如投資短期庫券，蓋短期庫券票面數額既大，數額大小亦各劃一，既可大量購進，又可按票面數額分批購進。承兌滙票則不然，數目既零星，數額亦不大。大量投資既不方便，又不敷用，故除非該項投資所得大於短期庫券時，一般美國投資者多不願購。此就美國投資家觀點言之。如就外國投資而論，則略有不同。蓋按美國納稅條例，凡外國私人及公司以及政府等外團體在美國無住所者，在美國所得之利潤須納利得稅，其稅率可高至百分之三十。但定期存欵及承兌滙票所得之利潤則可免稅。因之外國中央銀行商業銀行以及私人投資者投資美元承兌滙票較之投資短期庫券，更有興趣。即使購買承兌滙票之利潤與短期庫券相等或竟不如短期庫券，亦所不計也。

由過去數年間美國市場情形觀察：九十日到期之承兌滙票掮客售價慢慢上漲，其速度較之三個月短期庫券不相上下。茲略陳如下：在一九四九年至一九五〇年之間，兩種價格相差不多，幾無軒輊。由一九五一年起至一九五二年夏季止，兩種價格並駕齊驅。自一九五二年至一九五三年夏季止，短期庫券價格較承兌滙票爲高，自一九五三年秋季起至一九五四年底止承兌滙票價格又較短期庫券高些，其高的程度爲百分之零點三。到一九五五年初，兩種價格相差無幾，及至是年四月短期庫券又較承兌滙票高些。如就美國國內外投資情形觀察，當此兩種價格相差不多時，則外國投資家投資於承兌滙票者較多，而美國內投資者則多投資於短期庫券。

美元銀行承兌滙票與自由世界金融貿易之關係

美元銀行承兌滙票與自由世界金融貿易之關係，在本文以前各段中，已直接間接分別陳述。茲爲更明瞭起見再加綜合說明。欲明瞭美元銀行承兌滙票與其他自由經濟國家金融貿易之關係，必先將倫敦紐約兩地承兌滙票市場加以比較。蓋倫敦紐約爲世界兩個最大商埠，所有金融貿易關係不但可代表其他商埠，且彼此息息相關，如車之兩輪相輔而行也。

英國銀行承兌滙票歷史較美國悠久，用作信用之工具亦較美國著名。英國銀行經營承兌滙票業務者有商人銀行 (Meschant Baubers) 商業銀行 (Commercial Banks) 及外國銀行倫敦分行與世界各重要商埠均有聯繫，對於各地借欵者的信用均知之甚詳，因之他們的承兌信用對於通融世界各地資金至爲便利。倫敦貼現店 (discount houses) 爲承兌滙票買賣掮客，同時亦爲短期庫券短期買賣的中間人。經營承兌滙票之貼現店按照歷史習慣均存有承兌滙票用作營業資產。此與美國承兌滙票掮客隨買隨賣不存有承兌滙票者又大不相同。其所以存有承兌滙票者，蓋係用作擔保品隨時向銀行拆欵從事貼現營業也。不但此也，貼現店將承兌滙票售予商業銀行時須在滙票上簽字，此又與美國不同也。一張承兌滙票由原承兌銀行貼現店及買進之銀行三家簽署，最有信用。銀行多用作第二準備金。又按照慣例，貼現店將大批承兌滙票賣與銀行時往往應銀行之需要，將不同日期到期之承兌滙票，不同承兌銀行簽署之承兌滙票，票面數額不同之承兌滙票予以平均搭配以便使用。

再就英美兩國銀行承兌滙票各項費用言之。英國銀行爲國內商人簽署承兌滙票時，至少每年收取手續費百分之11/2與美國相同。惟當由外國銀行負責爲外國客戶簽署承兌滙票時（在英國謂之償付信用 reimbursement credit）所收之最低手續費爲百分之11/5，此外再加上每年百分之1/5印花稅，因之英國此種承兌滙票費用較美國高一些。蓋美國銀行爲本國商人簽署承兌滙票時雖亦收取百分之11/2最低手續費，但爲外國銀行簽署承兌滙票時則僅收百分之一手續費。尤有進者，英國原始銀行承兌滙票(在英國謂之優良銀行滙票)貼現率較之短期庫券利率高一些。同時倫敦貼現率之高低較之紐約富有機動性。蓋倫敦承兌滙票貼現率隨市場情形時時變動，紐約貼現率則須經過相當時間方始變動也。不但此也，又倫敦貼現店買賣承兌滙票價格之幅度亦隨市場情形隨時變動，亦不像紐約那樣長久不變。近年來倫敦原始承兌滙票價格較紐約高。就一九五二年三月至一九五三年九月間價格觀察：倫敦價格爲百分之三，紐約則僅爲百分之二，並有時不到百分之二。及至一九五三年底英蘭銀行減低利率，同時承兌滙票利率亦隨之降低，因之兩地承兌滙票市價差度亦復減少。又一九五四年大半年英美兩國利率均行減低，因承兌滙票價格差度亦縮小至百分之1/2。在一九五五年倫敦紐約兩地銀行利率均行提高，因之紐約承兌滙票市價曾兩次上漲百分之1/8，而倫敦之該項價格上漲之程度較之紐約更高，尤以是年四月底兩者差度爲百分之11/4，已達高峯，因之近年來使用美元銀行承兌滙票通融國際貿易貨欵日漸加多。當美國商人利用銀行承兌滙票通融貨欵時，除考慮紐約倫敦兩地手續費貼現率孰高孰低外，尤須考慮在倫敦辦理承兌滙票時，本國銀行擔保手續之多寡。蓋美國商人在英國辦理銀行承兌滙票時，英國銀行往往要求美國銀行爲之擔保，換言之，滙票到期時須負照付責任。美國銀行既負有此項責任，權利義務相對待，即有向原委託商人要求支付額外手續費的權利。此項手續費加上後，倫敦銀行貼現率雖低亦恐無何好處。究竟何去何從，則視國際承兌滙票市場互相競爭情形，及美國銀行是否在倫敦設有代理店以爲斷。如由其他方面觀察，英國商人委託美國銀行辦理承兌滙票時，應考慮各點亦復如此，其他各國亦皆然也。此其一。其他應當考慮的問題則爲：當請求外國銀行簽署承兌滙票時，對於外國幣值的變動宜格外注意。如外國幣值時常變動，則辦理外幣承兌滙票時所冒之風險甚大，故多不願爲。美元幣值穩定，故多願辦理美元承兌滙票。又辦理外國承兌滙票時必先預備外國外滙以免將來蒙受損失。例如英國進口商向美國購貨，在紐約銀行辦理九十日到期美元承兌滙票以通融貨欵，當承兌滙票到期時必須以美元償還。如當到期美元較英鎊漲價，勢必多付英鎊，故當辦理美元承兌滙票時，必先預備遠期美元以免將來蒙受英鎊跌價損失。就其他方面來說：如美國進口商在英國購貨，爲通融貨欵起見，在英國銀行辦理英鎊承兌滙票，爲避免英鎊承兌滙票到期時，英鎊對美元價格發生變動時，必須預先買進遠期英鎊 (forward stering) 以便到期支付。由此種情形觀察，在某國承辦理兌滙票時則該國之遠期外滙滙率即構成承兌滙票費用之部份必須計算在內。如當辦理外國銀行承兌滙票時，本國遠期外滙滙率較之對方遠期外滙滙率已高至最高峯時，則所需費用亦必因之減少，如低至最高峯時則必因之增加，此不可不注意及之也。

在一九五三、一九五四兩年中，遠期美元價格較之遠期英鎊價格多半爲高，因之英國進口商人利用英鎊承兌滙票通融貨欵時又增加一筆費用，此種費用增加後，雖紐約貼現率較低亦不上算。況由統計數字觀察，遠期美元價格與遠期英鎊價格時常較兩地貼現率之差度爲大，因之卽使其他費用相等，美國商人亦以爲利用英鎊承兌滙票通融貨欵較爲合適，雖倫敦利率較高亦在所不計。

普通說起來，銀行承兌滙票是資金及信用在國際間流轉之工具。如世界上一個金融中心承兌滙票貼現率低時，則利用承兌滙票通融貨欵者必向該金融中心告貸。同時投資承兌滙票者亦必向貼現率較高地方買進。因之承兌滙票有兩種任務，既可使國際短期資金流轉便利，又可左右外國借欵者投資者的借欵及投資方向。

近二三年來世界各國對於國際貿易國際收支放寬限制，同時資金亦因需求關係在國際間流通亦復暢旺。蓋以各國貨幣自由兌換（Convertibility）日有起色，因之國際資金流轉更爲靈活。在此世界各國利率不同，金融情況各異之下，承兌滙票在國際資金流轉上所佔之地位更爲重要。由世界金融國際貿易觀點觀之，其使命既可平衡國際短期收支，又可使國際貿易繁榮，世界收入增加。此就一般銀行承兌滙票的功用言之也。至美元銀行承兌滙票除具備以上各種功用外，又有以下各種優點：1.美元等於黃金，爲國際貿易標準貨幣，美元承兌滙票到期支取美元，穩定可靠，最有價值，較之英鎊等承兌滙票價格時常變動者不可同日語。因此之故，故各國商人通融貨欵時均樂使用。各國投資者亦均樂於投資，對於國際貿易之發展，世界金融之週轉頗多貢獻。2.美元承兌滙票到期日期較長，國際貿易運貨需時，在運貨期間利用長期定期滙票週轉資金最爲合適。又就各國投資家觀點來看，此種長期投資既無風險，利潤又大，故最感興趣。3.辦理美元承兌滙票各項費用較少，利之所在，趨之若鶩，各國商人通融貨欵者均樂使用。4.美國商人可利用承兌契約承兌信用辦理承兌滙票事先買賣貨物，外國商人又可利用美元外滙帳戶先期得到美元承兌滙票以資挹注。凡此種種均可使國際貿易感覺便利，資金週轉格外靈活。5.現在世界多數國家因美元基金缺乏，貨幣不能自由兌換，對美直接輸出或利用三角貿易換進美元承兌滙票，提前增加美元基金，促成貨幣早日自由兌換。6.各經濟落後國家各項出口產品或因季節關係或因運輸困難，致使貨物不能早日運出換進美元，因之國際收支一時不能平衡，當此時也，可利用美元承兌滙票各項辦法先期得到美元，承兌滙票以資彌補。7.現在美國生產量幾佔全世界百分之六十，所有進出口貿易亦佔國際貿易一大部份，益以美元承兌滙票數額甚大，用之通融貨欵最爲方便，因之自由世界國際貿易愈形發達，資金週轉愈感靈活，較之蘇俄鐵幕經濟集團實行易貨制度(Barter system)貨物運來運去者靈便的多。因之爲打擊共產國家國際貿易起見，美元承兌滙票亦是最好的武器。

自一九五五年一月起，紐約聯邦準備銀行奉聯邦準備制度公開市場委員會指示，開始買進美元銀行承兌滙票，及至該年四月該行存有之承兌滙票數額在一億美元至兩億美元之間。聯邦準備銀行保存承兌滙票數額之多寡，則視其所採取之信用政策如何及承兌滙票之季節性如何以爲斷。換言之採取放寬信用政策時，則少買進，採取緊縮信用政策時，則多買進；當承兌滙票旺季時則多買進；當承兌滙票淡季時則少買進。其買進之價格係市場價格，並亦係由掮客手中買進。就承兌滙票市場情形觀之，交易量愈多，則利用承兌滙票通融資金者亦愈多，因之美元銀行承兌滙票不僅是美國短期資金之出路，亦自由世界投資家短期資金之尾閭也。

(上接第15頁)

個出路。至於兩强何以要敷衍他們，第一他們是觀衆，是裁判員；第二他們縱然無力左右世界局勢，可是他們，代表一種「勢」——和平解決之勢。這個勢不僅存於第三勢力國家之間，同時也存於兩强陣營之內。明顯的說，就是畏戰心理在西方集團及蘇俄都普遍存在，只要能找出一個彼此過得去的出路，誰也不願輕言一戰。

這種中間人的工作，中立主義者認爲今天較易着手。在以前舊式帝國主義是記憶猶新，而新式帝國主義，縱然爲西方大肆宣傳，他們很難誠意接受，是以多有傾蘇之勢，作起調停人來，如多對西方施以道義壓力吧，明知西方已無路可退，如將此種壓力施出於蘇俄吧，又恐受蘇俄的駁斥，所以無法澈底負起調停的使命。今天蘇俄既有弱點握在世人手中，他們當有充分理由向雙方進言。對蘇俄講，現在已是可以談判的時機，附庸國在平時尚不可靠，一旦有機可乘，當不會爲共產主義而戰。現在是民族主義及民主主義的高潮，識時務者爲英雄，不如讓他們有自由選擇的機會，而換得安全的保障。同時也暗示克姆林宮的主人果若發動戰爭，並得不着中立者的同情。至於對兩方他可利用畏戰心理，要他們不爲已甚。今日戰爭的結果是兩敗俱傷，不如趁機作問題的逐步解決，共存是人類唯一的出路。今天既處於談判有利的地位，與其戰爭，不如協商。至於這一番勸告是否動聽呢？照我看雙方都得加以考慮，蘇俄建國不易，如不迫之太甚，當不致鋌而走險。至於美國因同情東歐人民的處境，能夠求得和平解放，遠比兩敗俱傷爲好，尤其西歐諸國，他們首當其衝，也會對美國施以壓力，不要弄得解放之志未酬，而西歐已成一片瓦礫焦土。

今天的國際形勢既如此利於談判，第三勢力之加倍奔走勢屬必然。尼赫魯氏已與艾氏作了初步談判，他發現美國政策遠較其想像中富有彈性，他去加拿大，又將與西德總理會商，這一切都是表示第三派努力的開始。一九五七年他會加倍奔走，再促成所謂巨頭會議等等，都是意料之中的。最後我的總「試測」便是一九五七年和戰操在東德人民之手，假定沒有戰爭的話，由於第三勢力的努力，可能促成東西雙方從事懸案的逐步解決以減輕戰爭危機，今後如有巨頭會議表明國際局勢和解的跡象，在我看是不足爲奇的！

一九五六聖誕前夕於美國西岸。

反資本主義的心理(二)

米塞斯教授著

夏道平譯

白領工作者的憎恨

白領工作者對於資本主義的憎恨，除掉一般性以外，由於工作關係，還有其特殊的憎恨。

他在經理部門，坐在寫字檯的後面，經常在記錄業務上的語言與數字。對於這種工作，他每每高估了它的重要性。他也像頭兒一樣，經常審閱其他同事們提出的報告，並且也直接或用電話與他人商談。於是他很自負，他以爲他自已是屬於企業管理部門的樞機，乃把自已的任務與頭兒的相提並論。同時，作爲一個「勞心者」，他又瞧不起那些指掌胼胝而骯髒的手藝工人。可是這些手藝工人賺得更多的報酬，也更被人重視。這種現象，使得他更爲憤怒。他想，資本主義不按照他「智力」工作的「眞實」價值給以報酬，而偏要優待那些簡單的賤工。可恨！

以「勞心」與「勞力」來分高低貴賤，這是個陳腐的觀念。由於這一觀念作怪，白領工作者就看不清實際情形，以致盲於估價。他不知道他自已的那種附屬性的書記工作，只要簡單的訓練就會做得好；他不知道，他所嫉妒的那些勤手的工作，須要懂得怎樣處理現代工業中複雜而微妙的機械，必須受過高度技術訓練的人纔能勝任。白領工作者之不了解這種實情，正表明他缺乏識見與理解力。

另一方面，書記工作者也和專門職業者(醫師、律師)一樣，每天要與一些比他更成功的人們接觸而使他苦惱。他親眼看見有些同事的是從自已同樣的地位抖起來的，而他自已則落在人後。昨天，保羅和他是同一個等級，今天，保羅昇遷了，也顯得比他重要。他一想，在任何方面，保羅都不如他，於是乎他的結論就是：保羅的抖起來，靠的是卑鄙手段；而這種手段只有在大家所咒駡的不公平的資本主義制度下纔能够行之有效。

書記人員的妄自尊大，把他自已的那種助手工作，與他們頭兒的工作相提並論，自以爲是中樞活動的一部份，這種心理的典型，我們在列寧的一篇論文——論述「生產與分配的控制」——中，可以看得出。

列寧本人和他的那羣造反者，對於市場經濟的運作，一點也不了解，同時，他們也不求了解。他們所知道的資本主義，只是馬克斯所形容的萬惡中最惡的東西。他們是職業革命家，籌黨費是他們唯一的賺錢方法。黨費雖也有自願損輸或應募的，但大部份是來自强迫的勒索或沒收。但在一九一七年以前，這些革命同志們，有些亡命在西歐和中歐，那時，他們常常在公司裏面做點書記一類的助手工作。塡表、寫信、登記帳册、整理文件，這一類的經驗，就是他們的經驗。列寧對於企業家的活動，僅僅是根據他們同志的這點經驗來認識的。

列寧很正確地把企業家的工作與工程師、農業家等等技術人員的工作分辨清白。技術方面的專家們大都是執行命令的。他們在資本主義制度下服從資本家，在社會主義制度下就要服從「武裝的工人」。資本家與企業家，彼此的功用不同；不同的地方，照列寧的想法，前者控制生產與分配，後者控制勞工與產品。其實，資本家與企業家的任務，都在於以最好的方法去利用生產要素以滿足消費者的慾望——即是說，他們是在決定生產些甚麼，量多少，質如何。

但是，這不是列寧所說的「控制」的意思。因爲列寧是馬克斯信徒，他不會知道在任何社會制度下生產活動所必定遭遇的幾個問題：生產要素不可避免的稀少性；未來的情形不確定，因之生產難於準備；以及如何從許多技術性的方法中挑選最好的方法，而被挑選的方法，不僅要能够達成旣定的目的，而且也要對於其他目的的達成極少妨碍——即是說，利用這種方法，可使生產成本減至最低的程度。

關於這一類的問題，在列寧奉之爲聖經的馬克斯與恩格爾斯的著作中，一點影子也找不着。列寧所有的工商業知識，都是那些在公司寫字間裏作過事的同志們所講的那一套。他們是把工商業看作一大堆謄寫、記錄、和計算的工作。所以列寧說，「計算控制」是組織社會與改造社會的主要工作。但是，他又繼續說，「計算與控制」已經「在資本主義制度下簡化到了極點！……只要懂得算術四則的人，都可勝任這種簡單工作。」

這就是書記人員所特有的看法，也卽是他們憎恨資本主義的一個根由。

「堂兄弟們」的妬恨

在一個不受外力干擾的市場裏面，誰的生產效率最高，生產要素就轉到他的手中。這個動態是永不停止的。個人或公司，一旦努力鬆懈，不能以最好的方法去滿足消費者的需求，則以前慘澹經營所累積的財富，馬上就開始消散。財富的這樣消散，有的是在企業家本人的晚年卽已開始，因爲年老力衰，不能繼續地應付市場的無窮變化；但是，更常見的則是由於繼承人的不振作，以致敗掉了先人的遺產。

如果不振作的後嗣，還能不失爲有錢的人的話，那就是由於反資本主義趨勢下的某些制度和政治措施。在競爭激烈的市場裏面，要保持旣得的財富只有一法，就是天天與人競爭以增加財富。因此有些不振作的後嗣，從市場上退出來。他們只好購儲公債，在政府的庇護下逃避市場淘汰的危險。

有些家庭，連續幾代都有卓越的企業人才，兒輩、孫輩，乃至曾孫輩都有一兩個與祖先媲美甚至超過祖先的人物。在這樣的家庭裏面，先人遺傳下來的財富不僅不致消散，而且日益增多。

自然，這樣的情形是不常見的。它們之所以引人注意，不僅是由於不常見，而且也由於那些增殖遺產的人，享受了雙重榮譽，旣爲祖先增光，又爲本人生色。這種「世家子弟」——有些不明瞭階級社會與資本主義社會之別的人這樣稱呼他們——在其個人修養方面，大都把優雅的風度與生意人的勤勉和精幹相結合。這種人，有的是全國最富的企業家，有的是全世界最富的企業家。

這少數的所謂「世家」，與現代反資本主義的宣傳，有很重大的關係。爲說明這一點，我們必須把這類家庭的內情，詳加檢察一番。

在這類幸福的家庭中，其子孫也不會個個有大企業家的才幹。有這種才幹的，一代當中通常只有一人或兩人。爲着家產的保持與增殖，必須由這一兩個人負起經營事業的責任，其餘的都是分享利益的份子。這種關係的安排，各國有各國的法律規定，但其結果總是一律的。卽是在這種家庭當中，家庭份子分成兩類，一類是經營事業的，一類是不管事業的。

在通常情形下，第二類的人都是與第一類的人有親密關係的。我們把第一類的人叫做「頭兒」。第二類的人包括頭兒的兄弟、堂兄弟、姪子、有時還包括姊妹、孀居的嫂娣、堂姊妹、姪女等等。我們把這第二類的人統統稱爲「堂兄弟們」。

這些「堂兄弟們」從公司或商店裏拿錢用。但是他們對於工商業是外行，一個企業家所面對的是些甚麼問題，他們一點也不知道。他們在那些供給膳宿的中學和大學裏面成長起來，而那些學校大都充滿了鄙棄賺錢的氣氛。他們當中，有些人把時間花在夜總會、賭博場、或酒色場所。有些人則附庸風雅，很膚淺地畫幾筆畫，寫幾行詩，或要幾下其他的「藝術」。所以「堂兄弟們」當中，大多數是些游手好閒而無用的人。

但是，也有例外。而這些例外的「堂兄弟們」，在某些方面的光榮成就，足以抵消那些花花公子的聲名狼藉而有餘。許多卓越的著作家、學者、政治家就是「堂兄弟們」當中的例外人物。這些人因爲不愁生計，不必幹那些賺錢的工作，所以他們在思想方面成了若干新觀念的倡導人。此外還有些「堂兄弟」，因爲自己的智慧較差，不會有何創見，但他們對於藝術工作者很慷慨地給予物質與精神上的援助和鼓勵，以致產生了偉大的藝術家。這一類的「堂兄弟們」對於社會也是有貢獻的，因爲他們是藝術家的保護人(The Maecenas of artists)。

英國在思想與政治方面的革新，常常得力於這般有錢人的幫助，這是歷史家所重視的事實。法國十九世紀的大著作家與名藝術家，也是在「社交界」(le monde) 經常得到物質與精神的鼓勵。

這裏，我們並不是要責備花花公子們的罪惡，也不是要宣揚另一些富人們的優點。我們是要指出在「堂兄弟們」當中另有一羣特別人物，他們接受了一些摧毀市場經濟的理論，並且爲這些理論的傳播做推波助瀾的工夫。

「堂兄弟們」與他們頭兒的經濟關係以及與家庭公司或商號的經濟關係，大都是遵照他們父親或祖父的遺囑安排的，也有的是依照「堂兄弟們」自己簽了字的協定來安排的。但是，有些「堂兄弟們」總覺得這種安排——無論它屬於那一種——損害了他們。他們總以爲自己所得的太少，而頭兒所得的太多。他們對於工商業與市場，毫無知識，只是相信馬克斯所講的，資本會自動生息，他們不懂得家庭裏那些經營事業的份子爲甚麼應該比他們自己多賺些錢。資產負債表與損益計算書的意義，他們不了解，他們總疑心頭兒的所作所爲是在欺騙他們，剝削他們與生俱來的權利。於是家庭內部就不斷地發生爭執。

在這種情形下，頭兒們的憤怒是不足爲怪的。他們克服了政府與工會，加在大規模工商業方面的一切障碍，而使事業成功，他們正以此驕傲。他們知道得很淸白：如果沒有他們那種幹勁和效率，這個公司或商號早就失敗，這個家庭也早就衰落。現在，那些「堂兄弟們」不僅不感恩，反而出怨言，這就難怪被他們認爲厚顏無恥而憤怒了。

家庭的頭兒們與「堂兄弟們」之間的口角，如果只在家裏鬧鬧，不鬧出自家的大門，那也罷了。但是，那些「堂兄弟們」爲要給頭兒們難受，有的就參加了反資本主義的陣營，並且以金錢資助各種所謂「進步的」運動。他們熱烈地支持罷工，甚至自家工廠的工人罷工，他們也支持。到了這時，問題就非同小可了。

大家都知道，現在有許多所謂「進步的」雜誌與報紙，其經費完全靠這些「堂兄弟們」的慷慨捐助。這些「堂兄弟們」也資助一些「進步的」大學、學院、和學術機構去做所謂「社會調查研究」，並且支持共產黨的一切活動。不僅如此，他們還滿口的社會主義、共產主義，在「普羅隊伍」("Proletarian army") 反資本主義的鬪爭中擔任要角。

百老滙與好萊塢的共產主義

資本主義給了許多人可以安樂度日的進欵和閒暇，這些人是要尋找娛樂的。於是戲院開演時總是擠滿了觀衆。著名的演員與作脚本的人，也就收入豐厚。他們住華麗，甚至有游泳池設備的房子，還可以僱用名厨烹調膳食。這般人，該不是饑餓線上的掙扎者吧，然而，好萊塢與百老滙，這個擧世聞名的娛樂業中心，却是共產主義的溫牀。在那些堅決支持蘇維埃主義的一羣人當中，有許多是劇作家與演員。

對於這種現象，曾經有各種解釋。大多數的解釋多少都有一點眞理，但都沒有指出那些舞臺上和銀幕上的名角爲甚麼要參加革命行列，甚麼動機在驅使他們。

在資本主義制度下，消費者至上。要發財，就要靠消費者的光顧。就這一點來講，一個工業家所提供的勞務，與一個劇場老闆、一個演員、或一個作脚本的人所提供的勞務，是沒有區別的，也卽是說，這些勞務能否發財，都要取決於消費者的選擇。可是，由於認清了這一事實，那些以娛樂來滿足消費者的人們對於自己的前程，比那些向消費者提供具體物品的人們，要擔心得多。

生產具體物品的人，都會知道他們的產品之所以有人買，是因爲產品本身有些物質的性能。只要沒有貨色更好而價錢更低的同樣產品出現，他們可以相信大家還要繼續購買他們的，因爲這些產品所滿足的慾望，不會在短期內有多大的變動。所以，精明的企業家對於產品的將來行情，在某種限度以內，是可以測知的。因而他們對於將來，能够保持相當的信心。

至於娛樂業，情形就不一樣了。尋找娛樂的人，爲的是解悶或消遣。解悶消遣就要靠新鮮的玩藝。看慣了或聽慣了的東西令人厭倦。娛樂業必須常常變化，翻陳出新。顧客們所最喝采的是一些新異而令人驚奇的東西。他們的興致不專而難於捉摸。今天高興的，明天也許就厭煩了。舞臺或影幕的名角、明星總是躭心大衆的興趣轉移。他很明白，他今朝的紅得發紫，完全是靠那些尋找快樂的人們的興會與趣味，到了明天也許就被他們遺忘了。未來的新角，精力充沛的後生小子，將會取悅觀衆，奪去他的地位。這種憂慮，經常使他苦惱。

名伶們的這種憂慮，很明顯地，沒有甚麼方法可以解除。因此，像落水的人一樣，一根草他們也要抓住。他們當中有些人就以爲共產主義將可解救他們。他們想，共產主義不是一種使人人快樂的制度嗎？人類的一切罪惡都是來自資本主義；資本主義將會被共產主義打倒，不是許多名人都這樣講嗎？他們自己也是辛苦工作的人，難道不是勞工們的同志嗎？

我們很可以講，好萊塢與百老滙的共產主義者，沒有一個人曾經讀過任何社會主義的著作，也沒有人好好地分析過資本主義的市場經濟，正因爲這個事實，才使得那些影星、舞星、歌星們，以及那些喜劇的作者、電影本事的作者、歌曲的作者們，都迷在一個幻境當中，他們幻想，一旦到了「剝削者」被剝削的時候，他們所特有的那些憂慮也就解除了。

有些人把娛樂業一些惡劣而淺薄的出品歸咎於資本主義。關於這一點，我們沒有討論的必要。但是，值得我們注意的，倒是好萊塢與百老滙的那般人對於共產主義的支持比較美國任何其他方面的人士要熱烈得多。如果將來有一位歷史家，像法國騰氏（Taine）那樣，善於從小事方面尋找歷史事實的起原資料，那末，他將不會不提到世界最著名的脫衣舞女郎在美國的過激運動中所扮演的角色。（待續）

（上接第32頁）

巴許於一七九〇年創刊曙光報時，本吉明·佛蘭克林已逝世六個月，曙光報痛罵華盛頓的社論，第一篇刊佈於華盛頓總統發表臨別贈言後的一七九六年十二月二十三日，第二篇刊佈於華盛頓總統第二任期滿實行退位的一七九七年三月六日。這離佛蘭克林之死，已相隔六、七年，佛蘭克林如何能從墳墓中發出如此驚人偉論？更如何能忽在一百七十年以後受中華日報的推崇贊賞，作爲砸報館打主筆的護符？假使中華日報知道被打的「巴哈」，就是佛蘭克林的愛孫，那麼，我相信中華日報一定還會對佛蘭克林，加上一句中國式的頌詞：「佛蘭克林大義滅親」。

第三、照中華日報所舉佛蘭克林的名論，使我引起了一個離奇的回憶，所謂「給文氓教訓」這一類口吻，到非常和幾十年前北洋軍閥如張大帥（宗昌）、孫大帥（傳芳）者相似。那時對報館不只是砸，而是澈底封禁，對主筆不僅是揍，而是根本鎗斃。中華日報不將「給文氓教訓」的名論，託之於張大帥、孫大帥，這當然是因爲我們今天，究竟是一個中外具瞻的民主自由國家，所以要找根據，只好向標準的民主自由國家——美國——身上想辦法。誠然，我們不能否認，民主自由如美國，也並不能根絕砸報館揍主筆的不幸事件，不過儘管有這類事件發生，大家總認爲不幸，尤其新聞界本身。卽如去年四月，美國勞工問題專欄作家李塞爾 Victor Riesel，爲了他一向不惜揭發勞工方面各種黑幕，受人仇恨，當某日李氏在百老滙附近散步時，被暴徒灑了一臉硝鏹水，雙目因此失明。美國新聞界不特沒有向暴徒叫好，說這是「給文氓一場教訓」，相反地，乃一致譴責暴徒，要求緝兇，而對被害的李塞爾，則致予深切同情。最近全案破獲，暴徒一人自殺，兩人一判五年徒刑，一判兩年。我們讀遍任何民主國家的新聞史，實在找不出一張民主自由的報紙，而曾主張過用暴力砸報館揍主筆。而且就美國的法律說，報館雖享有百分之百的言論自由，但鼓吹暴動，卻一樣要受到法律嚴厲制裁。我們很奇怪，在民主自由的中國，爲什麼中華日報獨能公然鼓吹暴動，而沒受到治安當局的干涉，和檢察官的檢擧。是否自由中國的報紙，於享有百分之百的言論自由以外，更享有鼓吹暴動的自由？

中華日報社長曹聖芬先生，是一位名報人、名新聞學者，且剛從美國著名的新聞學府密蘇里大學新聞學院學成歸來，對於我上述這三項問題，相信藉貴刊的介紹，總能給予我明確的回答。

最後我還對貴刊致其最誠懇的兩項期望；第一、勿爲暴力恫嚇而屈服。第二、更嚴肅貴刊對一切問題的批評，貫澈對事不對人的原則，使今後一切讀者更能增加對貴刊的同情，最低限度，我個人將會要對貴刊每一篇文章，每一項主張，每一句話，都能百分之百的擁護。

范度才敬上　四十六年一月十日。

印尼軍人政變記詳

十二月廿六日・耶迦答航訊

蘇益生

印尼軍人政變，在今天印尼安全來說，實在是一件大事。它不但影響印尼今後的團結，且亦關於東南亞的安寧。這數天來內閣天天開會，希望和平解決，但是前途困難重重，看上去這個親共的阿利內閣，必將倒閉。

政變的起因乃是由於蘇門答臘中部省(簡稱蘇中省)的水牛兵團師司令官胡申中校等軍人集團，不滿中央，乃實行政變。這個消息首先傳抵至耶迦答中央乃是在廿一日由蘇中省武吉丁宜電臺廣播出來的。蘇中省宣佈脫離中央，把政權交給以三十四歲爲首的胡申中校軍人執政團，完成不流血的革命，使中央政府大爲震驚。因爲胡申中校這一着，實在是出於印尼中央意料之外的。

蘇中省向爲印尼國內最平靜的區域，且爲許多國家領袖之故鄉，四週前辭去副總統一職之哈達博士，便是蘇中省人，一度出任總理之社會黨主席沙里爾也是蘇中省人。

胡申中校在廿一日把蘇中省政權接過手來時，曾經在電臺中向全印尼廣播稱：我們此次政變，不是要推翻政府，乃是要藉政變以表示各階層人民之不滿。蘇中人民，希望執政者覺悟，來改善人民的生活，一俟此點完成，即將政權交還中央。

但政變眞正的內因，不外乎有下列幾個導火線：㈠四週之前副總統哈達提出辭職，是因爲他主張先肅清內部之貪污，他認爲不先安內無法攘外。他反對總統蘇迦諾博士到外國去交際，他指出這種做法，是不合印尼國情。但他的主張與總統不合，因此辭職。㈡回教黨是擁護哈達的，因爲回教黨反對現任阿利內閣之左傾及貪污。印尼的軍人是全部反共的，因此哈達辭職，造成軍人及回教黨的激動。㈢軍人方面表示不滿政府三週前，副陸軍參謀長魯比斯上校企圖在耶迦答郊外作兵變。魯上校在通緝令後逃至蘇島，但政府處理魯案太嚴，致軍人坐法者達二十餘人，使全國軍人羣情昂然。㈣蘇迦諾總統主張解散各政黨，有步上獨裁之象跡，凡全國愛好民主之人士，一致起來反對。㈤政府中之要職一向爲爪哇人把持，使其他各島人民，表示不平。因爲中央政府只顧到爪哇島，而忽略其他各島人民之利益與建設。

到了十二月廿二日情勢更惡化了，因爲蘇北省第一軍區司令辛波倫上校，亦宣佈脫離中央，且不承認薩斯德洛米佐的親共內閣。辛上校是在是日夜晚在棉蘭向全印尼人民廣播。他說：「我們現在決定自治，我們認爲中央政府的不良官僚主義，實無法使人民與其合作。必要時，我們準備以所有力量維護神聖之自治。」

辛上校在發出上項廣播以後，並公佈自一九五六年十二月廿二日起接管第一軍區政權，同日在蘇北時間上午六時起全部第一軍區——武吉巴里山區——實施軍事戒嚴，戰爭狀態及危險狀態。軍人休假完全取消，準備應戰。公佈中又說：「我們一致相信，我們已不能希望現政府採取基本行動，實行政治改革，爲公平安寧、繁榮及安全的社會生活奠下基礎。上述決定的目的，完全是爲了要打開出路動員眞正願意以忠誠負責、不受權力與意氣影響、來建設國家的人物，來主持政府，庶幾將來能夠置國家民族於安定，如果這樣的政府已經建立而代替現政府，那麼作爲健全國家民族推動力及開路的第一軍區司令部的使命就已經完成了，即可恢復與耶迦答中央的關係。」

辛上校的廣播，使中央政府手脚亂了，因爲蘇北與蘇中兩省之政變，可能波及蘇南省。上述二省是印尼羣島中最富庶的省份，有許多膠園、烟草園、茶園及石油田，這兩省是印尼經濟命脈的中心，這兩省宣佈脫離中央，使中央政府今後在經濟上無法生存。

因此親共的阿利內閣，鑒於情勢緊迫，乃在廿二日正午十二時許開會達五小時之久。這一次的非常會議，並邀請陸軍參謀長納壽申少將，海軍參謀長蘇比阿多少將，空軍參謀長蘇里亞達馬少將等列席，共同討論，並議決暫時停止辛波倫上校第一軍區司令職務，該第一軍區司令之職務，交由該區參謀長詹銀亭上校主持，該公報並附以說明，惟有國會始有權決定政府是否尚能執行其職權，政府容忽犯有錯誤，但任何人均不能以此爲理由而作違法之行動，辛波倫上校之行動，顯然已違反國法及危害國家民族之安全，是政府所不能坐視與容忍者。」

到了廿三日晚，第一軍區司令部新聞官乃假棉蘭無線電臺發出一項通告稱：「第一軍區司令部不承認耶迦答政權所採取之步驟，其中之一，即爲暫停第一軍區司令辛波倫上校之軍職，而將上職移於本區參謀長詹銀亭上校之手。」該廣播並指出：耶迦答政權之議決案，完全不能影響第一軍區之自治。廣播又稱：爲領導蘇北政務，第一軍區領導層已組織「象司令部」，以詹銀亭上校爲司令。

在第一軍區聲明不承認現政府所採步驟之同時，蘇中地方政府主席胡申中校在巴東招待記者宣稱，蘇中此次所採取之行動，完全與蘇迦諾總統所主張之「埋葬一切政黨」無關，亦與魯比斯上校事件，陸軍事件，調整內閣人事……等皆無關。他表示他執行蘇中政權，其旁有水牛委員會，專家及顧問機構，且彼已與管轄占碑及廖島之第二軍區(即蘇南省)及海軍當局，達成君子協定，第二軍區方面已表示能予以精神上之援助，使前水牛師團聯誼會之議決案，得能實現。胡申中校並强調將立即與中央政府商討解決此事件之辦法，此事如何解決，則繫於中央，在此一事件上，水牛委員會業已準備面對一切可能發生之後果，事件可能解決，亦將要求中央保證，「因吾人已厭倦諾言」。胡申中校又說：許多領取經費批准書，呈上政府費了許久時間，在年底才行發出，迫得須退回中央，這都是中央故意與地方爲難。

自從蘇北、蘇中兩省發生軍人政變後，蘇迦諾總統乃在十二月廿二日夜在耶迦答退伍軍人大會上警告說：「印尼正面臨危機，因爲在兩天內所發生的二次陸軍叛亂已使國家基層動搖。」他說：「現在全國人民已經被分裂了，……在此過渡期間，我們遭遇到一次危機，而拯救此危機的辦法，就是每個人不應干預他人的事。」這天參加這個會的退伍軍人共有三千人。但軍人方面的反映似乎非常冷淡，因爲軍人方面已經表示，如果政府一旦下令要他們進兵蘇北或蘇中，他們可能以拒絕「內戰」爲辭，按兵不動。

在總統蘇迦諾發出上項警告以後，第二軍區方面(即蘇南省)現已深切注意蘇北及蘇中兩省軍人接管民政後局勢之發展。巨港電臺廿三日廣播：蘇南治安協調委員會(由蘇南省長、軍區司令、警察總監及司法檢察長組成)，已開會商討蘇中及蘇北事件，同時呼籲居民提高警覺，嚴防不良份子混水摸魚，占碑設省籌委會於廿一日公佈稱：占碑地方政府贊同與蘇中水牛師團委員會共同奮鬪，促中央政府給予有廣泛權力之自治省地位。占碑要求建設自治省爲時已久，刻下政府代表團將赴巴東(但已爲胡申中校拒絕)去說服胡申中校，故占碑亦將派一五人代表團至巴東，共商占碑地區人民要求之高度自治。

由於蘇中及蘇北局勢之影響，印尼航空公司耶城至巴東之班機於廿一日晨一度停航，廿二日起耶城至棉蘭之班機亦宣告暫停。目前該公司往蘇島之班機僅飛至巨港及丹絨加冷兩地。交通部長已下令陸、海、空運局主任，責成火車、奎卑音輪船、民航輪盡力設法加强蘇島間之交通。

蘇中省方面，該省不流血革命的水牛委員會理事拉馬委伊沙奉派來京，向政府首長呈上蘇中省政府之交代聲明及宣言，一行人員於廿二日謁見內閣阿利及陸軍參謀長納壽申少將，復與詹北上校會晤。按詹北上校原爲水牛師團之司令，現調任陸軍參謀本部之第三廳主任。他又伴了一行人員謁見總統蘇迦諾博士，會談了約一個小時，內容未予公佈。

目前蘇北蘇中革命事件，印尼當局完全保守秘密。自從上述事件發生以後，有關方面已採取新聞檢查制度。外國通訊社對政變之消息，紛紛拍發電報，據記者從同行中探悉，從廿一日開始，所有拍往之外國新聞電皆刪檢，一部份電報皆未發。此次外電以法新社爲最詳，據說他們事先電星加坡錄音武吉丁宜之廣播，所以又快又詳，搶先一着報導。廿三日本市印尼文之「大印尼報」有若干部份竟開「天窗」，一部份是在「內閣不能克制蘇中的爆發」的標題下面，該報表示開「天窗」的原因，是原稿被憲兵沒收。印尼報業公會及印尼記者公會對於新聞檢查之措施，已向政府提出嚴重抗議。

據廿四日之印尼消息報載稱：「據不願宣佈姓名之某高級官員透露，政府已採取步驟，認爲辛波倫上校之行爲，乃叛國行爲，聞政府決採取軍事行動對付之。該報又由他方面獲訊，政府因蘇北事件之發生，已決定採取行動，故空軍決派機至蘇北，海軍亦將派出若干戰艦，但戰爭之行爲是否已開始，政府未予宣佈。又據本市收聽之蘇中廣播消息，巴東及武吉丁宜電臺，於廿一日開始，已由軍人駐守監督。蘇中聞人沙菲伊於廿一日晚曾在武吉丁宜電臺廣播稱：「一俟蘇中地方所願望之種種改善理想實現後，即將政權交還中央，而水牛委員會亦立刻卸職。」又稱：「水牛委員會此次行動，乃爲被抑制多時的國民憤懣情緒之爆發，十一年來國人含苦茹辛，所獲者僅爲欺騙之演詞，本人曾多次要求改善地方生活，反爲政府人士指爲省份地方主義者。」

自從上述事件發生以後，政府在巴東及棉蘭各銀行之存欵完全凍結，由廿四日開始，第一軍區全境之現金轉賬之金融來往，已恢復常態，暫時規定，凡携欵離開第一軍區者，每人不得超過二千盾，寄欵出國暫時停止。輸出入現行有關條例如常施行，與中央政府有關者將另訂新條例以資遵守。蘇中地方政府目前禁止寄欵離境，旅客於離境時，最多可帶五千盾，除銀行之外，各郵局之存金，現已被清查監督。爲使地方上金融週轉不受阻滯起見，郵局、稅局及國家企業等之收入，今後分文不交中央。

棉蘭方面已於廿二日開始實行宵禁令，時間由下午六時至次晨六時，代理蘇北省長古瑪拉．本達斯呼籲公務人員照常執行職務，警察廳長勸告人民不要有違反軍事戒嚴令的行爲，辛波倫上校曾招待記者，報告接管蘇北政權之目的，並請求蘇北記者適應蘇北目前的情勢，報導消息。辛上校又表示：將以脫離中央政府的方式，以協商之辦法，自行解決亟齊問題。

據本市「社會使者報」廿四日載稱，該報由消息靈通方面探悉，蘇迦諾總統已表示全力支持現內閣，並願現任內閣努力，克服當前之困難。據悉當事發後阿利總理晉見總統，報告最近發生之各事件時，總統即對阿利總理表示支持其繼續努力。有關方面認爲總統之堅決表示，已給於現內閣不少鼓勵，使現內閣更爲團結，以應付當前所發生之事件。

前文中所述政府派往蘇中之代表團共計六人，三人是內政部代表，二人爲軍方代表，一人爲警方代表，均係蘇中人士，已於廿四日啓程前往蘇中。根據昨日消息，蘇中之胡申中校，

印尼軍人政變續訊

蘇益生

元月四日・雅迦答航訊

十二月中旬記者寄出一稿，述及印尼有倒閣之危機，因為蘇中，蘇南兩省對於現任阿利內閣之親共、貪污、無能已經恨透了，他們非要把阿利擠下臺不可，否則不足以平息此次之軍人政變。這個趨勢從十二月廿八日起，演變萬幻，茲將詳情記述於左。

十二月廿八日是政變中的一個扭轉點，看來似乎對阿利內閣有利，但蘇南反對的聲浪仍一天大一天。廿八日在棉蘭方面，忽然發生背叛中央的第一軍區司令辛波倫上校已為其部屬詹明亭中校所執，且不費一兵一卒，取回蘇北及蘇中兩省之兵權。詹明亭中校並在廿八日上午八時棉蘭電臺廣播，說明以全力支持中央政府。接着中央出動空軍，把印尼總統蘇卡諾博士譴責辛波倫上校的傳單，投擲於蘇東及棉蘭上空。

當詹明亭中校派兵去包圍辛波倫上校的住宅時，忽然消息傳出，這位背叛中央的第一軍區司令，已經率衆逃至蘇東的森林地帶，並且仍是在森林地帶的流動電臺中廣播，說明中央政府若不澈底覺悟，實行改組，決不合作。這個消息散出以後，全印尼的老百姓都在懷疑當前的不流血的革命是否會走上流血慘劇之途。

根據此間明白印尼種族分歧人士的分析，指出詹明亭中校與辛波倫上校之不能合作，完全是出於種族仇視的原因，因詹明亭中校出身於卡羅巴達克族，辛波倫上校出身於巴巴達克族，兩族數百年來已早結下血海深仇。中央政府曾明令委任詹明亭中校接充為第一軍區司令之權，便是利用這個種族上的分歧來打擊辛波倫上校。現在這個情勢，是否會引起種族戰爭的危機，一時尚看不出來，但許多人都認為政府這樣做法，是冒了很大的危險。另有一種人的看法，今天印尼國內貪污無能和過去埃及法魯克時代一樣，軍人想乘機起來竊取政權，企圖步納塞上校之後塵，這個分析也有相當道理。

到了廿九日清晨，此間新聞部證實辛波倫上校已率衆逃到打板奴里州的森林內，辛波倫原出生該州，該州乃介於蘇北與蘇中兩省之間。自從這個消息證實後，中央方面已感到一種內戰的危機，已經一天天的加重威脅了。本市的報紙也紛紛撰論，呼籲政府如何避免內戰。

在辛波倫上校逃入森林的同時，蘇南省長韋那諾便在廿七日宣佈，自本日上午起，任何人在未獲本省當局核准之前，不得携帶巨欵離開蘇南省區。省府當局鑒於時局非常，為了配合財政平衡法令，加速地方建設，不得不採取嚴厲之手段。

不願和他們會談，因他們是代表內閣，而不是代表總統。蘇中方面已不承認阿利內閣。故事實上將不可能達成任何協議。已於今日(廿六日)飛返耶城，相信一無成就可言。

六人代表團回來以後，情勢演變更為險惡了。阿利內閣今日召開緊急閣議，而陸軍總部已下令取消所有軍人的假期。一些在耶城的蘇島聞人，包括國會議員及政府官員警告蘇迦諾總統對叛亂的不妥協政策，如不能解決，恐將造成流血事件。希望政府妥慎處理，避免流血。就另一方面人士觀察，政府儘管强詞嚴令，但却無力鎮壓兩處陸軍的叛亂。看情形，阿利倒臺，乃是時間問題。因為他已經沒有能力幹下去，回教黨反對的聲浪實在太大了。目前惟一能挽救危機者，只有蘇迦諾總統一人覺悟，請前任副總統哈達出山組閣。因為只要哈達出來，才可以平息回教黨的憤懣，解決國內一致反對的貪污，平息黨爭糾紛。他是今天印尼一致公認的好人，强人！記者正在囑稿時，盛傳蘇南的軍人們，也會參加蘇中與蘇北之政變，而使印尼最大的一個島嶼，與中央政府完全脫離。據來自蘇南人士稱：在一週之前，蘇南之主要軍隊司令官曾舉行一秘密會議，討論完全控制蘇島之策略。他們一方面要求更大的自治，另一方要求中央建立一個比較進步與自由的政府。消息界指出：巴東的軍事領袖會議曾同意舉行全島性的政變，所以除非情形有劇烈的轉變，蘇南也會在不久之內舉事。

蘇南之動搖，政府早已洞悉，所以廿五日夜晚蘇迦諾總統廣播稱：「要求辛波倫上校之部下，一致脫離叛軍。蘇氏指出：辛波倫上校之叛變是違背印尼陸軍對政府效忠之諾言，此舉已撼搖吾國憲法的基礎，並已危害吾國之團結，因為軍紀是應該被認為國家的基礎，沒有法律和紀律，每個國家將會崩潰。」當蘇迦諾在作上述廣播一小時前，辛波倫上校早在蘭電臺中廣播稱：「余繼續向閣下效忠，繼續承認閣下為國家之元首。但余重申要求哈達博士出任副總統，俾使君等二人，再合作領導國家與人民，並阻止國家的分裂。」他在電臺中復指出蘇北與中央之關係是暫時中斷，等新的「誠實」政府上臺後，關係將告恢復。

蘇迦諾總統電臺廣播後，在朝之第三大政黨——回教神學會——乃於廿六日在棉蘭召開第十二屆常年大會，出席會議之二千代表，包括印尼副總理凱烈，文武官員與外國使節代表。該黨主席達蘭正面答覆總統的責詞：蘇北自治乃是「糾正性的步驟」。消息靈通人士謂：目前內閣命運是受神學會與瑪斯友美回教黨所操縱，回教黨現在萬隆舉行常年大會。蘇中行政委員會主席胡申中校，乃為回教黨之中堅份子，此間許多人認為上述二黨大會將會勸告現任內閣實行解散。同時胡申中校的父親，是蘇中省回教黨的領袖，他在幕後鼓動黨員，支持他兒子的政變。這股潛力也是够大的。

蘇島軍人政變，本文所述僅僅是個開始，以後如何轉變，尚不得而知。茲先寄出第一篇通訊，以後當視情勢之發展，繼續報導。

革省長繼又稱，實際上上項辦法，自十二月廿四日起，已經暗中實行，現廿七日省府庫存已有一萬萬盾，上欵可隨時動用。據悉此欵係將用於軍人建設，警察宿舍，橋樑與教育。現在規定每人出境至多携帶二千五百盾，一家不得超過五千盾，超過此數，須呈省府核准。這一着使中央政府相當頭痛，因爲蘇南是全印尼最富庶之區，該省早經宣佈拒交稅欵，現在又禁止貨幣流通，這等於打中了中央政府之要害，因爲現在中央政府通貨膨脹，經濟方面已經搞得走頭無路了。

蘇南省長韋那諾復在最近舉行了一次記者會議。他說：地方治安聯絡委員會指出地方上，因爲建設進行的遲緩，而滋長了不滿的情緒，但是承認這個事實，並不等於必須採取「政變形式」來加以改善，爲了安排這種不滿情緒的出路，必須迅速採取步驟，甚至必須採取激烈的步驟，來克服現狀。例如，滿足人民對建設的渴望，不得不加速推動。……省區的五年計劃，就將在建設方面帶來更大的改革，因此吾人不應該在此時發生違法亂紀或感情衝動的行爲，否則，便是另一回事了。

在京城方面的人士，一直擔心蘇南陸軍會不會叛變。但根據印尼巨港印通社的報導，蘇門答臘南部全區情況平靜，有一些人勸第二軍區（管轄全蘇南地區）司令也主動模仿蘇北第一軍區發生的政變或表示對此事件之響應，但至目下爲上，第二軍區司令官巴立安中校仍然效忠國家。

因此第二軍區司令部，在占卑地區，力求保持安寧，占卑在行政體系上是屬於蘇中省，但在軍事劃分上則屬於在巨港的第二軍區室列佛詩師團司令部之管轄。雖然巴東「水牛師團」背叛中央，但占卑地區代表已與中央政府和巨港方面接觸，表示該地區仍效忠於中央政府。代表們表示占卑地區願與廖內地區合併一起，自成一省。

第二軍區司令部已警告屬下軍人，切莫干預政治問題，並命令防止其他地區的武裝人員，滲透到占卑地區，大家要盡力維持該區的安寧，以渡此危機。

然而事情演變到十二月三十一日，蘇中省的革命軍人委員會主席胡辛中校，分別通過巴東電臺及武吉丁尼電臺，繼續申明反對阿利內閣所領導的政權。他在電臺中稱這個貪汚無能的集團，已不足以領導全印尼走上建設獨立之途。胡辛中校下令他所屬的陸軍部隊，不要接受蘇迦諾總統對於蘇北省的廣播，蘇氏曾在這次廣播中要全國軍人服從中央政府。胡辛中校在他的廣播又指出：目前總統要我們向中央效忠，但擺在眼前的事實明明告訴我們中央政府派下來的海軍正在履行封鎖蘇中省的海港，使我們糧食發生恐慌。因此我代表蘇中省的人民利益，請求各政黨，如要解決這個問題，其焦點不在蘇中省而仍在耶迦答。最後他向蘇迦諾總統呼籲，希望總統能親民，不要離開民衆，因爲離開了人民，人民便不會擁護你的。

在耶迦答方面勢力最大的回教黨及基督教黨均一致要求改組內閣。

由於蘇南省長韋那諾繼續拒將稅欵提交中央，蘇中省革命軍人委員會再反對中央政令，於是到了元旦，雖然各機關都休假，但內閣、憲兵、陸軍及警察，因時值非常，仍繼續取消一列的例假，這一天內閣數次與總統蘇卡諾博士會商，結果總統文告頒佈，說明中央不惜動用陸軍，把戰衅推進至蘇南，使蘇南地區，成爲圍城的戰爭狀態。此項行動於元月一日下午七時開始。

總統蘇卡諾在他的文告中稱：這一次指揮平定蘇南叛亂的總指揮，將由總統自己出任。這個文告震驚了全市。新聞記者在發電時，一會兒被扣住，一會兒又可放行，執政宣傳的人，舉棋不定。政界人士皆一致相信阿利內閣的命運在本年年初，一定是站不住的。京都內各政黨活動頻繁，基督教黨首先主張，時至今日，應該請前任副總統哈達出山，重新組閣，他們也派出代表，與哈達博士保持接觸，並探詢哈達對政局之意見。

在另一方面天主教黨則主張現時應該重新調整內閣的基礎，使內閣基礎加厚，而足以應付國內山雨欲來之勢。因爲今天「風滿樓」的局勢，無強人不足以把握這座搖搖欲墮的破樓。該黨雖未呼出哈達出山，但言詞之中的主張與基督教黨是不謀而合的。

元月二日阿利內閣鑒於國內政黨反對他的聲浪甚高，尤其是瑪斯友美會（即回教黨），一貫主張阿利內閣必須解散，否則回教黨（按該黨爲內閣中票選僅次於阿利總理的國民黨，因此爲內閣中除國民黨外，第一大黨）自動退出政府。在耶迦答外面，除了在棉蘭的政府所委任的第二軍區司令詹明亭中校，表示效忠中央外，在棉蘭南部的第三兵團，按兵不動，在行政體系上說，該兵團應屬第一軍區指揮，但詹明亭的命令達不到棉蘭南部，因該兵團仍聽令於辛波倫上校。在亞齊方面的第一兵團，現由卡哈魯上校指揮，也表示不服詹明亭上校之指揮。這外患內憂交迫之下，實在使阿利內閣走頭無路，他背面迫於共產黨的支持，一時又苦不能下臺，於是只好在二日召開一次內閣緊急會議。希望回教黨勿出斷然之手段——退出內閣，以圖然後慢慢收拾殘局。但會議證明費了八個小時，毫無進展。

自從基督教黨在一日提出應請前任副總統哈達博士出山組閣，這個消息立刻不脛而走。到了二日，耶迦答政界方面即證實蘇卡諾總統將與哈達博士舉行會議。商討如何解決印尼當前之危機。這兩位印尼革命領袖，雙方感情已經破裂了多年，二人私下已好久不交談，如果上述傳說屬實，則全印尼人民皆額首稱慶，因爲這二人的再度合作，是說明印尼光明的前途。

同時較後時間，若干聯合政府的政黨，均表示希望哈達博士出山，且又傳出哈達先生願意出任一個實力强大的新中央政府之首揆。

但內閣會議經過八個小時後，阿利總理之辭職，仍遲遲不決。情報部當晚復澄清外界之傳聞，否認回教黨逼迫內閣辭職，亦否認回教黨恫言要退出政府。但這項公報發出後，內閣人士中發出不同的反應。有人則謂：情報部完全胡言，事實上在內閣緊急會議中回教黨確曾恫言辭退。此項問題，在今日各黨派首腦會議中，亦成為主要之課題。

今日的印尼內閣已面臨着由蘇南至亞齊一帶的廣泛性的叛亂。事實上僅有詹明亭中校統治的棉蘭市區是在中央政府政令之下，郊外完全在叛軍手中。蘇中方面，胡辛中校繼續利用小牛師團及退伍軍人委員會，招兵買馬，準備萬一。蘇南方面，在元旦日正式成立了一個「蘇南人民意志配合委員會」，通過全蘇南地區在一九五七年元旦起，實行全面自治。

到了三日，哈達博士肯出任內閣的象跡，已經更明朗化了。他在三日上午會向記者宣稱：目下政府所採行解決蘇島問題的辦法，可能會不幸引起國內大戰。他說：如果一旦內戰與起將是全印尼人民的不幸與損失。哈達博士復表示：倘國會肯授權給他組閣，以進行改善國家民生狀況，他願意負起內閣之職。但他說：如果政府由我領導，我將立刻撲滅貪污及腐敗。根據內幕中人透露：哈達博士之肯發出上項申明，以是回教黨執行委員費道斯再三向他說項的。

三日一整天，各政黨仍是接觸頻繁，但是各政黨顯然仍無妥協的可能。現在政黨方面已經很清楚的分為兩大集團，第一集團是由回教黨領導，據說，如果回教黨的解散內閣建議，不能取得其他政黨的支持，則該黨的五名部長，將立刻退出內閣。而第二集團乃是由國民黨領導，該黨在內閣中除了總理一人外，尚有其他四名部長。所以雙方似乎是勢均力敵。

三日晚上九時，印尼總統蘇迦諾博士鑒於政黨之爭，無法調協的危機，乃在印尼廣播電臺，呼籲此分裂與叛變的年青國家，應迅速團結一致。他向印尼退伍軍人同盟演講：印尼共和國應當成為一家，我們全印尼的軍人，應為建立印尼共和國而戰，為印尼八千萬人民建立統一之國家。

同時蘇氏又在一個電臺特別節目上，向逃在森林中的辛波倫上校呼籲，希望他來耶迦答，服從政府的命令。此間一般人士相信辛波倫上校可能會接受總統的命令。雖然蘇迦諾博士呼籲全國團結，政治統一，但內閣方面聯合政府的分裂，愈來愈嚴重。內閣的七個政黨召開他們的所謂「極峯」會議，顯然是凶多吉少。因為回教黨堅持退出，如果該黨退出，則基督教黨亦將步其後塵。而在阿利總理這一方面，他若能在國會中取得共產黨之支持，他還可以幹下去，但那時內戰必打起來了。

到四日，似乎危機有些轉機，因為七個政黨整日召開「極峯」會議，到了下午各黨聯席會議的發言人向記者宣稱：國民黨已要求回教黨暫緩退出內閣，回教黨提出應該在時間上有一個限度，雙方同意限期以元月廿一日為限。到了元月廿一日且看蘇島局勢是否能改善，如果在那個時候現內閣仍無法控制蘇島一帶之叛亂，則親共的阿利總理亦同意下野。但回教黨方面對於聯席會議發言人的談話，並無表示是否黨方已經同意上說。因為回教黨方面的姿態，依舊十分強硬，他們仍是口口聲聲非要撤出該黨五個部長不可。

如果真如上說，阿利希望在元月廿一日以前能解決蘇島之叛亂，但四日下午印尼工業局主席杜辛警察，告稱：蘇島問題若不能於本月內解決，印尼本年內的經濟發展計劃將受嚴重打擊。他又指出：對蘇島叛區實施對外交易封鎖，將有損國家之經濟命脈，因為印尼有百份之七十的外滙，是靠輸出蘇島樹膠、錫與石油的收入。

由於阿利總理之「緩兵之計」，陸軍總部方面也宣佈不久將派參謀長芮蘇頓少將，前往蘇島解決當地的叛亂。他現仍養病於陸軍醫院中，何日起程尚不得而知。但在較早時間，他曾發表一次公告：指出蘇島兩個軍區的報告，顯示蘇島局勢已受到控制，因為參謀本部已接獲蘇北蘇中代司令與蘇南司令官之報告。現在副參謀長蘇布須托少將已於三日離耶飛棉蘭，將在該地佈置一個芮氏即將召開的蘇島軍事會議。

據記者從蘇北蘇中兩省出來的人稱：實際上在蘇北與蘇中的叛亂情況並未如外電傳得那樣嚴重。軍人叛亂的情形也只是電臺上報告而已，當地並無流血事件發生。政府封鎖圍城，也祇是象徵性的包圍，雙方皆未開過一槍。但蘇中與蘇北兩省的軍人，痛恨中央乃是事實。現在陸軍參謀長要去開會和他們洽商，他們也願意談。相信他們可能提出這一個要求：「今後中央政府再不得派爪哇軍校的爪哇人來負責出任蘇島陸軍的長官」。因為一向來，蘇島陸軍全由爪哇軍校控制，蘇島人不願意，他們設軍校，來訓練蘇島人。蘇島人感覺到中央政府太偏於爪哇人，而看不起他們。根據出來的人士口述，在蘇島本身，蘇島人與爪哇人仍是和平相處，並無種族的鬪爭。

截至記者發稿時為止，耶迦答的共產黨報紙正在有計劃的煽動反美，該報指責美駐印尼大使甘明詩曾主張美國應承認蘇島叛軍政府，來保全美國在蘇島的石油利益。但甘明詩大使立刻發表聲明，否認上說。現在這種反美空氣，甚為濃厚。

二日上午又有四名親臺灣國民黨的商人為政府所捕，硬指他們私通蘇島叛軍，囤積居奇，破壞金融條例。這四名商人的姓名，官方尚未宣佈。相信貪污的印尼政府，可能藉此敲一筆意外的收入，亦未可知，因為今天印尼的貪污局勢，實在可比諸我們大陸失守前的貪污局面，到處要錢，連司法機關都免不了，上海有許多法官（尤其是審漢奸的法官）拿了錢，現在逃到香港作寓公，記者都可以數得出來！

今日此間回教報紙｜聯盟報｜揭露印尼共產黨正式在武裝隸屬受印共控制之印尼農園職工總會之蘇北省農園工人。該報謂最少有一百五十名農園工人在離棉蘭八十哩之先達埠受使用武器之訓練。官方人士在棉蘭已證實上項消息，但懷疑印尼共黨所獲武器之來源。聯盟報又謂：接收軍訓之農園工人，係來自先達埠附近之馬贊蘭園，加辛廸，爾及岑比隆等農田與膠園。這個情勢，如果阿利總理再做。下去，印尼的赤化祇是時間問題了。

旅美小簡之二十一

哈德遜劇院

陳之藩

到過紐約的外邦人，差不多全知道哈德遜劇院，其實哈德遜劇院却並不在紐約，而在過了河的新澤西州。紐約是不准演脫衣舞的。新澤西則準許上演。

我要求我的同學帶我到看脫衣舞的地方去。他沒有辦法，只有開着他的破車過河前往。他已好幾年不到這裏來了，所以路途也很陌生，加油時問一問汽車工，車工作了個鬼臉，借火時又問了一個酒鬼，酒鬼則報以白眼，我的朋友似乎是無可奈何陪我去，只覺得要參觀他們美國，而又提出了要求，說不好意思不陪我。而我呢，則是很興奮，很好奇，在猜想，在揣測。

慢慢汽車駛進了一個小城，街上竟清靜得連一個人也看不見，連一輛行車也沒有，遠遠望見一排淺藍路燈的遠處，有紅的霓虹燈廣告，「滑稽戲。」我興奮得問長問短，朋友說：「你看看就明白了。」

到門口的時候，我反而遲疑了。像有些罪惡感似的。但是，自己却有的是理由：「既來美國，爲什麼不到處看看呢。」我想這個理由很勉强，因爲美國著名而又有趣的地方，不勝枚擧，列出多少個地方來也不至於輪到哈德遜劇院。但是，就像有什麼內的召喚似的，使我有迫不及待的想，看的感覺。

我到門口買票時，吃了一驚。票價尚不及一個頭輪電影，這又是週末，何以有這樣便宜。我與同學進去後，又吃了一驚，園子活像北平的吉祥，還小於臺北的永樂。爲什麼這樣小啊。有兩廊，有正座，分前排，分後排，我們的票竟是第六排正中。我與奮的不得了，這麼好的座位，我可以看得清清楚楚，但是更暗自驚訝了：爲什麼會有這樣好座位呢。

正十一時，音樂響了，全園子的人均站起來，是奏美國國歌。歌聲戛然而止的時候，幕開了：另一音樂奏起，伴着十五個舞女的舞步，全園是黑的，唯有臺上蒼白，舞女們每位身上，只有三條橫起的藍色麥穗，臺下是一片迎頭的彩聲。這是開幕，很快的就完了。

第二幕未開始以前，是兩個男的在臺前說些滑稽話，臺上臺下的亂叫嚷一陣。我不太懂他們的土語，但偶爾能懂時，很像國劇中粉戲的話，我只希望他快快過去，焦灼於第二幕的好戲到了。

幕開時，是一個舞娘穿着緊身衣服，倏那間，即脫去。身上只餘三片小小的樹葉，臺下是喊叫與喘息，臺上是喊叫與動作，臺下是漆黑與焦灼，臺上是戰慄與蒼白，舞娘身上的兩片樹葉，再被觀衆的熱潮吹去以後，只餘一葉了。我的同學對我說：「你這時應該發燒的。」我說：「我有些這種感覺，但並不太强烈。」

「羣舞」，「對話」，「單舞」，湊成一個單位，如此反復五次，就結束了。燈全明時，我一看整個園子，只上了六成座，而這個園子能容六百人，我與我的朋友在小舖喝了一杯冷茶後，上了他的破車：我問他：「紐約八百萬人口，周末，最佳脫衣舞劇院，僅容六百人而仍上不滿座位，這是什麼原因呢。」

我的朋友並未答我的問題，他是個文學系的學生，以很幽默的口吻講解我們昨日未談完的話題：

「佛格奈與海明威，是美國近代的兩個代表作家，我不知你看過他們多少作品？」

「海明威我看過三本，佛格奈我看過一本。」

「這樣講吧：海明威的哲學，是人即禽獸，他的要求是吃飯，殺人，男人找女人，女人找男人，所以最理想的生活是獵人，其次是士兵。他的小說寫的令人興奮，令人張狂，令人產生力量；而佛格奈呢，却是另一面，他以爲人不僅是禽獸，還有比禽獸强的東西。即因他肯用腦，肯用心，他的小說寫的令人深思，令人費解，深入人腑肺。我是比較喜歡佛格奈的。

去看脫衣舞的人，大都是以海明威式的衝動而去；而以佛格奈式的清醒而歸。人原就是禽獸，所以有三四百人在此發狂；人又不是禽獸，四所周末也上不滿座。

我這個以小說比喻，不太恰當，不過希望算是你所問問題的一個答案罷了。」

我們在不夜的紐約之冷清街頭轉了許多路，回到費城時，天已微亮，教堂的鐘聲都幽揚的響了。

行政院來函

頃閱貴刊第十六卷第一期周祥光君所撰「參加佛教對藝術文學暨哲學貢獻講習會」一文內有「……：印度文化國際研究院院長兼印度上議院議員羅古毘爾老博士 (Dr. Raghu Vira)……他想到自由中國搜集有關中印文化典籍據他云他曾函行政院俞鴻鈞院長請求協助可是羅氏祇接到俞女公子復函以俞院長赴美公幹回臺後再告等語羅氏與作者相交甚久深知其爲人故誌之希望我政府當局對於此類要求能予協助爲是」等語謹按本院俞院長未嘗赴美其長女及三女公子均隨夫在非三女公子近甫由港來臺並不識羅博士其人想有誤會特函請察照爲荷

此致

自由中國社

行政院機要室敬啓　元月八日

斜暉（九續）

孟瑤

十三

這眞是一個可怕的風雨不眠夜。

這是我第一次領受海濱的狂風驟雨，它代表上天的憤怒，使人顫慄。本來這天黃昏，天氣已經變了，雲黯風低，不是一個好的預兆，入夜以後，氣候的變化，比這天的遭遇更使我感到意外，暴雨傾注着，狂風起着怒嚎，海嘯山裂，樹倒木摧，波濤擊岸，門戶動搖，傾盆的雨潑在玻璃窗上，像上天派來捉拿那罪人的使者，使你覺得沒有力量可以違抗他；一陣焦雷從你頭頂上掠過，使你掩被躲藏，覺得隨時都有粉身碎骨的可能。窗外，除了一片悲慘的濃灰色外，甚麼也看不見，你只覺得被霧包圍，被風包圍，被雨包圍，被海浪包圍，被恐懼包圍，被死亡包圍，你沒有辦法保護你自己，除了祈求上天息怒，使你獲致寧靜而外。

這天的遭遇，本已使我感到不安，氣候的突變，更使我的不安情緒加深了。我無法入眠！對風暴說，我覺得自己像一隻棲止在枯葉上的螞蟻，一點水力就能把我捲向無極；而且我擔心樓下的柳塘，他入睡前正抱着滿腹狐疑，我不知他這夜能成眠否？風雨會不會吵醒他？他的門窗關好了沒有？會不會有豪雨進去打濕他的衣衾？這一切都使我困頓不安。對感情說，卑微的無辜令我同情，柳塘的不幸使我憫惻，致中的卑劣令我厭惡，彥珊的狠毒使我痛恨。而我自己呢？則懷着一份極複雜、極不可告人的情緒，午夜捫心，酸苦獨嚐。這是一個多麼痛苦的人生，多麼悲慘的世界啊！

竟夜不眠，覺得環境裏充滿了不寧的氣息，我逐漸像一條狗似的，嗅出更多的不祥預兆來。雖然外面的風暴掩蓋掉一切的聲音，但是我覺得樓下似乎有人在走動；雖然告訴自己說，除了孑然一身而外，毫無牽縈，但是我腦海裏不斷地幻想出彥珊張弓伺伏，瞄準了柳塘的腦門，正放冷箭。這一切使我感到非常的不安，自己一面暗笑自己的無聊，一面却還催促着：「哪怕是假的呢，也必須去巡視一周，心裏才能踏實。」

我終於從床上爬了起來，因爲屋子裏不會鬧鬼，所以我的膽子很大，又因爲我本不想去發現什麼，所以情緒上也是十分輕鬆的。我悄悄地下了樓，黑暗中我能看清室內一切，那是因爲一夜未曾闔眼的緣故。樓上沒有什麼，像一個睡去的孩子一樣的安靜，下樓的一段，也是十分安全的，從樓梯口轉向大廳，我開始有着不安的感覺，因爲樓梯口的不遠處，彥珊曾痴立在那裏，閃爍過一對捕鼠貓似的眼睛；那大廳過去她臥室的門邊，她也曾靜伺着不動，兩眼放射着冷箭似的寒光。如今，我依然怕她隱藏在那裏，暗算着什麼。於是，我不敢繼續向前，站在樓梯邊，用眼睛向四周巡視，一切的確沒有異樣，我正在奚落自己的庸人自擾，而彥珊的那扇臥室的門竟然輕緩地打開了，我吃了一驚，我屛息靜立，不敢有一點響動引起她的注意，我看見她手裏握着什麼，通過大廳，正向柳塘臥室的方向走去，我竭力地使自己不要聲張，因爲我不想捲入一個夫妻的私人交涉中；但是我又覺得彥珊的那份鬼鬼祟祟的樣子，一定蓄意不善，所以我很矛盾不安，直到彥珊輕巧地去開柳塘的門，而那一扇門竟居然被她推開了，於是，我便再也隱忍不住，三步兩步地跑到她的面前，阻攔在門邊，一時也找不出話來對她說什麼，她也被這一個意外驚呆了，半天才看出來是我，便像念符咒似的詛罵着：「又遇見你這個鬼，又遇見你這討厭的煞星。」接着，便拿那手中的鐵錘向我砍了過來。

我屛息無聲，先躲開那一擊，然後便拼死力去奪她那手中的武器。這一段爭持的時間並不長，柳塘也隨着他那發顫的吼聲摸索了出來：「簡直是妖孽，我知道，遲早是會有這一天的，放手，放手，彥珊，沒有誰對不起你！」

彥珊蓬鬆着頭髮，圓睜着眼睛，面色死灰，肌肉僵硬着，只有那隻高挺的鼻子在那裏抖動，我想，一個眞正妖魔所給人的恐懼也只如此，她雙手握住手中的錘，向四周飛舞，沒有誰能够近身得去，因爲柳塘的失明，我必須加意保護他，於是，我把柳塘推開，擋在他的前面，去搶奪彥珊手中的武器，彥珊看見這情形，更引起她的瘋狂，她向我怒罵着：「這關你什麼事啊？要你向他獻殷勤？你從來時就不懷好意，我今天非殺死你不可！」

我的精神上受着她的傷害，身體上受着她的威脅，我欲語無言，一串無法訴說的情意羣襲心頭，我縱聲大哭，便也決定以死相拼。她看我毫無畏懼退讓的意思，便更凶狠的罵道：「你要不在乎瞎子，想嫁有錢的人，那我讓給你，沒有關係，我還不希罕這些呢！只是你別裝出這假惺惺的樣子，我看不慣。」

我被她罵苦了，恨不能立刻奪取她手中的鐵錘，致她於死，柳塘在一邊悲苦的狂喊：「這是什麼話啊！你們在鬧些什麼啊！老高，老高，來人呀！你們都睡得這樣死啊！」

柳塘的呼聲，在風雨的間歇中傳了開去，在空氣中震盪，此死亡還更懾人。很快的，後面的老高燃起一盞風雨燈跑進來了。彥珊狡詐地狂呼：「老高，捉住她，她要在這裏謀財害命呢！」

「不要聽她的，不要聽她的，她這魔鬼，」柳塘維護着我：「老高，快奪下她手中的凶器。」

我不知道彥珊會用這種方法傷害我，雖然柳塘在解釋，我依然感到無地自容，乘他們忙亂中，我從裏面跑了出來，柳塘的感覺眞銳敏，他伸出手來一把想抓住我，但是我逃開了他的捕捉，在老高携來風雨燈的燃照下，我不能再在這尷尬的場面中作更多一分鐘的勾留，我打開大門，向外衝去，柳塘發狂的聲音在後面喊：「丙慧，你回來，外面的風雨太大了呀！你又傻了，我曾警告過你，叫你無論如何不要走開，你中計了，你上當了呀！」

我沒有理會他說什麼，不出幾碼遠，柳塘的呼喊，也就被大地中的狂風暴雨淹沒了。

外面的風雨很大，樹木在它的威力下顫慄，雨水在地面上縱橫交錯的流着，阻擋了我的去路，雨點緊密，打在我的臉上又冷又痛，衣服立刻被它濕透了，一陣寒氣，從骨髓上通了下去，直到脚心，我行不幾步，泥濘與崎嶇使我從山腰滾至山脚，我覺得頭部受了傷，有一些暈眩，但是我不能中止不行，我不能回去，因為彥珊一定像冰山似的阻擋在大門口，嚴禁我進去。如今我已是一個無家可歸的人了，除了在風雨中掙扎，沒有地方是我可以歇脚的所在。一陣心酸，我縱聲痛哭，好在風雨聲能夠掩蓋它。我從地下站了起來，朝着那條通向平城的大道狂奔，這是習慣，不是目的，我不想去平城找尋什麼，却自然地向這條路上走了過去，風狂雨驟，視線模糊，我踉蹌向前，不斷地傾跌，也不斷地爬起，可憫地繼續着這段難走的路。我不但悲憐着自已的遭遇，還有一段痛苦的情緒折磨着我：我不應該走。雖然我不得不走，但是把柳塘獨留在那裏，這作法是自私的，他失明，需人扶持，而且現在正陷身於困厄之中！雖然老高已在他的身邊，然而這一個粗憨的鄉人，怎能體貼得出他主人內心的憂傷？從此以後，將沒有人再去細心地照顧他的衣食了；從此以後，也將再沒有人去體貼他的心意、思想、與感情了。他將更孤獨地活下去，家，破碎了；週遭是一片黑暗，永遠也不會再黎明的黑暗，於是，他終身便這樣孤獨地摸索着，摸索着……拿這些與我目前所遭受的一切比，目前的這一切痛苦，將是我必須忍受的痛苦中最輕微的一點了。

我痛哭着，繼續前進，風雨的狂虐，使我的渾身發着惡寒，當我走到那去平城中途的小亭時，我已經筋疲力盡，再也沒有舉步的能力了，我困難地邁了進去，仆倒在地下，知覺便也跟着模糊了。彷彿中我只有一點感覺，覺得它比外面安適些，雖然風雨依然能吹打進來，但有亭蓋的保護，力量顯得微弱得多；地雖然也是潮溼的，但積水不多，且無泥濘，只這樣，它便成了我要找尋的天堂，我緊張的精神立刻鬆弛了下來，我癱瘓在地下了。暈迷中休息了不久，我聽見遠遠傳來呼喚我的聲音，我以為這是屬於我的幻想，我的希望；但是，這聲音越近，也是充滿了希望，更充滿了感情，也充滿了絕望的震顫：動人心絃。但，那是柳塘，我不相信柳塘會在暴風雨中夜行，却相信他會用這一種聲音呼喚我。那麼是他用心聲在喚，我用靈魂的耳朵在聽嗎？只是，那聲音越來越近，越來越眞切，也越來越淒厲。眞是柳塘出來了？獨自一人？在暴風雨中？

我渾身癱軟，像一隻待斃的貓，但是，在風雨包圍中我依然看見人影，似乎是柳塘，身旁有老高扶持着他，霎時間我的靈魂像化成一陣煙霧似的，從風雨中飛躍了過去，我渾身發着震顫，像臨死前的掙扎，雖然我强迫着自己，不許有所表現，然而我眞正的生命早已奔向他了……

「那是陳小姐，陳小姐倒在亭子裏了！」是老高的聲音。

「眞的？」柳塘嘶啞着嗓子：「老高，帶我到她那裏去！」

他們進來了，雖然老高追隨在身後，為他支着雨傘，但依然無一處不是充滿着風雨的痕跡，我不能出聲，也不願意出聲，只用那對充滿了乞求，依戀、熱愛的眼睛望着他，我知道這是他摸索不到的。他走到我的身邊，彎下身來，雙手把我抱到他的膝上，然後撫摸着我的頭髮、我的臉、我的身上，然後喃喃地：「你渾身泥濘，頭部受傷了，你眞傻，誰叫你這樣大的風暴往外跑？」

我無以為言，因為一大堆感情堵塞在我的喉間。這是我第二次以一種極難堪的心情逃開。半年前，我不得不藏身海濱，因為我遇到一個騙局；半年後，我又不得不離開海濱，因為我遇到一個眞實；我所敏感的東西既然是眞實的了，我便不得不撤消我這個多餘者的地位。所以，雖然我的感情奔放，除了竭力遏止那激發的哭聲外，我找不到一句語言能夠代表我眞實的內心。而且，我找到倚恃，有了安全感，我癱瘓的身體與疲憊的精力開始鬆弛起來，我失去了知覺……

我不知道是怎樣被救助出來的，總之，當我昏迷數日而清醒過來的時候，我發現我在平城李園臥室中的那張雕花木床上。我用眼睛向四周望了過去，柳塘坐在我的身邊，閉目假寐，那神情依然是悒鬱的，我不忍驚動他；遠處，窗外有陽光射進來，這是暴風雨過了以後的一好天氣，我眞不知道我是怎樣度過這幾天的。閉了一閉眼睛，我用手摸摸面頰，我覺得自已消瘦了許多，想想過去這一段奇怪的遭遇，以及放在眼前急待要解決的麻煩，我不覺輕輕地嘆了一口氣。這些細小的動作驚醒了柳塘，他先定一定神，然後彎下腰，用手輕輕按上我的前額，臉上顯出了放鬆的笑意，立刻又用嘴吻了上去……他的愛，使我那不易平靜的感情又震盪起來，依到他的懷裏，我縱聲哭了。

「哭吧！」他輕撫着我的頭髮說：「我們都該痛痛快快地哭一場，像兩隻飛出巢外的燕子，經過一番周折與驚險，現在居然又都飛了回來！你看，十年了，這不是一段很短的時間，丙慧，說話，你告訴我，高興不高興，從那天起，我一直都沒有聽見你的聲音，丙慧，你該罵，你該慷慨陳辭，可是，你一句話都不說，丙慧，告訴我，你到底在想什麼，不要叫我擔心！」

「十年了，」我說：「這一個夢境太長，往日的少女，今已老去！」

「不，往日青澀的，今日變做了成熟，天下沒有比成熟更美麗的東西！」他怕我反對，忽忙地搶着說下去：「一個沒有眼睛的人，比別人更懂得什麼叫做美。」

「十年的際遇，使我滿懷蒼涼！」

「眞正的幸福會美化它！」柳塘遲疑半晌，終於又說：「倒是我沒有眼睛，使我慚愧；不過……我不必多說，我知道你並不在乎！我提到它，倒像是一番假謙虛了！」

「本來是的，」我說：「不要說我能做你的眼睛，而且肉眼的失明，更能增加心靈慧眼的銳敏，人生眞正的美，又多半是需要心靈的慧眼去觀賞的。」

「你比我還會說話！」柳塘笑了：「從今天起，我不會因爲眼睛的失明感到自卑了。」

這一段談話過去，我們的感情都開始平復了許多，我斜倚在床頭的枕上，柳塘忽然離開我，摸索到床頭的櫃子邊，拿出一張已經變黃的白紙遞到我的手邊說：「你看，這是什麼東西？」

我立刻打開它，我吃了一驚，幾乎叫了起來，原來這就是那一張十年前我來平城時所抄寫的個案調查，它在我疏忽中遺失了，當時雖然找了許久而沒有蹤影，我才重新做了一份繳卷，記得爲這事我還懊惱了許久呢！，不想被柳塘收藏，十年後我又得到了它。

「你現在該懂得了，爲什麼我知道那張團體照是你親自寫好寄來的了吧？」柳塘說：「那時我有眼睛，我知道品評這兩張紙的筆跡。」

「只是，這一張不重要的紙與照相，你爲什麼保留了這樣長久？」我問。

「爲什麼嗎？」柳塘立刻握住我的手：「這一點你還會不懂？」

「我不相信，」我說：「因爲你那時有一個幸福的家，那幸福會使我嫉妒。」

「是的，我有一個幸福的家，我有妻子，兒女，而且翠微的媽媽和我的感情一直都非常好；但是一個最幸福的人也可能會對一個使他心愛的東西發生羨慕的，對於你，我一見便產生出這種單純的羨慕，這種羨慕，不一定需要去獲得。」

「這種羨慕會是因何而起？」

「因爲一種青春的發揚與活力，」他說：「那時你的生命力是那樣的强，一大廳人的情緒，都因爲你的熱力而點燃了起來！還有，當然是你的那對眼睛，比兩顆閃爍的曉星還更充滿了聰明與靈氣，於是，你變成了一隻最美麗的小鳳凰，不時地在我記憶中翺翔着。」

「不過，你所最欣賞的那一對眼睛，却爲我的幸福犯下大罪，」我嘆息着：「就是因爲我太信任它，才造成一件不可寬恕的愚昧與不幸。」

「愚昧是誰也避免不了的，人類還沒有進步到永遠聰明的時候。」他回答我，才又接了下去：「翠微的母親去世以後，當我從傷痛中振作起來的時候，我曾第一個想到你，一方面事隔多年，彼此早已音訊不通；而且，我不久即失明，我也沒有一種信心敢於再做這種美夢了。」他沉默半晌，又終於惋惜似的：「人世間的事，固然這樣紛紜，也居然有這樣湊巧的，我眞不敢相信，十年後的今天，我們竟然又相遇了。當你第一次進我房門，報名你叫陳丙慧的時候，我不免暗自一驚，我希望目前的陳丙慧，就是十年前的陳丙慧，但是，我從各方面去觀察而失望了，因爲今日的陳丙慧太沉靜了，不如往日十分之一的活潑。」

「十年顚沛，是鐵打的也折磨老了呢！」我嘆息着。

「不久，經過多方面的試探，我又斷定她是眞的了，但是眞的又怎麼樣呢？我已經是個失明的人了。」

「不要談這些十年前的舊夢了，」我說：「彥珊呢？她現在到底怎麼樣了？」

「不知道，我離開了那裏，她一直也沒有到這裏來，」柳塘依然不免憤怒：「管她呢！將來叫她走！」

「那一天的事，你知道得詳細嗎？」

「當然，」柳塘說：「那夜風暴太大，我也一夜未曾好睡，我也似乎聽見你在樓上床上輾轉反側，彥珊開門的聲音我早已聽見了，不過，你放心，我每夜睡覺都是插緊房門的，因爲我越來越不能相信她。」

「這又是你的第六感官嗎？」我說：「不過，我一直覺得它過份的玄妙，至少我非常懷疑，我一共只去過兩次岩洞，而你居然每次都發覺出來，並且比親眼看見的還更加肯定，這是我不了解的！」

「說出理由就一點也不玄妙了，」他解釋道：「第一次是你生病的時候，我不僅從你身上嗅出從岩洞裏出來時的陰濕氣息，而且還在你的頭上摸到了蛛網，這些東西只有岩洞有，再加之你又病了，當然不是在洞裏受驚就是受寒，這幾點，還不够我來肯定的嗎？第二次的情形也是一樣，我除了聞見那氣味外，還聽出你慌張氣喘的神氣，你們都忙亂得晚飯都忘記了吃，你一定在岩洞裏遇見了他們！」

「他們？」我吃驚得幾乎從床上跳起來：「誰？」

「彥珊與致中，」他冷笑了：「你們以爲我是瞎子嗎？他們兩人的關係我比任何人都發現得早，搬到海濱來了以後，我常常在彥珊身上嗅出那奇怪的氣息，我不相信她有閒情逸緻去岩洞裏去瀏覽什麼，而且，她一再對我强調洞裏鬧鬼；只是，當她第一次把致中介紹給我的時候，我也同樣聞到那氣息，什麼事還有比這事實說明得更詳細的呢？」

「我不相信，」我說：「你的鼻子會嗅得出那樣的氣味！」

「一則那岩洞是我從小最愛盤桓的地方，再則我失明了，心境特別精細些，三則是我存心在懷疑他們……不管怎麼說吧！我懷疑的，是不是正確的事實？」

「很正確，」我說：「於是，你對珊彥的分析又怎麼樣呢？」

「很明顯了，」他說：「她嫁我這樣一位瞎丈夫，當然只是爲騙去一點錢好去與那小伙子快活呢！所以，她把致中放出來去引誘翠微的時候，我怎麼能答應？」

「不過，」我說：「致中現在對翠微的感情幾乎是假戲眞唱了！」

「胡說，」他攔阻我：「我的女兒豈能嫁給這種男人？」

「在翠微的面前，你還準備解釋給她聽嗎？」

「這樣醜惡的事，何必對一個純潔的女孩子提起？」他說：「我相信他們也無顏再見我們了！讓他們走吧！我願意把那些一切可以給他們的東西都給他們拿走。」

我的想像中，這件事情的發展，不會十分簡單，以後或者會還有許多我們考慮不到的事情都要發生，但，我不便對柳塘講，他是一個心境不容易輕快起來的人，既然他能簡化一件事，我就只有祈禱他能簡化下去。

「你今天剛好一些，該休息了！」他看我沉默着，便這樣說。

我沒有駁倒他，靜靜地臥到床上，想想將來的問題，我的心裏，反倒十分複雜起來。（未完）

書刊評介

經濟學新辭典

凡夫

（高叔康著　臺灣各大書店代售　定價臺幣六十元　港幣十元）

我國學術之不振，工具書之普遍缺乏，可能是一個重要原因。爲此，高叔康先生編著的『經濟學新辭典』之出版，應該算是一件值得欣幸的事。這種專科辭典，過去不是全然沒有，但大部是薄薄的一本，實在不够應用。高先生的新辭典，並不算太厚，但究竟把重要的名詞與術語羅列無遺，而且也解釋得相當詳盡，其功還不僅止於『便于初學』。

本書在序文中說：『近五十年來經濟理論展開新的方向，創出了「邊際革命」後的又一次革命；新的理論挾着新的術語以俱來，新的術語，一是借用數學和統計學的名詞增加，一是經濟學者自己創造的不少。尤以凱因斯、海耶克創造的較多。而舊有的術語，由於時代變遷，理論發展，或轉化爲新的意義，或已成歷史的陳跡。同時，現代社會經濟事象和組織形態，日新月異，通常運用的經濟名詞，亦層出不窮；因之，要瞭解新語詞的眞諦、與舊語詞意義的轉換，以增進經濟知識，自不能不藉助辭典的解釋。』於此可見，著者於「新」詞「新」說，頗下了一些工夫，要儘可能的趕上時代。但筆者仍感覺新詞新說的採擇，仍不免有所偏重，還不能包含當代學說的形形式式。但是我們要想到這是憑藉個人力量來完成的辭典，也就未便苛求。

這部辭典的編列方式，有其特點：它並不是像尋常辭典那樣把許多名詞，就部首，或筆劃，或四角號碼之類來排列，而是採取分類編法，同一類的名詞都聚在一起，可以互相聯貫，全書分成九個「部」，如第一部爲「經濟學，基本概念及研究方法」，第二部爲「經濟學理論」，第三部爲「經濟史、經濟學史、經濟發展形態」，第四部爲「產業部門、經營經濟、經濟政策」，第五部爲「財政、貨幣、金融」，第六部爲「國際經濟」，第七部爲「社會思想、社會問題、社會政策」，第八部爲「統計」，第九部爲「西洋學人小傳」。每一部之中又分綱目，如第二部的「經濟學理論」，更分「消費」、「生產」、「交換」、「分配」、「國民所得、儲蓄、投資」、「經濟循環、景氣變動」等項。每一部門連續看去無異是一部以名詞爲綱領的「概論」，較諸以部首等來排列，脈絡尤爲清楚。這是今後編纂各種專科辭典可以仿效的一種方法。這種方法，一點也不損害檢閱的便利，因爲附有以筆劃排列的名詞索隱，任何名詞仍可一檢便得。但如此分法，却使有幾部份內容之較爲單薄很淸楚的顯現了出來。如「財政、貨幣、金融」一部門，份量已嫌不够，而「統計」一部門，更有點掛一漏萬，較諸前面幾部門，似有遜色。

在今日貧乏的出版界，高著可以暫時滿足一般人迫切的需要，但仍不免使筆者想起，辭典之編纂，究竟不是一個人的力量所能愉快勝任。本書著者個人的勤勉與努力，實更使人不得不深致感慨於整個學術界的怠惰。

讀者投書

(一) 中華日報鼓吹暴動！

范度才

我愛讀貴刊，但我並不是對貴刊每一篇文章，每一項主張，每一句話，都百分之百的擁護。就春秋責備賢者的原則說，偏激和過火的地方，貴刊尙未能全免。不過最大部份，貴刊是確已善盡其代表輿論的職責。一切公正而純潔的讀者，大概總多能同情我這一說法的！

貴刊是非官方性的刊物，對執政黨及政府設施，站在人民立場，當然應該認眞批評；另一方面，官方主辦之報紙雜誌，對貴刊所說，如認爲不能接受，出爲辯正，亦義所當然，雙方只要不踰越軌範，即都不失爲民主國家的良好表現。但不幸得很，最近我從圖書館裏，看見許多官報、官雜誌(包括黨)，對貴刊破口惡罵，且千篇一律，其姿態與方法，很像過去大陸上之淸算胡適、圍剿胡風，尤其去年十二月二十四日由名報人曹聖芬先生主持之中華日報所發表的一篇短評，竟公然鼓吹暴動，想在「羣衆義憤」這一塊官製面具下對貴刊痛下毒手。我讀完以後，眞懷疑我自己是否仍站在自由民主這一片乾淨土——臺灣——上，因爲臺灣是如所週知，我們的政府，向以治安良好，上下守法，昭告中外；法治國家的官報(黨報)，勸人民違法暴動，這究竟是什麼邏輯？眞令人百索莫解。

中華日報的原文是這樣的：

『蛇口裏的玫瑰』

『伊索寓言裏有一段故事：宙斯神結婚時，所有的動物都送了禮；有一條毒蛇用它的口含着一朶玫瑰，也爬進了禮堂，宙斯神說：「所有的禮物我都收下了，但從你的口裏，我不敢收任何東西。」

這一次，總統希望國人用意見來慶祝他的誕辰，一般報紙雜誌發表了許多意見，成熟與否是另一問題，但都是善意的。惟有一個刊物——「自由中國」，發表了一篇極端無禮——而且無理——的文字，以慈禧太后來影射我們總統，以滿淸即將亡國的政權來影射我們自由中國政府，從咀咒總統到咀咒到我們的國家，這眞是毒蛇口裏流出來的東西，無比的腥臭，也無比的惡毒！

政府現在極力維護言論自由，對這種毒液的流播，似乎不會採取什麼行動了；我們老百姓是不是可以想點辦法呢？這裏有一件美國的例子。

在華盛頓總統退休的那天，費城晨報寫了一篇文章說：「這位萬惡之源的獨夫，今天退而與平民拌處了；他再不能憑藉權力，爲非作歹了。我們應該把今天定爲美國的國慶。」這篇惡意文章發表的當天，費城羣衆砸了晨報館，把主筆巴哈結結實實地揍了一頓。

佛蘭克林後來論到這件事說：

「在言論自由的國家，要政府來取締惡實的謾罵和不負責任的言論，總是緩不濟急的。倒是羣衆激於義憤，直接了當，給這些文氓一點教訓，反能收制衡之效。」

我們老百姓不要忘記了自己所能發生的制衡作用，對於這些毒蛇、黃鼠狼必須迎頭痛擊，它們才不敢爲害社會。』

依據這篇殺氣騰騰、滿紙血腥的官報短評看來，毫無疑問，中華日報是在鼓勵臺灣羣衆，去照費城羣衆的辦法，將「自由中國」社砸成粉碎，將「自由中國」的主筆結結實實揍一頓。中華日報更特別提出一位與華盛頓幾乎齊名同爲美國開國元勛的佛蘭克林先生的話，給採取非法暴動的人們保鑣，說什麼這類行動在言論自由國家，「直接了當，反能收制衡之效」。

最初我總善意而天眞地期望，寫這篇短評的，或許是提筆之前，多喝了幾杯老酒，以致頭昏腦暈，語無倫次，但直到現在，不特沒在該報發現更正，反而繼續登載所謂「響應」的文字(本年一月九日)，同時在黨(國民黨)辦的另一刊物「政論週刊」(第一〇五期)上並予轉載而加以讚揚。因此，我也就沒有法子不得不承認這篇短評，縱不代表整個官方(黨方)，至少總代表了整個官報——中華日報。

我是一個靠勞力吃飯的小公務員，但我曾讀過大學新聞系，也做過幾年小記者，當然，我沒有出洋到過著名的新聞學府鍍金，沒有做過官報社長，更沒有做過侍從文學之臣。現在，想借貴刊餘白，向名報人、名新聞學者的中華日報社長曹聖芬先生提出下列三項疑問。

第一、我不知道「蛇口裏的玫瑰」一文所引佛蘭克林的那段話，究出在佛蘭克林那一本著作上。該文中的佛蘭克林，當然是人所共知的本吉明·佛蘭克林 Benjamin Franklin。我很辛苦的找了他許多著作，都沒有找到他這一段讚許痛打巴哈的名論。他本是一位多產作家，政治、經濟、科學、哲學，無所不通，我自慚淺陋，無法盡讀他的全書，因此很誠懇的祈望曹社長將此段名論來源，予以指出。

第二、所指被砸的費城晨報，應即爲一七九〇年十月一日在費城創刊的曙光報(The Auroro)，被打的主筆巴哈，應即爲本吉明·佛蘭克林·巴許 Benjamin Franklin Bache。因爲根據美國新聞史的紀載，在華盛頓總統退休時痛罵華盛頓，而其文字大略與中華日報所引相似(中華日報所引與曙光報原文出入很大)，次日即被暴徒尋釁的，只有曙光報與巴許。於此，有一最奇特的問題，須向曹社長請教的，中華日報說該事件發生以後，佛蘭克林曾認爲報館被砸，主筆被打，乃直接了當可收制衡之效的義舉，不過美國新聞史告訴我們，巴許是本吉明·佛蘭克林最鍾愛的孫子。

(下轉第21頁)

讀者投書

(二) 談自由與違法

——兼與陳致平教授論自由

王木公

民國四十五年十二月二十四日，師範大學學行週會，由陳致平教授擔任專題講演，題目是「論自由」，在四十分鐘的演講過程中，也曾獲得數度的掌聲，惟筆者認爲有四點值得提出來討論。

第一、曲解自由：陳教授一開始就以羅曼羅蘭夫人的話「自由！自由！多少罪惡假汝之名而行。」爲開場白，繼而否定自由之存在，認爲人應該受嚴格的管理。有一段最「精彩」的舉例以說明他的看法。他說：「如果學生講自由，可以不上課；教師講自由，可以不教書；某先生講自由，可以强迫某小姐和他結婚，如果某小姐拒絕，則就傷害了某先生的自由……。」這一段話推敲，可見陳教授之所謂自由，是毫無責任而不守法律的行爲。

我認爲陳教授所說的『自由』，不僅在極權國家之內找不到，即使在自由民主發達的歐美國家亦難找到；不僅在中外歷史上沒有出現過，即使在未來的人類中上亦不會出現。那麼人類是否有自由呢？我的答案是肯定的。不過，自由之範圍與其政府權力之大小成反比，政府之權力大，人民之自由範圍小；政府之權力小，人民之自由範圍大。因此，民主國家內有自由。極權政治下人民可能也享有一點自由，但自由的範圍可以小到如同牢獄一樣，把人民拘束在一個固定的範圍內，但決不可能大到如同陳教授所說的漫無限制，讓人民爲所欲爲。在二十世紀六十年代的今天，國有國法，校有校規，團體有團體的規章；學生不上課，教師不教書，某先生强迫與某小姐結婚，這種行爲超出了法律許可的範圍，統稱爲違法，而不能以自由來解釋。眞正的自由，乃是一個人的行爲，在法律許可範圍之內，不受任何外力干涉。

第二、主張以法治代替自由：正因爲陳教授認爲自由不合理，纔有取締自由代以法治之主張，這無異於將法治與自由看做衝突的兩件事，有自由即無法治，有法治即無自由。這種說法，殊有商榷的必要。主張法治並非錯誤，乃是錯在重法治而舍自由。陳教授並列舉「管仲相齊而成霸業，子產治鄭而轉弱爲强，諸葛亮治蜀而道不拾遺」爲其法治之理論根據。而我認爲法治固然重要，自由亦不可被輕視，法治與自由不但不相抵觸，而且相輔相成，無法治即無自由，無自由亦無法治可言。因爲，無自由的法治是極權統治下的法治。古代的法律是由君主或少數的大臣所訂，固不必論，今天的法律是由人民(指自由國家的人民)自己所訂，是透過人民的自我意志作用而產生。如果法律就是一個範圍，那麼人民自己願意生活在那個範圍之內，既是自己願意之事，這就是自由。如果有某一個人或某一少部份人想超出這個範圍，這就叫做違法。例如有人愛看電影，不能不受買票的拘束，因爲看電影是意志的目的，亦即自由的行爲，買票是達到此目的的手段，或完成自由行爲的方法；而且這種手段是經過全體人民所承認的合法手段，亦可謂經全體人民意志所認可之合理的方法。遵循這一方法而完成看電影的自由行爲，纔是最正確的自由；如果有人想超越這一方法而達到目的，就違背了全體人民的意志。這是違法的行爲。所以法治與自由並不相悖。

第三、陳教授將法治與嚴格管理混爲一談，亦有討論的必要。所謂法治，就是政府依據客觀的法律以管理政事，不容執政者因私人之好惡而有絲毫之偏頗以處理政事，法律之前，人人平等，人人自由，這才是眞正的法治。至於管理之嚴格與否，則以法律之寬嚴以爲斷；法律寬，則管理寬；法律嚴，則管理嚴；如果認爲嚴格管理就是法治，則在邏輯上似乎說不通。陳教授又說：嚴格管理不但不會遭受被管理者的反抗與怨恨，反而深受被管理者的愛戴。並以諸葛亮斬馬謖爲論證，以說明嚴格管理之允當。須知馬謖在出師守街亭之前，已向諸葛亮立下軍令狀，如街亭失守，當接受斬首的處分。所以諸葛亮之斬馬謖，是執行軍令，馬謖之接受斬首的處分，是實踐自己的諾言。當然馬謖心甘情願，這正是眞正的法治精神。陳教授由於諸葛亮嚴格的治理蜀國而得到成功，而推演到學校亦應該實行嚴格的管理。我認爲：不是應該與不應該的問題，而是合理與不合理的問題。任何一個團體(包括國家、民族、學校等)所實行的法律，祇要嚴而不苛，大衆自然心悅誠服，如果一味的嚴格而不顧客觀的條件，將不爲大衆所心服。

第四、最後陳教授將軍事學校與大學相提並論：認爲軍事學校的嚴格管理，規律的生活，戰鬪的勇果……值得今天的大學生效法，並反駁一般人所說「大學生的年齡與智力，已達到自立階段而不需要「管理」之理論。我認爲這一點又有值得考慮的地方，蓋軍事學校有軍事學校的性質，大學有大學的性質，正如張三有張三的個性，李四有李四的個性，如果必須要張三向李四學習，或李四向張三學習，則不啻是强人之所難，而且不一定能够學習得令人滿意。大學的實質是研究學術，培養專門人才；大學應有研究的氣氛，研究的生活和方式。軍事學校的實質是學習戰術戰略和制勝敵人的方法；其形式是嚴守紀律，服從命令；平時能養成規律的生活，戰時才能服從命令，戰勝敵人。因此，軍事學校與普通大學各有其特徵與任務，可以說是風馬牛不相及。不過在政府實施文武合一的政策之下，我們祇能說標準的軍人必須具備文學生的智能，文學生亦必須具備軍人的體格與技能。如果要大學生事事向軍事學校學習，倒不如把所有的大學停辦，改變爲軍事學校來得乾脆。

總之，陳教授的演講，如果是出於內心的眞話，也許是歷史書籍讀得太多，所持見解與衆不同，只要陳教授言之成理，我們自然贊同，而且願意向陳教授學習。如果陳教授是因某種動機而故作違心之論，吾人不敢苟同，而且陳教授的清高聲譽，將會因此而沾汚，我們覺得很可惋惜。

一九五六年聖誕前夕匆草

自由中國　第十六卷　第二期　內政部雜誌登記證內警臺誌字第三八二號　臺灣省雜誌事業協會會員　八六

給讀者的報告

首先，我們要向讀者們報告一件事。就是從上期起，在中央日報上已經不再能見到本刊經常刊登的出版廣告了。該報拒絕刊登本刊廣告，據說是奉到國民黨中央黨部第四組的指示。這一舉措實令人深為遺憾！過去，本刊於每期出版之日，即逢每月一日與十六日，經常要在中央日報刊登目錄，（另於出版的第二天刊登聯合報，此外並與公論報、香港時報、自由人互登交換廣告。）在創刊的初期，每期且曾連登兩三日，其後因本刊經費困難，才改登一天。七年以來，從來沒有間斷過一期。不料從上期起，該報竟突然拒登本刊廣告。本刊是經合法登記的刊物，而報紙廣告業務則屬商業範圍，中央日報拒登一個合法登記的刊物之廣告，於法是很不當的。我們本可以對該報此一行動提出抗議，但我們却不願這樣做。因爲我們相信公道自在人心，由於中央日報此類行動而受損害的，將不是本刊，而會是該報和國民黨。我們只在這裏將事實報告於關心我們的讀者之前。以後讀者們要知道本刊每期的目錄，請閱聯合報、公論報、香港時報和自由人。

事實上，上述中央日報拒登廣告事件，只不過是某方面對本刊所採一連串行動中的一環而已。最近一個半月以來，不可勝計的官辦黨辦報刊，在一氣同聲地對本刊施以惡毒的攻訐與侮蔑，說本刊言論是共匪思想走私，是爲共匪統戰工作鋪路；而尤其令人吃驚的是，堂堂黨辦的中華日報竟公然鼓吹暴動，主張大打出手。爲此我們要在本期社論(二)裏，提出「我們的答辯」。本刊同人認爲個人的毀譽和安全俱可以不計，但眞理與是非則不可以不辨。當我們想到目前這種日趨極端的反動思想，對我們反共復國的前途，將投下何等可怕的陰影，豈能不已於憂懼？

去年十二月廿九日共匪人民日報發表「再論無產階級專政的歷史意義」一文，對共產主義運動當前面臨的困惑，企以自圓其說地提出解釋，俾安撫反抗情緒與日俱增的人心。這篇文章在共黨當前政策上自是一篇十分重要的文字。但我們讀後，則益見其「觀念的混亂，理論的破產」。在本期社論(一)裏，我們要戳穿這一套共黨語言的咒詛，證明其思想的貧乏與荒謬。

美國立國到現在不過一百七十年，而富强爲世界之冠，其間常非偶然。立委丘漢平先生廿年來觀察「美國國情」，探源其富强之道，而歸之於美國人民守法與護法的精神。丘先生的大文從政治、經濟、軍事、社會各方面觀察美國之全貌，眼光銳敏，議論深刻。「惟有民主主義才能戰勝共產主義。」這是美國人民的信念，也應是所有自由人的信念。

朱伴耘先生爲文試測一九五七年的世界局勢。他從過去一年自由世界與共產世界鬪爭的得失，指出今後可能演變的方向。作者在分析東歐反蘇形勢時，警語如珠。例如作者曾說：「世界可能有傀儡政府，但沒有傀儡人民。」同時警告一切集權主義者，不要夢想所謂思想訓練與子弟兵的奇蹟。作者認爲一九五七年和戰操於東德人民之手，而和之可能大於戰，因爲美國外交和艾森豪主義是「和平解放」的繼續，不會採取「逼狗跳牆」的政策。誠如是，則我們今後應如何自處？

印尼政變是東南亞最近發生的一件大事，本期蘇益生先生先後寄來兩篇通訊，報導其詳情。印尼之前途誠堪吾人注意。

最後在本期投書欄內我們登載出范先生的投書，對中華日報曹社長(老兵)鼓吹暴動的「老實話」指責甚力，可見公道自在人心。

自由中國　半月刊　第十六卷第二期　總第一七三號
中華民國四十六年一月十六日出版

發行人兼主編　『自由中國』編輯委員會
出版者　自由中國社
社址：臺北市和平東路二段十八巷一號
電話：二八五七〇

航空版
香港　友聯書報發行公司　Union Press Circulation Company, No. 26-A, Des Voeux Rd. C., 1st Fl. Hong Kong

總經銷
臺灣　自由中國社發行部
美國　自由中國日報　Free China Daily 719 Sacramento St., San Francisco 8, Calif. U. S. A.

經售者
日本　東京僑豐企業公司
韓國　漢城裕昌德號
馬尼剌　大中華日報社
印尼　新疆書店　椰嘉達天聲日報　泗水文光圖書公司
越南　西貢中原文化印刷公司
緬甸　仰光振成書報店
印度　加爾各答塔梅學校
澳洲　雪梨瑞田公司
北婆羅洲　西利亞坡青年書店
新加坡　檳榔嶼、吉打邦均有出售
澳門　友聯圖書公司

印刷者　精華印書館
廠址：臺北市長沙街二段六〇號
電話：二三四二九號

本刊經中華郵政登記認為第一類新聞紙類　臺灣郵政管理局新聞紙類登記執照第五九七號　臺灣郵政劃撥儲金帳戶第八一三九號
(每份臺幣四元，美金三角)

自由中國

FREE CHINA

第十六卷 第三期

目錄

社論

(一)艾森豪主義與中東危機

(二)艾登辭職與責任政治

個人主義的觀點與態度……東方既白

略論反對黨問題的癥結……牟力非

懷念沈從文教授……馬逢華

反資本主義的心理(三)……米塞斯著 夏道平譯

通訊 介紹一間優良的空軍官校……顧文中

拜年……夏承楹

河邊的故事……陳之藩

斜暉(十續)……孟瑤

書刊評介 李辰冬著『陶淵明評論』……廉齋

讀者投書

(一)建議推胡適先生為諾貝爾文學獎金候選人……余光中等

(二)可以强學生去充臨時演員嗎?……徐萬駒

(三)待遇還不調整嗎?……劉鳴

答王木公先生談自由……陳致平

中華民國四十六年二月一日出版

社址:臺北市和平東路二段十八巷一號

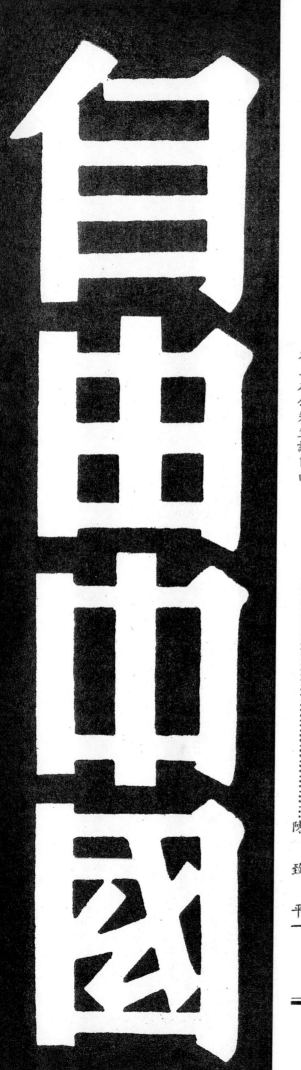

(2)

半月大事記

一月十日 (星期四)

美總統艾森豪向國會兩院聯席會議提國情咨文，强調美對中東軍經援助計劃有益於美國及世界安全與和平。

匈牙利工人遊行，抗議匈共政府頒佈之戒嚴令，知識份子多人被捕。

英首相艾登辭職，麥克米倫受命組閣。

聯大通過設特別委會，調查匈境情勢，匈共電臺廣播悍然表示拒絕。

一月十一日 (星期五)

顧維鈞當選國際法庭法官，以繼徐謨之遺缺。

我外交部發表人表示，希望馬來當局對檳榔嶼馬來人與華僑衝突事件，能公正處理。

麥克米倫正式就任英首相，表示不擬舉行總選，並準備與艾森豪會談，以彌補英美關係之裂痕。

葉門與埃及、沙地阿拉伯舉行會談，要求協助抗英。葉門聲稱將要求俄派志願軍。

約旦向聯大控以軍在邊境集結，以色列否認其事。

合衆社維也納訊，保加利亞境內曾發生大規模反共示威運動。

一月十二日 (星期六)

聯大通過美建議，重申和平統一韓國之要求。

美共和黨衆議員白狄克宣稱，將促美政府提建議，逐俄出聯合國，並撤銷對俄承認。

西班牙任命孔德爲駐華大使。

匈共稱殺示威工人，匈京醞釀新抗暴運動。

埃及要求聯大討論以軍撤退案。

葉門籲請美國制止英國「侵略」，英國指責葉門製造緊張局勢，否認英軍曾攻葉門。

社勒斯在美國會作證稱，除非美國立即採取防禦措施，中東將遭共黨攫取。

一月十三日 (星期日)

美駐華大使藍欽返國度假。

杜魯門表示支持艾森豪中東政策。

美國務院表示，希望英與葉門和平解決兩國爭執。

黎巴嫩外長表示贊同艾森豪中東計劃。

美國務院發言人表示，美國正考慮恢復對南國軍援。

一月十四日 (星期一)

英新內閣名單公佈，勞艾德仍任外相。

美向聯大政委會提五點裁軍計劃。

一月十五日 (星期二)

葉門軍隊進佔亞丁土地，英葉衝突轉趨嚴重。

波共與中共聯合聲明，宣佈波蘭與蘇俄東方集團團結一致。

我訪日軍事代表團飛抵東京。

一月十六日 (星期三)

艾森豪向美國會提一九五八年度預算案，總支出七百一十八億元，其中援外經費爲四十三億。

雷德福在美衆院外委會作證稱，美援助中東計劃確能消弭戰爭危機。

巴基斯坦要求安理會下令外軍撤離克什米爾，舉行公民投票決定誰屬。

葉門要求在亞丁區由聯合國監督，舉行公民投票，決定亞丁未來地位。

埃及政府命令一切外商銀行於五年內將股份移交埃人。

一月十七日 (星期四)

行政院會議通過任命邵毓麟爲駐土大使，李迪俊爲駐巴西大使，劉馭萬爲駐古巴公使。

韓軍事代表團抵臺訪問。

周匪恩來與匈共聯合聲明，支持俄帝在匈暴行。

一月十八日 (星期五)

以色列外長向聯大說明，如能確保運河航行開放，以願撤離阿卡巴灣。

『自由中國』的宗旨

第一、我們要向全國國民宣傳自由與民主的真實價值，並且要督促政府(各級的政府)，切實改革政治經濟，努力建立自由民主的社會。

第二、我們要支持並督促政府用種種力量抵抗共產黨鐵幕之下剝奪一切自由的極權政治，不讓他擴張他的勢力範圍。

第三、我們要盡我們的努力，援助淪陷區域的同胞，幫助他們早日恢復自由。

第四、我們的最後目標是要使整個中華民國成為自由的中國。

布加寧與周匪恩來在莫斯科演說，攻擊美中東政策。

俄共酋赫魯雪夫演說，再捧史大林，稱爲模範共黨。

一月十九日 (星期六)

美新任第七艦隊司令畢克萊抵臺。

立法院修正通過四十五年度追加預算案。第十八會期宣告休會。

周匪恩來與俄共總理布加寧發表聯合聲明，攻擊美中東政策，揚言將予中東援助。

葉門指控英軍攻入葉門領土。

埃敍沙約四國簽定協定，同意經援約但，並表示拒絕艾森豪中東計劃。

一月二十日 (星期日)

艾森豪、尼克森正式宣誓就職。

聯大通過決議，要求以軍撤出埃境。

對沙地阿拉伯國王訪美，艾森豪表歡迎。

奧國總理建議大國談判，俾使匈牙利中立。

一月廿一日 (星期一)

土耳其、伊拉克、伊朗、及巴基斯坦四國在安哥拉舉行會議後發表公報，支持美新中東政策，籲請聯合國監督以阿間和平。

哈瑪紹會晤以色列大使，商討以軍撤退事宜。

波蘭國會選舉，戈慕卡獲勝。

英政府抗議葉門攻擊。

一月廿二日 (星期二)

以色列駐埃及軍隊自西奈半島撤退。

希臘籲請聯合國立即採取行動，以解決塞島嚴重惡化之情勢。

葉門照會英外務部，準備談判邊界事件。

一月廿三日 (星期三)

捷克總統赴莫斯科訪問。

艾森豪向美國會提經濟咨文，呼籲克服通貨膨脹。

美國建議准許韓國與越南入聯合國。

社論

（一）

艾森豪主義與中東危機

最近艾森豪總統咨文國會，除强調經濟援助中東國家外，並要求國會授權，於必要時在中東使用美國武裝部隊阻遏「來自國際共產主義控制下任何國家的公開武裝侵略」。艾森豪此一政策一般稱之爲「艾森豪主義」，而博得自由世界的讚揚。就目前的情勢觀察，美國國會將不會拒絕艾氏的要求。但此一政策，就基本精神上而言，並不是一種新穎的「主義」，不過是重申和强調「杜魯門主義」，而將之應用於中東地區而已。

自一九四七年以來，美國的基本政策就是於必要時以武力阻止蘇俄的軍事侵略。國務卿杜勒斯曾於過去一再强調此項主張。他在一九五四年三月廿日的聲明中曾經宣佈：蘇俄如果攻擊歐洲、中東及亞洲二十個國家中的任何一國，毫無疑問，將遭遇大舉報復。在中東，美國根據條約有防禦希臘和土耳其的義務，在道義上有保衞伊朗和巴基斯坦的責任。蘇俄如果發動侵略其他中東國家必定要通過或越過這些國家。我們不相信，蘇俄會以降落傘部隊進攻其他中東國家，同時美國除了使用武裝部隊以外，也不會有其他辦法能够阻止蘇俄的侵略。事實上，蘇俄也深深瞭解，自一九四六年亞塞爾貝然事件後，如果以武力公開侵略中東，將引起美國的干涉並導致第三次世界大戰。

艾森豪經濟援助中東國家的計劃，也不是一項新的政策。艾氏要求撥款四億美金經援中東國家，不過是將美國經援重點略加調整。

就事實而論，中東危機並非由於缺乏美援，也不是由於蘇俄公開侵略的威脅。石油國家伊拉克和沙地阿拉伯並不需要美國的經濟援助，敍利亞基於政治的原因已拒絕接受美援。至於埃及的納瑟與英法是不共戴天之仇，設若美國無條件經援埃及，則美國與英法將更分歧，而西方聯盟將招致最後的分裂。

目前，蘇俄對中東的威脅，絕不是公開的武裝侵略，而是宣傳、滲透、顚覆、誘惑和陰謀。根據最近的報導，蘇俄與敍利亞已簽訂一項協定，根據協定蘇俄不但繼續供給敍利亞軍火，實際上，蘇俄「技術人員」將控制敍利亞政府的重要部門。蘇俄在中東的策略是採取滲透和顚覆的方法。況且，蘇俄在中東並無需採取公開侵略的方式來達到它的目標。埃及獨裁者納瑟和敍利亞總理賽拉傑的目標是消除西方國家在中東的利益和勢力，這一目標與蘇俄的目標完全一致。蘇俄祇需武裝和煽動納瑟型的阿拉伯民族主義來達到它在中東的目的。

但是，我們絕不是說授權艾森豪總統使用美國武裝部隊阻止蘇俄公開侵略中東國家的計劃是無價值的。在國際政治的運用上，重新闡明一種決心和政策往往具有大的效用和影響。因爲蘇俄公開恫嚇武裝干涉中東問題，不僅鼓動阿拉伯極端民族主義者的囂張無忌，同時迫使英法在蘇彝士運河的軍事行動的瓦解（據美國駐法大使狄朗透露：英法接受蘇彝士運河區停火的建議，據說並非全由於聯合國的決議或美國的政策，而蘇俄武力干涉的恫嚇具有決定力量。布加寧致函艾登與莫萊，聲言派遣「志願軍」七萬五千人赴埃與英法軍作戰。這一恫嚇迫使英法於去年十一月六日宣佈接受停火）。艾森豪主義的宣佈不僅將使蘇俄武力恫嚇喪失力量，且削弱阿拉伯民族主義的囂張氣燄。至於美國的經援計劃，雖然不能轉變中東的情勢，但對於處理阿拉伯難民問題以及與納薩談判運河問題上，將使西方國家增加討價的力量。

我們從上面的分析來看，艾森豪主義的效用主要是給予中東地區較大的安全和穩定，但對於中東問題並不能作根本的或權宜的解決。

中東問題的主要關鍵是阿拉伯國家與以色列的爭執以及蘇彝士運河的糾紛。如果這兩個問題不能獲致協議，則中東仍是危機重重，永無寧日。

以阿的爭執必須獲致合理公平的解決。目前，此一爭執在聯合國的努力下，已略獲進展。以色列軍隊雖然仍留駐加薩地帶及阿卡巴灣地區，但它在西奈半島的駐軍已於一月廿二日全部撤離。以色列軍仍然留駐該兩地區的理由是：恐怕加薩地帶被埃及利用爲進攻邊境的基地，以及防止亞卡巴灣被埃及的封鎖。如果此二問題以色列能獲得保證，則以軍由該兩地區的撤退不過僅係時間問題。聯合國應在加薩地帶建立中立區，由聯合國部隊加以巡邏，並保障以色列船隻通過阿卡巴灣的自由和安全。這是一項可行的措施，以埃雙方均應接受。至於由巴勒斯坦逃亡的阿拉伯難民問題，則應開發西奈半島而加以安置。難民問題的解決除美國及聯合國的協助外，以色列應負擔大部責任。如此，則以埃的爭執殆可獲致公正合理的解決。

對蘇彝士運河雖然埃及應享有主權，但是蘇彝士運河是一條國際水道，埃及應保證運河的航行自由，決不能對任何國家的運河使用權加以阻擾。

阿拉伯國家現在由極端主義者加以控制，並由於美蘇兩國的相互爭取，益形囂張，大有蠻幹到底之勢。他們誤認和其他國家和平解決問題對於國家獨立和主權是一種損害。這些極端主義者將個人權力、利益置諸人民權力、利益之上。我們認爲，僅憑藉勸告和忠言是不能使他們改變立場的，必須施以巨大的壓力。

解決中東問題，除在聯合國會內的努力外，美國必須採取勇敢果決的政策。對於極端主義者在政治、軍事、經濟和心理上施以壓力，並配合高度的外交技巧，使他們做具體而切實的讓步，而獲致合理的協議。

美國的壓力和決心結束了英法對埃及的軍事干涉，美國爲什麼不能以同樣的壓力和決心使以阿爭執、運河糾紛達成協議，而實現中東「正義的和平」呢？

社論

(二) 艾登辭職與責任政治

艾登與納瑟，在一年來英埃鬪爭中，代表了兩個觀念：一個是傳統的英帝國霸權，另一個是民族思想(不論它是狹義的或健全的)。國家利益，條約神聖，是屬於前一個觀念的說法；推翻殖民主義，保障民族自決，是屬於後一個觀念的說法。英埃兩國在第二次大戰後的磨擦，最後爆發於去年十月英法對埃進軍，而其結果，乃爲今年一月九日艾登的辭職。英埃這一場鬪爭，至少在現階段上，納瑟沒有失敗，而艾登是垮台了；埃及並未勝利，而英國是慘敗了。

十九世紀英國外交上有兩個必爭的東西，一個是英國的利益，另一個是英國的尊榮。英國的外交作風是灰色的，英國的外交長期在孤立主義中過生活。維多利亞時代最後一位外相莎侯，畢生提倡英國的獨立外交。他所謂獨立外交，換言之，便是孤立主義的外交。英國的外交雖長久盤旋於孤立主義，英國在外交上不輕易發出諾言，更不願輕易用兵，但是牽涉到英國的利益，英國是不惜一戰的。其次，在具體現實的利益以外，凡是涉及到英國的尊榮，英國也可以不惜一戰的。一八六四年二月維多利亞女王致書羅素爵士 (Lord John Russell)說：「你知道我不能允許英國對不涉自身利益的事而加入戰爭。」羅素爵士覆她說：「女王陛下除非爲保衞英國利益不使英國牽入戰爭是十分正確的，不過我想提醒女王陛下，除了帝國利益，陛下對英國的尊榮 Honour，也必同樣情願保衞的」。維多亞利再覆羅素：「英國的尊榮對我的密切，是不庸他人提醒的。」(維多利亞女王書札全集)嘗考英帝國在歐洲兩百年的霸權，維護這兩件東西是她立國之道，「利益」是具體而現實的，「尊榮」是抽象而空洞的。用中國話來說，尊榮便是威信。一個霸權的維持，自身利益與尊榮的保障珍護是同等重要的。窺測一個大國的盛衰，第一看她能否保衞自己的利益，其次看她能否維護自己的尊榮。在十九世紀的國際如此，在二十世紀的國際亦是如此。

由此以論今天英國對於蘇彝士運河的紛爭，納瑟所加於英國的，不啻對英國的利益爲一重大的損害，而對英國的尊榮更有莫大的打擊。艾登政府與法國進軍埃及以至撤兵時，他對國會，對國際，始終不承認他的政策錯誤了，他更不願向英國人民或國會，吐出半個道歉或認錯的字樣，他提出辭職的理由，只是說因爲健康關係，不能再任繁劇。不但艾登個人如此，整個保守黨的表示也是如此。麥克米倫之出任首相，與勞合的繼任外相，這說明保守黨在政策上不肯認錯。首先，我們要問艾登政府此次對蘇彝士運河的政策，究竟有沒有錯？如果沒有錯，艾登又爲什麼要辭職？艾登的辭職究竟是政策失敗，還眞是健康再不能維持下去？

英國的外交政策，上面已經說過第一是英國的利益，第二是英國的尊榮，這是她外交政策的兩大基幹，美國近時許多外交評論家，如喬治肯楠之流，常常反對美國過去的外交政策，以道德爲基礎。世人談論英國外交政策，常常喜歡籠統地說英國是最重現實的利益，可是從英國外交史上研究，這個籠統觀念，有時並不完全正確，譬如拿破崙戰爭以後的維也納會議，英國所以不能與俄奧合作到底，終久爲泰留朗所乘，聯法以抵俄奧，其中原因，一爲政治理想與制度之格格不入，一爲均權對抗獨霸與扶持弱小國家等原則。再論十九世紀中葉，英國外交上是同情當時所謂「解放運動」，所以對歐洲各國的憲政運動與民族獨立運動都是暗中扶持。這不能說英國的外交政策，在利害觀念以外，沒有正義的觀念。英國十九世紀外交的霸才如帕莫斯登，他是同情意大利統一，他亦同情匈牙利獨立的。

艾登政府對埃的外交，對英國的利益，對英國的尊榮，由英國的傳統眼光看，他的政策是沒有錯的，但是這個政策在一百年前是天經地義，在五十年前是問心無愧，而在今天，則其政策的健全與否，及其政策之能否實行，眞是極大的問題。誠如倫敦滑稽週報(Punch)所說：「大不列顛的時代已經過去了！」本期外交季刊英國主編克勞棱 (Geoffrey Crowther) 說：「不列顛已經不再是超等强國了！」美國時代週刊說：「蘇彝士事件，暴露了英國在軍事及經濟上的弱點，更暴露了她所認爲密切盟友支持的限度。」我們稍一回想英法進軍埃及時，除了美國的反響暫置不論外，國會內部鼓噪的情形，國內與論的紛歧，尤其在財政方面的搖搖欲墮，照這樣內外的形勢，艾登政府對埃的外交政策，因爲行不通，因爲無法實行下去，政策是失敗了，政策也是錯誤了。艾登政府的垮臺，不能否認是垮於政策的失敗，儘管艾登所宣布辭職之理由不涉及政策。但是實際上他因政策失敗而辭職，他因爲政治責任而辭職，英國今天的國勢，縱然一落千丈，而這一點政治傳統，還能保持不墜，我們對英國的前途，還是抱着希望的。

民主憲政的特質，一爲代議政治，另一爲責任政治。人民有權過問政治，政權寄於全體人民，這是屬於前者。政府要對自己的政策，向人民負責任，政策失敗，或政策不爲人民所接受，負責者便當引退，讓別人來代替負其責任。這是屬於政治責任方面。所以政務官的進退，繫於政策之成敗。責任政治又可說是「報賬政治」，一個政府必須時時將他政治上的賬目報告出來，看人民對你所報的賬，滿意不滿意，如果人民對你所報的賬，表示不能滿意，這個政府便應爲着政治責任而改組。政治責任是與法律責任完全不同的。政務官的進退，要依他是否完成其政治上之責任。換句話說，看那個政務官的政策是否成功。政務官的進退，與法律責任並無關係，譬如一個政務官的奉公守法，並不能算是一個好政務官。更不能引此爲戀棧留任的理由。譬如有人說某某院長、某某部長是清廉淡泊，所以他是一位好院長或好部長，這在現代政治學上是站不住的。我們要望民主憲政的確立，必須實現責任政治。也必須使每一個政務官知道自己進退出處的關鍵。民主憲政的責任政治，是對政策負責，是對當時的人民代表負責，不是對「天」負責，也不是對自己良心負責，更不是對歷史負責。英國前任首相艾登的辭職，他並未有絲毫貪污瀆職，他也並沒有絲毫違法殃民，因爲他對埃的政策失敗了，所以他託病而辭職。他是爲了政策失敗而辭職。他的辭職，充分說明了責任政治的眞義。這許多道理，原是政治學上的ABC，也是民主憲政的起碼常識。今天我們不憚反覆鄭重言之，實在因爲這種常識，還是今天全國政治教育上最需要的一課。

個人主義的觀點與態度

東方既白

(5)

一

史太林被清算後，報上發表了他死前的照相，其乾萎醜怪同一個待斃溝壑的難民完全一樣，想及其未被清算前，在羣衆行列中所捧持之玉照，深覺其修改矯飾之苦心，眞有甚于神話之編造。

絕世才華王爾德，在垂死的暮年，我們在紀德訪晤的記載中讀到的，也竟同蹩居在窮鄉僻野目不識丁的農夫之老年沒有什麼不同。

古今中外，帝王英雄之求長生、公主美人之求不老者代有其人，但能異于常人的，最多也祇能使屍體多加修葺，墳墓假作堂皇，墓牌上由活人寫幾句歌頌而已。

人的生老病死的過程，正如任何生物一樣，是無法超越的，這是生物學的限度。在這個限度下不但人與人是絕對平等，而且人與生物都是完全平等的。

這是一個極普通的常識，是無法否認的事實。可是狂妄的英雄、驕縱的美人們，無論古今中外，都想超越這個限度。那些求仙訪道、煉丹尋藥的辦法，經過了無數嘗試與失敗，到現在想賴科學的威靈，謀超越這限度的，其心理的因素固然相同，其愚蠢與可笑也沒有多大分別。

受寵于史太林的那些生物科學家，一再宣稱用腺的移殖一類的方法使人返老還童之成就，並沒有挽救史太林于老死。其所享之壽齡，遠不及臺灣鄉下的一個老祖母，也可見金錢與權勢，在生物的限度前實在起不了什麼作用。想到那些獻媚于史太林之返老還童術之科學家，實在同獻媚于漢武帝唐明皇的方士沒有什麼不同。

世上也有不少的便藥，膨脹乳房，縮小毛孔；借科學之名，賴廣告之便；在我們耳聞目睹的人羣中，有多少曾經爲美人的太太，過氣的明星，受其欺騙麻醉，被其愚弄，日夜吞服使用；雖都未見其挽衰起頹，而仍到處訪尋新藥，不斷嘗試。其心理之與以前之求仙訪道，煉丹尋藥，實在並無不同。

所以認識生物的限度雖是一個極普通的常識，但能夠秉這個常識來了解自已也是一個普通的人類的，也並不多。大都總以爲憑自已的財富、權勢與聰敏能幹，可以使自已不同于常人，而得超越這生物的限度的。

眞正能夠從生物的限度來了解自已與人都是一個無逃于生死的觀點，我在這裏叫做生物的觀點。

二

在生物的觀點下，人不但與人完全平等，與其他生物也沒有兩樣。

但在生物進化過程中有許許多多階段。人爲最高級的動物，因此在生理機構上與其他動物是有極顯著的不同的。

最顯著的是神經系的集中，語言機構的特有，以及各器官分工的加細。神經系的集中也可以說是大腦小腦的發達；語言機構的特有是腦皮上有廣大區域的神經組織專爲管轄語言，而喉部的複雜肌肉也專爲語言而安排；各器官的分工加細，如軀幹之直立，腺的調節，手的精巧與其大拇指的分離。……

這三者，除語言機構的特有必須另作討論外。其他二者，可以簡單地說，人的生理機構是遠較任何動物複雜而完整。

在複雜上講，人類幾乎不能像動物一樣，能夠有「絕對的健康」。所謂「絕對的健康」，這卽是說一個成年的人，在嚴密的醫學檢驗下，任何器官沒有一點點失常。

在完整上講，人類的器官任何一小部份的失常，可以影響到整個的神經，也無形之中會影響其他器官的運用。譬如齒痛，馬上就會影響我們的寫字與走路。眼睛裏有一粒沙子，喉間有一塊魚骨，也可以使我們無心談話與下棋。這幾個例子，是我們可以意識到，而人人都有此類經驗的。其他輕微的失常，而無形之中影響我們行爲的，時時都有，刻刻都有，祇是我們沒有意識到就是。

此外，因爲這個複雜與完整的肉體，在人類現代生活中並不能人人，也幾乎沒有一個人是完全合于生理的健康在生活。譬如睡眠不按時，飲食不按量，起居無規律，娛樂無節，工作無度，以及烟、酒及五味的嗜好……等，都可以使人的神經暫時的部份的失常。而疲倦時的情緒，女人經期時的脾氣，消化不良時的意態，也都可以說是生理上有暫時的微小的失常。

這就是人的生理的限度，認識這個生理的限度也祇是一個常識。可是大多數的人都在否認這個生理的限度。以爲一個偉人什麼都不會錯，一個英雄可以超越這生理的限度，可以有超人的能力，能日理萬幾，而清明正確。被稱爲英雄的人，也往往自已忘了自已生理的限度，以爲事無大小，經他判斷處理，絕無錯誤。

有人說，拿破崙小腹上有一個癬。他的東征西討，使千萬生靈塗炭的，可能祇是癬上的細菌的刺激。希脫勒神經之不正常現在已沒有多大疑問，他的命令有許多實在也不過是瘋人的囈語，可是他的黨徒們竟奉爲神聖。許多獨裁者的言行與命令，被無數黨徒所信奉的，細想起來，至少一大半是他在健康失常時候的變態，（因爲世上既無絕對健康的人，而一小部份的失常可以影響整個的行爲）而一小半則是他的太太健康失常時對他的刺激。再細究下去，這些行爲實際上不過是在受細菌的支配罷了。

我這些話也許是過份，但一個人如果對于人的生理限度有點認識，能謙虛地憑這個常識了解自己與了解人。他一定不會相信自己或任何人的意志與判斷可以完全是對的。

眞正能從生理的限度來認識自己與人的觀點，我在這裏叫做生理的觀點。

三

我上面說到人類特有的語言機構應另作別論，這因爲語言是人的精神生活。

人類的思想，現代心理學已經認爲祇是不發音的語言了。文字，不用說，祇是語言的紀錄而已。一個啞吧與聾子，他雖不會發音，但是他仍可以用手勢與嘴唇的動作來表示語言，以視覺來代替，文字也祇是一種可賴視覺代替聽覺傳達的語言。繪畫是文字的支流，音樂則是語言的支流。

人類有了語言，方才有文化的傳遞與累積。一切科學藝術都是由人類特有的語言機構而起。有了語言，我們才有特殊的記憶、想像與思想。

動物祇有感覺與反應，人類則有記憶、想像與思想，如果這二者行動與表現都稱爲行爲的話，這二者又是多麼不同呢！

十九世紀下半期，新興了一種科學，是專門研究人的行爲的背景的，這就是心理學。一百年來，它已經有很大的成就。因生理學、遺傳學、神經學的進展，心理學也跟着豐富發達。其中派別很多，如行爲主義，定形心理學等，我在這裏也無法一一介紹。這些派別，雖有不同的意見與觀點，可是其理論，因爲大都是根據許多實驗的結論，所以反而是互相補充的。而許多心理上的事實，僅管有各種不同的解釋，則已成了無法否認的原則。如人的心理無法不根據生理。一切習慣都是由交替反射養成。人的基本動機不外于自身生存（食慾）與種族延續（性慾）。許多崇高的活動是一種昇華。許多冠冕堂皇的話不過是一種解嘲（Rationalisation）。……而心理的絕對永久的正常比生理的絕對健康還不可能。

自從心理分析學發達後，大部份心理現象都有哲學的解釋，雖還未完全得到科學的證實，而上述的一些事實，則也已經是一個普通的常識。因此，一個人的行爲，就有他心理的限度，這限度，雖然比生物的限度與生理的限度，多少有伸縮，但其極限之不可能超越，則是完全一樣的。

不管有什麼美麗的口號與自誇的信仰，要說有大權在握的共產黨幹部，仍能同貧苦的無產階級一樣生活，這是不可能的事。但是竟有人在相信，或者是曾經相信，自從王實味暴露延安的生活以後，中共批評平均主義爲小資產階級的思想。其實小資產階級如果不相信共產主義，怎麼會要平均主義；眞正的平勻主義正是共產黨自己宣傳的主義。倘若共產黨革命後，享受的都是資本家的享受，那麼無產階級要信仰共產主義幹麼？這祇是用素樸的心理的一種不賴學理的推理。

了解這個心理的限度，來認識自己與人，再來看這個社會；這個觀點我在這裏稱之爲心理的觀點。

四

這三個觀點，生物的、生理的與心理的觀點，就是我要說的個人主義的觀點。

個人主義者站在這三個觀點，因此覺得社會不過是爲一個一個人便于生存的集合。社會就必須是爲這一個一個的個人的幸福而存在。一切社會的設施與制度必須爲一個一個的個人的幸福爲原則。

這裏要說明的是幸福這個名詞。幸福這個名詞的意義可以說每個人都有不同的解釋，甚至個人隨時隨地也都有不同的想法。因爲每個人不同，所以每個人就需要有選擇的自由；如沒有選擇的自由，其他的幸福是談不到的。

因此，所謂幸福之門卽是自由。關于自由爲幸福之門，以後還要談到。這裏因爲已經用了自由這個困難的名詞，我不得不要把我所了解與想到的談一談。

自由這個名詞，不但一般社會上已經用得混亂非常，卽使在思想學術的領域中也變成各有各的涵義。學者曾經有過統計，說自由這個名詞祇少有兩百種以上的定義。而在學術上所討論到的自由，因每種學科的對象不同，其所談的內容往往是名同而實異，在政治與經濟學，在法律與社會學，在遺傳學，在心理學，在倫理學中，幾乎都牽涉這個名詞，不但各種學問裏所用的概念並不一致，卽是每種學問不同的學派也有不同的涵義。如果要再從自由這個概念，談到意志自由的問題，則幾乎要牽涉全部哲學史的哲學思想。因爲有許多哲學家是屬于決定論的，他根本認爲人並無自由意志，一切的選擇，實際上不過是一個因果律的連鎖中之一環，因此也就談不到其他的自由。同時，因爲人的意志是否自由的問題，也就會牽涉宇宙論上的主張，神學上神的概念。

因此，要窮究自由這個名詞的涵義與其所涉的學說，並不是這篇短文所能做而應做的。因爲我所想試作的也正是要擺脫這一切學院式的討論，而直接了當從常識出發對于自由有一個非常現實的認識。

我上面曾經談到自由爲幸福之門，卽是說有了自由以後才可去「找」幸福。

倘若沒有「我」的自由，就談不到幸福。所以自由是幸福的先決條件，並不就是幸福的本體。

幸福的本體是因人因時而不同。有人以為財富是幸福，有人以為愛情才是幸福。在臺灣有一個青年，他以為唯一的幸福就是到美國去留學，可是到了美國以後，又覺得不如在臺灣自己家庭生活為幸福。戀愛時的青年，都以為能够結為夫妻是人世最大的幸福，可是結了婚變為寃家，認為最大的幸福就是與對方走散了。所以所謂幸福這東西，乃是自己都不能預知的東西。

但是用我們生物的觀點與生理的觀點來看，幸福在自由先決條件之中，就已經有了兩個先決的假定。第一就是生物觀念上的存在，第二就是生理觀點上的健康。

倘若人已經死亡，也就無所謂自由與追求幸福。倘若人病倒了，也就失去了自由，也無法追求幸福。

對于健康這個概念，社會上所習用也是非常混淆，到醫生那裏去檢查，我上面已經說過，並無「絕對健康」的人體。最聰敏的對于健康的解釋，就是「不想到」。譬如你牙痛，是不健康，到醫生那裏拔去病齒，那麼你缺了一粒牙齒，當然嚴格的說也是不健康。可是拔了牙齒以後，我們可以「不想到」它，所以我們就可以說已經恢復健康。

這個「不想到」，不用說，也就是自由。如腿傷臂腫，也就是失去腿與臂的自由。所以，健康實際上祇是自由的一種，也可說即是人體活動的自由。

談到人體的活動，各人的限度也不相同，有人可擧重四百磅，有人可一口氣走一百里，有人則祇能擧重八十磅，有人一口氣祇能走路四十里。那麼到底什麼樣的標準算作自由呢？一般的衡量往往用身高與體重的比例，這在某一方面說是一個標準，但不是一個可靠的標準。因為神經、心臟與血壓根本與這個比例沒有正比例的關係。

我並不相信中醫五行生尅的說法，但是我覺得對于健康的解說，最合適的不如用諧和這個字。

諧和這個字來自美學，一幅畫的顏色，一曲音樂的音調，要成完整就必須諧和。一切山水花木昆蟲禽獸之外形，幾乎是無不趨于諧和。這當然是題外的文章，我不想多論。人體因其完整與複雜，其各器官的配合，如神經的傳達呼吸、循環、分泌、消化的各種機能，固然要求一種諧和，四肢的動作也要求諧和，至心理精神的健康，更需要諧和。消化力强而吸收力弱的人一定是不健康，某種分泌特多，馬上可以有病象出現。肌肉特別發達而內臟衰弱的人並不是健康，諧和並不一定是一致，有時候是對立，有時候則互補。某種器官不發達，某種器官往往特別靈敏。某方面聰敏的人，另一方面可能很笨。但就整個來說，人體機能的運行，祇有諧和才能算是可以「不想到」，也才是自由。

人的最基本的幸福，如果說是健康的話，健康也祇是自由的一種，而自由也就是諧和。

五

個人主義者從生物的生理的心理的觀點，看到人這個社會的單位，根本就是一種追求自由的動物。

人在求自身諧和之外，賴學習以謀取與外界諧和，多獲得一種諧和也就多獲得一種自由，多獲得一種自由也就多一種諧和。

野蠻人必是先與世界謀得諧和才能够生存，嬰孩必是先與父母謀取諧和才能够生存。

所謂鬪爭殺戮都是因為謀取諧和而失敗以後的事情；而鬪爭殺戮也祇是與整個的環境謀取諧和的一種方法。

一切的知識都是與外界或其他的人謀取諧和而存在。

譬如游泳的學習就是要與海水謀取諧和，因其獲得諧和，所以令游泳的人在海水裏可以自由自在。一個人到國外，首先學習語言，也就是與環境謀取諧和可以有更大的自由。

即使是研究純粹的科學，也就與所研究的對象謀取諧和，哲學則是與自己的想像思想謀取諧和，一切藝術的創作，如果用心理學昇華的學說來說，則竟是為求創作者心理與生理的諧和。

因為獲得諧和也求獲得了自由。因此社會上人與人的交往，一切的制度與立法，應當是使人與人得以諧和相處，而使每個人有更大的自由。

人祇有在與人諧和，人才有更大的自由。這在我們日常生活上是很容易經驗到的事情。譬如我們到一個陌生的宴會中去，人人都穿中裝，自己一個人獨穿着西裝，你就會覺得不自由。這就因為你與大家不諧和。可是倘若這個宴會不是陌生人而都是你的老朋友，你就不會覺得這樣不自由，這因為你與這些人之間，早已有更深更大的諧和，所以你對于外表一點不諧和可以「不想到」。如果你預先知道那個陌生的約會大家都穿中裝，你一定也會穿中裝去赴會。假如你沒有中裝，也許就不去參加。假如你想參加而因為沒有中裝而不參加，你可能要罵別人為什麼規定穿中裝。這就是鬪爭開始。

當你無法與環境謀取諧和之時，你就是逃避；你甚至有一種酸葡萄式一類的自慰。——這在心理分析學中，就是「保衛的機動」。許多不會游泳的人，當許多朋友去游泳的時候，他無法與大家謀取諧和，他會說他根本不喜歡游泳，或者說游泳是野蠻的行為；許多不會跳舞的人當許多朋友去跳舞的時候，他無法與大家謀取諧和，他會說跳舞太肉麻，或不喜歡，或者甚至說這是有傷風化，應當禁止。

到了一個人對一件事武斷的說「應當禁止」的話，這就已經到了取仇恨的態度。所以一個青年如果對于環境始終不能取得諧和，到處受到阻礙，感到痛苦不安之時；他第一步是孤僻，第二步就是仇恨；于是很容易走向用暴力報復或革命的路徑。所以走到這一條路的青年，在心理分析上講，多多少少是不健全的。但是這不是這青年之罪，與環境取得調和，固然，是要賴自己的努力與學習，可是社會上也正是有許多的限制，使他無法去謀取諧和，譬如因貧窮而失學，因家庭之虐待等。

所謂取仇恨與鬪爭的態度，目的是他要創造一種使自己可以諧和的環境。或者說，他要用暴力使環境遷就他，成爲一種諧和的局面。

六

人的自由雖可靠學習適應的努力而能與各種環境謀取諧和而擴大，可是還是有限度，這限度就是生物的限度，生理的限度與心理的限度，此外則是文化的限度與社會的限度。

文化的限度是人類祖先所累積下來的，譬如我們的祖父旅行的自由，不能同我們相比，因爲我們所處的時代有了更多文化的遺產；社會的限度則是我們所生的家庭所處的環境之地位上與經濟上的限度。

人因爲社會之不平等，經濟之不齊，機會的不均，往往使任何努力都無法與社會取得諧和。這就可以變成孤僻憤激而仇恨。這一種心理也可以說是變態的開始。當社會黑暗腐敗，公道不存之時，可以使許多人與社會取敵對的態度，這時代也就成爲不正常的時代。這不正常的時代也就會產生兩種人生態度，一種是逃避，一種是鬪爭。這樣的時代人就失去了「人」的觀點，而產生了「我」的觀點。我的觀點正是把我與其他的人對立的觀點，而處處意識到別人對我的輕視與威脅，一個人處處時時意識着「我」，正如失去健康的人時時在想到肉體的病痛一樣。嚴格地說，這也是不健康。

由于這種我的意識，明哲之士，看到人類社會如此不諧和，就要解脫與改造之法。解脫是逃避這不諧和的世界，追求精神上靈魂上的諧和，這是出世的，道家佛教可以說是這一類的代表；改造是想把這不諧和的社會改造成諧和，于是就設想了一套改造社會的理論與計劃，儒家法家可以說是這類的代表。

還有一種，則是自我主義，憑意志與力來超越衆生，憑情熱與空想來發揚自我。或見諸行動，成爲英雄，如劉邦、項羽、拿破崙……等，或見諸思想，如叔本華、尼采、盧騷……等；或表現爲文學藝術，如法國浪漫派的一些文學家藝術家們。這些人大都是暴政亂世下變態社會的產物。甚至其本人之精神也帶着或多或少的變態，我們細讀盧騷、尼采、叔本華、希特勒一類人的傳記，幾乎就可以發現這些人都是病態的。

人一出生，本來就有我的認識，但在與父母兄弟同學隣人……等無數無數次謀取諧和的學習中，我的認識就很快建立了「人」的認識，每個「我」都知道人人都有一個「我」，每個「我」由與謀取諧和而多得自由，所以基本上人總是在與人謀取諧和，可是當社會排斥他，或他自己無法與社會謀取諧和之時，經過多次的挫折阻碍打擊。他又回到自我的意識，因此他就想用意志與力突破那社會的限度。

如果這樣的人一旦成功，他成了英雄，控制世人，改造了世界。這就是說他的自動已經征服了社會的限度，可是社會的限度可以並無止境，于是他就會想到突破更廣大的社會的限度。所以這些成功的英雄，永遠有一種變態的心理，以爲除了征服別人以外，是無法擴大自由的。古今中外，窮兵黷武而不能自制的心理都是這樣。不但如此，他同時就以爲以自己的權勢也可以超越文化的限度，心理的限度，甚至于超越生理的限度與生物的限度了。

所以自我主義可以說是一種變態社會中產生的變態心理的一種思想。自我主義是由我出發的觀點的一種極端的態度。許多由我出發的思想，當然不全是變態心理的產物。但是也正是變態社會的產物，他們都想憑自己知慧，修煉用功，從歷史人生廣博的知識中，想出一個永久的改造社會的全盤理論與計劃，以爲根據他的計劃，社會就會諧和，人人都會幸福。其用意也許是好的。但是個人主義者，則無法相信他的計劃有完善的可能。

這因爲個人主義的觀點是常識的平凡的，是老實承認生物的生理的心理的限度。他認爲這些由我出發的思想其出發點都是求自我超越社會的限度的，他以爲改造社會的永久理論與計劃乃是謀取超越文化的限度。他在他存在的文化階段中想建立千萬年以後的計劃，在常識上，這不但是已經以爲自己已經超越文化的限度，而是已經超越了心理的限度。

這些由我出發的思想總以爲自己能超衆絕俗。不是認自己近于仙佛，視芸芸衆生都待他的自我之超度；即是自認聖賢，視熙攘之販夫走卒，待其「自我」之排列與改造。到了自我主義，更可進而視工農貧民爲工具，待其領導，爲其奔走了。

這些，不管理論如何高超，學說如何動人，在個人主義看起來，總覺得是無法接受的。

七

個人主義者第一要承認，我與人決無不同，因爲人人都有一個「我」；個人主義固然也承認人有智愚之別，但「我」不一定就是最「智」，而「智」于某一方面者必愚于另一方面。其次，智愚之別，等于人的高矮，面部的長短之別，于人之爲人，沒有分別。人與人相處，謀取諧和；有比我愚者，必有比我智者，合作，互助，互補，互尊，才是諧和之最高理想。

第二、個人主義者站在生物、生理與心理的觀點，相信世上決無全知全能的人，而且上智的人隨時隨地可因疾病因衰老而變成下愚的人。因此個人主義祇能按事按理接受一種意見或思想，無法永遠不變的服從一個權威。

第三、個人主義者對世界社會一切藍圖的思想都無法接受，藍圖思想則是由自我出發的思想之特徵。聖賢英雄想改造的世界都是他的自我之藍圖思想。藍圖思想，目的都是想使人類與後裔幸福，但個人主義者認為其結果永遠是不會兌現的悲劇，因為即使實現了，生活在藍圖中的人類後裔也決不會幸福的。

在中國，我們祖父一輩，對家庭兒孫往往有一個藍圖思想，他要兒子就什麼樣職業，娶什麼樣太太，孫子讀哪一種書，同哪家配親，將來過什麼樣的生活，甚至哪一間房作什麼用，都有一個清晰的藍圖。這藍圖原是非常細緻的顧到兒孫的幸福。可是到了兒孫的時代，在這藍圖中生活的都被認為是一種痛苦的悲劇。

藍圖思想也可以說是鳥籠思想，鳥籠思想是照着自己的設想，根據他的藍圖造一個自以為完美無比的鳥籠，叫鳥兒來住在裏面。如果這鳥兒不喜歡這個鳥籠要往外飛，那麼這個辛辛苦苦設計製造這鳥籠的人，一定會說他是下流與反革命了。

個人主義者則覺得人人都有個性與尊嚴。以鳥兒來做比喻，為想到鳥兒的尊嚴與自由，即使要多與鳥兒相處，則祇能多種樹林，讓鳥兒自由來去，有些鳥兒愛某種樹，有些鳥兒愛另一種樹，那麼愛哪一種鳥就該種哪一種樹。因此我們不妨說，這是樹林思想。

樹林思想不相信人可以使世界完美，人祇能使世界豐富。鳥籠思想的人相信世界可以根據理論計劃將世界改造為十全十美。樹林思想的人則相信人祇能點綴世界，由點綴而豐富；但世界則永不會十全十美。每個人到了世上，他對世界或多或少的貢獻都是一種點綴；想以藍圖改造世界要使世界十全十美的都是禍害多于福利。樹林思想者祇想在世界加點什麼，增進人類的諧和與自由，等于在山上多種一些樹木；鳥籠思想者則想照他的意念改造世界，並把人安排在他藍圖中一定的地位，以為這樣是使他們有最大的幸福的辦法，正像把鳥兒放在一定的籠中一樣。

樹林思想雖是不贊成鳥籠思想，但如果鳥籠思想祇是算作一種點綴，而並不强迫鳥兒入籠，或者竟是開着籠門，掛在樹上，讓鳥兒自由出入，那麼這在樹林思想的觀點看來，覺得也不是壞事。

樹林思想是個人主義者對于文化教育的一個基本思想。它的態度是認為在文化思想上我們人類祇能使其豐富，而並不能使其完美。豐富就是使我們的後裔有更多的選擇，也即是說有更大的自由。想用一種學說、一種主義、一種教條要統轄世界的都是鳥籠思想；這種思想基本上是束縛自由的，即使在某一個短時期內這一種教條可以使社會安定，那一定並不是諧和的安定。而個人主義者可以斷定它的動搖崩潰一定有很大的衝突不安與可怕的鬪爭。因此除非為維護自由，在某種特殊情形下有必要，作短時期之借用，用後隨即放棄外，個人主義者是絕無法認為它是有益的。

八

所謂「自由」的說法，上面已經談到不少；說自由就是諧和，如果說是諧和這個名詞還是太抽象的話，那麼不妨說是「不想到」。這意思就是說「自由自在」的自由。我們已經說到人的自由最根本的是健康，健康祇是「不想到」的境界。這個境界，我們每個人都在經驗，很容易體會，當你頭痛的時候，你必須時時想到頭痛，頭痛痊癒，你自然而然不用去想到，這就是自由。所以說自由不必借什麼深奧學理來銓解，是人的自然的一種要求。因此，緊張、恐怖、憂慮可以說都是不自由。一個人如整天憂慮生活，恐怖有人跟踪，緊張地準備與人衝突，這就是失去自由。如果一個社會長期的使人陷于緊張、恐怖、憂慮的各種不自由中，人就很容易變態，失常，用仇恨鬪爭的態度來尋求自由了。這也即是所謂鋌而走險的情況，在基本上講，他所要求的還是自由。

我們知道馬克斯列寧的學說，根本就是一種藍圖思想，也即是鳥籠思想，在鳥籠思想中，人是絕無自由。但他在爭取羣衆的口號中，所號召的就是自由，多數人盲從它，就因為他們都在不自由中生活，對自由的一種嚮往。

上面談到自由本是有限度的，一個人如果不認識這些自由的限度；往往會把生物的限度、生理的限度、心理的限度、文化的限度，統統算到社會的限度上去，這時候不平仇恨之心就很容易發生。我看到許多中年的婦人，因為突然的衰老，總怪丈夫不爭氣，不會賺錢，她必須每天勞作，所以老得這麼快。這也就是把其他的自由的限度推到社會的限度上去了。

在樹林中生活的鳥兒，因風因雨，牠不一定絕對的自由；如果他不認識自由的限度，也不了解鳥籠生活為絕無自由的世界，他是很容易相信鳥籠是一個自由的天地的。

因此，如果說現在的人類正是在受着共產的威脅，而自由世思必須謀一對策的話。那麼，我們必須澈底了解共產主義不過是一種鳥籠思想，是絕無自由可言，他的「自由」的口號，完全是一種欺騙；我們也必須知道我們在樹林中自由生活的人，雖有自由，但並非沒有限度。這限度是生物的限度、生理的限度、心理的限度與文化的限度，另一方面我們的社會必須澈底保障人民的民主自由與平等，這就是說，對于社會的限度應盡力使其減少與改進。

因為第一、如果不了解什麼是鳥籠思想，在樹林裏的鳥很容易被鳥籠上自由的廣告所欺騙；英美社會中的青年之所以有傾向共產主義的就是如此；第

二、如果不了解人的自由的限度，也往往會把這些限度看作是不自由，因而以為共產社會可以有更多自由。第三、如果我們的民主社會對于人民的民主自由與平等不作保障的措施，對社會的限度不作盡量減少與改進，則人爲求自由的必要，就會把理想寄于他所不懂的鳥籠思想。這鳥籠思想，即使不是共產主義，也會是囂口或是別的。

這因爲自由是人的基本的要求，人如果求幸福的話，他求的就是自由。這因爲人的最基本幸福卽是健康，而健康也卽是自由。而人之所以集居成爲社會，就是爲更大的自由。一個人不能做的事，兩個人可以做，兩個人不能做的事，四個人可以做，這都是爲求個人更大的自由。因此人性所要求的本是與人諧和合作與互助，並不是鬪爭；因爲鬪爭的本身就是限制自由，縮小自由，鬪爭乃是起于求諧和而不得，乃是不得已或非所願的事。

但是人因爲本性是自由的追求者，所以人要不斷的擴大自由。人的擴大自由，在求諧和講，他必須用尊敬、同情、寬容、奉獻與愛。人的擴大自由，是多方面的：身體强壯的人，如一天可走路兩百里者當然可說比一天祇能走六十里的人爲自由，能擧重五百磅者也當然可說比擧重兩百磅者爲自由；在技能知識方面也是如此，會游泳的人，當然可說比不會游泳的人爲自由，懂得地理的人，也當然可說比不懂地理的人多有自由，其他任何學問都是如此，它總是使人在知識上思想上有更多的自由，文學藝術也都可使人在想像與情感的表現有更大的自由。在人與人的交往講，多有朋友的人也當然比多有仇敵的人有自由。

但是，人是有生物的生理的心理的各種限度。人的生理沒有絕對的健康，人的心理也沒有絕對的健全。在複雜的人生中，人的自由的擴展往往隨生理心理文化的因素而有所偏，這就是說，人因其天才與興趣的關係，他總是因性之所近卽向那一方面去擴展，如大力士，他天天專心練擧重，祇知道這方面自由的擴展，因而對于心靈上的自由，茫無所知，並不求擴展。如一位詩人，他偏于向想像方面擴展，生活不注意，身體很衰弱。這些偏向發展得過份，這也就會忘去人的限度，走向失望與崩潰。一個大力士往往因生理的限度，當他的自由無法擴展，而仍想擴展時而受打擊，如拳王祖．路易斯他在三十六歲時還以爲可以擊敗二十九歲的人，因而遭遇失敗。一個詩人往往因忽略生理的限度而夭折。

九

在複雜的社會中，人與人利益並不一致，人與人的意見與思想並不一樣，原是當然的事；而人的自由之擴展，又各有所偏。因此人的活動的自由之受阻礙與遭遇打擊，是隨時隨地可有的事。這些阻礙與打擊往往會使人走向仇恨、敵視與鬪爭，因而祇意識到自我，而用暴力去擴展自己的自由。譬如一個男人愛一個女人，他當然是要求與她謀取諧和，但是女的對他毫無興趣，他遭受了阻礙打擊，往往就會變成仇恨，採取暴力。這在社會新聞上是常見的事。如果這個男人在別的生活方面也是遭遇到打擊，他很可能把所有的不幸的遭遇都想到是那個女的不愛他之故，也可能把那個女的不愛他想到別的原因上去，如他之失業、貧窮等，因而把仇恨轉向到社會的其他方面。倘若這個男的是有權有勢的人，他很可能把女的用種種方法强迫娶來，置之金屋。（這種事情，在中國很多。）如果女的還要頑抗，他也就會對她虐待或殺害。總之，人因不能與環境或某一對象謀求諧和而走向仇恨鬪爭的變化是隨時可有的事。其實所謂仇恨鬪爭，目的也還是想謀求諧和，擴大一己的自由，不過這是從自我出發，發爲主張與思想，一定是一種鳥籠思想。

從生物的觀點生理的觀點與心理的觀點來看人，我們無法接受鳥籠思想。因此我們社會變成這種思想所設計的鳥籠。一切制度法律與規約，其產生原是爲求社會的諧和與個人的自由。而任何社會法律必須保障個人的一些基本自由，這基本自由列爲項目乃政治哲學的事，但這裏的結論是：這基本自由必是人人都有以尊敬同情與愛，與任何人任何技術、思想學問謀取諧和的權利。這也就是眞正的人權。

由于人的根本要求，我們因此特別重視個人的自由；由于人的各種限度，我們特別不相信「自我」的完美。因此，由自我出發的思想家與英雄，用捨施與計劃方式，說是可以給我們更大的自由者，我們很容易辨別出他是束縛我們自由的思想。這可以說是一個個人主義者對于自由的認識。

個人主義，這個名詞，現在已經用得非常混淆，這在西洋也是如此，在中國被誤解濫用尤甚。這裏所說的祇可說是我個人所採取的一個態度與觀點，同別人所採取的個人主義的立論有許多不同。許多個人主義者有一個宗教的信仰，他們從上帝的角度看到個人的平等，看到「我」是一個人，與人人都有一個「我」，我則覺得宗教信仰是另外一件事；人的觀點可以從交替反射來解釋一個嬰孩在成長中，很快就建立了。許多個人主義者對于人與人的集居，愛用契約的解釋，諧和說則是我個人的意見。許多個人主義者是從民主的政治立場因而想到非主張個人主義不可。我則從人的觀點與人的基本限度來主張個人主義，因此在政治思想上 相信民主則是 必然的結論。而這樣的吻合竟是天衣無縫接衘。

這些論證上與角度上微小的出入，于所謂個人主義基本態度之一致不但沒有影響，反而有互相闡明之功。所以敢寫出來，以就正于相信民主自由或個人主義的朋友。

一九五六、八、二二。

略論反對黨問題的癥結

牟力非

由於蔣總統壽誕廣徵衆議的六點內容以及各方所提出的革新意見來看，我們的政治病已大部映現得清清楚楚，擺在政府與人民的面前了。這一舉措，證明了一個可驚的事實，那就是我們自由中國的人民和政府，過了八年多的時光，竟猶保留着如此之多的大病而未除，則這三千天的寶貴時光，眞的虛擲了。這些大病，倘非八年前卽已存在，那麼便是八年來累積迄今，有增無減。今天經過一次總檢查，其結果足以警告我們：過去的三千日，是在怎樣極其危險的不健康狀態中苟延生命；而現在要從頭重新做起，這又是何等可憾的局面！人之一生，能有幾個三千日？國之機運，能耐幾個八年的蹉跎？言念及此，我們這些流亡在臺以復國爲急務的人們，眞是有點對不住後世子孫！未來能否還有一個三千日供我們推拖，已成很大的疑問。因之，由總統壽辰所掘出的幾個迫切的大問題，實在値得我們天天「日以繼夜」地緊緊握住不放鬆；尤其要把這些大問題落實下來，認眞的攤開來解決。

本文想就反對黨問題的癥結提出來談談。

大家一致要求成立反對黨，加强反對黨。這個呼聲是極爲響喨而迫切的。然而這個要求的本身，有幾個需先弄清的前提：

第一、誰有「要」或「不要」反對黨的權力？

第二、反對黨的產生，是否可由一人、或一黨、或一紙公文的頒佈，反對黨便應運而出？

第三、加强反對黨，應由誰負最多而且最重的責任？

第四、在原則上，怎樣方可使反對黨具有眞實促進民主政治的力量？

依現今的情勢言，一般人一提到反對黨，會很自然的聯想或寄望於青年、民社兩黨。不錯，這是兩個僅有的在野黨。幾年以來，這兩個在野黨曾時常以「執政黨控制過嚴」爲詞，遺憾於「報國無路」。尤其是，這兩黨亦曾公開提出過「成立並加强反對黨」的要求。此次響應總統徵文的「自由中國」半月刊，卽有在野黨的王師曾、陳啓天兩先生在文章中特別提到青民兩黨黨員未能得與國民黨員在公教職位方面受同等的待遇，要求三黨平等，以使青民兩黨成爲反對黨。

因此，反對黨問題的中心，彷彿是：第一、反對黨的存亡，繫於某一人或某一黨的權力而定。第二、似乎祇要政府當局或國民黨總裁下個條子，宣佈允許反對黨成立，或不加干涉反對黨的活動，則反對黨便可應運而生了。（前述王師曾先生文中，卽曾向國民黨提出兩項要求：「1.由政府正式通告各機關，公敎人員之任免升降黜陟，不以黨籍爲抉擇的因素，並指明對有青民兩黨黨籍及無黨籍之人員與國民黨黨員一體看待。2.由國民黨中央通告各級黨部，申述黨派平等及三黨合作之旨，澄清國民黨一部份黨部及黨員的「友黨」是「異黨」，「異黨」卽「敵黨」的觀念。」）第三、好像是：具有操持反對黨存亡的權力者，只要一陣心血來潮，於是反對黨便加强了，力量便增大了。第四、似乎反對黨本身是「俯仰隨人」，身不由己；換言之，亦卽是反對黨本身並無力量，也不產生力量。

如果眞像這樣來認識反對黨問題，那麼實在令人不敢樂觀；起碼使人感覺呼籲成立反對黨的要求，含有很多的「求助」成分——求助於執政黨底「施捨」。

何以言之？

按民主政治，是政黨政治。不過各國憲法並不明定政黨地位及其活動的條款。亦卽是：執政黨與反對黨均非具有法定的地位。既非法定，則任何人沒有權力「要」或「不要」反對黨。執政黨及反對黨之能否合法存在，並循正軌運行政黨政治，一方面端視政黨本身是否爲普通的民主政黨，另方面決定於國家的政體政制。在眞民主的憲政之下，不僅執政黨合法地掌握政權，反對黨亦合法地監督政府。故執政黨是否有權宣佈成立反對黨，倒是次要的問題。主要的，要看人民是否支持反對黨的產生發展，要看執政黨是否能依民主正軌以確認反對黨的存在爲必需必要。假如在野黨的作風僅止於呼籲，乃至並未獲得多數人民的支持，則縱使執政黨宣佈允許成立反對黨，也無異爲一種「施捨」，它的前途不會樂觀。「施捨」是一時的「善心」見諸行動；隨時可以停止或禁止反對黨的活動與存在。

由此可知，在野黨之欲求作爲健全的反對黨，首須摒棄「求助」觀念，從健全自身以獲得廣大民衆的支持爲始，戒絕過去「三黨分贓」的局面重演，這才是有希望的民主反對黨。另一方面，執政黨之允許反對黨存在及活動，不以「施捨觀念」做基礎，而以國家的民主憲政前途爲信念，反對黨始可免於做「陪襯」的命運。

就尋常情理而言，在一個民主已上正軌的國家，執政黨並不負多大的「加强反對黨」的責任。蓋它實不願見反對黨的勢力日增，而威脅自己的權位。反對黨本是執政黨身旁的監督者，時刻伺機準備接取政權；若執政黨提拔反對黨，並加强其活動，豈非拆自己的臺？這也就是說，反對黨並無向執政黨「求助」的理由。舉凡一個能自立的反對黨，也不願向執政黨求助，求助亦不會得助。

但在一個學步民主、乍行憲政的國家，便不能依上項情理來看問題。因在此種環境下，全國上下，必須扶植反對黨的產生和發育茁壯，才能奠立政黨政治的規模，民主憲政始能循正軌前進。所謂政黨政治的規模，是由「執政」和「在野」這兩大政黨支柱來撐持的。一方面是由一個執政黨或各黨聯合的政團來執政，另一方面是由一個以上的政黨或聯合的政團來監督政府。缺乏了兩大支柱之一，便不算具備政黨政治的規模，憲政便難循民主正軌推進運行。這是常識。但這常識往往由於現實環境的不同，就會發生了違反常識的作法。例如，藉革命手段以取得政權的執政黨，在推翻專制乍行民主的初期環境中，不但反對黨不容易迅速培植成立，甚至一切觀念、行動、建制等等，都不習慣於民主的傾向。揆其動機與目的，並不一定要反對民主。它這種不能傾向民主的習慣，可能是由於貪圖一時的自利，可能是由於對民主的認識理解不深，可能是基於太强的優越感而養成。在此種情形、此種環境下，便不覺察反對黨有何等必需成立的理由。沒有大家呼籲，自然推拖下去；即使在野黨公然提出要求（求助），也被「異黨」「敵黨」諸觀念所影響，誤以爲協助成立反對黨是幫了在野黨，却未想到是爲了國家，執政黨有其不容推卸的責任。

然而，憲法不能賦予某一政黨以永久的地位及生命。一個民主政黨，從產生到强大以至沒落滅亡，胥視其是否守護憲法並遵從民意而定。憲法的重要章則條欵，如人民的權力、政府的權力、民治法則等等，已直接間接劃定了政黨活動的範疇。憲法不能保障一個政黨的生存，也不能救護一個政黨的死亡。故政黨的存亡，實決定於它底是否守護憲法與遵從民意；換言之，縱無反對黨，亦不能保證任何一個執政黨長命百歲，永掌政權。相反的，有了反對黨，亦絕不妨碍執政黨的合法存在。何況有反對黨的監督，正有利於執政黨改過遷善，蟬聯執政，何必怕反對黨的存在呢？反對黨若欲打垮了執政黨，必先取得人民的支持，而後始有眞實的力量上臺執政。在平時，反對黨縱有吹毛求疵的指摘，但因判定是非功過的大權操諸人民，人民耳聰目明；執政黨若無錯誤，與論民意當然支持，更不須害怕反對黨。眞正應害怕的，倒是人民，而非反對黨。反對黨的得以上臺執政，實乃由於後面有了人民的支持力量。

照今日的實況，我們可以進一步來瞭解：反對黨的產生和活動，爲什麼還有困難呢？困難的成因，乃來自兩方面：

第一、能成爲反對黨的在野黨，顯然不够積極，而內部組織也不够健全。

第二、政府及執政黨，數年來的作風和表現，常常給人以不應有的觀感，認爲似在有意無意之中，並不熱心於反對黨的產生和發展。

這兩項成因比較起來，顯然的，以後者爲最關重要。因爲反對黨的任何努力，最後終須取決於執政黨能允許造成一個有利的環境。而造成有利環境的先決條件，首在執政黨員能充分認識反對黨爲何物。這是常識。一個執政黨員欲認識反對黨，必須站在普通民主政黨的立場上，去正視反對黨的形貌內容，才會明白反對黨的重要性及必要性。否則，不但永難瞭解反對黨爲何物，糊塗下去，且將逐漸連本身的形貌內容也搞得模糊不清。有些人一見「反對」二字便不舒服；這種缺乏常識的心理且不說；單就一般受過相當教育、做過不少「大事」的人來講，他們竟也不敢面對反對黨問題正視一眼，究爲何故？一言以蔽之：由於不明本身的立場，從不準確的角度去審己度人，才產生出自卑，而且爲恐懼的心理所致。

民主國家，必然有憲法，必然實行憲政。憲政之下，必然有政黨，必然實行政黨政治。這「憲政」，這「政黨」，乃指合於民主的原則、作民主的運行而言。迄今爲止，這個世界上，還沒有離開了這種原則和運行方式的第二種「憲政」或「政黨」。法西斯及共產黨，只是剽竊了「憲政」及「政黨」的名義騙人，根本不是政黨，也不實行憲政。所以不論什麼國或什麼人，要實行憲政，要稱爲政黨，便必須符合民主的軌範。現在是原子時代，但事實上確乎沒有標新立異的政治大發明家出現，發明任何不符民主規範的「原子民主」。何謂民主的規範？簡言之，就是政府和人民眞誠依憲法行事，政黨有「執政」與「反對」兩種，同時並存，憑政策主張以博取人民選票，不再採用任何第二種方式以取得或鞏固政權。這樣的政黨，就是所謂「普通的」民主政黨。離開了這個軌範，就成了「特殊的」，「革命的」——「不普通的」政黨。不普通的政黨，對民主的運行，必有或多或少的變化。民主起了變化，憲政便立卽感受破毁的影響。故凡要求民主憲政的國民，無不要求其國內的任何政黨是一個「普通政黨」，而非任何的「特殊政黨」。因爲一有特殊的執政黨，則反對黨必不能順利產生，並合法存在。

我們的國父孫中山先生，是中國國民黨創建者。他底偉大，他受國人永遠尊敬的理由，不僅在於領導國人推翻滿清、建立民國，而尤在於他依民主軌範使國民黨成爲普通政黨的理想和計劃。因爲國民黨是以革命黨手段取得滿清政權的；中山先生若沒有使取得政權的國民黨進而成爲普通政黨的理想和計劃，則他替中國所擬訂的建國目標（實行憲政）便落了空。所以，國民黨之必須成爲普通政黨，是絕對不容置疑的，尤其是任何服從國父遺教的人所不能反對的。

但是，這裏却有一鐵的事實必須指出：國民黨中央委員黃季陸先生在去年十一月廿六日向該黨中央紀念週的報告中，坦白說明了「革命政黨」與「普通民主政黨」的分別，要求黨人鄭重考慮糾正已往所持「革命政黨」的觀念、地位及其作風，希望國民黨立卽邁上「普通政黨」的道路。我不敢抹煞其他忠黨愛國者的功勞，但我不能不說，由黃氏此一報告，他對黨對國的忠誠與功績，實不在他人之下！我與黃氏未謀一面，不致被人疑我居心捧他。我之讚他功高，

（下轉第31頁）

懷念沈從文教授

馬逢華

前記

沈從文先生是我在昆明和北平讀書時候的國文老師，後面這篇文字，寫於民國四十二年（一九五三）初春，是寫給幾位關心沈先生當時情況的朋友們看的，雖有朋友建議給更多的人看，由於種種考慮，始終沒有拿出來公開發表。那時主要的考慮有兩點：一是沈先生的安全問題，一是當時寫共區「內幕」的中外專家很多，我怕有湊熱鬧之嫌，尤其怕有「嘩衆取寵」之嫌。此外還有一些次要的考慮，比如，不願以自己或師友們的痛苦經歷，來滿足別人的好奇心等等。現在把它交給「自由中國」發表，一方面是時間已經把從前的某些考慮冲淡了，一方面是想用一個微小的事實，來作一次歷史上的見證。

中共在大陸上不是在高喊着「百家爭鳴，百花齊放」嗎？也許有些滯留海外的學人們覺得這樣也就不錯了。但是：正像纏足的小脚婦女們不能學行百米競賽一樣，在以「馬列主義」爲唯一眞理的地方，「百家爭鳴」只能是一種欺世之談；正像在冰天雪地裏看不見紅花綠葉一樣，在以姓毛的「在延安文藝座談會上的講話」爲經典的地方，「百花齊放」也只能是一種夢想。

不信嗎？八年以來大陸上有什麼像樣子的文藝作品問世？矛盾寫了什麼？巴金寫了什麼？曹禺寫了什麼？老舍寫了什麼？蕭軍哪裏去了？胡風哪裏去了？

在「百花齊放」的口號聲中，讓我們看看從五四以來寫過數十本小說的沈從文，這朶中國文壇的奇葩，是怎樣枯萎下去的。

據四十五年（一九五六）二月廿九日的紐約華美日報說，二月八日的北平光明日報登載了沈從文的「自白」。「據沈自稱，由于過去彼對中共事業沒有貢獻，而思想意識和寫作態度又傾向自由，遂使成爲今日中共尺度下的『空頭作家』。沈又稱，他估計『改造』之對於他，作用不會很大，因爲他知道自己離『毛澤東的知識份子』標準還很遠。」

已經八年了，還遠得很。一點也不出我的意外。

第九年就要開始了。

（民國四十六年元旦）

一

民國三十七年（一九四八）十二月十五日到次年二月一日，北平是一座圍城。黑暗、寒冷、饑餓、骯髒。北京大學的五十週年校慶，原來預備擴大慶祝的，這時因爲局勢急轉直下，終於草草了事。校園裏面，除了在「安全委員會」領導之下，有一部份學生在「民主廣場」挖掘避彈壕溝之外，其餘是一片死寂。文學院東方語文學系主任季羨林先生一天在北樓飯廳裏苦笑着說：「咱們都像是下了鍋的螃蟹，只等人家加一把火，就都要變紅了。」

中共佔領北平以後，眞正像熱鍋裏的螃蟹一樣，一下子就變紅了的人，雖然只剩下了一個暗紅色的軀殼倒也省却了未來長期的痛苦，實在令人慘不忍睹的却是許多「熱鍋上的螞蟻」，在那裏團團打轉走頭無路。想到這裏，我就回想起北大中國文學系的沈從文教授。從北平失陷以後沈氏的遭遇中，可以看出中共對知識份子所採取的策略：能夠爭取利用，就爭取利用。不能爭取利用，就或明或暗地用各種法子來折磨你，毀掉你。

二

沈先生出身湘西農家，照共產黨的說法，他是「勞動人民的兒子」。開始寫作生涯之前，他曾在湖南地方隊伍裏當過小兵。無論就他作品底質或量來說，他都可以稱得上是五四運動以來，我國最有成就的文藝作家之一。他底作品，類多描寫士兵生活，鄉土風俗，以及農村中小兒女間的天眞故事，篇章之間，充滿了濃郁的湘西泥土氣息。抗戰後期時局沉悶，他又受近代文學心理分析這一發展的影響，文字愈益精美，而表達方式漸趨晦澀。他爲人溫文儒雅，潔身自好，常說：「一個作家的成就要看他拿出來的作品，而不是依靠黨派的活動。」近代中國文壇上最有力量的「左翼作家同盟」，雖然網羅了不少出色的作家，沈却始終沒有與這個組織發生什麼關係。也正因此，他常被左派文人目爲異端，斥爲「脫離羣衆」的游離份子。

北平被包圍之前，他對時局看法怎樣？大體說來，那時北方的教授和學生，多數都對於過去沒有什麼留戀，對於未來感到迷惑、疑懼。有些人絕望，有些人抱着沒有根據的希望。朋友們見面總愛問起：「怎麼辦？」那時有位同學在信裏偶然也向沈先生問起他對大局的看法，他的回信，大致是像這樣：

『……目前這個政府，在各方面癱瘓腐朽，積重難返，終歸圮坍，並非意外。……我們這一代的文人，從「五四」時候起，握着一支筆，抱着「科學」與「民主」精神，努力了二三十年，在文化工作上，也算盡了力量。以後的新社會，還待你們青年朋友努力創造，不管政治怎樣演變，新國家的建設，總要依靠你們誠懇踏實的青年人。你問起時局，是不是有走動的意思？照我看來，逃避也沒有用，不過既然留下，就得下決心把一切從頭學起，若還像從前一樣，作小書呆子，恐終不是辦法……』

這封信裏的態度，不論是否正確，我想恐怕很可以代表當時被困在北方的許多教授先生們的看法。

三

北平圍城的後期，中共的地下工作人員，已經半公開地在北京大學展開了活動。住在紅樓的人，早晨起來開門，常會有一本小冊子從門縫中掉下來，封面往往印的是老舍或周作人的什麼作品，打開一看，裏面不是「新民主主義論」，就是「目前的形勢與我們的任務」。就在這個時候，沉悶了好久的北大「民主牆」上的那些壁報，忽然又熱鬧起來，並且不知道爲了什麼，有幾個壁報集中了火力，向沈從文展開攻擊。還有一份壁報把郭沫若從前在香港寫的辱駡沈從文（「粉紅色的作家」）、朱光潛（「藍色的作家」）、和蕭乾（「黑色的作家」）等人的文章，用大字照抄。有些壁報指責他作品中的「落伍意識」，有些則痛駡他是一個沒有「立場」的「妓女作家」。

（大家當時不了解「立場」兩個字有多麼重要，後來才知道照中共的看法，一個人若不站穩「無產階級立場」，則他即令不是「反動派」，至少也是一個大廢物，一個要割除的膿包。）

壁報上的謾駡達到高潮的時候，匿名的警告信寄到了中老胡同北大教授宿舍中的沈家，信內畫了一個槍彈，聲稱：「算帳的日子近了。」當時北平城區，時常有砲彈從郊外射來，誰也不知道今天過去之後，明天是個什麼樣子，被威脅辱駡得莫明其妙的沈從文，不知道將來會有一場什麼禍事臨頭，曾把一部份存書，分送給住在紅樓和東廠胡同的幾位朋友和學生說：「我這個人也許該死，但是這些書並沒有罪過，不應該與我同歸於盡。」

中共進城以後，「歡迎解放軍」和「展開政治學習」等事，把整個學校鬧得烏煙瘴氣。並且圍城期間大家實在也苦够了，緊張够了，我決定忙中偷閒，到清華園去清靜幾天，在清華大學西校門前碰到李廣田先生。李開口就說：「沈先生已經好得多了，你知道嗎？」我有點摸不着頭腦，追問下去才知道在前面所說的那種空氣下，沈神經很受刺激，郊區交通恢復後，沈夫人曾陪他到清華來，在金岳霖先生寓所休養了一個短時期，這時因爲沈的精神狀態較好，又由沈夫人接回城裏去了。

四

此後一段時期，學校裏不論師生都在忙着唸新民主主義論，討論猿猴怎樣變成人，似乎把沈從文漸漸地忘記了。——這些人忘記了他，另外一些人大概並沒有。據說一位從東北來的某部隊的「政委」曾去看過沈，（好像是以沈夫人舊友的身份來的）勸沈把兩個孩子送進東北的什麼保育院去，讓沈夫人到「革大」或是「華大」去學習，並且勸沈自己也把思想「搞通」些。詳細情形，局外人很不容易知道，但是這件事情，對於沈先生無疑是個很大的打擊。此後不久我就聽到沈先生自殺的消息，消息不在報紙上，也不在任何壁報上，而是在飯廳裏，宿舍裏，低低地傳述着。

我事後到沈家探詢，才知道沈先生吞服了煤油，並且用利器割傷了喉頭和兩腕的血管。自殺並未致命，但是一連好幾天，昏迷不醒，住在翠花胡同北大文科研究所斜對面那家小醫院裏。我看到沈夫人時，她容色慘淡，說「最好大家都不要去看他，讓他多休息幾天。」聽說沈在病房裏面一直認爲自己是在牢獄中，「清醒」的時候，拼命在病床上寫東西，並且一再叮囑沈夫人去請湯用彤先生設法把他營救出來。

出院以後，沈的身體極壞，有一次我去看他，他的面目浮腫，鼻孔出血不止。他很難過地說：「叫我怎麼弄得懂？那些自幼養尊處優，在溫室中長大，並且有錢出國留學的作家們，從前他們活動在社會的上層，今天爲這個大官做壽明天去參加那一個要人的宴會。現在共產黨來了，他們仍然活動在社會的上層，毫無問題。我這個當過多年小兵的鄉下人，就算是過去認識不清，落在隊伍後面了吧，現在爲什麼連個歸隊的機會也沒有？我究竟犯了什麼罪過？共產黨究竟要想怎樣處置我？只要他們明白地告訴我，我一定遵命，死無怨言，爲什麼老是不明不白地讓手下人對我冷嘲熱諷，謾駡恫嚇？共產黨裏面，有不少我的老朋友，比如丁玲，也有不少我的學生，比如何其芳，要他們來告訴我共產黨對我的意見也好呀，——到現在都不讓他們和我見面。」

沈健康略略恢復之後，不知出於什麼人的安排，北大中國文學系的課程表中，已經把他講授的功課取消了。他成了在故宮博物院填寫古物標籤號碼的「職員」。他的北大教授的職務，是否已經免去，從來也沒人問過。

自此以後，他除了爲「人民」填寫古玩號碼之外，並且努力研讀馬列著述，和「聯共黨史」，晚上則在家裏進行他計劃之中的中國瓷器史的撰述，常常工作到深夜甚至通宵不眠。沈夫人勸他休息無效，有好幾次在見面時對我們說：「你們去勸勸他吧：我說話他都不聽！他身體並沒有完全好，這樣不休息怎麼成！」

但是沈也有他的理由：

「他們說我是廢物，對我過去工作的成績全不承認，說我是白吃了幾十年的飯，現在我得加倍努力，作些成績出來，抵補過去那些白廢的光陰。並且——我怎麼能睡得着覺！閒下來，不能睡，我又不敢想下去！不把自己埋在工作裏怎麼成！」

五

在中共對「舊知識份子」「團結改造」和「治病救人」的呼聲中，朱光潛先生那篇簡短的「自我檢討」已經在人民日報上面刊出好久了，好像有人示意沈從文、賀麟等人也應該各自寫一篇類似的文章。

沈的自責文章久久不能成篇，中間他曾多次向熟人們問起，究竟應該怎樣寫法。躭擱了好幾個禮拜之後，一個傍晚他忽然把一份初步寫成的稿子給我看，題目是「給胡適之先生的一封公開信」。五百字一張的紅格稿紙大約寫了七八張。我沒有看內容，就問：「沈先生，你爲什麼用這樣一個題目？」

他把聲音壓低，說「你不懂。他們希望這樣，對外面可以有一點作用。」

我一口氣把文章讀完。其中除了一些事實的敘述外，他再三重覆地說：

「物難成而易毀，事難成而易毀，人難成而易毀。」

文章的主要意思，是說：中國大陸當前的局面，是由中共領導，犧牲了幾百萬生命，換得來的，他自已過去既沒有對中共的「革命」盡過力，現在只要還能對中共有些好處，那麼即令把他犧牲進去，似乎也是應該的。以下他就勸胡先生和其他在海外的中國學者們說，國內大勢已成「定局」，你們若還存心觀望，等候國際局面變化，恐怕只是一種幻想，最好及時回國，來「為人民服務」。

我讀了以後，很爽直地說：「不成，沈先生。你寫得這麼消極，恐怕不見得能夠應付過去，並且文章主題，似乎成了勸大家同歸於盡，還不如不寫為好。」

他聽了以後連連搖頭，似乎有難言之隱。後來我始終沒有看到他這篇文字公開發表。

六

沈從文夫婦一向被熟人們稱譽為模範夫婦。他們的兩個孩子也都聰穎活潑，受到極好的家庭教育。家庭之間，向來是快樂融融。沈夫人張兆和女士的美麗賢淑，凡是看見過的，無不稱道。

北平淪陷後沈先生的遭遇，使這個美好的小家庭失去了多年以來的快樂氣氛。在情緒上比在年齡上更要年輕的沈夫人，一方面眼看着自己多年以來十分敬愛的丈夫，變得這樣一籌莫展，四面楚歌；一方面又看到不少朋友們有的跟着「南下工作團」浩浩蕩蕩地「南下」去了，有的進了「革大」、「華大」，她大概也覺得這樣拖下去，不是個辦法，終於決定自己也到「華大」去學習。進「華大」之後，不久她就加入了「組織」。她因為還沒有入「黨」的資格，年紀又已超過「青年團」的「團齡」，所以是以「團友」的名義加入了「新民主主義青年團」。兩個孩子呢，在中學的小龍，是青年團的團員，在小學的小虎，進了少年兒童隊。隨着夫人和小孩在政治學習上的「進步」，沈在家庭之間，也顯得愈來愈落伍。夫婦父子之間，不免有了一些距離，記得那時沈先生曾經傷心地說：「連太太都不了解我了，我怎麼還能希望得到別人底了解！」

有一次我在沈先生家裏，他把小虎的一篇作文拿給我看，一面自己解嘲似地苦笑着說：「你看，虎虎也要開始教育我了，」那篇作文照我記憶所及，大體是像這樣：

「我的家庭　沈虎雛

『我家一共有四個人，爸、媽、哥哥和我。

『爸爸是個國民黨時代的所謂作家，從前寫過很多的書。他因為是靠自己努力成功的，所以很是驕傲。解放以後，他因為認識不清，心境不好，生了一場大病。

『媽媽對我們很好，我們很小的時候，他就教我們愛好勞動。她現在進了華北大學，是青年團的團友。哥哥在中學讀書，是青年團員，我是兒童隊員。

『我們一家四人，除爸爸外，思想都很進步，媽媽每星期六從華大回來，就向爸爸展開思想鬥爭，我想，如果爸爸也能改造思想，那麼我們的家庭，一定十分快樂。我已經和哥哥商量，以後一定幫助媽媽，教育爸爸，好使我們的家庭成為一個快樂的家庭。』

這篇作文在學校裏得了甲等。沈先生在「展開思想鬥爭」那一行上面，加了一個眉批：『「鬥爭」兩字像打架。你媽媽不是會打架的人，改用兩個別的字好不好？』」

這段時期，恐怕也是沈先生精神上最痛苦的時期。那時沈夫人住在「華北大學」，沈先生整天在博物院工作，學習、檢討。晚上回到寓所，服侍兩個小團員隊員入睡之後，常常深夜獨坐，聽古典音樂唱片。有天晚上，我陪着他聽音樂，他像從夢中醒來似的說：「我這付腦子整個壞了，殭硬了，一點沒有用處。只有當我沉緬在音樂裏面時，才又覺得恢復了想像的能力，（他眞是像在作夢一樣）——有時我好像又回到了從前在湖南鄉下的時候。我可以聽見小河裏流水的響聲，聞到草地上青草的腥味，聽見蚱蜢振翅的小小噪音……我好像重新充滿了創造力，有時候，一個晚上我能寫出很多東西來，第二天再把它們撕掉。」

那晚他給我看了一首新寫的長詩。那首詩是一曲哀歌，低訴他自己的身世，寫得實在不錯，我們平時讀沈先生小說的機會很多，他的詩並不多見。我當時有些愛不忍釋，說：「沈先生，這樣好的詩，撕掉豈不可惜？你以後把這些東西，交給我保存好嗎？」他說：「這樣的東西還有什麼保存的價值？我撕也不知道撕了好多。以後的文學作品，都得為工農兵服務！」

七

大概是民國三十九年（一九五〇）的秋季，我忽然聽說沈從文先生決定到革命大學政治研究班去接受思想改造。大家都覺得這似乎是他唯一可走的路，並且覺得這樣也許可以使他少受一些痛苦，因為「革大的教育，一向是很成功的」（？）

他入隊的前幾天，我去看他。家庭之間，空氣似乎愉快得多了。沈夫人正在忙着張羅應該攜帶的衣物，兩個孩子也很高興地來參加我們的談話。沈顯然是在勉強振作，給自己打氣。他話並不多，有點像陷於沉思中似的自言自語：「…去！一定去。自然是他們有道理，到了我也要去參加的時候，他們總是有些道理！」又說：「我要把從前當小兵的勁兒拿出來，什麼我都肯幹，誰也幹不過我！」

大家談起了從朋友們聽說到的「革大」生活，談到了扭秧歌，沈毫不思索地說：「秧歌我可不能扭。」

「爸！你不是說什麼都幹嗎？爲什麼不扭秧歌？人家都扭，你憑什麼不？」小虎立刻理直氣壯地抗議。

沈搖搖頭，說：「不，我決不扭——（又緩和了下來），最多我可以替他們打打鼓。」

八

幾個月的光陰轉瞬卽逝，我再到沈家去的時候，沈已由「革大」「學成」回來。但是從面部表情看來，他是「依然故我」，沒有什麼顯著的改變。那天晚上他有點沉默寡言，沈夫人等我坐定之後就說：「你看從文一點都不進步，在革大『總結』的成績盡是些丙、丁！」

沈先生很平靜地說：「當然盡是些丙、丁。分數是『民主評定』。指定的東西，我一字一句地讀，討論的時候，却盡是那些不讀書的人發言；你跟他們講，他們不懂。打掃厠所，洗刷便池，全都是我一個人幹，在討論『建立勞動觀點』的時候，却又是他們發言最多。我幫助工人挑水，在厨房裏跟厨工們一面幫忙，一面談天，他們又譏諷我，問我是不是在收集小說材料。晚上在宿舍裏，他們盡說些『想太太想得要死呀』之類的下流話，你要我跟他們談得來？分數全由他們『民主評定』，我當然只能得丙、丁。」

沈夫人說：「對呀，人家不懂。我聽說你在『革大』寫的思想總結，連文法都不通！你是怎麼回事，一個作家寫了半輩子書，連個思想總結也寫不通？」

沈沒有回答。

話題不知怎樣又轉到了「中蘇友好協會」，沈輕描淡寫地說：「在革大他們還發動了申請加入中蘇友協，我沒有去申請。」

想不到這句話竟使沈夫人大吃一驚：「呀！你這個人！到現在你都沒有告訴我，你連中蘇友協都沒有加入！你爲什麼不參加？」

沈很認眞地說：「交朋友是靠互相認識。俄國文學作品凡是有譯本的，我大概都看過，說得上對俄國文學有點認識。但我從來沒有聽說過交朋友要『申請』，還要等候上級『批准』。我沒有去申請，是因爲怕被批駁。自己去『申請』跟人家作朋友，若是萬一不『批准』，那才難爲情！而且，我這一輩子還沒有參加過什麼團體、協會呢，所以這次也不想加入。」

沈夫人眞地有些發氣了：「你看他這成什麼理由！從文，你究竟是什麼意思！你是不是反對『一邊倒』！你說！」

（在共區，「反對一邊倒」這罪名是萬萬加不得的，這是「搞通思想」的核心問題，誰敢冒天下之大不韙，對這一點表示懷疑？）

沈連忙緩和地求饒：「唉！唉！何必動氣？明天我就去申請加入好不好？」

沈夫人說：「誰希罕你這些！我才不要你因爲我講了，才去加入！」

她跟着又向我抱怨：「你不知道，從文這個人就是這樣自高自大，他不肯去申請跟人家作朋友，（她轉向沈）怕降低了自己的身份，是不是？上次人家丁玲好意來找他給『人民文學』寫點稿子，你猜他怎麼回答？他說：『我和現在的文藝刊物已經脫了節，你最好先找兩篇近來發表的像點樣子的文章給我看看，然後才好寫。』（又轉向沈）從文，你這是什麼意思？」

沈說：「我不知道現在的時髦文章像個什麼樣子，怎麼好寫？寫了寄去，人家若是不用，又怎麼辦？我自己編了十多年刊物，別人的稿子不知道看了好多，現在要我去向別人投稿，我倒不知道怎麼寫才好了。」

「你看，你看，」沈夫人說：「這個人呀，說了半天，就是自高自大！你向別人投稿又怎麼不行？」

沈說：「不是不行。也不是自高自大，我是自卑。現在我是什麼都不會，都不懂。不知道怎樣寫出別人喜歡的東西，所以要丁玲拿兩篇樣子來看看。」

沈夫人說：「什麼自卑？你愈說自卑，愈是自高自大，你覺得別人的文章都不行，偏要人家拿一兩篇像樣子的來給你看。」

談話過程之中，陸續進來了朱光潛、廢名（馮文炳）兩位教授。朱先生坐了一會，看看情勢不妙藉故告退了，這時廢名用他沙啞的湖北官話插進來說：

「從文，別說什麼都不會，都不懂，你只要走羣衆路線就成。我從前不懂什麼叫羣衆路線，現在想想，一下子就想通了：鄉下人知道的事情，眞比我曉得的多！」

沈夫人說：「是呀，一點都不錯。」

沈先生歪了頭像在問自己：「以前大家都說廢名迂，難道我比他還迂？」

沈夫人說：「馮先生一點都不迂！他講的有道理。」

廢名笑呵呵地：「從文你走羣衆路線就成。先從家庭之間作起，試試看。」

沈說：「叫我在家裏走羣衆路線？我要跟誰走？我們一家四口只有我一個是『羣衆』，三個領導階級！」

廢名告辭後，我也要回去了，沈先生送我到他寓所門外，站在那裏好像有許多話沒有說出來，我說：「沈先生，我想在家庭裏，你若能遷就一點，空氣就會和諧得多了。」他說：「遷就？有些事情分明是不對，你也勸我遷就？」

九

沈從文這個長期的、痛苦的思想改造過程，直到我離開北平時爲止，還看不出有什麼告一段落的跡象，但是如果局面這樣拖下去，恐怕遲早他的思想是要「搞通」的。我在大陸時曾聽到一個共產黨的幹部這樣得意忘形地說：「現在還有些人在那裏拖延觀望，不肯早些丟掉包袱。好，讓他們拖吧！也許十年二十年之後，我們共產黨會垮臺。但是，這一二十年他們就難以過得去。就算讓他們混過去了吧，試問二十年後，他們這一輩子還剩下來幾天？」

想起沈先生，我同時還想起許許多多留在北平受難的師友。一別經年，現在是一點消息也沒有了。

反資本主義的心理（三）

米塞斯教授著
夏道平譯

第二章　普通人眼中的共產主義

經濟學，作爲一個新的知識部門而出現，這是人類史上若干了不起的大事之一。由於它爲私人資本主義的企業開闢了發展的途徑，一切人事在短短幾個世代當中所發生的變化，比已往一萬年所曾經發生的變化還要大。資本主義的思想方法與行爲方法，對於人們福利有驚人的貢獻，住在資本主義國家的人，時時刻刻享受其惠。

最奇怪的事，就是資本主義帶給人世間的空前變化，竟是得力於極少數著作家的敎導和極少數政治家對於這種敎導之接受。至於一般熙熙攘攘的衆人，乃至工商界大多數的人，都不能了解放任主義的精髓，儘管工商界的人在事實是推行放任主義。市場經濟的功能，即在自由貿易的全盛時期，也只有極少數人完全了解。西方文明之進入資本主義，完全由於少數傑出人士的導引。

在十九世紀初期，許多人對於當時的許多新問題，感覺生疏，同時又以不易適應而感覺苦惱。從滑鐵盧之役到克里米亞戰爭這個期間，英國人所特別歡迎的書籍莫過於經濟學的論著。但是，這個風尙不久就減退，經濟學不合一般讀者的口味了。

經濟學，一方面與自然科學、技術知識不同，另一方面也與歷史學、法律學不一樣。其間差異的程度，使得初學經濟學的人覺得它特別生疏討厭。經常在實驗室、檔案室、圖書館內做研究工作的人，對於經濟學所特有的啓發性(heuristic singularity) 抱懷疑態度。經濟學在知識方面的特點，自一般固陋而狂熱的實證論者看來，又似乎荒謬不經。經濟學應該是甚麼，人們已有了成見；他們想從一本經濟學書籍中找到合乎他們成見的知識，即是說，他們是以物理學或生物學的邏輯結構來假想經濟學。結果他們迷惘了，於是對於那些須要特別用心去分析的問題，他們也不認眞地去把握了。

因爲如此，所以人們把經濟方面的一切改進，都歸功於自然科學與技術知識的進步。自他們看來，在人類歷史行程中，實驗的自然科學有其自動進步的趨勢，因而科學在技術方面的應用也就日益進步。

這個趨勢是不可抵抗的，是人類命運註定的。無論政治與經濟是怎樣的形態，這一趨勢總要在社會裏發生有力的作用。自他們看來，最近兩百年來技術方面空前的進步並不是這個時期的經濟政策所促成，換言之，這些進步不是古典的自由主義、自由貿易、放任政策與資本主義的成果，在任何其他的經濟制度下，一樣地也會有這些進步。

馬克斯主義之受人讚賞，沒有別的原因，只是因爲他的主義採納了這種流行的見解，同時把這種見解籠罩在一種僞哲學的紗幕內，因而既可使黑格爾唯心主義者滿意，也可使淺薄的唯物論者心服。在馬克斯的詭論中，「物質的生產力」是一種超人的東西，獨立於人們的意志與行爲以外。它遵循它自己的發展途徑，而這個途徑是被一些莫明其妙而又莫可如何的法則所支配。物質生產力神密地在變動，而其變動逼得人類要調整社會組織以求適應，因爲物質生產力不能讓社會組織束縛住。歷史的主要內容，就是物質生產力從社會束縛中力求解脫的奮鬪史。

照馬克斯的說法，過去物質生產力體現在手動的工具；那時人事關係就照封建制度來安排。後來，玄妙的法則使物質生產力從手動的工具進化到蒸汽機的時候，資本主義就代替了封建制度。此後，物質生產力再向前發展，必然地是社會主義代替資本主義。社會主義革命，誰也阻擋不住。歷史進化的潮流是不能逆堵的。

所謂左派的若干政黨，其觀念，有許多方面彼此不同，但他們在這一點上是完全一致的。他們都把物質方面的進步看作是自動的。

美國工會的會員，把他的生活水準視爲當然。他以爲他應該享受前代最富的人以及當代的非美國人所得不到的享受，這是命運註定了的。他不知道，大規模工商業的個人主義對於他所常說的「美國的生活方式」之形成是有很大助力的。在他的心目中，經理部門是代表剝削者。他以爲，在歷史演進的過程中，他的勞動「生產力」之繼續增加，是個不可抑制的必然趨勢；既然如此，生產成果的增加當然要屬於他。在他的功績觀念中，資本主義時代工業產品的增加應由參加的工人分得，而這分得量是繼續增加的。

其實，所謂勞動生產力的增加是由於使用了較好的工具與較好的機器。在現代工廠裏面，一百個工人在每個單位時間內的生產量，比較手工業時代作坊裏一百個工人所生產的增加了好幾倍。這種進步並不是由於工人方面的技巧、才幹或勤勉的增高。事實上，中古手藝工人所需要的熟練程度，遠比現代工業許多部門的工人所需要的要高得多。

其所以如此，是因爲現代工業使用了效率更高的工具與機器，而這些工具與機器的發明與製造，則由於資本的累積與投資的增加。

「資本主義」、「資本」、「資本家」這些名詞，馬克斯都給以誣衊的含義。今天，還有許多人——包括美國政府宣傳機構的若干人員在內——也同樣地以那種含義來使用這些名詞。但是，最近兩百年以來，人口不斷地增加而一般生活水準又空前提高，這種驚人成績的造就，有其主要因素；而這主要因素，就由這些名詞表達出來。

資本主義國家現代化的工業水準，與以前的生產水準，以及與今天工業落後地區的生產水準之不同，就在於資本供給量的懸殊。如果資本不藉儲蓄而大量累積的話，技術的進步是不可能的。

儲蓄，資本累積，一步一步地把穴居野處茹毛飲血的原始生活，推進到現代化的工業生活。這種進化得力於甚麼？得力於生產手段私有制的確立。只有在這個制度下，資本累積才成爲可能，因爲它給資本累積以安全的保障。

走向富庶的每一個步驟，都是由儲蓄推進的。如果不藉儲蓄來增加資本財，技術上縱有巧妙的發明，實際上也無用處。

由於有人儲蓄而有資本財，於是企業家就得以使用資本財來滿足消費者尙未滿足的最迫切的經濟慾望。同時，技術家在生產技術方面力求改進。他們在經濟進程中，也是要角。這三種人——儲蓄者、企業家、技術家——是經濟進程中的先驅。其餘的人因先驅者的活動而受惠。他們儘管也各有工作，但其工作對於經濟進程中變化的發生並無任何直接的貢獻，他們只分受其惠而已。

把這三種先驅分子努力的成果，分配給非先驅分子(佔社會的絕大多數)，這是市場經濟的特色。超過人口增加的資本累積，一方面使勞動的邊際生產力提高，另一方面使產品的價格低廉。市場程序，讓大衆有機會分享他人成功的果實，同時，它又驅使三種先驅分子盡可能地以最好方法爲千千萬萬的非先驅分子服務。

在資本主義社會內，每個人都可自由地成爲先驅者。這三種先驅者並不形成三個不可逾越的階級。他們並不享有甚麼較高權力所賜予的特權，他們的祖先也沒有遺傳甚麼特權給他們。他們不構成排外的會社，而其中心人物沒有權力可以排斥後起的人。成爲一個資本家、企業家、或新技術的發明者所必要的條件，是智慧與意志。富人的後嗣，在開始時雖然比別人便利。但一進到市場競爭的時候，他就不一定比別人佔便宜，而且有時比新進者更費勁，更少得到報酬。因爲他面對市場情況的變化，不得不重新調整他所繼承的產業以求適應。例如，最近二三十年鐵路大王的繼承人所遭遇的問題，就比新興的交通事業——汽車運輸業與航空運輸業所遭遇的問題，要棘手得多。

以上這些事實，都被一般人所接受的大衆「哲學」所誤解了。像某甲所想像的，現代工業之所以日新月異，是由於一種叫做「進步」的神秘因素。至於資本累積、企業精神、與技術精巧，對於自然發生的進步，毫無幫助。

把某甲的這種神密觀念，用之於勞動生產力的增高，那就是，勞動生產力的增高是自然發生的。不幸得很，在這罪惡的世界，有人對人的剝削。像共產黨宣言所指出的，資本家掠奪生產的成果，而留給勞工——一切好東西的創造者——的，不過是「維持他們生命與延續後代所必要的。」因此，「現代的勞工不能隨工業的進步而抬頭……反而自陷於水深火熱……他一天比一天貧窮，同時貧民羣的擴大，比人口與財富的增加來得更快。」把資本主義的工業描寫成這樣的作者，在大學內被推崇爲偉大的哲學家與人類的救星，而其教條被千千萬萬的人奉爲聖旨。可是，這千千萬萬的人家裏，都有收音機與電視機的設備！

教授們、「勞工」領袖們、政客們都是在說，最厲害的剝削是大規模的工業造成的。他們沒有看到大工業的特點在於大量生產，而大量生產爲的是滿足大衆的需要。在資本主義下，工人們本身，直接或間接是一切工業產品的主要消費者。

在資本主義初期，工業的新奇產品，在出現以後總要經過一個很長的時間，才能被大衆享受。大約在六十年以前，達德(Gabriel Tarde)講的很對。他說，工業的新奇產品，在成爲每個人的必需品以前，只供少數人的享樂；但是，這些起初被視爲奢侈品的東西，後來都成爲大家的日常必需品了。這種說法，也可適用於汽車的發明與其大衆化的時間過程。但是，目前大工業的大規模生產，已經把這個時間過程大大地縮短，縮短得幾乎沒有時間距離了。現代工業的新產品只有大規模生產才有利可圖，因此，新的產品一經出現，馬上就可給大衆享受。例如，電視、尼龍襪、或罐頭的嬰孩食品，從出現到大衆享受，在美國看不出有時間的距離。大規模的工業，實在是使大家的消費與享樂都趨向於標準化。

在市場經濟中沒有貧困的人，正由於有些人是富有。某些人富有決不造成另些人的貧困。相反地，使得某些人富有的那種過程，也就是其他許多人的慾望得以滿足的過程。企業家、資本家、技術家的發財，靠的是以最好的方法爲一般消費者服務。

反資本主義的陣線

推行社會主義與恢復干涉政策，這兩個運動剛一開始的時候，精通經濟理論的人就已經看出它們的害處。但是，那些革命家與改革者的觀念，竟得到許許多多無知的人的擁護，而這些人完全是受了人類情感中的妒與恨的驅使。

啓蒙時期的社會哲學爲自由的具體實現——完成於市場經濟(資本主義)的經濟自由與代議政治的政治自由——鋪好了大道，但它沒有提到根絕舊時代的三大勢力：君主政體、貴族、與教會。歐洲的自由主義者只想以君主立憲代替君主專制，並不要重新建立共和政府；他們只要取消貴族階級的特權，但不想褫奪貴族們的爵位與財產；他們熱心於使每個人有信仰自由，終止教派間的迫害，但他們又讓所有的宗教與教派在追求其精神目標時有完全的自由。所以舊時代的三大勢力仍然保存。有人也許以爲那些固執於保守主義的帝王、貴族和僧侶們應該是反對社會主義的。社會主義者攻擊西方文明的精髓，同時他們也不諱言，在社會主義的全能政治下，他們所謂的專制、特權與迷信的餘孽，都沒有存在的餘地。

然而，這三個特權階級的人們也是情感冲混了理智，妒與恨終於叫他們與社會主義者携手了。他們也不管社會主義的目的也在於沒收他們財產，他們也不管在全能政治下沒有任何的宗教自由。德國霍亨左倫王室(The Hohenzollern)首先實行一個美國觀察者稱爲「君主社會主義」的政策。俄國獨裁的羅曼諾夫王室(The Romanoffs)利用勞工組合主義做武器，打擊「布爾喬亞」建立代議政治的企圖。

在歐洲每個國家，貴族們畢竟與資本主義的敵人合作了。各地著名的神學家也對自由企業制度不表示信任，暗中支持社會主義或激烈的干涉主義。現在，有些基督新教的傑出首領，如瑞士的巴茲(Barth)、布任諾(Brunner)、

美國的尼布爾 (Neibuhr)、梯里琪 (Tillich)、以及坎特布里 (Canterbury) 已故的大主教威廉•鄧普爾 (William Temple)，都公開地咒罵資本主義，甚至把俄國布爾雪維克的一切罪行也歸咎於所謂資本主義的失敗。

六十多年以前，威廉•哈科耳特 (Sir William Harcourt)曾經講過：「我們現在都是社會主義者。」這句話聽起來也許叫人驚奇。但是，今天的政府、政黨、教員、作家、好戰的無神論者與基督教的神學家，幾乎一致地從情感上厭惡市場經濟而稱讚國家萬能的「好處」。這一代的青年是在這一種沉醉於社會主義的環境中成長起來。

社會主義的意理，其影響可從輿論方面看出。人們為甚麼要參加社會主義的政黨或共產黨？輿論的解釋，幾乎毫無例外地這樣講：當然啊，沒有錢的人是贊成急進改革的，例如計劃經濟、社會主義、共產主義；只有富人纔有理由要維持市場經濟。這種說法就是承認了社會主義的一個基本觀念，認為大衆的經濟利益受了資本主義的害，資本主義只是為剝削者謀利益的，要改善衆人的經濟生活，就得實行社會主義。

然而，人們之要求社會主義，並不是因為他們「知道」社會主義會改善他們的生活。他們厭惡資本主義，也不是因為他們「知道」資本主義傷害他們的利益。他們之成為社會主義者，是因為他們「相信」社會主義將會改善他們的生活。他們厭惡資本主義，是因為他們「相信」資本主義損害了他們。他們盲目地在妬與恨的驅使下成了社會主義者。他們決不研究經濟學；經濟學家對於社會主義體無完膚的批評，他們是不理睬的。因為在他們的心目中，經濟學的抽象理論簡直是無稽之談。他們自以為只信任經驗。可是，經驗中有些不容否認的事實，他們也以同樣頑強的態度不予承認，例如一般人的生活水準，在資本主義的美國就比社會主義的蘇維埃「天國」不知要高得若干倍。

談到經濟落後國家的人民，他們也同樣地拿出那個錯誤的推理。他們以為，那些國家的人民，正因為窮困，「當然」要同情共產主義。

很明顯地，貧窮的國家是想解除貧窮，改善人民生活。為達到這個目的，他們所採取的經濟制度，應該是最足以保證達成這個目的的制度；資本主義就是這種制度，他們應該決定採用它。但是，他們竟受反資本主義的觀念欺騙，而傾向於共產主義。

這些東方國家的政治領袖們，一方面羨慕西方國家的富庶，另一方面又不採用西方國家致富的方法，而要沉迷於俄國的共產主義；俄國共產主義正是造成俄國及其附庸國貧困的原因。這眞是一個矛盾現象。

更矛盾的，是美國人。正在享受資本主義成果的美國人，也要頌揚蘇維埃制度，並且以為亞非的貧窮國家「當然」要傾向共產主義反對資本主義。

是不是每個人都應該把經濟學認眞地來研究一下？這是一個不能獲得一致答案的問題。但是，有一點是很確定的：一個人如果沒有充分地研讀經濟學，而居然以言論或寫作對資本主義與共產主義公開表示贊成或反對的意見，那簡直是不負責任的胡說八道。

第三章　資本主義制度下的出版界

出版自由為自由國家基本特徵之一。在正統的自由主義政治綱領中，是少不了出版自由的。彌爾頓的「論出版自由」(John Milton's Areopagitica, 1644) 及穆勒的「論自由」(John Stuart Mill's on Liberty, 1859) 這兩本古典書籍的理論，從來沒有人可以稍稍地撼動它。不受檢查的出版自由，是言論自由、著述自由的生命線。

出版自由，只有在生產手段私有的社會裏面才可存在。在社會主義下，印刷機構與發行的便利都被政府佔盡，那就無所謂出版自由了。在那種社會裏，誰可以有時間和機會從事寫作，怎樣的東西才可以印刷發行，都由政府單獨決定。回想起來，沙皇時代的俄國比起現在的蘇俄，似乎還像一個有點出版自由的國家。納粹黨人之查禁書刊，大興文字獄，完全是遵行一個社會主義者喀貝特 (Cabet) 的設計。

如果所有的國家都趨向社會主義，那末，著作家的自由就會一步一步地歸於消滅；也即是說，凡是內容為政府或權力者所不喜歡的書籍與論文，就會一天一天地難於發表了。持異說的人們，並不是像在蘇俄一樣，都被清算；他們所寫的書，也不會都被焚毀；同時也不是恢復到以前的檢查制度。可是那些自稱為「進步分子」的人們可使用若干更有效的武器來扼殺出版自由，其中最具壓迫力的，就是他們聯合起來，以絕交的方式對付著作家、編輯人、出版家、書販子、印刷廠、廣告商和讀者。

學者們的偏執

對於今天流行的意理只作表面觀察的人，不容易看出那些輿論造型者的偏執和一些箝制言論的陰謀。在流行的意理中，關於若干重要問題，似乎是意見紛歧。共產主義者、社會主義者、干涉主義者、以及他們黨派中的各派各系，相互間經常有激烈的鬬爭，而其鬬爭的激烈程度，竟使得大家忽視了他們之間有些完全一致的基本毒格碼 (Dogma——這個字，我覺得這樣音譯比意譯「教條」「武斷」等等似乎更恰切些。——譯者註)。另一方面，少數有獨立思想而敢於對那些毒格碼抱懷疑態度的人士，其意見的發表則受到許多限制而不能達到一般讀者的眼前。「進步分子」用以宣傳和說教的機構，龐大得驚人。他們利用這些機構，很成功地在思想界定下了一些戒律。這些自稱「非正統派」的人士，那種不寬容的固執作風，統制了今日的思想界。

這些「非正統派」人士所遵奉的毒格碼，其本身就是許多矛盾和雜亂的教條的混合體。而且那些教條所依據的幻想，早已被人駁倒，而那些人士卻又把它們加以改竄，形成一個綜合而折衷的大雜燴。在這個大雜燴當中，有烏托邦思想的殘餘，有「科學的」馬克斯主義的碎屑；還有德國歷史學派、英國費邊社、美國制度學派、法國工團主義者、技術統治主義者 (Technocrat——他們主張根據技術家及工程師的調查報告來控制工業資源及改組社會體系。這般人的理論及其運動，盛行於一九三二年。——譯者）等等的思想在內。這就是把葛德文(Godwin)、卡萊爾 (Carlyle)、拉斯金 (Ruskin)、俾斯麥 (Bismarck)、索利爾 (Sorel)、范布侖 (Veblen) 和一羣名氣較小的這類人物的謬見，再拿來重述一番。

貧窮，是由於不公平的社會制度產生的。這個基本毒格碼爲這般人所一致信奉。他們認爲，人類的原罪在於私有財產制的建立。這一原罪使極樂園的幸福生活歸於毀滅。在資本主義制度下，只有剝削者的自私自利得以滿足，公正的大衆，註定要陷於窮困與墮落。要使得所有的人都過很好的生活，就需要國家的權力來抑制貪婪的剝削者。「營利的」目的必須以「服務的」目的來代替。

他們講，所幸萬惡的經濟剝削者擋不住改革運動。將來的日子一定是個計劃經濟時代，龐大的計劃由國家的中央機關來主持。到那時，所有的人都會富裕。本着這一理想，於是那些急於促進這種偉大改革的人們，就把自己叫做進步分子，因爲他們自以爲是在爲實現一個既理想而又合乎歷史進化法則的目標而努力。他們對於所有持反對意見的人，不僅不能聽取意見，而且一概加上一個「反動分子」的罪名。

從這些毒格碼的觀點出發，於是「進步分子」就對若干政策表示擁護，而這些政策是他們認爲可以馬上減輕大衆困苦的。例如，他們提議：信用擴張、增加貨幣流通量、由政府或工會強制規定最低工資率、統制物價和租金，以及其他的若干干涉政策。

但是，經濟學家曾經解析過：像這一類的江湖方術，不會達到擁護者所希望的目的。相反地，採用這些方術，其後果將比以前的情形更壞。

信用擴張，將歸結於經濟恐慌的再度到臨。

通貨膨脹，使得一切貨物與勞務的價格突飛猛漲。

把工資率勉強地提到自由市場所決定的水準以上，將引起大規模的長期失業。

限價將使被限價的貨物減縮它的供給量。

這些法則，曾經經濟學家證明其爲顛撲不破。「進步的」冒牌經濟學者，並沒有人做過反駁的工夫。

「進步分子」對資本主義的攻擊，主要的是把經濟恐慌的循環與大規模的失業都視作資本主義固有的特點。殊不知事實恰恰相反，這些現象之形成，正由於想改善大衆生活而對資本主義的妄加干涉。證明這一事實，即可把「進步分子」的意理一筆勾銷。

可是「進步分子」決不來反駁經濟學家的這些指教，他們把這些指教遮蓋起來，不讓大家，尤其不讓知識分子及大學生去接觸它們，他們對於正確的經濟理論一概斥之爲邪說而嚴加禁閉。這些理論的闡發者都被他們指名辱罵，不讓學生們去閱讀這些人的作品。

照那些武斷的「進步分子」看來，社會上有兩組人經常在爲分配「國民所得」而爭執。有產階級，企業家與資本家（他們統稱之爲「經理」的）在國民所得的分配中留給「勞方」（卽工人與薪水階級）的，從不多於最低生活維持費。激烈分子，共產黨徒，主張褫奪經理們的一切。這種主張被那些痛恨經理們貪婪的勞工所接受，是很自然的事。但是，勞動階級中大多數是和平分子，不贊成激烈主張。他們拒絕共產主義，不想把所謂「不勞而獲的」所得全部沒收。他們所嚮往的，是中庸之道的計劃經濟、福利國家、社會主義。知識份子在經理與勞工之間的爭執中，被認爲是超然的，於是，他們就處在仲裁者的地位。這般人——代表科學界的教授，以及文學界的作家——決不站在任何一方的極端。資本主義與共產主義，他們都不袒護。他們採取溫和的立場，主張計劃經濟、福利國家、社會主義。凡是抑制經理們的貪慾，防止其濫用經濟權力的一切措施，他們一定支持。

在這種思想方法中所含蓄的荒謬與矛盾，我們似可不必重新詳細解析，這裏，只要指摘出三個基本錯誤也就够了：

第一，我們這個時代，意理方面的大衝突並不在於「國民所得」分配上的爭執，詳言之，並不是兩個對立的階級，各爲本身爭取最大可能的分配而在鬪爭。今天的問題，是在大家對於最好的社會經濟制度之選擇，不能一致同意。我們要問：資本主義或社會主義這兩個制度那一個能够保證生產力提高，因而提高人們的生活水準？也卽是問：基於個人經濟計算而獲致的生產力的合理活動，在社會主義下能不能獲致？就這一點考慮，社會主義能不能代替資本主義？從社會主義者的迷信與武斷看來，可知他們對於這些問題是堅決地拒絕檢討的。因爲他們深深地中了毒格碼的毒，所以他們有一個預定的結論：資本主義是萬惡中的最惡，而社會主義則是「善」的化身。

社會主義國家的經濟問題，是不容許分析的；誰想分析它，他就是大逆不道，就要遭受清算。現在的西方國家，雖然沒有像蘇俄這樣惡劣的情形，但這裏的社會主義者也一樣拒絕檢討社會主義國家的經濟問題。凡是作這種檢討的人，他們就橫加漫罵、誣蔑、乃至聯合起來斷絕社交關係。儘管在我們這個世代也有四五位社會主義的作家已開始檢討社會主義下的經濟問題（譯者按：社會主義者如肯虛心研習經濟學並把社會主義下的經濟問題詳加檢討，他就會變成自由主義者來反對形形色色的社會主義。今日美國的蘇俄問題權威之一易士第曼 Max Eastman 就是經過這樣一個轉變的人。前年他寫了一本「社會主義的失敗」，足以警醒社會主義者的迷夢。）但是，我們在這裏所講的，確實是社會主義誕生以來所有社會主義者的一致態度。

第二，在經濟意義上，社會主義與共產主義之間沒有甚麼不同。這兩個名詞所指稱的，是同一的社會經濟組織，也卽是一切生產手段都受政府支配的經濟組織。這一組織是與資本主義制度不同的，在資本主義下，生產手段是受私人支配。

社會主義與共產主義，是兩個同義的名詞。

馬克斯社會主義者奉之爲基本信條的文件，叫做共產黨宣言；另一方面，共產主義俄羅斯帝國的正式名稱又叫做「社會主義蘇維埃聯邦 (U. S. S. R.)」。由此可知社會主義與共產主義是二而一、一而二的（史達林曾經在社會主義與共產主義之間杜撰些不同之點。關於這件事，可參考米塞斯著 "Planned Chaos", 1947, pp. 44-46 及一九五一年由耶爾大學出版部出版的米塞斯著 "Socialism" pp. 552-553)。

今天，共產黨人與社會主義者之間所存在的敵對態度，與兩方政策的終極目的毫不相干。他們之間的不一致，主要地是對於蘇俄獨裁者的征服慾有不同的看法；再者，他們對於實現生產手段公有化的步驟——經由憲法程序或以暴力顚覆政府——抱不同的主張。他們之間的區別，如是而已。

經濟學者、政治家、官僚政客和其他人等所常說的「經濟計劃」、「福利國家」這類的名詞，在終極目的方面，與社會主義、共產主義沒有甚麼差異。

「經濟計劃」的意思，就是要以政府的計劃代替私人的計劃。即是說企業家與資本家不能自主地使用他們的資本，必須無條件地遵照一個中央計劃機構所頒發的命令而行事。

這就是把生產手段的支配權從企業家與資本家的手中轉到政府方面去。

由此可知，把社會主義、計劃經濟、或福利國家看作與共產主義不同，以爲它們是較溫和的辦法，可用以解決社會經濟問題，這是一個嚴重的大錯。

社會主義與計劃經濟，並不像某些人所相信的，是共產主義的預防劑。一個社會主義者，只要他不把本國的機密文件偷給蘇俄，不以暗殺的手段對付反對者，那末，他比共產黨人確實溫和得多。就這一點講，自然是一個很重要的差別，但這點差別，並不影響他們政治的最後目的的一致性。

第三，資本主義與社會主義是兩個不同類型的社會組織。私人支配生產手段與政府支配生產手段，是兩個矛盾觀念而不只是相反的觀念。在資本主義與社會主義之間沒有所謂混合經濟 (Mixed economy) 這樣一個制度，那些誤信有中庸之道的人們，並不是在資本主義與社會主義之間求一妥協，而是提出一個具有獨特形態的第三種制度。這個第三種制度，經濟學者叫做干涉主義的制度，並不是把資本主義的某些特點與社會主義的某些特點結合起來，而是與資本主義或社會主義完全不同的東西。經濟學家斷言這種干涉主義不會達到它的主張者所預期的目的，只會引起更壞的後果。這種斷言不僅是基於經濟學家自己的觀點，即從主張干涉主義者的觀點來看，也可以成立。作這種斷言的經濟學家都不是極端分子，他們只是心平氣和地指出干涉主義所不可避免的後果而已。

馬克斯與恩格爾斯在共產黨宣言中提出了許多明確的干涉手段，他們的意思很明顯地並不是想在社會主義與資本主義之間求一妥協，而是以干涉政策開步走，走向共產主義前途。他們不以這些干涉政策爲足够，而只是因爲這些干涉可以引起進一步的對社會舊秩序的打擊，爲走向生產方式澈底革命的過程中少不了的步驟。

所以，「進步分子」的社會經濟哲學即是社會主義與共產主義的一道護符。

「社會」小說與劇本

被社會主義迷住了的一般人民，喜歡看含有社會主義的社會小說與劇本。沉迷於社會主義的作家們，也正要供給這一類的讀物。這些作家們把一切不愉快的現實，都暗示爲資本主義必然的後果。他們一方面描寫被剝削階級的窮困、無知、骯髒、與疾病，一方面叱責剝削階級的奢侈、顢頇、與道德墮落。總而言之，在他們的眼中，任何壞的事體、荒謬的事體，都是資產階級的；任何好的事體、高尙的事體，都是勞工階級的。

這些取材於窮苦生活的作家們，可以分爲兩類：其中有一類是在優裕的環境中生長出來的。他們的家庭或者是資產階級、或者是富農、或者是優厚的薪水階級。他們自己根本沒有一點窮困的經驗，他們在小說或劇本中所安排的那些脚色，事實上對於他們都是陌生的。這些作家，在動筆寫作以前必須搜集他們所要描寫的資料。但是他們對於這些資料是無法以不偏不倚的態度來研究的。他們已早有成見，他們相信靠工資過活的人總是悲慘的。他們對於自己所不想知道的事情，一概不去理睬，只是尋找那些與他們成見相符合的材料。他們接受了社會主義者所說的：資本主義制度使大家受苦受難，資本主義愈發展，愈接近於成熟，則大衆所受的苦難就愈深。他們所寫的小說和劇本就是爲證明馬克斯的這種毒格碼而設計的。

這些作家們所犯的錯誤，並不在於他們選擇悲慘窮困作題材，因爲一個藝術家，原可選擇任何材料來表現他的藝術造詣。他們所犯的大錯在於偏執地把若干社會情形加以誤述與曲解。他們不知道他們所描繪的那些壞事，是發生於資本主義不存在的場合：或者是資本主義以前的社會殘餘，或者是資本主義的運作受了政策的干擾。他們也不知道資本主義之爲大衆消費而大量生產，正是盡可能地在消滅窮困。他們描寫工人的時候，只想到工人是工廠裏的勞作者，從未想到工人也是消費者。

這些作家，當他們暗示他們所報道的那些壞事足以代表資本主義的時候，他們顯然是在扭曲事實。有些關於大量生產與大量銷售的統計資料，已經很明白地顯示出：標準的薪資所得者並不是在窮困中生活。

在「進步的」作家們的筆下，工商界的人在私生活方面簡直是個蠻子、是個賭徒、是個酒鬼。他們的時間，白天花在賽馬場、晚上花在夜總會、夜裏花在情婦的身旁。馬克斯與恩格爾斯在共產黨宣言中說：「布爾喬亞不以玩弄工人的妻女爲滿足，更不屑於談到普通的娼妓。他們相互間引誘妻妾以取樂。」現在美國流行的小說劇本，大部份是照這種說法來描寫美國工商界的。（待續）

介紹一間優良的空軍官校

墨尼赫航訊

顧文中

今日除美國空軍學校以外最大的空軍學校，乃是在距離墨尼赫不遠的的富斯丹斐爾德柏魯克(Fursteufeld Bruck)。這一間空軍學校自一九五四年末成立以來，到現在還沒有兩年的歷史，而訓練成功的噴射式駕駛員，已經達到一千二百人，參加受訓的學生，來自十六個之多的國家。現在歐美人士，沒有一個不知道德國富城的空軍學校的。

這一間空軍軍官學校，是在北大西洋公約共同防衛的互助條約下所建立的。該校訓練的目的，不是造成空軍飛行戰鬪人員，而是造成空軍噴射機駕駛的教官，希望他們學成以後，各自返回本國把在富城空軍軍官學校所學到一切的最現代化的技術及航空知識，再去訓練本國的學生。所以，這一個學校的水準不但很高，而且入學方面，沒有優良的學科基礎，和適合於噴射機的健康身體，是不易考入的。

這個學校受訓的時期爲六個月一期，學科與術科同時並進。受訓學員除了十二個北大西洋公約國家，如比利時、丹麥、法國、德國、希臘、意大利、荷蘭、挪威、葡萄牙、土耳其、英、美等國外，尚有伊朗、巴斯基坦、西班牙，及南斯拉夫四個國家。由於這裏生活程度低，所以在訓練方面，不但比美國便宜一半，而且人才也集中。

富城國際空軍軍官學校是一間空軍國際技術合作的學校。有一位美國空軍軍官說：世界上沒有一間軍事機構能有如此之多不同的種族，而又能如此密切合作。任何困難，總是在數小時便能迎刃而解，可鑒行動之迅速，效率之高強。

在機場上可以看見伊朗、巴基斯坦、美、英、意等軍官共同飛行，共同教習學生。他們所採用的練習機乃是洛希德 (Lock Heed) T—三三型，簡稱爲「T鳥機」，該機每小時時速六百英里。這種飛機，是目前世界上最普遍使用的噴射訓練機。

在富城空軍軍官學校中，在訓練上最感到困難的，乃是語言問題。這個困難，迄今仍未能解決，於是照一般情形來說，英語算是最通行的了，幾乎成爲這裏大家共同必修的世界語了。有很多初來的人，英語還沒有練好，乃不得不依賴資格較老的本國人員，替他們作通譯。這裏學英語，通常三個月，也能勉强行事了。因爲，一切教授法，完全是最現代最科學最速成的。在這裏訓練成功的一個飛行員，他不僅是現代最優良的飛行員，而且是一個很熟練的機械士，也是一個具有高等科學的氣象人員。他不僅要懂得T—三三型機的各種性能，同時也要會裝配這種飛機。這是在駕駛之前的兩個星期中，必須具有的技術。在這個學校中，不像其他空軍軍官學校，特別注重編隊飛行。這裏的教育的宗旨，認爲編隊飛行，等於訓練一個馬戲班裏的技術能手，在此原子時代，這種訓練原則已被視爲落伍了。這裏一上來，便教你如何飛，如何飛得快與穩，專門在各種技術上用功夫。它的訓練原則，乃是要訓練噴射機專家。

訓練時每四人一組，由一個教官訓練，通常四人合計要飛足一千六百五十小時。根據第七三三訓練中隊隊長凱撒上校(德人)稱：「這是世界上最優良最現代化的一間空軍噴射機訓練的學校」。凱撒上校已飛滿了一千二百小時，他有資格駕駛今日最現代化的五種軍用噴射機。這裏的訓練是極嚴格的，訓練兩個月後，常有很多人被淘汰。

從德國、法國以及遠自卡拉蚩，前往參觀該校的人，已經達二百萬之衆。大家認爲，這種飛行的訓練，如此嚴格，回國以後，都有資格爲第一流的空軍教官，他們的戰鬪能力與技術，都是在最高水準的標準上面的。這裏的規定，凡是過了廿八歲的青年便不適宜受訓，雖然飛噴射機在廿八歲以後，仍舊可以駕駛飛行。

在學員中間，以國籍來分，土耳其、西班牙，及葡萄牙的學員最多，但在最近的將來，德國人一定大量增加，他們不但體格好，而且學科亦有良好的根底，所以不久這裏會變成今後德國的一個空軍基地。而且相信美國會把這裏的一切設備，完全移交給德人主理。

在目前的情形來說，每一個美國軍官，他的副手必然爲一德人，這個學校校長是美國人，其副手則爲德人，美國對於這一間空校處處替德國人在打算，替他們培養人才，一旦時機成熟，便又全部移交給他們。

在墨尼赫附近還設有一個T—三三型機的製造廠，該廠雖是一個小規模的，但一切設備俱全，隨時可以把它擴大。祇要手中有錢，立刻可以大量生產。

這裏的飛行人員，營養方面完全仿照美國空軍軍官學校的水準，然而價錢要比美國便宜多了。這是這個學校最大的優點。現在該校的許多學員，都是由各國保送。他們的學費及生活費用，全由各國政府支付。每兩個學員合住一幢小洋房，生活水準也相當高。

這可以說是美國替北大西洋國家，在歐洲所建築的一條空中長城。根據估計，已經畢業的一千二百人。各自回國以後，至少可以訓練出來近五萬人的優良噴射機機師。保衛西歐大天空，全在這批人身上。而富城空軍軍官學校乃是今後北大西洋國家空軍人員訓練的一最優良的搖籃。

拜年

夏承楹

中國人很有福氣，在一個月裏連過兩次年。一新一舊，一陽一陰，一個可以向官方報賬，一個可以對家小交差。過新年美其名曰「奉行國曆」，過舊年就是「保存固有文化」。如果兩個年皆過，那就是「兩做活魚」了。

陽曆年據說是羅馬曆法，它從一五八二年起實行於國際間，到現在還不足四百年。陰曆年却起源於黃帝，到現在有四千多年的歷史，是伴隨着這個古老的國家的世界上最老的曆法。

我雖然是在都市裏長大的人，但是對於農業社會所沿用的陰曆，却頗有好感，因爲覺得它很方便。就朔望說，看月亮就能猜個八九不離十。就季節說，春耕、夏耘、秋收、冬藏，人類每種活動幾乎都可以分成這四個階段，陰曆的一年，從開始到終結，把這四季整齊的包括進去，令人感到十分便利。有人說，如今隨處都是日曆，又何必怕忘了日子？但是卽使是給我一份臺北地圖，我還是喜歡北平街道的方向正確和左右前後的對稱。

我們中國人使用兩重曆法，到不是因爲有兩重人格。用公曆是「國策」，好在國際間整齊劃一，故此過新年是法理的。用夏曆是適應幾千年的生活習慣，故此過舊年是感情的。按說一個月裏連過兩次年，僅僅拜年就把人忙壞。但是我們有適應的方法，這就是以新禮拜新年，以舊禮拜舊年。

新禮是寄拜年片，以代「踵拜」。以二三十年前的眼光看來，這是不禮貌的。記得從前我家在慶弔大事以後，母親一定要開出單子來，由家人分頭到親友家去道謝，名曰「謝步」，幸虧是大家庭，才勉強跑得過來。後來哥哥們告訴她老人家，年頭兒改了，可以用一張紙，上面印了「踵謝」二字，貼上郵票寄去代替。老人家頗不以爲然，斥責說：『不成話，簡直是不講理！』但是拗不過年輕的一輩，祇好以郵差之踵去謝親友之步了。就在這類的速與簡的要求下，拜年片在中國漸漸流行起來，而且製作日精，花樣日多，成了陽曆年間一大負擔。

世人對於拜年片之戰的態度約有三派：卽不介入；主動出擊；和應戰而不求戰。我的朋友裏屬第一派的人很不少。他們完全採取「無視」此事的態度，既不自動寄發，也不回寄。他們認爲寄片的親友如果覺得這是施恩，卽不當望報。如果確有拜年的誠意，橫豎我心領就是了。假使寄片人因得不到還禮而不愉快，亦純係自尋煩惱。這一派人心腸够硬。

「主動出擊」是禮貌週到，喜愛交遊的一派人。但是除了向熟人拜年外，有時也向不認識的人拜。例如商人拜主顧，競選人拜選民，官吏拜民意代表之類。我今年一連接到某聞人的三份拜年片，稱呼各有不同，我們彼此不認識，似乎沒有如此謙恭的理由。後來才知道他準備競選，故此雖然在漫遊海外期間，仍舊不忘「神聖的一票」，由助選團按各機關單位名冊抄寄，就重不就漏，所以發生多禮的現象。我又見過一張拜年片，背面印了那位「鞠躬」的人的十七道官銜，包括理監事、顧問、參議之類，黑壓壓的一大片，把這樣的宣傳品寄出去，足可值回那兩毛錢郵費來。又見報載，有省議員向故世已一年的鄉長寄發拜年片，鄉長的兒子却之不恭，把它在靈前焚化，稱之爲「地下拜年」，可見一個人就是死了，也還是逃不過拜年片的追擊。

我生平有二懶，一爲筆懶，怕寫信；一爲腿懶，怕拜客。由於後者，我贊成寄拜年片。由於前者，我贊成連拜年片都不寄。但是使高親貴友的美意一律沒下文，於心未免歉然，於是折衷一下，來個應戰而不求戰。人若犯我，我卽應戰；人不犯我，我不犯人。這是中國的固有的中庸哲學，也是現代的「原子科學之父」。但是應戰亦有例外，一不以按名冊查抄者爲對手，因爲原是彼此不認識，無須多此一舉；二不以遲到者爲對手，因爲已失時效。餽是這樣精簡，每年還要付出一筆相當大的「戰費」，陸續追加預算下去，比自己預先印了便宜貨來抵抗的花費還多。幸虧今年郵政局發行了廉價拜年片，使人情債的負擔減輕了不少。

至於過春節，那才是眞正的年，踵門拜賀皆於此際演出。這一幕比寄拜年片更費時費事，兩三天假期不够你忙合的。對於拜年也可以分如前述的三派，我仍是應戰派。大抵每年來犯的朋友有下列幾種。

第一種採「打了就跑」戰術，幾個人合包一輛小包車，按路線拜各自的朋友。迎門大喝一聲：『××兄，拜年來啦！』喊完轉身就跑。等我下了榻榻密，追擊到門外，友人已經躲進汽車，拱手作求饒狀。車中尙有伏兵數人，似曾相識，亦胡亂點頭唸兒。汽車發動機根本未關閉，撲撲然發待機聲。等到車門砰然一響，尾巴噴出一道「航空雲」，拜年的朋友已經落荒逃走了。

次爲包三輪車的朋友，他們可以進門坐坐，但是多少有些坐針氈的感覺。通常藉口天氣很好，寧願在院子裏晒晒太陽，不肯脫鞋進屋。大抵飲茶半盞，吸烟一隻，卽揖讓而退。主人曉事，不可强留，蓋門外車上還有一個債主子也。

騎脚踏車或壓馬路者最從容，他們到每一家都要落落汗，歇歇腿，成爲賀客中的「站脚助威」的人物。有些光棍兒並聲明因公家停伙此行兼爲趕飯而來，這不算是過份要求，因爲家家年菜是現成的。

在受到親友的輪番攻擊之後，你少不得要出馬還擊。這一場戰打下來，勞民傷財兼而有之，使你覺得有疲於奔命的感覺。尤其是和有車階級的朋友對陣，以業餘的腿去對付車夫職業的腿，是有些划不來的。

去年陽曆除夕，臺北要人發起簽訂了一個「簡化拜年公約」，包括擧行團拜，賀年片不重寄，及春節不拜年三項，最後規定，「如不照上述規定拜賀者，對方不還拜不爲失禮」，以對付毀盟人。這一公約我這懶人却頗願意參加，好受到它的保護。本來拜年是點綴太平盛世的行事，在這個戰亂時節，能免就免。說起來，常見面的人不須要在交往上增加這麼一個插曲，不常見面的人多此一擧也沒有什麼意思。那麼，難得的放幾天假，又何必自找麻煩呢！

河邊的故事

旅美小簡之二十二

陳之藩

有一位法國哲人爲人道主義下的定義最好。他說：「一個人於河中快淹死，一百個人，跳入河中相救，這一百個人也許會因而淹死，而仍救不上那個人來。以一百比一，是件不理智的行動，我們把這種行動叫做人道主義。因爲救的不是那個『一』，而是救的那個『人』。」

這種人道主義的昂揚，是人類文明的一大進程。由於人道主義的出現，以獸食人的社會才絕迹於人間。由於人道主義的覺醒，以人祭天的犧牲才消弭於人世。我們在讀司維福特的大文「一個建議」時，才會感覺出他原是駭世之筆。司維福特是建議英國把街上的孩子當牛羊一樣殺掉，論斤成堆去買，一則可以整頓市容，二則可以饜足胃口。

這種人道主義的思潮源流越來越長，波濤越來越大，我們雖然未斷過大戰爭的慘劇，然而，還沒有把人道主義置於罔聞，在混亂的迷霧中依然有不世出的奇星。甘地摩頂放踵，紡線晒鹽，爲無助的奴役生活而向人間乞求人道的憐憫；托爾斯泰則棄家摒產，砍柴補鞋，爲無助的苦人生活而向人間乞求人道的憐憫；許懷瑟則獻身瘴疫，行醫非洲，爲無助的土人的苦痛生活而向人間乞求人道的憐憫。這三個巨人，是人道的光芒，竟同現於斯世，使砍伐盈耳，愴呼盈野的漆黑二十世紀出現令人仰望，令人深思的眩目光芒。我們縱有苦痛，然而無理由悲觀，我們縱哀傷，然而無理由絕望。

然而，自從匈牙利之火燒起到匈牙利之火熄滅，我們所由這火光的燭照中，看到人世的眞面，一面是猙獰的屠手，一面是戰慄的懦夫，口口聲聲的人道主義者，無顏再說出這兩個字了。

屠夫的笑容在這爭自由的火燄中，固已化爲灰燼，而懦夫的怯弱，也在此爭自由的火燄中無所遁形。

然而，我們要進一步瞭解這個事實。

誠如湯恩比的觀點，任何對匈牙利的救助都是三次世界大戰。而三次世界大戰幾乎就是人類的滅亡，因此，對匈牙利之火所能下的結論只有一個愛莫能助。這個看法，是可以原諒的，正如那個河邊故事，一百個人原比一個人多九十九個，使一百人冒險去救助一人原是不理智的舉動。我們非常承認這種推理，然而我們也不能不附帶一個結論，即是人道主義的死亡。

托爾斯泰將自己的嘔心巨著燒掉，將自己的萬貫家產棄絕，而去自己製鞋，自己燒火，自己宿於荒村野店，這些沒有一件是理智的行動，沒有一件不是迂濶的行爲，不僅他的妻子不見諒他，世人不見諒他，就是他最知己的朋友——屠格涅夫，也不明白他何以如此生活，何以竟爾拋掉他那支如椽的巨筆，所以屠格涅夫臨死時還勸他提起那支筆來。然而他不顧這一切，他跳入河中，不顧自己而去救人。他是傻人，而垂死的人道主義，却在他愚行中得到活力。

他的徒弟甘地，奉行他的主義，繼續他的傻行，晒鹽，織布，赤足行於沙漠，枵腹臥於病床，沒有一件是能用數目計算出利潤的愚行，他全一一做出來了。他爲垂死的人道主義，輸進了血液。

這兩個人都已作古了，惟一的生者是許懷瑟，卅歲時已是文學院長，他棄文學院長不作，而去學醫，他要去非洲爲土人治病，朋友苦勸他，這是大將拿着來福槍上前線，這是得不償失的，然而他說：「西方文明欠非洲土人許多債，我要以身相贖」，在蠻荒野漠已五十年，非洲的病人不見得能痊癒幾個，而他的拙行却爲人道主義增添了光芒。

這三個人不是憑空跳出來的，是看見了有在河中掙扎的人，才有他們在岸上的勇者。我們的現代文明，實在是在掙扎中，匈牙利不過是個很小的象徵而已，而由這個小的象徵，我們可以看出這個整方文明的病弱與癱瘓。

湯恩比認爲，一個文化之免於死亡，只有自我的覺醒與努力，這三位先知者，並不理智的傻行，實是現代文明的一種覺醒，使這個垂危的文明，有一線回生的希望。

我們要向上蒼祈禱，啓示我們如何拋却小智小利，寧取拙言拙行，不然，豈僅布達佩斯千萬英雄的血會白白流盡!?就是我們這些岸上的觀者也會捲入洶湧的狂潮中。

——四十五年十二月十九日費城

代郵

查　政先生：大函拜悉，請示通訊地址，俾便請教。

本刊編輯部

斜暉

（十續）

孟瑤

十四

在床上躺了幾天，我又起來了，往事的牽縈，加速了感情的進步，十年中，我們都飽經滄桑，於今又再度相逢，雖然彼此各有傷痛，只是那因憐愛而嚮自心靈深處的曲子，將永恆地爲對方彈奏下去。他的盲目，除掉使我想用自己的眼睛代替它而外，沒有其他的感覺，我們都是中年以上的人了。靜坐的時候，比活動的時候多，我們交換着彼此的思想，觸摸着對方的靈魂，享受着愛人的關切，常常，一天很快就過去，於是，我們像一對滿載而歸的獵戶，帶着無限欣悅，各自就寢。是的，我們彼此都曾沉靜地向對方的心靈上做過探險，沒有想到收獲竟這樣豐饒。只是，屬於我們以外的問題還沒有解決，致中始終避不見面，彥珊也把自己幽囚在那海濱別墅沒有動靜，柳塘對於她，沒有什麼積極的表示，依然把老高打發回去，照料一切。翠微回過李園一次，似乎對於一切變故，還都不能了解十分清楚，看看柳塘與我的親蜜，而柳塘又嚴禁她再獨自回到海濱別墅去，於是，她不免把一切變故的責任都加到我的身上，尤其是她繼母的被冷淡，使她最不能滿意於我，她有意避開與我談話，因此，我連想打聽一下她近日與致中過往的情形也無由實現。

這天，有着初夏的炎熱，午飯後，柳塘習慣地午睡去了，我獨坐無聊，便漫步到後面的花徑間去閒散，行不幾步，致中却輕悄地從後面走到我的眼前，幾乎嚇了我一跳，還沒有等到我開口，他即非常愼重地對我說：「陳小姐，我想請求你幫忙我一件事！」

「啊！」他的突然出現，使我非常感到意外：「你有什麼要求呢？先說出來給我聽聽！」

「就是我和翠微的事！」

「你的往事她已經知道了嗎？」

聽了我的話，致中的臉先紅了，半天，他才對我說：「本來我不應該瞞住她，但是，這一段醜史我實在不想給她知道，她現在不知道，我也希望她永遠不知道！」

「那麼，你想要我幫助你什麼呢？」

「我想，」他痛苦地揉搓着雙手：「我想，這件事也瞞不過翠微的父親，他老人家不會原諒我的；就是我自己想到這一切，也會幾次企圖自殺，但是，我沒有勇氣，也不甘心這樣做。我……我是這樣地愛着翠微！」他無法再遏止那奔放的感情，斜倚在樹上，他雙手捧住臉，竟然失聲而哭了。

我雖然不直其爲人，但是，我却同情一個人被感情折磨時的痛苦。何況他早期的那一段感情，確實是被欺騙與被引誘的。只是，這一種關係令人厭惡，要想從裏面跳出來，再去重新創立幸福，我不相信這是一件十分容易的事。於是我說：「你先不要難受，且把你的意思說出來給我聽聽！」

「我想和您討論一下，我是不是可以直接和他老人家談一談？讓我懺悔，讓我重新改過做人，讓他答應我將來永遠和他的女兒生活在一起。」

「我看，事情不宜於這般孟浪，柳塘的脾氣你不是不知道，我看還是讓我替你找機會先去試探一下，假若有希望，事情便十分簡單了，假若沒有希望呢！就是你親自去見他，也不能有所挽回。」說到這裏，我才又想起來問他：「那麼，彥珊的事情，你準備怎麼辦呢？」

「她嗎？」致中毅然地：「我管不了那許多了，而且，她應該陪她丈夫好好過日子，過去的事，就算是過去了。」

我眞奇怪是什麼東西蒙蔽了他的眼睛，竟然連我與柳塘之間的關係都看不出來？過去還可以不知道，如今事情已經發展得這般明朗化了，他會比翠微還幼稚得毫無所覺？是不是他以爲我的這一段感情根本是些毫不足道的點綴而不加重視呢？眞的，提到彥珊，我的情緒也跟着複雜起來了，因爲我立刻從一個局外人變成了當事人。我一直沒有覺得彥珊會妨害我什麼。我覺得她與柳塘的關係，從暴風雨的那夜，她手握鐵鏈的那一刹那起，便已經不存在了。然而，致中爲了自己脫身，却勉强要這種關係持續下去。於是，我毫無辦法地陷入了矛盾，假若我同情他，便要犧牲我自己；假若爲了我自己呢，則又沒有資格同情他了。雖然，我知道他不能原諒，也不值得同情，但是假若是站在我自私的立場這樣做，則這動機是可鄙的。此即是說，既然這件事已經與我發生了關係，則我反而應該先撇開自己，幫助致中完成他的心意爲重要。於是我說：「你再安心地等兩天，讓我與柳塘詳細的談一談這件事，再告訴你結果。」

於是，他才向我千恩萬謝地走了。

至此，我那點較爲輕揚與柔美的情緒，又染上了灰色。趦趄花間，我又感到十分悵惘。我不知道這一份感情將爲我帶來什麼命運。痴立甚久，我嘆息着，才走了回去，進書室，柳塘坐在那裏，已經等得有些不耐煩了，聽見我的脚步聲，便立刻皺皺眉問：「你一個人到哪裏去了？這樣久？」

「沒有去哪裏，」我說：「在後園裏看花。」

「看花？」柳塘懷疑地：「看花會看得不高興起來？」

「我眞怕你的第六感官，」我勉强地笑着回答他：「你又由什麼地方發現我不高興呢？」

「哦，」他也立刻使自己輕鬆起來：「我希望是錯了！」

這樣，我不得不把那點煩心的事情暫撇腦後，竭力地使柳塘不要發現我有什麼新的意念，新的感觸。

晚間，眞是一個誘人的夏夜，星斗滿天，銀河垂地，淸風徐來，花影斑駁。柳塘的興緻特別高，慫恿我陪他去林間走走，我心雖不願，却不忍過拂他的意思，於是，攙着他，我們步向花徑。他非常高興地邊走邊說：「今天該出上弦月，一定升起得很早，我們從這兒走到那池塘邊，朝着月亮升起的地方坐下來，這在你能够看見世界美麗的人，一定是件非常享受的事！」

「對了！」我漫應着。

「自從你說願意當我的眼睛之後，我常常在幻想中看見了比往日更多的美麗，這世界的蘊藏，眞是豐富啊！」

他的路徑很熟，我們很快地到了目的地，他坐下了，輕鬆地吁了一口氣，又把我拖向他的身邊說：「你告訴我，銀河出來了沒有？」

「有，正在我們的頭頂上！」我回答他。

「關於牛郎織女的故事，你曉得嗎？」他輕撫着我的手背問。

「我想，沒有誰會不知道的，這才眞是所謂家喻戶曉的傳說了。」

「是的，美極了，凄艷極了！」柳塘說：「丙慧，什麼時候我們兩個人來合編一個故事，也是那樣美的，讓它裝進我們兩個人的感情。」

「嗯！」

「丙慧，」柳塘感到一些異樣：「你在做什麼？」

「我……」我說：「我在看流星，方才一顆流星隕落到很遠的地方去了。」

「你只是在看流星嗎？」他懷疑地：「今天一定有什麼事情打擾了你！」

「你眞敏感，」我閃避着：「那你說說看是什麼事呢？」

「反正有一件事吧？」他沉吟半晌又說：「不會是彥珊到這裏來過了，那不會是這樣安靜無聲的，那麼會是致中到這裏來搗什麼亂嗎？」

他的思想眞銳敏，他比一個有眼睛的人還不容易矇騙，他常常有一語中的的本領，使你閃躱都來不及。因此，對於他的猜疑，我不知道用什麼話去駁倒他。

「告訴我，」他又催促了：「他對你說了些什麼！」

「他說，」爲了避開自私之嫌，我不得不轉達致中的請求：「他希望見見你！」

「見我做什麼？」

「他想向你懺悔，要你原諒他過去的錯誤，並且……」我看看柳塘嚴肅的面孔，終於有些膽怯地說了下去：「他希望你允許他繼續與翠微好下去！」

「胡說！」他生氣地跌着脚：「這種關係，難道不使你厭惡嗎？以後叫他少來，被我知道了，怕不打折他的腿。你，你還對他們同情？」

「不，我對我自己憐憫。」

「爲什麼？」

「這不是一個很簡單的關係，似乎是，將來無論是誰的不幸，都應該是歸我負責，是由我而引起似的。」

「你倒會把責任往自己身上攬，」他生氣地冷笑着：「那麼，他們那一些有計劃的陰謀，也是受你的唆使嗎？」

「我有一點憐憫我的命運，許多遭遇常是不十分順遂的，假若我們的感情不能够再繼續下去的話，彼此徒增一段傷懷的往事；卽或能繼續下去而如願以償了，也許誰都會懷疑我處心積慮地要嫁一位盲丈夫，不過是貪圖錢財與一段安適的生活罷了！」

「天，你是怎麼樣想的啊！」他氣惱得反而笑了：「別人的批評管它做什麼呢？爲什麼我們的感情不能繼續？爲什麼我們的希望不能如願以償？」

「爲感情而奮鬥的事情使我膽怯！」我悵然地說：「因爲在這一方面我早已是一個心力交瘁的人了！」

柳塘沒有卽刻回答我，掏出手巾擦去額上的汗，半晌才難堪地說：「你眞正的心意，或者是在後悔遇見一個瞎了眼睛的人！」

聽了他的話我的渾身一震，我後悔不該使他傷心，不安中，我半天才掙扎出幾句話來回答他：

「是的，因爲你這個缺點，使人懷疑我的愛你，是有企圖，有目的。」

「目的在企圖與他共存一個世界，使一個殘廢的人振奮有爲。」

他這樣說了，反而使我落淚，眞正的愛，常常充滿了一片酸切，這是我往日沒有體會出的。柳塘受到我的感染，也掏出手帕來擦眼淚，時間靜靜地、困難地流逝，初夏庭院，岑寂得有些愁人，仰望晴空，月朗風疏，一顆流星隕落在銀河中消失了，一隻蝙蝠吱吱地從我頭上掠過，我不免又想起了岩洞的那一幕，我眞詛咒那一次的巧遇，假若不是那可厭恨的相逢，則我們依然留在海濱，不斷地企盼，不斷地幻想，不斷地徘徊淺灘聽海浪的輕吟低唱，管他那神秘的內容是什麼呢，能永遠單純地依戀那想依戀的，就是無比的幸福了。如今，親手去掀開了那神秘的面紗，醜惡的事實毫無掩飾地呈現在自己眼前，禍是自己闖下的，請問應該如何去善其後？

我抹去眼淚，伸手捉住一個從我面前掠過的流螢，放到我的手掌心裏說：「今天晚上草間的螢火蟲眞多。」

「雖然在璀璨的星月之下，我不慚愧於自己的那一點微弱光彩，這也就是人生，我們能享受的，我們享受；我們能拿出來的，那怕是十分寒傖的，也不甘後人！」柳塘說。

是的，我們現在能拿出來的，只是一些極寒傖的，但是，比那些沒有一點光亮的東西却强得多，夏夜草間，多一些流螢的飛舞，頓使這周遭的氣氛美麗活潑起來。微風起處，池塘中送來陣陣荷香，靜靜中，我又有些捕捉不到的幸福感覺，於是，我又說：「聞到沒有，那荷蓮的香味？」

他點頭回答我。

「柳塘！」我終於鼓起勇氣來叫了一聲。

「什麼？」

「我……」我說：「我想回一趟海濱別墅。」

「因爲放心不下那個女人嗎？」

「……」

「爲什麼不回答我？」

「許久沒有聽到那海濤的聲音，覺得怪寂寞的。」

「假若你愛那海濱的話，我們以後可以永遠住在那裏，不過，今天我們可以談談自己的正經事，你不要把彥珊放在心上，這件事與你一點關係也沒有，你不參加進來，她也不會安心跟我過的，現在既然她先有了這樣決絕的表示，事情就更容易解決了，過去的事我不追究，從現在起，我和她一刀兩斷，假若她在錢財上有什麼要求，我盡量地滿足她，請一個律師來，這問題很快就能辦好了。」

「致中呢？」

「當然叫他們一起走！」

「我想致中也許不會肯了！」

「他要想打我女兒的算盤，這是絕對辦不到的事，我不會輕饒他的。」

「問題恐怕要發生在這一點上面了，」我說：「致中不肯走，彥珊不肯放。」

「不要再談這些了！」柳塘忽然非常厭惡地阻止我。

我沒有再說什麼，他伸過手來拉我，有點歉然地說：「不要生我的氣。」

「我早知道你是一個有脾氣的人。」

「不，不是因爲他們，我的性情十分溫和。」

「不過，」我固執地：「海濱別墅我一定要去一趟。」

「這對你沒有一點好處。」柳塘說：「我不放心你去接近一個瘋子。」

「你不要管我，」我說：「離開那裏太匆忙了，我……非常地想再回去一趟。」

柳塘沒有即刻答話，沉吟半晌，終於說：「不過，你至少等老高來了陪你一塊兒去。」

「那又該等很久。」

「後天他又該來了，一天的工夫總沒有問題吧！」

我答應了他，雖然，這一日夜的時間是萬分難耐的。

書刊評介

李辰冬著『陶淵明評論』

廉齋

文學批評不是一件容易的事。對於一位在文學史上久已有地位的作家，就其生活、人格、作品而作全面的評論，尤其不容易。「文章千古事，得失寸心知」。就算是同一時代的人吧，作者與讀者之間，僅就對作品本身的理解而言，也已經不能毫無隔閡。假如是不同時代的呢？那中間的鴻溝當然更寬廣。「後世誰相知定吾文者」？這正是無可奈何的慨歎，而尚論古人之難，也就於此可見了。

但在一個以文學研究工作爲職志的人，却不能因其難而不作。尤其是對於歷史上有地位的作家，由於他們作品流傳之久遠，影響之廣泛，更需要隨着時代的進展而作不斷的研究。這工作是艱鉅的。因爲前人的研究，成果已豐，若不能別具手眼，則人云亦云，將是毫無意義的事。所以，我們今天做這一種研究工作，應該有突過前人後來居上的抱負。最少在觀念上、方法上，要能够獨運機杼，自出心裁，這工作的精力才不致白費。

依此認識：李辰冬先生的「陶淵明評論」是一本值得注意的好書。

李先生認爲研究一篇作品，應該知道這「作品是什麼年齡所寫，什麼環境所寫，對作品纔能有眞切的瞭解。」這一種眞切的瞭解，「是作家研究的基石」。所以他把陶潛的作品，全部予以「繫年」，成爲「新編陶靖節集」，作爲本書的附錄。而其據以「繫年」的資料和理論，則具詳於本書的第一章。

我是個不太喜歡陶詩的人，過去沒有用過多少心。我不能說李先生的「繫年」，是否完全確當。但是我讀了本書第一章之後，就不能不贊美李先生致力之勤，用心之細。從本書的序文中，我知道這是二十年心血之所注，不等於率爾操觚的急就章。在這個一切講「速度」的年頭，這種點點滴滴努力的學人的態度，是值得年輕一輩人效法的。這一章裏，如辨正「於王撫軍座送客一首」舊註的錯誤；如論定「和劉柴桑一首」作於子儼未生以前；都可以說是目光如炬，洞析毫芒。其他如把「詠三良」「詠荆軻」兩首定爲少作，也不失爲極新穎的看法，對於以後研究陶詩的人，很可能有所啓發。又如「誤落塵網中，一去三十年」的「三」字斷爲「已」字之誤，更使人覺得「非常可喜」！

我個人稍有遺憾的是，這一「繫年」工作，「以陶證陶」的地方較多。這種方法不是不可以用的，但萬一偶不當心，可能陷入循環推理的危險。假如每一首都能像「於王撫軍座送客」一樣，多求旁證，那就更圓滿了。

依我個人的觀察，在蘇東坡「飽喫惠州飯細和淵明詩」的時代以前，陶詩沒有像在後代那樣高的地位。鍾嶸說陶潛「古今隱逸詩人之宗」，而把陶詩的位置抑居「中品」，我始終認爲是比較適當的安排。所以我對於本書第五章「陶淵明的藝術造詣」，感覺到李先生有點推陶太過。本來，就藝術「欣賞」說，那是無法避免主觀，各人都可以有所偏好。但談到藝術「造詣」，則如李先生所標舉的「眞情的自然流露」、「人格與風格的一致」，都本是一位大作家共同必備的條件，我們在這方面看不出陶潛有什麼獨特的造詣。至於詠史詩「不過藉史事以詠懷」，那更是當然如此。陶詩「景物的描寫」，如以田園風光爲範疇，誠然是千古獨步。但世間「景物」，並不限於田園風光一種。而凡是詩，當然不應該「堆砌」「雕琢」，可是「鑪錘之工」也不能偏廢，否則談不上「藝術」。山谷論陶謝，旨在比較，所謂言各有當，不可執一。我們能說黃山谷那種謹嚴密栗的詩法，是可以不用「鑪錘」的嗎？在這裏，我只是提出一些跟李先生略有不同的看法，而無意於辯論，更不是對李先生的見解稍存貶損。

第二、三、四章，分論陶潛的「個性」「境界」「時代」，都能够貫串照應，完成一個「新」的理論系統。可惜所加於陶詩的解釋，有時太「詳盡」了一點。譬如『彈冠』是出任的意思，『乘』當登字講，『時』是時機」，像這樣的解釋非常之多，我覺得這只能寫在中學國文課堂的黑板上，而不宜羼入一本「研究」性的大作裏。我很欽佩李先生嘉惠後學的盛意，上面這句笑話，不過是就著述體例偶加商略而已。

本書最有價値的部份，我以爲是第六章第二節「陶淵明的精神與現代社會」。李先生指出陶潛的精神是「最積極的」，不僅推翻了歷來「消極」的誤解，也越過了鍾嶸的「隱逸」觀點之外，這是很有意義的。李先生指出我們現在是「物慾橫流」的時代，社會的風氣是「廉耻喪盡」，「有奶便是娘」，「給我官我就捧，不給我官我就駡」。因此「人心惶惶，苦悶萬端」。李先生主張要以陶潛的「君子死知己」、「固窮」、「無我」、種種精神所滙合而成的「人生藝術」，來應付這時代和社會。文學研究而得到了這一種參悟，可以說是「進乎道矣」。

「陶淵明評論」，我不妨再說一遍：「這是一本値得注意的好書」！

勘誤

本刊上期（第十六卷第二期）所載讀者投書「中華日報鼓吹暴動」一文，文內述及一七九〇年十月一日在費城創刊的曙光報，該報之原名應爲 The Aurora, 經誤植爲 The Auroro, 特此勘正。

讀者投書

（一）建議推胡適先生爲諾貝爾文學獎金候選人

編者先生：

閱報知諾貝爾獎金委員會有意要中國推一名文學獎金的候選人。我們應該推舉哪一個人去候選，本來並不太重要，因爲候選不必一定就獲選，何況選拔委員會自有其衡量的尺度。但是此時此際自由中國如果能有人得到這一項獎金，對於我們國家的聲望地位，其影響實在甚大。因此，我們基於純粹愛護國家的立場，不能不表示一點意見。

我們和許多朋友私下談論，均以爲胡適先生爲最適當的人選。

首先要說明一點：所謂文學獎金，「文學」二字的範圍應從廣義解釋。並不一定要單指創作的文學作品而言。大哲學家羅素是以他的哲學及邏輯而聞名世界的，何以他曾獲得諾貝爾文學獎金呢？那就是因爲他的作品也可以納入「文學」的範圍內的原故。羅素的思想對人類影響很大，其文筆流暢清晰，有很高的文學價值。試打開劍橋英國文學史，霍伯斯、洛克、休謨、邊沁，都有適當的位置。胡適先生在創作的文學作品方面數量上不够，但如果把文學範圍放寬，胡先生仍是合格的。

胡先生在文學方面的建樹，我們無意在此細說。六十歲以下的人幾乎沒有人未曾受過他的影響。白話文的通行，白話詩的寫作，西洋文藝思想的介紹，都是他的功績。他確是「開風氣」的大師。四十年來的文藝界，當然要推他爲一個最重要的領導者。

我們要推一個候選者，當然希望他能獲選。胡先生在國際學術界是知名之士，中國人之能馳名國外者，首推兩個人，一個是我們的蔣總統，一個便是胡先生。外國人之稍有知識者，無不知胡適博士。諾貝爾獎金委員會之選拔得獎人，固要根據作品，同時也要顧到一個人在學術上的地位與造詣。以胡先生去候選，獲獎的可能性是極大的。

胡先生不是一個阿諛權貴的人，可能不爲一部份人士所喜。我們並非對胡先生個人有什麼偏好，我們是覺得這一次獎金事有關我們的國家的利益，故率直提供意見，同時希望主持這件事的先生們能超越黨派，以國家利益爲重，審慎考慮人選。

余光中
何凡
孟瑤
林海音
陳諳庭
夏菁
郭嗣汾
琦君
彭歌
謹啓

四十六年一月廿三日

（二）可以強學生去充臨時演員嗎？

徐萬駒

編輯先生：

容我指出下列事實在貴刊發表。首先，我要聲明，我寫這篇投書是爲我們的下一代着想，爲今天國家教育大計而提出我個人的諍言。

我要請問編輯先生，你是否聽說過，做今天的學生，除了必須參加學校或「有關機關」所規定的活動外，還有給電影公司做臨時演員的義務，既荒廢了學業，還要受老師的斥責。

現在，我且說出這件事的眞相。

一月前，「中製」廠拍「雀巢鳩佔」，因爲需要一批臨時演員，據說，找人不着，不知道那位先生靈機一動，認爲透過學校教員的關係，找批學生，既聽話，又省錢，一舉兩得。剛好距離「中製」廠不遠，正是復興中學所在地，於是復興中學的一批學生倒霉了，總共去了三十五人，在教員的「指定」下，去熬了一整天一整夜。

「中製」廠原答應每人發廿元，可是到最後，一位劇務說：以後發給帶隊的老師，讓全體學生向老師拿。

當時，大家也不敢說話，儘管心裏有點憤憤不平，也敢怒而不敢言。

過了很久，廿元的演員費一直沒有下文，一位同學就去問這位教員，但你想不到這位教員的答覆，才妙呢！倒過來痛斥一頓，他說：「你知不知道，中國電影製片廠是屬國防部的？他們很窮，我們應當爲他們服務。……」下面還說了很多話，恕我不便在此盡述。

自然，這位學生祇好認倒霉了。

就以上的事實論：(一)我們覺得學生除了讀書，實在沒有去做臨時演員的義務，因爲復興中學究非復興戲劇學校。(二)中國製片廠拍電影是他們一種經常性的業務，學生自己有興趣參加，而在課外不妨碍正課的時間，學校當局到可以不加干涉，但作爲人師的人，却要帶着頭強迫同學去拍電影，爲商人賺錢，這非誤人子弟爲何？相信所有的家長知道了心裏是很不平的。(三)中國電影製片廠不管它屬國防部也好，內政部也好，即使教育部，也不能強迫學生去充義務臨時演員。我相信，這也是爲國防部所不願意的。(四)這位教員何其如此熱心，難道說「中製」廠與他有何默契，借同學的名義，爲他去賺每人廿元的臨時演員費，我想不會吧！這點，我們希望，「有關當局」能够注意到這件「小事」，因爲這有關教員的操守，與教育界的體面。(五)今天做一個學生，究竟有多少活動？如果電影公司拍電影要參加的話，那末水肥委員會清理水肥，祇要該公司與學校當局接一個頭，也就可以了。這樣一來，學生們還讀甚麼書？

以上數點，敬祈先生在貴刊上刊載出來。

讀者徐萬駒上四十五年十二月十八日

讀者投書

(三) 待遇還不調整嗎？

劉　鳴

我是一個窮中學教員，一向沉默寡言，不願多講話，因爲自己知道自己人微言輕，說出話來不起作用，另外也有「失言」的恐懼，所以有話只好把它打進冷宮去，也就是高尚人所謂的「明哲保身」。去年我們總統七秩華誕，提出了六點，希望國人提供意見，此固然證明了總統的謙冲與偉大，另外也顯示了自由中國的「言論自由」要眞的「言論自由」了，不至於再吃「國際新聞協會」的閉門羹了，從此我所要說的話不必再把它打進冷宮了，大家也不必背後發牢騷了。

我現在要說的是教員的待遇問題。現在的教員們，一有空閒坐下來，就是談如何應付目前的恐慌生活，如何另找外快，如何設法改業。談歸談，能找到外快的，能另改業的，畢竟是少數有門路的人，大多數的人莫不垂頭喪氣，叫苦連天，拿我個人來說，我的底薪是三七〇元，另加研究費、職務加給、眷屬津貼等名目，每月可以有五百元的實薪可支。現在把我去年十二月份的支出列表於後，看看是否够開支的。

十二月份支出

名　　稱	計價	備　　考
菜	180.0	每日菜金六元
牛奶二筒	53.0	小孩用
戶稅	45.0	
醫藥	50.0	小孩百日咳
肥皂、牙膏	15.0	
書籍	21.5	包括報費在內
郵票	6.0	寄賀年卡用
賀年卡十八張	8.0	
水電費	31.5	
節約禮券一張	30.0	賀友結婚
理髮	40.0	包括妻燙髮
交通	36.5	妻探父病
爐灶一個	8.0	
十二月份雜費	3.0	
燈泡一個	5.0	
墨水一瓶	3.5	
毛筆一枝	8.5	
茶葉一包	5.5	
鞋油一合	5.2	
麪粉	10.5	生辰用
共　　計	571.2	超支71.2

從上表可以看出我上月超支了七十一元二角。我們常常接到××局××府各機關種種不同的表格，上面要我們塡寫祖宗三代種種的瑣屑的問題外，另有一條最令人傷腦筋的是：「每月收入有多少？不足之數如何彌補？」現在我要反問：「你叫我們如何彌補呢？」聰明的「你」，大概也答不出來吧！如果硬要你限時交卷，恐怕你也祇有「臨表涕泣」了。最可笑的是××機關的「人材儲備登記卡」，我們承認自己不是人材，不願登記還不行呢！在甲校時已塡過，再調他校時亦要照塡不悞。你要知道：塡表比塡肚皮更重要啊！世上沒有不吃草的馬兒呀！

請注意上表內沒有一根香煙的支出，更沒有一條線的支出，要作一套衣服根本不可能，一場起碼的娛樂——電影都不敢看，看馬戲團，看溜冰，又豈敢夢想？不怪窮教員走進百貨商店問價錢，店員小姐理也不理。在這種情形之下，要叫學生尊師，正是對當前教育的一個諷刺。等到學生瞧不起老師了，還能收到教育上的效果嗎？

鄰左右××公營事業機關的職員太太，打扮的花枝招展，愈顯出妻的寒酸，不待妻說什麼，自已的心已如刀割般的酸痛。簞食瓢飲，還能不改其樂的人，兩千餘年來，僅先賢顏回而已。我們自已枵腹從公還可以，年逾古稀的老人，未滿週歲的小孩，我們又如何忍心强迫他們去作顏回呢？讀書的人動輒講待遇是一件醜事，可是讀了廿餘年的書，連仰事俯蓄也作不到，更慚愧的無以自容啊！我們不希望××行××機關的優厚待遇，僅希望吃得飽穿得暖即足矣。我們更不希望政府因加薪而加大鈔票的發行額，在大陸時期的通貨膨脹，金融泛濫，現在記憶猶新。我們僅希望作合理的調整。各機關吃閒飯的咨議、顧問、委員等，他們所享受的高薪，無理由能使我們心平。

總之合理的調整待遇，是一件急不容緩的事，正如貴刊十六卷一期社論所說：「總之本問題拖到今天，實已到了必須解決和可能解決的時機。萬萬不容再拖，不可再拖了。」

答王木公先生談自由

陳致平

昨讀貴刊載王木公先生投書「談自由與違法」，深爲詫異。詫異的是王先生的立論點和我的立論點並無二致，而王先生却把我講演中許多反面的話，當作正面的解釋，而予以斷章取義的批評，把我的意思全面反轉過來。不知道是王先生聽錯了呢？還是我的辭不達意，才會引起人的誤解，眞是遺憾之至。我在師大匆匆所作半小時的講演，其意義完全在闡釋自由之價值，並非否定自由之價值，爲了維護自由，不可誤解自由，不可歪曲自由，不可侮慢自由，否則自由必會被剝奪。所以引用羅蘭夫人的話。羅蘭夫人是自由的鬬士，是叫人正視自由而非鄙視自由。我引用了許多不合理的自由例子，是說明誤解自由之可笑，所以我接着有一段反斥。不料王先生沒有介紹我的反斥，反把我所要詆斥的反面例子當作我的「自由觀」，豈非滑稽。我始終沒有把法治和自由相對立，我一再強調法治是維護自由的，沒有法治就沒有自由。所以我曾強調我們有一切自由，而沒有破壞自由之自由，我們要尊重自己之自由，更要尊重別人與羣體之自由，這就是法治。我之引擧管仲、子產、諸葛武侯，正是說明他們法治的嚴明公平，所以獲得人們的敬愛。他們是爲保障人民的自由而用法，並非破壞人民的自由而用法。我何嘗說過「有自由即無法治，有法治即無自由。」我主張嚴格管理，是重視紀律，是重視自治，我曾列擧了許多先哲說明自制自治的重要。其目的在於勉勵同學努力與守規，也就是努力於保障相互之自由。我何嘗說只要嚴格不管合理不合理？至於我提出所見陸軍大學實行的榮譽制度值得我們效法，一則是提高青年的自尊心，再則是要同學守紀律，這是任何一個人所必具有的信念。我並沒有叫我們的文學校一切要和軍事學校一樣，這又是一個曲解。總而言之，王先生把我講演中的中心意識一概抹煞，而把若干枝節的話却作了相反的解釋。我認爲我和王先生的意見，原則上沒有什麼不同，不同的是他對於我講辭的引用方式與解釋。另外我和王先生意見不同的，只有一點，王先生說「自由之範圍與其政府權力之大小成反比，政府之權力大，人民之自由範圍小，政府之權力小，人民之自由範圍大。」把人民和政府對立起來，認爲削弱政府權力爲保障自由之道，這我是不同意的。除非與人民爲敵的共匪政府之外，任何一個合理而爲民服務的政府，則其權力愈大，其爲民服務的能力愈强，則人民所得到的自由保障愈高，這是相成而非相反的。我絕對擁護自由的批評，更感謝王先生對我的指教，但對於一個誤解是必須更正的，否則以訛傳訛會引起更大的誤會。我的講辭大意會應同學要求，刋於本校新學風。原文附上，希望以維護眞理倡導自由爲目的的貴刋能賜予版隙刋出，藉明眞象，亦維護自由之一道也。

(上接第12頁)

實因他此一報告，不僅揭破了「權責問題」的癥結，指證「權力敗壞法治」的爲害，而且道出反對黨還難成立的根本原因。蓋權責混亂，足以使政風衰頹；法治敗壞，足以使紀綱蕩然；這只是政治失敗的病象；而反對黨的永難產生，實已越出了民主的軌範，這才是政治失敗的病源！若黃氏不將問題戳開，試想有何人「肯」戳？即使有人，又不知俟何之日！總統壽誕徵文，竟無一人明白指出執政黨今日的危機，在於像黃氏所說的「革命政黨」的觀念、地位及作風，並進而明白指出這是反對黨問題的癥結，誠不能令人無憾！唯其如此，方使人感佩黃氏的忠勇，亦更使人懸慮反對黨問題的前途了。

我之期望有健全的反對黨以促進民主政治，產生更大的民主力量以消滅共匪，其誠心並無殊於一般同胞。而一般同胞之期望反對黨，其動機與目的，亦無殊於任何學步民主的國家底國民。任何國家的執政黨，均有其方便的機會和權力，以造成隨時隨地的「上風」與「優勢」，以之對付反對黨問題。然而我們同時也知道，在「優勢」的背後，却隱伏著一種危機，那就是：如果利用「優勢」以遏制反對黨的產生，則人民羣衆是永遠不會贊成的。

人民羣衆並非基本上「屬於」反對黨，但常是基本的「傾向」反對黨。「傾向」的原故，起因於人民與反對黨具有共同的監督政府的責任。對政府的防範，也正和反對黨相同。故兩者的意見易趨接近或一致。因此，每一個人民對於有違民意的措施，其態度立場都無異於反對黨。亦即每一國民都成了反對黨。此種態度立場，絕非執政黨的「優勢」所能壓制得了的。倘若誤會或遷怒於羣衆，則後果必將爲：(一)與民爲敵，處於對立；(二)引起禍亂。古今中外的禍亂，莫非溯因於「爲敵」而起！明乎此，任何國家的執政黨，實必須先樹立一種不恐懼反對黨的觀念，而後始可不自卑，進而始能贊助反對黨的產生與活動。只有把對於反對黨的尊重(至少不輕視)看作像對待公民者一樣，才會甘心情願贊成反對黨的存在。要有此修養，即必須執政黨確確實實做一個「普通政黨」。唯有普通政黨，才不會在民意與反對黨相合的時候，誤會甚至濫指人民爲「叛徒」，而思有以「懲罰」之。翻開民主歷史來看，只有在反對黨監督之下而獲得續掌政權的執政黨，決沒有在遏制反對黨生存之下能獲人民支持而長保政權的。

總之，今天的問題，不是應否成立反對黨的問題，而是如何產生反對黨。不是僅靠執政黨或政府的一句諾言的問題，而是執政黨或政府確認反對黨爲當前所必需。執政黨及政府，不可將這問題視作「施捨」或「恩惠」。蹩蹩扭扭而勉强擠出來的反對黨，民主前途不會樂觀。我們總該想一想，人家在埋頭利用原子能以增進國民幸福的時候，我們却剛在討論研究反對黨的利害，這種民主的程度，也足使我們羞愧且痛心的了！

自由中國　第十六卷　第三期　內政部雜誌登記證內警臺誌字第三八二號　臺灣省雜誌事業協會會員　一一八

給讀者的報告

中東地區現在正值多事之秋。赤色帝國主義者蘇俄雖然在匈牙利遭遇到頓挫，但其對中東國家的滲透和煽惑，則無時無刻不仍在積極進行之中。自由世界若不採取有效的防禦措施，這個地區很快的就要爲蘇俄所赤化。艾森豪總統有鑒及此，適時提出他的新中東計劃，强調經援中東國家，並要求國會授權，於必要時使美國武裝部隊，以抵抗共產主義之侵略。這個所謂的艾森豪主義，在基本性質上仍未脫杜魯門主義之巢臼，但是在今日的中東，它至少可以使蘇俄的武力恫嚇喪失力量，並削弱阿拉伯民族主義的囂張氣燄，在防禦共黨侵略的效果上，仍有其積極的意義。艾森豪的中東計劃宣布以後，自由世界普遍表示歡迎，其必能爲美國國會通過亦是可以斷言的。本期我們在社論(一)裏，對此政策除予以適當的估價外，並指出運河與以阿問題的最後解決，乃能澈底消除中東危機。

艾登辭職表面上是以健康爲藉口，而識者則無不認爲是對蘇彝士運河用兵政策失敗的結果。政策失敗則辭職，這是「責任政治」的精神。英國的國勢雖然已經今非昔比，而這一點政治傳統還能保持不墜，就憑這一點，我們就敢說英國的前途仍然是有希望的。艾登的辭職固然是當前國際上的一件大事，但同時它也是一課很好的政治教育。我們之撰社論以論其事，主要的仍着重於後一意義。責任政治的道理本是政治學的基本常識，但在今天，我們還須要認眞的學習呢！

個人主義是自由民主的基本。有些人之所以敵視自由民主正因爲他們誤解了個人主義的意義。本期東方既白先生闡論個人主義，他從生物的、生理的與心理的三個觀點以說明個人主義。就個人主義的觀點而言，任何社會設施與制度必須以個人幸福爲原則，而個人的幸福則得自於自由與諧和。因之，個人主義者絕不同於自我主義，因而亦不能接受「藍圖思想」與「鳥籠思想」。東方先生說明這僅是他個人對個人主義的一種看法，其論證的方法與一般的說法容有少許出入，但於個人主義的基本態度之一致，不但沒有影響，反而有相互闡明之功。

建全的政黨制度是實行民主政治的要件。有識之士無不認爲培植有力的反對黨爲我們當前重要課題之一。對此問題，本刊前此迭有論及，本期牟力非先生爲文探討「反對黨問題的癥結」。他指出反對黨的建立與壯大，一方面有待於在野者主觀的努力與爭取，一方面更須要執政黨揚棄一黨專政的觀念，而退爲普通政黨。過去本刊每提到反對黨問題時，常籲請政府與執政黨要扶助一有力之反對黨，以實行民主政治。於是引起一部份人士之誤解，認爲反對黨要「自已奮鬪」，「自力更生」，不應求助於政府或執政黨。這話是對的。不過，我們用「扶植」云者，是客氣的說法。實際上只要政府黨不破壞反對黨，一切與反對黨站在平等的地位（如政府黨一切用費均不應取自國庫，及不得壟斷宣傳與新聞事業等），反對黨自易成長，實在用不着扶植的。

「懷念沈從文教授」一文的作者馬逢華先生，北大畢業，現在美國留學。作者於北平淪陷後才逃出匪區，曾目擊其業師沈從文教授被匪迫害的經過。他以優美生動的文筆，寫出這段往事，使人感慨横生。讀本文，可以看到共產黨是無所不用其極地在扼殺人性，摧殘個人人格尊嚴。然則我們反共的人又當如何發揚人性，尊重個人人格尊嚴！

夏承楹先生的筆名是何凡。他那犀利的筆鋒，深刻的見解，我們從他執筆的聯合報「玻璃墊上」，已早熟悉了。但夏先生爲本刊撰文，這還是第一次。春節「拜年」，正是一篇應景的好文，謹向讀者特爲推薦。

自由中國　半月刊　第十六卷第三期　總第一七四號

中華民國四十六年二月一日出版

發行人兼主編　『自由中國』編輯委員會

出版者　自由中國社

社址：臺北市和平東路二段十八巷一號

電話：二　八　五　七　〇

航空版

香港　友聯書報發行公司 Union Press Circulation Company, No. 26-A, Des Voeux Rd. C, 1st Fl. Hong Kong

總經銷

臺灣　自由中國社發行部

美國　自由中國日報 Free China Daily 719 Sacramento St., San Francisco 8, Calif, U. S. A.

經售者

日本　東京僑豐企業公司

韓國　漢城裕昌德號

馬尼剌　大中華日報社

印尼　新疆書店　椰嘉達天聲日報　泗水文光圖書公司

越南　西貢中原文化印刷公司

緬甸　仰光振成書報店

印度　加爾各答塔梅學校

澳洲　雪梨瑞田公司

北婆羅洲　西利亞波青年書店

新加坡　檳榔嶼、吉打邦均有出售

澳門　友聯圖書公司

印刷者　精華印書館

廠址：臺北市長沙街二段六〇號

電話：二　三　四　二　九　號

本刊經中華郵政登記認為第一類新聞紙類　臺灣郵政管理局新聞紙類登記執照第五九七號　臺灣郵政劃撥儲金帳戶第八一三九號（每份臺幣四元，美金三角）

自由中國

FREE CHINA

再版

第十六卷第四期

目錄

社論

對搆陷與誣蠛的抗議
——從個人自由與國家自由說起

從日本的已變看日本的未變……徐逸樵

駁一種浮誇的歷史考證……宋岑

我對「清議與干戈」的看法
——敬答中華日報社長曹聖芬先生……范度才

反資本主義的心理(四)……米塞斯著 夏道平譯

殉……林海音

悠揚的山歌……陳之藩

斜暉(十一續)……孟瑤

讀者投書

(一)有感於曹聖芬先生的「看法和作法」……易水寒

(二)「懷念沈從文教授」讀後……劉祖年

行政院主計處來函

中華民國四十六年二月十六日出版
中華民國四十六年二月廿二日再版
社址：臺北市和平東路二段十八巷一號

半月大事記

一月廿四日 (星期四)

美民主黨七十位衆議員要求國務卿杜勒斯對納塞施以壓力，促其保證運河開放。

以色列國會通過總理古本里昂聲明，以色列軍不擬自加薩及阿卡巴地區撤退。

黎巴嫩總理索德表示支持艾森豪中東政策。

安理會開會討論克什米爾問題。

一月廿五日 (星期五)

外交部發言人江易生在記者招待會答詢稱，周匪恩來與布加寧聯合公報所申明的匪俄統一陣線，爲對和平之新威脅。

安理會通過五國提案，阻止印度吞併克什米爾。

美國務院發表聲明，拒斥俄帝無理指控，認俄原子報復論調係宣傳恫嚇。

美衆院外委會通過艾森豪中東新計劃。

哈瑪紹向聯大提面報告，堅持以色列軍須退出加薩區。

一月廿六日 (星期六)

聯大政委會通過裁軍問題折衷議案，將各裁軍建議交小組討論，於八月以前向聯大提出報告。

美共和黨五議員反對聯合國採取任何迫使以色列軍隊無條件撤離埃及之行動。

克什米爾國民議會宣佈克邦屬於印度，巴基斯坦人民示威抗議，英國輿論一致譴責印度行動。

一月廿七日 (星期日)

我軍事訪日代表團訪日歸來。

巴基斯坦總理蘇爾華德呼籲聯合國防止克邦發生戰爭。

一月廿八日 (星期一)

第七艦隊司令畢克萊正式就職，殷格索夥任臺灣協防司令。

聯合國大會復會，再商中東問題，以色列主張與埃及直接談判。

一月廿九日 (星期二)

聯合國駐遠東統帥、美遠東軍總司令李尼茲上將自香港乘專機來華訪問。

我外部發言人指責印度片面合併克邦，構成非法吞併行爲，聯合國應予適當制裁。

東京每日新聞報導，美政府非正式通知日本政府，美國不贊成擬議中放寬對中國大陸所施出口限制。

美英兩國國防部長舉行會談，檢討一般防務問題。

一月三十日 (星期三)

英政府表示歡迎艾森豪中東新計劃。

菲律賓參院通過銀行業菲化案。

一月卅一日 (星期四)

美衆院通過艾森豪中東計劃，撥欵兩億元經援中東地區，授權總統使用軍隊制止侵略。

聯大特別政策委會通過建議，促安理會重新考慮韓越入盟。

沙地阿拉伯國王沙德訪美。

巴基斯坦促請安理會派國際部隊赴克什米爾。

二月一日 (星期五)

菲衆院兩委員會通過反顚覆法案，規定共黨爲非法組織。

日本駐華大使崛內自東京返臺稱，日政府對華政策不變。

二月二日 (星期六)

中義兩國在羅馬簽訂貿易協定。

美英兩國國防會談結束，發表公報，決維持高度有效軍事準備力量。

英政府聲明，英首相麥克米倫將不訪俄。

二月三日 (星期日)

葉外長訪晤義總理，商談中義有關問題。

聯大再度通過議案，要求以軍自埃撤退。

二月四日 (星期一)

以色列外交部指責埃及對以保持戰爭狀態，聲明在自由航行未獲保證前，以軍將繼續佔領加薩。

巴基斯坦外長聲明，指責印度拒絕國際軍入克邦，不啻破壞國際協定。

二月五日 (星期二)

杜勒斯重申美國立場，表示決不放寬對匪禁運。

美援外計劃調查團抵臺。

葉外長離羅馬，赴西班牙訪問。

匈共封鎖邊境，防止人民逃亡。

蘇俄最高蘇維埃在克里姆林宮集會。

二月六日 (星期三)

伊拉克要求美國增加軍事援助。

二月七日 (星期四)

新聞局長沈錡爲本刊事聲明我國報紙雜誌依法均享有言論自由。

葉外長與西班牙外長簽訂中西文化專約。

美援外調查團離臺赴韓，表示我對美國經濟援助，已作明智適當之運用。

艾森豪聲明，匪如放釋所拘美人，不容附有條件。

沙地阿拉伯國王沙德贊同美中東計劃，表示將勸阿拉伯國家支持。

美與波蘭舉行秘密會談。

美同意以飛彈供日，協助日本發展新武器。

以色列聲明，埃及未提不侵略保證前，拒絕無條件撤兵。

二月八日 (星期五)

外交部發言人稱，被拘美人迄未獲釋，爲共匪背信之又一鐵證。

佛朗哥接見葉外長，談中西有關問題。

布加寧函艾德諾，要求改善兩國關係。

蘇俄驅逐美兩武官，美政府提抗議。

英外部聲明，俄以軍火運埃，違反聯大決議。

二月九日 (星期六)

葉外長離西赴土訪問。

我外交部聲明，重申對琉球立場，應按金山和約辦理。

美沙會談結束，發表公報，美將加强對沙軍援，繼續租用蘭達基地。

以色列向美解釋拒撤以軍之立場。

『自由中國』的宗旨

第一、我們要向全國國民宣傳自由與民主的真實價值，並且要督促政府(各級的政府)，切實改革政治經濟，努力建立自由民主的社會。

第二、我們要支持並督促政府用種種力量抵抗共產黨鐵幕之下剝奪一切自由的極權政治，不讓他擴張他的勢力範圍。

第三、我們要盡我們的努力，援助淪陷區域的同胞，幫助他們早日恢復自由。

第四、我們的最後目標是要使整個中華民國成爲自由的中國。

社論

對搆陷與誣衊的抗議

——從個人自由與國家自由說起

(3)

「自由」這個名詞，如果要就形上學的意義來解釋，確實可以引起無窮盡的辯論，但如果祇就政治的或法律的意義來說明，那就非常的簡單明瞭。此所謂「自由」，本來就是指個人自由而言，實在用不着加上什麼形容詞。但現在，有些人却故意拿國家自由來對抗個人自由，以致把這個名詞的含義弄得混淆不清，我們才感覺有必要在「自由」之上冠以「個人」字樣，以免混淆夾雜。

個人自由究竟是什麼？中華民國的憲法已經用列舉的方式，明確的規定其內涵，那就是：憲法第八條所說的身體自由，第十條的居住及遷徙之自由，第十一條的言論、講學、著作及出版之自由，第十二條的秘密通訊之自由，第十三條的信仰宗教之自由，第十四條的集會及結社之自由。這是一個清清楚楚的單子，但不一定完全，所以還要加上第二十二條所說的「其它自由」。這些自由，憲法均明言是屬於「人民」的，所以當然是指個人自由而言，無論用什麼方法都不能曲解爲國家自由。

在任何種類的法律條文中都找不出「國家自由」這個名詞。憲法上祇提到「主權」，祇提到「獨立自主」，這兩個用語多少與所謂國家自由有點關聯。當然，我們並不是說一個名詞在法律上找不到，它就不能成立。但，國家自由這個名詞，由於它在法律條文上沒有任何根據，它究竟是什麼涵義，就確實有點不十分清楚，即令是强調國家自由的人們，似乎也從未嘗試作詳細的解釋。

國家有對外的與對內的兩重關係。對國家自由這一名詞的涵義，我們也必須分別就這兩重意義來加以探討。

就對外的意義言，這名詞即令可以成立，但我們也看不出它與「主權」與「獨立」那些名詞，在其意指上有什麼不同。所謂國家自由，事實上祇是國家獨立或國家主權完整之另一種說法而已。獨立的國家，主權完整的國家，那就是自由的國家。就此種意義說，國家自由與個人自由無法處於對立的地位，因爲國家之獨立與主權完整，並不會與這個國家人民的自由對立起來。國家獨立與主權完整是爲了什麼？很明白的是爲了這個國家中人民的利益，而所謂利益，是包含着個人自由在內的。在人類的歷史上，似乎直至今日都還不能找到一個國家喪失獨立而人民利益仍能獲得充分保障的事例。因此，爭取並確保國家獨立與主權完整，成爲人民保護其自身利益的必要手段；也可以說，國家自由是個人自由的一個必要條件。所貴乎有國家自由者，其目的就是在於使包含自由在內的個人利益獲得確切的保障。

但我們必須於此强調指出：國家自由雖爲個人自由的必要條件，却並不是它的充足條件。更詳言之：沒有國家自由，誠然不可能有「充分的」個人自由，但並不能說，有了國家自由，就一定會有個人自由。歷史上誠然不容易找到國家不自由而人民仍有「充分的」自由的事例，但歷史上却充滿了國家雖有自由而人民則全無自由的紀錄。不僅歷史上如此，今天也仍然是如此。共產主義的國家，法西斯主義的國家，它們的國家自由是發揮到了可以隨便侵略別國的程度，但它們的人民則全無自由。這樣的國家自由是毫無價值的；不僅毫無價值，而且是一種不可寬恕的罪惡。愛好自由的人們不幸而生存在這樣一種「自由的」國家之中，他們會反抗；反抗不成，他們會逃亡，而寧願做一個無國籍的人。正是由於有此種國家的存在，我們要提醒大家切勿忘記個人自由這個終極目的，尤其是在人們拿國家自由來反對個人自由的時候，我們更要不斷的這樣提醒。

就對內的意義言，「國家自由」這個名詞事實上是不能成立的。國家祇是由衆多個人所結合而成的一種團體；團體對其自身所從而構成的個別分子而言，無所謂自由不自由。如果一定要就此種意義來使用此一名詞，它所指的，大概祇是國家的統治權力而已。

本來，國家祇是一片土地，土地不會行使權力，國家行使權力，係經由政府。同時政府祇是一些建築，建築不能行使權力，政府行使權力，係經由官吏。國家不可避免的必須以官吏爲代表，所謂國家權力，分析到最後，無一不掌握於上中下各級官吏的手中。經這樣分析，籠罩於國家這個名詞的種種神秘氣氛，就歸於消滅，問題就顯得非常簡單。譬如，儘管有人會聽到「國家第一」之類的口號而肅然起敬，這就對外的關係說是有其相當意義的。若就對內的關係說，則行使國家權力的只是一團官吏。對內而說國家第一，事實上只是官吏第一。但如果換上「官吏第一」，任何人聽了都會啞然失笑的。在民主國家，官吏的執掌，祇是根據由人民代表通過的法律以治理；而他的權力，也就限制於他執掌的範圍以內。官吏在其職權之行使上，並無自由之可言。這正是民主國家內部體制的特徵：它祇有個人自由，而沒有所謂國家自由。一有所謂國家自由，則此種自由與强制權力相結合，必然成爲一種任意的統治(Arbitrary rule)，而使民主政治爲之解體。

我們當然承認，即令在民主政體之下，個人自由也有其一定的限制。這是起碼的常識。我們決不是像有些人所指責的那樣，以爲個人自由之發揚必須做到「無秩序」「無政府」「無國家」的程度。但祇有一項東西可以限制個人自由，那就是法律。所謂紀律，所謂組織，都應該包含在法律之中，而不應該超出於法律以外。我們也承認，即令在民主國家，逢到緊急危難，個人自由通常會受到比平時更多的限制。但，即令是戰時的限制，如戒嚴法令等，也仍然必須在憲法與各種基本立法所許可的範圍內行使，並不能因緊急危難而改變法治的原則。法治無平時與戰時之分。個人自由受法律的限制，這一點，亦無平時與戰時之分。在民主國家的法治，首先是以法去限制規範統治者的行爲，統治者再通過人民所制定的法律來限制規範人民的行爲。統治者把自己的權力意志用文字寫出來，只管人民，不管統治者自己，那是最大的違法亂紀，根本不是法治。

我們這裏提出的，是關於個人自由及其對國家權力的關係的一種極爲平易淺顯的解釋，並不包含什麼奧妙曲折的理論，也不包含什麼偏激怪誕的主張。但，個人自由的涵義雖平易而淺顯，它在今日卻是非常的重要。離開了它，我們不能反共；離開了它，我們也不能達成民主。

反共鬭爭，是一種所有的自由人民與所有的鐵幕世界被奴役人民聯合起來，對付國際共產匪徒暴力統治的一種鬭爭。如果說，在這場鬭爭中，我們祇以國家自由而不以個人自由爲號召，則至少俄羅斯的被壓迫人民不會參加我們的行列；不僅不會參加我們的行列，並且還可能與我們站在敵對的地位。同時，如果不是爲了追求個人自由，其它共產統治地區的人民也僅僅會做到反俄而止，無須從反俄進一步而反共。反共鬭爭，在本質上是一種被奴役人民與暴力統治的對立，而不僅是國家與國家的對立。如果我們祇是反俄而不反共，我們可以單提國家自由而不提個人自由；但如果我們的終極目標是要在這個世界上澈底消滅共產主義，那就祇有個人自由的召號才是普遍適用的。

至於個人自由與民主政治的關係，似無需細說。自由與民主，縱然不是同義詞，卻確如鳥之兩翼、車之兩輪那樣的不可分離。但正如上文所說，民主政治與所謂國家自由，卻全不相干；專制的、極權的國家，它對外也可以是完全自由的國家。

在我們目前所擔當的反共與民主這兩大任務之中，對反共，沒有人提出反對，對民主，似乎至少也沒有人願意公然提出反對。卻爲什麼還有人來反對爲反共與民主所必要的個人自由？我們不願分析那些反對者的動機，但他們所提理由之脆弱，卻是驚人的。有一種似乎最爲聳動聽聞的理由是這樣說：過去共產黨徒及其同路人曾經拿假民主假自由來從事顚覆政府的活動，所以我們現在不該再談自由，甚至不該再談民主，一談自由民主就將爲共黨匪徒所乘，甚至談民主自由的人本身就有共黨同路人的嫌疑。二月七日中央日報的社論，就可說是這一種論點的代表。（見附註）照這樣，凡是共黨及其同路人所說過的話，都不能說了。共黨及其同路人也說過愛國，而且至今也仍然在那裏強調愛國；共黨及其同路人並且還宣揚過三民主義，而且三民主義的民生主義中還淸楚說過民生主義即是共產主義，而它確曾以此種宣揚分化了國民黨的一部分黨員。爲什麼民主自由不能再談，而愛國與三民主義卻仍然可以而且應該大談特談呢？如果民主自由不能再談，則愛國與三民主義等等，也同樣的不能再談，在所有好話都被共產匪徒說盡以後，我們大家都祇好永遠的三緘其口。

奇怪的事情還不止此。共黨匪徒已把好話說盡，壞事做盡。我們這裏一些人對他們所說的假意的好話，認爲不能再談，民主自由的崇高理想因爲曾經被共黨匪徒所褻瀆過而不要了。誠如此，我們的反共，究竟所爲何來？我們那些叫得聲嘶力竭的「反極權」「反奴役」的口號，豈非成了無的放矢。

在此時此地强調個人自由是必要的。我們如此堅信，我們如此堅持。共產黨現在的統戰攻勢，沒有動搖過一個愛好自由的人士。而在自由中國裏，竟然有人于一夜之間，要把愛好自由的人士，全部劃歸共產黨的陣營。這簡直是要爲共產黨達到共產黨自己所想達到而始終不能達到的目的，這眞値得駭懼，這眞値得警惕。

（附）以下是中央日報二月七日以「共產主義破產以後」爲題的社論後半篇的轉錄：

『……但是我們仍須警覺。今日中共匪徒還有一條出路。這就是從前國民政府於民國二十三年剿匪勝利之後，共匪從江西化整爲零，經過湖南、貴州、青海，到達陝北的時期，那共匪眞是末路窮途，一切的一切都告完結。但是當時卻有一些自命「民主人士」，組織「自由大同盟」，「抗日救國會」，在「獨立」，「中立」，「民主」，「自由」，「團結」，「救國」，所有字典上好聽的名詞之下，大肆鼓吹。同時又把「專制」，「獨裁」，「反民主」，「不自由」，「法西斯」，所有字典上惡劣的名詞，加到政府與中國國民黨的頭上，大肆攻擊。於是鄒韜奮、李公樸、史良、章乃器等，七日七夜，變成了舉國聞名之「七君子」。世界上那有這樣便宜的名流？實際上這叫做「民主鬭爭」，也就是共產主義降落到低潮之時的一種政治詐術。此後，這些救國會的「君子」之流，更與國際共黨的同路人，互相唱和，硬說「中共不是共產黨」，「中共是土地改革者」，「中共是農民民主派」。而朱毛奸匪就是在這「民主」僞裝之下，欺騙國際社會，欺騙國內民衆，控制了大陸，建立了鐵幕統治。

我們必須警覺。今日國際社會上，又有同樣的政治詐術重新演出。今日的說法，稍有變更，就是說「中共是農民馬克斯主義者」，「中共不是史達林主義，也不是狄托主義，而是民族共產主義」。同時在我們中國社會之內，也有同樣七日七夜變成名流者之活動。「民主」與「不民主」，「自由」與「不自由」，「獨裁」與「反獨裁」，這一套陳舊的東西，又貼上自由主義的商標而出現於市場之上。

我們中國反共鬭爭的歷史不爲不長。我們今日國破家亡的慘痛不爲不深。我們總不該再讓共產主義於其本身破產之後，又利用「民主鬭爭」來復活。我們更不該讓朱毛共匪於騙取大陸各省之後，再騙取臺灣。我們相信那七日七夜七君子的笑劇，決不會重新演出於今日，如此則我們的警覺也就是多餘的。我們希望這種警覺是多餘的。然而共匪狡詐多端，即令是多餘的，也還是應該警覺！』

這是明明白白說：凡是今天在自由中國談自由民主的人們，都是共黨同路人如「七君子」之流。我們要代表愛好民主自由的人們，向中央日報及發表類似論點的刊物與報紙，抗議這種含血噴人的搆陷與誣衊。

從日本的已變看日本的未變

徐逸樵

一

日本會變嗎？日本會大變嗎？如果會大變，究竟會變成爲一個什麼型的國家？這是這幾年來注意國際事情者所最關心的一個問題，尤其是所謂民主國家所最關心的一個問題。事實上，這個問題不僅爲民主國家所關心而已，而且也爲日本人本身所關心、所焦急。他們這幾年來對於這些問題，議論得很多，關心得很切。然而儘管大大地在議論，到現在還得不到一個可觀的推論，儘管殷切地在期待，而事實的發展却並沒有符合他們的期望。於是他們有些奇怪起來了，也有些焦急起來了。奇怪和焦急就是看不清事物的心理。他們於奇怪焦急之餘，很自然地又會回到以下三個老問題中去打圈：(一)日本會守住民主陣營中的位置嗎？(二)日本會轉到A·A集團方面去嗎？(三)難道日本眞會共產化嗎？可是儘管在打圈，而事實上還是各是其是地在希望着、期待着。

我要特別喚起關心於這一問題者的注意：如果眞正有誠意觀察日本的將來，有一個極其重要的前提不能不首先守住，那就是千萬不應該自囿於某一自製的特定的牢籠中；說得明白些，就是千萬不應該主觀地，自願地抱定了日本除掉反共以外是絕對要不得的或者是不可能的一類硬化的觀念。如果抱定了這一類硬化的觀念，不僅會失掉研究問題應有的態度，而且包不定會有大大跌入於失望的深淵的可能。道理很簡單，日本的變化或發展，和任何事物的變化發展一樣，是不可能會遷就某種主觀的、硬化的、期待式的觀念的。他如果眞正有大變化的一天，這種大變化固然不會遷就共產國家主觀的、硬化的觀念的，也不決不會遷就所謂民主國家主觀的、硬化的觀念的。他是必然會根據自己的需要而選擇其應該大變的道路的。

二

觀察日本的將來當然是一個非常複雜而困難的問題。我們所能爲者，只是根據歷史的發展和各種複雜錯綜的現實，抽出一些重要的原則，作爲判斷的基準，從而推測其往後可能進行的道路而已。在這裏，讓我們先就日本史中幾個劃時代的大變化，去看一看其中究竟有沒有什麼共通的大原則，可以作爲我們判斷的基準。

凡是明白日本史的人都知道，日本在一千多年來的歷史中有過三個大變化：第一個大變化是「大化革新」，是第七世紀中的大事；第二個大變化是「明治維新」，是十九世紀六〇年代到八〇年代的大事；第三個大變化是最近的大侵略遭到大慘敗以後的大事，吾無以名之，姑名之曰「美式維新」。這三個大變化中，第一第二兩個是眞正的大變，因爲變得極深刻極普遍，幾乎把日本變成了和以前完全不同的東西，而最近第三個大變，儘管外表被變得很不同，而事實却並沒有使日本脫殼；過去的怪物還在彷徨着、纒擾着。

爲什麼第一第二兩個大變化會使日本脫殼了，而第三個所謂大變化還沒有做到那樣呢？說得更眞實一點，爲什麼第一第二兩個大變化會使日本成爲從蛹到蛾似的變，而第三個所謂大變化會使日本依舊止於蛹的階段，甚至幾乎使日本變成了畸形的蛹呢？這就需要多說幾句了。

先說「大化革新」吧。大化革新進行於第七世紀，就我國的時代說，就是隋末和唐初(最大部分在唐初)。在大化革新以前，也就是在大化革新之父聖德太子(五七四——六二二)以前，日本雖然已經成功了一個古代國家的形態(註一)，可是那個國家是極其粗野無文的古代奴隸小國的連合體。他是一個無文字、無文物、無典章、無制度的以一個最大豪族爲首領的被豪族們連合支配的奴隸國家。這個奴隸國家是相當蠻勇的，喝嗜殺伐侵略的。他僻處孤懸於現在自關東以至九州一帶(九州大部分還沒有統一)，眩惑於朝鮮的大陸燦爛文化，不斷渡海過去侵略(註二)。他在亘二百年五十年左右長期的多次侵略當中，掠奪到無數的婦孺、壯丁、財帛、珍寶，尤其是許多知禮儀、通四書五經、僅工藝建設等智識分子和技術人員。可是以那樣粗野無文的掠奪集團和文物制度較高的大陸國家相周旋，縱使在某一個時期或某幾個時期中得到了野蠻的勝利，總是無可能得到最後勝利的；不但得不到最後的勝利，反而在不斷侵略的當中，集團本身乃至集團所支配的本國社會漸漸發生了尖銳的矛盾而臨於崩潰的危機，於是所謂那個大化革新之父的聖德太子，便毅然決然改變大方針，開始國內大規模改革。那個嶄新的大方針就是聖德太子的新政和其更往前發展的所謂「大化革新」。

那些新改革並不是天上掉下來的，而是從大唐全盤抄襲過來的。而就政治、社會的範圍說，就是所謂「唐律」和「唐令」。日本史家稱那一時期爲「律令國家」，這是衆所周知的。事實上，所謂「律令國家」云云只是籠統的稱呼，決不能掩蓋當時抄襲的全貌。簡言之，在大化革新的時候，可以說一切的一切是「大唐至上」，也可以說固有的一切恨不得把他完全剝光，用大唐的一切來替代；說得更眞實些，恨不得把自己脫骨換胎，變成了唐人。日本那時爲什麼會那樣大澈悟、大變化呢？就是因爲通過朝鮮和稀疏「遣唐使」，在精神上全面感到大唐的偉大，在意識上澈底受到大唐的壓力。而在那時以前掠奪過來的新智識分子、新技術分子乃至其後陸續派去的「留學僧」，就成爲使日本澈底唐化的師匠。

第二個需要說明的大變化是「明治維新」。明治維新是對於大化革新以後積聚了千年以上的封建勢力的革命，而其直接對象則爲德川王朝(註三)。這個革命雖然是不澈底的革命，因之僅僅使日本成功了一個封建的資本主義國家，可是總算是一個了不起的大變化。明治維新前的德川政府是一個史無前例的封建剝削政府。他不但極嚴格地制限了國內人民的自由，而且極澈底地拒絕了和海外各國相交往。他不但陷國內人民於極度貧困之中，而且想使他們個個變成井底蛙，使他們不知道除掉封建日本以外還有其他廣大的世界。可是社會是活的東西，世界是在變的東西，少數人的關門統治是不可能永遠窒息活的社會和摒絕變的世界的。這樣子，到了十九世紀六〇年代，這個關門剝削幾乎到了三百年的封建王朝，由於國內人民反抗的增大和國外資本主義先進國不斷的扣關，終於完全崩潰了。德川王朝的崩潰，就是久久蟄居於冷宮中的天皇否極泰來的開始，也就是明治維新的開始。

明治維新所以可能，是因爲德川封建政治蹝到絕壁而不能不變，而那些使他變的因素是早已潛伏滋長於德川封建社會的內層中了的。那些因素之在物的方面者是逐漸成長到了德川封建統治機構無法再束縛他的「社會的生產力」，而在人的方面者却是思變的人民和從而巧妙利用之以推倒封建王朝的德川統治機構本身中的「下級武士」。那些下級武士的代表者就是大久保利通、木戶孝允、西鄉隆盛、板垣退助、伊藤博文、大隈重信、山縣有朋……之類。他們以後都變成了明治維新的功臣。

如果說，大化革新是唐化封建主義對於古代奴隸社會的革命，那末明治維新是歐化資本主義對於唐化封建主義幾經演變後而形成了的德川封建社會的革命。大化革新的外因雖然是初唐文化的壓力，可是從基本上說，他是出於自動接受的，並不是出於外力强迫的，因爲那時的唐朝並沒有什麼武力加到日本身上過；如果一定要說有過了的話，那也只有朝鮮白村江一役給他的教訓(註四)；可是白村江一役還是在大化改革的中間，和大化革新的場合大旨相同，明治維新的外因雖然是西洋物質文明的壓力，可是從基本上說，他也是出於自動接受的，並不是出於外力强迫的，因爲那時的西洋資本主義先進國並沒有大規模用武力壓迫他過；如果一定要說有過了的話，那也只有彼理將軍四隻兵艦的威脅和英法等國砲轟下關和鹿兒島一類(註五)。

我們在前面提到過，大化革新時期的唐化熱是異常熱烈的，對於大唐文化的接受是無條件的，全盤的。恰恰和這一時期相同，明治維新時期的西化熱也是異常熱烈的，對於西洋文化的吸收也是無條件的，全盤的。那時的西化熱到了怎樣發狂的程度呢？對於資本主義生產方式的採用是不顧一切的，對於西洋典章制度的模仿是囫圇吞棗的，對於西洋風俗習慣的摸擬是「城中好高髻，四方高一尺」的。像那位以明治維新的啓蒙思想家自他共許的福澤諭吉先生，竟大倡其得意的「脫亞論」——羞與落伍野蠻的東洋人爲伍，主張「脫亞」而「入歐」！是的，那時的日本人不但不願意做東洋人了，而且不願意做大和人種了；他們異想天開地想把大和人種變成隆鼻的高加索人種了！吾人不敏，誠不解果何所據而須隆鼻爲高加索人種也。然而他們偏要那樣胡思亂想，亦可見其熱情橫溢之一斑矣。

第三個大變化是眼前的大事，似乎可以不必特別說明。我們所以稱他是「美式維新」，因爲從表面看，戰後六年間的日本好像是被同盟國家根據波茨坦宣言而管理而改革的，可是事實上乃是美國一手包辦的。這個所謂美式維新，任何明白十年來的日本事情者都知道，是已經老早失敗了的。他所以失敗，就美國施政方面說，完全在於：(一)用片面的外力方式去强制日本服從，這明明是以力服人而並不是以德服人的方法；(二)假手於和戰前統治者血脈相通的日本政府去執行，這明明是換湯不換藥的治病方法；(三)用美國政府屢經試驗而屢次失敗了的若干基本政策(註六)去强制日本實行，這明明是開始就無自信的嘗試；(四)最基本的問題點是用資本主義的基本原則去變化資本主義的基本原則，也就是用同一基本原則去變化同一基本原則，這明明是犯了羅輯上基本的錯誤；(五)最重大的致命傷是出爾反爾，自己衝突——眞實地說，離許多基本的重要指令剛剛發出只有幾個月(註七)，就暗示日本可以走舊路。他所以失敗，就日本人的心理方面說，尤其是就日本上層階級的心理說，完全在於這兩點：(一)決不服氣——他們肚子裏都這樣說：日本是物質方面失敗，決不是精神方面失敗；美國的文化並沒有什麼高於日本的，美國的國際正義並沒有什麼勝於日本的；(二)決不感激——他們肚子裏都這樣說：美國對日援助並不是爲日本而是爲美國本身，美國對日本援助並不是爲人道而是爲利害；如果爲人道，那末爲什麼在戰後半年中日本人幾乎要餓死凍死的時候並沒有一點接濟呢？如果爲日本，那末爲什麼當初要解除我們的武裝而一轉瞬又要我們重整武裝呢？如此云云。理由是不易畢述的，只靠三言兩語尤其是不容易說淸的，好在十年多一點的事實都放在眼前。我人縱觀十年多一點的事實，不妨率直地說：儘管我們了解美國的立場，同情美國的心事，可是就事論事，古今中外任何對內對外政策失敗之速與慘，恐未有逾於此美式維新之甚者！又不妨率直地說：儘管美國政府在那裏自慰慰人，日本政府在那裏自欺欺人，美國的同盟國在那裏自寬寬人，美國對於日本的最高威信期是老早過去了的，相對地說，日本以舊金山和會爲轉點，老早已由被動的順從轉到自動的敬遠了，而這種敬遠還是加速度的。「美式維新」在今天所遺留於日本的是什麼呢？就經濟方面說，只有資本和技術相當深入的控制；就軍事方面說，只有大量基地的掌握和通過武器援助而相當抓住日本自衛隊。此外不是已被一掃而光之，也就是已經淡化得差不多化光了。這算是大變化？況且經濟的和軍事的遺續也不是永久可靠的呵！

我們在前面，簡單地，掛一漏萬地談過了一些日本史上三大變化的情形。

如果追索歷史的發展而有某些啓示或敎訓可尋的話，那末以下幾個大原則是不是可以作爲我們觀察日本可能發生大變化的啓示或敎訓呢？

(一)眞正的和其後果比較持久的大變化必然是出於自發的，自動的；強制的，被動的變化是不可能持久的，當然不是眞正的。所謂自發的或自動的，是指社會內部的發展到了某一階段的時候的必然的要求。

(二)這種出於必然的要求而發生的大變化必然會進行得異常迅速的，劇烈的，全面的，而又可能是極澈底的。換言之，那就是大革命了。大變化也就是大革命，可是大革命不一定是流血的。爲什麼呢？大化革新是大革命，可是並沒有大流血。

(三)特別在日本的場合，這樣發生的大變化極有可能摸擬於自己認爲精神上給他的壓力實在太大的國家，文化上給他的嚮往實在太強的國家，物質上給他的引誘實在太多的國家。如果這樣的國家而一旦眞正出現於這個世界的話，將不問其距離之遠近，他是極有可能會立刻傾心以從的。

三

以上(一)、(二)兩項是關於大變的大原則，是從日本三大變化中抽出來的，因之可以不必再說明；第(三)項也一樣從日本三大變化中抽出來的，本來也可以不必再說明了的，可是我們旣然標明着「特別在日本的場合」云云，所以不能不再說幾句。一般硏究日本專情者常常這樣說：日本是好模仿的國家，日本是一個缺乏獨立文化的國家。是的，這種指摘是正確的。爲什麼呢？在德川封建時期和其以前亘千餘年間，日本的一切原是中國的東西，其有不甚像中國東西的東西，也不外是橘逾淮而成枳一類的變形，這是任何一個有相當智識水準的日本人所異口同聲承認的；在明治維新後的九十年間，物質文明是西洋的移植品，精神文明是中西參半，或中多於西、或西多於中相互參合的東西。其所以如此，因爲受自中國的影響實在太大太久太深，僅僅九十餘年的西洋物質文明的力量還不足以拔除或改變那些中國的成分，這又是任何一個有相當智識水準的日本人所應該承認的。這種種，都是日本是好模仿的國家從而是一個缺乏獨立文化的國家的最好的說明。可是問題是：結論儘管是那樣，那末日本究竟爲什麼會成爲那樣的國家呢？大家都承認，任何一個民族和任何一個個人一樣，是有自尊性的，是有剏造性的，那末爲什麼獨有日本那樣一個相當優秀的民族會成爲好像缺乏自尊性、剏造性、偏好模仿而不喜有獨立文化的民族呢？優秀的民族是必然具有優秀的自尊性和剏造性的，缺乏自尊性和剏造性的民族是不可能成爲優秀的。我們旣然承認日本民族是一個相當優秀的民族（事實也是如此），那末對於這一奇異的矛盾究竟應該作怎樣解釋呢？關於這一個異常重大的問題，我認爲除掉在日本特有的地理條件和特有的歷史條件相互作用中去求解答以外，是幾乎無可能得到適切的答案的。

我們在前面已經提到過，日本在聖德新政和大化革新以前，是一個極其粗野無文的民族。這個民族究竟從那裏來的呢？一直到現在還沒有得到一致的結論。過去許多御用學者說；日本是天孫民族——從天而降的民族，這正是他們不是有難言之隱也必然是無從稽考的證據。這個民族在那時以前粗野無文到了什麼程度呢？這裏有幾段中國古文獻的記載，可以供我們了解的參考，而這樣的古文獻，一直到今天還是日本第一流有良心的學人認爲是最可靠的資料：

「倭在韓東南大海中，依山島爲居。自武帝滅朝鮮使驛通於漢者三十許國……土宜禾稻麻紵蠶桑，知織績，爲縑布……其兵有矛、楯、木弓、竹矢，或以骨爲鏃……男子皆鯨面文身……其男衣皆橫幅，結束相連，女人被髮屈紒，衣如單被，貫頭而著之……欲食以手，而用籩豆。俗皆徒跣，以蹲踞爲恭敬……」

——後漢書東夷傳・倭——

「開皇二十年(註八)，倭王姓阿每……遣使詣闕。上令所司訪其風俗，使者言倭王以天爲兄，以日爲弟，天未明時，出聽政跏趺坐，日出便停理務，云委我弟。高祖曰，此太無義理，於是訓令改之……故(古)時衣橫幅，結束相連而無縫，頭亦無冠，但垂髮於兩耳上。至隋，其王始製冠，以錦彩爲之，以金銀鏤花爲飾……其王朝會必陳設儀仗，奏其國樂……戶可十萬，其俗殺人，強盜及姦皆死……每訊究獄訟，不承引者，以木壓膝，或張強弓以絃鋸其項，或置石於沸湯中，令所競者探之，云理曲者卽手爛，或置蛇甕中令取之，云曲者卽螫手矣……無文字，惟刻木結繩。敬佛法，於百濟求得佛經，始有文字……」

——隋書東夷傳・倭國——

這兩段紀錄很清楚地告訴我們：日本在隋以前，也就是在第六世紀以前，基本上是沒有文字的，不能做衣服的（「衣如單被，貫頭而着」——衣服是一塊在中間弄一個穿頭的洞的大布），不知道用碗筷的（「欲食以手」），審判案件要請敎滾湯和毒蛇的，沒有什麼典章制度的。初步的典章制度要到隋才出現，因爲「至隋，其王始製冠」，「而製冠」就是原始政權起碼的象徵。至於那些「錦彩」、「儀仗」、「國樂」、「金銀鏤花」之類是天上落下來的嗎？是「貫頭而着」的民族睡了一晚就突然會想得出來做得起來的嗎？那是不待問而知的。

這樣一個粗野無文的民族在那時所處的地理的位置當然還是今天的位置，而他的近隣當然還是和今天沒有兩樣的中國大陸，可是我們於此應該需要特別注意到的有二點：(一)中日交通之於今天者早已一葦可航，而在那時候却有類於十五世紀末期西歐之於美洲新大陸；(二)中國文物在今天當然不值得日本怎樣羨慕，而在那時却有近於新大陸土着文化之於西歐文化。可是那時的西歐冒險者是文明其外而惟掠奪是務的人種，而中國却是一向是「厚德而薄來」的溫雅大國，新大陸的士人是智慧的落伍者，而當時的日本民族雖然是「貫頭而着」的，可是本質上是一個聰明的、優秀的、企圖心很旺盛的民族。試問這樣一個有待於啓發的陷於文化饑荒的民族，一旦和大一統的優秀燦爛的隋唐文物制度相接觸，那有不降心相從拼命模仿的道理呢？又何況那時的日本天皇——豪族統治集團的首領，因爲和其他豪族一氣不斷從事於對韓侵略和對內酷使發生了豪族內部的傾軋（服部豪族對蘇我豪族、蘇我豪族對天皇豪族等）和廣大農民（實際上是農奴）的不滿，正在苦悶於如何重新編組當時的農奴社會，使得政權可以從危難中重新鞏固起來，而當時大唐的律令乃至其他的一切，正是以聖德太子爲代表的天皇豪族所求之不得的理想的東西呢？

前面說，那時日本的唐化（中化）是全盤的、無條件的。全盤的、無條件的唐化，就是全盤的、無條件的模仿。人性是可伸可縮的，也就是可尊可卑的。自尊性在妙小事物的前面是會更自尊起來的，相反地，在偉大事物的前面是會卑小下去的。剏造性在迫切需要某種事物而又無代物可求的時候是會無限發揮出來的，相反地，在迫切需要某種事物而恰恰有這種事物可以不勞而獲的時候是會退縮下去的：在剏造性退縮下去的瞬間，就是模仿性全面呈露取而代之的瞬間。如果這種看法而沒有大錯誤的話，那末我們對於所謂日本民族是好模仿的乃至日本是缺乏獨立文化的國家的一類現象論的奧底，應該給他這種比較深一些的解釋。

日本那時的中化既然是全盤的，無條件的，那末對於舊的一切當然需要大大的清算，對於新的一切當然需要大大的咀嚼、消化。這是斷乎需要很長很長的時間的；如果還是貪多無饜而繼續輸入盛唐以後中國文化的話（事實上也沒有什麼了不得的東西可以輸入了），他是會陷於消化不良而脹死的，同時在事理上也是無需要，無可能的。這就是大化革新以後所以長期間封建關門到了千把年的主要理由。這就是等於說：「够了！够了！」於是關上大門慢慢消化。他在關門消化的某幾段時間，常常自信以爲消化得差不多了，因而也想努力於獨立文化的剏造，可是幾經努力所獲得的成就，像其後千把年中間所謂「和歌」、「國學」、「神道」一類新瓶陳酒的東西，縱使說那一些是已經分別被滲雜進了一些漢詩、儒學、佛學一類的精華，可是總是比不上中國文化的高明偉大，因而在思想、文化系統上，總還是以儒學、佛學和中國文藝爲萬流所朝宗。這就是縱使受了明治維新以後西洋物質文明的大洗禮，而日本民族還是深深富有中國色調的原因，也就是縱使想剏造，而幾經努力的結果，總是剏不出勝於外來的獨立文化，因而剏造性終於被長期退藏了的原因。

從這一些，我們不難了解上面所擧的日本大變化的原則(三)，從而不難了解爲什麼日本是好模仿的國家，日本是缺乏獨立文化的國家。他既然有現存的和美不勝收的他國文化，那末爲什麼不模仿呢？他既然有高度的自願接受的，而又是遠勝於他自己能剏造的外國東西，那末又何貴乎獨立呢？於是自尊性也就暫時退縮了，從而剏造性也就暫時退縮了。然而退縮也就是潛伏，根本上並不是萎縮，更不是不存在，這是需要我們了解的。

日本在德川政府末期又發生了第二次大變化，那在前面已經說過了。日本那時的封建鐵門被歐美先進資本主義國家一打開，映入於那時三千萬井底蛙式的封建人民的眼中的是鐵甲、輪船、大砲、洋槍、機器和其他資本主義生產機關生產出來的商品，是跟着資本主義生產力的發展而發展出來的典章、文物、制度。這些東西和典章制度是完全和他千把年來自己陶醉中的唐式東西完全不同的；威力是要强得多的，型式是要新得多的，誘惑力是要大得多的，經過了小小幾度抵抗（攘夷）之後，大大覺悟到自己的一套是完全不行的，於是又完全屈伏了，心悅臣服了。於是通明治維新，甚至通明治維新以至第一次世界大戰，也可以說從資本主義化的開始以至資本主義的成立和發展到帝國主義的全期間，日本又進到第二度高潮的大模仿，大外化，從而又進入到第二度高潮的自尊性和剏造性的大退縮。這個退縮到了第一次世界大戰以後當然又漸漸伸長起來了，那就是全盤地無條件所接受西洋東西經過了相當期間的消化，自信以爲有資格可以剏造獨立文化的表示；這個伸長和自信的表示可以求證於「皇道樂土」和「東亞共榮圈」一類狂妄思想和行動。可是根苗究竟太淺了，源流究竟太短了；曾幾何時，遭到了幾乎粉身碎骨的悲運。那悲運就是十年前眼前猶生的大事，於是剏造性又大大退縮了。

照常理說，這又是日本大變化的機會了。然而我們已經提到過，幾乎粉身碎骨是事實，而實際上竟沒有什麼本質上的變化，這究竟又是什麼道理呢？道理是已經說過了的；最重的是對於征服者的不服氣，不感激。再嚕囌說幾句，他一直在心坎深處嘰咕着：你也是資本帝國主義，我也是資本帝國主義，有什麼值得我敬佩和模仿呢？你有原子彈，我屈伏了，可是我也有仁科博士當時正在研究而即將完成的原子彈，如果假我以不太長的月日，不是你也有領略和製原子彈的滋味的機會嗎？又有什麼值得我敬佩和感激呢？你說對我有恩惠，有援助，有……那只好讓你說囉，我又怎好不點頭稱是呢？

四

我說日本十年來沒有什麼變，一定會有許多人提出抗議。是的，日本是變了，什麼也變了。變，是宇宙間一切的經常現象，又何况乎日本受了那樣的慘敗、被管、被改呢？可是讀者所關心的是大變囉，是本質上的變囉，是「大化革新」或「明治維新」一類的變囉，那末這一次十年來所謂變的裏面究竟有沒有那樣變的象跡可以尋到呢？要知道，現象與本質之間是應該有分別的，小變與大變之間是應該有分別的，千萬不要因爲日本有現象上五花八門的變而認爲已經大大變了，更認爲已經向着美國變去了。如果那樣看那簡直會笑煞吉田茂先生、鳩山一郎先生、天皇先生的。

可是問題是，日本雖然慘敗了，蹝壁被動地改過一陣了，而依舊不但對於改革醫生不感激，不服氣，而且悻悻然指爲多事和不識相；同時環顧十年來瞬息萬變的周圍和睿視自己所處的困境，則又不勝孤獨和窮拙的感拙。孤獨窮拙是斷乎不能持久的，從事理之常說，這是必然要變的預兆。日本是善變的民族，從他包括地緣學範圍在內的地理條件和民族秉賦兩相交互作用的觀點上說，是一個認爲必要時會不管一切而大變的民族，這是筆者從種種角度分析之後所得到的結論。

那末日本這樣大變嗎？那要看此後世界大環境的變化，特別是日本千餘年來具有緊急依存關係的近隣此後可能的大變，對於他究竟會發生怎樣精神上的壓力和物質上的引誘以爲斷了。東南亞諸國在大變囉，可是那些國家會經是過去日本帝國主義賴以喂大的一個重要區域；而今而後，日本是否還會有那一天呢？中國和朝鮮，縱使是民主國家所不樂意的，也是不容否認地在大變囉，可是這二個國家更是過去日本帝國主義賴以喂大的一個更重要的區域；而今而後，日本是否還會有那一天呢？中近東一帶也在大變囉，可是那些國家也曾是過去日本帝國主義分嘗了西歐帝國主義的殘羹而助成其所以大的區域；而今而後，日本是否會有取西歐勢力而代之的一天呢？

日本十年來沒有本質上的變，這是稍明事理者應該會承認的事實。此後呢？大變也好，小變也好，飛躍地也好，漸進地也好，如果在本質上有那樣變的可能，那完全要看整個世界大環境的變，特別是剛才所提到的三類較近區域的大變情形如何以爲斷了。就日本本身說，時至今日，在國際地位的比重，特別在亞洲國際地位上的比重，早已遠而又遠地不逮當年了；然而他又不肯降心相從地跟着美國走，事實上，任你怎樣地助言，他也決不會不恥下問地聽你說，這就是民主國對於日本所以焦急憂慮的大結點。可是客觀事實既然是這樣，那末日本此後究竟會怎樣呢？不憚贅言地結一句：此後日本的變或不變（都是本質上的），只有看環境對他精神上的壓力究竟如何，和物質上的誘惑究竟如何，至於日本本身的小小分量的增減，只能起些極小的制衡力，決然無法成爲任何意義的決定力，那是不妨率直斷言的。

一九五六、九、十四。於江戸寓室

（註一） 日本以現在的大阪、京都、奈良爲中心初步形成古代國家形態的時期約在紀元四世紀中葉。此時中國國勢衰弱，形成南北相對峙之局，日本乃乘國內初步統一和中國勢力失墮於朝鮮之機會，多次大擧入侵朝鮮，然一面仍頻頻遣使至南朝宋、齊、梁、陳各朝廷稱臣連絡，目的爲乞取「征東大將軍」一類頭銜，作爲威脅朝鮮各小國的工具。又那時所謂統一，其範圍僅限於自今日之關東以至九州一帶，九州大部分仍係未被統一的區域。

（註二） 侵略朝鮮開始於四世紀中葉，正確的次數無法稽考。通四世紀中葉至七世紀中葉，閗歇的侵略次數很多。到天智天皇稱制二年，即唐高宗三年（六六三年）最後一次大侵略遭到在白村江一帶的大慘敗，於是纔完全放棄侵略，以全力一心從事於唐化。

（註三） 明治維新以前天皇的處境是極可憐的，在德川幕府二百六十多年當中的待遇還比較好得多，因爲那時日本從久亂而又統一了，最大封建軍閥的德川一族認爲應該而且不妨給他一些優待了，可是他的待遇還比不上一個起碼大名（封建小軍閥）。那時候日本人只知有將軍而不知有天皇，外國人只知有大君（Tycoon）而不知有天皇，所以我們不妨稱那一時期爲德川王朝。

（註四） 中國方面以唐將蘇定方劉仁願爲統帥出師援朝鮮，白村江一役（六六三年），日本大敗，從此互千年左右不作侵韓之念。

（註五） 彼理將軍首次扣關是一八五三年，第二年迫日本簽訂首次不平等條約——「神奈川條約」。其後尊王攘夷大起。英國砲轟鹿兒島是洋人給予攘夷先鋒的薩摩藩維新志士的一個小教訓；英、法、美、荷四國軍艦砲轟下關是洋人又一次給予攘夷先鋒的長州藩維新志士的一個小教訓。這二個藩的維新志士受到教訓後，立刻轉攘夷爲親夷，誠心接受洋人的指導，拚命於日本的全般歐化，他們後來都成爲維新功臣。所謂明治政府，事實上就是這二個藩的功臣們所組成的「藩閥政府」。

（註六） 如「獨占禁止法」和「集中排除法」一類關於改革財閥的基本政策都是美國十九世紀八十年代以來屢試而屢失敗過了的政策。

（註七） 關於「財閥解體」的基本指令事實上都是如此。

（註八） 隋高祖文帝年號，時爲紀元六〇〇年，即日本推古天皇八年。

駁一種浮誇的歷史考證

——徐福何得為神武天皇？

宋　岑

近幾十年來，我國學術界研究的成果能引起國際重視，能在世界學術界中佔到地位的，首推史學。這因為我們在史學上有豐富的遺產，而前一輩的歷史學者們，又能本歷史應求眞的精神客觀的從事研究，不因政治作用而誇張傅會之故。近年來，這種風氣似乎在逐漸衰替。對古史的懷疑被認為有損於民族歷史光榮；而相反的，傅會神話傳說，擴展民族領域，誇張自己民族為別人的老祖宗之說，頗為盛行。

有人傅會西王母和昆侖之虛的神話傳說，指出世界人類是由印度猿猴移殖到塔里木盆地後進化而成。更穿插「北京人」等地下發掘物，引證三皇五帝及一切荒遠神話傳說，使中國歷史可以遠溯到世界沒有人類以前，而中國則是世界人類的起源地。也有人就發音轉相、拼湊，羼以傅會之設，說鮮卑即夏，即軒轅，即匈奴，即肅愼，即東胡，即突厥，即閃，即塞，而使亞洲古往今來各民族，無一非鮮卑，無一非軒轅黃帝之苗裔。與這種浮誇之怪論本質相同，而範圍較小的，是衞挺生先生的徐福即日本神武天皇說。神武天皇是日本開國神話中的主角，日本近代史學家已公認其為架空虛構的人物；徐福是為秦始皇入海求仙藥的方士，其最後下落不明。衞先生作「日本神武天皇開國新攷」，穿鑿傅會，說徐福就是神武天皇，而徐福為黃帝子孫，於是日本人也成了我們的血親。他想以此而促進中日兩兄弟之國的友好合作。他這本著作會受到政府的學術獎勵，最近衞先生正準備出英文版，以擴大宣傳。

學術界普遍的捧場風盛，而批評辯論缺乏，浮誇怪誕之說，竟因其能誇大民族光榮而受到鼓勵。這對我國史學界過去保持的客觀嚴正風氣，及其在國際學術界所受到的重視，都有不良影響。為此，筆者不揣譾陋，不避冒失，寫這篇辨駁之文。

衞先生所設想的徐福為神武天皇的情事，頗為曲折而富傳奇性，其整個情節是這樣的：

徐福是徐偃王之後，是皋陶、伯益之後，是五帝少皞顓頊之後，是黃帝子孫，其出身是名王、賢臣之苗裔。徐福生長於齊國之琅琊，地當齊、魯之交，為越之舊都，為戰國末年學習戰略最理想之都邑，故精通南面術與兵略權謀。在神仙之說方士之術上，齊國亦居於領導地位，而徐福又深得其中三昧。徐福久懷創業建國大志，熟悉海外情勢，當秦始皇於二十八年(公元前二一九年)遊琅琊時，徐福知有機可乘，先自琅琊，橫渡東海，航至日本九州視察一番，認為該地是移民建國的好地區。於是趕回來向始皇僞辭誘騙，准其徵發童男女數千，入海求仙人不死之藥。徐福於是載童男女及五穀百工移殖於九州。及後發現本州之地更好，於是準備東征。在九州生聚教訓將近十年，到始皇卅七年(公元前二一〇年)，又回琅琊向始皇請求連弩，不得，乃於徐、揚一帶自行採購銅砂而去。歸即展開向日本本州島東征的軍事。東征之第八年（公元前二〇三年），即位於大倭。東征建國成功之後，徐福又運用神仙之說，使自己神化；又用愚民政策，徹底消滅原來的中華語言文字。於是徐福移民開國之眞實情形乃隱沒，而其所製造的神化乃代替此史實流傳。此神化的主角稱為「神倭磐余彥尊」，而神武天皇為後世追加的漢諡。神武天皇實即徐福。

以上是就衞先生的結論，勾稽出的故事內容，其中辭句多用原文。

衞先生用以證實上述假設情節的論證，主要分為兩部分：

一、從中國史籍上有關徐福紀載，推定徐福確已稱王海外，並推定稱王之地，確為日本之畿內。

二、以日本神武天皇開國傳說，與徐福事蹟相比較，找出許多「巧合」之處，二者稱王建國的地點，建國的時間，建國的經過，建國政策作風，處處吻合。同時同地不可能有兩個事迹作風相同的建國者，因而證明神武與徐福為一人。

衞先生引用的材料頗為繁富，但對這些材料，處處穿鑿傅會，事事曲為解說，用以製造出各種「巧合」。其製造巧合的方法，可以舉一例如下：

徐福能否成為神武天皇，年代問題當然是一大重要關節。照日本舊史的說法，神武天皇即位於公元前六六〇年，我國春秋初期周惠王十七年。而徐福則為秦始皇時代人，二者相去四百餘年。日本舊史傳說中的神武即位年代雖然不可信，但衞先生為了要使神武與徐福年代巧合，竟然以三十年為一世之平均數字，自卑彌呼(他認為確即神功皇后)死的那一年(公元二四七年)起，照日本舊史傳說的世代，上推十五世，而斷定神武即位之年為公元前二〇三年。（見該書第十七章從卑彌呼死去之年推算到神武即位之年）卑彌呼是否為神功皇后且置不論，衞先生這種用平均數字加起來推算某一特定年代的方法根本就是不妥當的。如此種方法竟可應用，則我們只要用若干年為一世代的方法推算，就可解決歷史上任何年代問題的疑難。天下那有如此隨心稱意的方便事？再說，以卅年為一世的假定，更是大膽的武斷。衞先生曾列擧東西各帝王世系的平均年代以爲佐證，其中長短不一，幾乎沒有一個王室的平均世代與另一個相同，而且每一平均數極少不有零數，但衞先生假定的神功到神武的平均世，却不多不少，恰爲整整三十年。爲何不假定爲廿九年多一些，或卅年多一點兒呢？沒有別的理由，只是「增之一分則太長，減之一分則太短」，算來算去只有以整整卅年爲一世的平均數，相加起來才可以使神武卽位年代與其所假定的徐福稱王日本年代「巧合」。試想，這樣製造出來的巧合可靠嗎？這種考證方法算正當嗎？

衞先生所謂徐福與神武間的巧合，旣多如此隨自己的臆想，照自己的需要牽强拼湊而成，實無逐一批判必要。以下針對衞先生的主要論點提出幾點辨正。

甲、比較中國史籍上有關徐福的記載，證明衞先生所引以爲有至高無上準確性的「徐福稱王海外」說，實在是辯士不究其實的虛浮之言。

乙、就中日兩國有關的交通史料，可以證明徐福携衆遠航日本是不可能的。

丙、從魏晉以前中華語文之在日本無留傳，足證徐福決未征服日本而稱王其地。

甲　徐福稱王海外說之不可靠

中國史籍上所載徐福事蹟和傳說可分爲下述三種：

一、秦始皇本紀中直接而最可靠的記載，計共三條：(一)始皇廿八年(公元前二一九年)「南登琅琊，大樂之，留三月。……旣已，齊人徐市等上書言：海中有三神仙，名曰蓬萊、方丈、瀛洲，仙人居之，請得齋戒與童男女求之。於是遣徐市發童男女數千人，入海求仙人」。

(二)始皇卅五年(公元前二一二年)「始皇聞亡，乃大怒曰：今聞韓衆去不報，徐市等費以鉅萬計，終不得藥，徒姦利相告日聞。」

(三)始皇卅七年(公元前二一〇年)「還過吳，從江乘渡，並海上北至琅琊。方士徐市等入海求神藥，數歲不得，費多恐譴。乃詐曰：蓬萊藥可得，但常爲大鮫魚所苦，故不得至。願請善射與俱，見則以連弩射之。始皇夢與海神戰，如人狀。問占夢博士，曰：水神不可見，以大魚鮫爲候。今上禱祠備謹，而有此惡神，當除去而善神可致。乃令入海者齎捕巨魚具，而自以連弩侯大魚射之。自琅琊北至榮成山弗見，至之罘，見巨魚，射殺一魚，遂並海西，至平原津而病。……七月丙寅。始皇崩於沙丘平台」。

始皇死後，天下大亂，徐福下落無從稽考。因而照最可靠的記載，徐福是下落不明的人。

二、史記、漢書所載伍被供辭中，有「徐福得平原廣澤，止王不來」之說，其說之不可靠，詳見下面考證。

三、三國志、後漢書中有關徐福到海外的傳言。

三國志孫權傳載：「黃龍二年(公元二三〇年)春正月，……遣將軍衞溫、諸葛直將甲士萬人，浮海求夷洲及亶洲。亶洲在海中，長老傳言，秦始皇遣方士徐福，將童男女數千人，入海求蓬萊神山及仙藥，止此洲不還。世相承有數萬家，其上人民時有至會稽貨布。會稽東縣人海行，亦有遭風漂流至亶洲者。所在絕遠，卒不可得至。但得夷洲數千人而還」。

後漢書東夷傳有云：「會稽海外有東鯷人，分爲二十餘國。又有夷洲及亶洲。傳言：秦始皇遣方士徐福，將童男女數千人入海，求蓬萊神山不得，徐福畏誅不敢還，遂止此洲。世相承有數萬家。其民時有至會稽市。會稽東冶縣人有入海行，遭風流移至亶洲者。所在絕遠，不可往來。」

後漢書成書年代較三國志爲遲，其中有關徐福入止亶洲之傳聞，當係自三國志轉抄而來，二者實同一來源。兩段記載或曰「長老傳言」或曰「傳言」，當然都是不可靠之說。再從時代先後看，二史載此「傳言」時，距伍被說出徐福稱王海外時已過三四百年，此傳言也可能就是受伍被之言的影響而傅會出來的。因之要看徐福稱王海外說是否可靠，先要嚴格的考查，最初說出徐福稱王海外的伍被之言是否可靠。

伍被是淮南王劉安的一個主要謀士。淮南王安因其父淮南厲王多行不軌，爲文帝判徙蜀中，於檻車中絕食而死。淮南王安雖襲封，且備受朝廷優遇，但終不忘父死之仇，久懷謀反之意，而伍被爲之策劃一切。其後反跡敗露，伍被到漢廷自首，供出謀反經過，力言他如何力勸淮南王勿輕舉妄動，又雅辭多引漢美，冀求免死。武帝逮捕淮南王安的符節未到，淮南王先已聞訊自殺，謀反情節已死無對證，而伍被的供辭便成了淮南王謀反案的唯一證辭，成爲當時一件重大文獻。史記淮南衡山傳中敍述淮南王安謀反踪跡，卽照錄伍被供辭，漢書又據史記所載，引錄爲伍被傳。兩史所記字句略有不同，但主要情節無異，茲照史記引出供辭中有關徐福稱王海外的一段。

「昔秦絕聖人之道，殺術士，燔詩書，棄禮義，尙詐力，任刑罰。轉負海之粟，致之西河。當是之時，男子疾耕，不足於糟糠；女子紛績，不足於蓋形。遣蒙恬築長城，東西數千里，暴兵露師，常數十萬，死者不可勝數。僵屍千里，流血頃畝。百姓力竭，欲爲亂者十家而五。又使徐福入海求神異物，還爲僞辭曰：臣見海中大神言曰：汝西皇之使邪？臣答曰然。汝何求？曰願請延年益壽之藥。神曰汝西皇之禮薄，得觀而不得取。卽從臣東南至蓬萊山，見芝成宮闕。有使者銅色而龍形，光上照天。於是臣再拜問曰，宜何資以獻？海神曰，以令名男子若振女與百工之事，卽得之矣。秦皇大說，遣振男女三千人，資之五穀種種百工而作。徐福得平原廣澤，止王不來。於是百姓悲痛相思，欲爲亂者十家而六。又使尉佗踰五嶺，攻百越。尉佗知中國勞極，止王不來。使人上書求女無夫家者三萬人，以爲士卒衣補。秦皇帝可其萬五千人。於是百姓離心瓦解，欲爲亂者十家而七。客謂高皇帝曰，時可矣。高皇帝曰，待之，聖人當起東南間。不一年，陳勝、吳廣發矣。高皇帝於豐沛一倡，天下不期而響應者，不可勝數也」。

衞先生以伍被能說出「徐福得平原廣澤，止王不來」是伍被得到特殊情報，「其正確性高至無可再加。此十一字，字字均有泰山之重」(見該書伍被的徐福情報來源考證一章之結論)。而衞先生全書，皆可以說是誇張此十一字之魔力，再加以幻想與傅會的結晶。但細加考證，伍被之說，實爲辨士歪曲史事的浮言虛語，沒有若何可靠性。

一、伍被爲一個舌辯之士，讀史記、漢書有關的記載可知。辯士游說時慣於誇張傅會，甚至歪曲史事，以求動人聽聞，達到勸說目的。辯士勸說之辭，實難據爲可靠史料。

二、伍被歪曲揑造史事有據。伍被在同一段話中所引史事，均有歪曲揑造處。如所引尉佗(趙佗)稱王南粵事，以及高皇帝(劉邦)事，或與信史相矛盾，或爲信史所無。以史、漢南粵傳與高祖本紀，比較伍被之言，其歪曲處甚爲顯然。關於尉佗事之錯誤，注漢書者業已指出。在「尉佗知中國勞極，止王不來」一語下，顏師古注曰：「南越傳云，南海尉任囂謂趙佗曰：聞陳勝等作亂，豪桀叛秦相立，卽被佗書，行南海尉事。囂死後，佗始自立爲王。今此乃言尉佗先王，陳勝乃反。此蓋伍被一時對辭，不究其實也」。趙佗在秦始皇有生之日，還在作着龍川會，伍被所謂稱王不來，及向始皇求女無夫家者三萬人之言，顯然係其揑造。王先謙補注漢書，亦指伍被之言爲「辯士之言，難可徵實也」。至於高皇帝曰：「待之，聖人當起東南間。不一年而陳勝吳廣發矣」一段史事，史、漢高祖本紀中均無。可以想到亦屬伍被揑造。因爲劉邦是個無所不爲的無賴，絕不是伍被所說的那樣不敢爲天下先，而又能屈指一算，預知聖人當起東南間的人。而且劉邦爲表示自己爲天命所歸，曾製造神話，如赤帝子殺白帝子，所居處望之有雲氣等。如確有其事，豈有不津津樂道者？史、漢又豈肯漏而不載？觀此兩件史事之歪曲亂引，伍被所謂「徐福得平原廣澤，止王不來」之說，與其認爲是他獨得的「特殊情報」，不如認爲是他故意揑造的浮言虛語。因爲伍被之言，也與秦始皇本紀中所載有關徐福的可靠史料不符或矛盾。一、照秦始皇本紀的記載，徐福並未先奉命入海求神異物，還爲僞辭，再徵發童男女入海。二、秦始皇於卅五年曾說：「徐市等費以巨萬計，終不得藥，徒姦利相告日聞」。可知徐福未攜童男女遠航海外，一去不返。自廿八年到卅五年，徐福藉入海求仙活動所作姦利勾當，始皇時有所聞。卅七年始皇再到琅琊，徐福又曾往見。周年不久，始皇卽死。可知在始皇有生之年徐福並未在海外「得平原廣澤，止王不來」。百姓悲痛相思欲爲亂云云，自屬揑造。

衞先生置伍被歪曲揑造史事的事例不顧，不理顏師古、王先謙等「不究其實」，「難可徵實」之考語，故意誇張强調，硬說伍被對徐福事獨得「特殊情報」，認爲是「至高無上的準確史料」，這種徒乘臆想，抹殺事實的態度，實非論史者所應有。

衞先生又誇張伍被浮言虛語中「平原廣澤」四字，認爲是確切不移的地理標誌，也就是說，一定是確指有平原兼有大湖的地方，於是他用列擧方式指出中國大陸海外有平原又有大湖，可爲徐福稱王之地只有日本本州畿內附近，又以此爲理由而確定亶州爲日本。但他沒有想到，「平原廣澤」只不過是西漢人形容廣袤富饒之地的習慣用語，並不是以作爲確定不移的地理標誌。如司馬相如子虛賦中有「楚亦有『平原廣澤』，遊獵之地，饒樂若此者乎」？又有「其南則『平原廣澤』，登降陁靡」。上林賦中又有「布濩閎澤，延曼太原」(注：閎大也，太原猶言廣原)。又塡阬滿谷，掩平彌澤」(注：平，原也；大野曰平)。兩賦之作均在伍被提出供辭之前。由前二例可知平原廣澤爲慣用之套語，由後例，可知平原與大澤更經常連用，其不足爲確切不移的地理標誌甚明。但衞先生則盡力誇張渲染此四字的力量，其諸多論證巧合，皆由此出。

乙　徐福遠航日本不可能

衞先生既誤認辯士伍被的浮誇說辭爲至高無上的信史，以爲徐福眞已稱王日本；又忽視秦漢之際航海術的幼稚，以爲徐福可直接航行中國與日本間，平安無事，來去自如。並且憑其想像，推定徐福先帶童男女移日本後，又來山東、江蘇海岸購運銅砂赴日，造作武器。我想若果衞先生肯對中日早期交通情形多加注意，當不致作此種無稽的假想。

就中國和日本有關之交通航路記載來看，中日間直接航路之開闢爲時甚遲，時在我國唐高宗以後。在此以前中日間來往之路線皆取道朝鮮半島，或由陸路經高麗、遼東，或航繞朝鮮西海岸，擇最近處渡渤海或黃海。其所以如此迂廻繞道，實由於航海技術幼稚，無法克服遠海航行之困難和危險之故。

我國燕、齊、吳、越等地之航海活動，雖開始甚早，但在魏晉以前，可靠之航海紀錄皆係靠近大陸之近海航行。規模大而航程遠者，一爲漢武帝時浮海攻朝鮮，一爲孫權浮海求夷洲、亶洲及自今江蘇北航遼東。除亶洲未能到達，而夷洲之所在迄無定論外，其他兩次航行，實際上仍然是近海航行。

漢武帝命樓船將軍楊僕自齊郡(今山東半島)浮渤海攻朝鮮。其航線大致係自山東半島北部渡渤海到遼東半島，再沿半島南下到今平壤附近海岸。航程雖遠，但橫渡之海峽約僅七十餘海浬，其間又有若干小島作中繼站，渡海到遼東半島後，則又靠海岸航行。航程如此，但楊僕之兵，入海仍多散亡，則當時航海術之幼稚，可以想知。時爲武帝元封二年(公元前一〇九年)，上距徐福入海求仙藥時，已達百年。

孫吳立國江南，着重水師，海上活動頻繁，航海知識和技術已較秦漢之際爲進步，孫權曾與據遼東的公孫淵相結，嘉禾二年(公元二三三年)曾以一萬兵北航遼東，但航程仍係緊靠大陸。因先一年三月孫權曾遣將軍周賀乘海之遼東，秋九月爲魏將田豫要擊，賴周賀於成山(山東文登縣東)。足證其航路之爲緊靠大陸沿岸。時距徐福入海求藥已四百五十餘年。

遠海航行與近海航行之難易，實不可同日而語。遠海航行由於方位不能確定，風濤險惡，非航海技術有相當進步不能達成。而近海航行則因靠大陸或島嶼，方向不迷，風濤較小，危險不大，即航海術較幼稚也還能勝任。因其如此，我們決不能假定近海航行可順利達成之航程，遠海航行也可能到達。

再就中日有關的交通途程之記載看，早期交通皆係繞道朝鮮，遼東，並無直航之記載。

後漢書東夷列傳載：「倭在韓東南大海中，依山島為居，凡百餘國。自武帝滅朝鮮，使譯通於漢者三十許國」。漢滅朝鮮，日本使譯才通，中日交通最初之經朝鮮可知。曹魏時，中國始有使節赴倭，其經行路線為自遼東、經帶方郡(今韓國中西部)，渡對馬海峽到日本。

馬端臨論倭有云：「倭人自後漢始通中國。史稱：從帶方至倭國，循海水行，乍南乍東，渡三渡，歷七國，凡一萬二千里，然後至其國。又言：去樂浪郡及帶方並一萬二千里。在會稽(東冶)之東，與儋耳相近。其地去遼東甚遠，而去浙閩甚邇。其初通中國也，實自遼東而來。故其迂廻如此。至六朝及宋，則多從南道浮海入貢及通互市之類，而不自北方。則以遼東非中國土地故也」。

照日本人木宮泰彥所著中日交通史的記載，中日間交通路線凡經幾處：㊀最初的交通路線是繞航朝鮮半島，自遼東半島渡渤海到山東半島。㊁到六朝時因遼東、華北為五湖所據，乃改由朝鮮中部仁川灣南的泰安半島附近，橫渡黃海到山東半島，再沿半島南下入淮河到楚川(今淮安)，或入長江到建康(南京)。㊂橫渡黃海之路線，海面距離約兩百餘海浬，危險性較大，因而到隋代統一後，日使入中國又改由㊀線。㊃唐初，日使入中國仍走㊀線，至唐高宗以後才開始中日間橫渡東海之直航。此新航路之開闢，受兩種政治力量的影響：第一、唐滅高麗、百濟，朝鮮半島惟新羅獨存，勢轉強大。新羅與日本為世仇，於是日本繞航朝鮮西海岸之航程乃受阻擾與威脅，而不得不易求新航路。第二、日本自南北朝以來，即伸張力量於朝鮮半島南端，建任那郡，後任那郡為新羅所佔，但日本仍藉百濟之親附，伸張政治影響力於朝鮮半島，至唐高宗滅百濟，殲日本援軍於白江口，日本完全退出朝鮮半島，於是轉而向南求發展，伸張勢力於琉球羣島北部。此兩種影響力乃促使日本放棄向北繞道朝鮮半島之航路，而追求向西南之直接航路。自唐高宗以後，中日間交通多採橫渡東海之直航線。但海面遼濶，風波險惡，漂流失事，時有所聞。日本第三、第四期遣唐使(約當我國唐中宗、睿宗時期)共十二次中，經由東海直航者共十次。其中有五次在去航或歸航中遭遇風險，或船舶漂失，或船破遭難，唐代中期中日直航之艱險於此可見。

其後因往來頻繁，航路漸熟，經多次漂流遇險之經驗，漸漸知道利用季候風。候風向來往，失事遇難情事才漸減少。其時已在我國唐代末葉。

由中日間直航由唐代開闢之事實及當時直航之艱險，我們實不可能想像或假定秦漢之際(距直航開闢時在八百餘年前)，徐福可以帶着數千童男女安然直航日本，並且徐福還能自大陸往日本輸運銅砂，往來平安自如。

再說吧，倘使徐福一行在秦漢之際知道而且能够直航中日之間，平安如意，而徐福及其所率童男女又入主日本，為萬世一系之日本統治者，則其後裔竟又忘却來時路，於八百年後，尚冒船破及漂失的重大危險，探求中日間的直間航路，無論如何也是說不通的事吧！

徐福自琅琊率眾直航日本之假設既為不可能，則其進一步設想的徐福如何備戰，如何東征，其事迹又如何如何與神武天皇東征神話「巧合」云云，均可以不問而知其為子虛烏有了。

衞先生又列舉若干日本保存的古物及地下出土物，並且把年代也推定為秦漢之際，以為徐福入王日本的佐證。但就實際而言，不管那些古物是否確為秦漢之際的器物，又是否確為秦漢之際埋入地下，都不能作徐福稱王日本的佐證。

日本的倭奴國與中國正式相通在漢光武帝時，但在此正式交往前，中國文化以朝鮮、三韓為媒介間接輸入日本，也是可能的。文化器物之間接輾轉交流，往往先於兩國之正式交往，張騫在大夏，已見蜀布、印杖經由西南夷與身毒輾轉流入，即是一個好例證。就地理形勢來看，遼東和朝鮮半島是中日間交通往來的天然橋樑。因日本最西之九州島與中國大陸最近之航程將近五百海浬，在造船術和航海術幼稚時期，橫渡如此廣濶海面，直接交往沒有可能。但九州與朝鮮半島則只隔寬約一百浬之海峽，其間又有對馬島、壹岐島作中繼站，雖在航海術幼稚時期，橫渡亦無多大困難。另外在朝鮮半島東南部海岸(今慶尚南北道，古辰韓地)，因有日本海洄流可資利用，在航海術更原始時期，亦可順洄流之推移力，航往日本本州之山陰北道等地。大陸文化器物之傳往日本，最初經由此兩道，殆為無可置疑之事。

相傳朝鮮開國始於周初箕子之受封，戰國後期，燕國已闢地至朝鮮，秦漢之際，燕、齊人亡命入朝鮮者甚眾，漢初燕人衞滿即糾結此輩稱王建都於王險(今平壤)。中國勢力，中國文化之入朝鮮如此其久，如此其盛，而日本與朝鮮半島之交往又較為方便，則假定秦漢之際中國文物經由朝鮮輾轉傳入日本，亦非不可能。於此亦可想知，如果燕齊神話，秦漢之際的器物果眞影響日本，存在於日本，亦不能作為徐福率童男女自琅琊直航而稱王日本之佐證。地理形勢顯然，交通記載明確，遼東朝鮮為中國早期文化輸往日本之途徑，任何人不能抹殺此明顯史實，而強以日本最初受中國文化之影響，指為徐福直航稱王日本之結果也。

丙　絕滅自己語文之荒誕

秦漢之際，日本土著之原始落後，乃無庸贅言者。當時徐福若眞挾中國之高尚文化，以武力征服日本而稱王其地，則中華語文早已存在於日本，徐福稱王日本事也不致湮沒至今，才被衞先生考出。但就歷史的記載，隋唐以前日本並無文字，在魏晉以前，日本語言也無曾與華語混雜的痕跡。

衞先生對此種情事，作一種極富傳奇與想像的解釋，就是徐福學秦始皇的愚民政策，於入王日本後，澈底消滅了中華語文，並用神化把自己僞裝起來，於是徐福入王日本情形，乃「眞事隱去」，而中華語文亦告絕滅。徐福及其所率男女，均由文明而轉入於原始落後；直到魏晉以還，始因與中國往來而再度漸進於文明。秦始皇所謂「愚民政策」，實只是文字統一與思想統制政策。徐福若因不滿秦始皇的暴政(一如伍被所云)而闢地建國，自無學其政策的必要；徐福若果師法秦皇，則應該絕滅的是被征服者的語言，因秦始皇是以秦爲中心而箝制六國，統一天下。是愚人而非自愚，是制人而非受制於人。但徐福之絕滅自己高尙的語文，轉而向落後土著看齊，恰恰與始皇相反。就情理而言是說不通，也是不可能的事。

衞先生爲了解釋此種顯然違反常情常理之事爲合理，又以入據北方的五胡、遼、金及佔據全中國的滿清爲例，說「少數民族建立政權於多數民族之上，往往執政權之少數民族，因施政之必要，而在語言文字上反受被統治之多數民族之同化」(見其所著「徐福於日本」一書中，答曾邵勳先生問)。這顯然又是不明、或曲解歷史眞象的說辭。五胡、遼、金、清之華化，並非由於他們人數少，而實在是中國文化高，他們在入侵中國以前多已接受華化，佔領中國之一部或全部後，更抵不住中國高尙文化之吸引力，其後乃逐漸大部被同化。所謂大部實因並未全部同化，滿文、漢語至今猶有留存，就是證明。任何民族莫不珍惜自己的語文及傳統，五胡、遼、金、清在其統治中國初期，當政者曾不斷努力以求保持其固有語文，拒抗中華文化之吸引同化力，歷史記載，斑斑可考。因施政之必要而反向多數被統治者同化之假設，恰與史實相反。魏孝武帝是唯一厲行華化的君王，因爲鮮卑沒有文字，文化卑陋，他是向高尙的中華文化學習，而不是絕滅自己高尙語文，轉而退向落後與原始的土著看齊。

徐福如爲日本之征服者，本身又挾有遠較土著進步之文化，同化土著爲順理合情之事。歐洲人以少數移民征服同化美洲土著，可爲類似例證。絕聖棄智，返回原始狀態，乃老莊派憤世嫉俗之言，古今中外，何曾眞有這樣的妄人！衞先生爲了曲合其傳奇式的考證，竟作此荒誕不經的假設，實令人搖頭嘆息！

就上述幾點，顯然可知，徐福稱王日本，並卽爲神武天皇說，實在是全憑臆想，穿鑿傅會，曲解史事的浮誇荒誕之說。衞先生此說之未受到有力批判，反而獲得獎勵，也許是因此說有助於中日兩國之友好親善，乃姑妄聽之。但筆者以爲國與國之間的合作互助，爲一極現實之問題，歷史血緣關係，庸或可爲外交官作爲鷄尾酒會中的應酬之語，但眞正的左右力仍爲現實的利害關係。我不信徐福爲聖武天皇，中日同爲黃帝子孫說，對兩國之友好，眞有若何裨益。我更躭心這種浮誇之說擴大宣傳的結果，會使別國學者輕視我們的史學界，而使我們史學界多年來在國際上享有的盛譽受到影響，因而冒昧作出如上的批評。

讀者投書

(一)

有感於曹聖芬先生的「看法和作法」

易水寒

編者先生：

一位朋友把中華日報一月二十六日曹社長聖芬「我的看法和作法」一文給我看，我讀後大爲欽佩。曹社長留美以前，和留美以後，眞做到了前後判若兩人。由此，我越發相信留學功用之偉大，益發感謝美國友人爲我們趕造這類迫切需要的人才，會永遠爲中國的老百姓所感激！不過，讀者還有三點敢請曹社長指點一下：

一、曹社長所「信守不諭」的米蘇里新聞學院「畏天敬人」四個字的信條中，「畏天」的「天」字，在中國大概有兩種解釋：一是「天聰明，自我民聰明」的天；一是「天威咫尺」的天。畏前一種天，是要眼睛向上望；畏後一種天，則要兩眼向下看。我不知曹社長覺得應當作那一種解釋。至于中國後來有些腐儒，說「天卽心也」，敬天卽是敬自己的良心。但良心二字，從何談起。照考據家的口氣來說，「涼，良，聲同義通」，我們更無從深究了。

二、曹社長引用威廉懷德的名言以自況，我非常佩服。尤其是「不容有怯懦」，曹社長是百分之百的做到了。眼前的例子是對于「淸議與干戈」的作者則主張「迎頭痛擊」，爲了替敎育部長撑腰，則慷慨陳辭，曹社長都十足的發揮了「不容有怯懦」的精神。但是，假定曹社長心目中的是非並非永遠表現于這種理想的關係位置之上，而有時在內心的深處，在不同的關係位置上，也有是非可言，那時的「怯懦」「不怯懦」，每個人的內心，也應當是「了了自知」的。孔老夫子在答「子路問事君，子曰，勿欺也，而犯之。」孟子又從另一面說，「以順爲正者，妾婦之道也。」這都是要人不怯懦。但二千年來，很少有人想到這兩句尋常的古訓，理由非常簡單，背靠權勢不怯懦易，面對權勢不怯懦難。在這一點上，是彼此可以相視而笑的。

三、最後，難得曹社長提出「憲法」二字來詰問自由中國雜誌社的作者，這眞不失爲社長自稱爲「老實人」的本色。但是總括「自由中國」祝壽專號的作者大意，無非是要求政府「實行憲政」，以站穩政府自己的立場，培植政府自己的根基，曹社長覺得這是「信守這部憲法」，「支持依據這部憲法所產生的政府」呢？還是與此相反呢？曹社長覺得政府有無實行憲法的義務？人民有無督促政府實行憲法的責任？而政府在實行憲法上有無再須努力之處？這才是眞正問題之所在！我不敢要求曹社長對這種根本問題有公開的答復，而只希望翻開米蘇里新聞學院的敎材，對照著當前現實，平心靜氣的想想。至于曹社長以自己爲一個尺度，不合于曹社長尺度的便帶他一頂「推翻政府」「毀滅政府」的帽子，我到奉勸不必如此。擧頭三尺有神明，「畏天敬人」，何必這樣的勇敢呢！

讀者　易水寒上　一月二十六日

(15)

我對「清議與干戈」的看法

——敬答中華日報社長曹聖芬先生

范度才

這是范先生寫給本社的一封「投書」，內容針對中華日報社長曹聖芬先生一月廿六日在該報發表的「我的看法與作法」一文。范先生除對曹先生沒有找出佛蘭克林讚揚暴動的根據，深感遺憾以外，關於「清議與干戈」一文，有深切的看法。雖然他的看法，不一定百分之百與本社意見相同，但我們認爲這對於想藉「清議與干戈」而挑撥是非、鼓吹暴動的人，不失爲一副降火散氣的良藥，用爲刋佈，並敬謝范先生主張公道的好意。——編者

謝謝由於自由中國社介紹，使我得於一月廿六日中華日報上，讀到曹聖芬先生對我一月十日致自由中國社函的答覆，以曹先生現有地位與聲望，無論就我目前爲生活而做小公務員，過去爲興趣而做小記者，對曹先生說，我都是末學後進。曹先生肯對我的投書，長文賜答，曹先生啓廸青年的熱忱，自然只有使我衷忱感佩，敬仰無已！

不過我將曹先生「我的看法與作法」一文，再三誦讀以後，我却非常奇怪，雖然曹先生大文，第一句就指明是答覆范度才在自由中國社的投書，但我在投書中向曹先生請教的三項疑問，曹先生大文數千言，却始終一字也未提及。尤其我最急於求解的一點，佛蘭克林死於費城晨報（Aurora）（我譯此名爲曙光報）出版前六個月（一七九〇）而曹先生用老兵筆名所寫「蛇口裏的玫瑰」，竟謂費城晨報被羣衆搗毀（一七九七）後，佛蘭克林曾大事讚揚，並以『引號』引證佛氏原文「在言論自由的國家，要政府來取締惡毒的謾駡，和不負責任的言論，總是緩不濟急的。倒是羣衆激於義憤，直接了當，給這些文氓一點教訓，反能收制衡之效」。一個已死七年的佛蘭克林，如何竟能死後復活，發出如此偉論，鼓勵羣衆暴動，爲相隔兩個世紀的曹先生所引證？我請曹先生指出這段偉論出在佛氏那一本原著，曹先生並未指出。曹先生說我上次投書，只抨擊「蛇口裏的玫瑰」爲鼓吹暴動，而對「清議與干戈」的惡毒，却不置一詞，曹先生認爲這是我「避重就輕」，這是我「明足以察秋毫而不見輿薪」，我要反問曹先生，你答覆我的投書，不答覆我所提出最主要的疑問，究竟誰是避重就輕？誰是明足以察秋毫而不見輿薪？讀者眼睛是雪亮的，想也用不着我代作斷語了。

統觀曹先生「我的看法與作法」一文，洋洋大著，拋開我原來所提問題，而轉移視線，集中攻擊自由中國社祝壽專號中「清議與干戈」一文。曹先生說：

「蛇口裏的玫瑰」一文，乃針對自由中國雜誌祝壽專號上「清議與干戈」一文而發，如果不讀「清議與干戈」，而來檢討「蛇口裏的玫瑰」，那便等於無的放矢！「清議與干戈」既然刋在祝壽專號裏，當然是爲總統祝壽的，但這篇文字既非意見，亦非批評，而是敍述拉那氏攬權自恣四十年，終於引起拳匪之亂，對外失敗，乃下詔罪己，又無誠意，終致亡國。說這篇文字不是對總統號召國人批評其個人的一種影射，豈非欲一手掩盡天下人耳目？凡影射的文字，並不要指名坐姓，只要大多數讀者一目瞭然，知其所影射的人物，便可以構成誹謗罪的。而且作者的惡毒尙不止此，他暗示着這種誹謗一遭取締，便將引起干戈，這簡直在鼓吹內亂！而范先生讀了「蛇口裏的玫瑰」認爲不妥，而范先生獨沒有讀過這篇文字？如果讀過而不置一詞，那不是故意的避重就輕，便是明足以察秋毫而不見輿薪了！

曹先生又說：

凡是稍有歷史知識的人，無不知道總統三十年來所遭逢的困難。然而他在盤根錯節之中，勞心焦思，旣挫愈奮。國家在他手裏統一了，抗日在他手裏勝利了，民主政治在他手裏實行了。任何人縱使和他有私人的恩怨，對於他謀國的苦心是應該諒解的，對於他奮鬪的精神是應該崇敬的。不料當他七十誕辰的時候，「清議與干戈」的作者竟加以無端的汚蔑！於情於理，寧可謂平？天下不平之事，必然要引起義憤！老兵先生之所以主張「迎頭痛擊」，便是這種義憤的表現。作新聞記者的人必須有正義感，必須有「自反而縮，雖千萬人吾往矣」的精神；如果明知眞理被抹煞而不能爲之辨明，明知事實被歪曲而不能爲之剖白；甚至隨聲附和，人云亦云，那將使社會是非不明，黑白不分，便有虧記者的職責了。

根據上引曹先生兩段大文，曹先生確切認定：「清議與干戈」，作者係以淸那拉氏影射今總統蔣公，蔣公功勳彪炳，如此妄相比擬，乃對蔣公無端汚蔑。該文雖並無一字明指蔣公，然據曹先生的法律觀點，已可構成對蔣公誹謗。且更進一步，指作者暗示，這種自命淸議的「誹謗，如遭取締，便將引起干戈，更簡直在鼓吹內亂」。因此，由曹先生化名的老兵先生，就不得不義憤塡膺，主張要依照佛

蘭克林死後復活的指示，號召直接行動，「給文氓一點教訓」。曹先生「我們的看法與作法」全篇精華，完全在此。我最初總疑心如是荒誕不經的文章，何致竟出諸我素所敬仰的曹先生之手，但標題下面，顯明地標着「曹聖芬」三個大字，我無法再懷疑了。曹先生挺槍勒馬，叫我出陣，對「清議與干戈」一文，發表意見，那麼，我自然不能躲在陣後，讓曹先生笑我避重就輕。（曹先生眼中，或許已認為這個「清議與干戈」一文，已被曹先生投下一顆細菌彈，沒有人敢再染疫上身了），現在，我只好懇求自由中國社，再給我一點篇幅，將我對這一問題的「看法」，轉達曹先生。

我對「清議與干戈」一文的看法，第一；曹先生不能找出佛蘭克林死後復活的根據，於是轉移陣地，竟想利用舉世敬仰今總統蔣公的心情，在頌揚蔣公的烟幕下，來掩飾自己鼓吹暴動的謬誤。蔣總統抗日反共，勳業彪炳，其為歷史上最偉大人物之一，早有定評。整個大陸正為赤匪狂流所淹沒，我們尚保此一片乾淨土——臺灣——免於奴役。臺灣積年建設，已鑄成反共堅堡，不僅打回大陸，臺灣為最主要基地，在整個自由世界反共聖戰中，臺灣亦早被認作插入俄帝心臟，制俄帝死命的一把尖銳利刄，這一切一切，我們能不感謝蔣總統英明領導？「微管仲，吾其披髮左衽矣」，微蔣總統，我們或早已做了共匪的刀下鬼。我們何幸有此高瞻遠矚堅苦奮鬥的領袖，使我們仍能挺起脊錐，做自由人，自由說話。因此，我相信自由中國的人民，無分男女老幼，其擁護蔣總統的決心與熱忱，決無任何差別。擁護蔣總統，頌揚蔣總統，絕不是曹先生的專利。曹先生大文，强調蔣總統不可汚衊，如果曹先生想以別人的血，染紅自己的頂子，別有企圖，此係另一問題，我未便置評，否則自由中國，有誰能忍心害理，對蔣總統肆其汚衊。（當然共產匪徒不在此例）曹先生故入人罪，不只是誣陷「清議與干戈」作者，簡直是對自由中國人民一種侮辱。尤其曹先生更欲用此手段挑撥羣衆，𥕢報館，打主筆，萬一實現，對內為製造地方騷亂，對外則影響國際視聽，曹先生試一反省，責任將何等重大！我所謂自由中國人民，一致擁護蔣總統，這絕非我個人虛言空論，而是有種種眞憑確據。即就曹先生所惡意打擊必欲得而甘心，刋登「清議與干戈」一文的自由中國雜誌為例，曹先生大文，一再痛斥該誌祝壽專號為誹謗蔣總統，為對蔣總統不敬，但我從頭至尾將祝壽專號，包括「清議與干戈」在內，讀過許多遍，不特沒有發現半句誹謗文詞，（也許我與曹先生不同，我是一向不帶有色眼鏡的）且適得其反，祝壽專號第一篇，也就是正式代表該社發言的社論，在「壽總統蔣公」的標題下，第一段：

「今天是中華民國總統蔣公七旬華誕，這是國家元首的大慶，我們理應追隨國人之後，在此謹致祝賀之忱。蔣公對國家的貢獻，諸如北伐之成功，抗日戰爭之勝利，以及對外不平等條約之廢除，這一聯串的豐功緯績，均早為國人所熟知，無須我們細說。到今天，他以七十歲的高齡，仍然擔當着領導反攻復國的重大任務，對國事獨挑大樑，國人對他的崇敬與感激，非筆墨所能形容。一般人到這樣的年齡，也該享受一些優游林泉的清福，無奈國步維艱，蔣公還是擺脫不下，國家與國人對他所負實多。我們為蔣公祝壽，應想到今後該怎樣的替他分憂分勞。」

這是對蔣總統何等懇摯忠愛的表現，如果曹先生大文中頌揚蔣總統的一段，並非別有用心，而確是出諸敬愛領袖的至誠，則誰無眸子，曹先生又如何可以顚倒黑白，指鹿為馬，獨認自由中國雜誌為誹謗？假使曹先生說，自由中國社的話，口是心非，那麼，誰又能保證曹先生的話，不是別有企圖，不是口是心非？同一表現敬愛領袖的文字，出之自己為忠貞，出之他人為誹謗，我於此不能不引用曹先生一句原文，「天下不平之事，必然要引起義憤。」

第二，曹先生集中火力攻擊自由中國社祝壽專號，更集中火力攻擊祝壽專號中「清議與干戈」一文，曹先生論點：（一）該文既刋在祝壽專號，自即係針對總統發言，如謂並非影射，豈非欲一手掩盡天下耳目？（二）該文以那拉氏影射總統，實犯誹謗罪，該文暗示誹謗如被取締，即將引起干戈，簡直在鼓吹內亂。曹先生如此深文周納的「看法」「作法」，可惜生在民主自由的今天，國家法典，不能像專制時代，可聽由私人殘害忠良，任意曲解。茲敬就曹先生論點，分別糾正其謬誤。我首先所應指出的，報紙雜誌出「專刋」「專號」，並非每篇文章都必以「專刋」「專號」的主題為限。其屬於祝壽性者，像過去國民黨為若干黨內元老祝壽或紀念專刋，均多以學術性論文為主，涉及祝壽或紀念本身的，為數極少。至於一般問題的專刋專號，範圍更富彈性，我手邊正有最近兩期由教育部主辦的「教育與文化」，第十五卷第二期（一月三十一日出版），標題為「教育展覽專號」，但全刋三十六頁，僅十八頁涉及教育展覽會，其餘一半篇幅，如曾約農先生之評「美國怎樣選舉總統」，顧敦鍒先生之「之江大學建校談」，即均與專號主題毫不相干。又同卷第三期，（二月七日出版）標題為「農業學術團體概況專號」，然記述農業學術團體的篇幅，也只佔全刋二十八頁中之十七頁，與專號主題無涉，如陳源先生之「國際頑弱兒童工作者協會第三屆大會報告」，竟也編刋在內，假若照曹先生論點，這兩本專號，就都應痛被抨斥，不合體例。固然自由中國社祝壽專號並未特別聲明「請議與干戈」與祝壽無關，但據傳，與該文作者極接近的朋友告人，該文脫稿遠在去年秋季。作者好研究清末史料，此為若干研究成果之一。作者為欲檢討庚子事變英俄兩國在中國矛盾關係，經向圖書館及私人借得瓦德西日記，瓦向德皇報告，以及其他大批有關義和團之清廷上諭，各大臣奏章，私人筆記等，適因自由中國社向作者徵索文稿，作者即就上述史料，寫成「清議與干戈」，其時去祝壽時間尙遠，蔣總統既未公告求言，作者更根本無從想到自由中國社有發行祝壽專號的計劃。假使確如所傳，這是作者撰寫本文的經過，照一般刊物出版專號先例，曹先生如何就可以一口咬定祝壽專號內，不容許有與祝壽無關的文字？沒有時間性的歷史評述，登在祝壽專號內，就一定是有意影射？其次，曹先生認該文以那拉氏影射總統，實犯誹謗罪，我們統觀「清議與干戈」一文，並無一字涉及總統，總統畢生對國家的貢獻與措施，試問有那一件事，會與殘暴糊塗的那拉氏相似。

「清議」與「誹謗」截然兩事，壓迫清議可以引起干戈，此古今中外不易之定理，問題在是否壓迫。臺灣在反共抗俄的備戰時期，一切報刊，享有適度的言論自由，此爲任何人不能否認，尤其總統於七十大慶，公開求言，總統如此重視清議，我們誠百思不解，曹先生從那一角度竟聯想到總統會因壓迫清議而引起干戈，如作者所暗示。曹先生開口閉口，既說作者誹謗總統，又說作者鼓吹內亂，均屬觸犯刑章，窺其用意，無非要掩飾其本身鼓吹暴動的謬誤，故不惜信口胡扯，正與上次揑造佛蘭克林讚許砸報館打主筆，異曲同工。殊不知刑法第三百十條誹謗罪：「指摘或傳述足以毀損他人名譽之事，」如果說「清議與干戈」一文，作者有觸犯誹謗的罪嫌，那麼，有告訴權者，應該僅爲已死的那拉氏，或那拉氏的子孫，而且作者尙可因同條第三欵及第三百十一條第三欵的保障：「所誹謗之事能證明其爲眞實。」（「清議與干戈」文內所引各項公文書，當然足資證明）「對於可受公評之事而爲適當之評論，」宣告無罪。至曹先生所謂「影射」云云，我前已說過，那拉氏與總統，根本無一相似，何從影射？如曹先生必咬定此爲影射，則誹謗總統者恐將爲曹先生而非作者！且若評述史事，竟可被任意妄指爲影射，爲犯罪，試問司馬光、呂祖謙、王夫之之流，將如何下筆？而今之研習歷史者，也將天天有跑「司法大厦」的危險，事之可哂，孰過於此。專制時代，有所謂文字寃獄，如漢楊惲以「田彼南山蕪穢不治，」被指爲影射朝政蕪穢，明徐一夔賀太祖萬壽，以「光天之下，天生聖人，爲世作則，」被指爲光天之下，影射太祖曾頭髮削光，「生」與「僧」同音，「則」與「賊」同音，清查嗣庭以試題「維民所止」，被指爲「維」「止」兩字，係將清帝「雍正」二字斬首，三人均慘處極刑。此種專例，二十世紀的今天，民主自由的臺灣，是否執筆作文者，尙應時時以楊惲徐一夔查嗣庭爲戒？曹先生以新聞界先進，剛自民主自由的模範國家(美)歸來，苟略能平心思考，恐亦將啞然失笑。至曹先生所謂作者暗示壓迫清議將引起干戈，簡直在鼓吹內亂，刑法第一百條破壞國體竊據國土的內亂罪，竟可由曹先生如此解釋，眞可算曹先生自我創造，天才發明。總之，曹先生許多說辭，怪誕不經，略有法律常識的人，都將嗤之以鼻。結果，倒是我前次指證曹先生鼓吹暴動，確確實實，曹先生犯了刑法第一百五十三條，「以文字煽惑他人犯罪」的刑責。因爲鼓吹羣衆破壞治安，採取直接行動，砸報館，打主筆，無論從任何觀點說，這都是犯罪的。

第三，曹先生一口咬定「清議與干戈」既刊在祝壽專號，即一定係以那拉氏影射總統，想藉人民對於總統的愛戴，激起人民憤怒，砸毀自由中國社，打傷或打死該文的編者與作者。曹先生看了我前面兩點意見以後，或許仍不服輸，甚至還可以理直氣壯地說：「清議與干戈」一文，以那拉比總統，大逆不道，該砸該打，如果自由中國社及該文作者，並沒有那種悖謬的動機，爲什麼他們不自動聲明，而需要你范度才以讀者地位，代爲辯解？你不是自由中國社編者，更不是「清議與干戈」作者，究竟是否有意影射，「人心隔肚皮」，你如何有資格知道？關於這一點，我可以正告曹先生，我之相信該文並非影射，不僅如前所說，與該文作者極接近的朋友，深知經過，最大理由，我還是根據民主政治的常識。民主國家人民可自由批評總統，美國立國以來，一百八十年中，那一任總統多多少少不曾受過報刊的抨擊？甚至「暴君」「騙子」「政棍」這類惡毒字樣，有時也竟會在報刊出現。卸任不久的杜魯門，就是挨駡最多的美國總統之一，據他自己所寫回憶錄說，一九四八年，他競選連任，許多報紙雜誌，拚命圍攻，民意測驗和專欄作家，幾乎異口同聲，說他人望低落，無法當選。及至以壓倒多數當選以後，他在華盛頓萬衆歡呼聲中，仍看到華盛頓郵報門外掛着一大幅標語，指明對他的當選並不心悅誠服。他回到白宮，立即寫一封短信給郵報，表示他並無意強迫任何不滿意他的人來擁護他，但他認爲美國現在應該大家精誠團結同舟共濟，使每一個人，都能過着富裕生活。這並不是杜魯門度量特別大，而是民主政治下一種親愛和平的氣氛所自然養成。老實說，在民主政治體制下，除此而外，杜魯門也很難有其他更善於自處的辦法。（美國總統認爲報刊對個人有意誹謗，唯一可以採取制裁的辦法，是直接向法院告訴，老羅斯福總統（Theodore, Roosevelt）就曾提出過兩次這樣的告訴）民主國家的人民，對國家大政，儘可自由批評。總統並不因其爲國家元首，而有不受批評的豁免權。（不負實際責任的元首自當另論）如果生當二十世紀，身爲民主國民，而報刊的編者作者批評總統，尙不敢直言正論，而必轉彎抹角，扭扭揑揑，出之以「影射」，申之以「暗示」，這還配算什麼自由言論？什麼民主國家？如果更進一步連「影射」「暗示」也在禁忌之列，犯之者甚至可與數千數百年前的楊惲徐一夔查嗣庭等同科，作這些主張的人，那簡直是存心侮辱這個國家，也簡直是這個國家元首的罪人。自由中國當然是一個不折不扣的民主國家，況在總統公告求言之下，自由中國社的編者與「清議與干戈」的作者，假使要表達其「壓迫清議即將召致危亂」的意見，我眞想不出，有什麼因素，會使他們不敢明白說出而必須採取曹先生所謂「影射」「暗示」的途徑？我不相信該文之爲「影射」「暗示」，其故在此。至自由中國社及「清議與干戈」作者，爲什麼不將該文刊登經過，及其並非「影射」「暗示」，發表聲明？我想如有必要，他們應該可以向讀者說明。只是在曹先生主張直接行動一文公開以後，爲保持國家的體面，他們似乎不便發表了。因爲如竟發表，豈不等於告訴世界人士，自由中國的報刋，不僅不容許對政治直接批評，連「影射」「暗示」也有問題，有影射暗示的嫌疑，卽可召致被砸被打的威脅？辯正並非「影射」「暗示」，勢將被認爲一種祈求免砸免打的乞憐！

以歷史上人物事實，比證當前政治，不僅在二十世紀民主國家，絕對不構成犯罪，卽專制時代，除了遇到好殺多疑的皇帝，或鍛鍊羅織的奸賊，可以招致橫禍外，最大多數，都不致遭受譴責。甚至還可以獲得明主的嘉勉。曹先生痛斥「清議與干戈」作者以那拉氏影射總統，爲極度「惡毒」，而必須予以「痛擊」，那拉氏之不能影射總統，前已詳切言之，卽退一萬步言，作者眞如曹先生所說，有意影射，則我願以至誠敬請曹先生試讀下列兩段中國線裝書：

1.晉太康三年春正月丁丑朔，帝(武帝)親祀南郊，禮畢，喟然問司隸校尉劉毅曰：朕可方漢之何帝？對曰：桓、靈。帝曰：何至於此！對曰：桓靈賣官錢入官庫，陛下賣官錢入私門，以此言之，殆不如也。帝曰：桓靈之世，不聞此言，今朕有直臣，固爲勝之。(資治通鑑卷八十一)

2.唐貞觀四年六月乙卯，發卒修洛陽宮，以備巡幸。給事中張玄素上書諫：……陛下初平洛陽，凡隋氏宮室之宏侈者，皆令毀之，曾未十年，復加營繕，何前日惡之而今日效之也？且以今日財力，何如隋世？陛下役瘡痍之人，襲亡隋之弊，恐又甚於煬帝矣。上(太宗)謂玄素曰：卿謂我不如煬帝，何如桀紂？對曰：若此役不息，亦同歸於亂耳，上歎曰：……玄素所言誠有理，宜卽爲之罷役，後日或以事至洛陽，雖露居亦無傷也。仍賜玄素綵二百四。(資治通鑑卷一百九十三)

桓靈亡漢，煬帝亡隋，晉承漢，唐承隋，在專制時代，天威不測，所謂「批人主逆鱗」，所謂「事君如事虎」，而劉毅、張玄素竟能面斥武帝不如桓靈，太宗不如煬帝，武帝太宗不特不以爲罪，反深爲嘉納，當時武帝太宗的左右，也沒有一人指劉毅張玄素爲誹謗，而慫恿兩帝推出午門斬首，或嗾令侍衞用亂棒打死。千百年前的專制時代，尙有此民主風度。中華民國推翻滿清，擧滿清的秕政，爲民國的鑒戒，此不僅爲人民所應言，亦爲執政者所必知，那拉氏之失政，最多亦不過等於桓靈隋煬，而我總統的豐功偉烈，恢廓有容，較晉武唐太寧有遜色？卽使「清議與干戈」作者有意擧那拉氏亡國事實，以警戒當前執政，這仍不失爲愛國家愛領袖的忠誠。(曹先生注意，我並不是代表自由中國社及清議與干戈作者在此承認該文確係有意作此暗示。)而且他還並沒有像劉毅張玄素一樣：你如此做，已等於桓靈隋煬甚至桀紂。最大限度照曹先生說法，也不過暗示，你若照那拉氏那樣做，你就有召致危亡的可能。這與以那拉比總統，意義根本不同。這是中國「言者無罪，聞者足戒」的傳統，正如瓊樓玉宇，識東坡之忠悃，斜陽烟柳，諒稼軒之哀怨。爲什麼曹先生偏要鍛鍊羅織指爲惡毒，慷慨塡膺，號召羣衆，對自由中國社及清議與干戈作者予以迎頭痛擊？難道新聞界先進，國民黨幹部的曹先生，竟不願我們賢明領袖，內與容納直言的太康貞觀，外與尊重輿論的美國總統抗衡並美，恢宏大度同垂不朽？

我的話已經說得太多了，我不能再糟踏自由中國社的篇幅，最後，我只願再抄兩段線裝書，以作本文的結束。

(一)鄒忌修八尺有餘，身體昳麗，朝服衣冠窺鏡，謂其妻曰：「我孰與城北徐公美」？其妻曰：「君美甚，徐公何能及君也」！城北徐公，齊國之美麗者也，忌不自信，而問其妾曰：「吾孰與徐公美」？妾曰：「徐公何能及君也」。旦日，客從外來，與坐談，問之：「吾與徐公孰美？」，客曰「徐公不若君之美也」。明日，徐公來，孰視之，自以爲不如，窺鏡而自視，又弗如遠甚，暮寢而思之曰「吾妻之美我者，私我也，妾之美我者，畏我也，客之美我者，欲有求于我也」。於是入朝見威王曰：「臣誠知不如徐公美，臣之妻私臣，臣之妾畏臣，臣之客欲有求于臣，皆以美于徐公。今齊，地方千里，百二十城，宮婦左右莫不私王，朝庭之臣，莫不畏王，四境之內，莫不有求于王，由此觀之，王之蔽甚矣。」王曰：「善」。乃下令：羣臣吏民，能面刺寡人之過者，受上賞；上書諫寡人者，受中賞；能謗譏于市朝，聞寡人之耳者，受下賞。令初下，羣臣進諫，門庭若市，數月之後，時時而間進，朞年之後，雖欲言，無可進者。燕趙韓魏聞之，皆朝于齊，此所謂戰勝于朝庭。(戰國策)

(二)上(唐太宗)嘗止樹下，愛之。宇文士及從而譽之不已，上正色曰：「魏徵常勸我遠佞人，我不知佞人爲誰，意疑是汝，今果不謬。」士及叩頭謝。(資治通鑑卷一九六)

反資本主義的心理（四）

米塞斯教授著
夏道平譯

第四章　從非經濟的觀點反對資本主義

攻擊資本主義的人們，常常這樣講：有了汽車、電視、冰箱，並不能使人滿足，而且這些東西還有許多人不能享受。這兩句話都是對的，但這並沒有打擊到資本主義制度的身上。

人們之辛苦勤勞，不是爲的完全滿足，而是要盡可能地消除某些不舒適，因而可以生活得比以前快樂一點。某人購買一具電視機，正由於他覺得這個玩意兒可以增加他的享受，使他比沒有這個玩意兒的時候較爲快樂，如果不是如此的話，他就不會買牠。醫生的工作不在使病人快樂，而在於爲病人解除苦痛。病痛消除了，才可以好好地追求人生幸福，才可以抵抗那些爲害於人生的一切因素。

我們知道，在佛教的托缽僧當中（托缽僧靠別人施捨點殘羹冷炙而生活），有些人確實是自得其樂而不羨妬他人富有的。但是，這樣的生活，究竟不是大多數人所可忍受的。大多數人總是不斷想改善生活環境，增加享受。誰想把一個亞洲的乞丐作爲美國普通人的生活榜樣呢？例如，資本主義最大成就之一，就是幼童死亡率的大大降低。幼童死亡是做父母的最痛心的事故。資本主義這一成就，誰能否認它消除了許多人的痛苦呢？

至於說技術與醫藥上的新發明並不有利於所有的人，因而攻擊資本主義，這也是沒有道理的。人類生活情況的改善，總是由智慧最高而精力最充沛的少數人領先的，其餘的一般大衆漸漸地跟着上來。新發明的東西，一開始只是少數人的奢侈品，漸漸地一般人也可購買得起了。鞋子與餐叉的使用，也是慢慢地推廣的，即在今天，世界上還有很多人沒有使用這兩樣東西，我們能因此對鞋叉的使用，表示反對嗎？肥皂，現已大量生產，一般人都可享用。我們知道，開始使用肥皂的那些闊人，是促進肥皂大量生產的先驅。今天，如果那些買得起電視機的人們，因爲有些人買不起而他們也不買，那末，更是妨碍電視機的平民化，而不是促進牠平民化。

物質主義

此外，有些人罵資本主義爲卑鄙的物質主義。他們對於資本主義之改善人類物質環境，不得不承認。但是，他們又說，資本主義使人類不再去追求高尙的目的了。它使人腦滿腸肥，而靈魂與心智却爲之窒虛。藝術水準一落千丈。偉大的詩人、畫家、彫刻家、建築家再也不能產生了。我們這個時代只產生些流氓惡棍！

藝術的欣賞，本來是仁者見仁，智者見智的。因此，關於資本主義下藝術低劣的謬見，我們不可能用實證的方法或邏輯的推理來駁斥。然而，我們敢於說，資本主義時代藝術方面的輝煌成就，凡是頭腦清醒的人都不會加以藐視。

不公道

對於資本主義最動情感的攻擊，莫過於說資本主義不合公道。

實際的宇宙，有其不變的法則。凡是與這些法則相反的念頭都是幻想。幻想，只要止於幻想，倒也沒有甚麼害處。但是，一到幻想者閉着眼不顧事實的時候，那就嚴重地防碍了人類爲改善物質生活而努力。

一切幻想中最壞的一個幻想，就是以爲「自然」曾經賜予每個人以某些權利。照這種說法，自然是慷慨的，對於每一個人都有施與。因此，每個人在人羣中，或者說在社會裏，各有其應得的那一份權利；而這份權利是自然分派給他的。自然的永恆法則與神聖的公道觀念，不許任何人把自然賦予他人的東西據爲私有。窮人之所以窮困，只是因爲一些不講公道的人剝奪了他們與生俱來的權利。防止這種剝奪，使得所有的人都富有，這是宗教與政府當局的任務。

這種說法，每個字都是虛妄的。自然並不慷慨，相反地，它是吝嗇。它限制了人類生活資料的供給量。它在世界上播殖了許許多多防害人類生活的動物與植物。它經常表演一些破壞性的威力，使我們人類遭受損害。人類生存之得以延續，以及人類福利之得以增進，靠的是善於運用自然所賦予的一個主要工具——理智。

人們在分工合作制度下創造的一切財富，幻想者以爲都是自然的賞賜。把這種財富的「分配」，取決於所謂神聖的或自然的公道觀念，實在是荒謬。照這種幻想，自然爲人類供給了一項基金，每個人應該從中取得一份。這是何等的無稽之談！事實上，分配問題是社會制度的問題。我們所應研究的，是怎樣的分配制度才能够繼續生產、擴大生產、生產大家所需要的東西。

基督新敎的世界總會（The World Council of Churches）一九四八年的宣言曾經這樣講：「公道的要求，例如，亞非兩洲的人民應該有更多的機器生產，以增進福利。」這句話的含義是說，上帝給了人類一定量的機器，並且希望這些機器平均地分配各個國家。可是，資本主義國家太壞了，它們據爲己有的超過了「公道」所攤派的，也即是把亞非國家應得的部份剝奪去了。無恥！

事實上，資本的累積與投資於機器（這是西方國家比較富裕的根源），完全是資本主義，不受干擾的資本主義的功效。上述的敎會宣言則對這樣的資本主義妄加曲解，並以道德爲理由加以攻擊。資本主義的意理與政策，本可以使亞非國家進化到資本主義階段；亞非國家的經濟落後，是因爲不接受這種意理，不採用這種政策，並不是資本主義的罪過。

亞非國家不僅不採用資本主義的意理與政策，他們還反對外國人的投資，殊不知外人投資正是使他們「享有更多的機器生產」。亞非國家千千萬萬的人民生活窮困。由於他們自己要保守原始的生產方法，不採用較好的工具和最新的技術設計，以致經濟落後。這一事實，沒有人可以爭辯。

經濟落後地區的窮困，只有一個方法可以解除。就是充分實行不受干擾的資本主義。他們所迫切需要的是私人企業、新資本的累積、資本家、和企業家。「公道」不能醫治貧窮。要免於匱乏，只有以健全的，卽放任的政策代替不健全的，干擾的政策。

資本主義國家，一般人民的生活水準提高到今天這個程度，並不是得力於模糊的公道觀念，而是得力於那些被人罵爲「粗俗的個人主義者」和「剝削者」的個人活動。落後地區的窮困，則由於他們的財經政策——公用徵收、不公平的租稅、以及外滙管制等，阻止了外人投資，同時也防害了本國的資本累積。

凡是以道德爲理由罵資本主義不公道的人，都不了解資本是甚麼、資本怎樣形成、資本如何保持，以及把資本用在生產過程中將可得到甚麼利益。

資本財的增加，只有靠儲蓄。如果所有的生產品都消費了，就不會有新的資本增加。消費如果少於生產，而將剩餘的生產品用之於再生產過程，那末，此後的生產過程中就可以藉助於更多的資本財來擴大生產。所有的資本財都是中間貨財。牠們在生產過程中遲早是會消耗的。如果不從生產品中爲資本財準備新陳代謝的補充，則資本就會耗盡。到了那時，生產過程所能利用的資本財也就減少了，其結果就是僱用中的勞動與自然資源每單位的生產量爲之減少。爲防止這種反儲蓄、反投資的事態發生，必須努力維持資本，使生產過程中消耗的資本財得以不斷地補充。

資本不是上帝或自然的賜予，牠是人們在消費方面節省下來的。儲蓄創造資本，儲蓄也增加資本。要維持既存的資本，還得沒有反儲蓄的行爲。

資本或資本財本身，並不能提高勞動與自然資源的生產力。只有在明智的判斷下，把儲蓄的成果好好地利用或投資，才可以使每單位的勞力與自然資源，增加其生產額。否則，資本或資本財也就浪費掉了。

資本的累積、資本的維持、以及利用資本以提高勞動的生產力，這都是某些人勉力而行的結果。這些人包括資本家與企業家。前者因爲儲蓄（或力戒反儲蓄的行爲）而賺得利息，後者因善於利用資本以滿足消費者的需要而賺得利潤。

如果資本家與企業家以外的一般人，沒有合理的經濟行爲，則資本或資本財、資本家與企業家，也無法提高他們的生活水準。例如工資所得者如果眞的是照「工資鐵則」所講的，只知道把所得用之於吃喝與更多的生育，那末，人口數字將隨資本累積額的增加而增加。

如果情形眞的是如此的話，則來自資本累積的一切利益將被人口增加而抵銷。但是，事實上人類對於生活環境的改善，其感應並不像低級動物那樣。人除吃喝與生育以外，還有其他的慾望要滿足。因此，在資本主義文明的國家，資本累積額的增加超過人口的增加。其超過的程度，使得勞動的邊際生產力比較物質生產因素的邊際生產力更爲增加。於是工資率就顯現出日益增高的趨勢。卽是說，在總生產額中，工資、利息、地租這三項分配，工資在比例上日益增高。至於利潤一項，則不受影響。因爲利潤是來自生產因素的適當調整。僱用中的勞動與物質生產因素常因供需變動而要加以調整。企業家負起這種調整的任務，利潤是這種任務的報酬。利潤隨調整工作的完成而消滅。在理論上，利潤是一時的。但在事實上由於供需的變化一再地不斷發生，因而來自調整工作的新利潤也就一再地出現。

說到勞動生產力，只有指稱「邊際的」勞動生產力，才有意義。在生產方面去掉一個工人，純生產額中所減少的生產量，就代表邊際的勞動生產力。它是一個確定的經濟量，一個確定的貨物生產量，或者以貨幣表示之。

至於普通談話中所說及的一般勞動生產力，則是一個不可捉摸的虛幻的觀念。基於這個模糊的觀念，於是乎有人以爲各個生產因素在生產總額中實質上所貢獻的分額，可以用一般的勞動生產力來測定。這完全是個幻想。假如有一個人用把剪刀裁開一張紙，在這裁紙的成績中，我們怎樣確定這個剪刀或剪刀的每一片佔多少分額，這個用剪刀的人又佔多少分額？

製造一部汽車，須要各種工具與機器，需要各種原料，需要各種工人的勞動，尤其需要一個設計者的計劃。這些生產因素的合作，是製造一部汽車所必要的。但是，沒有人可以確定，在一部製成的汽車中，每個生產因素所貢獻的分額各有多少。

爲着方便討論起見，暫時撇開一般人對於這個問題的一切謬見。我們只問：勞動與資本這兩個生產因素，那一個使生產增加？如果問題是這樣正確地提出的話，答案必須是：資本。今天，美國的生產額（就僱用中的每個工人來講）比較以前的時代或者比較今天經濟落後的國家要高得多。這是因爲美國現在的工人有更多和更好的工具在幫助他生產。如果資本設備(就每個工人而言)不比三百年以前爲多，或者不比經濟落後的國家爲多，那末，今天美國的生產額(就每個工人而言)也就不會較高了。

不增僱工人，而可以增加工業上的生產總額，那就必須有新的儲蓄，使資本累積起來而有新的投資。勞動生產力之所以能夠倍增，就得力於這種新的儲蓄與投資。

由於資本不斷地累積，生產總額也就不斷地增加。在這繼漲增高的生產總額中，工資率，工資所得者的分配額，也就繼漲增高。何以會如此呢？因爲資本的累積率超過人口的增加率。對於這個事實，政府方面是默而不言，甚至還要鄭重否認。但是從工會的政策看來，則很顯明地可以看出工會的領袖們是充分懂得的。因爲他們主張反移民法，想把全國找工作的人數限制住，同時在每個地方性的勞動市場，他們也想限制新人進來。可是，這些工會領袖們，儘管內心上完全了解工資率增高的原因所在，而他們反要把我們所講的這個理論公開地加以汚辱，說是爲卑鄙的布爾喬亞階級作辯護。

工資率的提高，不是靠各個工人的生產力，而靠的是「邊際的」勞動生產力。此所以個人的生產力雖毫無變動，而其工資率也會上漲。

像這樣的職業，有的是。現在的理髮匠與兩百年以前的理髮匠，同樣地爲人理髮。今天在英國首相餐桌旁邊的侍者，與當時在皮特 (Pitt)、帕爾麥斯吞 (Palmerston) 餐桌旁邊的侍者同樣是伺候人。在農業方面，現在還有幾樣工作仍舊在用幾百年以前的那些工具。然而這些工作者今天所賺得的工資率遠比以前的高。其所以如此，因爲工資率是決定於邊際的勞動生產力。就僱用侍者這個事例來講，僱用一個人做侍者，卽是不讓這個人被僱於生產部門。所以僱主給一個侍者的工資，必須等於生產部門多僱一個人所可增加的產額。所以，這個侍者的工資之所以高漲，其原因並不在侍者方面，而是因爲投資的增加超過了工人人數的增加。

所有蔑視儲蓄與資本累積的冒牌經濟理論，都是荒謬的。資本主義社會所以比非資本主義社會富裕，就是前者比後者有較多的資本財可以利用。工資所得者生活水準之得以提高，是由於資本設備，對於工人人數而言，會經增加。所以在生產總額中繼漲增高的那一部份，總是歸宿於工資所得者。只有一個方法可以不斷地提高工資率，使工資所得者受惠——這就是使資本加速地增加，超過人口的增加率而增加。這種說法，誰也不能指出一點弱點出來。如果這就是「不公道」，那只好怨天而不能尤人。

自由與社會主義

一部西方文明史，是一部爲着自由而不斷鬭爭的記錄。

人們爲生存而奮鬭，爲改善物質環境、增進福利而努力。他們奮鬭與努力之得有成就，根本的、唯一的原因，是在分工之下的社會合作。但是，社會和平生活的維持必須藉助於法制，否則無以防止刁悍之徒的搗亂，於是就有了國家與政府。可是，有了國家與政府之後，問題又來了；卽是要防止政府當局或官吏濫用權力，使其不能把人民變成事實上的奴隸。所有爭自由的鬭爭，其目的就在於把政府官吏與軍警的權力限制在一定的範圍以內，使其不能任意地爲害人民。個人自由在政治上的意義，也就在此。

自由這個觀念，可說是西方所特有的。東方與西方的分別，最重要的一點，就在於東方人的腦子中從來沒有像西方那樣的自由觀念。古代希臘人之所以永久光榮，就因爲他們對於保證自由的那些法制，首先理解其意義。在科學方面，有些原始的貢獻，以前是歸功於希臘人的，據最近歷史學家的研究，實在是溯源於東方。但是關於自由觀念之起原於古代希臘城市國家，則從來沒有人爭辯。希臘哲學家、歷史家的著作，把自由觀念傳給羅馬人，後來又傳給現代的歐美。於是它就成爲建立西方良好社會的主要基石。它孕育了放任哲學，而放任哲學引導出資本主義時代一切空前的成就（譯者按：Laissez-faire 的原意，本爲「政府對於人民的經濟活動，干涉得愈少愈好」之意。通常譯爲「自由放任」或「放任」，所以有時被人誤解爲放縱之意。但筆者一時亦想不出適當的譯名，暫用舊譯名）。

現代的一切政法制度，都是要保障個人自由以防止來自政府方面的侵害。代議政治與法治、司法獨立——法庭不受行政部門的干涉、人身保護狀 (Habeas Corpus)、司法檢查與行政救濟、言論與出版自由、政教分立以及其他許多法制，所爲的目的只是一個，卽：防止政府官吏胡作妄爲，使人民得以安居樂業。

資本主義時代，農奴與奴隸的痕跡，澈底消滅了；慘無人道的酷刑已經終止，刑罰已減至僅夠防止犯罪行爲所必要的程度；對於嫌疑犯，已不再用苦刑或其他可遭非議的方法去逼供；一切特權都已取消，法律之前人人平等；人民已從君主的屬下變成了自由公民。

物質生活的改善，是這些政治改革與更新的結果。因爲一切特權都消失了。每個人都有權利向他人的旣得利益挑戰，於是聰明才智之士得以放手作爲，發展新興工業，使大家的物質生活更爲滿足。人口增加，但增加了的人口，能夠享受比他們祖先更優裕的生活。

在西方文明的國家，雖也有人主張專制政治——對內絕對的君權或貴族政治，對外征服其他民族。但在啓蒙時期，這種聲音漸漸微弱了，起而代之的是自由主義。自由主義在十九世紀初期似乎是個不可抵抗的潮流。大多數的哲學家與歷史家，都以爲歷史的進化是趨向於自由制度的確立，任何陰謀與詭計都阻擋不住。

一百年以前，預料到反自由的觀念註定地要在一個很短的時期內佔有優勢的，只有極少數人。當時，自由理想似乎深植於人心，不是任何反動力量所可根絕，誰也不敢公開地反對自由、直率地鼓吹反動。但是反自由主義者卻可在社會主義、共產主義、計劃經濟的掩飾下，把人們的思想引入反自由的誤途。

精明的人，不會看不出社會主義者、共產黨徒、和主張計劃的人都是想消滅個人自由、建立萬能政府的。可是，大多數社會主義的知識分子卻以爲他們是在爲自由而努力於社會主義之實現。他們把自己稱之爲左翼民主人士，現在，他們甚至也冒稱「自由主義者」。

這些知識分子和其附和者的心理因素，我們曾經解析過。他們有志未遂，是由於自己的缺點。這一事實，在下意識裏他們完全知道。他們知道，這是由於自己的不够聰明，或者是不够努力。

他們雖然知道這一事實，但他們不願明白承認自己的劣點，而要找一個替罪的羔羊。於是就把自己的失敗歸咎於社會經濟組織的不公平。他們以此自安自慰，並且教別人也如此相信。他們宣稱，在資本主義下，只有極少數人可以自我實現。「在自由放任的社會中，只有少數富人才可享有自由。」因此，他們的結論就是，政府爲實現「社會公平」，必須採取干涉政策。他們所說的「社會公平」，實在的意義是說，「按照各人所需」將貨財給與不幸的大衆。

如果社會主義的問題，只是言論上爭辯的問題，而未證之於實驗，那末缺乏明確的了解與判斷的人迷信社會主義，以爲社會主義制度下，自由還可以保存，那還情有可原。但是，自從有了蘇俄的經驗，每個人都知道社會主義國家的實際情形以後，再也不應該自欺欺人去信奉社會主義。

今天，社會主義的信徒們，當他們想使別人相信社會主義無害於自由的時候，他們不得不歪曲事實並曲解文字的眞意。

自由與西方文明

自由在法律上與憲法上的觀念，以及爲實現自由而設計的制度，常常受人批評。這些批評者所持的理由，有一點是對的。他們說，不受官吏專橫之害，這件事的本身尙不足以構成個人自由。但是，他們爲强調這一眞理，卻又走到一個錯誤的地步——反對開放政策。

自由主義者從來不以爲限制了官吏們的專橫卽是個人自由的充足條件。要使個人在社會生活中得有充分自由，必須藉助於市場經濟的運作。憲法與人權清單等等並不能創造自由，個人自由是競爭的經濟制度所賜予，憲法與人權清單等不過使這些自由得有保障，防止行政權力的侵害而已。

在市場經濟下，大家都有機會爲他們理想中的前程而努力。分工競業，各有選擇職業的自由。這種自由，在計劃經濟下是不存在的。計劃經濟是由官方決定每個人的職業。每個人社會地位的昇降，決定於上級的意旨，個人的前途，完全靠權力者的眷寵。

但是，在資本主義制度下，每個人都可自由地向他人的既得利益挑戰。如果他覺得，他有能力以價更廉物更美的產品在市場競爭，他就可以試顯身手。資金缺乏並不防碍他的企圖，因爲資本家經常是在尋找善於利用資金的企業家。工商業活動的成敗興衰，靠的是消費者的選擇；爭取消費者，靠的是價廉物美。

在資本主義制度下，工資所得者也不受僱主的任意支配。一個企業家，如果僱不到最合適的員工，或者不能以足够的工資防止他們轉業，那末、營業的純利就會減少。僱主與受僱者之間，無所謂恩惠。僱主僱用員工正同購置原料與設備一樣，是營業上必要的手段。員工方面也可自由選擇最適合於自己的工作。

決定個人地位與所得的這種社會淘汰，在市場經濟下不斷地進行。一方面，有些巨富日漸衰落，最後化爲烏有；另一方面，有些貧賤出身的人物，地位與財富一天一天顯赫起來。

在資本主義社會裏，沒有特權階級；政府對於既得利益，並不給以特殊保護，任憑後起之秀向它們挑戰。在這種社會裏，已經致富的人，爲保持財富，仍須努力不懈與他人競爭。

在分工合作的社會間架裏面，每個人都要靠他自己對於購買者羣所提供的勞務，而他自己也是購買者羣當中的一個人。

每個人，當其購買或不購買的時候，就是一個最高權力的一分子。這一權力，指定了所有的人在社會上的地位。在這所有的人當中，自然也包括每個購買者和不買者在內。

某些人的所得較高，另些人的所得較低。在這一分配過程中，每個購買者都是影響因素。每個人都可自由提出一種貢獻以換取較高的報酬。

資本主義制度下的自由，就是：某甲依賴於別人的，並不多於別人之依賴於某甲。除此以外，可以說沒有其他的自由，生產分工，誰也不能完全自給。

我們之所以贊成資本主義、反對社會主義，主要的理由，還不在於社會主義必然地毀滅一切自由，把所有的人都置於權力者奴役之下。作爲經濟制度的社會主義，事實上是不能實現的，因爲在社會主義的社會裏，市場的功用消失了，任何經濟打算都是不可能的。此所以社會主義不能視作一種社會經濟制度。它破壞社會合作，它帶來窮困與混亂。

第五章　反共與資本主義

宇宙間，一切一切都是在變動中。每個事態，都是過渡的事態；每個時代都是過渡的時代。在我們人類生活中，永無固定與休止。生活是過程，不是原狀的維持不變。可是，人們的心智常常被一個不變的幻想迷惑了。所有的烏托邦運動，都明白宣稱，要終止歷史的變動，建立一個最後而永久的安定狀態。

這種運動，在心理上的理由是很明顯的。每一變動都會影響人們的生活環境，使人們必須自我調整以求適應。變動，每每損害既得利益，每每威脅生產與消費的傳統方式。凡是智力遲鈍而憚於修正思想方法的人，莫不以變動爲苦惱。因循故習，本不合於人類行爲的本性，但是，由於那些想保持既得利益的以及那些心智懶惰的人們傾向於保守主義，所以凡是少數活潑分子所倡導的改革運動，都會遭受若干阻力。

一般人使用「反動的」這個形容詞的時候，大概只指那些組織保守性政黨的貴族和僧侶們。可是反動精神表現得很顯著的，還有其他的一些事例。例如行會限制新人加入、農民團體要求保護關稅及補助金、工資所得者仇視技術改進並以工會的力量强迫僱主僱用不必要的工人等等，都是反動的行爲。

妄自尊大的文人和放浪不羈的藝術家，總以為工商界的活動只是拚錢，並不要甚麼聰明才智。其實，企業家所表現的智力，比平凡的作家和畫家要高得多。那些自命為「文化人」的人，竟不知道成功的企業所需要的才智，這一點，已可表明他們智力的低劣。

這一羣膚淺輕薄的「文化人」之出現，是資本主義時代最不受歡迎的事象之一。他們的叫囂，為有識之士所鄙棄。他們對於大衆只有害處沒有益處。如果有甚麼辦法可以抑制他們的喧擾，甚至澈底消滅他們，對於其他任何人不會有何直接的損害。

但是，自由是不可分的。如要限制那般「文化人」的自由，那就要授權政府，讓它去判斷甚麼是好的，甚麼是壞的。這樣一來，文藝工作也就社會主義化了。文藝工作一旦社會主義化，天才就被扼殺。因為權力者不喜歡新的觀念、新的思想方法、新的藝術作風。任何革新都是他們所反對的。所以政府權力一旦涉及文藝部門，其結果，就是把文藝工作者納入組織，文藝界也就成為死水一團。

那般冒牌文化人道德墮落，亂發狂言，似乎是我們人類必須支付的一項贖金，否則富有創造力的天才就不能有所成就。自由，必須所有的人都可享有，即令是卑鄙的人也不能例外，以免那些能够利用自由以造福人羣的少數人，受到桎梏而不能發展。天才所需要的第一件事，是呼吸自由空氣。

而且，那些卑鄙文化人的言論，並不足以為患；為患的，是大家之樂於接受他們的言論。輿論的造型者嚮應於前，盲從的大衆跟隨於後，這就壞事了。大衆總是趨向時髦言論的；他們覺得，不如此就顯得落伍。

最近六十年來最有害的意理，莫過於喬治・索利爾 (George Sorel) 的工團主義 (Syndicalism) 和其直接行動的主張。這個意理，由法國一位失意的知識分子倡導，不久就迷惑了歐洲各國的許多文人。這一風氣，構成了近幾十年一切政治暴動的重要因素。它影響法國的忠君主義、軍國主義、反猶太主義。俄國的布爾希維克、意大利的法西斯、德國的納粹等革命運動的發展，也以工團主義這一意理為最重要的因素。它改變了政黨的性質。政黨之爭取政權，不靠選民投票，而靠武裝組織。它不信任代議政治與「布爾喬亞的安全」，而鼓吹對內殺伐與對外戰爭。它的主要口號是：暴動！暴動！再暴動！現在的歐洲之所以形成這樣的局面，有很大的成分是索利爾教條的後果。

知識分子是首先歡迎索利爾觀念的；他們並且把索氏的觀念廣為宣揚，可是、索利爾主義的要旨，很明顯地是反知識的。他反對冷靜的思考與清醒的辨識。他只是要「幹」，要轟轟烈烈地幹。他叫大家為神話而鬪爭。「如果你把神話作為行動的根據，你就可面對任何批評反駁而不為所動。」不要講，不要想，殺、殺、殺！為毀滅而毀滅，這是一個何等荒誕的哲學啊！

然而，這種毀滅主義者的荒誕哲學之廣為流佈，其咎既不在索利爾，也不在他的那些門徒——列寧、莫索里尼、與盧森堡 (Rosenberg)，更不在那一羣不負責任的文人和藝術家。災難的到來，是因為幾十年以來幾乎沒有一個人以批評的態度去檢討這個哲學，沒有一個人從心理方面去解析這般暴徒們的毀滅感。

誠然，有若干著作家是絕對不贊同暴行的，但是他們對於獨裁者萬惡的淫威，並不加以嚴厲的譴責，反而要找出一點同情的解釋。後來，知識分子中向來鼓吹暴行政策的人，開始覺察到：即令是極權意理的狂熱擁護者，也難免慘遭殘殺。直到這個時候，才有人對於極權的暴行，提出微弱的反對之聲。可是，這時已經很晚了。

今天，有一個偽裝的反共陣線存在。這個陣線裏面的人們，事實上是以共產主義為目的，不過他們所致力的共產主義，去掉了一些尚不合美國人口味的特點而已。這般人，自稱為「反共的進步分子」，但正確的稱呼，應該是「反反共產主義者」。他們故弄玄虛，把共產主義與社會主義强行區分。以表示他們所推薦的是一種「非共產主義的社會主義」，而非共產黨宣言那個文件所代表的那一套。他們常常使用「計劃」、「福利國家」這些名詞，作為「社會主義」的別稱。他們以為，這更可以證明他們的主張不同於共產主義。他們反對共產黨人的革命與獨裁，同時他們在寫作與講學方面，却又讚揚共黨革命及無產階級獨裁的導師馬克斯，稱之為偉大的經濟學家、哲學家、社會學家。他們想使我們相信，非極權的全能主義（這等於說，三角的四方形）是醫治百病的特效藥。凡是他們對共產主義提出溫和的反對意見的時候，正是他們要借用馬克斯、列寧的詞句來罵資本主義的時候。他們很明顯地表現出，他們在情感上厭惡資本主義比厭惡共產主義要厲害得多。他們每每把資本主義形容為「不堪言狀的恐怖」，以此來原諒共產黨徒的一切惡行。

簡單地講，他們佯作反共，事實上是把大家引到共產黨宣言的觀念上去。這些自稱「反共的進步分子」，他們所反的不是共產主義，而是反其所未當軸的共產制度。他們所力圖實現的，是他們自己或他們親信可以掌握政權的社會主義制度，亦即共產主義制度。說得過份一點，他們是在想消滅他人。也可以說，他們只是不想被別人消滅。因為在一個社會主義的國家裏，除了最高的獨裁者和他的黨兇以外，誰也沒有不被消滅的保證。

凡是「反甚麼」運動，只是表示一個消極的態度。消極的運動不會有任何成功的機會。「反甚麼」的運動，如果只「反」而已，那末，攻擊、咒罵、事實上是替所反的事物做廣告。有所反必須有所為。無論所反的事物是怎樣的壞，我們也不能僅止於反。所以我們要特別强調：要反共，我們就得毫無保留地要維護自由主義的市場經濟。

由於蘇俄搞出來的那一套，和其他社會主義國家慘痛的失敗經驗，到了今天，共產主義在西方國家成功的機會，應該很少了，如果沒有這般偽裝的反共主義的話。

為防止西歐、美洲、與澳洲的文明國家被莫斯科野蠻主義所奴役，只有無條件地支持自由放任的資本主義。

（全文完）

殉

林海音

繡花綳子綳得很緊，每一針扎下去，都會發出「砰」的一小聲，然後又是絲線拉過軟緞長長的一聲：「嘶——」。繡花的人心無二用，專心在繡花的工作上。因爲太專心了，竟弄得鼻孔張着，嘴唇翹着，整個的臉也像繡花綳子一樣的綳得很緊。

最後的一張葉子就要完成了，然後拿去讓小芸她嬸嬸用縫機給打上邊，比較快當些。但是配個什麼顏色的邊呢？方大奶奶想着便停下了針，把繡花綳子舉到眼前一比。如果照她的意思，葱心綠的邊一寸半寬，最合適。可是誰知道小芸願意不願意呢？年青人現在的腦筋不一樣了，配起顏色來，也是怪裏怪氣的，小芸這孩子就許這麼說：「媽！來個灰色兒的！」那可使不得，是結婚用的哪！

砰，嘶——，砰，嘶——，方大奶奶接着繡她的葉子。沒幾針，線完了，得再穿根新線，這可難了她，一根繡花針比近比遠都穿不進去，雖然戴着老花鏡。她不得不叫小芸了，可是她們同學幾個正在隔壁屋裏說得高興呢！在方大奶奶正要喊的時候，隔着紙門，她聽見劉家的小姐說話了：

「方小芸，你倒是去不去呢？」

「吃完飯再去吧，媽媽說留你們吃晚飯，她還特意上街給你們添菜去了呢！」

「現在還早，我們可以去了趕回來吃飯。我跟你說的那家拍賣行，有許多新到的耳環，花紗手套，都是你結婚要用的。我陪你去買，可以打個折扣。」

「我說實話，」小芸很和婉的解釋：「我媽正在給我趕繡花枕頭，她眼睛不太好，每根線差不多都得我替她穿。快繡完了，我出去沒人給她穿針，工作就得停頓，不好意思。」

「哦——！那就難怪了，人家方小芸急等着這對鴛鴦枕好入洞房呀！」

「別胡說，我媽才不那麼俗氣，繡什麼鴛鴦！」

「那麼伯母繡的是什麼花樣兒呢？」

「你們猜。」

「麒麟送子？」

「呸！」

「花好月圓？」

「無聊！」

「祝君早安？」

「又不是繡洗臉毛巾！我告訴你們吧，媽繡的是一枝初放的淺粉色荷花，荷葉上露珠滾滾，旁邊是一隻蜻蜓點水。」

「好雅緻，伯母怎麼想出這麼一個別出心裁的花樣兒呢？自己繡可也眞麻煩，爲什麼不花錢找人用機器繡呢？」

「是呀，我也說過，現在也沒有什麼嫁粧的那一套了，可是母親滿心想乘我結婚溫習一下她的舊日的手藝，我怎好攔阻她。我不是跟你們說過嗎？我的母親還是一個處女，她是最純潔不過的女人，所以她的藝術眼光也不同凡俗……」

——唉！這孩子今天怎麼這麼話多！

方大奶奶聽到這裏，不由得皺了下眉頭，她不願再聽下去了，她眞不知道小芸一向對她的同學們都是怎麼形容自己的母親，還預備怎麼說下去？她把繡花針別在軟緞上，輕輕放在桌上，便起身躡手躡脚的走出這間屋子。她知道小芸以爲她去厦門街買熟菜還沒回來，所以才這麼放肆的談論着母親。

她一邊穿鞋又不由得想起半年前的事，她記得清清楚楚，小芸向她提出要和敏雄結婚的事。她早就看出在一羣追求小芸的張三李四裏面，她的女兒是看中了那個駕駛噴氣機的張敏雄了。噴氣機！從天空上「刷」的一下飛過去，總害得她的心也「刷」的一下被摘了去。可是說老實話，她確實很喜歡敏雄，第一，他朝氣，生龍活虎的。不過，駕飛機，而且駕的是那麼快的噴氣機，三長兩短是保不住的，唉！她怕打仗，怕聽到死，怕快。所以她忍不住把利害對小芸說明白：

「小芸，敏雄樣樣好，沒得挑剔，婚姻也是你自己的事，這年頭兒的父母做不了什麼主，可是——可是嫁給一個生命隨時有危險的軍人，尤其敏雄，是駕噴氣機的，要有個什麼的話，你可得認命呀！」

她是過來人了，她知道認命是什麼滋味，她可不願意叫小芸也有一天走上她的路。但是小芸這孩子，她聽了後，臉向着她，雙手搭在她的肩頭上，穿着緊裹着屁股的牛仔褲的兩腿分開立着，一條馬尾兒甩了一下，側着頭，倒像哄孩子似的笑說：

「媽！您那認命的時代早就過去了！我知道，是因爲爸爸的原故，您才替我擔這份心的。不過做軍人的，在他的責任中，却應當隨時有犧牲生命的精神，這和爸爸的情形又不同了。如果敏雄——他眞有什麼不幸的事發生，在這個大時代裏，我想我應當承當得起。媽！您放心，別爲我多慮。答應我——嫁給他！」

小芸說到後來顯得激昂起來了，兩眼噙着淚水，搭在母親肩上的兩手，搖撼了兩下，跟着小濕嘴兒，吻了母親的老臉。她沒有把這套話背得很清楚，但是她聽得最明白的是小芸說的認命，「您那認命的時代早過去了」，小芸這孩子幾時變得這麼會說話的？她只知道小芸會撒嬌，會哄人，居然也會講大篇道理，還不肯認命哩！她沒了主意，便去找小芸的叔嬸，她把自己的意見和小芸的話，敘述了一遍之後，便下了這麼個結論：「叔叔做主。」等着小芸的叔叔家麟來回答。誰知叔叔也站在小芸那一頭。

「也對，這不是講認命的時代了，如果小芸眞有這樣理智的見解，她就不怕嫁一個隨時有性命之憂的軍人。大嫂，你就隨了她吧！」

哦！叔叔也是這麼不認命的人，那麼講認命的該就是她一個人了，認命不對麼？她有點迷惘，愣愣的看着在屋裏來回踱着的家麟，她忽然發現家麟腦後的頭髮怎麼也白了許多呢？老了，大家都老了，攪不過年青的人了。記得家麟剛從法國回來的時候，穿着一身藏青嗶嘰的西服，站在堂屋地上喊大嫂。呀！莫非他現在身上穿的還是那套？應當是，褲子後面磨得油亮了，嗶嘰穿舊了，就是這樣。「大嫂，不用猶豫了，就放心給小芸張羅結婚的事吧！」一直到嬸嬸說了話，她才從漫無目的的遐想中醒過來。

方大奶奶想着這半年前的往事，脚步不知怎麼竟走到後院厨房來，看見阿滿在切滷牛肉，她才想起她到厨房來是沒什麼事的。她在厨房裏轉了一圈，掀掀鍋蓋，開開碗櫥，阿滿不高興了，鼓着嘴在瞪她，她這才又從牆壁的釘子上取下了線網袋來，向阿滿絮叨說：「牛肉不要切成大直絲喲！我再去買點兒什麼來，三個大姑娘，一定很能吃的。」

穿出兩條橫巷，本來是到廈門街的捷徑，可是方大奶奶沒這麼走，她出了家門便一直朝高處去，走上了水源路，眼界立刻開朗，但是有點喘，心也跳着。眼睛朝堤下望去，秋高水也漲了些嚒？怎麼今天看起來，水流得這麼急似的。她跟着流水的方向抬頭向上看，呀！川端橋西面是通紅的半個天！太陽是金黃黃的一個大輪子，就要沉下去了。是眼睛不好嗎？水流得那麼快，金輪子也滾得那麼急？她不常看到落日的情景，但是她還記得那次在北海的白塔頂上所看見的落日。比這沉靜多了，也是這麼一個黃澄澄的金輪子，徐徐的沉下，沉下，終於沉到她視線所不能及的下面去了。她的心，就遙遠的隨着那金輪子墜下去了。那時北海是一片黃昏的蒼茫，水面上還閃着一層微弱的金光，幾隻小船正向五龍亭划去。那刹那間的情景，深深的印在她的心上，有二十幾年，不，三十幾年嘍！日子也跟流水似的，急急忙忙的，向前追，把她追老了，把小芸追到有一天要嫁人了，還不肯認命，這孩子！

認命，第一次告訴她要認命的，是她的二姐，也就是那天從暮色蒼茫中走下白塔來的事。也許二姐看她沉默不語，以爲她心懷悲痛，所以挨近她，拉起她的手安慰說：「三妹，命裏註定的事也沒辦法，自己的身子要緊，看你瘦多了。閒下來繡繡花，看看書，回娘家來散散心，女人生就得認命。」其實她不言不語，滿懷的是另一件心事，但是聽了二姐的話，她也不禁輕輕的嘆口氣說：「我都知道，二姐。」

命裏註定的事怎能不認呢！如果那年父親不在火車上遇見他的同年方椿年，怎麼會有她和家麒的一段婚姻！或者父親在火車上遇見的不是家麒的父親，而是李景銘年伯，張東坡年伯，也許她做了李家或張家的少奶奶。即便父親遇見的是家麒的父親，而時間遲個幾年的，情形就許不同，她雖仍是方家的少奶奶，但不是大少奶奶，而是二少奶奶了呢！小芸常把「時代」掛在嘴頭，她的命何嘗不是她的那個時代所造成的呢？那年父親爲什麼回南方？是民國初的一次什麼內戰來着，祖父在揚州原籍病倒了，父親匆匆的決定回家探望，順便料理家裏的鹽務，她的娘家姓朱，是揚州的大鹽商呢！但是父親有書呆子氣，不能承繼祖父的鹽業，竟老遠的跑到北京讀書，做官，把母親接了來，就算在北京成家落戶了。怎麼這麼巧，方家的老爺子也回南方，也是這趟車。

那天她正在書房裏寫大楷，臨的是柳公權玄秘塔。二姐開門進來了，先喊一聲「三妹」，探頭左右看看，問：「今天你一個人？老師和四弟五弟呢？」「老師回家探母去了，」四弟五弟到土地廟買蛐蛐兒去了。」二姐這時才從懷裏掏出一對信來，她知道這是父親剛從揚州寄來給母親的，密密層層的寫了好幾張，二姐從中間抽出一張來遞給她，笑着說：「看吧！別臉紅。」

……方府係金陵世家，椿年又與我有同年之誼，其長公子家麒，現就學於京師高等學堂，英年秀發，前程遠大，與吾家芸女堪稱佳配，此次南歸與椿年同車，因諧此議，殆亦所謂天作之合也。汝意云何……

她怎能不害羞，紅着臉把信扔給二姐，二姐直羞她：「不笑話我了吧？你也一樣了呀！」她和二姐只差兩歲，二姐自從去年和崑山顧家訂婚後，便停止到書房來讀書，趕學繡花忙嫁妝了。在那年月，嫁妝眞是一件要緊的事，光是繡活就不知有多少件。除了自己用的以外，還要打聽好夫家都有什麼人，給婆婆繡鞋面，公公的眼鏡盒，小姑子的綢絹子，伯婆，嬸婆，都不可缺少。

她十四歲和方家麒訂了婚，便走出書房，回到繡房，孝女經還沒唸完呢。本來說是十八歲和二姐同時出嫁的，但是她被延遲下來了，是因爲家麒身體不好，有病。這樣一拖，竟五年下來，二姐已經生了兩個孩子。她呢，枕頭一對對的繡，繡到後來，也不知是給誰繡的了，一對寄給二姐，送顧家的小姑陪嫁，一對寄回揚州給表妹添粧，一對……。她曾歇了一陣子沒有繡，但不久因爲無聊又隨着時興樣兒繡十字布了，數着那細小的格子，交叉、交叉、交叉、紅線、綠線、紫線的繡下去。忽然有一天，一個重大決定的消息送到她耳邊來；說是家麟的病並無起色，方家要求索興給完了婚，冲冲喜氣。她的父母聽了先是一驚，但經過一陣考慮和商量，終於答應了。她雖然有點害怕，但糊塗的成份更多；她暗想，嫁過去也好，四弟五弟也訂了婚，如果她不嫁，弟弟們也成不了親。不是她女心向外，反正是方家的人了，嫁過去雖厮守着多病的丈夫，也許眞的冲了喜氣，病就好了也說不定。可是，萬一——不想，不想，不想這些。

五彩的絲絨線，紅帋剪成的雙喜字，染得大紅大綠的花生、白果、桂圓，在她的每一件嫁妝上都繫着，貼着，藏着。每個人，做每件事，說每句話，都是把吉祥的字句掛在嘴邊。那氣氛，不容易使人想到那個病人的身上去。所以在婚前，憂慮只算是一閃，並沒有十分使她不安。

日子終於到了，她被鳳冠霞帔妝扮得上了轎，那轎子有規律的顚呀，顚呀，顚呀的，似夢非夢，一直把她顚到了另一個境界。她迷迷糊糊，被攙下轎，拜過天地，進了新房，直到那紅蓋頭被掀開了，她的頭還是深深垂着的。坐床之後當她把眼皮稍一抬起，往橫一斜，首先看見的是旁邊地上的兩隻脚。她穿的是青緞子千層底的雙臉鞋，雪白的洋襪子。她乘着屋裏沒有人的時候，閃快的又把眼睛向上溜了一眼，吓她一跳——是個紙紮的人！不該是她的丈夫。除非她的丈夫，誰有資格挨着她坐在一起！除非她的丈夫，誰會有那樣一付模樣！她這才夢醒了，心「咚」的往下一沉，一下就掉到深淵裏去了。她低頭看自己脚下穿的繡花鞋，被繡金的百摺裙蓋住了一半，只露出一段鞋尖來。一眨眼，兩滴淚正好落到揑在手裏的手絹上，她把手絹揉呀揉的想把它揉碎了。

哄哄嚷嚷的過了許久，好像有長輩的女人在要求客人退出新房，以便新郎早些休息。人果然散了，跟着她聽到一些聲音：他在咳嗽，喘氣，痰盂拿來了，大口的血噴出來！有人說：「還是躺下吧，大少爺。」於是那青緞子雙臉鞋移動了，他被攙扶着上了床，從她的身邊蹭過，吃力的躺下去，跟着是長長的吁出一口輕鬆的氣，又有人說：「今天晚上大少奶奶在老太太房裏歇着吧！」於是她被攙下了床，兩腿有點發麻，差點兒沒站穩。珠羅帳外，燭影搖紅，大紅緞子被，一層層疊上去。朱漆描金的箱子上，黃銅大鎖被映得發着金紅的光。到處都是紅的，紅的燭，紅的被，紅的箱子，紅的血！但她被攙出了這紅色的新房。這是她的新婚之夜。

她在家麒的有生之日，確實盡了為妻的責任，家麒也眞正的感激她。過了新婚的三朝，她把伺候丈夫的責任，從婆婆和老僕婦的手中接過來。為他換衣襪，煮蓮子羹，端湯喂藥，為他抹去嘴角猩紅的血。在他精神好一點的日子，也能從床上坐起來，要她從書架上拿這書那書來看，這時她的心情也會隨着開朗，覺得他會漸漸好起來的。

有一天，他要她打開書桌中間的抽屜，取出他的一叠文稿。抽出一張給他看，那上面寫着：

余與揚州朱淑芸女士訂婚已八年矣，魚軒屢誤，蓋因余病肺久不愈也，故每誦「過時而不采，將隨秋草萎。」之句，必深棖觸，而對淑芸女士深感愧疚。今試寫新體詩一首，寄余相思之苦云：

啊！淑芸吾愛！
病魔的折磨，
日復一日，年復一年，
誤却我倆的佳期。
使我愁緒懨懨！
啊！淑芸吾愛！
悠悠白雲，蔚藍的天，
寄我相思一片，
飄到吾愛的身邊。
……………
……………

她不太習慣這種顯得太露骨，沒有平仄，又不像舊詩那樣文雅鏗鏘的白話體，因此覺得有點好笑。但是那詩裏邊的意思也的確使她感動，那總算是情詩呀，總算是一個人為她而寫的情詩呀，她看完不由得微笑的遞還給家麒。家麒接過紙片，又伸過手來握着她的；那手不像手，溫都都，軟囊囊的搭在她的手背上。她心一麻，不由得把自己的手抽縮回來，伺候他躺下。看他兩頰泛着微微的紅潮，她在想：他不會總這麼瘦弱的，他一胖起來，就會像他的弟弟家麟一樣，因為她看過他健康時和他的弟弟合拍的照片，兄弟倆很像，家麟在清華大學住讀，回來過兩次看哥哥，她都會見到的，所以她這麼想。

但是像這樣心情開朗的時光並不多見，自從家麒昏厥過兩次以後，她知道他已經病到什麼程度，她不能再欺瞞自己了。有一天，她剛從南大扇參局買來的高麗參和阿膠還沒有拆包，家麒便把她叫到床邊來，微弱的對她說：「淑芸，我不行了，委屈了你！」他連伸出那軟囊囊的手的力量都沒有，便昏了過去，這一次，他就永遠沒醒過來。

「一日夫妻百日恩」，她和家麒夫妻做了不止一日，足足有一個月，可是那也算是夫妻嚒？她哭得很傷心，別人看了也心酸，但是，她哭的是什麼呢！

日子漸漸靠打發捱度了；白天，她還可以磨磨蹭蹭守在婆婆的身邊一整天。早晨幫婆婆梳頭，從把棉花撕碎塞進篦子裏到給婆婆篦頭、紮繩、抿刨花、挽髻、別橫簪、插上九連環金簪，就費去大半個上午。接着弄這弄那，太陽升到中天了，看駝背老五把天棚拉上。下午很寂靜，偷懶的僕婦們都躲到下房去了，只有老俞媽在廊簷下洗老太太的水煙袋，呱噠呱噠呱噠，三拍停一拍，這樣有節奏的呱噠下去，是因為老俞媽一邊幹活，一邊打瞌睡。她從廂房出來到老太太堂屋去，經過老俞媽跟前，總要拍拍肩頭咳一下，老俞媽睜開了眼衝着少奶奶傻笑。大竹簾子很重，掀開時簾子上的銅片兒敲着門框，又是呱噠一聲，把坐在太師椅上打瞌睡的婆婆也驚醒了。她進來先替婆婆裝煙，從大檜木櫃裏拿出一包雙獅牌的福建煙絲來，那煙絲眞細，揑着軟緜緜的。聽婆婆抽水煙有三個部奏，「呼嚕」吹燃那紙媒兒，咕嚕咕嚕的抽起來，然後提出那小筒子，倒過來向痰盂裏一吹，熱煙灰掉進水裏「嘶」的一聲，熄了。婆婆一面抽着水煙，一筒一筒的，一面絮談着家中的瑣事。她就站在硬木方桌旁，一邊諦聽着，一邊搓紙媒兒；黃色的表芯紙裁成一寸多寬，用掌心在光滑的桌面上一根一根的搓，搓了滿滿的一大把，放在條案上的帽筒裏。正中的自鳴鐘，金色的大圓捶正一秒一秒的擺來擺去，「五點多了！」不論是誰會這麼提醒一聲。天棚拉開了，夕陽照到廊簷下。老俞媽又牙疼了，她摘下一片夾竹桃的葉子，含在嘴裏嚼着，說那嚼了牙就不疼。這時也許送花的來了，用晚香玉和茉莉串成的鮮花籃，中間插幾朵紅綉球。她挑了一個，交給陪嫁的張媽送回自己屋裏，她跟在後面走。到屋裏看張媽把花籃掛進珠羅帳子裏，滿屋立刻清幽幽的散出花香來。擦得晶亮的煤油燈送進屋來，白天算是過去了。

她最怕晚飯後掌燈的時光，點上煤油燈，火光撲撲撲的跳動着亮起來，立刻把她的影子投在帳子上，一回頭總吓她一跳，她不喜歡自己的大黑影子跟着她滿屋子轉，把燈端到大檜木櫃旁邊的矮茶几上去，那影子才消滅了。就這麼，閃着晚香玉和茉莉混合的香氣，她冷冷清清的把自己送進帳子。躺下去，第一眼從帳子裏看出去、就是箱子上高疊着十六床陪嫁過來的棉被，她幾乎每天都想一遍；就憑她一個人今年才二十三歲，要到什麼年月，才能把這十六床被子蓋完呢？有個人，那怕就是那麼病央央的一輩子，讓她無休無止的伺候着，也是好的，好歹是個人呀！或者——跟他圓過一次房呢，給她留下一男半女，也讓她日子過得有盼頭兒！

轉過年來的清明，她守寡快一年了。那天早上，她起得特別早，因爲要準備家裏上供燒紙的事。家裏的女人們都忙着叠元寶，她也拿了一叠錫箔到自己房裏來叠。她一邊叠一邊想着剛才公公親自在裝元寶的白紙包袱上寫祖宗們的名子時的情景；老鬼寫完寫到新鬼家麒的名子時，公公深深的嘆了口氣，是的，還有什麼比老來喪子更痛心的？可是站在一旁的新寡的她，豈不是更悲痛呢！公分到底還有他的第二個兒子可以盼，家麟像鐵打的那麼結實，又聰明，又孝順，洋學舊學都能來，已經大學快畢業了。她呢？她怎麼才是個了局？一樣的兄弟，家麒爲什麼就沒有家麟那樣的身子骨呢？一樣的姐妹，她爲什麼就不能跟二姐一樣，丈夫兒女的福集一身呢？

她很納悶兒，竟心不在焉的停了手邊的工作，在愣愣的想着。忽然外面傳來了一陣皮鞋聲，她被驚醒了，抬頭向玻璃窗外望望，原來是家麟進來了：「嫂嫂！」

「哦——，是二弟，你幾時進城的？」

「回來一會兒了，爹寫信叫我別忘了今天要回家來行禮。」

「是呀，人太少了，上起供來也冷清。」

「嫂嫂，我是要找一本天演論，記得哥哥有。」

「是有這麼一本書，我給你找。」

她裏裏外外的翻了一陣，都沒有找到。「也許在書架子上。」她一邊回頭對家麟說，一邊走上了書架前的墊脚凳。就在她回頭的一瞥下，心裏一愣；家麟的眼爲什麼這樣看着她？她心慌了，取書時差點兒歪倒下來。「我來，嫂嫂。」家麟說着，很快的過來了，在她一歪之間，他扶住了她，她伸出手來，手就被他握住了，緊緊的。她更心慌了，臉也發燒，輕輕的把手縮回來。那奇異的一握有多久？只有一刹那吧？可是在她却是個永恆。在這一生中，她有一樣最不明白的事，就是家麟爲什麼那樣看她，那樣握住她的手？他不是輕薄的人，她知道。那麼他是憐憫她的遭遇？還是她自己把手伸出去的錯誤呢？她也不明白自己，爲什麼在那急促間竟不由得伸出手來呢？她並不討厭家麟，一直把從來沒有見過的健康時代的丈夫的影象，投在家麟的身上，難道這便是那小小罪過的根源嗎？當時他是怎樣走出她的屋子，她簡直不記得了。但是她記得很清楚的是過後不久，她就站在院子裏看燒包袱了。火勢順着春風向西吹，紙灰飄飄揚揚的升上去。公公奠酒，很嚴肅的端了一杯酒，繞着包袱酒潑。她的心亂糟糟的，却隨着紙灰兒飄呀，繞呀的。

她沒有喝酒，可是覺得醉沉沉的；這點感覺，今生也只給過她那麼一次而已。就在那天的下午，二姐派了車子來接她到北海散散心，走到白塔頂上，便看了那一次最美的日落，她的些許沉醉的心緒就隨着那個日落墜下去再也找不到了。太陽還是那個太陽，天天在升在落，人的情形就不同了。……

呀！怎麼糊塗的，要到厦門街，竟追着這個日落走過了頭，跑到川端橋上來幹嗎？方大奶奶從橋上退回走，責備着自己：眞是老了，精神總是這麼恍恍惚惚的，早上綉花針別在自己胸前的衣襟上，却到處亂找，還是小芸看見了：「喏喏喏，不就別在您心口上了嗎？」「記性壞透了，總是忘。」「可是有件事您沒忘，放在爸爸紡綢小褂左上口袋裏陪葬的那張全身小照！」小芸就這麼淘氣，惹人疼愛，小嘴兒一會是蜜，一會兒是針。

陪葬，也許小芸比喻得不錯，她是爲陪葬而嫁給家麒的嗎？從北海回來的那天晚上，她老早就睡下了，她翻來覆去的想了許久，二姐說得最對，她得認命，因爲她是女人。無論她覺得家麟怎麼不討厭，那也是一件不可原諒的事，她要躲着他些，出了笑話，兩家的名聲要緊，父親和公公的名字說出來都是叮噹響的，他們可不是隨隨便便的人家呀！她把被子拉上來，蒙住頭，眼淚撒開的流。遠處鷄叫了，她才迷迷糊糊的睡着。醒來，東昌紙的窗格子上，滿是太陽光。她支起身子來，頭發重，十字布枕頭上綉的「春眠不覺曉，處處聞啼鳥」的詩句，沾滿了黃色的淚漬。

那張陪葬的照片，她只對小芸說了一次，這孩子就記住了，還常常說出來取笑她呢！那張照片的姿勢她很喜歡，是十六歲時照的，元寶領子敞開着，高高的，頭髮前面的留海是剪的像個人字形，胸前捧着一把芍藥，站在書房門口，是那年父親的生日叫了廠甸鑄新照像館到家裏來拍的。照片擺在家麒的枕頭邊，給他看着玩的，他死後換裝裏，她就順手拿了塞進死鬼貼身紡綢小褂的口袋裏了。唉！隨了他去吧！在更早的年月裏，女人還得活生生的以身相殉呢，她雖沒這麼做，但是自從那張小照陪着他一同進了那口楠木棺材以後，她這一生和殉葬又有什麼不同。

她是聽從了二姐的話，在寂寞中又拿起了綉花針。那時的眼力可眞好，她記得綉一隻鸚哥就用了十六色的絲線，放在現在可要難死她了，到了晚上連藍綠色部分不清楚。提起綉線，她最想念三嬸婆，那時三嬸婆也像她現在的歲數吧，可是她就眼不花，耳不聾的，也喜歡縫縫綉綉，她們常一同到絨線胡同的瑞玉興去買綉線，坐在玻璃櫃臺的旁邊，夥計端茶拿煙，從樓上把大批的綉花線拿下來隨她們慢慢的挑選。

坐在敞亮的玻璃窗下刺綉是她這一生中主要的生活。綉線分色夾在一本厚厚的洋書裏，一根根的抽出來，扎在軟緞上，十字布上，白府綢上。有一個時期她坐在窗下綉花，盼望着一個奇怪的日子——禮拜六。常常是在駝子老五把天棚拉開了，她就把手中的活計扔在桌子上，伸伸懶腰站起來，隔着鏤空紗的窗帘向外發愣。外院響起了皮鞋聲，是家麟從郊外的大學回來了，那高大健壯的身影走進垂花門來，就會使她心胸澎湃，像海浪那樣的鼓動着。他還像個大孩子，低頭用脚點數着墁着大方磚的院子向公婆的房裏走。婆婆也許早慈愛的等待在院裏了，他看來滿心快活，迎上去叫一聲「姆媽」，就被婆婆擁進堂屋裏去了。她覺得很孤寂，心裏沒着落，望着對面通東跨院的四扇錄屛門上的四個大紅字「紫氣東來」，好久好久。

她要保留一份矜持，所以雖然滿心牽掛，却也不肯輕易在這時到婆婆屋裏去。她知道婆婆給他唯一的兒子預備了點心、餛飩或蒸餃，實在這都是她忙了一下午幫着婆婆做的。婆婆會告訴他「這是你大嫂做的」麼？他吃了會怎麼想？他怎麼不再到她房裏來借這書那書了呢？還是因爲她躲避他，而使他不敢來了呢？常常是直到晚飯桌上，他們才相見，他會很禮貌的叫「大嫂」，那麼自然，就像從來沒發生過什麼事似的。唉！本來那也算不得什麼吧！是她自己在牽腸掛肚，她不該的。

一個禮拜一次的盼望，到底也有了結束，家麟大學畢業就到法國去留學了，公婆雖然捨不得唯一的兒子遠遊，時代潮流，可也阻擋不住。婆婆最怕的有一件事，臨行之前還再三的囑咐：「記住，不要討了洋婆子回來呀！」滿屋的人聽着都笑了。家麟是方家最年輕、也是最維新的人物，他一直反對家庭給他訂婚，父母也沒辦法。其實在那個年月，外面的新潮流已經衝到許多古老的家庭裏了，像她差不多歲數的女學生，她早就聽說有反抗家庭婚姻的啦！守寡再嫁的啦！跟人私奔啦！孤身到外國留學的啦！老人家聽了在嘆息，她也不免驚異那些女子的大膽。說這些女子不該嗎？可是她在家麟買回來的雜誌書本裏却讀到了讚揚這種女子的文章。當然，她也是被讚揚的，親友之間誰不讚揚她的繡工、她的爲人、她的貞潔和孝順？公婆確實很疼愛她，財產早就給她額外留下來不動的，每月賬上分到她的零用錢也特別豐富，這也是對她的一種補償吧！買繡花線能花得了多少錢呢！大紅大綠的中交票子，一疊疊的存在箱底，夠了個數便送到廊房頭條的開泰金店去，擰麻花的赤金鐲子一對對的換了來。有時她很納悶兒，覺得這些補償似乎仍是缺欠了什麼。她茫然的想到雜誌上讚揚那些女子的話；是有些道理嗎？

家麟一去七年才回來，帶來的二奶奶雖不是洋婆子，確也給了她一些不安。這七年中，是經過了北伐的革命，北京城變了，春明舊夢已經成了過去，潮流帶來了新的思想，新的事物，在她那古老的家庭裏聽起來很新奇，有些贊成的，有的很反對，但無論贊成或反對，好像都與她的家庭不相干，彷彿他們只是站在一旁看熱鬧罷了。那是因爲這家裏缺少一個能領着迎上前去的人物，一直到家麟回來以後，這家才顯得不同些。

是嚴冬的晚上，堂屋裏燈光輝煌的在等待着遊子歸來。去時一個人，回來三個人，老人有無限的欣慰。她掀開厚重的棉門簾子，一眼便看見家麟正站在堂屋地的中央，穿着藏青嗶嘰西服，頭上戴着法國小帽。「大嫂！好！」他雖滿面風霜，可是眼裏閃着光采，精神好極了。她也展開了笑容說：「二弟，你一路辛苦了。」然後他把身旁的女人介紹給她：「大嫂，這是您的弟妹。靈西，我們的大嫂。」她一看，新來的二奶奶，粉白的臉上架着金絲眼鏡，頭髮燙得短短蓬蓬的，頭上也頂着法國帽，穿的是絲絨的洋裝。再往下看，喲！站在地上摟着媽媽腿的那個小崽子，也是一頂法國帽。三頂怪帽子！她笑了，趕緊把下嘴唇咬住了，才算沒笑出聲來。

新人物的確給老方家帶來了許多新氣象，三頂法國小帽，二少奶奶的洋裝，都漸漸看慣了，還有和他們交往的一些朋友所說的舌頭打顫的法國話，總也算聽慣了。剛一聽時，老兪媽會忘記牙疼，捧着腮幫子一路笑到下房去。婆婆有病也不堅持非要四大儒醫的汪六爺按脈了，而且竟打破方家的紀錄，居然那一次住到德國醫院請洋鬼子狄伯爾主治的。二奶奶是個很和氣的人，雖是一個人離家遠到巴黎去留學，但也和平常的女人一樣有說有笑的，她沒有理由看二奶奶不順眼。二奶奶常常說一些新女性應有的新觀念給家裏上上下下的人聽，不錯，女人可以離婚啦，自由戀愛啦，再嫁啦，都是應當的，因爲時代不同了。可是怎麼沒有一個人出來主張讓大奶奶再嫁呢？當然，當然這決不是說她就想再嫁了，她只是隨便想想罷了。

小芸的誕生，確實給她的生命帶來了新希望。她記得前些日子聽家麟和朋友聊天兒，家麟說了這麼一句話：「對於目前要有信心和希望，不然日子就難熬！」她很能體會這話的意思；她不就是因爲她身邊有了小芸，日子才算熬——熬到現在麼？是二十四年前，當二奶奶懷第二胎的時候，一個非正式的家族會議舉行了，要求二奶奶生下來的，不論男女都過繼給大奶奶。二奶奶非常同意；她在教書，正樂得免去帶孩子的辛苦。紅胖的小芸一出世就送到大奶奶房裏來。那年她已經三十四歲了，才第一次嘗到做母親的滋味。

她很愛小芸，每逢她緊緊摟着小芸胖胖的小肉體時，除了親子之愛以外，在內心中還盪漾着一種神秘的快樂。她常常想：這是她的孩子，也是家麟的孩子。許多人都說小芸的眼睛很像她，但是她更喜歡逗着小芸對人說：「大手大脚的，跟她叔叔一樣！」然後舉起小芸的肥手，送到自己的唇邊親吻着。就憑着自己內心常常泛起的這點點神秘的快樂，和對下一代成長的希望，唉！這麼許多年竟也過來了。

「您剛來過一趟，這次要什麼？老太太！」那是店夥的聲音。

「啊，是呀！我又跑一趟，家裏來了客人，怕菜不夠。還得給我切上四根，不，五根臘腸，鹽水鴨也來半隻好了。」方大奶奶走到了廈門街一家南京人開的小店，買好幾味熟菜，看店夥包好了，付過錢。走出小店的門口，仰頭看看，西天還有一點點殘餘的晚霞，這邊星辰已經急趕着上了中天。可得快些了，這回可不要走水源路，還是穿小巷回去吧。小芸會等急了跑出來找她的。這孩子是個懂事的孩子，二十四年來，如果沒有小芸，她的日子怎麼過！可是她長了翅膀會飛了！想到小芸就要結婚，她不免心酸。當然，小芸會把母親接了去，她說過一止一次了：「等結婚後換了大些的房子，我就接您去。以後我當家，說好了，不許您下廚房，只要您享老福！」她自己也知道，近來太憂鬱了，不安和悲涼襲擊着她，這種感覺就和家麟剛回國時一樣，那次是因爲出現了二奶奶，這次是敏雄。都是摘她心肝的人！她知道這憂鬱是多餘的，可是避免不了，隨它自生自滅，慢慢就會好的。

巷口的街燈是個標記，一轉過去就到家了，脚底下盡是泥，可得小心喲！

方大奶奶推開虛掩的街門進去。嗯？屋裏有好幾個人影？啊！是小芸的叔叔嬸嬸來了。他們正圍着她的繡活在欣賞。

——幸虧多買了半隻鹽水鴨，再炒一盤茭白，都是叔叔喜歡吃的。她這麼算計着，提着網線袋就直往廚房走去。

（完）

旅美小簡之廿三

悠揚的山歌

陳之藩

明末淸初，文壇上有兩個人當時很有名，也很怪。一個是把離騷南華史記杜詩西廂水滸等而觀之，評定甲乙的金聖歎，另一個則是用村婦野人矢口寄興的俗文俗歌予以鄭重整理的馮夢龍。金聖歎的事蹟，大家全很熟悉，馮夢龍的事蹟則不大太爲人所知。

我記得五六年前讀他所輯或係所作的山歌，整整爲他的傑作一年期間情感不能平伏，記憶最淸的是這樣一首山歌：

結識私情不要慌，
捉着了奸情奴自去當，
拚得到官雙膝饅頭跪下從實說，
咬釘嚼鐵我偷郎。

我記得我當時讀到這首山歌時，爲之目瞪口呆良久，在書頂上寫上一段小註：我說：「二千年的名教所施出的萬鈞壓力竟產生出這樣一個冷酷的回答，我如生在明朝，身爲衞道的儒者，當我聽到這首山歌以後，我一定改一行職業，因爲二千年努力建造的行業，成績不過如此，這個行業不會有前途的。」

雖然這個名教的大防，殘喘了三百年才開始崩潰，但是由那首山歌的宣告，可以說大局就已是決定的了。

前些日子我又產生了這種同樣的預感，倒不是在讀馮夢龍的山歌，而是讀紐約時報轉載波蘭共產黨員的登在共產黨報上的一首詩，譯出來應該是這樣：

那是眞的，
當無聊的銅喇叭吹出偉大的教育目標，
當抽象的貪鷹啄盡了我們的頭腦
當學生們幽禁在不見天日的教科書內，
當我們的語言變成了三十句魔術的教條，
當我們幻想的燈光熄消火滅，
當我們的月宮好人不准我們品賞味道，
那是眞的，
我們正變成白痴，正日趨枯槁。

——威茲克作，載於波蘭「新文化」

這種深惡痛絕的口吻，很可以與我國三百年前咬釘嚼鐵的山歌相比。如此剛勇的聲音，如此無畏的歌喉，如此生死早已置之度外的態度，共產黨的命運，我們也可以爲它批在書上：縱然它還要殘喘，但它却一定要死亡。

這種山歌，不會只一首的，它們以各種形式寫出來：

在布達西斯一個女孩躺在已被她炸毀的蘇俄坦克的陰影裏，上面蓋着一面匈牙利的國旗，寫着一行字：

「這裏是死了的一個十四歲的女孩，但並不白死。」這是匈牙利的山歌，這種歌是有千萬人同時悲壯的唱出，同時悲壯的死亡。

一個美國記者訪問歐俄，他問一個行人：「何以還是如此窮破，大戰已過了十年了，還不應該有所改進嗎？」回答是：「不是十年，已十年半了。」這是低音的山歌浮蕩在俄羅斯本土的山巔上與山谷裏。

我想，聽到這些山歌的共產黨們，爲他們着想，最好還是改一改行業，因爲共產黨這行飯，是註定不會有前途的了。

我們要進而想：何以一個十四歲的女孩，完全由俄式教育所鑄成，而却用炸藥去炸俄式坦克，何以統治了三十幾年的俄國，奴隸教育却不能把一個青年說服？何以一個年青的共產黨員會作出爲共產黨敲喪鐘送訃文的詩句，我們不能理解，只有親身經歷的一個俄國醫生可以爲我們代答：

他說：「我們聽的謊言太多了，現在我們是任何話也不信，但是我們知道眞理究是什麼，因爲我們念過托爾斯泰、契可夫與果戈里。」

眞理是不必藉念托爾斯泰、契可夫與果戈里才能明白，十幾歲的小孩就可以領悟，正如我國三百年前的山歌作者，有咬釘的智慧，有嚼鐵的勇敢一樣。

萬句謊言畢竟變不成眞理，萬繩捆綁，畢竟不能名爲自由，人類所以能赤手空拳的從毒蛇猛獸的叢林裏爬出來，是憑了他的智慧，只要具有人類的智慧，他是不會再爬向水深火熱的深淵中去的。

人頭是可殺的，人性是不可辱的。

四五年十二月廿五日於費城

斜暉（十一續）

孟瑤

十五

柳塘拗不過我的固執，放我去海濱別墅一趟，他本來很不放心，要隨我同行，但爲了安全問題，我竭力地阻止了他，並且對他說，我盡可能地趕早回來。沿途，我的心情很緊張，有一種投身虎穴的感覺，只是，我必須親自拜訪彥珊一次，或者我們應該取得彼此之間的了解，因爲，她是眞正關係我幸福的一人。爲了滿足我的情愛，這一條現實中的艱辛之路我必須要走通；假若我能克制情欲的話，能從這一個是非場做第二次的悄然遠引，是更簡單也更澈底的辦法！當然，後者是我無法做到的，因而，我必須忍受前者。

途中，我的心情安靜不下來，也沒有辦法有系統地去思考一件事情，因爲老高向我不斷地嘮叨着，雖然，其中大部份都是無關緊要的事。但是，當我們的馬行至那中途小亭時，老高指着它，帶一點調侃意味向我說：「那一天暴風雨，你躲在亭子裏面的樣子眞可憐呀！告訴我，你爲什麼那樣着急地往外跑？」

我臉紅着，沒有理他。

「你這一跑呀，」老高又獨自興高采烈地接了下去：「可把老爺的膽子嚇壞了，昨天我去李園的時候，他特別偷偷地囑咐我，讓我好好地守住你，不要讓你又像那天似的跑丟了！」

聽了老高的話，我不免暗自一驚，柳塘居然又體察出我部份的心意，知道我也曾產生過離開他的念頭，只是，這一個思想的力量太薄弱了，否則，僅只一個老高，又豈能守得住我？只是，柳塘的情誼可感，我又豈忍心獨自離開他？而且，我內心忽然發生一種激盪，覺得半生以來，我對於人生的態度，太消極太退縮了，一有拂逆，便藏起來一個人去傷心致死，爲什麼我不能積極不能進取不能振作呢？只要我發現一件事情於我有益，於人無損，就應該去爭取，切不要被謙讓這美德害苦了我！而且這件事豈只於我有益於人無損而已？它還於柳塘有益呢？我自信能幫助他去享受人生的幸福，發展他在寫作上的才能；就是彥珊，假若我能爲她去求得生活上的保障與感情上的出路的話，我也一定是救了她！或者，她在離開了柳塘以後，不會再有冰山似的身材，冷箭似的眼神了，因爲她是那樣地不愛柳塘啊！在這樣的情形之下，我還有什麼理由退讓？有什麼理由遠離？女人常常願意爲自己製造悲劇，這一次我不能了，我在世途上跋涉了這樣久，除了還有一個「情」字是眞正地屬於我之外，其他一無所獲，情對於我，等於唯一的一碗飯對於赤貧，那是延續生命的唯一營養了，我沒有勇氣去浪擲它。爲此，我必須積極地爭取那能使我活下去的東西。

「陳小姐，」老高又接下去說：「老爺也眞該有一個能眞心關心他的人了，這位太太不行啊！幸虧老爺的眼睛看不見，不然，太太的那一對眼睛就能叫老爺夜晚嚇得睡不着，那裏會等到那天晚上她舉錘動手？」

「太太最近在別墅裏做些什麼？」

「不出房門，東西也吃得很少！」老高鄙薄地。

「你知道太太那天晚上爲什麼要做那件事嗎？」我試探地。

「她打嫁給老爺時起，就沒有安什麼好心眼！」老高非常不平地：「其實她要是貪財啊！可以開門見山地說，老爺可眞不是一個小器人，遍遍又要裝出來是眞心嫁他，現在弄到這一步，我看她該怎麼下臺？」

「那一位侄少爺呢？他的爲人怎麼樣？」我又問。

「他是一位人滿好、脾氣滿好的人，配我們的小姐，倒眞是一對！」

聽了他的話，我幾乎笑了出來，鄉下人的眼睛，眞是容易欺騙哩！他竟然連一點破綻也看不出來，不怪彥珊會這樣恨我，的確，若不是我的闖入，她定能爲所欲爲的。

「陳小姐，」老高把馬靠近我的身邊，有意義地望我一眼：「你的學問很深吧？」

「沒有什麼，」我說：「不過是普通的大學畢業就是了！」

「這還了得嗎？」老高企慕地：「可不就是女狀元了？」

他那份傻憨的樣子，不由逗引得我笑了，而他却一本正經地：「這樣才好呢！我們老爺就喜歡有學問的女人，死去的那位太太，能書能畫，所以兩個人的感情可好啦！這一位不行，我一共也沒有聽見過她說過三句整話。」

我懂得老高的意思，這位傻憨的忠僕，暗中又在爲他的主人挑選配偶，而我，却正中了他的意呢！想來不免使我好笑，於是，我不願再在他面前有什麼表示，沉默地繼續向前，但是，快到門口的時候，老高又像是有些不放心地對我說：「陳小姐，你回去該不是找太太談些什麼吧？」

我能告訴他什麼呢？這樣複雜而矛盾的感情，沒法說，就是說出來，他也不能懂的。

「對於太太，你要小心一點，」老高却又接了下去：「太太那個人的樣子可有一些犯相，你看她那一對眼睛和鼻子，面帶凶煞，我們鄉下人講迷信，陳小姐，你還是小心一點，少惹她還好些！她那樣子，不是殺人，就是橫死。」

「好，謝謝你，我知道！」我說，內心自不免有些警惕。

別墅在望，我又再一度地回到這裏，我們騎馬繞道後門進去，我又聽見了海浪的聲音，我又進入這氣氛壓人的大廳，小作徘徊，我不知道我該先作什麼，終於，我鼓起勇氣去叩彥珊的房門，半天，她才用那比她的眼神更冷硬的聲音回答我：「不許進來！」

「是我，丙慧！」我向她解釋，以爲她知道不是傻大姐爲她送去什麼，而肯開門接待我。但是，我的來臨，對她並不發生什麼影響，許久之後，她依然以高度的沉默回報我，我知道她不願見任何人，便只好退離。

上樓回到臥室，室內似乎蒙罩着一層薄薄的塵土，使我感到一些淡淡的哀愁淒涼。又正是夕陽向盡的時候，斜暉滿室，我一直留戀這一段黃昏的生命，是的，爲什麼還有力量阻止我去欣賞它呢？懂得欣賞這種趣味的人並不多啊！推窗面海，我又看到那一片無涯浩瀚澄碧的波濤，前面是朽欄峭壁，左邊是淺灘，右邊是亂石，環境沒有蒙受一點專變的影響，但望我的心境也一如當日，無所事事，我不免又想去淺灘盤桓，帶上房門，我走出別墅，果然一至後門，老高便攔住我問：「上那裏去！」

「到海濱去走走！」

「天都快晚了，你不怕鬧鬼，還是少跑開的好。」

我笑了，我說：「我有張天師的符，可以鎭邪，你放心！」

「你還是回屋去吧！該休息吃晚飯了！」老高忠於主人囑託，一再想阻攔我。

「老高，你放心，我從石坡下去，能跑到哪裏去，你讓我到沙灘上去散散心，你知道我是最愛那一塊地方的，以前我住在這裏的時候，天天都要去一趟，是不是？」

這樣，他才算放開了我，從斜坡下去，經過柔沙，我走到遠處那堆被我倚坐慣了的石頭前，我先向地下躺了下去，細沙上依然熱氣逼人，我忽然衝動地脫去外衣，走近海浪，在淺水處浮游了許久，覺得胸中積鬱發洩了許多，一份少有的輕鬆心情又屬於了我，爬過水面，我向暖沙上滾了過去，夕陽的溫暖，正是我所需要的，閉目靜臥行刻，覺得許多幸福正在向我呼喚，我也眞想引吭高聲去回答它。到現在，我才對自己有了眞正的了解，平凡的人，不能做出世之想。能遺世而獨立，於寂寞中去尋覓永恆的，是智者；能生活於感情裏面，同時去領受那感情的憂樂的，是凡人，我只是後者，往日我卻一直勉強自己，修鍊自己，超拔自己，想做一個超人，事實上辦不到，如今我承認我是一個凡人了，我開始覺得人生是充實的。

暮靄沉沉，我輕快地從地上躍了起來，穿着整齊，就開始往別墅跑，進後門，老高攔住我問：「回去就替你送晚飯來嗎？」

「不，你讓我再休息半點鐘吧！」

跨進那古老的建築，光線更加陰黯下來，三步兩步走上樓梯，推門進屋，忽然看見一個黑影站在我的面前，我嚇了一跳，幾乎驚叫起來。

「是我，彥珊！」比鬼怪還更陰冷的聲音。

我更嚇了一跳，她先埋伏在暗處，一定圖謀不軌，而且，我離開這別墅的原因，正因爲無法忍受她的諷刺與謀害，現在她突然找我，我不能不驚懼，但倉卒中我找不到防身武器，除了倚門而立外，我幾乎暈了過去。

「不要怕，」她沉重地：「我只想找你說幾句話！」

「那……」我的聲音發着抖：「屋子裏這樣黑，你……先把桌上的燈點燃再說話。」

「你這樣怕我嗎？」她的聲音開始有些無法克制的淒然：「你也知道我現在變成一個亡命徒了？是的……」她轉身去點那桌上的燈，又不斷喃喃自語：「我……我現在眞的把生死置之度外了。」

燈被點燃了，室內開始亮了起來，我看清楚了彥珊的臉，那樣子，比我方才在臥室裏突然發現她時還更吃驚，幾日來，她竟然消瘦了這樣多，這使她的臉型幾乎都改變了，臉上，除了一對眼睛更大，一條鼻子更高而外，幾乎什麼也不存在，頭髮蓬鬆飄拂掩蓋住上額的一部，使那一張臉顯得十分畸形，筋肉緊張，面色蒼白，身上的衣衫似乎還是暴風雨時的那一件，已經十分骯髒皺損了，從她整個的外表上看來，只是一團毀滅前的悲慘影子，不是一個人，也不是一條生命了。我的恐懼心情消逝了，憐憫與不安代替了一切，我痴痴地望着她，然後才輕聲地問：「你想找我說些什麼呢？方才我去敲你的門，你不肯開。」

「是的，當時我恨你，我不想見你，」她咬咬牙，半天才說：「不過，我又想到這件事只有和你能談談。」

「我正願意和你談談！」我用手往桌前一指：「那麼，我們都坐下來說好嗎？」

她沒有作聲，卽回身坐到桌前的椅上，我的心裏有着警戒，側身到床角坐下。她先橫掃了我一眼，依然有着使人不敢問邇的力量，我把目光避了開去，她才沉滯地問了我一句：「你看見致中沒有？」

「我……」我猶豫着：「只見過一次面！」

「你怎麼不叫他上我這兒來一趟？」

「他沒有聽我的勸告。」我說：「我確會這樣對他說過。」

「他告訴我，他眞心地愛上翠微了，這一句話你也親耳聽見過的，是不是？」她痛恨地詛咒着：「他昧了良心，我把他從溝壑中救出來，飽暖以後，他不要我了。這不行，他眞不應該這樣做，他這樣欺侮人，會惹出事來的啊！」

「你放心，」我安慰她：「他與翠微的事不會成功的，柳塘不會答應把女兒嫁給他。」

「眞是這樣嗎？」她咬着牙：「眞是他在那邊一點希望也沒有，都不肯回到我這邊來嗎？我沒有虧待過他，而且我們也眞好過啊！」也許是回憶到那些往事吧？她的怒氣消散了，神情變得十分軟弱，一會兒，她兩手支頤，一會兒又掠去披散的頭髮，終於，她兩手捧住臉，伏在桌上哭了。半天，還喃喃地：「我們眞的好過，並且眞的愛過啊！」

雖然，我從第一眼看見她時起，就從沒有過好感與好印象，但是，我却同情一個在感情上受苦的人，如有一段這樣痛苦着她的感情，這就表示她還是一個眞正的人，可能的地方，我願意幫助她，於是，我僅有的一點警戒與恐懼消失了，我走到她的面前，輕撫她的背說：「你不要難受，我願意盡我最大的力量幫助你，叫致中和你一起走！」

「眞的？」她立刻回身拉住我的手。

「眞的，」我說，趁機會，我又把更多的事實告訴她：「柳塘的意思是要與你正式離婚，過去的事彼此都不要提了，假若你需要錢的話，柳塘願意盡可能地多給你一些，希望你們以後的生活無虞。」

「對於這些，我都沒有心思管了，」她說：「我要錢做什麼？你先替我把致中喊來，他不能就此不見面啊！他不見面我也有辦法會找到他的，就是我死了，我也陰魂不散，定是纏住他不放。你告訴我，他在哪裏，叫他來，不然我一定去找他，這件事情，我不能這樣就完了。」

「好，這件事情你交給我，」我說：「不過你先安靜下來，第一，你總得替柳塘留一點面子，先不要把事情吵鬧開去，否則於你於他都沒有什麼好處。我們要使事情能得一個合理的解決，就是不幸中之大幸，你沒有眞心和柳塘生活在一起，柳塘也願意你離去，那麼事情就是這樣解決了，很簡單。至於致中，他對你無論在哪一方面都有責任，所以他也不能想跑開，我一定去負責找他來，你們的事情，由你們親自辦交涉，親自解決，把他找來的責任，你交給我。」

「那麼，什麼時候？」

「你看，」我指指我自己：「今天我剛回來，精神太疲倦了，而且夜色已深，是不是？明天，明天一早，我去平城負責把他找來。」

她聽見了，便覺得問題已經解決，一切都十分有把握了似的，恢復了許多精神，從椅子上站起來，用那一對神采四射的眼睛望望我說：「我永遠記得你對我的這一點好處，我也必須要做得對得起你。你愛柳塘，眞的愛，他也在愛你，也是眞的愛，這是你們在見面不久就發生了的感情，我沒有什麼看不出來的。往日我爲了致中，感情有一些奔越得出軌，想做一些使我現在非常後悔的事，如今我十分冷靜了，我不想要什麼東西，只要致中能再是我的。沒有錢怕什麼，你想，兩隻小鳥在一起也能打得牠們一日的糧食呢！人會餓死嗎？我不該有陰謀詭計，我想害人，致中的變心就是我的懲戒；我起先一直擔心致中這孩子太軟弱了，吃不起苦，所以才想爲他多弄一點錢，讓他舒服，如今我懂了，你叫致中來，我和他一起走，我不會再來妨害你們，我們走得遠遠的，你們去取得你們的幸福，柳塘應該有你這樣一位妻子，他，他眞是一位好人。」說完，她望我笑笑，那笑容竟然很柔順，兩眼的光彩也像那被春陽解凍的冰塊，開始溶化，開始流動。她出去了，我第一次發現她的一切竟然那般優美。

（下期續完）

讀者投書

(二)「懷念沈從文教授」讀後

劉祖年

編者先生：

讀了貴刊第十六卷第三期所載馬逢華先生的「懷念沈從文教授」一文後，不禁起了一點感想：

我們對得起沈從文嗎？

國內許多教授作家，未能隨政府撤退來臺，這是中華民族的不幸。但是他們留在大陸，並不就是等於他們背叛祖國。像蘇武一樣持節不屈的人，我們相信現在大陸上有的是。沈從文就是一個明顯的例子，他會對馬先生說：「遷就？有些事情分明是不對，你也勸我遷就？」沈教授在那種艱苦的環境之下，說出這種堅强不屈的話，是叫我們這些僥倖逃到臺灣來的人既感到慚愧又深爲感動的。

儘管共匪將沈從文的成就完全抹煞，稱之爲「空頭作家」，但是沈從文這個從中國泥土裏生長出來的作家，祇要中華民族存在一天，他在文學史上是有他確立的地位的。他的舊作在大陸上固然已被共匪禁止印行，奇怪的是：現在在臺灣也都看不到。許多舊作家的作品未見在寶島書坊出售，當然這是有其原因的。如甘心附匪的郭沫若等的作品，國人唾棄之唯恐不及。但也有些作家，如沈從文、朱光潛等，他們的反共意志早爲世人所認識，他們在我國文學方面的貢獻亦爲人所共知。他們的思想言論不爲共匪所容，但是在臺灣我們竟然也看不到他們的作品。

文人作家的著書立言，無非是希望別人閱讀，結交海內知己。現在沈先生和朱先生等在匪區遭受歧視與排斥，這正是我們向他們表示同情和鼓勵的好機會。如果政府能對他們的苦衷有所諒解，讓他們的作品在臺灣公開發售，甚至學校裏採用爲課本或者是參考讀物，這樣非但表示祖國還在對他們寄予期待和同情，同時也可以使他們獲得在魔掌裏繼續掙扎奮鬪的勇氣。

在反攻大陸的時機尚未成熟以前，對於在大陸匪區裏受苦難的同胞，我們徒然在心裏同情是不够的。政府之經常派機空投紙彈，無非是藉以傳達祖國對匪區同胞的關切和慰藉。對於迷途知返的各種人才，我們更應盡力鼓勵他們設法衝破鐵幕回到祖國的懷抱裏來。共匪如今一筆勾銷了沈先生、朱先生過去的全部心血，我們若予沈、朱兩位先生有力的支持，刊行他們的舊作，這樣非但能使今日的文化界受益，並將使大陸上千千萬萬個與沈先生、朱先生同樣命運的學人們感到無限的鼓舞和振奮。

讀者　劉祖年上　四十六年二月八日

(編者註：讀者投書(一)刊在第14頁)

行政院主計處來函

逕啓者：貴刊第十六卷第一期社論「軍公教人員待遇的調整還可再拖嗎」一文，其所引述之數字與若干論點與事實頗有出入，茲列舉如次：

一、根據臺灣省政府主計處所編以三十八年六月十五日爲基期之臺北市公務員生活費指數，三十九年八月爲二四七・八三，四十二年十一月爲五一一・一五，四十五年十二月爲六四九・八五。如以三十九年八月指數等於一〇〇，四十二年十一月上漲爲百分之一〇六・二五，四十五年十二月上漲爲百分之一六二・二二。如以四十二年十一月與四十五年十二月比較，其上漲僅爲百分之二七・一三。該文又稱「現在的物價指數，較之三十九年八月，已漲達百分之三〇〇以上」云云與事實不符。

二、關於軍公教人員待遇，三十九年八月，爲安定全國公教人員生活起見，除實施生活必需品定量配給外，特訂定全國公教人員統一薪俸支給標準，文武待遇項目雖未盡相同，然其實際所得則屬一致。四十二年十一月調整待遇，以與三十九年八月比較，各級人員待遇平均約增加百分之六九・九六。該文所稱四十二年十一月所訂者，較之三十九年八月，僅提高至百分之一六云云顯有未合。且政府爲鼓勵士氣，於四十四年十月，武職官兵副食費一律增加十元，同年七月，士兵薪餉一律增加十元。四十五年九月士官(上、中、下士)一律增加薪餉四元，並依士兵年資多少另給年資加給，在此期間武職人員待遇，已作數度增加。至於「特別費」之支給，非爲機關長官待遇之一部份，乃以機關爲主體，遇有因公酬應等開支，檢據報銷，不得由機關長官或各級主管個人具領。

查關於軍公教人員之待遇問題，據本局所知，政府無日不在研慮，惟以時處非常，且軍公教人員人數衆多，調整待遇非少數欵項所能濟事，而在此環境之下籌闢大宗財源實屬非易，故此事現仍在審慎籌維之中，素仰貴刊言論公正，以上各點，幸祈惠予披露爲荷　此致

自由中國社

行政院主計處統計局啓

一月二十四日

編者按語

本刊上文之發表，旨在引起有關當局之正視現實。茲荷行政院主計處來函指正，姑不論孰是孰非，都是可喜的。

原文「現在的物價指數，……已漲達百分之三〇〇以上」，則是根據臺省主計處編的臺北市躉售物價指數而不是臺北市公務員生活費指數。可是後者乃係根據三十七年頒行的查編辦法所編製。其所採之二十九種物品中，如米、花生油、鹽、糖、醬油、豆腐、蔬菜、陰丹士林布、白細布、白土布、棉花、冲嗶嘰、呢鞋（國產呢中式男鞋）、線襪、木柴、理髮、洗衣等，有些是配給品，有些和實際生活已不相干了，有些對他們的生活費用所佔比重甚小，早已失去「時效」。因之其指數顯得十分低，實已失去代表性。零售物價指數也有同病。比較起來，以躉售物價指數所選的樣品（卽採用之物品），較切合於公務員的實際生活，所以我們便採用躉售物價指數了。（文內也指出是「物價指數」）查該指數（三十八年六月爲基期者）三十九年八月爲二六五・七四，上年十二月已達八三四・五六，實際上已漲百分之三一四・〇五，所以原文稱「……已漲達百分之三〇〇以上」是有根據的。

關於所稱「他們每月所得的現金部份之生活費」，已列舉其科目如公教人員的服裝費及醫衞費（軍人因由公家供給服裝和醫藥，故無此項津貼），限於篇幅，雖未詳言其實際所得如何，也沒否認一致之說。年來優待軍人的事實，我們也知道，但是四十四年十月所增者十元左右，實在並不濟事。至於各級人員待遇，較之卅九年八月，「約增加百分之六九・九六（原函）」（卽提高至百分之一六九・九六），而我們則稱「約提高至百分之一六〇」，因手民把一六〇誤植爲一六。約字誤植雖字，兩字之差，錯誤甚大，至歉）。兩者相較，相去極小。又所稱特別費之支給云云，據我們所知，絕大多數全由首長檢據報銷，所謂單據，並不限範圍，什麼都可以報（自然也可以改頭換面或張冠李戴的手法去報銷），這不是機關長官待遇之一部份嗎？而且有些特別費還大得嚇人呢！

至於我國當前的財政，開源自然不太容易，但節流方面，祇要有魄力，並不太難。同時要澈底解決財政問題，必須要從經濟方面着手。現在一般軍公教人員的薪餉及津貼所入，實在太少。如何解決當前軍公教人員的生活問題，總是政府袞袞諸公之責。我們覺得當前軍公教人員待遇的調整，「確是政治隆汚國家安危之所繫」。一再申論者，區區之忱在此。

代郵

劉鳴先生：請枉駕來本社領取稿費。

自由中國社

自由中國　第十六卷　第四期　內政部雜誌登記證內警臺誌字第三八二號　臺灣省雜誌事業協會會員　一五二

給讀者的報告

本刊總統祝壽專號的發行，曾引起社會廣泛的注意，也因而遭到官方與黨方報刊有計劃的圍攻，誣衊本刊為「共匪思想走私」。本刊在第十六卷二期上發表「我們的答辯」，曾予嚴加辨正。近一月來，這一類對本刊的攻訐不但未見平息，反有從根本上對自由民主思想予以敵視的趨勢。此種情勢的發展已引起海內外人士的關切。於是乃有新聞局長沈錡氏的談話，謂在中華民國所有報紙雜誌均依法享有言論自由與新聞自由。沈氏的談話誠有澄清視聽的作用，但令人困惑的是，對主張民主自由的言論之橫加「紅帽子」的作風，究竟是肯定言論自由還是否定言論自由？是維護言論自由還是扼殺言論自由？

羅素曾經說過：「對於他人意見發生激怒的人，乃是由他本身在無意識中感到自己的意見無充分理由以證明其正確之所致。假如他有確實的根據來立證其意見是對的話，則他對於對方的意見自然不會激怒，反而覺得他的可憐。」這一段話似乎是當前事實的寫照。因之對於那些無理的謾罵與誣衊，我們將不肖一一置辯，但是對於自由民主的理念，則我們仍將繼續不遺餘力的維護。為此，我們在本期社論裏，要再闡明個人自由的確鑿含義，以表示對於誣衊者的抗議。我們堅信個人自由為反共與民主之所必需，決不容以國家自由的藉口而輕予抹殺的。

對於中華日報社長曹聖芬先生的「看法和作法」，本期范度才先生有文予以辨駁。曹社長批評本刊的言論犯有武斷、誇大、專橫的毛病，這一點我們願請讀者們作一公正的裁判。但曹社長加諸本刊的誹謗罪嫌，則是我們要抗議的。誹謗罪在法律上有明文規定，「清議與干戈」一文觸犯刑則的何條何款？豈是曹社長筆下所能深文羅織的。

如前所述，對於那些謾罵攻訐的文字，本刊不擬一一申辯，但有一事須於這裏申明的：最近有某一刊物於攻擊本刊所登夏道平先生的文章時，竟然揑造整段的文句，並以直接引號「　」括起來，然後再加一帶帽子的按語，對於這種作風的刊物，我們覺得不屑指名斥責，惟請讀者注意，今後如遇有其他刊物引用本刊任何文章的詞句時，煩請查對本刊，以免被騙。

本期的兩篇專論都是很有價值的論著。徐逸樵先生對日本文化有深切的了解，他「從日本的已變看日本日未變」，道出日本過去十年變的本質與今後可能變的趨勢。我們研究一個國家的國情，最須避免一相情願的觀點，徐先生的看法則是深入而客觀的。宋岑先生的大文完全本諸學術立場，「駁一種浮誇的歷史考證」，指證衛挺生先生所謂徐福為日本神武天皇之說之誇誕。樸實求眞的治學態度實是我們當前應予倡導的。以上兩文都因稿擠積壓至今，謹向徐宋兩先生致歉。

本期以長文太多，通訊欄暫停一期。

又上期登出陳致平先生的來信以後，本刊又接到王木公先生對陳先生的答覆，本刊因為陳先生來信既已表示未曾否定自由，辯論應可結束，故來信不擬再予登載，請王先生鑒諒。

自由中國 半月刊 第十六卷第四期 總第一七五號

中華民國四十六年二月廿二日再版

發行人兼主編：『自由中國』編輯委員會

出版者：自由中國社

社址：臺北市和平東路二段十八巷一號

電話：二 八 五 七 〇

航空版
香港：友聯書報發行公司
Union Press Circulation Company, No. 26-A, Des Voeux Rd. C., 1st Fl. Hong Kong

總經銷
臺灣：自由中國社發行部
美國：自由中國日報 Free China Daily 719 Sacramento St., San Francisco 8, Calif, U.S.A.

經售者
日本：東京僑豐企業公司
韓國：漢城裕昌德號
馬尼剌：大中華日報社
印尼：新疆書店　椰嘉達天聲日報　泗水文光圖書公司
越南：西貢中原文化印刷公司
緬甸：仰光振成書報店
印度：加爾各答塔梅學校
澳洲：雪梨瑞田公司
北婆羅洲：西利亞波青年書店
新加坡：檳榔嶼、吉打邦均有出售
澳門：友聯圖書公司

印刷者　精華印書館
廠址：臺北市長沙街二段六〇號
電話：二 三 四 二 九

本刊經中華郵政登記認為第一類新聞紙類　臺灣郵政管理局新聞紙類登記執照第五九七號　臺灣郵政劃撥儲金帳戶第八一三九號
(每份臺幣四元，美金三角)

自由中國

FREE CHINA

第十六卷　第五期

目錄

社論
(一) 如何使和謠失掉作用
(二) 一項亟待解決的土地問題
為調整待遇闢財源 …… 夏佐虞
大學教育的悲哀 …… 袁始
寫在反共救國會議之前 …… 趙世洵
從讀「胡適文存」說起 …… 李敖
多瑪主義與辯證唯物論 …… 法蘭克著 陳少廷譯
自由中國通訊
華僑與古巴獨立 …… 漢聲譯
瑪德里近事 …… 牧人
春回 …… 童眞
斜暉(續完) …… 孟瑤
讀者投書
不可栽誣前賢！ …… 樊努材
省立復興中學來函

中華民國四十六年三月一日出版
社址：臺北市和平東路二段十八巷一號

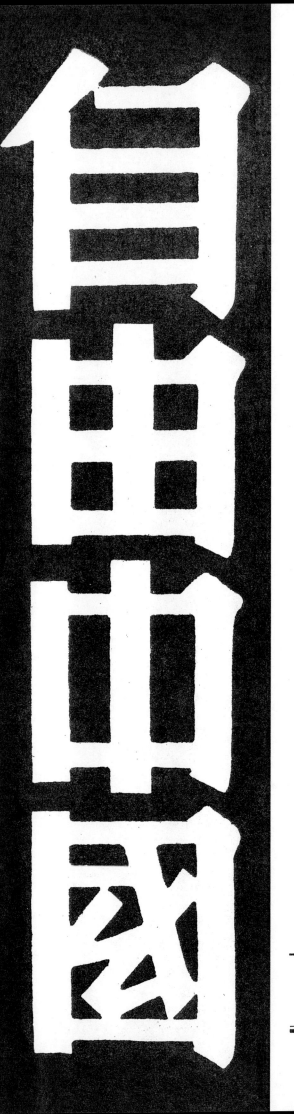

半月大事記

二月十日（星期日）

中央社發表蔣總統九日在國父紀念月會中之講詞，除慰勉軍公人員體諒時艱外，並表示遵憲法軌道發揚民主，循法律範圍維護自由。

美公民外委會主張撤銷對俄承認。

美太平洋區總司令史普敦上將抵臺訪問。

東德共黨宣稱，東德學生曾示威遊行，支持匈人革命運動。

沙地阿拉伯國王沙德抵西班牙訪問。

二月十一日（星期一）

史敦普上將離臺飛日，謂自由世界抵抗共黨侵略，使用任何武器乃是合宜之行為。

葉外長訪問土耳其。

艾森豪正式宣佈下月與英首相會晤。

以色列向聯合國重申立場，運河航行未獲保證前，以軍拒自埃及撤退，杜勒斯續呼籲以軍撤離埃境。

英外相拒絕聯合國觀察員赴亞丁區建議。

艾森豪向國會提咨文，主張降低關稅。

二月十二日（星期二）

葉外長在安哥拉與土耳其政府簽訂中土文化專約。

蘇俄照會西方三國，不干涉近東與中東。

蘇俄與法國簽訂貿易協定，俄將以石油供法。

二月十三日（星期三）

白宮聲明，蘇俄所提六點建議，旨在打擊美國中東政策。

埃及政府通知哈瑪紹將准許以國船隻自由通過阿卡巴灣。

美國向聯大政委會建議，避免討論阿爾及利亞問題。

二月十四日（星期四）

葉外長離土飛希臘訪問。

聯大綜合委會拒絕蘇俄指控美國侵略案。

聯大政委會通過和平解決法阿糾紛。

埃及拒絕杜勒斯所提兩點中東建議。

美駐西德大使表示，蘇俄如進攻西柏林，等於與美作戰。

艾德諾函覆布加寧，拒絕承認東德政權。

二月十五日（星期五）

立法院第十九會期開首次會議，行政院長俞鴻鈞列席作施政報告。

葉外長抵希臘訪問。

聯大通過議案，希望阿爾及利亞問題能在和平精神下解決。

聯大政委會決議將匈牙利問題列入議程。

蘇俄外長謝彼洛夫被黜，葛羅米柯升任外長。

二月十六日（星期六）

行政院長俞鴻鈞在記者招待會宣佈，二期四年經建計劃定於本年實施。

外交部重申我對南沙羣島主權。

以色列拒絕美國所提撤退以軍之建議。

二月十七日（星期日）

葉外長抵巴黎，轉赴紐約。

二月十八日（星期一）

艾森豪提出新呼籲，再促以色列自埃撤軍。

以色列駐美大使應召返國，報告撤軍問題。

西歐六國外長集議，商討建立共同市場。

美參議共和黨領袖諾蘭演說，反對援助波南。

二月十九日（星期二）

印度在邊境增兵，巴基斯坦請求安理會制止。

蘇俄代表在安理會中反對西方派遣國際部隊赴克什米爾邦之建議。

二月二十日（星期三）

美總統與國會領袖研商中東局勢，兩黨領袖反對制裁以色列建議。

中日貿易會議在東京舉行。

西歐六國總理會議，協議建立共同市場，並通過原子聯營計劃。

聯大政委會商塞島問題，美代表呼籲英土希三國進行談判，解決糾紛。

二月廿一日（星期四）

艾森豪對中東問題發表演說稱，聯合國惟有施壓力迫以軍撤離埃境，盼以色列接受美國保證，服從聯合國決議。

蘇俄否決西方國家所提派遣安理會主席赴克邦之建議。

巴基斯外長表示，擬將克邦問題提交聯合國大會處理。

二月廿二日（星期五）

行政院長俞鴻鈞在立院答覆質詢，重申政府駁斥和談之立場。

以色列總理本古里昂向國會致詞，宣佈拒絕美國撤軍建議。

安理會通過議案，派遣瑞典代表賈林前往印巴兩國，解決克什米爾糾紛。

美聯社巴黎電：莫斯科大學一百名學生因從事反共活動被開除學籍。

二月廿三日（星期六）

哈瑪紹宣佈，加薩地區以軍撤退後，埃及允由聯合國控制。以色列表示，如埃軍不會重來，亦願將加薩控制權交聯合國。

聯大暫停中東問題辯論，等候美國與以色列磋商。

聯大政委會通過折衷案，主塞島糾紛解決辦法應以談判方式覓致。

日本石橋內閣提出總辭。

『自由中國的宗旨』

第一、我們要向全國國民宣傳自由與民主的真實價值，並且要督促政府（各級的政府），切實改革政治經濟，努力建立自由民主的社會。

第二、我們要支持並督促政府用種種力量抵抗共產黨鐵幕之下剝奪一切自由的極權政治，不讓他擴張他的勢力範圍。

第三、我們要盡我們的努力，援助淪陷區域的同胞，幫助他們早日恢復自由。

第四、我們的最後目標是要使整個中華民國成為自由的中國。

社論

(一)

如何使和謠失掉作用

這些時，「和謠」又起了。和謠，當然是共匪那方面用種種手法製造出來的。其中，周恩來最近在錫蘭的公開表示「願到臺灣一行」，以及臺北路透社電訊，一九五五年蔣經國先生收到中共方面的三封信，更給這次和謠以推波助瀾的作用。

針對周恩來在錫蘭的表示，行政院長俞鴻鈞對記者聲明：「政府對於任何悔過自新的共匪幹部，都歡迎其來歸，對於周恩來亦不例外。」這一聲明，如爲表示政府寬大爲懷則可，如作爲對和謠攻勢的反擊，則大嫌不够。

最近兩三年共匪斷斷續續發動和談攻勢，其作用是多方面的。消極的闢謠，不是辦法。辦法，要積極地求其在我，使謠言失掉它的作用。

關於和謠攻勢的作用，報刋上已有些大同小異的分析。這裏，我們只指出我們認爲特別重要的兩點：

第一、共匪明明知道，他既不能以武力侵犯臺灣，而我們反攻大陸的條件又未充分具備，在這僵持的局面下，他只好藉和謠來漸漸地沖淡我們反共的情感，鬆懈我們反共的意志。

本來，人類的情感，很少很少是一成不變的。俗語說「伸手不打笑臉人」。這正說明憤怒或敵愾會在笑臉的面前消失。何況時間的經過，也可帶走些心頭夙恨哩。共匪利用人類情感的這一通性，所以在既不能戰又不能和的時候，假伴笑臉，放出和談空氣來消除他殺人盈野的仇恨，藉以軟化我們。

第二、自周恩來在萬隆會議表示願與我政府和平談判，解決「臺灣問題」以後，中共更進一步透露祇要我政府願意和談，「臺灣現狀可以保持不變，國府的行政機構、軍隊組織一概不變」。這明明是一派鬼話。但這派鬼話却含有一個很惡毒的政治陰謀。

我們知道，民國成立是經過一度議和的。和議中，革命軍爲顧全清廷的面子並滿足其變態的政權迷，讓他們在紫禁城內保持一個象徵性的朝廷。在這一條件下清廷就宣告遜位了。現在，共匪對我們的和謠攻勢，也居然在佈局中來這麼類似的一着，說甚麼「臺灣現狀可以保持不變……」等等。這無非是說：「你們反共，爲的是政權。這倒可以商量，我們坐下來談吧。」這，不僅是對我政府絕大的侮辱，而且是想藉此使海內外爲自由民主而反共的同胞對我政府灰心絕望。

除掉上述兩點以外，自然還可分析出若干其他的作用來，例如離間中美合作等等。但是，我們認爲在和謠的作用中最厲害而不容忽視的，還是上述的兩點。

說到和謠的對策，大家都知道，最痛快最有效的，當然是軍事反攻。砲火一響，任何和謠都灰飛煙滅。可是軍事反攻不是只以我們主觀條件爲充分條件的。我們萬不可以一相情願的想法，給人民以諾言而一再失信。

和謠，是軍事僵持中敵人的政治攻勢。我們的政治陣地，是否足够堅强，强到使我們既可以守且可以攻呢？這就要我們切切實實地從根本上檢討：

第一、共匪想以長期的和謠來沖淡我們反共的情感，針對這一點，我們應當把反共意志牢固地釘在理智的基礎上。也卽是說我們應當以理智來認識共產主義哲學是一「絕對的惡」。基於這種認識的反共，其意志的堅强，決非僅因情感或意氣而反共者所可比較。可是，我們今日所謂的反共鬪士，有這種理智認識的究有多少？有些人在高叫打倒共產主義的時候，同時也以自由主義爲敵。反共同時要反自由主義，正說明其毫無理智基礎。照目前的局勢看，反共過程還不知有多遠。一個任重而道遠的工作，豈是僅憑情感、專任意氣所可濟事？情感或意氣所發生的力量是不能持久的，何況它常會沖暈頭腦，以致把力量誤用哩。所以在長期的反共鬪爭中，理智的基礎是必要的。

關於這一點，說到這裏爲止顯然是不够的。但因篇幅關係，我們只好請讀者覆按本刋一貫的反共理論以及對於時政批評與建議，以充實這裏言有未盡之處。

第二、爲針對共匪和謠的另一陰謀，我們應該讓世人深深相信，我們的反共是原則之爭，而不是政權之爭。爲原則而爭政權，則政權是手段，原則是目的。認清了手段與目的之分，還不够；最要緊的是堅持手段與目的的一致。我們所爭的原則，是自由，是民主，根本地講是人權。這個原則，我們也常常聽到政府當局宣示過。但是按之實際政治，則有不少與這原則相違背的事例。我們總希望這些事例，只是偶然的例外的秕政，而不是出於整套的錯誤的意理。「只問目的，不擇手段」或「目的正當，任何手段也就正當了」這一種的意理，是萬萬要不得的。如以這種意理來反共，就無法叫人相信不是政權之爭。所以我們反共除明白揭示自由民主的目的以外，最要緊的還要在實際的措施上，表現手段與目的的一致。(說到這裏，聯想到一個流行的標語「條條大路通自由」，我們眞不知其所云！)

以上兩點，本爲我們反共建國的前提條件。爲反擊共匪和謠而談到這種條件，似乎有點迂濶，其實，這是根本要圖。如果這種條件具備了，縱有和謠，和謠也沒有甚麼作用。

目前，爲急於給和謠一個有力的反擊，給共匪一個現硼硼的當頭棒，我們同意若干報刋的建議，卽從速召開反共救國會議。這個會議已醞釀三年多了。我們對於這個問題，也一再地表示過幾點初步意見(四十二年十月十六日出版的第九卷第八期社論及四十五年十月十六日出版的第十五卷第八期社論)。這裏，我們只須特別指出反共救國會議是我們目前當急之務。敵人的政治攻勢，從各方面襲來，如果我們還不拿出大氣派來，把一切反共的智慧與力量彙合一起，以加强我們的政治陣地，那末，我們將何以解說我們的反共不是僅憑情感與意氣？我們將何以解說我們的反共不是政權之爭呢？

社論

(二) 一項亟待解決的土地問題

兩年以前，政府實施耕者有其田政策，臺北基隆各重要市區近郊的農地，也由農民取得所有權。而同時各市區因人口增加，工業發達，必然向市郊發展，覓取建築基地，興建住宅或工廠。上述農民承領的土地，一部分已出售，這部分轉變爲建築用地的農地，買自農民，當然地價較農民承領時應付的地價，高出甚多。於是引起原地主們的不平，以爲自己的土地爲政府徵收，原以扶植自耕農爲目的，而農民一轉手間，坐獲大利，喪失自耕農的身分，有失政策的本意。政府方面也以此等農民，跡近從事土地投機，必須有處理辦法。但處理辦法一再研擬，迄無定案，惟對此種土地暫時停止其移轉過戶。而事實上這部分土地早經賣斷，並已由買戶分別建築住宅工廠。此問題勢不能亦不應長此懸置，不了了之。

就理論方面言之，都市近郊的土地，隨市區發展的需要，逐漸變更其使用性質，由農業用地轉變爲建築用地，乃係社會進步的常態，實無理由予以禁止。所謂保持扶植自耕農的成果，只應以妨止其出佃或轉買於不自耕之地主爲限，並不應妨制其轉變爲建築用地。問題只是對售地的農民不勞而獲的利益如何處理而已。就法令方面言之，依實施耕者有其田條例的規定，對此問題可有寬嚴兩種處理辦法：從寬辦理，原條例規定領地農民在付清地價以前，不得移轉，茲買主既願先行付欵，以備農民付清地價，即應准其移轉。如從嚴辦理，則領地農民既放棄自耕，政府即可將土地收回，償付其已付的地價，而將土地另行放領。不過如從嚴辦理，將招致一種不良的後果，即以後各市郊區將再無農民肯放棄其土地，各市郊將再無可供發展的建築地，束縛了都市區域的發展。

推測行政主管方面的意向，似乎傾向於從寬辦理，而又恐受社會的指摘，正企圖準備請修訂法律條文，以期規避責任。而更可怪是，購買此類土地的人們中，有一部分人在政治上較具有說話的地位，於是特爲這部分買主所已買的土地網開一面，以行政命令規定凡在四十四年八月三十日以前已經付清地價者，特准其過戶；而在此限期以後的，縱也同樣願提前付清地價，仍不准其過戶。事理之不平，莫過於此。本來任何政令都難期十全十美，只要人人在法令之下，一切平等，則對於法令縱有不滿的人，也將無話可說。如果只爲少數人開方便之門，只有減低法令的價值，同時也是政府最大的損失。目前既然其中一部分已准其過戶，則應視同一律，凡係轉買確供建築住宅或工廠之用者，全部早准其過戶。

我們也主張對此事從寬辦理，以免束縛市區的發展，但更主張對於此等農民的不勞而獲，應該有適當的處置。同時我們主張處理此一問題，並不必走迂曲的道路，等候修正法律，牽延時日。依據現行的法律，原已有非常適宜的處理辦法，就是對於售地的農民，課以土地增值稅。此類土地如位於各都市計劃實施範圍以內者，可即依實施都市平均地權條例之規定，徵收其土地增值稅。其位於各都市計劃實施範圍以外者，可依土地法的規定徵收其土地增值稅。土地法稅率稍輕，而位於都市計劃實施範圍以外的土地，大致地價較低，兩者徵稅的結果相差無幾。照此辦理，農民當時承領土地時的原地價，比照農產品年產量二倍半的價格，一般的價格爲一萬餘元，出售價格，大都係每坪二十元左右，每甲(二九二〇坪)約五六萬元。如以一萬元爲原地價，售價六萬元，依照實施都市平均地權條例規定的稅率，應繳付土地增值稅三萬四千元，農民所得爲兩萬六千元。照此辦法一般的農民所得大致爲原地價二倍至三倍。表面上看髣髴農民仍坐獲巨利，但如農民要以所收入另行購買同等則的土地，以便自耕，絕不是原地價所能買到，必需原地價三倍以上的價額，方能買到。因爲自政府實施三七五減租政策以後，凡屬出佃的土地，既不能加租，又不能撤佃，故一般的都貶值甚多。而非出佃的土地，地價不減，兩者相差，一般的約在一倍以上。茲農民如需重行購土地自耕，只有去購買非出佃的土地，需要付出原地價兩倍以上的價額。連同其他稅費及搬遷等費用，前項所得適足敷用而稍有餘而已。如此對於不勞而獲既有所削減，原地主們不平的心理，可以消弭，而農民也有餘力另行購地自耕，當屬各方皆得其平。

此問題已拖了兩年，似乎應該早有決定的辦法了。人民貴有政府，貴在能爲人民解決問題，如此等簡單的問題，即拖而不了，人民將作何感想。如果遇問題怕負責任，任其懸而不決，而獨對其中一部分可以說話的人，又特開方便之門，人民更將作何感想。我們知有幾家工廠，不僅廠房早已建築完成，並已開工多時，而地權問題，却牽延未決，衡以政府扶植工業的政策，未免有步調不合之感。甚望政府主管當局，負起職權上應有的責任，對此問題，早作明確適當的處理。在現行法律上，既有可循的途徑，更不必兜圈子，拖時間。

為調整待遇闢財源

夏佐虞

一　問題的重心

關於調整待遇問題，除軍公敎人員早已抱着很大的希望外，各級民意代表以及輿論界也不斷提出呼籲，這雖然是幾年前卽已發生的老問題，但是迄今未能解決，而它的嚴重性以及應當從速解決的理由，各方面評論已多，不再贅述。蓋省府嚴家淦主席以及行政院俞鴻鈞院長等均未否認此一事實，他們在數月前答覆議員和立委們詢問時已承認：「政府對公敎人員待遇問題，無日不在關懷，已縝密研究解決方案，期在公平合理及公敎人員蒙受實惠的原則下，求得『根本』解決，並且於編製下年度預算時，將列為優先解決之事項」。此外，主計長龐松舟於去年十二月卅日在財政學會上發表演說時，亦坦白指出：「政府應該迅速增加軍公敎人員待遇，因為軍公敎人員為政府執行公務，捍衛國家，必須維持其適當的生活水準。否則，公立醫院將找不到好的醫師；司法方面的推事和檢察官都想開業當律師了。」由此可見各級行政首長不但已經注意這個問題，而且也希望它早日解決，此與公敎人員以及輿論界的期望並無二致。既然如此，何以遷延數年而未能解決？主要的問題，便是所謂「財源無着」。如果有適當的財源，我想不待呼籲，卽可迅付實施。到目前為止，雖然在下一年度有調整的可能，假如那時候財源尚未籌妥，恐怕仍無實現之望，還要再拖延下去；再則，倘若財源有限，也祇能作象徵性的調整，依然無濟於事，所以財源的有無，將是待遇能否調整的主要關鍵。

去年十二月廿一日監察院各委員會舉行聯席會議時，對此一問題曾有一項決議，並且成立一個軍公敎人員待遇研究小組，研究下面幾個問題：①各級政府是否有不必要的支出應加撙節？②是否有不切要的建設可以不辦？③稅收是否尚待整頓？④施政是否尚可簡化？⑤機構是否尚可裁併？⑥以此開源節流之所得，是否足敷改善軍公敎人員生活之急需？同時，還希望社會人士對於以上各點之意見及資料儘量提供，以備參考。綜觀以上各點，亦卽如何解決調整待遇的財源問題。我們的財源究竟有無辦法？有多大的可能？這是很值得研究的。作者特就年來對財經方面所研究以及所了解的情況，並參照各方面的報導，略抒管見，希望對這個問題的解決能有所幫助。但在分析各種事實時，為免迂闊之譏，特對有關數字，一一列舉，以為引證。

二　十大財源

關於財源的開闢，在過去我們曾有一種最簡便的方法，便是「增發通貨」，但是也因此使我們得到不少的敎訓，今天的財政當局，諒不敢再度嘗試。同時，這種辦法不僅對軍公敎人員得不償失；卽社會人士也因身受其害亦不會贊成此種下策。所以這已經是走不通的路，而且也不能再走了。必須從其他方面着手。茲就當前財經方面亟待興革而有助於財源開闢的各種事實，扼要析述於後。

(一)**切實整頓稅收**：這句話似乎是老生常談。但是我們要知道，今天不論在任何國家，「稅收」都是唯一可靠的財源，通常佔政府的收入九○%以上，當然我們也並未例外。就目前財政收入言，有三分之二以上是來自稅收，因此曾有人認為目前一般人民的負擔已經很重，不能再加重稅捐，其可能性也不會太大。但是根據統計，我們的稅收總額連公賣利益在內，迄未超過國民所得的二○%。此一數字，較之美英等國在二次大戰期間稅收總額會高達國民所得六○%以上的比例，相差甚遠！卽以一九五四年為例，美國的賦稅收入尚佔國民所得的二三.七%(地方稅未在內)，英國佔二六.九%。固然我們的經濟條件，不能與他們相比擬，但是依照財政學家 G. F. Shirras 所定納稅能力之標準，在平時對國民所得征收二○%；在戰時可增至四○%的賦稅，也並未超過。問題是我們的稅收，有八五%左右是來自間接稅，而他們却八○%以上是來自直接稅。以美國為例，依艾森豪總統最近所提一九五八會計年度的預算中，其收入來源的比例如下：①個人所得稅佔五一%；②公司所得稅佔二九%；③消費稅佔一二%；④關稅及他種稅收佔八%(見四十六年一月十七日中央日報)。在這樣的分配情形之下，他們確已做到「有錢出錢，錢多多出」的原則。而我們恰好相反，所以絕大多數的負擔都落在一般平民的身上，富有者擔負反輕。因此，我們的稅收總額雖不多，而一般人民已感到相當苛重，其故在此。

再從稽征效率來說。「滿查滿征」的口號，已經喊了多年，可是實際情形怎樣？遠的事實不談，去年九月間稅捐機關和治安機關聯合檢查臺北市三百八十二家商店時，竟發現二百二十六家——五八%以上有漏稅情事，漏稅金額最多者達四百餘萬元；又十二月間治安機關在彰化市揭發三十七家棉布商集體逃漏營業稅額九千五百餘萬元，其應補繳之稅欵暨罰鍰達二千萬元之鉅！(以上見四十五年九月廿六日及十二月一日徵信新聞)。其他巨案尚多，如臺中市文化舞廳漏稅一千五百萬元；臺北市八家私設美軍招待所集體逃稅五百餘萬元；有六十餘家商店虛設行號，專事逃稅業務……等，各種逃稅案件之發生，幾乎日有所聞，已不勝枚舉。又如許多奢侈品，早經禁止進口，不能由海關公然輸入，但市場上到處私貨充斥，這是走私的明證。作者以為如果要禁止，就應該澈底；既不能澈底禁絕，就不如採「寓禁於征」的方法，政府尚可有不少的收入，何必掩耳盜鈴？更明顯的，凡屬使用統一發票以及備有營業帳簿的商號，其能具實列報者，已是鳳毛麟角，絕大多數皆是僞造漏開，連洋商亦不例外，這種事實隨處可見；其他未使用發票及帳簿者，更不待言。故目前稅捐逃漏之甚，實屬駭人聽聞！據悉，商場中對納稅標準，有所謂「三三」制，卽①繳納給政府的捐稅；②逃稅所化造假帳請客賄賂等費用；③商人因逃稅所得利益，各佔三分之一。至於其他假借福利社、合作社、招待所……等變相營業而公開逃稅者爲數尤夥！逃稅總額究有若干，雖不易統計，然據 O. Victer Travter 氏估計：「各國逃稅程度，高者可達應課稅額的三分之二，最低亦在一〇%」。假如稽征機關能認眞征收，把商人因逃稅所化的三分之一費用，移充政府稅收，商人負擔仍舊，政府至少可增加十五億以上的收入！連同原有稅收以及公賣收益，共可達六十億元之譜。現在我們的國民所得，年約二百四十億左右，六十億的稅收，亦不過佔國民所得的二五%，並不爲高！祇要分配合理，尤其對直接稅如能加强稽征，現在負擔特別苛重者，尙可減輕。

(二)改革進口外滙：目前進口外滙除政府機關或公營事業機構所支用者外；供給全省一千六百餘家進口商之外滙，每年六期，每期約五百萬美元，全年近三千萬美元，因爲新的貿易商行禁止開設，遂使有資本而又富有經驗的人士，無法取得經營的資格；相反的，一些缺乏經驗或是沒有資本的人，雖不想繼續經營，但有一個牌照在手，卽成爲特權，可按期分配廉價外滙，或是把牌照頂讓出去，每年可坐獲一、二十萬元的不法利益。因爲這種特權的存在，一方面使很多進口物價曾超過進口成本達一、二倍之鉅；另一方面也養成社會上許多不良的風氣，甚至公然違法。例如政府對進口牌照的頂讓，早已明令取締，但在申請結滙前，牌照頂讓的行市，每天報紙上皆有公開的報導，過去每期頂讓費曾高達三萬五千元，最近較以前略低，但高者仍達二萬五千元，一千六百家的頂讓費，一年卽達一億四千萬元之多！(每期四千萬，全年六期，合如上數。)其他貿易商爲探取消息，爭取有利機會所需請客送禮等交際費用，尙不在內。倘外滙管理辦法改善，將這一筆不法利益移歸政府收入，以保守的估計，每年增加收入三億元，應無問題。

此外，工業原料外滙的核配，年在一千萬美元以上，其目的在減低生產成本進而穩定物價。但有不少工廠，空掛招牌，並不開工生產，專門靠配得廉價原料外滙生存。例如牛油成本每一美元不到新臺幣廿五元，而黑市價格却在四十元以上，在大工廠鬧牛油荒時，價格更高。那些不開工的工廠經常僞造一些統一發票，按時向主管機關申請原料後轉售。據調查全省受配美援牛油的工廠，約一百家左右，實際開工製造肥皂的工廠，不到四十家，開工的工廠因爲原料不够，不得不向黑市購買；不開工的工廠，因爲開支有限，利潤反特別優厚(見四十六年一月十一日聯合報)。其他類似情形，亦不在少，如果把這種不當利得嚴格取締，移爲政府所有，也可有一億元以上的收入。

再如代配美援暨專案採購等外滙，年在二千萬美元，徒使少數受配人享受優遇，如外滙價格合理，當可減少若干不必要的浪費，其所節省之數，亦復可觀，對財政上也大有幫助。由此可見，如現行外滙管理獲得改善，使少數人的不法利益轉爲政府收入，對物價既無影響，而財政上每年尙可增加四億元左右的收入。

(三)擴展出口貿易：這幾年來，我們雖高呼「鼓勵出口」，可是出口金額却所增無幾，在民國四十二年本省的輸出總值已達一億二千九百八十萬美元，而四十五年亦不過一億三千〇六萬，經過三年的時間，出口僅增加廿六萬美元。但在同一期間內人口已增加了一〇%以上，亦卽出口反相對的減少了很多。出口所以不振，除滙率爲主要的原因外，其他阻碍因素尙多，如底價的不合理，手續的繁瑣，資金的缺乏……等，報紙雜誌上對這方面的評論，時有所聞，玆不細贅。作者年來根據各方面的報導，對本省可能出口的金額，曾作成一個統計，將出口貨品分做三類：第一類是本省原有主要農工產品如糖、米、茶……等十五類物品，就光復後最高輸出量以及可能輸出量加以統計，其總額可達二億一千萬美元以上；第二類是本省加工輸出品如夾板、毛紗、人造棉：：等十八種貨品，其可能外銷之金額近四千萬美元；第三類是新增產品如電錶、薄荷油……等三十種貨品，可能輸出金額爲六千萬美元，三者合計可達三億美元以上。當然出口之增加，牽涉問題甚多，如市場的開闢，產量的增加等，非一蹴可幾，但是我們有如此龐大的潛在力量，則無可否認。三億美元的出口，在短期內雖不能實現，倘以六折計算，卽可有一億八千萬美元，較目前增加五千萬美元，應屬可能。證諸去年出口金額統計，民營部份較四十四年增加了八百四十餘萬美元，益可深信。蓋目前出口業是陷於重重束縛無利可圖的狀態下進行，倘滙率合理，利潤優厚，其數字激增，當無疑問。果能增加五千萬美元的出口，則進口亦可增加五千萬美元，依現行比例，僅關稅一項，卽可收入五億元以上。由於進口增多，物價亦將下跌。

(四)開發森林資源：森林爲本省一大天然資源，佔總面積五五%以上，因爲雨量和氣候適宜，森林的繁殖極速，所以木材的蘊藏量也非常豐富。據農復會航空測量統計，原始針葉林木已死亡一百餘萬立方公尺；林木因衰老而枯死者，每年還要損失一百餘萬立方公尺。蓋樹木生命有一定期限，這樣應伐而不伐的結果，林地爲腐爛的枯木所佔，新材也不能產生，這樣一方面使有用的資源流於廢棄；另一方面因爲木材供不應求，其價格乃一再上漲，如去年一年當中曾上漲一倍以上。又據統計，目前對木材之砍伐量每年約六十萬立方公尺，另據專家估計，本省現有森林除一五%的保安林外，可作業之林地其材積約一億四千四百萬立方公尺，如六十年循環一次，則每年可砍伐二四〇萬立方公尺，除充分供應省內需要外，尙可大量外銷。這樣龐大的資源，因爲我們沒有善加利用，每年所造成的損失達六千萬美元之鉅！倘以官定滙率折合新臺幣計算，卽達十五億元之多！(見財政經濟月刊六卷十一期九頁)當然木材生產需要大量投資，或爲政府財力所不許，但鼓勵僑胞及外人來臺投資是我們既定的國策，任何事業，祇要有利可圖，不但僑胞和外人會源源而來；卽本省人民中，富有資金者，也會大量投入。能如此，則資源既可充分利用，對財政上更有莫大之裨益。

（五）改善金融管理：自民國四十年四月政府禁止金鈔買賣以後，已近六年，當時所以禁止的原因，認爲金鈔交易足以領導物價上漲或助長投機，如金鈔價格穩定，則其他物價便不會波動。可是六年來的事實已經告訴我們，依省府主計處的統計，去年十二月的物價指數，如與四十四年四月相比較，已上漲一倍以上；同時美鈔黑市價格也由四十年五月每一美元合新臺幣十八元五角的價格，漲至卅八元以上，也上漲了一倍多，與物價上漲的幅度非常接近。由此可知禁止金鈔買賣以後，既未能穩定物價；亦未能遏止金鈔上漲。同時，對市場上的供需問題，始終未作合理的解決，例如政府規定飾金須按官價買賣，但並不供給原料；又如自費出國的留學生，其保證金必須以黃金或美鈔繳納，而臺銀又不能按官價供給，留學生爲了遵從這種規定，又不得不向市場上去購買，這都是法令上很明顯的矛盾。在供給方面也是如此，因爲市場價格與官價經常要相差四〇%以上，試問，持有金鈔的人，誰願意按官價去兌換？由於事實上的需要，所以金鈔買賣無法禁絕，這幾年來，對買賣金鈔者，雖然時有破獲，甚至處以徒刑，但是並沒有發生儆戒的作用，臺北市衡陽街人行道上的金鈔黃牛與交通警察不出十公尺的距離，他們却公然向路人兜售，此乃有目共睹。據估計，全省各地每月所買賣的黑市金鈔，爲數極爲可觀，例如去年十月間基隆市金融機關和治安機關曾接獲報告，在基隆碼頭附近的水菓行，有四五家從事金鈔買賣，每家均獲利千萬元以上；十月十七日臺北市破獲一家光霖號，該號每日交易美鈔萬餘元，黃金百兩以上，（見四十五年十月十四日及十七日徵信新聞報導），其利益之厚，可以想見。而此種利益雖屬違法，實係現行辦法所賜。據悉，在不久以前，有一位來臺接洽商務的美國人，有數千美元需要兌換新臺幣，當時他希望臺銀按卅四元的優惠滙率兌換，但是臺銀格於規定，無法同意，結果這位美國人乃向黑市以卅八元的高價賣出，比臺銀的價格要多得萬元以上，因此使他對我們現行辦法大惑不解。這方面倘作合理的改善，政府非但可收入鉅額金鈔外滙，僅買賣差額利益，每年卽可收入一、二千萬元；且民間買賣不再借助於金鈔黃牛，亦可免蹈法網；那時黑市交易雖不加取締，亦自然匿跡，誠一舉而數得，但時歷數年，竟未聞主管當局拿出有效的辦法，令人費解！

其次，關於證券交易，自四十四年起，證券的買賣，非常旺盛，如果當時主管機關能因勢利導，這實在是建立資本市場的一個好機會。據估計，在全盛時期，每天的交易量會達千萬股以上，固然有很多人是以投機爲主，但是我們不能否認，也確有不少人是眞正想投資的，因爲「投資」與「投機」很難明確劃分，一切投資皆含有投機的成份在內，假如處理得當，使「投機」可以成爲「投資」；相反的，如果處理不得當，則「投資」也會成爲「投機」。何況我們經濟建設計劃的推行，正患資金不足，要想把游資導向工業生產，捨證券市場外，還有什麼更好的方法？我們把反常的現象去視爲常態，因而畏首畏尾，在政策上乃舉棋不定；在辦法上防弊重於興利，所以證券交易也一落千丈。如果將證券交易納入正軌，全省每日交易量以二百萬股計算，則每年可有千萬以上的稅收。爲數雖不多，但亦不無小補。

（六）整頓公營事業：本省公營事業在主要工礦生產價值中所佔比重之高，是人所共知。據「自由中國之工業」六卷四期統計，民國四十三年的生產總值達五十一億二千九百餘萬元；民營部份僅卅四億七千餘萬元，但據經濟部統計，十五個國營事業單位在四十三年除稅捐外，所繳庫的盈餘僅二千二百七十七萬八千餘元（見四十四年六月廿日財稅周刊），數字少得可憐！五十億以上的生產價值以五%的純利計算，其盈餘也應該有二億五千萬以上，何況有不少事業的產品是以獨佔價格出售。不但如此，公營生產事業向臺銀所借貸之低利貸款，在四十五年九月已逾十三億以上，倘與一般民營事業向黑市借貸之月息四%的標準計算，全年所享受的利息差額卽達二億五千萬元以上。根據以上兩筆數字，其每年盈餘提高爲五億元，並不爲過。當然公營事業盈餘所以太少，也有其內在的原因，例如在人事方面，職員數字遠較民營爲高，如唐榮鐵工廠職員與工人的比例爲一比廿一；其他小的工廠有一比五十人以上者；而公營事業多半是一比五或一比六（見財政經濟月刊六卷十期十五頁），僅人事方面的浪費，卽很可觀。如果澈底整頓，節省開支，使盈餘增多，自屬可能。

（七）整理公產收益：本省各級政府公有房屋、土地、林產等，爲數甚巨！此種公產在出售或出租時，其價格遠較市場價格爲廉，徒使少數人享受此種權益，或一轉手間便可獲得巨利。因此在去年八月間，監察院爲土地銀行公產代管部前地產科長居浩，出售股長姚震中等，辦理出售公產，故違法令，致使政府蒙受重大損失，特提出糾舉；又如雲林縣斗六鎭公所之鎭有土地一六・三七二八甲，其申報地價爲七、五三三、四〇七元，去年上期應納地價稅爲三一〇、二五八元，而該所所收地租僅四萬二千元，全部繳納捐稅，還不敷廿六萬八千餘元之巨！（見四十五年十月四日聯合報）這種租金完全是象徵性質，其不合理如此，豈非笑談？此外，尚有不少的林地，政府既未使用，亦未出租，任其荒蕪，損失尤鉅！這方面究能增加多少收入，雖無從估計，如果加以整理，收取合理的代價，其有助於財政收入，當無疑問。

（八）善用救濟物資：美國民間慈善機關和教會團體爲捐助本省遭受災難的貧民以及大陳和港澳等地來臺的義胞，在四十五年度曾撥有數近一千五百萬美元的救濟物資，這種物資完全是贈與性質，以後還有繼續捐助的可能，此一千五百萬美元的物資，如按優惠滙率計算，折合新臺幣達五億元以上，但是有些物資如牛油、脫脂奶粉等，因爲生活習慣的關係，很多人不慣食用，所以把脫脂奶粉當作養鷄喂猪的飼料有之；將牛油用來點燈的亦有之；甚至因爲不善保管變質後拋棄者，亦所常見。這些有用的物資，糟蹋掉固然可惜，同時也會引起捐助者的不滿，如果我們和美方懇切協商，請他們把救濟物資的品種酌予更換，使能合於我們日常生活的需要，改以黃豆、小麥、棉花等類，把牛油、奶粉轉贈給西方國家，使大家均能獲得實惠，此與救濟的本旨並無違背，且更相吻合。這樣可以使我們把用於小麥、黃豆等外滙，轉用於其他方面；而政府對救助貧苦災民的費用，亦可節省，進而減輕財政上的負擔。所以救濟物資，雖不能直接用作調整待遇，但是其他方面的支出能够節省了，便有利於財政的調度，亦間接有助於待遇調整矣！

（九）取締非法利得：在去年八月間，對水泥木材貪汚舞弊案相繼揭發後，水泥分配委員會及林管局的主要人員均先後逮捕法辦，這些不法之徒固然咎由自取，但政府在這方面的損失却相當可觀，如上年九月間原木價格每立方公尺之牌價僅一六〇〇元，而市價却在三三〇〇元，高出牌價一倍以上。林管局每年配售及標售之木材達廿四萬立方公尺，設其中以二分之一係眞正直接用於軍公建設，其餘二分之一——十二萬立方公尺由商人標購或各機關配得後轉售，每一立方公尺平均按一五〇〇元計，則政府之損失卽達一億八千萬元。再如水泥之配售亦復如此，配價每包爲卅八元，最近的黑市價格曾漲達七十四元，倘平均以六十元計，則每包之利益爲廿二元，全年供應量約六十萬噸，除卅萬噸作爲軍公建築之用外，其餘卅萬噸合六百萬包，其差價卽達一億三千萬以上，多爲不肖官吏與不法廠商所攫取。因爲在限價配售辦法之下，取予之權，操在少數主管人員手中，彼輩乃可利用職權，串通舞弊，並可以人爲力量，使市場上供需失衡，進而操縱價格。僅此兩項物品，其非法利得卽在三億元以上，其他經銷美援物資，如黃豆等物品，凡屬限價配售者，多有類似情事，此種不法利益，如移爲政府收入，爲數亦不在少。

（十）其他可能收入：我們現正處於備戰狀態，所有人力物力應當充分利用，這是理所當然的事，但今天社會上黃牛之猖獗與工作之難覓，亦卽證明失業問題之嚴重。我們在政策上是希望工商業能够發達，並歡迎僑胞和外人來臺投資，但是各種法令上的限制以及各種不必要的管制，投資者皆裹足不前，故收效甚微。假如沒有這些束縛，使工商業能够蓬勃發展，國民所得增加，政府稅收亦可遞增。又如目前社會上各種補習班如雨後春筍，因其收入甚豐，教師待遇遠較大專學校爲優，故大學教授兼課者甚多，而公立學校的設備，有很多可以利用夜間補習，既可減輕學生負擔，又可解決部份教職員的待遇。再如發展觀光事業，放寬出入境限制，使外人樂於來臺遊覽，對政府亦可增加不少的收入。凡此種種，祇要我們全力推行，都會有助於財源的解決。

三　四處節流

除了開源以外，我們對節流工作也未可忽視，並且要同時進行，否則，開源的成果將爲之抵消。倘開源節流雙管齊下，其效果則更爲顯著。玆將節流方面應做的工作，亦擇要簡述於後：

（一）輔導冗員就業：政府的人事雖稱凍結，但各機關的員工，仍有增無已，尤其額外人員以及臨時人員，每隨主管之更迭而不斷增加，故預算也不斷膨脹，並且以地方經費爲甚！根據統計，在民國四十年臺灣省政府的預算僅六億二千餘萬元，至四十五年度竟增達廿五億元以上，爲五年前的四倍，較四十四年度亦增加三五%以上；在同一期間內縣市政府的預算也由民國四十年的四億五千餘元，增至十三億九千九百餘萬元。在地方預算中有六四—六八%係屬人事經費，用於建設方面者爲數無多。各機關是否需要這樣龐大的人力？人員增加了，行政效率是否提高？但是事實上有不少人不是學非所用，便是用非所學，因爲待遇過低，既不能安心工作，對職務的去留也無足重輕，處理業務也就敷衍將事。如本年一月廿一日徵信新聞曾經報導：「南投縣政府在四十五年一月間爲南投縣議會增加預算一案報請省府核示，省府總收發收到後按來文性質，分給主計處擬復，主計處以縣議會係民政廳管轄之業務，卽將原文移送民政廳辦理，民政廳以事關經費預算，乃送請財政廳核簽意見，財政廳直至四十六年一月十六日才把意見簽還民政廳，現民政廳尙未辦復。」此一公文旅行已逾一年，行政效率之低落，可見一斑！再則，因爲冗員過多，許多人無事可做，乃彼此做尤！以目前情形看來，各機構現有人員如平均裁減三分之一，諒不致影響公務，如兩年前臺糖公司曾大量裁員並未影響其生產，卽可證明。倘以裁減所節省之經費，用於增加保留人員之待遇，政府現有支出不必增加分文，待遇卽可提高五〇%。在待遇提高以後，大家對職務的去留才會珍惜；貪汚舞弊的情事，將自然地減少；政府機關也才能羅致優秀人才。當然有人會反對此種主張，因爲硬性裁員，可能發生社會問題。關於這一點，假如我們的投資環境改善了，出口能够順利地擴展，工商界以及各種事業所需要的人員將隨之增加，他們的待遇不比政府機關爲差，那時候公教人員不待裁汰，將會自動轉業。至於老弱或不堪服務者，政府應當另行安置，此乃屬於社會救濟之範圍，我們如果把政府機關視爲救濟機構，則行政工作如何推動？又成何體統？

（二）裁撤駢枝機構：這幾年來，我們在行政方面有一個特色，舉凡有一種新的任務或是要加強某項工作，多不責成法定機構辦理，另行成立一些「委員會」或「小組」，在成立之初乃以加强聯繫，協調業務爲由，本屬臨時性質，但日久以後便成爲正式機關，其職權甚且超越法定機關之上，以致機構重疊，權責混淆不清，兼使法定機關形同虛設，但遇有責任乃以會議或會簽方式行之，大家互相推諉。這些機構既經成立以後，要撤銷却困難多端，尤其是經辦洋務或金融事業機構，經費特別充裕，各種開支以及員工待遇可不按政府規定，因爲他們待遇優厚，所以兼職成風，甚至身爲部長者，亦放棄其本職薪俸，而擇領其兼職待遇，深悖國家設官給俸之旨，此種現象以財經機構方面爲最多。去年十月間監察院曾爲此提出糾正案；行政院也設立了一個所屬機關組織權責研討委員會，專門研究此一問題，已化費了一年多的時間，還未能解決，駢枝機構之多以及權責之混淆，於此可見。再則，目前各機關學校多有福利機構，其工作人員有列入正式編制，亦有調用專人；至所需經費，有列爲正式預算，亦有從經費中勻支，規模大的福利機構，本身尙有若干附屬單位，政府雖一再禁止各福利社對外營業，但事實上仍多公開對外營業，不但於法不合，且破壞政府稅制，莫此爲甚！此外，在這方面所發生的流弊也最多，諸如官商勾結，挪用公欵，拐欵潛逃……等，時有所聞，大部份的利益多爲少數主管人員所享受，其所耗人事、設備等費用，很多超過全體員工所得福利之上。今後如待遇提高，此種機構應一概撤銷，以杜流弊。

(三)**撙節浮濫開支**：我們的財力有限，應當作最經濟的使用，一些不急之務或是不必要的設施，應儘量從緩，俟財力許可再行舉辦，這是人所共知的事。但從最近龐主計長松舟所說：「政府各部門應儘量求質的改進，不應作量的擴充，非當前需要的設計、研究、訓練、考察、會議、考試以及內容貧乏的出版物，應儘量加以節省。」由此可見，我們各種浮濫開支，大有節省餘地。不僅如此，有不少機關把出差費當作變相的貼補，以致全年出差竟有四百天的笑話。最近省府遷臺中以後，因爲臺北有一個連絡處，科室主管以上單位人員，大都藉視察業務爲名，回家省親，名義是出差，實際是回家，既可領出差旅費，又可回家看顧妻兒，有辦法的股長科員，因爲有例可援，亦都傚尤（見四十六年一月廿三日徵信新聞）。又最近內政部鄧文儀次長視察二百多個地方機構，每到一處，所提要求均是「人」「財」不够，但實際上事倍功半，浪費很多，鄧氏認爲目前政風實甚可嘆！（見本年一月廿五日聯合報）。要糾正此一缺點，今後惟有嚴格控制預算，凡不依規定程序動支經費者，應一律嚴處，庶可有濟！也惟有如此，始可杜絕浮濫開支。

(四)**廢除各種津貼**：在目前所謂調整待遇，應有兩重任務：一是不足者應予提高；另是不均者應求其平。所以在提高待遇的同時，務必對過去各種不平現象，也要列爲調整的重要目標。蓋現在各機關除薪津是統一者外，其他待遇視各機關經費之豐嗇而各有不同，舉其要者如房租費、醫藥費、福利金、出差費、加班費、誤餐費、交通費、服裝費、子女教育費、獎金、生育婚喪補助費、水電費乃至僕役傢俱、修繕費……等，名目繁多，政府雖明令限制，仍多陽奉陰違，各單位皆有一套單行辦法，因此，有不少機關的職員，自己每月應領薪津究爲若干，不得而知；在有無之間，固相去懸殊，即同一名目，其多寡亦相差甚遠。試以房租一項而言，行政及教育機關月給數十元或一、二百元不等，金融或事業機構則支三五百元，多者可達千元以上；而軍事機關則分文全無。同屬公務人員，其不平如此，焉能不鳴？由於標準不一，各種流弊亦因此而生。例如此次省府疏遷臺中後，對有眷人員因目前不能携眷前往，每人加發眷屬津貼四百元，因之許多單身漢爲爭取此種津貼，乃紛紛收養養子；或自己做別人養子，並取得戶籍上的憑證，藉符有眷之規定，亦即可多領四百元的津貼，不到一個月的時間，省府已接到一大叠的呈文，請求比照發給，其中有眞有假，省府批又不是，不批又不可能，此即很好的證明（見四十六年一月廿日徵信新聞）。在薪俸提高以後，對各種名目除必須保留者外，應一律廢除，藉以制止流弊。且財務人員在計算或造册發薪時，亦可節省很多人力與時間，每個人的待遇究爲若干，也一問而知。

四　實現的關鍵

從以上的分析，可見調整待遇的財源是相當充裕，當然財源不會自己滾來；也非朝夕所能蕆事，需要化一番心力去開闢，在開源時，也必然會遭遇到困難或阻碍，尤其是要消除各種不當利得時，那些既得利益者，爲了維護他們的特權，更不會輕易放棄。因此要解決這個問題，財政當局首先要痛下決心，向他們去開刀。同時，我們要知道，這個問題在表面上是財政問題，實質上是一個經濟問題，由本文所列舉的各種財源看來，皆與當前的經濟政策息息相關，即是不爲調整待遇，爲了興利除弊，也應該加以改革。行政院俞院長在今年元月七日中央紀念週上報告本年度施政中心時曾有兩句話：「我們要做到以經濟充裕財政；以財政支持軍事。」這種看法，是非常正確的。所以我希望財經當局對各種措施，應當在這個原則之下，澈底更張。

本文所列舉的各種財源，如能一一實現，不但調整待遇綽綽有餘，即其他建設事業，亦可順利推行。惟事實儘管如此，但有不少人對調整待遇每每懷有偏見；他們雖爲公敎人員之一，因爲另有辦法，其本身並非靠法定薪津維持生活，所以對調整待遇一事不太關心，行動也不積極，因此要想調整待遇能早日實現，這種偏見的糾正，是非常重要的。這裏所謂「偏見」，主要的有下面幾點：

(一)待遇調整過高，將影響物價上漲，妨害經濟安定。在過去一、二十年，我們調整待遇時，多靠增發通貨，所以消息一經透露，立刻引起物價上漲，這是事實。假如我們從本文所提供的各項資料，如整頓稅收，擴展出口，開發森林……等，物價非但不會上漲，還會下跌。在公敎人員收入增加以後，購買力提高，乃可促進工商業繁榮，藉以挽救當前不景氣的危局，這才是經濟上眞正的進步。如果說，軍公敎人員待遇過高，會影響經濟安定，更是欺人之說，今天有許多國家，他們軍公敎人員待遇高過我們數十倍乃至百倍以上，也沒有妨害經濟安定。這種事實，我們能够抹煞？

（下轉第23頁）

大學教育的悲哀

袁始

讀「自由中國」第十五卷第十一期宏毅君及第十二期游紹虞君的投書，對當前教育政策之領導青年的方針有所陳述與評論，閱後深爲感慨。因爲我也是一個在學的大學生，我以爲我們當前大學教育上的缺點實在太多了，應該加以檢討和糾正。我願就我親身所體認的問題提供出來，以供關心教育者之參考。

我以爲大學之所以貴爲大學者，在於能夠有研究學術的自由，思想言論的自由，聆名師，會益友，不僅要學以致用，而且更該創立風氣，領導社會。其最重要者，更在養成獨立自主的人格，高瞻遠矚的眼光，堅强的愛國心與責任感。然而，我們今天大學教育的情形又怎樣呢？

從表面上看，自由中國的大專學校林立，比例說來數目不算太少。大學生中有來自東南亞各地的華僑青年，還有到中國來留學的洋人。每逢集會活動，眞是洋洋大觀，猗歟盛哉！光看這些我認爲不夠，光看這些表面上的東西使我們無法了解自由中國的大學教育與共匪的大學教育有何不同之點。我們要看的是自由與民主的教育方法。

也許政府因爲從前在大陸上各大學不斷鬧學潮，反饑餓反迫害之類，鬧得頭昏腦脹，因而才有今天一切均須納入「領導」的現象發生。前車之鑑，本來未可厚非，但是有時矯枉未免過正，蛇咬了一口，一輩子怕草繩，却也不是辦法，而且不僅不是辦法，更有了危機在內。

大凡進了大學的人，都是已經成年的青年，初生之犢，自有充沛的精力和願望，他們開始注意週遭的環境，增多了和社會接觸的機會，發現了許多不合理的現象。從此以後，他除了研究功課之外，更產生一大堆的疑問，對國事、世局、以至學校的事務，都不免有其看法和意見。雖然有時見解不免流於膚淺，行動不免流於盲目。但水性之向下是自古而然的，東之則東流，西之則西流，築堤堰土只有越漲越高，趨於崩潰。

青年救國團這個組織，可謂食之無味棄之可惜的鷄肋。說它一無作用，却又不盡然，說它有作用，亦屬誅心之論。每年暑期的戰鬪訓練多少在青年羣中有其號召力。除此之外，就很難說了。尤其無法滿意的是軍訓制度。

軍訓的本意，未可厚非，說將起來，也是自成一篇大道理。事實上任何事情不管是是非非都可以說出一篇大道理，我們要看的是軍訓制度是否有其功效。從高中到大學，人人是救國團團員，人人也就得接受軍訓，這是什麼道理，我不能了解。軍訓分爲軍事管理和軍事訓練兩部份。軍事訓練除了一些普通學科之外，就是武器操作，每學期實彈射擊一次，直至大學畢業爲止。軍事管理則凡學生言行舉動，吃飯睡覺，莫不照顧週到。以前者來說，打了幾次靶並不等於熟用了某一種武器，或是增加幾分作戰經驗，何況又都是些老得掉了牙的槍枝？基本教練，每年重複一次，故從高一到大學畢業要經過七年稍息立正的訓練，中學教材與大學教材幾乎毫無分別，學生逃課缺席經常發生，大專學校中尤其顯著。大學畢業後則須受預備軍官訓練，又從稍息立正開始。除掉浪費學生精力，解決大批職業軍官的「失業荒」之外，實無任何效果。至若生活管理，則一名舍監亦足以解決問題了。

救國團對學生活動的「領導」，頗類似國民黨中央黨部對行政機構的關係。任何集會，通知某校準備什麼，可以舉行那些活動，如何活動，開會時須用學生多少，位置何處，一清二楚地指示下來，學校則遵命辦理，事後再行文報告一通。至於學生，則奉命唯謹，着制服，穿皮鞋，携各色小旗，唱反共歌曲，高呼口號，以資慶祝。這種方法，正如做傀儡戲，是有人牽線的。學生既無請假之可能，且須有應付炎陽風雨，聆聽訓話達數小時的克難精神。最近師範大學則執行得更爲澈底，凡奉命參加集會一次不到者卽予「退宿」處分，可謂荒乎其唐，且留待後段討論。本來是興高彩烈的集會，結果反弄得精疲力盡，禍延學子。以國慶閱兵爲例，成萬羣衆想一睹軍容而不可得，救國團則令學生列隊參觀，鵠立四五小時。既不得離隊，復不敢離隊，無形中有問題存在，自然難怪其老不高興了。最近救國團更下令學生組成分隊，按期召開分隊小組討論會，大有一變救國團而成黨派組織的趨勢，豈非愈形極端？

除掉救國團之外，還有中國國民黨組織的存在。雖然黨的活動，在學校內並未公開，却已不成其爲秘密。對於是否應該容許黨派在學校之內活動的問題，我不願多所臧否。但對以黨的組織來領導學生組織、管制學生活動的方式，我却不敢苟同。同學之間，既不可能在中國國民黨之外有所活動，唯有出諸兩途，一則奉命唯謹，逆來順受；一則是加入國民黨，借勢逞才。中國國民黨在大專學校裏成爲控制學生思想的工具，實已超出黨派立場之外。縱觀各大專學校出版的刊物，均自有其背景存在，正如要在社會上創辦一份報紙或刊物一樣地困難，在大專學校內絕無與黨絕緣的刊物。「臺大思潮」爲臺大學生出版的刊物之一，曾有短時期內爲非黨員所主持，結果多方出動，倒底爭取了「主權」而後止。試問在這種情形下尚有何自由思想之可言？學校內的文稿檢查是錙銖必較的，長篇大論，若非歌功頌德，亦卽不知所云。這種「以黨治校」的方法，好處在於控制嚴密，不會「出事」，可是其壞的一面，則無形中束縛了中國民主政治的前途。大學生畢業無疑地掌握着中華民國的國運，在學校內既養成噤若寒蟬的習慣，入社會能希望他們成爲民主政治的先鋒嗎？

有人以爲，在目前這種環境之下，只有這樣辦

（11）

才可以使青年不致胡作胡爲，擾亂民心。這眞是因噎廢食之談。思想與行動原是一體兩面的事，管制思想，實際上不過是管制行動，只要行動合乎管理者的要求，其思想如何，是無法檢查出來的。人生了腦子，又不可能不想，要想的事情偏又如此之多，掩耳盜鈴，決非辦法。唯有開放言論自由，（此自由爲學校內的自由，並非「自由中國」半月刊及一般社會人士所爭取得自由，那還差得遠呢！）讓大學生恢復其應有的朝氣。學校內如果准許國民黨活動，就也應該准許民靑兩黨有活動的自由（或許這個問題非學校之所能解決）。只要反共抗俄大前提不錯，不爲共匪張目，其他活動，都應該准許，不僅准許，而且應該加以鼓勵。國民黨只能作爲一個單位，一種活動，不可控制全局，扼殺自由。至於胡作胡爲一點，旣有立法不准遊行請願（官辦的例外），大學生自然不敢以身試法。倒是扼而不放，反有決堤之險。

我們的政治停留在君權與民權之間，而我們的敎育則落伍得不知幾百年，空有骨骼，缺乏靈魂。

其次我要說到課程方面，手頭因無實際的資料，無法把各大學各院系的課程表抄錄一份，且亦無此篇幅。總括言之，今日大學課程之繁重爲民國以來之冠。從前大學每週上課十七小時左右，目前有每週四十餘小時者，其相去之間，殆多於一倍。有許多課程是不必要的，有許多課程是可以節省時間的。其最大的缺點，在於必修科增多而選修的機會等量削減。

提起大學敎育，一般人腦海內就浮起一個概念，認爲今不如昔。戡亂時程度不如抗戰的程度，而戰後亦不復如戰前，最好的還是老北大時代。這個概念說明了一個事實，凡是提倡學術自由的時候也就是學生成績最好的時候，凡是敎育受制於政治之下的時候，則學生成績便一落千丈。五四運動是民國八年發生的，那時北平在軍閥割據局面之下。三十年來，進步良鮮，尤其近年來厲行禁書制度，許多投匪者的書固然禁了，許多並非投匪的也遭無妄之災。前不幾時，一紙公文又禁了呂思勉的中國通史，不知是何道理？這種政策發展的結果，其影響頗鉅。以中國文學系爲例，除了古籍之外，要追尋中國現代文藝路線就無從着手了。而五四以來，正是中國文學史上一大變動時期。梁實秋先生就不贊成禁魯迅的書，他認爲禁之無益，不若給學生以自由閱讀的機會，和反對的意見互相對照，誰是誰非，自有公論。（見實秋自選集「關於魯迅」）禁不過是坊間買不着而已，並不等於說完全絕跡，（秦始皇焚書卽其一例，自然這種比喻是不太合理，事實上秦始皇焚書按照史實，也不如流傳之嚴重，足見專制政體也留有餘地的。）學生偶然看到一鱗一爪，反而更易引起不良影響。

讀經事件，前曾爭論一時，爭論並未有所結果，而某些大專學校規定必須讀經已是事實。我並不反對讀經，我是問讀經是否發生作用？

先看經書本身。四書旣成爲經，五經如何反而丟了？四書之中，論孟二種，已經有許多不合時宜的章句，旣稱爲經，自應傳之萬世而不易的，如發生問題，硬要開倒車，實無必要。四書不過代表儒家的政治理想，孔夫子亦並非開山敎祖，否則如聖經一樣宣傳也是一法，使孔學變爲國敎，豈不皆大歡喜？除掉儒家主張之外，其他各家難道就不是國粹，可棄如敝屣嗎？再者，如讀經只是爲了使大學生接受「正統思想」，提倡固有道德，則併入三民主義課程之內已足，因爲國父孫中山先生也曾論及八德，加以發揮，則三民主義也不會顯得太枯燥，四書多少也顯得調和一點。固有道德重在實行，社會上滿口仁義道德，盡做壞事的人多得很。達官貴人執國柄而誤國者亦不乏其例。誰沒有唸過學庸論孟？因此，我想再請讀者注意一下大學生的現狀。

目前大學生已普遍缺乏自信心，自尊心。對將來的前途茫無打算，有之，不是想擠入高考之門，也就是想在政府機關中當一名公務員。更有趣的，十之八九都希望能「出國深造」，深造之後，又當如何，却沒有人想得那麼遠。不僅缺乏了自信自尊，更變得現實與自私。歷年考試，以醫學院人數爲最多，稱之以服務人羣固可，稱之爲服務自己亦可。因爲只有醫學和法律二科，在畢業以後，可以自立，只要領到執照，便可自己掌家，强於幹公務員自磨一輩子辦公桌，雖云現實，亦屬可憫。有一位臺大學生告訴我，一位應當接受預備軍官訓練的學生，爲了逃避徵集，竟絕食數日，希求一免。結果免是免了，不幸却因身體過弱，不久卽溘然死去。自私情形，發展一至於此，實在使人驚詫咋舌。是否中國靑年歷代來都是如此呢？不然，抗戰時十萬靑年從軍就是一個熱潮。東漢時大學生淸議譏論，竟可左右政治的良窳，又是何等氣概！黨錮之禍，株連數萬，不都是大學生們嗎？預備軍官及士官制度，無形中混亂了兵役法。這是變態，不是常態。士官已經明令廢止，說是爲了鼓勵靑年投考軍校，只一個兵役制度的伸縮性，簡直可隨時因需要而加以破壞，那還成什麼話？如果換一方式，旣然人人有服兵役的義務，大學生自不例外，按照法令徵集卽是，何必要如此强行徵集？大學畢業生，不一定都是二十二三歲，甚至有高至四十餘歲的，這種不顧實際的辦法，缺點自會暴露。

「領導」與「控制」，是大學生喪失自信心主要原因之一。旣不容許自由發表意見，則惟有出之緘默一途。語云，緘默就是抗議，多少有幾分是正確的。我們今日的大學，不僅要培養臺灣所需要的人材，今後收復大陸，還要靠這批新人去重新建設的。如果不在此時此地培養出一批敢作敢爲有抱負有決心的人來，三五十年內，中國仍難有進步，無論是政治敎育或科學各方面。

表現在另一方面的，是大學生羣中信敎風氣之盛。信敎亦非壞事，但我們如問爲什麼信敎之風如此盛行，原因就相當複雜。有一部份學生以信敎作爲接近洋人的手段，也有少數人透過此關而取得些免費的補給品，自然，絕大多數是追求信仰去的。人無疑的是感情動物，感情旣無適當途徑宣洩，只有追求一個渺茫的信仰，忍受一切是非，把希望寄托於渺茫的神祇之上。教會並未在學校內傳教，學生反趣之若鶩，三民主義公開在校內講授，而且是必修科，爲實現三民主義理想而奮鬪的中國國民黨並未得到如此多的黨員。也就是說，大學生對現實政治反不感興趣而追求玄虛去了！

大學生更缺乏的是理想與抱負。一個人的理想是要靠現實做根據的，否則理想不過是幻想，不可能實現的。我要想做全世界的大皇帝，是幻想；我要想建設中國成爲世界强國之一，這是理想，因爲國家是自己的，大學生學以致用，應該有志氣把自己的國家砌成富强康樂的理想國家。可是現在大學生與社會絕緣，也就無從了解將來應該爲國家做些什麼。前面已經說過，大學生的出路和學動，一切都已經由政府處心積慮安排妥當，不必勞神去奮鬪，也無從奮鬪起。理想何用？抱負何用？所謂理想，永遠是走在社會前頭的，一定要看出社會的病害，而思加以改革，才有理想的產生，現在政治經濟似已達「盡美盡善」，「無以復加」的境界，在學校內不能產生理想，我們自無從責難大學生不能一展抱負了！

不但此也，大學生竟成了政府的包袱呢！就業考試欲罷不能，却又苦於無法安插年年湧出大學的新人，眼見這個方法就有趨於瓦解的可能。照理說，大學畢業生應該成爲社會上爭取的對象才對，爲什麼永遠脫不了「學而優則仕」的惡性循環呢？是大學生自甘墮落，還是政策有了錯誤，還是事實上已經不需要新的人材？學生們自己無從解答。他們已失却創造發揮的自由，學工的無工廠可進，學理的無研究所可進，行行有苦經，難免大學生趨於自私現實，儘量鑽營，先爲自己的飯碗作準備了。

至此，大學生羣集於政治機關或學校團體門下，互相推擠，等待分一杯羹。有自立精神的，復低首於社會環境，跳不出飛不起，在學校內就沒有抱負，出來則不過多添許多爭奪者而已，這是一大悲哀！

這個悲哀，學生無從負責，政府也大可推得一乾二淨，自稱竭盡心力，正如同把四大公司民營一樣，已經善盡輔導之責了。其實仔細想來，癥結還是在於學生喪失了自信與理想，推不動社會，反受制於社會，根本解決，仍在於恢復學校風氣，重整當年學術自由的舊業，把社會的領導權轉移過來，學生自然會自己解決問題的。臺大農學院一位畢業生，爲了實現理想，在宜蘭山區內自己買田植林，以知識化爲事實，豈不是一個例子？社會上仍然是大有餘地與餘力的。

另一個原因導致大學生如此的是師生之間關係的脫節。目前大學教授，大抵如大學生一樣的忙碌，也許因爲人材的缺乏，很少大學教授不兼數校課程的，我所知的一位教授每週授課竟達四十小時，三個學校，眞是駭人聽聞。而且所教的課程又是五花八門，幾乎互不相關。如此情形，很難寄望於大學教授之能吸收新的智識，隨時自我灌輸，或是埋頭研究，獨成一家之言的了。因此也就造成了大學講堂成爲販賣智識互盡義務與權利的場所。教授既得薪金，不得不按時上課，學生也視爲權利，按時聽課。但大學貴在自由研究，師生課程各自繁重，雖經年不上一課，只要購得教科書，即可完全「派司」，學生自然缺乏研究的興趣。且教授行色匆匆，亦少獨抒已見的。因此除了幾位，有名的教授，對某科特有心得，開講時經常客滿外，其餘的就很難見叫座了。有些教授，竟視學生執經問難爲大不敬，爲存心坍臺的舉動，有些教授，更是兼差拿鐘點費的。相互敷衍，如何能冀望其蔚成風氣？

中國人傳統觀念以師與天地君親相並。學生犯了大不韙，老師竟免不了跟着砍頭的。而學生對老師的尊敬更是史不絕書。西方國家如牛津大學，以導師爲輔導學生生活學術爲主。如果教育學教授上課時高談兒童問題，回家打孩子屁股，豈不成爲笑談！今日大學教育，既成知識買賣場所，而所謂知識，又不足自成一家言，或縱橫數萬里，張三之於李四，全無分別，何從培養學生的情操、學生的理想？北大時代與今日之所以不同，蓋在於此！教授的素質差不了多少的，而學生的智慧也不可能比從前退步，爲什麼就截然不同了呢？一句話，完全是政治環境左右教育，教育不復獨立自由，而成爲政治的點綴品之故。目前各大學中，課程繁重，使學生無暇作思索之想；另一方面，教材陳舊，言論一致，使學生無比較研究的餘地，這樣的大學，是難望其負起時代的任務的。

「漸與師長遠，轉於牧師親。」可爲今日大學生的寫照了。

師範大學的任務與其他大學又自不同，他的學生是注定了要教育下一代的，看師大學生的情形也許就可以看出今後教育狀況的縮影。

師範大學原自師範學院升格而來，既名爲大學，自應有大學應有的風氣，否則稱爲學院反較恰當，不能僅以增加若干科系，多了幾倍學生爲滿足。反之，因爲增加學生，其組成份子，乃趨於雜亂。經聯合招生分發來的很多本是志不在此，進師大以爲只是大學而已，當時只要能有學校可進，已爲萬分滿足，那裏還能挑眼。更有保送而來的師範生，分發來的僑生等等，形形色色。成份既各不同，目標志趣亦迥然相異，有志執教者固不在少，但志不在此者也是很多，如此訓練出來的學生冀望能終身服務教育，是不可能的。這是一個基本的缺點。

其次，師範大學對品德的訓練尤其重要，此種品德訓練，應着重於潛移默化，優良的環境，不是强迫訓練所能奏效的。所以，做師大校長，與普通大學校長不同之點也在於此。普通學校應當爭求學生的自我發揚，行其無爲之政；師大則當以身教重於言教，一舉一動，都須含有教育與模式的意義。如師大禁止女生跳舞及男生打橋牌即其一例，雖屬守舊，未可厚非。但如以勒令學生退宿作爲懲處學生主要辦法之一，使住校生與留校生分爲兩種訓教，則屬大謬不然。勒令退宿，豈示孺子非不可教也，但不可睡也乎？這簡直是捨本而逐末了。

筆者亦爲大學學生之一，深願以此一篇，拋磚引玉，贊同固好，辯論亦所歡迎，總希望能在今日一泓死水的大學教育中，重新長出自由教育之花。

寫在反共救國會議之前

趙世洵

前些時收到從臺北寄來的「自由中國」半月刊及從香港寄來的許多雜誌與報章，大家正在熱烈地討論反共救國會議。反共救國會議這個名詞在筆者來說，已經聽得很久了，大約是在民國四十二年的時候，蔣總統在告全國軍民書中，已經提到：「……要從速籌開反共救國會議，以擴大我們海內外同胞的意志與民族力量的大團結。」

但是一直到現在，已經快有四個年頭了，仍未見此一會議的召開。以筆者個人猜測及從朋友方面的傳聞，在原則上政府是要召開這一個會議的，例如副總統陳辭修先生，行政院正副院長俞鴻鈞先生及黃少谷先生，都先後正式或非正式的表示過，政府正着手籌備召開此一復國救民的會議，然而四年來始終遲遲未見行諸事實者，乃在技術上尚有種種困難。所謂技術上的困難，乃是究竟邀請那些人來參加？他們是不是會不與政府合作，因而拒絕，反使政府有失體面。參加會議的人，會不會因此提出：要求政府「放寬輿論尺度」、「結束國民黨黨治」、「扶植有力反對黨」等等問題，反使政府感覺爲難。……這許多技術上的困難，我們是可以想像得到的。

筆者近年來在海外和許多華僑及青年們談起國事，大家對於反攻復國還是抱有一個非常熱切的期望。尤其在近兩年來，華僑學生返臺就讀的人數日見增多，華僑對於臺灣的建設和進步，也一天比一天瞭解。克難籃球隊到南洋各地比賽，許多僑胞從很遠的鄉間趕出來，他們不是來看球，而是聽球員們講講今天臺灣的事情，大家團坐在一起，如閒話家常，這種親切的鏡頭正證明華僑們對於臺灣，還是抱着熱切期望的。這是一個好現象，也誠是國內軍民多年來苦心努力的一個寶貴的成果。

由於反共救國會議是「以團結海內外反共非共之力量」，那末今天海外僑胞對於臺灣的向心，正是一個健全的心理基石。我們具有了這個健全的心理基石，而就在此時此地召開這個會議，不但是時地適宜，而且是刻不容緩。這是一個良好的機會，機會失去，是不會再來的。

華僑對於政府的反攻大陸，事實上比在臺灣的人要急切得不知有多少倍，每年政府發表文告，年年說反攻，可是事實與談論的完全相反。不能體念政府艱困的人們，因此常常便心灰意冷下來，說政府老是口頭上叫得好聽，實際上沒有去做事。

凡是有朋友從臺灣到海外來，華僑們總常常脫口而出的問道：「我們什麼時候可以反攻了？」臺灣的朋友也經常答道：「這個問題不簡單，現在還談不上呢！」

所以從這裏看，不論在主觀或客觀上，「團結海內外反共非共之力量」，共謀國是，目前正是一個適當的時期。在政治心理上說，就利用這個時期，來加强中華人民的反共，謀求進一步的政治刷新與開展，試問還有什麼時候比現在更適當呢！

不久以前，蔣總統也曾公開表示過：政府對於反攻大陸，已經有了相當的準備，只要時機成熟，隨時可以出動。我們感於蔣總統許下了這個諾言，認爲在王師出征之前，這個會議更應該立卽召開。

至於政府顧慮到的那許多技術上的困難，根本上是不成問題的。

邀請的對象，筆者認爲只要他是反共、非共，而眞心有志於復國建國者，都應一律請他們參加。尤其是有許多平常反對政府的人，不但請他們參加，而且一定要堅邀他們參加，聽聽他們反對政府的意見，只要那些反對的意見，不是建築在一己的私利上，而是眞正爲國爲民者。在「天下爲公」的大原則下，我們有什麼不可以接納的？開會是由討論而集中意見，就是要邀請有反對意見者來開會，俾可聽取反對者的意見，如果意見原來相同，就用不着開會了！

政府在發出邀請以後，更不必擔心他們拒絕或不來，因爲這個會議不是權利，而是愛國愛民者爲國爲民所應盡的一個義務，是一個神聖的義務，是上對祖宗下對子孫有所交代的一個義務。反之，如果他眞義氣用事，竟然拒不參加，那是他自絕於國人，全然是他個人之事。

記得在抗戰的前夕，當時我們的蔣委員長邀集各方碩彥，召開了抗戰史上劃時代的廬山會議，我們的「抗戰必勝」的心理，便是在那個時候奠定下來的。參加這個會議的人，在會議完畢後，各奔赴自己的原來崗位，到處宣示了這個「抗戰必勝」的偉大心理，使全國人民，不論婦孺老幼，人人堅强起來，人人爲國爲民，才促成我們八年抗戰的勝利成果。八年的抗戰，人民對政府沒有一句怨言，相反的，蔣主席還都南京，人民盼望他如大旱之望甘霖，這是一個什麼力量？我說：這是一個擧國上下一心一德爲國爲民的一個大團結力量，今天反共救國會議之召開就是要培養這個神聖的力量。其前途其工作比當年抗戰還要艱鉅。但我們不怕困難，愈困難我們要愈有辦法，有了辦法，我們才能遵循了這個辦法，努力向前。

所謂辦法究竟是什麼辦法？我們要政府拿出辦法來「團結海內外反共非共人士，在同一目標之下，展開反共救國工作」，這不是故意向政府爲難，而適足以協助政府，共赴艱鉅。

依筆者與華僑日常之接觸，我們所謂「團結海內外反共非共人士」召開反共救國會議的辦法，不外有下列幾項，這幾件事情，政府必需在反共救國會議之前，能開始一件件實行起來，不管做得好不好，但必需要有一個良好的開始，以昭信於海內外的國人。

第一、在海外的人士，常常聽到今天的臺灣，仍未能走入法治之途。換句話說，司法之權仍未伸張起來。這種傳聞，實在常常容易傳出來，使我們在海外的華僑聽來，總覺得臺灣的司法仍未能走上正軌。如林頂立案，如牛哥案，如工人報事件，大家對臺灣司法之獨立，不無疑懷。一國司法之不能獨立，要受行政或執政黨的干涉，當然說不上是法治國家，更說不上是民主政治。這是臺灣今日最受人訾議的地方，務希行政與司法當局認清這一點，而努力做到司法獨立。

第二、今天的臺灣政治，在表面上說是由國民黨及民社黨與青年黨三個政黨合作，我們無庸諱言，事實上仍是由國民黨一黨專政。今天的臺灣，在精神上，她是自由中國，是反攻復國的模範省，是千萬華僑及被困在大陸上許多同胞嚮往的一個希望，……而在這種情況之下，臺灣還沒有一個反對黨建立起來，這在自由與民主的途徑上，無論怎樣是說不過去的。

所以我們希望，在反共救國會議召開的前後，在臺灣應該有一個反對黨成立的準備，這個反對黨應該包納海內外的英才，這個反對黨不是和在朝的執政黨爭黨與黨之間的權利，而是站在國家民族立場上提醒執政黨，負糾正督導之責。換言之，反對黨要切切實實，使治國之大道納於正軌，眞正能負起匡正政府之責，協助政府，把人民帶上自由與康樂的坦途。

第三、因爲我們覺得需要成立一個反對黨，那末再放寬言論自由及一切管制的尺度（例如出入境管制的辦法），乃是尤爲重要的事。我們承認近兩三年來，臺灣在新聞自由上，雖然有不少努力，但尺度仍嫌太緊。臺灣現在正是準備反攻期間，諸凡軍事防務以及其他有關國家高度秘密的動態，自然不能隨便刊登，然而除了這些以外，我們認爲凡是不違背出版法的，皆應該完全有被報導出來的自由。

當召開此一會議之前夕，我們所至誠希望的，爲政府與言論界同在一條戰線上合作，知識不足，可以互補；境遇困難，可以互諒。最重要之點，爲各守法律範圍，而且有互相尊重之善意。政府對於勇敢切實之言論，雖屬逆耳之忠言，尤應善意保護。因爲中國在今後復國與建國之漫長途中，實亟需勇敢切實之言論，以輔助政府，糾繩官吏，振奮人心，必須政府自覺自發，提倡培植而後才能做到。使言論自由能够確有保障，進而做到眞正的民主與自由，不僅海內外的人民，願爭相奔走，即使困在大陸上的千萬反共同胞，亦必紛紛待機投誠。今天的問題，正是他們等待一個有份量的民主政府，使他們覺得值得爲了這個政府去犧牲和效忠。今天我們的政府，不要愁大陸人民及海外華僑不反共，而是要自己努力如何提高民主的成份。

第四、政府自從遷到臺灣以來，有不少立監委留落在大陸，也有不少在海外，其中更有許多立監委已經身故，所以當前在臺灣的立法院和監察院，嚴格說來，已經不能算是具有全國性的代表性，許多年來政府對於立監委的缺額問題，始終採取拖延政策。政府遷臺已經快八年了，在這八年之中，對於立監委缺額塡補的問題，一直沒有處理。立院與監院都是我國代表民意的最高機關，由於立監委缺額之遲遲未予塡補，這正說明了我們的民意機關是不健全的，不完整的。以一個不健全的不完整的民意機關，要督促政府，領導人民，當然是不够的。

所以我們希望，在召開反共救國會議的前後，政府對於立監委缺額塡補的問題，不但應該有一個明朗的表示，而且要提出如何塡補缺額的辦法來，這樣才能昭信於人民。

第五、最重要的還是要政府與執政的國民黨堅定其民主自由的信念，切切不可以在思想與行動上開倒車，做出許多違反民主潮流的事體來，以致使千萬熱愛祖國的僑胞失望，使國際間友人唾棄。執政黨當局須知國家乃全體人民之國家，非一黨一人之私器。大陸是在國民黨手上丟掉的，國民黨應時有反省與贖罪的心情，不可有絲毫君臨人民的態度，那些爭權奪利，圈子裏劃圈子的作風，必須痛切擯棄。這樣才能示天下以大公，才能使人民感覺政府是眞正民主的，是爲人民大衆的利益而反共的。也唯有這樣，反共救國會議的召開，才有眞實的意義！

民國四十五年十二月於新加坡

從讀「胡適文存」說起

學以濟時艱，要與時相應。
文章盛世事，豈今所當問？
——胡適「文學篇別叔永杏佛覲莊」

李敖

「胡適文存」的四集合印本已經在四十二年年底由遠東圖書公司重印發行了，這四集絕版已達十餘年的書，再度以嶄新的形式出現了。

一個愛讀胡先生的文字的人，當然會爲這件事情而感到高興，可是當我跑到書店裏，潦草的一瞥這種新版本的時候，却不禁使我感到幾分失望。因爲它已被胡先生「重行校訂修正」了，已經改了十幾年前的面目了，它已被删去得太多了。

據胡先生在「胡適文存四部合印本自序」裏說，删節的原因是「爲了稍稍節省排印費」，因此他「删去了一小部分」，可是事實上，被删去的絕不僅是「一小部分」，反而佔了四分之一以上。

胡先生「一口答應」遠東圖書公司重印他的四集文存，他曾在合印本自序裏解釋這個原因說：「我的一些著作雖然未必都值得長久保存流傳，但在大陸上的共產黨燒毀我的書的時候，在這個共產黨『清算胡適思想』的時候，我應該讓自由中國與自由世界的人們知道究竟『胡適思想』是什麼，究竟『胡適思想』爲什麼值得共產黨的瘋狂清算。」所以他「願意有個機會」來重印他的「十幾部著作」。

依照這個原則，我覺得胡先生的「重行校訂修正」太不够謹嚴，因爲有許多「胡適思想」都被他大刀濶斧的删去了，譬如像「我們的政治主張」，像「我的歧路」，像「一個平庸的提議」，像「這一週」，像「人權論集序」……請問胡先生，那一篇不是多少都代表着你的思想，你爲什麼要删去它們呢？若只是單單爲了「稍稍節省排印費」，那我就不得不怪胡先生所爲者小所失者大了。假若要有其他的原因，我覺得胡先生也未免删得過分了，譬如像「這一週」，難道在這六十三篇短評中，甚至連一篇值得保留的都沒有嗎？可是胡先生却大筆一勾，全删去了，我覺得最可惜的無過於此了。也許胡先生認爲它們有不便印行之處，可是它們並不都是如此的，像其中評論蔡元培先生辭職那些話，都可說是「胡適思想」的重要部分，卽使算是一鱗一爪，可是却也不能說是無足輕重，像他在第五十七則「蔡元培是消極的嗎？」一文裏指出：

「『有所不爲』一句話含有兩層意義，兩層都是積極的。第一、『有所不爲』，是尊重自己的人格，『不降志，不辱身』，不肯把人格拖下罪惡裏去。這種狂狷的精神是一切人格修養的基礎。第二、『有所不爲』是一種犧牲的精神，爲要做人而錢有所不取，爲要做人而官有所不做，爲要做人而獸性的慾望有所不得不制裁，爲要做人而飯碗有所不得不摔破：這都是一種犧牲的精神。」

「胡適文存」第一二三集都是在上海亞東圖書館出版的。第一集共四卷，於民國十年十一月結集，十二月出版，第一集從第十三版以後是重新排過的新版，多了一篇胡先生在十九年一月所寫的「自序」。第二集共四卷，於民國十二年夏季結集，十一月出版。第三集共九卷，於民國十九年春季結集，九月出版。這三集文存全都有兩種版本，一種是精裝的(共兩册)一種是平裝的(共四册)。等到胡先生着手編第四集時，因爲有許多討論政治的文字(大多是在「獨立評論」和「大公報」中發表的)，在當時不便收集印行，所以只把其中關於學術思想的一部分抽出來，編成了第一集的「胡適論學近著」，由商務印書館出版，這書共五卷，版本有兩種，精裝一册，平裝上下兩册，於民國二十四年十二月出版。這一集「胡適論學近著」是四開本；以前的三集「胡適文存」是六開本。

胡先生在「胡適文存四部合印本自序」裏寫道：「這是我在二十歲到四十四歲時發表的言論的大部分。其中最早的一篇大概是「詩三百篇『言』字解」，是辛亥年(一九一一)五月寫的，那時我還不滿二十歲。(敖按：「詩經『言』字解」是一九一一年五月十一日作的，十二月十七日才是他二十歲的生日。)最晚的大概是第四集裏收的幾篇獨立評論的文字了。(敖按：最晚的只有兩篇，都是他四十四歲作的，一是民國二十四年十月一日寫完的「醒世姻緣考證」中的「附錄二」；一是同日改定完的「參同契的年代」，都不是獨立評論裏的，胡先生記錯了。)獨立評論的文字，大部份沒有收入。(敖按：「獨立評論」一共出了二百四十四期，中央研究院不日卽出版一「胡適之先生六十五歲紀念論文集」，附有他在「獨立評論」中所作文字的目錄。)本來這些政論都該編入「胡適文存」四集裏面的，當時因爲不便印行所以改編爲「胡適論學近著」，這次遠東圖書公司重印的四集合印本，「胡適論學近著」是改名爲「胡適文存第四集」了，可是內容不但沒有多，反倒少了「我們走那條路？」一文的「附錄」和「人權論集序」兩篇，(敖按：胡先生在合印本自序裏說「删去了十幾篇」，殊誤。)還算好，在四集文存中，只有這一集删得少些，在第一集中，删去的文章是：「致藍志先書」，「寄吳又陵先生書」，「朋友與兄弟(答王子直)」，共三篇；在第二集中，删去的文章是：「一個最低限度的國學書目」和「附錄」共四篇，「梁任公墨經校釋序」和「附錄」共三篇，「論墨學」，「十七年的回顧」，「祝白話晚報」，「黃梨洲論學生運動」，「政治概論序」，「天乎帝乎序」，「我們的政治主張」和「附錄」共二篇，「我的歧路」和「附錄」共四篇，「聯省自治與軍閥割據(答陳獨秀)」和「附錄」共二篇，「國際的中國」，「一個平庸的提議」，「與一涵等四位的信」，「這一週(六十三則)」，「北京的平民文學」和「附錄」共二篇，「讀王國維先生的曲錄」，共二十八篇；在第三集中，刪去的文章是：「我們對於西洋近代文明的態度」一文的「附錄」，「歐遊道中寄書：寄慰慈(三封)，寄志摩(兩封)」共二篇，「老殘遊記序」的「尾聲」，「漢初儒道之爭」，「讀北史雜記」，「蘇洵的辨姦」，「歐陽修的兩次獄事」，「考作象棋的年代」，「胡笳十八拍」，「建文遜國傳說的演變(跋崇禎本遜國逸書殘本)」，「墨字」和「附錄」共三篇，「宋元學案補遺四十二卷本跋」和「附錄」共二篇，「吳淞月刊發刊詞」，「曲海序」，「揚州的小曲」，「小雨點序」，「人生有何意義」，「市政制度序」，「四角號碼檢字法序」和「後記」共二篇，「追想胡明復」，共二十五篇。在四集文存中一共刪去了五十八篇，不能算是「一小部分」了，第二集原有的四卷刪去後只剩下兩卷了，第三集原有的九卷改編成八卷了，第四集只刪去兩篇，可是却把原有的五卷改編成四卷，這似乎是不必要的。胡先生這次的「重行校訂修正」除了我前面指出的過分外，還有許多似乎失當的地方，例如與其用八頁的篇幅收入傅斯年的「周東封與殷遺民」，到不如收入梁漱溟的「敬以請教胡適之先生」，因爲傅斯年的文章已經有「傅孟眞先生集」可資查考，而梁漱溟在「村治」第二號的文字我們那裏找得到？又如與其用十頁的篇幅收入曾孟樸的來信，到不如多印兩篇胡先生自己的文字，也許胡先生的意思仍是三集「自序」中所謂的「有意介紹附錄的文字」，可是他老先生也該想想，「爲了稍稍節省排印費」，連他自己的文章都要大刪特刪呀！

遠東圖書公司的新排本也自有它的長處，論紙張，論鉛字，論版面，都比原有的三集好，只是第四集稍比「胡適論學近著」的版本差些。至於錯字，也不在少數(如「墨子小取篇新詁」在目錄裏錯印成「新鈷」等是)。還有一個小毛病就是擅改原文，(如在第三集的「自序」裏，竟將「這一集的文字共分九卷」等話改成「八卷」，這是不必的，總還保存着二十六年前胡先生自序的原樣爲佳，像四集的新排本雖比舊版少了一卷，可是序中仍是「這一集分五卷」的原樣，這樣才好些。)其他如在第四集中「寫在孔子誕辰紀念之後」等文字裏面也有一些不太必要的小刪改。

依我看來，胡先生與其把原有的「胡適文存」和「胡適論學近著」刪成今天這種不完全的版本，到不如根本就採用他八年前的計劃，把它「分類編印出版」來得好些，像胡先生自己在四集合印本自序裏所擬的：

「……大概在民國三十七年，亞東圖書館因爲缺乏資本，缺乏紙張，不能重印文存，所以把三部文存的紙版同版權出賣給商務印書館。當時我本想從這四部書，一百五十多萬字裏，選出一些文字來，分類編印出版。例如『中國舊小說考證』可以成一部小書，『中國佛教史研究』也可以成一部小書，『中國文學革命運動的史料與理論』也可以成一部小書，『中國思想史雜論』也可以成一部小書。但不久赤禍就籠罩了整個中國大陸，國家淪陷到鐵幕裏，我當然沒有心緒想到這些個人小問題了。」

這次遠東圖書公司爲他重印文存，正是一個「分類編印出版」的好機會，假若能分類重編，把一部部的小書集合起來，編成一大部「胡適文存新編」或「類編」一類標題的書，我想總比今天這種版本好。可惜的是，胡先生仍舊認爲這些只不過是他「個人小問題」，所以儘管他有着一種「不可救藥的樂觀」而以此自詡，他畢竟也會「當然沒有心緒」地仔細重編他的書了。

「胡適文存」自從出版以後，可以說沒有過幾年的好日子，它曾連遭北京政府的查禁，日本侵華時的摒棄和今天在大陸上的大量焚燒。這位以自由主義爲號召的學人因此無法廣布他那負責任的自由討論，下面引錄的一封信原載於二十三年七月六日的北平「晨報」副刊，是胡先生爲了文存的被禁而向當時的國務總理張國淦(字乾若)所提的質詢，寫信的日期是那年七月三日。

「乾若先生：

六月八日見着先生和少川先生時曾以警廳禁賣胡適文存的事奉詢，蒙先生允爲訪問：過了兩天，夢麐先生代達尊意，說已代詢過內務部及警廳，據云，胡適文存及獨秀文存並未曾禁賣；並云，前次向各書店收去檢閱的書，均已發還原店了。當時我自然很覺得滿意；但迄今已近一月，而警廳仍在干涉各書攤，不許他們發賣這兩部書，前次沒收的書也並不曾發還。

「我曾把先生轉告的話，說給一兩家書攤掌櫃的，他們信以爲眞，就試把一兩部胡適文存擺出來看看。不料各區警署仍派便衣偵探干涉此書，不准售賣。

「我想再奉托先生再爲一問，究竟北京的政令是什麼機關作主？究竟我的書爲什麼不許售賣？禁賣書籍爲什麼不正式佈告該禁的理由？爲什麼要沒收小販子出錢買來的書？(我所知道的，南城有一家書攤被收去胡適文存三部獨秀文存七部。西城錦什坊街有一家被收去兩種文存約十幾部。)

「我很盼望先生替我一問，因爲現在各書攤的掌櫃疑心我說誑；我既不能疑心夢麐先生說誑，自然只好請先生再爲一問了。(下略)」

從這封信裏，我們就不難窺知「胡適文存」在惡勢力下面所遭受的迫害爲何如了。可是控制言論自由的人們應該知道，負責任的自由言論是無法遮沒的，不能抹殺的，「胡適文存」是禁不絕的，燒不完的，它仍舊在今天的自由中國重版了。

「諸松傲秋霜，未始有衰意。
舉世隨風靡，獨汝益蒼萃。」

這是胡先生四十年前的舊作——「秋」，看到「胡適文存」四集合印本的出版，我感到這首舊詩更增加了新鮮的意義。

胡先生剛過了六十五歲的生日，他在當代中國思想界和學術界裏，幾乎有着四十年的領袖歷史，一些人批評他「依然如舊，並沒有進步」(「民主評論」中「評胡適言論集甲編」一文的作者這樣說)；有些人批評他「在著作上，胡先生在卅年中是一片空白」(「新生報」中一封「寄胡適先生書」的作者這樣說。……這些批評也不能說全是無因的。當然，胡先生自有其一貫的治學態度和方法，儘管有些人說他「緩不濟急」(「中央日報」中以此四字爲標題的作者這樣說)，希望他「變更他這過於矜愼的治學態度，用積極的作風來振起中國學術界的疲憊精神。」可是胡先生仍舊是尊重充分而可靠的證據，「一點一滴都不苟且，一字一筆都不放過」，仍舊主張「不着急，不要輕易發表，不要輕易下結論」，所以他下筆很矜愼，文字很精湛，寧肯冒「善做上卷書」之名，教人挖苦，總是不肯潦草寫完他那「中國哲學史大綱」的中卷和下卷，「白話文學史」的下册，或是「四十自述」的第二集，我希望批評他的人特別注意這一點基本的態度。

從這四集文存，一百五十多萬字的文字裏，約略看來，我們可以見到胡先生的文章體裁有兩種：

一種是極端謹嚴的，這種體裁多用在論學文字一方面，像他的「紅樓夢考證」就屬此類，今天寫初稿，過兩天又要寫改定稿，補記附記。他考證精詳，言必有據，並且都詳細註明出處，完全是受過高度史學訓練後所寫出的文字。

一種是不太謹嚴的，這種體裁多用在普通論文一方面。像他的「讀書」一文就是代表。這種文字旨在求通俗達意，所以很少詳細的註明出處，即使註明也間有小錯誤。(如他在「讀書」中說「從前有人作『讀書樂』」而不說它的作者是宋眞宗。『讀書樂』也是『勸學篇』之誤。)

不管是極端謹嚴的也好，不太謹嚴的也罷，他寫文章是慢慢的用心寫的，朱文長在「海濤集」中記述胡先生寫文章的情形道：

「……通常應酬完回家總在十一點鐘，這才到了他認眞工作的時候，讀書，寫文章，就在這全家入睡，夜深人靜時。在兩點鐘以前睡覺是很少有的。遇到『獨立評論』要發稿時，那就更說不準了，也許四點睡，也許五點睡，甚至有時六點睡。這些我們都可以從他文章末尾所記的日期時刻看出來。不過他給『大公報』寫的星期論文却是例外，因爲要趕下午五點多鐘那班車送天津，所以總是星期六下午閉門謝客寫的。他寫文章却並不快(這到底還是學者的作風，下筆愼重得很。)常常到了快開車時，看着錶，叫小二(他的聽差，一個壯小伙子)騎車飛趕送到前門郵局去，有時甚至用汽車送。所以，雖然他很好寫評論政治的文章，但當有一時期『申報』要請他去做主筆時，他終於拒絕了，因爲他文章寫不快，這是和新聞記者的條件不相合的。」

胡先生曾三番兩次地在他文存的「自序」裏揭櫫一段表明他寫作態度和方法的話，這原是文存第一集「自序」中的一段：

「我自己現在回看我這十年來做的文章，覺得我總算不曾做過一篇潦草不用氣力的文章，總算不曾說過一句我自己不深信的話。」

這是多麼矜愼的作風！在文存中他向「國內有志做好文章的少年們」提供一句忠告是：「做文章是要用力氣的。」

胡先生的人生看法是樂觀的，他有着「信雲開終有時」的希望，有着「不畏浮雲遮望眼」的想法和「悲觀聲浪裏的樂觀」，他簡直可說沒有消極的情緒，總是得意洋洋地向人說他是一個「不可救藥的樂觀主義者」，他有着很强的理性也有着很多的幽默，他曾在給梁漱溟的答書中自謂「……至於刻薄之敎，則深中適作文之病，然亦非有意爲刻薄也。適每謂吾國散文中最缺乏詼諧風味，而最多板起面孔說規矩話。因此，適作文往往喜歡在極莊重的題目上說一兩句滑稽話，有時不覺流爲輕薄，有時流爲刻薄。」要之，「文如其人」一句話對他是很適合的，溫源寧說他：

「在呵呵笑的聲中，及他坦白的眼光中，我們看不見他的魂靈深處。他不像志摩，不會有沉痛的悲哀與熱狂的情緒。在那眼光中，我們看出理智的光輝，那兀突不定的嘴唇，也老是閃過機智者會心的微笑。這樣是不合作詩的。(敖按：溫大碩士此言亦未必盡然，「嘗試集」中有許多很好的抒情詩，及未收入的詩如「依舊是明月時」，如「舊夢」，皆爲上選。)所以他的散文，也是清順明暢，像一泓水一般，晶徹可愛，却很多波瀾曲折，闡理則有餘，抒情則不足。人還是規矩人，所以文也老實。」(見「文人畫像」)

文存中的文字雖「清順明暢」，可是表現的方式却並非全出於純粹的白話文，趙元任常打趣他說：「適之呀！你的白話不够白。」胡先生自己也承認他在文存中說：「做慣古文的人，改做白話，往往不能脫胎換骨，所以弄成半古半今的文體。梁任公先生的白話文屬於這一類，我的白話文有時候也不能免這種現狀，纏小了的脚骨頭斷了，不容易改成大足，只好塞點棉花，總算是『提倡』大脚的一番苦心，這是大家應該原諒的。」「我們這一輩人都是從古文裏滾出來的，一二十年的死工夫或二三十年的死工夫究竟還留下一點子鬼影，不容易完全脫胎換骨。即如我自己，必須全付精神貫注在修詞造句上，方才可以做純粹的白話文；偶一鬆懈，便成了『非驢非馬』的文章了。」他於四十一年十二月八日在臺北文藝協會歡迎會上講他的結論說：「裹了小脚之後是放不大的，說我白話文做得好，也是假的。」(見「胡適言論集」甲編)

「行文頗大膽，苦思欲到底。
十字以自嘲，儻可示知己。」

這是民國五年一月胡先生在美國所寫的「不像詩」的詩，「行文頗大膽」可說是他「大膽的假設」的濫觴；「苦思欲到底」可說是他「小心的求證」的認眞，在四集文存中，他文章的範圍雖很雜亂，可是目的却很簡單，他文章的極大部分是「注重學問思想的方法」的文章和「說老實話」的文章，(他鼓吹易卜生主義，說「易卜生的長處，只在他肯說老實話」。)這便是他這一百五十多萬字文存的一貫的風格。

四十五年十二月十七日改稿

多瑪主義與辯證唯物論

法蘭克著
陳少廷譯

在東方世界有一種「人文主義者」，認為今日的教育與知識是零星散漫而茫無目標的。我們的教育與知識須要整合起來。而這整合的總則就是「人文主義」。這種呼聲，不止是東方世界有而已，在西方也有類似的。這類說法，盈篇累牘，情激而詞盛，亦若甚有確切而質實的內容。法蘭克在這裏表明這類說法一指便現出是空泛而不知所云的玄學播弄。法蘭克之言，對于西方這部分人有效，對于東方這一部分人亦然。——譯者

知識混亂是令人不安的事。如果知識發生混亂的情形，我們總想結束這一混亂，並使教育與知識趨於整合。要使教育與知識整合，有一個激進的方法，就是，一個國邦內所有教育，至少未來知識界的領導者之教育，都以一個共同的哲學教條為根據。所有進入學藝大學(Liberal arts college)者，將接受一項教育。在此項教育裏，所有人類的知識領域係由一組全然相同的哲學原則整合起來。這一哲學原則就是共同的基準。選擇這種基準的方法有三：第一、每個大學依照其行政部門或教育評議會的意志來選擇其教條；第二、由中央的權威來安排一哲學教條；第三、我們得到種種共同的原理原則。這種種共同的原理原則乃產自科學內部。它是科學知識趨向於整合之自然的產品。

沒有派別成見的大學當局自願輸入多瑪哲學(Thomistic Philosophy)。這可當作第一種選擇的例子。作這種選擇的理由，乍聽之下，似乎稍有幾分合理。將此種哲學當作教育的基準者說：多瑪哲學是人類文明史上最後企圖包羅各種知識領域——包括人類行為的準則在內——的哲學體系。在這個體系裏，我們是將各種知識包攝於一個融貫的和完全理性的架構以內。可是，吾人須知，依據同樣的論旨，某些人也可推薦辯證唯物論(Dialectical Materialism)為教育基準。這種哲學教條同樣也是可適用于說明物理學、生物學、社會學所研究的事例。例如，「由量的變化突然引起質的變化」這一條辯證定律便是。我們都熟悉，馬克斯依據這條定律預言資本主義社會要轉變成為集體主義社會。生產工具(工廠，等等)將愈來愈集中於少數人的手中。這只不過是量的變化而已。但是，當着量的變化達到某一階段時，新的變化就出現。即由私有財產制轉變到集體主義制之質的變化。在集體主義之下，生產工具為社會所公有。然而，恩革斯(Friedrich Engels)從同一辯證定律得出水之氣化的結論。如果我們把水加熱，溫度便漸遂增加。這是純粹量的變化。但是，當着溫度達到沸點時，便發生質的變化，即水變成蒸氣。對于信持辯證唯物論的人而言，水之氣化與社會革命是全然相同的定律之二個例子而已。

像多瑪主義與辯證唯物論這類的哲學教條，外觀上好像能夠有助于人類知識之整合。它們之輸入學府是靠全世界有權力的組織來支持的。之所以如此，因為特種的政治哲學與這些教條有着聯關。

可是，許多人選定這種作為一切科學之基準的哲學體系，很快地便陷入困難之境。我們可以設想，從這種體系我們能推出可藉科學實驗來證實的陳述詞。此事愈為可能，則體系的價值愈為廣大。當然囉，如果無從引導出一個命辭，則說不上整合知識。但是，在另一方面，愈能引導出更多的陳述詞，則這些陳述詞愈是可能時常被科學所指導的實驗來推翻。

例如，就物理學而言，有些哲學體系得到這樣的結論，即謂所有天體的軌道都是環繞宇宙中心而旋轉；另外有些體系則謂，無力作用着的天體，在絕對空間中作直線路徑的旋廻。如果一直繼續下去，則直線不能復歸其原來的起點。現在我們知道，這些結論或其類似的結論與可觀察的事實不符合，並且一部分是無意義的。因此之故，從嚴格的科學觀點看來，這些結論由之而得出的哲學體系，是應予駁斥的。可是，如果我們將這種哲學教條當做教育制度之必要的基準，那麼，縱令因它的結論與特殊科學之結論不相容而產生種種困難，許多人仍然企圖保持此種哲學。為救這種哲學出此困境，某些人給這種哲學體系以一種新的解釋。這種解釋給這種哲學體系以一種意義。在此意義之下，這一哲學體系與科學未來的發現全不相干。只有經此路徑，一種永垂不朽的哲學(Perennial Philosophy)才能建立起來。(譯者按：理性論的哲學即屬此型。)但是，一旦哲學體系擴展至這個範圍，它在原則上便具有一種意義。即是，無論經驗世界的事物怎樣發生，它總是眞的。我們的哲學教條便形變為純粹的「套套洛基」(Tautologies)。于是乎，它們不復是描述所發生的事實之陳述詞，而只不過是關于我們用來描述事實的言語之陳述詞而已。(這也就是說，這種哲學體系所言者，只是關于描寫事物的語言本身之種種；而不是指謂實際世界——譯者)

任何稍稍知道怎樣將多瑪主義或辯證唯物論應用于科學進展的人都很容易注意到這樣的傾向。每逢科學上有新發現產生時，它們就被解釋作為此特選的哲學之確證——因為這種解釋現在不過是能够敍述任何事實內容的一堆言語而已。在這種解釋之下，這種哲學雖可強加于我們的教育，倒也不致阻塞科學的展進。可是，在此情形之下，哲學不再是知識的眞正的整合了。這種哲學變成某羣人所珍重喜愛的語言。說此語言者只是表示效忠於此一羣體而已。(例如，江湖幫會上說某種特殊語言，就有此作用。征服者強迫被征服者學習其語言，作用亦同——譯者)藉多瑪主義的術語來描述科學事實，這證實我們同情於天主教會之某些目的。同樣，把科學的陳述詞鑄成辯證唯物論之模型，這無非表示我們同情於馬克斯主義的政治目標。從科學的觀點看，在這種意義之下的哲學，並無對錯可言。我們不能用推理來說明信奉此種教條的人。我們只能藉毀棄這種人對于某一政治或宗教目的之同情心從而使之「改宗」罷了。

凡對于哲學教條為眞者對于宗教教條亦為眞。如果你同情某宗教羣體之倫理目標，則你將很容易同意其說法。深刻意識到在選用語言時有廣大自由的科學家，很願意使用他在政治上或倫理上所同情的羣體之語言。我無意視這種作為是投機主義而加以責難。這是在科學的與倫理的論說中間美妙的地帶內之一個自然的行為。但是，我們必須知道，它的確與藉一個普遍哲學來整合我們的知識毫無關係。所以，這樣的哲學，除了藉以認識同伴以外，只是一個無用的幌子而已。

(譯自 P. Frank: Relativity—A Richer Truth)

華僑與古巴獨立

Gonzalo de Quesado 作
漢聲 譯

沒有人用散文或詩歌記述或歌頌過中華兒女在古巴壯烈戰爭中的豐功偉績；也沒有人記得那些在疆場上英勇戰鬥，在店舖中大力支持前線將士，在戰爭中忍饑挨餓，而在被俘時又能以大無畏精神視死如歸的人們；對於這些毫無名位野心和一己企圖，慷慨而默默無聞地洒鮮血拋頭顱的人們，也無人表示過一番感激的心儀！事實上，我們應當表揚這些人，因爲我們既然推重人格的尊嚴，我們就不能輕視弱小者，而應當以美德懿行爲崇尙。

貪婪、酷刑和絕望殲滅了善良而慷慨的古巴印第安人；焚毀了英勇的馬皐理海(Macorijei)和阿兌(Hatuey)烈士的大火，却給住在這「前所未見的錦繡土地」上的種族，敲起了死亡的喪鐘；但是，這一把烈火並未鍊淨執行者的靈魂，也未阻止了人口的販賣，同樣也沒有熄滅了古巴領土內的高貴精神和反抗決心。

第一批奴隸死淨了，必須另找一批取而代之。於是從非洲招來許多需要的人工來開發礦業，製造盛煤的口袋，管理機器，以發掘其無窮盡的寶藏。

這樣，販賣黑奴的船隻都滿載而至；壞的「貨色」便扔在海裏，以免妨礙和影響其他的負載。鞭子、武器、繩索和棍棒控制着這一批可憐的苦命人，彷彿是「一陣暴風雨襲擊着的兵營」。這一批可憐蟲的數目確實很大，幸而這些人不像印第安人那樣虛弱，他們都是强壯的黑人，皮膚結實，肌肉的抵抗力也很大。那麼，還怕將來缺乏人工嗎？就是讓他們以很少的時間做很多的工作也無關重要，橫竪奴隸們都不免一死。……於是一般奴隸的精力便很快地枯竭了。

加沙(Las Casas)神父，對於改善新大陸的這一批賤民的命運，也是無能爲力，因爲他的武器，只是道德的嘉言懿行，哀求和禱告而已。還是衞伯弗斯·詹寧(Wilberforces Channing)的大力宣傳，以及約翰·豪肯斯(John Hawkins)的後裔的努力，爲了世紀的光榮，才摧毀了這種非法的貿易；他們的武器却不同於加沙神父的方式，不是說服，而是武器；英國的巡洋艦和大砲。

當販賣黑奴的商人，逃避不了英國的監視，他們也發覺不能從非洲供應更多的「貿易」時，不但因爲實際上缺乏苦力，同時也是由於他們貪得無饜的心理，遂不得不向他處尋求開礦的新奴隸。西班牙本國方面亦感到人工的缺乏，禁止本國人向古巴移殖，在這種情形下，淪爲殖民地的土地便長期停留在海外的一種暴虐的統治之下，和西班牙人通婚的下一代土人也不想從被蹂躪的土地上解放起來，爲了需要替黑奴接力，於是他們便在中國奴隸上動腦筋了。

按照普通習慣，一般執政者幾年功夫就可成爲暴發戶；他們的船隻維持着自己的業務，他們的刺刀和大砲，經常準備着鎭壓一切變動，來福槍根本就沒有發銹的時候。他們不用高下不等的薪水，只是一點黃金便迷惑住了這些可憐的中國人。老於此道的人也不是賣弄玄虛，而一般喪心病狂的船主們再也不愁沒有「貨物」可運了。他們眼見這些不幸的人們跳海自殺而毫無動於中，他們把一切荒唐的諾言都看成神話。這些無恥的鐵石心腸的人，清楚地看着幾百個從馬尼拉騙出來的浮腫的屍首，毫不感到畏懼；而這些亮晶晶的眼珠子也就死盯住那些謀害自己的財迷們的麻木心靈。如果人類事業進步多少，他們也能進步多少的話，爲什麼還會有人出賣良心幹出這種傷天害理的事情？……

事實上，自一八四七年從奥乃萊陶(Ogmeredo)運來的第一批貨物算起，到一八五九年已經從中國運來五萬零一百二十三個中國人，其中有七千六百二十二人死於途中。此一百分之十五的死亡率，在人道事業上說，總比從非洲運輸更爲上算。因爲從離開非洲大陸的人數，和能耐過旅途勞頓以及到達古巴時的人數之間的平均數字，只是三分之一，如果以其事業和印第安人的「宗教超度」比較起來，這種發展仍是很大的。歷史告訴我們：在征服以後的五十年內，在古巴已經沒有人圍繞着塞巴(Ceibas)樹來崇拜塞米伽 Semica 神了。事實上，也沒有印第安人崇拜過聖母像或者向救世主耶穌祈禱過他的憐恤。因爲古巴已經沒有印第安人了，百分之百的印第安人都全死淨了。

哈巴那公司在這一宗貿易上，比在做黑人買賣上獲得了更豐厚的利益，雖然也曾發生過一些糾紛。在「開發農業財富」利益的目標下，澳門和馬尼拉都設立了許多分號，每個人只發給五十貝索，旅途中一切免費。

在這種情形下，中國人離開了親生的土地，但是他們所受的待遇，不是自由人的待遇，而把他們當成牛馬一樣看待，也不讓他們餓死，因爲基督教的騎士們不能違犯「勿殺人」的誡命；這些理由彷彿小本生意，對於微薄的利息不能算數一樣。中國人對於衣服非常仔細，不敢放在外邊怕失掉了，行路時也不穿它。因而在下船時，剃過頭，洗過澡，再穿上一身耐用的新棉布衣裳，誰能說他們不乾淨不高興呢？古巴景物給這些圓臉們一線希望的光明，雖然他們的東方型的憂鬱性仍在他們的杏眼中閃爍着。或者中國人會想到，下船後便會遇到以前給他們看過的大批黃金，那麼，在美麗的古巴，他們便會開始一種更好的生活，重新贏得已經失去的自由。可憐的中國人！你不會知道在這野蠻的殖民文化中，還存留着曾經擠滿黑奴的棚廠和可怕的木牢的陰影吧！於是農場主人們都到這裏來要求補充，在經過醫生檢查過是否具有良好的健康後，便要領他們去上工，當卽以中西文簽定契約，並且在契約上註明一年內處罰中國人不得超過若干鞭子。中國人對於監督人的計算不很習慣，因而經常由於錯誤而挨監督人的鞭打，以後，又把他們帶到屬地去作工，八年功夫，忍饑挨餓如同牛馬一樣每日工作十四小時，在那種惡劣的衞生條件下，他們的體力都大減了。由於缺乏足够的營養和照顧，在契約滿期以前就死掉百分之七十五了。

在船上時，如果他們想要爭取他們的自由，就有人用槍來向他們掃射，甚至船上的海員都全部武裝起來，鎭壓那些搗亂者，並且毫無人性地來屠殺他們；以後，當這一批被監視和看管的人交給農場的買主時，馬鞭、短箭、武器和槍械還不是又有了用武的新對象？……

他們在失望之餘，便有人穿上新衣裳，吊頸自縊，或者跳井跳河以自殺，來結束其苦難生涯。最後，他們便拼命地去暴動，用在田裏做工的傢俱來殺死他們的監督人。可憐的人們，從他們下船後，尚未見過維持「公共和平與安定」。阿彭道Aponto就是爲「公共和平與安定」死去的。高豎的絞架，便是爲了要窒馬丹沙(Matanzas)不朽詩人的「誓言」，鎭壓光榮的中國子民和爲正義而推動者的革命運動。在型架上也有白人當了犧牲品的，獨裁政府相信：鐵索可以絞絕在我們祖宗的土地——古巴——上人民對於自由的渴望的。

充軍、恐嚇和監禁，却不能摧毀人心中的激動，和一八六八年在雅拉(Yara)可紀念的鄉間的一個十月十日，白奴們豎起了平等和友愛的旗幟，渴望自由的各色奴隸們都羣聚在它的招展之下。中國人認爲旗幟就是報復的標誌；他們的理智告訴他們旗幟就是自由，於是他們破碎了的心靈立刻給自己的問題一個答覆：「我們應當加入那些打倒奴隸待遇和提高人類地位的行列。」

起義的行列逐漸壯大起來，接着他們便很秘密地到各村莊去募招本國人從軍，不然，便會使當局方面在甄別各個中國人的問題上發生困難。當古巴軍隊武裝蔗園的苦力揭竿而起時，中國官員也給他們的同胞講解戰爭的動機，他們都很興奮地宣誓效力於共和國的旗幟下，多少年的奴役磨折，並不能摧殘了他們心靈上的高尚毅力，他們與奴役他們的陣營相搏鬪；他們也是那些和他們一樣在殖民壓榨之下遭難人們眞正需要的同志。

古巴東部華人較少，但大部份都加入了起義的行列。其中最出色的華人之一是李鮑廖(Liborio，他是一個自我犧牲的助理醫生，是光榮的和極副衆望的毛戴斯道・地亞斯(Modesto Dias)將軍的副手。我們的前任總統之一曾用以下幾句話來表揚他：「這一個華人，是愛國和忠貞的一個典型」。在沙拉各衣地亞(Zarragoitia)之虎的瓦爾馬塞達(Volmaseda)的軍隊和愛國軍在高島・安巴加代老的戰鬪中，中國人大顯身手，在刺刀的攻勢中贏得了愛國的榮譽。

在新佛皋(Cienfuegos)的軍隊中，他們在官至少校階級的中國官員領導下，戰鬪力更爲旺盛，因而形成勞伯・萊校(Lope Recio)團長麾下南方團的勁旅，在古巴全境內的任何戰鬪中都有他們參加。當賀爾旦(Fordan)將軍在都納・密納(Minas de Tuna)地方卽瓜以馬勞(Guaimaro)的有名戰役中，中國人擔任保衞左翼的脚色。當西班牙人趁着某一地區空虛，而企圖增强其陣地來一個有力的側擊時，華人方面經過領袖阿快勞(Agüiero)的行動，堅決要求後，如獲得批准前往迎敵，與久經戎旅和能征慣戰的西班牙軍隊肉搏苦鬪；他們用槍的後膛擊碎敵人的頭顱，使敵人不支而退。當不朽的阿克拉蒙代(Agramonte)陣亡之後，他們便在西馬瓜由(Jimaguayu)衝進西班牙軍隊戰鬪中最驕傲的陣線。他們如何光榮地完成了將軍的志願！幾天以前，他們先前的第一個領袖艾南戴(Hernander)少校，對於以前曾以鐵腕制裁過的某一項不服從事件大爲不滿，他憤怒地喊道：「我對於這些中國人眞傷透了腦筋！」說着便去晉謁將軍，要求把自己調往其他部隊。阿克拉蒙代事前已經知道他來訪的動機，他相信這只是浮雲蔽日的一件小事；艾南戴原是最認識中國人的，他很愛護他們，而他們也幾乎是以赤子之心來愛戴他的，當美髯公少校走進將軍的兵營時，將軍很熱情地招待他，在他未開口以前便向他說：「你有那樣一個營，眞是值得驕傲！在最後一次戰鬪中，你們的英勇可佩，這一切都應當歸功於你，歸功於你們的能力，你們的策略，以及大家對於你們的器重！」這時，少校的藍眼睛一直盯着地面，雖然他一向吝於溢美之詞，但現在也感到沒有告發那些值得歌頌的人們的價值了，當他離開將軍的兵營時，自負地說道：「連我也感覺到我是一個中國人了！」

在瓜西馬(Las Guasimas)戰役中，他們爲掩護撤退，堅決苦戰，竟然支持到第四天，在攻取諾維達(Nueirta)和聖大克路(Santa Crur)時，他們在供應食糧和軍火上幫了很大的忙。在維雅省(Las Villas)的軍隊中，中國人佔大多數，他們的表現也最爲出色。其中，如中國阿波羅的約翰・地亞斯(Juan Dias)就屬於此一部隊，他的像貌彷彿白人，長而如絲一般的鬍鬚，和善而坦白的面孔，在整個戰爭中他都參加過。和平之後，在他彌留的傾刻，尚很激動地吻着一顆孤星的旗子；在克復馬牙西瓜(Mayajigua)之後，西班牙還據守着共和廣場附近的一座房子的短墻，華人潘橋・毛萊諾(Pancho Moreno)是冒險犯難的射擊手之一，他帶着槍和雙倍的子彈，日夜向被圍困的敵人挑戰；「西班牙人出來，我們拚一下子！」三天功夫，他沒有睡覺，只是向敵人的陣地射擊，儘管敵人的子彈也不斷朝着赤裸裸的身子叫囂，他也毫不畏懼；華人譚克來道(Tancredo)中尉，十歲時來到古巴，卽在維雅克拉拉(Villa Clara)受教育；他很注重穿着，並且常利用休息時間教育自己，是一個卓絕的公務員和組織家；他是文質彬彬的艾德亞道·馬家道(Eduardo Machado)的知己和嚮導；好多次，維雅的黃髮碧眼代表在枝葉扶疏的芒果樹下，給軍隊中的謙謙君子中國中尉上課，這是革命事業中多麼美麗的一幅友愛圖畫！後來，他在羅撒馬利亞(Rosa Maria)被俘，西班牙官員見到他時以極輕視的態度說道：「這是一個馬尼拉的中國人！」譚克來道由於負傷的原故，靠着一顆大樹才能站立起來。他一聽到這一句話，立刻站了起來，從貼近心房的衣懷裏，彷彿在那裏保藏着一件什麼珍貴物件和光榮名銜一樣，掏出他的古巴的官方證書，面對面地看着他的敵人，以顫抖的聲音答應道：「不是！他不是馬尼拉的中國人！他是古巴解放軍的一個中尉！……殺掉我吧！」

在同一日，靜似綿羊，勇如猛虎的華人安道尼·毛萊諾(Antonio Moreno)也由於負傷而犧牲，他的官級是一位少校。

另一位顯赫的人物，是急性子的約翰·阿耐黎(Juan Analay)。當維雅省的軍隊在軍需告罄之後，開往東省(Oriente)去，因為在那裏有大批運到的援助物質，同時還在該處舉行了一次軍隊的集合典禮，行政代表與議會代表均曾列席。維雅省的人民在完成東部之行的使命後，即前往加馬膾(Camaguay)省，議會中口若懸河的演講家們，對於古巴的愛國主義和軍隊之間精誠無間的精神，發揮得淋漓盡致，最後則盛讚維雅省的兵士。但是維雅的人民因為不滿意東部人民對於他們的供應情形，於是推選約翰·阿耐黎去向他們申辯。在歡迎那些吹牛的演講家時，只是稀稀落落的幾聲掌聲，可是阿耐黎却在萬歲聲中走上了講臺，在光天化日之下，他為反不公平而來，同時也為不公平的待遇而激動，他用一種特殊的言語，伴着一種死板的手勢說道：

「古巴國民：大家都說得非常好聽，只是說說罷了，你說讓我們到加馬膾去，你不給我們槍械，你不給我們彈筒，只給我們一點火藥，你給我們可憐的維雅人民票子，你給我們彈藥吧！

我們現在東省，我們在東省打仗，我們的將軍就死在這裏。你要我們到加馬膾去殺西班牙兵。而人民、政府却在這裏吃好的，坐在山上休息，不打仗。我說：我們和政府全體人民一齊到加馬膾去；那裏有許多糧食和許多乳牛。我們在加馬膾殺西班牙兵；共和政府和有槍的維雅人民，一齊前進，自由古巴萬歲！」

軍隊都在靜聽着從一個中國人口中所講出的真正革命理論和真正團結的方案，他的演講在一片歡呼和洋溢的熱情中結束，他也立即被兄弟們千萬隻手臂高舉了起來！

當阿耐黎在聖大德來撒(Santa Teresa)被俘後，便落在敵人的殘酷手中了，敵人捆綁他時，他如同野獸一般的掙扎；敵人殘酷的手段和恐怖的刑罰殺死了他，在他滿口鮮血和泡沫中，人們還能聽到他在喊着：「自由古巴萬歲！」「自由古巴萬歲！」

最堅貞的軍人岑(Siam)少校，是革命中年齡最高的一位中國人，老人拋棄了他在維雅的店舖，而當做一個不辭辛勞的募兵員，及其同胞之間的領袖與和事佬。在桑紅(Zanjon)和平協定之後，他又繼續操起勞作生活；他的家也成為戰友之家。在繼起的革命企圖中，一次戰役之後，愛國志士們就駐紮在他的莊子的附近。

由於缺乏給養，部隊長就派遣幾個部下到附近去尋找，當岑見到他們時，他正從隣村歸來，在那裏也看到村民所遭受西班牙人的損害。他彷彿已經知道了他們的來意，立刻給他們說：「年青的，和我一齊來吧！」他把他們領到自己的房間去，把一切可以攜帶的東西統統拿上，然後給他們說：「現在我們到兵營去！」

義民中的一個看見這種情形說：「現在你出去已經很晚了，現在已經過半夜了。」

另一個應聲道：「少校，你需要休息一下。」

第三個接着說：「在這裏走很危險，那邊有許多西班牙兵。」

老人不快地答道：「在這同樣的月亮之下，難道多少次因為有哨兵我就不睡覺了嗎？你們想想，假如今夜見不到我的兄弟們，我就能够安心休息嗎？這有什麼關係？莫非他們要殺死我嗎？現在我們還是到兵營去吧。」

當他見到長官們時，一面向他們擁抱，一面喊道：「啊！將軍，如果我和你一樣年富力强時！」熱淚便奪眶而出，洒在他消瘦而多縐紋的臉上！

他沮喪地向他的朋友們道了別，在月光的照耀下，經過樹林重新回到他的住宅；他低垂着頭，心靈彷彿激盪在暴風雨中的海洋裏。不久，便來到樹林的清朗處，他默默地說道：「願天主祝福他們！」

此外，還有一個非常勇敢的畢敖·加普萊拉(Pio Cabrera)中尉，他是一個不避任何艱辛的克難英雄。他是豪鮑西的諾愛瓦(Nuevas de Jobosi)戰役中的軍官之一，曾率領六十個兵士去追擊混亂中的抱頭竄鼠的敵人。當短期戰爭 Guerra Chiquita 爆發後，畢敖重新加入古巴陣營，英勇奮戰。在布艾納·維斯達(Buena Vista)戰役中，上級派他鎮守殿軍，掩護撤退。大部份的隊伍已經退出後，他的同伴告訴他應當是放棄崗位的時間了，敵人已經迫近，眼看就無法脫逃了。

「誰願意撤退，撤退好了。」——中國軍官如此答應了一句，他經常是迎擊敵人的一個，現在他還不準備後退。

西班牙的軍隊已經迫近了，在路上只有一個兵士——一個中國人在迎接他們，他頭上不戴帽子，手裏端着槍，悠閑地蹲在地上。每當他發一槍時，一個敵人就應聲而倒。前面已經倒下五十個西班牙人了，畢敖仍在鎮定地裝子彈，精確地瞄準和開槍。忽然，一顆子彈穿透了他的大腿部，他便倒在血紅的潮濕的地上，但是，他仍是一樣的鎮定，死一般的鎮靜的在裝子彈、瞄準和開槍。每當他聽到槍聲響時，一個穿制服的人又倒了下去。槍聲終於停止了，他的敵人都在歌頌他；最後，他以最大的力氣把他的槍擲向他們的面部，因為他的槍內早

瑪德里近事

瑪德里通訊・二月十二日

牧人

半月來，瑪德里的空氣很激動。一星期前瑪德里的勞働者消極的對政府近來之提高物價，以不乘車的行動表示不滿，老百姓們當然很敏感的覺到這並不是一種吉祥之預兆，幸虧這種消極的暗潮很快的就過去了。除了這些以外，近來的瑪德里，眞是貴賓盈門，佛郞哥將軍也爲迎送賓客，頗有應接不暇之感。這也是此地罕有之情形。進入二月以來，五日有我葉外長的訪西，九日有摩洛哥蘇丹莫罕默德五世的從羅馬飛來，十日又有沙地亞剌伯王於遊美之後，親由美總統座機送來瑪德里。二位國家元首之訪西，佛郞哥將軍都親到機場迎駕，這些，爲素來沉寂的瑪德里政海，忽然變作許多方面的注意中心。

葉部長訪西的消息，早就在此地報章披露，而且是首先從臺北傳來。他這次來西，雖然不像一九五四年代表中華民國政府報聘西班牙那麼隆重，但也是一次極具歷史意義的一次。那就是「中西文化專約」的訂立。這項工作的完成，無疑的在中西文化交流上，又創一新紀元，何況這還是西班牙政府首次與一個東方國家訂立這樣的條約呢！

「中西文化專約」是於二月七日上午双方由兩國外交部長簽字，瑪德里的聖十字宮——西政府外交部——又爲中西邦交上寫上一項光榮的紀錄。這是中西兩國所簽的第三項條約，前兩項是「中西友好條約」（一九五三年簽）和「中西商業專約」（一九五六年簽）。

然而話也得說回來，任何文化專約本身是不會自動產生奇跡的。主要的還要看實行這條約精神的人，若期之開花結果而不成爲外交形式的白紙黑字，一切還有待更多的努力。鑑於我政府一向對宣傳事業的落後和不謀求新發展，缺乏活力，而今既有決心與友邦人士簽訂文化專約，相信不會再是官樣文章!?所謂「爲保衛祖國文化而戰」的口號數年來叫得響徹雲霄，但實際上做了些什麼呢？尤以對外之文化宣傳而言，檢討起來眞是令人愧無可言。葉部長在此間之華僑學生聯席招待會上也說過：我們在反共的文化戰爭中，不像中共專事以徹底破壞中國固有文化爲最終手段，我們要完全爲保衛它，發揚它爲要旨。可是我們撫心自問，對於保衛祖國文化而戰的工作，在對內和對外各方面，我們做了什麼？是不是派遣幾位大小官員到各地去溜溜，組織觀光團，訪問團，祝壽團，召開會議就算了事嗎？這種表面攀弄的自我陶醉作法，是無濟於事的。老實說一句，今日生活在海外的中國人，要不是他們自己立場的堅定，早就被中共那種有聲有色用作政治宣傳的文化活動所騙了！還會到今天這樣的誠於中形於外擁護中國唯一合法的政府嗎？可是，各友邦人士多少就爲中共那種迷人的詭計所迷住，他們的確不會相信中共是在徹頭徹尾的破壞和消滅中國文化啊！除非你更眞切的揭露他們之眞面目。這種不幸的現象，我政府不能視若無睹吧！去年瑞士民間反共組織「自由和平協會」主席閔士德博士於訪華返國前表示，認爲我國政府應在歐洲多多從事宣傳工作，以增加歐洲人士對中國之了解。閔氏之言，也不是無的放矢，值得我們考慮！

葉部長訪西之其他各事還不少，此地不能一一敍述，然除了簽訂中西文化專約外，他還晉謁過佛郞哥將軍，會晤過西國之陸軍部長，商業和教育兩方面之最高負責人，看來此行的範圍是不祇於文化方面之事！

× × ×

摩洛哥的蘇丹與沙地亞剌伯王之訪西，在今日有特別重大的政治作用。從他們這次出遊的路線到其總滙於瑪德里，無疑的是很受到世界各地的注意。例如莫罕默德五世從其王國先往意大利來西班牙返摩洛哥；而沙地王則直從其國門乘美國憲法號郵輪赴美，於返國時經瑪德里會晤摩洛哥王及西國元首佛郞哥將軍。據報載他還要於訪西後到摩洛哥一行，作莫罕默德五世的貴賓，並且還要在本月廿三日趕往開羅參加泛亞剌伯集團會議。

已沒有子彈了，在這個中國勇士的身上，掛着十處彩傷。

以上這些事實，是中國人在我們獨立戰爭中所建樹的許多偉績中之一二，其中許多事跡實在值得我們讚賞和感激。

事實上，假使我們上面敍述的一切事實沒有發生；成千的華人沒有在原始的樹林中起而響應，並以其工廠的工作支持戰爭；沒有英勇的吃苦耐勞的兵士，戰友們在犧牲中沒有以其親密的同志愛而成爲一代表率，沒有堅毅的靈魂爲光榮而殉難；假使沒有這些汗馬功勞，這些高貴的無名的英雄們，就不會享受到不朽的光榮，和我們的敬禮；實際上，在古巴的華人都享有一切自由的權利；那麼，什麼時候，在我們被解放的祖國才可以對於愛國主義表示一番敬意，並且爲那些和我們共同獲得勝利的黑奴和白奴，以及在十年戰爭中以其鮮血來鞏固我們祖國的友誼與平等的死難者，建立一座紀念碑；什麼時候，我們才能給中國人豎起一座相稱的紀念碑，在上面以不可磨滅的文字刻出以下幾句話來：

「中國人不逃役；中國人不通敵。」

("NO HUBO NINGUN CHINO DESCRTOR; NO HUBO NING. UN CHINO TRAIDOR")

（本文作者是古巴革命元老與古巴前駐德公使 Gonzalo de Quesado 先生，原文以德文寫成，後經 Adolgo G. Castellanos 先生譯成西文，而印成單行本。——譯者附註）

這些回教國家在今日之國際政治上擧足輕重，他們的活動自然也現得更有重要性。特別是沙地王美國之行爲然。

從莫罕默德五世離開拉伯特時候起，摩國首都方面就傳出蘇丹之行與地中海聯盟有關的消息。的確，這項消息也由蘇丹自已抵意後加以證實了。他是非常希望這個聯盟早日誕生。然而，莫罕默德五世意國之行，主要目的恐怕還是和意國當局磋商協助摩洛哥工業化的問題。因爲今日摩洛哥內政上需要的正是如何開發他的富源和提高人民生活水準問題，這些內部建設與民生問題不解決，他們的獨立生存的前程，顯然受到很大的威脅。故對於地中海聯盟等謠傳與蘇丹訪意遊西之行，不能說是他的主要任務。再以他之到瑪德里來，主要的還是爲獨立後摩洛哥與西班牙簽訂外交與司法的條約。據西政府之外交公報云：二月十一日下午，在莫罕默德五世與佛郎哥將軍二位元首的見證下，西摩兩國已各由外交部長代表簽訂了「外交與司法」兩項條約。從今以後，兩國之外交與司法在兩國的共同利益下合作。這種合作的意義，依據新約，摩洛哥在外交與司法上還受到西國方面許多的牽制。摩洛哥對外之任何外交活動，祇要與西班牙之利益有關的，均得先與西政府磋商，爲了西班牙人民在摩洛哥的法庭上之方便，西班牙文照常通用，在許多尚未與摩洛哥建立外交關係之國家，西班牙各駐外使節有責代爲保障摩人在所居留國生命財產之安全。無論如何，在一個已經稱爲獨立的國家，在外交與司法上還受到另一國家之干涉時，其獨立性之完整是不能說爲完全的。

但是沙地王之訪西情形就完全不一樣了。眞是沙地可變成綠州，地靈以後人傑，要不是美蘇双方對回教民族之爭取之競爭，他們的身價是不會如此提高的！艾克對沙地王之客氣與優待，自是意中事，但他於訪美後，匆匆來西京一行，明示了西班牙與回教國家關係的密切。英國時報這樣的指示：西班牙是亞剌伯集團與西方國家最好的中間人。言下當然有意謂：西方國家在回教天地投下那麼多的資本換來的是他們對西方的仇視和敵對行爲！然而，沙地王之會晤佛郎哥將軍，無疑的一方面是要透過西班牙與亞剌伯國家的關係，共同推動艾森豪主義在不妨碍各國之獨立自主的原則下，得在中東國家實現；另一方面，利用西班牙有拉丁美洲的外交關係，影響美國在中東不是代替英法衣缽，實行殖民主義而是眞正爲救中東於赤禍；其次沙地王之在瑪德里會晤摩洛哥王，當然是爲對他接受美國援助中東的計劃獲致更進一步的支持和諒解，雖然摩洛哥本身已經是支持艾克主義的一員。但爲其在本月廿三日在開羅與諸亞剌伯國家之首的聚會，對於艾森豪主義的見解，有道義上的支持和影響。

的確，艾森豪主義的提出，對於防止共產國家在中東國家的滲透，和傾覆陰謀，發生了相當巨大的作用。亞剌伯民族，除了像納塞這樣的人外，其他的莫不清醒過來感到共禍臨頭對他們的威脅。自有沙地王赴美一行後，伊拉克及約但已有明白的轉變。十二日蘇外長之提出「不干涉」中東事件的外交陰謀，與希望聯大批判「艾森豪主義」爲侵略行動的外交攻勢，一下子就爲人揭破其葫蘆裏的法寶，善變的蘇俄外交已顯得技窮了。假若在最近的將來，地中海聯盟眞的有實現的一天，此不單對艾克計劃有不可思議的助力，則蘇俄對中東及其他回教天地滲透的計謀是註定要受阻和失敗的。地中海聯盟的成功，不但可破蘇俄控制中東，侵略非洲窺視大西洋之幻想，而且地中海又將在人類文明史上負起一項新的任務；它將再度成爲不同文化共熔一爐，培育人類新和平的搖籃。

—一九五七年二月十二日—

（上接第9頁）

（二）軍人人數衆多，所需數字龐大，影響公敎人員待遇的調整。目前國軍官戰士確數若干，雖不得而知，六十萬國軍中倘軍官以十萬人計，初步調整每人每月平均增加三百元，全年爲三億六千萬元，戰士五十萬人計，每人平均每月增加一百元，全年共需六億元，兩者合計僅九億六千萬元，倘以優惠滙率折合美元僅二千八百餘萬元，就上擧各種財源來說，此一數字也非常有限。

（三）本省地狹人稠，天然資源不多，故財力有限，軍公敎人員待遇無法提高。我們知道，軍公敎人員多是社會上的中堅份子，政府的政策要靠他們去執行。衆人之事要他們去治理。但是由於待遇太低，一方面工作情緒低落，政風疲墮，使政令難以貫澈；另一方面社會上多已瞧不起他們，甚至成爲憐憫的對象，其影響於政府的威信暨政權的維護，彰彰明甚！至於說資源有限，經濟上不易發展，也有問題。誰都知道，香港在電力、供水、建地……等各方面遠比我們爲差，可是這幾年來在工商業方面的進步，我們是望塵莫及。還有，美國東南部的一個小島波多里哥 (Puerto Rico)，人口二百餘萬，原來地狹人稠，非常貧瘠，後來政府運用減稅奬勵和便利投資等方法，不但民間資金充分運用，國外資金亦紛紛流入，使工商業突飛猛晉，一九五一年的貿易額已達六億六千餘萬美元，他們希望在一九六〇年能達到廿億美元，現在已由貧窮而躍爲富有，國民所得的增加率，打破世界上的最高紀錄，一九五三年他們每個人的所得已達四三五美元，比我們高出好多倍，事在人爲，這是一個很好的例證。我們不但有過剩的人力，低廉的電力，每年又有八、九千萬美元的經援，在國際市場上還有一千多萬華僑作爲後盾，何以沒有發展的信心？這眞是不可思議的事！

行政當局對調整待遇的支票已經開出，我們希望能早日兌現；蓋軍公敎人員對此事猶大旱之望雲霓，而事實上也不容許再長期的拖延。現在問題的癥結既然在財源的開闢，財政當局應當針對這個問題拿出勇氣和決心來解決它！不能再躊躇不前。基於此一原因，故作者特提供拙見，以備採擇！惟作者寡見陋聞，對其他各種財源或未能盡知，漏誤當所難免，不過就本文所列擧事實，苟能逐項解決，非但調整待遇問題可迎刄而解，即整個財政經濟景況，亦可因此改觀而步入佳境！

四六、一、三〇。

春回

童真

一

已經是農曆十二月下旬了，在江南，這正是冰堅霜厚的隆冬日子。屋外，北風目中無人地在呼呼吹着，聲音淸脆得像有人用籐鞭子在打着唿哨。樹木的葉子早落光了，裸露着那乾巴巴的椏枝，牠們像妖魔的巨爪，尖銳地伸向穹蒼，宛如要將頭頂上這塊天空，一把抓來，並且撕破似的。

在我的記憶中，那一年的冬天似乎特別寒冷。除了幾個赤貧人家的孩子，還光着雙足，用他們僵木的兩手在凍實的土地上覓找薺菜或檢拾枯枝外，嚴寒已經用牠無形的大手，把人們都趕進屋子裏去了。在我們家中，那高大寬敞的客廳裏，爲祖父而生的炭盆已經燃起來了。祖父坐在紅木太師椅上，他的兩脚擱在炭盆邊沿，眼睛則半開地瞅着那股從水壺嘴裏冒出來的乳白蒸汽。而我，他這個十四歲讀初中二的長孫，則遵順着他的吩咐，坐在對面溫習功課。我的心裏很感蹩扭，寒假才開始，我原希望在家中享受一些愉快和輕鬆，但不料竟投入了祖父的嚴緊管敎中。我一邊心不在焉地看着書，一邊不時偷偷地打眼角窺視祖父。祇見閃耀着的火光映得他臉紅殷殷地，使他看來比平日年青得多，然而，卽使在如此恬靜的情景中，我依然無法從祖父臉上找出一絲和藹的痕跡。那蕭蕭的銀髮，那鬆弛的雙頰，在別個老人身上，或許正是慈祥的標記，但，一配在祖父的容貌上，却又成爲他整個嚴峻的一部份了。

我知道，在我們這村子附近二十里之內，祖父是一個衆所週知的聞人；他非但以有錢而出名，而且更以嚴厲與冷酷著稱。「一個冷峻的老頭，沒有一絲感情。」這就是人們給他所下的評語。我憎嫌這樣的評語，」但我却無法不承認。打我能够瞭解事理的時候起，我漸漸地體會到，在祖父的天性中，確是缺少那種仁厚、寬容的美德。作爲一個有錢的人，他常借錢給人；而作爲一個債主，他總以最苛刻的方式逼人歸還。所以，他雖不是做什麼壞事而聲名狼藉，但就是這些，也足够使人提到他的名字而感覺頭痛了。

「大雄，」忽然祖父大聲地叫喚我：「給我倒一杯茶來。」

我連忙站起，從放在暖筒裏的瓷茶壺裏倒出一杯燙口的釅茶。剛遞了上去，這時，母親進來了。她有些匆促，正在做菜的雙手油膩膩地，右手還拿着一封信。

「爺爺，一封信，駝背郵差剛送來的。」母親說。

祖父放下茶杯，接過信去，戴上老花眼鏡，拆開讀了。隨卽，祖父的雙眉緊蹙起來，最後，他重重地啐了一下口水，把看完的信揣進衣袋中去。

「信裏說些什麼，爺爺？」母親小心翼翼地問。

祖父沒有立刻回答，祇不高興地掃了母親一眼，彷彿他的不快完全是她的過錯。半晌，這才煩燥地說：「倒霉！一個朋友告訴我，沈伯達死了，就是那個借我錢的沈伯達。」說完，便獨自沉思起來。

母親不再說什麼，迅速而輕輕地，活像會踏破一塊玻璃似地，走出客廳去。然而，當她剛跨出客廳門口沒幾步，祖父又嚷了起來：「月娟，月娟，月娟！」母親祇得重又折了回來。

「月娟，」沒等母親開口，祖父就說：「你馬上去關照一下長工阿德，叫他下午僱一只划船來。明天早上我就要出門去。我出門時要帶的衣物，你也給我準備好。還有，大雄也放假了，我準備帶他一同去，你也把他的衣服整理整理。」

「爺爺是要到沈家鎭的沈伯達家裏去嗎？」母親問。

「不錯。」

「爺爺！」母親叫了一聲，欲言又止。

「……」祖父沒作聲，祇盯了她一眼。

「爺爺，」母親鼓起勇氣重又說道：「我想你怎麼也不要在這個時候去。你看，已年近歲邊了，天氣這麼冷，說不定過兩天就會下起雪來，你老也有這麼大的年紀了，去七八十里遠的地方，總犯不着。」

「但我總得把錢要回來，我知道沈家還有田地和房屋呢。」

「不過，爺爺，沈伯達才死下來，留下那些孤兒寡婦們也挺可憐的，我們總不能這麼殘酷去逼債呀。」

「這我不管，誰叫他們借我的錢!?」

「爺爺，俗語說，惻隱之心，人皆有之；祇要你替他們設身處地的想一想，你總也會覺得不忍。」母親說了，走前一步，幾乎帶着懇求的語氣。「爺爺，我們又不短少錢用，爲什麼不願做些好事？爲什麼偏要逼人走向絕路？爺爺，其實，像這種你也幹得不止一次了。我永遠記得十多年前，李志清家因爲還不出錢，你就把他們一對十幾歲的兒女硬生生從他們自己的屋子裏趕走的情形。我至今一想起這，心頭還難受得發痛。爺爺，這一次你就饒了他們吧。」

「別嚕囌，你們女人懂得什麼？我說去，就要去！」祖父猛地用手在茶几上一拍，臉色冷厲，像冬日的嚴寒都集中到他的臉上來了。

母親吓得倒退一步，低下了頭，不敢再說什麼。向祖父進言，正如向聾子說話一樣；祖父的冷酷與固執，就如兩個扣在一起的圓環，互不分離。而它們之在他，猶如他的頭髮與五官，似乎是與生俱來的。

事情就這麼決定了。祖父的決定，等于行動的開始，因爲就我所知，沒有誰能阻止或者違反得了的。

二

第二天，雖然天色很陰沉，灰白的厚雲堆滿了一天，但在早飯後，我們還是在北風聲中，進入了泊在河邊的划船。那橄欖形的小船，馱着一排篷，小巧而玲瓏，牠的櫓槳祇要由一個船夫手足並用地就能划動。因此，解開纜，船就像一片落葉之投入溪流中，輕快地滑向前去。船篷緊閉，我和祖父相對而坐。無限的寂寞向我襲來，無比的寒冷侵入體內，我不禁想望起家中熊熊的炭火。我想，為了自己並不需要的金錢，而寧願放棄家庭的溫馨在嚴寒中攢奔的人，那是世界上最愚蠢的人。

然而，事實還不止此，船到中途，天忽然飄起雪花來。但祖父對這却毫不着急。當傍晚六點我們到達沈家鎮時，路上積雪竟已盈寸。在鎮頭一家小客棧裏，我們放下衣物，吃過了晚飯，祖父便借來了傘，叫我跟他那樣地套上了皮靴，拉我走出了棧門。

「爺爺，我們要到哪裏去？」我望着飛飛揚揚的雪花，說道。

「當然是去沈伯達家裏囉，你忘了爺爺是做什麼來的？」

「可是，天已經晚了，又飄着雪，明天去吧。」

「不，」祖父祇說了一個字，就開始往外走，我當然祇有跟着。于是，我們以雪光為燈，謹慎地走了二里多路，中間曾走過一座年久失修的石橋，這才到達沈家。敲門進去，裏面的景象使我驚心。一個瘦削的中年婦人伴着兩個未成年的幼子。燈光昏黯，屋中零亂不堪，瀰漫着一片悲慘的氣氛。

「伯達嫂，」祖父自我介紹後，沒有說一句慰問話，就單刀直入地接了下去：「不瞞你說，我今天來這裏，是特地前來討取伯達兄生前的借欵的。字據在手，請你過目。」

這可憐的婦人，一聽這話，臉色就灰白了，身子幌呀幌的，差點兒摔倒下來。她那貧血的嘴唇翕動着，好久才掙扎着說出幾句懇求的話。她說，她丈夫才死，哪裏有錢還債？請我祖父放寬期限，讓她在三年之內慢慢還清。她語音顫抖，態度哀戚，一邊說，一邊滾下淚來。

「不行，我現在要錢用，你非在年關前還我不可。否則，伯達嫂，你還有田地和房屋，這些差不多可以抵上那筆借欵，就把牠們折給我好了。」

「這……這怎麼行？老太爺，他爹死了，我們娘兒三個就指靠這些來過活，不然，我們便祇有等着凍死、餓死。老太爺，你是大好人，可憐可憐我們吧。老太爺，我給你下跪，給你叩頭，我求求你，祇求你讓我慢慢地還……」沈太太說着，驀然衝到祖父跟前，爬在地上，瞌頭如搗蒜；這突如其來的動作駭得旁邊的兩個孩子都哇地大哭起來。

面臨着這凄慘景況，我不禁為之酸鼻。然而，當我抬頭去望祖父時，祇見他站起身子，一手推開椅子，銳聲地說：「唉，伯達嫂，快起來，這算什麼？我來這裏，難道是要你給我下跪、叩頭？伯達嫂，我現在還是這個意思：一星期後，我再來聽取回音，到那時，如果你仍還不出，就得把房屋和田地折給我。」祖父說完，就拉着我，奪門而出。

我默默地跟在祖父背後走着。我的正義感促使我對于祖父的行動感到十分憤怒。我想不透，為什麼他對別人的哀求、悲慘能够絲毫無動于衷？就一個常人來說，我以為他這種冷酷是不正常的。其實，祖父的冷酷，與其說是他的天性，毋寧說是他的疾病；可是，這病在他身上已經根深蒂固，看來似乎沒有什麼能够治療牠。想到這裏，我不由得痛心地太息了一聲。

「大雄，是你在嘆氣嗎？」祖父回過頭來問。

「是，爺爺，」我說。「他們不是太可憐嗎？為什麼我們……」

「慢着，」祖父馬上喝住我。「你太軟弱，大雄，你父親也是，你們都不像我。對我，這種事既不稀奇，也不難受。大雄，你還記得昨天你母親提到的李志清的兒女吧？」

「記得，他們到底是怎麼回事？」

祖父凝思了半晌，說道：「那怕是十五六年前的事了，不，怕祇有十四年。那年初春，住在離我們二十里遠的李志清，他向我借了一筆錢。這錢是他借去做生意的，所以說定年底本利兩清。」

「結果，他的生意蝕了本，還不出，」我打了岔。

「不，他的生意倒是賺了錢。臘月初，他從天津回到上海，他的妻子非常高興，便叫兩個十幾歲的兒女看家，自己親到上海去接他。幾天後，他們帶了全部錢財趁上來寧波的輪船，不料，那隻輪船中途失了事，沉了。」

「啊！」

「于是，他們家，就剩下了兩個兒女。不過，這是他們自己運氣壞，不關我的事。我祇知道他家向我借了一筆錢，說定年底歸還，既然他們沒有錢，那就祇好用他們僅有的房屋傢俱來抵償了。」

「因此，你就把他們從屋裏趕出去了。」

「當然啦，哪還有什麼客氣的？我做事、說話，向來就是一是一，二是二。記得那時還是臘月末尾，也像現在一樣，天飛着雪，我通知他們離開那房子。那兩個孩子哭哭啼啼的，說是沒地方去，要我讓他們住到開春時節。這時，你母親也在場，她就答應下來，但我不肯，我一脚就把他們僅有的一個包袱踢到門外去；這樣，才勉强使他們離開。後來，有人說，他們兩個都在上海的工廠裏做童工，也有人說，他們得了病死了。反正誰也不知道他們到底怎樣了。」

祖父邊走邊說，語調緩慢而平淡，絲毫沒有一絲感情的波動；彷彿這原是一則發生在千百年前的故事，並不是他一手促成似的。

但正因為如此，他的話語才格外使我難受。牠們正如一片片的雪花，每一片都飄落在我的心頭上，使我為牠的冷森而戰慄。我望望前面給雪遮掩着的田野，彷彿在這一片銀白的土地上，看到了剛才祖父告訴我的情景：歲尾年邊，臘鼓鼕鼕，家家都準備過年，但那兩個可憐的孩子（他們比我那時大不了好多啊！）非但在這時失却了雙親，而且被逼離開了家園。我彷彿看到他們拾起了我祖父踢出去的包袱，在雪花紛飛下，噙着眼淚，一步一回頭地離開了老家，踏上了茫茫的流浪道路……

唉，像這種事，即使幹一次也已嫌太多，現在，難道祖父又要再幹一次嗎？

三

北風已停，寒冷隨着夜深而更劇，祖父和我重趨沉默。這時，我側耳諦聽，世界是如此寂寥，除了不時有積雪打枝頭上跌下來的聲響外，就祇有我們的足音了。我的雙足因長久走在雪地上，業已僵木不堪；我再瞧瞧祖父，他也沒有來時走得靈活。但幸虧二里多路已過去十之七八，前面就是那座石橋，過橋不遠，就是客棧了。

祖父依然走在前面，我在後面亦步亦趨。立卽，那橋就在我們的跟前。它均勻地敷着雪，看來是如此晶瑩平滑，直像用白玉雕琢而成。祖父沿着右邊，毫不在意地去跨石級，怎知就在這舉足之間，他却從石級上滑倒下來，並且來不及攀拉住任何東西，就掉到橋堍下的泥地上了。

這災禍來得太意外，又太險惡，我嚇得除慘叫救命之外，又哭泣起來。我跪倒在雪地上，俯視橋堍下，狂叫祖父，祖父回答我的祇是一串痛苦的呻吟。我又去察看石級，才發覺那塊石級本是斷裂的，一端低陷，一端高突；而白雪却粉飾住了這缺陷。

帶着逐漸增强的恐懼與憂慮，我在河邊等待着別人來搭救。幸而客棧很近，不一會，客棧老闆便和他的兒子打着風雨燈趕到。他們知道眞相之後，年青的兒子便滑下橋堍，艱難地把祖父揹了上來。祖父幾乎凍得半死。他的傷勢也比我想像的來得嚴重——右腿骨折斷，斷骨直戳到皮膚外面，頭部和臉部也有好幾處輕傷。不用說，醫治是刻不容緩的。我們先把他送到客棧裏，再打算抬到本地李醫師的診所裏去醫治。

「爺爺，」我說，「我們把你送到這裏的診所去可好？」

「不，把我……送到城裏……的公立醫院去！」祖父斷續地喊道。

但當我把祖父的意思告訴給客棧老闆聽時，他却搖頭說，現在去二十里外的城裏根本不可能。划船已回去，而要脚夫在這種雪夜趕上二十里雪路，誰也不願意；何況受傷的祖父也受不了途中的嚴寒和顚簸。「老先生，」他說。「惟一的辦法就是到李醫師的診所去。」

「可是，不知他的手段如何？」祖父問。

「嘿，老先生，說起李醫師，非但醫術高明，而且心地仁厚，在這裏，眞是誰不知道這位李如明醫師！」

「李如明！」祖父倏的停住，凝思起來。「李如明，」他一字一字地反覆地咀嚼着，然後又粗魯地問：「老闆，他是李家莊人？」

「是呀，老先生。」

祖父不覺打了一個寒顫。「那麼，他是不是三十左右的人？有一張圓圓的臉，短短的鼻子，右眉梢有一顆紅痣？」

「一點不錯，老先生，你也認識他嗎？那好極了，我們馬上把你送到那裏去吧。」

祖父的臉色大變。「我不去，」他說，「我抵死也不去！」

「爺爺，你怎麼啦？他是誰？」

「他……他……」祖父喘息着。「大雄，他就是我剛才在路上告訴你的李志淸的兒子！想不到他會在這裏行醫，眞所謂寃家路窄，我們今天湊巧碰上了。你想，他多麼恨我，我不去，我抵死也不去！」

「可是，爺爺，除了他那裏，我們沒處去求醫呀。」

「我寗可斷腿，寗可殘廢，到他那裏，我就別想活着出來。我不去，我抵死也不去！」祖父大聲嚷着，心頭的刺激再加上創口的疼痛，他忽然昏厥過去。

四

我守候在祖父身旁，感到心如刀割。事實擺在眼前，我們業已陷入無可再壞的處境裏。想不到我們現在惟一可以求助的，竟是祖父十四年前結下的寃家！十四年前，祖父如此殘酷地逼走了那兩個可憐的孩子，十四年後，他們報復你還苦無機會，你還能希望他在你緊急的時候救你？

我幾乎整個陷在絕望裏，然而，當我想到延遲治療可能會招致祖父的生命危險時，我又不得不去作一次嚐試。

我請求客棧老闆給昏迷的祖父裏上一條毯子，放在帆布床上，抬向李醫師的診所。診所離客棧不遠，約有半里路，沒多久，我們便到了。一陣急促的敲門聲把醫師喚了出來。他站在我們面前，銳利的目光射落在我的身上。一股恐懼的寒意滑過我的全身。我不知道自作主張地把祖父送來，是聰明，還是愚蠢？

「醫師，我爺爺受了傷，」我上前結巴巴地說。「他從橋堍上摔下去，傷得很重，現在又昏了過去。」

他點點頭，吩咐把祖父抬進去。他很快地察看一下傷勢後，就準備給祖父注射强心針。我看他彎着腰，一面在祖父的手臂上擦着酒精，一面端詳祖父。我的心又懸空吊起。老天爺，我祈禱着，求求你，求求你千萬不要使他辨認出他是他的寃家。老天爺……但是，猛然間，他的動作好像被一種突然襲來的感情膠住了。他手拿着針管，呆盯着祖父好久好久。過後，他吃力地抬起頭，轉向着我：「你爺爺，他可是余岩嚴老先生？」

我沒回答，其實他也不需要回答，因爲他馬上自己又接了下去：「當然是他，他的臉很特別，一種異乎常人的冷峻，十四年前，我看過他時，也是這樣的。」

他丢下針管，在椅上坐下來，把臉埋在兩手裏。在這一瞬間，我感到一切都已絕望。我沉重地挪動雙脚，猛地，他又抬起頭來，說：

「老闆，請你把我的護士朱小姐叫來，余老先生的傷勢不輕，是複雜性骨折，我們晚上就得替他行手術。」

說完，他站起來，走近祖父，繼續他剛才停下來的工作。一針强心針打下去，祖父終于慢慢醒來了。

「我在哪裏？」祖父叫道。

「爺爺，你在李醫師的診所裏。」我說。

「那麼，你就是李如明！」祖父伸出右手，用食指直指着李醫師的鼻尖。

「是的，余老先生，你的記性眞好，還記得我。」

「我當然記得，你也當然記得！」祖父狠狠地說。「李如明，你怎樣做了醫生？你說！你說！」

「我和姐姐在上海半工半讀，後來上海陷日，我們便去了大後方，我們靠公費讀完了大學。我姐姐已經結婚了……」

「而你一勝利就回到這裏來行醫，」祖父插嘴道，「伺機想向我報仇，今天我恰巧跌傷了，所以你把我弄到這裏來。」

「不，余老先生，是你孫少爺送你來的，」李醫師說。

這時，門開了，護士朱小姐走了進來。李醫師趕忙吩咐她去把那些器械消毒。「我這裏先把他的輕傷包紮起來。」他說着，走近祖父，正想動手洗滌他臉上的汚血時，不料，祖父竟一拳打在他的臂膊上。

「別碰我！」他怒吼着，「你要殺死我？你這強盜！我要回去！我要回去！」他竭力掙扎着想起來。當然，他是失敗了。他閉上眼睛痛苦地呻吟起來。

「請你安靜些，」李醫師說。「當心你的創口又會出血。」

「不要假仁假義？」祖父睜開眼，駡道：「李如明，我知道你不過想用甜言蜜語哄我上當了，再乖乖讓你宰割！我眞不懂，像你這樣壞心眼的人，十四年前，怎麼不被凍死餓死！」祖父本着他一貫的峻厲、暴燥，高聲地詈駡。

正在工作的護士聽見駡聲走了出來，她的臉兒漲得緋紅，顯然她是被憤怒激動了：「李醫師，我看我們眞是自討苦吃，替他打針、包傷，還要給他駡得狗血噴頭。他要回去，就乾脆讓他回去。這樣冷的大雪天，誰願意做事？」

「他心境不好，」李醫師笑笑說。「受傷的人，心境總不會好的。朱小姐，你只管自去做自己的事吧。」

朱小姐怏怏地走了開去，李醫師再度來洗滌、敷塗、包紮祖父的創口。這次祖父再沒有力氣抗拒了，所以他更破口大駡。他駡得如此粗野，如此刻毒；牠們卽使是落在任何知己的身上，都會勃然大怒，跟你翻臉。因此，我每一秒鐘都擔心着李醫師會霍然停下手來不幹。我也曾懇求祖父不要再作無理的謾駡，但這正如以前母親勸阻他不要去逼債一樣，對于固執、暴戾的祖父一無影響。

「李如明，」祖父繼續咆哮道：「你不要以爲會要花樣，就可以一手掩盡天下耳目。告訴你，我死了，諒你也脫不掉謀殺的罪名！」

李醫師沒有分辯，祇默默地沉着地把一捲繃帶縛纏在祖父的頭上。「現在，」他說。「我們就要替你動手術了。」

五

我想，沒有人等待在手術室外的心境，會有我那天那樣地複雜而多變。不僅是憂懼、急切，還夾着不時突起的忿怒。我坐在門外的椅子上，隔着牆壁，祖父的叫駡淸晰地傳入我的耳中。他狂詈、呼喊、哀號，像一隻被綑待宰的猛獸，在作最後的殊死掙扎。這些聲音所代表的感情，使我也不禁疑慮起：在那緊閉的小房間裏，祖父的寃家正在幹那不可告人的謀殺勾當。我好幾次想站起來去敲門，終又竭力地抑壓下去。但有一次，祖父却更大聲地嚎了起來，使我不由自主地憤然躍起，向門口衝去。但，幾乎是同時，手術室的門也開了，護士朱小姐悻悻地走了出來，她對我怒目而視：「我從來不會碰到過像你爺爺這樣的人！」

「怎麼？我爺爺怎樣了？」

「他好好地在裏面，」她粗聲說，「我們好心地要爲他施手術，他竟胡亂地狂叫大駡，四鄰聽來，還會以爲我們眞的在謀害他。」她說了，就向外走去。可是這時，裏面的李醫師却大聲地叫道：「回來，朱小姐！」

「我受不了他的辱駡，我要回去。」她說。

「回來，朱小姐！」李醫師依然在裏面嚷。「你不能在這時走，況且，他駡的又不是你。」

朱小姐又回到手術室去。大約是施了麻醉劑，祖父的叫駡不久便停了下來。時間在沉默中滯呆地移動，不知又過了多久，手術室的門再度開了，這次出來的是李醫師。

「一切都很好，」他對我說，一壁從褲袋裏掏出手帕。這時，我才注意到，在這冷得發抖的寒夜裏，他的額上正冒着一顆顆的汗珠。他擦乾了汗，把手帕放好，沉吟了一下，繼續說道：「祇是你爺爺年歲已大，又因竭力掙扎，流血過多，現在還得立卽輸血。」

「這……這怎麼辦？」我又着了慌。

「這裏一時找不出賣血的人，而朱小姐太瘦，你又太小，都無法供給血液；我想，唯一可以輸血的祇有我，而我剛巧又是O型。」

「可是，李醫師，」朱小姐聽見這話，快步從裏面走出來，「你千萬別輸血，你不能再做傻瓜了。」

「我身體很好，輸些血有什麼關係，」這是李醫師的回答。

當晚，祖父的體內就多了李醫師的三百西西的血。像一株久旱的枯草，突然獲得甘霖，虛弱的祖父，精神馬上好了起來。現在，危險和憂慮都已過去，惟一沒有過去的，就是祖父依然暴燥如故。他萬分不高興地在那裏住了下來。然而朱小姐却拒絕看護他，而得訊趕來的母親又因家中乏人照顧，無法留院服侍；因此，在這期間，李醫師便毅然兼起了護士的工作。他悉心地醫治，仔細地看護，平靜地接受祖父的誚駡。這樣半個月過去了，我也因學校開學離開了那裏。當我第二次再回去探望時，已是一個半月後的初春時節。出乎我意料之外的，祖父業經痊愈。他臉色紅潤，身體比以前還好，所以在第二天淸晨，我們便向李醫師索取帳單，準備返家。

「李如明，」祖父依然用那冷硬的聲調說道，「這一次，你倒可以敲我一筆竹槓了。」

「是嗎，」李醫師笑笑，走回藥房去，不一會，便遞上帳單來。但單上所列的數目却小得令人不敢置信，簡直僅够他的醫藥成本。

斜暉（續完）

孟瑤

十六

當然又是一夜不得好睡，對於彥珊的印象，我稍稍有些改觀，我常以爲，不懂得感情的是愚人；玩弄感情的是罪人；得到感情的，是幸福的人；爲感情所苦的，是最值得悲憫的人。人世間，最值得人珍惜的，莫非一個情字，它在萬物之上，爲了它可以犧牲，可以寬恕；甚至於，在必要的時候，違犯罪都是值得人同情的，雖然我們必須要他懺悔，要他改過。彥珊曾經處心積慮地進行一樁陰謀，假若其計得售，則可能使柳塘傾家蕩產，女走身亡，這是一個可怕的、不能被原諒的罪過。但是，這一切皆因愛致中而起，而且詭計敗露，中途知悔了，於是，我對她不但憐惜，並且希望成全她後日的幸福。這是我爲什麼肯爲她去找致中的原因，雖然，我依舊認爲他們的關係不正常，前途是否有幸福，是十分値得憂慮的。

但是，當我第二天從朦朧中醒來的時候，事情竟然又發生了變化。

睡遲醒亦遲，一睜開眼睛已經是九點過後，而且是被一陣喧嘩吵醒的。我定了一定神，好像是柳塘父女回來了，我擔心怕有什麼新的事故發生，所以立刻下了樓，先到柳塘屋裏，翠微正在裏面，看見我進去，冷冷地看了我一眼就出去了。我也無心與她計較什麼，看見柳塘正坐在沙發上休息，我便走到他的面前問：「你怎麼忽然又回到海濱別墅來了呢？」

「天一亮我就動身了，」柳塘激動地一把拉住我的手：「昨天一夜都沒有闔眼，萬分放心不下，總像有什麼不祥的事情要發生似的，因此覺得非和你在一起不可。」

「你也太會苦你自己了，」我不覺笑了起來，斜倚在他的沙發背上說：「我看事情會很順利地告一結束，因爲雙方面的意見是一致的，而且，經過這一次事情後，彥珊的態度大有改變，她說她願意與致中一起走，而且在金錢上一無所求……」

「我不在乎這些，假若她不要，我的心裏反而有些過意不去，」柳塘搶着說：「她跟一個瞎子生活了這些年，總算委屈了她。」

「這件事情，我們以後再仔細和她談，」我說：「不過，她希望我幫她去把致中找回來，這倒是件沒有把握的事，你知道致中住在平城什麼地方嗎？」

「方才翠微正在跟我提這一件事情，」柳塘皺着眉，半天才說：「她希望我答應讓致中來與我做一次澈底的談話，這個傻孩子還蒙在鼓裏呢！叫我一個做父親的，能跟她說些什麼？」

「你答應了嗎？」

「當然沒有，」柳塘生氣地回答我：「不過，我想致中或許會來，我不願意見他，你找他談一談好了，把我的意思轉告給他，他要想娶翠微，我是絕對不會答應的，翠微還沒有成年，他要再與她鬼混，我就要去告他的拐騙罪了，叫他從此以後不要再登我家的門。至於他們那一段不可告人的事，他們愛怎麼解決就怎麼解決，我不管！」

我想柳塘的作法是對的，因此便答應了他。

「並且，」柳塘又補充說：「致中來了以後，叫他快點把彥珊帶去，我不願意再和他們住在一個屋子裏面，昨天我已經約好我的律師談過了，叫他們到平城去辦一切必須要辦的手續，不會叫他們吃虧

「你不想敲竹槓，那也隨你。」祖父說了，付清帳欵，拿起手杖，和我走了出來。李醫師一直送到門外。但祖父却頭也不回地向前直走。我們經過客棧，走向埠頭，但忽然祖父又停住脚步：「大雄，我們原先來這裏是幹什麼的？」

「是向沈家討債來的，爺爺。」

「那麼，我們現在就到沈家去！」

我順從地點點頭，但我的內心却又波動起來，祖父呀祖父，我想，爲什麼你永遠不想放鬆別人？我們越走近沈家，我的心境也隨着越不安。我的眼前彷彿呈現出沈家母子三人的流浪慘景來。可不是，爲了沈家，祖父曾受此重傷，這一次，他不會更殘酷無情嗎？

我們畢竟又一次地站在沈家門前，又一次地看到了沈伯達的妻子。正如我所預料的，她一眼看見是我的祖父，就恐怖地尖叫起來。然而祖父却十分和善地對她說。

「伯達嫂，你別驚慌，我今天來，並不是來逼你，我祇想告訴你：錢你慢慢還我好了，如果你還不出，也沒關係。」

「這……這是眞的？」沈太太給這意外的「特赦」所楞住，隨即她又想跪下來，但祖父却伸手攔住了她。

「不要這樣，伯達嫂，應該接受感謝的並不是我。」他低低地說了就告辭出來。在路上，我一把拉住了他，問道：「爺爺，你怎麼啦？」

「沒有什麼，」祖父停下來回答。「我祇覺得我應該這樣做。大雄，今天我才知道，多少年來，我的心都給鬼迷了竅！現在我才清醒了，也眞正快活了！」祖父說着，全然給一種從未有過的感情所淹沒，他默然地流下兩滴淚來，一邊慈祥地把我拉到胸前。

我緊緊地依偎着他。無比的溫暖夾帶着强烈的歡欣，貫穿了我的全身。是的，祇有像太陽那樣無限的光與熱，才能使冰雪融解，大地回春。

陽光更煦和了，冰霜在逐漸融化；我們重又開始前進……。

的；只是，我眞有點奇怪，既然他們只想貪得一筆錢，何不直接對我說，却要繞這麼大一個圈子，而且損害到這樣多的人？」說到這裏，柳塘又開始十分生氣，用手帕擦去額上的汗，又咬咬牙說：「不是爲了翠微，不願意把這件事鬧了開去，我決不願意就這樣算了！」

「得了，」到這時我不得不輕鬆起來：「事情像這樣結束，還不够使你高興的嗎？除了引起一場心靈上的不高興而外，一切都在平安中煙消雲散。」

「還有，」他又囑咐一句：「這件事情頂好避開翠微，叫致中小心一點。」

我一一答應了他，又陪他說了一會兒閑話，心裏不免十分擔心彥珊，便很快地從柳塘身邊退出，又去叩彥珊的房門。進去時，她正仰臥在床上，凝神深思，十分安靜的樣子，我走到她的面前，便對她說：「非常對不起，本來我今天一早就要去平城的，但是，柳塘回來，把事情耽擱了！」

「那麼，你就不去了嗎？」

「今天致中要來！」我說。

「眞的？」她立刻從床上坐起來：「一定？」

「他一定會來的，」我坐到她的床邊，十分誠懇地：「不過，我今天對你有一個要求，你必須要特別安心地忍耐，等我把一切很如意地安排好，你再來坐享其成！」

「你對我這樣好？」她用一份懷疑的眼光望着我。

「也許不完全爲你，是爲全局，尤其爲翠微，」我向她解釋：「你總明白，這些人中最無辜的是翠微，她幾乎做了一個最可憐的犧牲，如今我們既然各方面都能保全，則尤其不應該傷到翠微的心，這件事情的眞實內容我們不應該叫翠微知道，以後我們安慰起她來就比較容易許多。」

她從鼻子裏輕輕地哼了一聲。

「我想今天天黑以前你們可以離開這裏，」我說：「這是柳塘的意思，希望你們進城找他的律師談一談，辦清一切的手續。」

「放心，」彥珊望了我一眼，態度又開始有着習慣性的冷嚴：「這是最後一天我在這裏碍你們的眼了，即或中間有什麼其他意外的變化，我也不會再住在這兒的；我不知道柳塘會回來，否則我一定比他先離開這裏，我沒有理由再和他在一起，我也沒有顏面再看到他。」

彥珊的心情，我了解並且同情，但是，我們彼此間的裂痕畢竟太深了，距離畢竟太遠了，和她久處，我感到不安，所以在把該說的話說完以後，我立刻從她屋子裏退了出來。穿過空落的大廳，我認爲該去翠微屋裏一趟，這件事倒反而有些使我爲難，因爲翠微最近對我印象太壞，成見太深，她幾乎以爲，破壞這個家庭的幸福，擾亂這座別墅的空氣，阻撓她與致中婚事的人，都是我，當然，我便成了她心目中的罪人了。但是，又叫我對她解釋什麼呢？我與柳塘都不願傷害她那純稚的心，不願意叫她知道人世間還有醜惡，本來，人生的美夢並不多，因此，她若能一直做下去，我們便不忍心去喚醒它。這樣，我便沒有什麼話可以向她說明並解釋的了，但是，我現在必須要見她一面，因爲我要見致中，並且還要警告她暫且避開這些糾紛，因此我不得不硬起頭皮去找她。她就住在樓上我對面的那間屋子裏。叩門進去，她看見進來的是我，表情立刻就冷淡了下來，而我，却不得不含笑問她：「今天致中是要到這裏來嗎？」

「是的，」她用那不屑與我一談的神氣，把眼睛望着遠處說：「他要和爸爸澈底談一談我們的事！」

「方才你爸爸對我說，他不願意見他，叫他直接找我談你們的事！」

「你有什麼資格代表我的爸爸呢？」她毫不客氣地問我。

我幾乎被她嚇退了，但我是唯一能解決各方面困難的人，因此不得不勉强壓抑內心的不樂，而走到她的面前說：「一切的事情你將來會慢慢地明白，現在爲了不使得你父親生氣，希望你暫時能聽我的安排，你不要叫致中去見你的父親，這樣，除了把事情弄得更加無法收拾以外，連一點好處也不會有的；你告訴我，致中什麼時候來，你讓我慢慢地和他談這一件事，他一定是十分願意的。」

看見我態度的誠摯，翠微稍稍受到一點感動，她的顏色立刻變得溫和許多，便回答我說：「他下午來，我叫他找你就是了！」

事先的安排，至此告一段落，這之後，我回到臥室，心緒之不寧，神情之緊張，爲近數日來所少有，似乎也直覺到這才眞是一個問題的癥結所在，讓我去解開，它是完滿結束或是悲劇的收場，却要看我是否有轉圜的能力了。

時間困難地過去，午後很久，幾乎快要接近黃昏的時候，我才聽見敲門的聲音，我開門迎接，果然站在門口的是致中，兩日不見，他的神態更加改變了，這一位豐姿秀逸的美男子，已經頹喪得不像樣子，臉龐瘦削而蒼白，精神萎靡，眼光沉滯，渾身的服裝也十分不整齊，看見我，勉强地對我笑了一笑，就回身對站在一起的翠微說：「你先回屋裏去等我好嗎？」

「怎麼，」翠微奇怪地：「你不要我陪你嗎？這也關係我的事呢！」

「你先回去，」致中像安慰一個無知的小妹妹似的：「我要和陳小姐談幾件別的事！」

「致中，」翠微十分多情却又帶着相當不悅的神氣說：「我們之間不應該有什麼秘密啊！」

「翠微，你回自己屋裏去好不好，」致中着急地：「這些事以後我都會一樣樣的告訴你的。」

翠微極不高興地走了。

致中這才鬆了一口氣似的，掩上房門，摸摸蓬散的頭髮，嘆了一口氣，望望我，却沒有說一句話，因此我便不得不說：「今天你來得晚了一些。」

「是的，我心裏很矛盾，想到這兒來找一點希望，却又怕因此而更加失望。」他望了我一眼，停了一會，又顯得很不安地說：「我厭恨我自己過去的墮落與過失，我知道我是一個在靈魂上都犯了罪的人，我力圖自拔，我知道只有翠微的純潔可以救我。但是，我知道她的父親不會答應這一件事情，他很對，假若我是父親，我也不會答應我的女兒嫁給像我這樣的一個人。」

「翠微父親的意思，的確如你所想像的！」我這樣接了下去：「不過這件事，讓我說一句極公平的話，對於彥珊你還有你應負起的責任！」

「我對她要負什麼責任？」他非常生氣地反問我：「在年齡上她幾乎可以做我的母親，是的，我曾墮落，我曾和她發生過不可告人的關係，但是，我告訴你我那個時候只有十七歲，我實在什麼也不懂啊！就爲這件事，我不能把自己的一輩子也賠進去，這是我所不甘的。」

「不過，彥珊是眞愛着你，她現在爲你的事很痛苦，我看她幾乎要發瘋了。」

「我不同情她，一切的不幸都是她引起來的。」

「彥珊非常想見你，」我說：「而且無論怎麼樣，你們之間還有問題，必須仔細地談一談，是不是？」

致中沒有作聲。

「翠微的父親也以爲，」我又接下去說：「希望你們兩個人今天離開這裏，先辦好離婚手續，至於你們兩人之間的問題，你們自己去解決。」

「我與翠微的事，一點都沒有希望了嗎？一點都沒有商量的餘地了嗎？」致中絕望地。

「我勸你不要存什麼希望，」我說：「而且你方才都會說過，假若你是父親的話，你也不會答應這件事情的。」

致中痛苦地用手搥着頭，半天才說：「這樣，我寧可死掉，寧可死掉。」

「那麼，你下去和彥珊談一談嗎？」我問。

「不，」他大聲叫了起來：「我死也不會去的！」

但是，就在這時，門被打開了，彥珊像一座冰山似的站在我們的面前。

一股寒流向每人襲來，我們都僵直在那裏。

「你不去，我來，」彥珊夢囈似的：「致中，走，我們一起走！」

「啊，不，不，不！」致中痛苦地高喊着，那聲音，比一個臨死者的驚呼還使人寒慄；我看他，他的眼淚都流了下來，臉上的肌肉痛苦地痙攣着。然後，他像反對我的注視，用手蒙住臉。

「爲什麼，致中？只要我們在一起，我們還是有幸福的，窮一點算什麼，我們還是可以過得很好，我們在一起這樣多年了，我們是分不開的啊！」彥珊軟弱地，似乎是一種高熱，使那一座冰山已在逐漸地化解了。

「不，不，不！」致中痛苦的跳着脚。

「爲什麼？致中，告訴我爲什麼，」彥珊用那輕顫的聲音問：「是因爲遇見一個年青的女孩子就把我忘了嗎？你不要傻啊！世界上你實在找不出一個比我還愛你的人！你和我在一起，會十分地快樂，十分地幸福！」

說完，彥珊困難地再走前一步，準備用手去拉致中，但剛一接近，致中便像怕觸電似的跳到一邊，並且狂喊：「你走開，站遠些，不要碰我，不要碰我。」

「致中！你……」

「你不要再纏我，你……」致中回身對彥珊說，但是，當他的目光向這邊望過來的時候，他看見翠微正聽見他們吵鬧的聲音而跑到門口，致中看見她更像中了魔似的，推開彥珊，衝開翠微，便向樓下跑，嘴裏依然大聲地喊叫着：「不，不，不！」

「致中，致中，致中！」彥珊也大聲地喊叫着，然後不顧一切，追在致中的身後。

我定了一定神，覺得不幸的事情就要發生，想去阻攔他們，於是也很快地追了下去，翠微得到我的提醒，也趕了過來。

致中踉蹌地往後面跑，穿過廣場，就向那峭壁奔了過去，其勢甚快，沒有人能阻攔他，連他也沒有力量可以阻攔自己，彥珊一直想抓住他，却始終追不上那個距離。於是，悲慘的事情就這樣發生了，致中奔到那朽欄邊，無法停留地摔下了峭壁，彥珊毫不猶豫地跟着他跳了下去，兩種淒厲的叫聲，劃破薄暮，在空氣中顫抖着。

事情已經毫無挽回的餘地了，我定定神，終於止住脚步，回身攔住追來的翠微，她立刻暈倒在我的懷裏。

柳塘也從後面追了出來，神色的淒惶，音調的絕望，使人不忍卒聽，他喊：「丙慧，我的孩子呢！翠微呢！那傻孩子在哪裏啊！」

「在這裏，柳塘，」我喊：「她在我的懷裏啦！」柳塘循聲而至，我把他拖到身邊，他立刻把翠微抱到懷裏。

我從地上站起來，海濤依然起伏地翻滾着，那聲音總是那樣地單調，固執，而且淒涼！（全文完）

省立復興中學來函

編者先生：

貴刊第十六卷三期讀者投書欄刊載讀者徐萬駒先生「可以强學生去充臨時演員嗎」一文所指各點經查本校於去年十月十九日接中國電影製片廠函請徵選學生協助拍攝「鵲巢鳩佔」影片本校以該片內容旨在暴露匪區罪行及宣揚反共且拍攝時間係在星期假日不致影響學生課業乃着訓導處臨時徵選學生參加。至臨時演員酬金一節本校特函中國電影製片廠查明去後茲據該廠本月二十日(46)昂仍編0150號函復如下：「查貴校學生參加拍攝影片時本廠以尊重學生身份起見自未便視同僱用之臨時演員給予酬金故以糖菓點心招待聊表微忱「自由中國」雜誌所載各點純係訛傳本片乃爲宣傳自非普通商業性質可比承貴校樂予協助同學們亦於課外隨興趣所趨而參加拍片並未計酬更無教師中飽臨時演員費之情事該刊讀者投書所指確與事實不符。」用特函請

貴刊惠予更正無任公感

省立臺北復興中學校長　陳永康

讀者投書

不可栽誣前賢！

樊努材

編輯先生：我讀了二月十八日中央日報羅敦偉先生「言論自由與新聞自由」的大文以後，對于他所說的內容，我不想說什麼？但對于他一開始所引蒲徠士的一段話，使我立刻感到一個人講自己的話，固然各有各的自由；但引用前賢的話，便應相當的忠實，而不可採取栽誣的手段。不論他是屬于中國的前賢或者是外國的前賢。所以我把我的一點懷疑借貴刊的篇幅寫出來，希望得到羅先生的賜教。

羅敦偉先生大文的開始是；「民主政治本來即是政黨政治和輿論政治。所以新聞自由言論自由，爲各民主國家所尊重。不過據蒲徠士說，所謂輿論，也不過是若干青年人在小房間之內匆忙中間寫出來的。這是他在所著『現代民主政治』一書中間的話，那本書是一九二一年出版的。」在上段文章中，羅先生用「不過」二字一轉，便是爲「不幸而爲共產黨所利用，……影響所及，也許不是我們所能料到的」結論作伏筆；「不過」二字下所引的蒲徠士的話，正是用來爲羅先生的結論作見證。根據目前國民黨的報刊論調，凡是擁護憲法，主張自由民主的人，都是共產黨的思想走私，這些人所講的話，不僅不能算是輿論，並且是一種思想「毒素」，而應與以「迎頭痛擊」的。曹聖芬先生爲要證明此一論調的正確，已經僞造了佛蘭克林的話，並被范度才先生揭穿了。羅先生更搬出「現代民主政治」的著者蒲徠士的話來，以見把主張自由民主的人們戴上「爲共產黨所利用」的帽子，可以在「現代民主政治」中找到根據。

羅先生所稱的蒲徠士，應該即是生于一八三八年五月十日，死于一九二一年一月二十二日的英國 Viscount James Bryce (蒲徠士)。因爲他著有一部 "Modern Democracies" 正好譯爲「現代民主政治。」蒲徠士爲此書所作的自序，又是在一九二〇年聖誕節的前夜，與羅先生所說的「本書是一九二一年出版的」大體相符。因此，羅先生所說的蒲徠士，我推斷便是上面的 Bryce。假定我的推斷不錯，(假定羅先生提出證據來證明我的推斷錯誤，那我情願預先道歉) 則羅先生所引蒲徠士的話，便犯了與曹聖芬先生同樣的毛病，有「栽誣前賢」之嫌。

蒲徠士的「現代民主政治」是一千二百頁的鉅著。因爲他認爲輿論與民主政治不可分，所以在本書中，專提到輿論的有六處之多。第二編研究法國、瑞士、加拿大、美國的民主政治時，都特別提到他們的輿論。第三篇在「民主政治與外交」一章中，特別證明，在輿論指導下的外交，比在專制下的宮廷秘密外交，更爲有效。但他對于輿論的總敍述，看法，則爲第一編最後的「輿論」一章。在蒲徠士有關與論的這許多篇幅中，我還找不出羅先生所引用的話，尤其是找不出羅先生引用這些話時的口氣與用心。

蒲徠士在第一編的輿論這一章裏，開始是說明爲實現「一切的權力的源泉在于國民」的公理，只有「以計算票數(選擧)來代替殺頭。」但他接着指出選擧本身有許多缺點；而補救這些缺點只有輿論；他認爲「輿論的作用是繼續的，投票是一時的。」「輿論較之任何方法的投票，被反動者利用的可能性最少，是民衆可伸縮自在底發揮其勢力的手段或方法。」「投票是機械底處理，必拘泥于法律的形式」，而輿論「則可超越機關及其束縛，」以「發揮融通自在，有調和力，有說服力的勢力。」並說明「投票的價值，是比例于輿論爲投票所作的準備程度。」換言之，在沒有言論自由下的選擧，不能發表反對言論下的選擧，那只是希特勒史達林型的選擧。他認爲輿論是「對于有效運用民主政治的最良保障，是對于革命暴力的最好防禦物。」換言之，他很明顯的指出暴力革命，是由壓迫輿論而來的。這與中國的傳統觀念完全相合，也與中國三十年來的事實完全相合。其次他又指出「機關報紙」喜歡「誇張他們自己的主張所得到的支持，對于新聞記事，染上他們自己思想的顏色；或者說，不定會存心去騙人；」所以他認爲這類的新聞報紙，不是輿論的「安全指導者。」他在提到法國的輿論情形時，特別强調「國民輿論」的重要。所謂國民輿論，是指超黨派，超階級，超地方色彩的輿論而言。他尤其是認爲黨派性的言論最無價值。假使他能活到現在，看到共產黨和共產黨型的黨報，更不知作何感想。又其次，他指出「關係于形成輿論的三種人物。」第一種人物「是專心專意參加公共問題的人士——議員，記者等。」或者是「不斷注意于政治社會的問題，充分尊重自己的市民義務的民間人士。」而「這些人士的全體，也不過是有權者的市民中的極小一部份；但是，事實上，出意見的便是他們；」所以這一種少數人士是形成輿論的中心。他認爲一個國家輿論的健全與否，端視這種關心公共事務而又具有超黨派精神者之多少而定。最後他指出「輿論最大的缺點，是「在狂熱的時期（中國歷史上則常是凍殭時期），壓迫反對意見，使不願意聽的意見歸于沉默。」因爲在此一情形之下，常常是最下流的阿諛，最橫蠻的威嚇，冒輿論之名而出現，那還有什麼可說呢？

由我上面簡單的敍述，不僅我在蒲徠士的全書中未發現羅先生所引用的語句；尤其是發現不出蒲徠士對于輿論的看法，是在那一點上與羅先生有一絲一毫的相同。在中國史書中的佞倖列傳，奸臣列傳中，都是一貫的用栽誣的方法去陷害正人，摧殘社會；但其栽誣只限于時人，而絕少波及前賢。因爲在中國文獻中，把正直奸佞的界線劃分得太清楚了，使任何壞人，只能假借皇上宮庭的權威，而決難假借聖賢的遺訓。我決不願說曹羅兩先生也應列在佞倖傳裏面去；尤其是羅先生這篇大文，口氣已比較緩和得多了。我只想特別指出在中國本來有栽誣的一種傳統，及現在盛行栽誣的風習之下，引用前賢的語言，不可不出于忠實的態度；否則栽誣到前賢超過了佞倖列傳的傳統，便更成爲人間的大笑話。

自由中國　第十六卷　第五期　內政部雜誌登記證內警臺誌字第三八二號　臺灣省雜誌事業協會會員　一八四

給讀者的報告

本期社論兩篇，其一駁斥中共最近所製造的和謠。中共之所以大事渲染的製造和謠，當然是統戰的一種策略，他的目的也是多方面的。這些時，各地報刊對此問題評論已多，而分析都大同小異。為避免重複，我們只指出我們認為特別重要的兩點，來申論消滅和謠作用的根本要圖。第二篇社論論「「一項亟待解決的土地問題」。即是在耕者有其田政策實施後，北市與基隆各重要市區近郊的某些農地，農民於取得地權後，轉售為都市建築用地。轉手之間，坐獲巨利，致引起原地主的不平，有失原政策本意。此一問題，政府雖已注意，但迄無處理辦法。我們認為在現行法律上，解決此問題是有路徑可循的，不應長此懸置，不了了之。

公敎人員待遇的調整實是當前一項亟待解決的重大問題。本刊對此問題，前此已多次為文呼籲，而一般公敎人員無不引領渴望。行政當局雖一再表示對於此事的關懷，但是問題迄今仍未能獲得解決。窺其原因，主要關鍵仍在於財源無着。本期夏佐虞先生就如何開闢財源，以解決調整待遇問題，提供了很多切實的寶貴意見，以供當局的參考。只要政府有決心，開闢財源不是沒有辦法的！

袁始先生是一位在學的大學青年，他以親身的體認，將今天大學敎育的缺點指陳出來，期能針對這些缺點加以檢討和糾正。但望敎育當局不要諱疾忌醫，或視為「不敬」之言。

趙世洵先生僑居新加坡，現在擔任某報記者。「寫在反共救國會議之前」一文可以反映一部份海外華僑對此一會議的看法。李敖先生對適之先生的作品有異常的愛好，他的大文從「胡適文存」談到胡先生的思想和文字，當「胡適思想」遭受清算的今日，我們讀李先生的大文，應是很有意義的。以上兩文因稿擠壓積甚久，應向作者致歉。

樊努材先生的投書說中國有「栽誣傳統」，眞是洞燭時弊，羅敦偉先生另在本月十九日新生報說：「如果誤認自由是絕對的，超現實、超法律的，單純主觀的，……才是自由的歧途。」（見「自由的正道與歧途」一文中）請問今日主張自由民主的人，誰人主張自由是絕對的，超現實、超法律的。寄語羅先生：不要栽誣。

自本刊遭受惡意攻訐以來，讀者紛紛來函表示不平。這些來書，我們不擬一一登載。其中有些未具通訊地址的，亦無從郵退，於此謹致謝意，並請原諒。

自由中國 半月刊　總第一七六號　第十六卷第五期

中華民國四十六年三月一日出版

發行人兼主編　『自由中國』編輯委員會

出版者　自由中國社

社址：臺北市和平東路二段十八巷一號

電話：二 八 五 七 〇

航空版

香港　友聯書報發行公司 Union Press Circulation Company, No. 26-A, Des Voeux Rd. C., 1st Fl. Hong Kong

總經銷

臺灣　自由中國社發行部

美國　自由中國日報 Free China Daily 719 Sacramento St., San Francisco 8, Calif. U.S.A.

經售者

日本　東京僑豐企業公司

韓國　漢城裕昌德號

馬尼剌　大中華日報社

印尼　新疆書店　椰嘉達天聲日報　泗水文光圖書公司

越南　西貢中原文化印刷公司

緬甸　仰光振成書報店

印度　加爾各答塔梅學校

澳洲　雪梨瑞田公司

北婆羅洲　西利亞波青年書店

新加坡　檳榔嶼、吉打邦均有出售

澳門　友聯圖書公司

印刷者　精華印書館

廠址：臺北市長沙街二段六〇號

電話：二 三 四 二 九

本刊經中華郵政登記認為第一類新聞紙類　臺灣郵政管理局新聞紙類登記執照第五九七號　臺灣郵政劃撥儲金帳戶第八一三九號　(每份臺幣四元，美金三角)

自由中國

FREE CHINA

第十六卷 第六期

目錄

社論
(一)不要上了圈套！
(二)懷疑與希望

創刊「自由中國」的意旨……雷震
中共開放自由市場的分析……李靜之
論國軍現代化之另一面……吳秋山

通訊
匈牙利的革命輿論……姜懷平
從艾登辭職說起……萬遜

晚餐……聶華苓
二月之夜……光中

讀者投書
對高普考的幾點改進意見……林金順

中華民國四十六年三月十六日出版
社址：臺北市和平東路二段十八巷一號

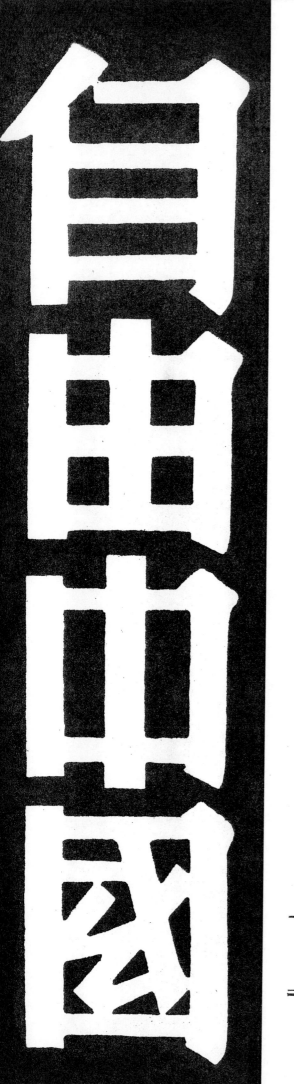

半月大事記

二月廿四日（星期日）

日本自由民主黨提名岸信介為首相。

印尼總統蘇卡諾宣佈有意邀請各方代表參加政府。

二月廿五日（星期一）

艾森豪向海外廣播，警告中東人民愼防共產主義威脅，否則過去成就將毀於一旦。

日本參衆兩院通過岸信介繼因病辭職的石橋湛山出任日首相。

法總理莫勒抵美與艾森豪會談。

二月廿六日（星期二）

日首相岸信介表示繼續石橋政策，不考慮與中共建立關係。

聯大通過建議案，希望塞島問題獲和平公正解決。

二月廿七日（星期三）

聯大通過議案，英法比澳託管地區，應卽定期准其獨立，並決議維持西南非洲託管原議。

印尼回教黨拒絕共黨入閣，政局日趨緊張。

二月廿八日（星期四）

美法以三國外長在華府商談，獲致協議，以軍撤出加薩阿灣，由聯合國派兵接防，並要求各國與美合作，保證以船在運河自由通航。

美總統艾森豪與法總理莫勒於舉行為期三日之會談後，發表聯合聲明，重申運河自由通航原則，與和平解決中東危機之決心。

聯大通過建議，再度要求儘早允許韓國與越南加入聯合國。

沙地阿拉伯國王、約但國王、埃及總統、與叙利亞總統在開羅會議後，發表公報，促以軍無條件撤退。

西德總理艾德諾函覆俄酋布加寧，同意德俄舉行貿易談判，但堅持德國統一，拒絕承認東德政權。

三月一日（星期五）

美國編輯人與廣播評論家協會會員三十三人來臺作為期兩日之訪問。

美麻醉品管制專員在參院安全小組作證稱，中共以大量非法毒品走私運入美國及東南亞，以所獲經費作顚覆活動。

三月二日（星期六）

蔣總統接見美編輯人訪問團，重申反攻必勝之信心，不需美軍介入，只望精神與物質支援。

以色列在聯大正式宣佈撤出加薩計劃，聲明必須由聯合國軍取代以軍進駐，區內軍政權由聯合國控制，若情況惡化時，以仍保留自由行動權。

美國務院發表聲明，美對以色列撤軍，並未作任何承諾與讓步。

印尼發生政變，蘇穆爾中校宣佈東印尼進入戰爭狀態，反對蘇卡諾政府之容共觀念。

泰國總理鑾波汶，因大選後發生騷動，宣佈全國進入緊急狀態。

美參院安全小組重提要求，對俄駐聯大首席代表脅迫難民重入鐵幕，美應將其驅逐出境。

三月三日（星期日）

美參院安全小組報告稱，為阻止中共特務在美滲透，應堅阻共匪進入聯合國。同時該小組並建議美政府禁止蘇俄塔斯社活動。

印尼革命首領要求獨立，已接受四省職權。

曼谷發生示威運動，抗議政府宣佈緊急狀態。

三月四日（星期一）

古巴友好訪問特使團抵臺訪問，古巴駐華公使館正式恢復。

東印尼革命會議宣佈，第七軍區所轄地區，均已處於戰爭狀態，並要求前副總統哈泰仍參加政府。

三月五日（星期二）

杜勒斯發表聲明，對以色列政府決定撤軍，表示滿意，並促埃勿遲延重開運河航運。

東印尼革命領袖蘇慕爾向蘇卡諾總統提最後通諜，要求解散現內閣，成立軍事議會。

以色列反對黨派舉行示威遊行，抗議自加薩撤軍。

全美華僑代表大會在華府舉行。

三月六日（星期三）

以色列軍隊開始撤出加薩，埃及宣佈結束動員狀態。

美參院通過美總統援助中東案。

美德外長發表聯合公報，促俄協助德國統一。

西非洲新興黑人國家佳納正式獨立，仍為不列顚國協一份子。

三月七日（星期四）

國民黨第七屆中央委會第八次全會閉幕，通過「反共復國奮鬥方向」案，建議政府團結全民，爭取勝利。

加薩以軍完成撤退，聯軍接管全區民政。

杜勒斯離美飛澳，參加東南亞公約組織第三屆理事會。

旅美華僑代表大會閉幕，發表宣言，支持美國援華政策。

三月八日（星期五）

我外部發言人警告日本勿接受共匪貿易釣餌，愼防滲透顚覆陰謀。

國防部長俞大維自美返臺。

西班牙駐華大使孔德抵臺履新。

蘇彝士運河開放，小型船隻恢復通航。埃及宣佈禁止以色列船隻通過運河。

安理會通過佳納入會案。

以色列軍撤離艾沙克。

『自由中國』的宗旨

第一、我們要向全國國民宣傳自由與民主的真實價值，並且要督促政府（各級的政府），切實改革政治經濟，努力建立自由民主的社會。

第二、我們要支持並督促政府用種種力量抵抗共產黨鐵幕之下剝奪一切自由的極權政治，不讓他擴張他的勢力範圍。

第三、我們要盡我們的努力，援助淪陷區域的同胞，幫助他們早日恢復自由。

第四、我們的最後目標是要使整個中華民國成為自由的中國。

社論

(一) 不要上了圈套！

本月五日，周匪恩來在北平偽人民政協全國委員會議開幕時，會發表一篇長達一萬五千字的國際情勢報告。我們尚未看到這篇報告的全文，但僅從香港反共報紙社論的引用及所登外國通訊社的記載，就能發現他這篇報告，形式上雖是對內而發，其眞正的目的，主要是爲着對外，卽在極不完全的摘錄之中，亦到處充滿挑撥離間的詞句，而其對象，可說是至爲廣泛。他是在破壞英法對美國的友誼，他又在煽動中東國家對美國的仇恨，關於這些，我們目前不擬細說。其中尤爲重要而爲我們所不能忽視的是，他又在對「臺灣問題」撒布煙幕，放送謠言，企圖淆亂國人與世人的視聽。周匪演詞中有這樣一段話：

『自從我們號召爭取和平解放臺灣以來，臺灣國民黨軍政人員中，願意促進和平解放的人越來越多，可能性亦越來越大了。但是，美國政府却表現了極端的恐懼，不惜採取一切辦法進行破壞。最近美國策動一批標榜所謂自由中國的分子和所謂臺灣獨立的分子，進行推翻臺灣當局的活動，企圖把臺灣變成檀香山一樣的美國屬地。』

這短短的一段話之中竟是包含了兩大謊言。第一個謊言是說我們政府內部已經有不少人對共匪的「和平」號召作了有利的反應。第二個謊言是說我們這裏有人在作着顚覆政府的活動，而此種活動，正爲美國所支持。照周匪這種說法，臺灣在今日至少有三種勢力同時存在：一種是支持政府反共復國立場的，一種是主張向共匪投降的，還有一種人更是乾脆主張讓臺灣脫離中國，成爲美國的一部分。臺灣內部，竟是這樣的複雜。可是有沒有這樣的事呢？在臺灣的人知道得最爲淸楚，辨白可說是絕無必要。卽令是海外僑胞，祇要是對臺灣情況有相當的關切與瞭解者，也不會相信。但是，我們也不要以爲周匪的謊言全然不會生效。至少，大陸人民是會糊塗的。很可能，一部份國際友人也是會糊塗的。從這裏，我們可以看出周匪放送此種謠言的動機之所在。

共匪的謠言攻勢，在短期間內不會收場，而至經過相當時間以後，它可能會發生相當的作用。我們不能僅僅以口頭的闢謠或一笑置之就算盡了對付的能事，我們尙需以行動來淸除謠言的根源。共匪這種作法，有兩大目的：一是要拆散中美的合作，二是要在我們內部引起猜疑與混亂。本文要分別就此兩個方面，加以討論。

中美兩國的同盟關係，保障了自由世界西太平洋前線的安全，幾乎永久的斷絕了共匪對臺灣染指之望，因此最爲共匪所嫉視，無時無刻不在企圖把它破壞。但要破壞這樣牢固的關係，決非輕而易舉，唯一的辦法，祇有從引起雙方相互間不信任的心理着手。對美國，他們散布和諧的作用，是要使一部分不明眞相的美國人誤信自由中國事實上並無反共到底的決心。共匪是在對那些人說：看吧，連臺灣黨政軍上層領導分子之間，都已經有「越來越多」的人準備接受「和平解放」了，你們美國還在那裏搞些什麼！共匪故意重述「國」「共」數度合作的故事，呼籲「愛國一家」，甚至揑造臺灣正潛伏一種反美的暗潮。這種說法一再重複，說不定一部分美國人眞會有這樣的想法：中國人與中國人終歸要合在一起的，我們美國夾在裏面又有什麼意義呢？美國最不願意讓自己扮演被人憎恨的脚色。萬一美國眞以爲自己在這裏已成爲一個被憎恨的對象，它就很可能會從西太平洋前進基地退轉，正如它目前在考慮把駐軍撤離日本一樣，這就造成共匪的機會。

對我們，共匪的謠言攻勢會遵循着兩個不同的方向在進行。過去一些時候，他竭力宣傳將與美國解決種種「懸案」，建立關係，日內瓦談判之不絕如縷，就是爲要長期保持一種對我們威脅的姿態。他是故弄玄虛的拿這種姿態來向我們暗示：美國祇不過是把你們臺灣當作與我們共產集團討價還價的一個憑藉而已，它遲早有一天會把你們出賣，你們却還把美國當作忠實的盟友呢！但漸漸的，共匪看到美國對臺灣所表現的積極態度，發現那種的威脅已經不能生效，就又改變口氣，說是美國的支持臺灣，目的是在於最後吞併臺灣。說美國正在支持某一些集團準備推翻政府，還是一種較爲新鮮的花樣，但其志在誘引我們對美國的懷疑，却是一貫的。總而言之，共匪是要我們相信美國對臺灣不懷好意，它如果不是要把我們出賣，就是要把我們吞併。

要預防共匪的謠言所可能發生的作用，首先重要的是中美兩國之間要加强相互的信心。我們承認兩國的基本立場，至今仍保持若干的距離。我們也瞭解，這一種距離並不是短期間內所能夠完全消滅。但我們至少希望這種距離不致於妨碍我們的合作，至少希望這種距離不致於變得更爲遙遠，而在雙方孕育不信任的心理。這一點在我們這一方面已經算是盡了能事，一切的所作所爲，總不教美國發生絲毫的疑竇；但在美國，却似乎尙須作進一步的努力。

無可諱言的，直至今日，美國政界至今有一種主張承認共匪並容許共匪進入聯合國的暗潮，及至發展到葛林參議員之公然作此主張，更明顯的對美國當局構成了一種壓力。不錯，美國當局仍然在抵擋着這一股可怕的逆流，但究竟能抵擋到什麼程度？抵擋到什麼時候？我們不無懷疑。官方的幾次聲明，雖對那種荒謬的主張拒絕接受，却幾乎每一次都沒有例外的要加上「目前」或「暫時」不予考慮之類的保留語氣，試問是不是到這個「目前」或「暫時」成爲過去以後，美國的態度就會改變？又，美國拒絕承認共匪並拒絕其進入聯合國，至今仍以共匪尙扣留九名美國人爲其最大的理由，試問這是否表示，祇要共匪把這些美國人釋放，美國就什麼事都可以放鬆了呢？

美國應該反省一下，它自己言行與打算，是否確有可以引起我們懷慮的處所。如果有，那我們就要坦白的指出：共匪的謠言攻勢，就可能從這些處所開始發展其影響。承認共匪等等，將是一種對盟國無誠意的表示。如果這是可能的，那就什麼事也都是可能的。美國要以更爲堅定的表示來澄淸這個局勢，千萬勿使不信任的心理開始萌芽。

我們再要回過頭來考察一下我們自己內部的情形，看看共匪的謠言攻勢有沒有可乘之隙。這並不是一個百分之百的內部問題，它也與對外關係發生若干的牽連。

周匪說臺灣有一種受美國的支持的反政府運動，這是謊言。但我們必須勇敢而坦白的承認一個事實：那就是，我們在反共抗俄的大前提之下，確實存在着一種意見與思想的紛歧。我們不能廻避這個事實，一廻避，問題就根本無法討論。臺灣有一種民主自由的思想潮流，也有一種反民主自由的思想潮流。因這種潮流的激盪，最近已發生了一次不甚愉快的論戰。如果對這場論戰有一個眞正客觀的中立者，他定然看得淸楚，儘管論爭雙方在意見上有甚多的紛歧，至少反共抗俄這一個原則是共同的。但論爭的一方面，却可能不這樣想法，他們已公然攻擊民主自由的思想是在爲共匪的統戰工作舖路；他們內心如何想法，更是不得而知。我們於此實不得不痛苦的承認：不信任的種子，確實已經撒佈下了；這種不信任心理，倘若聽任其發展下去，將會導致如何的後果，我們眞有點不敢想像。

美國是一個從來不願干涉別國內政的國家。但我們卻並不能說，美國並不對它的盟國存有某種的期待。美國確有它的一套政治理想；如果絕無理想，它不會領導反共。美國希望它的盟國都走上民主自由的道路。由於這種希望，美國對於各國民主自由的潮流，很自然的會抱有一種同情的心理。同時，各國的民主自由思想分子，也多數對所謂美國生活方式，特別是它的政治經濟制度，懷有一種憧憬。這種情形，對那些已經在心理上撒佈了懷疑種子的反民主自由分子，更如杯弓蛇影，可以引起種種離奇的錯覺。他們會懷疑民主自由分子與美國之間，會建立某種聯繫。照這樣的邏輯推衍下去，那麼周匪的謊言，也就會顯得不是全無道理了。

甚至，對民主自由思潮的憎恨，可能移轉目標而成爲對美國的憎恨。這樣，對內的不信任心理就與對外的不信任心理聯結一起，而更致發生種種的安不。在這樣的情形下，我們又如何能夠維持對內的團結與對外的合作！

我們並不要求反對民主自由的分子立卽改變他們的思想，放棄他們的意見。我們知道這是辦不到的。我們祇希望那些分子能夠瞭解：（一）民主自由分子祇是準備經由理性的說服與完全合法的手段，爭取他們理想之實現，他們不會在臺灣實行「革命」，因爲他們根本上反對以「革命」爲現實政治理想的手段；（二）民主自由分子決不會放棄他們的反共立場，因爲他們知道共產主義對於民主自由是永遠無法調和的敵人；（三）美國在傳統上就不願被牽入外國的政治漩渦，甚至對南斯拉夫那樣的共產政權，它也會無條件給予援助而不在其內部支持什麼顚覆活動。這是必要的瞭解。具備了這種瞭解，共匪的謠言攻勢與挑撥離間，是不會發生任何作用的。如果不具備這種瞭解，那就難說；猜疑不僅會破壞團結，甚至可能造成混亂，那就正好上了共匪藉其謠言攻勢所佈置的圈套。

我們願見我們的國家一天天更走上民主自由的道路，但我們決不是說這是爲了取得美國的信任，才必須這樣做。如果我們的民主自由祇是爲着取得美國的信任，這種民主自由就不可能是眞的。我們是爲着建國而需要民主自由，是爲着反共抗俄而需要它。我們的廣大團結，決不能希望經由民主自由分子之「改造」來達成，而必需經由對不同意見與思想之容忍。民主自由分子是能夠容忍的，而且事實上也無時無刻不在對反民主自由的勢力容忍。但容忍必須是相互的。惟有相互的容忍才能產生相互的諒解，惟有相互的諒解才能產生相互的尊重。達到了相互的尊重，團結就自然的成爲堅不可破。

最近有兩件事使們感覺欣慰。第一件事是，行政院副院長黃少谷氏說：「我們認爲一般輿論及民意代表，對各級政府雖有批評指摘，純爲一言論自由民主國家的通常現象，只要是出之於公正負責的態度，那都是愛國的表現，決非表示一種離心的現象」。這很可澄淸不必要的猜疑。所可惜的是軍方報紙仍然在戴帽子，說我們：「謬論及其行徑都是大陸時期共匪陰謀的翻版」（三月二日軍友報）。這與黃副院長的談話態度，則大相逕庭。第二件事是，國民黨八中全會的決議案業已把「保障全民平等自由，貫澈民主憲政的實施」確定爲反共復國的目標之一，又把「團結國內各反共非共的政黨、社團、與社會人士，以並肩作戰的精神，和衷共濟」，確定爲達成反共抗俄目標的步驟。這兩件事，使我們對前途感覺樂觀。但最後請容許我們再加上一句話：我們希望執政黨要以更多更多的事實來支持其廣大團結的號召，不要僅止於言詞而已。誠如此，則一切反共勢力縱不去强求思想與意見的一致，也仍能達到精誠的合作，從而把共匪挑撥離間的陰謀粉碎無遺。

（註）根據三月七日香港時報社論轉錄，我們相信這是周匪演講正式發表時的原文。港中各報所載美聯社的報導，譯文錯亂，文法與標點有問題，以致意義不淸，極易引起誤解，茲不錄。

社論

(二) 懷疑與希望

據本月八日中央社訊，自三月四日至七日歷時四天的中國國民黨第七屆八中全會，在其通過的重要議案中，有「大陸情勢的檢討與反共復國奮鬥的方向」一案，其中指出反共復國的三大目標以及爲達成目標建議政府採取的三個步驟如下：（一）三大目標：①打倒俄帝傀儡共匪賣國政權，恢復主權的獨立與領土的完整。②摧毀共匪的階級專政，保障全民的平等自由，貫徹民主憲政的實施。③取消共匪關於經濟、社會、文化、宗教、家庭以及對各少數民族的一切俄帝式的奴役措施，重建自由幸福的生活。（二）三個步驟：①團結海內各反共非共的政黨、社團與社會人士，以並肩作戰的精神，和衷共濟，求反共抗俄的勝利與成功。②擴大海外各地的反共救國組織，團結所有愛國僑胞，互助互諒，緊密合作，一致參加反共抗俄的實際工作。③團結大陸反共革命的民衆，並號召共匪黨政軍各級幹部與附匪黨派，奮起自救，反共起義，建立大陸地區的反共革命組織，共同爲反共抗俄而努力。

讀到這個報道以後，我們的心理反應是兩方面的：一方面懷疑，一方面希望。由於若干年來經驗的累積，我們無法不有所懷疑；但想到國家前途的危險，我們又不得不勉强希望。

三大目標，無一不對；三個步驟，都好。可是，這些話我們不是今天才聽到的。民國四十一年國民黨七全大會以來，每年有一次或二次中全會，每次中全會總有這一類的話宣告出來。在四十一年國民黨七全大會閉幕的時候，本刊會根據它的宣言寫過一篇「再期望於國民黨者」的社論（第七卷第九期）。當時我們對於該宣言所講的「決心貫徹民主黨政」，「法治的軌道」，「防止專制」，「保障自由」，「民主政制決不建立在少數人的特權上面」，「構成反共抗俄的聯合戰線」這些話，特別重視。我們認爲這些話如果眞的一一做到，反共復國的工作也就成功了大半。於是我們本此信念，很樂觀地寫下了若干建議。其中，關於法治方面的，我們强調司法權的獨立；關於自由方面的，我們特別呼籲言論自由的保障；關於建立反共聯合戰線方面的，我們主張把各方面有代表性的人物團聚起來，共策大計。這三點建議，我們不僅在那篇社論中提出，自本刊創辦以來，我們爲這三點不知道講過多少次。我們所講的，都不超出國民黨所鄭重宣告過的原則；我們所不斷要求的，只是要求執政的國民黨人把該黨所講過的話，切切實實地做出來。

自國民黨七全大會閉幕以後，到今天，四年多了。我們不必把它歷次的宣告，全部拿來與事實對照，只須就上述的三點來看，也足够令人失望了。

就法治講，近幾年來司法案件遭輿論指摘的，似乎越來越多，而所指摘的內容，多是關於司法獨立精神的被摧毀。去年星島日報（經我政府准予進口的報紙）有一篇很長的通訊（分三天登完的），報道臺灣近年來司法的黑暗情形，後來雖經官方答辯，究不能叫人完全信服。

就保障言論自由來說，最近兩月來國民黨人所辦的報刊對本刊所加的誣陷、恐嚇與威脅，可說是無所不用其極了。如果國民黨所鄭重宣告過的「保障自由」不是一句說說而已的話，爲甚麼有這種矛盾現象呢？

就「構成反共抗俄的聯合戰線」來講，國民黨曾以各種方式一再地正式宣告過要召開反共救國會議，而且還大致確定過召開的時期。但到現在仍然沒有實際的舉動。

由此看來，國民黨在最近幾年一再地向人民宣告的「實行」或「貫徹實施」「法治」、「自由」、「民主」這一類的話，與這幾年的事實對照起來，幾乎全是空話，有的甚至是背道而馳。經驗與推理是我們用以判斷的基礎。有了這些失望的經驗累積在腦子裡，我們再讀到這一次宣告，怎能輕易地相信其有眞實價值呢？

我們知道，政黨在競選時所作的諸言，即在英美那麼進步的民主國家，也要打一個折扣。可是一個政黨已經成爲執政黨的時候，它就不能講一句不負責任的話了。因爲在民主政治下，政黨是靠人民的信任而執政的。如果執政黨所講的話經常不能兌現，人民的信任也就隨一紙投票而撤消，而這個政黨也就立即下臺。這，在民主國家是「如響斯應」，毫不隱忍含糊的。至於在共匪極權奴役的政權下，人民的不信任雖不能藉自由投票而直接地叫政府立刻垮臺，但軍警與特務的勢力，無論怎樣龐大，總敵不過民心向背的。不僅敵不過民心向背，而且，久而久之，他們的勢力必然要隨民心的向背而轉够。這個由波匈事件得到了初步證明的認識，是我們反共的基本信念之一。如果不是本此信念——人心向背決定政權的轉移，我們將憑甚麼來反共？僅憑幾十萬人的兵力就可面對幾百萬的匪軍而輕言反共嗎？這個道理，我們想，國民黨的決策人總不至於完全不懂。既懂得，就該照此道理也把自己這方面檢討檢討，看看在安定的社會秩序下，人心向背的底流究竟是個怎樣的趨勢。

在反共鬥爭的現階段，局勢比過去幾年更複雜更艱難了。我們國家在世界中的政治聲譽似乎日益低落，兩個中國的醞釀，似乎越來越明朗化；共匪的統戰與和謠，越來越積極，越來越無恥。過去，我們政府對於人民的政治要求（遵行法治、保障自由），多以文字或語言的敷衍爲能事。對於自己所講的「團結一切反共非共力量」的諸言，又一再地失信。現在，我們不禁要問：這一次國民黨所宣告的三大目標與三個步驟，究竟算不算數？就「目標」講，今後的政治措施是不是都會與目標相符？凡是違反這些目標的事情，是不是不許其發生？就「步驟」講，所謂團結海內外反共非共力量，是不是要遵守自己的諾言，召開反國救國會議？這些問題，似乎是不應該提出的。因爲代表國民黨的中央社，在其上述的同一報道中還有這樣一段話：「關於前列各項總目標，將分別制定具體計劃，預期於民國四十六年開始實施。」不過，我們由於過去的經驗，終於提出了這樣的問題。但是，我們爲着國家前途的危險着想，我們總希望，事實的答覆都是正面的。

創刊「自由中國」的意旨

——為建立反共理智的信念

雷震

一

去年十月十八日「自由中國」社接到臺灣省新聞處轉知蔣總統婉辭祝壽和徵詢國是意見的通知，提示當前國是問題六點（並見臺北十月十七日各報），「切望全國報章雜誌，徵請海內外同胞，率直抒陳所見，俾政府洞察輿情，集納衆議，虛心研討，分別緩急，採擇實施，藉以對總統華誕，作更有意義的紀念，並表示愛戴國家元首的衷誠。」

為了響應總統「求言」的至意，我們特地「徵請」自由中國的名政論家，請其「率直抒陳所見」，撰述對於國是的意見，乃發行祝壽專號，以壽國者壽人的意旨，來慶祝總統七秩華誕。

專號的文章連同社論在內共有一十六篇，或為研究民主法治與國防制度，或為討論教育文化的建設，或對蔣總統個人作坦率的批評，或對政治經濟的興革提出具體的建議。這些意見若綜合的加以分析，可包括下列十四點：

一　遵照憲法規定，確立責任內閣制，以期奠定民主政制的基礎。

二　扶植有力的反對黨，培養反對和監督的力量，用以推行「眞正」的民主政治。

三　保障言論自由，鼓勵批評政治，俾能揭發腐敗與黑暗，以促進政治的改革。

四　遵照憲法所定，實行軍隊國家化，並納軍事於政治軌範之內，使行政院能够完全統轄軍事。

五　要求國民黨退出軍隊、警察、特務和學校，離開優越地位，變為普通政黨，而與反對黨立於平等的地位，以期我國政治進入「政黨政治」的常軌。

六　整頓司法行政，維持審判獨立，培養司法人才，健全法院組織，做到「法律之前，人人平等」，「法律之內，人人自由」。

七　建立自由教育，發展人類個性，以培養人們具有獨立自尊的精神。教育制度必須正常化，使青年學子得以集中精力於學業，俾卒業之學生，學有專長，服務社會，造福人羣。

八　扶植民間報刊，健全輿論機關，期能反映民意，發揮監督任務。

九　循名責實，樹立責任政治，登庸有眞才實學之人，以肅滯官僚習氣。

十　改善現在地方選擧的辦法，俾在野黨有與執政黨平等參加競選之機會。

十一　特務機關的權力，應縮減至國家安全的範圍，保障人民「免於恐懼之自由」。

十二　改革經濟機構，劃分政務與事務之權責，期能有效的執行經濟政策。

十三　從速召開反共救國會議，團結海內外反共人士，制定反共救國共同綱領，期能造成反共抗俄的新形勢。

十四　建議蔣總統努力做一個無智而能「御衆智」、無能無為而能「乘衆勢」的元首，並希望他「把個人主觀底意志，解消於于政治的客觀法式之中，以培養國家千百年的基礎」。

二

上面這些意見，可能有見仁見智之不同，但這都是響應總統六點提示而提出的。正如蔣勻田先生在專號文章的標題所揭示，乃是「忠誠的反應」。而且這些意見，也都是為了反共復國，針對當前發展的局勢而提出的。也就是說，為了反共復國，在自由中國必須奠定民主政治，改革經濟設施，團結海內外反共人士携手合作以擴大和增強反共的力量等等。而肩負着反共復國責任的我們政府，必須努力照這樣去做方能達成反共復國的目的。即國民黨大多數人士多年來也是抱着同樣的意見，決非我們幾個人徒逞一時之快而貿然提出的。因為政府既一再宣布準備召開反共救國會議，我們相信在專號中所提出的各項問題必是將來與會人士所要提出討論的問題。且看左舜生先生在「自由人」（第五八五期，四十五年十月十日出版）上所發表的「我對召集反共救國會議的意見」一文中所期待「政府的決心與辦法」，即可知道我們推測之不謬。

「所謂起碼的『決心』，這是說政府必於『憲政與黨治』之間，斷然有所選擇，不宜在一般國民的心目中，留下一種混淆不淸的印象。「在憲政下由多數黨執政，這一點無可置疑。即令在國家遭遇緊急危難的時候，由兩黨以上聯合執政的事實，也不乏先例，但只要多數黨確有信心，由其單獨執政即可使國家穩渡難關，所謂聯合執政云云，也初非必要。「憲政下的所謂多數黨，其法律上的地位，應與其他任何少數黨絕對平等。假如因執政之故，使多數黨的地位在事實上特別表現其優越，甚至使政黨政治永無實現之可能，這便與現行憲法的精神完全相反」。

左先生並說明海外反共人士對政府近年的措施是有「歧見」的。他接着並說：「其實何止海外，即以臺灣來說，敷敷衍衍於稠人廣衆之中，疾首蹙額於私人談話之際，也所在皆是」。可見與政府抱有歧見的，不僅是海外反共人士而已。他接着擧出三個實例以說明歧見的內容，我現在只擧出其中一個：

「國民依據憲法，要求多有一點民主自由，此實由於三十年來所積累的一心種理背景，亦卽此輩一種堅決反共的心理所由形成，大有不達目的誓不罷休之勢。政府於此不能有所善導，好像還認民主自由含有多少的毒素，不惜加以曲解。甚至認爲過去之所以失敗，卽由於民主自由太多，今後非根本加以收束不可。」

於是左先生提出他認爲可行的辦法說：「假定反共救國會議之所以準備召集，正是爲了要『消弭這些歧見』，以求得舉國一致來完成這一反共抗俄的艱鉅工作，則與其空言愼重，倒不如劃出一定的時間好好來做一點準備工作。」

「一（略）。

二　政府宜以絕對客觀的態度，就近年一切措施，切實作一番檢討，何者成績較優，何者較壞，何者與憲法精神脗合，何者與憲政的出入較多，作成一篇綜合性的報告。

三　道路傳聞，目前在臺灣未經審判久被拘禁或軟禁的人依然不少，在會議召集以前，最好有一度澈底的澄淸，無論其人知名或不知名，應視同一律，公平處理。

四　凡一切反共立場的書、報、雜誌，無論對政府有如何嚴厲的批評，應一律無條件的予以開放，尤其不可表面答應開放而又利用檢查制度，隨意加以扣留。」

這是在四十五年十月十日雙十節這一期「自由人」上所發表的，遠在同年十月三十一日「自由中國」祝壽專號出版以前，當然不是受了專號說話的影響，可是左先生的意見則與專號的完全相同。難道說左先生也是爲共匪統戰工作作宣傳麼？

關於國是和反共救國會議的意見，在香港的「自由人」、「祖國周刊」和其他報刊上發表的很多，大致與祝壽專號所提的差不多，我不擬在這裡多加贅述。

祝壽專號發行以後，我們接到了許多稱讚和鼓勵的來信，左舜生先生讀了「自由中國」祝壽專號後，也曾於民主評論第七卷第二十三期「對國是與世局的看法」（四十五年十二月五日出版）一文中，發表左述的感想：

「在臺北發行已滿七年的『自由中國』，最近爲響應蔣總統在十月十五日所提示的六點，特就該刊的第十五卷第九期發行專號，共登載論文一十六篇。計自上月三十一日出版以來，爲時僅及三週，已繼續發行五版（現已發行第九版——作者註），僅在臺灣一地，已銷出近兩萬份，而海外的航空版尙不在內（海外的航空版全部售罄——作者註）。這確實是最近七八年間中國言論界一個突出的現象。

「這一十六篇文字，我曾一字不遺的全部看過，覺得也沒有甚麼非常可喜之論，不過所涉及的範圍相當廣泛。（中略）……無一不爲熱誠擁護中華民國的人們所關心，也無一不渴望求得切實的解答。該刊在過去的七年，對自由民主的提倡不遺餘力；對若干不合理的現象，以及若干官僚顢頇腐化的行爲，會不斷的予以猛烈的抨擊；雖遭遇歷次的壓迫與頓挫，而始終不屈不撓，繼續堅持，原早已引起廣大的同情；這次該刊執筆諸君，能不負蔣總統眞誠的號召，就國家這類基本問題，根據理論與事實，切實加以發揮，其能博得多數愛好自由者的共鳴，自然不是一個偶然的結果」。

接着，左先生又說，他比較不如一般人的樂觀，但以他的內心來說，却「絕對不希望他的話不幸而言中」。他說「姑且把一些令人看了不會太愉快的意見寫在下面，以證將來」：

「關於這次響應蔣總統六點提示發表的意見，單就見於臺灣出版的刊物而論，我大致看過三十篇左右，原不以『自由中國』爲限。但『自由中國』這期專號，却是集合了一部分有黨有派和無黨無派的意見，作爲一次集體的發表，儘管執筆者所代表的方面不同，但大家所得出的結論，却絕少顯著的衝突矛盾之處而相當一致。例如『政治民主化』；『軍隊國家化』；司法獨立必須予以切實的保障，而不容有外來的任何干涉；憲政的運用，必須要有有力的反對黨；教育必須超於一切黨派關係以外，而使之趨於正常……這些道理，至少經大家以文字或語言鼓吹，已有二十年以上，幾乎成了一種常識，大家以爲今天的黨政當局連這點常識也沒有具備嗎？天地間一種可怕的現象，決不在不知而不肯去行，而是在知道了而依然不肯去做。大凡對於一種道理已經知之甚熟，而又不敢放膽執行，可能是由於一種環境關係的交織，以及若干心習的積累，乃逐漸形成一種『超越常識』的特殊見解。歷史的經驗告訴我們：大凡一羣人，由於多種複雜的因素，已逐漸形成了這種特殊見解，想要以常識去加以解除或改變，往往甚難甚難。卽令你說得舌敝唇焦，寫得墨乾筆禿，每每可被目爲一種老生常談而不值一顧；說得客氣一點，也不過認爲是一種書生之見，初不必於事實有補。歷史上無數不愉快的事件，乃至歷史上若干慘痛的悲劇，大率由此而來，這確實是一件無可奈何的事實。」

關於反共救國會議的事情，他仍舊說出他一種堅定的看法：

「我對這件事，從來不願積極的提倡，也不願作不必要的反對，一定須看國民黨的誠意如何。這次臺灣方面所表示的種種意見，尤其是『自由中國』執筆諸君所表示的意見，我相信海外各方面的看法『大抵一樣』，這可證明臺灣和海外多數人之間，絕無不能團結之處。假定當局認爲這些意見不無可採，便不妨立卽見諸實行，初無另開會議的必要；如認爲一無是處，則開會以後，大家反覆說明的，也就還是這樣一套，卽多說又有何益？」

左先生當然是忠誠的愛國者，他也是絕對擁護中華民國和蔣總統的反共者，他現在在反共陣營的前線天天和共匪作殊死的鬥爭，他的意見應該是代表海外反共人士大多數的意見，而絕對無意走「觀察」的路線，來拆政府的臺，挖政府的牆脚吧！

三

祝壽專號由於很誠懇的說出了大衆心裡要說的話，所以出版之後則「不脛而走」，於此亦可見人心之趨向爲如何矣。不料專號的意見竟觸怒了某些「權威」人士，他們不斷的在「軍方」（政治部及其有關機構）、「黨方」（國民黨）和「團方」（青年反共救國團）所辦的報刊上對我們圍攻，發表了許多誣衊和搆陷的文字，以冀淆惑國人的視聽。接着黨方報紙包括香港在內，竟採實際行動，拒絕刊登我們每期的出版廣告以示抵制。左先生前述的話眞是不幸而言中了。可是左先生究竟是一位學者，還是認爲他們可能又把這些意見視爲「老生常談」或「書生之見」而不值一顧而已，却萬萬料不到他們竟又以「超常識」的見解，把一些莫須有的罪名加到我們頭上來。

他們加給我們的罪名，舉其犖犖大者：有的說我們是「爲匪張目」，有的說我們是「共匪思想走私」，說我們「分化國人團結」，說我們「爲共匪統戰工作舖路」，說我們是「蛇口裡攻瑰」，說我們是「對國家敲詐投機」，說我們促請政府提高軍公教人員待遇和改善軍公教人員生活的意見，是「挑撥離間軍公教人員對政府的感情，企圖使軍公教人員對政府發生不滿與怨憤」，說我們宣傳自由和民主的文章，是「共匪進行思想戰的手法，把共產主義掩蔽起來，而以僞裝民主自由的面貌出現」，甚至說胡適之先生請總統「努力做一個無智而能『御衆智』，無能無爲而能『乘衆勢』的元首的獻議，是「企圖削減領袖對於反共抗俄的領導力量」，說他們(胡、唐)「造出所謂『三無』（胡適之先生意見）與『三不』（唐鎬卿先生意見）的謬論，即是『不反共、不革命、不負責；無領袖、無國家、無政府』……等等。總而言之，他們說祝壽專號的意見，「裡面包含了共匪最大的陰謀」，乃是「共匪假借民主自由的美名，在反共抗俄的基地來散播這些思想，企圖製造顚覆政府的條件，摧毀反共抗俄的根基」，用以幫助共匪來瓦解臺灣。一言以蔽之，他們說我們是共匪同路人，是共匪的間諜。好像這樣就可以「殺無赦」的樣子，最少可以像中華日報社社長曹聖芬的文章所主張，人民可採直接行動來搗毀我們。

眞理愈辯而愈明，意見之反駁，本是一個可喜的現象。尤其是在民主國度裡，彼此辯難，互相駁詰，乃是一個很平常的事情。無奈在今天中國社會裡，一反都反乎尋常，一切都變了樣子，「軍方」「黨方」「團方」的那些報刊，對於他們所不同意的意見，不是據理反駁，而是採用誣衊搆陷的手段，不管你說的有理無理，先給你戴上一頂「紅帽子」。有了紅帽子，就可羅織成罪了。無怪乎馬五先生說：「讀了這段駭人聽聞的高論後，就實在讀不下去了！」他接着說：

「說『三無』與『三不』之說的，或許是『謬論』，但無論它『謬』到甚末程度，總不能加以『共匪』的惡名吧！三十餘年前，北洋軍閥對於異己的言論主張，動輒指爲『赤化分子』，連『馬氏文通』亦在查禁之列，想不到今天尙有薪盡火傳，在言論上隨便以『共匪』帽子亂拋到別人的頭上，寧非咄咄怪事！胡適之所說的『三無』理論，何嘗是『無領袖、無國家、無政府』的意思？（胡先生的文章裡明明說：「我們的總統蔣先生是終身爲國家勤勞的愛國者」——作者註）唐鎬卿的『三不』主張，又何嘗有『不反共、不革命、不負責』的迹象呢？原文俱在，一目了然，豈可隨便歪曲瞎扯，加以厚誣的（六二二期「自由人」，四十六年二月二十日出版）。

現在讓我們把這些誣陷的意見，極扼要的摘錄一些，請大家看看他們是何居心！他們走的是甚麼路線，用的是甚麼邏輯！

首先要提到的是四十五年十二月一日出版的「軍友報」（週刊），在標題上大大的標出「別爲共匪『統戰』作宣傳」，說明他是「某雜誌祝壽專號讀後感」。大意是說：

「正當鐵幕內人民燃起漫天反共反極權反奴役的烽火，燒得克里姆林宮的一般魔鬼焦頭爛額舉止失措的時候，在大陸上橫行霸道的朱毛匪幫，十足感到了『樹倒猿猻散』嚴重威脅的時候，……這正是一個反攻有利的時機。「誰又想到就在這個反攻的前夕，居然有人以『言論自由』爲幌子機會對我們多年所作的努力，潑了一盆冷水，對我們的信心和決心，敲下一記悶棍。這些人若是匪諜，我們倒可以當作是他們中傷挑撥分化破壞的惡意宣傳欺騙，可是偏偏這些人都是正人君子，平日所講的都是仁義道德，寫出來的都是巨著宏論，所以，不由我這個國民有點怵目驚心，疑懼參半！」

在這一段開場白之後，接着就說祝壽專號的文章全是「信口開河，抹煞事實」，「有批評，無建議」，「有破壞，無建設」，「巧立名目，分化國人團結」。其結論則說：「團結合作惟恐不及，何必再爲共匪的『統戰』作宣傳，而影響士氣，斲喪民心，破壞政府聲譽呢？」好一頂「爲共匪統戰作宣傳」的紅帽子就輕輕的加上來了。

在同期上還有一篇專論，題爲「當心觀察」。大意是說我們標新立異，有意拆政府的臺，特借總統七十壽辰徵求六點意見的絕好機會，來一次「總攻擊」。甚至說我們登再版、三版、五版的廣告是賣噱頭，而懷疑我們是在走大陸撤退前「觀察」雜誌的路線，似乎大陸的淪陷就是「觀察」雜誌的文章造成的。根據這樣一個論法，於是又一頂「紅帽子」飛到了我們的頭上。

不特此也，上面所述那些文字，還只說我們是爲共匪統戰作「宣傳」，「懷疑」我們在走「觀察」雜誌的路線，而同年十二月二十二日這一期的「軍友報」，却更進一步，竟用套紅大標題：「揭穿爲共匪『統戰』舖路的個人自由主義者的陰謀」。他說：「在誓師反攻前夕，我復國基地臺灣，近兩個月來，有一二報刊竟然出現一種破壞士氣民心的論調。」並說我們在表面上打起自由民主的招牌，實在是在做挖國家牆脚的工作。更說我們是對國家敲詐和投機，和過去的「民主同盟」一樣。

在同期上還有一篇題爲「其心可誅，其行可鄙」的社論，說我們是：「集破壞、汚濁之大成，用原則的歪曲理論來否定國家、民族的利益，以一二少數人的成見來影響全民信仰，顚倒是非，指鹿爲馬，它們名爲輿論，其實已失去公正、正義、眞理的立場，……同一些共匪尾巴的見解是一模一樣」。另外還有一篇小評，題爲「不要爲匪張目」，其調子和前述的文章如出一轍。

此外，在第一三九期和第一四〇期的「國魂」雜誌上更多誣衊我們的文字，而第一三九期的國魂「嚴防共匪思想走私」的社論，實可以稱爲「代表之作」，運用了一切侮蔑搆陷的詞句與罪名來加在我們頭上。

還有「青年戰士報」（屬於政治部）和「幼獅」雜誌（屬於青年反共救國團）的文章，其立論完全與上述相同，不是說我們是爲匪張目，就是說我們是共匪思想走私，爲節省篇幅計，不擬在此多所引述。一言以蔽之，正如范度才先生在「自由中國」（第十六卷第二期）投書中所云：「對貴刊破口惡罵，且千篇一律，其姿態與方法，很像過去大陸上之淸算胡適，圍剿胡風」一樣。不過，這些還只是用文字來加以誣陷而已，而曹聖芬先生所主持之「中華日報」（國民黨黨報），則別開生面，竟鼓吹採用暴力，煽動老百姓用直接行動來毆打我們，說這樣可收「制衡之效」。而另一黨報「政論周刊」第一〇五期特予以轉載，並大加贊揚。

近來不僅黨方軍方團方報刊仍在繼續圍剿，而軍中電臺、空軍電臺和幼獅電臺，亦用同樣的調子，加入圍剿的行列。

四

祝壽專號言論的立場，在本文第一段裡已經很明白的指出，我們全是站在現行憲法範圍之內來立言的。我們沒有一個字違背了現行憲法和其立法精神。在這樣嚴格的範圍之內來說話，正是謹守我們輿論者的界線，也正是「負責任」的說話。我們今日一切行動，只有根據現行憲法的規定才是合法的行動，因爲我們的政府是根據這部憲法產生的；我們的民意機關也是根據這部憲法成立的，可是軍方、黨方和團方的報刊竟誣稱我們這些言論是「共匪思想走私」，是「爲共匪統戰工作舖路的自由主義者的陰謀」。這些指責的目的，除了想用誣衊和搆陷以達成箝制輿論和控制思想的目的而外，我想不出還有其他甚麼作用。若就宣傳的立場來說，在國際上恐怕還要發生相反的作用呢！正如馬五先生在上文所說的：「是幫倒忙！」近來國內外許多友人紛紛來函慰問者，就是一個很明顯的例證。得道者多助，我們是不會孤獨的。

現在我不打算對那些誣衊搆陷的文字加以反駁，因爲在讀者明亮的眼睛中，自有其正確的是非曲直之評斷，我在此要來說明的，乃是我們這羣人創辦「自由中國」的經過和目的。也就是要說明我們爲甚麼要反共的道理。

當民國三十八年春天共匪正準備大舉渡江的時候，眼看着大陸就要淪陷，人民將被奴役，而當時輿論界的論調，普遍呈現着消極和曖昧的態度，對時局的發展只有隨聲附和，不敢作正面的主張，甚至連「備戰談和」都不敢說，對共匪在和談中的蠻橫態度，竟亦無人敢加以斥責。我個人當時就一再强調：「不先謀停戰而卽進行和談，卽等於投降」（註），故要求政府必須「一面備戰，一面談和」。可是這類呼籲竟無人敢出來響應。最奇怪的是：當時政府負責人到上海湯恩伯將軍主辦的保衞上海的軍官訓練班來講話，一再要求不要在報上發表其名字，怕的是影響和談，可見當時「失敗主義」之支配人心，其力量是如何之大。

當時各地黨報官報之態度旣如此，而人心愈趨萎靡，胡適之先生看到這些情形，則非常焦慮。我們數度交換意見的結論，認爲和共匪鬥爭，必須在思想上能有所立，從心理上建立反共信念，把反共精神振作起來，則反共始能有效而可以獲致最後勝利。所以，必須創辦言論機關，發行報紙或定期刊物，和共匪作思想的鬥爭，從理智上建立反共信念，從心理上擊破共產黨。而且我們認爲和共匪鬥爭，今後必是一個長期的鬥爭。在長期鬥爭之中，尤有建立言論機關的必要。

過去三十年來，我們看到蘇俄和衞星國家這些鐵幕裡面，報紙完全沒有新聞，言論失去自由，其它的人民基本自由更無法存在。共產黨雖在製造「新民主」、「人民民主」、「民主專政」這一套民主騙術，但對「自由」二字却不敢有絲毫的假借。因爲共黨極權暴政，就是靠着鐵幕這座大牢獄來維持的。他不僅隔斷消息，歪曲新聞，還要配給思想，製造恐怖，使人民不復知有其他的自由世界存在。所以，共產黨最怕講自由。講自由可使共產暴政立卽崩潰。職是之故，我們認爲和共產黨作思想鬥爭必須以「自由」或「自由主義」爲唯一的出發點，亦必須以「自由」或「自由主義」爲唯一的歸宿處。當時適之先生命名這本刊物爲「自由中國」者，就是這個意思。看他所寫的「自由中國」的宗旨，更可明白這層意思。

當然，這裡所說的自由，旣不是黑格爾或希特特所倡導的「國家自由」，也不是以個人爲工具的「國家自由」，而是歐美民主國家每一個人所保有、而且每一天在其中實際生活的、載在我們現行憲法第八條第十條至第十四的那些自由，如身體之自由、居住遷徙之自由、言論講學著作及出版之自由、以及秘密通訊、信仰宗教及集會結社之自由。

我們在上海作初步決定之後，因適之先生出國前應邀訪臺，遂約集同人來臺商議，因有一部分同人已先期來臺，時爲三十八年三月二十五日。在臺集議之後，我於四月四日飛溪口向蔣公說明我們籌辦「自由中國」刊物的經過，當蒙其贊許，時王雪艇蔣經國二先生均在座。當時曾請蔣公予以經濟上之支持，卽承惠允，後來創辦時因規模旣已縮小，故未請求援助。

我們的宗旨，每期均刊載於「自由中國」刊物上面，作爲提醒我們努力的目標。

我們的宗旨第一條是：宣傳「自由與民主」的眞實價值，努力建立「自由民主」的社會；第二條是：抵抗共產黨鐵幕之下剝奪一切「自由」的極權政治；第三條是：幫助淪陷區同胞早日恢復「自由」；第四條是：使整個中華民國成爲「自由」的中國。換一句話，我們的反共是爲爭取自由民主而奮鬥，任何「反自由」、「反民主」的事情，都是我們奮鬥擊破的對象。我們從民國三十八年十一月二十日創刊之日起，迄至去年祝壽專號這一期爲止，已整整的滿了七個年頭。其中爭自由、講自由、討論民主的文章，也不知道寫過多少篇，這是我們一貫的立場，實不必借祝壽求言的機會才來說這些話。事實俱在，有本刊可資覆按，何嘗有甚麼陰謀在內？又何嘗有對國家敲詐投機的地方？今日官方黨方團方的刊物，動輒不惜血口噴人，說我們是共匪思想走私，請問共匪思想體系之中，有那一點含有「自由」的成分在內？他們除了遵守馬列主義和毛澤東路線之外，還有一點主張自由權利和個人尊嚴的意思麼？其實，和共匪思想同路道的，不是自由主義或個人主義，而是那些在思想上沾染了共產主義毒素的、在方法上要採用共產主義來反共的人。

我們七年以來，爭自由講民主的文章究有多少篇，我不擬一一列舉出來，現在只摘錄前發行人胡適之先生在本刊三週年紀念會的講演詞的一段：

「這幾年來，『自由中國』雜誌各位同人盡了很大的努力，至少替自由中國（廣義的說，即我們的國家）建立了一個自由言論的機關。我們那時是希望一個自由民主的國家，自由民主的社會。而自由民主的國家，最緊要的就是言論自由。我個人的看法，言論自由，只在憲法上有那一條提到是不够的。言論自由同別的自由一樣，還是要靠我們自己去爭取的；法律的賦予與憲法的保障是不够的。人人應該把言論自由看作最寶貴的東西，隨時隨地的努力爭取；隨時隨地的努力維持。用個人的言論去維持它。爭取自由是一種習慣，要大家去爭取。無論甚麼政府，無論甚麼國家，凡是主管行政部門的，總是不十分願意有人批評，有人反對，有人挑眼，說閒話。就是世界上最民主的國家的當政的人，也總是不十分願意人批評的。所以無論甚麼國家，就是最自由的國家，要眞正做到言論自由，都得人人隨時隨地去爭取。『自由中國』這本小小的雜誌，誕生不過三週年，每半個月才出刊一期，對於自由的爭取當然不會有很大的貢獻。不過，我覺得，三年來，每期雖不能都有好的爭取自由的言論，但希望至少在一年當中或兩年當中有幾篇文章能够作爲對實行爭取言論自由的努力。我剛才說過，無論甚麼政府，無論甚麼國家，當政的人總是討厭人批評的。我們這班朋友們偶然作一點批評，至少可以養成一種習慣，可以形成一種風氣。當政的人起初雖然覺得討厭，但看慣了，就覺得批評是善意的，不是惡意的。因此；時間長了，言論多了，可以使當局者養成接受批評和容忍批評的習慣；一般人也可因此而養成了爭取自由的習慣。這樣，對於國家、社會、政府、人民都有好處。這並不是我們『自由中國』這個雜誌能够完全擔負的責任。當初我和幾位朋友們發起刊行『自由中國』的意思，就是覺得我們應爲養成自由的習慣盡一點力量。」

寫到這裡，我還想追叙一件事，即本刊創刊是在民國三十八年十一月二十日，這時正是四川戰局吃緊的時候，不久整個大陸完全淪陷，臺灣人心非常恐慌，誰也沒有夢想到有韓戰發生，有美國第七艦隊協防臺灣海峽。當時來臺人士，賤賣汽車房屋而移居香港日本者比比皆是，政府爲防止人心動搖起見，竟規定高額出境防衛捐以示限制。而我們在籌備的時候，不僅決定要把本刊放在臺灣出版，而且決定我們自已寫文章必須使用眞名字，以表示反共的決心，而與臺灣共存亡。我們認爲和共匪鬥爭，自已若不敢出頭露面，僅僅嚷着反共而希望他人去犧牲，則是懦夫的行爲，也就不能得到最後的勝利。

五

總之，我們認爲反共抗俄必須以「爭取自由」爲基本信念。這個主張對不對，我們還要請讀者們看看今日世界局勢發展的趨向。

我現在摘錄美國幾家有名的刊物而在臺灣可以見到的，對於東歐事件的綜合報導與分析。

第一　波蘭

（一）波蘭前總理 Stanislaw Mikolajczyk 說（見一九五六年十一月二日 U. S. News w Word Report）：

「波蘭有兩個力量：一爲共產黨想保持共產制度。另一力量爲人民的壓力，尋求眞正的自由與民主。波蘭人民反對共產主義有三個原因：①政治上，波蘭人要民主；②宗教上波蘭人爲天主教，反對無神論及共產主義的謊言；③經濟上，波蘭人深知共產制度之不可行，僅能帶來悲慘與災害。「共產黨人告訴波蘭工人，他們這一輩子是窮的，但下一代將受其利。波蘭人深知此乃謊言。波茲南事件可以看出，他們是要下一代——他們的子女，現在享有更好的食物、衣着、房屋及生活樂趣。」

（二）曾任蘇俄情報工作十三年的前蘇俄情報官 Nikolai E. Khokhlov 說（見同上刊物）：

「蘇俄人民及波、匈人民所奮鬥爭取的是『自由』，擺脫共產主義的奴役。此一鬥爭在鐵幕內廣泛展開。此一運動在鐵幕內業已開始，而波蘭與匈牙利不過是個開端耳。」

（三）一九五六年十二月三十一日的 Newsweek 有左列一段報導：

「波蘭大學生的示威，是反對『包辦候選人』和『控制的投票』。他們要求的是純正的兩黨制度。即結束共產主義的一黨專政。」

第二　匈牙利

（一）一九五六年十一月二日的 U. S. News w World Report 有左列一段報導：

「布達佩斯匈牙利大學生對匈牙利政府最後通諜似的要求如左：①蘇軍由匈牙利撤退；②充分的言論自由及出版自由；③對聽命於莫斯科的匈共加以公審；②釋放所有政治犯；⑤秘密的自由選舉，並由各黨提名候選人；⑥匈軍穿着匈牙利制服（現匈軍穿着蘇軍制服）；⑦承認工人罷工之權利；⑧拆毁布達佩斯廣場史達林銅像。將上項權利給予人民，則爲共產政權之終結。」

（二）匈牙利總理 Ferenc Nagy 說（見一九五六年十一月二日 U. S. News & World Report）：

「匈牙利革命是匈人要求自由。學生首先要求言論自由，工人參加，暴動於是開始。

「波茲南事件與匈牙利事件之不同，波茲南是要求麵包，而匈牙利事件則係要求自由。波茲南事件是工人發動，而匈牙利之暴動，則爲學生及知識分子所發動。這是說明『自由第一』，麵包第二，雖然匈牙利經濟亦有特殊的危機。

「自莫斯科第二十屆共產黨大會（一九五六年春）反史達林主義後，匈牙利知識分子要求更多的自由。

「第一次公開抗議是所謂共產黨文學家的『作家叛變』（Writers' Revolt），接着就是共產黨領導的『民主青年協會』（Democratic Youth Association）成立的稱爲 Petofi Circle 的每週討論會。他們邀請參加『作家叛變』的教授、哲學家、科學家、文藝作家參加。討論漸漸自由，並批評共產黨領袖。聽衆漸漸增加，在六月底（一九五六年）聽衆達六千人，而四千人尚在門外由擴大器聆聽討論。

「一個作家說；沒有自由，在匈牙利不會有偉大的文學。匈牙利原子能科學委員會主席抗議在匈牙利無科學之自由。

「由要求在共產主義下之自由，一變而爲擺脫共產主義而享眞正之自由。

「三千學生要求將史達林主義者免職，要求納奇（Imre Nagy）復職。參加的人愈來愈多，竟達三十萬人之衆。總理 Geroe 發表觸怒羣衆之演說。遂將和平示威運動轉爲革命運動。將要求納奇復職之示威，轉爲要求廢止共產主義，要求自由選擧。」

該刊並說明「納奇是甚麼樣的人？」

「納奇係於史達林死後一九五三年七月四日任匈牙利總理。他宣佈：凡不喜歡集體農場者可脫離。在六個月內，有百分之四十五農民脫離集體農場而成爲自耕農。納奇取消所有集中營，讓被放逐者返家。馬林可夫失脚，赫魯雪夫上臺，納奇遂被整肅，由史達林主義者拉可西（Rakosi）上臺，用恐怖手段强迫人民返回集體農場。」

第三　蘇俄

（一）一九五六年十一月二日的 U. S. News & World Report 有左列一段報導：

「蘇俄內部發生不安。本年（一九五六年）初底夫里斯（Tiflis）及烏克斯各城市發生公開暴動。由於羣衆之壓力，迫使蘇俄頭目釋放大批政治犯。

「蘇俄人民要求更多的權利。這些權利的賦予，將使共產獨裁者的權力受到威脅。」

（二）前蘇俄情報官 Nikolai E. Khokhlov 說（見同期 U. S. News & World Report）：

「蘇俄人民要求眞正之自由，言論自由，選擇職業之自由。他們要求做人的自由，個人的自由」。

（三）一九五六年十二月三十一日 Time 報導如左：

「反史達林主義燃起波蘭的暴動、匈牙利的革命、烏克蘭的罷工，東德、立陶宛、艾沙尼亞的不安。這些騷擾主要起於青年。這些青年人對於赫魯雪夫的論調看得很認眞，認爲這是新的時代的開始，故要求自由與改革。赫魯雪夫在莫斯科大學青年大會演講時，不斷的鼓掌使赫魯雪夫不能演講。這是莫斯科學生表示對目前共產黨領導的蔑視，並表示與波蘭、匈牙利青年的團結。

「蘇俄共黨中央委員會認爲應對學生『再灌輸馬列主義』，共產黨報紙主張逮捕『暴徒』」。

（四）一九五六年十二月三十一日 Newsweek 報導說：

「波蘭，東德及波羅的海沿岸國家學生不穩，甚至蘇俄學生也不穩。

「共產主義不能滿足蘇俄及其衛星國人民，因爲不能享『自由』及較高生活水準。

「共產主義不能變更人性。蘇俄已工業化，人民要求享受工業化的成果，他們不能再爲甜言蜜語所欺騙。匈牙利人民爭『自由』的運動，深爲蘇俄人民所敬佩，一如西方國家人民。波蘭人民爭麵包與『自由』之呼聲，已在蘇俄得到響應。在蘇俄內部不安之象徵日增。上週會有報導說，烏拉爾區及頓河河谷地帶有罷工。地下社會黨會散佈傳單，責難蘇俄在匈牙利的鎭壓行動，並要求蘇俄集團國家實行自由選擧。

「學生在這一運動中居領導地位。學生的領導運動，是沙皇統治結束的前驅。列寧在一九〇一年會說：『學生們的要求是適當而無害的，而政府却是張皇失措，這是顯明的差異，……政府本身感覺到完全的不穩定而只相信刺刀和拷打可以保護他自己……』

「今日共黨統治者正如沙皇的羣臣。他們可以急速轉變政策以防止內部革命的暴發。但他們和沙皇的羣臣一樣，他們將是他們自己創造的歷史的犧牲者。他們不爲人民所信任，但他們又不肯讓位。」

（五）本年一月七日 Newsweek 報導稱，有一蘇俄廿三歲之青年讀者致該刊編輯 Leon Valkov 一函，此函由莫斯科偷帶出來的。玆摘譯其中一段如左：

「……蘇俄學生宿舍，將新聞貼出，並發表文章，說明在布達佩斯之殘暴及匈牙利人民之堅決奮鬥。這是由衛星國學生中之所謂『民主分子』(Democrat) 所發動。

「在青年團的會議中，學生要求青年團自治，大學自治。散發傳單，要求組織『農民黨』(Peasant Party)。其中一些傳單署名俄國社會黨中央委員會。曾經有過這樣傳說：沒有逮捕學生之原因，是教授以辭職來威脅。」

我們看了上面這些報導，可以得到下面的結論：

一　被壓迫的民衆起來爭取自由，波蘭的暴動，匈牙利的革命，蘇俄知識分子的反抗，以及衛星國的不安，都是爲了「爭取自由」。因此，使共產世界基礎動搖。

二　青年起而反抗共產主義。因爲共產主義是反人性的制度，人民則要求自由。

三　在蘇俄國內，現在反對當局的羣衆，仍是共產黨人，且是經過共產黨教育出來的共產黨青年。他們不滿於現狀，而要求自由與民主。有人解釋這個現象說，在史達林時代，所有共產黨人都是統治階層，而被統治的人民，不是資產階級，就是地主階級或商人階級，他們都是當時革命的對象，只有聽任統治者共產黨人的壓制宰割而不敢反抗。可是共產黨已統治將及四十年，這批所謂反動分子早已死光了，今日青年共產黨人他們不甘心居於被統治階層，均起來要與統治階層的共產黨人爭民主爭自由。

四　在衛星國家，這些暴動的人民，其動機一面固是爭取自由，一面也是爭取國家獨立，爭取麵包，而蘇俄內部反抗統治階層的羣衆，完全是爭取「個人自由」。

六

由於上面所列舉的若干事實，我們可以了解，全世界任何一個地方的「反共運動」，其目的無不是爲了爭取自由，爭取個人自由，要做一個獨立的「人」。因爲「獨立」的人，必須享有各種基本自由——身體自由，居住遷徙之自由，言論講學著作及出版之自由，秘密通信之自由，信仰宗教之自由，集會結社之自由等等。這些自由都是屬於「個人自由」的範圍，也就是做人的基本條件。缺乏這些基本條件，人，只不過是一個奴隸而已！共產世界之人民，儘管他們的國家稱爲「人民共和國」，實際上都是一羣不自由的奴隸，包括絕大多數的共產黨徒在內。外國人是爲爭取自由而反共，我們中國同樣如此，例如韓國戰場一萬四千名反共義士之來歸，是爲了爭取他們個人的自由。故來歸之日，我們特別命名爲「自由日」，每年逢此佳日，舉行慶祝大會以資紀念。

再如本年一月三十日抵臺的香港聚興誠銀行經理謝文通氏，他經過長期的掙扎而終於脫離共匪的魔掌，投奔自由世界，完全是爭取個人自由。他說：

「我的人生觀傾向『自由』。三年以前我就準備要走我自己喜歡的路。今天終於歸到了自由祖國，實有無限的興奮。」

他所發表的控訴共匪暴行的書面談話，有這樣一段申訴（見本年一月三十一日臺北各報）：「同胞們，沒有下過地獄的人，不知道地獄的黑暗，沒有失去『自由』的人，不知道『自由』的可貴。」

又二月十五日抵臺的影劇藝人黃河氏之脫離匪區投奔祖國，也是爲了爭取「個人自由」。他說：「今天又面對着這一次充滿着光和熱的歸來，使我重享自由和民主。」

如上所述，已可充分地說明全世界人士反共之目的，無不是爲着「爭取自由」，我們旣是爲爭取自由而反共，而且這種自由決不是那一個可以給予的，乃是民主政治之下依據法律的規定爲人人所能共同享有的。所以我們不特要用民主自由的思想去擊毁共產極權的思想，同時我們在反共過程中，也要建立眞正的民主政治以確保人民的自由。這是我們反共的基本信念，也是我們反共的唯一目的。基於此一信念與目的，則我們不特反對共產思想及其組織，對於一切違反民主自由原則的，我們也同樣要予以反對。我們不僅反對「狄托主義」，就是「佛朗哥型」的政治，我們也是堅決反對的。而且我更堅決的相信，我們必須促使政府步入眞正的民主法治之途，方能號召海內外反共人士的團結，才能先從精神上戰勝共產黨，然後再從實質上打敗共產黨。這是我們七年以來一貫的作法，也曾在本刊發表過若干篇文字，指陳事實，强調這個主張，以期政治與社會之日益革新與進步。在蔣總統尙未提出六項徵詢國人意見之前，我們就是如此做，蔣總統旣有此虛衷求言之舉，我們當然更願意披瀝所見，以供採擇。我們不敢說所提出的意見都是對的，但是我們知道那些都是大家想說的話，也是我們認爲應該說的話，儘管見仁見智各有不同，而且行文之間難免不有觸犯忌諱，然而我們這份希望「國家好」的忠誠之心，應能爲讀者們所共諒。我們也可想像得到，蔣總統旣有此察納雅言的動機，當然也決不致因我們所言或與他所想的有所不合而表示不愉快，或甚至憤怒。但是事實上的表現却恰恰相反，當我們爲響應蔣總統的求言而有所言之後，結果竟贏得一場「黨方」、「軍方」、「團方」雜誌報紙的圍攻，極盡誣衊搆陷之能事。對於這種橫逆之來，我們原無所用其憤慨，而且事實勝於雄辯，識者自有其明智的判別，也用不着我們分別去加以反駁。但是我們認爲非常值得惋惜的，乃是蔣總統虛衷求言之善意，在他們那些報刊雜誌那樣的運用之下，却收得了完全相反的效果

（請看本年二月二十三日出版的第六二二期「自由人」，王厚生先生「論『自由中國』事件的影響」，他說圍攻的文字正被共匪利用，尤其是「蛇口裏的玫瑰」一文），甚至可能引起人們懷疑蔣總統提出之六項問題，並不是眞的要大家放言無忌，直陳得失；而是需要更多的歌功頌德之文。再退一步講，縱令我們不應該如此去懷疑蔣總統此舉的善意與純正的動機，可是事實轉變到現在，我們至少已經很明顯看出今天黨政軍團各方幹部乃是要利用蔣總統這個求言的機會來盡量發現那些他們認爲愛說不中聽的話的人，然後再給這些人戴上一頂紅帽子，這樣便可使這些人不敢再說話了。

今天我們所需要的是團結反共力量。反共決不是政府或少數人可以包辦得了的。要團結，就得多多的容納各方面的意見；而且我們却必須堅決的認定，惟有眞正的民主自由才是團結人心和反共的最有效的方法。蔣總統求言之目的，亦在於聽取各方面的意見，從異中求同，化小異爲大同，使政府所行所爲變爲全國人士所共同認爲要如此做的。如果作爲蔣總統幹部的竟不能體會這個意思，不能從大處着眼，爲國家人民前途着想，而相反的要藉這個機會拿着甚麼「共匪同路人」、「救國會七君子」、「民主同盟」、「觀察」等等罪名，隨便給人加上「紅帽子」，企圖塞住大家的口與筆，這份「忠誠」是否會被蔣總統所欣賞我們雖不得而知，我們所擔心的乃是等到國事無人敢說話的時候，恐怕我們反攻復國的大業也就會完全無望了。

末了，我還要在此特別提醒大家：共產黨甚麼都敢要，惟獨不敢講「自由」。三十八年以前爲共匪舖路的那些眞正的共匪同路人，雖也高唱「民主」，但他們不敢提到「自由」，當然不會提到「反共」。我們試翻共產黨所有的文獻之中，有那一點是講「自由」和「自由主義」。我們再回想一下三十八年以前在大陸上那些所謂「民主人士」所發表的言論與文章，又那有一句「反共」的話？因爲共產黨一講自由，它的鐵幕就立刻會崩潰，極權暴政就立時會倒臺。這一點我們必須認識清楚，決不可含血噴人，將眞正的民主自由者視作敵人，甚至誤認反共不可談民主自由。這樣倒行逆施的作法，實無異自毀團結，自壞長城，爲仇者所快，爲親者所痛。我們須知，民主政治乃世界潮流所趨，愛好自由乃人類天性所賦，我們今日之所以相信「反共必勝」，其理由即在此。艾森豪總統之所以同樣相信他們和共產政權作長期的競賽，而自由民主世界終必戰勝極權暴政者也在此。因爲自由世界的人民，儘管彼此有不同的意見，而彼此均無「恐懼」之心。就是大家都有「毋虞恐懼」之自由，那一部分的人也不會恐懼或懷疑另一部分的人來危害他們，因而彼此之間決無「仇恨」之心。彼此既無仇恨，人人就可安居樂業，站在自己崗位努力工作，社會自然欣欣向榮，國家自然强盛。而共產世界則反是，人人心懷恐懼，彼此側目而視，大家各懷鬼胎，彼此見面連寒暄幾句都不敢出口，自然互相猜忌，互相監視，誰也不能信任誰。這種政權當然不會維持長久的。

四六、二、二二。

註：

一、雷震談和平問題—先決條件必須現地停戰，無談和力量即不能言和（中央社南京三十八年一月十七日電）。

中央社記者頃以中共所提和平條件暨一般所謂和平之門已開等問題，特徵詢前政治協商會議秘書長雷震觀感。雷氏稱：「自元旦總統文告發表以來，全國人士都關心和戰問題。和平是大家所期待的，本人尤其希望和平，且過去曾努力於和平的工作，也費了不少的心血，惟照十四日中共首領聲明的八項條件看來，我個人却不敢輕易相信中共已具有和平誠意。也許有人認爲這八項條件只是『双方從事和平談判的基礎』，其間不無可以斟酌損益之處，我們姑捨此不談，但另有更重要的一點，大家應該確悉，即和談的先決條件必須有一個適於和談的實際環境和氣氛，具體的說，必須先做到双方停戰。就這一點，目前的事實擺得很明顯，一方面政府的軍事行動自總統文告發表以後，各處都以應戰的姿態採取守勢，另方面共軍則到處進行劇烈的進攻，平津方面尤著。在這種局勢下，和談如何談起。回憶三十五年一月召開政治協商會議時，曾以双方停戰爲先決條件之一。尤以中共方面特別強調必須無條件停戰始能開會。但當時僅局部衝突，與今日大規模之戰爭實不能相比，本人躬當其事，記憶尤新，現在中共的作法是一方面提出荒謬的所謂和平條件，同時在其廣播中肆意誣蔑，並在其末段中指示其指揮官和戰鬪員繼續戰鬪，直至政府接受並實現其所謂和平條件爲止。在這種情形下，如果我們認爲和平之門已因中共的反應而打開，不是自欺即是幻想。」雷氏最後稱：「和平是政府所希求的，但我們必須得到對方有和平誠意的保證，無條件立即現地停戰。同時我們自己也要不亂步驟，團結一致，始有談和的可能。如果僅在中共這個反應之下，積極去求和，恐怕只是走向投降之路而已。因此我們不要終日專注意談和，而忽略自己應有的準備，因爲我們必須具有談和的力量始能談和，所謂能戰始能和也。」

二、雷震發表對和談感想促全民提高警覺，對所謂聯合政府問題不可忽視（中央社三十八年四月五日臺北電）

前政治協商會議秘書長雷震，曾於四日離臺前發表談話稱：「和平正爲全國人民所企求，我們自然希望有一合法合理的眞實和平實現，惟對所謂聯合政府一問題，吾人不可忽視，而應特別提高警覺，蓋和談結果如實現了中共所操縱的所謂聯合政府，則中國前途將不堪設想。這可從兩方面來說：第一、內政方面，必然是走向反自由、反民主及反人性的前途，達成共黨暴力專政之局。第二、外交方面，照中蘇條約的規定，蘇聯政府在道義上須予國民政府以援助，今後如有一聯合政府產生繼承國民政府的法統，而所謂聯合政府，實質上又是受中共所操縱，則蘇聯政府即可名正言順的假援助之名，把中國拉入共產國際鐵幕之內，捷克先例可爲殷鑒。這是我們對於和談前途應予特別注意的。如果結果如此，我們必須堅決反對。」雷氏繼對此次和談發表感想稱：「此次和談準備過程中，中共所表現的作風與卅五年政協時期政府方面的民主風度大相逕庭。第一、當時政府方面對于中共的代表，不僅在接待和洽談方面都很禮貌，即在會議場上，儘管中共代表肆力謾罵，甚或侮辱，而政府代表則始終保持容忍的態度。而且當時政府區域的報紙亦接受政府的指導，避免登載刺激性的文字，但這次中共的廣播，儼然以受降者的口吻，指政府代表爲反動的政府代表。第二、當時政協開幕前，中共代表周恩來堅持非停戰不參加會議，政府卒於會議開幕之日（即一月十日）上午八時下令停戰，十時會議開始。現在中共的軍隊仍積極在長江北岸進行攻擊安慶外圍，襄樊一帶及儀徵等處的態勢，尤爲顯著。第三、當時政協開會時，並不封鎖新聞，記者可以參加旁聽，自由報導，現在北平的和談，竟不許記者旁聽，中共近幾年來所宣傳的『民主』，其骨子裡究竟是什麼，我們於此也可約略的得到一個有力的反證。」

中共開放自由市場的分析

李靜之

一 中共為何開放自由市場？

中共爲實行所謂計劃經濟，過去對消滅大陸原有之自由市場，曾經過相當長時期的努力，採取一系列的嚴厲措施，始把自由市場壓服，而取得整個市場的控制權，出現所謂社會主義市場和所謂市場的計劃性，滿足了計劃管理上的要求。但是跟着而來的並不是計劃生產的更趨順調、和「社會主義市場」的更趨活躍，反而開始呈現生產萎縮市場呆滯的趨勢。中共在經濟上愈貫澈計劃性，這種危機愈形嚴重，直到去年（一九五六）春初中共在城市鄉村搞起所謂「社會主義改造的高潮」之後，不但工農業生產萎縮和市場呆滯的現象繼續惡化，進而出現供應緊張的嚴重情況。有些工農業產品逐漸絕跡市場，這眞是中共搞計劃經濟頭目們的悲哀！

由於計劃經濟制度否定了計劃之外的一切經濟活動，取消自由競爭，實行絕對的壟斷和極度的控制，握有一切物品價格的決定權，價格制度不能自然運行，各種資源無法調配到最優利的途徑。並且由於取消自由競爭、消滅自由市場，過去自由市場在經濟上所具有的刺激生產培養經濟活力和調濟供求的作用完全消失。因此，計劃經濟制度下，生產萎縮、供求矛盾是一個永遠無法克服的問題。中共今日之所以在經濟上陷入罕見的絕境，主要是導因於中共所實行的計劃經濟制度。我們試看這種制度所造成的種種惡果。

就工業生產來說。由於中共掌握一切工業生產機構，實行壟斷經營，取消自由競爭。即對日用百貨、手工業品、小土產等亦盲目實行計劃生產，計劃中對於這些產品規定每年的產值，每年對日用百貨生產部門規定出：降低成本率、提高勞動生產率、利潤率和上繳額。層層下達到各生產單位，執行生產計劃的各廠，因爲工廠產品是由商業部門包銷，因而工廠的生產，就祇顧完成產值和利潤，盲目生產而不須考慮銷售上的問題。以致生產落後無從改進，既不能以有效的方法刺激產品質量的提高，又無從鼓勵產品品種的增加，相反的是產品質量日趨下降，品種日趨減少和單一化。李匪先念在「八全大會」上「使我們的物價更好地促進生產發展」的發言中供稱：「目前市場，過去買得到的商品現在買不到了，過去的一些好貨，現在變成壞貨了。」在這種生產制度下推出市場的商品，不但品質過劣，且品種花色亦陷於單一化，因而無法適應社會不同的愛好和心理變化。

就農業生產來說，由於偽政府農產品採購部門和商業部門以行政命令實行統購和收購政策，而且收價過低，農業副產品亦因偽商業機構牟利過狠，收購和銷售之間的差價過大，例如油料的收購價格低而食油的銷售價高，油餅的售價比油料的收價還貴，農民低價賣猪高價買肉等等，此外尙因中共採購部門的「國家利潤觀點」，對幹部檢查工作時，張口問利潤，閉口問利潤，以致共幹收購時「壓級壓價」、「出低價收好貨」等等的格外剝削。大陸農民在這重重的掠奪和剝削之下，痛感「終年勞苦，到頭來都是一場空」。因而農民對生產漠不關心，過去的生產熱情和主動現在消失無踪。河裡的魚、山上的山貨和藥材等小土產在市場上陷於絕跡。總之，由於偽商業機構和採購部門的收購特權和剝削壓榨的兇狠，造成農業生產萎縮減產的趨勢，此一趨勢不但影響工業原料的來源，出口農產品的減少，因而遭致外滙的減少，且亦嚴重影響城市人口副食品的供應。

就市場管制的情形來說。中共爲穩定物價，嚴格貫澈其價格政策，既對農民、小商販和手工業者進行貿易的初級市場亦管制得過死過嚴，不准自由議價，不准按質論價（因限於統一規定），規定繁複的交易手續，指定固定的交易場所。因之農民不願將產品挑到市場去出售，而小商小販因爲價格限制亦難下鄉採購和販運，形成產銷停滯，使農村市場呈現死寂局面。初級市場的這種局面，嚴重影響城鄉的物資交流。

就偽商業制度來說，因爲計劃的生產制度，一定要求一個計劃的分配制度，偽商業機構所負的任務，就是銜接生產部門而職司統一分配的工作。生產部門須走入市場的產品，統由商業部門包銷。即是過去對私營工業的加工訂貨統購包銷的工作，亦是集中於少數批發公司，基層商店不能向工廠直接訂貨，偽國營批發公司上下之間，是實行自上而下的派貨制度，好壞貨搭配。因此，經常出現貨物調撥的不對路，形成嚴重的積壓和脫銷。供應工業部門原料的採購部門，亦是實行好壞搭配制度，時常出現供應不合需要但也必須接收的事實。由於上述的制度，造成嚴重的供求失調，亦即中共所常稱的供、產、銷脫節的嚴重現象。

就中共目前整個經濟情形來講，由於中共計劃經濟制度所實行的嚴格控制，帶來工農業生產的極度萎縮、產銷停滯和供求脫節。這種情況使中共感受嚴重威脅的：第一是影響「國家積累」，影響「基本建設」，將使備戰計劃遭受挫折；第二是深恐由於經濟上的惡果引發政治上的危機，爆發像匈牙利那樣的革命，危及對內統治。

上述這些危機就是中共去年六月召開偽人代會一屆三次會議和九月召開的「八全大會」前後經濟上的基本情況。這種情況已足以說明繼續按照馬列教條和計劃經濟的理論前進，是死路一條。那麼，中共會放棄這種經濟制度嗎？不會的。因爲所謂社會主義經濟，亦卽通常所稱的計劃經濟，這種經濟制度的特質，是統治者的權力否定經濟自身的法則，使經濟適合於統治者的目的，統治者的意志可得而充分發揮。經濟自身的法則既然全被剝奪，經濟就成爲統治者進行統治所依仗的武器，利用它來向內外敵人進行鬥爭。而計劃經濟制度，就是使這種武器的柄，操之在統治者的手中。奉行階級鬥爭哲學的統治集團，他們不會在覆亡之前自動地放下這種武器的。

　　中共在這種矛盾當中，形成前進無路後退不能的狀態。在這種情況下，中共所想出來的辦法，是竊取自由經濟制度的優點——開放自由市場，用來解救其由於制度缺陷所造成的經濟上的危機。中共自己也並不諱言，把開放有限度的自由市場，說成是「社會主義市場的一個補充」。說法儘管巧妙，但在事實上是不作「補充」，則其覆亡的命運勢將無可避免。至於能否濟事，則是另外的問題了。

二　開放「自由選購」的市場

　　中共爲了解決前述的嚴重經濟危機，在去年六月召開的僞人代會三次會議和九月召開的「八全大會」中，陳匪雲都曾提出在工商企業之間的購銷關係上亟應採取一些新的措施。

　　據陳匪雲所透露當時尚未付諸實行的措施大要如下：

　　首先，將過去由僞商業部門用加工訂貨、統購包銷辦法來管理的公私合營企業，逐漸改由工業部門按全行業合營系統，組織專業公司以管理合營企業的生產和購銷問題。此一措施，已於去年年初着手進行。其目的在通過各專業公司將所有公私合營企業，置於一個由僞政府統一掌管經營的生產體系之內。

　　其次，在統一工業生產組織的基礎上，進一步在僞工商企業之間的購銷關係上採取如下的新措施。

　　（一）僞商業部門對工廠產品的購銷關係，採取下列兩種辦法：甲、對商品種類少規格簡單而數量很大的民需基本物資，如棉紗、棉布、煤炭、油脂、食糖、紙張等極爲缺乏的物資，繼續實行統購包銷不變；乙、對品種繁多的日用百貨，逐漸停止統購包銷，改用選購辦法進貨。據稱這是在「新的社會主義經濟的基礎上」大體恢復一九五三年冬季以前所實行的辦法。至於由僞商業機構選購剩下的產品，工廠可以自銷，也可以委託商業部門代銷。

　　（二）僞商業部門（包括採購部門）供應工廠原料或是工廠從採購部門和供銷合作社收進原料方面，逐步採取廢除過去所實行好壞搭配的供應辦法。除某些供不應求的原料採取統一分配外，其他原料實行按質論價，由用貨部門自由選購，在這種辦法下的工廠，將變爲買進原料售銷成品的經營方式。

　　在採取上述這些措施的同時，規定僞商業機構、供銷合作社系統內部的上下之間，地區之間的批發，亦逐步採取廢止向下派貨的方式，下級商店可以向任何批發機構自由選購，也可以向工廠直接選購，以防止貨不對路和嚴重的積壓脫銷。

　　中共在工商企業之間和商業的上下層機構之間，採取這種選購辦法的目的，在於解決在供、產、銷之間的嚴重矛盾，並圖扭轉由於這種矛盾所引起生產萎縮（表現在質量下降、品種花色減少和單一化）和產銷停滯的趨勢。中共這一措施，第一、等於承認過去在行政上所施行的監督和檢查制度對經濟工作的無效，而改以「選購辦法」代替行政監督。第二，是說明計劃經濟在走頭無路百孔千瘡的關頭，不能不向自由經濟制度低頭，從他們經常咒罵的資本主義制度中找尋解救其經濟危機的藥方。但是「自由選購」並不就是自由競爭，也不能代替自由競爭在經濟上所起的作用。中共所稱之「自由選購」，據陳匪雲在僞人代會三次會議上「關於商業問題」的報告中解釋說：「是在鞏固的社會主義基礎上實行一定程度的自由推銷和自由選購」，也就是「在計劃經濟範圍內開放的有限的自由市場」。並說：「實行選購商品的價格，祇能在國家批准的幅度之內擺動。」而且爲了保障內地落後工廠之不被擠垮，尙須把上海、天津設備較好的工廠的產量，限制在「國家計劃規定指標以內」。根據這些解釋，所謂按質論價祇能在批准的幅度之內論價；對於好貨的選購，因爲限制先進工廠的產量，勢必形成所說「國營批發站對一部分各地所爭要的好貨和某些求過於供的商品，按計劃進行分配。」至於剩下的壞貨，除在脫銷時應市，就只有長久積壓。如此一來，僞商業部門確是減少了困難，但是却把困難轉到工業部門。工業部門在這種辦法下，所生產的好貨在價格上將受不到批准幅度以外的好處，却要受壞貨積壓的損失。並且由於選購關係，大部分工廠的生產經營，勢將陷於混亂和虧損，難於達成上繳任務。而所謂先進工廠的生產雖可得而穩定，但是由於價格和產量上的限制，亦不會超額過多的完成上繳任務。因此，可以預知，選購辦法實行的後果，除其他不利因素不計外，勢將遭致生產上的混亂和財政上的損失。

　　中共從過去的統購包銷和嚴格控制產銷的情況，一變而採取這種自由推銷自由選購的辦法，其必發生大混亂自不待言。陳匪雲在僞人代會上報告中一再聲稱：「實行以前如無準備，將會產生很大的混亂。」並說：「先對某些商品試行，卽使試行有了良好結果，其他商品也祇能分期分批地，有準備有步驟地實行。這樣作的目的，是爲了避免混亂。」由此可以看出中共對於這種辦法的審慎態度，及其實行不當可能產生極其嚴重的後果。

　　僞人代會三次會議後，中共對於推行這一新措施的報導甚少，八月初始有透露。據去年十一月十一日新華社上海報導透露，去年春初僞商業部曾發出指示：「准許全國基層商店，在按合同進貨之外，可有百分之十到百分之二十的自由採購權。」看情形最初放寬甚少，且限局部地區。及至去年六月僞人代會之後，方逐漸擴大到大部地區。此外見於報導的尙有七月間僞中國針棉織品公司在天津舉行的「全國供應會議」，採取在會上對絨衣、毛線衫、毛巾、棉線、襪子、床單等十三種商品，第一次根據樣品實行自下而上的自由選購，簽訂供應合同。這種自由選購與過去對私營工廠訂貨無何基本不同，祇是擴大到偽國營工廠而已。

目前在報導中未見有其他開展，窺其原因，似已因遭遇困難或無法執行而又自行收緊。

三　農村自由市場曇花一現

中共為了解決工業農業生產萎縮、市場呆滯和供應緊張的嚴重問題，除在工商企業之間實行自由選購、自由推銷之外，陳匪雲在中共八全大會上又進一步提出應該同時採取逐步取消過去管制甚嚴的市場管理辦法以開放農村自由市場。但是開放的範圍祇限於一部分次要的農業副產品，「對於糧食、經濟作物、重要的農業副產品，仍由國家統購，或者委託供銷合作社統一收購」。至於准許自由販運的次要農業副產品，就是那些小土產。過去這些小土產皆由當地供銷合作社獨家統一收購，而現在則改為允許各地「國營商店」、「合作商店」、「合作小組」和「供銷合作社」一起自由收購、自由販運，禁止互相封鎖。這一措施的目的據陳匪雲在八全大會上供稱：「這樣就可以使那些小土產避免由於當地供銷合作社不注意收購或收價偏低而減產」。事實上，不如此不足以刺激產銷活動。中共這一措施無疑是碰了壁以後的回頭，由此亦可瞭解計劃經濟制度它所具有的反動意義。

為了適應自由收購和自由販運的需要，中共在稅務方面以及運輸貨物、郵寄商品方面的限制辦法，亦略作改變，廢除銀行滙款支付辦法中那種「買醋的錢不准買醬油」的專款專用辦法，滙到甲地的錢不准在乙地使用的機械辦法（中共銀行負有財政監督之責，監督資金之投放和使用，與民主國家滙款制度不同）等等。

中共在大陸農村恢復有限度的自由市場，據解釋決不是在農村「恢復資本主義的市場」，乃是在所謂「國家經濟領導」下的自由市場，「農民貿易（中共對開放後的農村自由市場常稱為農民貿易）是社會主義商業的一個補充。它決不是無人管理的自由市場，這些市場貿易的範圍，主要是農業生產合作社和農民自己生產的小土產和副業產品。」

如此說法的農村自由市場，中共從去年九月份起，先後在湖北、廣東、山西、山東、江西、四川、福建、江蘇、河北等九省着手開放，首先將原有限制農民貿易的交易所制度廢止，在不同範圍內放寬對農村市場的管制，取消硬性價格管理制度，允許農民在市場上自由議價成交，農村中原有之墟市、集場也准許恢復。中共採取這些措施的用意，在於解決下述一些嚴重問題：（一）過去農民業已停止生產的一部小土產，刺激其恢復生產，並防止農業生產單一化的危險傾向；（二）促進城鄉物資交流趨於活躍，解救日用物資奇缺和長期的緊張狀態；（三）從放寬後的實際情況中可使偽國營商業和合作社今後對是項物資的經營得到足夠的參考，藉以矯正盲目經營的傾向，改善經營管理工作。

對於開放農村自由市場的報導，不像推行自由選購那樣甚少透露，中共對之宣傳頗為起勁。九月間開放農村市場，從十月下旬就開始報導各地開放自由市場的「良好結果」，例如十月三十日「人民日報」發表消息說：「江蘇、廣東、安徽、北京、上海等省市的水產市場開放以來，貨源和品種有顯著的增加，緩和了過去水產品供應緊張的情況，上海市從八月下旬動員漁販下鄉採購，全市二百零五個菜市場中已有一百三十二個市場派人分別到松江、蘇州、鎮江、揚州等專區以及安徽浙江等地採購，……現在上海市全市每天進貨量由過去的六百左右擔增加到一千多擔。」另據十一月二十四日新華社上海報導：「最近兩個月來，肥大的鷄鴨、鮮活的魚蝦和新鮮的蔬菜，大量的湧進上海的菜市場和食品店，又恢復了小販沿街叫賣的景象，十月份僅鷄鴨的到貨量，就比去年同期增加十五倍。」又十月卅日人民日報報導：「四川省以重慶為中心逐步在就近各縣開放自由市場，恢復活躍情況，四川綦江、梁平、忠縣等地好久沒有見過的商販，現在帶着貨來出售了。遠在雲南和貴州的一些合作商店和合作小組，也派人來運川貨，據重慶市土產交易所的統計，十月四日到十日的七天中，重慶的藥材、山貨、日用雜品等成交額，達十三萬九千多元，比九月下旬的十天中還增加了五萬二千多元。」天麻、蜂糖、生地、瓜殼、大黃等上市量日漸減少的中藥材，據稱也有所好轉，陸續到貨。八月份脫銷的八十多種中藥材，已有七十多種能夠正常供應。一度成為缺貨的乾筍，最近也運到二萬多斤（見十一月十五日人民日報）。河南唐河縣郭灘鎮，由於一家雜貨商店從九月下旬恢復自由收購和自由販運以後，周圍十多個農業生產合作社過去一度停止生產的副業，已有二十多種重新恢復生產（見十一月二日人民日報）。中共這些報導的意向，在於表明各地供應緊張的情況日趨緩和。

上述城鄉物資交流趨於活躍和供應緊張趨於緩和的情形，確屬事實，但是這種好景不常。在另一面却給中共造成嚴重威脅。因為十月間自由市場上的搶購形成物價猛漲，中共如任其發展，後果不堪想像，勢將動搖計劃經濟的基礎。乃於十月下旬開始收緊，偽國務院於十月廿四日發出「關於放寬農村市場管理問題的指示」，作出嚴格規定：「凡屬國家統購的農產品，如糧食、棉花、油料都必須繼續統購，凡屬由國營商業公司或委託供銷合作社統一收購的物資，如烤煙、黃麻、苧麻、大麻、甘蔗、家蠶繭、茶葉、生豬、羊毛、牛皮、土糖、土紙、廢銅、廢錫、若干種中藥材、供應出口的蘋果、柑橘、以及若干漁產區（舟山、青島、煙臺、塘沽、旅大）供應出口和供應上海、北京、天津的水產品，都必須仍由國營商業公司或委託供銷合作社統一收購」，此外尚有伸縮性的規定：「凡屬供不應求的物資，除少數品種外，都應由國營商業公司或委託供銷合作社統一收購和分配貨源」，「小土產中凡屬供不應求，目前又無增產可能的也不開放。」自這些規定公佈後，即屬准許開放的產品，又變相恢復嚴格管理，例如須在官方主持下議價，集中交易場所，農民賣貨須有「完成國家計劃的證明文件」等等。如此一來，過去曾一度活躍的農林市場，又將逐漸恢復呆滯狀態。從十二月上旬以後，有關自由市場的消息，已不再見於報導。

四　開放市場欲益反損

中共既不肯放棄計劃經濟制度，又要竊取自由經濟度的好處，這是一種如意的想法。如用他們自己流行的用語來說，這種想頭是犯了主觀主義的錯誤，結果是欲益反損。事實上是兩者不可兼得。如要竊取那些好處，就必須準備接受與好處以俱來的那些動搖計劃經濟基礎的「壞處」。如果拒絕這些「壞處」，那些好處就不會來。這個道理可以說明中共在開放自由市場措施當中進退兩難和有時不能不重行收緊的苦況。

在去年春初，僞商業部雖然對基層商店開放百分之十到二十的自由採購權，但因其他方面沒有相應的變化，以致毫無作用，及至九月、十月農村市場開放之後，自由採購就成爲促進城鄉物資交流趨於活躍的主要支柱之一。十一月十一日新華社上海報導：「許多大小城鎮的國營公司、供銷合作社、公私合營商店和聯購聯銷組織，都陸續派人到上海採購，上海一時出現了萬商雲集的景象，僅九月份來往上海投宿的客商和國營公司的採購人員，就達十七萬人之多，銀行滙入現款數量，九月份比一月份增長了六倍多。」由於僞國營工商企業部門仍按過去計劃的節奏供應，以致無法滿足這些激增的需要，祗有另尋途徑。有的「轉向零售市場大肆搜羅，例如來自長沙百貨公司的一個採購人員，在上海十四家絨線店以零售價格收購絨線一百九十五斤」，有的通過中間商人「向未經工商行政部門登記私下開設的地下工廠，地下作坊採購商品」，有的「通過攤販或居民在上海套購商品，例如北京公私合營百貨批發商店的採購人員，通過三個攤販到上海市百貨公司幾個批發部套購了棉毛襪三三五打，攤販獲利達三六八元」。此外「舊貨商場和零售商也成爲搜購的對象」。這些事實說明爭相搶購的趨勢，說明物資極度缺乏。

由於中共備戰的生產政策（八比一的重輕工業的投資比例的政策和生產資料生產的比重逐年增加的政策，例如去年計劃中生產資料的生產值佔現代工業產值的百分之四十七點二，上年佔百分之四十六）和備戰的儲備政策（一九五六年預算支出項目中有「國家儲備」項目，在農業社高級社示範章程中有在若干年內儲備一年到二年用的糧食的規定）造成民用物資的極度缺乏，不進行嚴格的管制就不可能維持其「行政價格」（因中共一切物品價格不是決定於市場而是一種行政規定，故名之）穩定。在這種情形下實行自由採購，刺激物價暴漲，造成市場混亂勢將不可避免，並將造成向地下發展的趨勢。各地都會出現爭向「地下」尋找貨源的現象，高價收購、大量訂貨、大量預付訂金，以至在九、十兩個月間各地「地下工廠、地下作坊」迅速的增長。據十二月二十日「人民日報」社論透露：「上海市在九月份只有個體手工業一千六百六十一戶，從業人員五千多人，十月份發展到二千八百八十五戶，從業人員八千一百多人。廣州市九月份一個月內，個體手工業從業人員就增加了一千一百多人。武漢市合作化後，祗剩下個體手工業從業人員兩千人，到九月份又增加到將近八千人，其他如天津、北京、青島、鄭州、成都和廣西等省市個體手工業從業人員也都成倍的增長。」由於個體手工業的飛躍發展，又進一步造成搶購原料，物價猛漲，黑市日漸活躍。這些情況的出現，第一使僞商業部門無法安排市場，無法控制物價；第二，中共過去强迫成立的手工業合作社，本來已難維持，如此一來，勢將趨於全面瓦解。許多社員要求退社單幹或去地下廠作活賺很高的工資；第三，由於市場活躍，引起許多已被改造就業安排在「國營商店」工作的舊商人，情緒不定，不安心工作。以上是在城市中所起的嚴重問題。

至於中共開放農村自由市場所遭遇的問題，比在城市更爲嚴重。在極度管制下的大陸農村市場，突於九月間開始在廣大地區開放，由於來自城市的各方搶購，立即造成物價猛漲，市場混亂。轉而影響到各城市物價的波動。

農民憑藉開放自由市場的便利，並不會依照僞政府所規定那樣進行交易，販運的商品十分廣泛，由小土產、副食品、日用百貨以至所謂「國家掌握的收購物資」，如工業原料、和出口物資也都公開的秘密的拿到市場上自由買賣（因爲在市場上私下出賣可獲高價），致使中共在農村收購工作遭遇嚴重困難，無法完成收購任務。收購上所發生的困難，已引起某些工廠的原料供應發生了嚴重的問題。例如新華社十二月一日上海記者周立報導：「佔全國紙張產量百分之二十的上海造紙工業，最近原料供應發生過從來未有過的困難。由於自由市場的開放，使許多農業生產合作社，不願意仍按原訂合同把稻草賣給紙廠，而是自己運到城市高價出售。」

此外由於農民販運的區域廣達外省各大城市，牟利甚豐且爲自己所有，因而農民之間產生一種從商熱，開始對農業生產怠忽，大批農民棄農從商。茲以福建省福淸縣爲例，該縣原有漁販一百三十戶，自由市場開放以後，漁販驟增到二千多戶。又如十二月二日新華社廣州報導：「廣東省南海縣紫南鄉明星農業社（模範社），由於看到一些人從商賺錢，社裡九個管理委員中有六個去搞商業活動。全社四十個主要勞動力中，有廿三個人去經商，弄得社裡的農業生產無人領導和管理。」這些事實的影響所及：第一已引起許多社員要求退社經商，如福淸縣一個縣就有五百多戶農業社社員要求退社。這種影響「合作化的鞏固」的問題在漁業方面更爲嚴重。例如「人民日報」去年十月三十日消息：「目前水產市場開放以後所發生的問題，是收購和銷售價格都有上漲，漁業生產合作社和漁業推銷合作商店的鞏固受到嚴重影響。」第二，因爲農民有經商可以謀生的出路，造成許多農民在農商之間的流動性很大，忽視農業生產，給農業社領導生產上造成許多困難，影響農業減產。第三，由於農民經商過多，影響商業部門的利潤和工作。

綜括言之，上述這些新的不利影響和危機的出現，已使中共不敢再繼續開放自由市場，因爲這些對中共不利因素的繼續存在和發展，勢將動搖計劃經濟的基礎。維護計劃經濟嗎？是死路一條。這是所謂「全能政治」在經濟上無法解決的一個矛盾。中共現在正在這個矛盾中掙扎。

論國軍現代化之另一面

吳秋山

一　百年來我國之軍隊

政府遷臺以後，勵精圖治，整軍經武，歷屆國慶日之閱兵大典與歷次三軍之各種演習，證明我國軍隊之編制、裝備、訓練，已迅速走上現代化之路。但有悠久文化之民族，擺脫傳統束縛，殊非易事。我國自太平天國之役，湘軍崛起湘南，原由團練起家，以鄉里之豪俊，糾集其丁壯子弟，捍衛鄉土，故「主將」、「地域」之觀念甚深。嗣後雖轉戰南北，平定新疆，而營規章制，並無大改。朝廷之上，挾湘軍以自重，與排斥湘軍人物者，復有派系之爭。淮軍、毅軍、新軍繼起，雖名號不同，章制屢更，但派系地域主將之觀念，仍然根深蒂固。觀於袁世凱之帝制自爲，以及直皖之戰，奉直之戰，中原大戰，皆此一傳統觀念在作祟。抗戰之初，山西、新疆、四川、雲南，儼然自成一獨立王國，自己培養軍官，自己編練軍隊，兵不厭多，將不厭廣，惟求一己勢力之擴大，不恤人民之痛苦，不顧士卒之凍餒。上行下效，靡然從風，每一軍官皆蘄求自己部隊之擴編而坐升坐大。當時中央軍校竟有九個分校之多，大量造就初級軍官，送進軍隊，並且只有進升，並無退役之規定。故軍官除戰死病死傷殘犯罪逃亡外，皆壅塞於三軍。抗戰勝利後，中央大舉整編，編餘軍官佐，要設立一個將官班、二十五個軍官總隊來收容，可見人數之衆。政府費盡力量，首次辦理退役轉業，本期繼續實施，但因中原多故，未能照原定計畫進行，延至四十一年，在臺另辦假退役假除役，迄今五年，已由三軍中退出各級軍官，爲數不少。

職業軍官，爲三軍之骨幹；並世各國，無分東方與西方，莫不注重選擇與培養。選擇之道，除考試測驗外，並調查投考者之身世與品性。美國投考西點軍校之學生，須由參議員保送。蘇俄軍校學生，限於工農或軍官子弟。培養之道，三軍官校爲進身之初階，嗣後依其軍階職務之升遷，有種種不同之短期訓練或長期研究教育，以資深造。

培養初級軍官，謂之「軍官養成教育」，現在臺灣除三軍官校外，復有兵工學校，測量學校，政工幹部學校，國防醫學院……」，每年皆招考高中畢業生入學，經過一定年限之軍官養成教育，畢業後，分發三軍各部隊服役。三軍官校畢業者，稱爲兵科軍官，充當三軍作戰部隊各級指揮官或幕僚。其他各校畢業者，稱爲業科軍官，乃作戰部隊之輔佐人員，或後勤部隊之主要幹部。大專畢業生受預備軍官訓練期滿，志願轉爲職業軍官經國防部核准者，亦可轉爲現役少尉。嗣後逐年考績，如非中途退役或除役，可能升至最高軍階，此乃職業軍官之正途。但目前兵科業科軍官中，仍有行伍出身者。高級業科軍官，如高級政工人員，各種技術人員，醫護人員等，不少由社會上有地位之專家擔任，除特約聘任外，也可視爲業科職業軍官。

二　軍官教育制度之改革

政府爲實現軍隊現代化，已將陸海軍官校改爲四年制，兼授理工學院必修之課程。兵工學校及國防醫學院之科系、課程、教授、設備，較之現有臺灣公私立之工學院醫學院，並無遜色。軍事當局歷年邀請各大專校長及回國僑胞參觀軍事學校，青年救國團每屆暑期，組織各種訓練，一致鼓勵青年投考三軍官校及其他軍事學校，但三軍官校往往不能足額。十一月初特設一所「三軍官校補習班」。招考今年大專落選學生，以備補缺額。此與當年中央軍校各分校放低招生標準，以廣招徠之意味，有點近似。

三軍官校招生何以未能足額，並非青年畏苦怕死，觀於過去青年之踴躍從軍，可以爲證。其主要原因，由於待遇之菲薄。三軍官校畢業，初任少尉，月俸一百一十元，中尉一百三十元，上尉一百五十元。以臺灣物價之高，要想結婚成家，養男育女，雖有眷糧眷貼，何濟於事？過此以往，雖軍階漸高，月俸漸豐，但年華漸老，求耦更難，青年朋友，對此最具敏感。何況臺灣各地，有不少退除役軍官，生活艱難，雖政府設有輔導就業機構，無如事少人多，仍多向隅之輩。此外尚有成千之無職軍官，碼頭車站小食店地攤，都有他們踪跡。這些情形，看在青年眼裏，要他們踴躍報考三軍官校，未免高調。誠然，已有不少熱血青年，不顧這些，一心爲解救大陸同胞，不惜犧牲一切，踏進三軍官校之門。

三軍官校以外之軍事學校，每年招考高中畢業生，比三軍官校招生之名額多。但其所授課程，除軍事外，與大專各科系之課程，並無不同。況現代武器之發展，戰術之運用，後勤之支援，日新月異，尤須仰賴專家之策劃輔助。目前三軍官校及其他軍事學校之教授講師，或聘請公私立大專之教授講師兼任，或特聘專任。軍法官，高級政工人員，各種技術人員，財務經理人員及醫護人員，大都由國內外大專畢業生中選任，並無扞格不入之處。況大專畢業生近依法令規定，須接受一年半之預備軍官訓練，依其志願可轉爲職業軍官。如將軍官養成教育限於三軍官校，其他養成業科軍官之學校，一律裁撤，依其性質科系，分別併入國立各大專，所有每年應補充之業科軍官，即由預備軍官中徵求選任。如此，則三軍官校招生不足額問題，當可獲得解決，不必另設三軍官校補習班，降低招生標準。並可減少三軍之員額（軍事學校教職員及學生）節省一筆開支。在國立大專方面，教授講師可以集中人才，圖書設備亦可免費增添，並爲畢業生就業多開一條出路。

三　確立預算，改善待遇

國民政府會在北伐統一之後，召開編遣會議，企求軍隊之縮減整理。無如各將領滿懷私意，勢均力敵，未能成功。抗戰勝利後，會切實整編軍隊，獨共匪隱得蘇俄之助，抗命反叛，以致大陸淪胥。今臺灣地區狹小，政令貫澈，前臨大敵，後有强援，如能外察大勢，內審國情，計算臺灣現有人口，及每年國民所得，配合盟邦之軍經援助，以決定常備兵之總額，包括陸海空勤一切武裝人員及附屬人員在內。假定總額定爲五十萬，橫的方面，分爲陸海空勤，假定陸軍廿五萬，海軍五萬，空軍十萬，後勤十萬。縱的方面，分爲現役職業軍官，職業士官，及逐年徵召入伍之義務常備兵。再假定義務常備兵額爲四十萬，每年徵召退伍三分之一或二分之一，而額數不變。其餘十萬爲現役職業軍官與士官。其階級之分配如金字塔，塔尖爲最高統帥或參謀總長，由上而下，層層擴大。軍官以少尉爲基層，士官分准尉、上士、中士、下士四級，軍官與士官，依其軍種、兵科、業科，每一階層，皆有一定之員額。每年新進少尉若干人，應由各級軍官中退役同數之人員，使定額不變，士官亦然。每一官兵之俸給，及衣食住行之開支，皆有一定之預算。如此，則三軍之編制，與一切軍事機關學校之設立，皆受此員額與預算之限制，不可能任意增加。而定額以內之人員，皆有一定之職守，不會有閒散壅塞之弊。所有高參、參議、諮議等名義，必一掃而空，使軍隊之面目一新。一旦國家面臨戰爭，則依據法令，召回退役官兵，並訓練大量新兵，以擴充三軍。

職業軍官士官，無分軍種兵科業科，皆長時期在軍中服務，歷經戰陣訓練之琢磨與淘汰，自爲國軍之精英，則宜厚其俸給，豐其衣食，營房住宅，壯麗堅實，使其甘冒鋒鏑，蹈白刃，出入波濤巘險祁寒酷暑而不辭。此乃權利義務交易之常道，亦即厚祿羅致賢才之遺意。若崇敬軍人，祗在勞軍宣傳上用工夫，而不從改善待遇着手，何能轉移社會傳統觀念。此高中畢業生所以躊躇卻顧，設立三軍官校補習班，或可補救於一時，究非長久之計。凡上所論，乃軍隊現代化根本之圖，非軍容壯盛之外象所可同日而語，豈可囿於小成，而沾沾自喜耶。

西歐通訊

匈牙利的革命輿論

姜懷平

去年十月二十三日匈牙利反蘇革命爭取民族獨立自由運動發生以來，莫斯科除以武力殘酷的鎭壓外，並動員其全部宣傳力量及其所謂「輿論」攻擊匈牙利革命運動，指稱此次事件是「反革命份子」的「陰謀」，及霍爾梯(Miklos Horthy)政府（一九二〇年至一九四四年反共的獨裁者）流亡在國外的份子在帝國主義國家的援助下秘密潛返匈境組織武裝暴動，乘機擾亂「社會主義匈牙利的秩序」等等。但是這些謊話是不會被任何稍有頭腦的人所相信的。關於匈牙利的革命性質可由匈牙利的革命報紙來分析。在十月下旬這一段富有歷史性的日子中，在匈境所出版的報紙已明白揭穿了眞正的反革命份子是共產政權及法西斯政權；同時更清晰的指出匈民革命的目標是剷除史達林份子及消除法西斯危險。

十月二十五日，正値布達佩斯城巷戰正酣之際，一些本來是共產黨籍的青年記者刊行了第一張革命性的報紙，命名爲「眞理報」(Igazsàg)，這天該報創刊號的社論中有這樣一段話：「這是一次革命。人民並不反對社會主義觀念，但絕對反對凡使社會主義領導思想受到汚辱的人。我們爲社會主義而奮鬥，但是僅是爲了一個光榮而純潔的社會主義。」在這以後的日子中，戰爭激烈的進行着，「眞理報」亦從未間斷的指出匈牙利青年在爲社會主義而戰，並非如莫斯科電臺廣播所稱的「反革命份子」。然而十月二十八日匈牙利工人黨(卽匈共)機關報「自由人民」(Szabad Nép)最後的社論，以「說老實話」爲題，云：「在進行中的鬥爭並非是在反對人民政權，而係保障社會民主及國家獨立⋯⋯。」「事實上，自開始以來，在參加暴動的份子中大部係共產黨份子，他們並不是『人民民主』的敵人，只不過是反對拉可西(Matyas Rakosi)的獨裁作風。」該報更號召參加革命份子與反革命份子及利用革命的份子隔離，免受彼等利用。但自三十日起，「自由人民」改頭換面的爲匈牙利共產黨(由加達爾(Kadar)所控制者)所接收，易名爲「人民之自由」(Nep-szabadsàg)，其社評作者以「黎明終於到來」爲題，撰文響應革命行動，並結論稱：「匈牙利的青年及工人階層爲了匈牙利的自由、民主及獨立展開了英勇的戰鬥，並且會有效的防禦反革命團體一切的攻擊。」

自十月三十日以後的一個時期中，在匈境各地新出版的報紙如雨後春筍，布達佩斯大學生主辦的「大學青年」(Egyetemi Ifjusàg)在十月三十日撰文稱：「我們反對史達林主義及法西斯主義威脅，我們是匈牙利人民民主的最好防禦者。自由獨立的社會主義的匈牙利萬歲。」三十一日「全國革命委員會」主持的「獨立報」（Függetlenség）稱：「在新匈牙利的執政行列中，我們不需要一九四五年以前政府的代表(指霍爾梯政府)，亦不需要史達林份子。」十一月一日「陸軍革命委員會」主持的「匈牙利軍隊」(Magyar Honvéd)報導稱：「在給右爾(Györ)地方極右派份子擬於星期二(十月卅日)下午召集一次大規模的集會，根據其主張欲由現居國外的納奇(Ferenc Nagy)主持組織新政府，此一行動已被給右爾的工人所阻止。我們不需要任何形式的法西斯，因爲拉可西(被趕走的匈共頭目)與斯查拉西(Szàlasi，德國佔領時代匈政權頭目)的暴政是一樣的，而且我們已嚐盡了暴政。」同日社會民主黨機關報「人民之聲」(Népszaxa)刊載凱特里(Anna Kéthly)夫人的文字，其中一段稱：「⋯反革命的危險是一直存在的，同時更威脅着我們的革命行動。我們由史達林的監獄中解放出來，不能使國家再成爲另一個顏色的監獄。我們要看守我們的工廠、礦藏及土地，這都是要掌握在人民的手中的⋯。」「匈牙利獨立報」(Magyar Függetl-enség)當日的社評結論稱：「我們將以攻擊拉可西及格羅(Erne Gerö)的同等力量攻擊資本主義的產生。」在二日的「眞理報」上西爾瓦西(Lajos Szilvàsi)著文中說：「我們憎恨躲藏在陰影中而欲乘機利用革命運動的法西斯份子。」當日晚馬勒特(Maléter)上校在基凉(Kiliàn)軍營向報界宣稱：「國防軍，革命委員會，工人委員會均牢牢的掌握在爲自由而戰的人士手中，他們同時爲反史達林份子及反對反動份子而作戰。」十一月三日整個匈牙利輿論在譴責反革命份子。是日名作家艾姆特(Làszlo Németh)在國家農民黨(卽 Petöfi 黨)機關報「新匈牙利」(Uj Magyarorszàg)的社論中指稱：「左右兩派的極端份子—指史達林派及法西斯份子—只能帶來饑饉與窮困。」此外由一些無黨派的記者組織當日創刊的「匈牙利之自由」(Magyar Szabadsàg) 撰文稱：「我們打到拉可西政權，但不能因此解釋爲我們將轉向或接近霍爾梯的政治。我們譴責十年以來不斷的違法行動，我們不會想恢復資本主義。」由青年工人主辦的「匈牙利青年」(Magyar Ifjusàg) 的社論稱：「我相信自由。但是我不相信由霍爾梯、封建勢力及資本主義者所保障的自由。我們不要一黨專政政治，我們不要蘇聯的壓迫。我們同時不要封建勢力、資本主義及霍爾梯。」同時其他如「小業主黨」機關報Kis Ujsàg，獨立派的Magyar Vilàg 報及 Magyar Nezzet 報，自由工會機關報 Népakarat，民主警士組織機關報 Magyar Rendör 報，Valosàg 報，Egyetemi Ifjusàg 報等均刊載有類似的文字，反對左右兩方面的極端份子。這種論調非僅只見於報章及馬勒特上校大本營中，在匈

倫敦通訊

從艾登辭職說起

萬　遜

一　前　言

本年一月九日午後英國首相艾登向女皇伊麗莎白二世提出了辭呈。就其辭職宣言及由御醫衣温斯(Sir Horace Evans)和另外三位醫師簽字的醫生證明看來，艾登辭職的原因純係因爲個人健康問題。的確，艾登自一九五三年施手術後，又經幾次疾病，迄未能完全康復，即就其最近照像中亦可看出其疲勞不堪的樣子。即使如此，一般人對艾登的辭職仍感到突然。月前艾登自牙買加(Jamaigue)島休養返國時，視其當時言行，頗有繼續秉政之意。卽九日上午艾登至杉德林漢(Sandringham)宮晉謁女皇時，其親信仍不知他辭職的意圖，外界對艾氏去杉德林漢之行僅認爲係向女皇述職而已。我們並不懷疑衣温斯等醫生的證明，但就年來工黨在下院對艾登政策的攻擊，尤其是自對埃及用兵干涉後，艾登的政策在國內外頗受到攻擊，以保守黨內部因此問題而呈分裂危機一事看來，我們不能相信艾登的引退純因健康問題而起。然而爲了明瞭眞象起見，我們實應有從艾登繼邱吉爾主政後，及其任首相二十一個月內所行政策加以檢討的必要。

二　二十一個月的經過

一九五五年四月六日艾登以衆望所孚接替邱吉爾出任英國首相。當時英國人將其國家的前途及希望完全寄託在艾登一人的身上，而保守黨自邱吉爾退休後更以艾登爲唯一充滿希望的領袖。但是二十一個月以後的今日，艾登的威望却可說已一敗塗地，在如此短的時期中竟發生這樣大的變化，這在英國社會中是絕少見的事象。如果我們不甚健忘的話，當可記得在倫敦會議後，一九五四年十月間保守黨大會中對當時外長艾登熱烈擁護的情形，及一九五五年五月英國大選保守黨獲勝時他的英姿，表示他在國內的聲譽日隆。自日內瓦會議後其在國內外的聲望更是與日俱增，被崇爲當時唯一維護「世界和平」之人。但自一九五五年底起艾登內閣開始遭遇困難。一九五六年上半年經濟危機嚴重，英政府雖能一時渡過；然而下半年所發生的中東問題，使艾登的聲望大大減低，且至今日不但蘇彝士運河問題懸而未決，而且經濟危機亦更加嚴重。

一九五六年一月四日英國官方公佈英鎊區黃金及美元儲備量已損失六億四千萬美元。數日後英國汽車工業發生了嚴重的危機：伯明翰(Birmingham)的奧斯汀(Austin)汽車製造廠被迫減少生產，並將工人工作時間減低至每星期工作四日。一時國內輿論嚴責政府，而反對黨的攻擊却針對着艾登個人，指責他軟弱無能。一個月後艾登所提出的鞏固經濟財政政策僅是提高國家銀行貸款利率，由百分之四・五的利率，提高至一九二九年以來從未達到的最高峯：百分之五・五。財政大臣麥克米蘭(Harold Macmillan)爲抵制通貨膨脹在下院所提出的政策則是增加對一些貨品的稅金及緊縮放款。至三月二十五日又發生了大規模的罷工事件，鋼鐵工業工人輪流罷工，直至八月七日爲止。三月二十七日標準牌(Standard)汽車各廠工人反對機械自動化(Automation)，罷工者有一萬一千工人，至五月十日始完全復工。至去年底情形更加嚴重，自蘇彝士運河危機嚴重後，英國庫存黃金及外滙不斷的減少，更因汽油的恐慌使工業遭受到嚴重的困難，如汽車的銷售卽減少百分之七十，不少工人感受失業的威脅。

在外交方面，自去年初以來英國亦同樣的面臨着不可解決的難題。三月間約旦王將哥拉伯(Glubb)中將解職，英國在約旦的地位朝不保夕，因此保守黨的報紙也指責艾登。但英國外交上的危機與日俱增，四月二十七日布加寧及赫魯雪夫於訪英後所公佈的最後公報爲艾登當作東西友好重建的開始，然而蘇聯在中東大肆其陰謀活動，六月蘇聯外長謝比洛夫的訪問

牙利全境到處可以聽見愛國者的呼聲，凡匈人均唱着：「我們已剷除了拉可西及格羅，我們還以同樣的力量打倒拉可西的盟友反革命份子。」

綜合十月下旬匈牙利各報的輿論，當可證實在這次匈牙利的反蘇反共革命開始後，雖有一些霍爾梯派份子滲透及極右派反革命份子的活動。但是這些極右派勢力並不大，他們非但不是莫斯科電臺所指的「陰謀主使者」或「武裝暴動的組織者」。相反的，他們正都是像史達林份子一樣是革命份子反對的對象。匈牙利革命領袖及人民均已明白的看出左右兩極端勢力對匈國人民自由民主的危險。在一方面說，法西斯勢力與共產勢力是水火不相容的兩個團體。同時却正因蘇聯對其附庸國的統制，故極端國家主義的反共勢力在共產國家中能以存在發展。在另一方面說，法西斯主義與共產主義是難兄難弟，是自由民主的敵人。所以匈牙利的反共革命份子同時反對這兩種勢力，而希望建立一個民主自由的社會主義秩序，這一點恐怕是十月下旬匈牙利革命勢力的主要思想，在鐵幕世界新興的革命勢力具有這種思想的恐怕很多。匈牙利衆多革命份子具有這種思想是可以瞭解的，因爲反共的革命力量以青年爲主，他們從小受共產主義的各種攻擊資本主義的宣傳，認爲資本主義是洪水猛獸。同時在經驗中知道共產政權的暴政所予人民的痛苦，是要積極打倒的對象。因此他們同時反對共產主義與資本主義，而要一個自由民主的社會主義秩序。

開羅，及蘇聯對埃及和敍利亞大批軍援使中東局勢嚴重。至七月十九日英政府繼美國拒絕援助埃及興建亞蒸(Aswan)水閘，七月二十六日納塞爾宣佈國營蘇彝士運河公司，當時艾登爲此事在下院宣稱：「在任何情形下英國不能接受運河受單獨一國家的管制…」，經過數月的談判，在糾紛演變的最緊張的時候，艾登每日夜以繼日的工作（每日工作二十小時）。至十一月五日英法聯軍繼以色列佔領西奈半島後出兵塞得港 (Port Said)，其後經布加寧對英法政府分別的恫嚇與威脅，尤其是美國對英法此舉的不滿，因而施予强大的壓力，致英法接受停火。旋艾登遵醫囑至牙買加島休養，由布特勒(R. A. Butler)代理首相。

當然在埃及停戰的執行使英國人已避免大戰而心安。但經此一冷一熱的演變，引起國內正反兩派政見彼此間空前的爭論。一相當部分的英國人頗贊成艾登的意見：「我們不能永遠無止境的讓步。」然而在十二月間下院中以三二三票對二五五票支持政府對埃政策的投票結果並不能表示英國人對運河危機而感不安的眞實心情。

三　一個不可避免的辭呈

總之，艾登在一九五六年的政治遭遇使其在國內外的聲望已無法維持，自英法聯合出兵攻佔塞得港後，就當時國內外輿論及艾登個人健康而論，雖其時尚無辭去首相職位的表示，然而辭職一事已爲環境所迫而無法避免。當時在英國，因艾登所採取的武力行動使國內輿論的分歧已超過朝野政黨間的分野。工黨居於反對黨地位，反對艾登政策自不待言；但保守黨內部發生嚴重危機，保守黨閣員布特勒亦在黨內公開反對艾登主持的軍事行動。若干保守黨黨員亦隨工黨指責政府行動。甚至一部大學界人士及工會方面對政府在埃所採軍事行動攻擊亦甚激烈；同時堪特伯利 (Canterbury)主教表示懷疑此一軍事行動的性質。艾登得力助手外次納丁(Anthony Nutting)及被公認爲保守黨智囊之一的國庫次長白勒 (Sir Edward Boyle)也因此辭職。國內如此，而在國際方面則受美國及若干不列顚邦協國家的反對。艾登自步入英國的政治舞臺後，其所持的一貫政策爲維護並爭取英美友誼合作，這次他却聯絡法國置美國的反對意見於不顧。這在目前國際局勢下是明明行不通的。然而因此所生的英美兩國在中東政策上的不協，使艾登受到意外的損失。後來艾登想一不做二不休，以旣成事實迫美國及不列顚邦協各國予以支持，這個打算也錯了，因美國的反對與不列顚邦協團結的嚴重危機使艾登不能不去職。

這次艾登的辭職很可以說是被迫的。一方面因友邦的暗示，在國內有工黨，自由黨，甚至一部分保守黨員的强烈的反對與攻擊。就其個人健康上說，艾登自牙買加島休養回國後，其體力已無法支持此一繁重的職位，而艾登的在職實影響保守黨內部的團結。在艾登收到御醫衣温斯等的醫生證明之前，保守黨多數派爲了保持黨內的團結，而在女皇渡聖誕假期的杉德林漢宮內召開了一次小型的御前會議（一般說法謂當時出席會議者不超過六人），出席者有女皇得力顧問沙利斯保(Sir Salisbury)及女皇私人秘書阿且奈 (Sir Micheal Adeane) 等人，當時已提出由麥克米蘭接替艾登出任首相的計劃，並爲繼任問題開始佈置。

四　各方的初步反應

艾登辭首相職的消息傳出後，英國全境各報雖接受因健康的理由而辭職的說明，但均毫無顧忌的在分析報導辭職的文字上將艾氏辭職與其在內政和外交上所受的打擊及困阻併爲一談。一些報紙對艾登的引退表示同情，但如自由派的「曼徹斯特衞報」（Manchester Guardian）稱：「艾登作了其所應作的決定，其辭職係因健康以外的原因所促成。其政策使英國的情況變成自一九四〇年以來從未見到的現象；如其不離開唐寧街，則在解決英國危機上說是沒有很大希望的。爲了重振英國是需要一位新首相的。」但倫敦保守黨的「每日電訊」（Daily Telegraph)僅稱：「我們並不是因爲美國的意旨而更換首相，艾登首相的辭職純係因其健康及其精神的衰弱不能支持此一重要的任務所致。」保守黨的「每日郵報」(Daily Mail)却刊載了一幅非常幽默的漫畫，圖中納塞爾懶洋洋的坐在一把長椅子很冷淡而無興趣的樣子接受那獻上的艾登的人頭。泰晤士報更幽默的諷刺稱：「艾登最後的一次政治決定，當爲其長期從政以來對國家許多大貢獻之一。」共產黨機關報「每日工人」(Daily Worker)則斥稱：「國家所需要的不僅是一位新首相，而是新政府行新政策。」工黨的「每日先鋒報」(Daily Herald) 更指責艾登爲使英國破產之人，同時工黨發言人葛利費士(James Griffiths)及工黨領袖凱次克爾 (Hugh Gaitskell) 本人在評論艾登辭職一事時，均主張立卽解散國會舉行大選。

法國方面對艾登的辭職則由內閣總理莫勒(Guy Mollet)以私人名義函艾登作最友誼的問候。前總理、温和派議員雷諾 (Paul Reynaud) 亦公開稱：「我雖對其主張英法聯合出兵攻佔塞得港一舉不能同意，但他却是法國的一位友人，在他主政的這一段時期中會加强我們兩國間的聯繫。我期望他的健康能及早復原，重新參予政治。」前總理、左翼共和同盟議員佛爾 (Edgard Faure) 除讚揚艾登外，並望艾登在英法兩國政治上合作的努力得以繼續。在美國，艾登的辭職却引起一種兩面的反應，一方面他們對這一個反對極權的象徵，反對慕尼黑協定者的去職感到可惜；另一方面却感到艾登的去職減除了一個今後英美兩國間團結合作的障礙。艾森豪總統及杜勒斯國務卿的宣言均對艾登的過去加以贊揚。但在今日環境下其所行政策確已成爲英美兩國精誠合作的障碍。前面我們已經稍加述及，這裡當可再借紐約時報的社論予以說明，該報稱：「艾登的辭職使在國際政治舞臺上——至少在目前——減少了一個最著名的國家領袖，一個爲自由而奮鬥、反對極權的人物，同時他更爲建設世界演着一個必要的角色。」「明顯的他辭職的直接原因爲其採取對埃軍事行動。」「在採取此一軍事行動之前，未能充分的鼓動起國際輿論的支持，亦未徵詢美國及其他盟友的意見及獲得他們的支持；甚至沒有英國全國輿論，尤其是內閣全體的支持……。因此使英國、歐洲、甚至其他自由世界的國家均受到嚴重的影響。」「西歐國家對艾登的辭職多感可惜，意大利更恐因此會使歐洲的團結受到影響。開羅廣播電臺對此事件雖未評論，但提出另一問題：何時是莫勒辭職的日子？

五　麥克米蘭繼任首相

一月十日下午二時四十五分，麥克米蘭於晉謁英女皇伊麗莎白二世後，即授命繼艾登出任首相。麥克米蘭於回到唐寧街官邸時，有記者以是否將解散國會舉行大選相詢，彼答以「否」，並稱：「如果提前大選的話，我們亦將勝利。」

在艾登辭職時，關於首相的繼任人選，麥克米蘭並不是唯一的人物，當時反對艾登在埃及採取軍事行動最烈的掌璽大臣布特勒甚得美國方面的贊助。然而保守黨的元老們對於這一個「過於平民化」保守黨左派領袖的「進步」政策是不予贊同的。非但十日唯一被女皇召見諮詢對布特勒反感頗深的邱吉爾對其不會支持，即女皇得力顧問沙利斯保亦同樣要支持麥克米蘭，而反對授命布特勒的。同時在英國政壇的慣例又是「傳統」重於「民望」。麥克米蘭在外貌上頗有與艾登相像的地方，只不過唇上的小鬍比艾氏稍濃，頭上白髮較少，身材略小，但在年齡上却比艾登略大三歲半，其面部表情是較艾氏更爲嚴肅，其學歷亦如艾登，均出自義騰 (Eton) 及牛津 (Oxford) 貴族化的學校，且更與德溫賽爾 (Devonshire) 公爵的長女結婚，布特勒則僅不過是中產階級家庭的產品。況在政治方面，因蘇彝士運河糾紛問題，布特勒在黨內激烈反對艾登主持的軍事行動，但對外却又公開支持政府政策，致使保守黨內部支持他的人對這位左派首領感到失望。雖然如此，布特勒在保守黨內仍有相當勢力。麥克米蘭內閣如不能得到布特勒左派的支持，是難以抵禦工黨當時的打擊的。故而麥克米蘭在被授命組閣的當日下午（十五時十五分）即邀請布特勒商談，經四小時半的會晤，新首相終於獲得保守黨左派領袖的支持，但在想像中可以料到在新內閣分配職務時，麥克米蘭當會予布特勒分子以讓步。

工黨對麥克米蘭組閣事最初強烈的反對，工黨黨魁凱次克爾竟中止其去美之行，返倫敦召集「影子內閣」，並稱工黨在嚴密的研究關於麥克米蘭被授命組閣之事，此舉未經民衆公決，是否與憲法矛盾；故指責新首相的指定爲「反民主」作風，況且又不宣佈大選，此外更指責保守黨於艾登辭職後，竟無聲的接受宮廷所指名的黨魁。工黨首領更邏輯的指出全部前艾登內閣的閣員均支持艾氏的政策，故麥克米蘭無法放棄其前任的政策。因之工黨拒絕今後兩黨的聯合外交政策。工黨的「影子內閣」於一月二十一日經開會討論後對麥克米蘭經女皇授命組閣事決定不提出辯論。

六　新閣人事的分配

經過三天的諮商，及黨內兩派的爭執，新首相麥克米蘭於一月十三日晚如期向女皇提出「核心內閣」的閣員名單如下：

首相兼國庫大臣：麥克米蘭（前艾登內閣財政大臣）
副首相：沙利斯保（未經更動）
掌璽大臣兼內務大臣：布特勒（原任掌璽大臣）
財政大臣：托耐克夫特(Peter Thorneycroft)（原任貿易大臣）
司法大臣：基魯茂(Lord Kilmuir)（未經更動）
外務大臣：勞易德(Selwyn Lloyd)（未經更動）
蘇格蘭事務大臣：麥克拉愛 (John Scott Maclay)（原殖民部次長）
布列顛邦協事務大臣：厚姆 (Lord Home)（未經更動）
殖民大臣：柏愛德(Alan Lennox-Boyd)（未經更動）
國防大臣：杉戴斯 (Duncan Sandys)（原城市問題大臣）
城市問題及威爾士事務大臣：白如克(Henry Brooke)(原國庫財政次長)
貿易大臣：愛柯勒斯 (Sir David Eccles)（原教育大臣）
農漁大臣：阿茂奈 (D. Heathcoat Amory)（未經更動）
勞工及國民服務大臣：麥克路得 (Iain Macleod)（未經更動）
教育大臣：愛魯沙姆(Lord Hailsham)（原海軍大臣）
蘭加斯特「公國」大臣：義勒博士(Dr. Charles Hill)(原郵電大臣)
動力大臣：密魯斯 (Sir Percy Mills)（新閣員）
交通及民航大臣：華特肯松 (Harold Watkinson)（未經更動）

但此名單一經公佈後，與論界對勞易德的連任外長一職表示不滿，泰晤士報發出了爲何麥克米蘭保留勞易德外長職務的呼聲。曼徹斯特衞報稱：「勞易德連任外長實是意外的事，此舉將妨碍英國與美國政府及不列顛邦協主要國家友好關係的重建。」僅皇室派的「每日快報」(Daily Express) 稱：「勞易德的留職在表明英政府在外交上並不準備執行有損尊嚴的孟浪行動。」

至十七日麥克米蘭始提出第二批（二十二名）名單，將新閣人事分配就緒，此二十二名大臣（不能出席「核心內閣」會議，但出席全體內閣會議）職務分配如下：

外務次長歐姆斯倍高爾 (D. Ormsby-Gore)(原外務部對國會事務次長)

外務次長：諾布魯(A. H. P. Noble)(未經更動)

海軍大臣：沙魯蓋爾科(Lord Selkirk)(原蘭加斯特「公國」大臣)

陸軍大臣：哈爾 (John Hare)(未經更動)

空軍大臣：瓦爾德(George Ward)(原海軍部次長)

軍火大臣：歐伯約諾斯 (Aubrey-Jones)(原燃料及動力大臣)

年金大臣：賈朋特爾(John Boyb-Carpenter)(未經更動)

衞生大臣：渥斯倍爾(Denis Vosper)(原教育部對國會事務次長)

公共工程大臣：毛魯蓀 (Hugh Molson)(原交通及民航部對國會事務次長)

郵電大臣：馬普勒斯(Ernest Marples)

貿易部國務大臣：瓦魯柯爾史密斯(Derek Walker-Smith) (原貿易部次長)

殖民部次長：派爾斯(Lord Perth)

司庫大臣：毛得林(Reginald Maudling)(原軍火大臣)

不管部大臣：曼斯特(Lord Munster)(未經更動)

蘇格蘭事務國務大臣：史特斯可立德(Lord Strasthclybe)(未經更動)

總檢查長：布勒(Reginald Minningham-Buller)(未經更動)

法律總顧問：佛斯特 (Sir Harry Hylton-Foster)(未經更動)

蘇格蘭皇家法官：米勒根 (W. R. Milligan)(未經更動)

蘇格蘭事務顧問：哥安特(R. Grant)(未經更動)

國庫財政次長：鮑德魯 (Enoch Powell) (原城市部對國會事務次長)

國庫經濟次長：比爾赤(Nigel Birch)(原空軍大臣)

國會事務次長：哈特 (E. R. G. Heath)(未經更動)

七　國際間的反應

一月十一日合衆社報導，杜勒斯國務卿對其左右宣稱，美國不久將請艾登的繼任者赴華盛頓一行。白宮方面及美國務院雖均期望布特勒能繼艾登出任首相，但美國對麥克米蘭的態度亦是一樣，美國政界人士並歡迎這位相當認識美國的麥克米蘭主持英國政府。實際說來，如把蘇彝士運河問題丟開不論，麥克米蘭却是重建英美友善關係的適當的人，一方面麥氏的母親是生於美國印第安 (Indiana) 邦的美國人，另一方面說來，麥克米蘭在戰時（一九四三——一九四五年）出任英國派駐北非的大臣，當時曾與艾森豪有過密切的合作，可以說是英國政壇中與美總統及杜勒斯國務卿私人友誼最好的一個。同時自麥克米蘭出任首相的消息傳出後，法國政府方面的反應尤爲良好，認爲新首相在過去對法國政策及歐洲性組織的支持將使今後英法兩國的關係會如過去的團結無間，意大利國務總理賽尼 (Segni) 及外長馬提諾 (Martino) 自始對艾登辭職一事未作任何表示，這恐係因其在聯合國投票反對英法對埃及軍事行動後感到不便直接評論此事的緣故。但就一般而論，意大利對這位新首相的態度亦甚友善，無論如何，意人總覺得麥克米蘭要比艾登來得「歐洲化」，而將有利於今後歐洲性組織的發展。蘇聯方面根據莫斯科電臺廣播布加寧除向麥克米蘭致賀外，並希望加强私人接觸，以期發展英蘇關係（不久英首相宣佈取消蘇聯之行）。

然而希臘方面的反應使我們終會感到離奇，雅典認爲艾登的辭職會使塞普路斯島問題的解決進入一個新的階段，雅典的報章認爲英國新首相對塞島問題的態度會較艾登爲之緩和，甚至認爲倫敦會召回哈丁 (Sir John Harding)，釋放馬加右斯主教(Mgr. Makarios)，放棄鎭壓政策等，這些未嘗不可能實現，但在目前我們總感到期望過多。

八　結　論

這一個新內閣，就人事看來，勞易德的繼任外長，一方面可說是今後英國的外交政策不會有何變更，同時亦是在向那些攻擊艾登對埃及政策者說明英國在對蘇彝士運河糾紛的解決中不會向納塞爾低頭。但却因外長的連任更證實今後朝野兩黨在外交上將不會有政策上的合作。此外主張對埃及施行溫和政策的毛克頓 (Sir Walter Monckton)、喬治(G. Lloyd-George)，史梯華(James Stuart)及賽魯凱爾克(Lord Selkirk)四人未能繼續出任閣員，使人會想到新內閣較艾登內閣更向右傾。但大工業家密魯斯在接受爵位後被攬入內閣，主持經管動力部事務（主管國內資源及原子動力），想係麥克米蘭擬將英國因汽油來源的減縮而影響的工業予以重振。密魯斯是一個很激進的企業家，其所操縱的輕重工業有十二家之多，其參加內閣使工會將感到政府有挑戰行動。其他如杉戴斯出長國防及托耐克夫特調任財務又使新內閣將可能於二月間英國在歐洲經濟合作組織(O. E. C. E.)下實行參加國間一個自由貿易區。當然新內閣目前最主要的任務是在重建英美間的友誼。國防大臣杉戴斯去美，一方面當在促請美國予以新式軍備上的援助，同時亦是在改善英國的國防計劃；英國在經濟上實無法支持龐大的國防軍，今後將擬以新武器來緊縮軍隊。但使杉戴斯去美的另一任務却毫無疑問的是給麥克米蘭舖路，而麥氏自己業已聲明放棄莫斯科之行的計劃，其理由當在避免因此行影響不久的華盛頓之行的成就。

保守黨議員雖已全體一致通過麥克米蘭爲該黨黨魁，表面上保守黨已重新團結一致對付工黨，但事實上黨內的裂痕仍在，此一裂痕是自慕尼黑以來留下來的遺跡，同時因蘇彝士運河糾紛問題使之重新加深，要彌縫這個裂痕還要看麥氏的手法，當然主要的還是牽涉到對解決蘇彝士運河問題所持的政策。

晚餐

聶華苓

年底，汪大年得到了五百多塊錢的年終獎金，還有一張獎狀。

「該員四十四學年度成績考核結果列爲一等依照本省各級學校教職員成績考核辦法第七條規定應予頒給獎狀用示嘉勉。」汪大年坐在桌邊一張歪歪斜斜的破藤椅上，唸到這裏，不由得將桌子一拍，叫道：「雯琴，我運氣是眞來了，你看今年那件事一順?!這些時我就在動腦筋，明年我準會發個小財。嗯——」他將獎狀放到桌上，然後揑緊了拳頭往空中一揮，「好，說幹就幹，這個星期天就買他三斤肥腸，兩斤蹄膀，請趙志剛來吃晚飯，我要和他好好談談，順便我們也打個牙祭。」

在學校操場後面，一連三排木房子，是學校今年剛蓋好的教職員宿舍。汪大年憑着他那「三朝元老」的資格，和他那一股衝勁兒，宿舍一蓋好，就配着了一小棟。「今年那件事不順？」這就是汪大年的順事之一。幾年來，他們一家人就擠在一間鴿子籠似的小屋裏，搬到新宿舍裏來，一下就有了兩間房，比以前寬敞多了。裏房一小間，放着一個小煤油爐子，鍋盤碗盞堆在地上，竹桿上搭滿了小孩的衣褲和尿布。外房一大間，放了兩張雙人竹床；方桌的兩旁是兩張舊藤椅，後面兩隻椅腿還是用鐵絲綁着的；牆角有一張油漆剝落的書桌，是一位去香港的朋友臨走時送給他們的；此外就是一個新近做好的書架，大年不知由那兒弄來了幾個裝過白報紙的木箱子，將木板拆開來，敲敲打打，便做成了一個書架，上面有的是大年昔日在大學讀的教科書，有的是現在自己教書用的教科書，還有名人言論集和幾本袖珍本的英文小說，都是會改拍成電影在臺北上演過的。牆上一邊掛着一面大鏡子，鏡子下面貼着大年的讀書計劃表，另一邊掛着一個黃色鏡框，坎着「作育英賢」幾個大字，這還是去年學校校慶爲了獎勵資深的教師而送的。

星期天，天下着濛濛的雨，操場上的幾棵老槐被風吹得颼颼的響。這正是關着門吃一頓熱騰騰的晚餐的好時候。

「嘿！好香的肥腸！」雯琴一端上桌來，志剛就叫了起來。

「我知道你愛吃肥腸，特意爲你做的，」大年一面爲志剛斟酒，一面笑着說道：「我也愛吃，咱們倆是大食帝國，不吃肥肉就不飽。」

志剛拿起了酒杯，對着大年夫婦說道：「來，敬你們倆，我吃你們的吃得太多了，我看——」他也剛領了一筆年終獎金，想到大年夫婦對他的情誼，實在想請他們吃一頓，但他一舉起酒杯，就看到了自己磨得開了花的袖口，又想留着那筆錢，再想點辦法，爲自己添製一套新西裝，於是舌頭便打了個結，終於說道：「我看我簡直成了個白吃。」

「那裏話，」大年首先揀了一大塊肥腸塞在嘴裏，「咱們老同學還有什麼話講？」

「我們還是系友呢！」雯琴笑着說，眼睛却盯在那一盤糖醋排骨上，用筷子揀來揀去，挑了一塊厚厚實實的給身旁的小楠，小楠一手抓起了排骨就啃，鼻子上吊着兩條青亮的鼻涕。

「眞是，來，系友，敬你一杯，」志剛擧杯呷了一口酒，不覺看了雯琴一眼，她本來就是一張甜美的娃娃臉，現在到了中年，倒也福福泰泰的，只是鼻梁上以及眼角的皺摺已隱約可見，頭髮亂蓬蓬的堆了一頭，穿着一條灰撲撲的西裝褲，一件退了色的藏青嗶嘰緊身短外衣，緊綳在身上。

志剛嘆了口氣：「唉，轉眼就是十幾年了！」

大年一連塞了三四口肥腸在嘴裏，現在才放下筷子，呷了一口酒，說道：「志剛，今天我有要事和你相商。」

「什麼事？」

「我說我運氣來了，你看我今年那件事不順？」大年幌着腦袋畫了個圓圈，「宿舍配到了，還得了一張獎狀，全校四十幾個教員，只有我和鍾致和，我——」他用右手揑了揑他那肥頭鼻尖。

「你瞧，又揑鼻子，」雯琴轉向志剛，用筷子指向大年，說道：「他一得意就揑鼻子。你這一套我聽了好多遍了。到底是什麼事，快對志剛說了吧！」

「好，」大年又拿起了筷子，對準了那一大盤顫巍巍的紅燒蹄膀，「志剛，近來我忽然有了個靈感，我們明年準會發個小財。」

「又有了靈感？」志剛睜大了眼睛問。

雯琴噗嗤一下笑了出來，「你們的靈感可多着啦！你們記不記得？幾年前你們鬧什麼養鷄，一隻鷄生多少蛋，一個蛋賣多少錢，你們倆在一塊計劃了兩三個晚上，說什麼養四年的鷄賺的錢就可以去美國，一天到晚嚷着『去美國之路』，結果呢？後來又計劃開什麼煤球舖，怎麼樣蓋違章建築的房子，請幾個工人，趁夜趕工，說得天花亂墜，結果呢？」

「那都不切實際，現在我也不要去什麼美國了，只要養得起老婆孩子就行了，這次可要脚踏實地去幹，你等着瞧！」大年放下筷子，拍了一下桌子，乾脆將兩隻脚抬起一盤，像尊羅漢似的，坐在那張鐵絲綁着腿的大藤椅上，椅子咯吱響了一下。

「對，這次非脚踏實地幹不可！」志剛將一杯酒一仰而盡，以示決心，然後對大年說道：「你說了半天，到底是什麼靈感？」

大年頸子一伸，壓低了聲音說：「養魚！」然後不斷的點着頭，帶着一臉神秘的微笑，目不轉睛的看着志剛。

「啊，養魚！」志剛放下了筷子，十分嚴肅地，「怎樣個養法？我可一點也不懂。」

大年放下了兩腿，坐直了，伸出右手，將大姆指向手掌心一屈，「第一，先得租個魚池，魚池的地點、水量、土質、環境，都得愼重考慮，這我們以後再詳談。第二，」他又將食指按在大姆指上，「就是淸魚池，施肥，淸除對魚有害的東西。然後就是放魚苗。」

「養那一種魚呢？」志剛偏着頭問。

「可養的魚很多，靑魚、鰱魚、鯉魚、吳郭魚，都可以養，我看——我們就養鯉魚吧！」

「鯉魚好，我就喜歡吃鯉魚！」雯琴忙在旁附和說。

「太太，」大年瞪着兩眼，「咱們養了魚可不是爲自己吃的，是爲了賺錢，爲了塡飽肚子呀！」

「有話好好說，不要這樣橫眉瞪眼的，好不好？」雯琴拿起盛紅燒蹄膀的鑲紅邊的藍色洋磁碗，向小楠碗裏倒了一點滷，用筷子在小楠碗裏使勁搗動。「他呀！一天到晚氣冲冲的，好像一世界的人都對不起他似的。」

「你知道什麼？我爲這個家傷的腦筋，誰知道？」大年悻悻的說。

「好好，不要吵了，我們還是談養魚吧！」志剛拉了拉大年的衣袖說道：「你還沒講完，小魚要多久才能長大？」

大年又瞪了雯琴一眼，才說道：「大概八個月到九個月就可以打魚了，鯉魚苗大概六七毛錢一尾，我們就養兩萬尾吧，大約要一萬二三千塊錢。一尾魚可養到兩斤重，市上的鯉魚是六毛錢一兩，一尾魚就可賣十九塊兩毛，但批發價要小一些，至少可賣十塊錢一尾，你算算看，兩萬條魚多少錢？」大年又搖幌着腦袋。

志剛兩眼向上一翻，說道：「二十萬！」

「可不是？二十萬！」大年拍了一下志剛的胳臂，嘴抿着，好像二十萬已經到手了。

「這眞是一本萬利！大年，」雯琴的聲音忽然柔和了起來，「你怎麼從來沒對我談過這些？你怎麼對養魚這麼淸楚？」

「對你們女人什麼也不能講，還沒影兒的事，就會嚷的滿城風雨，這些都是我這些日子跑圖書館翻書翻雜誌找到的資料呀！」

雯琴瞥了大年一眼，悶聲不響的低頭吃飯。

「志剛，再來點酒，咱們慢慢談！」大年爲志剛又斟滿了酒，一隻手扶着酒瓶。「告訴你，一切我都仔細計劃過了，養魚本錢不多，這可找一兩個朋友想想辦法。現在，主要的問題就是看管魚池的人難找，這個人要能吃苦耐勞，要一天到晚守着魚池，一步也不能離，否則，別人一使壞，將電通到魚池裏，魚全死了，或者是附近的鴨子跑去把魚飼吃光了，我們的魚就會餓死了，這樣的人到那兒去找？誰肯這樣死心踏地的?!我要不是這個家離不了，我到是可以去。」大年瞅了志剛一眼，但他毫無表示，於是大年又繼續說下去：「只有養魚，不需要很多資本，可以少數的錢，賺好幾倍的利，古時候的范蠡，棄官之後，就是養魚，他說過：『養魚種竹千倍利。』我們——」

「大年，」志剛打斷了他的話，「只要穩賺錢，我寧可辭掉我這個公務員的事不幹，去看魚池。」志剛正挾着一筷子豆莢炒肉片。

「你眞有這個決心?!」大年半信半疑的問道。

「當然有！」志剛理直氣壯的說，頭一偏，將一筷子菜往嘴裏一塞。

「那就好了，這個問題就解決了，明年這個時候我們二十萬就到了手。小楠，」大年輕輕拍了一下小楠的頭：「爸爸發了財，你要什麼，爸爸就給你買什麼。」

「我要買那個會跑的小汽車！」小楠努着嘴說。

「好！」

「我還要買一雙新皮鞋！」小楠翹起了他那一雙穿着木屐的赤脚。

「不成問題！」

「我還要天天吃泡泡糖！」

「可——以。」大年說這兩個字時，他的頭正好畫了個圓圈。

「唉，」雯琴嘆了口氣說道：「有了錢，我也可以出頭了，這幾年，我眞苦够了！」

志剛一直獨自慢條斯理的啜一口酒吃一口菜，這時，他驀地抬起了頭。「喂，大年，」他沉吟了一下。「假若虧了本，我的差事也丢了，那豈不是兩頭空？而且，看魚池，得一天到晚守在那兒，那不是和各方面的關係完全隔絕了？」

「你看，你看，」大年用左手的食指向志剛連連點着說道：「還沒開始，你就洩勁了，秀才眞是什麼事也做不成，連路口那個小舖的小伙子還不如，別人一說開小舖，就開起來了，現在老婆一件件的花布往家裏買，孩子都養的肥肥的，貨一天天多起來，舖面也大了，你——」

「你別笑別人，你也熱不了多久，」雯琴想起了剛才所受的悶氣，正好抓着這機會發洩一下，於是望着牆上貼着的大年的讀書計劃表，唸道：「早上六點半起床，六點三刻到七點，聽英語廣播，七點早餐，七點半到八點看報紙，八點上課。晚上八點到九點讀貨幣銀行，九點到十點讀國際貿易。十點到十一點讀英文。這些計劃你實行了幾天？那天早上你不是學生升旗的時候才從被窩裏鑽出來，揉一把臉就跑去上課?!」

這時，天已經黑下來了，一陣風過，敞開的窗子啪噠啪噠的打着響，大年趁勢站了起來，啪的一下將窗子關上了，喝道：「又開窗子，又開窗子，冷死人！我說過多少次了，不要開窗子，這種紙糊竹紮的房子，還嫌不够通風?!」

「來，來，大年，別動火，」志剛拉過大年，把他按到椅子上坐下，拍了拍他的肩。「你看，」他一隻手向着雯琴、小楠、以及躺在床上剛滿兩個月的小松一攤，「你多好的福氣，有這麼一個好太太，又兒女成行，我們到現在還是一條光桿兒！」

「哼！他才不稀罕！」雯琴癟癟嘴，轉過頭來吆喝道：「小楠，呆着看什麼？快吃！」

小楠正瞪着一雙小圓眼睛，鼻子一抽，兩條靑熒熒的鼻涕就唏哩呼嚕往鼻孔裏一鑽。這時，床上劈啊啪啦傳來一陣響聲，雯琴忙放下筷子往床邊跑，一面咕嚕道：「遲不拉，早不拉，偏偏在這個時候，寃孽！」

小楠一隻手揑着鼻子，一隻手指着床上說道：「弟弟，拉臭臭！」

「不過——」志剛的眼從小楠一直掃到躺在床上的小松，「大年，你們兩個孩子也眞够了，你們可不能再生了。」

「管他的！」大年已經三杯下肚，臉紅噴噴的，眼中充滿了紅絲。「我這個人，從不委曲自己，」他拿起酒杯一口喝乾了，又吃了一塊肥腸，「人生反正就是這麽一回事，money、wine、woman，怎麽樣？」他轉向了志剛，「本人英文說得如何？我一喝酒，天才就來了！哈哈！」他仰頭大笑了兩聲，又自鳴得意的繼續說下去：「別人說抽多了煙得什麽癌症，我也不管，還是照抽，我覺得一個人想吃一點，就吃一點，想喝一點，就喝一點，不必顧慮得太多。」

「煙不但照抽，每頓飯還得喝幾杯酒，第二天沒有菜錢他也不管。」雯琴正彎着身子爲小松換尿布。

志剛笑了笑說道：「這才是生活的藝術，對不對？大年！」

「對！」大年挾了一塊紅燒蹄膀，正準備往嘴裏喂，忽然說道：「志剛，怎麽現在就放下了筷子？來，再來一塊，好哇！燒得多好的蹄膀！一點也不膩人。」他將那塊嘴下留情的蹄膀送到志剛碗裏，接下去說道：「唉！我現在還不是混一天算一天?!等到將來反攻大陸，就可出頭了，起碼也可弄個把專員縣長幹幹。」

志剛正在吃那塊蹄膀，說道：「眞是，就憑咱們這塊料也不應該幹一輩子的小公務員。」

大年正面對着牆上掛着的那面大鏡子，他一抬頭，正好看見了自己在鏡中的映像，濃眉大耳，方方正正的額頭，他不覺把頭一昂，眉頭一皺，嘴一抿，說道：「就憑本人這種風度，未必就不可以當個把大使？」說完又對鏡子揑了揑自己的鼻尖。

雯琴正坐在床沿抱着小松喂奶，鬆鬆的奶，像孩子手中玩的走了氣的汽球，吊在小松的嘴上，她斜睨着大年說道：「他呀，一天不知要照多少次鏡子，我反而一天難得照一回，他總是ladies、gentlemen的對着鏡子作要人演講狀。」

「我在你眼裏總是一文錢也不値。我每天向學生訓話時，你去看看，」大年的頭用力向旁一擺，「全體學生，鴉雀無聲，凝神屛氣的聽本人講。」說到「本人」時，他又揑了揑鼻尖。

「那可過癮了！」志剛笑道。

「可不是？我看他對學生訓話比對什麽都感興趣。」雯琴一面拍孩子一面說道。

小楠忽然想起了什麽，忙放下筷子，叫道：「爸爸還喜歡要我當小兵，」他溜下了坐位，將右手彎在胸前，頭向右一轉，硬着頸子，向前邁着正步，說道：「爸爸要我這樣向他敬禮。」

雯琴笑着連連點頭說道：「對，對，一點也不錯，他總是對着鏡子作閱兵狀。」

志剛笑得差一點噴出菜來，但大年却楞楞的瞪着兩眼，若有所思的，忽然說道：「喂，志剛，我還有點事要找你，我最近編了一本書。」

「什麽書？」

「英語發音速成。」

「好，是時候，現在誰不學英文？」

「你找不找得到地方幫我印？」

「嗯——，我有個朋友，是個作家，他一出一本書，他一個月要寫一二十萬字，我問問他，也許他有門路。」

「好，就包在你身上了，」大年擧起了酒杯，「我們乾了這一杯吃飯。」

「成！」志剛擧杯和大年「噹」的一下碰了一下杯。「你怎麽想起編這本書？」

「唉，我也是混點錢貼補貼補，否則，眞活不下去了。那還不是騙人的玩意?!還是我以前在學校宿舍裏拾到的一疊語音學破講義，也不知怎麽留到現在，有一天，一個同事說，你何不把這疊講義整理整理，自己再東拉西扯，湊一點，就可印一本書了，現在學英文的人多，找人推銷一下，登幾個大廣告，包你賺錢，於是我的心就動了，化了兩個星期的時光就編起來了。」

「這也是個辦法，其實，要賺錢，還有個好門路。」

「什麽門路？」大年急切的問。

「寫小說呀！」

「寫小說？那可不是隨便可以寫得出來的。」大年有點兒失望。

「那有什麽了不起?!只要有一個故事，誰都可以寫，反正萬變不離其宗，不是兩男一女，就是兩女一男，再加上什麽『我們的嘴唇碰在一起了』，『她的手碰着我的手時，我們都像通了電流』，再來幾句蔚藍的天，眨眼的星星，皎潔的月亮，美麗溫柔的女郎，就成了一篇小說了。」

雯琴將懷裏睡着了的孩子又放回床上，走回桌邊坐下，聽到了志剛這一番話，不由得衷心佩服他，說道：「志剛，你眞了不起，什麽都懂，音樂、繪畫、文學，談那一樣，你都有一套。」

「確是如此！他有才氣，又加上他那白白淨淨的臉，和儒雅的風度，所以我們的志剛當年有『才子』之稱。」大年應聲道。

「那裏，我也都是半吊子，什麽都懂一點，但什麽都不精。」志剛嘴裏雖是如此說，但心裏着實高興，尤其是大年提到了他以前那「才子」的綽號，就想起了以前讀書時代的情形。「想當年，在學校裏，到眞是什麽事都有我一份兒，音樂會、演話劇、出壁報，都少不了我！」

「對了，我還記得你一天到晚在壁報上寫的那些歪詩，全是給小喬的，」大年說到這裏，用力打了一下志剛端飯的那一隻手，「喂，你現在還想不想小喬？」

志剛沒有答腔，只是端着碗笑。

「小喬可眞不錯，連我們女同學都喜歡她。」

雯琴說道。

「志剛，你那時簡直爲她着了迷，一天到晚，像尾巴似的總跟在她後面。」大年笑着說。

「我也眞迷了陣子，那時搞什麼音樂會、壁報、演戲，還不都是爲了她?!總想在她面前出出風頭。現在想想，」志剛不勝惋惜的搖了搖頭，「那時眞傻！」

「志剛，我問你，你到底什麼時候結婚？」太太們對單身漢的結婚問題最感興趣，雯琴也問過志剛不止一次了，他總是做個鬼臉，聳一聳肩，但這一次，他却有了個新理論。

「這年頭，結婚也者，就是個合夥生意，本來各人住各人的單身宿舍，包大厨房的伙食，一結婚，不過是由兩間房合成了一間房，兩份薪水湊在一起開伙。」

「你這些話眞倒人胃口，你還記不記得你以前那些歪詩裏的安琪兒呀，女神呀！」雯琴笑着說。

「連我都還記得，什麼『愛就是一種宗教，就是奉獻』，對不對，沒背錯吧！志剛，」大年將臉湊到志剛面前，然後仰天大笑：「哈，哈，眞有意思，眞有意思！」他身子往後一仰，他坐的那張破籐椅又咯吱咯吱地響。

「別提那些了，都是太年青。」志剛端起飯碗，撥了一口飯，繼續說道：「要是講到那時的荒唐事，可多着啦！ university，由你玩四載，一點也不錯。我是成天不讀書，跑到夫子廟去捧張小鳳，我們一共五個人，賣大衣，賣字典，都要去聽她的戲。每天晚上，我們五個人，不遲不早，張小鳳一出臺，我們五個人就浩浩蕩蕩的進了場，她唱一句，我們就『好哇』狂叫一陣。有一天，我們湊錢請她宵夜，她居然辭掉了已經約好的約會，和我們一道去宵夜，那天晚上，樂得我們五個人一夜都沒睡着覺，你看寶不寶？」志剛越說越興奮，聲音也特別宏亮了，連小楠也放下筷子，昂着頭聽得入了神。「哈，」志剛放下碗筷，兩手一拍，「還有，還有，還有更精彩的，我們——」

「老實說，」大年轉過頭來打斷了他的話：「那時候我看你們幾個人眞不順眼，公子哥兒派頭，一天到晚吊兒郞噹的。」

「告訴你，我也見不得你，」志剛用筷子向大年油光水滑的鼻尖一指，「趾高氣揚的，自以爲了不起，那副神情，我的天！」志剛頸子縮了進去，「好像天下只有我一個汪大年，就像是將來的總統非我莫屬，我瞧你那副唯我獨尊的神情火就來了。」

「我看見你那副滑頭滑腦的樣子就想揍你！」大年放下筷子，勒了勒袖子。

「慢點，」雯琴拍了拍大年的肩，笑道：「你們可別眞的打起來了！」

「媽媽，爸爸和趙伯伯打架，你就喊我。」小楠聽見外面的小朋友喊他，放下筷子，一溜煙的跑掉了。

「有意思，有意思！」大年又拿起了筷子，往嘴裏撥了一大口飯，但他突然眼睛亮了起來，「我這個人，男同學看着不順眼，女同學——哈，哈，」他不覺又揑了揑鼻尖，「女同學可喜歡看，當時就有三個女同學對我好。太太，」大年轉過頭去湊近雯琴說道，「別生氣，咱們當故事講着開開心。那三個女同學之中有一個還是某要人的小姐，每天我去參考室，她就站在竹林旁邊等我，你們還記得吧！就在女生宿舍一下來，轉彎那個地方，她就在那兒等着我，我看也不看她一眼。我——」

「別盡往自已臉上貼金！」雯琴挿嘴道：「你不看別人，怎麼知道別人在那兒等你？」

「笑話，眞是沒看，我說看了也沒關係，跟你講，」大年衝着雯琴大聲說道：「那時候，只要我稍一表示，她就——哼！」大年使勁點了一下頭，眼睛不覺瞥了鏡子一眼。

「哼！怎麼樣？你們專會自作多情。」雯琴一手支頤，撐在桌上。

「還不止此啦，還有一個女同學，現在我也不必說出她名字了，她半夜伏在枕上給我寫信，我從軍回來，她要把她自已的被子借給我蓋。我討厭她那張瓜子臉，一幅薄命像，後來，我在她面前把她的信全撕了。」大年兩手像拉弓似的一比，牙咬的咯吱一響。

「那怎麼可以？你這人，太無情了！」志剛望了雯琴一眼，忙改口笑着說道：「對不起，失言，失言。」

「沒關係，他那一段輝煌史我聽他講了一百遍了！」

「我太太就不愛聽，其實，」大年拍了拍雯琴的肩，輕聲說道：「我那時心中只有我太太。」說完之後，對志剛做了個鬼臉。

「雯琴，」志剛說道：「你知不知道我們系的男同學喊你什麼？」

雯琴默不作聲，只是抿着嘴笑，低下頭扯扯短外衣的袖子，那件衣服還是大年學生時代的一件舊西裝上身改的，西裝褲正好爲小楠改了一件小外衣。去年新改好的時候，雯琴穿着還挺合身，但人近中年，一天天的發福，現在胸前那幾顆扣子已經扣不攏了。

「我們叫你白雪公主，你那時沒有現在這樣胖，啊，不，沒有現在這樣豐滿，」志剛一支手撐在桌上，支着下巴，凝視着雯琴，彷彿是要在那張胖成了雙下巴的中年婦人臉上找回什麼，「你那時小巧玲瓏，皮膚很白，領口總愛別個別針，是不是？」雯琴笑着點了點頭，挺直了腰，使勁將腰間的一顆扣子綳着扣上了。

「是呀，」大年說道：「她那時梳着兩條鬆鬆的大辮子，辮梢留得很長，披在肩上，有時老遠走過來，夾着一本書，眞是滿神氣的。」大年的眼睛盯着雯琴短外衣裏面那件紫紅毛背心看着，好像是突然碰到了久別的老友似的叫了起來，「對了，我第一次看見你，你就是穿的這件紅毛衣。」

雯琴掀開了外衣領，低頭看了看身上那件毛背心，說道：「可不是？有一年暑假回家我媽給我買的，蜜蜂牌的，原來是一件開口的毛衣，後來拆一次，損一次，拆到現在只能織一件毛背心了。」

大年忽然想起了他第一次看見雯琴的情景。離學校不遠，有一個小木橋，下午，雯琴在田野裏看完了書回校，在小橋上碰見了他，她穿着一件紫紅毛衣，圍着一條白圍巾，手中拿着一枝剛由樹上折下來的桃花，襯得她的臉格外清新。倆個人神情都很尷尬，似笑非笑的打了個招呼。後來，他們常在圖書館相遇，不知爲什麼，他總會坐在離她不遠的地方，隔着一兩排位置，看書時，他眼睛總不自覺的飄向了她那邊。有一次，電燈突然熄了，同學們只有丟開書本聊天，黑暗中，他走過去和她搭訕，她要他燈亮了爲她講一課英文，從此，他們每天上圖書館就坐在一起。

「大年，」志剛已吃完了飯，由桌上拿起了一支新樂園，一面點煙，一面說道：「你記不記得我們在四川抽什麼煙？人頭狗，是不是？」

但大年却風馬牛不相及的說道：「想當年，我太太在學校裏也是個人物呢，我們追起來還頗費了一番心思。」

「您客氣，」雯琴調侃道：「您才是人物，我們還不是英雄崇拜?!」

「哈，哈，」大年的眼睛這回可盯着鏡子陶醉了好一會兒，用手不停地摸着自己的下巴。

志剛噴了一口煙，站起來說道：「今天可是酒醉飯飽。」

「不行，還有酒，」大年拿起了酒瓶搖幌了幾下。「今天我們得把這瓶酒喝完。」

「不能再喝了，明天一淸早我還得去南部出差，喝醉了明天起不來。」

「你現在成了你們廳裏的台柱，在同學之中，你是頂指括括的了，」大年翹起了右手的大姆指，「你是簡任幾級？」

「六級。」

「可不是?!上了竹字頭了，你確是個人材，又穩健，又圓和，人緣好，混得開。」

「不行，」志剛噓了一口煙，搖搖頭說道：「我們人事關係不行，再有多大本領，也只是跟人當一輩子幕僚，難得出頭。」他將煙在他面前的碗邊敲了一下煙灰，「我現在是別無他求，只要西裝破了，能做得起一套西裝就够了。」

這時，大年正用筷子夾起盤中最後一塊排骨，嘴巴張成了個O形，正準備將排骨喂到嘴裏。

「慢點，」雯琴拿起筷子將排骨接了過去，「小楠就是喜歡啃骨頭，這最後一塊還是留給你兒子吧！小楠，來，這塊排骨拿去。」

小楠跑了進來，接過排骨，抓在手裏啃了一口，說道：「媽媽，我不想吃。」

雯琴將大年的碗接過手來，遞到小楠面前，說道：「不吃就給你爸爸。」

「唉！」大年嘆了口氣，「現在我們在太太眼中可不是英雄了，簡直成了個狗熊！」

志剛和雯琴都大笑，小楠拍着手叫道：「爸爸是狗熊，爸爸是狗熊！」

大年自已笑得只咳嗽，身子往後一仰，用力過猛，椅子嘩啦一響，後面兩隻椅脚折斷了，大年跌了個四肢朝天。志剛、雯琴、小楠笑成一團。床上的小松也被驚醒了，哭了起來，雯琴跑過去抱小松，一時房中鬧哄哄的，亂成一片。大年在地上掙扎着爬不起來，志剛終於將他扶了起來。大年口裏雖不停的說道：「有意思，有意思！」但他的脚却將地上的那張垮椅子踢了好幾下：「去他媽的，扔出去！」

志剛不知是笑得開了心，還是爲了要安撫安撫跌了交的大年，大聲宣佈道：「好！下個禮拜天我請客，涮羊肉！」

「算了！你西裝破成這個樣兒，還是留着錢做一套西裝吧！」雯琴一面「哦」「哦」的哄孩子，一面說道。

「你就這麼瞧不起人？」志剛走近雯琴。「混了這麼多年，我趙志剛，」他用右手食指點了點自己的鼻尖，「別的本事沒有，借支個把月的薪水還不成問題。」

「那怎麼好！還是省點兒吧！」大年在一張櫈子上坐下，用手背過去搥自己的腰，自言自語道：「不行，人老了，跌這麼一下就把腰跌痛了。」

「管他的，」志剛一隻手向旁一揮，「人生難得幾回醉，吃了再說，今天可眞談得痛快，也只有老同學才能這樣傾心相談。連十幾年前的老話都談起來了。」

「那時候到底年紀輕，可眞幼稚！」大年仍舊一手搥腰。

「簡直是胡鬧！好多事現在打破我腦袋我也不會幹的。」志剛敲了一下他那搽着凡士林的油膩膩的腦袋。

志剛走時，雨早已停了，大年夫婦還特意陪着志剛走過那一大片空漠漠的操場，穿過了黑黝黝的走廊，將他送到大門口，目送着他的背影在那一排椰子樹下漸漸遠去，當他走到路的盡頭，正要轉彎時，雯琴忽然想起了一件事，喊道：「志剛！」

「什麼？」他回過頭來，一陣風正吹得椰樹葉颯颯的響。

「你們養魚的事到底怎麼樣？」

志剛豎起了衣領，揚了揚手，遠遠的高聲叫道：「下個禮拜天再談吧！」

二月之夜

光中

半透明的雲影飄過去，飄過去，
一若自永恆底臉上落下了輕紗；
而我竟如此猝不及備，和永恆面面相對。

這閃動的謎，這祼盡的美，使我目眩，
使我深深地吸氣，又失聲驚呼：
何等氣象的獵戶，何等陣容的大犬和小犬！

是誰爲永恆設計這不可逼視的圖案——
三星玲瓏，排在當中，而一對孿星拱衞於兩旁；
那大犬的寶座，那燦爛的天狼，衆星之星，宇宙之王冠？

面對這不朽的美，這永恆的謎，我無語。
宇宙是一隻太靜的斯芬克獅，永遠蹲守而俯視；
而我們是太匆促的行人，走過去，走過去……

二月十九日

附註：

（一）獵戶（Orion），大犬（Canis Major），小犬（Canis Minor），均爲二月份見於南天之偉大星座。

（二）三星玲瓏，指獵戶座居中而又等距的三顆二等星。

（三）一對孿星，指夾峙於此三星左右的兩顆一等星，均屬獵戶座；在左方紅色的一顆叫參宿四（Betelgeuze），在右方藍色的一顆叫參宿七（Rigel）。

（四）天狼星，最亮的恆星，西名 Sirius，即「燦爛」之意；爲大犬座之一等星α，故曰「大犬的寶座」。

民主途程的坎坷（社論）……本社
臺灣經濟的內在問題……蔣勻田
懷朱舜水先生……楊海宴
毛澤東遭遇的「內部矛盾問題」…安德詩
大陸城市居民的消費水平……鄭竹園
蘇聯的對外經濟政策……曉生譯
一九五七年二月大事記要…本刊資料室
自由人語
「國大人小」……雷厲
駱駝與針孔……新客
忍心的說謊者……炬人
婦女節日有感……王序
房子裏頭的話……狷夫
川貝母（小說徵文優等獎）……彭歌

讀者投書

對高普考的幾點改進意見

林金順

考試院歷年舉辦高普考試（在該項考試前又有高普檢定考試），確實給有志青年不少的鼓舞，且歷次考試的技術和方法不斷改進，很博得社會人士的讚譽。例如廢止點名一事，卽可大書特書。在卅九年、四十年的考試，考生排隊罰站候點，實給考生和考官一大麻煩。某次就是用毛筆問題，有些醉心國粹的人，認爲考場不用毛筆是忘國本，是不愛國。但是光在考場上重形式而用毛筆就是愛國嗎？增加考生困難也是愛國嗎？後來因各方批評，由各科必用毛筆進至國文一科用毛筆，直至今天已是任君自便了。這也是考試史上一大進步。最後値得讚揚的是，歷屆的高普考人數雖年年增多，但錄取標準年年提高。因此筆者雖兩次參加推事檢察官考試而名落孫山，但也毫無怨言（去年推事檢察官每二十三名錄取一人），但是考試院不應以此成績而自滿，因爲反攻大陸後爲了配合國策，億萬的建國人才之儲備，均有待於考試院今日之考取，所以考試院若能逐漸改正下列的技術或方法，必更是考政史上不可磨滅的功勳：

①筆者愚見認爲考期應改在冬季寒假中爲佳，因暑假天熱，揮汗驅蚊蠅，對考生攻讀及身體之影響太大，卽是主辦考試之先生們當也疲憊不堪，豈只某院座不敢任典試長而使副院座血壓增高呢？何況寒暑假借用教堂是一樣的容易。

②考區的增加：查歷屆舉行考試均在北市，筆者認爲分區較妥。昔日考試院在大陸時考區遍及首都各省區（見考試法第九條，二十條第二項）。現在爲何不可？雖然我們不敢希望臺灣各縣市都普遍設立考場以利考生，但在臺灣分爲四考區（臺東、臺北、臺中、臺南），或三考區（臺北、臺中、高雄），或二考區（最低限度應如臺省教育廳招考教員分爲臺北、臺南二地），這總比特別獨厚臺北，借重臺北爲良好。因爲這能夠減少考生很多金錢的浪費。今日臺灣物價不能不算昂貴，而一般公教人員薪給微末（考生多是軍公教人員及學生），跑一趟臺北，食宿所費可觀。尤其澎湖、屛東、花蓮地區，至臺北應考尤多靡費，豈只三二個月的儲蓄或借支可以應付？因此窮考生只好裹足不前了。故政府多花些考政經費，多增幾個考場是絕對應該的。

③身體檢查應免掉：我們不知檢查眞義何在？是否爲了要有一個健全的身體？更不明白檢查爲何只指定省立醫院？本來檢查是要淘汰身體不合格者應考。但是應考是一件事，就職又是一件事，現在體檢及格了，如果就職時不幸而殘廢，試問尚能准許任用嗎？既然體驗是預備任職時用的，那麼應考要體檢幹嗎？一個癱瘓與床爲伴的人或是失明、耳聾、缺肢（榮軍除外）的人，難道他沒有自知之明？一個跛子會去應考外交官嗎？尤其是硬性規定省立醫院體檢，更令人百思莫解，因今日臺灣有省立醫院者三四縣市一所而已，於是如中部之南投、雲林、彰化或深入山地邊區或窮鄉僻壤的考生，一趟體格檢查平添多少麻煩？例如住在西螺邊陲之麥寮鄉或日月潭之野的考生，體檢非遠至臺中或嘉義不可，於是花上百元車資不算，當考期迫近「一寸光陰一寸金」之情狀下，更要白白犧牲一二日的時間，何況省立醫院體檢的馬虎和糊塗是考院諸公所不能知其萬一的，筆者二度應考均在省立臺中醫院接受體檢，該院只知收七元檢查費（另加二元掛號）外，其檢查之馬虎草率，雖報章有考生的指斥，但該院仍我行我素不予改善，筆者排隊尚未至醫生面前，大夫老爺已把「正」字蓋上私章了，質問之，對曰：「雙方便利」，如此體檢，又有何意義？所以體檢在筆者愚見，最好是免掉也罷，不然爲了考生便利，體檢亦應定於省立醫院及各縣市衞生院（各縣市均有衞生院），因爲衞生院設備並不差，也不見得馬虎。就是一樣馬虎了事的話，也可減少考生們奔波及浪費金錢時間之苦。

④擬考題委員之愼重聘請。上次筆者應考推事檢察官，在民事訴訟法考前二十分見一相熟的某大畢業學生在背念「自諾」、「認諾」之意義及區別，筆者笑他準備得太簡單，但這考生很把握地說，他們的民訴法教授榮任典試委員，因此民訴法所出考題必離不了這些範圍。據說：這位教授平常注重這類題目，且還編了一本民訴法釋義的法學用書呢！果然眞是料事如神，民訴法考題一分到手，第三考題就是「自認」和「認諾」之分別，筆者並不怪這個教授出題之不當，乃認爲選任典試委員，最好在現任各大專教授以外，還要選任社會各界的名流學者。

⑤錄取名額的放寬：這不是指錄取標準的降低，乃是格於省區名額之限制，但其成績已達到錄取標準者，仍應放寬錄取之，例如去年高等考試財政金融人員有二百八十多人應考，然而名登金榜者只有一人而已，難道只有這一位幸運兒適合錄取標準？這不會太過於嚴格嗎？固然，遵守憲法規定的名額是實行民主政治表現，但是爲了多儲備人才錄取已及格的考生，在此時此地總不致被大法官解釋違憲，被監察委員糾擧吧？我們是否可以在合情合理而不違法的原則下想出一個補救的辦法呢？

以上所陳愚見雖嫌嚕囌，然一片愚誠，毫無成見在內，但願考院能隨潮流而改善，隨需要而改良。

給讀者的報告

這些時中共施盡各種卑劣的手段，大肆製造「和謠」，我們上期的社論，曾針對中共的陰謀，籲請政府採取適當行動，俾「使和謠失掉作用」。本月五日周匪恩來在僞人民政協全國委員會上發表「國際情勢報告」，又對所謂「臺灣問題」撒佈煙幕，製造謠言，企以淆惑視聽。對於周匪製造的這些謊言，我們要再予以當頭痛擊。在本期第一篇社論裡，我們揭穿他製造謊言的動機，並籲請中美兩國當局提高警覺，加强彼此相互的信心，以免落入陷阱，上了他的圈套！我們一方面要喚起美國反省，不可在言行上使盟友產生不信任的心理；一方面更要督促我們的政府，眞正走向民主自由的道路。

「懷疑與希望」（本期第二篇社論）是我們讀到國民黨第七屆八中全會通過的「大陸情勢檢討及反共復國奮鬥方向」一案以後的心理反應。這個議案所列舉的目標與步驟都是正確的，也是國人所企望的，但能否一一兌現，則證諸以往事實，又令人不得不予懷疑。空話說多了，效力會遞減。這是不易的道理。過去每次國民黨中全會開會都要說些好聽的話，但有那些又是眞正做到的？「諸言貴實踐」，但望這次說的不是空話！

本刊自創刊到現在已七年有餘，本刊的立場和態度，讀者們從我們過去七年多的言論中，可以淸楚看出。乃最近一些反民主反自由的人士對本刊橫加誣衊與搆陷。我們先後在第十六卷第二期社論「我們的答辯」與第十六卷第四期社論「對誣衊與搆陷的抗議」兩文中，曾嚴正地表明我們的立場；本期雷震先生代表本社重申我們「創刊自由中國的意旨」。我們之所以堅定不移地闡揚自由民主的理論，正是爲了要建立反共的理智信念。我們確信惟有揭櫫人權與自由，反共才有意義，反共才有力量。

中共爲實行所謂社會主義與計劃經濟，大力消滅大陸上的自由市場，致造成生產萎縮市場呆滯的嚴重危機，於是不得不「向資本主義退却」，轉而開放自由市場。但開放自由市場以後，又發現許多新的危機，而這些新危機與共匪政權的本質是不能相容的。這是無法「統一」的矛盾，中共正在這種矛盾中作垂死的掙扎。李靜之先生的大文，根據共匪報紙透露的資料，分析中共開放自由市場的眞象，證明它的掙扎是徒然的。

談到「軍隊現代化」必然要涉及到很多的問題。本期吳秋山先生的大文，只申論此問題中的一面，本文就軍官教育制度、確立預算與改善待遇幾點，提供意見。願當局在這些方面能够有所改進。

「匈牙利的革命輿論」一文，可以幫助我們了解匈牙利革命思想的背景；「從艾登辭職說起」分析此一事件的先因後果，是一篇極爲完整的報導。

此外原擬於本期刊登而因稿擠未能刊出的文章計有龍平甫先生的「波蘭的二月革命」，周道濟先生的「美國憲法保障的信教自由」與力元生先生的「加拿大自由黨之政策及其成就」，容於下期登載。

再者，本刊祝壽專號最近應各方需要，於上月廿日發行第八版，兩週間又告售罄，茲於本日再出第九版。

最後向讀者報告的。本刊自四十一年十二月一日由精華印書館承印，該廠數年來的工作效率與服務精神俱使人深爲感佩。最近由於某種原因，該廠不願繼續承印，並一再爲此表示歉意，我們亦只能曲諒其苦衷，故本期改交倚德印刷廠承印。

自由中國 半月刊　第十六卷第六期　總第一七七號
中華民國四十六年三月十六日出版
發行人兼主編　『自由中國』編輯委員會
出版者　自由中國社
社址：臺北市和平東路二段十八巷一號
電話：二　八　五　七　〇
航空版　友聯書報發行公司（九龍新圍街九號）
總經銷　自由中國社發行部
經售者
美國　紐約友方圖書公司
日本　東京僑豊企業公司
韓國　漢城裕昌德號
馬尼剌　大中華日報社
　新疆書店
印尼　椰嘉達天聲日報
越南　泗水文光圖書公司
　西貢中原文化印刷公司
緬甸　仰光振成書報店
印度　加爾各答塔梅學校
澳洲　雪梨瑞田公司
北婆羅洲　西利亞坡青年書店
星加坡　友聯書報發行公司（小坡大馬路四六九號）
吉隆坡　友聯書報發行公司（馬華公會大厦三樓七室）
怡保　友聯書報發行公司（希尼華沙甘街十六號）
檳城　友聯書報發行公司（林連登律七十二號）
澳門　友聯圖書公司
印刷者　倚德印刷廠
廠址：臺北市長安西路八十號

本刊經中華郵政登記認為第一類新聞紙類　臺灣郵政管理局新聞紙類登記執照第五九七號　臺灣郵政劃撥儲金帳戶第八一三九號
（每份臺幣四元，美金三角）

自由中國

FREE CHINA

第十六卷 第七期

目錄

社論

(一)日「中」貿易的嚴重性

(二)寫在本屆地方選舉之前

反對黨！反對黨！反對黨！……朱伴耘

論臺灣省的選舉……王崑僧

怎樣以凱因斯的理論來研究臺灣經濟……趙岡

波蘭的「二次革命」……龍平甫

通訊

雲南邊區紀行……汪京金

蘇迦諾的救國方案……蘇益生

冷月……琦君

湖上的小詩……張秀亞

讀者投書

(一)林何皮三案判後感……余致力

(二)這是什麼作風？……趙正誠

(三)獻玉乎？獻寶乎？……郭慕泰

(四)公路局不應停售學生月票……劉無欲

中華民國四十六年四月一日出版

社址：臺北市和平東路二段十八巷一號

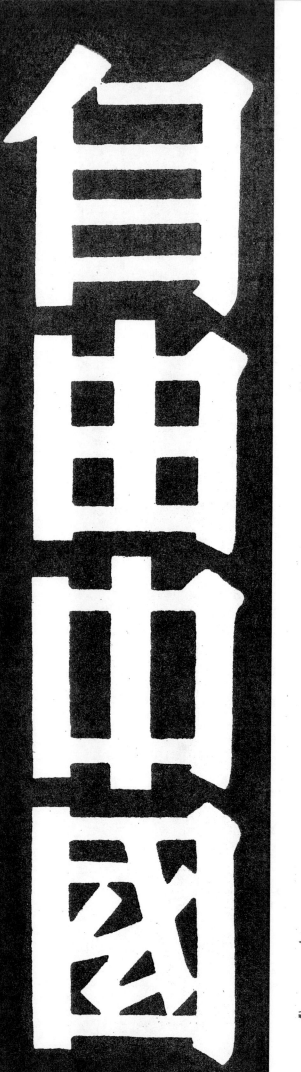

半月大事記

三月九日（星期六）

美總統簽署中東案，表示決以戰爭阻止侵略。

旅美華僑代表會議決議成立全美華僑福利總會。

英首相抵巴黎，與法總理舉行會談。

星加坡獨立代表團抵英會商自治問題。

聯大通過佳納國入會案。

三月十日（星期日）

杜勒斯抵澳，警告亞洲國家，共黨缺點日益暴露，但侵略威脅仍然存在。

英法兩國發表會談公報，聲明對運河航運，兩國採共同立場。

納塞表示，埃及准許英法船隻通過運河，但需繳納全部費用。

聯合國部隊成立加薩政府，埃及任命拉提夫為加薩總督。

南蘇門答臘發生革命，巴林中校宣佈接管當地政府。

三月十一日（星期一）

加薩群衆示威，攻擊聯合國軍總部。

東南亞組織理事會在澳京舉行第三屆年會。

日本鐵路工人罷工。

三月十二日（星期二）

杜勒斯告東南亞公約理事會稱，美國繼續支持中華民國政府，決不承認中共，並拒其入聯合國。

西班牙駐華大使孔德呈遞國書。

埃及接管加薩行政，以色列認為埃及破壞撤兵協定。

美英法三國覆照蘇俄，拒絕蘇俄所提中東建議。

三月十三日（星期三）

美國務院發表聲明，呼籲有關方面與聯合國合作，維繫中東和平。

以色列總理聲明，加薩危機如不解決，以即採取軍事措施。

東南亞公約組織發表公報宣佈三點抗共計劃。

杜勒斯在澳發表談話，東南亞區如有戰爭，美將使用原子武器。

英約兩國宣佈廢止一九四八年所訂同盟條約。

三月十四日（星期四）

印尼內閣提出總辭職。

古巴發生流血事件，叛亂學生攻總統府。

泰國新國會開幕，全國緊急狀態解除。

三月十五日（星期五）

俞院長在立院答覆質詢稱，反攻力量逐年增強，時機成熟即可開始。

埃及政府任命之總督進入加薩。

印尼軍事領袖在雅加達集會。蘇卡諾宣佈提名蘇維約組閣。

三月十六日（星期六）

以外長赴美磋商加薩地區危機。

三月十七日（星期日）

菲總統麥格塞塞因座機失事，不幸遇難。

美國與黎巴嫩發表會談公報，美將予黎軍經援助。

「自由中國」的宗旨

第一、我們要向全國國民宣傳自由與民主的真實價值，並且要督促政府(各級的政府)，切實改革政治經濟，努力建立自由民主的社會。

第二、我們要支持並督促政府用種種力量抵抗共產黨鐵幕之下剝奪一切自由的極權政治，不讓他擴張他的勢力範圍。

第三、我們要盡我們的努力，援助淪陷區域的同胞，幫助他們早日恢復自由。

第四、我們的最後目標是要使整個中華民國成為自由的中國。

以色列控埃造成緊張局勢，促美負起保證責任。

三月十八日（星期一）

加西亞自澳返菲，宣誓繼任菲總統。

三月十九日（星期二）

以總理聲明，以國決以全力保衛阿卡巴灣通航自由，呼籲對埃「非法封鎖」施以國際壓力。

杜勒斯與以外長會談後聯合聲明稱，美將盡一切力量達成中東安定和平。

美海軍部宣佈任命陶艾爾中將繼任美協防臺灣司令。

菲總統加西亞宣佈續與自由國家合作。

三月二十日（星期三）

英人士訪華團與韓國經濟考察團分別抵臺。

納塞通知各國，船隻通過運河須先向埃繳通行費。

三月廿一日（星期四）

蔣總統於接見合衆社記者時，警告美英兩國，放寬禁運無異助匪。

美總統艾森豪與英首相麥米倫在百慕達舉行為期三日之會談。

聯合國部隊調駐以埃停戰線。

印尼陸軍首領要求蘇卡諾與哈泰合作。

三月廿二日（星期五）

泰國王任命鑾披汶組織新內閣。

社論

(一) 日「中」貿易的嚴重性

所謂日「中」貿易，係日本人士慣用的名詞。我們在那個中字上加劃了一個括弧「 」，這表示那個中字，不是指我們中華民國或自由中國而言，那是日本人士用以稱呼大陸上中共匪區的。日本社會上似乎有一種不約而同的流行語，他們對於我中華民國，常常簡稱一個華字，例如日華文化協會、日華經濟協會之類是也。對於大陸上中共匪區，則特用一個中字，日中友好協會、日中貿易協會等卽其實例。此種隱寓褒貶於一字的「春秋筆法」，不知始於何時，亦不知係何人作俑，是不是「兩個中國」荒謬觀念之產物，此處亦無暇研究，但它在日本境內頗爲流行，則確係事實。所以，所謂日「中」貿易，乃是日本對中共匪區的貿易，並不是我們中華民國與日本國間之中日貿易。不過，所謂日「中」貿易對於我們中華民國實有其嚴重性，這是我們擬請國人注意的。

日本於第二次世界大戰無條件投降後，被盟軍佔領了六年多。在被佔領初期，百廢未擧，自然談不到對外貿易。其後雖獲准對外貿易之開放，但並無顯著的成就。直至韓戰勃發，日本工業振興，接着舊金山和約簽訂，日本獲得獨立以後，日人始得努力於對外貿易之展開，同時亦漸漸涉及所謂日「中」貿易。

最初侈談日「中」貿易者，除了迷戀於共產邪說的少數極左分子外，多係無聊的文人和失意的政客，他們意在「立異鳴高」，欲藉此引起社會對他們之注意而挾以自重。其次，是在野政黨鑒於日美關係密切，日本執政者未敢遠離西方而與國際共黨多打交道，特提出日「中」貿易這類的難題以作爲攻擊政府之工具；並且以替中小工商業者謀出路爲名以期討好於一般民衆。此外，政府與黨及在職的人員亦間有高談日「中」貿易者，其用意蓋在於以此爲口實而要挾美國，俾能索得更多的美援或作爲其他交涉之讓步的條件。此殆係日本朝野逐漸主張日「中」貿易之大概情形。

照以上所述的情形，日人係以日「中」貿易之提倡作爲一種手法，其目標固別有所在，故未具有若何嚴重性。但到了最近，此一日「中」貿易問題，其性質卻變得嚴重起來了。尤其是在過去的一年內，日本在經濟上是所謂「神武以來」的大繁榮，在外交上獲准進入聯合國，這實是日本之「大有爲」的局面。我們滿以爲日本的領導當局，在此一大時代，必有一番深謀遠慮爲其國家民族樹立百年大計，以維護日本國家之安全並有貢獻於東亞及世界的和平。乃近數月來，詳細察看日本的政象，執政者除了「忙亂」於黨爭及派系之爭而外，迄未有若何大經大法拿出來。其唯一可以說得上是一個具體的重要提案的，恐怕就要算是擴大日「中」貿易這一點吧。上年十二月二十七日，日本衆議院通過日俄復交宣言後，緊接着就通過了擴大日「中」貿易的提案。而這一提案具有一大特色，它乃是日本社會黨與自由民主黨所聯合提出的。除了這個提案外，朝野兩大政黨所聯合提出的議案，似不多見，這很足以說明此一擴大日「中」貿易的提案乃是日本之一重大的國策。鳩山一郎頗有意於日「中」貿易之推展，其內閣改組後，新任首相石橋湛山被譽爲强項而有魄力對日本財政經濟最有理解之一人，也許他是被對黨內各派系爭奪官位之敷衍彌縫所困擾，而內閣之壽命又短，因此他並沒有拿出什麼經國濟民的大計來。但在他就職的第三日卻提出了上述的擴大日「中」貿易的提案。石橋氏因病辭職，岸信介繼任，這個岸內閣只不過是石橋內閣之延長。雖然有許多天眞而過於樂觀的人們以爲岸氏性情豁達爲人較親西方，他是美國的最佳亞洲友人之一，在經濟外交方面，必較石橋氏審愼；殊不知在本年二月二十五日岸內閣成立的當晚，岸氏卽發出正式聲明，說他要繼續石橋內閣所採取的政策。岸氏原任石橋內閣的外交部長，他當時所標榜的「經濟外交」，卽是以促進日「中」貿易及經濟上的接觸作爲最重要的一環。現任首相的岸氏仍兼外交部長，同是那一位岸氏，如何能希望他有不同的政策呢？據二月二十八日泛亞社東京電，岸氏在首相官邸接見外籍新聞記者，其所揭示的要點之一，卽謂「日本將力求國際間對共黨國家禁運條例之放寬，尤以對中共爲然，因日本期望與共產國家增進貿易。」這一則電訊，惜臺北各報皆未登載。由這一則電訊看來，可見岸內閣之欲擴大日「中」貿易，更加積極而具體。以往日本之所謂日「中」貿易，猶以不超過國際禁運之規定爲言，現在竟要放寬禁運範圍了，而且要「力求」其放寬了。這豈不是在那可咒詛的日「中」貿易星星之火上加油而使之燎原嗎？我們只要不是麻木不仁，一定可以察覺這個問題的嚴重性。

一國的政治家所揭櫫的政策或提案，若僅作爲政爭之一種手法，出之於一時的權宜，那是無足重視的。但有若干政策或提案，係經過長期而又廣汎的觀察，基於民意及輿論，綜合社會意識形態而釐訂的，那就未可忽視，尤其是在那一政策或提案可能發生不良的後果的時候。基於民意及輿論所釐訂的政策或提案，祇易於獲得社會的支持而爲大家所願接受，但並不一定都是正確而良好的；因爲民意及輿論往往會受到傳統觀念及當時的宣傳所影響。昔年日本的所謂「蒙滿政策」及「大陸政策」等卽其實例。日本各政黨內均有政策調查委員會之設置。此種委員會經常注意國情、博採輿論、揣摩民意、再參考學理及事例以擬定各黨的政策。如此擬定的政策，是以民意爲背景而具有社會的基礎。

（4）

所謂日「中」貿易之擴大云云，應當是屬於此一類型的政策。只要看此一提案在日本國會通過日俄復交宣言後立即由朝野兩黨聯合提出通過，就可以知道那決不是倉卒或偶然的，事前必經過了長時期的洽商醞釀，這是可以推想而得的。我們要研討日「中」貿易之嚴重性，就不可不着眼於此點。

日本坊間刊行了許多種有關日「中」貿易的書籍，多半是宣傳性或報導性的作品，無甚學術上的價值，但我們却可由此以看出大多數的日本人士對於日「中」貿易的意見。而日本朝野兩大政黨聯合提出的擴大日「中」貿易的提案，無疑的是以此種意見爲背景。現在且舉出末松滿氏的著作爲代表，這本書名曰「中共貿易」，原著者在書名之上，加用「日本的生路」的形容詞，表示對匪共貿易乃是日本的生路。末松氏是朝日新聞的記者並兼東京大學講師。那本書共二百餘頁，分十六章，其標題有「戰後的日中貿易」、「日中貿易與國民生活」、「到日中貿易之路」等項。卷末附錄「日中貿易協定」全文，書中插有好幾幀照片，註明是「日中友好協會所供給的」。全書的要點，無非是說明日本的人口增加太多，領土面積狹小，資源貧乏，必須向國外求生路，而最近最好的生路就是中國大陸。末松氏在這本書中，用了很多新穎的詞句，其開宗明義就說「日本人不好做困處荒島的魯濱生」。關於日本人口增加，他說「窮苦的孩子太多了」。對於日本資源缺乏，他說「這也不够，那也不够」。其詞句之動人，殆可想見。看了這一類的書籍，恍如回到了二三十年前學生時代閱讀「田中奏摺」那一類的日本軍閥所宣傳的大陸政策的刊物。過去日本的大陸政策，也是以日本人口繁殖、領土狹小、資源缺乏等爲藉口，末松氏的著作，無異乎是那一套說法的翻版；不過昔年所採取的政策是對大陸用兵，今日則是對大陸貿易而已。貿易本來並不是什麼壞事，而是近代國與國之間所應有所必需的。但日本在今日而對大陸貿易，其禍將更甚其昔年之對大陸用兵。蓋今日國際共產黨以蘇俄爲中心，在歐洲併吞了許多鄰國使之成爲附庸，在亞洲侵入了北韓、北越、以及中國大陸，把東歐及東亞廣大的土地及人民關進了鐵幕。我們自由世界的各國，必須加强團結起來，使用各種力量以遏止國際共黨之擴張，並進而解救鐵幕內悲慘的民衆，此乃我們歷史的使命以及所謂全球性的戰略，這已是大家所悉知的，無待贅述。日本與中國大陸僅隔一衣帶水，正是國際共黨次一進犯的最顯著的目標，而在第二次世界大戰以後，日本又是在盟國多年寬大政策下所撫育出來的「初生之犢」，縱使完全站在自由民主世界這一邊而嚴加防範，猶難免有被國際共產侵襲之虞。現在日本不此之圖，先與蘇俄復交，已開了揖盜之門，再進而擴大日「中」貿易，更不啻授人以柄。由於日「中」貿易，可使潛伏在日之匪諜及日本共黨獲得資金，從事於宣傳、滲透及顚覆活動；並可誘惑我僑胞，予中立主義者以鼓勵，因以削弱自由世界之團結。至於通過日「中」貿易運送軍需用品以加强匪共之戰力，則更是對於反共抗俄之實質的損害。尤有進者，日本獲准進入聯合國（我國曾予以有力的支持）已是國際社會之一成員，而日人又是最注重現實的，將來匪共如在貿易上對日本加以利誘（匪共對外貿易有時可以不計成本），則日本爲了換取貿易上一時之實利，可能在國際外交上替匪共張目或聲援，一如印度尼赫魯等之所爲，亦未可知。我國支持日本進入聯合國時，日本縱然提了若干保證，到了那時恐怕也沒有什麼拘束的力量。我們所欲資以共同反共的友人，反而變爲被敵人利用之工具，其可能釀成的災禍將有不可勝言，不可忍言者！

向大陸求生路，乃是日本的一種傳統觀念。此一傳統觀念發動了昔年日本對大陸用兵，帶來了我國八年抗戰的災禍，並種下了使中共匪幫坐大以致大陸淪陷的禍根，同時也使日本自身嘗了戰敗投降被佔領的苦果。自從原子彈在廣島長崎投下而使日本的軍國主義歸於潰滅後，我們總以爲日本的這一傳統觀念必會被原子彈所打破。不意時至今日，我們看到了日本新聞記者及大學講師的著作以及政治家們所提出的重要政策，深覺此一傳統觀念只不過在外貌上由對大陸用兵轉化爲對大陸貿易而已，至於那一傳統觀念的本身，仍然是原封未動，並且又在那裏蠢動作祟。由這一點看起來，原子彈眞算不了是最有力量的武器。

現任美國國務卿杜勒斯氏在其名著「戰爭或和平」一書之第二章中，曾將共產主義的教條比作一個定時信管的機器結構，他說這個定時信管連結在一個可以炸死我們的爆炸物上，當它正在滴嗒滴嗒作響一分一秒的催促我們的餘生時，就值得我們費些心力將這機器結構稍作研究。我們對於日本要向大陸求生路的這一傳統觀念轉化爲對大陸貿易之嚴重性，亦應作如是觀。

日本要向大陸求生路的這一傳統觀念，無異乎是一個定時信管，而所謂日「中」貿易則是這個定時信管所連結着的爆炸物，自鳩山、石橋，以至岸的三屆內閣逐步增强的主張擴大日「中」貿易，正是那一機器結構在那裏滴嗒滴嗒作響。首當其衝的我們，對於此一具有嚴重性的問題豈可聽而不聞的而竟無動於中嗎？

我國外交當局對於日本與中共匪區貿易這件事，曾不止一次的由發言人發出了反對的聲明和警告，那是很正確而且很適當的。但衡以此一問題之嚴重性，則深覺僅有外交上的聲明和警告，倘嫌不够。我們必須羣策羣力不惜工本的對此嚴重問題積極的加以調查和研究纔是。必要時，並應聯合思想純正而熱心反共的日本人士共同調查和研究。大多數的日本人雖受了前述那種傳統觀念的影響，但在日本國內思想純正而又熱心反共者亦不乏其人。同時我國朝野人士現正爲反共復國而努力，亟宜分出一部分力量來，首先廣爲蒐集與此問題有關的資料，嚴密察看日「中」貿易活動之實情，包括其所洽辦之事項、經由的路徑、採用的方法、及其出面奔走和幕後操縱的人物在內。其次即根據實情擬出治標以及治本的方策來。然後提交有關方面參考並付諸實施，並須檢查實施的效果而繼續不斷的加以調查和研究。務期遏止所謂日「中」貿易這一不智的行爲，並糾正日本向大陸求生路的謬誤觀念。如此始能增强自由世界之團結以利於我國之反攻大陸，並使日本避免滲透及顚覆之災禍以維護其自身的安全，而有貢獻於東亞及世界的和平。

社論

(二) 寫在本屆地方選舉之前

臺灣省第三屆省議員及縣市長選舉，業經省政府正式公告，訂於四月廿一日舉行，距本文發表之日，為時僅只二十天。此項選舉雖然是地方性的，但意義則甚為重大。因為今天整個大陸已淪入共匪的極權統治，全國性的選舉一時無法舉辦，臺灣一省乃成為中國人民能自由行使其政權的唯一地區。因而臺灣省的地方選舉不僅關係本省地方自治之前途，同時也成了自由中國在反共復國運動中一項有力的政治號召。

回顧自三十九年臺灣省開始實行地方自治以來，迄今已歷七年。七年間，先後曾舉辦省議員與縣市長選舉兩次，縣市議員選舉三次。這次是省議員與縣市長選舉的第三屆；而第四屆縣市議員選舉，亦將於本年十二月間舉行。我們檢討過去地方選舉的實際情形，無容諱言的，有許多地方很令人失望。而最為人詬病者，莫過於所謂「一人競選」的現象。

競選也者，顧名思義，理應有兩個以上的候選人，提供選民自由抉擇；否則只有一人「競選」，選民既無可以選擇的對象，選舉還有何意義可言？這樣的選舉，又怎能鼓起選民的興趣？近年來臺灣地方選舉中，選民投票率的低落，這是最大的原因。

一人競選現象之造成，其原因可能是多方面的。政黨政治之未能確立，確係此一病象之根源。然而在歷次地方選舉中，國民黨外以個人身分參加競選者本不乏人，乃執政的國民黨當局，每在選舉前後，以各種手段，甚至不惜假借政治權勢，迫使非國民黨所支持的候選人退出競選。過去發生的這類事例，眞是俯拾卽是。例如前此臺中縣長選舉，候選人王地於投票前夕，突被兵役機關征召以去；又如桃園鎮長許新枝，第一次選舉當選後被控當選無效，第二次再度競選，又告勝利，但當選後竟又奉令征召入伍。省參議員李萬居在省參議會中對省政提出質詢時，稱此等事例為「巧合」事例。這些「巧合」事例雖然幫助了國民黨在選舉中獲得「勝利」，但因此而在人民心目中喪失的信譽，則屬無法估計。這種影響不僅對國民黨不利，更為我們民主政治的前途，投下可怕的陰影。選舉本是實行民主政治的手段，同時也是一種政治教育，在我們還在學步民主的今日，正應從選舉中提高人民對民主政治的信心，若貪圖一時的便宜，而竟犧牲公平競選的原則，徒令人民懷疑政府實行民主的誠意，並為選政史上開一惡例，其貽禍將是無窮的。

選舉為民主政治所必需。選舉不能徒具形式，而須有其實質。共產國家何嘗沒有選舉？但是共產國家的選舉是徒具其名而無其實的。人們決不因為共黨玩弄選舉的形式而稱之為民主政治。因此，我們不實行民主政治則已，要實行民主政治，選舉就必須是「貨眞價實」的。換言之，就是在選舉中要嚴格做到：公開競選，秘密投票，公平競爭。這三個原則缺一不可，否則便不是自由選舉。

我們熱切盼望我們的國家走上民主政治的常軌，對於行將到來的第三屆臺灣省議員及縣市長選舉，自不能已於關切與期望。消極的，我們希望一人競選與所謂巧合事例，以後不再發生；積極的，我們希望在選舉中任何一方要切實遵守自由選舉的原則。參加競選的政黨或個人，為了自身之能獲勝利，因而使用各種手段以從事競選活動，本屬無可非議；但這些手段必須合於自由選舉的原則，而不能是非法的或是假特殊權勢的憑藉。選舉好比賽球，參加競選與參加球賽的人同樣要具備運動員的風範。那就是：嚴守規則，服從裁判。選舉中的裁判乃是人民的意志。在選舉中，任何政黨和和個人都應該恪守公平競選的原則，並服從民意的裁判。我們今天的政治，正迫切需要培養這種運動員的風範。我們要提醒朝野政黨的領袖們，在任何一次競選中，「可以失去選票，卻不可以失去民心！」

以下試再就選政中為一般人所關切的幾個問題，略抒我們的意見：

(1)政黨提名問題　國民黨這次首先公開宣佈其候選人名單，為確立政黨提名制度，樹一良好的開端，輿論對此一致譽為選政之新猷。選舉與政黨是不可分的，沒有政黨政治的基礎，選舉必難納入正軌。過去的地方選舉，選民只能根據個人標準以作選擇，政黨提名制度確立以後，可有助於政黨政治的發展，並有利於選政的改進。我們希望在野的民青兩黨亦能同樣公佈候選人名單，俾共同建立政黨提名制度，並於將來正式以此制度列入於選舉法規之中。

(2)放寬競選活動限制　現行選舉法規對於競選活動的許多不合理限制，例如「在公告候選人名單之前不得從事競選活動」，「政見不得超過五百字」，以及「妨礙選舉取締辦法」中對選舉方式諸多其他不合理的限制，我們主張應予廢除。競選活動本來應該熱熱鬧鬧的，這樣乃能提高人民對選舉的興趣。我們不能在節約靡費的藉口下窒息了正當的競選活動，並忽視了選舉的教育意義。

(3)選舉監察問題　辦理選舉事務與選舉監察是兩件事，前者應由政府辦理，後者則代表人民與候選人，以監督選舉事務，理應允許各政黨或候選人代表參加，以保選舉之公平。現在省選舉監察委員會係由省府聘請「公正人士」（實際多為國民黨籍）參加，其中只容納民青兩黨代表各一人，顯然有欠公允。此外，選舉監察機構是否有權取消候選人資格，也是值得研究的。

(4)提高選民投票率問題　選民投票率的高低只是選政良窳的反應。為提高選民投票率，鼓勵則可，强迫則殊有不當。例如此次省政府規定公教人員不參加投票者以曠職論，便是濫用權力、侵害人民投票自由的行為。事實上只要選政進步，人民政治興趣提高，投票率自然會隨之增高的，何必捨本逐末呢？

反對黨！反對黨！反對黨！

朱伴耘

一

一個國家是否稱得上民主與自由，這是一個實質問題，不是一個形式問題。集權國家的獨裁者知道民主是今日政治的趨向，在馬上得有天下後，爲了博得「民主」的美名，他也利用選舉的形式，表示自己是民選的；同時他也有一個蓋像皮圖章的議會，加上一二無足輕重的小黨，以資陪襯。有選舉，有議會，又是多黨並立，在外形上我們能說這不是民主政治嗎？可是我們如細查其內容，選舉嗎？是有舉無選；議會嗎？是奉命立法；多黨嗎？等於大經理室中的女書記，根本無權過問業務。我們當不會爲其形式所愚，稱之爲民主政治。在本刊第十五卷第十期載有江宗一先生論「什麼是民主政治的眞諦」一文，其駁斥「君主的民主」落伍之論，至爲簡單透澈。在民主高潮聲中，提出所謂「愛民教民養民」的教條，簡直是本末倒置。在主權在民的含義下，是人民對其擇用的公僕—政府—信賴喜愛與否的問題，是人民授權其代表「教」政府如何作事的問題，不是神權君權時代人民立於子弟的地位，俯求聖君施以仁政的問題，誰要僕人養主人，教主人？只要對民主二字的字面稍作了解，也不會演出愛民教民養民即是民主政治的眞諦的邏輯。在這篇文章中，我無意對君主的民主論多加駁斥，因爲這篇論著是君主立憲聲中可能有的一篇文章，是給清末中國人民看的。民國成立後，中國高叫民主已半世紀。訓政時期，人民對於民主的認識已受了二十年的訓練。至少對於民主的字面解釋，有了深刻的印象，當然不會同意自上而下的民主觀的論調。我完全同意江宗一先生在該文中再三申述什麼是民主政治的眞諦的三大結論。在這裏我僅僅針對「反對黨」這個問題，作個實際的討論，盼能結束對於「反對黨」的空談而促成「反對黨」的早日實現。

二

什麼是民主政治的實質？其具體表現之一就是反對黨的存在。世界上沒有一個號稱自由民主的國家是沒有反對黨的。我們對民主政治應有一個最基本的認識，那就是在民主政治下，政府不過是人民欲實現其集體意志的工具而已，所謂公僕也者，其意亦在此。不論工具也罷，公僕也罷，人民必須有對此工具或公僕有取捨選擇權，才有貫澈集體意志的機會。談到取捨與選擇，其先決條件便是「代用品」的存在，假定沒有代用品的存在，我們只能將時代的輪子倒推一個世紀，停止於君主專制的階段，一切決之於神明或天命，上天有好生之德的話，就會降以明君，實施愛民教民養民之義，以保赤子。萬一來了一位無道昏君，也是上天的懲罰。今天我們一方面高唱民主政治，同時人民又無選擇的對象，顯然是不符事實。什麼是人民實現集體意志的代替品呢？那就是在政治制度上，有反對黨的存在。

我所謂的反對黨不是指形式而言，一個國家除在朝黨外，尚有三數小黨點綴其間，外表上好像不是一黨專政，我不相信這會是臺灣當局所承認的民主政治。如果這也是民主政治的話，中共政府也一樣是民主的，則臺灣當局之反共，只是狹義的國民黨的反共。國民黨爲了自共產黨手中奪回政權，當然可以言之成理，但關鍵所在是僅爲國民黨奪回政權的反共理由，全國人民是否全力支持則成疑問。今日既號召全民反共，則全民所要求的，當是實質的民主政治，而在實質的民主政治中，反對黨就不等於衞星黨，僅供「裝飾」而已。在民主制度中，我們如指政府是工具，那麼反對黨便是工具的代替品。譬如政府是煤油火爐，則反對黨是酒精火爐，二者皆能達到烹飪取暖的任務，歡喜用那一種爐子，全待人民的選擇與決定。假如政府是僕人的話，反對黨便是僱工介紹所內的候補僕人，第一個僕人工作不力，或工作不合主人的味口，便可以隨時撤換，不受只此一家別無分店的要挾。

在眞正的民主制度中，反對黨既是在朝黨的代用品，必定具有代用品的功能，在權義上與在朝黨並無多大區別，一個是受僱者，一個是候補受僱者而已。在野黨既是準備隨時依合法手續取得政權，他必定是強大的，其潛力與在朝黨相伯仲，而絕對受着法律的保護，不受在朝黨的任何歧視與約束。至於其對在朝黨政府的態度，政府的失策固應批評得體無完膚，進一步對於政府做得對的，也可吹毛求疵，表示某件事如由在野黨經營，可以提供更好的辦法以完成之。反對黨一詞，顧名思義，對於政府的措施是「反對」的，是挑剔的。其任務在消極方面協助主人監工；積極方面，是向主人表示其才能，以圖錄用。至於主人是否盡信其言而予以錄用，權在主人。可是反對黨在法律範圍內所作一切對事實的指責，在朝黨不能利用絲毫職權予以非法限制。這種論調乍看起來，似乎過於厚愛在野黨，其實這種「厚愛」是民主國家通常的現象，因爲在朝黨與在野黨在人民的抉擇下是交相更迭，在朝黨一旦下台，可以同樣享受這種厚愛，以同樣方式對付上台的在野黨，絕對合於公平原則。民主政治是全民對於本身權益自求保護的產物，反對黨在人民心目中，是保護權益的工具，不是供在朝黨裝飾門面用的。人民在某一時期選出某一政黨執政，其僱用時間之久暫，載之於憲法，不是終身的契約關係。民主政體下之所以有一強大反對黨的存在，是便於人民在對政府黨失去信任時，有補救的辦法，其不同於獨裁國家或名實不符的民主國家的基點在此。試問在一黨專政的國家，有投票之形式，無選擇之機會，人民如何可以在合法方式下保護自己的權益？是以今天一個國家，不自命民主國家則已，如自命爲民主國家，則首先要看看這個國家除執政黨以外是否尚有一個隨時可以依合法方式取得執政黨地位而代之的強大反對黨存在。因爲民主政體是一個實質問題，不是形式問題，大陸中國除共產黨外而有民盟、民革及其他政黨存在，我們之所以說中共不民主，基本原因之一，外便是沒有由人民可以運用的强大反對黨存在。臺灣是反共的，所謂「反」者，當然是一反其道而行之意。人民對於一個黨的選擇，是其措施如何，而非其命名是否響亮，是「行爲」而非「空論」。因爲世界上從來沒有一個政黨會以奉行「殺人放火」的主義，實施「禍國殃民」的政綱來作號召的。

三

假定我們根據强大反對黨的存在是民主政治的基本要件之一，而這個反對黨其强大的程度足以依法定程序取在朝黨的地位而代之，以此標準來作政治制度是否民主的尺度，縱然臺灣除國民黨外尚有民青兩黨的陪襯，我們不能說這就是民主制度。第一、聯合二黨之力不能發生絲毫反對黨的作用。第二、在朝黨的優越地位，已超出民主國家的常軌，使在野黨根本無法與之競爭。譬如說，今日之憲法是規定軍隊國家化的，事實如何？國軍成了黨軍。談到教育，仍是黨化教育。昔日我們斥責中共利用職業學生之不當，臺灣正竭力做效之。至於在朝黨如何利用國家財富來擴張一黨之勢力，作者遠在海外，不便妄測。但僅就這一二兩點言，試問反對黨如何能在此不平的地位上與在朝黨作合法的競爭？民青兩黨，既成爲點綴之用而不能發生反對黨的功用，又如何能稱臺灣政府是民主的？不僅此也，今天這部憲法，縱然不算十全十美，每個人至少可以視爲是民意的結晶，因爲這是人民選出的國大代表投票表示同意而通過的。憲法既明載：「全國陸海空軍須超出個人地域及黨派關係以外，效忠國家，愛護人民，」則軍隊黨化，不僅是不民主的，而且是反民主的。今日的復國大業中，一方面要人民的支持，在朝黨的措施又是「反民主的」，人民如何會對違反自己旨意的公僕再予信任與支持？國家危難至此，在朝黨之所以毫無顧忌走向違反民意之途，不明明是無强大反對黨存在的惡果？對於這個問題，在朝黨人士或將答覆曰：整個大陸不是如此嗎？何以我們應遭受批評。問題在這裏：今日臺灣不是號召大陸人民反對共產政權嗎？臺灣之重要措施如與大陸相伯仲，人民爲什麼會不惜犧牲流血來響應？

面臨今日的危局，我們如說强大反對黨的存在是救國良藥，也不爲誇大。問題是今天何以臺灣不能有一個强大的反對黨出現？主要的當是在朝黨因違憲而造成的優越地位，使反對黨根本無法與之周旋。他們以爲有了軍權，就有了政權，黨意也就是民意，這種想法如其目的只在黨化臺灣，尚有商討之餘地，如其目的在復國，誰也會表示懷疑。我們並不忘懷國父領導國民黨締造中華民國的歷史，但是今日既宣稱憲政時期，還政於民，就說明中華民國不應永遠是屬於一黨所有。如果國民黨如同其他民主國家普通政黨一樣，一切依法定手續取得政權，這當然是合乎民主原則的，正如美國民主黨自一九三二至一九五二連續執政二十年一樣。我們決不能說這二十年中的美國是一黨專政的集權國家，因爲强大共和黨的存在，是隨時能取得民主黨政權而代之的，所以合乎民主原則。我們反對共產黨，除了它是反民主的「集權」政治外，似找不出其他更充足的理由足以使人民深信而予以支持。大家在宣傳上既高呼集權政治是得不着人民支持的，匈牙利的起義豈非最好的教訓，那麼臺灣爲什麼不能找出一個有力的反對黨？假定在朝黨與其他普通政黨一樣遵守武力屬於國家的規定，每次登台都是在公平合法的競選中產生，則這個政府縱再度執政三十年，那是民意所歸，誰也不會批評是一黨專政，反對黨的人們，只能自怨其無能，或所提之主張不爲人民所同意。今日壓根兒就沒有一個與政府立於不同意見的反對黨，民主口號叫得再響亮，在大陸同胞眼中有什麼不同之處？

寫到這裏，對於「反對黨」這個問題，不能再是紙上談兵的時候，也不是乞憐於政府黨容忍反對黨的存在的時候，是實際上應早日促其實現的時候。大家須認清反對黨者，是反對在朝黨之意，不是反對國家，而只是一方面反對在朝黨的政策，同時求本身政策之實現。今日的國策，也就是民意，很明顯地是如何回大陸過着民主自由的生活，這個最高國策，固爲在朝黨所崇奉，也爲反對黨所支持。這是國策，這是民意，不是黨策黨意，用什麼方法能促進國策之實現，那就是黨策，在朝黨的舊帳且不談，來到臺灣亦滿七年，七年之內，既未能以其黨策完成國策，人民—所謂國家的主人—當應考慮是否換用新人的問題。今日的主人，即令想換人，也無人可換，自然志氣消沉，聽天由命。是以我們主張反對黨之早日成立，由反對黨具備候補公僕的資格以備主人的選擇，只是目的之一，主要的是順應時代潮流，讓世人知道臺灣之民主政治是名實相符，同時是協助主人監視在朝黨的行動，使之一切都朝着合憲合法的方向走，兢兢業業大有惟恐失去主人歡心而丟掉飯碗之勢。假定人人對人民的選擇有信心，對民主前途有信心，則對反對黨之存在是無容恐懼而加以壓迫的。就國家的前途言，反對黨之存在，只有利而無害，所謂統一意志必以民主的方式行之，才能發生精誠團結的力量。反對黨儘管意見上與在朝黨不盡相同，只要人民支持在朝黨的意見，他也不得不心悅誠服認輸。因此更加强在朝黨推行政令的力量。執政黨如能反復三思大陸的教訓與天下爲公的教條，應以無反對黨之存在爲恥，而不應以有反對黨的存在爲懼。

四

假定臺灣有了容許强大反對黨存在的環境，反對黨如何組織起來，這當然是關心國事的人本身的事，與在朝黨無關。爲了產生健全的反對黨，組黨者必須認清自己的責任，他們一方面是協助人民立於監察的地位，同時也必具備候補公僕的資格以備主人的選擇。我們之所以不敢承認現在的民青兩黨是反對黨的，就是他們只是以「友黨」身份爲在朝黨作點綴，偶爾推舉一二負責人參加政府機構，毫未盡到「反對」之責。因其不够「强大」故也。我們理想中的反對黨，其責在與人民爲友，與在朝黨爲敵，其志不在分殘羹一點而在整個政權的合法取得，這樣才可以責權分明，才可以使人民於甲黨之志之能與乙黨之志之能有明顯的比較而加以抉擇。所以發起或參加此一黨的人，應是忠於原則的鬥士，而非投機取巧之徒。其抱負在爲國家民主前途而努力，不在一官一職之謀取。做官不是可恥的，官既又名公僕，爲了與人民服務，這是方式之一。反對黨如志不在取在朝黨地位而代之，則何必反對？做官之可恥與否在乎求官之方式，如以揣摸當權者心理阿諛求容以求官自然可恥，如彰明較著向人民提出在朝黨之劣蹟，提供自己之辦法，得官於人民之選擇，這是民主時代求官之常軌，何恥之有？是以我們希望凡是忠於原則的人，要破除以作官爲恥的觀念，出而論政、問政、執政，不要孤芳自賞，淸高自命而失去爲民主努力的機會。左舜生先生在「自由人」三日刊上指出臺灣一般情形稱：「敷敷衍衍於稠人廣衆之中，疾首蹙額於私人談話之際，」這種現象太消極了，這些敷衍公廷抱怨私室的人，與其保有表面之意志統一的現象，不如讓他們聯合起來形成正式反對黨的力量，以促成眞正的團結。

至於民靑兩黨，主持者旣有臺灣無反對黨之嘆，不如放棄過去各自爲政的歷史，退出友黨地位，聯合與其他與在朝黨意見不同人士形成一個强大的反對黨，志在監督在朝黨以備人民的選擇合法而取得整個政權，豈不較分殘羹一匙在人民眼中更有地位？該兩黨都有辦黨經驗，擁有不少人才，爲形成中的反對黨的主幹自不成問題。團結卽是力量，要想作有效的反對，自身必具有一股力量使在朝黨兢兢業業不得不力求主人的歡心，與其求政府的容忍，求政府的扶持，不如先大張旗鼓向世人宣稱一聲，我們就要形成正式的組織了，以待政府的反應，因自身僅在紙上談兵而將一切困難委諸在朝黨的阻撓是不够公平的。必須有組織的意圖，有具體的活動，斯時如在朝黨施以壓力同破壞，我們再以之宣告世人也不爲遲。果在朝黨是本「天下爲公」之旨，凡是合法合憲的政治行爲，當不應遭受任何摧殘。何況此等意圖是海內外一致的要求？現在是幹的時候，不是要求的時候，一個黨縱令有軍權，如無廣大民心支持是不足畏的。黨意是魚，民意是水，黨意離開了民意，如魚之離水，是不會有長久生命的。在匈牙利人民要求自由聲中，黨軍也好，秘探也好，都站在人民的一邊，豈不給民主自由鬥士莫大的鼓勵，給集權政治以莫大的打擊？是以在未有組織反對黨行動之前，決不可將責任推之於在朝黨，待有行動之際，果受到阻碍再以事實公告國人，才可言之有物。海外人民，海外報紙，希望國內有一强大反對黨的出現者甚多，除非在朝黨明向國人表示今日之爭僅爲政權之爭，與老百姓利害及中國民主前途是無關的，國人支持也好不支持也好，我行我素，它是決不會對形成中的反對黨加以阻碍的。果到攤牌之時，在朝黨之意向已明，有志之士也可另尋報國之道，不會再在敷衍中打發歲月。是以今天我們對於反對黨這個問題，不是理論上應否存在的問題，而是實際上如何組織的問題。組黨的人必要是注重原則的人，志在「反對」，志在政策的求售於民而取得整個政權，不是藉此爲橋樑，討價還價爭一席無關宏旨之部會。假定有人或黨願與在朝黨「友好」，他當然享有充分自由，不過人民自會以在朝黨視之。反對黨者，反對在朝黨之謂也，旣云反對，何「友好」之有？同時組織反對黨的人，不要以爲取得政權是目前的事，這是不可能的。因爲在朝黨退爲普通政黨之時，仍有其長期的歷史背景。反對黨必要具有高度信心與耐心，三年不成再三年，逐步提高人民對反對黨的認識，十年二十年，等到人民需要另請高明的時候，終會有一天將在朝黨從選擧中擊潰的。今天大家所努力的，只是潛能的存在而已，決不是貪圖近功，犧牲原則。

五

一年之計在於春，海外傳聞臺灣正在開放言路，並有召開國是會議之擧。這是民主前途的一大轉機。從蘇俄尙將鐵幕放鬆給人民較多自由一點看來，可見民主高潮是不可遏止的。識時務者爲俊傑，吾人當爲此明智之擧祝賀。凡是合乎民意的措施，無疑的都會得着人民擁護的。國是會議的支票已開了三年，言而不行自然失信於民。政府一再揚言維持威信，實際上威信並不失於輿論的責難，而失於本身的失信。今後切不可一而再再而三地失信於民。會議之如何召開，是技術問題，我現在有幾點意見要說明的；這個會議不應是分贓會議，與會者凡是與政府見解不同的，請大家互相交換意見，宣佈反對黨的成立，將分散的力量集中，成爲强大的反對黨，求民主政治的具體實現。政府所邀請的人，政友固要請，政敵尤其要請，這是政府對人民表示實現民主誠意的唯一機會，決不是分幾席部會位置與他人。其次，會議的主題，應是討論在朝黨如何成爲普通政黨，對其違憲之處如何予以糾正。例如黨化國家武力及黨化教育，卽是違反民主原則的，如果大家不對此根本問題予以解決或不提出討論，最好不必費時費力擧行這次會議。這是一個原則問題，是不應有妥協之餘地的。最後假定一二兩點都有圓滿的結果，便是民主政治如何從臺灣先行實現的技術問題，先以臺灣及海外的民意爲基礎實行民主政治。國大代表、立監委員滿期之後，似乎再不能任意延長人民的委託。有人以爲這個問題牽涉了法統問題。在我看來，尊重民意遠較尊重法統爲重要。臺灣及海外人士選出的總統，一旦回到大陸，仍是中國的總統。如在未回大陸以前，仍以國代作選擧人，則永無實行民主政治之日。爲求民主政治的實現，應有從權的辦法。民意或委託權都是有時間性的。在大陸同胞無法行使委託權的今天，我們一定認爲其委託有效，爲了顧及事實一次尙可，以後必求從權之道，否則自是强姦民意或盜用民意。

時間不容許我們再混過去了，民主政治的實現是現在。我們不願多看爭執的理論，所要求的是具體事實。唯一使人們興奮的事實，是反對黨的成立，反對黨的活動。請在朝的同在野的都爲「國家」的前途努力吧！

中華民國四十五年十二月三十日於美國西雅圖。

論臺灣省的選舉

王嵐僧

臺灣省實行地方自治，自民國卅九年七月開始，至今已時逾六年，先後完成各縣市三屆縣市議員的選舉，兩屆縣市長的選舉。今年又是臺省的選舉年，第三屆縣市長的選舉，已於本月二十二日開始登記，四月二十一日爲投票日期，本年十二月便要舉行第四屆各縣市議員的選舉。我們實行地方自治的時間，爲期不久，有關選舉的理論制度和其實施的內容，自然免不了有若干漏洞和偏差，但在人民的心目中，總希望這些漏洞和偏差能在實際選務中逐次予以改善。不幸的是：在第二屆縣市長的選舉及第三屆縣市議員的選舉中，「一人競選」的現象，比比皆是，而沒有力量作背景的候選人及他們的助選人遭受意外的壓迫與打擊，尤其遍傳於民間；以致若干有識之士，對參加競選裹足不前，因此，不僅投票率普遍降低，更使人民對於「選舉」這一民主政治的基本制度的信心發生動搖，這是何等的可慮！這一次臺灣省第三屆縣市長的選舉行將來臨，朝野各方，多表示其具體的意見，希望有所改進。誠以民主政體，必須在地方自治中來培植其深厚的基礎，事至顯然，不待詳說。各方面，尤其輿論界，更應正視現實，勇於立言，爲選舉的制度和實務，加以評判與建議。筆者爰根據多年來爲此一事實所體驗的瞭解及其意見，直率地加以陳述，以就正於讀者之前。

一　政黨提名制的確立

談民主政治，就不能諱言政黨，參加各項的選舉候選人，必然大多數是各政黨的黨員。民主、政黨、選舉，是一體的三面；故凡有黨籍者，參加各項選舉，就應該由各政黨來選拔和提名；沒有黨籍者由個人申請登記，這是極正常淺顯的道理。我們爲此，自第二屆縣市長選舉以來，曾不斷和中國國民黨的中央和地方負責人交換有關此一問題的意見。一個政黨，斷斷乎不可以在一個縣市中提出超過某一縣市省議員或縣市長應產生的名額，如超過此項名額，便成爲一個政黨內黨員向選民互相競選，則黨風必然敗壞，黨紀無法維持。黨既然僅能在應產生名額內提出其人數，就只有希望其他的政黨提出候選人來和本黨黨員從事競選，如果一個政黨以外所登記的候選人，盡是無黨無派，這樣的選舉結果，在形式上就成爲一黨議會，一黨政府，這與政黨政治的基本精神不能融和。其次，一個政黨，對人民對黨員，不能不負其應負的責任，對於黨員參加各項競選，不能不考慮其聲譽和能力；俾一個黨在人民心目中增加其價值，如此，政黨已爲人民「選賢與能」做了初步的選拔，故就理論上和事實上講，早就應該實行政黨提名制。有人以爲地方選舉和中央不同，而各國地方選舉制度，互有差異，故此一制度的利害，尚待研討。我以爲我們的政黨政治的號召，一直是有名而無實，若輕視政黨的作用，就等於輕視民主，輕視選舉。我們知道在法國的選舉，幾乎爲各個政黨所共同包辦，在英國美國的地方選舉中，政黨的關係，也逐漸在加重加深；我們實在不瞭解政黨提名制害處究在那裏？請萬萬不要以爲在大陸上的選舉是各政黨互相保障，分配名額，致引起人民印像極爲惡劣，殊不知那一時期的國家環境和地方秩序，有什麼方法可以進行公平而澈底的競選？我們認爲這是歷史上的一次慘痛底教訓，今日在臺灣，誰還忍心要求保障？任何政黨，也不應該再有此種想法。臺灣省第三屆省議員和縣市長的競選，我們事前和執政黨的負責諸先生一再商談，希望透過政府和臨時省議會，修改選舉法規確立政黨提名制，終以時間迫促，法規不及修改，由各政黨公佈其黨員參加省議員及縣市長候選人之名單，各政黨黨員仍須依法申請登記，這祇能算是公佈黨籍，而非政黨提名制。至於一個政黨內提名競選或申請核定，這是一個政黨內部產生候選人的程序，也非政黨提名制。我們仍然希望在不久的將來，於法規上確立政黨提名制，有黨籍的候選人，就不必個人向選務機關登記了。

二　爲什麼成爲一人競選

就理論上講，競選和運動員賽跑的道理一樣，憑個人的智慧和能力，在規則範圍內，一往直前；成與敗應該坦然視之。但選舉畢竟不同運動競賽時的景象簡單，他要求多數人民予以支持。在物質上要耗費若干的金錢；在精神上要承受無限的苦惱；在關係上要克服若干錯綜複雜的困難。一旦當選，擁護者欣喜若狂；一旦落選，支持者嗒然若喪；因此，在選舉前他必然詳爲分析計算，有當選的可能性，然後才能夠鼓起勇氣，登記參加，所以，參加各項選舉的候選人，實在須要俱備若干有力的條件，而不是人人皆可優爲之的事。

以我們的國家而論，執政的在朝黨，歷史悠久，黨員衆多，一個政黨在黨內鼓勵同志幫助該黨內同志的競選，這是無可訾議的，而站在在朝黨的立場出來競選，聲勢便已不同，在此一面倒的情勢下，在朝的執政黨，應該嚴厲約束其基層的從政黨員，樹立公平的競選風氣，對黨外的在野黨及無黨派的人士，參加競選，應不偏不倚，讓選民自由的去選擇。乃事實上，非在朝黨籍的候選人，在尚未公開登記期間，便遭遇到種種意想不到的麻煩，（如青年黨籍南投縣白青雲，遠於四十五年秋，某一報紙載稱其準備參加第三屆南投縣縣長的競選消息，時甫數月，白君青雲便與警察人員，鬧一次糾紛，又到法院應訊一次，更受到多次的訪問與查詢，有些事已時隔多年，有些事則荒唐無稽，白君青雲便憤而不參加本屆南投縣的競選）。在競選宣傳期間，被人警告，受到干擾，糾紛時起，社會側目。（這一類的事實舉不勝舉）因此，在一般人民的心目中，往往認爲執政黨以外的人，要想競選縣市長眞是困難重重，徒然陪選，誰願意消耗這樣多的精神、物質與時間，來從事毫無結果的奮鬪呢？以我率直地想法：執政的在朝黨，斷然不會以一人競選爲政策上成功的鵠的，但一人競選的結果，卻爲地方自治的前途，頻添了黑暗的遠景，不但選票可以降低到不能想像，更使人民認爲「選舉」祇是一個政黨的事，與人民無干，與其他的在野黨派也無干。選政給予人民的印像如此，這還不值得我們深加反省嗎？乾脆說一句，一個國家如果沒有較有力的在野黨，這種偏差殘缺的現像，必然會繼續的存在。打破此種僵局，在野黨固然要痛自檢討，爲什麼在民間不能樹立卓越的信譽？在朝黨更要想到如果不讓在野黨在選舉中逐漸抬頭，則我們所謂民主政治也者，始終是空中樓閣。

三　為什麼在野黨黨員有人不願公開黨籍

臺灣省的各項選舉法規，立法的原始用意，就諱言選舉與政黨間關係的密切；使各在野政黨沒有根據在實際選務中發揮其力量。於是能和中國國民黨黨員作公開的競選者，不論是不是青年黨和民社黨黨員，往往一律宣稱爲社會人士，總是不肯明白承認爲某一在野黨的黨員。在這一大群所謂社會人士中，態度模糊，黨籍不定，有眞有假，有是有非，使國民黨以外的參加選舉的人士，祇有個人的活動，毫無政黨的意識，我們早認爲此種現象，實是政黨政治的變態的行爲。第三屆省議員和縣市長的選舉，雖未及實行法規上的政黨提名制，但各政黨必然會先後公佈各該政黨黨員參加本屆選舉的候選人之名單，我認爲這是一項很有意義的進步現象。但就我所知，確有若干在野黨人，一面準備登記，參加競選；一面又表示不願掛着黨的招牌，公開黨籍。綜合他們的意見，約有兩項：一說是臺灣省的大多數人民，對現有政黨的印象，均缺乏明確的認識；在選民情緒上對各政黨反感較多，快感較少，公開黨籍就不利於對選票的爭取。另一說是在地方上個人的關係重，政黨的關係輕，如不公開黨籍，就可以減少壓力，多得支持；成功較有把握。就前一說而論，實值得我們加以沉重的考慮。否定了各政黨的價值，就是否定了民主政治的含義，而將選舉的實施變成各個人的一已行爲。這一大群個人在議會中假使成爲多數，也只有個性的發展，而沒有共同的政策，在議會中假使成爲少數，更是各自主張，缺乏協同力量，不能表現少數黨的精神。且此說若確，我們就要痛心疾首於當初諱言政黨對於選務之關係者，今日應爲之當頭棒喝！「誰令致之」，「孰使爲之」。我們負責主持政黨的朋友們，還不應該深思熟慮嗎？就後一說而論，在利害的觀點上，不能說它沒有相當的根據，但這究竟是一種投機的心思，取巧的行爲，爲目的不擇手段，求成功不顧立場。政治的道理，祇有坦白與眞誠，可以服人，有識之士，應互以爲勉。我們更希望執政的在朝黨要體會此中微妙的關係，主體上要以各在野黨爲競選的對手方。老實說一句，在議會裡有了反對黨的力量，才可以促進政治的民主和進步；卽令有少數在野黨分子，當選了縣市長，他也不能違反國策，造亂地方。更要鼓勵無黨無派的人士，要從事政治的活動，便應該參加政黨，不要倡導無黨無派的政治運動，使我們這一個國家，早一點樹立政黨政治的規模。

四　民主自由的考驗

選舉三大原則是：「公開選舉」，「秘密投票」，「平等競爭」。這當中已充分表示出民主的精神與自由的價值。在理論上民主與自由固然有其主體的眞理，在實際生活中更可以隨時隨地隨事表現民主與自由的範圍與軌道，選舉是一種政治性的生活，是表現民主與自由的尺度最爲鮮明的考驗。而且，由選舉一事，便可以證明這一個國家對民主與自由所能接受其實質的容量。因此，我們以至誠懇的心願，希望在選舉中，對於這三大原則不受絲毫的損害。然而六年以來，選民所受的干擾，候選人所遭的壓迫，如根據事實，把每一件糾紛加以分析，我們對選舉便要心灰意冷。何以造成若干不公不法的事件，原因固然十分複雜，不能歸罪於任何個人，但一個强有力的政黨，硬要限制選舉所獲的結果，則這一個黨的地方黨部及其所屬黨員，在道理上當然要遵從黨的決策，去支持該黨所提出的候選人，而所有公務機關的人員，又大多數爲在朝黨的黨員，不必長官有何命令與指示，也很容易假借職權，運用機會，幫助同志，打擊外人。何以各方面對警察人員，反感較多？也因爲警察人員，深入民間，情形熟習，直接管理人民的事務又較多，因其如此，也就更容易發生假借職權的行爲。這一屆選舉，政府已諄諄告誡各級公務人員，要嚴守立場，不得干擾選務，但根本之道，仍在在朝黨對一人一地有承擔失敗的勇氣與雅量，讓選民完全自由地去投他們所願投的候選人之一票。我們誠懇希望從這一屆開始，在臺灣省的地方選舉中，能充分表現出民主的風度及自由的精神。

五　選舉監察權的行使

選務機關是政府的事，監察選務的機關是政黨的事，上文已經說過，選舉不能離開政黨，而政黨又不宜主辦選務機關，故爲調和政黨與選舉的關係，只有在選務監察機構中，儘量延聘各政黨人士主持其事，方得謂之公平。現在臺灣省選舉監察委員會，編制名額爲十七人；由臺灣省政府延聘各機關公正人士擔任之，青年民社兩黨爲聊備一格，亦各被聘一人參加。美其名曰公正人士，實際上大多數是國民黨人，遇有選舉糾紛發生，往往不得其平，使我們參加該

（下轉第13頁）

怎樣以凱因斯的理論來研究臺灣經濟

趙岡

幾年來，臺灣經濟未能迅速發展。經濟政策處處需要遷就財政上的攷慮。譬如爲避免刺激通貨膨脹，不得已而維持一個不合理的外滙滙率。爲了同樣的原因，政府不得不緊縮信用。更重要的是增加生產的資金來源問題。經濟不發展，財政上的困難，永無根本解除的可能。可是要增加生產，所需資金又向何處籌措？曾經有人提議以增加發行來擴充生產事業。他們所根據的論理大概可分爲兩類。

第一類是以貨幣理論上的銀行學派（Banking School）的學說爲根據而主張增加發行來擴充生產。銀行學派的理論早已被攻擊得體無完膚；其本身的正確性已成問題。更不幸的，銀行學派從來就反對以增加發行來擴充生產或作長期投資。這派理論只同意視市場需要而增加短期的商業放款。所以以這種觀點來主張增加發行的人，不但所引用的論理正確性有問題，而且根本就引用錯了。

第二類的理論是以凱因斯學說爲根據。凱因斯的「一般理論」，以及由這種理論所誘導出來的新財政學說，都肯定地認爲政府增加公共支出或增加發行都可以促成充分就業及經濟繁榮。今日歐美經濟學家雖然在枝節上對凱因斯的理論有所修正與補充，但原則上都承認它的正確性。過去若干實例以及國民所得的統計資料也都證實了它的正確性。根據凱因斯的理論，在未達到充分就業時，政府以任何方式增加公共支出，那怕是浪費性的，都會增加就業量及實質的國民所得。在初期這樣做，不會引起物價上漲。直到很接近充分就業狀況的時候，物價開始輕度上漲。一旦達到充分就業，就業量和實質的國民所得已無法增加，如果繼續增加公共支出和投資，物價便要直線上昇。凱因斯的理論既然是如此的肯定，而且在未達到充分就業前，增加公共支出或增加發行對物價的影響很微小，爲什麼臺灣不可以增加發行以擴充生產呢？

然而，在實際上並不如此理想。我國政府在臺灣過去曾經不只一次企圖增加發行以擴建生產機構。但發行一增加總要引起一陣相當可觀的漲風。利未見而弊先至。於是有人懷疑到我們是否可以應用凱因斯的理論來研究臺灣經濟。凱因斯所提出的問題可以簡述如下：當一個國家在經濟高度發展之後，國民所得逐漸增加，人民的儲蓄亦隨之增加。如果每期的新投資總量不及儲蓄總量多，國民所得便要趨於減少。於是發生蕭條和失業。在這種情況下政府可以而且應該利用公共支出以補私人投資之不足，以期恢復充分就業。但臺灣的經濟問題却與凱因斯所提出的問題不同，臺灣經濟自有其特徵。凱因斯促進繁榮的辦法未可「食古不化」的在臺灣應用，惟我們仍可以用他的理論體系來分析臺灣經濟問題。因爲凱因斯的理論本身並沒有錯。以下將臺灣經濟問題的特質分數點加以說明。

（一）臺灣的經濟問題是由生產力低下所引起的，而不是不景氣與失業的問題。臺灣沒有英美那樣的大工業，也沒有數十萬乃至數百萬產業工人失業的現象。有關的統計資料並未顯示臺灣的國民所得是在逐年下降。生產力低下所造成的社會貧困與商業循環所造成的不景氣是截然不同的兩件事。在生產力低下狀況下的充分就業不但是可能的而是很普通的。在過去的經濟史上，各國的生產力普遍低下，但是大規模的因經濟原因而造成的失業却並不多見。以臺灣的情形而論，就業人口與總人口之比例較諸英美恐怕只有過之而無不及。美國的兒童大半都在上學，並未參加生產勞動。但是臺灣農村的兒童，很小就要幫助父母兄長下田做工。在城市裡到處可見賣香烟和小吃的兒童，另外還有許多攤販，雖然其中很多人是不得已而從事此項職業，但無論如何不能列入失業者的範圍。以勞動時間來看，歐美各國的工人照例是每週平均工作四十小時，但臺灣工人每週平均勞動時間却較此爲多。我不敢說臺灣已經達到充分就業的境界，但卽使有失業問題，情形絕不會十分嚴重，而不足以成爲經濟衰落的主因。大學生畢業後謀事困難只代表某幾種職業的供過於求，而非普遍的失業現象。生產者終年操作結果尙難以供一已之溫飽，更不是失業問題，而純粹是生產力低下的現象。在，經濟落後地區，失業不是嚴重的問題。一來因爲農產品的供需彈性小，波動的幅度不會太大。二來容易恢復充分就業。譬如說甲國生產力比乙國低五倍，乙國要增產某數量的產品只需多僱用一個工人，在甲國則需僱用五個工人才能使產量有同等的增加。所以在生產力低下的情形下，任何企圖以赤字財政和增加發行謀經濟繁榮的政策不可避免地要引起通貨膨脹。這一點與凱因斯的理論是相符合的。

（二）臺灣不能自行供應增產所必需的資本財。勞動力並不是生產的唯一要素，勞動力以外還需要天然資源和生產器材。凱因斯在他的理論體系中雖未明白提出，但確已假設一個社會本身能夠自行供給大部份的生產器材和若干原料。所以他才集中討論就業人數與所得水準的關係。尤其重要的是生產器材。他認爲國內生產器材的充份供應是自不待言的先決條件。如果美國不能自行生產其所需的生產器材，則凱因斯所提出的促進繁榮，救治失業的辦法在美國也是行不通的。若生產財的數量不能自由增加，則在有失業現象時，縱然政府增加發行，就業量也無法增加。强行赤字財政與增加發行的結果，只能促致物價上漲。第一，凱因斯的理論已經證明國內不能增加生產器材而由外國輸入是所得的「外漏」(Leakage)。如果政府以增加發行做爲擴充生產的來源，同時又需要向國外購買全部的生產器材，結果只能造成外國國民所得的增加。投資的效果因輸入物品而被抵消。國內實質所得短期內不會增加，但是貨幣的數量已經增加，於是物價立呈上漲。第二，所增加的本國貨幣不能直接用以購買外國物品。欲向外採購生產器材必先獲得額外的外滙。獲得外滙的辦法不外是增加輸出數量，或是減少現有的入口數量。在國內生產不變的情形下，無論增加出口或減少消費品的輸入，同樣都會使國內的貨物供應減少。也會使國內的物價上漲。綜上所述，可見一個國家如果不能自行生產大部份的生產器材，而又靠發行來增加投資，則在國內貨幣量增加，消費品總量減少的双重壓力下，物價勢必上漲。

(三)臺灣資本的自然累積緩慢。一般經濟落後地區，由於生產力低下，國民所得的水準都很低。一般國民大都只能做到餬口的程度，很少有餘力儲蓄。更糟糕的是，有力量儲蓄的人，往往不將儲蓄投用於生產事業，而是窖藏黃金和美鈔。這種窖藏黃金和外幣的習慣較窖藏本國貨幣能產生更多的壞影響。窖藏外幣一方面減少了可用外滙的數量，抬高了自由市場上的外滙價格，間接地影響國內物價。另一方面窖藏外幣不像窖藏本國貨幣可以減少貨幣流通量，因此也沒有使物價趨於下落的力量。窖藏外幣類似輸入外國貨物—同樣代表所得的「外漏」。但是却不能像進口那樣增加目前的消費品數量。窖藏外幣也類似窖藏本國貨幣，使儲蓄不能投用於生產。却又不能減少國內貨幣流通量而壓低物價。所以這是一種最不良的習慣。種種條件聯合一起使得國內資本的形成異常緩慢。這種現象的反面就是消費傾向(Propensity to Consume)甚高。大部份的國民幾乎都是生活在生存線上。全部所得幾乎都要用以購買生活必需品。根據凱因斯的理論以及漢森(Hansen)的圖解，我們知道這種社會其所得因投資而增加的「倍數」(multiplier)很高。如果沒有大量的失業人口，或是因爲其他原因而使生產量與就業人數無法增加，則赤字財政和增加發行會引起物價以驚人速度上漲。

(四)臺灣人口增殖過速。一個社會的資本自然形成過於緩慢，就其本身而言，尙不致引起卽時的經濟困難。充其量不過是經濟發展緩慢而已，總不致停滯。人民的生活水準短期內無法大量提高，但逐漸提高仍屬可能。所得水準提高以後，儲蓄力隨之增大，投資率增加，經濟發展的速度自然會加快。臺灣經濟所遭受的最大壓力來自人口增殖過速。幾年來臺灣人口的增殖率都在百分之三點五以上。以複利率計算，不需二十年臺灣人口卽將比現在多出一倍。這樣的迅速增殖是一般國家所沒有的。這樣的人口高度增加，配合上資本形成的緩慢，其結果便非常可怕。縱使資本形成的速度仍然大於人口增殖的速度，國民生活水準之提高也將因此而更趨緩慢，因爲每人平均所得之增加而小於國民所得總量之增加。若資本形成的速度小於人口增殖率，則國內對消費的品需求逐漸加大，而消費品的供應不能有同比例的增加。其結果是促成物價的緩慢上漲。此時再增加發行，物價上漲便要加速。更糟糕的是在這種情況下，每人平均所得將逐漸下降，一般生活也因此而日趨下落。民間的儲蓄能力日小，資本形成也就漸減，生產增加更少，生活水準更趨降落。這樣就構成了一個惡性循環，使得整個經濟日趨沒落。因爲筆者手頭缺乏統計資料，很難斷言臺灣每年的投資率是大於或是小於人口增殖率。但無論如何這種驚人的人口增殖率是一件特別值得注意的事。

(五)凱因斯在理論上假設投資增加以後，立卽有相對應的生產品之增加，也就是實質國民所得之增加。但在實際上投資增加與產量增加之間有一段時間上的距離(time lag)，在這一段時間裡物價會發生波動，在英美等國家中，只要有失業現象存在，由於下述幾種原因，增加投資初期所引起的物價波動可以減少到最小限度。第一，這些國家以工業品生產爲主。其投資與產品出廠之間的時間距離較農業生產爲小。第二，在這些國家中，無論商店與工廠都有大量的存貨，可以作爲緩衝。投資增加，社會上的購買力隨之加大，其第一步的影響不發生於物價上，而表現於存貨之減少。然後各商店再向廠商增加定貨，以恢復原來的存貨數量。可是在臺灣以及一般落後地區，這些有利的條件都不存在。以農業生產爲主的地區，投資增加與農作物收穫之間的時間距離要比工業生產大得多。以臺灣的甘蔗爲例，從種植到收穫需時十八個月之久。如果政府投資擴充蔗糖生產，在這十八個月內既無相應的國內消費品生產的增加，又無新的外滙以供輸入外國的消費品，物價自不待言的要上漲許多。其次，在落後地區因信用市場之不够完備，流動資金短少，一般商店與工廠的存貨都很有限。面對社會上突然增加的購買力，商人們唯一的辦法就是抬高售價。

(六)凱因斯的設計是建築在自由市場的理想上面。他所提議的辦法是政府利用自由市場的機構來調節經濟，而非以法令來直接干預私人經濟活動。經濟制度不相同的社會，不能採取同樣的對策。假如美國各重要工業也全爲國營企業，凱因斯所提出促進經濟繁榮的辦法恐怕也是行不通的。我國經過多年的經濟管制與計劃，市場上，除了對物價的反應以外，其他調節機能多已失靈。例如國家的銀行公定利率或貼現率，除了能造成一個黑市利率以外，幾乎對於民間投資的數量發生不了什麼影響。此外如公營事業之普遍，差不多到了杜絕私人投資出路的程度。於是民間的資金被迫而變成游資，在市場上興風作浪。小額的資金不得不走上開飯館做小買賣的路，而無法集中起來創辦大規模的生產事業。公營事業本身因爲種種限制，很難以自行累積大量資金。最後只好依賴增加發行以擴充生產。公營事業在全國產業中所佔成分太大，再加上政府對私營工商業的各種限制，卽使國民所得有點增加，最後是否能擴大生產增進繁榮也頗成問題。因爲民間資金很難找到有利而又安全的投資機會。

（七）最後值得一提的是多年來通貨膨脹所造成的變態心理。人民對於大陸上通貨膨脹的教訓心有餘悸。因此對於政府增加發行的企圖，不論其動機與目的如何，都具有反感和恐懼。這種心理表現在市場上就是物價變動的過敏。一次增加發行以後，人民不期而然的要預測第二次，第三次，以至無窮次的同樣措施的來臨。換言之，人民始終未能完全恢復對本國貨幣的信心。在這種情形之下，政府欲增加發行以擴充生產，不但通貨的數量要增加，流通的速度也要增加，最後很可能就引起惡性通貨膨脹。這種非正常的情形，已經超出了凱因斯所討論的範圍以外。

綜合上述幾點分析我們可以看出，在處理臺灣經濟問題時財政及物價的考慮值得重視。凱因斯所提出的貨幣政策與財政政策未可不加修改的適用於臺灣。然而這並不是因爲凱因斯的理論不正確，而是因爲臺灣的經濟與英美各國所遭遇到的問題在本質上不同。我們仍然可以用凱因斯的理論來分析臺灣經濟問題，但須提出不同的解決方案。臺灣欲解決經濟的問題必需加速發展生產事業，提高實質的國民所得。但是內部資本的自然形成過於緩慢，人口增殖過速，若靠發行來擴充生產又會引起通貨膨脹。

這個問題是屬於經濟「成長率」（rate of growth）一類。凱因斯對於這方面只是概略的提出一點意見。杜馬（Domar）教授繼之而起，對經濟做了通盤的分析。他的理論大致如下：決定投資機會與投資邊際生產力的因素不只一個。新的發明與人口增加都可以提高資本的邊際生產力，於是爲社會提供了新的投資機會，提高了社會上資本財的飽合點。在另一方面，一國所必需之投資率與整個社會的邊際儲蓄傾向有一定的函數關係。於是杜馬教授根據邊際儲蓄傾向與資本平均生產力推算出一個必需投資率的公式。這便是所謂的經濟成長率。

臺灣的經濟問題可以包括在這個經濟成長率問題之內。不過與美國的情形恰巧相反。在美國經濟學家惟恐人口增加慢而不能創造足够的投資機會來與日漸增加的儲蓄相匹敵。但是在臺灣大家惟恐人口繁殖過快以至社會無法供養。在美國專家們正在設計如何在必要時設法降低社會的儲蓄傾向，以免因投資不足而引起恐慌。但在臺灣我們却深感民間儲蓄力之薄弱，和籌措資金之困難。如果有充分而可靠的統計資料，我們大概也可以爲目前的臺灣經濟推算一個必需投資率。美國所擔心的是他們的實際投資率通常是要小於必需投資率，政府必須靠財政政策和貨幣政策來彌補私人投資之不足。在臺灣便無須擔心這個問題。在自然狀況下的必需投資率一定很小。我們的問題在於這種自然的經濟成長率過於緩慢，必須用特別的方法來提高這個必需投資率。在必需投資率未提高以前，冒然以發行增加投資，勢必引起膨脹。針對這個問題可能的解決途徑不外：

（一）提高社會的儲蓄傾向。

（二）用發行以外的辦法來籌措資金，例如吸收僑資及外資等皆是。

惟提高社會的儲蓄及吸收僑資或外資又必須造成適於儲蓄及投資的環境，或備具有利於儲蓄及投資的條件。近年來政府已經着眼於此。但能否行之有效却要看政府今後的努力了。

（上接第10頁）

會的同志，備受指摘，因一、二人發言，在會議中成爲少數，不受重視。（如對臺中陳壬申案的處理，實在太不像話。）因此，我可鄭重聲明：此一機構的參加，本無可爭之處，但政府對此一意見，亦予忽視，則所謂對選擧頗具誠意也者，眞不知從何說起了。至於各縣監察小組，也應本此原則，使選擧監察權的行使能够公正無私，取得人民的信賴。

六、選擧法規應予修改

臺灣省選擧各項法規，係由臺灣省臨時省議會通過後，由省政府報請行政院核定，公佈施行。選擧法爲地方自治各項法規中主要法規之一，自治法規的主要原則，是要依據憲法的精神來起草訂定，因之，臺灣省選擧法規，我們認爲應該送請立法院通過，然後再公佈施行，則其內容必能較爲完善。至於這一法規的內容，確有若干問題，值得從長考慮，除政黨提名制，及對候選人若干活動的限制與選擧糾紛一審終結等問題，已引起輿論界紛紛予以評論，及立監兩的院質詢和檢討。實際上，如妨害選擧取締辦法，選擧監察委員會組織規程，縣市長及省縣市議員選擧罷免規程，以及選擧事務所及投票所等組織規程及其辦事細則等等，尤其根據「經休職懲戒處分在休職期間者不得爲縣市長候選人」之規定，時常遇到實際困難而以「補休」代行休職處分者，傳爲笑談。綜合以上所列各項法規，有些不合實際，有些情理難通，實在須要重作檢討，澈底的予以修改一次。

以上所列各項問題，皆就其犖犖大者，予以評論，細節問題，更是千頭萬緒，不一而足。

總之，地方選擧也好，中央選擧也好，我們是希望它能滿足下列的三項要求：第一、選擧是表現現代國家的文明和進步，第二、選擧是政黨政治的基本工作，第三、選擧應讓人民自主自動的踴躍參加，因而引起人民對政治普遍地發生興趣。

四六、三、廿四。

波蘭的「二次革命」

龍平甫

去年十月世界人士的注意力集中在匈牙利民族的驚天動地的革命運動，而對於同時進行的波蘭「二次革命」運動予以忽略。實則匈牙利革命運動的直接導火線是波蘭的「二次革命」。這個「革命」的場面相當驚險，祇是沒有發生流血事件，而且經蘇俄阻撓半途停頓。作者此文郎在說明波蘭「二次革命」的前果。

(一)知識份子的思想「解凍」

『我們要了解：我們將爲暴力革命的見證，此革命的程度將爲十月革命以來的最大事件……我擔心有人要阻撓革命，然而我們知識份子應到戰壕去保衛革命』——一九五六年三月二十五日至二十六日第十九屆波蘭藝術大會 Wladyslaw Bienkowski 講詞。

推動波蘭革命運動的是知識份子。他們自一九五五年初開始著文攻擊波蘭共產政權的罪惡。充分暴露波共政權罪行的是波蘭秘密警察高級官員Swiatlo。他在年前因貝利亞的跨台而不自安，於是逃到西柏林，經過數月的沈默，由美軍當局允許他發表波蘭秘密警察及波共首要的罪行。這是波共政權危機的開端。由此波蘭共產黨中央委員會決定整肅秘密警察，並於一九五四年十二月開釋波共民族主義派首領郭木爾喀(Gomulka)。次年一月波共中委會第三次全體會議通過議案，加强所謂「社會主義法制」，「糾正黨及國家機關工作的僞飾及變質現象」。是時波蘭知識份子對共產政權公開表示不滿心理。六月十九日波共主要負責文化工作的Jerzy Putrament 在華沙「新文化」(Nowa kultura)雜誌著論，企圖制止「文化政策部門的思想混亂現象」。他說：「我們必須使人充分明瞭：「文學不再受國家支配之說是不正確的」。但是八月二十一日的「新文化」雜誌發表反對之聲。這期「新文化」發表素受當局推崇並迭次授勛的抒情詩人 Adam Wazyk 的「成人之詩」。他是波共知識份子的元老，在大戰期間曾參加蘇俄扶植的Kosciuszko 師團作戰，這首詩的第一段如下：

他們來向我說：
共產黨員不會死。
然而無人不逝。
僅能保存在心中
對他的記憶。
人愈有價值
愈對他感哀思。

他們來向我說：
在社會主義下，
手指受傷不感痛苦仍能作事。
但是他們割破手指，
他們感覺痛楚；
他們開始懷疑。

我聽到這些話：
如果不予鼓舞，
有利的經濟鼓舞，
則我們不能
獲得技術的進步，
這是馬克思主義的解述。
它與法則相符。
法則規範現實，
烏托邦歸於虛無。

一些人因粗重工作而有慘白的顏面，
新鋼鐵廠的工人從未進過戲院。
波蘭兒童吃不到波蘭蘋果，
有些兒童從沒有醫生照管。

一些男青年被迫說謊，
一些女青年也被迫說謊，
一些老婦爲丈夫遺棄在街上。

有些人力竭心倦，
有些人被密告被唾面，
有些人在大街被刼，
被刼到祇剩襯衣一件，
爲尋匪犯人們先在法典，
尋找刑法條款。
有些人等待官方證件，
有些人等待法理正義，
他們已長期等待。

我們呼籲！
在這個世界，
爲那些工作力竭的人士。

我們呼籲！
要求開房門的鑰匙，
要求有窗戶的居室，
要求不生霉菌的牆壁，
要求不再有公文旅行，
要求當心人們的光陰，
要求無恐懼的回家，
要求言行分明。

「我們爲此呼籲，
在這個世界上，
不要使我們成爲一些事情的賭品，
因爲幾百萬人已爲此犧牲生命。

「我們呼籲！
要求光輝的眞理，
要求自由的果實，
要求火炬般的理性，
要求火炬般的理性。

我們每天呼籲，
我們呼籲，
希望黨方
予以協助。」

這期「新文化」雜誌很快的賣完了，許多人以二十倍的定價購買，以一讀爲快。到九月二十一日「自由論壇報」（Trybuna Wolnosci）（波共黨報紙）大發雷霆，著論攻擊 Wazyk，說他說謊，他的詩是一首壞詩，包含「野蠻的半眞理」。同時波共主要論家兼波共機關報「人民論壇報」（Trybuna Ludu）主筆 Roman Werfel 對波人的反共情緒表示不安，在八月二十四日廣播指責學生間流行一種論調動搖階級鬪爭的理論。他說：「這種論調沒有任何觀念及哲學基礎作支持」。

這時波蘭「文化雜誌」（Przeglad Kulturalny）及波蘭科學院出刊的「波蘭研究」（Nauka Polska）季刊發表關於馬克思主義的論戰。由此產生一種反史大林派的新哲學學派。代表史大林派哲學觀點有華沙大學教授 Adam Schaff，反對派則以洛玆（Lodz）大學教授 Josef Chalasinski 爲代表。後者主張予馬克思主義以廣泛而彈性的解釋。他在九月二十日的「文化雜誌」著論說：「我們知道科學不能不有政治性，但若每一種科學思想及其全部觀點均須依從政治的考慮，則科學在過去及今日均不會發揚。」

由於空氣改變，一般通俗性報紙也要求能客觀底報導。一九五五年十月波蘭記者協會會刊「波蘭新聞」（Praca polska）要求新聞自由，十一月初「華沙生活」（Zycie Warzawy）要求讀者公開表示對報紙的意見。十一月十四日該報發表一讀者投書說：「波蘭人對世界大事所知甚少，實爲可恥。我們的報紙應對此負最大責任。此種情形迫使那些想知眞實新聞的人去聽自由歐洲電臺的廣播。」

過去極力支持當局的文人 Jerzy Putrament 在這時期到美國去旅行，就美遊印象，撰文交「文化雜誌」發表，報導竟相當客觀。他說：「我們的美國問題專家以可口可樂（Coca-Cola）爲美國對外威脅的象徵，甚至著詩歌攻擊。……帝國主義的可口可樂並無酒精成分，……但可口可樂（思想上的）較 Wodka（一種俄國大麯酒）爲佳」。

波蘭當局一向不許人民批評蘇俄的種種事象。但至前年九月二十八日「蘇波友好月」之際，有一名叫 Wiktor Grosz 的文化官員廣播聲稱，不但不應指責反對和蘇俄友好的人，並且應爲他們辯解。他說：「各國人民間的眞正友誼祇能在擁有國家尊榮的自由人之間纔能建立」。這是一種空前的論調。

到一九五六年三月十日「人民論壇」報繼俄共第二十屆大會清算史大林運動發表社論「論人物崇拜及其後果」，涉及史大林時代的秘密警察的罪行。但當局並不擬大舉清算史大林，四月二十一日文化部長 Wlodimierz Sokorski 說：「史大林所提出的前提並不是都是正確的，但是主要的路線是對的」。

知識份子則持不同的見解，他們將史大林的思想迫害比之於中世紀基督教對異端的迫害。四月五日「文化雜誌」發表 Antonin Slominski 的演說；其中一段說：「我們經過一個極不容忍的時代，一個恐懼與冷酷的時代。文藝復興初期對批評者的迫害與我們甫經遭受的相當。自一九三六年日丹諾夫（Jdanov）在蘇聯作家協會發表其「社會主義的現實主義」論後，以此爲消滅藝術表現的利器，二十年來人們生活在恐懼中，恐懼是這個時代的特徵。如果不恐懼被直接清算，或被控為間諜，時常恐懼失去生存，職業，及特權。……人們以人物崇拜爲一切過失罪惡之源，實則並不是人物崇拜而是產生此崇拜的制度應負責任。祇有在公衆生活眞正民主化時，祇有重新建立輿論及恢復思想自由之時，始能使我們的前途不受專制主義的迫害而有所保障」。

文學批評家 Jan Kott 說：「當人們將上帝介紹進歷史時，也必須將魔鬼引入。因爲人們將領導方式神話化，同時也得將鬥爭、理想及敵對神話化，因此有階級鬥爭及人民之敵之說的出現。神話幫助異端裁判（Inquisition），異端裁判幫助神話。每一次政治大獄同時是巫師的大獄」。因此他反對不言事實眞象，製造謊話的共產文學。另一名叫 Witold Wirpza 的老資格共產黨知識份子公稱他從來不相信莫斯科當局在歷次大獄中宣佈被告是賣國賊或法西斯分子的說法。波蘭反共作家 Czeslaw Milosz 分析史大林時代的大獄說，共產黨知識份子接受「革命」，「歷史的客觀定律」等催眠性的口號以饒恕史大林的罪行，其實共產政權下的知識分子因畏懼秘密警察而採機會主義的立場以聽從史大林擺佈。三月二十五日「新文化」雜誌發表一文說：「我過去如想說話，則必須說謊，因此始有幸福。而且我不得不如此。」五月一日華沙宣傳家 Kryzztof Toeplitz 在「新文化」雜誌著文說：「十一年來在波蘭建立的社會主義官僚制度的行政體系是由革命自上而下建立的。最初這個體系不能受群衆控制，後來拒受控制，而且久已腐化。它自行立法，建立警察以自固，最後並將領袖無錯誤的思想變成神話。」

知識分子對波蘭經濟生活及制度也公開指責。一九五六年一月二十六日 Po Prostu（註一）雜誌記者撰文說：「在發動增加工業及礦區工人人數之際，華沙附近有一所工人營，住民爲附近工廠工作的青年。他們的情形非常可怕：饑饉、骯髒、貧困、疾病、賣淫、頹喪，大批精神失常及企圖自殺現象。但是在『偉大的目標』的前提下，我被禁止報導此事，後來我去 Schlesien 的 Grünberg 國家資財庫參觀，那裡的人簡直不像人而像畜牲。……然而我因『偉大的目標』不能報導。

共產政權的工作競爭制度及勞動英雄等辦法不再受人歡迎。著名宣傳家 Bohdan Drozdowski

在克拉科（Cracow）的「文學生活」（Zyzie Literackie）著文說：「人們不能獲得比例的報酬，是不願增加生產的，因爲沒有人願作更多的工而獲得更少的報酬。我有一朋友，他是專家，他不願在工作中顯本事，因爲一旦知名，必須在五月一日或十月革命紀念承擔增加生產，結果必整年盡全力以求達成所要求的生產水準」。作者更要求工會能眞正代表工人。

關於共產政權下的物價制度，B. Drozdowski 在三月二十五日的「文學生活」發表這樣的故事：「三年前我決定買一件呢大衣（Loden 質），當時定價爲三百 Zloty，後來官方宣佈減價，呢大衣却失踪。不久再度出現，標價五百 Zloty，同時我因晋級而收入增加，我仍需要買這件大衣，不久又有第二次減價，呢大衣再度不見於窗櫥。今天我看見同樣的大衣，標價七三五 Zloty。我由其他工業觀察的結論是：政府的減價祗有利於造製商。」

（二）波次南案

『法官先生！在簽署判決書之前，請你們考慮在幾年之後會因簽署此判決書而感羞愧』——波次南案某被告律師辯護詞。

波蘭共產黨政權的危機因去年六月二十八日波次南的暴動（註二）而充分顯露。波次南事件由當局逮捕三二三人，經初步審查後拘押一四四人，最後決定將五十四人提出公訴。認定他們不但參與示威，而且犯「特別罪行」。在開審之前，西方若干律師組織及人權協會要求派代表出席旁聽，以求使被告獲得充分機會辯護及公允的判決。但經波共政府拒絕。但後來却以「偶然的」姿態邀請（一）比利時人權保障協會 Jules Wolff，（二）法國 Montpellier 大學 法學教授 Alfred-Fernand Legal 及（三）英國工黨議員 Elwyn Jones 出席觀審。

審判於九月二十七日開始，起訴書並未引用共產國家所慣用的術語如「帝國主義間諜預先佈置的陰謀活動」之類。同時在共產國家中是首次公開眞正審判，允許若干西方新聞記者旁聽。起訴書說史大林工廠的工人實行罷工，而若干「慣匪」，「流氓」，「通緝在逃犯」乘機製造暴動，「戕殺官吏」，「搶刼商店住宅」，波共當局企圖說明暴動非工人所爲，亦非政治事件。因爲當政治事件處理，便要牽涉到波共當局對此暴動的政治責任，並拆穿共產政權代表工人的虛僞宣傳。

波次南案前後僅審判三起：第一批爲三青年被控訴打死公安隊下士，第二批爲八青年及一年三十五歲者，被控攻打監獄，及民團公駐所，第三批爲十青年（後提出八人審判）。被告以十八歲至二十歲青年爲主。換言之，他們都是在共產政權下敎養成的然而他們成爲反共的主力。由他們的供詞，可以發現兩大特色：（一）對波共特務的仇恨，（二）對蘇俄的仇視。

有一被告說：他的父親是老共產黨員，在戰前因此被囚數年，波共執政後，他父親任秘警官員，後來被誣控在戰前爲反共的波蘭政府警察作線眼而被捕。被告的姐姐由是被開除黨籍，他的哥哥原在秘密警察機關作事，也因此被開革，被告本人因病住醫院因而被趕出。他的母親氣憤成半瘋狂狀，每天向天主敎的慈善機關領取救濟食物，被告數度上書當局爲父親辯冤，均無答覆。

在開庭中，被告辯護律師對被告的辯護是在共產國家中第一次見到的。因爲在此以前所有指定的辯護律師照例承認被告有罪，根本不予辯護。十月二日波次南地方報紙 Glos Wielkopolski 發表辯護詞並加如下按語：「吾人發表 P.A.P.（波蘭新聞社）所發表的被告辯護詞。換言之，此時的波蘭尚有律師能有足够的自由爲其顧主利益着想說其認爲必說的話，但尙無充分自由，因吾人尙不能不經檢查而發表全部護辯詞」。被禁止發表的辯護詞有這樣一段：「歷史上有許多暴動由後人給予不同的名稱，一八三〇年的革命也是以人民暴動爲起源，波次南暴動由歷史給予何種名稱現尙不能知。波次南犧牲者分爲兩類，一類由當局以隆重的葬禮葬於英雄坟場，一類則秘密埋葬，既無人致追悼詞，也無人提及其悲劇。法官先生！簽署判決書之前，請你們考慮在幾年之後會因簽署此判決書而感羞愧」。

由於波蘭人民反共情緒的高漲，當局不能不在司法方面採取溫和辦法。法庭對被告的判決並未引用一九四六年「建設時期保障國家法」的非常法律（被告將因此至少判十年以上的徒刑），而引用戰前的波蘭法典（卽引用參加鬬毆因傷致死的條文）判被告以輕刑，第一批三人判四年至四年半徒刑，第二批六人判二年至六年徒刑。

大概波蘭當局認爲公審對波共政權將發生極惡劣的後果（因爲被告多陳述秘密警察的罪行等等，同時開庭期在波次南附近已發生騷動事件），第三批開審後卽未再繼續，至十月下旬並釋放一〇三人（連判刑者在內），祗未釋放打死公安隊下士而判徒刑的。

旁聽審判的 Wolff 贊揚法庭的獨立公正，認爲應爲其他波蘭法庭的示範。但認爲法官對被告先存犯罪的假定，因此引起被告在開庭時的畏懼心理，同時嫌疑犯拘押無定期，並不能與律師接觸，而由警局任意安排，這是違背人權的地方。

一般觀察家的印象爲，（一）法官太傾向原告，（二）律師僅在開庭前五日首次會見被告，無充分時間準備辯護詞，（三）目前司法程序雖與西方有距離，但近於戰前波蘭司法程序，（四）開庭期間波方特務人員時時監視西方新聞記者，記者電訊也受檢查，不能全部發出。

（三）波蘭的「十月革命」

「解凍是必要的，然而在它之前引起的大風暴已使許多掌舵者犧牲了」
——一九五五年十一月六日波共青年機關報 Po Prostu

在波次南案開庭期間，波蘭政局的危機已日益嚴重，面臨重大變化的前夕，有助於此重大變化並有利於波共政權民主化的是奧查布（Ochab）的繼任波共秘書長，一九五六年三月波共秘書長 Bierut 暴卒於莫斯科，赫魯雪夫到華沙要求任命奧查布爲秘書長，奧查布勉强接受。他原爲史大林視爲「有牙齒的布爾雪維克」（Zubasty bolchevik），他雖是狂熱的共產黨員，但同時愛波蘭。他繼任後對莫斯科接踵而來的要求深感厭煩，經此「可怕的經驗」後，他對莫斯科政權大起反感，於是傾向於附和波蘭人的革命運動。同時俄共第二十屆大會加速波共政權的解體，波蘭報紙常常說波共政權已無前途。波共當局已知無法掌握羣衆，蘇駐波大使波奴馬倫科（Ponomarenko）也承認此危險，因主張昭雪郭木爾喀並容納他入政治局，以挽救危局。自五月起波共當局和郭木爾喀談判，但同時波奴馬倫科發現奧查布已不是蘇俄的忠僕，因而傾向於利用親蘇派馬蘇爾（François Mazur）或諾瓦克（Zenon Nowak）以代替奧查布，旋波次南事件發生，波共史大林派認爲應行改革以挽回人民信心。蘇俄當局也同此點，奧查布，馬蘇爾及諾瓦克數度到莫斯科談論此事，不久馬蘇爾爲蘇俄間諜的身份在波蘭被人揭發，他不得不退出政治，隱居莫斯科附近別墅。

波蘭共產黨史大林派爲派蘭人稱爲納多林（Natolin）系。因爲這派的主要分子，居住在華沙近郊納多林區的華麗別墅中，其主要人物有：蘇俄元帥羅可索夫斯基（Rokossowski），諾瓦克（副總理），馬蘇爾（波蘭國務會議主席），Klosiewicz（波共工會主席），Witaszewiski（波軍政治部主任）。他們是既得利益階級，生活豪華奢侈（波蘭載重汽車司機每日工作十六小時獲月薪一千四百波幣，而 Klosiewicz 則月薪四萬波幣，其別墅月租付費十四萬波幣），形成紅色貴族。他們堅決反對波共民主化運動，攻擊波共內部的「自由分子」，說他們是書生，不懂政治。Klosiewicz 並在波共認爲最可靠的支持者 Zeran 汽車製造工人前挑撥離間工人與知識分子的關係，工人反而問他何以能有富麗的別墅。波共「自由分子」原有國務總理錫蘭克維兹（Cyrankiewicz，本爲社會黨人，後該黨與波共合併成立波蘭勞工統一黨）及外長拉帕基（Rapacki），後來奧查布附和，聲勢遂大。

納多林系爲應付危局計在波共中委會第七屆全體大會由諾瓦克提出他與波奴馬倫科及赫魯雪夫合擬的計劃如：允許郭木爾喀入政治局，工人加薪百分之五十（「自由分子」原擬加薪百分之二十，以防通貨膨脹），支持反猶太運動，以圖迎合羣衆心理轉移目標。納多林派願意對羣衆作一些讓步，但要求終止民主化運動，終止報紙的「瘋狂」攻擊，等等。布加寧、朱可夫等人前來助陣也未能如願。

納多林系於是設法將辯論移至雅爾達（Yalta）。一日，諾瓦克邀請郭木爾喀前往，爲後者拒絕，但是納多林系要角及奧查布均前往。雅爾達會議爭辯甚烈，奧查布未待結束匆匆返華沙。他認爲納多林系將用武力阻止民主化運動，因此和錫蘭克維兹及其他波共「自由分子」商議對策，佈置一切。他不顧羅可索夫斯基的反對任命被釋放不久的科馬爾（Komar）將軍爲波蘭內地保安軍（K.B.W.）司令。同時波共「自由分子」在其控制的地區組織民軍，納多林系與「自由分子」互相排斥，各在其控制的組織或機關內排除對方勢力。

納多林系爲求保持勢力，要求提前「選擧」，而「自由分子」則要求在「選擧」之前先召開中央委員會，（因中委會委員以「自由分子」佔大多數）。開會前十日，政治局每日與郭木爾喀會商，納多林系無法與郭木爾喀妥協。後者要求澈底改組政治局，而納多林系則要求保留數人，如羅可索夫斯基之流。並以俄方武力干涉相威脅，但郭木爾喀堅不讓步。開會前三日，波奴馬倫科見奧查布說赫魯雪夫邀請他和錫蘭克維兹及郭爾木喀前往莫斯科。三人拒絕前往。是時波蘭局勢已很緊張，兩週前羅可索夫斯基藉口「防止反動分子陰謀活動」，命令波軍作動員準備，（命令由陸軍政治部主任 Witaszewski 及華沙警備司令 Borezikolwski 副署）並傳納多林系擬發動政變，擬以諾瓦克爲國務總理，Boleslas Piasecki 爲副總理（註三），Lopat 爲波共秘書長。納多林系並擬定逮捕七百人的黑名單，但秘密警察拒絕捕捉。秘警首領新近由錫蘭克維兹任命，聽他的指揮。同時各大城市的工人及學生均發給槍械，中委會開會前各地學生工人集會，表示支持郭木爾喀。而羅可索夫斯基不但動員波境蘇軍，並由東德調來一部蘇軍向華沙進發，形勢甚爲緊張。

十月十九日波共中委會開會。因時局緊張，發言的僅有二十八，其餘二十六人用書面表達意見。被攻擊的有，（一）Berman（前副總理及政治局委員），他被指責應對秘密警察的罪行負責，（二）Minc（前政治局委員，在過去爲波共經濟獨裁者，於十月初辭職），說他應對錯誤的經濟政策負責，（三）波蘭共產黨本身。指責最烈的是波共監察委員 Leon Wudzki，他說過去他提着一箱寃獄文件到處去見波共首要，沒有人願聽他的話。他在會中極力攻擊了共產制度。Berman 極力答辯，說這些罪惡是貝利亞特務所爲。他本人反對逮捕郭木爾喀及 Spychalski。他又說他在史大林時代生命朝不保夕，如果不是 Bierut 的庇護，「我今日墓木已拱矣」。

當日開會時，少數共要已知蘇軍於前夕離下西里西里的 Lignica 基地，向華沙進發。開會不久，奧查布宣佈蘇俄俄共頭目降落華沙軍用飛機場）

一說飛機在上空盤旋一小時始准降落），赫魯雪夫、布加寧、莫洛托夫、朱可夫等人不經邀請前來阻止波共中央的人事更動。赫魯雪夫下飛機後，怒氣冲冲地說：「我們爲解放波蘭流過許多血，你們現在却要把它送給美國。不行！不行！」他不認識郭木爾喀，問波奴馬倫科道：「此人是誰？」素來「强項」的郭木爾喀用波蘭語立刻回答：「我就是郭木爾喀，我曾被你們囚禁了三年多」。夜間赫魯雪夫和他所稱的「賣國賊」在 Belvedére 碉堡談判。他發言一小時半，反對波共人事的重大變化，暗示他必要時將用武力。經一度沈默後，郭木爾喀發言說：「現在輪到我講了，但是我不願在此說話，我要去廣播電臺向波蘭人講眞情，說明你們的要求及我們的拒絕」。

談判過程中，蘇聯大使館官員經常來碉堡向波奴馬倫科報告波蘭局勢的演變。如華沙、洛玆、西里西亞、克拉科工人的動員，俄人指揮的波蘭軍隊拒絕受命，科馬爾的波蘭內地保安軍已佔領華沙各要點，秘密警察附和「自由分子」等等消息。赫魯雪夫明瞭要使波共「自由分子」屈服祗有用兵，換言之，打一次蘇波戰爭。然而這時他沒有用兵決心。到早晨二時，他改變態度，以笑容贊許郭木爾喀所說的，「在我控治下的波蘭將效忠於波蘇友誼」。赫魯雪夫因回答說政治局人事與他無關。然而米高陽突然發言極力攻擊波共當局，經赫魯雪夫解釋了事。後來赫魯雪夫一行離華沙時，波方點查人數，發現來時十四位蘇俄將領短缺幾位。華沙廣播電台評論此一勝利說：「波蘭已越渡魯比公（Rubicon）（註四），波蘭並未爲克勒姆林的恫喝政策所屈服，今後沒有任何辦法足以阻止波蘭歷史上的重大變化。這是十月中的春天。

二十一日中央委員會整日開會，決定將政治局人數由十三人縮至九人。並舉行秘密投票。夜十時半揭曉，計（一）政治局委員有：奧查布、郭木爾喀、錫蘭克維玆，A. Rapacki、S. Jedrichowski、Morawski、I. Logo-Sowinski、A. Zawadski（唯一納多林系人員）、R. Zambrowski（唯一猶太人）。（二）秘書處：郭木爾喀、奧查布，Zambrowski、Matwin、Jarosinski（後三人爲波共「自由分子」）、Gierak（工會代表）。由郭木爾喀爲秘書長。換言之，他成爲波蘭事實上的統治者。（註五）

開會期間，蘇軍出動事頗爲人攻擊，羅可索夫斯基答稱係「例行演習」，「並協助農民收穫馬鈴薯」。赫魯雪夫等人雖走，波境局勢仍甚嚴重，一方面大批「遠足」的蘇軍攜帶「笨重的行李」在洛玆一帶的森林中暫住，蘇俄海軍在波蘭海峽神出鬼沒。另一方面，波蘭人反蘇情緒强烈，各地發生反蘇事件，蘇俄隨時可用兵干涉，郭木爾喀惴惴不安，而二十三日他接到赫魯雪夫自莫斯科來的電話向他道歉，並邀請他和奧查布及錫蘭克維玆到莫斯科去。但是匈牙利革命爆發，郭木爾喀等人因種種顧慮，直至十一月十四日纔到莫斯科，和布加寧赫魯雪夫等人談判，十八日双方發表公報，分爲兩部，第一部由波共當局接受蘇俄在國際問題（匈牙利、埃及、裁軍、原子武器等等）所持意見，第二部由蘇俄允許波蘭在民族共產主義範圍內繼續民主化，重申其十月三十日聲明關於蘇俄與各「人民共和國」間的關係，「但在國際現勢及德國威脅下蘇軍暫時駐紮波境」。在經濟方面，因一九四六年至一九五三年波蘭以煤炭供應俄國，故後者將一九五六年十一月一日波對蘇未了債務勾銷。蘇方並允許於一九五七年供給波蘭小麥一百四十萬噸，由波蘭分期償付。此外蘇俄並貸款七億盧布給波蘭。宣言並規定在蘇波人的遣返（註六）。十二月十七日蘇波外長及國防部長在華沙簽訂蘇軍駐波協定，表面上對蘇駐軍人數屯駐地點，及移動限制規定甚嚴，並說明不得干涉波蘭內政，俄軍並須付波人服務代價等等。條約的價值要看將來如何實行，但無論如何，現在總算有一個條約，過去根本沒有條約，由蘇方任意行動。

郭木爾喀任波共秘書長後，一方面在國際問題附和蘇俄，免予蘇俄以藉口武力干涉波蘭內政，一方面大規模將蘇俄人員及親蘇份子解職，羅可索夫斯基，Witaszewiski，及三十二員蘇軍將領均被免職（註七）。由 Bordzilowski 任國防部長，Spychalski 任陸軍政治部主任。同時他進行整肅波共內部，排除納多林系，釋放樞機主教 Wyszynski（於一九五三年九月被捕），允許中小學自由講授宗教課程，以求獲得天主教會的合作，對學術界則允許若干在史大林時代被開革的教授復職，局部恢復戰前大學特權，以減殺共產黨對大學的控制，大學學位取消蘇俄制度，恢復波蘭原制度。對於農人則不强迫參加集體農場，事實上，自十月以來農人紛紛破壞集體農場，至本年一月下旬，一萬個集體農場祗剩下三千五百個了。工會方面則工人代表於十一月中旬在華沙集議，討論趕走 Klosiewicz 後的工會組織。工人代表指責過去工會領導的官僚化，沒有獨立性，不顧工人福利；主張今後工會應：（一）在波蘭情況許可下儘可能自由，（二）黨不應影響工會問題（僅能由參加工會的黨員在投票時爲之），十八日選三十七人的主席團，主席爲 Logo-Sowinski。

郭木爾喀的情形相當困難，一方面蘇俄當局對他不甘心，納多林系時想捲土重來，因此他不能在重大問題方面開罪蘇俄，一方面人民普遍的反蘇，討厭所有的蘇俄事物，並同情匈牙利的革命，在這方面，他不能過分違背民意，十一月十二月間波蘭的情形有如火山，隨時有爆發的可能。他在安定內部方面獲得教會的支持，Wyszynski 樞機主教不發表任何政治意見，祗一再要求波人鎭定以渡過難關，因此在此期間的反蘇事件雖多，但性質均不甚嚴重。

（四）波蘭國會的「選舉」

「祗有自由的國會始能證明波蘭是主權的，自由的，獨立的國家」——Po prostu 雜誌。

郭木爾喀執政後進行波蘭國會（Seym）的「改選」。選舉法雖經修改，仍舊是一個蘇維埃式的「選舉」辦法，祇有一個選舉名單。唯一的革新是候選人較議席數多百分之五十，並經聲明候選名單係由各黨派，各政治，社會，文化團體的同意訂立的。事實上並不如此，一般人並不滿意沒有競爭的「選舉」，許多人大呼：「我們要選舉，而不要投票了事」。十二月十八日華沙學生二千人集會反對不孚衆望的候選人如 Jaworska 夫人（波共青年組織主席），Albrecht（波共秘書）及 Iwaszkiewicz（御用作家）。洛兹學生則攻佔共產黨部，要求將政治學院院長列爲候選人。

國會議席共四五九席，由波共當局提出七二三名候選人，其中僅有八十名係前屆議會議員。候選人中女性二十八名，波蘭共產黨佔百分之五十，農民黨佔百分之二十五，民主黨佔百分之十，無黨派及「進步派」天主教徒等佔百分之十。由波蘭共產黨，農民黨及民主黨組織所謂「國民陣線」名單。農民黨與民主黨本是靠攏政黨，在「選舉」前也稍表現其個性，而宣佈其政綱，某一農民黨候選人甚至公開聲稱他如被選入國會，將致力於反蘇及反赤色資產階級運動。

在「選舉」前一週競爭情形相當激烈，反對聲浪相當强大，並發生許多事件，西方國家政界人士深恐郭木爾喀失敗，將引起蘇俄武力干涉。此種戒懼尤以美國方面爲甚，因爲他們認爲在目前祇有支持郭木爾喀始能使波蘭有限的民主化獲得保障。郭木爾喀也一再向人民呼籲說，不贊同他的名單，波蘭將有滅亡之慮。本年一月二十日「選舉」，絕大多數「選民」接受郭木爾喀的名單，在四五九名中批准了四五八名。Nowy-Sacz 區的選民圈去第三名候選人，其餘候選人均不足百分五十，依法應於十五日內重選。現有四五八名議員內共產黨佔二三九名，農民黨一一六名，民主黨三七名，無黨派（其中有若干名天主教徒）六七名。

此次選舉的特色爲：（一）雖爲秘密投票，但僅有百分之十的「選民」在「隔絕幕」內秘密投票，其餘均公開投票。西方報界稱之爲受監視的自由。（二）僅有一個「選舉」名單，既沒有競爭，又不是選舉，僅可稱之爲公民投票。（三）被「選」中的四五八名議員都是郭木爾喀名單列名前茅者。但在一一六區中僅有十四選區以大多數選票投給前列候選人，未變更秩序。其餘則首名所獲票數往往佔第二位、第三位，或第五位。（四）若非郭木爾喀極力呼籲，若干候選人如錫蘭克維兹，Zambrowski 等均有落選的危險（獲選票及不百分之八十者均有落選的危險，其人數達五十三人）。（五）與過去政權有關係的候選人獲票少，而天主教候選人獲票甚多，尤以過去受禁止活動的「天主教知識分子俱樂部」四候選人獲票特多，如 Stomma 在錫蘭克維兹名單上名列第五，但其所佔選票數居第一，附共的天主教「和平」派則受選民鄙視。

郭木爾喀成功的原因大致是：（一）天主教會支持，認爲他是共黨內唯一能與天主教合作的人。（二）農民認爲他是小資產的保障者。（三）城市人民認爲他能容許有限度的私人企業以求經濟發展。（四）一般人認爲一九五七年的波蘭尚不能脫離共產黨的統治，而郭木爾喀對過去的暴政並無責任，反之，若投反對票，可能召致蘇俄的武力干涉，而遭受匈牙利所受的命運。

新國會定二月十五日開會，一般波蘭人希望牠是一種眞正的國會而不僅像過去一樣爲「政府法令與決定的登記所」。

（五）郭木爾喀政權的困難

「由波蘭人所謂的革命與匈牙利的悲劇相比較，足以大概地了解：在蘇俄外圍陣地之內的國家可能獲得獨立的限度」。——K.-A. Jelenski，載於一九五六年十二月號 "preuves"（證據）（出版於巴黎）。

郭木爾喀雖在一月二十日「大選」獲勝，但他所遭遇的困難問題並未解決，這些困難是多方面的，我們試作分析如後：

（一）波共內部的分裂——波蘭共產黨號稱擁有一百四十萬黨員，但已分裂不同的派系，陣容很渙散。波共首要認爲要加强力量應縮小至四十萬人。目前波共大致分爲四派：（一）納多林系，一味效忠蘇俄，現在祇有諾瓦克在政府，由於郭木爾喀緊縮人事，該系有百分之七十有失業之慮，因此他們不滿現狀，時圖設法恢復昔日地位。（二）正統派（波人稱之爲右派），以奧查布爲代表，此派深懼郭木爾喀將波蘭共產黨導入「歧途」，他們認爲郭木爾喀不是十足的馬列主義者。（三）中堅派，以郭木爾喀爲代表，企圖尋求一折中途徑（使蘇俄不畏懼而同時爲人民接受）。他在這方面的努力有錫蘭克維兹的支持。（四）左派，即波共內部的「自由份子」，此派包括若干雜志如 Po Prostu，「新文化」爲主的知識分子，若干工會委員會，及衆多青年，此派自稱「山岳派」，在去年十月「革命」中是郭木爾喀最有力的支柱，但仍繼續要求共產黨及國家政治的民主化，因此現已與郭木爾喀有距離（註八）。此派抗議政府的新聞書刊檢查，要求新聞自由，對宗教所獲的重要地位表不安。在此派之左更有極左派，言論更激烈。波共青年組織（波蘭青年聯盟）在十月「革命」中無形解體，代之而興的有：（一）革命青年聯盟；（R.Z.M.）；（二）青年工人聯盟（Z.R.M.），（以工人爲主，反對學生參加）兩派均以「國民陣線」綱領爲本，此外尙有社會主義青年聯盟及天主教青年等等。波共內部的不同派系及不同的青年組織雖是郭木爾喀政權的弱點，但是波蘭的民主化運動由此獲一保障。

（二）經濟的困難——這是郭木爾喀政權成敗的關鍵。過去推行的六年計劃已告破產，祇建立了生產成本最高的新鋼鐵廠（Nowa Hutta）及生產效率最低的 Zeran 汽車廠。波蘭農產本有富裕，現反不足，須由外國輸入大量糧食。出口方面，波蘭以煤爲最大宗，一九四九年產煤七四、五〇〇、〇〇〇，輸出佔百分之三十六，一九五五年產煤九四、五〇〇、〇〇〇噸，輸出佔百分之二十六，在全部輸出中的煤出口在一九四九年佔百分之五四•五，一九五五年佔百分之四六•六，因國內需要增加及工人平均生產效率減低，一九五五年僅出口二四、二〇〇、〇〇〇噸，一九五六年僅能出口一九、五〇〇、〇〇〇噸，出口煤減少五百萬噸卽損失美金一億，一九五七年煤出口可能僅一千三四百萬噸，卽出口減少二億美金，（此項輸出的損失不能由其他物資的輸出彌補）。同時煤礦業薪金由一九五五年的九一五億 Zloty 增至一九五七年的一二三〇億 Zloty，因此郭木爾喀說：「一九五七年是波蘭最艱苦的一年」。他在國內地位聲望的能否維持，要看他能否解決困難的經濟問題。去年九月間波共政權卽已向美國試探洽借美金五千萬美元，未得要領。十月「革命」後，美國聲明願予波蘭以經濟援助，但匈牙利革命使莫斯科政權有些發瘋，郭木爾喀不敢開罪蘇俄，聲明拒絕。十二月間又舊話重提，由波蘭與美國駐外大使（如巴黎等地）分別作初步接洽，波方希望美援不附帶政治條件，不事渲染，甚至將援款交第三國如法國或瑞士出面經手，以免傷及蘇俄尊嚴。據說美政府願予波蘭以二千五百萬至五千萬美元的援助，波方則希望四億至五億美元。波共政權希望因此項資金使其煤業現代化以求改善經濟。

（三）蘇波關係——波蘭對蘇俄雖祇獲有限度的獨立，但蘇俄對之頗不滿意，因此蘇俄與波蘭的關係始終沒有好轉。其原因故由於赫魯雪夫及納多林系不認輸，主要原因是波蘭的民主化運動和匈牙利的革命運動同樣是威脅鐵幕內共產政權生存的可怕傳染病。因此蘇俄報紙固時常攻擊波共，同時東歐其他附庸國政權也對波共下宣傳總攻擊。此外中共頭目周恩來奉莫斯科命去華沙遊說，勸波共効忠蘇俄，東歐及法國共產黨也派代表團去波蘭企圖施行壓力（法共與波共的關係很壞），祇有南斯拉夫派去的代表團談判後（十二月十九日至二十九日）獲一致意見，重申「不同的國家可以不同的途徑達到社會主義之道」，及第二十屆俄共大會對「社會主義的理論與實踐及產生各共產黨間及工人政黨間的合作的有利條件之重大意義與影響」。這是用俄共的話對付俄共。俄共當局對波蘭很傷腦筋，因爲今日的波蘭等於是鐵幕世界內產生的毒瘤，已無法拿鐵幕辦法來隔離。最近俄共當局警告蘇俄學生和波蘭留學生往來，因爲後者常在集會中提出許多難以解答的問題，有傳播「危險思想」的嫌疑。在另一方面，波共當局需要蘇俄在某些國際問題方面予以支持。尤其是邊界問題。因爲凡是親共或反共的波蘭人均認爲奧德納斯（Oder-Neisse）河的邊界是德波的永久疆界，而西方迄未承認。郭木爾喀在私人談話中常以「德人的威脅」爲念，因此許多人認爲如欲波蘭傾向西方，西方應承認奧德納斯河邊界，但波蘭過分親西方，可能引起蘇俄蠻幹。美國旣不能以武力協助解放東歐國家，則祇有鼓勵所謂民族共產主義的政權，如狄托與郭木爾喀之流。

在蘇俄經常威脅下，波蘭的內政與其國際關係一樣的曖昧不明，在內政方面既不民主，又非十足極權，大多數人民反共，要求民主，但又不敢革命，以免因俄人干涉喪失僅有的有限自由；在國際方面波共政權雖與蘇俄在同一陣營但不得不求助西方以解決經濟困難，如果沒有重大的國際變化，這種曖昧的情形恐怕要經過一個相當的時期。

（註一）Po Prostu（「簡捷了當」）週刊是前波共青年機關報，自一九五五年九月改換編輯部人事後，成爲波蘭民主化運動的主力，對十月「革命」發生影響甚大。

（註二）見拙作「波蘭人的反共怒潮」，四十五年九月一日「自由中國」第十五卷第五期。

（註三）Piasecki 是靠攏的天主教徒，組織「和平」(Pax)社，在去年十月警告「過度的民主化運動」，稱「將引起軍事政變」，後來他被波蘭作家協會開除。不久以前，其子被綁票，尙未救出。

（註四）Rubicon 是古代意大利與高盧（今法國）分界的河流。羅馬元老院怕高盧兵侵入羅馬，特立禁令凡帶高盧兵越此河者視爲國賊。愷撒不顧禁令帶兵渡河並大呼：「命運由此定矣」。

（註五）郭木爾喀（Vladislas Gomulka）生於一九〇六年，原參加社會黨，後入共產黨，第二次大戰期間參加波蘭地下抗敵工作，戰爭結束任波共秘書長及副總理，一九四八年因被控爲狄托主義派失勢，次年被開除黨籍，旋被捕，蘇俄有意公審，未成事實。

（註六）據計估在俄境的波蘭人約四十萬人，現多數亟欲回國。

（註七）羅可索夫斯基原籍波蘭，第一次大戰期間因作戰關係加入俄共，第二次世界大戰因戰功升至蘇聯元帥，他已完全俄化，一切爲蘇俄利益着想。自被波蘭趕走後，他被任命爲蘇俄國防次長。

（註八）近日波共當局宣佈抵制納多林系陰謀及波共自由分子之「有害」活動，聲稱將以開除黨籍制裁之。

主要參考文獻：

1. "Polens zweite Revolution"—"Zwischen Tauwetter und Aufstand", Erik Nohara, Der Monat August 1956, Heft 95
2. "La Pologne à l'heure de la vérité", Philippe Ben, 3 août-10 août 1956 "Le Monde."
3. "La Pologne de Gomulka" Philippe Ben 21 nov.-30 Nov. 1956. "Le Monde".
4. "Les limites de l'indépendance polonaise". K.-A. Jelenski. "Preuves" déc. 1956. Paris.
5. "Polish communist Party Revolutions"-"Historic Eighth Plenum". "Times" Nov. 21 1956.
6. 一九五六年十月至一九五七年二月各報報導。

緬北臘戍通訊

雲南邊區紀行

汪京金

上月十二日的早晨，滇邊的曉風吹着魚肚色的天際，我們一羣國籍不同的新聞記者，在緬北應邀前往雲南的芒市，參加在芒市舉行的所謂「邊民聯歡大會」。我在沒有進入赤色中國大陸之前，使我又驚又喜，我驚的是怕會不會出什麼亂子，因爲共產黨是喜怒無常的；喜的是，以採訪觀點上，我竟能獲得進入鐵幕，一探民隱的機會。

火車開始徐徐而行，一會兒便風馳電掣地向中國雲南的東北方面而去，沿途看到的乃是這「東南亞走廊」的恬靜的鄉野，緬北的氣候，比中緬要冷得多了。我們在火車中，不上四個小時，紅色的記者們便劃出了一個小圈子，彼此間無形中產生了一道心理上的隔膜，反共記者和紅色記者，双方臉上都顯來十分嚴肅，大家不講話。在中途我發現反共記者群人太少了，於是有一位青年朋友怕吃他們的虧，他在中途下車，託病不前，自己溜返仰光去了。這時我發覺，我們陣營中又走了一員，於是我在情緒上顯得有些不安起來，但我爲了採訪的驅使，祇好聽天由命。一切爲新聞，一切爲採訪。

十四日清晨在瓦城（卽緬北之曼德里）轉車北上，一路上樹林密集，盡是山坡小道，一眼望去，看不到一里寬的平原，耳邊傳來的語言，也感到陌生奇異。這是緬甸聯邦的珊邦（Shan State），這裏出美女，有美麗的山谷，更有清秀的水源。這時我聽一位緬甸記者嘆息道：「祖國眞可愛，無條件把三個地區割讓給中國，無怪人民起來反抗了，誰肯忍心把大好山河送給人家呢。」

十四日的傍晚，在寒風刺骨的陰森的氣氛中，到達了珊邦的首府—臘戍。臘戍在抗戰時代駐過我們中國的青年軍，這是一個高低不平的山城，市區的道路遼濶而清潔，熱鬧市區華僑特別多，大家生活上相當自由，中國街內有兩個牌九館，晚間更爲熱鬧。街上常常可以聽到雲南的鄉音，使人怪難過的。

這裏比較高尚的娛樂，便是看電影，電影院共有二間，一是印人開設的，名叫必都達影院，一是華僑經營的，名叫溫地麗影院。這家華僑開設的影院，甚爲左傾。本地的華僑學校，計三所，其中是二左一右。華僑的文化水準不能算低。中共出版的書籍，充斥於市上。

在臘戍的時候，左派記者已另有人請去招待，他們可能是奉了「上級」的命令，故意來孤立我們右派記者，使我們情緒上覺得有些異樣。十五日的清早，我們一行在極冷的氣流中，坐上汽車，向北而駛。車內還有很多的緬甸軍官。這時我比較略爲胆大。半點多鐘，我們抵達溫泉，再走一段到了舉世聞名、出火腿的宣威了。稍停一會兒就再登車出發，在三义路口有一株用黑白色漆着的指路牌，我看了知道這裏離貴介還有十八英里，東邊那條公路是去滾弄的，前年李彌的游擊隊一度活躍於此。

汽車在滇緬公路上行駛，越轉越高，回過來往下一看，宣威整個壩子歷歷在目，尤其是西南高崖上的急流的瀑布，其聲如雷，其勢如練，顯得異常美麗，使人對宣威發出異樣的感覺。

汽車在這裏走了半天，忽然公路也平坦起來了，所以汽車駛得更快。一會兒時間，進入貴介市區。這裏全是華僑。他們大多數都是從雲南逃出來的。十之八九是反共的。有許多是雲南大學的學生，他們原是共產黨的幹部，後來發覺共產黨的眞面目，乃越過九谷橋（按九谷橋是滇緬交界處，等於九龍邊境上的深川橋），一齊到這裏來作難民。這裏有難民，有中共的特務，也有緬甸政府的特務，也有英美設在這裏的「情報交易站」。

這一座九谷橋，許多人從它身上過去找到了自由，也有許多人被架回去，死亡不知，更有許多人被共軍的排槍射死，喪身橋下。跨過九谷橋，便是畹町—是鐵幕下垂的起點，人間地獄。我們掠過中共的哨兵，走進畹町，情緒似乎有些不自然起來了，我顯得非常慌張。

前方緬甸與中共的旗幟，隨風飄揚，參加歡迎行列的人，個個穿上粗劣的新衣，我們見了心裏當然明白，知道衣服全是臨時趕做，顯得非常不合身。這是怎麼一個把戲？我內心發笑。新衣服正是說明「豐衣足食啊」！

我們在畹町沒有多停留，這裏便有寶山派出來的交際同志，來招待我們。我懂得招待同志的任務，所以自己也提高警覺。我們車行大約有二十多英里，乃到達了遮放。這裏好似一個縣城，道裏道外有整齊的建築。—自然全是中國舊式的瓦房—這裏的人民是屬於中國的猓猓族及珊族，他們的裝束，品質十分粗劣。歡迎人員的行列，也是和畹町一樣，總有些不大自然，我想可能是臨時訓練起來的。

我們再走三十多英里，才到了目的地—芒市。這裏可熱鬧了，歡迎的人也多起來了。「邊民聯歡大會」的會場，也佈置得相當浩大。這場面頗似趕集。人聲是那麼嘈雜，牛羊也全出市了。

當我們一羣走進畹町而進一步走入芒市，我們發現芒市比畹町熱鬧得多了。在芒市一家商店上，忽然看見有一面緬甸國旗，被倒掛着，全體緬甸記者都非常生氣，認爲這完全是侮辱緬甸。他們都舉起照相機，把這面倒懸的緬甸的國旗攝入鏡頭內。大家的心情，已經冷了一半。至於我們反共的中國記者，人數雖少，但看了緬甸國旗，大家都呆了半晌。原來緬甸國旗很像我們的青天白日滿地紅，我們聯想着國旗從前也揷在這塊土地上，而今它離開我們遠了。我的沉痛和悲切，實在難以描述。

芒市是一個很大的高原盆地，盆地中一望無涯的良田。居民中百份之九十全是珊族人。人民都信奉佛教，並尊孔明爲神。城裏城外都有古老的佛寺及武侯廟，充滿着奇異新穎的習俗。民族生活習慣，非常簡單，仍是停留於日出而作，日沒而息的階段上。宗教儀式與緬甸完全相同。

我們這一群人，算是外賓，抵達芒市後，立刻被招待同志引到一間爲我們準備好的宿舍，先安放好各人的行李，即開始晚餐。晚餐完畢後，同志們便招待我們去看戲，自然是集體去的，宿舍中一個人也不得留下來。我因爲多天來長途跋涉，很想早睡，準備來日的工作，但我自己沒有自由了。這一晚演的是滇劇，滇劇頗似平劇，我坐在木椅上，聆聽鄉音，眞使我欲哭無淚。

午夜時分，我們回到宿舍，但天氣太冷，靠在榻上，無法入眠，於是我們和一些緬甸記者，主張去逛街，等我們一出街的時候，便發現有幾位共幹，在我們四周，我們懂得他們是奉命來監視着我們的。他們用耳朶和眼睛來注視着我們的一擧一動。我們內心非常憤怒，我們用緬甸土語對話，我們說快些走，使他們趕不上我們，我們剛剛到一座茶樓，希望宵夜一番，可以和當地人談談，但他們又追上來了。

後來我們明白，親共記者已把我們每一個人的思想和言行，向公安當局交代得一淸二楚了。

第二天早上，我們這一羣又在大街上蹓躂。人羣之多，一如趕集，有土產及土布在街上出售，品質雖劣，但也顯得花花綠綠的，然而有一件事使我們覺得非常奇怪，當我們問起每一件貨物的價格時，伙計們漠然不知所答，連忙再去問「上級」，「上級」再查物價簿，然後才說出一個數目來，但同樣的貨品，走了幾家，竟會說出三種不同的價格。我們暗中好笑，知道這許多市場也是臨時導演出來的。說不定，在我們未來之前這兒是沒有商賈交易的。

當我們在人群中鑽出鑽進的時候，忽然碰見了一位不速之客。他由人群中迎着我們前來，大約有四十多歲年紀，身體十分結實，操一口流俐的緬甸語。他帶着微笑的面孔向我們每一個人握手道好。我們身邊雖有特務人員，但他似乎毫不在意，大聲底和我們談笑。

他向我們作自我介紹時道：「我是緬甸華僑，從前久居緬甸，至今我的妻兒還在仰光××街。我因爲是技術人材，政府不要我回仰光，現在來此已經七個年頭了。我屢次申請出國赴緬，希望與家人見面，但上面總是不准，我實在不願過這一種不自由的生活。」

我覺得這人很奇怪，於是輕輕的問他：「你們是工人階級，政府是時時照顧你們的？」

「不行，不行，比不得在外國的生活，我的待遇太差了。」他皺着眉頭表示極度不安的樣子。

「在仰光的紅色報紙常常說『新中國』多麼好，但你又說不好，這可怪了。」另一位緬甸同業問道。

「朋友，報紙是一回事，人民生活又是一回事，兩者之間，根本不會相同。相信左派報紙的人，才是大傻瓜。這裏昆明出版的工農日報，也是一樣沒有人相信的。……我到想知道一點外面的新聞，但不知現在國際上有沒有發生大事？」

「難道你們的報紙不登載匈牙利、烏克蘭、波蘭等國的人民，都起來革命，反抗蘇俄的殘暴嗎？」

「我們的雲南日報和工農日報從來不刊登這一類的消息，他們常常登載說緬甸人民生活很苦，無衣無食，人民一無自由可言，這是事實嗎？」

「你相信這是事實嗎？」

「報上這麼說，我們是不相信的，因爲共產黨最會說謊，不過我見到你們，總想證實一下。」

「聽說，前兩年，你們這裏殺人很厲害，是嗎？」

「不說前兩年，現在也沒有停止啊！」

「但共產黨報紙說，新中國是人民的天堂？」

「那是宣傳，但雲南報紙未見登過這種字樣。」

「聽說這裏從前駐有大批軍隊？」

「前兩天才開走的，現在營房都空着，由警察帶了大批人民來，似乎是來移民一樣。」

「這些人民從那裏來的？」

「是警察同志從各村趕來的。」

「這些店舖是誰開的？」

「不，這是臨時市場。」

當我們再要說話去，他被警察喝住了，於是他便在人羣中慢慢消失了。我們頗擔心此人的安全。

芒市這次擧行的大會，中共有兩種名詞，對外稱爲「邊民聯歡大會」，對內則稱爲「中緬佛教信徒親善大會」。「尤其是對滇西邊區人民的宣傳是，芒市有新佛教寺建設，有盛大的落成典禮，緬甸派出最大的佛爺和代表來參加。這次去參加的人，一面可去瞻拜新佛，一面可見中緬兩國官員，凡要看這偉大場面的人，可速向當地農會申請路條。決不使人失望。至於食宿，一切自理……。」

這段消息報上登了好久，上項宣傳不但在怒江西岸地區完全生效，其他各地亦有不少人民趕來。使若干較遠地區的佛教徒，亦不辭千里跋涉，越嶺而來。

這個消息對他們是相當興奮的。因爲他們自關入鐵幕後就很少給予旅行的機會，至於參加隆重的佛教盛典，更是聞所未聞了，因此有不少人趕來，藉此解解多年來的苦悶。

有一次另一位緬甸同業和一位珊族鄉民閒談，知道他們在旅途中都是集體行動的，在武裝同志監護之下，誰也不敢中途逃跑。所以沿途露宿，皆有士兵看守，連出外大小便，都得向看守的士兵報告。

這位珊族鄉民道：「有一天我們在孟捧宿夜，不知是出了什麼事，地

蘇迦諾的救國方案

（椰迦答二月廿八日航訊）

蘇益生

印尼由於軍人政變，進而轉政黨糾紛，全國上下，從去年十月開始，直到現在始終是處於一個不安寧的狀態中，通貨一天天增加，黃金儲備一天天退減，這種危機記者在本刊第十六卷的第二期通訊中，已經略略述及。事到如今，說明了今天的印尼，已經快到了一個崩潰的時期。印尼總統蘇迦諾博士，眼看這種危機，特於本月廿一月晚在獨立宮正式公佈他關於改善國家現狀的救國方案。被柬請參加的人士，計有前副總統哈達博士，各政黨領袖，國會議員，軍警首長，民間團體代表及各報記者等一千餘人。

蘇氏在一千多人中，首先說：印尼目前正處於困難狀態中，但是，困難不是由最近以來一些情況引起的，而是日長月久積累下來的，不過目前已經達到頂點。所有愛國的人，朝夕費盡心思尋求克服困難之辦法，我也是這樣朝夕深思，現在讓我把救國方案呈獻在人民之前，讓我們共同尋求克服困難的道路。

二月十五日曾有五個政府黨代表團到茂物行宮與我見面。各自提出設法解決當前困難的辦法，有人要求以填補閣員遺缺的方式改組內閣，有人則要求內閣通盤改組。我聽到這些意見時，眼前就呈現了印尼民族數十年來鬪爭的情形，在我眼前現了印尼民族鬪爭歷史的全部畫面，印尼民族的歡樂精神常為國內情勢所困擾。因此我當時堅決表示，我們並不能只以改組內閣，甚至全盤改組內閣就可以獲得心情的安寧，政府的穩定和國家的安寧。我們必須建立一座新的大厦，有人要求只要把老房子的棟樑支柱更換就行了，可是可確深信我們必須把房子全部重建，我們要打起新的基地，建造新的屋宇，這是我的救國方案之重心。

我們的屋宇為何必須重建？這是基於印尼共和國的歷史經驗使然，我們從來未會有過穩定的政府，每一屆內閣必定遭遇困難，如威信的喪失和反對派的威脅，致使沒有一個內閣能持久工作，我認為這是我們採用了錯誤的制度—即西方的民主。我們一向的經驗證實了我們採用的民主不適合於印尼民族的精神，這是輸入的民主，而不是印尼道地的民主。因此我們發現了實施不符合民族精神的民主副作用，擁有絕對的反對派的西方式議會民主制，使我們十一年來始終陷於困苦之中。

我將向君等提出的方案，共計二個：(一)內閣部份的；(二)我稱之為民族委員會的。關於內閣方面我希望能組一個合作內閣。我為何使用『合作』這個字眼，因為同心協力的合作，是印尼固有的名詞，是最符合印尼民族純潔心懷的。在這個內閣中，必須包括在國會中有足夠的席位的所有政黨與派系參加，我將一視同仁，毫無區別，只有全數政黨和派系都參加在內，才能稱為合作內閣。……我再重述一次，我是一視同仁的，我不問你們是大回教黨，是印共，是神學會，是天主黨，是基督黨，全是沒有分別的，大家都可參政。

在合作內閣之外，我建議組織一個當初原擬為革命委員會的機構，我現在稱之為民族委員會，這個民族委員的組成計有工人、農民、知識份子、民族工商界、天主教、基督教、回教長老……等代表。我還希望海、陸、空三軍參謀長，總檢察長及數位重要的部長們，都能參加這個委員會。而這個委員會將由我親自領導（全場熱烈鼓掌達一分鐘之久）。民族委員會將為內閣顧問機構，隨時皆可向內閣提供意見，以備咨詢，內閣和委員會並肩而立，委員會將使內閣增加威信。如果我的方案可以實行，則我們彼此間將再度攜手，這就是我們一向期望成為我們的目標和理想的民族和平，實行了這個方案，民族和平亦可達致。

「有一些方面對印共參加政府表示反對，我願意坦白直率的發問，我們是否能拋棄和忽視在大選中擁有六百多萬選票的階層！不，我並非有所偏袒，我所希望的只是能實現民族和

方上派了許多解放軍，令人特別畏懼。後來才知孟捧緊靠北緬，是逃亡分子逃往自由世界—緬甸—的一條大道。後來過怒江的那一天，也派來了許多軍隊監視，因江的上游便是緬甸。……」

一天傍晚，天氣寒冷，我們到市外散步，坐在池塘旁邊，我忽然從遠處看到有黑點蠕蠕而來，走近了，才知道他們是趕來開會的羣衆，他們後面都有警察押着。

在芒市的幾天，我仔細觀察，可憐鐵幕的人民的面孔從未露出過眞的愉快和喜悅，連無知的頑童們也失去了天眞活潑，一個個好似呆板得失去靈魂一般。芒市住了幾天，也住够了，全市祗有一家飯館和二家麵店，但東西遠不及招待所中的，而且價格也很貴。招待所的厨子據說是從寶山調來的。咖啡、牛奶這一類的東西，根本看不見，卽使有也無人去問津，因為這是被中共指為奢侈品的。

從芒市到緬甸來，回憶數天在芒市之見聞，直覺得緬甸的可愛，因為在緬甸有自由，有溫暖。緬甸與芒市，畹町九谷橋……等地，顯然是兩個世界。在共產世界那邊，人類正在承受一場浩刧。他們在受苦、挨難，是誰的過失呢？

我們看到一羣在畹町流亡出來的難民，眞是苦極了，在香港尚有香港政府把他們安置在調景嶺，但在這裏無人過問。記者願借「自由中國」的一角，報導邊民與難民的痛苦，希望喚醒當局的注意。

二月廿八日於臘戍

平。有人說我將把這樣一個新內閣帶到左傾的道路上去，決不，對我來說，並沒有左右之分，我所祈求的只是印尼民族恢復完整、統一、和團結。……我坦白的說，我不是一位法學家，我只是提出一種理想，一種信念，一個原則，如果理想，信念，原則需要法律根據，則交法律家們解決。我今晚宣佈這個方案，我希望在國會中擁有席位的各政黨派系仔細攷慮，我已請他們在一週後，即二月廿八日，到獨立宮來見我，共同商量這個方案之付諸實施。」

椰市全城爲了支持總統之救國方案，自廿二日起，全市掛旗三天，印尼電台分數次在電台中廣播錄音演詞。

到了二月廿四日是印尼歷史上的一個大日子，全市十萬人大遊行，表示擁護總統的救國方案。同時是日上午一個包括廿六個團體的座談會的代表，全體赴獨立宮，會晤蘇迦諾博士，共商大計。總統對彼等發表簡短談話，一方面呼籲各島叛軍首領重返中央之懷抱，一方面他指出他已正式函蘇中省之水牛師團胡平中校及沈波命上校，希望他們出來，聽中央的命令，仍爲印尼人民服務。當天晚上巴東電台廣播水牛師團秘書長蘇萊曼聲明，該師團決定研究總統之救國方案。

蘇迦諾總統的合作內閣，據悉將包括總理，副總理，部長及副部長等廿四人組成，而其席位的分配將根據國會議席的比例，計國民黨和大回教黨各六席，神學五席，印共三席，其他在國會中獲有四席的政黨各一席。這麼一來，印尼共產黨首次獲得參加內閣的機會，因此共產黨出盡全力擁護蘇迦諾的救國方案。如在廿四日發動了十萬羣衆的大遊行，企圖造成一種有利的形勢。

廿四日的大遊行，包括了青年、學生、工人、農民、婦女、戰士……等，蘇迦諾在獨立宮上領導他們唱印尼歌，並高呼「默廸迦」(即獨立)十七聲，聲撼雲霄，全市飛揚着紅白國旗。他聽見十萬民衆的歡呼，當場他即宣佈：「人民的聲音便等於上帝的聲音。」

以廿二日到廿五日，印尼的國民黨與共產黨都一致擁護蘇氏之救國方案。最主要的反對力量乃是起自各回教黨。他們現在正聯合起來組織了一個各回教黨的聯合委員會。此外，基督教政黨，天主教政黨及蘇門答臘方面的政治人物和水牛師團的軍方領袖，也一致反對總統的救國方案。他們反對的理由，歸納起來，可分爲二點。第一，他們反對印尼共產黨參加內閣，尤其是回教的各政黨，更肯定：「共產黨之參加內閣，將威脅回教徒之宗教生活。」認爲這是一項莫大的危機。第二，他們主張在蘇迦諾總統支持之下由哈達博士組織一個向議會負責的「人才內閣」，或由總統和哈達共同合作，組織一個「總統制的內閣。」前一項所牽涉的，是思想問題和宗教的信仰問題。在政治的理由上和宗教的情緒上，這是一項嚴重而不容易妥協的政見。後一項却是政治制度，政治理論和法理的問題，質言之，是議會所代表的人民主權的存廢問題，是國家沒有權力可以用明令來改變議會權力的問題。

民間所獲得反映，除了共產黨報紙以外，大體上也非常不好。印尼的報紙，言論是相當自由的，祇要不是違法，雖貴爲總統的言論，人民一樣有權指責。如獨立報稱：「總統之救國方案，係對政黨之一種挑戰，所引起之嚴重後果，未可逆料。」永恆報稱：「印共黨員雖爲印尼人民，但印共精神實屬國際性，其忠誠置於印尼以外之共產主義中心莫斯科……迦諾翁之救國方案，豈非將在原有困難之外，再製造困難？」南針報稱：「……關於印共入閣問題，其實印共，與其爲印尼家屬，毋寧謂其爲莫斯科家屬，此爲救國方案最嚴重之弱點。」大印尼報稱：「總統之救國方案，完全是訪問了東歐及中共以後所獲得的一種非西方式的政治思想……這種思想，也不是印尼方式的民主。」

到了廿八日是蘇迦諾總統的救國方案，面臨攷驗的一天。在這天中各政黨代表，均應蘇氏之邀，紛紛赴獨立宮共商大計。黃昏消息傳出：印尼之回教天主教及基督教各政黨，一致拒絕救國方案。他們也反對共黨參加全體政黨內閣。

當印尼之政黨領袖進入獨立宮時，軍隊皆荷槍實彈，實行一級警衛。成羣結隊之工人，擁集在首都之主要方場，手執標語布條，主張立即履行蘇迦諾方案，所有荷人學校與英荷商行今日(廿八日)閉門休息。在通達獨立廣場(即總統府廣場)之路上，許多西人，皆不敢外出，海軍陸戰隊，特警，保安人員負責守衛電台及英國大使館。

當國民黨與共產黨之代表在獨立廣場上向數萬羣衆宣佈，支持蘇迦諾方案，羣衆高聲喝采與鼓掌。按此黨在議會中之二六〇席上佔有九十六席。回教，天主教及基督教表示反對，他們在議會上佔有一〇八席。大回教黨密斯爾表示：當前情勢，只有蘇翁與前任副總統哈達博士合作，方有救藥。小政黨主席加西摩稱：他與蘇氏交換意見時，曾提出匈牙利事件爲殷鑒。他說：共黨參加內閣，可能控制政府，而引導人民走入歧途，一誤再誤。蘇中省人民行動委員會今日在巴東電台宣佈反對共黨入閣。

當各宗教黨宣佈拒絕總統之方案時，總統府之十萬羣衆，一致高呼口號，表示抗議。目下市區中十分安靜，但軍警則暗中警戒。兩個陣營—即各宗教政黨及國民黨與共產黨—可能發生衝突。一般人認爲危險時期要到週末方可渡過。外僑住宅區形勢甚緊張。共黨與反共黨，紛紛外出張貼標語。

照目前的事實來看，蘇迦諾苦心孤詣地擬具出來的救國方案，既不能產生各所預期的團結效果，其結果反而促成更大的分裂，印尼政治前途，實在令人擔憂呢！

× × × ×

冷月

琦君

夜又深了，我轉側難以入夢，伸手掀開窗帘，看滄茫無際的夜空中，一彎下弦的殘月，在薄雲中慢慢兒移動着，朦朧的光撒落在鬱沉沉的榕樹梢頭，也照進窗戶，投在玉淸的床上，舖得整整齊齊的綉花錦被閃亮着，紗帳半垂下來，可是床是空空的，玉淸沒有再睡在牀上，她已經去世三天了。

我望着牆上我們的結婚照片，玉淸依傍着我，展開嫵媚的笑容，那麼安祥，那麼快樂，我怎麼也不能相信，她已經棄我而去，永遠不再回來了。我悽然低下了頭，心又恍恍惚惚地墮入了痛楚的追憶中。

忽然聽到玻璃窗格支一響，一股冷風從背後吹來，窗帘飄起來。我回頭一看，原來窗戶已經打開了，外面似乎傳來一聲輕微的嘆息，我又看見對面梳妝枱的鏡子裡一個黑影一閃過去了。我趕緊起身，倚在窗邊仔細地向外察看，在陰暗的月光裡，我看見那矮矮的黑影，從院子那邊的扶桑樹下蹣跚地走過去，隨着發出一聲近於哭泣的低沉叫喊：

「玉淸，回來啊！玉淸呀！你回來啊！」

那是岳母，她在喊着玉淸的魂靈歸來。她一面叫喊，一面慢慢地上了走廊，來到我的房門外來回地打轉。月光顯得愈暗淡了，風吹着紗帳微微抖瑟着，彷彿有人在牀上翻身的樣子，屋子裡靜得只聽到我自己迫促的心跳和呼吸，我不由得打了個寒噤，跳到床上，拉起被子蒙上了頭。可是岳母的叫喊愈來愈悽厲，一聲聲利刄似的刺入我的胸膛，我的心不由得顫抖起來。

鷄叫的時候，她才停止了叫喊，走廊裡的脚步聲也沒有了，大概她已經走了。我悄悄地起來，把玉淸床上的帳子撩開，摺疊起被子，我不願意看到像玉淸還睡在牀上的樣子。岳母忽然打開房門，闖了進來。

「不要你動！」她厲聲喝止我：「不要你碰她的東西。」

「您這是爲什麼呢！」我倒退了一步。

「玉淸恨你，你知道嗎？她恨你。」

「恨我？」我茫然了。

「她死了也不會原諒你的。」

「我求您不要這樣對我說話，您該知道我是多麼傷心。」

「你傷心？你不是巴不得她快死嗎？你還阻止大夫給她打强心針。」

「啊！不，不，我只爲要減少她的痛苦。」

「打了針就救得回來的，她本來不會死，不會死的。」她狂喊着。

我不願再向她解釋什麼，只使勁地咬着嘴唇，轉身走出門去，她又喊住我：

「你回來。」

「還有什麼事嗎？」

「你到那兒去？」

「上班去！」

「玉淸死了才三天，你就上班了，你爲什麼不肯請假在家守孝。」

「工作太忙了，沒法請太長的假。」

「不會找人代嗎？」

「大家都忙，誰能長久代我。」

「哼！我知道，你就是不願意回來，不願意進這間屋子，可是告訴你，我一定要你住在這間屋子裡，對着玉淸的照片，守着她的空床，你一定要爲她守滿三年。」

她咆哮着，狠狠地盯住我，眼睛裡佈滿紅絲，身子不住地顫抖着，她好像是已經點燃了的火藥，馬上就要爆炸了。我只得按捺下滿腔悲痛，扶她在椅子裡坐下，幾乎是聲淚俱下地懇求道：

「您放心吧，我會永遠守着她的。可是我只求您不要這樣對我。」

「你會永遠守着她，你不會再娶？你不要拿花言巧語來哄騙我，玉淸沒有死的時候，你就喜歡一個女人了。」

「您這是什麼意思？」

「你當我看不出來？你明明在喜歡劉淑華，她也喜歡你，你們的情形，玉淸也早已看在眼裡了，可是她不說，她只悶在肚子裡生氣，你想她的病是氣得的嗎？她是活活被你們氣死了。」

她的話霹靂似地從我頭頂劈下來，我渾身被震驚得痲痺了，我再也沒有想到她竟誤會我和劉淑華——我妻子的好友之間，會有什麼特殊的感情，她還說玉淸也這樣疑心了，想起玉淸最後幾天裡，那一双似含有無限幽怨的眼睛不時瞪視着我，而又一言不發的神情，我也不由得想，她是不是眞的跟她母親一樣，誤會了我，却一聲也不問我，不給我一點點解釋的機會，就這麼飲恨死去，今後我將怎麼負得起心靈的重擔！我又如何使她的靈魂平安呢！

我手按着胸膛，極度的惱恨使我想不出一句話來對岳母說，只顫巍巍地向外面走去，我聽她又對我發出一聲冷笑，一聲比哭還難聽的冷笑。

我悞悞悠悠地走在路上，不知應該走向什麼地方去。我不想上班，怕被同事們看出我這副失魂落魄的神態。我想起了劉淑華，想起她日以繼夜地看護着玉淸，她的細心體貼是任何護士所不能及的，她愛護玉淸有如親姊妹。因而我感激她，信賴她，在玉淸病危之時，她幾乎成了我精神的支撐者，她寬慰我，勸我應該堅强地承當這不可避免的打擊。可是誰會想到，如此純潔無私的友誼，竟會惹來無可解釋的猜疑呢！這是多麼殘酷，多麼不公平啊！

我胡思亂想地只顧望前走，却聽得迎面一個聲音在喊我：

「紹文，你上班嗎？」她正是劉淑華。

「啊，不，我不上班。」

「那你上那兒去呢？」

「我只是出來走走！」

「你的臉色很不好呢！」她關心地打量着我。當我接觸到她溫和坦率的目光時，我心中就有着一重難言的歉疚。

「你還是早點上班的好，悶在屋裡反倒觸景生情，」她又說。

「是的，我原打算今兒上班的，可是我的岳母……」我忽又忍住了。

「她不愿意你就上班吧！你上班了，家裡就她一個人，當然是太寂寞了。」

「她……」我想到淑華對玉清的一片摯誠，就不忍說下去了。我只得說：「她怪我不該阻止大夫打强心針，她恨我狠心讓玉清死去。」

「她因過分傷心，一時抱怨你，過些日子就會好的，你也不要太認眞了。」

「她會永遠恨我的，她太多疑了。淑華，我眞怕玉清九泉之下也會恨我呢！」我沉痛地說。

她並不懂得我的意思，却以充滿憐憫的語調對我說：

「別胡思亂想了，這些日子你一定是太疲倦了。」

我低着頭不知說什麼好，她一路陪我漫無目的地望前走着。我從她的側面看去，覺得她的臉色也微顯憔悴，蓬鬆的長髮沒有加意梳理。可是在她安詳端莊的神態中，却好像有一種力量，能使我紛亂的心情平靜下來，我不再那麼惶惑困惱了，可是一想她無辜受岳母的猜疑，心裡又感到一陣不安。

「玉清死了，你以後一定少來我家了。」我嘆了口氣說：「你不來也好！」

「當然，我是不會常去你家的了，可是你是不是不愿意我去呢！」她微微有點詫異。

「倒不是。」我苦笑了一下：「我只覺得這個家冷清清的，引人不快，我自己都不想多呆了。」

「我倒是勸你換一個工作地點，也許對你會好一些。」

「換一個工作地點？」我心裡一動。

「至少你不要再住那間屋子，免得處處引你傷感。」

「不，我必須住在那間屋子裡。」想起了昨夜岳母的咆哮和那一對燃燒着烈火的眼睛，我忽然大聲地喊道：「為了玉清，也為了她的母親。」

淑華轉過臉來看着我，我痛苦懊喪的神情使她有點困惑，可是她並沒有再問我什麼，沉默了好一會，她又低聲地說：「不要太難過了，如果我有空的話，可以陪你出來散散心。」

她坦率而眞摯的眼神，再一次地注視着我，我的心因感激和難言的悵恨而暗暗哭泣了。

玉清去世的第三週，岳母請了一批和尚在家裡念經，木魚鐘磬整整敲打了一天，攪得我頭腦昏沉沉地。傍晚時分，我避難似的躲回到臥室裡，却看見在玉清的照片下擺了一張長桌，桌上放着四碟糖菓，一爐香，一對白燭。爐烟迷漫了半間屋子，燭光搖拽着，這景象使我困頓的心神又大大地受了一驚。我像是闖進了荒山古剎，陰沉沉地，彷彿四圍將有什麼鬼怪出現似的，我不敢在白燭光影裡抬頭一望玉清的照片，我怕她美麗的笑容已經消失了，我甚至怕看她微露唇間的雪白牙齒，我似乎覺得已經不是玉清而是一張猙獰的面目了。我背轉身子又想望外跑，却見淑華站在門口，手裡捧着一束鮮花，朝我點點頭走了進來。她隨卽看見了牆邊擺的桌子，縐了縐眉頭問我：

「是你擺的嗎？」

「不，是岳母。」

她搖搖頭嘆了口氣說：「何必點白臘燭呢？玉清自己就不喜歡這種悽涼的氣氛，你可以給她換一對紅的嗎？」

「換了岳母會不高興的。」

淑華把花插在玉清床頭小几的花瓶裡，環視了屋子一周，又抬頭看看玉清的照片，嘆息似的說：「看她那時多胖多美？總是那麼笑吟吟的，可是她這一病就完全變了。」

「淑華，她病中可曾跟你說過些什麼？」我忍不住問。

「她很少說什麼，總是悶悶不樂的樣子，有時還拿眼睛看着我，半晌不說一句話，有一陣子病稍微好一點，我陪她出去散步，她忽然把我的手揑得很緊，好像要說什麼又忍住了。我也覺得非常奇怪，她過去跟我總是無話不談的，可是一兩個月來，我幾乎每天來陪她，她反倒跟我顯得生疏了。」

「你是這樣覺得嗎？」我悵然地。

「嗯！有一次，她忽然問我：她病得這樣久，你是不是厭煩了。我百般安慰她說你是多麼着急她的病，希望她快快好起來，她搖搖頭嘆着氣說不見得，又嗚咽着咀咒自己還是早點死了的好。有時她似乎對誰都恨極了，她還叫我走開，別在旁邊煩擾她。你岳母也這樣，她好像還怪我不該來陪她呢！」

「這樣說，岳母的話是眞的了。」

「她說什麼？」

「她說玉清生你我的氣，她對我們有點誤會了。」

她的眼睛睜得大大的看着我，那裡面跳躍着一個很大的疑團，半响半响，她又非常痛楚地閉上眼睛喃喃道，「我眞太傻了，我一點也沒想到，」她又抬起頭來，對着玉清的照片，祈禱似地說：「玉清，你放心吧！我永遠是你最可信賴的朋友。」

爐裡的香快盡了，臘淚流了一大灘，屋子裡漸漸暗下來了，我們默默對立着，心中千頭萬緒，却不知說什麼好。淑華拿起筷子夾了下燭心，燭光跳了一下，忽然又亮起來，照見了她滿是淚水的臉頰。外面唸經的聲音漸漸靜下去，大概他們已經結束了。她掏出手帕擦了下眼睛說：「我走了。」可是正在這時，岳母開門走了進來，她一眼看見了淑華，臉上立刻浮起了一層陰沉的神色，十分尖銳的音調慢吞吞地說：「劉小姐，原來你在這裡，我還當你早走了呢。」她又以冷峻的目光掃了我一眼說：「你該去上香了。」

「我也走了，伯母。」

「不，劉小姐，你再坐一下，我要跟你談談。」

她只得留下了，我萬分歉疚地向她看看，低着頭走出屋子，可是我知道岳母必將予淑華以難堪了。

夜晚十二時，我回到房間來，開門進去，一對白臘燭已燃得只剩下半寸光景，長長的火心跳躍着，整間屋好像在慢慢地旋轉。我伸手去開電燈，電燈不亮，才想起岳母已把電門關上了，她說過今晚回煞，是玉清的鬼魂回家的時候，屋子裡是不能開燈的。我走到長桌前，却見香爐後面又放上了一張玉清臨終前的遺容，浮腫着臉，兩眼半開半閉，蓬亂的頭髮，遮沒了她半張臉，而那臉却顯得愈來愈大了，我滿心嫌惡地轉身走向窗前，可是外面是黑沉沉的夜，風吹着棕樹的葉子沙沙作聲，忽然嘩啦啦一陣響，幾隻貓兒飛奔地躥過屋頂，拖着嬰兒啼哭似的鳴聲，漸漸遠去，一切又歸於死寂了。我走頭無路地躺倒在牀上，側過臉去望了一下玉清的空床，繡花被子又已鋪成她將要睡下的樣子，紗帳也放下了。玉清似乎真的就要回來了。我壓制住心頭的恐懼，極力追憶着玉清美麗的神態，她的一顰一笑，她的言談擧止，可是我竟什麼都想不起來。忽然眼前一黑，臘燭熄滅了，一團又一團漆黑的濃霧在我面前升起，濃霧中出現了玉清的影子——一身黑繡花祺袍，頸間一串雪白閃光的珠鍊，襯着一張清癯蒼白的臉，那是她入殮時的裝束，她直着身子僵硬地一步步地走向我，走向我，愈來愈近了。我打着寒噤，手心冒出冷汗，我正想突門而出，却又聽得門鈕在輕輕地轉動起來，門漸漸地開了，一個矮矮的黑影，邁了進來，三點火星在黑影前面搖提着，慢慢地搖到長桌前面，火星停住了，咯擦一聲，又一團火光一閃，臘燭亮了，在燭光裡，我看清楚了是岳母。她又蹣跚地一步步走近我的床前，我閉緊了眼睛，双手捧着頸項，我想她一定要伸出手來扼住我的咽喉了，可是我再一睜眼來，她又轉身出去了。一會兒，她抱着一樣龐大僵硬的東西，躡手躡脚地走到玉清的牀前，把它放下來，拉起被子蓋上了，然後在床邊的椅子裡坐下來，我抬起半個身子偷偷地一看，那龐大的東西原來是一具紙糊的假人，昏黃的燭光照着那張發亮雪白的臉，一絲絲的黑紙條在頭上飛動着。嘴唇是血紅的，眼睛直直地像在瞪着我看。我不由得倒抽一口冷氣，把頭縮進被子裡。聽岳母嘴裡夢囈似的不知在唸些什麼，唸了一陣，那陰冷恐怖的聲音又斷斷續續地喊起來了：「玉清呀！回來喲，今天夜裡你一定要回來喲！」然後她奔過去把臘燭吹滅了，屋子裡又變成一片漆黑。我聽到走廊裡有輕輕的脚步聲，像有人踮着脚尖走進來了，我又忍不住伸出頭來，忽見一團黑影從窗外竄過，一對碧綠的眼睛電光似地向我射來，「咪唔」一聲，原來是一隻大黑貓。那三點火星後面玉清的照片裡一對半開半閉的眼睛似乎在張開來了，嘴唇也微微翕動着。我渾身顫抖，再也無法控制自己的神經，使它鎮靜下來，我踢開被子，跳起來厲聲喝道：「你——你又在幹什麼？」

「你喊什麼？你這沒有心肝的人，你存心把她駭跑了。」

「求求你，求求你不要這樣喊！」我握住她的肩使勁地搖撼着，憤怒使我無法再維持平日的禮貌了。

「我要喊，我一直要在你耳邊喊，喊得你夜裡不能睡覺，白天不能做事，不能吃飯，我要喊到你瘋了，死了。」

「把這東西拿走，」我掀開被子抓起紙人丟在地上。

「你敢！」她向我撲來。

「請你立刻離開這間屋子，永遠不要再進來，走，我不要再看見你。」我的聲音啞了，我的心在出血。

「我不走，告訴你，我是不走的，這是我女兒的家，我就有權利在這兒一直住下去，我要看住你，不讓你有一天快樂的日子，不讓你和那個不要臉的女人好。」

「住嘴！」

「我要玉清的魂靈來抓你，把你帶走。」

「啊！你瘋了，你瘋了。」

我一把推開她，狂奔着衝出屋子，衝出大門，一口氣跑出巷子，跑到闃無人跡的大街上。寒冷的夜氣向我襲來，像冷水從我的頭頂背脊澆下來，我張開嘴使勁地呼吸着，極力想吐出堵塞在胸口的一團氣塊。我想喊又喊不出來，想奔上懸崖縱身而下，把自己摔得粉碎，可是我頭重脚輕，擧不起步子，找不到方向，周圍的霧氣越來越重，我像陷落在滿是泥漿的洞穴裡，身子漸漸地往下沉，沉，我幾乎被箍得停止了呼吸。

不知怎麼的，我會摸到一處牆角坐下來，昏沉中却聽得刷地一聲，一輛汽車在我身邊疾馳而過，雪亮的車燈像野獸似地撲向我，我被驚醒了，抬頭看昏黃的街燈寂寞地照着我，夜風一陣陣吹來，濃霧逐漸退去，天已經漸漸的亮了。三兩個行人在以奇異的眼光注視我，我只得撐起來，又恍恍悠悠地回到家裡，走進房間，却見牀上的枕頭被帳都又收去，只剩下一個空架子，牆上玉清的照片摘下了，梳妝臺上原來擺得整整齊齊的化裝品也統統沒有了。淑華昨晚送來的一束鮮花，散亂在地上，窗帘拉下來，丟在沙發上，滿眼的凌亂和荒涼，像剛剛經過一場洗刼似的。這一定又是岳母幹的，她好像是一把烈火，要焚毀掉所有的一切，也焚毀掉我這個人。我感到心在一寸寸地裂開來，我痛得幾乎暈過去了，我扶着床沿，閉上眼睛喘息着，極力想使自己平靜下來，那怕是馬上死去都好。

砰地一聲，岳母又突門而入，她滿頭亂髮，像鬼怪似地衝向我：

「我現在就走，馬上搬走，永遠不再看見你。可是告訴你，你以後不會再有平安日子，玉清的靈魂夜夜都會來的，她會站在你面前喊你……」

「好吧，我在等她。」我双手蒙住臉。

「我要看她追着你，攫住你的喉嚨，扼死你。」

「你，你眞是這樣恨我嗎？」

「是的，我恨你，恨極了。」

「你完全錯了。」我悲痛地喃喃着。

「我錯了？我沒錯，是你錯了，你對不起玉清。你要受報應的。」

「讓我受報應吧！讓我受報應吧！」我淚下如雨。

她縱聲大笑起來，倒退着走出屋子，把門砰地碰上了。

屋子裡空洞洞地，再沒有一點聲音，我躺倒了，像一具屍骸似地，躺倒在荒坟裡，我已經完全失去了知覺。

黑夜又來了，我只覺得天旋地轉，掙扎不起身子來，一陣高熱，又是一身冷汗，我病倒了。我喊着玉清，可是她沒有答應，她在那裡呢！我是不是已經死了，是不是可以見到她了，可是她爲什麼不來呢？爲什麼她一去就那麼渺茫呢？

孤獨悲涼中，我想起了淑華，她柔和的聲音在我耳邊響起來，她的臉在我的眼前漸漸清晰起來了。我是多麼渴望能看到她啊！多麼渴望她能分擔我的苦難，伸出手來，扶我一把，我已經是奄奄一息，沒有一點支持自己的力氣了。

門輕輕地敲了幾下，進來的竟是淑華，她像是我的醫師、天使，也像是我唯一的親人，我極力想撑起身子來，又是一陣頭暈，又躺下了。

「你怎麼?!」她吃驚地問，伸手開亮了電燈。

「我病了。」我軟弱地。

她在我床邊的椅子上坐下來，一眼就看到了地上淩亂的殘花，嘆了口氣說：

「她又折磨你了，是嗎？」

「嗯！」

她眉頭緊鎖，一身淡靑色的旗袍襯得她的臉容更顯蒼白。

「她已經完全失去理性，她瘋了。」

「原諒她吧！」她幽幽地，像在對自己說話。

「然而她使我受太多的寃屈，還有你。」

「我是沒有關係的。」她憮然一笑。

「她昨兒跟你說了些什麼？」

「她的話，你可以想得到的。」她抿了下嘴，好像抿下了好多話。

「這是不公平的。」我憤憤地。

「願諒她吧！」她又說：「她失去女兒總是悲痛的。」

「可是她不該把悲痛變成對你我的怨毒。」

「這是無可奈何的事。」她微喟地：「今兒下午她還到我宿舍裡來了。」

「她還到你宿舍去了。啊！她一定會讓你受不了的。」

「她想得太多了，我也不想向她解釋，跟她說什麼都是多餘的。」

「淑華，我眞感到對你抱歉。」

「你不要難過，這又不是你的錯。」

「可是我現在反倒覺得自己想見你，淑華，這世界上好像只有你是可以訴說一切的人了。」

她抬起滿是淚水的眼睛看着我，深深地，是如此的憂傷而溫柔，那裡面含蓄着一份平和而深厚的情意，沉浸入我飽經憂患痛楚的心。瞬息間，我感到我和她已非常靠近了，我以充滿感傷的音調說：

「我們都是不幸的，你失去了朋友，我失去了妻子，我們的心情只有我們彼此了解，旁人愛怎麼猜測也只好由他了。」

「人心本來是難以理解的，何況我們處在這樣的境地中，不過我想玉清如果有知的話，她是會信任我也信任你的。」她把最後的兩句話說得非常的慢，聲音也放得特別的重，神態顯得莊嚴而虔誠，我原想再說些什麼，又無由啓齒了。

「我該去了，你好好保養吧！」她看了看錶，「你要吃什麼嗎？」

「你別忙走，我們再談談吧！」

「我原不準備來看你的，就因爲你岳母來了，我一看見她，就知道她一定又使你受不住了，我不放心，才來看看你的。」

「謝謝你，淑華，可是以後……」我覺得話說不下出。

「以後我們還是少見面的好，」她頓了一下：「玉清已去世，一切都不同了，見面也是徒增傷感。」

「可是你總知道我是多麼寂寞苦惱。」

「我知道，可是我能幫助你什麼呢？」一絲無可奈何的淺笑掠過她的嘴角。

一種微妙的心情使我渴望着能時常看見淑華，我感到自己的無依、孤單、軟弱。我希望有人能扶住我的手，牽引我，支撑我，而淑華就是唯一能給我力量，使我從困頓苦難中重新振作起來的人。可是淑華既然這樣說了，我也明知她用心之苦，我怎能對她再作懇求呢！

她站起身來，將我被子拉拉好，對我語重心長地說：

「想開些吧！人世間一切都是那麼奄忽，別太苦了自己。」

「我怎麼想得開呢！玉清離我而去，家變得這樣的支離破碎。」

「有人會關心你的！」她眼睛望着自己的手。

「可是誰呢！」我渴切地。

她修長的双眉微微蹙了一下，走過去俯身撿起地上淩亂的花朵，把它放在桌上，默默地背過身去，她似乎陷入了沉思。我不禁又顫聲地問：

「你會關心我嗎？爲了玉清，你會嗎？」

她沒有回答我，又走到我面前，伸出手來讓我握着，欲言又止地微笑了一下，可是那笑容是淒涼的，含有不盡的情意，也含有難言的悲愴。

她拿起手提包，走到門口，又回頭向我看看，躊躇了一下，才低着頭出去了。我呆呆地望着她，淡青色的身影在我的淚水中糢糊了。

第二天，我躺在床上，一直等着她，可是她沒有來，直到晚上，一個工役送來兩瓶麥乳精，一簍水菓，一束花，另外就是一封信，我趕緊打開信來，她寫道：

「紹文：我走了，是一天裡決定的，你一定會覺得奇怪吧，我自已原也沒有想到要走呢，什麼理由，我也說不上來，也許是在一個地方呆得太久，想換一下環境，人總是喜歡變動的，是不是？

「想跟你說的話似乎很多，却又不知從何說起，你遭逢了這樣大的變故，心境之黯淡可知，我應當盡力設法使你寬懷，可是人的感情究竟太脆弱了，太需要依傍了，尤其是經歷苦難以後。我們就如同跋涉崎嶇長途後，躑躅在漠漠荒原上的兩個孤人旅客，彼此都有滿腹辛酸，希望能相互傾訴，可是許許多多的原因，却不能不使我們離得更遠，此所以你昨晚再三問我是否關心你，我感到無言以對的。

「你岳母來過以後，我更決定離開這裡，到較遠的地方去，我想這樣可以幫助我們的心情早日趨於寧靜，對你對我都比較好些。什麼原因，你總該想得到吧？

「對你的岳母，爲了玉清，你千萬要原諒她。她是可憐的老太太，悲痛使她失去常性。她對我說過些什麼，在我腦子裡似都已糢糊不清了，那時我的心原也是異常激動的，過後思量，一切都如雲烟吹散了。我想起了父親教導我的話，他說：『我們當以基督精神，體諒他人的痛苦，對人不着一分憎恨，此心便自然快樂了。』他又說：『但忍須臾，前境便成嚼臘。』我已經把這個又苦又酸又澀的沉痛時刻熬過去了，雖不能說「前境已成嚼臘」，至少在我總算是遵守了對你岳母的諾言，我今後不再去看你了。

「南部有一個朋友，要我去就另一件工作，我就毅然答應了，我的地址暫時也不想告訴你，我們必須鍛鍊自已成爲堅強的人。

「好好保重你的身體，不要太傷感了，我全心全意地告訴你，我會關懷你的。我們都有一顆同樣悼念玉清的心，哀傷會使我們的心靈更爲接近，雖然我們在形跡上却離得更遠了。再見了，望你安心靜養，早日恢復健康！」

一紙信箋在我手心中被揑得緊緊地，而淑華已經是走得很遠了。我怎麼想得到，她就會這樣的飄然遠引呢？

蒼涼的月色又從窗間投進來，照在我的床上，夜是寒冷的。

（完）

封面：耕龍（木刻）……秦松
一周拾零……本刊資料室
論西方國家對中共的政策（社論一）……本社
東南亞公約應加强文化努力（社論二）……本社
馬克思與恩格斯……張君勱
資本主義的一個省察……范澎濤
和談乎？和諧乎？……趙盾
「百家爭鳴」的隱憂……李白眞
中共的造林任務完成了嗎？……龔勉仁
西班牙的人情風俗（通訊）……郭定六
幫忙與幫閒……雷厲
自由人語 爲甚麼恨自由？……狷夫
兩個之間……路思平
七日獄（小說徵文優等獎）……吳懷潔

讀者投書

（四）公路局不應停售學生月票

劉無欲

編者先生：

茲有一事懇借貴刊一角披露，無任感激。

最近本省境內有很多的大中學校學生，爲省公路局停售學生月票一事而困擾，貧窮的學生們正面臨無力購買普通車票而有被迫輟學的危機！

現以臺北至木柵線爲例：溝子口有省立聯中分部，木柵有國立政治大學、木柵農校等。從今年起停止發售學生月票，其所持理由爲：該線發售學生月票額已達旅客之八〇%，省公路局因爲不能獲得外滙，增添新車，乃停止發售學生月票。在此我要爲那些痛苦中的學生們呼籲（恒春部份學生因爲早已買不到月票，被迫在校附近搭草棚住），更爲那些已經擔着過重生活擔子的家長們呼籲！（臺北至木柵若購票上學，每天要花五元，一月就須一百五十元之鉅，實非中下級軍公教人員所堪負荷。）敬請公路局取消停售學生月票措施！

本省境內鐵路公路發售學生月票，係沿用日治時代的舊例，這是一種良好的制度，我們應該保持。公路局聲稱：無外滙增添新車以適應郊外區學生的增加，乃被迫停售學生月票，實令人大惑不觧！把一個「不能購買新車」的責任壓在學生頭上是合理嗎？假如說汽車運輸量已達飽合點，所以不能再發售月票，那麼試問這些人現在每天買普通乘客票，爲什麼依然能够上車？最後我以最大愛國的熱誠告訴公路局：在這些不合理的措施下你確是繳入國庫不少的錢，可是你爲政府失去了那非金錢所能買到的——人心。

國立政治大學學生劉無欲 敬上
三月十二日

湖上的小詩

張秀亞

澄明的眼睛是人的靈魂之窗，而湖水則是大地的眸子，多少年來，我深深的愛着湖水，那大地之母的溫柔眼波。

在古城讀書的時候，學校的門前，正好是一片藍湖，爲秀逸的芦葦環繞住。那一片清光，浸潤了我的心靈，也容滙了我生命的河流。那沉默而柔媚的湖，一切屬於它的，都像是自詩的國度移來：湖岸上那垂垂的老柳樹，那綠色的潮濕的長堤，還有三月的黎明，自湖岸傳來的鷓鴣鳥的啼喚，隔着水，傳到長夜不寐者的窗前，也似爲乍溶的湖水浸透了，是怎樣的斷續、幽咽，但又充滿了希冀，預言着花繁葉滿的辰光。

四年的學校生活，一多半的光陰我是在湖濱度過，做了湖岸老柳下的一個靜物，守着夕陽，伴着臨水的白岩，我的心靈，似變成了一隻神秘的杯盞，將那澄藍的湖水，連同湖畔的靜寂，全部盛接，時而悄然低吟：

「我獨伴着湖水深處的靈妃，
與無邊的寂靜。」

我在湖邊獨坐之頃，常是帶了一卷小詩，同居室窗下擷來的一朵小白花。但是湖上那份清極麗極的光景，使我讀詩常不能終篇。呵，眞的，不論多麼精純的詩句，在那一片清光的閃爍下，都顯得異常的黯淡。詩集遂往往被擲置在一旁，而花呢，也投給那一道逝去的水紋，只餘下了我，抱膝獨坐，陷入沉思。聽着風吹過湖上，發出了寂寞的微響。

去年，回憶起那一段時光，我曾寫過一篇小詩：

我曾持一卷詩一朵花來到你身旁，
在樹蔭裏靜聽那汩汩的水響，
詩，遺忘了；花，失落了，
而今再也尋不回那流走的時光。

人生眞像一片湖水，我停船在那水中央，遙望着對岸的山，同掠過山巔的雲。春歸，燕子去了，山峯似仍記憶着它歌聲的尾音，而發出回聲；秋來，雁也走了，但雲上似仍畫着那失去的羽影，只有我的心裏是一片空浮，湖水瀠浮了我的靈魂，且使悲哀沉澱。

湖是無言的，它也許會細語，但那只在落雨的時候，在那綿密的聲音裏，我似聽到它在向我告訴：時光飛逝，一切飛逝，……湖水只以澄明的眼睛觀望着，觀望着，亘古如斯。也許，當年拉馬丁即曾在這樣幽靜的湖畔，在岩石旁老橡樹的蔭影裏，懷念着他那死去的愛者—英國的察麗夫人，當教堂的鐘聲掠過水面，當微風吹起了湖上的水紋，他低頭似看到命運的蹙眉，而向着那無邊的幽靜，空喚着去而不返的知音。我似看到他的淚水洒向湖上，濕了秋來湖上的落葉，而他也許感到自己不過是那水上的一葉，乃寫出了他那千古的絕唱「湖」。

湖水，比大海溫柔，比小河凝靜，自古以來，陶醉了多少詩人的心靈，歌德與梭羅，即曾爲了歌頌湖的美麗而寫出了他們不朽的傑作。歌德的「湖上吟」，雖是一首小詩，但已擷取了整個湖水的精神，讀全詩的幾句，即可見到湖上的全部的綺美：

「早晨的微風呵輕輕的，
吹皺了那幾灣綠水，
將熟的菓子，
映影湖水中。」

湖水實在太美了，那麼浮潔，那麼清亮，寫至此，我忍不住俯向記憶中那一片淡藍，暢飲神醪。十一世紀時，波斯的詩人莪默伽亞默曾對酒高歌：「酒呵，酒呵，艷色的葡萄酒！」但這藍色的涓滴，這湖中的佳釀，却使人的心神澄澈。

我飲得微醺，在幻想中登上一隻芦葉船，停泊在湖心，我更醺了湖水，寫出我心靈的歌唱：

呵，無言的湖水，
你在大地的心中靜息，
我泊舟在你的水心，
悄悄的和影子一同凝思。

湖岸的遙遠處是何等絢麗，
開遍了爛縵的群花，
呵，誰知道它們是編織春來的花籃，還是春去的花環？
只有你，明淨的湖水，點綴着一朵白雲的睡蓮。

我俯瞰湖水深處，
尋覓那失去的夢影，
呵，愛情的女神，
你何日再自那盈盈的波上出生？

當暮色落了下來，
太陽將火炬投在湖裏，
我黯然揮手，
向白晝的景色作別。

當群星散在水上，帶着它們甜蜜的歌唱，
像是雪萊詩中的銀星之雨，
自那晶瑩的千萬顆裏，
我只尋求當年那自頰邊失落的。

湖邊一切靜寂，
世界睡去了，
我獨坐船舷，
遙望樹梢那顆星子。

誰知道星影向這悲哀的湖水，
投上了最無人見的微笑？
留住了最美麗的早春的一剎那，
那三月最喜愛的一朵迎春花。

當冷霧同更深的夜色墜下來，
湖水更藍了，
擁抱住這無邊的寧靜，
我停舟於入夢的湖上。

我的心靈，又變成了一隻神秘的杯盞，盛滿那碧色的美酒。菁菁，願你有一天也會愛上了湖水，同湖上的那詩一般的美的景色。

讀者投書

(一) 林何皮三案判後感

余致力

臺灣農林公司前董事長兼總經理林頂立瀆職案，監察院監察委員何濟周收受賄款案，及林產管理局前任局長皮作瓊貪污瀆職案，均先後經法院審結判定：林頂立處有期徒刑六年，何濟周處刑八年，皮作瓊處刑一年半。他們三人犯罪的事實，法院審訊的經過，及判決結果，各報均有詳細的刊載，社會人士知之甚詳。由於他們三人犯罪的輕重相差懸殊，而法院判刑的重輕差別更大，以三案比較觀之，一個老百姓的腦子裏就不免發生了法的「公平」問題。我們渴望懲治貪污，我們企求法治，我們更擁護司法的獨立審判，關於法院對此三案的判決不敢有任何評議，筆者在此所要說的只是一些疑問而已。

我們知道林頂立是開放民營後的臺灣農林公司董事長兼總經理，他是犯了連續幫助他人非法圖利之罪；何濟周呢，是調查案件時受賄四萬元；而皮作瓊則係貪污瀆職收受賄款一百五十餘萬元之鉅。在一般人看來，此三案中，以皮作瓊犯罪最重，林頂立似乎次之，何濟周最輕。可是法院的判決：何濟周判刑八年，處刑最重；林頂立判刑六年，處刑不算輕；皮作瓊判刑一年半，處刑最輕。犯罪最重者反而判刑最輕，犯罪最輕者反而判刑最重，如此這般，實在令人有些摸不着頭腦。誠然由於犯罪的動機各有不同，或犯罪後有無悔意，同一犯罪之判刑，容或有稍重稍輕的不同。但是對於林、何、皮三案的判刑，其輕重相差如此懸殊：我們實在有些不解。

「法」字古寫作「灋」，從「水」，取其平也；又從「廌」從去，「廌」是獸類，見到突出的泥堆，常喜去之使平。故國家的立法與執法（司法），必須公平，所謂法律之前人人平等。大家都知道，自由、民主、法治，是反共抗俄的終極目標；換言之反共抗俄為的是爭取自由、民主、法治；也可以說，自由、民主、法治，是打擊朱毛暴政的利器。但是自由權利之保障，民主政治之實行，有賴於法治社會的建立。勵行法治，一方面要人民守法，一方面要執法公平，乃克有濟。如果判刑的輕重，因人而異，那末法治社會根本就無法建立。

筆者除為國民黨一個黨齡不算輕的黨員外，別無其他政治立場，同時與林頂立、何濟周、皮作瓊，素昧生平，而他們的犯案，與筆者也無絲毫利害關係。只是將此三案的判決，作一次比較研究後，略抒感想而已。

(二) 這是什麼作風？

趙正誠

編輯先生：

我寫這封信的動機：決無半點私人恩怨，而只是報告一件事實。

此間（臺中東勢）豐文書局主人，當筆者去該店購貴刊時，向筆者云：「上午民衆服務站（黨務機構）王超群先生來此說：『這種雜誌（指「自由中國」及民主潮）以後不要再賣了！』並問，買這種雜誌是一些什麼樣的人？……」王氏這樣作，據說是奉上級指示。我的天！這是什麼作風？

歸途中我思考着：在行憲的自由中國，竟有合法的刊物、合法的商店、合法的讀者，却不能得到合法的保障，國民黨黨令竟能代替政府的法令！怎不令人擲筆三嘆！

走筆至此，憶及卅七年春季，筆者尚未逃出匪區時，某日我在書店內購書，適時來一匪公安人員聲稱：「這種書以後不要再賣了！」當時筆者頗為憤慨，問其為何？匪幹聲稱曰：「我們不需要批評，」接着又極其狡滑的解釋：「因為我們不會有錯的……。」眉飛色舞的說了一大套。

事隔九年，記憶猶新。

今天，我聽到那一番話後，真有無限感慨！難到我們只是五十步笑百步嗎？

讀者 趙正誠 敬上

四十六年三月十一日於東勢

編者按：本刊接到趙先生此信，曾派人前往東勢查詢，證明函中所述王某不准該店出售本刊一事，確係事實。

(三) 獻玉乎？獻寶乎？

郭慕泰

編者先生：

前些時，報上登載消息說是考試委員張默君把私藏的古玉獻給國家。同時還有教育部長授獎給張默君的照片，在報紙上登出來，那張照片，看起來好隆重啊，一位部長恭恭敬地双手把獎狀授給張默君，後者則鞠躬如也，敬謹接受。堂哉皇哉，此一獻玉之盛舉也！

後來，有許多人說出這件事的實情來，說是張默君是一手把玉獻出去，一手把新臺幣拿進來。這筆生意，開始時張默君的叫價是一百萬新臺幣，還價的結果，是四十萬元。四十萬元原是買她全部的藏玉（七八十塊）。但後來她只交出一部份，把好品質的還留下來了。至於新臺幣呢？已交了二十萬元，還有二十萬元，審計部不能通過。買賣双方現在都弄得很尷尬。買方是教育部，教育部為保存歷史古物來買，（好一個堂皇的藉口！）但在預算項目內拿不出錢來，所以只好東拉西扯先付了二十萬元。教育部最近幾年來，用錢不管預算，是許多人知道的事實。用預算控制政務，這個作用，對於教育部是已經失效了的。立法院、監察院應該注意這個問題。

由此看來，如果這件事的真情確係如此的話，——臺北的人傳說這件事的人太多了，包括考試委員、立法委員、監察委員，以及黨政各方面的上層人物。——那麼，報上所登的那張獻玉授獎的照片，我們可以名之曰「國家獻寶圖」。獻寶者，丟醜也。

我見如斯，不知貴刊先生們以為如何？幸有以教之。

郭慕泰 敬上

（註：讀者投書（四）登在第29頁）

給讀者的報告

所謂「日中貿易」即日本對匪貿易，是日本朝野數年來朝夕不忘的「美夢」，過去這一口號仍僅止於外交上的姿態，及石橋組閣，日衆院通過兩黨聯合的「擴大日中貿易案」，殆已進入實際行動階段，而岸信介前月出任首相以後，更表示要求放寬對匪禁運，問題是愈見嚴重了。在本期社論（一）裡，我們指出日本此一行動的思想背景，實仍出於「向大陸求生」的傳統觀念；而在當前國際情勢下，對匪貿易的迷夢終將使日本與東亞的安定和平導致何等嚴重的後果。同時我們要警告我國朝野人士，對於此一事件，除外交的聲明與警告外，更當如何密切注意其發展，並採取適當的應付行動。

臺灣省第三屆省議員及縣市長選舉即將於本月廿一日舉行，這是朝野各界所矚目的一件事。本期我們有兩篇文字同時討論選舉問題。一篇是社論（二）「寫在本屆地方選舉之前」，一篇是專論「論臺灣省的選擧」。專論作者王嵐僧先生是青年黨的常委，多年以來，主持該黨選擧事務，他的大文可以反映在野黨人士對地方選擧的看法。這兩篇文字幾乎不約而同地譴責過去臺灣選擧中的「一人競選」現象，呼籲朝野各方在此次選擧中切實遵守公平競選的原則，俾逐漸養成民主政治的良好習慣。「我們可以失去選票，却不可以失去民心！」願朝野政黨的領袖們三復斯言。

民主政治必然是政黨政治，亦即在執政黨以外必須要有反對黨，而反對黨者決非聊備一格的裝飾品，其勢力必須與執政黨相伯仲，有隨時代替執政黨出而執政之資格。吾人從選擧問題的討論中，更可證明此點。故如何建立一强有力的反對黨實爲我們當前政治問題主要的癥結。有識之士對此均有同感。無奈多年來一黨政治的積習已深，欲求有力的反對黨之實現，在事實上觀念上障碍甚多。本期朱伴耘先生爲文對此痛下針砭，是一篇難得的時論，讀者們不可輕易放過。本文稽延甚久，謹向作者致歉。

趙岡先生針對臺灣財政經濟的困難，從學理上探究其病源。他認爲我們可以用凱因斯的理論研究臺灣經濟，但不能「食古不化」不加修改地加以適用。良以臺灣經濟與英美各國所遭遇者不同。此一意見是值得財政經濟學界所重視的。

在匈牙利驚天動地的革命運動之同時，波蘭亦再度發生了一次革命，惟世人的注意力都集中於匈國革命，而忽略了波蘭的「二次革命」，實則這個革命場面亦甚壯烈，本期龍平甫先生特爲文詳予介紹它的前因後果，從此我們看出爭自由的力量是無往而不在的。

周道濟先生的「美國憲法所保障的信敎自由」與力元生先生的「加拿大自由黨的政策與成就」兩文，本期以稿擠仍未克登出，不得不再延一期，用請作者曲諒。

再本刊自本期起改請榮泰印書館承印。

自由中國 半月刊　總第一七八號　第十六卷第七期
中華民國四十六年四月一日出版

發行人兼主編　『自由中國』編輯委員會

出版者　自由中國社
社址：臺北市和平東路二段十八巷一號
電話：二八五七〇

航空版　友聯書報發行公司（九龍新圍街九號）

總經銷　自由中國社發行部

經售者

美國	紐約友方圖書公司
日本	東京僑豐企業公司
韓國	漢城裕昌德號
馬尼剌	大中華日報社
印尼	新疆書店
	椰嘉達天聲日報
	泗水文光圖書公司
緬甸	仰光振成書報店
印度	加爾各答塔梅學校
澳洲	雪梨瑞田公司
北婆羅洲	西利亞坡青年書店
星加坡	友聯書報發行公司（小坡大馬路四六九號）
吉隆坡	友聯書報發行公司（馬華公會大厦三樓七室）
怡保	友聯書報發行公司（希尼華沙甘街十六號）
檳城	友聯書報發行公司（林連登律七十二號）
澳門	友聯圖書公司

印刷者　榮泰印書館
廠址：臺北市和平西路三段五五巷四號

本刊經中華郵政登記認為第一類新聞紙類　臺灣郵政管理局新聞紙類登記執照第五九七號　臺灣郵政劃撥儲金帳戶第八一三九號（每份臺幣四元・美金三角）

自由中國

FREE CHINA

第十六卷 第八期

再版

目錄

社論

(一)反民主的民主

(二)論效忠

一本萬利案奇觀……陶百川

我看「選賢與能、節約守法」……朱文伯

人心重要！……蔣匀田

有關臺省地方選舉的幾個問題……沈雲龍

美國憲法所保障之信教自由……周道濟

通訊

加拿大自由黨之政策及其成就……力元生

湯餅會……鍾梅音

仰望……光中

讀者投書

(一)請國民黨放棄「革命」……賈長卿

(二)國民黨可以不守選舉法規嗎？……陸大順

(三)讀李辰冬評先翁詩後的感言……陳陶淑明

臺灣省政府公路局來函

中華民國四十六年四月十六日初版

中華民國四十六年四月十九日再版

社址：臺北市和平東路二段十八巷一號

半月大事記

三月廿三日（星期六）

美國在百慕達會議中表示願參加巴格達公約軍委會，英願與美合作拒匪入聯合國。

美陸軍參謀長泰勒上將抵臺訪問。

三月廿四日（星期日）

百慕達會議結束，美英發表聯合公報，譴責蘇俄壓迫東歐人民及蔑視聯合國決議。

三月廿五日（星期一）

經濟部長江杓出席中韓貿易座談會後表示，中韓兩國同意簽訂貿易協定。

加拿大總理勞倫斯飛百慕達與麥米倫會晤。

西歐六國在羅馬簽訂共同市場條約。

艾森豪向美國會領袖報告百慕達會議經過，保證與英並無秘密協定。

三月廿六日（星期二）

俞院長在立院答詢，認反攻大陸須政治軍事並重，並謂大陸反共力量蓬勃，時機成熟定會爆發。

杜勒斯在記者招待會中，說明美英兩國在百慕達會議中，對中東政策未獲協議。

蘇俄拒絕美英所提登記核子試驗建議。

三月廿七日（星期三）

亞洲人民反共聯盟第三屆大會在西貢揭幕。

哈瑪紹與納塞晤談後，攜埃方運河計劃飛返紐約。

三月廿八日（星四期）

蔣總統書面答復日記者問，謂中日對付俄共侵略，應永久精誠合作。

埃及政府宣佈，運河正常航運將於下月十日恢復，同意將運河糾紛交聯合國仲裁。

法外長畢諾表示，法決不接收埃及接收全部運河通行費之權利。

三月廿九日（星期五）

法總理莫勒獲國會第卅三次信任。

三月三十日（星期六）

對新加坡自治憲法，英新商獲協議。

杜勒斯呼籲在聯合國內實行重點表決制。

「自由中國」的宗旨

第一、我們要向全國國民宣傳自由與民主的真實價值，並且要督促政府（各級的政府），切實改革政治經濟，努力建立自由民主的社會。

第二、我們要支持並督促政府用種種力量抵抗共產黨鐵幕之下剝奪一切自由的極權政治，不讓他擴張他的勢力範圍。

第三、我們要盡我們的努力，援助淪陷區域的同胞，幫助他們早日恢復自由。

第四、我們的最後目標是要使整個中華民國成為自由的中國。

納塞再度反對以船通過運河。

三月卅一日（星期日）

葉外長返國。

突尼西亞與摩洛哥簽訂友好條約。

四日一日（星期一）

亞盟三屆大會閉幕，我當選理事會主席。

四月二日（星期二）

中央研究院院士會議開幕。

英首相麥米倫向下院報告，美英同意國際部隊續駐加薩執行任務。

伊朗總理艾拉因美人三名被殺，引咎辭職。

印尼新閣難產，蘇維約承認組閣失敗。

四月三日（星期三）

中日合作策進委員會在東京成立。

艾森豪在記者招待會表示，鼓勵東歐附庸國家脫離蘇俄控制。

杜勒斯在記者招待會表示，美仍支持安理會一九五一年之決議，促埃准以使用運河。

伊朗國王任命艾吉巴爾繼任總理。

四月四日（星期四）

中研院院士會議閉幕，建議制訂長期學術研究計劃。

埃及拒絕美國建議，堅持單獨控制運河。

加拿大駐埃及大使自殺身死。

四月五日（星期五）

伊朗經濟考察團抵臺訪問。

中日合作策進會聯合聲明，呼籲中日合作抵抗共黨。

四月六日（星期六）

外交部聲明不承認越南對華僑國籍問題採強制措施。

美以官員警告，如不讓以使用運河，將導致另一次戰爭。

四月七日（星期日）

外交部宣佈與黎巴嫩簽訂貿易協定。

勞勃森對美參院作證稱，韓境共黨擴張軍力，隨時可起戰爭。

四月八日（星期一）

智利外長率訪問團抵臺訪問。

蘇卡諾提名朱安達出任印尼內閣總理。

以決派船試航運河，埃及揚言將予擊毀。

社論

(一) 反民主的民主

民主政治就是民治、民有、民享的政治制度。這一政治制度的理論大張于洛克；這一政治制度的實踐則見之于西方世界。時至今日，民主政治已成現代一種鞏固的政治制度。西方人生息在這種政治制度中歷有年所。至少到目前爲止，政治史家、政治思想家、和政治科學家們不談民主政治則已，要談民主政治，當然是談這種已成鞏固的政治制度並爲西方人士生息於其中歷有年所的民主政治。這也就是說，在吾人所居住的地球上，自有史以來，除了這種政治制度以外，我們上窮碧落下黃泉，搜遍古今中外，再也找不到任何其他種類的民主政治了。不料近四十年來，在世界非民主的地區，居然出現了不少「民主」的新品種。這些新品種，在非民主地區，被官方大力推銷，頗有以僞亂眞之勢。這一現象是値得爲民主自由而努力的人士注意的。因爲，稍不留神，我們就會落入陷阱，就會岔入歧途。所以，指出這些贋品的民主，係當前刻不容緩的事件。

我們且看贋品的民主是怎樣的一些面貌：

一、集中的民主。蘇俄布爾希維克黨人發明「民主集中制」。整個布爾希維克黨的建構係一金字塔式的層級。布爾希維克黨的創建者說，我們是講民主的。我們藉着實行黨內民主而產生廣大的權力。不過，這種權力納入組織之中時係藉着金字塔式的組織形式而一層一層地向上集中，最後則集中于黨的首領一人之手。這就是「集中的民主」。

這種「民主」，是民主其名，集權其實；民主其幌子，集權其實質：黨衆的意見，在集中的實際過程中，被一層復一層的剝削得乾乾淨淨，最後只剩下黨首一人的權力和意志，黨衆則唯命是從而已。

二、專政的民主。專政的民主也是共產黨人的新發明之一。這一新發明的商標是「人民民主專政」。共產黨人說，英美的民主是資本家的民主。與社會全體人民比較起來，資本家是相對的少數。但是，這相對少數的資本家，藉其雄厚的資本勢力操縱、支配，甚至壓迫社會全體的人民。所以，英美資本主義社會的民主在實質上只能說是資本家的民主，而不是社會全體人民的民主。所以，這種民主是假民主。我們要實行眞民主，必須社會全體人民起來主政，以多數統治少數。這就是人民民主。不過，旣然有了「人民民主」就够了，爲什麼又主張「民主專政」呢？這是因爲「人民必須翻過身來對資本主義者施以鎭壓」。在資本主義者尙未消滅的階段裡，人民大衆必須起來對資本主義者施以鎭壓，並進而消滅之，以期成爲「無階級的社會」。這是「專政的民主」。「專政的民主」，好一個矛盾不通的名詞！如果一種政治制度是民主的，那末它一定不是貴族政治，一定不是君主政治，同時至少也不是專政的政治。我們說「專政的民主」，其爲矛盾不通，正如說「黑暗的光明」，「熱的冰淇淋」，「乾的雨水」。所謂「人民民主專政」，不過是暴民政治的形態之一而已。至于所謂「新民主主義」只是「人民民主專政」之另一說法而已，了無新義可言。

三、指導的民主。指導的民主是印尼總統蘇卡諾最新的發明。他說政黨政治要不得：把印尼弄得隉杌不安，政局動盪不寧，以致形成軍人干政的結果。他認爲要改善這種情況，就是不必理睬各個政黨在國會所有的力量和所發生的政治作用；而要將一切政黨集結在總統主持的國民委員會中，聽候總統來指導其活動。這就是「指導的民主」之精髓。

我們很欽佩蘇卡諾的創造力。他能爲政治學詞典增加這樣一個新穎的名詞，甚爲難得。不過，就實質而論，指導的民主與「君主的民主」是同屬一型的。雖然，從一方面看來，主張「愛民、教民、養民」的「君主的民主」主義者所要管的對象是「民」，「指導的民主」主義者要「指導」的對象是政黨；可是，二者却是殊途同歸的。在「指導的民主」之下，「指導」的對象旣然可以是政黨，當然更可以是政黨所代表的「民」。而有些地區，雖然沒有出現「指導的民主」這樣新穎的名詞，但這一名詞所指謂的事實早已存在。就「指導的民主」所指的事實而論，印尼却是姍姍其來遲。

上述的三種所謂「民主」是否眞正的民主呢？這個問題，相對于稍有政治常識的人而言，已經不値一答了。顯然得很，上述三者，都是民主的贋品。不過，三者在近幾十年來何以會應運而生，這倒是一個値得進一步追究的問題。

我們稍作觀察，便會知道，「集中的民主」，「專政的民主」，和「指導的民主」這些貨色上市的地區，在政治局勢方面有相似的情況。就是，那些地區裡的大多數人民從來沒有實際的民主生活經驗；他們只依稀聽到民主的聲音，也許對于民主自由心嚮往焉，至於民主的眞正蘊涵是什麼，他們並不甚了了。人喜好什麼但對于所喜好的東西却並不了解時，是最易受欺騙的時期。除了這種情況以外，在這些地區，往往又有强大的統治者存在。這些統治者的地位，有的是藉暴力革命而得到的，有的是藉政治權術而得到的，有的是藉有名無實的選舉而得到的。由這些情況起家的人或屬於他的統治集團，基於利害的衝突，無論怎樣都不願廣大人衆藉民主自由的運動而壯大起來——壯大到足以支配並改變政府的地步。鑒於民主情勢的可能發展，他們要設法抑制甚至消滅這種潛在的政治威脅。但是，民主自由旣然成爲大家心嚮往焉的政治理想，於是他們不能從正面消滅民主自由，他們只有從側面來消滅民主自由。從側面消滅民主自由的基本策略，就是偷天換日之計：利用大家徒知民主自由之名而不悉民主自由之實的弱點，保留「民主自由」這四個字，而實以與民主自由剛好相反的內容。這樣一來，於是在沒有驚破大家對民主自由的嚮往之情的時候，於大家不知不覺之間，導向民主自由之反面，而消滅了民主自由。這也可以說是反民主自由的木馬計。

反民主的「民主」之品種還不止上述三者。近幾年來，我們還聽到「革命的民主」之說。這是怎樣的一種奇說呢？

所謂「革命的民主」至少有兩個可能的解釋：第一，我這個「民主」與衆不同，不是「和平性的民主」，而是「帶有革命性的民主」。第二，現值反共抗俄時期，僅僅談「民主」不够，還要談「革命」。革命與民主双管齊下，故謂之「革命的民主」。

我們現在要將這兩種解釋分析一下，看「革命的民主」之說通不通。

我們先看第一種解釋通不通。依據人的語言約定，我們拼合名詞時固然有相當的自由，但是却不能胡亂湊拼。有的名詞與另外的名詞拼合在一起，所產生的新名詞可以有意義，有的名詞則不然。「革命」與「進步」二詞有可以相通的經驗，因此這兩個名詞可以拼合起來產生有意義的新名詞。例如，「革命的進步」。但是，「激烈」與「溫和」則無論怎樣不能放在一起而拼成「激烈的溫和」。這是一個沒有意義的名詞。「革命的民主」亦然。「革命」者的心情是激越的，行為是非常的。「民主」則是和平的產品。就個人來說，一個人必須心氣和平才能與人商討。一個人必須能够本着和平的心氣與人商討才有談民主的可能。就社會背景來說，「民主」更是和平之神的寵賜。槍桿子上出不了民主。「革命」的激越心情從大門闖進來，民主的和平鴿子就會從窗戶飛走。「革命」與「民主」二者是互相排斥的經驗，怎能拼合在一起？

我們再看第二種解釋通不通。「革命」與「民主」二者既是互相排斥的經驗，如何能够同時實行？無論就實際的心情說，或是就實行時所採取的具體程序說，實行民主就必須停止革命。如果硬是要革命的話，那末必須放棄民主。熊掌與魚，二者不可得兼也。

復次，就名分而言，「革命」也是說不通的。依習慣的用法，「革命」一詞是在野的集團對在朝的統治者而言的——是以下對上的。今領導反共的組織，根本早已處于在朝的地位，怎麼再能用「革命」這個名詞呢？

根據上面的一番分析，我們知道，無論怎樣，「革命的民主」根本是不通之論。可是，不通儘管不通，若干人士還是捨不得這個名詞，依然高談「革命的民主」。這又是什麼原因呢？雖然「革命的民主」一詞在理論上不可通，在經驗方面也不可行；但是，相對于若干人而言，這個名詞的心理反應所產生的剩餘價值還是可供榨取的。茲試約略分析在下面：

一、藉「革命」起家者，「革命」成了他們的傳統。這個傳統不能放棄。一旦放棄，他們便覺得香火中斷，更感到惶惶無主，無所事事，內心空虛。為了維繫這一香火傳統並自已對自已證明確確實實是「負起一個偉大的歷史使命」，所以不能放棄「革命」。

二、就實際的政治運用說，「革命」可作「便宜行事」逃捕藪。現在，中國已到行憲的時期。在行憲時期，一切行動必須以憲法為依據。這對于許多人是礙手礙脚的。在有知識的人民看來，行憲是奠國家社會于長治久安之道；可是，在另外一些人看來，行憲是一種束縛。為了打破這種「束縛」，於是搬出「革命」法寶來：現在是「革命」時期，一切得從「革命的觀點」去做。這麼一來，在實際的運用過程中，就可以把行憲之事放在一旁，而處處「便宜行事」了。

三、「革命」一詞，在稍稍明瞭中國近幾十年的變亂底蘊的人聽來固然不及三四十年前悅耳，可是在若干尚未入世的人聽來還有點鼓動力。儘管這點鼓動力已經很殘餘了，但「聊勝於無」，總比沒有的好：藉此一則可以勾起若干天眞分子的幻想；二則可以延續「革命」所造成的一般凌越一切的氣氛。這種氣氛是許多人的心理營養之所需；也是「便宜行事」之所需。

四、「革命」就「革命」好了，何必又要談「民主」呢？這也與實際政治的運用有關。「民主是一個潮流」，既不便從正面去反對，但又「有害於革命」，那末怎樣辦呢？很簡單，「民主革命化」！「民主」一「革命化」了，「本質」就起了變化，成了「革命」的工具。在「革命」之上塗一層「民主油漆」，更可以遮掩國內外的耳目。豈非一舉兩得？

上述四點之合共的作用，足以扼殺方在民間萌芽的民主幼苗而有餘。「革命的民主」，與前述三種「民主」一樣，也是出於相似的背景且藉民主之名來達到消滅民主之實的「民主」。這類的「民主」，根本就是權力政治的副產品。可憐得很！

「民主只此一家，別無分店」。民主的核心是個人的人權。它的實際是人身，思想、言論、教育、集會、信仰、經濟，……諸自由。滿足這些條件的政治，就是民主政治。凡否認個人人權和這些自由的政治，無論說得怎樣天花亂墜，都是反民主的。這兩條道路眞是涇渭分明，混淆不來的。眞正愛民主的中國人，何去何從呢？

社論

(二) 論效忠

有人說：自由思想者不會發生力量。為什麼？因為他們不會團結。為什麼不會團結？因為自由思想者多半是個人主義者，個人主義者不會對群體發生一種效忠心理。沒有效忠就沒有團結，沒有團結就沒有力量。從這種說法還可以連帶的得到一個推論，那就是，自由思想者不可以同時也是一個愛國者；國家為一群體，而自由思想者不知對群體有所效忠，他們就不可能愛國。於是，那些人認為祇要强調愛國，就可以打擊自由思想。

我們承認自由思想者多半是個人主義者，却不承認個人主義者對群體不知效忠；祇是,他們的效忠與一般人所想像的效忠有很大的差別而已。此種差別何在？簡言之，一般人所想像的效忠，其基礎是一種社會的規範(social norm)，而自由思想者的效忠基礎則為個人的選擇。設例以明之，舊禮敎可以約束所有的妻子必須效忠於丈夫，那是社會規範；但新式女子也可因摯愛其丈夫而效忠於他，那就是個人選擇。

人都有自已的一種意願，而自由思想者的意願尤為强烈。這所謂意願，可能是「崇高的」，如平等、博愛、以至世界大同等等；也可能是「世俗的」，如發財之類。凡有理智的人都知道，有許多種意願必須經由羣體的努力才能實現或有實現的希望，人們就為此而自由的結成團體，以爭取其意願之實現。抱負一種政治理想的人就結成政黨，想發財的人就結成企業團體。人對於為了某種目的而自動組織或自動加入的羣體，沒有不效忠的，而其效忠的强度又與他意願的强度恰成正比，因為他知道沒有這種效忠，他的意願就無法實現。

對自由結合的羣體，自由思想者祇有在一種情形下會取消其效忠。那就是，在此一羣體為一部分人所掌握，而此一部分人藉羣體名義的所作所為又剛巧與羣體之所以結成的目的相違背。逢到這種情形，既然那羣體是自由結合的，個人就可以自由退出；多數個人自由退出，羣體就歸於解散。但也有這樣的情形：羣體雖為一部分人所掌握，而此一部分人的行為在大體上仍能符合於原來的目的，祇是在細節上略有偏差，則個人仍可能容忍此種偏差而繼續對羣體效忠；不過無論如何，倘若那些偏差變得一點點增多，而且也變得不甚細微，那麼個人的效忠也就難免要打一些折扣。

國家是一個羣體，但這個羣體與一般自由結合的羣體有甚大的差別，因此對國家效忠的問題，就顯得更為複雜而微妙。國家這羣體與一般羣體不同之處，主要有三：(一)它常常有多樣性的目的，不像普通羣體那樣的單純。(二)它是不可避免的為一部分人所掌握，卽在最民主的制度下亦非例外。(三)它不是自由結合，人生在那一個國家之內就是那一個國家的一分子，極少或甚至絕無選擇的餘地；過去，宗敎也是一種非自由結合的羣體，現在，似乎祇有國家才保持着這一種特性。

國家,像一切羣體一樣,要求構成分子卽國民的效忠，不然國家也會解散。但是專制政治與民主政治却用兩種逈不相同的方法來達到使國民效忠的目的。專制政治是憑藉社會規範，經由一種精神的桎梏來約束人們的心理狀態，以迫使其非效忠不可。這在人性業已醒覺的時代是不可能的。因此民主政治就另換一種方法，它是要使國家的目的適應於各個人的意願，以使其自然而然生出效忠的心理。國家雖不是個人自動去參加的羣體，但如果發現國家的目的，以至掌握政權者的所作所為，剛巧與自已的意願相符合，那就卽使非自動參加，也就與自動參加沒有什麼分別，而效忠的心理亦油然而生。經由這兩種不同的方法所達到的效忠，可以說，一種多少是强制的，另一種則完全是自發的。

我們不甚知道，在知識蒙昧的時代，那種强制的效忠是否是一種眞實的效忠。也許有這樣的事：人們會不知道自已究竟有什麼意願，而寧願人家來替代自已安放一個意願上去。但我們至少可以確知：對於一個知識已開的人，特別是一個自由思想者，强制的辦法是無效的；卽使迫令其口頭承認，甚至作效忠的宣誓，也仍然不是眞實的。在智識已開的人民，眞實的效忠祇可能是自發的效忠。

由此說明，一個執政者應能懂得要用如何的方法去爭取人民的擁戴與支持；如果發生民心有背離的傾向，也應能發現此種傾向的原因之所在。

我們常常聽到說：生為中國人，就得愛中國。這自然祇是一種「規範」的說法，但我們也得承認它確有若干的力量。既然政治組織是免不了的，人們似乎就會生出一種意願，希望與自已同種族、同語言、同生活習慣的人歸在同一個組織之中。「中國人應愛中國」那種說法，無形中正適合了這種特殊的意願，因此雖祇是一種社會規範，卻與自由選擇不相違背。但我們仍須指出：前述那種意願，祇不過是許多種可能的意願中之一種而已，並且不一定是最强烈的一種。如果人們發現代表國家的執政者之所作所為大部與自已的意願相背馳，那麼，僅祇那個希望與同種族、同語言、同生活習慣的人歸在一起的意願，仍然不足以維繫對執政者的效忠。

而且，在國家與政府這兩個名詞之間，執政者總是無條件的畫上等號。推衍中國人必須愛中國之說，當然俄羅斯人必須愛俄羅斯。但是，今天在蘇維埃俄羅斯境內的那些自由思想者所眞正熱愛的俄羅斯，卻並不存在。那是一個理想的、自由民主的俄羅斯，而不是布加寧、赫魯雪夫輩所指着叫他們非愛不可的那個俄羅斯。俄羅斯自由思想者是不是愛國的問題，可以極方便的得到答案：對那個尙未存在的俄羅斯而言，他們是最眞摯的愛國者，他們不僅誠意的對之效忠，並且願意爲爭取其實現而效死；但對於布、赫輩所指着的俄羅斯而言，他們是不愛國的。這說明自由思想者常具有强烈的效忠心理。祇是他們決不盲目，他們要由自已來選擇效忠對象。

總括說：當國家的目的（定於憲法）符合於個人意願而政府的所作所爲（見諸施政）又符合於此類國家目的之時，個人當然效忠於政府與國家，此時就儘可在政府與國家之間畫上等號。當國家目的符合個人意願而政府作爲完全不符合於國家目的之時，個人祇能效忠於國家而不復能效忠於政府，二者間的等號也就不能成立。當國家目的亦一併完全不能符合個人意願之時，則有自覺的個人就被迫去效忠於一個理想中的國家。因爲國家不可避免的爲政府所掌握，所以我們不得不作如此精細的分辨。

於此，我們還要進一步考慮到前擧國家組織特徵中的第一項，即它往往有多方面的目的。同時，個人意願卻可能相當的紛歧。我們又如何能使多方面目的去適合那些紛歧的意願呢？這裏生出兩個問題：第一是，對每一個人而言，適合了一部分意願而不能適合其它意願，怎麼辦？第二是，對整個而言，適合這部分人的意願而不能適合另一部分人的意願，又怎麼辦？對這些問題，民主政治有它解決的方法。一方面，個人懂得爲了主要的意願而容忍小的偏差。尤其自由思想者是最爲理性的，他不會爲着一些細節之不符意願而收回其整個的效忠。另一方面，國家與政府是包涵的，它不會把目的限制於一個狹窄的範圍以內因而把一部分人的效忠排斥。民主國家不談主義，所以能贏得絕對多數人的效忠，雖仍難免有一部分意願無法顧到，那往往祇是極少數人的一些特殊意願而已。在民主政體之下，是容忍與包涵維繫了多數人的效忠，因此也鞏固了團結。

民主國家並不强制人民愛國，而是用一種更爲巧妙的方法使人民自然而然生出愛國之心，因爲它們已深深懂得以一種社會規範來勸取效忠，至少在今日已完全無力。我們這裏尙有一些人深致感慨於過去許多社會規範之解體，以爲如此，維繫社會的紐帶就因而鬆散；他們對國家，也仍然希望藉一種觀念的「配給」來恢復與君主時代類似的效忠。他們似竟從未想到，爲贏得效忠與維護團結，那些社會規範已經可以用另一些在本質上絕不相同的東西來替代，而其中最重要的一種，不是約束，不是勸告，不是責難，不是宣傳，卻是對個人意願的尊重。

一本萬利案奇觀

陶百川

俗諺所謂「一本萬利」，看似一句笑話，可是只要有辦法，有人事關係，不要說一本可得萬利，即便沒有資本，也可白手發財。「今古奇觀」第三十九回所講的故事「誇妙術丹客提金」，證以近來許多案件，固然已經不能說是「齊東野語」，即如最近立監兩院分別查詢的殷格斯臺灣造船船塢公司套用我國大量財物一案，如果所傳不虛，如果辦法不變，將來也準是一本萬利。這一古一今的兩則故事，性質不同，當然不能相比，可是它們設計的巧妙和佈置的週密，同樣令人嘆爲「奇觀」。

請先看那個古代的一本萬利案。

「誇妙術丹客提金」

話說松江有一富翁，姓潘，是個監生。他生平迷信丹術，認爲廢銅爛鐵都有點成黃金的可能。於是方士源源而來，陸續騙去好多銀子。後來潘翁也頗有戒心，自誓不再上當。

一日秋間，他到杭州遊玩，在旅邸中遇見一人豪闊異常，而所帶美妾更是沉魚落雁，閉月羞花。潘翁派人打聽，原來是個丹客。潘對丹術雖不像從前的迷信，然面對美女，却不由得想去接近，於是託人介紹。最後請了他帶同美妾，到他家中爲他煉丹。

在二千兩金子封入一個丹爐以後，丹客派一助手日夜在丹房中燒爐，潘翁和丹客每日都去察看一次。預定八十一日可以煉成。

那知過了二十餘日，忽來一人，身穿麻衣，見了丹客叩頭大哭道：「家中老奶奶去世，快請回去治喪。」丹客大驚，哭倒在地。經潘翁苦勸，方說：「本待與主翁完成美事，稍盡報效之心。誰知遭這大變，明日即須動身回籍。所幸小妾雖是女流，丹爐之事，業已熟悉，可以留此監督。我在八十一日屆滿之前，一定趕回開爐取丹。只是小妾年幼，還乞多多照顧！」潘翁見說肯留女看爐，正中下懷，大喜過望。丹客對小娘子和燒爐的人叮囑一番匆匆而去。

第二天，小娘子約潘翁到丹房看火。潘翁在小娘子身後看她步步生蓮，格外愛憐。那晚他做了一詩：「名園富貴花，移種在吾家。不道欄杆外，春風正自賒。」他在離她睡房不遠之處，故意朗誦幾遍，好讓她聽到。小娘子果然叫婢女捧出一盞香茗，道：「主翁吟詩口渴，特奉淸茶。」潘翁大喜，一飮而盡。只聽房裡也有吟聲：「名苑誰是主？飄泊任東風！若得東君惜，芳心亦自同。」潘翁知小娘子有意於他，在第三天同在丹房看火時，借故遣走燒爐的人，便在丹房中成其好事。

又過二十餘日，丹客奔喪歸來，與潘翁走入丹房，自言自語地說：「如何氣色有些變異！莫非有所觸犯！」開爐一看，大驚道：「敗了，敗了！眞丹走去，連母金也變成糟粕。這必是男女不端之事觸犯了的。」富翁驚得面如土色。丹客叫助手請小娘子出來，問助手道：「主翁與娘子來時，你都在這裡麼？」助手道：「只有一日主翁與娘子自家來的。」丹客對小娘子嚴辭斥責：「分明是你這賤婢做了這事！」一鞭打去，小娘子閃過，哭道，「我原說做不得的。主翁害了奴也！」丹客怒視潘翁道：「你日前時受託之時，說得如何好聽。那知我去不久，就做出這等昧心事來。如此無恥之人，如何妄想煉丹！我不識人，只得打死這賤婢，以免再辱門庭。」舉鞭便打，潘翁只得跪下求饒。並叫家人取來兩隻元寶，賠償丹客損失。丹客接了元寶，叫齊家人，大罵出門而去。

過了幾年，潘翁流落在臨淸碼頭，看見船上有一美人，好些面善，似乎是丹客帶來與他偷情的人。細細訪問，方知是河南舉人包了名妓到京來會試的。忽然船上走下一人，邀他到船頭說話。只聽簾內有人道：「妾非別人，就是當年丹客所認爲妾的便是。妾乃河南娼家，當年受人之託，不得不依他囑咐行事，有負於君。君何流落在此？」潘翁大哭。小娘子道：「妾當贈君盤費，請速歸家。此後遇見丹客，萬萬不可聽信。妾在局中深知其詳。君能聽妾之言，即是妾報君之愛矣。」

上述故事，讀者也許早在「今古奇觀」中看過。這個故事所以稱「奇」，乃在潘翁對丹術已有戒心，而丹客仍能以丹術騙潘的錢。關鍵只在那個小娘子的美人兒。假使她不是美人，丹客根本沒有進身之階。惟其因爲那個美人的誘惑力實在大，所以潘翁一見傾心，忘掉過去受騙的教訓，甘心墮其術中。世道險惡，手段奇詐，花樣翻新；古往今來，這等事正多着呢。

人人企業公司「陰魂不散」

閒話少說，言歸正傳。以下講述殷格斯臺灣造船船塢公司（以下簡稱殷臺公司）的故事。但我要鄭重聲明：這個故事的角色情節和其他的一切，與上述煉丹故事，適不相同，只是同屬一本萬利，所以先拿它來當做彈詞中的「開篇」。請讀者不要誤會！

在進入正文以前，我覺得尙有另講一個故事的必要，那就是人人企業公司套取國家巨額美金外滙的故事。許多立法委員和監察委員都說今天所謂美國工程油輪公司，所謂中國國際基金會，所謂利比利亞的殷格斯公司，所謂殷臺公司，都是人人企業公司的化身。誠如其言，沒有人人企業公司就不會有上述那些名堂和花樣，因而也不會有與中國造船公司合作的故事。而人人企業公司假如沒有套取過國家的巨額美滙而掠取「不當利得」，使國庫大受其累，則我們對本案也不會這樣關切和害怕。所以本文的「楔子」雖已相當長，然我仍當略述「人人」的往事，以試圖「驗明」今天這些名堂的「正身」。

在民國三十六年的時代，人人企業公司只是上海一家貿易行，做些進出口業務。既非油輪公司，也不經營運油業務。誰知時來運來，它竟蒙中國石油公司另眼相看，與它商談運油業務，而且居然同意把高雄煉油廠需要的原油全部交給它就中東運到高雄。那時「人人」還沒有買到或租到一艘油輪，雙方所談的完全是空頭交易。

人人公司既蒙石油公司特別垂靑，乃卽進行向美國政府購買戰時剩餘的油輪。但因美國法律規定該項油輪只許賣給美國人，人人公司乃搖身一變，變出一個聯合油輪公司，請三個美國人出面登記。這三個人的股票，每人只有二元，共計六元。而「人人」本身則佔有二千元，由魏某等出面，都是中國人。至於有些「隱名股東」究竟是誰，迄今仍是一謎。

「人人」透過聯合公司雖有資格購買油輪，然手頭無錢，也是枉然。於是石油公司乃慨然借它美金一百萬元，好讓它去付三艘油輪的第一期買價。它們簽訂運油契約的日期是三十七年一月十四日，石油公司在十五日就開始付款，「人人」化身的聯合公司乃得於同月二十六日以九十萬元付與美國的賣主作爲買入油輪的定金，餘款言明須於五月底付淸。

就賬册推猜，「人人」窮得連紐約辦事處的日常開支都得仰給於石油公司，而我們這位大老闆的慷慨和「莫名其妙」，也不下於「今古奇觀」中的潘監生。所以三十七年一月至三月，於一百萬元之外，陸續又借與四十九萬二千九百五十元美金。

但是「人人」實在需款週轉，於是我們這位「潘翁」又向資源委員會拖借五十萬元（當然又是美金）供它花用。不足，他又商請中國銀行開給「人人」二百七十萬美元的信用狀，後者乃拿它連同卽可到手的一艘油輪，向美國化學銀行抵借一百九十五萬元。

綜計上述各款，「人人」尙未取得油輪，油當然還沒有運過半滴，而中國石油公司借給它的現款和信用狀，竟達美金四百六十九萬二千七百五十元之多。後來「人人」在四十一年宣告解散，尙欠石油公司一百三十餘萬元（當然是美金），石油公司和經濟部認爲無法追討，要求行政院勾消，後者本擬核准作壞賬處理。監察院爲此會對各負責官員提案糾彈，結果如何，我曾在去年寫過「一個監察委員的狗生哲學」，略作交代。

現在喧騰中外的殷臺公司案，據說又是人人企業公司的人從中作祟。如果如此，「人人」可謂「陰魂不散」，所以立監兩院不得不大吹口哨，以免「潘翁」爲「鬼」所迷。

「低價」的香餌

丹客之騙潘翁，不以丹術，而以美人。「人人」之欺政府，不以油輪，而以運價。這次殷臺公司來臺租賃臺灣造船廠，據臺船公司的周董事長在「經濟參考資料」一文中說：「中國政府在九天之內將他的聲請投資的原則通過，這是全世界所沒有的。由此可見中國政府對此事的重視和眞誠」。（至對其他投資原則的核准，據說總在半年以上）。然則殷臺公司的吸引力究竟何在呢？大家只知道是因爲外資的關係，殊不知其中還有一個道理；這個道理乃是抄的人人公司的老文章，就是上文所說它曾用以欺世的「運價」。

原來在第二次世界大戰結束以後，各國都鬧油輪荒，那時運價直線上升。在三十七年一月，運費市價較公價上漲百分之二百，（卽照 U.S.M.C. 加百分之一百）。但很多人預料那種黑市價格不會持續太久，果然，不到二個月，就開始下跌，到三月廿三日換訂草約時已跌到只加百分之三十，到了六月開始運油時，更慘跌到公價以下減百分之四十了。

在運費公價漲到頂點而有下跌趨勢的時候，中國石油公司在三十七年一月以照公價加百分之五十二的價格與人人企業公司訂立運油合約草案。這個價格自很便宜，但因約定須在五月一日方開始運油，（因爲在訂草約時「人人」根本還沒有油輪，後來又延展到五月三十日），在運價下跌的趨勢中，石油公司還是很冒風險。做生意不能不有冒險精神，「石油」此舉，未可厚非。但是在五月三十日以前，運費已大跌特跌，而一月草約且經廢止，代以三月草約，然石油公司在三月改約時竟不要求修減運費，在航行十八次以後，石油公司因此損失的差價，（約定運費與市價的差額），約計一百十餘萬美元之多，——那就有點可疑了。

人人公司假使在訂草約時（三十七年一月），就照約定運價替石油公司運油，後者自應以大力幫助前者。可是事實上開始運油時間竟在簽約以後四個月，石油公司因此損失了巨額運費。事後判斷，固屬失策，卽在當時也欠考慮。證以三月改訂草約時運費不獨不照市價減少，反照一月草約所定高價又增加了一些，於此可知該公司當局自始卽不爲國家打算，而只爲「人人」圖利。

現在人人企業公司的人所組織的工程油輪公司看到蘇彝士運河關閉後運價大漲，但又預料運河不久終將重開，運價終將下跌，於是又重施故技，以減低運價的美名，在去年十月透過海灣公司以兩年後方可造成的兩艘油輪，與石油公司簽訂買空賣空的合約，自四十七年起爲期十年。這十年中的運價也比照現在市價加以抑抵而預爲訂定。

石油公司這樣做法是否適當？將來在運價上是否會蹈三十七年的覆轍？這可就下列各點去研究：

一、據說工程油輪公司屬於中國國際基金會，而該會則爲人人企業公司所組設，目的是藉慈善事業的招牌去逃稅。四十一年審計部就有一個報告，說到這個故事：「人人公司以所得乙種股份捐贈組織成立中國國際慈善公司，此係經美國臺爾威州特許設立者。……基金會爲美籍董事三人，相當於米靑公司之董事。……所以如此曲折者，目的在假慈善爲名，逃稅爲實」。上述「中國國際慈善公司」就是現在所謂「中國國際基金會」的另一譯名。人人公司的資本會以捐贈方式投入基金會，人人的老闆也寄託在它裡內對外活動。現在向殷臺公司定造，也就是兩年後替石油公司運油的兩艘油輪，是屬於工程油輪公司，工程油輪公司則屬於中國國際基金會，而中國國際基金會就有人人公司的血統。這個底牌如果可靠，將來國際運價如低於双方去年約定的價格，工程油輪公司如果那時確有油輪，則在高價之下自然願爲石油公司運油，但將來市價如果高於去年約定的價格，工程油輪公司是否肯信守它今天的諾言？人人公司的作風，也許就是一個答案。

二、工程油輪公司據說還約定十二年之後把其中一艘油輪贈與石油公司。因此經濟部江部長就很得意，說這就是殷臺公司來臺合作給我們的好處。工程油輪公司果能在十年運油之後將它一艘油輪送給中國，自是一件好事，但這好處須發生在十二年之後，而我國政府在這兩年之內爲這好處以及其他一些美麗的條文所負擔的風險，却未免太大而太不值得了。（詳見下文）。人人公司之流，慣以一本博萬利，它怎麼能做吃虧的事呢？吃虧的自然又是我們國家。

而且工程油輪公司在取得石油公司的運油權利保證後，因爲業務有着落，它可放手造船，而且可用這個保證，向美國銀行購買信用狀，然後用這信用狀做擔保，向我臺灣銀行請求墊款九百萬美元，最後用這九百萬美元請殷臺公司建造兩艘油輪。如此這般一來，工程油輪公司乃以一塊空招牌承攬了石油公司的大批生意，以石油公司的合約創造信用，以信用狀換得造船的資金，以這筆資金租用臺船公司的廠房碼頭機器用具和熟練而低廉的人工來造它兩艘油輪。於是沒有資金而變爲有資金，沒有工廠而變爲有工廠，沒有油輪而變爲有油輪。他們的手段眞是嘆觀止矣。

九百萬美元墊款的經綸

世界可說是眞的進步了。丹客所騙於潘翁的，只是二千兩金子和兩隻元寶，人人公司却一次騙了我們一百三十餘萬美元。我們這次在殷臺公司的合作中本有損失九百萬美元的危險，然而我們對這樣大的案子，却在九天之內就予以批准。

原來工程油輪公司和它的基金會，在與石油公司訂約後，因爲沒有一千萬美金的資金，不能向美國或日本的造船公司去訂造兩艘油輪，於是想來租用臺灣造船廠。以我國當局對於外資的歡迎，自然一拍即合。但是當初假使不用「美國殷格斯」字様作標榜，我們縱然慷慨和眞誠，也不會就加批准。但是「人人」這批人何等利害，他們如何肯讓美國人獨做這批好生意，於是他們在用美國招牌取得租賃同意後，索性自做老闆，另外組織一個殷格斯公司，向臺船公司租廠，而向美國的殷格斯公司購買圖様和技術。如此，他們不獨可運油，而且也可造船了。好高明的打算！

新公司的資本號稱二百十萬美元，可是其中一百萬元乃是公司債。債，就不是資本。所以實際資本祇有一百一十萬元。假使公司債能够借到，則它自身所籌的資金，才有二百一十萬元。殷臺公司租借了臺船公司的工廠，而新的船台又須我國斥資三千五百萬元新臺幣替它建造，它不必增加多少設備，就可做現成老闆，有了二百十萬美元的資金和公司債，本來就可以開工接生意。接到生意以後，它可收取定金，船造到相當程度時，又可分期收款。實在無需我們替它墊款。可是它第一批生意只能接工程油輪公司的兩艘油輛，不許、也不可能接受別家的定作。而工程油輪公司却沒有付定金和分期付款；全部造價，都須仰給於我國政府。但是，工程油輪公司因有人人企業公司那筆爛賬，不好再向我國伸手，於是乃由工程油輪公司或基金會的另一化身的殷臺公司利用我們歡迎外資的熱忱，向我政府提出九百萬美元墊款的要求。

以外人投資為標榜的殷臺公司，怎麼好意思赤裸裸地要求墊款呢？而且我們也不都是潘翁，自然不會允許它的要求。於是靈機一動，「人人」那批魔術家又大變戲法，要求我國政府保證承造油輪的安全，包括兵災轟炸和其他一切為人力所不可抗的危險在內。我們認為這個要求雖是異想天開，然仍曲意遷就，先提出書面保證，對方認為不够，又提議以招商局自由輪作擔保品，對方也不接受。最後圖窮匕現，對方乃要求以九百萬美元現金作保證。並且議定：在對方所造油輪沒有交付定作人驗收以前，我們不得收回這九百萬元，而得永遠聽它運用；如果船被炸燬，我們這九百萬元就得連帶化為灰燼。這個奇特的片面的苛求，我們也居然僅考慮了九天而便和它簽約。這九百萬元，如無立監兩院的質詢和糾問，應該早已開始支付了。

我們得些什麼好處？

然則我們因此得些什麼好處呢？據江部長說：

一、「此為眞正外資投入之第一大案。」（江部長報告，下同）。可是殷臺公司的資本總額只有一百一十萬元，其中普通股一萬股和優先股一千七百股共計票面十八萬美元須向臺灣中國人募集。（臺船公司和殷臺公司租賃契約第十二條）。照此計算，外資只有九十二萬美元。即使把公司債加上計算，也只有一百九十二萬元，而我們應交給它去利用的外滙卻為美金九百萬元。我們本想利用外資，而現在是外資利用了我們。

二、可是「建造油輪所費，耗於人工者百分之二十以上。……即有二百萬美元流入臺灣」。這就是所謂勞務所得。這點對我有利，雖然臺船公司以前也有勞務所得。

三、「可得新技術」，「借此建樹造船基礎」。可是我們所付的代價未免太大了。假使商請美援協助，我們自己同様能够建樹造船的基礎。我們的臺船公司所以不能建樹造船的基礎，只是因為我們不肯花三千五百萬元建造新船臺，不肯花九百萬美元作為週轉資金。「莫謂秦無人」，相對論也給我國三個小伙子推翻了。

四、可以「擴建設備」。但是新船臺是我們以三千五百萬元建造的。其他新的機器設備的價款，是要在我們應得租金（十二萬美元以外的部份）中扣還殷臺公司的。

五、美國殷格斯公司將「訓練我方人員」。但照租賃契約第十三條丁款，「其費用照成本計算之」，似乎要我們自己擔任訓練費用。

六、「動用員工甚多」。但是臺船員工最近已被裁減一部份，經濟部不得不把他們安挿在其他國營事業機關中。（租賃契約第七條規定：殷臺只允留用現在職員百分之七十和工人百分之八十。）

七、「將來租滿收還後，憑十年之經驗與紀錄，當可繼續取得國際造船業務」。這話有理。但是與我們合作的，假使是美國的殷格斯或更大的造船廠，而不是利比利亞登記的新公司，則我們的 Good will 可就更好了。

八、「今後需造輪船，即可在臺訂建，較向國外訂購省時省費。」但是航業界已為此深感恐懼，恐怕政府不准他們請外國船廠造船修船，逼得他們只得請教殷臺公司，而後者獨佔這們行業以後，就會壟斷居奇。據說現在已有這個迹象。

九、石油公司「可從而取得低價油輪運油。……依照中國石油公司與海灣公司合約，訂明（工程油輪公司）油輪二艘中之一艘即歸石油公司所有」。這是遠景，也許有實現的可能。但是兩年後的十年內的運油市價假使低於去年約定的價格，那我們就得吃虧了。而證以人人公司的往事，我們再賠上放在殷臺公司荷包裡的九百萬美元，也未始不在意料之中。而況照石油公司最近和美國莫比公司商談的結果，莫比也以兩艘油輪替我們運油，而且立刻開始工作；十二年之後，兩艘油輪都歸石油公司所有。可是工程油輪公司則只給我們一艘，足見它並沒有怎樣優待我們。

至於我方所出的代價，則在提供上述現金鉅款之外，還須予以免稅減稅等種種優待；負擔固然很重，利害更不相稱；自應迅謀補救，免蹈潘翁覆轍！

四十六年四月九日

我看「選賢與能、節約守法」

朱文伯

民國四十一年，臺灣各縣市辦完了第一屆縣市長和議員選舉之後，政府高級當局認爲選舉風氣不甚良好，曾以「選賢與能、節約守法」八字提示黨政人員，作爲以後改善南針。五年以來，有關地方自治的各種選舉，辦了好多次，比較第一屆選舉，其情況是改善了呢？是改惡了呢？是進步了呢？是退步了呢？筆者觀感所及，以「選賢與能、節約守法」八字來衡量，結論竟是改惡的退步的，而其責任在黨政負責人員，不在人民。茲値第三屆省臨時議會議員及縣市長的選舉前夕，針對事實，畧加申論，藉供朝野各方參考。

首先言「選」：民主國家的選舉，人民有自由，極權國家也有選舉，人民却沒有自由。臺灣第一屆縣市長和縣市議會議員的選舉，大體上還可以說是自由的，候選人的競選非常熱烈，選民的投票也很踴躍，投票率通常在百分之八十上下，最高的有達百分之九十以上者。但近幾年來，由於執政黨的控制逐步加强，黨內限制提名，黨外阻撓競選，於是人民對於選舉的情緒日漸低落。到去年臺中縣縣長補選和全省鄉鎮區長的選舉，出現了很多「一人候選」的局面，控制的程度達到了最高潮，今年二月新竹市市長的選舉，投票率更降低到百分之十。黨政負責人開始感覺到對國家對人民無法交待，於是改採政黨公開提名競選制，希望其他黨派也跟着提名，想以政黨競選的姿態，掩飾控制選舉的黑幕，由於內政部部長答覆立法委員的質詢，仍不願同意將政黨提名制度列入選舉法規內，可以看出執政黨今年的高唱政黨提名，並非出於誠意。去年「一人候選」的局面，是執政黨運用黨政軍警法各種方式大力造成，可以說路人皆知，但近月來官方黨方報刊的言論，反一致推說因爲他黨沒有提名競選，才演變爲「一人候選」的，這乃是强辯之詞。過去我們曾一再提議修改選舉法規，列入政黨提名制度，均被國民黨人士否決了；這次正式公布歡迎黨外人士競選以後，國民黨地方黨部仍在幕後施展誘脅阻撓的手法，例如嘉義市長改選，國民黨提名何茂取爲候選人後，黨外有力人物賴淵平原擬出馬與之角逐，乃該縣某治安機關某保防秘書竟阻撓他的登記手續，有選舉監察小組委員當面警告他這樣作是違法的，該秘書仍有恃無恐的說是奉黨主任委員之命辦理的。就這些事例看來，今後的選舉作風能否恢復五六年以前那樣熱烈自由的氣氛已屬困難，遑論改進？

次言「賢與能」：所謂「賢」、所謂「能」，各人的看法不盡相同。唐太宗以魏徵爲賢，明神宗却以魏忠賢爲賢；漢文帝以周亞夫爲能，秦二世却以趙高爲能。君之視臣如此，臣之視君也一樣，同是一個皇帝，賢臣可以忠言極諫，奸臣却說天王聖明，有百是無一非。孟子告訴齊宣王的選用賢能辦法是：「左右皆曰賢，未可也；諸大夫皆曰賢，未可也；國人皆曰賢，然後察之，見賢焉，然後用之」。君主時代，尙須以民意爲準，不能任由左右決定，現在民主時代，更應讓人民憑己意自由選擇。凡能尊重民意，能爲人民服務的人，人民自會信任爲「賢與能」，因而投他神聖的一票。如果以尊重黨意爲賢，以爲黨服務爲能，人民就未必同意，所以由黨部決定候選人，只能算是初步的決定，最後必須讓人民自由選擇，才是合乎民主原則的。還有「賢者在位，能者在職」，必須配合良好的政治制度，才能發揮他們的才智，施展他們的抱負。如果束縛重重，無可作爲，雖有願意爲人民服務的賢與能者，亦將不敢「問津」。臺灣有關地方自治的法令規章，是政府無能議會無權，一切都控制在上級政府手中。縣市長對於所屬職員原已無任免權，現在連主任秘書都要由上級推薦了；對於所屬機構，因省級可以直接指揮，無法確實節制。施政計劃，收支預算，不是議會決定，而是上級政府代勞。省議會附帶「臨時」二字已經五年，今後仍無除去跡象，縣市議會雖無「臨時」二字，其職權與地位似乎比省臨時議會還要小些。去年省政府還怕僅有的施政質詢權行使得過火，決定議會開會期間派員臨場「輔導」。最奇怪的，過去在大陸上一黨訓政時代，國民黨地方黨部還不公然干預行政業務，現在民主憲政地方自治，黨務人員與聞政事，有時並且喧賓奪主，已經不是秘密的事了。像這樣的政治制度，是民治自治？還是官治黨治？別說人民搞不清，就是袞袞諸公，恐怕也很難自圓其說吧！名分不正，權責混淆，眞正賢與能者，又有什麼作爲呢？

談到「節約」：主管選政機關，確曾針對第一屆自治選舉的所謂浪費情形，下過一番檢討功夫，因而修改有關選舉法規，可是過猶不及，節約得近於不合理。比方說，競選費用限制了；競選活動時間限制了；助選員人數限制了；競選使用的汽車限制了；乃至競選的宣傳方式也限制了，書面政見不得超過五百字。幾乎使得候選人無法活動，動輒得咎，只能「坐」以待選。但在另一方面，有執政黨黨籍的候選人却似乎有他們法外的自由。一般候選人的競選活動，只限定在選舉事務所公告候選人登記合格以後，投票日以前，這一段短短的十天以內。執政黨人因需要預作黨內「競提」（競爭提名），半年以前活動就開始了。我們的執政黨因係「革命民主」之故，黨員普遍存在於各機關各學校各階層各行業，人數太多了，簡直可說是「黨民不分」，誰是黨員誰不是黨員，有意競提的黨先生們也實在搞不清。筆者在臺灣主持過中國青年黨省黨部，代表青年黨出任省政府委員前後六年，現在還主辦青年黨的刊物「民主潮」，其不是沒沒無聞的青年黨員可知，但在臺北市國民黨員「競提」活動期間，當面或函件請「同志」帮忙支持的就會遭遇不少次數。在費用方面，一般人競選要有帳冊記載，黨內競提自不必要。一般人競選送人一包紙煙請吃一盒「便當」就犯法，就可能宣佈當選無效。道路傳聞，黨內爲了競提，致送紅包捐獻財物，這類耗費自不列入一般人競選費用之內。一般候選人競選的書面政見只限「五百字」，發表政見演說，須在選務機關指定的時間與地點，但執政黨提名的候選人，一方面有官辦黨辦乃至「同志」經營的報刊可用記者訪問的形式盡情介紹與報導，一方面又可用學術會議人民團體會議的方式作無定時無定地的公開演說。至於使用汽車與助選員人數，因爲凡屬「同志」，就由「組織」規定義務助選，自然無所謂限制了。「節約」「節約」，本來用意不壞，但在選舉期間，「州官可以放火，百姓不能點燈」，竟成爲一般候選人競選活動的桎梏了。

最後也是最重要的「守法」問題。現在臺灣實行地方自治所依據的「法」，本身就成爲問題。照憲法解釋，所有法律，必須經立法院審議通過總統公布。臺灣地方自治的所有法規，沒有一件是經過上述立法程序的。臺中地方法院，會有一次根據這個理由拒絕受理有關自治選舉的訴訟，大觸當局之忌，認係故意挑剔。依黨政方面的解釋，地方自治法規是省參議會通過，報行政院核准公布，並由行政院送立法院存查，已經具有「法性」，可以視同法律，因而責令司法行政部予臺中地院某承辦法官以懲處。這裏我們不擬深究何以自治法規延不完成立法程序，姑予承認它已具有「法性」。但第一屆縣市長選舉時，苗栗縣長劉定國的候選資格與當選公告，省選舉監督是依據法規辦理的，高等法院何以僅據國防部一紙公文就判決劉氏當選無效呢？當時民政廳長兼選舉監督楊肇嘉先生會因此引咎辭職，却又不予照准。這是法的本身狐埋狐搰者一。甲級體格的備役人員應儘先召集服務者不依次召集，乙級體格的王地則因競選臺中縣長不肯「讓賢」，被閃電式的召集服務了；桃園許新枝，當他在民政廳工作時可以因體弱緩召，當他在縣議會當議員時也可以因體弱緩召，但當他當選桃園鎭長不肯「讓賢」時却奉到召集令了；同是現任民選縣長，會任高雄縣長某君在職期間，因案被法院判處六月徒刑，不服上訴，在上訴期間可以不停職，但嘉義縣長李茂松因會抗命競選，因案被判徒刑一年，也不服上訴，但上訴期間被命令停職立即派員代理了。這是執法者故意畸輕畸重者二。此外，如前所述，藉口節約，對一般候選人限制重重，對執政黨提名者却大開方便之門，法令不公平的地方實在不遑枚舉。共同遵守的規則，公正無私的裁判，是運動競賽不可缺少的要件，選舉競爭也是如此，現在我們的選舉法規已是疎漏多端，而應該守法執法的行政和司法人員，又不能超然於黨派以外，公正無私的處理事務，所謂選舉制度乃至民主自治，其前途的黯淡是不難想見的了。我們以爲守法應從政府本身做起，官吏守法了，人民莫敢不守法。如果强調「黨員服從組織，司法配合國策」，法律變成了統治階層任意使用的工具，眞正的民主法治，永遠沒有實現的可能。

「選賢與能、節約守法」，原是古今中外任何國家致治復興的必要途徑；地方自治首長民選，又是當局收攬臺灣民心，進而號召大陸人民海外僑胞歸向政府的賢明措施。祗以辦黨人員的專斷思想，從政人員的官僚作風，積重難返，乃使選舉風氣每況愈下，黨內黨外怨聲載道，與高級當局的期望改善者適得其反。我們冷眼旁觀，今日身處臺灣的人民，大陸來的也好，本地生長的也好，都是擁護政府熱愛祖國的，對於反攻復國的基本國策，對於建設臺灣的政經措施，沒有不熱烈支持的。在現行控制嚴密的政治制度之下，儘管放膽任人競選，無論誰當選議會議員或行政首長，決不會有違抗政令破壞國策的情事發生，何必厚此薄彼軒輊其間，致自劃鴻溝喪失民心？乃黨政人員智不及此，認識不足，雅量不够，反以爲「非我同志，其心必異」，企圖造成淸一色的局面。不以公平守法的精神約束基層人員，反以選戰勝負作爲獎懲標準，「上有好者，下必有甚焉者」，於是「爲目的不擇手段」的舉動乃層見迭出，致有今日似民主非民主似極權非極權的選舉形態，寧不大可痛惜！今年執政黨雖想用「政黨提名」的競選方式稍加補救，但又另有選民身份證蓋印與選舉投票所謝絕參觀的兩項錯誤措施，使人懷疑政府的命意所在，「將前將却」，「欲放還收」，眞是何苦乃爾？

值茲反攻在望，共匪統戰工作無孔不入之時，我們熱誠希望政府當局懲前毖後，切加檢討，嚴誡基層人員遵守法紀，辦好這一次選舉，積極的作爲心理作戰對大陸的政治號召，消極的不再使共匪藉口宣傳臺灣不民主的資料，國家幸甚！

四十六年四月一日

人心重要！

蔣勻田

第三屆臺灣省議員與縣市長選舉，民主社會黨與青年黨所以正式提名參加競選之目的，在改進一人競選的現象；而將降落到百分之二十左右的投票率，再謀提高到百分之五十以上。民青兩黨的候選人所以要求兩黨中央者，則為投票所的公正監察人，兩黨亦有權推薦。這一個要求，不單是兩黨候選人的要求，也是國民黨提名以外的候選人一致之要求。

民青兩黨自去年十月即向國民黨提出此類要求。自去年十月到今年三月底以前的漫長時日中，青年黨與民主社會黨的人士等分別與國民黨中央主管人士晤談，皆認為「原則無問題」。三月十八日因筆者向中央社記者的談話，始引出國民黨新穎的解答，認為選舉乃屬於政府職掌，政黨不能過問。於是皮球乃由國民黨的左手（辦黨的人）傳到國民黨的右手（從政黨員）。時已逼近選期，不容再拖。急遽間筆者與王師曾先生乃拜訪行政院俞院長，想對監察公正人的身份問題，立能得到公平合理的解答。結果俞院長允等國民黨臺北市黨部主任委員兼省監選委員會主席之鄭品聰先生回臺北後，即約筆者與王師曾先生同鄭先生當面商定。現已事隔一週，更逼近選期了，我們還在殷切的等待中。

選舉的政務，由政府辦理，是不錯的，我們並沒有要求代辦選政。我們要求的是公證人身份的同意，這並不是辦理選政。至於兩黨有兩個省監選委員，每縣市也有兩個縣市監選委員，皆出諸政府的邀約，我們雖希望能各增加一人，可是也能隨時撤退。我們的注意，不在辦理選舉的委員；而在公平的選舉。所謂公平選舉，不是一方面的宣傳，須是參加競選各方的公認。公平的結果，使參加競選的，無論成功與失敗，不能持任何理由，批評選舉結果的不公。我們認為達成這個要求的最好辦法，就是使公正監察投票與計票的人，其公正的身份須得參加競選各造的共同承認。譬如兩造賽球，公正人的身份必得兩造同意；然後公正人裁判勝負的結果，勝者固樂接受，負者亦無異言。

這次選舉，既由三黨分別提出候選人；每投票所的公正監察人，既非一名；國民黨既歡迎民青兩黨提出候選人，為何不能接受民青兩黨推薦投票所的公正監察人？三造甚至四造互相競選，而公正人的推薦，祇許一造有有效的發言權，其餘雖係國家合法的政黨，亦無法聞問。即此一點，就欠正平。有何方法，使那無有效發言權的三造，承認這是公平。假使這三造選舉失敗了，既無人代替他們看選票如何投進；又無人代替他們看選票如何計算，他們如何能心服這是公平的失敗呢？

根據臺灣省政府所頒的選舉法規第三條，公正人的人選由各縣市選舉小組召集人擬定，交小組通過聘任。現在兼任小組召集人的，多半係國民黨地方黨部的主任委員。小組委員七人，五位係國民黨黨員。民青兩黨僅佔兩席，可以說既無擬定人選的有效發言權，也無通過人選的有效表決權。可是執政黨若承認公正人的身份，須得三個合法而參加競選的政黨之同意，為不可或缺的公平競選手續，則在擬定人選時，內中有一兩位先徵得兩黨出席小組人的同意，即可圓融互認。這樣辦法，又何嘗抵觸第三條法規呢？若硬說這是選政，屬於政府的職權，政黨不能過問，請問行政院的正副首長，皆係國民黨的常委；而省選舉監察委員會的主席；又係國民黨臺北市黨部主任委員，各縣市選舉小組的召集，又係國民黨縣市黨部的主委或國民黨的黨員，他們在行動上雖然由這幢房子走進那幢房子，在意識上如何分開政與黨？我們實在不够聰明來信服。

一九四八年筆者曾到美國去參觀他們該年的大選。選舉那一天，我在西雅圖。由市議會的人陪同我看了許多投票所。當天在投票所裏的監察人，完全係共和與民主兩黨的黨員。當夜的兩三點鐘，失敗一造的總統候選人，聽到各州選票大致的報告，立刻即向得勝者發出賀電。這個賀電包含兩個意義：一係向得勝者禮貌的恭賀；一係向國人承認選舉結果的公平。承認選舉結果公平的心理根據，即由於失敗者也有黨員在全國各投票所代他監票。美國的投票所可以讓人參觀的，祇是投票的幕內（booth），不許任何人隨投票人進入。這乃是秘密投票的必要條件。所以省政府最近的命令，禁止人參觀投票所，也未免太使選政神秘了。

我們要求有同意公正人身份的權利，不能因為過去兩屆選舉有不平的經驗，而解釋為我們不信任政府的選政。但是政府黨既歡迎我們提名競選，我們以國家合法政黨的地位，對於公正人的同意，政府黨應當尊重我們這點參加競選的心理保證。有了這點心理保證，我們失敗了，才能發出向國人承認選舉結果的公平。假使我們不能明瞭公正人的身份，我們當然在心理上無所保證，使我們代表一個合法的政黨，向國人保證選舉的結果。

參加公正人身份的同意，無絲毫便利兩黨候選人的能力。但是投票所中，參加第二者第三者身份的公正人，最重要的意義僅是使兩黨有資格公開向國人保證選舉的結果，以挽回過去因選舉所失的人心。這一點意見，我願沈重的反覆言之。我們認為人心重要；所以我們願鼓勵黨員參加競選。我們認為人心重要，遠在黨員當選之上；所以我們注重競選的公平。筆者這篇言有盡而意無盡的短文，係抑不住的情緒流露；希望執政黨能有最後的考慮，尊重我們同意公正人身份的權利。

四六、四、一〇

有關臺省地方選舉的幾個問題

沈雲龍

臺灣省第三屆臨時省議會議員及各縣市長選舉，將於本月二十一日由全省選民在各縣市分別投票改選。現在，經各政黨提名的候選人，或是以個人資格參加競選的，俱已完成登記手續，正由政府辦理選舉事務機關審核是否合格，俟公告後，即可展開投票前爲期僅有十日的正式競選活動。據初步統計：本屆臨時省議會議員規定名額增爲六十六名，登記競選之候選人計一百三十六人；全省縣市長共二十一名，登記競選之候選人計四十六人。將來會不會仍和往常一樣，在競選活動期間以迄投票前夕，尚有候選人臨時讓賢撤銷登記之事發生，目前自無法推測。然以現已登記的候選人數，與上屆選舉候選人數比較，大體情形彷彿相似。按上屆省議員五十七名，候選人爲一百二十二人；改選縣市長十九名（苗栗、臺東兩縣縣長任期未滿除外），候選人爲四十人；兩者平均都不過是在兩名稍多的候選人中圈選一人，本屆候選人與規定產生名額亦復是二與一之比略强。故登記參加競選的，無論是省議員或是縣市長，都不十分踴躍，已極顯明。同時，更就候選人申請登記前後種種迹象來觀察，不僅本屆競選熱烈程度，尚不盡如理想，甚而還有若干有關選舉問題，在實質和趨向上，都使我們益增困惑，玆分別言之如次：

政黨提名制的紆迴曲折

首先要談的是政黨提名制的問題。在三十九年臺灣省準備開始實施地方自治時，關於有關選舉法規草案的擬訂，原本仿照國大代表立法委員選舉罷免辦法，對於有被選舉權的候選人，曾有選民簽署或政黨提名的規定，嗣經主管機關的審核，祇採取了選民簽署，而排除了政黨提名。四十二年八月，修正省議員及縣市長選舉罷免規程，則又取消了選民簽署，改用候選人申請登記的辦法。但至四十三年第二屆地方選舉之前，執政黨對於黨員競選省議員及縣市長，即單獨採取對外不公開的黨內提名制，並嚴格限制其黨員非經黨提名不得參加競選，違則予以開除黨籍處分，以減少黨員間相互競爭的糾紛。此種辦法雖也有不少流弊，如用不正當方法爭取提名以及少數人包辦提名等等，然大體說來，執政黨對政黨提名制的重要性，似已有相當的認識。惟其他政黨以政黨提名候選人在地方自治法規中是找不出根據的，因而仍由其所屬之少數黨員，以個人資格申請登記參加競選，並未實行政黨提名，以致上屆地方選舉由「一黨提名」進而造成許多縣市「一人競選」的現象，其故即在此。

上屆選舉結束之後，臺灣省政府以地方自治法規雖經修改，但仍發現若干缺點，乃再度延聘專家，從事修正。筆者當時即主張應將政黨提名制予以明白規定，使所有政黨對於地方選舉均能公開提名候選人，以「公平競賽」的方式，取決於多數選民的抉擇。這樣黨與黨之間在選舉中的競爭，不但可以建立政黨政治的常軌，並且較之執政黨以一黨的力量分別與散漫無組織的個人去競爭，敗固不值得，勝亦不十分光榮的現象，總要好得多！從另一方面來說，如果政黨提名制能够明白規定於地方選舉法規之內，對執政黨固無若何損害，而其他政黨準備參加競選的，則可藉此獲得合法保障，既無庸隱藏身份，費人疑猜，更無所恐懼於意外的干涉，「敵黨」「異黨」的帽子決不會暗中給你戴上。如此而使政黨平等和選舉自由的意義，能深進一層爲選民所了解，對地方自治前途是大有裨益的。（參看拙著「看臺灣選舉、念民主前途」及「對於修改臺灣省地方自治法規的意見」兩文，載四十三年民主潮四卷五期及十一期）可是後來臺灣省政府於四十三年十一月再度修正公布的地方自治法規，祇是在枝節上注意，而對最根本的問題，並未能採納政黨提名制，這是非常遺憾的！

去年十月間，青年黨及民社黨的負責人聯名致函國民黨當局，提出有關本屆地方選舉的五項建議，其第一項即是修改選舉法規，確立政黨提名制度，其餘爲共同辦理選舉、共同監察選舉、確保選舉自由、公布軍眷選民名額等項。然事隔四五個月，迄未答復，直到上月十八日始由中央社傳出「有關方面」消息，謂國民黨當局之所以不答復，認爲五項建議係屬政府權責之事，而非黨的事情（見上月十九日各報）。其實，國民黨是執政黨，過去以黨訓政，相沿至今，還是以黨領政的；至於政府主管方面表示，則認爲政黨提名制在原則上可以接受修改，但以時間來不及爲推託。其實，無論從上屆選舉結束或是從去年十月青民兩黨建議之時起，如果決定修改選舉法規，時間是够充裕的，問題祇是在執政黨有無此雅量與誠意而已。

現在，本屆選舉執政黨一面正式對外公開提名候選人，一面表示歡迎青民兩黨亦同樣提名參加競選。青民兩黨爲適應事實需要及輿論期待，業已先後正式公布其提名候選人。較之上屆選舉，自是一大進步。不過，我們注意的是：執政黨既然了解地方選舉政黨提名制的重要，何以又吝於修改選舉法規，而不肯痛快的將政黨提名制予以明白規定？其顧慮殊難令人索解！假使在三十九年實施臺省地方自治之初，對於地方選舉即開始實行政黨提名制，豈不省却許多自找的麻煩？然而直到如今，還是要繼續在紆迴曲折的途程中前進，讓一些不成其爲理由的理由來阻滯我們的行程。自清末以來，所有爲創建近代國家及民主政治的一切努力，不曉得走了多少紆迴曲折的寃枉路，到現在還是沒有能使眞正的民主憲政和地方自治略具規模，其間固由於若干事勢的牽制，但由於我們這一輩子的愚昧自私，也是不能不負最大責任的。

本屆選舉候選人的分析

其次，我們試就四月十日聯合報載本屆選舉業已登記審查合格的候選人數及最近宜蘭、臺北、苗栗、基隆等縣市縣有人撤銷登記情形，加以分析：

（一）屬於政黨提名的，除少數因故未能申請登記及資格審查不合者外，實計①省議員候選人五十八人：內國民黨五十三人（原提名五十五人）、青年黨二人（原提名三人）、民社黨三人（原提名五人）；②縣市長候選人二十四人：內國民黨二十一人、青年黨一人（原提名二人）、民社黨二人（原提名三人）。

（二）屬於非政黨提名而以個人資格登記競選的，包括多數無黨無派及少數有黨籍者在內，計①省議員候選人七十四人；②縣市長候選人二十一人。前者較政黨提名的人數爲多，後者則略少於政黨提名的人數。

（三）多數縣市的省議員候選人，相當於規定產生名額的一倍或一倍以上，其不及一倍者，有臺北、彰化、雲林、嘉義、臺南、宜蘭六縣。據報載基隆市已有一人放棄，勢將爲一人競選現象。

（四）縣市長候選人中，四人競選者爲苗栗一縣（報載已有二人表示放棄）；三人競選者爲臺北市及桃園、新竹、花蓮三縣；仍保持一人競選者爲屏東、澎湖、臺北三縣；其餘縣市均爲二人競選，但有不少係「陪選」性質。

以上分析，在競選活動前後，候選人數不免尙有變動。但從而可知本屆選舉國民黨所提候選人數，遠非青民兩黨所能匹敵。青民兩黨何以提名候選人如此之少？據青年黨於提名時聲明：「基於當前情勢，一方面由於現行選舉法令之尙多缺陷，致準備競選者不無顧慮；一方面由於行憲以來政黨政治之建立，尙未臻於建全，故此次提名候選人未能遍及全省各縣市。但此種審愼考慮之決定，正足以表示在野黨配合執政黨之最大誠意。」這就不難看出在野黨提名候選人數過少的原因所在。如果在臺省實施地方自治之始，即確立政黨提名制度，相信候選人數不致如此過分懸殊的。

說明白一點，今天執政黨想法和做法，相當複雜，一方面希望其他政黨能够同樣提名熱烈參加競選，以免號稱「民主的選舉」場面過於冷落；另一方面又唯恐其他政黨參加競選過分熱烈，致原來「內定的選舉」受到阻礙。即如在執政黨業已提名之後，青民兩黨尙未提名之前，上月十九日各報所載中央社發布國、青、民三黨有關本屆選舉的消息，似乎公正無偏的作客觀的報導，實則重點乃在根據所謂有關方面來代替執政黨對青民兩黨五項建議（見前述）的避不答覆而作一具體的答覆，以顯示執政黨之所以拒絕青民兩黨建議是有其充分理由的。青民兩黨負責人爲應付這一新聞攻勢，會先後發表談話，有所說明。可見執政黨與青民兩黨對本屆地方選舉所持看法，是有相當距離的，這個距離也正足以說明政黨平等合作之不易。現在，省縣市選舉事務機關，完全爲屬於執政黨籍的所主持；各級選舉監察機構，亦以屬於執政黨籍者（包括所謂公正人士）佔絕大多數，則青民兩黨縱使能提出與執政黨相等人數的候選人，是否可以在本屆選舉中獲得公平競選？也是一極大疑問。

就目前選舉形勢來看，執政黨實佔有絕對的優勢。以其執政歷史之久，握有權力方面之廣，黨部控制選舉過程之嚴，擁有各類人民團體之衆，監察選舉機關靈活運用法令與司法配合國策之便，以「陪選」代替「一人競選」之妙，乃至屬於黨營官營或接近黨營官營報章雜誌之多，在在都有利於其所提名的候選人，決非在野的少數黨及無黨派的候選人所能與之競爭，其必然在本屆選舉中將獲得決定性的勝利，自然決無問題。不過有一點我們必須注意的，即此次執政黨所提澎湖、彰化、基隆等縣市長候選人，是在實施民選前即已任職該縣市長而民選後復又連選連任一次者。按三十九年四月，最初公布的「臺灣省各縣市實施地方自治綱要」，第二十條原規定縣市長任期三年，連選得連任。四十三年十一月，修正該條爲縣市長任期三年，連選得連任，但以一次爲限。是對縣市長之任期，已有明白限制，以免連任而至於無窮期，規定較爲周密。但此類業已連任一次的縣市長，現仍繼續參加競選，這是不是與現行法令有背？有人解釋現任縣市長任期，應自實施地方自治綱要修正公布之日起算，不溯及既往，這豈不是又與修正該項法令之原意相反？設若此類候選人仍可繼續當選（現澎湖縣長僅一人競選，當選已無問題），則一任縣市長可以穩坐九年乃至十餘年，此在以往「官治」「黨治」時期尙且不多見，今於民選時期反有此特殊現象。試問實施地方自治六年之久，縣市地方行政人才竟然如此貧乏，連執政黨亦提不出新的人選，非使現任縣市長一再競選連任不可，這能不令人大感憂慮嗎？

兩件有關選舉的「巧合」

在本屆選舉候選人登記聲中，有兩件極可注意的事情：一是公務員懲戒委員會對黃千里的休職處分；一是大法官會議對國大代表不得兼任省縣議員的解釋。公務員懲戒委員會與大法官會議，俱有其獨立行使的職權，我們無理由可以相信是一種配合，但由於時間上的不先不後，不能不說是一種「巧合」。因而這兩件事對於本屆選舉，也就有其不大不小的影響。

先說黃千里的休職處分問題。黃千里競選上屆臺南縣長是失敗的，此番由青年黨提名及選民的敦促，再度出而競選。當他開始部署競選準備的時候，公務員懲戒委員會以其前任臺北市工務局長承辦双溪水源工程被彈劾有案，雖已事隔兩年餘，忽於本年初宣告結案，予以休職六個月的處分。依照臺灣省縣市長選舉罷免規程第八條的規定，凡經撤職休職懲戒處分，或停止任用期間者，不得爲縣市長候選人。因而有人懷疑這恐怕是打擊非國民黨籍有力競選人士的另一手法。在黃千里本人認爲他離職期間業已超過休職處分時間，是否尙受此項限制，曾呈請臺省民政廳長兼選舉監督解釋。但連震東廳長認爲黃千里所受六個月的懲戒處分，其開始執行日期，應爲一月九日，至七月八日始期滿，自不能參加本屆縣長競選（見上月二十九日各報）。此在其本人對休職處分與競選時間相值如此之巧，當然不能無憾；但問題最重要的還是在公務員懲戒是否可以因人因時而有緩期執行與不執行的伸縮性？如所周知的首屆民選高雄縣某縣長，在未競選前，原任該縣建設局長，任內會犯有盜伐森林貪污案件，經依公務員懲戒法予以停止任用六個月的處分，但當時因命令尙未執行，即已參加競選，並於四十年四月當選高雄縣長。同年七月，經行政院及內政部愼重考慮後，認爲此項處分仍應執行，乃電令省政府遵辦，派員代理該縣縣長職務，俟六個月期滿後再行復職（見四十年七月十三日報載）。現在黃千里的休職處分較停止任用爲輕，而一則可以緩期至競選當選後始予執行；一則連競選亦不許其參加，事隔六年，竟有如此厚薄之不同。又如道路儁曾任中央某部部長，在其任職期間，亦以前任某項公職因案受到休職處分，但迄其離開部長職務接任某公營銀行董事長到如今，此項處分並未執行。假使公務員懲戒處分而有此兩個先例，則獨對離職已久而現在「無職可休」的黃千里，藉休職處分以使其不能參加競選，豈得謂事理之平？

再談大法官會議的解釋問題。上月廿二日，即本屆選舉候選人申請登記之第一日，司法院公布大法官會議解釋國大代表不得兼任省縣議員。此項解釋對於執政黨已公布提名之候選人勢必有少數發生變化，即其他政黨原已準備參加競選的也有某些人不免受到影響。但截至上月三十一日候選人申請登記截止，執政黨並無正式更動部份候選人的消息，是對大法官會議的解釋並不甚重視，而其原提名候選人之具有國大代表資格者，表現亦不一致，有的放棄申請，有的仍然辦理登記。據臺北縣選舉事務所表示，大法官會議此項解釋，似係由候選人當選後，任擇其一，再行辭去國大代表或省議員，故仍應接受申請登記。並且據準備參加省議員競選執政黨籍之王蘭（臺北縣）、非執政黨籍之吳三連（臺南縣）等聲明，寧可辭去國大代表，決不放棄競選省議員（見上月廿六日聯合報）。現在國大代表之競選省議員者，除嘉義劉傳來、彰化呂世明外，俱已完成登記手續。似此，大法官會議解釋是一回事，實際情形又是另一回事。既不能於選舉前拘束其競選，必待當選後始能任擇其一辭職，如不能當選仍可保持原來國大代表資格。然則司法院恰巧於候選人申請登記之第一日，即時公布大法官會議的解釋，豈不令人徒增困惑？

限制助選與強制投票

臺省地方自治選舉，近年來有一種退步的現象，即投票率之顯著降低與廢票率之顯著增加。例如上屆選舉，苗栗縣選舉省議員的投票率，竟低到百分之五十四；臺北市爲首善之區，其選舉省議員及市長的投票率，亦不過百分之六十六；而在「一人競選」縣市長的七縣市中，屏東縣選民所投廢票竟佔投票總數百分之二十八；其次，臺中縣選民所投廢票亦佔投票總數百分之十四。可見選民情緒冷淡，對投票並不感多大興趣，甚且表示厭惡。這其間當然包含有很多複雜因素，可能由於選民對地方自治某些措施的不滿，也可能由於選民對執政黨代爲選定的某些候選人，認爲並非自己所理想的人選，而又別無選擇的機會，遂以放棄投票或故意投下廢票，作爲消極的抗議和洩憤的表示。如果出之於這樣的情形，就很値得政府虛心檢討，從根本上去考慮如何改進了！

最近臺灣省政府爲謀求本屆選舉率的提高，曾通令各縣市於本月十日前召開里民大會，由主辦選舉事務人員切實宣導，激發公民政治興趣，於投票之日踴躍參加投票，並規定各機關學校應飭令所屬公教人員一律參加投票，無故不參加投票者，以曠職論，由各該機關學校將此項人員列册報府查核（見上月十九日各報）。有些縣市且訂定選舉工作競賽辦法，以鄉鎭爲單位，分別競賽，如投票率在百分之八十五以上者，依照名次頒給奬狀及紀念奬品，規定價値自四百元至八百元不等，由鄉鎭長、民政課長、村里長、協辦選舉人員比例攤分（見上月二十二日公論報）。這些捨本逐末的辦法，以强制投票來剝奪選民不投票的自由，是非常不合理的。

依據臺灣省政府制頒的「妨害選舉取締辦法」第四條的規定：現役軍人及警察、辦理選舉事務人員，各級公教人員及自治人員，不得協助候選人爲競選活動，違者經查明屬實後，送主管機關依有關法令之規定，從嚴處罰。現在省政府明令督飭公教人員非參加投票不可；縣市政府更以精神的物質的奬勵基層自治人員及辦理選舉事務人員去宣導選民，使其踴躍投票，這與「妨害選舉取締辦法」嚴禁上項人員不得從事助選的規定，正成一「絕好對照」。不知强制投票與限制助選之間，究有幾許差別？假若公教人員奉命投票都集中於某些被指定的候選人，而基層自治人員和辦理選舉事務人員大力宣導選民的選票，亦復是同樣的情形，則投票率固然可以增加，但這不能不說是一種助選行爲。依照規定，就應從嚴處罰。可是從强制投票及遵令宣導的立場來說，不僅可以免除曠職處分，還可以從選舉競賽中獲得奬狀和奬品的代價。政府法令可以如此自相矛盾，也就無怪人民視同兒戲了！

其實，依據現行選舉法令，並無最高投票額的限制，只要得比較多數票即可當選；若是「一人競選」的話，就是僅有一票也可當選。候選人得票之多寡，以及選民投票與否，並無關重要。所以，本屆選舉縱使各縣市投票率都能提高到百分之八十五以上，如不是出於多數選民的自動投票，能說是眞正的民主選舉嗎？極權國家的選舉投票率，往往會高到百分之一百，也無人能相信其眞實可靠性的。

自治乎？官治乎？黨治乎？

臺灣省實施地方自治，業已六年，臨時省議會議員、縣市議會議員及縣市長，均由民選。雖立法院對省縣自治通則到現在迄未審議通過，致臺灣省自治未能實行，但能夠提前實施縣市地方自治，未始不是一差强人意的擧措。可是細按六年來實施自治的成果，祇不過徒具形式，實質上依然不脫「官治」及「黨治」的範圍。譬如：

（一）民選之臨時省議會的職權，依其組織規程第三條之規定，列舉有九項之多，除議決省單行規章須咨由省政府報請行政院備案及審議省預算不得爲增加支出之提議外，其監督省政之權力不爲不大。但依同規程第二十二、二十三、二十四條之規定，則實際握有最大權力者，乃爲行政院而非臨時省議會。因臨時省議會議決案咨送省政府執行，而省政府延不執行或執行不當，雖經請求說明理由，但仍認爲不當時；或省政府對臨時省議會議決案認爲不當，經送請覆議後，仍認爲不當時；均得報請行政院核辦，是最後決定權，完全操之行政院，無形中使臨時省議會之職權大爲減削。其尤有甚者，行政院可以藉口違反國策而糾正撤銷臨時省議會議決案，並有權解散臨時省議會依法重選，萬一其過咎在省政府，則並無改組省政府之明文規定。是此項法規所賦予臨時省議會之職權雖大，而實際則限制重重，甚且有名無實。

（二）縣市長雖由民選，但依「臺省各縣市實施地方自治綱要」第四十七條之規定，省政府對縣市長之奉行上級政府委辦事項辦理不力或抗不遵行者，得經省府委員會議決及臨時省議會同意予以免職，並令依法重行改選；而在戡亂期間，臨時省議會未同意前，省政府亦得先予停職派員代理。是民選之縣市長除可以由人民依法罷免外，省政府亦得以命令免職或先行停職。如上屆嘉義縣長李茂松之因案停職，雖司法部份迄未確定，但由於省政府之命令停職，即是一例。

（三）民選的本省籍縣市長，其實權多操諸官方或黨方指派的主任秘書之手，致形成無權無能的現象。縱使縣市長本人有能力有抱負，但由於法令的束縛及事實上的牽掣，多無法發展其才能，祇有遵從上級政府的監督和控制，事事奉命而行，無以副地方選民的希望。

（四）今天臺省縣市地方自治，業已成爲縣市政府、縣市議會、執政黨縣市黨部鼎足而三的分治狀態，實際上以執政黨縣市黨部的權力最大。一方面直接指揮監督其從政黨員的民選縣市長，一方面運用黨團組織控制縣市議會的絕大多數，使「黨意」不以「民意」爲從違，而處處高出於「民意」之上。其以黨干政的作風，較過去大陸爲尤甚。

本來，地方自治的目的，應以促進人民和諧合作，發展地方事業，增進住民福利爲第一義。換言之，地方人民對其切身相關的地方政務興革問題，應有自決自治的權力；對地方行政首長、議員、自治人員，應有自由行使選舉罷免的權力；這是「主權在民」的眞正涵義，也是近代民治國家立國的基礎。不僅與以往從上而下由中央設官分治的「官治」不同；並且與過去訓政時期一黨專政的「黨治」尤有區別。但是臺灣省六年來實施地方自治所顯示的，有如上述情形，一方面保持「官治」的殘蹟；一方面承襲「黨治」的遺風；此兩種現象如仍繼續相沿不變，則眞正的地方自治勢將受到更大的損害，而至於面目全非。此一極可憂慮的根本問題，不去迅謀糾正，單單注意本屆選擧的得失，是無關宏旨的。因此，筆者最後特別提出來，以促請關心臺省地方自治者作更深遠的考慮！

四十六年四月十日

臺灣省政府公路局來函

頃讀貴刊第十六卷第七期讀者投書（四）劉無欲先生之「公路局不應停售學生月票」一文有關本局學生月票之發售問題茲簡單答復如次：

㈠本局發售學生月票數字日漸增多本年元月份已發售二一九四張以每車平均運載五十八人計共需大客車四三九車次本局現有大客車六九一輛即每晨上學時間需以大部份車輛運輸學生學生月票發售過多車輛無法容納且學生乘車之時亦係軍公教人員上班之時間交通極度擁擠交通處於上年十月間分區召開會議時會會同教育廳商定：本局發售學生月票數量以每營運路線每晨八時以前開出班車（每車以五十八人計）容載量百分之八十爲最大限度滿額即予停售實際上軍公教人員通勤者不止百分之二十故有時旅客被排擠有時學生被排擠羣向車站指責至有少數學生因限於名額未能購到學生月票本局並不否認但本局發售學生月票之後即須負責適時運送學生到達學校上課如發售五十張即須派專車一輛若發售月票而無車輛則其後果可能更壞至謂一般旅客能購到普通客票上車即須發售月票在事實上並不如此簡單。

㈡本局發售學生月票數量實已超過本局所能負擔之運輸能力去年暑假開學後交通處在各區召開會議商討配售學生票問題學校及教育當局一致要求本局儘量設法經詳加研究勉採下列辦法：（甲）停開北基線直達車往返共十次調至木柵及十八份運輸學生。（乙）租用中華服務社豐原及屏東客運公司大客車四輛作爲學生專車由本局每月負擔租金二萬三千元。（丙）調本局附屬單位交通車四輛運輸學生以上種種實已盡最大之努力。

㈢學生乘車問題一年比一年嚴重教育廳於今年元月廿六日在臺中召開中等教育會議時對於學生通學交通之困難已深爲了解會議決從根本上如建築宿舍分區招生方面着手但能否於短期內實現似屬疑問今年暑假以後學生必更加多學生月票之需要數量亦必增加屆時如何處理實爲社會及教育問題決非交通機關單獨所能解決。

以上所述係本局辦理發售學生月票之經過實情煩請

貴刊惠予披露藉使一般學生及家長有所諒解則幸甚矣。此致

自由中國半月刊編輯委員會

臺灣省政府交通處公路局啓

四十六年四月五日

美國憲法所保障之信教自由

周道濟

美國聯邦憲法修正案第一條規定：「國會不得制定下列法律：確立宗教或禁止信教自由；剝奪人民言論及出版之自由；剝奪人民和平集會及向政府請願之權利」。此一規定，實為保障人權之骨幹。雖然，就效力言之，它僅能拘束聯邦政府，但由于各邦的憲法，均有此項規定，且聯邦憲法修正案第十四條之適當法律程序條款，亦可加以使用（註一），故實質上，各邦同樣地受到不得干犯這些自由的限制。

本文的目的，乃在于擇取有關的重要判例，以探討美國所謂信教自由之具體內容，故在態度上，近於「述而不作」。但此並非謂筆者對於文中所述及之判例，俱表贊同；不過藉之說明一個事實——即美國的信教自由確係如此而已。

為便于說明起見，茲分為四目，述之如次：

（一）政教分離原則

政教分離為美國文化的一大特色。在歷史上，尤其是西洋歷史上，用政治力量推行宗教，用宗教力量干擾政治，致引起劇烈的紛爭，其事例蓋不勝枚舉，而美國對于教會組織，獨能自始即任其自己管理，自己發展，實屬不易。

所謂政教分離，在美國，係指：根據憲法禁止確立宗教之規定，而形成之教會與國家之間的隔牆（Wall of Separation Between Church and State）而言。按教會與國家之間的隔牆，首先為傑佛遜（Jefferson）所倡導，自一八七八年，經聯邦最高法院院長懷特（Waite）在 Reynolds v. United States 案件中，正式引用後，更深植予美國人的心田中。但是，根據聯邦最高法院的解釋：這層隔牆之作用，並非欲使宗教與國家互相敵對或互不相干，而係迫使聯邦政府或邦政府，均不得成立宗教或實際推進任何教會。

事實上，國家往往給與教會（當然不是某一教會）很多優惠。例如：國會於每次開會之前，都敦請一位牧師做簡單的禱告；認許並支持軍中牧師制度；豁免傳導者及神學院學生的軍事徵調；豁免宗教機構繳納賦稅（註二），並使其不受社會安全法案（Social Security Act, 1935）的拘束；在禁酒時期，對于宗教祭禮所用之酒，不加禁止；對于良心上反對作戰的信徒，豁免其受嚴格的軍事訓練……凡此種種，從來未被認為違反第一條修正案（註三），

因此，關于上述隔牆應否存在之問題，雖免引起一般人士的懷疑。若干人且認為：第一修正案禁止確立宗教之規定，不過意在阻止政府對于某一信仰、宗教、或教派，給予較優之待遇而已，並非欲于教會與國家之間造成一道隔牆。針對此點，聯邦最高法院在 Everson v. Board of Education（1947）案件中，力斥其非，該院謂：

「第一修正案禁止確立宗教之條款，至少含有下列意義：①凡建立教會，通過法律資助某一教會，所有教會，或厚此而薄彼；及違反人的意志，強迫其加入或脫離某一教會，聯邦政府或邦政府均不得為之。②任何人不得因嚮往或信仰宗教，或參加宗教集會而受罰；反之，對于不嚮往或不信仰宗教，或不參加宗教集會之人，亦不得處罰。③對于各種宗教活動或宗教組織，不論其名稱如何及在誨導或實行教義上所採取之方式如何，均不得向一般人民課任何數目的稅收，予以支持。④聯邦政府或邦政府均不得公開地或秘密地參與任何宗教組織的事務，反之，任何宗教組織亦不得干預聯邦政府或邦政府之事務。此正如傑佛遜所云，禁止以法律確立宗教之條款，乃欲于教會及國家之間，建立一層隔牆」。

易言之，國家對于教會縱有前述種種優遇，但不能執此以否認政教分離的原則。

據一九五五年的統計：全美國的教堂約有二十五萬四千所之多，擁有教徒共八千二百餘萬人，這些教徒分屬于二百五十六個不同的教派。由于它們各有不同的背景，故彼此間常有紛爭，而這種紛爭又往往牽涉到教會經費或財產的問題。本來，美國法院可以根據已公佈的財產法律來處理這些案件，以進而干預或仲裁各種宗教之理論與實際，但它們都避免這樣做。它們認為：「凡屬于某一宗派的教會，既受該教派僧侶團（hierarchy）的統管，則其教徒自應服從他們自己教會當局所作的決定」。例如：自一九一七年，俄國發生布爾雪維克（Bolsheviki）革命後，在美國的俄國正教會（Russian Orthodox Church）內，便醞釀着一種脫離運動。不久，主張脫離的教徒們遂宣告獨立，並聲明：他們已脫離莫斯科的母教組織及教長的統轄。後來，他們復從事于獲得該教教產及教會職銜的工作。恰巧，在一九四五年至一九四八年之間，紐約邦議會通過了若干法律，以便幫助他們自治獨立，並使他們不致受到無神論及顛覆份子的影響。於是，脫離的教徒們便根據這些法律，企圖將仍奉莫斯科教會命令而佔有該教教產的人排除。但在一九五二年的 Kedroff v. Saint Nicholas Cathedral）案件中，聯邦最高法院認為：紐約邦的此項立法是違憲的，該教教產應留給忠于原來教會組織的教徒。由此可知在政教分離原則下的美國，教會與國家關係之一般了。

（二）敎會與學校

以上所述，爲敎會與國家之一般關係；本目則進而論述在政敎分離原則下，敎會與學校之特殊關係。

本來，敎育與宗敎的宗旨都在謀求人類的進步，二者之間的密切關係只須略微提及傑佛遜和梅恩（Horace Mann）二人，便可看出。傑佛遜是美國人權法案的主要提案人，在此之前，他又是佛吉尼亞邦宗敎自由法律的提案人（這條法律廢除了「佛」邦的英國敎會），敎會與國家必須分開是他的一貫主張（註四）。但傑佛遜並不是對宗敎沒有興趣，他會自聖經中將耶穌所說的話加以編纂，並認爲：全國學校都應向學生敎導這些格言。梅恩是美國公立學校制度的創始人，他也主張敎會與國家應予分開；但也和傑佛遜一樣，對于宗敎的價値認識得很清楚。他在論及學校創辦的目的時，曾以誘導詢問的口吻說：「它們是否須培養兒童天性中的最高才能——良心、仁愛、以及對眞理及神聖的尊敬？或只是發展人類的低下本性和自私傾向？」

因此，敎會與學校的關係，如何根據政敎分離的原則加以劃定，殊爲困難。同時，由于許多敎會學校的存在，更增加了它的複雜性。玆特就各有關「個案」中，擇其犖犖大者，予以剖述，以期能獲得比較具體之瞭解：

（1）父母擇校的自由

在美國，父母遣送子女入學，有擇校的自由。他們所選擇的學校，可以是公立的，也可以是私立的或敎會辦理的。從前，奧立岡邦爲了阻止學生就讀于私立學校或敎會學校，曾特別制定了一條法律，强迫自八歲至十六歲的兒童必須就讀于公立學校。但聯邦最高法院在 Pierce v. Society of the Sisters（1925）案件中，認爲：這條法律未經過適當法律程序而剝奪人民的財產（對私立學校及敎會學校而言），顯然違反憲法修正案第十四條之規定，應屬無效。同時，該院並强調說：「兒童並非是某一邦的小動物；邦不得利用强迫他們只能接受公立學校敎育的方法，試圖使他們標準化」。

但所謂父母擇校的自由，並不是說：學童的父母對于邦當局的敎育法令可以棄置不顧。例如：由于賓夕凡尼亞邦規定强迫敎育年齡至十七歲時爲止，舊律亞米西敎會（The Old Order Amish Church）的敎徒們便訴請：當渠等之兒童年屆十四時，可不受强迫敎育法之拘束。此項要求，卻未爲該邦最高法院所接受，因爲該院認爲：「有關學校的法律，較宗敎上良心的要求，尤爲重要。」

（2）敎科書免費問題

路易西安那邦有一條法律，規定可以用公款來供給學校課本于邦內各學校的學童（不只是公立學校的學童，即私立學校或敎會學校的學童亦包括在內）。在 Borden v. Board of Education（1929）案件中，聯邦最高法院支持這條法律，理由是：「受益者只是學童們和路易斯安那邦，而非學童們所就讀的學校」。

（3）讀經問題及穿着敎服問題

若干邦禁止在公立學校中作關于敎派義蘊的講授（包括宣讀聖經在內），但多數邦則允許或規定敎師們可在學校中宣讀聖經，不過，它的範圍，也只限于宣讀而已，不能再進一步對于所讀的經文加以評釋。又所謂「經」，不能顧名思義，認爲它僅指聖經，按照法院的解釋，若干不屬于某一敎派的文典亦可包括在內。例如：有一名叫道里麥斯（Doremus）者，認爲新澤西邦允許讀經的法律不合憲法，乃控之于該邦的最高法院，而該院則稱：「舊約與公禱文，並非屬于那一敎派的經典，從而，在本邦的公立學校中，准于宣讀，自不違反聯邦憲法及本邦憲法」。

至於在公立學校中穿着宗敎服裝，有些邦的法律亦加禁止，如：內布拉斯加、北達柯塔、奧立岡、及賓夕凡尼亞等是；此外，紐約邦的法院判決也曾禁止此種行爲，而新墨西哥的法院則譴責此種行爲顯屬不當。惟在其他各邦，尙未發生此項問題。

（4）贈發聖經問題

關于在學校中贈發聖經，是否合法，在新澤西邦亦曾發生訟案。爰有一新敎團體稱爲 Gideons International 者，爲了爭取信徒，常于旅館送院中贈發聖經，後來，該團體得寸進尺，竟在公立學校中，將新約及其他宗敎書籍贈發給學生，因此，引起了天主敎會及猶太敎會的反對。結果新澤西最高法院判決：「地方敎育當局，准許此項行爲，實違背了聯邦憲法及邦憲法的規定」。

（5）供給學生交通車問題

一九四七年，聯邦最高法院處應了一個有關敎育和確立宗敎問題的重要案件——Everson v. Board of Education，關於該院在此案中所强調的原則——政敎分離，吾人前已敍述，毋庸復贅；此處吾人擬提出者，乃法院對于此案本身之爭點所持之態度。原來，此案所爭執的問題爲：邦政府對于敎會學校供以校車，是否爲一種資助行爲，因爲根據新澤西邦的法律，公家的校車（用人民稅款維持的）可以用來接送敎會學校的學生，而有些人則指責邦政府的這條法律，無異確立宗敎。結果，聯邦最高法院以五對四的票決，認爲：新澤西的這條法律，並不是資助宗敎，而是一種安全措施，它與派一名警員在學校附近的十字路口站崗，固無兩樣。

（6）被釋時間（released time）

在教會——國家——學校之間最近所發生的案件中，爭執最烈的，厥爲「被釋時間計劃」，根據這個計劃，學校在某一上課時間，可任令學生去參加宗教班。因爲在美國，很多邦的公立學校于每週課程中，都劃出一定時間，准許學童受各種宗教教育，其不受這種宗教教育者，仍然受非宗教性的普通教育，故所謂被釋時間計劃，實際上便是公立學校所採用的一種宗教教育制度。

在一九四八年的 McCollum v. Board of Education 案件中，聯邦最高法院認爲：伊里諾邦的被釋時間法律，違反了憲法不得確立宗教之規定，因爲它所說的宗教班，是在公立學校的教室內舉行的。

反之，若不利用公立學校教室，則爲法所不禁。例如：紐約市所採用的一種被釋時間計劃，乃准許公立學校于上課時間內，劃出一定時間，許學童自由離開學校，赴宗教會所，受宗教教育；而學童離開學校，則須有父母的書面許可，其不離開的仍須留在校內。但在一九五二年的 Zorach v. Clauson 案件中，聯邦最高法院聲稱：「紐約市的這種被釋時間計劃，與 McCollum 案件所述者不同，它並未利用公立學校教室，以作宗教教育之用，亦未使用公費……所以它是合乎憲法的」。

（三）信仰與行動

在美國，信仰雖屬絕對自由，而行動則不能漫無限制，故各種教派中，如果有任何一派，在信仰方面，必須遵守持別而怪異的儀式，政府方面，則希望他們不要使這些宗教儀式違背國家的法律。易言之，一個人可以依照自己的意志，信奉任何宗教，但他不可假借信仰自由的名義，違犯人民代表所制定並由法院所執行的法律。下面便是一些實例：

（1）行動野蠻：邦政府對于撫弄一條活的銅頭蛇的人，可加處罰；縱然他的這種動作係在進行宗教儀式時所爲，亦不例外(Bunn v. North Carolina, 1949)

（2）違反道德：摩門教徒（Mormons）一度奉行一夫多妻主義，而當猶塔（Utah）尚爲一領地的時候，國會即曾通過法案，規定一夫多妻是一種犯罪。在有名的 Reynolds v. United States（1878）案件中，聯邦最高法院認爲：此項法律並不違憲，且縱然摩門教徒有此行爲，亦屬犯罪。

（3）不作爲犯：孩童生病，如其父母按照渠等所信奉的宗教上的治療方法（他們相信這種治療方法是有效的），爲其醫治，而不延醫診治，致孩童不幸身死，固不犯殺人罪（Manslaughter）；但如孩童之死亡，係由于其父母令其忍餓所致，則「令其忍餓」，縱爲宗教上的治療方法，其父母亦難逃殺人罪之咎責（Regina v. Wagstaff）。

（4）拒絕參加軍訓：一九三四年有一件案子（Hamilton v. Regents of the Univ. of Calfonia），兩個加里佛尼亞大學學生因爲拒絕參加强迫性的後備軍官訓練而遭校方開除，他們以宗教立場（良心上反對戰爭）爲拒絕參加的理由，聲稱：學校開除他們係剝奪了憲法第十四修正案所保證的自由。但，聯邦最高法院對他倆的辯論不表同意，該院說：「基于宗教立場而拒絕參加軍訓，無疑地包括在他們的自由權利之內，但加里佛尼亞邦政府並未强徵他們，亦未强迫他們就讀于加里佛尼亞大學」。易言之，邦政府一經規定學生必須參加軍訓，便有權拒絕或開除任何不肯參加軍訓的身體健全的學生（註五）。

（5）拒絕向國旗敬禮：但是，基督見證教派（Jehovah's Witnesses 的國際聖經研究會會員，却可以不必向國旗致敬禮。原來，西佛吉尼亞邦的教育廳規定：「向國旗致敬禮爲公立學校活動計劃中不可少的一部分」。有一次，一位國際聖經研究會會員的兒子，因爲不肯向國旗致敬而被開除，開除之後，這位國際聖經研究會會員，又被邦政府提起控訴，政府當局認爲他疏于督促，致令他的兒子有此行爲。但，聯邦最高法院在這個案件（Board of Education v. Barnette,（1943）中則認爲：「一個人對于某種標識所發生的意念，完全根據他對該標識的見解而定；他所認爲愉快而興奮的事，也許是另一個人所認爲可笑而不屑爲的事」。因此，該院乃根據聯邦憲法修正第一條保障宗教信仰自由的精神，宣佈：「强迫一個人向國旗致敬，違反憲法第十四修正案的不得未經適當法律程序以剝奪人民自由的條款」。

（四）傳教自由及其限制

信仰絕對自由，而基于這種自由所表現于外部的行爲，則須受相當的限制，已如前述。因此，當一個人要將他的信仰表達出來，以便影響他人時，在原則上，當然有他的傳教自由，可是在方式與範圍上，便不能不有所限制。

以下便是筆者所假定的各種情況，由這些情況，我們可以很具體地看出：在美國，什麽是傳教自由，什麽是它應受的限制。

設某甲在一群朋友中，就宗教問題，作私人的討論，此時，他宜揚自己所信奉的宗教，詆毀其他教派，當然是他應有的「傳教自由」。

如果他爲了要使別人支持他的宗教觀點，而在一個公開集會中攻擊其他宗教，則除他的言論確引起騷動或破壞安寧外，不得視爲「不規的行爲」（disorderly conduct）。易言之，如果僅僅因爲他有擾亂秩序的可能，尚不足以構成犯罪；必須他的行爲即時地或實際地（imminent or actual）破壞安寧，其不規行爲的罪名，方能成立（註六）。但在前一場合，如果他因受到警方的阻止，便以無禮而污穢的言詞相抗，當即構成不規行爲的罪狀，因爲不論是宗教自由或言論自由，都不包括有權使用無禮而污穢的言語。

如果他在街頭說教，散發傳單，或敲人家的門鈴進行募捐，警員或市政當局均不得加以阻止。而且，他散發傳單或進行募捐時，不必事先獲得當局的許可；沿街挨戶，售賣宣揚教義的小冊子時，有關當局亦不得強迫他納許可費或繳稅。不過，他如果要爲教會募捐，事先須至警察局登記（非申請核准），以免或有不肖之徒，利用募捐名義，向一般人民招謠撞騙。

倘使他要利用音響擴大器或裝有音響擴大器的車輛時，根據最近聯邦最高法院的判決，亦毋須申請許可。但對于當局所規定的使用地點，時間，及音量大小等，必須遵守。

倘使他要組織一個宗教遊行隊伍通過街頭，事先必須得到當局的許可，否則，便觸犯了「不規行爲」的罪名。因爲有關當局可制定法規，禁止破壞公共交通，並訂定獲得遊行許可的條件（包括遊行路線等）。

假若他未得到對方的同意，擅自進入旅館或私人所有的建築物內，堅持不休地向不願聽講的人說教，便可能被控以「不規行爲」的罪狀。因爲宗教自由與言論自由都不包括有權干擾他人的私生活。

但假若宗教自由僅與財產權發生抵觸時，則前者往往較優于後者。例如：上述之某甲，在公司領有之市鎮（Company-owned town）的街道上，講道，募捐，或散發傳單，便受到憲法的保障，對方不得橫加拒絕。至於私人所有的財產，開放給公衆使用時，情形亦屬相同（註七）。

又如：他在表示宗教上的意見時，所贊成的事體，正好違反法律，則他很可能被控告而定罪。但，他所觸犯的法律，必須是特定而明確的（Specific and definite），如果法條本身對于該方面的規定含糊而不明確，自不能科人以罪。

綜上所述，可知信教自由在美國確已獲得相當合理的保障，同時，使我們連想到自由與法治之關係是如何地密切！

（註一）按美國聯邦憲法修正案第十四條第一項規定：「……無論何邦……不得未經過適當法律程序即剝奪任何人之生命、自由、或財產；亦不得對邦管轄內的任何人，否認其有權享受法律上平等保護」。

（註二）雖然有幾邦的憲法，對于豁免教會財產的賦稅，未予規定，而另有幾邦又將此項權到授予立法機關，但大體言之，教會財產是豁免賦課的。又此處所謂免稅，並不包括特別賦課(Special assessments)在內。見：Burstein: "Laws Concerning Religion in the United States," pp.9-10.

（註三）此外，有幾邦，爲了要表示是宗教之友，且制定了「反進化法」（Anti-Evolution laws），認爲達爾文的進化論有背耶教上帝造人的信仰，故不得在公立學校中講授之。又有幾邦，很早便制定了「週日藍色法」（Sunday Blue laws），規定安息日必須休息。這二種規定，使吾人今日讀之，誠不禁啞然失笑。(見 Newman:" The Law of Civil Rights and Civil Liberties", pp.10-13.)

（註四）參閱：Torpey: Judicial Doctrines of Religious Rights in America", p.21.

（註五）根據一九四一年「選擇訓練及服役法」（Selective Training and Service Act）之規定：凡良心上反對參加戰爭之人，如其反對理由在地方當局有案可查，可派至非戰鬥部隊服役；倘若渠反對至非戰鬥部隊服役，可令其擔任文官領導下的國家重要工作。設對于此二種派令，他均置之不理，則可加以控訴、定罪、以至于處罰。但自一九四八年，根據改訂的「徵調法」（Selective Service Act），派至文官領導下的國家重要部門工作之規定，業已廢止，凡因懼宗教上犯罪而不肯接受軍事服役的人，都可聽便。可是有一條件，即：必須是相信上帝存在的教徒才可適用此項規定，故如無神論者反對參加軍訓，則無此豁免。其用意顯在防止共產黨動搖或破壞軍事服役制度。惟上述法律，在韓戰發生後，又有若干修正——雖然大體上仍相同。參閱：Newman: ibid, pp.13-14; Ferguson and McHenry: "The American Federal Government", p. 272, pp. 627-29.

（註六）根據聯邦最高法院在 Cautwell v. Connecticut（1940）案件中的判決：如一個人的行爲，顯然並未破壞安寧，則只有在下述情況下，方屬犯罪，即：「他的行爲對于該邦實質上的利益，有明顯立時之危險（Clear and present danger），且爲該邦法律所明確規定者，始應處罰」。

（註七）關于此點，有一個頗饒興味的案件（Tucker v. Texas, (1945)。事情的經過是這樣的：基督見證教會有一位牧師，名叫 Tuker，因傳教被德克薩斯邦麥地那郡（Medina County）的法院宣判爲觸犯了該邦的刑法，該院所依據的法條是：「任何貨物或商品的小販或行商，在販賣時，如遇屋主通知其離屋而仍故意地拒絕離開該屋者，即屬犯罪」。於是 Tuker 便上訴到聯邦最高法院，辯稱：他不是小販或行商，而是一個堂堂的牧師，他之所以進入麥地那郡的的宏都航運新村（Hondo Navigation Village），完全是爲了傳教。結果，聯邦最高法院認爲：「宏都航運新村雖爲美國政府所有的財產，但已開放給公衆（從事于國防工作者）居住，與美國一般市鎮無異。故上述德克薩斯法律，不能適用于此一情形，否則便違背了憲法保障信教自由的原則」。見：Konvitz: "Bill of Rights Reader", pp. 132-4.

加拿大自由黨之政策及其成就

力元生

一　自由黨的沿革與信條

加拿大在取得英聯邦自治領地位之前，自由黨（Liberal Party）即已成立。自一八六七年，聯邦自治領成立迄今，加拿大政權，即由自由黨與保守黨（Conservative Party），交互掌握。一九〇〇以前，保守黨在普選中，迭獲勝利，但自一九〇〇年以後，則自由黨日佔上風，最近二十年來，加拿大內閣總理官邸，竟爲自由黨所獨佔。

自由黨係由若干主張改革之黨派，相互團結、合作、改組而成。初由邊疆人民不贊成聯邦自治者，如：規壁省（Quebec）的Rouges派（多數爲職業階級及反天主教權力者），及安搭利俄省（Ontario）的 Clear Gritis 黨（農區誠實知識階級之組織）等聯合而成，繼與改革黨（Reform Party）合併。其初，自由黨與改革黨之名稱，恆互相通用，其主張亦同，故「自由黨人」亦常自稱「改革黨人」，於此，可以概見兩黨之關係矣。

自由黨的基本信條，最首要者爲特別着重人類個人之自由與權利——亦即人類之尊嚴。在自由主義標榜之下，個人有權利，維護其意志自由，此種權利爲不可剝奪與更改者，人民有權利從事私人生活以及個人事務之自由。政府不得非法利用人民，而妨害其生活。自由黨主張個人的權利高於國家政府。人民在任何時間，任何情形之下，均爲政府的主人。

自由黨的政治理論，認爲政府或國家，爲個別人民自願組織的機構。該組織機構之目的，爲便於個人間的互助、與全體人民的利益；保障人民的自由，權利；根絕脅迫利用或霸道。

自由黨所從事之改革，是緩和而永久性的，但此改革，必與進步的立法相合。此種緩和而逐漸的改革作風，完全是配合實際的協調穩定情形而定。遇有必要時，公衆意見要求重大改革時，自由黨亦得贊成，即使憲法的改革亦然。因爲自由黨認爲：創立國家及其憲法的人民、與其後裔，均有改革憲法的權利。人民更應注意本身的一種義務，必使種種改革，不成爲破壞性者，或分裂性者。

自由黨擁護全國性的團結統一，此種團結統一，乃由無限之個別差異、或分歧中所產生。欲維持或達到此種團結統一的局勢，人人必得容忍或尊重彼此間的不同旨趣或觀念，人民不應有所謂軍隊化的組織，或歸納於某種標準下的劃一訓練等。政府應獲人民全體一致的承認，並得保障人民的權益。

因爲國家包括全體人民，而非由某些人民所組成，又因統一與力量，建立於全體人民的福利上，所以自由黨，擁護社會安全。對於健全的人民，應當維持其高級之生活水準，良好之工作，或創業之環境。對於種種不幸的、極老的、極幼的、殘廢的、爲國犧牲的、不能獲得正式職業的，政府應當有所特殊設置，不可盡靠慈善機構。

自由黨認爲國家或政府對於人民，以及人民對於國家或政府，不互相盡責，則亦無自由可言。爲了保證個人權利，保護個人自由，以及一個國民在一個國家中應得的利益，個人對於國家，應有義務可言。同時，自由黨主張：㈠人民應當忠於國家，並應保護其國家，不受外來侵害，並不可遭受强暴而非法的內部變亂。㈡人民得服從法律，但有充分之自由，從事法律的改革。㈢人民得捐款，支持代表，從事公務，此公務得限於人民團體之共同利益者。

自由黨人，應當使其本身，切實的熟悉公衆事務，藉以討論此種事務，而能有助於公共意見的成立，並進一步能代表其主張等、參加政黨的工作與活動。設若自由黨人，能獲得所有市民的信心，自身亦足有才幹或意向，從事公務，即可參加政治的競選活動。

以上所述，爲自由主義的主要原則。此種原則，並非出自一人之手，或經某一委員會所擬訂。此種原則，乃是由於長時期政治演變或進步所產生，甚至是經由世界各國成千之作家、政治科學家、無數的委員會或特殊會議、行政人士、以及成千的公民等思想、理想、與企求、所融會而成。此種原則，不僅已成爲一種政治哲學，且已成爲一種生活法則。因之，永不致流爲空洞的、純理論的、或教條式的。且此種原則，隨時在發展演進中——因爲一個自由的社會，是時常在增長、進步、與變化。

二　自由黨的政策

自由黨的政策與其所主張的主義完全是協調的，自由黨人，因堅信其主義不移，故所擬政策，決不與其主義相左，或有所衝突。在政府內的自由黨內閣，決不引用違背自身的法律，在議會內的議員，亦決不投票選舉不表示自身意見的方案。

無論在任何時機，任何人都能證明自由黨的主義、政策、與立法，都是一致的。祇要檢查在自由黨政府內所執行的立法或議案，即可明白自由黨種種所作所爲，是如何的依據其主義行事了。選民在從事探討一般政黨的眞正政策時，常常遭受種種阻碍或不便，但在探討自由黨的政策時，決無此類困難。自由黨的種種政策，完全被印成正式書册，存放在全國各圖書舘，藉供人民隨時查閱參攷之用。

一九四八年的自由黨會議，曾採取了廣泛的、一連串的、經過熟思遠慮的政策決議案。此種議案，非常實際而有效的涉及到加拿大人民生活與事務各方面。此乃加拿大政黨史上，最廣博的政策擬訂。並有全部記錄，大部業已完成，其餘亦在計劃完成中。因篇幅所限，此處僅擧足以表示自由黨態度與計劃的議決案：

團結國家；擴大貿易；發展農業及漁業；土壤保存與農田利用；天然富源之保存與發展；移民；運輸之改善；勞工社會地位之確定；社會安全；解決人民居住問題；榮譽（傷患）軍人之福利；健全經濟政策；外交；充實國防；政府與地方間之關係；救濟失業與提高生活水準等。

一九四八年，自由黨全國大會所一致通過之議決，可謂加拿大全國各政黨一向所擬定之主張與政策中之最有力與最生動者。該議案很快的被承認為爭取足以獲得信仰之案。因該案最足以表示自由黨的榮譽，爰為摘錄如下：

「自由黨的口號是：團結（Unity），安全（Security），自由（Freedom）。自由黨的政策，是保障個人自由，擁護個人自由，以及儘可能擴大個人之自由範圍。自由黨認為：無人可向他人使用一種不負責任的權利。自由黨之所以信仰自由，是因為人類之品格，與事業之成就，俱有不可估計的豐富淵源與多方面的變化所致。自由黨之所以信仰自由，是認為形成家庭、教會、以及種種自由團體之個人所形成的社會，遠較國家的內涵為廣，其體念亦富。

因為自由黨相信一般常人之能力與判斷力，故亦相信自由可能產生的進步；又因為自由黨擁護自由與進步，故亦擁護全體人民的安全，蓋安全始可給予人民更多的自由，與更充實的生活。

加拿大的自由主義，是完全反對共產主義的。

自由主義，是自由黨一種戰鬥的信仰，並非呆板的教條。此種信仰，可以時時自新，並於擊破每一新的目標時，充實其自身的生命。自由黨時時在注意着每一個新的時代的新問題，並在久經驗證的理論指導下，採取新方法解決之。

自由黨認為自由與安全是不可分的，因此自由黨主張：

①擁護個人與家庭之重要性與尊嚴。

②擁護維持並擴大政治自由，藉以保障經濟的與其他方面的種種自由。

③擁護議會與立法機構；擁護人民所選舉的行政人員，執行政府對人民的責任。

④擁護以民主方式所組織之政黨的存在，並促進各政黨的合作。

⑤在法律前，人人平等。

⑥司法獨立。

⑦自由黨擁護人民各種組織，以反抗外國政府的、私人的、或某種私益的壓迫或剝削。

⑧擁護一切有益於人民的個別努力、與私人事業。

⑨擁護充分的社會安全措施。

⑩主張運用民主政治時，婦女與男子有同等權利。

⑪擁護青年參加政府與政黨工作，或參加各種活動。

⑫保持加拿大的聯邦制，並尊重憲法所給予各省的特權。

三　自由黨的成就

當已故自由黨領袖金・馬根濟（Mackenzie King），於一九四八年退休時，一般人均認為自由黨的全盛時期已過。但就金氏繼承人，現任加國總理而為自由黨領袖的聖諾蘭氏（Louis St. Laurent）之成就而言，此種說法，殊不確實。在政府以及黨的指導下，聖諾蘭氏把自由黨，拖入一新的時代，而更能服務於國家。在此時期，所給予國家的進步，非常豐富。

在金氏所領導之自由政府奠定的基礎上，聖諾蘭氏於短短的數年期間，便獲得輝皇的成就，玆列舉重要者於後：

㈠爭取加拿大人作總督。㈡敦促紐芬蘭省（Newfound Land）加入加拿大聯邦。㈢使加拿大高等法院為最後上訴之法院。㈣修正憲法。㈤發表並通過Massey報告。㈥以聯邦財力，補助各大學。㈦成立國家圖書館。㈧充實國家美術館。㈨廢止收音機牌照稅。㈩在種種困難和阻碍下，促進聖羅倫斯海道計劃（St. Lawrence Seaway）。㈡改組加拿大國家鐵路主要機構。㈢成立省際公路連絡機構。㈢在自由黨積極移民政策下，過去六年中，曾有一百萬人口，移民加拿大。此種移民政策，對加拿大經濟力量，有大極貢獻，其中對於加拿大科學與農業的進步尤多。

至一九四八年止，加拿大已經具備世界上最完善的勞工立法，此種立法，實際上均係在自由黨政府中成立的，並已產生優良效果及成績。此外，並擴大社會安全計劃，以及全國性的衛生計劃等。

工人之實得工資，逐漸以集體之磋商方式增加，工會方面，普通採取種種有關勞工安全的措施，廣泛的採取每週四十小時工作制，失業保險，工業撫恤，衛生機構等方面之受益人數，逐年增加。

因罷工事件的減少，工人本身，工業與國家經濟的損失，已大為降低。自由黨政府，曾兩度以改善方式，解決鐵路工資，並預防鐵路運輸系統的罷工。進而使政府訂立「反歧視」法案，指派勞工代表，常駐華盛頓。

若干年來，加拿大工商業，已至極發達地步，固屬勞工、商業、工業、農業——或各種私人企業——方面的努力，但亦應歸功於自由黨政府，因自由黨政府，曾維持一種非常有利於工商業發達的條件或機會。全國的生產價值，五倍於十二年前，尤以近五年來，增加情形，平均每年十億元。

尤其是近數年中，全世界的惡性通貨膨脹期間，迫使各國政府，採取各種直接措施，管制經濟，但加拿大政府，卻相反的放鬆經濟的管制。因預算盈餘的利益，公債減低至百分之十七。在管制通貨膨脹方面，政府很巧妙的運用了極少數的間接控制辦法。根據加拿大貨幣價值，外資的大量流入，以及逐漸提高中的加拿大生活標準；人人可以判斷自由政府下，經濟控制的結果，是合理的。

茲再就各方面之成就，分述如次；

（甲）公營與私營企業：

自由黨雖盡量獎勵私有企業，增加生產，但並不擁護不負責任的放任政策。因加拿大社會條件，有助於私有企業，國家即應給予彼等機會，使能有益於國家。

一九五一年，自由黨政府提出一法案，並經議會通過，該法禁止維持專賣價格，並認爲廠商規定零售價格，迫使零售商以固定價格售予消費者，爲不合法，產品必須在市場中，以競爭方式，規定價格。一九五二年，修正並加強聯合調查法案，(Conbines Investigation Act)，由商號團體，規定價格，俾能兼顧零售商與消費者的雙方利潤。此法案，亦使競爭性之自由企業，獲得保護，使商號不致違反正常供應法則，減低廠方之競爭。

在維護國家福利的原則下，自由黨政府，支持各種守法負責的私有企業。政府此種作法，對於所有工商業全體或個人，均有利益；不僅有利於大小商號，即個人或家庭性的商號，亦能被兼顧到。例如：小型商號，可獲得政府商業部門、與營業所得稅方面的鼓勵。

自由黨政府主張，有些企業，雖然有助近代國家社會的文明進步，但不可僅靠私人企業發展之，故凡有益於公衆利益的公營企業，或國有事業，在金•馬根濟與聖諾蘭所領導的自由主義政府，均有必要的設置與制度。

至公營企業與國有化事業，自由黨認爲：並不與自由主義之基本理論抵觸，二者是相互調和的。在顧及私有企業的條件下，政府決不在公營企業方面，突然的從事多餘的或不必要的冒險。所謂「例行公事的手續或步驟」，減少至最低限度，並盡量保持與私有企業相同的標準。在實際情形可能或需要時，私人企業，得依照政府最初創辦或發展的意旨經營之。在若干情況中，公營或國營企業，可成爲私有企業擴大發展的基礎。例如：薩尼亞(Sarnia)地方的波立美公司，爲自由黨政府所創設，爲戰時所急需的公營企業，在平時，該公司出產人造橡膠，供應加拿大各主要橡膠廠或公司，成爲各公司龐大發展的基礎，其出口爲國家平衡貿易的一大項目；但波立美公司的企業，並不限於此，該公司尙製造加拿大國內其它地方所不能製造的新的化學原料等，致使薩尼亞的化學工業發展至不可思議的階段。而此種發展，實爲私有企業所發動。此種公營企業之善加配合情形，流行於加拿大各地，例子多至不可計算。原因乃是自由主義在近代，對於公私營企業，有淸晰的瞭解，與熟練的運用和處理。總之，除掉因爲公務所興辦的企業，或因經濟障礙所採取之處理步驟，或拓創性事業（如原子能），各種私有企業所不能擔當者，私有企業的生產與製造，是無可限制的。自由黨政府，因常常推動與協助各種企業，使其獲得進步，故加拿大的私有企業，常有新的擴展與進步。

（乙）加拿大與原子時代

原子能對於將來世界的經濟貢獻，一定較其目前對外交或軍事所作的貢獻爲大。加拿大在其對於公營企業的正確瞭解中，在私人企業無力發展期間，當盡力對於未來的原子能，從事無限之發展。此種發展，除美國、英國、或蘇聯外，恐無一國可及。在科學與醫學方面，原子能的應用，有些已超過英國和美國。在工業方面，原子能的使用已發展至公私企業兼顧之程度。此種原子能之獲得使用，決非偶然，乃是自由黨政府發動所致。自由黨政府，曾聘若干加拿大科學家,從事原子能的基本工作,並獲得戰時最早之原子能供應。自由黨政府發動原子能的機構，並成立大規模的原子能使用機構於 Chalk River。此外於該地尙設有管理機構（Atomic Energy Limited），管理諸項業務。加拿大全國的經濟機構，甚至所有加拿大人民，直接間接，都獲益良深。工業農業，均發展至前所未有的繁榮階段。

（丙）加拿大的國際榮譽

在國際方面，加拿大的聲望與影響力頗大。此種收獲，雖有賴於該國外交家之努力，但亦應歸諸自由黨政府的開明國際政策。在最近數年中，加拿大的社會安全，曾不斷增強，除掉包括七十歲老人的恤金，無條件供應外，家庭補助法案的改善，失業保險的擴大保險範圍，均在社會安全法案範圍之內，全國性的衞生保險制度，亦待見諸實行中。

（丁）加拿大的國防成就

加拿大的國防事業，在最近數年來，曾有輝煌的建樹，其擴建之規模與速度，亦足驚人，此種迅速而急迫的擴張情形，在過去任何時期，均未曾有。在一九三八年至一九三九年的會計年度內，加拿大全國的專業海、陸、空軍人員（即職業軍人），總數原爲七九四五人，在海軍方面爲一五八五人，陸軍方面爲四一六九人，空軍方面爲二一九一人。在二次世界大戰後，世界局勢迫使加拿大，不得不擴軍時，加拿大已復員至最大限度，所保留之軍力，少至僅够作組織上、或軍事研究上、最少數目而已。

加拿大的平時擴軍，正式始自一九四八年，但因一般加拿大人民，不明瞭擴軍的需要，故最初時期，甚爲緩慢，直至韓戰開始，才使政府獲得人民的充分支持，加速進行訓練，並充分裝備新軍。到一九五四年三月一日，現役兵力擴充如下：

海軍：　一五、五〇〇人

陸軍：　四八、五〇〇人

空軍：　四〇、四〇〇人

上述數字，雖遠較一九三八年至一九三九年爲增加，但加拿大的兵力，決不可以表面的數字估計。數字祇可以代表兵力的一部分力量，在韓戰中，加拿大軍隊，曾執行聯合國任務，尤以空軍表現，强於俄國米格十五式。又一九五三年加拿大所製軍械，裝有加拿大本國設計與製造的發動機，曾打破國際飛行記錄。

（戊）加拿大農村的繁榮：

加拿大在自由黨政府施政之下，農村的繁榮，史無前例，農民不僅可以償付其債務，且可購買大量機械，修建房屋；自由黨政府給予農民的鼓勵，可由種種設置可以看到。如：國際的種種農業協定，農產品市場法，農林部的科學服務，農場貸款法的修改，各種農作物病蟲的控制與防止等等。就傳統意味所言，此種繁榮的現象，並非突如其來，而且使加拿大深獲其利，未沾其害，其原因，乃由於自由黨政府的有效經濟制度所領導。

加拿大的防衞捐稅，一向很重，但每一個加拿大人民的稅捐負擔，却逐漸減少，世界上能使預算有盈餘的國家甚少，而加拿大却能使預算有盈餘財政部長阿部（Douglas C. Abbott），曾減低公債（national debts）每年約百分之十七，計二十億元，此種政績，在其他國家，實屬罕見。

（已）自由黨黨員

加拿大自由黨的輝煌成就，乃是自由黨的主義、政策、及推行能力等所致。在自由黨政府內、議會中、以及黨的機構中，黨員個人的能力與品格，常常被黨所重視。黨員中凡有卓越的才幹，眞正服務的熱忱者，均可靠工作表現，獲取升遷的機會。在自由黨中，絕無特殊的壓力，用以保留無能力、不稱職、自私、以及機會主義的人員等。自由黨的領導人物，即是依照其工作成績，步步上升的。如過去六十年，自由黨會有三位領袖，是即勞瑞爾（Wilfrid Laurier），金•馬根濟（W.L. Mackenzie King），以及現任領袖聖諾蘭（Louis St. Laurent），獲勝十二次普選，在同一期間中，保守黨十一位領袖中，則祗有三次普選獲勝。足證自由黨領袖才能的卓越，始可贏得今日之成就。

目前自由黨出色的領導人物，多已成爲加拿大行政上的領導人才，但有時黨的領導人物，不一定都成爲出衆的行政人才，要看機會如何，方可參加，此種參加行政的機會，並非顯而易見者，在各區域、各屬組織中，必須通過政治的考驗，才可獲得行政的機會。

在加拿大議會中，祗是空洞的信仰民主制度爲最優良的政治制度，或祗信仰自由主義爲最好的政治理論，並不能有助於國家。自由黨認爲：只有當信仰見諸行動時，始可充分表現。

自由主義爲抵抗共產主義的唯一的完善策畧。此種策畧，乃偉大而長期性的工作，必須積極的進行，並須得到每一個自由思想人士的支持。因爲自由黨主張，假設每一個公民，在社會生活各方面，表達其信仰，即可增加議會的力量，乃是一種基本的常識與見解。

綜上所述，我們可以概見加拿大自由黨政策的正確，成就的輝煌與偉大，是必然的了。

（附註）請參閱四十五年二月十六日出版之「自由中國」第十四卷第四期，拙稿「加拿大政黨及其現況」一文。筆名「力元生」，手民誤刊「厲元生」，附此更正。

「第一原則」與系統哲學(下)……勞思光
關於語意學在哲學上的意義的一個探究（二）……言　衍
實然與應然……哲　思譯
張玉喬事蹟考……簡又文
遠東與西方……史誠之譯
論滅種罪之國際公約……胡鴻烈
一個自由主義精要的析解……李達生
科學與價值……許冠三譯
中古時代的法國文學（三）……鍾期榮

封面：無限江山……朱嘯秋木刻
一周拾零……本刊資料室
英國應該拋棄中共了（社論）……本社
蘇聯之形式邏輯學問題……張君勱
人的認識與個人主義的基礎……東方既白
我所知道的瞿秋白……于肇怡
中共的政法工作面面觀……秦逖
當前的蘇聯科學……樸生譯
自由人語
掉轉槍口，一致反共！……雷厲
說「帽」……吳奈荷
中共求和之我觀……墨客
長夜（小說徵文優等獎）……范思中
邂逅（小說）……蕭平
白髮（散文）……野牧

湯餅會

鍾梅音

「來，爲我們的無冕女王乾一杯！」男主人宋家淇端起酒杯來向王儁文說着，儁文眼睛雖然看着家淇，却敏銳地覺得左側有一双眼睛正斜睨着她，冷冷地，嫉妬地，在掂她的份量。

這使她感到輕微地不安，她不知道自己爲何這樣不受趙太太的歡迎，其實，趙太太也不知道自己爲何看着這位王小姐不順眼，今天是家淇第一個孩子的湯餅會，老來得子，分外開心，請了幾桌客。趙太太是家淇的大姨子，她來帮忙招呼客人的，可是來到以後，她大失所望，沒想到家淇在外面混了這麼些年，廠長已是第三任，請來的朋友却都是這麼寒酸相！

趙太太把新做雲鬢向耳後一掠，然後把腦袋一搖，似乎想搖去滿身的不舒服，一双長長垂着的耳環跟着叮噹搖曳，閃着熠熠珠光，那双畫着眼影膏的眼睛朝四座輕輕一掃，她確定這些客人裡面沒有一個可以跟她談談的：譬如那邊幾位太太，就像額上貼着標籤註明了丈夫是個小公務員；這邊兩位打扮還可以，但也不像是上流社會人物，她們一定不會說 Yes，No，當然更不會知道美鈔與旅行支票之間的進出；角落裡坐着的幾位更糟，一身土裡土氣，簡直不知道她們是幹什麼的！除此之外，便是一大羣穿香港衫的男士，也高明不到那兒去，總之，這些客人眞不知道是家淇夫婦兩位那兒給挖來的，難道就沒有別的朋友了嗎？唉！

不過，有一樁她很滿意，那就是所有的客人儘管都不屑與之一談，她們倒也頗有自知之明——她們知道自己不如她，她們不預備跟她攀交情，她們只客氣地遠遠地望着她。於是她帶着驕傲的滿足，坐在一邊，家淇怕她寂寞，特地繞到這邊來陪她，跟她說長道短，她非但沒有給妹妹招呼客人，倒成了湯餅會的上賓了，當然這也沒有甚麼不好，本來，在這個盛筵中，除了她，誰配做上賓？

可是就在她右邊坐着這麼一位王小姐，總使她感到自已的驕傲有些動搖——當然，她的打扮也不像上流社會的人物，身上那件花綢襖袍，一望而知是臺灣廠家的出品，那双耳環在馬路上隨處都可以看見，阿貓阿狗都買得起，太不希罕了；還有，在晚上的宴會裡，却穿一双平跟皮鞋，連社交禮節都不懂，哼！

但眞奇怪，她儘管穿的這麼寒酸，態度却不像那些人一樣寒酸，她跟她之間保持着相當的禮貌，她並不像別的女客一樣以好奇羡慕的眼神去研究她的服餙，她對任何人都很謙遜，可是那挺直的美麗的脊背，與開明的淸秀的眉目，却彷佛流露着一種甚麼東西，是什麼東西呀？她形容不出，但她知道，這東西假使流露在她身上，她將更爲驕傲，而她似乎沒有，這使她感到不悅。

家淇敬過儁文的酒，這才笑着跟趙太太說：「噢，大姐，王小姐是位記者，經常寫專欄，讀者很多呢！」

「那是一份中文報吧？Sorry，我很少看中文報呢。」趙太太斜着眼睛又瞟了儁文一下，望着家淇說。

儁文其實從一見面就並未討厭趙太太，她的工作，使她九流三教，什麼樣的人都見過，而且使她經常以客觀的態度去觀察事物，對於趙太太這樣一個在應酬場合裡相遇的人，根本無所謂愛惡，引起她反感的，只是趙太太那双看人的眼神，第一次已經教她很不自在，這一次簡直要使她痛恨家淇的饒舌了，但她覺得最好的對付方法還是沉默。

「我也在辦公了！」趙太太認爲也該漏漏自已新近獲得的職業，記者有甚麼了不起。

「啊？眞的？」不知是眞的不信，還是家淇故作驚奇。

「在一個美國人的軍事機構裡，管一頓中飯，吃得不錯，每月三千塊，好玩罷了。」趙太太放下筷子，抽起香煙來。

「既然是美國人的機關，應該拿美金呀。」家淇說。

「我本來也懶得去，死鬼還說：這兩個錢不够你打牌輸掉，不過，家裡囉囉嗦嗦的事也實在太煩人了，落得藉此躲出去換換環境。」

「這樣說來，以後你更忙了，打電話也找不着你了。」家淇湊趣地笑着。

「我會打電話出來的，每天一到下午四點，外國人照例要喝咖啡，想抽烟的也可以就在辦公室裡抽起來了，到這時候大家都可以自由行動，我就趁此給各處打電話。」

「電話還那麼忙？牌總少打不少了吧？」

「當然，打電話也無非聊閑天罷了，不過，的確不辦公也有不辦公的自在消遙，除了打牌，還記得兩月前有一天，我們中午在玉樓東吃飯，飯後包了兩部的士去士林看蘭花，看完蘭花回到臺北又跳茶舞，眞是 Wonderful！如今一辦公，即令有時間，到底不這麼精力充沛了。」

一桌客人就只瞧她表演，儁文起先還以沉默的態度聽着，到後來漸漸魂遊六合之外，想起許多許多的事，她想：家淇居然還有這麼圓滑的一面！照以前家淇的爲人，這樣的大姨子眞是對面踫上也得把眼睛看向旁邊哩，難怪家淇夫婦倆從來也沒提起過有這麼一個親戚。

她又把眼睛看向家淇的太太憶芳坐的那一桌，憶芳也正談笑風生，語驚四座，憶芳顯然比從前改變多了，還記得她倆在大學念書住在一間宿舍裡時，憶芳也是一個未語人前先靦覥的小姐，她跟家淇雖然結婚很早，却是到臺灣六年以後才生這第一個孩子，從什麼時候起，她變得這樣健談了呢？結婚以後？生孩子以後？她想不起了，反正憶芳從沉默變成健談，似乎是順理成章的事，假使她自已結了婚，生了孩子，恐怕也是一樣。

想到結婚，她就總覺像失落了一件什麼似的。對於自已的逾齡未婚，她並不十分介意，平心而論，實際的影響遠不如周圍饒舌的人們給她的威脅之甚，因爲她至今還是個漂亮的老小姐，她的逾齡未婚也並不是由於戀愛的打擊。她只是等着一個人，這人使她把一生最好的光陰都虛度了，隨着歲月的增長，隔着空間與時間織成的帷幕，這人越顯得完美。

感情上使她覺得如此，理智却在反問她：「十幾年了，誰知道現在的錫民成了什麼樣兒？」於是除了過去會經拜倒石榴裙下的不提，就拿眼前的來比一下吧：喪偶已經三年的李總編輯駝着背，看上去像個畏畏縮縮的老爸爸，那有錫民英氣勃勃？再拿好管閉事的憶芳給她介紹的人物看看：陳副局長一副外婆相，毫無男子氣概，難怪至今還是獨身；據說「傷心人別有懷抱」的林協理，儀表倒不錯，可是說不上三句話就要吐痰，假使那口痰忍着不吐出來，就一直在喉嚨裡呼嚕嚕打轉，使人想起來都會作嘔，於是她又懷疑：爲什麼別人在她心目中都這樣糟糕？是眞的別人不好？還是自已在心理上起了變化？

然而，他們都不及錫民，那是無可否認的事實。在現實中，只有一個人會經使她非常傾倒，那是家淇廠裡的一位工程師，因爲他跟錫民太相似了。

可是他比她小好幾歲，這是她不敢想像的，也是憶芳不能贊成的，在憶芳看來，雋文以自已的成就與年齡，應該嫁給陳副局長或是林協理，好好地做個現成的太太，怎麼可以跟一個離校不過幾年的毛頭小夥子住在一起，還得給他煮小鍋飯，從頭幹起？

雋文終於拒絕了，不是因爲憶芳的意見，而是擔憂歲月的輪子有一天會把她與那年青人之間的距離愈扯愈遠，她並不在乎煮小鍋飯，假使年光可以倒流，她眞願與錫民再從頭幹起！

「在愛人的心裡是沒有年齡觀念的。」那癡心的工程師會經這麼天眞地說。

「然而造化却是無情的，」她答道，「並且，我發現我喜歡你只是一種幻覺，我眞正愛着的人並不是你。」

這話着實刺傷了那個年青人，他就這樣黯然離開了，她還記得那是一個細雨濛濛的黃昏，他穿的一件咖啡色的燈蕊絨上衣，那深色的上衣，襯着白皙的面龐，使他看上去像個中學生！

目送那漸行漸遠的年青的身影，她心裡感到從未有過的悵惘與哀傷，陰寒襲人，正是又冷又濕的斷魂季節，佇立巷口多時，很久不會流淚的她，不覺臉上竟掛下了兩行清淚，是爲那癡心的年青人歎息？抑是爲濶別的錫民低徊？連她自已也覺茫然了。

從那以後，她索性絕了結婚的念頭，——連這麼一個人都不能接受，在這個世界上，除非錫民會奇跡似地出現，她將眞的成了一個「獨身主義」者。不過，她並不十分介意，除了「老小姐」「老處女」這些字眼使她有點尷尬，她覺得自已目前的處境也沒有什麼不好，雖然，由於自已幼年沒有一個幸福的家庭，對於幸福家庭的憧憬，她比誰都深。

錫民是她兒時的隣居，她在七歲就做了母親的「代書人」，時常代母親寫信給遠離的父親，遇着不會寫的字，就空一格，等寫完再把留着許多空格的家書拿到對門錫民家裡去，請正在念中學的錫民爲她一一塡上。母親的情緒很不好，常因不耐於她的笨拙而伸手打她，所以在她的心裡，沒有「快樂的童年」，可是，錫民却是這灰暗日子裡的一顆明星。

在嚴厲的呵責下，從辛酸的飲泣中，雋文的文字倒獲得了非常的早熟，也獲得了錫民的關注。

她還記得像昨天的事一般清楚：那是一個虹色的夏日黃昏，她又來到錫民家的大院子，高敞的天棚剛剛捲起，地上被老李用井水冲得既淨且涼。知了在槐樹的葉叢裡還曳着長長的聲音，彷彿要把垂向西天的落日苦苦留住，呀，如果眞能這樣，命運是否就此改觀？

她還記得，她垂着双辮，穿着白衣、黑裙、直貢呢鞋，又來向錫民請敎，不過這回手上不是拿的家書，而是代數習題了。

跟往日一樣，錫民很高興地歡迎她，爲她溫和地耐心地講解，那時他已是大一的學生了，直到習題都做完了，正當雋文起身告辭，錫民才忽然告訴她：「雋文，這是我們的『最後一課』呢，明天我就要離開這兒了，跟我父親到英國去，我的母親等把祖母送回南方以後也要去。」

她猛的一怔！書與簿子不覺落在脚邊，接着她就發現，落日的光華不知何時已經隨着錫民的臉龐黯去。

「不要難過，雋文，我會寫信給你的，你也要寫信給我……」一双汗津津的手已經把她的双手握住，正在這時，老李到窓下來叫開飯，她急忙檢起書來衝了出去，直到身子已經坐在自已的小屋中時，兩耳還在發燒，一顆心幾乎跳到喉嚨裡來。

有生以來，她第一次嘗到失眠的滋味，這晚竟一夜未曾好睡，整夜翻來覆去地體味這微妙的心情。她想：當她被那双汗津津的手緊握住的頃刻爲什麼要害怕呢？現在她眞希望能再被握住，這恐怖而又快樂的頃刻眞是美妙！只是，她連他的樣子都想不起了，好像是穿的白襯衫，敞着領子，淡灰西褲，她從來不好意思對錫民逼視，她怎麼敢呢？錫民是這麼有學問，溫文爾雅，佻㒓近人，可是這些年來，她只從心底默默地尊敬他。

此刻想來，她對他保持這樣不遠不近的距離，自卑感很重，固然是一個原因，還有錫民的母親，雖然她看着她長大的，對她也常問長問短，誇她聰明、用功，可是，她彷彿天生是個外交官的太太——舉止待人都中節有度，很熱誠，然而不能親近，她使你對於錫民除了問課，決不會再想其他。

天亮了，有馬車的聲音自遠而近，停在門口，她立刻意識到這馬車是來做什麼的，她要起來，起來送送這義務的課外老師，於是一骨碌爬起來，用冷水洗了臉，着意梳了一下辮子，她忽然從鏡中發現，她已是大人了，而且，她長得很美，一双秀目，兩彎修眉，只是鼻子扁一點，嗯，好在不算太扁，嘴也長得不錯，像一只玲瓏的小酒盅，甜甜地盛滿青春的蜜汁。

匆匆走出小院，正要開門，又猶豫起來，她還是怕，她怕看見錫民，因為她心裡有病了！

然而她又多想再看錫民一眼呵，她知道，僅僅是再看一眼，以後就不知相見何日了，於是她伸手去拔門栓，耳聽得外面脚步聲、說話聲、搬東西聲，她想，錫民一定已經在外面了，可能門一打開就看見他，心像擂鼓似的狂跳，她實在受不了，也罷，就偷偷地看一眼吧，於是她又放棄開門的企圖，只把眼睛貼着門縫。

正在這時，門縫裡有一件東西塞進來，幾乎把她吓昏了，那東西落在地上，定神一看，是個信封，她急忙拾起來，只聽得車輪碾着石板路，夾着馬蹄聲漸漸遠去，帶走了錫民，帶走了她童年僅有的一點安慰，也帶走了她的心。

這顆心許久許久都像不在身邊，只在打開信封時才覺得夢境的真實，那是錫民的一張大半身照片，這回她真把他仔細看了個够，濃眉、小眼、高鼻樑、濶嘴，長長的臉，手上拿着網球拍，笑咪咪地，就在照片上，她也感覺這笑容裡帶着多少熱力。

此外還有一封信，信上誇她聰明、美麗、嫻靜，他說，他早就愛她了，只是她總那麼嚴肅、矜持，這使他一直不敢輕易表露，對於她的惜別，他感到安慰，但也懊惱，懊惱自己過去為何這樣膽怯，讓自己在煩悶中度過許多可愛的日子，最後，他希望她別忘了也拍張照片寄給他，而且一定等他回來。

以後他們一直通訊，並且互寄照片，錫民在劍橋讀經濟，他的照片一張比一張神氣，一張比一張瀟灑，他還寄了許多風景照，雋文也在幸福的鼓勵中一步一步完成了自己的學業，二次大戰時他倆才失去聯絡，，到現在不覺已經又是十多年過去了！

由於錫民的鼓勵，雋文不再是個自卑的少女，她曾經很活躍地做過外勤記者，內調編輯，不過是最近兩年的事。她請求內調，只為了想多一點時間讓自己看書、思索，她覺得她需要安靜。

「我一定要等他回來。」最初失去聯絡時，她對自己這樣說；以後希望一年比一年少了，角逐於左右的男士不知多少，她還是對自己這樣說；最後眼看宿舍裡的小姐們一個一個都搬出去成家了，只剩下她一個女性還住在一大堆男性光桿之間，她不再這樣說了，為了使自己不致太窘迫，她也搬出這個宿舍，住到女青年會去，有時候，是這個社會不肯讓你做老小姐。

她遇見那位工程師，是在搬出去不久以後，到現在已又快半年了，三十歲一過，不管日子稱心與否，總像下坡似地飛快！

半年來，她倒並不感到獨處的寂寞，因為平日進進出出來看她的作者很多，祇是，春日微暖的黃昏，夏日銀色的涼夜，給她的感觸愈來愈深。她愛花朵，更愛鮮艷的顏色，可是，更難堪地是在喜歡之後憑添一份無常之慟！她想她終於做了一樁錯事——請求內調編輯，人愈是有時間思索，閑愁也愈容易滋生，倒是以前跑外勤時，反而沒有這些感觸呢，唉，可是錫民錫民，到如今連影子都淡了……

忽然她覺得手臂被一只柔軟的小手握住，一聲「媽咪！」把她從胡思亂想裡拖了出來，一低頭，一個洋囡囡似的小女孩連忙返身奔去。

「認錯人了，那是 Aunt 呀！」趙太太笑着一把摟住那小女孩，幾乎就在聽見這話的同時，進來了一個人，雋文真希望立刻來一次大地震！

在她小時候，隔壁鄰家嫁女兒，嗚哩哇啦的鼓手隊帶走了花轎，遺下滿地殘餘的爆竹，起先還冒着烟，後來烟也沒有了，她跟着一羣野孩子蹲在地上撥弄，找那還未爆開的倖存者，冷不防面前「轟！」的一聲，她吓了一跳，可是還有點莫名其妙，四周什麼都沒改樣，只有一羣訕笑她的小伴，和母親怒視着她的一双眼睛，耳朵裡兀自營營作響。

這情形，就跟她此刻一抬頭之頃所發生的完全一樣，只是那双怒視的眼睛不再是母親的，而是趙太太的。

「怎麼現在才來？」家淇明知這裡面有點蹊蹺，却不得不與來客寒暄，一面招呼添座。

「是呀，你瞧我們都吃了一半啦——」憶芳也熱鬧地湊過來。

「本來預備跟瑪麗一塊來的，回家一看，她倒先來了，我却被客人堵住了，臨來安妮又吵着要看小表弟……」那是錫民的聲音，一點也不錯，尤其是與雋文四目相注時的眼神，說什麼也賴不了。

空氣似乎緩和下來了，憶芳說道：「我們還沒給大家介紹呢——」

「我要先走一步，」雋文已站了起來，「我還有一個約會，再遲趕不上了，很抱歉。」

她跟憶芳之間本來不必這麼客氣，她自己都鬧不清這「抱歉」是對憶芳說的？抑對滿桌客人說的？反正她都不想理會了，像逃命似的，她好容易走到寬濶的馬路上來，高大的椰子樹，正掛着一鈎上弦月，夏夜的空氣很新鮮，她舒暢地深深吸了兩口，又摸摸臉頰，凉凉地，很好，一切都過去了，就像甚麼都不曾發生。

看看手錶，上報館還太早，先回青年會吧，其實，天曉得，她心裡還是一團亂蔴，怎能上報館呢？她必須先回到自己的小窩裡，把受創的血跡舐舐乾淨，而且，她知道如果步行回去，將不知在那個三岔路上給社會版製造車禍新聞，還是僱一輛三輪較為妥當。

當她一頭倒向床上之後，眞想就此不要再起來了，上帝的惡作劇有時教人意料不到，只要趙太太有一點可敬可愛之處，她也不致於把這「趙」與那「趙」看成兩個絕緣體，憑錫民當年那溫文爾雅佻健近人的風度，怎麼會……？他受得了嗎？

於是，她又發生種種幻想，幻想假使有一天他竟找了來，假使她仍舊一往情深地招待他，假使他忽然又伸出汗津津的一双手握住她，並且向她說道：「雋文，寬恕我，你不知道，我痛苦極了……」

她猛的撲嗤一聲又笑出來，笑錫民終於食言，笑自己居然寫起小說來，看稿看多了，空中樓閣，陳腔爛調，直是俯拾即是！

仰望

光中

擁抱着偉大的亞歷山大椰，我仰望
星座出沒於他的髮際，如此的高而且小；
而他竟矗立我懷中，如此的堅强。

如此的鎭定，如此的修挺，如此的莊重：
一座古希臘多利斯式的大理石柱
自地面湧起，托住了玻璃的蒼穹。

我猛撼柱脚，想搖落幾顆星星，
但巨柱答我以靜默，衆星答我以譁笑。
宇宙的透明圓頂當頭壓下，重，而且沉。

三月二日夜

終於，她發現自己眼淚流了下來，沿着耳朵滴向枕衾，分明是炎熱的夏天，可是望着窓外的黑夜，她祇覺冷得打顫。

她想起自己不能儘這樣哭下去，今夜要發稿，這篇專欄還未落筆，她寫些什麼呢？兩年來，她成了女學生心目中的偶像，如今自己遭遇這個打擊，她先問她將何以自處？

想了許久，她爬起來坐在桌前，定定神，掀開稿紙寫下「人生的信仰」五個字，張天師中了邪氣，且先畫道靈符把自己鎭壓鎭壓。

可是，怎麼起頭呢？她又糊塗了，思路悠悠忽忽，又扯到錫民身上，不，其實今夜她心裡只有錫民，不但稿紙的格子裡都塡滿了錫民，連頭頂上的三夾板上都塡滿了錫民，她把鋼筆憤然一擲，重新倒向床上，納頭便睡。

當然她睡不着，今晚若不把錫民解決，別睡說不着，連文章也休想交稿，很顯然地，她早已一步步地「縮小包圍圈」：錫民的結婚不能算是負心，這麼些年了，他究竟只是個平凡的人；而且，她所以願意一直等到現在，只因爲當日他待她眞好，難道待她好就是他應當承擔過失的理由嗎？假使她被愚弄了，錯誤在她自己，誰教她那麼死心眼兒呢？……祇是，祇是他怎麼會跟這麼一個女人結婚呢？她仍舊不懂！

她想，除非錫民是個沒有靈魂的人，他決不會滿意這個婚姻的，說起靈魂，她想起她所編的副刊，曾經刊載一位女作家寫的童話，題目是「靈魂的禮讚」，大意說，上帝曾經完成過一件傑作，那是一個非常美麗的少女，作者把世上最美好的詞彙堆砌在這女主角身上，可是當上帝要給她一個靈魂時，這少女哭道：「啊，饒了我吧，我不需要靈魂，我將以這肉體去追求世間一切官能的快樂，靈魂是肉體的枷鎖，它留不住快樂，却使痛苦永生。」上帝歎道：「不可以的，這太危險了！你披着這麼一張漂亮的人皮到世間去，若不給你一個靈魂，你將使多少人爲你心碎！」

她想，那位女作家太偏心了，爲何把這題材給與女性？譬如錫民……呀，她何忍這樣揣想，這太刻薄了！錫民不會沒有靈魂的，而且假使他有靈魂，她該同情他；假使他沒有靈魂，她該忘了他。

並且，她很慶幸，令人心碎的不是她，而她也大可不必爲錫民心碎，人們在世事上也許要經過很多的挫折，但儘管失意，在精神上她要昂然站着，李義山的詩：「蠟炬成灰淚始乾」，那支蠟炬不就直到燒完也還是屹立着嗎？

她心裡似乎有了一點主意，時間實在不早了，她既不想請假，眼看要遲到了，於是欠伸一下，振作一番，起來對鏡攏攏頭髮，拿起桌上還未開始的「人生的信仰」，鎖上房門，踏着月色走向報舘。

椰子像熱帶少女的裙裾在擺動，夏夜的空氣濤新之中洋溢着甘美的芬芳，柔軟的晚風正愛撫着這靜靜的海島，她又深深地吸了一口氣，很好，一切都過去了，只是，她不願矯情地再對自己說：「就像什麼都不會發生。」但她相信不久她就可以漸漸好起來，完全跟從前一樣。

讀者投書

(一) 請國民黨放棄「革命」

賈長卿

三月二十七日中央日報社論以「論革命民主」爲題，强調國民黨雖在民主憲政時期，亦決不放棄革命，故「革命民主」是國民黨今日所要走的「新道路」。同月三十日，中央日報社論又以「今天的問題」爲題，重申國民黨對革命的信心，同時暴露出國民黨部分黨員的取消主義的傾向，並認爲國民黨的革命，稱爲國民革命，亦卽：「一國之人皆有革命的責任」。筆者對國民黨數十年來的奮鬪，素極敬佩。惟對其所堅持的「革命」論調，却有不敢苟同之處。筆者現在略抒管見於下：

「革命」一詞的定義如何，在目前這個亂用名詞的時代，當然有各種不同的解釋。但如說「革命」在政治上是指一新的政治集團以武力代替一舊的政治集團，亦卽被治者不滿於治者，而以武力取而代之的意思，我想至少是衆所公認的。倘以此來衡量國民黨今日所倡言的「革命」，筆者覺得實在不妥。

第一、自抗日戰爭勝利後，國府卽召開國民大會，制定憲法，付諸實施。故今日中華民國政府，乃一依憲法所產生、並實行憲政、且爲國際所公認之合法政府，亦卽中國的合法統治者。而竊據大陸之共產匪黨則爲一依賴外國勢力所扶植之暴亂的傀儡集團。對於此一非法集團，就中華民國政府說，有「戡亂」之責；就一般人民說，有「抗暴」之權。國民黨若就其今日之爲執政者而言，固應堅持政府之「戡亂」國策，並見諸行動；若就其爲政黨言，則可以領導其黨員幹「抗暴」工作。現在國民黨不堅持「戡亂」「抗暴」之說，而力倡「革命」論調，那麼是無形中已先承認匪幫爲統治者，而自視堂堂的中華民國政府爲一非法的被治者所組織的武裝政治集團了。自由世界中主持正義的國家，尚且不願承認匪幫，豈國民黨欲承認之乎？我固知國民黨之不願也。然則，何以國民黨又力倡對匪幫「革命」耶？

其次，今日中華民國所實行的，是民主憲政，其一切措施，皆以中華民國憲法爲最後的依據。查我國憲法對於人民權利的規定，連能工權都沒有，更遑論像美國憲法所依據的美國獨立宣言之中所提示的「被治者必要時之革命爲合理」的原則之規定了。我國憲法中既無革命權之規定，則就憲法觀點來說，政府若倡導「革命」，就是違憲；政黨若倡言「革命」，政府卽有鎭壓「革命」之責。（無論革命之是否基於正義，政府總是鎭壓之，很少有同情或參與的。）當然，誰也知道國民黨今日所說的「革命」，在這一個階段，係以共匪爲其對象，然既稱之爲「匪」，殊無視之爲「治者」之理，則國民黨及其所領導的政府亦不可自視爲「被治者」而對「匪」「革命」了。再說，民主政治係政黨政治，各黨派在法律上有一律平等的權利，現在國民黨既可「革命」，則其他黨派或人民當然亦可羣起倡言「革命」。歷史上除一二特殊的例外，「革命」總是出諸流血的武力的行動的。試想各個黨派都如此，中華民國則又將成何局面呢？

第二、今日國民黨之力言「革命」，大概是由於自覺其所負的任務之重大，其所創造的歷史之光榮。惟筆者不敏，認爲國民黨所負的「革命」任務，自推翻滿清專制政體以迄參與制定憲法，領導政府推行憲政，已告成功，亦卽其「革命」任務，已告完成。故實施憲政之後，國民黨的歷史任務，應是與普通政黨一樣，如何努力參與建設民主國家的工作。在實施憲政途中，倘遭遇破壞，如共匪之倡亂者，國民黨應協助政府實行「戡亂」國策，或與人民羣衆一樣，自發地參與「抗暴」行動；而不是在合法的中華民國政府所統治的區域之內空談「革命」，更不是在非法的共匪所竊據的區域之內輕言「革命」。美國獨立，謂之革命，因英帝國爲當時之「治者」也。南北戰爭時，美國政府則不以南方爲「革命」對象了，因南方並非「治者」也。國民黨謂其今日所走的革命新道路，爲美國獨立戰爭的歷史重演，豈視其所領導的中華民國政府現所統治的臺灣爲美洲殖民地，而以竊據大陸的「中華人民共和國」爲英帝國乎？這種比擬，實在是不倫不類！

國父遺訓：「革命尚未成功，同志仍須努力。」這兩句話，我想是國父逝世前，因鑒於他未及見民主憲政的實施而有所感發的。所以我說國民黨的「革命」任務，在開始實施憲政那一天，已經告成。但國民黨員中的後死者，却把「國民革命」的任務的告成，認爲是三民主義的實現。三民主義的終極目的是世界大同。倘照國民黨今日的說法來推論，是世界一天不能大同，國民革命便一天不能終止了。以革命方式來達成世界大同，這與永無終止的「共產主義的世界革命」，究竟相去幾希？恐怕這種「革命」，並不是一國之人都該負的責任吧！

筆者擁護政府「戡亂」國策，並不敢後人；而對於大陸同胞之「抗暴」行動，尤寄予無限敬佩與同情。惟對於國民黨今天所使用的「革命」一詞，却期期以爲不可。今天的事實是政府「戡亂」和人民「抗暴」，而非「革命」，所以使用「革命」一詞，總認爲不當！孔子說：「必也正名乎？名不正，則言不順。」野心家利用名詞，亂用名詞，來遂行其陰謀，如共匪之「人民民主專政」等名詞是。今國民黨亦力倡「革命民主」，此種花言巧語的「辯證的統一」之論調，殊爲痛恨共匪、崇敬國民黨者所不樂聞者也。顧國民黨人士三思之。

讀者投書

（二）國民黨可以不守選舉法規嗎？

陸大順

編者先生：

七年來，我一直是貴刊的忠實讀者，現在，我有一個疑問，請借「讀者投書」的篇幅公開提出來，向臺灣省縣市選舉監察委員會請教。

根據現行選舉法規的規定，對競選活動的時間有一項限制，就是「在選舉事務所尚未公告候選人名單之前，候選人不得從事競選活動。」這種限制是否過嚴，那是另一問題。但既有限制，相信理該對於任何政黨的候選人都同樣有效。

臺北市第三屆省議員、縣市長選舉事務所，是三月十五日成立的，根據該所通過的選舉進行詳細程序表的規定，要到四月十一日才「公告候選人名單」。換句話說，各候選人須至四月十一日才能開始「競選活動」，否則便是違法。

國民黨這次爲了確立政黨提名制，在三月十一日便對外發表聲明，並公布了各縣市長及省議員候選人名單。這事會經博得我們選民的掌聲，但國民黨的公布名單，畢竟與選務所的「公告候選人名單」不同，依法自「不得從事競選活動。」

但在臺北地區，國民黨在三月十四日下午七點二十分，便假臺北市中山堂中正廳，召開了一個「中國國民黨臺北區各特種黨部幹部同志聯誼晚會」。因爲那晚有名伶金素琴小姐的平劇，承蒙一位老朋友的熱心，知道我對平劇有點興趣，特地在那晚六點半光景，給我送來一張「出席證」，只見證上註明是「憑證在中山堂入口處抽取座次券」。

我聽到有好戲可聽，便與匆匆的趕路，至於那張「出席證」上究竟還有些甚麼花樣，那裡還來得及細看？趕到中山堂，還只有七點多些，眼看着大堆的人，在那裡擠來擠去，秩序之亂，眞個是出人意外。有一位發「座次券」的朋友，甚至站到桌子上高喊：「都是自己人，請大家原諒！」但聽到有很多人在埋怨，另有若干人當場便憤憤的說：「辦個晚會都這樣一團糟，就憑這一點，我們國民黨這次競選，一定又要失敗！」但在當時，我還是不懂得晚會與競選究有甚麼關係？

當我走進中山堂的大門時，迎面有一位素昧平生的先生，很親切的伸出手跟我熱烈的握手，並同時連聲說：「我叫陳大拔！我叫陳大拔！請多多幫忙！多多幫忙！」我還沒有來得及問他需要我幫甚麼忙時，他已經轉過臉去跟別人握手了！接着我又被很多位剛見面的朋友握手，並且手裡被塞了一大疊「紙條」，根本沒有看便往衣服袋裡一塞，到後來才知道原來是些競選的宣傳「名片」。

在進了中山堂的正廳以後，發現舞台的兩邊，有一副紅布大標語：上聯是「團結奮鬪，動員組織力量」；下聯是「雪恥圖强，爭取普選勝利」。到這時，我才知道，這晚會是與競選有關，但我當時推想，候選人大約還不至於公然出來活動。

是在晚上七點四十五分左右，晚會終於開始了，但金素琴小姐的好戲還在後頭呢！那時台上除了主席和司儀，還有五個人站成一個班橫隊，面朝着觀衆，我只認得排頭第一名是國民黨提名的臺北市市長候選人黃啓瑞，我以爲他是以中國國民黨中央黨部副秘書長的身份，去出席訓話的，但看到他也和其他四位一樣，用立正姿勢站得規規矩矩的神態，像是被老師罰站的小學生，那副神態，眞是可憐而又可笑，比那晚「三娘教子」裡的「薛倚哥」那小傢伙跪在「三娘」身旁的模樣還要乖幾分。但我還是想不清楚，那幾位是站在那裡幹甚麼的，總疑心，他們會客串甚麼節目來！

在一番行禮如儀之後，擔任主席的國民黨公路黨部主任委員羅恒說話了，希望大家發動自己的親戚朋友支持國民黨的候選人，接着又介紹站在台上的那五位朋友與觀衆見面，並要他們分別做所謂五分鐘的自我介紹。於是，黃啓瑞先生便第一個以臺北市長候選人的姿態，在講台前發表演說了：記得黃先生除表示當選後一定貫澈黨的決策外，又大聲疾呼的請求觀衆投他的票。相繼登台演說的還有國民黨提名的臺北市四位省議員候選人：陳茂榜、陳大拔、胡克柔、李丙心，也同樣的向大家「拜託」。

經過這一陣，我才恍然大悟國民黨之所以請名伶演戲原來是爲了競選，這時我才發現出席證反面明明寫着：「這個聯歡晚會，是爲了慰勞各位同志爲黨服務的辛勞和介紹本黨市長暨省議員候選人與各位見面請教而舉行的。……希望你們動員所有力量，爭取這一次選舉的勝利。……」

那晚的戲，確實很叫座，除掉王月華、趙君麟、徐桂芳等所演的「大三叉口」以外，最叫座的當然要算壓台戲「全部三娘教子」了，那是名伶金素琴和李金棠等主演的，記得就在這齣戲裡面，名丑于金驊所飾的「張大娘」，當其與于玉蘭所飾的「劉二娘」見面時，在一次道白中還特地另加了一段，而專爲黃啓瑞先生拉票呢！這倒是別開生面的競選方式，難怪當時觀衆哄堂大笑了！

最近，因又從報上看到，臺灣省縣市選舉監察委員會主任委員鄭品聰呼籲大家依法進行選舉，認爲妨害選舉取締辦法的實施，旨在保障各候選人都有公平的競選機會，和禁止不正當的競選手段，使選舉的結果，能眞正地代表民意。因此使我又想起了這件事，而公開提出來向該會請教。

現在，我所懷疑的問題是：像國民黨候選人的這種行爲，算不算「競選活動」呢？如果說算的話，又該怎樣才算是「競選活動」呢？如果說不算的話，又該怎樣處理呢？如果說既算是，而又不處理的話，是否國民黨的候選人便用不着受法規的限制呢？（同時，這些辦晚會的錢是那裡來的？如謂出自黨費，則黨費又是那裡來的？）

我是個小市民，所知有限，我不知道國民黨的候選人，除此之外，是否沒有其他違背選舉法規的活動呢？但僅僅這一點，也够我提出來問問了？並望監察及檢察機關也能注意這件事！

最後，我把那張出席證附上作證，請代爲保存吧！

讀者投書

（三）讀李辰冬評先翁詩後的感言

陳陶淑明

筆滙創刊號載有國立師範大學國文敎授李辰冬先生一篇大文，是用「評陳含光的詩」做題目，我讀了這篇大文以後，恍然大悟，所謂「評」的眞正道理，是說先翁不應當接受「文學獎金」臺幣二萬元。

先翁爲何不應當接受這「文學獎金」？就李敎授惡意的羅織，歪曲的評論，實在是等於蚍蜉撼樹，了不足道，惟痛年近八十的老人，幸免共匪「淸算」，但在他老人家壽終正寢的那一天，還要遭遇到類似「淸算」的災難，在爲子爲媳的立場來說，眞是椎心泣血，罪孽更加深重！根據原文羅織各節歸納起來，不外兩點：

一、先翁以「遺老自居」，「懷戀故國」，「反抗革命」，「仇視民國」。

二、先翁在民國元年（四十六年前）及十六年（三十年前）所做的詩中，曾用「孫郎」及「蔣侯」兩個典故，說是前者指國父，後者指今總統蔣公。

就李敎授這兩點的羅織，在他原文中也不斷說是「可知」，「假如」「當然」，「那末」，等等一類推測字樣，正好說明李敎授本人就不敢斷定以推測爲必然，既非必然，又如何可以妄言先翁是「對民國極端仇視的遺老」呢？至引用孫蔣兩姓典故，就原評揑詞，陷入不敬，何況這兩點的完全歪曲事實，深文周內，李敎授雖然執有雍正皇帝朝代的刀筆筆法，要想大興文字之獄，可惜時代不同，枉費心機了。

我們全家在遽遭大故哀痛中，我一面看到這樣殘酷蓄意中傷先翁的文字，再一面看到外子陳康終日以淚洗面，唯有暫時咬緊牙根，忍着眼前和心中的萬分酸楚，深夜裏瞞着外子，在涕淚交織中來答覆李敎授羅織和歪曲的「評」論。這是我不忍說不願說而又不得不說的話，

一、自居「遺老」，就是帝制時代，也不違背「王法」的，況且今日憲法上，國家法律條文上，都沒有禁止的明文，如若說是詩中時時有「故國」二字，並且時時有「懷戀」「故國」的詩意，對前朝人事景物，也時時追念，就是認爲「反抗革命」，「仇視民國」，請問民國以後，何以有「故宮博物院」的設立，更何以冠着「故宮」二字，當時故宮博物院裏面公開展覽的陳列，有沒有「仇視民國」的朝代文物，國家公諸歷朝文物，供人弔古「懷戀」，個人懷古的思想，在法律上也無禁止明文。

二、就李敎授用「可知」、「假如」、「當然」、「那末」所解釋先翁的詩中所引用「孫郎」「蔣侯」典故眞是極盡羅織的玄妙，況且遠在幾十年前的事，在今日民主時代，言論自由時代，自認爲新文藝的時代，不應還有這封建餘孽的思想。

民國以後，軍閥官僚政客，翻雲復雨的不知若干人，再如抗日戡亂前今兩個時代中，在當時自命忠貞志士，但也不少靦顏事敵，先翁在前朝在民國，都未做一官，到是眞正忠貞不貳的一位「老遺民」，也是當前的一位老義士，就憑着八年堅臥，九年流離，也無愧於國家民族。

總統蔣公以淸朝曾文正所著的五箴，請先翁用正楷寫了四幅屏條，及至先翁逝世總統頒誄「博文淸操」四字，以此兩個事例，足以答覆李敎授的洋洋大文，不必要多餘再說。

李敎授這篇大文在先翁逝世的那一天發表出來，隔了兩天，先翁遺體在極樂殯儀館含殮的時候，朝野碩彥，友黨名公，海內學者詩人，都來致弔，可證明李敎授大文的價值，對先翁「博文淸操」是絲毫無損的。再看海內外報章輿論的反應，如中央日報，新生報，聯合報，大華晚報，香港的自由人報，及暢流雜誌，臺灣詩壇，中國一週，都一一載有悼念先翁的詩文，同時也有不少諷刺李敎授的佳句，這才是眞正有價值的輿論公「評」。

現在政府正積極加緊策反工作，對於來歸或未來歸的義士，我們正熱烈歡迎不暇，李敎授對於一位忠貞「老遺民」、淸操老義士的先翁，幾十年前做的詩，卻要用「可知」、「假如」、「當然」、「那末」的字樣來「淸算」，未免過份殘酷，況且李敎授爲人師表，而且是師範大學的敎授，與文化運動的健將，何以有這一篇大文發表，更是出人意外，令人惋惜。

丁酉上已深夜寫於雲和街一一七號寓廬

給讀者的報告

民主就是民主。民主制度有其確鑿的內涵，不容魚目混珠，以假亂眞。大凡在民主一詞之上，試圖濫加帽子或「美妙」的形容詞者，其人必為挂羊頭賣狗肉者無疑。這種賣狗肉的風氣，在世界非民主地區頗為流行。過去我們所熟知的有共黨的所謂「集中的民主」與「專政的民主」，最近印尼總統蘇卡諾又「新發明」了一種「指導的民主」。這些民主的「新品種」實則都是民主的贗品，是反民主自由的木馬計。在本期社論（一）裡，我們要揭穿那些形形色色的「反民主的民主」之虛僞，讓「上帝的歸於上帝，凱撒的歸於凱撒」。

我們這裡，有些人仇視自由思想。他們說，自由思想者多半是個人主義者，不能對群體發生一種效忠的心理。不知對群體效忠者就不可能愛國。因而他們認為祇要強調愛國，就可以打擊自由思想。這種理論基礎非常脆弱，而且缺乏事實根據。個人主義者絕非不效忠群體，祇是他們的效忠與當權者所要求者有所差別耳。在社論（二）中，我們對此詳加析論。當此民主時代，效忠不可強之以社會規範，而必須出之以個人選擇。惟有出於個人選擇的效忠才是眞實的，可靠的。

殷臺造船公司事件，社會上傳說紛紜。對於此案監察院現正在調查之中。不久前，立院會經提出質詢，雖經主管機關之答覆，仍不能澄釋群疑。本期陶百川先生撰文分析此案，讀者據此所以窺知其底裏。我們所要追問的是，為什麼一個殷臺公司有這麼多的曲折？為什麼一開始政府不說明是利比亞殷格索公司？如欲取信於人，政府必須坦白。躲躲藏藏，閃閃灼灼，是不能叫人相信的！

對於臺灣省地方選舉問題，本刊上期會同時刊出社論與專論各一篇，對本屆選舉，殷切期勉並提出諸多改進意見。現在距離投票日期，為時日促。良以此次選舉意義重大，國內外人士正矚目以睹其進行，因而我們要在本期再以相當的篇幅，對選舉問題發表意見。本期我們同時登出三篇文字，一是朱文伯先生的「我看選賢與能、節約守法」，一是蔣勻田先生的「人心重要」，一是沈雲龍先生的「有關臺省地方選舉的幾個問題」。三位作者都是在野黨的領袖，對臺灣省選舉之弊害，洞悉無遺，故所陳事實，均係針對現狀而必須加以糾正的。我們希望這次選舉眞正做到公平競選，尤其執政黨當局要能切實守法，不能只是訂定許多苛煩的法規來片面地限制其他黨派與無黨派人士。

周道濟先生以極客觀的態度，擇取有關判例，探討美國信教自由的內容，可見美國人如何尊重憲法精神，以維護人民宗教之自由。

此外，讀者投書（一）可與社論（一）一併閱讀，讀者投書（二）則與選舉問題有關。

自由中國 半月刊 第十六卷第八期 總第一七九號
中華民國四十六年四月十九日再版

發行人兼主編　『自由中國』編輯委員會
出版者　自由中國社
社址：臺北市和平東路二段十八巷一號
電話：二 八 五 七 〇
航空版　友聯書報發行公司（九龍新圍街九號）
總經銷　自由中國社發行部
經售者
美國　紐約友方圖書公司
日本　東京僑豊企業公司
韓國　漢城裕昌德號
馬尼刺　大中華日報社
印尼　新疆書店　椰嘉達天聲日報
緬甸　泗水文光圖書公司
印度　仰光振成書報店
澳洲　加爾各答塔梅學校
北婆羅洲　雪梨瑞田公司
星加坡　西利亞坡青年書店
吉隆坡　友聯書報發行公司（小坡大馬路四六九號）
怡保　友聯書報發行公司（馬華公會大廈三樓七室）
檳城　友聯書報發行公司（希尼華沙甘街十六號）
澳門　友聯書報發行公司（林連登律七十二號）
　友聯圖書公司
印刷者　榮泰印書館
廠址：臺北市和平西路三段五五巷四號

本刊經中華郵政登記認為第一類新聞紙類　臺灣郵政管理局新聞紙類登記執照第五九七號　臺灣郵政劃撥儲金帳戶第八一三九號（每份臺幣四元・美金三角）

自由中國

再版

FREE CHINA

第十六卷 第九期

目錄

社論
(一) 重整五四精神！
(二) 殷臺案必須澈底澄清
行爲科學中的新概念……徐道鄰
學術思想的自由創進及其演變……曾子友
對本屆地方選舉的檢討……傅正
俄毛貸欵之謎……趙岡
「五四」與文藝……梁實秋
對於新詩的一點意見……夏濟安
一個低調的批評論……周棄子
鳥仔卦……林海音
讀者投書
(一) 我掏出良心說話！……陳力行
(二) 「公共場所，莫談國事！」……陳布哲
(三) 國家和個人……樂志誠
李辰冬先生來函

中華民國四十六年五月一日初版
中華民國四十六年五月三日再版
社址：臺北市和平東路二段十八巷一號

半月大事記

四月九日 （星期二）

杜勒斯向美參院作證稱，美國對中韓越三國援助將續採贈與方式。

英國解除對北韓禁運，韓國政府強烈反對。

四月十日 （星期三）

葉外長在立院外委會秘密會中報告出席聯大經過。

美國務院於兩黨領袖討論後，宣布對匪禁運政策不變。

美國務院表示，運河談判未獲協議前，美船暫緩使用運河。

四月十一日 （星期四）

約但親共總理納布西辭職。

英國同意新加坡自治，双方在倫敦簽訂協定。

四月十二日 （星期五）

勞勒森在美衆院撥款委員作證，主張美應加强援華。

美第七艦隊司令畢克萊稱，第七艦隊於必要時能從事原子戰爭。

美國與沙地阿拉伯發表聯合聲明，反對共黨活動。沙政府並照會世界各國，不准以船通過阿卡巴灣。

四月十三日 （星期六）

美國在聯合國裁軍小組中建議自明年四月起，可分裂物質之生產，僅限於非武器用途。

約但群衆示威，支持親共的前總理納布西。

日外務省抗議蘇俄試驗核子武器。

阿根廷軍警突襲共黨機構，逮捕共黨份子三百六十名。

四月十四日 （星期日）

美國政府宣佈禁止任何美人前往中國大陸。

泛美反共會議通過組織世界反共聯盟。

約但敉平軍事政變，罷黜親共親埃份子。

「自由中國」的宗旨

第一、我們要向全國國民宣傳自由與民主的真實價值，並且要督促政府（各級的政府），切實改革政治經濟，努力建立自由民主的社會。

第二、我們要支持並督促政府用種種力量抵抗共產黨鐵幕之下剝奪一切自由的極權政治，不讓他擴張他的勢力範圍。

第三、我們要盡我們的努力，援助淪陷區域的同胞，幫助他們早日恢復自由。

第四、我們的最後目標是要使整個中華民國成為自由的中國。

四月十五日 （星期一）

約但新內閣組成，克里廸任總理。

約但要求叙軍撤離，警告以色列勿挑釁。

四月十六日 （星期二）

伊拉克與沙地阿拉伯允予約但所需援助。

亞非集團呼籲聯合國密切注意阿爾及利亞情勢。

四月十七日 （星期三）

葉外長接見泰國記者訪問團稱，光復大陸乃我職志，使用武力完全合法。

艾森豪在記者招待會中表示，約但若受外來侵略，美將給予有效援助。

約但總理克里廸稱，約但正在籌組叙埃約聯邦。

英首相麥米倫致函日首相岸信介，勸日本勿在世界問題中採取中立。

艾德諾再函布魔，强調德國統一，要求蘇俄釋放德平民。

四月十八日 （星期四）

約但國王胡笙演說，感謝全國陸軍支持，抨擊帝國主義。

美政府對運河問題，決定暫不提交安理會。

四月十九日 （星期五）

叙利亞總理阿賽里否認圖侵約但。

美船通過阿卡巴灣，約但向美抗議。

四月二十日 （星期六）

日首相岸信介在國會表示將於下月訪華。

美國務院聲明中東八國願與美國合作，防止共黨侵略。

美拒絕蘇俄所提就德國統一問題舉行四國會議之建議。

四月廿一日 （星期日）

臺灣全省投票選舉第三屆縣市長及省議員。

美國務院再度聲明，對匪禁運政策不變。

以色列表示，約但情勢如惡化，以將採取行動。

四月廿二日 （星期一）

杜勒斯發表政策聲明稱，推行集體安全，無畏蘇俄原子恫嚇。

約但外長納布西指責外國代表干涉約但內政。

四月廿三日 （星期二）

蘇俄介入約但政潮，公開袒護約但反對派。開羅電臺抨擊約但內閣。

約但總理克里廸否認埃及報導所稱伊拉克軍進入約但之傳說。

社論

(一)重整五四精神！

五月四日這樣重要的節日，幾乎被人忘記了！

三十八年前的五月四日，是中國現代最有意義和最有價值的日子，這個日子所表徵的，是當時醒覺的知識分子開始創導中國的啓蒙運動。這個運動的目標，是要洗刷不適于中國人生存的保守文化，提倡進步的新文化。因此，在政治上要實行民主，在學術上要研究科學。實行民主並研究科學，才能使中國由一個腐老的國家蛻變到足以列入世界新國家之林。要實行民主並研究科學必須有便利的語文工具，於是提倡白話文。風氣所至，喚醒了全國的青年，影響了全國的知識分子，醞釀成去舊更新的普遍趨向。依這個趨向發展下去，中國可以開始逐步走上現代化的道路。

照理說，五四這個日子，是凡屬希望中國新生進步的人士所要紀念的日子，也是凡屬眞正愛國的中國人所應該紀念的日子。然而，近七八年來，這個日子居然成了不祥的記號。大多數青年竟不知有此節日。少數明白事理的學人只把它藏在心裡。五四紀念日，只好在默念中過去。

這是怎麼回事呢？這種局勢是怎樣造成的呢？

這是開倒車的復古主義與現實權力二者互相導演之結果。

復古主義者在情緒上厭惡五四。他們擺出衞道的神氣來製造五四的罪狀。這正符合現實權力的需要。復古主義者又想藉現實權力以行其「道」。二者相遇，如魚得水，合力摧毀五四的根苗。於是五四的刼難造成。五四運動成了二者的箭靶。

反五四者說，中國數千年的「歷史文化」，曾維繫了幾千年的人心，穩定了幾千年的社會。你們要提倡新文化，打倒固有的文化，造成青黃不接的文化眞空狀態，共產邪說乘之，於是赤禍滔天，國家大亂。

這眞是罪莫大焉。所以，必須消滅五四，根除其影響。

消滅五四以後，又怎樣辦呢？

除了談主義、喊口號、貼標語以外，又添上讀經，作文言文，寫毛筆字，中醫治癌。花樣繁多，不一而足。雖然如此，可惜還沒有用「半部論語治天下」，只用「半部公文程式大全」治天下。這在懷古之幽情者看來是美中不足之處吧！

把中國目前的禍亂歸咎於五四，這個罪名的確不小，可惜是栽贓誣陷，逃不過邏輯與經驗的裁判。

說中國的傳統文化曾維繫了幾千年的人心並穩定了幾千年的社會之人，而忽略了兩種重要的情況。第一，中國歷史上固然有「文景之治」、「貞觀之治」這些太平歲月，但是也有流寇之亂，尤其是有歷來改朝換代所引起的循環砍殺。究竟是治多還是亂多？這不是價值問題，而是一個事實問題。這樣的事實問題，必須請嚴格的歷史統計學家來解答。第二，退一百步談，即令中國傳統文化眞的維繫了人心幾千年並穩定了社會幾千年，復古主義者沒有稍微用大腦想一想：這樣的維繫和穩定是在什麼情境之下才辦到的？那完全是在「閉關自守」的情境之下才辦到的。在閉關自守的情況之下，沒有旁的文化衝激，沒有旁的文化競爭。而且，即使鄰近地區有文化，但本來就較爲低落。在這種情況之下傳統中國文化能夠維繫人心穩定社會，怎能保證在有外來新文化衝激和競爭的情境之下也能維繫人心並穩定社會呢？更何能收此效于原子時代？

除了柏拉圖這樣的人以外，誰都可以依據經驗事實看出一種變動：文化是有新陳代謝作用的；文化也受「適者生存」法則的支配。人並非爲文化而生活。恰恰相反，文化是爲人而生活。文化不是別的，它是瀰漫並含孕在一個社群的實際生活之中的生活方式或形態。如果它便于大家的實際生活及可能的生活，那末它會繼續存在或且發展下去。如果它不適于大家實際的生活或可能的生活，那末是會遭淘汰的。不過，這一淘汰的行程有快慢之分，淘汰的方式有巧拙之別，淘汰的經過有順利或不順利的差異。如果一個舊有文化已不適於大家的生存，那末是經不起外來較適於大家生存的文化之衝激的。這一舊有文化在外來文化衝激之下，內部不能作適當的反應或調整，已瀕崩潰的邊緣，只餘空虛的形式。在這種情形之下，這一文化實如一垂危的老人，只要一點細小的偶然因素，就可致其死亡。自鴉片戰爭已來，中國舊有文化實在敗象畢露，搖搖欲墜。中間經過幾次大的內憂外患，適逢其會「歐風美雨」挾排山倒海的優勢以俱來，中國舊有文化的維繫力和安定作用已經實質地日漸消逝。這是它自已已經腐朽了，那裡能說是五四時代少數書生破壞所致？

五四運動的內容是科學與民主。科學與民主會使中國新生與進步。既然如此，五四理應爲人歡迎之不暇，爲什麼反受人詬病呢？

復古主義者有一項基本信條，他們認爲屬于古的事物總是好的。他們憑着對古代的懷念之情把古的事物染上一層神聖的色彩。柏拉圖，以及東方的聖人，他們所理想的社會是一個如古的靜止社會。他們夢想古代是一個黃金時代。黃金時代保有一切好的「要素」。社會愈是變動，則離此「要素」愈遠。離此要素愈遠，社會就益衰落。維持這種靜態社會的穩定因素就是權威。這一套社會思想藏在復古主義者的心靈深處。而科學所形成的社會則與此大不相同。科學的態度和方法是尙懷疑和重實徵。尙懷疑和重實徵之風一行，權威就要動搖。至于科學技術之進展，更是日新月異。科學給我們帶來一個動態的社會。民主也是權威的對頭。科學與民主形成的新思想方式和新社會秩序，都不是復古主義者所堪聞堪問的，也不是他們所能適應的。所以，從情緒上和利害上他們要反對介紹科學與民主之始作俑者的五四運動。

現實權力也憎惡五四運動。這是什麽原因呢？第一，最核心而又基層的原因也是由于五四運動掀起一股反權威的心理狀態。非民主的權力之維持，主要地是靠着權威。五四運動所掀起的心理狀態既是反權威的，宜乎其爲現實權力所憎惡。第二，現實權力是靠維持現狀而存在。它不能隨着社會一起走向新生與進步。隨着社會一起向新生與進步，就會使其自身在新生與進步過程中受到實質的「揚棄」。所以，現實權力爲了維護自身的存在，必須多方設法阻抑社會的進步。而五四運動是中國現代推動新生與進步之最具代表作用的運動。因此，現實權力憎惡五四運動。第三，近幾十年來幾個大的群衆運動中產生了幾個絕對權力。這幾個絕對權力要向群衆證明確有其存在的理由，必須各找對像來打來恨：他們不是說法國人可惡，就是說猶太人該殺；不是說猶太人該殺，就是說帝國主義者包圍；不是反英，便是反美；……。這都是藉製造對外敵愾而轉移對內注意力以維持其統治的手法。如果對外的強大敵人無可反對，或地理遠隔時，就在近處找個弱小的目標下手，把一切過失責任諉之於這個目標，讓那在無可奈何之中的人衆集矢於這個犧牲品，發洩心中無處可以發洩的一般怨毒之氣。近七八年來，五四運動，民主，自由，就做了這一策略之下的犧牲品。

依據向量解析（vector analysis），復古主義和現實權力二者的方向相同，互相導演，互爲表裡，彼此構煽，因而二者所作用於五四運動的壓力合而爲一。於是五四所給予中國現代的影響也就只有依稀可辨了。

凡屬稍有知識的人士都看得明明白白，時至今日而講復古，無論講得怎樣玄天玄地，根本是死路一條，不會有前途的。從心理方面觀察，復古係生於對危亡的恐懼感和對優越事物的自卑感。有自卑感者，一遇到優越的因素或力量之刺激，就會在心理上產生一種「自我防衞的機械作用（self-defence mechanism）。」目前若干泛談復古者，無論怎樣拿「歷史文化」做招牌，無論談的怎樣冠冕堂皇，無論講得好像是很本乎理性的樣子，其最根本的出發點不過是這種自我防衞的機械作用而已。這種自我防衞的機械作用，並不是什麽「理性」，只是原始的護短心理作用在作怪。護短，於事何補呢？拿過去的光榮，怎樣能彌補現在的空虛？如果提倡開倒車的復古也算是愛國，那末提倡科學與民主以促進國家之新生與進步，爲什麽反而不算愛國呢？在此時此地，「歷史文化」一詞究竟作何解澤，實在令人莫測高深。這個名詞現在已不是一個純經驗的記述名詞，而是除了夾帶情緒以外，好像已蒙上一層權威的陰影。誰要反對它或批評它，誰就是犯上作亂的樣子。一個社會，如果有特殊的「主義」不能批評；有特殊的政黨不能批評；有特殊的人身不能批評；再來一個「歷史文化」也不許批評，那末這個社會的「禁忌」眞是太多了。禁忌太多的社會，言論自由怎能不大打折扣？沒有充分言論自由的社會，又怎能在實質上新生與進步？就科學的眼光看來，「歷史文化」並非崇奉的祖宗牌位。因爲，「歷史文化」並不是別的，只是先民生活努力成績之總稱。如果所謂「歷史文化」是先民生活努力成績之總稱，而不是貢在神龕上的靈牌，那末，當過去的成績不甚適合現代人的生活而予以批評或修正時，爲什麽就算是大不敬呢？

凡屬稍有眼光的人士也都看得明明白白，時至今日，空談主義，呼口號，貼標語，已經是時代落伍的一些動作了。這些動作，也許可以麻醉一部分人，也許可收若干人自我陶醉之效；但是却不能眞正解決任何鐵的問題。吾人縱眼一觀，世界高度進步的地區，早已不用這一套社會神話式的辦法了。在世界高度進步的地區，要解決實際問題，用的是現代知識和科學技術。現代知識和科學技術之獲得，乃提倡科學之結果。而要能提倡貨眞價實的科學，必須有一個民主的環境。只有在民主的環境裡，才能發展出貨眞價實的科學。民主與科學是互相表裡的東西。科學而無民主，一定要受到歪曲。民主而無科學，一定難有正確的內容。在實際的發展上，科學與民主是不能分開的。

屈指算來，五四運動至今快到四十年了。人到四十就及中年。中年人在心智上是成熟了，在情緒上大致穩定了，在事業上多少有所成就了。然而，四十年來我們的國家如何呢？認眞說來，未免令人感慨萬千吧！在自我恭維裡過日子總會有落空的一天。我們願意面對現實，願意正視經驗事實。照事實來看，這四十年的時光，幾乎可以說是浪費掉了。目前，一部分人憑着他們的政治力量與若干自我陶醉於往古之士互相唱和，把車子倒着開。這種違背時代趨向的自卑作風，究竟伊于胡底呢？究竟要把中國帶向何方呢？明白人看到眼裡；難過在心裡。今後我們不談反共復國則已，如果眞要反共復國的話，如果要替國家前途開拓新機運的話，除了走五四這條光明大道，提倡科學，實行民主以外，還有什麽別的路可走呢？

從一個角落着來，五四的生機正在受着頑固後退勢力的摧毁，正在受着某種力量的高壓而不能抬頭。五四的志士們也似乎過着冬天蟄伏的日子。然而，縱眼一觀，整個廣大的自由世界，何處不是民主爲先？何處不是科學昌明？這樣廣大的力量，豈是一個角落所摧毁得了的？這樣廣大的發展又豈是一個角落所阻攔得了的？冬天來臨，春天還會遠嗎？科學和民主的力量不是正在浸潤着整個的自由世界嗎？展望未來，五四運動所孕育出來的種子，將與自由世界這股力量合流；而且將成爲中國人自已開拓國運之實質的中堅。看準了這個光明的遠景，每個明智的知識分子都應毅然前趨，重整五四精神！

社論

(二) 殷臺案必須澈底澄清

殷臺公司造船計劃一案，現在已經鬧得滿城風雨。對於此事，我國的民意機關與輿論機關，可說是一致的抱持懷疑態度，而政府當局則竭力為之辯白，幾乎是把這計劃說成有百利而無一弊。双方針鋒相對，未獲結論，而立監兩院，亦調查未畢，質詢未休，致使幾位牽涉在本案以內的國際友人，感覺不耐。柯克上將認為是我國的「民主太多」，蘭尼爾先生深致遺憾於此案之陷入「政治糾紛的夾牆」，而葛利格生博士則竟指責懷疑者的喋喋不休，是「不智的嚮應了共產黨徒」。這幾位國際友人為要鎮壓中國的民意，甚至不惜使用出了「戴帽子」的方法，而其結果，仍然沒有把問題澄清，相反的，却祇有更啟人疑慮。

截至今日，大部分人對此案的觀感，都是根據報紙的零星報導，從這些報導所得到的瞭解，顯然對計劃之進行是不利的，我們祇看到各立委的質詢，振振有詞，而政府人員的答覆，則支離破碎，矛盾百出。本案的執行人員，似乎至今不肯把事情的經過，原原本本的敘述出來，所提供的資料，處處有所保留，直至被人追問得沒有辦法，才稍稍透露一些。當局唯恐把真相讓人知道，於是謠言就更加不脛而走。

大家對殷臺案表示懷疑，決非無因。首先，我們的政府做事，尤其是有關金錢進出的事，總是不肯交待得清楚。關於國家預算，動輒以國防機密而不肯列清單，可是有多少不是國防開支而也列在國防預算裡面。過去有好幾起與外國合作事件，都曾經鬧得不可收拾，而人人企業公司的舊案，大家的疑竇至今猶存。現在，這一批前帳未清，前案未結的人物，居然又來與政府合作，又如何能叫人放心得下。葉部長在立法院報告說，中國國際基金會與過去的人人企業公司無關。何以以前在人人企業公司工作人員，如魏重慶、屠大奎、夏勤鐸等又是中國國際基金會的股東，而現在又是殷臺公司的董事或負責人。政府對這類人如此重視，如此優容，究竟是什麼原故，實在令人難以瞭解。

合作造船，應該不是一件太複雜的事情，而現在殷臺案所牽涉到的中外法人，竟有七、八、十來個之多，這些法人的人事背景以及經濟來源，都有許多複雜的糾葛；它們之間的契約關係與權利義務，也如盤根錯節，叫人一時不容易認辨清楚。這一個一個的環節，祗要其中有一個稍稍發生問題，就會牽動全局。我國政府，為什麼願意去擔當這樣大的一個風險，也是不容易令人瞭解的。

就算這一切都沒有什麼「內幕」，這計劃本身的利害得失也值得我們深長考慮。我們對合作者給予如此的優惠，而且都是些法律範圍以外的優惠，究竟所獲得的利益，是否值得付出這樣的代價？現在大家却已清楚，所謂外人投資，幾完全是空中樓閣，我們真正能得到的，不過是一些技術合作而已。但技術合作，是否真是如此的「無價」，除了採取這樣一個辦法之外，簡直無法用其它方法去獲得？是不是經過此番合作以後，我們真可以自造油輪？政府當局提出報告，强調我們的權利，而把義務與風險，則輕輕略過，叫人無法放在準確的天秤上仔細權衡。

政府當局至今不肯公開的處理這一件事，可能有這樣一個苦衷：事情已經做了，而且已經與人家成立契約，好好歹歹，祗有硬着頭皮做下去。對大家所提出的疑問，祗為遮遮掩掩，勉强的支吾。我們認為，即使情形確是如此，也是應該坦白承認，共同尋求妥善的解決辦法；即使事實上已經無可挽回，也唯有坦白的態度，才能贏得國人的諒解。如果當局並不承認做錯，那麼必須要提出更為堅強的理由來。

我們不知道監察院對此案的調查以及立法院對此案的質詢，會不會達到澈底的澄清。照現在這種情形看來，可能不會。質詢不會達到結論，而監察院即使提出糾正，也常是不能生出真正的拘束力。我們希望我們的民意代表必須對本案追究到一個水落石出，並且在他們澈底瞭解了整個情形之後，要對人民作一個負責任的交代。

最後，我們要向國際友人貢獻一點意見。就是你們要有一點忍耐，說話要慎重。這次你們的聲明，尤其葛利格生氏的聲明，措辭殊欠考慮。你們不要以教訓人的態度來發表聲明。這是要不得的。因為這樣只有把問題弄得更為複雜，只有越發啓人疑竇，而與爭論中的問題的解決，毫無裨益。美國年來以大量金錢援助別的國家而往往得不到好感者，執行人員常常挾有「盛氣凌人」的態度，當是其中重要原因之一。民主政治需要有忍耐的，在標準的民主氣氛的國家生長的人，連這一點忍耐都沒有麼？

自由中國　第十六卷　第九期　行爲科學中的新概念

行爲科學中的新概念

徐道鄰

行爲科學（Behavioral Sciences）代表在美國最近新發展的一個研究方向。那裡有五所大學，是由福特基金資助的研究行爲科學的中心，即哈佛、司丹福、芝加哥、密歇根、北卡羅萊納是也。兩年以前，福特基金又在司丹福成立了一個「行爲科學高級研究中心」（Center for Advanced Study in the Behavioral Sciences），更是一個十分具有權威性的重鎭。這個中心的所長台勒（Ralph Tyler）先生，最近曾經寄給我他的一篇演詞，對於行爲科學裡新發展的幾個概念，有很通俗而扼要的叙述，我想在這裡略爲介紹一下。

一、據台勒的看法，近年來一項主要的發展，是對於「個人」的意義有了新的估價。雖然個人受了本身生物功能的驅使，餓了要吃東西，渴了要喝水，同時有男女之欲，但是，這種種生物性的驅使，祇代表了人類動機的小小的一部份。

支配個人的人格的，生物的要求以外還有各種價值，意旨，和目的。一個人在長時間內形成的各種價值觀念，對於他整個的行爲系統所發生的影響，比生物性的需要所影響於他的還來得强烈。現在有許多行爲科學家們，對於價值，價值的種類，價值的來源，價值的發展過程中的各項因素，特別是價值在人類的精神行爲，情感行爲和外現行爲中的作用，相繼地提出不少的理論。但是我們所需要的知識，還是遠比這些已經知道的爲多。不過，有一點是相當明確的，就是每個人都是一個動力有機體，他具有主動性的人格。而且，已有足夠的證據，說明個人和其動力作用，對於個人或團體的行爲——譬如家庭生活中，工作環境中，公民活動中的各式各樣的行爲——其影響力顯然是非常重要的。就是一個人對於他自己本身所持的各種觀念，也都是非常有力的在支配着他的行爲。譬如一個人認爲自己是環境的犧牲品，無情的厄運到處在打擊他，而另一個人則自信是命運的主宰者，祇要努力總會成功。那麼，這兩個人在同樣情況下所採取的行動，多半是不會一樣的。經過多少年來歷史的記載，在不同的人群中，有種種不同的關於人的觀念。這些觀念有力地影響到人的行爲，尤其是他的社群行爲，遠比我們一般想像的爲多。

所以，爲了了解一個人，我們必須知道他想他自己是怎麼樣一個人，他所尊重的是什麼價值，他的目的是什麼，他的基本的生物需要和社群需要的滿足情形怎麼樣，和他所具有的是哪些能力。從這些觀點來看，每個人都具有某種程度的個性，他就根據着這個個性，來支配他的生活和接受生活給他的影響。

二、另外一個新概念，是社群團體對於個人行爲究竟發生何種影響。任何一個人，所有最早的有力的經驗，至少都牽涉了另外一個人，一般說來，就是他的母親。至於他後來在家庭以外的早期的探索，多半都是他和自己家裡的，或者鄰居的小孩們在一起嘗試的。再後，學校、教堂、游戲場所、工作場所等等——我們祇略擧數例——都是他初步的生活環境，而也都是團體環境。團體，特別是小型的，面對面的團體，被證明出來全都深刻的影響着個人的行爲，而個人們同時也深刻的在影響着這些團體。

據台勒他們研究的結果，證明大多數團體，不但從事於他們大家所公認的目標——這些團體，就是爲了達到這個目標才成立的——同時也分心於團體裡面的，具有豐富情感作用的社群關係。假使一個團體裡面的社會關係不洽調，若干團員對於他們在團體中的地位感覺到不確定或者不滿意，則這個團體在達到它的目標上，就不會有太多的進步。如若團體關係是穩定的，每個團員對於他自己的地位，都有清楚的觀念而認爲滿意，那麼這個團體的精神是良好的，它將具有優厚的條件來追求它的基本目標。近年來的研究，曾一再指示出來，對於保障有效的團體行動，每個團員對於他在團體中充任的角色，是怎樣想法，團體中其他團員們對於他這個角色的想法，和他自己的想法是否一致，都具有極大的作用。譬如團員某甲認爲他自己是給他的團體提供意見的，團體中的其他團員也承認這是他的任務，那麼他的意見才會很快地被大家接受，而變成了整個團體的想法。相反的，假若團體中的其他團員們祇把他看成一個好出風頭的綉花枕頭，不僅他的意見不會被大家採納，某甲本身也將變成了譏笑和攻擊的對象，而對於團體是很少有益處的。又譬如團員某乙把自己看成一個紀律的執行者，一個指揮別人來排列隊伍的人，而團體中其他團員們也承認這是他的事情，那麼這個團體也就在他的驅策之下，很快的集合起來，而完成了行動的準備。反過來，如果其他團員們認爲他是一個冒牌的人，或者是個暴虐之徒，那麼他的種種種種努力，祇是帶來更多的混亂，而不是一個有效的動員。

同時，他們的研究也告訴我們，一個人的行爲之最大的發展和變化，都是在他所參加的各種小型團體中進行的。一個人所屬的學校、教堂、政黨、工會，或者其他組織，這些團體對於他的影響，比起那些小型團體來，例如家庭，遊戲伙伴，朋友，工作小組等等，往往要小得多了。一個人的各種態度，習慣，和工作方法，多半都是在小型團體所供給的環境中，才發生重要的變化。

在調查各城市和更廣大區域中的人口組織情形時，學者們發現，在小型團體和一般群衆之間，有若干重要的社群結構存在。其中有兩個型範，對於人類行爲所發生的影響，特別重要：那就是社群階級和職業組織。一個典型的社區，多半包涵着三個或三個以上的社群階級，就是說，某些在社群聲望上，在獲得公衆尊敬上，地位相等的人的集團。一般說來，未熟練的工人們的家庭，構成所謂中下層的階級，熟練工人們的家庭，構成所謂低中層的階級，而屬於自由職業和經理級的人們的家庭，構成所謂上中層的階級。就這些社群階級對於人類行爲的影響來說，有兩個主要的特點，可以指出：①每一個社群階級都爲其同人們所接受的，卽所謂「習俗」的行爲，樹立一種模式；②這種不同的社群階級，依據其不同的社群聲望和其所獲得的公衆尊敬，形成一種梯形的層次，而對於低層階級中力爭上游的人們的種種行爲，起着示範作用。

在一個社群階級中被接受的各種行爲所組成的模式，往往被稱爲這個階級的文化。這個文化，包括着若干價値，被視爲比其他價値更高的價値，若干爲其階級中同人普遍共有的態度，若干語言模式和字彙，若干做事的方式。一個階級的文化，在許多不同的方面上，都同另一個階級的文化不一樣。譬如不乾淨的字眼，在某一些社群中可以自由用的，在另一些社群階級中，則絕對需要避免。同時，在社交禮節，衣着，坐席態度等等上，處處可以看出明顯的差別。許多中下階級的父母們，都希望子女能比自己强些。於是，他們就從電影、電視、廣播、書刊各方面來觀察理想人物的舉動，而將他們在這裡所獲得的提示，拿來教育子女。因此，各社群階級所構成的寶塔形，就這樣子對於那些想在「社群梯子」上往上爬的人，發揮一種十分有力的指導影響。社群階級的影響，並不否定小型團體對於個人行爲具有最大的影響力。因爲社群階級所規定的各種行爲模式，通常都是透過小型團體的媒介，才達到個人的。在一般的情況中，小型團體的團員，都是屬於同一個社群階級，所以正足以加强這一階級的行爲模式。

各種職業，對於它們的從業人員，都發生十分有力的影響，其原因有二：①大多數靠職業生活的人，都十分有力的把他的職業看成自己，別人對於他們職業的批評，就等於對於他們自己的批評：②每個職業都發展一套「倫理」，，一套行爲的慣例，爲其同行們——至少在他們工作的時候——所要遵守的。近年來若干關於各種職業的社會學的研究——例如律師、教學、行醫等等，明白的指示出來，這種種職業上的習慣和期待，怎樣廣泛的引導着從業人員的行爲。正如同上面所說的各種社群階級的情形一樣，由教師們、律師們、工匠們、農人們所構成的小型團體，也往往在有力的幫助着這些職業文化的加强和發展。

三、第三個新認識，是有關「知覺」的。過去三十年來，心理學和社會學的研究，發展出來很可觀的實證，說明一個人的知覺，對於他的行爲的重要性。一個人對於現有處境的反應，大部份都決定於他在這個處境中看見些什麼。此外，一個人的種種態度，一大部份也是由他的知覺加以修正而成的。譬如他對於某些人，某些東西，或者某些事情，是怎樣的感覺，主要的都決定於他所看到的是甚麼。一句俗話：「看見就是相信」，從許多方面看，都是正確的。不過，許多人眼瞪着同一現象，卻往往看出不同的東西來。

早期的科學工作者，認爲人類對於某一種東西或某一種事件的知覺；是在長時間內逐漸發展的。當一個人對於某些現象，有逐漸增多的機會來予以觀察時，於是他的這種知覺，也就逐漸的愈爲完全，愈爲精確。然而，根據現代學者的看法，這個敍說並不令人滿意。他們研究出來的答案，認爲一個人對於各種物、人、事，的知覺，都是在和它們早期的接觸中所形成的。而這種知覺，通常是相當固定的繼續存在，雖然他後來有不少的機會，來核對他早期知覺的不正確的地方。

一個人的早期知覺，有的固然是從他的仔細觀察中得來，但是，有的則是由別人的暗示而形成。例如小孩子們可能很早就有一種印象，認爲海是藍色的，而這個印象的形成，一部份可能來自他自己對於海的觀察，一部份則可能來自別人對他的暗示，譬如在油畫中看到的海都是藍色的緣故。學者們的實驗發現，大多數兒童，雖然面對着的海明明是灰色，或者棕黃色，或者綠色的，並且一再叫他們仔細觀察，而他們所「看見」的，仍舊是一片藍色的海。又譬如孩子們有一個印象，認爲廚子都是快樂的大胖子。這種觀念可能連續發生作用，影响到他對於實際事物的知覺，在一個客觀的觀察者看來是一個瘦弱而嚴肅的廚子，孩子們卻堅持着說他是個快樂的大胖子。一個人對於各種物質現象和社群現象的知覺，非常容易陷入一種固定的形式，雖然他並不缺乏糾正早期知覺錯誤的機會。因爲一個人的知覺是不現實的，所以他對於許多處境的反應常常是不現實的。因此，爲了達到行爲的有效，知覺的再敎育，實在是非常重要。

四、是關於「交通」的新認識。所謂交通，本是一種社群過程，它使得一個人或一個團體，和另一個人或另一個團體之間，把思想和情感傳達給對方。最普遍的，是「面對面」的交通，就是談話。但是，由於印刷、廣播、電影、電視等等的發展，這些群衆交通工具的作用，卻是愈來愈大了。有關各種交通的研究——包括談話和群衆工具二者——指示出來，有達到很可觀的程度的歪曲，都是在傳遞過程中產生的。任何一種交通的對象，不管他是屬於聽衆，觀衆或者讀者，從來沒有，就是有，也是極少可能接收到眞正完整的消息。因爲這些消息通常要經過兩種歪曲：第一是因爲有若干脫漏，第二是接到消息者不自覺的要加進去消息中原來並沒有的若干細節。據行爲學者們的研究，聽衆，觀衆和讀者，一般說來，在他們所接到的通訊中，特別注意和記住三樣東西：①他們原來所已經知道的；②和他們舊有的信仰不相違背的；③如若他們有甚麼未會滿足的需要，能幫助他們滿足這些需要的。譬如一位敎師，感覺得他的社會地位不够好，而在一篇報紙的社論中，有些似乎是在贊揚教師們的工作的話，那麼他對於這些話，比任何其他的話，都更爲注意和格外記得清楚。

一個接受消息的，特別在原來消息有含混和兩可的地方，慣於「加」些東西進去。這些加進去的東西，多半是和他過去的信仰相符，可以滿足他未獲滿足的需要的思想和情感。譬如一個高中女學生，感覺着她的同伴不眞正把她當作朋友，於是，她會把一個去某同學家裡開會的「通知」，看成一張請她到某同學家裡去吃飯的「請帖」。一般來說，除非是一箇不受到未滿足的需要的壓力的人，才能把各種消息完全客觀的解釋。

行爲學者對於交通的研究還指示出來，對於適當的傳遞消息，「双行」交通的作用是很重要的。被傳話人對於傳話的反應，可以表示出傳話失效的地方來，而指導着傳話者改善傳話方式上的努力。許多群衆交通工具（如報紙，廣播），都缺乏討論交通內容的機會，所以在傳播的作用上，往往沒有若干有直接聽衆的「双行」的交通方式來得有效。在專門術語上，這種「双行」交通，叫做「反饋」Feedback。

交通研究的另一個重要發現，是廣大群衆所共同了解的「字彙」，其範圍是非常有限的。「字彙」一詞，不僅包括用以表達意思的語言，同時包括着各種手勢和姿態，各種圖表和其他的符號等等。各種不同的民族，階級，職業等都有他們自己的獨有的字彙。所以，爲了有效的傳達意見，必須使用一種適合於接受通訊者的字彙。同時，據這些研究的指示，祇有在小型團體裡面，意見傳達才是最精確的，最不含混的。所以有許多群衆交通工具所表達的消息，要經過小型團體的團員來翻譯一下才行，不然，恐怕就不會那樣的有效。

五、行爲科學家們的重要的課題，是「解決問題」的行爲。我們生活的世界，是一個變化非常迅速的世界。因此日常的問題層出不窮，而「解決問題」成了人類行爲中最重要的一種。科學和工藝的發展，顯然的要依靠各種問題的解決，同時，各種社群發明和社群制度——爲了有建設性的使用科學和工藝，這些都是必需的先決——也是需要依靠問題解決才能有發展。然而，人們對於什麼是「問題」，各人的看法，大不相同。在一些行爲科學家們所研究的對象中，有很不少的人們，認爲解決問題者就是爲若干疑問找到答案而已。在他們的想像中，這個世界上有若干「權威」的人，是專門解答疑問的。所以凡有疑問，祇要找到他們，或者查考他們的著作，就可以得到答案。這樣子的動作，在他們的心目中，就是所謂「解決問題」了。

另一方面的人們，則認爲解決問題是一個很複雜而且長久的過程，是要爲一些沒有人知道現成答案的問題，研究解決的方法。在科學研究者們使用此一名詞時，其意義就是如此的。

爲了使得前面那一批人能學會怎樣解決問題，第一要把他們對於問題的性質的概念和態度，先予以澈底的改變。對於年紀大一點的人，這一點是非常的艱難。他的對於這個世界，對於那些「具有答案的權威者」的觀念，是不容易改變的。

其次，台勒說到有些人可以把一個問題，從各種不同的方向加以認識，有些人則死釘住一個方向。在這個靈活與呆板的程度，人與人之間又大有不同。最有效的問題解決者，他能從各方面來觀察一個問題，用以尋取各種可能的線索，來從事進攻。另一方面，那些祇從一個固定的方向來觀察的人們，再也想不到用各種不同的方法來向問題接近。這種靈活性在一個人的早青春期過去以後，很難再有發展。同時，它和一個人的人格上的壓力，似乎也有關聯。那些基本需要都得到適當滿足的人，比起那些具有若干未滿足的需要者，在問題的觀察上，似乎要靈活得多。此外，社群處境也有一點影响。在一種自由的，寬容的，對於他們的努力常加以支持的環境中生長的小孩，在處理問題上，能表現出他們的靈活性的，遠比在環境拘束中生長的小孩爲多。

如同在「交通」中一樣，對於「解決問題」，「反饋」也有很大的幫助。這就是說，一個人在解決問題上的努力，能够隨時知道其效果如何而加以改進，那麼他發展出來的技巧，遠比沒有這種「反饋」時爲佳。

另外一個有趣的事實，就是大多數人對於認識問題的能力，常因爲其所屬的領域之不同而大小各異。譬如某一個人對於工程上的問題，很快的就能認清和處理，但是對於人事關係的問題，就缺少這種能力。另外一個人，可能適得其反。雖然有極少數人對於任何領域內的問題，都具有高度的敏感，而全都能靈活的加以處理，但大多數人，在解決問題的能力上，都是隨着不同的領域而有高低之分。

還有一個大家常常提出的疑問，就是是否某一些社群階級，在解決問題的能力上，比另一些社群階級爲强。關於這一點，還沒有足够的事實足以證明。不過據現代學者們的研究，在各種社群階級的大人和小孩中間，全都有不少的解決問題的能力存在。若干具體的問題，描寫這些問題的語言，和對於若干不能改變的因素的假設，這些都是在每一個階級裡和另一個階級不同的。這也是因爲個別的處境，可以運用的力量，和對於「適當」行爲的習俗，全都有不同之故。不過，有一個事實可以叫人樂觀的，就是在所有社群階級中，全都發現有不少的人們，具有高度的潛能，可能發展爲解決問題的技巧。

學術思想的自由創進及其演變

曾子友

一

學術思想是推動文明的原動力，任何民族任何人群，如果其學術思想的創造停滯下來，則這個民族這個人群的文明必致逐漸硬化，因而不能適應新奇困難環境，難免遭受自然的淘汰，或因遭遇外來文化的侵襲，致缺乏適當的回應能力而滅亡。英國現代史學家湯比 Toynbee 的「歷史研究」，說明了世界人類會有過千多種的文化萌芽，但到比較有顯明史跡可尋的時代，也還有二十一個類型的文化，可是到了現代，僅存七個文化類型了，也就是由於上述的道理。

人類所以能有學術思想產生，是因爲人具有低級生物所缺少的特殊行爲能力。人類原自低級生物演化而來，但人類在經過這番演化過程之後，除了保持着生物演化系列上所具的各種能力以外，確有由茲而發展的更高的行爲能力。根據心理學上對於人類行爲能力的分析，計有：（一）本能的或反射的行爲能力，（二）習慣的能力，（三）模仿的行爲能力，（四）試行錯誤的行爲能力，（五）思想的行爲能力。高等動物大概已具備四種行爲能力，猿猴善於模仿，是周知的事實，被試驗的鼠類，已有試行錯誤的行爲能力，惟思想的行爲能力，則爲人類所獨具。這也就是人類之所以爲萬物之靈的特徵，因爲人類已進化到了具有思想的行爲能力，所以其他四種行爲能力雖爲其他動物所同具，然而人類對於這四種行爲能力，自然也有較高度的發展，例如猿猴祇能模仿人類的簡單動作，而人類則於受訓練以後，能夠學習即模仿先知先覺的創造少數所能發明的一切思想與技能。

人類憑藉其所獨具的思想行爲能力，乃能想出種種辦法使其所處自然環境和社會環境有所改變而使之多少適合人類的心願。因此在每一時代人類中總有些創造少數本其銳敏的睿智，創立引導人類從事於開發自然或改造社會的思想。迨至這種思想爲相當人數所了解，轉而向社會大衆作宣傳，並由於這種傳導獲致多數人從事作爲行動的指標時，則必演成而爲一種社會潮流的運動，因而構成爲促進人類進化的動力。我們所謂思想或爲哲學思想或爲科學思想都有這種偉大的功效。自然的事物或社會的環境，當人類運用思想行爲能力的作用於其中時，都具有足資改造的可塑性，而社會的環境，且有自由創造之「從無出有」的可能性。人類對於利用自然，開發自然，以及人群社會的改造，可謂自新石器時代開始以來，即逐步向這種程途邁進中，至現代的文明，更加以原子能的利用，益爲明顯。至於對於人群社會之「從無出有」的自由創造，則自有史以來的法律、政府、文學、藝術、科學、哲學等等，沒有不是憑藉人類獨具的思想行爲能力所自由創造的。

人類是否可以憑其意願隨意的創造呢？這個問題歷代都有所討論，有名的「意志自由」的問題即牽連到此。本文欲再就此問題有所申論。溯諸往史，人類憑其思想行爲能力已能開發自然改造社會，可見其具有「思想的創造自由」，已無疑義，但是另一方面無論是開發自然或改造社會，沒有不受自然律制約的，所以凡是不能順應自然的空想，絕不能作爲開發自然的指導；凡是不能適應社會法則的要求只是烏托邦，也絕不能作爲領導社會的思想，因此所謂「思想的創造自由」是有其限度的，這個限度是以主觀的心與客觀的事物之交互作用，而達於中和的統一爲依歸的，因此唯物論者以「存在決定意識」，固屬荒謬；但唯心論者以存在即被認知，無異以心可以憑空創造，那同樣是缺乏根據的。在現代理論科學分析的結果，所謂「物」只是「能力」energy 的一種結構中的形態，而「心」也祇是能力的作用過程。現代科學分解下的心與物，已不是如笛卡兒所謂心的省覺與物的廣袤，絕沒有相容可能的兩個獨立存在的本質了。

二

筆者十年來倡說「能力論」Energitism，即依現代科學的分析，以心物都不是實體，只是「能力」energy 表現的兩種不同的象，與水之有波浪與寧靜的象相若，波浪與平靜都不是眞實的東西，我們都是水的現象，所以兩者的本源是合一的。換句話說，兩者是同出一源，這裡所謂兩者完全是指兩種現象，並不是指兩個東西，但換個例來說，如果以氫與氧合一而爲水，這個氫與氧兩者，則爲兩個東西了。我以心物爲「能力」展現的兩種現象，即是以能力作爲本體論上最終的本質，它不會再是某些本質混合的產物。

能力論既以心物是能力展現的現象，則所謂心或物只是能力之自發自成的「作用形態」，物是能力的凝聚作用的結果，心是能力發放作用的表現，所以心物都是源於「自然」（nature）的「作用」（doing），惟作用的心，能爲人所自覺地本其「意志自由」而反作用於自然，所以雖受客觀事物的影響，不能有絕對的自由；但並不是受客觀事物的支配，致絕對不能有自由。在作用的心與作用的物的交互影響中，能否達於中和的統一，就是主動的心所可運用的廣泛的自由之所在。例如不管文明發達到怎麼的程度，無論哲學、科學或人生社會方面，均有充分隙地以供睿智者創發新思想的機會，這個自由的幅度是很寬泛的。至於作用的心與物，縱已達於中和的統一境界，但就在這個境界裡，是否是「至中」亦難斷言，作用的心，仍有其主動的自由度(degrees of freedom)，因爲這個「中和統一的境界」，有如新量子論的「不定原則」（Principle of uncertainty）之所示的電子的位置與動量相若，人們祇能認知電子在一個不是科學的「指針示數」（Pointer Readings）所能準確指明的朦朧區域中活動，這個朦朧的區域，理論科學家稱之爲自然的掩蔽，實際上這個朦朧的區域裡，就隱藏着電子運動的自由度。作用的心在中和境界之所具的主動自由度之大小，正所以表明一個創造的思想，是否已達於完全正確的境界。

所以自能力論的心物交互影響的觀點看來，意志自由問題，並不是像康德所謂在現實世界裡所絕對沒有的，同時也不是像它在超越自然的世界裡，所安放的「絕對的自由意志」。因此，我之所謂的「意志自由」，是潛存在每個人的智慧中，而其實現的運用與發揮，也就在現實的世界裡。但是這個意志自由，不能是恣肆放任的，它須受事物環境的約束。學術思想史上所有的創建，都是由於上面所謂這種意志自由的運用而完成的，領導時代，轉移世運，也是完全有賴於先知先覺或所謂「創造少數」（creative minority）的自由創造，所創建的學術思想爲其原動力。但有的時代的發展，其初並不是由於學術思想的卓越的遠見爲其原動力，而是由於社會之內在的盲目因素所促成的，那麼，這個時代將成爲一種盲目發展的時代。在這盲目發展的時代中，也會有順應這個時代的需要而產生的一種學術思想，它順應那些盲目因素促其加速的發展。然而這必致社會於盲人瞎馬，夜臨深池那般的險境。西洋近代的自由放任，功利主義等等，就是這種現實的顯明例證。

三

今以上述論點對馬克斯的學說作一單簡評論。歐洲近代的社會發展是一盲目衝動的發展。在這時代裡，學術思想未能領導時代，反受社會盲動因素的支配。因而歐洲社會至十九世紀已顯得弊端叢生。馬克斯之創立共產主義，固亦期望以一新的學術思想來矯正那些弊端。但不幸馬克斯的全部思想充滿着幻想，充滿着矛盾，錯誤百出。適足導社會於危難之境。共產主義中最嚴重的錯誤是過份誇大社會發展的盲動因素，而忽畧出於明智思考的人爲因素。馬克斯本其於工業革命初期所看來的社會現象，把「生產力」與「生產關係」的矛盾，視作社會發展最主要的原動力，這就是替社會發展的盲目衝動因素推波助瀾，結果，共產主義只成了一個從屬於盲目因素的學說。這一點是一般批評馬克斯主義者所未及透視的。馬克斯誇大盲目因素的結果，第一使他以唯物史觀來解釋社會的發展，認爲歷史必然照他所說的演變下去，人力不可扭轉。這就杜絕了人類自由創造的許多可能的試探。如前文所說，自然界以及人類社會都留有很大的範圍以接受人爲因素的影響，人可以在這個範圍內依其意志來塑造自然及社會環境，使之多少合於人之心願。更重要的是這些範圍的界限是朦朧的，其大小無法預先得知，只有不斷探索才能曉得。自馬克斯那種對歷史所作鐵定的預言問世以來，歐美已有許多思想家、社會改革者不斷試探地將他們在思想上的創造施行於社會之中，使得今後歷史的發展顯然不會同於馬克斯的預言。如果這些人竟亦聽信馬克斯的學說，不去作那些有更好可能結果的試探，人類或許眞的只有接受盲目因素所賜與的命運了。

馬克斯誇大盲動因素的另一個結果，是他一般地低估人類行爲能力中較高等的思想行爲能力。譬如它只看見勞動力在生產過程中的作用，却完全忽視機器所產生的能力，和使用機器所引起之必需的組織能力，而組織和機器都是思想行爲能力的產物，馬克斯由於誇大所謂無產階級的勞動力，而創造剩餘價值說，更進而倡導所謂農工階級領導革命的謬論。這種以低級能力群作爲社會中堅的謬說眞是危險萬分。

馬克斯的農工階級領導革命論就連共產黨徒自身也看出是站不住脚。馬克斯曾說：「我們知道！解決理論上的對立，只有靠實踐的方法，靠人的實踐能力，纔有可能。因此解決理論上的對立，並非只是認識的任務，而且也是眞正生活上的任務，向來哲學家不能解決這一任務，正是他們祇有一種理論任務的緣故」。馬克斯以實踐爲判別理論是否正確的說法，確屬高明，我們且看看農工階級領導革命論在實踐中接受到怎樣的考驗。一九五一年十二月十八日一個逃亡到美國的蘇俄外交人員兼紅軍軍官波哥萊普夫，在美國國會調查委員會供稱：「斯達林在西方國家激起共產革命，是專靠智識分子，而不是靠工人」。而且它指出斯達林早在一九三五年，就有一篇秘密演說，認爲馬克斯以工人階級爲共產革命主力的理論，爲「完全不切實際」。而且就蘇俄的藝術家、歷史家、科學家等的生活待遇，竟超過普通工人待遇的三四十倍，尤其是哲學家更爲其所寵遇的事實看，都是證明馬克斯的無產階級領導革命論的荒謬，精神能力重於物質能力，人類中僅具低級的能力群，絕沒有領導高級能力群的可能，這是自然法則，所以我說：我們要提高人的思想行爲能力，促進學術思想之自由的創進，這才是人類文明進步的原動力。

四

學術思想之自由的創進，固爲人類文明進步的原動力，但當人群社會困處於文明硬化的時期，常常祇適於低級行爲能力的因襲，而於先知先覺或創造少數運用高級行爲能力所創發的新觀念新思想，多數都是遭受當代人群社會的嫉視與排拒的。例如孔子之在後世雖有如太史公說：「孔子布衣，傳十餘世，學者宗之，自天子王侯，中國言六藝者，折中於夫子，可謂至聖矣。」，然而當其在世的時候，到處遭遇排拒，不得不自認爲有如「喪家之狗」。這是因爲人類在經常生活中，其運用低級行爲能力的時機，本爲更多於運用高級行爲能力，尤其對於思想的創進與科學的發明，都非運用試行錯誤的行爲能力和思想的行爲能力而不能奏效的。這固不能期諸一般人士之所能，但縱有先知先覺或創造少數專心致志所完成的思想或發明，當文明硬化時期，一般人則已養成寧願抱殘守缺，因襲社會傳統的生活習慣及其固有的信仰，而熱心地保持其固有的「遺留物」(Survivals)，而於新智識新思想，往往盲目地予以强烈的阻碍，所以無論是哲學的或科學的新思想的出現，如果和社會原有的習見習聞的觀念相抵觸，它必會遭受人爲環境的重大壓力，這種壓力或爲政治的、社會的乃至宗教的，其表現或爲無形的或爲有形的歧視，排擠甚至於實施强力的制裁。這類創造新思想的個人或其創造少數，其中大半在其生時，都不易獲致社會的歡迎的。這種現象羅素在其著作「權威與個人」中亦會論及。

遠在文藝復興以前，當十三世紀中葉,英國出了一個聖芳濟(St. Francis)的僧正羅哲倍根（Roger Bacon 1214—1292），因爲他的思想，已超越了支配當時的煩瑣哲學（Scholasticism）之外，它主張求學之道，共分三端：一爲經驗，二爲實驗，三爲證明。他反對當時專重推理的空想的方法，爲歐洲實驗科學建立了初基，但竟因此受教會的迫害，前後被判入獄，過了二十年的牢獄生活。與馬丁路德（Martin Luther, 1483—1546）的宗教改革運動同時代的哥白尼（Copernices, 1473—1543）以太陽爲中心的地動說—天體旋轉論，足使聖經的創世紀失了價值，且與二世紀的托勒密(Ptolemy)以來的天動說完全相反，以致他的偉著「天體的革命」(The Revolution of the Heavenly Bodiies)直至他臨終的一刹那，始克親睹其印行本面世，但仍被列爲禁書達二百年之久，而且還累了白魯諾和加里略受到刑罰。白魯諾（Giordano Bruno 1548—1600）因爲提倡萬有神教，指摘教義；且同意於教會所反對的哥白尼太陽中心學說。於一五七六年被教會驅逐，迨至赴瑞士，遊英、法、德等國回到意大利，又到處宣傳其說，詆毀羅馬教會，不稍忌諱，致被羅馬教廷繫獄七載，屢次迫令取銷前說，終不稍屈，致被處火刑而死。接着加里略（Galileo, 1564—1642）也因闡揚哥白尼的地動說，於一六一五年被教廷的「異端裁判所」彈劾，一六一六年受主教長諭令放棄前說，終不屈服，致在一六三三年被教廷判處幽禁終身。加氏以年屆古稀的老翁，甘爲眞理犧牲而不辭，雖被逼迫而寫「悔過書」，並判令它背誦七懺悔詩篇，以責他違背亞里斯多德和摩西及神學者學說的罪，但據說當他背誦完了以後，還會低聲呢喃地說了一句：「它（地球）還是動的」。

法蘭西斯・培根(Francis Bacon 1561—1626)以哲學與科學思想的先驅的恣態，襲擊中古經院學派的傳統，雖幸未受到宗教的迫害，但也引起舊勢力的環攻。重理性重懷疑的笛卡兒（Descartes, 1596—1680），欲藉加入「三十年戰爭」，冀圖從一個耶穌教會派學院的教育中擺脫出來；並把舊日所學，一齊拋棄，從頭開始他的理智生活。但當他聞知加里略受了監禁，即將所著的「宇宙論」（On the World）付之一炬，深恐也遭受同樣的命運，斯賓諾莎(Spinoza, 1632—1677）因爲（一）不信靈魂不滅，（二）否認天使的存在，（三）否認上帝存在於虛無漂渺的天國內，而以上帝即在自然裡，即在形氣中。致被其猶太族人於一六六五年判處永遠放逐，而以磨鏡片的技藝，自食其力而不悔。康德（Kant, 1724—1804）雖然在「純粹理性的批判」中把神毀滅，而在其「實踐理性的批判」中又創造了「祂」，但是康德哲學的系統，在當時的哲學和神學界中掀起了各方反對的浪潮，教會的牧師們，有的稱康德爲狗，有的以狗名康德，在它七十多歲的時候，普魯士的教育部長，禁止康德再在普魯士發表著作，他却在普魯士王權之外的耶那城（Yena），發行了最後一本論宗教的著作，但終由普魯士王寫信警告康德說：「王對於你濫用哲學來破壞我們聖經中最重要的教義之事，甚爲不悅……假如你仍這樣做，你就要遭遇不快的後果。」

直至現在，宗教迫害新智識新思想的事件，仍有所聞。達爾文（Charles Darwin 1809—1882）的種源論，推翻了上帝製造亞當夏娃的聖經，不承認神與靈魂的存在，赫胥黎(T.H. Huxley 1825—1895)因擁護達爾文的學說，受盡社會的批評，受盡教會的唾罵，一九一一年德國有一位大學教授，因講進化論而被辭退，一九二一年美國田納西（Tennesse)州還有一位中學教員因講進化論而被起訴；十年前美國波士頓（Boston）有一主教，也忽然大肆抨擊愛因斯坦的相對論，斥爲替無神論張目。所以羅素說：「我們不能說加里略以後教會情形已大變遷，其實祗要是在它有權力的地方，比如愛爾蘭及波士頓，他仍舊禁止一切含有新思想的文字」。

五

到了二十世紀，宗教對於學術思想的權威，雖仍不免間歇地顯現，但它祗是迫害的尾聲，不是十六七世紀時之如日中天了。可是，在現代世界，對於學術思想之創建精神的阻障與迫害，却由宗教的轉化而爲政治的；由零星的轉化而爲計劃的；由局部的轉化而爲世界性的。這種對於學術思想自由的阻障與迫害所產生的質變作用，也許將使人類的文明趨於硬化，除非最近的將來，能有嶄新的思想出現，衝破這種窒息學術思想自由創進的氣氛。

過去學術思想的自由，雖然受着宗教的迫害，但由於它自身的發展，終致衝破了宗教的束縛，而且給予現代人類的生活以深遠的影響，可是，學術思想的創進，縱然是把他們所屬的社會，轉換了一種樣式，但是，它的「行動的淵源」，仍是創作者們的本身，隨遇而依據他們的智慧與天才的興感所完成的創進或發現。可是到了現今，一個學術思想創造者，如果沒有一個組織來幫助它，仍像一個希伯來的先知或像斯賓諾沙這樣孤獨的哲學家，那麼，他不但不能得到和過去時代相同的人，所能得到的同樣重要的成就，也必然難以得到同樣重要的影響，過去的學術思想家多單獨從事研究，所謂「十年窗下無人問，一舉成名天下知。」但是現在的學術思想家，需要許多的設備和助手，如果沒有政府的獎進或社會的資助，幾乎是完全不可能有所成就。現在的學術思想的創進工作，固仍有賴於智慧的天才，但因其不復是一個獨立研究者，而根本是某一個鉅大組織的一部份。這在西歐，要靠政府幫助，在美國則要靠富人資助，至於在中國呢？政府與社會，均不會對這有多大的注意，甚至縱或有偉大的天才，倘沒有政客的伎倆，無論政府或社會，均會任其自生自滅的。

這是時代的悲劇。羅素怨懟於社會底一切被集中和組織到一種高度，使個體的創作能力，大受限制所形成。因此它說：組織既然這樣緊嚴，個體的創進能力既然大受限制，你如求發展，必須向組織低頭，尤其須向控制組織者低頭。因此，假如你要從事某行業務，你必須逢迎巴結在這行業務佔勢力的人，從而你才有希望承受他們的權力。但是，這麼一來，人格的尊嚴已失，尚何能望其於學術思想的創發，能有爲自由奮鬪的建樹呢？但是這一點尚僅屬民主國家所謂學術思想自由發展中的現象。祇是消極的阻障罷了。

極權主義的蘇俄，對於學術思想的自由，作積極的有計劃的迫害，已不僅是消極的阻障了。它比較過去教會的迫害，更爲厲害，更加殘忍。它不但對所有非唯物論者，非馬克思列寧主義者，自由主義哲學家，以及性靈希求者，統統要加予迫害，絕對不能使之在極權主義所伸展的勢力領域內存在。就連蘇俄的文化工作者，而且曾經出過風頭的老一輩的馬克思主義者，幾乎都受到排斥與整肅，諸如蒲列哈諾夫（Plekhanov），布丹諾夫（Bogdanov），魯那查斯基（Lunatcharsky），德波林（Debolin），布哈林（Bukharin），托洛斯基（Trosky），呂查諾夫（Riazanov）以及考次基（Kautsky），庫諾夫（Kunov）等等。而且更不幸的就是，縱然是一個馬克思主義，假如他曾追隨這些在蘇俄曾宣赫一時的馬克思主義權威學者，但是後來却已被目爲叛國者的人的話，那他就將永遠被目爲「異端」，而不得抬頭了。

這種迭次的整肅，廣泛的株連，迫使蘇俄的哲學家文化工作者，必須先得具有一個極保守的頭腦，然後還得哀心的根權威完全一致，同時對於創造的、自發的和自由的思想，要完全拒絕和反對，最後還得把握住自己的思想，在一個基礎上，永遠不變，這樣才有資格。這是蘇俄革命後曾任莫斯科哲學系主任，因思想問題，卒被放逐出境的貝得耶夫（Micholas Berdyaev）所親歷體驗的結論。

雖然列寧也還說過：「我們不要閉着眼睛去接受任何事情，作爲一個信仰的眞正信徒的人，是要把自己的腦袋伸直了放在自己的肩膀上。」這個意義就是說：「一個人要爲他自己，用自己的思想搞通自己。」所以列寧雖然創造了「集體」這個名詞，但它却尚能了解在集體的關聯中，而創作的行動淵源，仍爲發自個體的重要關鍵。可是，嗣後的赤色哲學家「集體」所制作出的馬列主義的「主流」，就是代表辯證唯物論之最純正的路線，所有權威學者，倘一經集體檢討，嚴格點說，倘一經極權統治者暗示的貶責，而假借集體檢討的判斷之後，便會成爲叛國的罪人，所以布哈林及科學家提米瑞滋夫（Timiriiazev）忽然會成爲犯了機械唯物論的錯誤；德波林及克瑞夫（Karev）等人，也倏然會犯了辯證唯心論的錯誤。

蘇俄是以哲學思想統馭社會，也以哲學思想統馭科學的，蘇俄早年一位著名的生理心理學家巴夫洛夫（Pavlov），曾以狗爲實驗，奠定了「交替反射」「制約反射」的原理，但因它係以被動的環境制約，爲說明的根源，故嗣後則以其爲機械論而被排斥了。一九四八年俄共中央執委會核准李森柯（Lidrenl-o）的生物習慣性遺傳的理論，蘇俄科學院便停閉所有生物學的試驗室、試驗站，並取消大學內門得爾、魏斯曼、摩根主義等的生物課程。原來從事這一方面的學者，即面臨失業與生命的危險。當一九二八年蘇俄的科學家們，奉俄共的命令，要將辯證法引進實驗室，可是竭盡當年蘇俄科學家的智能，却證明了它的辯證法進不得實驗室，但自李森柯的理論核准的同時，所有門得爾等的理論，均成爲資本主義的生物學，這是意味着辦證法在科學上竟然有了新的適應，然而這是否是自欺而欺世呢?!

六

中國學術思想史的發展，從沒有統制思想是成功過的。古代是以吏爲師，本無所謂學術思想的統制，然而也曾有「防民之口，甚於防川」之誡，自孔子杏壇設教，將向爲官方專有的學術文化，傳授於平民以後，接着則有先秦諸子，百家爭鳴，這是中國學術思想之自由創建的黃金時代，迨至秦始皇循李斯之議，而焚書坑儒，但當時的學者却就利用免於焚禁的易經，發揮他們的思想，雖然一部分因卜筮的發展，而產生渤海灣衣士的神仙說，嗣且與黃老揉合，而有道家的煉丹術及長生不老術等迷信的演變，甚至替及漢儒而有讖諱說，使中國文化蒙上一層陰影，然而易繫辭與中庸後半部所發揮的宇宙論與人生論，直至現代，能與「科學的哲學」相銜接的思想體系，大概都是完成在秦火時期的。

漢武帝因董仲舒的對策，而有罷黜百家，崇尚六藝的文教政策，本爲現代的人所詬病，但是他僅爲設置五經博士，以尊儒學；至其罷黜百家，祇是不延聘在朝，並沒有禁止百家學術思想的傳揚。所以當時淮南王的門下，却聚集多數雜家的人物。甚至後來因淮南王謀反而敗亡，惟總集淮南王門下雜家思想的淮南子一書，尚能保存流傳至今，便是很好的明證。至就儒學本身而論，兩漢初期的官學，都是以「今文學」爲主，但演變的結果，都是「古文學」占着勝利，至其末流趨於小學，訓詁等之弊，致失却領導時代的精神，才導致魏晉以老莊爲宗的清談玩世之風氣。由此再轉到南北朝佛學的興盛，均爲自然發展的趨勢，而沒有政治力量干預於其間。唐代初以老子爲其遠祖，而主崇尚道家，但歷代皇帝，均採開明的政策，對於當時儒、佛、道三家的思想，迭在御前舉行學術思想公開辯論會，先後歷經二十餘次，在辯論會中，雖沒有得着什麼結論，惟中唐以後，佛學反占優勢，唐代皇帝或信佛或排佛，所以佛教在唐代，曾歷三厄，尤其在唐武宗時代，曾厲行毀佛寺禁佛教等，但嗣後佛學思想，仍瀰漫於中士，直至宋代理學興盛以後，佛學始趨於劣勢。

宋儒的理學，是吸攝佛老思想的精華，而復興儒學的結晶，理學導源於道學，而道學之祖的周敦頤，其所作的太極圖說，是傳道家陳希夷之學，襲魏伯湯著參同契的水火匡郭圖及三五至精圖，而且據毛奇齡的考證，太極圖中多有得自唐僧宗密的原人論的文句，所以道學是以易與中庸為骨幹，並綜合道家與佛家思想的哲學體系，而張橫渠承范仲淹的面授，也以易與中庸為中心思想，復經程明道與程伊川的發揮，至南宋朱晦庵而集其大成。宋學的發展，是在學術思想的自由環境中成長的。但當理學興盛時期，於朱熹死後，却被目為「偽學」，而遭受政府的取締，朱氏講學的書院被封，其生徒也遭貶斥的株連，但百餘年後，雖信奉佛教中喇嘛教的元朝，竟以朱註的四書，為開科取士的唯一標準課本，且歷元明清三代而無變易。朱學既成為官學以後，明中葉的王陽明，却又在朱學鼎盛時期，提出反對朱學，而倡心學的陽明學說，名重於世。

清朝是當時的一個異族入主中原，也是中國的專制政體發展到最高峯的一個朝代，因為它以四十日奠定北京，可是歷經四十年，始平定全國，積四十年的經驗，深感制服降將悍卒易，惟應付智識人士則綦難。因此清朝對於智識人士，確曾寬柔兼施，煞費苦心，所以自順治以來，卽行開科取士，使熱中富貴之徒，以遂其學優則仕的願望，但有志節的學者，却不為所動，於是康熙時代，始則薦舉山林隱逸，又薦舉博學鴻儒，仍未能引動高超之士，旋又開設明史館，當時學者以故國文物攸關，非私人之力所能舉辦，始相率赴道。惟此僅為懷柔之一面，至其自順治十四年（一六五七）以後，連年發生科場案，接着則為康熙、雍正、乾隆三朝，曾掀起九次的文字獄，極盡其對文人學者鎮壓與恫嚇的能事，尤其雍正竟與學者曾靜，當廷作夷夏之辯，作「大義覺迷錄」發佈天下，企圖消滅學人的民族意識。然而自純學術思想的立場看，康熙、雍正以來，君主都是提倡程朱派的宋學，而民間却為了壓倒宋儒，而產生抬舉漢儒的漢學之興起，且在乾隆時代修纂四庫全書，竟成了漢學家的大本營，四庫全書的提要，也就是漢學思想的結晶；尤其藉文字獄以鎮壓民族思想，更促進革命潮流的瀰漫，終致傾覆滿清二百六十八年的統治。

從中國學術思想發展史看，莫說是用夏變夷，妄圖以外來思想强迫中國學人的接受與服膺，縱然是出自本土的學術思想，倘欲利用而為統制思想的工具，也沒有一次不是失敗的，中共倒向蘇俄，一切以蘇俄之馬首是瞻，也許因這一歷史教訓的警惕，承蘇俄之命，乃於對大陸學人，歷經七年來的清算、坦白、恫嚇、鎮壓以後，突然來一個「百花齊放，百家爭鳴」的動聽口號，藉資測驗一下數年來摧殘鎮壓智識人士的權威效果，是否已到達了大陸學人的心底深處，由是運用辨證的否定之否定，再來一次澈底的整肅。然而這種對學術思想迫害的一鬆一緊的老調，清室早已再三運用過了，結果不但無補於其學術思想統制的成功，且終致引起革命的高潮，而覆亡清社，這種歷史的教訓，更是鮮明的。所以中共如以「百家爭鳴」為探測器，以遂其以馬列主義作為統制學術思想的工具，則徒見其心勞日拙，且必速其覆亡，是斷然的。

綜觀學術思想的自由創進與演變，在民主國家對於學術思想自由的發展，既形成了消極的障碍；在極權國家，則更作積極的迫害。拿破侖對哥德說：「政治就是命運」，眞的，現實的命運，確然操在政治的權威者手中，但是學術思想，却掌握着「未來的命運」，「野火燒不盡，春風吹又生」，學術思想所掌握的未來命運，正非政治權力所能摧殘淨盡的。所謂「未來」，則若干世代，固為未來，明年後年乃至明天後天，也就是未來，因為緊接着剎那的現在，就是「未來」的開端，所以為學術思想之自由的創進，以摧毀現實政治的權威，建設人類的樂園，不僅是為「名垂史冊」的未來，並有身體力行，促進及身實現的可能與責任的。國父孫公的「有志者事竟成」的現身說法，正足以供學術思想創造者的借鏡，尤其是民主與極權兩大陣營的形成，正因缺乏更高綜合的學術思想，充作這個時代的領導精神而產生的思想戰，因此在這個時代的人類命運，其決於思想的領導作用，更重於決於現實的政治權威，這是現階段的學術思想家們，所應有的警覺並所應共圖奮力的神聖任務啊！

（上接第15頁）

不過，話又說回來，經過這次的教訓，無論是在野黨及無黨無派人士，都該深深警惕。要知國民黨的競選技巧與手段，已經是越來越高明了。從四十六年看四十三年，顯然是今非昔比；且就目前的態勢推斷，今後國民黨在這一方面，勢將運用得更為圓滑和精密。縱然國民黨能從上述兩方面改正，要是在野黨及無黨無派人士，再如此的散漫而不團結，要想和國民黨在競選中角逐，勝利的可能性，勢必是越來越少。這次民青兩黨，在縣市長中已經是一席也沒有取得，但在臨時省議員中，青年黨總算還取得兩席，而無黨無派人士，也還當選了一位市長及二十位省議員，但長此以往，好景是不會太長的！為今之計，在野黨及無黨無派人士，實在該面對現實政治環境，進行大團結；而如何化除歧見、結成一個强大的反對黨組織，似乎尤有必要。要不然，怕永遠只有落選的份兒，而難得有當選的希望了！

臺灣的推行地方自治，不但是民主政治的一環，而且是收復大陸後普遍實施的張本，所以特別值得重視。老實說，競選的勝敗，不過是一時的事，而眞正的建立一套制度，使政治能走上一條正軌，實在是更永遠更重大的事。希望熱心政治的在野黨及無黨無派人士，尤其希望掌握政權的國民黨，千萬不要為了爭一時的得失，貽害了整個的中國人民，而為天下後世留下永遠的罵名。

對本屆地方選舉的檢討

傅　正

臺灣省第三屆臨時省議員及縣市長選舉，在四月二十一日，已同時由四百二十六萬多選民，分別在各地選出。這次的結果，是國民黨以絕對的壓倒優勢，而掌握了兩種選舉，在二十一位縣市長中，除臺南市的葉廷珪外，全部屬於國民黨籍候選人，而六十六位臨時省議員內，國民黨也佔去了四十四名之多。這一事實：假使是百分之百的反映民意，就國民黨而言，當然是件十分可喜的事，就其他黨派及無黨無派而言，當然也該甘拜下風；但若事實並非如此，就國民黨說來，便不是甚麼光榮，就其他黨派及無黨無派說來，更不會心悅誠服了。

現在，臺灣省政府及選舉監督，已定於五月十日正式頒發當選證書，各當選人，並定於六月二日同時就職。在這選舉業已揭曉之今日，根據整個選舉過程中的事實，而加以客觀的檢討，似乎很有必要。

臺北市是中央政府所在地，也是國民黨上屆競選中的慘敗地，競爭最為激烈，所以僅由臺北市的情形，便可以想像到其他地區。

國民黨對這次選舉，確是前所未見的動員了所有的力量，使出了渾身解數。臺北市方面的所謂「動員通報」，早在三月初便已下達到各級組織；一項更具體的所謂「動員卡」，也遠在三月份便要黨員塡報；自中央黨部至各級黨部以至最基層的小組，為選舉所召開的大小會議，連國民黨的負責當局，恐怕也無從詳細統計。若干黨的要員，平常雖然是高高在上，難得深入群衆，這次居然也打破慣例，而移駕向黨員同志登門「拜託」。何況目前的報紙和電台，又幾乎是全部被國民黨直接間接所控制，於是在一面倒的宣傳攻勢之下，非國民黨籍的候選人，除掉幾輛宣傳車發出一點微弱的聲音之外，顯然是無力招架，絕大多數選民，在這種情形下，有幾人不為之耳目昏花？但國民黨的如此運用組織力量，原是十分合乎情理的事，如果完全是從這條途徑而取得勝利，誰能不甘拜下風？

但國民黨的競選活動並不止此，由於幾十年來獨攬政權的結果，特殊的地位和有利的環境，實際上早就造成；所謂在野黨的民青兩黨，多少年以來，原只是一直處於陪襯的地位，而無在競選中一決雌雄的力量。何況國民黨時至今日，還是個「革命民主」的黨，以至在軍警憲各部門，都有特種黨部的組織；各級政府機關及學校的行政主管，又照例是國民黨員，以至於各級公教人員，又多半是屬於國民黨或聽從國民黨的指揮，所以各單位也照例有國民黨黨部。正因國民黨的組織和活動，是如此普遍的存在於各單位，以致在這次選舉中，得到了特殊的方便。先就軍人而言：軍人對於上官的命令，素以絕對服從為天職，而平時所受的訓練，又完全是國民黨式的，既視民青兩黨為異端，更以國民黨的革命部隊自居，因而當軍人投票時，在黨的組織領導和主管長官的一紙命令下，當然會絕對的支持國民黨候選人。所以按照聯合報報導，據一位軍人出身的市議員估計，軍人的票，已百分之百的集中投給一個候選人，總票數在三萬至四萬之間。很顯然，假使這不是根據命令行事，又何以能有三萬至四萬票之多而集中於一人？黃啓瑞其所以能超過高玉樹五萬多票，而取得所謂壓倒性的勝利，這實在是一個主要的決定力量。次以公務員而言：在事先，臺灣省政府既正式通令各機關學校，應飭令所屬一律參加投票，無故不參加投票者，更以曠職而論。投票時，又給予各種的「鼓勵」；例如省政府疏散到中部的一千七百多位職員，其中絕大多數的戶籍是在臺北，「鼓勵」回臺北投票的辦法是，每人除得到免費火車票兩張外，並可獲「出差」待遇；所謂「出差」待遇，據公論報的報導是：「一天的『出差』待遇，除車費每人一律為七十元之外，另膳宿等為：簡任六十元，薦任五十元，委任四十元，如平均一律為五十元，並加上旅費七十元，為一百二十元。」對於此事，假使「聯合報」記者另從側面所獲消息，所謂每人可獲得「三天的出差待遇」是事實，則每一位職員的投票「所得」，便平均有三百六十元之多。省政府既如此多方「鼓勵」，則在圈選人選方面，是否便全無指示，誰又能够相信？末以教員而言：臺北市各小學的教師，遠在兒童節之前，便開始向純潔的小學生，普遍實施「選舉教育」，要他們替黃啓瑞展開競選宣傳，這是人所共知的事實。此一活動所發生的重大作用，可由下述兩大事實證明：一是據中央日報的報導：「大安區第四十八投票所投票的人非常擠，門口有幾個小學生也在紛紛的大喊：『我要投李良榮！』『請投黃啓瑞一票！』由小孩子們的純眞無邪的說話，可以反映出選民的一般意見。」其實，小學生又何所知？只不過受了老師的「選舉教育」，而盲目的替國民黨宣傳而已！其結果，根據聯合報的報導，這個第四十八投票所，其選票一〇七六張，全為黃啓瑞囊括而去。高玉樹連一票也沒有得到，其失敗之慘竟然一至於此，那能不使人感到分外的驚奇？二是據公論報的報導：「有不少的小弟弟小妹妹，『帶着』他們的媽媽老祖母，並代在選票上圈選，投下他這神聖的一票。」這一項大家所見到的事實，姑不論媽媽與老祖母的選票，能否由小弟弟小妹妹代圈代投，但這些天眞的小孩，顯然是受過老師的「選舉教育」，而且多半還展開過「助選活動」，勢必支持黃啓瑞及國民黨籍的省議員候選人，實在是意料中事。總而言之，國民黨既利用了軍公教一切力量，試問還有誰能招架得住？除非是奇蹟出現。

國民黨既利用了軍公教力量，已足以造成絕對的優勢，何況對於投票所開票所的監察工作，又始終未接受在野黨及無黨無派一致要求，而拒其派人參加這一極爲重要的工作，以致臺北市在整個投票過程中，選民的秩序雖然良好，但監察工作却很使人失望。其中例如監察人員所站立的地點，普遍的距離選民圈票地點太近，以致使「監察」似乎變成了「監視」。又如有的投票所地方太小，圈票時誰圈了誰，別人都可一目了然，以致「使秘密投票」變成了「公開投票」。更如監察人員的過分熱心，普遍的搶着代選民摺疊選票和投進票櫃，甚至發現選民棄權時而「命令」補圈，以致使「自由選舉」似又變成了「干涉選舉」。至於聯合報所報導的事實：「建成區某投票所，昨日上午，有一婦人在市長選票上圈蓋高玉樹，旁邊一個監票員突把選票搶過來，擅自再加圈蓋黃啓瑞，婦人不肯干休，發生糾紛，引起投票所外觀衆之不滿，那位監票員見勢不妙，就從後門溜走。」其實，這不過較爲顯著的一例而已；在如此這般的監察之下，像這種類似的事例，誰敢說是僅此一件呢？既如此，更怎能不引起選民的不滿和懷疑？難怪臺北市在投票的當天下午，便有一位老翁，手持長幅白旗一面，用毛筆書寫着「監選不公平」五個斗大的字，而乘坐三輪車遊街，以至於引起了七百人以上的群衆隨之附和。這件事，雖經治安人員利用「瓦斯棍」的威力「鎮壓」住了，但監察工作的沒有做到絕對公平，而造成了選民的失望情緒，又那裡是區區「瓦斯棍」所能「鎮壓」得住？臺灣省選舉監察委員會主任委員鄭品聰，雖然在投票日的下午，便就臺北市有人認爲選舉監察不公正的事發表聲明而加以否認，並認爲選舉監察依法係聘請地方公正人士擔任者，不會有不公正的事發生。雖然我們每一個小民百姓，也希望能如鄭主任委員所說，但事實既如上所說，又如何叫人不失望？

這次的選舉，在競選及投票期間，既有此類令人失望的事實，則對於整個選舉結果，又如何使人相信是百分之百的反映民意？國民黨在今後不想眞正推行地方自治便罷，否則，就該充分表現民主的精神和風度，這至少要從下述兩方面做起：

在消極方面：競選限制，要加以適當的放寬。對於「臺灣省妨碍選舉取締辦法」，其中所謂「不得」「爲限」之類，須顧慮現實，而予修正。請問所有這些「不得」「爲限」的規定，有幾人眞正遵守了？更有幾條是嚴格執行了？例如在競選費用的限制之下，名義上，黃啓瑞的競選經費是新臺幣三萬九千四百元，高玉樹是新臺幣四萬元；實際上，那一個沒有超過幾十倍以上？只要想想在競選期過程中，國民黨所促動的一切「晚會」「同鄉會」「同業會」「同學會」「同宗會」之類，便可想到耗費之多了！又如在競選時間的限制下，形式上，每個候選人，都到了四月十一日這一法定日期，才開始競選活動；事實上，國民黨的候選人，早在半年前便可以說在活動，至少像陸大順先生在「自由中國」上「讀者投書」欄所說，國民黨早在三月十四日便正式活動，却未聞有關單位對此加以制止。又如在政見字數的限制下，表面上，林清安少到只有六十九個字，李良榮也只有一百四十六個字，試問如眞憑這六十九個字或一百四十六個字，又能向選民宣傳甚麼政見？卽使是黃啓瑞的政見，也只是恰恰五百字，但實際上，國民黨黨辦官辦的報刊，用「訪問」「介紹」「報導」「擁護」等方式所發表的文字，而爲黃啓瑞宣傳者，又何止是超過了幾百倍？末如在助選人員的限制下，名義上，高玉樹只有五人助選，黃啓瑞也只不過十五人，事實上，誰不是超過了很多倍？只要想想國民黨爲了黃啓瑞競選市長，在所謂組織動員之下，不知有多少人都做了助選工作？甚至連很多純潔無知的小學生都包括在內，便知助選人員之多已無法估計了！諸如此類的限制，雖有所謂節約之類的美名，但多半既不執行，便難免使人懷疑到，其所以頒佈此項法規的動機，是否企圖借法規的力量，以求在必要時作控制其他候選人或有利自己候選人的解釋？

在積極方面：競選手段，要做到眞正的合法和公正。對於「臺灣省妨碍選舉取締辦法」第四條所規定，現役軍人及警察，與辦理選舉事務人員，暨各級公教人員及治安人員，都「不得協助候選人爲競選活動」一節，此規定固然甚爲合理，但國民黨在這次競選期中，顯然並沒有完全依法做到，自然須澈底改正。至於投票開票所的監察工作，這次競選期中，在野黨及無黨無派候選人在臺中集會時，所提出的五項建議，實在都很正當，其中尤以對公正監察人問題，都堅持民青兩黨一貫的主張，而要求政府准許民青兩黨，共同推舉各投票開票所之監察員二名，執行監察投票開票任務，以示公允。這種要求，實在不能說沒有道理，但政府始終沒有接受，一直等到四月十九日，距離投票只有兩天，省政府民政廳廳長連震東才對外表示，所謂法律並無明文規定用那些人，不過此次多聘用學校教員，並不限定於那一黨云云，只不過敷衍了事而已，對於這項要求之拒絕，要是國民黨不存心舞弊的話，顯然是十分的不智。難怪到了投票的那天，民社黨在各報公開刊登啓事云：「乃此點要求，始終未得執政黨之同意，是以本黨對於此次選舉，雖仍至盼其公平合法，然既無互相監督之心理保證，因此不便以在野黨身份，向國人證明選舉的結果之義務。」國民黨在競選手段方面，必須具有寧可依法而失敗，而絕不由非法而勝利的決心，及寧願公正而得民心，而絕不願由不公正而得選票的觀念；使任何選舉結果，都能使選民及落選人折服。

老實說，要是國民黨不能向這兩方面努力，則今後的地方選舉，若干在野黨及無黨無派人士，恐多半不願再出來做這種「陪選」活動，則「一人競選」的戲，非但又將普遍重演，而且又將大演而特演。到那時，國民黨縱然想盡辦法，而希望非自己人出來「陪選」，恐怕也不大可能了！

（下轉第13頁）

俄毛貸款之謎

趙岡

中共賣身投靠蘇俄是世人有目共睹的事。中共自己對此也毫不掩飾，一方面口口聲聲喊「堅決一面倒」，一方面大力宣揚「老大哥的慷慨援助」。但是「老大哥」究竟慷慨到什麼程度，中共當局却從來沒有加以具體說明。譬如蘇俄對中共的貸款就是一個大謎。自由世界研究中共問題的人，到現在爲止，仍然無法知道中共究竟從俄國人手中拿過多少錢。

中共僞政權成立迄今，先後發表過兩次「中蘇貸款」協訂。早在一九五零年初，毛澤東去朝覲莫斯科，爭取了一筆蘇俄貸款。這筆貸款總數爲三億美金，分五年交付。也就是說，中共每年可以借到六千萬美金之譜。第二筆貸款是一九五四年十月「中蘇公報」所宣佈的五億二千萬盧布，約合美金一億三千萬元。按照一九五零年貸款的規定，中共應於一九五四年起每年償還第一筆貸款總數的十分之一，連同百分之一的年利，是年便須償付三千三百萬美元。扣除之後，中共在一九五四年能够實際拿到的蘇俄貸款應該是不到一億美元。以這區區之數的貸款，作爲中共賣身投靠和爲主子效命於韓國戰場的代價，實在是太可憐了！此外一九五五年中共自己就會給予越共胡志明一筆貸款，一出手就是八億元共幣，約合美金三億元强。一九五四年中共也曾給予北韓共黨政權一筆同等數額的貸款。零星小額的對外貸款也有數筆。如對高棉之貸款，以及中共最近爲幫助鎭壓波匈二國的抗暴怒潮而宣佈的貸款。比較之下，中共借給外國的款項比它所收到的蘇俄借款還要多出許多。這樣不但推翻了「老大哥慷慨援助」的宣傳，而且使人懷疑中共何來這筆款項去資助他國。既然有餘力去資助他人，爲什麼又要向蘇俄乞求爲數微小的借款。

根據這種種跡象，自由世界研究中共問題的人士一致認爲中共向蘇俄借款除了這兩個協訂以外，還有許多秘密勾當。中共政權從他們主子手中所拿的錢絕不止此數。但是中共對這一點一向很少透露任何資料。自由世界欲明白眞象唯一的辦法是根據他們歷年公佈的預決算數字來推敲和估計。根據中共頭目們自己的報告，我們知道中共從外國得到的借款確是包括在每年財政收入之中，但確數幾何却從不公佈。我們很少聽說中共會向蘇俄以外的共產國家借債，所以這筆國外借款一定是全部由蘇俄借來的。中共國外債款的收入是列入於其財政收支的「信貸及保險收入」項下。我們可以透過「信貸及保險收入」一項目之分析來推算中共每年所舉外債之數額。「信貸及保險收入」項下包括許多小的項目。除了國外債款收入外，尙有銀行國內信貸收入，保險事業收入，公債發行收入等。這幾項以外是否有其他雜項，尙不得而知。在他們所公佈的預決算中只給出了「信貸及保險收入」的總數，其所包括各小項目之各別收入數字並未發表。若逐項估計而減除之以求得國外債款數目，是很不容易的事。一九五四年以後，中共所發表的預決算將「信貸及保險收入」與「其他收入」併爲一項，這樣便使得上述的計算方法更爲困難。

雖然我們沒有辦法計算出中共國外借款的數目，但是却可以從他們歷年預決算的報告文中找到一些線索。靠這一點線索可以摸索到蘇俄貸款的輪廓。譬如，根據歷年「信貸及保險收入」的數字，可以看出蘇俄貸款的增減趨勢。又根據報告文中的某一兩句話或簡單的百分比可以算出某幾年蘇俄貸款最少不會小於某數。以下特分幾點加以討論。中共政權在一九五五年曾經改革幣制，新共幣一元等於老共幣一萬元，現在爲便於比較起見，以下所引之收支數字均換算成新幣，以求一致。

（一）目前所能得到的資料已經證實，中共僞政權財政當局確將蘇俄貸款列入「信貸及保險收入」項下。在「信貸及保險收入」所包括的各項目中，國內銀行信貸和保險事業收入雖然不是常數，每年增減的情形總不會太劇烈。公債發行一項，每年有預定的數量。中共竊據大陸最初幾年遭受嚴重的財政困難，於是有一九五零年「勝利公債」之發行。到一九五三年底，又開始逼售所謂的「國家建設公債」。預計在一九五四、一九五五兩年內每年銷出約合六億共幣之數。把這許多事實計算在內，我們可以斷言中共政權的「信貸及保險收入」，若有超過上述範圍的任何劇烈增減，一定是來自蘇俄貸款數量之變化。從這個假設出發，可以進一步來觀察蘇俄對中共政權貸款數量之變化。在一九五零至一九五三這三年中，「信貸及保險收入」數目很有限。一九五零年爲三億二千七百萬，一九五一年爲五億六千八百萬，一九五二年則降至二億五千萬。此年之驟然減少可能是由於「勝利公債」發行之截止。到一九五三年「信貸及保險收入」突然增加至十億二千八百萬，約爲一九五二年之四倍。値得注意的是在一九五三年底，以前「國家建設公債」尙未開始發行。於是不難推斷這突然的劇烈增加是由於中共政權在該年收到了更多的蘇俄貸款。其增加之數量約爲共幣六至七億之間。以當時中共外匯牌價折合，相當於二億五千萬美元以上。我們的結論是：一九五三年以前每年中共從蘇俄手中得到的貸款究竟多少不知道，在一九五三年中共却獲得了二億五千萬美元的蘇俄額外貸款。該年度中共所得到的全部蘇俄貸款可能是在三億一千萬美元以上。

（二）在一九五四年的中共預算報告中並未提出「信貸及保險收入」的預計數目。在其一九五五年所公佈的一九五四年決算狀況，卻又把「信貸及保險收入」與「其他收入」合併爲一項。不過決算的報告文中提供了另外一些線索。文中有下列幾句話：

「……信貸、保險和其他收入收到三十億五千七百二十五萬元，完成預算的百分之一九〇•九八，佔本年度收入總數的百分之一一•六五。……一九五四年信貸保險收入大大超過原計劃數，除因公債收入超收二億三千六百一十三萬元外；主要是由於這一項收入中增加了蘇俄政府的貸款。……」

這幾句話透露出蘇俄對中共之貸款在一九五四年初是處於一極不確定之狀態，使得中共政權在這方面的預算都擬不出來。後來經過中共的哀求和其他原因，蘇俄在年度中間突然又增加了較原定數目多出幾近一倍的貸款。這種種曲折也許可以從史太林之死以及克林姆林宮內部改組等事項得出一些解答。從以上這些資料中無法估計當年中共究竟得了「老大哥」多少「恩惠」。幸好在其一九五五年度預算案及去年六月十五日所公佈的一九五五年度決算報告文中又提到一九五四年的情形，現引錄如下：

「……信貸、保險和其他收入(指一九五五年者)共列三十億五千三百四十萬元，佔預算本年收入的百分之一一•二四。比一九五四年增加百分之三•一四。其中信貸保險收入比一九五四年增加；而屬於特殊性臨時性的其他收入，則因財政逐年走向正規，比一九五四年減少。……」(一九五五年度預算報告)

「信貸保險收入共收到二十三億六千零八十一萬元，完成預算數的百分之九七•九一，其他收到九億零三百零六萬元，完成預算數的百分之一二一•六八……」(一九五五年度決算報告)

從上述資料可以推算一九五四年中共政權實際收到信貸保險收入的大概數字。以百分之九七•九一除一九五五年信貸保險實際收入二十三億六千零八十一萬元，可以得出該年度信貸保險收入的預算數字。再以百分之一〇三•一四(事實上應該大於這個百分比，因這是一九五五年度「信貸保險收入」與「其他收入」兩項之和的增加率，但「其他收入」一項則較一九五四年減少，故「信貸保險收入一項之增加應大於百分之三•一四)除所得到的預算數字，便是一九五四年信貸保險收入的高限。這個數目也在二十三億左右，約爲一九五二年信貸保險收入的九倍。減去八億三千萬的公債售賣所得以及其他信貸收入，餘下的便是蘇俄的貸款，數目應該在五億美元左右。根據以上的分析，我們的結論是：在一九五四年初中共預計可能得到一九五三年同樣數額的貸款，也就是三億美元左右。在年度中間突然又乞得了二億美元左右的額外貸款。報告文中「信貸、保險和其他收入完成預算的百分之一九〇•九八」這一句話可以佐證我們的結論。

(三)在一九五六年六月中共政權提出的一九五六年預算案中曾經做下列說明：

「一九五六年預算同一九五五年決算比較，本年收入增長百分之九•二九，本年支出增長百分之四•七六。如果從兩年收入數額中扣除國外借款，在支出數額中扣除一九五五年用上年結餘撥付流動資金，銀行信貸資金和地方預算週轉金等不可比的因素，則本年收入實際增長百分之一五•八三，本年支出實際增長百分之二二•七七。……」

從以上的說明可以看出中共政權在一九五六年所得到的國外貸款較一九五五年銳減，相差之數竟達一九五五年總收入的百分之六•五。在他們一九五六年預算報告中另外有一件非常有趣的事，那就是他們將債款收入單獨列爲一項，其數額爲七億四千二百二十四萬元。這樣一來，推算起來便簡單多了。所謂債款收入共包括內債與外債二部份。內債即是「國家建設公債」，預計發行額爲六億共幣。餘下的一億四千二百二十四萬元應該就是外債的收入。按他們的官價外匯折合恰巧是一億四千萬盧布，或等於六千萬美元。這筆款項是預計當年可以收到的蘇俄貸款無疑了。根據這個數字，加上前面所提到的兩年國外貸款收入差額所造成的整個預算收入增長變化的百分比，我們可以列出一個簡單的算式，而推算出一九五五年中共所得到的蘇俄貸款是多少。算出的結果約爲七億美元，從這些線索上，我們可以得到如下的結論：中共在一九五五年曾得到蘇俄貸款七億美元，而一九五六年預計只可以得到六千萬美元的貸款，比一九五五年減少六億四千萬美元。中共一九五六年預算案對國外貸款的說明，也可以證明我們對一九五三、五四兩年國外貸款的推斷與實際情形相差不會太遠。

以上是從中共政權歷年預算報告文中的若干零星透露來窺察中共接受蘇俄貸款的輪廓。雖然不是全貌，卻也指出幾個在這方面頗值得研究的問題。

第一個問題是中共政權爲什麼要對這些蘇俄貸款保守秘密。如果上述的分析與實際情形相差不遠的話，中共在一九五三年以後已接受了大量的蘇俄貸款。在一九五三年可能是三億餘美元，一九五四年可能在五億美元左右，一九五五年則改到了七億美元的貸款。中共政權既然正致力於宣揚「老大哥的慷慨」，爲什麼不把這些慷慨的事實公布出來，結果讓人家看來，蘇俄對中共的貸款反而不如中共給予他國的貸款來得多。中共既然公佈了二件「中蘇貸款」協訂爲什麼對其他的貸款協訂卻保守秘密？顯然這不是因爲「國防保密」的緣故，而是因爲中共做了見不得人的醜事。已經公佈的貸款協訂和未公佈的秘密貸款在性質上一定是完全不同，一種是公開的，可以做爲宣傳資料的幌子，一種是中共出賣中國人的權益所換來的，中共不願公佈，也不能公佈。究竟中共犧牲了多少中國人的權益，以如何駭人聽聞的代價和條件才乞得了這幾筆血腥的貸款？中共頭子們心中是有數的。

更有興趣，更令人費解的是第二個問題——爲什麼蘇俄在一九五六年突然削減六億四千萬美元對中共的貸款？蘇俄削減對中共的這筆貸款是中共自

(下轉第24頁)

「五四」與文藝

梁實秋

五四運動發生在民國八年，那時候我十八歲。在當時我只是被那時代潮流挾以俱去的青年們之一。如今事隔垂四十年，我可以冷靜的回憶了。

五四運動原是一個單純的愛國運動，後來轉變爲新文化運動，新文藝是其中的一個部門。

新文藝運動是以白話文運動開端的。我們的文言與口語，相差過遠，這當然是亟需改革的一件事。胡適之先生及其他各位之倡導白話文，因爲合時宜，所以迅速得到成功。至今無數人都在受益。胡先生是主張漸進改良的，他並不侈言「革命」，他在民國六年一月發表「文學改良芻議」，其中並無「革命」字樣。首先倡言「革命」者，是陳獨秀先生，他的第一篇文章便是「文學革命論」。胡先生緊跟着寫「建設的文學革命論」，加上「建設的」三字於「革命」之上，是有深刻意義的。「革命」二字原是我們古代的一個政治術語，「湯武革命，順乎天而應乎人」，後來引申其義，應用到其他激烈改革的事情上去，如不謹愼使用，可能流於誇大。就文學而論，自古至今，有其延續性，有所謂「傳統」，從各方面一點一滴的設法改進，是可行的，若說把舊有的文學一脚踢翻，另起爐竈，那是不可能的。即以文字改革而言，把文言與白話淸楚的劃分開來便是一件很難的事。對於某些人，相當數量的文言已變成了他們日常應用的白話；對於另一些人，頗爲簡易的白話可能還是和文言一樣的難解。胡適之先生寫「白話文學史」是有深長用意的，他的意思似是在指出白話文學並非是新的東西，它有它的歷史傳統，白話文運動只是那個良好傳統的延長。這樣解釋，白話文學運動便沒有多少「革命」的氣息了。可是在五四之後幾年，一般青年是喜聞革命的，是厭舊喜新的，所以對於白話文學運動中之嶄新的部份固樂於接受，而對於中國文學的傳統則過分的輕視了。其結果是近數十年來優秀文藝作品之貧乏。

文字是文學作品的工具。沒有優秀文藝作品的文字是不優秀的。在這一點上，文言與白話的道理是一樣的。白話而求其能適當的抒寫作者的思想情緒，則其白話便非我們日常應用的白話，必定是經過藝術安排後的白話。口裡說甚麼，筆下便寫甚麼，那不見得就能成爲文藝作品。五四以後似乎是流行着一種誤解，以爲凡是會說話的人就可以寫文章，寫出文章就可以成爲文藝作品。文學的文字，是異於口頭的白話的，需具有藝術的安排與剪裁。五四以來的文藝作品，除少數在水準以上的作品外，大部份的毛病首要的是文字方面庸俗拙劣。「言文一致」是不可能的，我們只能求其相差不太遠。用白話創作文藝是很對的，但不是一般人口頭說的白話。有時候，引車賣漿者流口裡所說的白話，一字不易的記載下來，也滿有趣味，但那只是在作者手裡偶爾要形容某一類型性格而引用的一種技巧，並不能成爲文藝創作的正常的工具。我並不主張白話文裡要羼入若干文言的成份，我也不主張白話文裡要裝飾什麼典故，我只是說，白話文必需具備藝術的條件。只達到「淸通」的階段的文字（無論文言或白話）均不能成爲夠標準的文學的文字。文字要求其「自然」，這「自然」是琢磨後的「自然」，不是原始的粗陋的「自然」。

不是沒有人注意到文學的藝術的問題。有人感覺到我們的白話不夠委婉曲折，於是有所謂「歐化體」出現，我們的句法語法在某範圍內趨於歐化也許是勢所必然的。採人之長補我之短原未可厚非。不過這也是要經長期試驗然後約定俗成的。至於模做拙劣的翻譯文字，弄到句子冗長意義晦澀的地步，或是不必要的模倣歐美人的語氣，弄到趣味惡劣的地步，那都可以說是品斯下矣！

大規模的翻譯是我們所需要的。民國七年胡適之先生即已有如下的主張：

「只譯名家著作，不譯第二流以下的著作。我以爲國內眞懂得西洋文學的學者應該開一會議，公共選定若干種不可不譯的第一流名著：約數如一百種長篇小說，五百篇短篇小說，三百種戲劇，五十家散文，爲第一部「西洋文學叢書」；期五年譯完，再選第二部。譯成之稿，由這幾位學者審查，並一一爲作長序及著者略傳，然後付印。……」（文存遠東本第一集頁七二）

這番意思極好，胡先生過去也會主持過一個翻譯計劃。若干年來也有不少人零星的翻譯一些作品，也有人不斷的設計。幾十年來，喪亂頻仍，公家的私人的翻譯計劃大抵均未能適度的實現。有許多文化學術方面的事情，政府的力量最好不要介入其間，惟獨大規模翻譯事業我倒很希望由政府來推動資助，因爲這事需要大量人力財力，不是私人業餘所能完成的。除了翻譯之外，外國文學名着之編註翻印也是很重要的，如日本研究社的叢書那種辦法就值得供我們參攷。在幾十年的新文藝運動裡，介紹西洋文藝的工作我們實在作得太少了。

「整理國故」也是五四以後的一件大事。在文藝方面，我們的成績太少。我國的文學名著從詩經楚辭以下以至於紅樓水滸，都應重新編印，這編印的工作應包括文字句讀，版本校勘，詞句訓釋，背景研究，等等，但必須用科學的方法，同時還須借重歷史學社會學的資料以爲佐證。胡適之先生的「水經註」之研究可惜現在尙未刊行，那應該在方法上成爲示範的作品。對於下一代的人如何徹底了解我們的文學傳統，這實在是刻不容緩的要圖，這事可由適當的文化學術機關負擔起來，當然政府的資助也是不可少的。

大家都說，在新文藝裡新詩的成就最差。一卷六期的「文學雜誌」有周棄子先生的一篇「說詩贅語」，實在是幾十年來罕見的一篇批評文章，見解精闢之至。他說：

『體有古今，詩無新舊。……

現代的詩，應該有現代的內容。……

詩之所以爲詩，並不是決定於形式。……

自有白話詩以來，寫詩的人中間，即形成一種新與舊的對立。舊的一派，以爲白話如何可以作詩；那簡直是胡鬧。新的一派則以爲有了白話詩以後，如果再有人要作審音協律敷辭挼藻的詩，依「文學革命」觀點，都應該殺無赦。這一種對立，導源於對於詩的無知。只不過前者是頑固的無知；後者是幼稚的無知而已。這情形發生在五四運動的時代，那是可以理解的，但不應該歷三十年而不變。……

詩意的精鍊而經濟的表達，經過無數人長時間的創造、修正、琢磨、實踐、才能獲得並奠定幾種「固定的形式」。……

新的詩體一直沒有能够成功地建立起來……主要的錯誤在於妄想「徹底」取消原來的詩的「固定的形式」。……都跟中國語言一字一音先天上整齊對稱的特質相抵觸，它們充其量也只有一種純乎天籟的平仄，而不能有「詩」的音節，所以它們無法念得琅琅上口，「吟」當然更辦不到。……』

周先生這一篇文章，陳義甚高。嚴格講，詩就是詩，體儘可不同，其本質無所謂新舊。猶之乎畫，畫就是畫，無所謂新畫舊畫。猶之乎音樂，音樂就是音樂，無所謂中樂西樂。但這是從藝術的基本原則上立論。實際上，藝術作品構成條件頗不簡單，歷史地理風土人情，在在都影響到詩的內容與形式。新詩與舊詩的對峙，儘管在理論上不可通，事實卻分明擺在那裡。我的意思以爲，舊體詩不是不好，是我們以後無法能再寫得好。詩的形式固定，一方面是藝術上的成就，另一方面也注定了它要有衰微的一天。現代的環境與教育，不可能再造就多少個能運用舊詩體的人才。臺灣「詩壇」擁有一萬五千位詩人，這盛況在二三十年以後怕不會再有。我以爲新詩如有出路，應該是於模擬外國詩之外還要向舊詩學習，至少至少應該學習那「審音協律敷辭挼藻」的功夫。理由很簡單，新詩舊詩使用的都是中國文字，而中國文字，如周先生所說，是先天的一字一音以整齊對稱爲特質。這想法也許有人以爲是「反動」或「反革命」，不過我們不能不承認，文學的傳統無法拋棄，「文學革命」云云，我們如今應該有較冷靜的估價了。

凡藝術作品，其本質愈純粹則愈抽象，其形式愈苛細則愈謹嚴。所以從這一觀點來看，文學作品的成就自然有個先後順序。散文最先成功，小說次之，戲劇又次之，而詩居最末。當然，這是膚淺的看法，嚴格講，其間並無難易可言，要寫到好處一樣的不易。不過講到文藝類型之形式的建立，詩是特別厤煩的。新詩的成功才算是白話文運動之最後的成功。我對詩還有一點悲觀的看法：不但在我們中國，在全世界亦然，詩是漸趨沒落了。詩難寫，詩也難懂。自從「工業革命」以後，詩人漸漸少了，讀詩的人漸漸更少了。在古代，詩人是戴桂冠的英雄；在現代，詩人是蓬首垢面的怪物。最高的藝術，多少總帶有一點貴族性，而世界潮流是傾向於平民化的。世界大勢如此，在我們中國能獨爲例外麼？

五四前後的新文藝運動，在今天看來，其主張似稍嫌粗疏一點，但是其指示的方向是不錯的。可惜我們的國家命途多舛，我們大家努力不够，以至到了今天關心文藝的人不能不以慚悚的心情來迎接這個紀念日。

× × × ×

對於新詩的一點意見

夏濟安

我的那篇「白話文與新詩」（文學雜誌二卷一期）發表後，我的弟弟志清從美國寫了一封長信來同我討論這個問題。關於新詩，他提供了一些很有意義的見解，我現在把那幾段話抄錄在下面。寫信同寫論文不是一回事，信裏面可能意見太多，而發揮不够，不過他的見解還是値得一般關心新詩前途的人所注意的。信裏的話是這麼說的：

我對中國的詩學毫無研究，讀詩也是偶一爲之，從沒有老先生的指導。我覺得中國最好的詩還是「詩經」，因爲那些詩篇，雖然音律極簡單，句法也不脫一般歌謠的重覆性，達到的境界却極高，自成一個世界，襯托出一個極高的文化。最重要的原因恐怕是詩經中所表現的喜怒哀樂，少受到個別詩人的「特殊處理」，看不到後來詩人的自怨自艾，對「自然」「閨怨」「懷古」「貧窮」「不得志」種種題材的「固定的反應」。

屈原給我的印象很深，雖然我祇粗略地讀了他一下。他的好處大約是他運用神話，使個人情感，達到一種「超個人」的境界。

陶潛寫過幾首極好的詩，但把他的詩全部讀了，不免覺得他的興趣的狹小，少數題材的反覆，「詩人人格」的不够引人入勝。以後的詩人大概都犯這個毛病：文字技巧的卓越和想像的豐富，都受縛於一個「定了型的」詩人人格。

李白和杜甫相比，我喜歡李白；因爲李白的爲人的確充滿了道家的喜悅，能够超出個人的煩惱，使他所想像的人情景物，加以「戲劇化」。杜甫，相反的，不能够超越他自己的喜怒好惡。他的幾首有名的「離別」詩，內容也僅是「人道主義」，境界並不比華滋華斯早年的詩高。他的同情心，愛國熱誠，和所描寫的離亂之苦，容易被近代中國人所欣賞，所以他的名譽日高一日，儼然是中國第一大詩人了。我這裏不討論他在文字上所表現的工力，祇是說他的詩，在全體而論並不能引起我極大的興趣。

盛唐以後，「鬼才」李賀我認爲是了不起的天才，他氣魄的偉大有勝於李杜，意象的離奇有勝於溫李。李商隱的詩「模稜」之語太多，調門也較低，實在比不上李賀的那樣句句驚人。

以上所寫的，不能算批評，只是算在密歇根大學那一年胡亂編了些講義，應付外國學生的心得。五四時代提倡新詩的人攻擊舊詩定型的表現方式，其實給舊詩定了型的不僅是字彙，而是情感以及讀者心目中所有的詩人的品格。寫新詩的人不僅要打破舊式字句和舊式情感的束縛，並且應給讀者一個新鮮的詩人的面目。現在那些「浪漫派」「革命派」「象徵派」新詩人所給人的關於詩人的印象，仍舊是那副老面孔。

中國舊詩所以超不出定了型的情感，實在是中國文字宜於抒情，而不宜於「戲劇」，使幾千年來詩人們祇向抒情方面發展的結果。元明的好的戲曲本質上還是抒情的。平劇和一切地方戲的詞句，不是抒情，即是叙事。（如「四郞探母」第一段的獨白和「奇寃報」的反二簧大段。）眞到情節緊張的關口，反而大部靠道白（散文），動作來表達了。

新詩容易模仿活人說話口氣語調，按理想雖不能達到約翰•鄧（John Donne）式的緊凑的詞句安排，至少也可以學到艾略特（T.S. Eliot）在「雞尾酒會」中對白的圓熟。舊詩音律的鏗鏘，大半靠文法上簡鍊的結構，每個字都着着實實，富於重要性。新詩添了「的了嗎呢」，無疑冲淡了文字的緊凑性。假如把「的了嗎呢」取消，靠一些美麗的意象撑場面，結果即是不中不西的假象徵派詩。

所以我和你意見相同：新詩的主要任務是爭取文字的美。白話描寫風景，總脫不了文言的老調，把許多現成的字和詞堆積起來。我覺得白話詩要寫得漂亮，最好暫時放棄舊詩所佔領的土地，而另闢新徑，不同它競爭。

我對蒲伯（Alexander Pope）是極佩服的，覺得用白話文可以寫出很漂亮的「雙行體」。我們可以寫說理詩，諷刺詩，和朋友間交換政治意見，讀書心得的「書柬詩」。這種詩着重社會風俗，人情道德，可以寫得好。而且着重理智，不受到「愛情」「風景」老調的束縛，儘可讓詩人在字句上用工夫，把白話磨鍊成極漂亮的文字。主要的當然還是詩人的智慧：詩人不聰明，什麼也寫不好。我所說的聰明不是利用個人特有的聯想，或東抓西凑幾個動人的意象如卞之琳式的小聰明，而是洞察世情，腦筋靈活，在事物間看得出新的關係的聰明。舊詩的缺點，恐怕也是這種聰明所表現的太不够了。

× × ×

信抄到這裏爲止，（原來有幾個英文字，都被我改成中文了。）這是一個學英國文學的人對於中國詩的意見。他評論舊詩的幾句話，可能不合中國正統的看法，但是也値得我們反省。我國舊詩的遺產，確是豐富，但是舊詩往往是「舊調重彈」，重彈當然也有彈得好彈得壞的分別，但是聽彈的人，假如聽見過外國的洋調子，心裏不免要起這樣一個疑問：為什麼不彈些新調子呢？

五四運動是中國認真的接受西洋文化的開始，這幾十年來，我們的生活因受西洋文化的影響而起的變化之大，在中國歷史上恐怕是空前的。我們誰不愛惜中國文化？眼看着年輕時候所喜歡的或是習以為常的舊東西，逐漸消失，代之以希奇古怪的洋東西，心裏總有點不舒服。但是大勢所趨，不論多麼頑固的戀舊懷古之人，恐怕也只好勉強接受那受西洋文化激盪而產生的新文化。

我弟弟的見解並不算新，他只是要指出這點事實：詩的題材很多，詩的路子很寬，我們既然寫白話詩，何必再擠在舊詩的那條老路上呢？他也並沒有替我們指出什麼新路子，他所建議的新詩的寫法在西洋也算是老路子，只是在中國很少有人在那些方面嘗試，我們如果學約翰‧鄧或蒲伯的作詩法，在中國應該算是很新的詩。正如五四運動所提倡的「民主」與「科學」，在西洋可推溯到十八世紀，或者更遠可以推到古希臘，可是那些洋人早已耳熟能詳的舊思想舊制度，到了中國就成了「新文化」。

假如我們新詩人要在英國文學那裏學到些什麼，我們不妨看看人家是怎麼寫「白話詩」的。白話寫詩可以說是英詩一貫的傳統。喬叟是白話文學之祖，那是不必說了。莎士比亞的戲曲是寫給倫敦小市民看的，雖然王公大臣也同樣的加以欣賞。約翰‧鄧生在伊利莎白戲曲的黃金時代，他的想像雖然常常很怪僻，但是他運用口語的節奏，頗有新奇的效果。蒲伯號稱「新古典派」，但是他詩裏的文字卻是取自當時人的口語。我們假如覺得他的文字典雅，那是因為十八世紀的英國人說話是比較講究優美的風格的。（只有十七世紀的密爾頓是存心擬古，模仿拉丁文的句法來寫英文詩的。）後來華滋華斯更以模仿村夫鄉人的口語相號召。二十世紀的艾略特等所運用的更是現代人的口語。

英國詩的變遷，大致有這樣一個法則：一個時代總有一個「管領風騷」的大詩人，後起的詩人，受了他的詩的影響，在題材和表現方式方面，總脫不了前人的規範。語言在變遷，可是詩的形式和題材卻僵化了，隔了相當時候，又有一個新的大詩人出現，擺脫了前人的束縛，另闢新路，於是詩又找到了新的活力，英語民族又找到了新的聲音。詩是跟着時代走的——我們讀英國文學史的時候，難免會得到這樣一個印象。可是我們中國的詩有沒有跟着時代走呢？別的朝代我不敢說，大致滿清三百年無論在詩、詞、曲三方面的作品，都是以擬古的東西為多。少數人去擬古，還無妨文學的「生命」；但是擬古成了風氣，寫詩必須要有宗派，詩人脫離了現實生活，脫離了活人的口語，專在故紙堆裏用功夫，儘管他所用的功夫是非常之大；舉凡字彙，音律，想像，情感，思想，都得受古人的限制，——這樣子文學的發展一定要停滯，詩「運」也漸趨僵化而奄奄一息了。

民國以後，在五四那時候產生了白話詩，那是一樁可喜的現象。白話詩到現在為止成就恐怕並不很大，但是白話詩可能的發展，卻是非常之大。在某些人看來，白話詩是粗陋的，幼稚的；可是惟其因為是粗陋，將來更可能成為精鍊；惟其因為是幼稚，將來更可能成為圓熟。至於舊詩，那是已經精到不可再精，熟到不可再熟；我們承認過去大詩人的成就，但是他們的成就不應該使我們自滿，我們還得拿我們自己的東西出來。

白話詩將來會有些什麼樣的傑作產生，現在無法斷言。鄧和蒲伯的路子是否有人肯走，走了是否一定走得通，現在也難說。但是我們假如承認我們現在還是在「嘗試」的階段，那麼我們不妨多方找尋新的題材，新的表現方式。我弟弟主張新詩人暫時放棄舊詩的領域，（注意「暫時」二字，）不在陳腐的題材上去和舊詩人競爭，這是值得新詩人三思的。處理這種舊題材，已經有這許多完美的舊詩存在着，我們假如再要寫這一類的抒情詩，很難和古人去抗衡。周棄子先生在「說詩贅語」裏舉出這樣一個例子：「人去月無聊」到了白話詩裏就成了「她走了，月兒也感覺得無聊了」。（「文學雜誌」一卷六期）我們希望新詩人少去理會什麼「月」呀「無聊」呀那種老調，新詩自然有新東西可寫：我們所希望的是澈底的新詩，不是改頭換面，小脚放大，舊瓶新酒或是新瓶舊酒式的新詩。

新詩人現在主要的任務，是「爭取文字的美。」為了強調這一點，我不妨矯枉過正的說一句：詩的題材是次要的，詩的表現方式才是最重要的問題。題材的選擇並非不重要，可是有些新詩人以為寫詩必須要有「詩意」的題材；有了詩意的題材，文字馬馬虎虎，大致也可以寫成一首詩了。所謂「詩意」的題材者，無非就是一般抒情詩裏常見的：如美麗的鄉村，秋天的月亮，思鄉，母愛，童年的回憶，理想的追求等等。這些題材，即使脫離了文字，本身也許就有「美」的價值；但是美的題材是否可以擔保一首詩之必然成為好詩，那就大成問題了。詩的美和題材的美之間，並沒有絕對相等的關係。

再則，詩人的題材應該是他自己所最關心最感興趣的事物，那些事物可不一定就是美的。都市的陋巷和美麗的鄉村，悶熱的黃梅天氣和秋天的月亮應該同樣可以成為詩的題材。只是過去的詩人為美麗的鄉村和秋天的月亮留下不少美麗的詩篇，現在的詩人隨意摭拾，就可以大致相差不遠的做出一首詩來。都市的陋巷和悶熱的黃梅天氣呢？過去的詩人是不大寫這種題目的，現在人寫起來就沒有什麼可以憑藉的了。他假如要寫，就得「創造」，而創造是多麼費力的事呢！

可是新詩人的工作，乃是創造的工作。我相信這點要義，新詩人是不會忘記的。

都市的陋巷和悶熱的黃梅天氣，前人也許曾經寫過，只是寫的人不多罷了。但是詩的題材應該不限於此。周棄子先生在「說詩贅語」裏說：「由於現代的人的生活急劇變化，因而所滋生的情感，其複雜、新奇，皆非往昔的人所有。」過這種生活的人，他所關心而感到興趣的事物，為「往昔的人所未有」的應該很多，這些事物並沒有理由不可以入詩。例如選擧，這大約是詩中少見的題目。這幾天臺灣正忙着選縣市長，這樣熱鬧的一樁盛擧，就其本身而言，可能沒有什麼「詩意」，可是它在很多人心裏一定產生了「複雜新奇」的情感。這樣一樁大事可以不可以成為詩的題材呢？

我認為是可以的。只是太難寫。因為題材本身沒有多少「詩意」——那就是說：前人的美麗的辭藻和美麗的想像在這裏對你沒有多少幫助，你寫這樣一首詩，對於你自已的文字，將必然的特別加以「磨鍊」，否則任何有些讀詩經驗的人拿起你的作品一看，都將覺得你所寫的是散文，而不是詩。

我說題材的選擇是次要的問題，因為新詩人假如放開眼界，對於在他周圍所發生的事物有深切的體會，「洞察世情，腦筋靈活」，不受「固定的題材」和「固定的反應」所束縛，他將要發現詩的題材是無窮盡的。甚至像蒲伯那時代的詩人一樣，和朋友間「交換政治意見，讀書心得」也都可以成為詩了。

假如現在有一位詩人做首詩，題目叫做「說民主政治，」我想這在中國文學史上該是破天荒的創擧。我得把題目再說一遍，是「說民主政治」，並不是「頌民主政治」。不論民主政治是多麼美好的東西，一去「頌」它，詩人難免又不能超越他個人的喜怒好惡，又回到了他的「定了型的詩人的品格」。詩人並不是非超越個人的喜怒好惡不可，只是中國的詩人太看重自已的喜怒好惡，似乎非寫自已的喜怒好惡不足以成詩。因此，詩的題材弄得很是貧乏，新詩人除非故意矯揉造作，也很難給人什麼新印象。

「說民主政治」這樣一首詩，在中國可以說是「見所未見，聞所未聞」的，可是在西洋，紀元前一世紀羅馬詩人魯克黎休斯（Lucretius）就寫過一首長詩「說事物的本質」（De rerum natura），討論科學宗教人生各種問題，有系統的發揮伊璧鳩魯派哲學。（陶潛的「形影神」是一首中國罕見的說理詩」。）寫這樣的詩，有一個危險，就是可能被人譏評為「散文氣味太重。」很多讀英國文學的人，對於蒲伯恐怕至今還抱有偏見，認為他做「詩人」的資格都成問題。但是關於這一點，我們的新詩人不必疑慮。中國在過去，大家太看重「詩意的美，」以致寫散文時，都帶有一點詩人的靈感，都以為夾雜幾個有詩意的句子，才是盡修辭的能事。這種現象是中國文學的弊病，五四運動雖然是一次「文學革命」，但是這點弊病竟未會革除，以致現在凡是有點寫作才能的中學生，大多以寫「散文詩」作為他們寫作生活的開端。蒲伯的詩，可能熱情不够，「境界」不高，但是他的着重「常識」的態度，他的條理明晰的思想，他的乾淨俐落的句法，正好補我們的不足，矯正我們的弊病。我們過去的散文有變成「詩」的危險，我們現在不妨寫些有變成「散文」危險的詩。這不一定是作詩的正路，但是兩害可以相抵，各種路子多走走，將來詩和散文就可能各得其所，我們也會找到新詩的正當的寫法。

中國舊詩還有一點限制，就是它同唱歌很接近，同說話的距離較遠。唱歌當然比說話美，但是唱歌的時候，調門總得同說話換個樣，人也變得「裝腔作勢。」這點限制，文學革命似乎也沒有把它取消。現在的新詩人不妨就近取材，在口語裏找尋他的新節奏。唱歌的節奏是很明顯的，口語的節奏比較隱晦，但是我相信沒有一個人會否認口語裏是有節奏的。而且口語裏的節奏變化繁多，不像唱歌那樣很容易的流為纖弱柔美，或是虛張聲勢的慷慨激昂。編一支歌曲似乎非有點寫作才能的人莫辦，話卻是人人會說的；但是一個天才藝術家，一定會化腐朽為神奇，在平凡裏面找出不平凡來。五四運動在狹義上說來，是白話文學的運動。中國的文學一定要在白話裏面找到新生，這一點大約是無可置疑的了。但是我們的詩是否寫得够「白」了呢？這一點又是值得新詩人三思的了。

更正

貴刊第十六卷第八期刊載本局四月五日函其中有關本局元月份發售學生月票數字二、一九四張乃係二一、九七四張之誤用特函請惠予更正為荷。

此致

自由中國半月刊編輯委員會

臺灣省政府交通處公路局啓

一個低調的批評論

周棄子

在「筆匯」第三期上，讀到了兩篇文章：陳紀瀅先生的「我們有什麼面子？」和王鈞先生的「貢獻給批評界」，後者是一篇討論文藝批評問題的專文，前者中間，也有一段是觸及這一問題的。陳先生文中說：

「到臺灣以後，有一個時期，爲鼓勵後起，大家都寫些介紹性質的書評，有人譏爲『捧場文章』，於是所謂『嚴正批評』走運一時，但不久，這類文章，又歸寂然。無論捧也好，罵也好，眞金不怕火鍊，事實總是事實。寫文章的人無不希望自己的作品發生影響，具有價值，可是有形的影響與無形的價值，得來談何容易？我們不能說，所有自由中國作者的作品都無影響與價值，但實在不敢說，究竟有若干作品已產生較大影響與較高價值。」

陳先生這一段話，並未根本否定批評的價值。但至少好像表示一點，即是作品的成功與否，跟批評的抑揚乃至有無，關係並不太密切。好文章固然不是可以捧得出來的，但也不是可以罵得出來的，問題在於我們有沒有眞金，而不在於用那一種「火」來鍊。這一層意思，平正通達，我覺得很對。

王先生文中，首先也提到批評的不受重視與無益。他說：

「書評在今天純粹是冷門的人情稿，讀起來常覺語言無味，面目可憎，對讀者難盡「南針」的功能，對作者似亦乏指導的作用。我會訪問過許多熱心寫作的人，他們都否認會經在書評裡受到過什麼益處。」

但情形雖然如此，而王先生的本意，則以爲批評還是不可少的，「批評對契訶夫那樣的作家可能沒有多大貢獻，對於一般學習寫作的人應該兩樣」。接着王先生指出目前的批評使人失望的情勢的成因：「大半由於幾年來的批評工作過於企圖支配作品的主題，而十分忽略怎樣幫助他們增進技巧」。這兩句話的上一句，我覺得尤其重要，一位批評者對於一篇作品的主題，並無「支配」的權力，本來就不應該有此「企圖」，如其有之，那即是侵害了文藝產生的基本要件——寫作自由。這一種「批評」，不管是「捧場」的或「嚴正」的，實際上是批評者自己在那裏喊口號，作八股，而與「作品」則毫不相干。至於幫助作者們「增進技巧」，假如批評者本身的「技巧」够水準，而又願意如此作，那當然是作者們所歡迎感謝的。但王先生的「幫助」觀點，並非着眼於「技巧」的本身，如結構方面，描寫方面，字句方面等等，而是提出一個問題：「應否通過技巧的商酌來達到修正主題的目的」？王先生的答案是正面的，因此還是一個「主題」的問題，不過把「支配」換成「修正」，以免「過於」而已。爲什麼要如此呢？王先生舉得有例子來「補充論證」。

王先生舉例的大意是，假如有一篇小說，描寫失業痛苦，男主角費盡一切努力，仍然無處容放他的工作熱忱，也無法生活，最後只有自殺。這小說的主題是令人極不放心的，因爲它將使海外人士對自由中國社會發生錯誤的印象，也給時常憂慮前途的青年學生們以滿目荆棘的恐懼。於是王先生理想中的批評家，應該提出辦法，通過「技巧」，把這「令人極不放心」的主題加以「修正」：男主角因爲有飲酒過度的不良嗜好，酒精的毒害使他的性格成爲病態的，他的失業是個性與環境不相調協的結果。於是這篇小說就可以減輕了社會的責任，海外人士和國內青年了解這位主人翁所以窮愁潦倒，原因大半在於個人，凡是跟他不同病的都不必怕，這樣，庶幾乎可以放心了。

我很欽敬王先生的苦心，他設想的舉例，說得也很周到圓滿，可以給作者「幫助」。但我們知道，小說裏的人物，本來是要有「性格表現」的，而每一種「性格」，本來都是有其形成的原因的。假如一篇小說中的主角，僅是「漂浮在事物表面的用紙剪成的人影」，那麼這篇小說本質上就是失敗的，即令它的主題可以「放心」，也不會有文藝上的價值。況且，即就王先生的舉例，假使我們追根到底，男主角飲酒過度的不良嗜好又是怎樣沾染養成的呢？則總不外乎壞人的引誘，某種的刺激，怎麼會有壞人的呢？那一種刺激呢？這恐怕又會碰上「社會的責任」，豈非又不「放心」？

我覺得，王先生的苦心雖可欽敬，但實在是一種不必要的「警覺」。就舉例而言，本來就沒有什麼「令人極不放心」的問題。文藝作品的要素是「眞」，一切胡猜說謊在「眞」的面前都必然粉碎。除極權鐵幕外，世界上任何國家都不諱言有失業的人，也都從不把這說成完全是「社會的責任」。只有極權鐵幕的統治者，才說他們的「社會」是沒有失業的人的天堂，但從來沒有人肯相信。反過來說，一位失業自殺的小說男主角，是不會「使海外人士對自由中國的社會發生錯誤的印象」的。至於學校中的青年，他們本身就生活在「自由中國的社會」中，假如他們親身所看到的並非「滿目荆棘」，也決不因爲一篇小說而引起「恐懼」。我所憂慮的是，王先生的舉例，意美而法未必良，據以實行，將不免由「修正主題」仍然回到「支配主題」，終必阻礙文藝作品的自由寫作。這又是「自由主義的濫調」，我個人也彈過不止一次了。

以上是我因王先生的文章而引起的對於批評的一些感想。我很慚愧我不能提出積極性的見解，因爲我既不能「創作」，又不懂「理論」，實在對文藝與批評兩者都是外行，只好不知爲不知，不敢師心自用。不過，作爲一個普通的讀者，我還不妨說幾句外行話。

我外行的想法，文藝批評這一門學問，在我國原來就不發達。古來的「文論」「詩話」，都只是一種「札記」或「讀後感」之類的東西，而與現代嚴格意義下的文藝批評大不相同。自有新文藝以來，寫作的人很多，而專心一志的批評者甚少；把文學批評當作一門學問來認眞研究者尤其少之又少。因爲這單靠天才和靈感是行不通的，必得加上精深的學力，這是吃力不討好的事，避難就易，也是人之常情。因此，作爲一個普通的讀者，對當前的文藝批評不應存着過高的奢望，但可以提出最低的要求。

我的最低的要求，是希望我們的批評者，對於所要批評的作品本身，至少要讀得懂；對於所要批評的作品的相關方面，至少要具備常識性的了解。

我不知道我們是否有一個「批評界」，但就文藝的範圍來說，我知道我們已經有了幾位專門的「書評家」。從他們的文章裏，我看不出他們是「學文」的，但他們似乎特別富於「衡文」的興趣，所以我稱他們爲「專門的書評家」。我每打開一本刊物，必定要碰到他們盈篇累牘的「書評」。這些「書評」給我的印象，「語言無味」猶在其次，更重要的是往往「不知所云」。我也舉一個設想的例，譬如有人寫了一本「李白論」，我們的「書評家」就必定要來評一番。「李白論」寫得是好是壞姑且不管，但這位「書評家」對於「李白」儘管是「素昧平生」的，他還是可以照評不誤。又譬如這裏有一部新出版的書，我們的「書評家」，就有本領可以從它的「古色古香」，「一望而知爲善本」。

這些「書評」，千篇一律是「捧場」的，此其所以爲「人情稿」。我們的作者們，普遍的有一種贈書的習慣，每一新書出版，簽名分寄：「××先生指正」，有類乎商店廣告的「請批評、指導」，對方的受者就不得不「評」。「評」的秘訣倒也很簡單，通常是把原書隨便抓幾段，中間插上些「偉大」「感動」的字句，一篇「書評」就成功了，不僅還了「人情」，並且也收進了稿費，這就是「書評家」不可爲而可爲的地方。苦只苦了那些不是「書評家」的人，經常面對着汗牛充棟的「人情」而煩惱。陳紀瀅先生大約也是煩惱透了，所以他曾經有一篇呼籲大家停止贈書的文章，但似乎響應者不多，這足以說明我們的「人情」之豐富。

就這一現實的角度來看，我才恍然於王鈞先生所提「修正主題」的主張以及我所貢獻的商兌，都不免是高調。現在我要低調，我只希望我們的「書評家」，能夠趕上那些小型報上「劇評家」的水準，他們可以自己不會上臺唱，也可以寫不出「國劇概論」，但他們大約總能分得清西皮、二黃，總不致把武生認成花旦。能多有幾位這樣的「書評家」，我也就很滿足了。

由陳王兩位先生的大文，扯出我一堆濫調，又一降而爲低調，眞是佛頭着糞。罪過；罪過！

四十六年「五四」前十日小病中稿

（上接第17頁）

已無意之間招供出來的，而非出於外人的臆測，其眞確性應該是不容懷疑。但是蘇俄爲什麼要削減這筆貸款？是出於中共自願，抑或是出於蘇俄之故意？我們無法想像中共在經濟方面能夠一夜之間變得如此自給自足，能夠自行籌措額外的五六億美元資金而不感困難。所以，這個問題的答案，必須在經濟分析以外去尋求，大體說來有下列幾個可能。

（一）貸款的條件太苛，中共不勝負擔。前面已經提到，中共這些秘密貸款一定有許多不可告人的苦衷。不過既然是主子賞臉，肯借錢給他們，無論條件如何苛刻，他們總得接受。中國人的權益在中共的眼中從來就沒受過重視。只要中共還有力量去民間搜刮，他們一定會一切在所不惜的去滿足蘇俄的要求。如果中共因爲貸款條件太苛而停止或減少貸款，並不是說中共已經天良發現，不願再繼續出賣國家民族。這只是表示大陸上的人民已無可供搜刮的餘地，或中共的統治力減弱以致無法作近一步的搜刮，終於不得已而拒絕蘇俄的貸款。

（二）第二個可能的解釋是：過去中共所接受的蘇俄巨額貸款，並不是眞實的現金貸款，而是以蘇軍在華各基地的剩餘物資和破爛貨作價若干而貸予中共。如今蘇軍的破爛貨已經賣完，於是貸款數額便突然減少。此種解釋並非毫無根據。中共政權財政當局在提出一九五五年的預算時已經不打自招的說過：「信貸收入的增加，主要是因爲蘇俄政府在一九五五年五月底前自中蘇共同使用的旅順口海軍根據地撤退蘇俄軍隊時，除無償地向我國政府移交了設備外，並以貸款形式轉讓了許多軍用物資。……」如今蘇俄不再撤退其侵略中國的軍隊，因而也就沒有「以貸款形式轉讓」的軍用物資。這個原因雖然不能完全解釋所削減的六億四千萬美元貸款，但至少可以解釋其一部份。

（三）削減貸款的第三個可能是蘇俄內部發生問題，沒有餘力借錢給中共。去年一年是克里姆林多事之秋，克魯雪夫淸算了史太林之後對內引起蘇俄內部嚴重的騷動，親史派與反史派互相傾軋鬪爭，克魯雪夫政權岌岌可危，內亂與暴動時有所聞，對外則各衞星國相率離心，不久以後波蘭和匈牙利人民又掀起了波瀾壯濶的反暴政反奴役運動。這一連串事件削弱了蘇俄在衞星國的經濟剝削，一方面又要調兵四出鎭壓反暴運動，軍事支出不免加大。蘇俄自顧不暇，更何來力量資助中共？

（四）最後的一個可能是中共政權與蘇俄關係惡化，蘇俄無意貸款給中共，或是蘇俄恐懼中共壯大，而故意削減貸款以抵制中共。到現在爲止，還沒有任何跡象足以證明中共與蘇俄關係日趨惡化。若果係如此，則蘇俄不僅要削減對中共之貸款，而且要完全停止任何貸款。所以這種解釋恐怕是可能性最小。

鳥仔卦

林海音

一陣四月的和風把掛在拘留所廊下的小鳥籠吹得直晃盪，迎着午後陽光的那隻小鳥，在籠子裡跳來跳去，小紅嘴兒喳喳的叫着。

坐在屋裡的年青的看守，正無聊的注視着這個鳥籠。看那鳥兒的活潑，鳥籠的動盪，感覺到陽光的溫暖，不由得引誘他走出陰暗的屋子。在屋簷下，他伸手把鳥籠摘下來，衝着裡面的小鳥，吹了一聲口哨：「噓——！」然後問道：「悶得慌嗎？」小鳥兒拍拍翅膀，這樣回答：「吱吱—喳喳—！」

年青的看守笑了，他叫在屋裡打盹的那位：「老張，你來看！」

老張惺忪着睡眼出來了，漫不經心的問道：「這是什麼鳥？麻雀兒？」

「麻雀兒？麻雀兒會算命？家家房簷底下都是。兎子要是架得了轅，誰還買大騾子呀！你別土豹子啦！」

「就算我土豹子好了。可是說眞的，那算命的，他怎麼就能把這小鳥訓練得會跑出籠子叼紙牌，叼完就回籠而不會飛走呢？」老張兩手揷在褲袋裡，繞着鳥籠子在研究。

「籠子裡總該是個舒服地方吧！人家常說『鳥爲食亡』，牠吃喝現成，倒用不着爲食奔波呢！也不用擔心外面的狂風暴雨。——所以你看，咱們這兒的生意也不錯呀，連算命先生都要進來白吃白住了，哈哈……」年青的看守指着對面的拘留室笑起來了。

「我不信，」老張拿過鳥籠來，「我不信牠不愛外面更自由的天地。放開試試！」

「試？你就試吧！」

鳥籠子被老張打開了，小鳥跳到籠門口望了望，又縮回到籠子裡。

「你看怎麼樣！」年青的看守很得意。

「眞也怪！」老張很納悶兒的搖搖頭，又好奇的再一次把鳥籠子打開，伸出掌心接在鳥籠子門口。那小鳥兒跳了兩跳，叫幾聲，果然又探出身子來。這回跳到老張的手心上了，並且啄了啄，老張手心被啄得發癢，嘿嘿的笑了。他向年青的看守點點頭說：「看！……」他高興得還要說什麼，但是話還沒說出口，那鳥兒拍拍翅膀，飛了！飛到欄杆上停了一下，似乎在選擇一個方向，又繼續向高處飛，向遠處飛，飛過了樹梢，飛過了樓那邊，祇是一瞬間，牠就不見了。

「哎呀呀！」兩個人顧不得說話，四隻手向空中亂抓着，但有什麼用呢！

於是兩個人互相埋怨起來，老張指着樓那邊中間的房間，歉然的說：「眞不好意思，那算命的曾再三的拜託過我呢！」

× × ×

蹲在拘留室一角的算命先生，他正以十分無奈的心情向着鐵柵窗子呆望。從這扇高高的窗子望出去，祇是一小塊單調的藍色的天空，但在藍色天空下的世界是多麼廣大，到處是山林，村舍，街道，田地，人羣，……可是誰是和他最有關係的呢？他胡亂的想着，想到了他的番種小文鳥。他想到那個圓錐似的小紅嘴兒，跳出鳥籠來叼紙牌，從牠嘴裡叼出來的命運之牌，維持了他倆可憐的日子。他想到在那灰暗的小旅舍中，他怎樣一粒一粒的喂着牠吃穀子，他總要把牠喂飽了，才肯用一碗米粉湯來塡自己的肚子。近來算命的生意實在太壞了，人們怎麼會變得不喜歡算命了呢？他帶着小文鳥，一村一鄉，一鎭一市的串過去，常常整天都沒有生意。沒有生意，使他餓得發慌，其實他只要一碗米粉，小文鳥只要幾粒穀，就够他們湊活一頓了。

幾粒穀！就是因爲幾粒穀，他才被送到這裡來。世間有些事他不太懂，也算不出來，也許他只顧了算旁人的命運和錢袋，對於自己的未來就顧不過來了。正如他被送進這間屋裡來時，躺在對面的那個老龜奴嘲笑他的話：「算命先生，你的鳥仔卦就沒給你算出要受牢獄之災？喝喝喝？」

這次的事情第一他不懂的就是那個女人爲什麼哭？她蹲在樹底下，抽抽噎噎，哭的那麼傷心，好像誰在要她的命。跟着就是爲那幾粒穀，鳥店的主人怎麼也對他那麼不依不饒的。

這天的天氣很好，他一早起便餓着肚子從城西的小旅店裡出來。這個相當繁華的小城鎭，他是前年來過的，道路還糢糢糊糊的認識。他的腋下夾着抱裹在黑布包袱裡的鳥籠，小文鳥暗無天日的在裡面跳着，叫着。他的肚子是滾動着昨天一天喝下去的風吧？像打雷似的鳴叫着。—今天非得算一個好命不可！在肚子裡一陣咕嚕嚕的響聲之後，他不由得這麼想；身上一個錢也沒有了，就連那小火柴盒裡也只剩了幾粒穀，他和小文鳥都要吃飯，要活下去呀！

—算一個好命，一定要算一個好命。他想着，手裡的兩片竹卦頭便敲得更響，聲響也提高了：

「卜鳥仔卦！卜鳥仔卦！」噠！噠！噠！

「老人卜尾景！」噠噠！「少年的卜運氣！」噠噠！

卦頭隨着他的叫喊聲有節奏的敲着，那聲音就像要把每個沉睡的人都敲醒來。可是一上午白白敲喊過去了，並沒有人理睬他。

他走得熱了，又口渴得很，但連喝一碗茶的錢都沒有，就站在一棵大樹蔭下乘涼，看日頭的影子，知道這時已經過午了。

就在樹蔭下，他遇見了這個女人，她蹲在那兒，拿樹枝子畫着土地。他要看看她畫的是什麼—測字他也會呀！走過去，她抬起頭來，他們打了一個照面。計有禮貌的向她點點頭，但是她沒理他，仍低下頭畫她的。

他低下頭看自已的黑帆布膠鞋上，滿是塵土，他用力的跺了跺脚，便也順勢蹲下了。把黑包袱放在身邊的地上，手中的竹卦頭「呱嗒」一聲擱在包袱上。

那個女人，彷彿吃驚的抬頭看了看，冷冷的問道：「你是算命先生？」

「是拉！我是卜鳥仔卦。老人卜尾景，少年的卜運氣。鳥仔卜卦眞有靈，定人貴賤生死無差。——看你的相，是好命相。」他捉住好機會，向眼前的女人展開了一套江湖話。

「好命？什麼樣兒的人才有好命呀？」女人似乎感到興趣了，但是仍冷漠的問。

「好命——」他斜着頭思索了一下，「好命—我給你講一個好命的人，鹿港的辜顯榮，你總該知道，他就有千萬人中難得的順命。」

「怎麼順？」

「怎麼順！他這麼順——辜顯榮的生辰八字算起來剛好是虎兎龍蛇順排的，虎年兎月龍日蛇時生，一順百順，是命中註定的。」他講得很賣力氣，爲了要博取這個女人的信任。雖然辜顯榮的八字究竟是不是像他所說的這麼確實，他也不知道，這原是師傅傳授的一套。但是提到辜顯榮，人人都知道就是了。如果這個女人要算命的話，他爲什不可以給她算出一個好命呢！卦中乾坤，全在他擺弄的幾張紙牌上呀！於是他問她：「這位大姊，你是屬什麼的？」

「嗯—」她遲疑了一下才回答：「屬鷄的。」

他仔細觀察了一下這女人；滿頭的紋路，緊鎖的眉頭，黝黑的皮膚，她該是勞心又勞力的女人，她看上去像三十多歲的，但是他知道她不會那麼大：「啊——屬鷄的，你是民國二十二年癸酉生人，今年二十五歲。」

女人點點頭，眉頭展開些，好像有點信服了。

「那麼，」他又接着說，「今年丁酉，剛好是你的本命年，家裡有屬兎的嗎？有的話要注意，鷄兎是太歲冲呀！」

見女人在傾聽了，他便進一步從懷中掏出一個小髒布包，打開來是一個小竹筒，裡面有十六根八卦籤。他把籤筒搖兩搖伸到女人的面前，她猶豫了一下，還是伸手抽出了三根籤。

「坎爲水，乾爲天，坤爲地，……」他唸着籤上的字，邊問邊講，他先從女人的嘴裡知道一些她的事，然後再向她解釋着，警告着，比喻着，安慰着。他又問她：「要問什麼？」

人總是希望預知未來的，她也不例外。那麼他要給她一個好的未來，一個令人安心、令人興奮、有希望而又富足的未來。爲什麼不呢？眼前這個女人，無疑是有着痛苦的，爲了解除這個女人的憂心，爲了自已的一頓飽餐和凑出旅店錢，他將毫不吝惜的多說幾句好話。

他問了她的生辰八字，掐指算一算，驚異的瞪着眼對她說：「好命！是個好命！此命生來福祿豐，榮華富貴喜冲冲，事事隨心皆如意，堆金積玉粟滿倉！……」

他說得高興，忘了熱，忘了餓。她也聽得開心，眼睛裡開始閃出希望的光輝。隨後他打開了黑包袱，露出那隻竹條油透並且沾了一層泥的小鳥籠來——他每次打開它，就會歉疚的想：有機會該給小文鳥換個新住處了。他又打開了一包紙牌，嘴裡扯着閒話，分散女人的注意力，同時一張張的選着，揀出預備給小鳥叼的，排在固定的地方。—訓練小文鳥叼那有記號的紙牌，是一件費時費力的事情。紙牌的一邊點了像穀子樣的小圓點，餓着小文鳥的肚子，讓牠在一疊紙牌中叼出有像穀子記號的牌。

在挑選最後一張卦錢牌的時候，他曾想了想：拿出哪張來呢？「天神送元寶」？還是「天送黃金」？別那麼狠心吧，「天送黃金」也就差不多了。

於是他打開鳥籠放出鳥兒來，一張，一張，牠一共叼出了四張牌，他都接過來排在手裡。然後把火柴盒僅餘的幾粒穀子酬謝了那隻仍食人間煙火的神鳥。

他順序的打開那有着畫兒的紙牌給女人看，並且爲她逐一講解。第一張是一隻美麗的鷄，表示她的屬相。第二張是句諺語「双脚踏双船」，他告訴她，做事不要猶豫，不要脚踏双船，認定了一方，努力的去做。譬如婚姻吧，認準了哪個人就嫁給他，將來榮華富貴是保有的。——看！他又攤開了第三張，告訴她，這是鳥仔所卜的「郭子儀七子八婿大拜壽」圖象徵她的未來，晚景是如何的美好！

接過那張紙牌，女人展開了笑容，仔細的端詳着。她是在想那美麗的未來的晚景，足可以抵過眼前不幸的遭遇吧？七子八婿！她的臉紅紅的發燒了。他相信這女人是這樣想法的，因爲她精神顯得振作起來了。他的幾句話就像清晨的露水，滴到她如花的生命裡，不再枯萎了。那麼——就在她這轉憂爲喜的當兒，他攤出了最後的王牌：「天送黃金四十圓」，這個好卦，他祇收她四十元。

「四十元?!」她倒像受驚的小鳥，立刻收斂了笑容，「四十元，不！我沒有—沒有那麼好的命，算命先生！」她焦急的喊着。

「你看，」他平心靜氣的又拿出一張牌，「你並不是最好的命，『天神送元寶八十元』才是最好的呢！」

「不，」女人還是堅決的否定，並且哭了，「不，我要是有好命，怎麼身上連一塊錢也沒有？我是那箱裡的垃圾，被人刨了皮，掃出來，扔掉的，我一個錢也不值！我一個錢也沒有，哪兒熬得到七子八婿那個時候！……」

她就這麼數叨着哭起來了，他沒見過像她這麼不知好歹的人，算出了好命來倒不承認。去年他給一個胖女人算了「天神送元寶」的命，人家還另加十塊喜金呢！看她哭，他愣愣的也沒有辦法，但是這時卻圍上了一圈看熱鬧的人。眞有愛管閒事的，挺身而出的是個外省人吧，指着他鼻子說：「四十塊？你不是窮開心嗎？你看她這份打扮，那裡有好命？要算好命，不會到對面高牆大紅門裡算去！路邊上餐風飲露的，還有什麼好命！」

喲！這一卦倒算出了這位客人的一肚子牢騷，他何必那麼激昂，竟把對世間的不平，藉着無影無踪的四十塊發洩起來了！但是另外一些人的默默不言，也是表示同意嗎？在這個情勢下，他除了走開，還有什麼更好的辦法？於是他一言不發的捲起了黑包袱，唉｣的歎了一口氣，從嚶嚶的哭泣聲中，從多少隻對他陌生又懷疑的眼光下，走開了。

他沒有目的的向前走。——找錯了主顧他該挨餓沒有什麼可埋怨的，他一邊走一邊想，祇是怎樣解決眼前的生活呢？店錢！飯錢！好吧，他餓一頓也是餓，餓兩頓也是餓，可是憑什麼小文鳥也跟着他受罪呢？他想着不由得夾緊了腋下的黑包袱，拍了拍，像母親拍她懷中的孩子。在黑包袱裡是個遠來的小鳥，牠的祖宗是在馬來群島的，所以人們叫牠番種文鳥。淡紅的小圓錐嘴，蒼灰的背，淡葡萄的肚子，小小的黑翅膀，可有兩隻紅脚，在他的手掌心上那麼乖巧的啄着穀粒，他們相依爲命的，有兩三年嘍！……

忽然他的耳旁傳來一陣吱喳的聲音，原來不知什麼時候又走到這條有鳥店的街上來了。昨天他曾走過這裡，並且徘徊了許久，爲那隻小巧的鳥籠子不是還發呆了半晌嗎？怎麼今天又不知不覺走到這兒來了？

走進鳥店，看着那成百的各色鳥在漂亮的籠子裡吱喳叫着，他不禁爲腋下的小文鳥叫屈，他夢想給小文鳥換個鳥籠不止一天了，可是到了今天，連火柴盒子都是空的了，還談什麼鳥籠！他滿心羨慕的挨個摸着那些鳥籠，有鋼絲的，有漆竹的，料這麼好，工這麼細。在一轉身的時候，他又看見了一籠穀子，——啊，也有鳥食賣呢！這倒是目前最需要的，不過——他隨即想起了自己的空錢袋。但是過了一會兒，不知一個什麼念頭竟驅使他在看看店裡沒有人的時候伸出手去，抓了一把穀子，那麼快，那麼不加思索的。

就在這同時，他却被店後面出來的人捉到了，是當做賊一樣的被捉到了。

「我在後面看你半天了，摸摸這個，摸摸那個，昨天的一對琥珀鸚哥偸出滋味來了嗎？」

「不，昨天不是我。眞失禮，我只是拿了些穀子要喂我的鳥。我，我是算鳥仔卦的。」他後悔太大意，趕忙解釋說，臉也羞得漲紅了。

「算命的！哈哈！你倒算出那兩隻琥珀鸚哥是我店裡最値錢的鳥來了。昨天就是你，是不是？在店門口來回走了半天？晚上我的鳥就丟了！你會算，算準了。」

那是一個怎樣尷尬的場面，他無論怎麼解說，都不能得到人家相信，鳥店主人不依不饒的認準了是他偸的。在這個鎭上，有什麼人能爲他證明呢？他是個陌生的旅客，昨天才來到這兒的。旅店的主人能證明他嗎？店錢還沒有着落呢！樹蔭下看熱鬧的人能證明他嗎？他們會說：「這小子，我剛看見他的，在五福街的樹蔭下，騙一個女人！」

他終於算一個嫌疑犯被拘留起來了。在拘留所的進門處，他又被攔截住：「家畜不能帶進去！」

「牠只是一隻小鳥。」他小心翼翼的解釋說。

「小鳥！螞蟻也不行呀！」

就這麼，他把鳥籠双手捧給看守，好言的拜託了一番。小文鳥却像個無知的孩子，儘管在裡面亂跳了。

×　　×　　×

現在，他呆望着窗外的藍天，渴望那遼濶的天地。這世間雖有許多事他不懂，而且實在也算不出，但是他總要生活呀！

在窗前，他忽然瞥見一個小黑影掠空而過。他不知道那就是那隻被放出籠的迷途的小鳥，還滿心的盤算着，他和小文鳥下一站的旅程會在什麼地方落脚？

（完）

讀者投書

（一）我掏出良心說話！

陳力行

——國民黨黨化國家軍隊誰能否定嗎？

讀四月十七與十八兩日新生副刊鳳兮先生的專欄，就其否定朱件耘先生在「反對黨！反對黨！反對黨！」一文中所提出國民黨黨化國家軍隊一節，我掏出良心說幾句「良心」話。

我之所提出的只是「黨化軍隊」一節，因朱先生在「反對黨」一文中的其他各點，非筆者所深知，亦就「不便妄測」了。

我是一個自軍中剛剛奉准退除役的戰士，我離開軍中尚未滿一年，我對國民黨在軍中的動態，絕不是由「經常接觸的人」正式的「訪問」，與非正式的「聊天」而得悉的，而是身受目擊確確實實的事實，所以就我所知道的講幾句良心話。

現在國軍中，非黨員固然還有，而各級幹部是國民黨黨員；政工人員是清一色的國民黨黨員；最基層的班長亦大多數是國民黨黨員；列兵中較優的亦是國民黨黨員；連入營受訓僅四個月的補充兵，亦盡量的吸收，對軍中整個幾乎均爲國民黨黨員所盤踞的事實，假如鳳兮先生眞的了解軍中的實情的話，諒不能違着「良心」否認吧？

上面所學的是以戰鬪單位而言，而軍事訓練單位黨化之手段尤更積極，如各軍官學校的學生，在畢業前必須集體加入國民黨，否則不能畢業，（筆者親自目擊的事實，是陸官校廿五期一學生，因拒入黨而不能畢業）這能說我胡說八道嗎？

現在設在陸海空勤裡面的國民黨特種黨部，難道說是誣賴國民黨嗎？假如這些事實都不能證明國民黨黨化國家軍隊的話，難道要把「國民黨」三個大字冠在國家軍隊番號的前面，才算是黨軍嗎？如果中國國民黨當局磊落一點的話，不妨發表特種黨部所領導的黨員在軍隊中的百分比，（不是公佈數目字，不會洩漏黨機及軍機。）那麼，國軍雖無黨軍之名而確有黨軍之實，便用不着大家再費筆墨爭辯了。

國民黨黨化國家軍隊的作風，顯然違背了全體國民訂制的憲法第一百三十八條：「全國陸海空軍，須超出於個人、地域、及黨派關係以外，効忠國家，愛護人民。」及第一百三十九條：「任何黨派及個人，不得以武裝力量爲政爭之工具。」對這違憲的作爲，國民黨是無法自圓其說的，所以沒有聽過國民黨正式的答辯過，這一點憲法總應該保有它的尊嚴。

共匪毀憲賣國，爲全民所痛惡，而領導反共的執政黨違憲的作爲，怎能不使親者痛呢？

鳳兮先生對黨軍的解釋說：「爲某一黨作政爭和取得政權的工具。」然而，目前國民黨之積極黨化國家軍隊，其目的已不在政爭和取得政權，而是如何達到其一黨專政的穩固。

在軍中國民黨黨員因奉有黨的指示，對非黨員平日的言行、思想有考核的「權」和「責」，因爲有了這近乎「特」權的「超」權，黨員們的優越感便應「權」而生了，所以軍中有「圈裡」（指黨員）與「圈外」（指非黨員）的術語。

國家軍隊裡有編制，編制內的各級官長，都經憲法所產生的總統任命過的，對部下的言行、思想自有其考核的權責，爲何暗裡還要國民黨黨員來行使「超權」的所謂「責任」？難道說政令不能治軍，而必須乞求國民黨的組織力量來協助，否則便會爲匪諜所滲透，必敗於共匪「黨軍」之手嗎？那麼，在大陸戡亂時的降將是國民黨黨員居多？抑是非黨員居多？

中華民國的公民，依憲法有服兵役的義務，依兵役法召集入營後便爲以身許國（非許黨）的神聖軍人，其地位是超然的；其人格是崇高的，除了服從命令是其天職以外，任何黨派、種族及宗教對其「考核」（不如說是控制），便是否定其超然的地位，和侮辱其崇高的人格，也蔑視了各級幹部的權責，和懷疑了他們的才能。

鳳兮先生對朱件耘先生說的「黨化國家軍隊」的批評，臆測地說：「最起反感的不是別人，乃是軍人」。又說「無疑地對全體國軍是一大侮辱。」這二句話假如能激起國軍的眞正情緒，而群責「不掏出良心說話」的朱件耘先生的話，那是好的表現，怕的是連激都激不起來。（特種黨部的指示行動不包括）那我眞替鳳兮先生的失望而難過。不過「激」比主張直接採取「砸」的先生要君子多了。

鳳兮先生說：「軍中四大公開的作風，已達到了可驚異的程度。」及國軍文化水準普遍的提高。這確是事實。但用來否定「黨化國家軍隊」的根據，便是風牛馬不相干了。因爲「四大公開」及「提高教育水準」，是國防部頒佈推行的運動，不論黨員或非黨員都有遵從推行的義務，成果一定是豐碩的，而引這二項的進步來推翻國民黨黨化國家軍隊的根據，是不通的，不知鳳兮先生以爲然否？

附陳先生來函

編輯先生：寄此文前，內心突然浮起莫名的恐懼，封好了又拆開，再提筆寫這封信附上，爲投稿添一點勇氣。我之爲什麼會起恐懼？因爲我有一位朋友，公餘愛寫些不平的心聲，結果爲保安司令部偵訊，現仍被留在板橋生產教育試驗所。前車可鑑，怎能不使我起恐懼的心理？

這篇文的原骨，是我退伍時寫的，動機是建議國民黨當局，掃除特種黨部所屬黨員的優越感，在軍中以服務代替領導，俾消除軍中「圈裡」與「圈外」的隔閡，促進軍心的團結，期確保來日復國戰爭的全面勝利。但退伍後因爲生活奔忙，而未能終稿。

日前偶讀「新副」的十字架上專欄，對鳳兮先生否定「黨化軍隊」的論點，大大地不以爲然，故重修舊稿，以成此篇，如蒙披載，則幸甚矣！

敬祝　編安

讀者投書

「公共場所，莫談國事！」（二）

陳哲春

編者先生：

記得在貴刊第十四卷第九期的社論中，曾提出少貼標語的主張。那篇文章的大意是認爲貼標語的這一種宣傳方式是已經落伍了，再加以濫撰濫貼，更已完全失掉了它的作用。尤其是那些似是而非，似通非通，涵義不明的標語文字，不特徒然浪費人力物力，且爲識者所笑。我讀過之後，非常贊佩此一主張，實爲針對時弊之言，應爲今天主持宣傳的人所採納，至少此後對標語的撰擬要大加審愼，不可草率從事，誰知事隔多時，此一濫撰濫貼的風氣不特毫未有所修正，而且其內容愈出愈離奇。近來我在許多餐館中又發現了一項標語，用彩色紙條印成，每條上面寫着許多字句，其中最令人看了莫明其妙是那一條「公共場所，莫談國事」的標語，眞不知是何所云然。

根據我們的記憶所及，這種警告「莫談國事」的告白，曾發現於北洋軍閥時期，但那決不是當時的政府機關，或是與政府有關的機關團體所印發，而是那些旅館、客棧、茶樓、酒肆自己所寫貼的。因爲當時軍閥的爪牙遍佈，對於那些不滿現狀、愛發牢騷、批評時政的人，都指爲亂黨，有隨時予以逮捕的可能，而這類案件，因軍閥時代無法治可言，對於一般人民的自由毫無保障，所以很可能將店家牽連在內，指控其爲窩藏亂黨。有些店家曾經受到這種無妄之災，因之相率警告顧客不可閒談國事，以免彼此遭殃。至於今天，我們政府一再申言崇尙法治，人民自可獲得此種毋虞恐怖之自由，不知爲甚麼反由官方黨方撰擬此種標語張貼出來，難道說談國事是不應該的嗎？眞令人百思不得其解！

儘管在今天我們這個社會中，確實存在着有一股「反民主」的逆流，但是無論如何，我們的政府總不能否認今天所行是民主政治。所謂民主政治，最淺近的解釋即是以人民爲主體，人民就是國家的主人翁。我們既是國家的主人翁，憲法還規定我們主人翁有與聞國事、監察政府之權，難道說我們在公衆場所談談國事還有人要來加以警告或制止嗎？這種標語之離奇荒謬，眞到了令人不可想像的程度！

誠然，從這個「莫談國事」的標語與那些合貼在一起的「保密防諜」的標語併起來看，撰擬此一標語的人，其作用也許是警告某些負有機密責任的人，不可在公共場所談論有關機密的公務，以免隔墻有耳，被匪諜偷聽了去。但是一個負責機密的人，如果連這種最起碼的保持機密的修養都沒有，還要大貼標語，到處予以提醒，那麼我們政府機關所謂保密工作的情形也就太可悲了。而且警告負責機密的公務人員不要輕易洩漏機密，這應是屬於平日的指導、考查、訓練、告誡，決不能期望其在這張標語上面發生效力。同時，此種標語的對象既是對某些特定的人而發，也就沒有在公共場所張貼，以致引起其他的人之誤會的道理。縱退一步講，此種標語確有一貼的必要，但其文句也應明白寫出負責機要的人不可在公共場所談論機密公務，爲甚麼可以含混籠統以「莫談國事」的語句出之？這種標語所表示的意思，如果說並不是警告一般人民不可談論國事，請問還可以作甚麼另一解釋？這種標語既經印製分發，當然決不是某一二人胡亂寫出來，至少是經過一番撰擬校閱的例行公務處理的手續；而且張貼的地方頗多，爲時也有不少的日子，政府機關中許多負責的人也應該會同我們一樣看見過，在這許多人當中，何竟在事先或事後沒有一個人發現其不妥而予以糾正？難道他們都認爲這是理所當然，毫無錯誤嗎？難道他們都認爲一般人民在公共場所談國事是應該予以警告或制止的嗎？

在對共匪的鬥爭中，我也同樣承認保密防諜的工作是重要的，但是我却不同意保密防諜會做到叫人民不要在公共場所談論國事的程度。如果國人相聚，均以莫談國事爲戒，只能談些風花雪月，那麼大家對國事將漸漸變成漠不關心，寖假而造成一種「國家事，管他娘」的心理，請問我們又如何要求全國人民來支持政府共同反共呢？

由於「莫談國事」的標語，使我又想起另一種我們大家習見的標語，其不合邏的程度亦與「莫談國事」相同，即是「人人保密，處處防諜」的那兩句話。「處處防諜」還可以說是要提醒大家隨時隨地注意匪諜份子的存在，但是「人人保密」，我們就要請問一下，一般普通的人民，他們既無機密的任務，又將從何處「保」起？他們所「保」的又是些甚麼「密」？這種標語顯然是說不通的；也正因爲過去有了這樣一個標語，大家習焉不察，於是才繼續有此「公共場所，莫談國事」的出現。一脈相承，因之大家也就見怪不怪了。不過，這終究是一種可笑的事實，政府負責的人却不能如此粗率，毫不加以考慮。貴刊對時事問題素有正確透闢的見解，我們願意提出這點微末的意見，以就正於編者與讀者之前。

讀者投書

（三）國家和個人

樂志誠

最近，我們的思想界掀起了一場激烈的論戰，在這場論戰中，有一個爭論的重心是「國家應爲個人利益而存在呢？」還是「個人應爲國家利益而存在？」到現在爲止，這場論戰仍未結束。其實，在我看來，國家和個人究竟是怎樣的關係，祇要肯冷靜客觀的分析，便可明瞭。

我以爲國家和個人之間沒有也不是隸屬關係。國家是一個抽象的概念，是人類社會組織的一種形態；只有個人才是實質的存在。國家之所以形成人類社會組織的一種形態完全是基於在這國家之內所有個人的生存慾望（或生存意志）而形成的。個人固然隨生死而發生存在與不存在的問題，國家又何獨不然？人類能由個人獨居經過部落等階段而形成國家，在未來的時間，誰敢斷言人類不能再由國家而形成世界一體的組織形態呢？所以說，國家也並不是永久不變的。

當個人的安全和利益感受威脅時，便愈感到國家的需要。因爲國家集合了所有個人的意志，並由此意志產生總力量以保障個人的安全並維護個人的利益，這就是「國家完全是基於在這國家之內所有個人的生存慾望（或生存意志）而自然形成的」有力說明。所以當個人之安全和利益遭受威脅時，個人才肯暫時盡一己之義務，甚至犧牲個人一切，此無他，因爲每個個人都深切瞭解國家可以由各個人之生存慾望產生力量來保護他；因爲國家的確是最有可能和最有力量解決個人所不能解決的問題之組織。可是，這足以解決個人所不能解決的問題的力量仍是源於個人的生存慾望（意志）。

在目前的情勢下，國家對於個人的重要性是不待言的，因爲，在目前的事實上，個人的安全和利益都需要以國家作號召，以糾合個人的意志，團結個人的力量來保障。不過，國家的生存的實質意義仍然是個人的生存。而其更積極的意義也仍然是個人的安全和利益的爭取。離開了個人的集合，國家立即就消散。既然國家的形成就是基于個人的生存慾望（意志），因此國家並不是目的，因爲個人之所以組成國家完全是基於個人的利益，把國家視爲個人利益獲致的工具是有道理的。國家除了爲個人爭利益之外，幾乎別無任何目的可言。例如，結婚是夫婦共同意志的表現，家庭自然是謀求美滿幸福生活的工具，至於夫婦，他們倆就是實質的存在，組織家庭謀求幸福美滿生活更是基於他們倆的生存慾望。

既然國家之由個人組成，是爲了保障個人的生存，謀求個人的利益，那怎麼能說國家不是爲個人利益而存在呢？又怎麼能說個人利益是爲國家而存在呢？國家的根本而唯一的目的就是爲個人謀利益。事實上，國家本身有什麼利益可言呢！所謂國家的利益無非是許多個人利益的總稱而已。無論個人自由或個人利益縱一時受到限制，這在表面上看似是爲國家利益而受限制，實際上仍然是爲爭取個人利益或個人自由而受之限制。

有人說：有國家自由才有個人自由；有國家利益才有個人利益。在表面上看似也有道理，但再進一步加以分析，就可明白在爭取國家自由和國家利益的過程中，完全是所有個人基於生存慾望（意志）在不顧一切的爭取個人自由和個人利益。所謂愛國固是一種最高的道德，這似乎意味着國家的神聖尊嚴，豈不知愛國家實際上仍是愛個人。國家的神聖尊嚴就是指那國家內所有個人神聖尊嚴的最高表現。當國家的安全遭受外力威脅和國家的尊嚴遭受外力侵犯時，我們之所以肯犧牲奮鬪，完全是基於個人的安全和尊嚴的保護而然。這又是國家應爲個人利益而存在的一大說明。

個人主義者並沒有把個人和國家視爲絕對的對立，也無意抹殺個人和國家間共同一致的關係。他只是在提醒個人，使個人知道國家是爲個人利益而存在的。更告訴個人，須瞭解個人的利益是國家利益之趨歸。這在在都說明了「個人主義者並沒有把個人和國家視爲絕對的對立，也無意抹殺個人和國家間共同一致的關係」。至於「國家是不必要的」，想必也不是個人主義者的願望，個人主義者也從未有這樣的主張。

我認爲提倡個人主義不僅在表面上是愛國而反共的，實際上它是最愛國而最反共的。因爲個人利益在共匪的統治下是不許有的，以個人利益爲根本的個人主義之提倡，不是適足以喚起個人爲個人利益而愛國反共嗎？所以，儘管怎樣辯論。「國家應爲個人利益而存在」卻是實在的話。忽視甚至抹殺個人利益何足以號召個人爲個人利益而熱切愛國和堅決反共呢？一九五六年的春天，美總統艾森豪和英前首相艾登於會談後發表的聲明中，第一條就指出「國家應爲個人利益而存在，不是個人利益應爲國家而存在」。這算不了什麼奇事，因爲他們都願意說實話。我想，這樣指出國家和個人的關係，應該是也可以實行于中國，應該不會發生「國情不同」的問題的。因爲，中國人之需要個人利益，與英美人並無不同之處。

我並不是什麼個人主義者，更不是「共黨同路人」，因爲我愛個人，更愛爲個人利益而存在的國家，我祈求所有個人都確認個人一已之地位和個人與個人之間的關係。然後在爲國家奮鬪犧牲的前提下，才不致有茫然落空之感。

李辰冬先生來函

編輯先生：

頃讀貴刊第十六卷第八期陳陶淑明女士對拙作「評陳含光的詩」的「感言」深表同情。此爲爲人子媳者應有之舉，我不擬有所答辯。謹將我所以寫這篇文章的動機作一陳述，以釋讀者的誤會。

近年來我作文學研究，深深感到作家人格的重要；假使作家的言行不一致，就不會有眞情感，沒有眞情感，當寫作的時候，只有辭藻的堆砌，典故的塡塞與形式的講求。偶然間，我看到陳含光先生的「含光詩」，他序裡提到「詩人合一論」，引爲知言，也就不惜化了新臺幣七十多元的代價，將「含光詩」與「含光儷體文稿」買回來。回來後，我略微翻閱，發現他民國前後的思想頗爲不同，這才引起了我的注意。於是我一字不苟的順着書的前後次序，化了幾天功夫，將「含光詩」細細讀完。這時給我一個疑問，他既是自稱遺民，對民國又沒有好感，爲什麼要接受學術審議委員會的獎金呢？假如不接受，人格不是更高尙麼？此其一。

我又發現「含光詩」裡是主張「唯情論」的；然據我所瞭解文學裡所表現的情感，不是我們日常生活中一日數變的情感，而是作者有一種遠大的理想，以百折不撓的精神去實踐這種理想，當時實踐時所感觸的情感，這才是眞正文學中的情感。假如是泛泛的情感，也就難怪今天捧這個，明天罵那個，過些時又捧這個，前後不一致的情調了。此其二。

根據這兩個觀點，我又反復地把陳先生的作品讀了幾遍，越讀越不對勁，使我想到我曾批評過的謝靈運、宋之問等人格不一致的作品，以及其他許許多多文學上的問題。後來我想：我以往所研究的都是過去的作家，何不研究一位當代作家，趁其在世之日，以求教益呢？含光先生又爲臺灣詩界之翹楚，如有問題，不是更容易解答麼？我純以研究的態度來寫這篇文章，以詩論詩，絲毫沒有「清算」、「蓄意中傷」的意念。

再者，學術審議委員會的給獎制度，也不無問題，久已如鯁在喉，有所欲言，於是趁此機會，也一併提出來。我這篇文章有双層用意，一方面是向陳含光先生請教，一方面是向學術審議委員會有所建議。然因篇幅較長，「筆滙」是不登連載文章的，所以分爲兩篇，上篇談陳含光先生的「人」，下篇談作品並提出向審議會的建議。不幸，「筆滙」發刊之日，也就是陳先生逝世之期，本人深爲哀悼，隨與「筆滙」負責人商議，下篇不再發表了。

近來讀到聯合版，政論周刊與陳陶女士的文章，大家對這問題，好像很重視，那末，下篇文章只好也繼續在「筆滙」發表，以就教於讀者。敬請貴刊將此信發表，以釋讀者的誤會，不勝感激之至！

李辰冬敬上

民國四十六年四月十九日

自由中國　第十六卷　第九期　內政部雜誌登記證內警臺誌字第三八二號　臺灣省雜誌事業協會會員　三一二

給讀者的報告

五四運動是中國的啓蒙運動。這個運動的目標是要洗刷不適於生存進步的舊文化，而提倡進步的新文化。故在政治上主張民主，在學術上倡導科學。然自五四運動至今將及四十年，我們在民主與科學方面的進展則是牛步遲遲，致使國家遭遇空前嚴重之國難。行念及此，誠令人感慨萬千。近若干年來，某些當權者更且仇視五四思想，製造五四罪狀。他們竟至將丟掉大陸的責任推卸於五四運動。這眞是顚倒是非的天大的栽贓手法。然而民主科學乃時代潮流之所趨，又豈是少數愚昧自私者之所能攔阻的。今天我們不談反共復國則已，如果眞要反共復國，捨五四這條光明大道以外，還有何路可走？因之我們要大聲疾呼的呼籲國人：「重整五四精神！」

為了紀念五四這個有價值有意義的日子，除了上面這篇社論以外，我們特別邀請梁實秋、夏濟安兩先生賜以鴻文。新文藝運動是五四運動中的一個部門，而以白話文運動為其開端。梁先生在其大文裡檢討五四以來我們在文藝方面的成就，夏先生則專就新詩表示意見。梁先生文中對新詩的看法，與夏先生的見解可說是不謀而合的。

殷台公司案現在已鬧得滿城風雨，成為時下國人矚目的一大新聞，本刊上期曾刊出陶百川先生一篇大文，辨析此案的曲折案情；本期我們再撰社論一篇，以評論其事。殷臺公司案件，內中究竟有否弊端，我們現在不能遽下判斷，但是自始政府處理此案態度之閃灼躲藏，實是致人懷疑的主因。現在案件既已發展至如此複雜的地步，唯有澈底澄淸才能消釋國人的疑慮。政府當局應坦白而無保留的說明案情眞象，而監察院與立法院尤須追到水落石出。唯有如此，才能有助於問題的根本解決，才能使政府取信於國人。此外，令人深致遺憾者是一二國際友人，對此案所發表的一些不當言論。這是我們不能不嚴予指正的。

行為科學是美國學術界新近發展的一個研究方向，國人對此鮮有所知，本期承徐道鄰先生賜文，對此加以介紹。徐先生的大文係根據「美國行為科學高級研究中心」所長臺勒先生的演講，概要敘述行為科學中的幾個概念。這種新的學術知識的介紹與傳播，應是我們國內知識份子所樂知的。

本期另一篇學術性的論著是曾子友先生的「學術思想的自由創進及其演變」。學術思想的自由創進是促進人類文化進步的動力。曾先生說：學術思想掌握「未來的命運」，非掌握「現實命運」的政治權威所能摧殘。人類命運其決定於思想的領導，更重於現實的權威。在我們迫切需要重整五四精神的今日，曾先生之言是更值得我們三思的。

本屆地方選舉，國人亟為重視，本刊於選舉前曾連續發表了好許多文章，對選政諸多期勉，但在這次選舉中竟仍不免有很多不合理不公平的現象發生。現在選舉業已過去，我們對此實有加以檢討的必要。傅正先生所指出的選政的缺失，希望將來能够有所改進。

「俄毛貸款之謎」一文，根據共匪自己發表的資料，分析俄匪間經濟勾結的眞象，據此事實可以揭穿中共之不惜出賣國家利益，賣身投靠蘇俄的奴隸的本性。本文作者趙岡先生現在美國與一教授共同研究中共經濟問題，他對中共問題資料的處理與研究的方法都是科學而客觀的。

自由中國 半月刊　總第一八〇號　第十六卷第九期
中華民國四十六年五月三日再版

發行人兼主編　「自由中國」編輯委員會
出版者　自由中國社
社址：臺北市和平東路二段十八巷一號
電話：二 八 五 七 〇
航空版　友聯書報發行公司（九龍新圍街九號）
總經銷　自由中國社發行部
經售者
美國　紐約友方圖書公司
日本　東京僑豐企業公司
韓國　漢城裕昌德號
馬尼剌　大中華日報社
新報書店
印尼　椰嘉達天聲日報
泗水文光圖書公司
緬甸　仰光振成書報店
印度　加爾各答塔梅學校
澳洲　雪梨瑞田公司
北婆羅洲　西利亞坡青年書店
星加坡　友聯書報發行公司（小坡大馬路四六九號）
吉隆坡　友聯書報發行公司（馬華公會大廈三樓七室）
怡保　友聯書報發行公司（希尼華沙甘街十六號）
檳城　友聯書報發行公司（林連登律七十二號）
澳門　友聯圖書公司
印刷者　榮泰印書館
廠址：臺北市和平西路三段五五巷四號

本刊經中華郵政登記認為第一類新聞紙類　臺灣郵政管理局新聞紙類登記執照第五九七號　臺灣郵政劃撥儲金帳戶第八一三九號（每份臺幣四元・美金三角）

自由中國

FREE CHINA

第十六卷第十期

目錄

社論

(一) 選票與人心

(二) 放寬對匪禁運的危險性

緊握收拾人心的機會……蔣匀田

約旦政潮之面面觀……沙清海

戈慕卡主義的本質及將來……宋文明

論議會機關應有的專家機構……孟浩

通訊

請看新竹縣試辦「免試升學」之成果……本刊記者

朱安達——印尼的新總理……蘇益生

熄滅了的星火……童眞

詩二首……余光中

我的解釋……王鈞

讀者投書

確立院士的標準與榮譽……陳一士

中華民國四十六年五月十六日出版

社址：臺北市和平東路二段十八巷一號

半月大事記

四月廿四日（星期三）

葉外長在立院外委會答覆質詢稱，我政府堅決反對放寬對匪禁運。

監察院發表聲明，駁斥葛利格生及蘭尼爾對殷臺公司發表之聲明及談話，認係迹近要挾。

杜勒斯對記者說明，美政府禁止記者前往匪區全係根據政府政策。

四月廿五日（星期四）

約旦國王任命哈希姆組閣，下令解散一切政黨，動員陸軍。約旦國王並要求敘軍撤離，斥責共黨製造危機。

艾森豪對共黨侵略提警告，申明保持約旦獨立與主權完整。美第六艦隊奉命緊急開往中東。

四月廿六日（星期五）

敘埃沙三國將派代表團赴安曼與約旦國王商談。

安理會開會討論運河問題，美國報告談判經過。

四月廿七日（星期六）

蔣總統答美記者詢問稱，禁運如再實行一年，共匪經濟將總崩潰，相信美政府不致在此時改變政策。

敘軍開始撤離約旦。約旦總理哈希姆下令大舉清除左翼份子。

蘇俄指責美國干涉約旦局勢，要求安理會採取行動，使美第六艦隊撤離中東。

四月廿八日（星期日）

美協防臺灣司令殷格索中將宣稱，中共如進犯臺灣，美軍立即參加作戰。

四月廿九日（星期一）

西德政府忿然斥責蘇俄阻止西德裝備原子武器之恫嚇性照會。

約旦國王胡笙與沙王沙德會晤。傳兩國將脫離埃敘另與伊朗伊拉克結盟。

四月三十日（星期二）

美遠東空軍司令庫特上將抵臺訪問。

中央日報訊：西藏達賴喇嘛已遭共匪幽禁。

立法院通過石門水庫經費預算。

西貢華僑請願搗毀使館門窗，反對越南國籍法。

美陸軍部長布魯克宣布，美陸軍準備完全，可於數日內抵約旦。

美國務院宣佈撥一千萬元經援約旦。

五月二日（星期四）

北大西洋公約理事會在波昂開會，杜勒斯保證執行新防務計劃。

五月三日（星期五）

外交部聲明，我對越南華僑國籍，仍主自由選擇原則。

泰空軍總司令傅恩抵臺訪問。

大法官會議通過解釋，國大與立監兩院共同相當於民主國家國會。

葡國要求北大西洋公約組織准西班牙參加。

五月四日（星期六）

北大西洋公約理事會閉幕，聲明將以全面原子報復，打擊任何蘇俄原子侵略。

五月五日（星期日）

陳副總統演說，呼籲民主國家推行解放阻嚇政策，遏止共黨侵略。

蘇俄再向西德恫嚇，艾德諾憤怒拒絕。

越南總統吳廷琰赴美訪問。

五月六日（星期一）

葉外長報告我對越交涉經過，盼華僑國籍問題能在雙方同意下解決。

法總理保證援助以色列。

五月七日（星期二）

英首相抵西德與艾德諾會商。

義大利總理塞格尼辭職。

五月八日（星期三）

殷格索宣布美飛彈已運抵臺灣，部隊由協防部指揮。

艾森豪表示，美不顧蘇俄威脅，實施安全計劃。

印尼政府頒布緊急法令，建立「領導民主政治」。

五月九日（星期四）

行政院會議對二期經建四年計劃，原則通過。

立院四委會聯席會決定對殷臺公司案成立整理小組，並通過十項整理原則。

英德發表公報，同意繼續加强防務。

蘇俄拒絕核子試驗登記建議。

『自由中國』的宗旨

第一、我們要向全國國民宣傳自由與民主的真實價值，並且要督促政府(各級的政府)，切實改革政治經濟，努力建立自由民主的社會。

第二、我們要支持並督促政府用種種力量抵抗共產黨鐵幕之下剝奪一切自由的極權政治，不讓他擴張他的勢力範圍。

第三、我們要盡我們的努力，援助淪陷區域的同胞，幫助他們早日恢復自由。

第四、我們的最後目標是要使整個中華民國成為自由的中國。

社論

(一)

選票與人心

上月(四月)臺灣省第三屆臨時省參議員及縣市長選舉，據公告的結果，執政的國民黨得到了絕對優勢的勝利。這一結果，假若來得公平而且眞實無欺，那末，勝者光榮，敗者心服，而一般人民，無論他所投的票是誰，都應當爲勝利者喝采。假若相反地，在競選時候選人優劣之勢已經懸殊，在投票開票的過程中，又有有計畫的大規模的違法舞弊情事，那末，「贏」得的，只是不能見信於人的選票；失掉的，却是活生生有血有氣有動力的人心。

事實是怎樣呢？現在根據我們半月來所得到的資料(有些是原始證件)，分別地報道如下：

我們先從競選的階段說起。查「臺灣省妨害選舉取締辦法」第四條規定：「左列人員不得協助候選人爲競選活動，違者經選舉監督或選舉監察委員會查明屬實後，送主管機關依有關法令之規定，從嚴處罰。一、現役軍人及警察；二、辦理選舉事務人員；三、各級公敎人員及自治人員。」這一規定是爲防止執政黨利用政府權勢干預選舉，以保障競選公平。可是事實上，公然違反這一規定的，比比皆是。僅憑傳說的不算，我們手頭已有證據的有下列兩件：

一、嘉義縣民防指揮部某分部負責人郭烈於四月二十二日致嘉義縣民防指揮部政治室公文(文號：時組字第〇一八號)，報告助選的經過，大要如下：該分部同級單位的駐地爲嘉義、雲林兩縣部份地區，南起嘉義東石鄉，北止雲林四湖鄉、三條崙沿海岸之鄉村與漁胞進出海口區間，原爲李茂松、王吟貴等基本選票地區。經由蔡梅村、溫乃輝等積極活動，「配以忠服本黨官兵同志，並聯絡友軍及地方組織，日夜進行」，結果，能够「在非本黨候選人基本票區之內，爭取四成稍强，俾本黨候選人益增當選機會，堪陳告慰」。這個文件還寫明：「副本呈雲林團管區司令部、雲林民防指揮部政治室」，文末附有「收到欵物開支清單」一紙，經手人及經發人上尉指導員劉紹基。

二、經濟部長江杓於四月十六日向該部屬員分別發出通函，把國民黨在臺北市及臺北縣候選人的姓名一一列出，明明白白地爲他們拉票。該通函計用五張信紙。信紙的橫額，印有特大號宋體「經濟部用箋」五個大紅字。函文打字油印，候選人的姓名則用複寫紙塡上。爲甚麽如此呢？因爲該部職員分住在臺北市及臺北縣境。發給臺北市境的，通函上就塡臺北市市長及省參議員候選人黃啓瑞等人的姓名；發給臺北縣境的，則塡臺北縣縣長及省參議員候選人戴德發等人的姓名。函中除大談「民主」「選擧」的道理以外，最緊要的句子是：「更需要我們一步一步脚踏實地地爭取我們親友們和僚屬們的同一瞭解、同一看法、和同一做法，來支持我們同一的候選人(此處又一次塡上各候選人的姓名)先生，投他們所各別主有的神聖的一票」(附件一)。選擧結果經公佈以後，江部長於四月廿九日又以同樣的信紙向屬僚發出通函，爲他們的助選成功致謝(附件二)。

上述的兩宗文件，顯然是利用行政職權或長官身份違法助選的鐵證。這種鐵證只是許許多多同類事件的「例」證而已，當然不等於這類事件的全部。本刋上期所登的傅正先生「對本屆地方選擧的檢討」一文，根據聯合報的報導，說到臺北市「軍人的票已百分之百的集中投給一個候選人，總票數在三萬至四萬之間。很顯然，假設這不是根據命令行事，又何以能有三萬至四萬票之多而集中於一人？」「根據命令行事」的說法，雖是據聞，沒有找到文字上的證據，但看過上面兩件證據的人，對於這一說法，無法不予相信。

其次，我們再看投票及開票階段中的情形。在說到這個階段以前，我們必須先講講民青兩黨與執政的國民黨關於監察選務的交涉。這一交涉的經過是很周折的。簡單地說來，大致是這樣：民青兩黨關於監察選務的意見，是在去年十一二月之間連同其他有關選務的意見一併提出的。其中包括兩點：一是省選擧監察委員會及縣市選擧監察小組，民青兩黨得增派人員參加，一是各投票開票場所民青兩黨得推人共同監票。這項意見提出後，經過數月的接談，直到本年二三月間，民青兩黨得到國民黨方面的答覆：㊀民青兩黨得各增省選擧監察委員會委員一人(原定兩黨只得各推一人)；㊁民青兩黨提有候選人的地方，得提人參加各投票開票事務所。這時該兩黨對於這一答覆，大體上認爲滿意，於是先後公開提名候選人競選。到了四月十日左右，投票期已經迫近，民青兩黨覺得國民黨所作的諾言，如增派省縣市選擧機構人員及提人參加投票開票所工作等，尙不肯實踐，不禁惶惑。於是兩黨的負責人又一度親訪行政院長兪鴻鈞，特爲此事作最後的緊急的呼籲。當時兪院長表示，認爲此事可行。但拖到投票期前兩日，臺灣省民政廳長兼選擧監督連震東發表談話，對於民青兩黨的推人參加監票一層，說是「法無明文規定」，公然予以拒絕。經過數月交涉所得到的諾言，臨到最後關頭居然變卦，於是民社黨中央黨部於投票的那一天(四月二十一日)在聯合報及公論報登出啓事，聲明「旣然無互相監察之心理保證，因此不便以在野身份，向國人證明選擧的結果」。

我們知道，即在民主先進國家，辦選擧的時候決沒有不由競選各方互相嚴密監察的。妨止選擧舞弊，只有互相監察之一法，而且要監察得一步也不能放鬆。投票所、開票所是最不能疏忽的緊要關口。這次，政府拒絕民青兩黨參加投票所開票所的監察工作，已經啓了國人的疑竇。假若辦選政的全體人員，個個都有超人的本領，把這次選舉辦理得一如理想，而不露絲毫的破綻出來，則國人的疑竇也只是疑竇而已。如果有一點違法舞弊之處被人拿着證據，則大家就有理由這樣說：難怪政府要拒絕民青兩黨監選監票，原來是有計劃地要違法舞弊！這種說法，只要有一件舞弊的事情發生，就可以見信於人，何況舞弊的案子連二接三地被揭發呢？現在我們把投票開票過程中舞弊的案件，列舉幾項如下（許許多多的傳聞而沒有實憑確據者不在內）：

一、投票所職員欺騙選民投票——雲林縣二崙鄉有位瞎子選民李定瑞，投票時請投票所的職員李吉代爲圈選雲林縣長候選人王吟貴（青年黨的候選人），並鄭重聲明「我要選北港王吟貴，不要圈錯了」，但是李吉竟欺騙這位瞎子，代圈另一候選人林金生（國民黨的候選人）。這件事的經過，已經李定瑞詳細寫出，作爲檢擧書，向監察院等機關提出（附件三）。

二、用「補助費」或「奬勵金」之名，實行賄選——凡是許以諾言，於投票後給以金錢報酬，無論這種金錢報酬，是用甚麽名義，「補助費」也好，「奬勵金」也好，都犯賄選的罪嫌。這類事件見之於文書而爲我們獲得者計有三件：①國民黨雲林縣第一區黨部四十六年四月十二日一區黨政字第一一七號代電（附件四）；②國民黨雲林縣第七區黨部四十六年四月十二日七區黨字第一八八號代電（附件五）；③國民黨臺中縣第十三區委員會四十六年四月十九日（46）法零三字第二二二號代電（附件六）。這三個代電，內容大同小異；都是告以投票率達百分之幾以上及本「黨」候選人得票百分之幾以上，則發給若干金錢的「補助費」或「奬勵金」。

三、最嚴重而最駭人聽聞的舞弊，是所謂「安全措施」——「安全措施」是個秘密用語。其意義是：在投票過程中，如有選擧人不來投票，則由投票所的某些人在選擧人名册上代捺指印，冒領他們的選票來圈投（照規定，選擧人進投票所領票時，一方面繳驗身份證，由查驗人在身份證上蓋上「三合選」的印章，另一方面選擧人要在選擧人名册中自己的姓名欄下蓋章，或簽字，或捺指印，然後才可領到選票）。這一辦法，當然可以增加他們所想增加的選票，以便達到當選的目的，所以設計者把這一辦法叫做「安全措施」（請參考本刊本期蔣匀田先生文章）。實行這個「安全措施」的案件已被揭發而爲我們所確知者計有下列三起：

①嘉義市第六十一投票所選擧人名册中的黃陳寶珠、謝茂、曾謝含笑、林錫明、李碧霞、林榮樹、陳傳愛等人並未參加投票（身份證未蓋「三合選」印章可資證明），嗣經查明選擧人名册中已被人代捺指印。這件案子在訴訟中。案情已擴大到冒領代投的選票達一百五十餘張。

②高雄第八十一投票所發生的事件與上述嘉義市第六十一投票所相同。冒領代投的選票經查明者已有七十餘張。此案亦在訴訟中。

③高雄第一百四十投票所選擧人名册中列名者共計一千〇六十三人。開票結果，投縣長票者達一千〇六十一人，投省參議員票者一千〇六十人。但在那天下午四時有二百餘選擧人持身份證到投票所投票，已經沒有選票可領（請參閱本刊本期蔣匀田先生文章）。

這一類所謂「安全措施」的事件，除此三件以外，已經發現但爲我們所未確知者，不知還有多少。總而言之，像這樣的舞弊，而要叫做「安全措施」，我們不得不沉痛地說，這是這次選政給我們自由中國的又一大大的汚點。

然則，現在怎麽辦呢？這就要看當政者的想法。如果他們認爲政權的維護，只要靠軍警特務的力量就足够，幹了就幹了，無所謂汚點不汚點，也無所謂人心不人心，那末，我們就不必多說廢話了。如果大家還認識一點政治的道理，知道人心的重要。那末我們還可呼籲呼籲：

暴露了的汚點趕快洗刷掉，失却了的人心趕快挽回來。也卽是說，拿出大智大勇來，正視這次選擧中已經證實的違法舞弊情事，應當予以行政處分的，來個行政處分；應當由司法制裁的，尊重司法權的獨立，讓法院秉公制裁。尤其是所謂「安全措施」事件發現的區域，選擧的結果，當然發生問題。至於應否宣告當選無效，自然要法院來裁判；但法院所藉以裁判的法律是關心選政者所共知的。大家正拭目以待。

最後，我們還要鄭重指出的，政府這次辦選擧最不聰明的辦法是拒絕民青兩黨監票的要求。因爲在投票開票中沒有競選各方嚴密地互相監察，一旦揭發了舞弊情事，大家就很自然地要說政府是在有計劃地作弊了。急於事功不擇手段的做法，做的人也許自以爲聰明，但事實的發展每每證明其爲愚蠢。古今中外的歷史，這樣的事例多着哩！人心轉向，當然不是馬上可以看出結果來的。這時，如果政府對於這次選擧所引起的人心怨憤，不予理睬，甚至一味以高壓的手段來制服，也許不致馬上壓出甚麽亂子來。可是我們應當知道：「夫抱火厝之積薪之下，而寢其上，火未及燃，而謂之安，偷安者也。」這種話，決不是危言聳聽。頭腦比較清醒同時對於政治尚有責任感的人們，當不「河漢斯言」。

選桌，在眞正民主法治的國家，是可以代表人心的。但是，如果人心與選票脫離了關係，乃至成爲「負相關」的時候，政府就得量一量：選票與人心孰輕孰重？

附件（一）　經濟部長江杓為助選事致其僚屬通函之一

××先生：

此次臺灣省第三屆各縣市長和省參議員的選擧，現已熱烈展開競選運動，顯然這是我們中華民國民主政治的無上光榮，同時也是民主的中華民族向前邁進的無限光明，特別値得重視。

在中國，全民選擧的民主制度，僅祇有短短的九年歷史，委實値得我們特別愛護和特別細心培養，我們曾眼見西歐若干國家，民主狂熱，久已盛極一時，根據我們的瞭解，民選制度的忠實選民們永不會放棄，並且特別注意把握左列三個重點：

第一，為國家選賢與選能。

第二，不因任何其他人為的事故，放棄自己所應投選的神聖的一票。

第三，把自己對於某一候選人的瞭解，介紹給自己的親屬，朋友，同事和僚屬。

以我的看法，西方友邦—如美國的忠實選民們，他們把握以上三個重點，樹立起民主選擧的風範，樹立起民主國家的楷模，夙為自由世界人類所景仰，這條件並非偶然的。現在，無疑的，我們要愛護和培養我們剛剛祇有九年歷史的民主選擧制度，因此，我十分高興把我的感想，提供給我的親朋友好們，作廣泛的參考，使我們大家從詳考慮本(四)月廿一日所應投選的具有神聖價值的一票。

貴區的縣長／省參議員候選人戴德發／李建和、林世南、王蘭、陳天佑、賴森林先生，也是我的至友，根據我的瞭解，他(們)為人忠厚誠樸，頗具才能，他(們)的優點比其他候選人的優點為多，他(們)的缺點比其他候選人的缺點為少，他(們)若一旦當選，委實是為國家社會服務的理想人物，假若你的瞭解和看法和我一樣的話，我想你不會拋棄為戴德發／李建和 王蘭／賴森林 林世南／陳天佑先生去投你所持有的神聖的一票。

此外，前面我所提供的選民們所應把握的三個重點，更需要我們一步一步腳踏實地爭取我們親友們和僚屬們的同一瞭解，同一看法，和同一做法，來支持我們同一的候選人戴德發／李建和 王蘭／賴森林 林世南／陳天佑先生，投他們所各別主有的神聖的一票。勸導僚屬們不放棄屆期前往投票的權利，又可能是現階段民主政治初建未久時期的最重要的一事。當然，我們無所猶豫，我們這樣做法，是為着共同愛護和培養我們民主政治制度的光明前途而努力。

以上粗淺意見，我以十二分誠懇的友誼，提供

兄台參考。敬祈　亮察。耑此恭祝

安好

弟　江　杓㊞　拜啓　四月十六日

(按：本函係江部長致該部住臺北縣內之僚屬者，另致住臺北市僚屬之助選函件，則係支持國民黨提名之臺北市候選人。)

附件(二)　經濟部長江杓為助選事致其僚屬通函之二

××兄勳鑒：關於臺灣省第三屆省議員及縣(市)長候選人助選事宜前曾函達意見，荷

蒙　鼎力支持，幸獲圓滿結果，具見熱心選政，擁護民主，無任欽佩，謹此致謝並頌

勳祺

弟　江　杓㊞　拜啓　四月廿九日

附件(三)李定瑞檢擧書

事由：為雲林縣二崙鄉油車村投票所職員李吉及主任管理員潘志中對選擧有舞弊行為特提出檢擧由

受文者：監察院等機關

一、四月廿一日下午二時卅分李定瑞至油車村村長李應元宅投票所領得選票後，該投票所職員李吉問李定瑞：「雲林縣縣長候選人有二位，一位是林金生，一位是王吟貴，你要選那一位？」李定瑞因目盲關係，特囑李吉代為圈選，並聲明：「我要選北港王吟貴，不要圈錯了。」李吉答：「不會錯的。」待李吉圈好交李定瑞投票時，李定瑞說：「我的選票有沒有選錯，我要給別人看過後再投下去。」當時適逢證人李萬敎投下選票準備回家，李定瑞特將其本人選票交李萬敎觀看，並問：「我選王吟貴為縣長，有沒有弄錯。」李萬敎答：「你的選票上是選的林金生，不是王吟貴。」李定瑞深感不滿，認為李吉有舞弊行為，因而發生糾葛。該時投票所主任管理員潘志中强指李定瑞及李萬敎破壞選擧，竟將李定瑞李萬敎二人擅加扣留，待羣情憤激，始行釋放。

二、查李吉及潘志中二人顯係利用職權，對選擧有舞弊行為，特提出檢擧，請予澈查辦理。

檢擧人　李定瑞　住雲林二崙鄉油車村七號　身分證林二油口字第八四號

證　人　李萬敎　住雲林二崙鄉油車村四號　身分證林二油口字第一一號

中華民國四十六年四月二十一日

附件(四)　中國國民黨雲林縣第一區黨部代電

民國四十六年四月十二日　一區黨政字第一一七號

受文者：各小組　各動員小組　各政治綜合小組委員　各鎭民代表同志　各里長同志

一、查本會一區黨政字第一一六號代電計達

二、頃奉縣黨部代電指示：「茲應各鄉鎭重要人士紛紛要求除前項規定外特再與有關方面洽商增撥一百萬元並補充規定如次：①凡投票率佔全鄉鎭公民數百分之八十以上而本黨縣長候選人得票百分比佔全縣第二位之鄉鎭補助四十萬元；②投票率佔各鄉鎭公民數百分之八十以上而本黨縣長候選人得票百分比佔全縣第三位之鄉鎭補助三十萬元；③投票率佔全鄉鎭公民數百分之八十以上而本黨縣長候選人得票百分比佔全縣第四位補助二十萬元；④投票率佔全鄉鎭公民數百分之八十以上而本黨縣長候選人得票百分比佔全縣第五位之鄉鎭補助十萬元」等因

三、電希轉飭所屬同志運用各種力量爭取最高榮譽以達成最後勝利

常務委員　熊　傑

附件(五)　中國國民黨臺灣省雲林縣第九區黨部代電

中華民國四十六年四月十二日　七區黨字第一八八號

事　由：請準時撥冗出席政治綜合助選小組委員會議由

受文者：委員

一、奉縣委員會雲黨(三)字第六五五號代電以鄉鎭投票率佔全鄉鎭公民百分之八十以上而本黨縣長候選人林金生得票百分比為全縣最高之鄉鎭於林同志就任後由黨部負責爭取補助一百萬元充作該鄉鎭之特別建設費

二、茲訂於本(四)月十三日午後二時在民衆服務站召開小組委員會議研討有關問題，敬請準時出席為荷

三、電請查照。

常務委員　劉　國　平

附件(六)　中國國民黨臺中縣第十三區委員會代電

民國四十六年四月十九日　四六法零三字第二二二號

受文者：各小組

一、查本縣第三屆省議員及縣長選擧現已進入競選高潮，為激勵同志發揮助選精神確保本黨候選同志當選，經本區助選小組第二次會議通過，將上級發給各里之助選經費全部作為獎勵金，如某一投票所開票後，縣長候選人林鶴年同志得票數在八〇%者發給獎金三百元，七〇%者二百元，六〇%者一百元，五〇%以下者提區助選小組會議決定辦理，至于省議員本黨候選同志之獎懲辦法比照縣長獎勵辦法辦理，紀錄在卷。

二、特電知照。

常務委員　陳　震

社論

（二）放寬對匪禁運的危險性

美國和西方十四個盟邦正在巴黎舉行會議，商討放寬對中國大陸的禁運問題。因為這一問題影響非同小可，我們不能再保緘默。

韓戰爆發後，聯合國大會於一九五一年五月十六日通過對中國大陸及北韓的禁運案。禁運的目的是禁止戰略物資輸往共區，以免增强中共和北韓的作戰力量。禁運案實施到現在已經將近六年。但是，自韓戰停火後，禁運已日形鬆弛。最近，由於英國和日本的不斷壓力和要求，美國國務院終於向參加禁運的十四個盟邦提出一項新的貿易管制辦法，這一辦法的要點包括：

一、禁運中共的「某些和平用途」的物資，將免予管制；並將置於現在對歐洲蘇俄集團國家貿易的同一基礎上。

二、某些其他現對中共禁運的物資仍將繼續禁運；並將列入對歐洲蘇俄集團國家的禁運清單，但管制的程度較寬。

三、美國對中共的貿易政策並無改變，美國將繼續對中共的單方面全面禁運。

根據美國國務院的聲明，我們瞭解美國所建議的現階段禁運政策是減少對中共貿易管制貨單中所列項目，增加對歐洲蘇俄集團貿易管制貨單中所列項目，以遷就英國和日本的要求和願望。同時，美國重申其本身並不改變對中共的全面禁運政策。我們對於美國本身的堅持繼續全面禁運，表示讚佩和欣慰。但是，對於英日等國要求放寬禁運以及美國的遷就，不能不表示遺憾和憂慮。

我們對英日等國放寬對匪禁運的論據，細加分析。綜合其重要者不外下列兩端：

一、基於政治上的原因：放寬對大陸禁運，將促使中共擺脫蘇俄的影響和經濟上的依賴；

二、基於經濟上的考慮：中國大陸是西方國家和日本工業產品的龐大市場；與大陸貿易將對西方國家有利，並將解除日本的經濟困難。

我們認為這兩種論據並無事實的根據，而是一種「如願的想法」（Wishful thinking）。關於第一點論據，我們認為係對中共政權的本質缺乏瞭解，同時對中共和蘇俄的關係的實際情形毫無認識。現在中共無論在政治上或經濟上與蘇俄都是緊密地聯繫在一起。這種牢不可破的關係，決不可能因為放寬禁運而發生裂隙。最近蘇俄最高蘇維埃主席沃羅希洛夫訪問北平，毛澤東曾經宣佈：世界任何力量都不能動搖中共與蘇俄的密切關係。這是對於幻想使毛澤東變成「狄托」，或是中共漸漸脫離莫斯科而獨立的直接答覆。西方國家想以貿易使中共蘇俄間根深蒂固的政治和經濟關係發生裂痕，從基本上而論，僅僅是一種幻想。

關於第二點論據，我們認為也與事實相去甚遠。過去中國大陸確曾是西方國家和日本工業產品的廣大市場。但是，今日中共控制下的大陸則是與蘇俄以及其附庸國家的經濟結為一體。現在中共與蘇俄集團直接的物物交換，已佔中共貿易總額的百分之八十，而與其他自由國家的貿易額僅佔百分之二十。從這一事實證明，中共控制下的中國大陸絕不可能成為西方國家貨物傾銷的市場。至於與大陸貿易將解除日本經濟困難一點，也是一種無根據的推斷。日本一般有識之士也深深瞭解日本與中國大陸貿易並無美麗遠景。根據一九五六年的統計，日本對中共的貿易僅佔日本輸出總額的百分之二點五。即使放寬禁運，日本與中共的貿易也不可能顯著增加，日本的經濟困難將會依然存在。過去我們曾經一再指出，日本在經濟上的出路在東南亞而不在中國大陸。日本與東南亞國家的經濟合作是解除日本經濟困難的唯一途徑。

從上面的分析來看，放寬對中共的禁運，無論西方國家或日本，都不能獲得實際利益，更不能談解決經濟上的困難了。

但是，如果放寬禁運，實際獲得利益的將是中共，自由世界反將蒙受損害，而造成嚴重的後果：

一、放寬禁運，將給予中共分化自由國家和加速對東南亞滲透的機會。中共是貿易宣傳重於實際貿易的。它的對外貿易機構代表最近在倫敦、巴黎、東京、開羅、波昂、東南亞以及近東的活動，就是分化自由國家策略的運用。中共將利用貿易為餌，展開政治攻勢，進行挑撥、離間和滲透，並誘惑若干自由國家中立化，削弱自由世界的團結，而孤立美國。

二、放寬禁運，將增加中共作戰潛力，聯合國對中共的禁運是對侵略者施以經濟制裁。韓國戰場的休戰不過是武裝衝突的暫時停止，並不是中共政權已放棄其侵略政策。從中共的基本戰略來看，它是永遠不會放棄其侵略政策以及征服亞洲支配世界的野心。放寬禁運，毫無疑問將增加中共的作戰潛力和對自由世界的軍事威脅。到目前為止，我們尚無法獲悉放寬禁運清單上所列的物資。但是，從東京傳出的消息稱：解禁的物資將包括鋼板、鋼管、鋁、建築用鋼材、木造船隻、鐵路器材、小型發電設備、小型汽車、開山機、托拉機和若干化學品。其中若干物資，毫無疑義是具有戰略價值，而將直接增强中共擴大顚覆或發動戰爭的力量。其他若干物資或工業產品，也是中共經濟建設所必需，並將促進中共在經濟上的潛在力量。目前中共在經濟上正遭遇重大危機，如果將這些物資和工業設備運往大陸，將等於對中共的輸血，而挽救中共經濟的崩潰。

自由中國站在反侵略的尖端，中共作戰潛力的增强和工業設備的擴充，無異地，將構成對自由中國的直接威脅。但是，從長遠方面看，也就是對整個自由世界的嚴重威脅。所以，我們堅決反對放寬禁運。我們要求美國及其他自由國家對於放寬禁運問題，從道義上、政治上、軍事上和經濟上加以審愼的考慮！

緊握收拾人心的機會

蔣匀田

我是中國民主社會黨一個黨員。我們的黨關於臺灣省第三屆省議員及縣市長的選舉未揭曉以前，旣經公開啓事，預測選擧結果的聲明說：「此次本黨提名參加臺灣省第三屆議員及縣市長競選，目的在求公平選擧，以改進一人競選現象。提名前後，曾迭向執政黨要求參加投票所之公正監察工作，期從選擧前之公開監察，達成選擧後向國人保證公平之任務。此乃民主國家選擧之常軌，不應作信任選政與否之解釋。乃此點要求，始終未得執政黨之同意。是以本黨對於此次選擧雖仍至盼其公平合法，然旣無互相監察之心理保證，因此不便以在野黨身份，向國人證明選擧結果之義務。」黨中已有此聲明，我對於這次選擧的結果，爲尊重政黨的身份，爲保全國家的體面，本來沒有什麽話可以說了。但是對選擧的結果不說話是一回事；對本改進一人競選的熱望，所鼓勵出來競選的朋友，事前旣不能予以公平競選的保障；事後又不能予以公平計票的保障，良心未昧，確有寢饋難安之感！所以四月二十二日竟日作書十二封，以安慰我所直接間接鼓勵出來競選而莫明究竟失敗的朋友。十二封信的稱謂雖有不同，而內容都是這樣：「選擧爲民主政治的第一章，而公平競選，又係從不公平中奮鬪得來。考諸先進民主國家，亦莫不然。在此政治艱阻環境之下，毅然出而競選，爲民主政治闢路，雖敗猶榮。再接再厲，終必有成」云云。

這樣的短信，十足代表我對歷史樂觀的看法。就是說：民主政治，公平競選，終必實現於中國。現在失敗的人愈多，民主政治實現的速度愈快。現在一敗再敗之人，就是將來民主史上豐功偉績之人。從遠景看歷史，一時的成功失敗，不能代表歷史的趨向。從人類行爲引起的歷史波瀾看，壯闊的波瀾，往往是失敗的行動所激起。一代政權過去，暴力無依，歷史的公道，卽脫暴力而自明。本於歷史的意義，衡量成功與失敗，則我們抱有民主政治理想的人，是值得樂觀的。這是我寫那些安慰信的中心想法，不得不藉此說明。

我那樣的短信，還另外代表我一個重要的觀念，就是四月十六日我在「自由中國」所發表的一篇文章「人心重要」。安慰鬱結苦悶的人心，祇有站在同情的立場，擧出遠景樂觀的看法，引導激昂的情緒於理智方向，以免衝擊横潰。

沒有想到他們所受違法、無情、無理的打擊太多，情不自禁，皆一致批評我說：受到這般愚弄的教訓，還不改變樂觀的心理，以後必將繼續被欺。紛紛來函邀我至南部與他們見面一談。我乃於四月二十八日到臺南，與他們在約定的地址會晤。相談之下，各伸寃抑，無不聲淚俱下。嗚乎！人心不可再抑矣！

在此以前，我始終不明白國民黨辦理選擧的人士，最後躲避了三黨往返商談的原則，不同意民青兩黨推薦投票所公正監察人的理由。儘管我在臺北會親到投票所去投票；看見圈票的幕子(booth)不能保障秘密投票；投票所內尚有未佩符號的便衣人員。據說凡有電話的投票所必爲此輩把守；也曾聽說某投票所內曾發生撕廢老婦所投高玉樹的選票；計票時曾接得電話報告說：故意增多高玉樹的廢票，譬如一六八投票所宣告七十六張廢票，高玉樹就佔七十五張；然而這一切事實，縱使民青兩黨派兩個監察員，在十餘位曾受訓練的職司人員中，亦甚難爲有效的避免。這些弊病，似都不是拒絕民青兩黨參加監察工作的理由。

在臺南看見了高雄縣縣長候選人余登發先生所取得的舞弊證據，我才恍然大悟，他們所以拒絕民青兩黨推薦監察工作人員的理由。我也才明白降落到百分之十左右的投票率，怎麽一下就普遍提昇到百分之八十五以上的原因。照余先生所取得之證據，投票率已達百分之百，尚有二百餘選民無票可投。可說已打破全世界的投票率了。恐怕卽在共產國家，亦找不到這一先例。

事情是這樣的：高雄縣第一百四十投票所，選民共一千〇六十三名。投票的結果，投縣長的選票共爲一千〇六十一張；投省議員的選票共爲一千〇六十張，均達百分之百的投票率，已構成世界選擧的奇觀了。可是到了下午四點鐘時，又有二百餘持身份證的選民，向投票所索取選票而不得。這些選民理直氣壯的圍住投票所，要實行公民神聖的選擧權。雖經百般勸誘威嚇，終不散去。因此計票寫「正」字的那兩紙，不但被照了像，而且原件也成了證物。

中國是個倫理的社會，政黨的組織關係，衝不破倫理的綱常。所以政黨的秘密，也必洩露於倫理關係之中。我未到臺南時，卽聽說此次辦理選擧，有所謂「安全措施」的最後法寶。有心的朋友雖然告訴我，但語焉不詳，未使我明白此一法寶的涵義，故當時未曾注意其重要。看見了這一鐵證之後，我也才明白安全措施的厲害。但是民青兩黨易欺，神意不可欺，竟使此一高等機密，躲不了選民之眼。被壓得透不出氣的人，祇有感謝上帝的大能，揭穿此一秘密。與此案同一性質的，尚有嘉義縣六十一投票所的代替選民投票，亦被揭發。一般人更引爲「安全措施」計劃的證明。假使執政黨同意我的「人心重要」說法，這一洩露，關係人心之向背未免太大了。應澈查以正人心，不宜顢頇不理。挽救之道尚有，以下當略擧出。

據說洩露這一機密的人，卽是淸一色的監察人，對於安全措施的指示，代投未到的選民選票之行動，受到潛在倫理意識的譴謫，內心受不了，竟然向人宣洩，乃引起未曾投票的選民，要求投票。而這次選擧，凡屬換過選票的身份證，皆蓋有記號，投票所又無法推脫責任。因而此一被洩露的機密，乃變成辦理選舉違法的鐵證。

選民身份證加蓋戳記的設計，據說目的在追使公教人員必須投票，用心可謂良苦。這樣辦法，雖云限制了公教人員無不投票的自由；然不失爲積極鼓勵投票；同時公教人員可以說全屬執政黨的黨員，從黨紀的角度看，亦尙未干涉到人民的自由。不過這一設計與安全措施的設計，有可能發生衝突之虞，何以當時未能想到？或者是「智者千慮，必有一失」之謂歟？

我從忠厚的心理推想，就這兩個衝突的設計研究，公教人員必須投票，以增加國民黨候選人的選票，可能是上層人物的決定。因爲公教人員卽包括上層人物在內，中層人物無此氣魄，作此設計。安全措施的設計，可能是中層人物的設計。因爲他們受到上層的命令，以贏得選舉，爲雪恥復仇。只許成功，不許失敗。不得不想出有必勝的辦法。同時此一設計祇是欺壓弱者，凡受詐力覩念支配的人，可優爲之。這是我的推論，或許失實，但是我還可以擧出其他事實，以佐證我的推論。

去歲十二月二十四日上午九時，我到中山堂出席設計委員會年會，遇到執政黨的某位上層人物，詢其對民青兩黨的選擧五點要求如何？他很肯定的答覆我：除了修改選擧法一點，以時間的考慮，無法答應外，餘皆照你們的意見通過了。所謂五點卽有民青兩黨推薦投票所監察人的要求。他並且對我說：因爲修改選擧法的問題，曾請連震東廳長列席詢以選擧法不改，是否會影響到民青兩黨的提名？連廳長答云：不會發生影響。因爲國民黨的候選人也須經過選民的連署推薦。我當時確極引爲滿意，所以才有勇氣，鼓勵朋友競選。在此以後，每次遇到他們的上層人物，談及此一問題，都說「原則絕無問題」。根據這些談話，我說安全措施的設計，不是出之於上層人物，不爲無本。非如一般責備我的朋友所說，開始就上了人家的圈套，替人家改變了一人競選的惡現象，而未作到推薦監察員於投票所。假使他們開始卽係圈套，他們何必以其決定的情形告訴我呢？他們的中央開始卽決定接受民青兩黨推薦投票所的監察人，足以證明他們當時絕無安全措施的設計。有了安全措施的設計，當然不能考慮民青兩黨推薦監察人於投票所。不過中層設計，能推翻上層的決議，使負責的上層，於二月中旬，在靑年黨的宴會席上，改變了口脗，說選擧不是政黨的事，而是政府的職權，亦可說有通天之力了。

我們鑑於第二屆選擧，高雄市楊金虎競選市長有七千八百餘張廢票，彰化縣石錫勳競選縣長有一萬四千餘張廢票，不能不極端重視投票所的監察工作。皮球雖由黨部踢到政府，我們也祇有再叩政府之門。繼而由中央政府又踢到省選監委會，我們又跟到省選監委會。這可就難壞了民青兩黨的省監選委員了。他們負了黨的使命，不得不努力爭取黨的要求。茲錄民社黨的臺省監選委員曾一和兄來函一段話，以明他們艱苦奮鬪，謀求實現他們的任務之心：

匀田先生鈞鑒：迭奉函電，諸情均悉，和南返後，數度訪晤本市（高雄）小組前後召集人嚴澤元（本月（四月）十三日交卸），田濟棨（本月十三日接任）交涉投票所監察員問題。渠等初則以格於法規，未奉鄭品聰主委任何指示爲詞。繼則踢皮球，踢來踢去。謂上月二十九日和陪楊金虎兄訪晤嚴澤元商談推派監察員事，業報請省選監會核示，仍須依法辦理，無法通融。和將本月（四月）一日省選監會討論該問題時，鄭品聰當衆拍胸保證負責以主委地位，口頭通知各縣市小組召集人，儘量容納民青兩黨推薦監察員告之。而嚴田兩召集人皆謂鄭主委並未對該問題有任何明確通知。且復奉公文指示應依法規辦理，故難接受兩黨推薦之人選。一和當卽電鄭品聰提出嚴重抗議。電文云：「嚴澤元、田濟棨云均未奉兄任何通知，容納民青兩黨推薦監察員。吾兄當衆保證，弟亦鄭重拜託。何竟令人困惑至此？祈卽電覆。並電田召集人速辦爲感。」同時再向田濟棨兩度交涉，請其一、電省請示；二、召開臨時會。並訪嚴澤元（係國民黨高雄市黨部主委），希望其對田濟棨發生政治上之影響作用。昨日（四月十七）下午召開臨時會。並由田濟棨以長途電話與鄭品聰連絡，鄭品聰非但否認本月一日在省選監會席上當衆所作之保證，且並先生來函所示各節，如林虛中（青年黨籍省選監委）所云各節，亦一槪否認。

上錄曾一和兄函所指「林虛中所云各節」，係我前函曾一和兄時，告以王嵐僧、王師曾兩先生對我轉述林虛中先生向青年黨的報告，謂鄭品聰先生在省選監會曾作諾言，於出巡時，必指示各縣市召集人，容納民青兩黨推派投票所之監察人。與曾一和兄函中所言者相同。兩相對照，當屬不虛。

人言爲信，會意造字法之奧妙在此。人類之能共處相安，而演成今日的文化，卽基於人言爲信的道德標準。近代法律之採證，物證人證並重，亦係尊重人言爲信之義。鄭先生係國家最高立法人之一，我既間接得着林委員的報告，直接得到曾委員的函告，使我不能不信任鄭先生之諾言。乃於四月十五日下午，託其立法院中同事王世憲先生，與之商洽實現民青兩黨推薦監察員的辦法。所得的回答，更爲圓滿；囑將所推薦之名單，交本黨各縣市小組委員提交召集人，卽可遴聘。若有不願接受之召集人，囑以電話向省請示云云。我卽本此函告曾一和兄。故曾函有先生之指示云云。自四月十五日至十九日，王世憲兄與鄭先生頻繁保持連絡。鄭先生始終未變所作的諾言。與曾一和兄函云：十七日下午在長途電話中，卽否認一切，雖有出入，而王鄭之間，仍有接觸，可證我們信人之篤。直至二十日連震東廳長之聲明發表，正式否定民青兩黨推薦投票所監察人之請，我們與鄭先生之接觸始斷。諾言雖未兌現，而鄭先生始終不公開撤銷其諾言，守着了人言爲信之義，使我不能不承認其堅强。同時他也始終不願將責任向上推，祇是向下指。更使我相信，所謂安全措施的計劃，係出之於中層的設計。至多也祇是得到上層的默許而已。

根據以上三種心理，我盼望此次選擧的違法，凡已取得證據者，尙有申寃

（下轉第19頁）

約旦政潮之面面觀

沙清海

引　言

本年四月中旬，約旦發生最嚴重政潮，約王胡笙 (Hussein) 面臨生死的考驗。約旦國的命運，任何人都不敢加以揣測。

政潮雖醞釀已久，但其直趨惡化，則起於四月十日約王下令將納布西 (Nabulsi) 內閣免職一舉。

自四月十日起至廿六日的時期中，幾乎每日報端，均有數段有關約旦的驚人消息。其大致的經過情形如下：

四月十日前納布西總理，被約王罷免後，新總理人選會接連更換四次，至十五日哈里迪 (Khalidi) 內閣方告組成，但前任總理納布西仍得加入組閣，並任外長要職。此一內閣顯是一臨時協調辦法，暗示另有重要問題，尙待解決。

哈里迪內閣組成前數日中，盛傳敍利亞伊拉克兩國會向約旦增兵，有對立之勢，約旦首都曾發生反美示威遊行，另在軍中發現政變陰謀，護王及反王兩派交戰達數小時之久。嗣前參謀總長諾威爾 (Nuwar) 先被幽禁，繼被逐出境而逃往敍利亞。

哈里迪內閣組成後，約王經借助伊沙軍力以警告敍利亞。任職不過兩日的新參謀總長 (Hayari) 亦逃往敍國，軍中復圖政變，「自由軍官」數十人被捕，約王與親敍埃份子作正面衝突，西部民衆則發起全體罷工，舉行大規模之示威遊行。示威羣衆要求納布西復職，逐美駐安曼大使及武官出境，釋放「自由軍官」。蘇美兩方對於約旦政局，更互相攻擊，互認係對方之陰謀所造成。同時，美方準備實力援助約旦，並命第六艦隊開往地中海東部。

至廿五日，哈里迪內閣辭職，哈什姆內閣組成，任杜剛 (Toukan) 爲國防部長，李法逸 (Samir Rifai) 爲外長，宣佈戒嚴，拘捕左傾及親埃敍分子九百餘人。幸賴部落軍人效忠之力，得鎭定政局，並逐漸恢復治安，使約旦政潮轉入平息狀態。

以上所摘錄之各項消息，十分混亂。且表面矛盾之處，比比皆是。若不加以分析，讀者似不易明瞭其究竟。

此次約旦政潮情形複雜，牽涉之方面甚多。就約國人民而論，此次政潮可說是約旦河東西兩岸人民之爭權。就其內部政治而言，係王宮與內閣之劇烈衝突，互不相容。再就阿盟集團國家關係而言，則係埃敍陣線與伊沙勢力在約旦之明爭暗鬪。若就國際形勢而論，實係共產與自由民主，或曰蘇俄與美國勢力在中東之角鬪。茲就上述各項，分論於後：

一　約旦河東西兩部人民之爭取

約旦原稱「外約旦」，阿拉伯人稱其爲「約東」。「約旦」係一河流之名，位於巴勒斯坦之東。一九二一年英國將約旦河東之地區劃爲現約王胡笙之祖父阿佈篤拉之治區，等於封侯該地。一九四六年四月許其獨立，稱「外約旦國」。巴勒斯坦戰事期中阿佈篤拉藉阿拉伯軍團之力，將約旦河西（巴勒斯坦中部）之 Judea，Samaria 及 Negev 之北部佔領，並於一九四九年十二月宣佈合併。因去「外」字，改稱「約旦」，蓋其領土已擴充至約旦河之西部矣。

現約旦之面積共有三萬七千五百方英里，人口一百四十萬。惟其東西兩部，就面積、人口、及出產各方面論之，均各不相等。東部多沙漠，少肥田，惟面積甚廣，有三萬五千三百餘方英里，其中僅有一百八十五萬英畝可耕之地。

原外約旦(卽東部)之居民約達五十萬，其中多數係遊牧，或半遊牧民族，號稱 (Badouin)，以牧畜爲生，其以農爲業之一部份村居人民，多貧乏不堪，其中亦有少數地主。

約旦之阿拉伯軍團，約三萬人，係由遊牧部落所練成。東部之遊牧部落，忠於王室。前王阿佈篤拉之建國，及今王地位之維護，多賴阿拉伯軍團及部落民族之支持。

約旦西部人口原有四十萬，加上巴勒斯坦難民近五十萬，共達九十萬，但所有面積僅二千一百六十五方英里，其中可耕之地已達六十八萬四千英畝。其出產實遠不足供應其居民之需要。

西部之人民多市鎭居民，且識字人數比率甚高，有達百分七十之說。又巴勒斯坦之阿拉伯人，均已被約旦收納爲國民。此等人士多數之生活雖靠聯合國之救濟機構予以維持，但插入約旦社會之各階層者亦不乏人，其中有任閣員、議員、經商、及以律師爲生者。

西部人民在未被收納爲約旦國民前，因無權參加政治活動，祇能甘受東部貴族之統治。但自獲得約旦國籍後，其中有政治野心之知識分子，卽從事政治活動，且爲原巴勒斯坦阿拉伯人及難民在約旦之政治生活中，爭取地位。前約旦總理納布西，係西部 Nabuls 城之望族，其所以能號召西部之民衆者，因一般民衆認該氏乃爲彼等爭取政治地位，並能改善其難民生活。以此論之，此次約旦之政潮，可說係由於東西部人民之爭政權而起。

二　王宮與內閣之衝突

約旦西部與其東部人民爭取政權，僅係一社會背景之因素，而非一直接原因。其明顯之直接原因，乃係王宮與納布西內閣政見之根本衝突。

約旦王胡笙及維護王室者，偏於保守，反對社會積極之改變，反對共產，保持宗教之固有道德。其自然之邏輯卽傾向于西方民主，願意接受美援。其前納布西內閣卽曾在國家社會黨、復活黨及國家陣線黨（卽共黨之化身）之聯合控制下。該內閣於去年（一九五六）十月二十一日普選後組成。其時約國會四十議席中，以納布西為黨魁之國家社會黨佔九席，國家陣線黨三席，復活黨二席。此三黨之聯合勢力，總達十四席，佔國會中之最優勢地位。其餘較有力量之政黨為憲政統一黨，佔八席。

國家社會黨代表約旦下層社會，失業的無產階級，趨向左傾，力主與埃及納瑟合作，贊成約旦與敍利亞組織聯邦，積極排除英國勢力，反對加入巴格達公約，要求與蘇俄中共建立邦交。

復活黨與敍利亞之復活黨相似，其首領為里馬威(Abdullah al-Rimawi)，曾任納布西內閣之外長，該黨因共黨支持，更顯左傾。

國家陣線黨，根本係共黨，其主張則為成立社會主義政府，與現約旦之君主立憲政體絕對相反。

由上述情形觀之，王室與納布西內閣，自始卽不協調；其在初期尚能保持合作姿態者，似另有原因在。其中重要者，卽約王欲借重埃、敍、沙、約四國之同盟，以獲終止一九四八年之英約同盟條約，並取得埃、敍、沙三國對約之財援，以代替英國所給之津貼。同時借重埃、敍、沙之聯合力量，以防止以色列之向約旦河西部擴展，亦其目的之一。

惟約旦地瘠民貧，而納布西內閣之積極左傾親共，及力謀與敍利亞建立聯邦之政策，實使約王時感不安。同時約旦於本年一月與埃、敍、沙簽訂財援協定後，約王頗感埃及因蘇彝士運河問題未獲解決，及敍利亞因破壞油管，自己處於經濟危機狀態，似無力對所作諾言兌現。再則國內之下級社會階層，在納布西及共黨鼓動下走向左道，極可能起而作傾覆王室之舉。故約王忽於本年二月四日，曉諭納布西總理，對共產滲透約旦之危機，提出警告，並發表有名之反共文告，禁止共黨之公開宣傳，主張絕對維護回教道德與社會習俗。約王此舉頗得國內之一般宗教領袖、部落酋長、地主及主要商人之讚揚。但自此以後，王宮與內閣間之摩擦裂痕日深。

至使王宮與納布西內閣之摩擦公開破裂露面之直接近因，傳係本年四月初，約王派其宮內大臣特里候尼 (Bahjet Telhuni) 攜帶約王私函前往埃、敍、沙三國首都，分別面遞該三國元首，要求敍軍撤退所致。約王此項措施之目的有二：

（一）防止納布西內閣借助敍利亞之軍力，實施其將約與敍組成聯邦之政策。緣該氏曾于本年一月廿六日關於約旦未來地位所發表之聲明中，有下列一段：「約旦之單獨成立一個國家，實欠民族、地理或經濟上之理由」。此話所暗指者：①約旦西部與東部人民之情形殊不一致，已如前述。②在地理方面，約國曾有敍利亞南部之稱（在第一次大戰前，鄂托曼帝國時代，現敍利亞及約旦，係一行政區，稱「沙末治區」Bilad al-Sham，設總督於大馬士革）。③約旦經濟無力自給，必仰求外援，惟有與鄰國合併，始係治本之方。

（二）促成和緩空氣，使美總統之特使有機會到安曼訪問，商談接受艾森豪主義及美援之事。

納布西總理獲悉後，經指此事事先未得內閣之同意，顯屬違憲。並謂：要求敍軍撤退實與目前約旦所執行之睦鄰政策相左。納內閣乃召集緊急閣議商討對策，主張提出總辭。但約王當時未允，蓋鬬於該內閣辭職後預料可能發生之不良發展，尚欠布署。

為對付局勢惡化起見，約王事先自須採取數項重要措施：①獲取軍中效忠分子之擁護，②取得伊沙之支援，③與美方取得密切聯繫。關於上述步驟，獲有確定之把握後，乃於四月十日命納布西內閣辭職。

納布西被罷免前亦會採取數項對策：

①要求罷免效忠王室之要員，如約旦宗教最高法院院長桑基迪 (Sheikh Mohammed Amin al-Shankiti) 並調換宮內大臣特里候尼，及公安局局長託巴拉 (Twabbara) 等，均未被約王接受。

②發動學生、共產黨員、工人、難民及一般愚民，準備如必要時舉行龐大之示威遊行，甚至發動民衆暴動，造成混亂局勢，迫王去位。

③與敍利亞國防部第二局，共產情報組織中心密取聯繫，並與蘇俄駐敍大使館聯絡。

④傳駐敍蘇俄使館曾出資二百萬敍鎊——合美金六十餘萬元——收買約旦軍中之左傾軍官，包括前親埃之參謀總長諾威爾在內，並代為策劃武裝政變，以推翻約王。

三　埃敍陣線與伊沙勢力在約之明爭暗鬬

埃敍與伊拉克在約旦之明爭暗鬬，起於一九四八年之阿猶戰爭期間，至巴格達公約成立後轉趨劇烈。

伊拉克係阿盟會員國之一，與阿盟各國訂有地區集體安全公約。其參加巴格達公約，為主要會員，極為埃敍並沙烏地阿拉伯三國所共同反對。因而埃、敍、沙共同努力向約旦開始工作，以阻其被伊拉克及英國迫使加入。惟伊拉克當時未曾在安曼露面，而與英國合作，由其代為活動。

一九五五年十二月中旬，英派其參謀總長唐普來 (Templer) 至約旦，準備與當時尚掌約旦軍權之英籍司令格魯布巴夏會商，迫約王胡笙宣佈加入巴格達公約。惟埃、敍、沙三國之努力，早在約旦民間發生效用，以致在聖誕及新年前後，約京接連發生絕大之反英運動，經先後更換內閣三次，國會解散，民衆與軍警間大起衝突，計暴動死者十餘人，傷者數百人。至一九五六年一月九日李發逸 (Samir Rifai) 奉命組閣，宣佈不參加任何公約後，約旦政局方逐轉平靜。惟此次之內閣十人中，原籍巴勒斯坦者，已佔六人。由此可知，約旦西部人民已開始在約旦之政治臺上爭取優勢。再該等人士，多順從埃及之意旨，與英伊在約旦之潛力，從事暗鬥。

同年三月二日，約王下令罷黜格魯布巴夏之阿拉伯軍團統帥職，實出自埃、敍、沙三國之策動。蓋埃敍在約之活動，已深透約軍，致其少壯軍官，對格魯布將軍普遍表示不滿，並向約王上呈文請將格魯布免職。約王當時迫於情勢，乃突然下令免格魯布之職，當時不但英國，對約方此舉極表憤怒，美政府亦大爲詫異，眞有說不出的苦。而諾威爾之被任命爲約軍參謀總長，以接格魯布之遺缺，係埃敍沙陣線之一大勝利。

嗣埃、敍、沙三國官方拉攏約旦之情形如下：

一九五六年六月三日，敍約簽訂軍事協定。

一九五六年十月二十六日埃、敍、約三國簽訂一軍事協定，並同意設立聯合指揮部，以埃及國防部部長阿末爾 (Hakim Amer) 爲統帥。

一九五七年一月二十日在開羅簽訂埃、敍、沙、約四國協定，規定埃、敍、沙三國家承諾每年援助約旦一千二百五十萬鎊，以代替英國每年給予約政府之津貼，埃、沙兩國各承擔五百萬鎊，敍利亞則爲二百五十萬鎊。

上述協定，似含有約政府致力廢除英約條約，逐英軍出約境，及再不接受英方之財政援助等意義。

去年十月約旦大選，國家社會黨獲勝後，埃、敍勢力，更深入約旦。納布西內閣實爲埃敍之同路人，積極反對西方，更願意將蘇俄勢力引進約旦，使美國擬對中東所施之艾森豪主義增加若干困難。其時補救之法，祇有由兩方面着手：

①美國自己參加巴格達公約之軍事委員會，以充實該公約之防禦力量，同時使伊拉克不致感受敍利亞之威脅。

②改善沙烏地阿拉伯之關係。

查沙國在阿盟集團，本與埃、敍站立同一陣線，以抵抗伊拉克勢力之深入約旦，其原因即伊沙兩王族間有歷史上之仇恨。蓋現沙烏地阿拉伯之領土原分爲內志與漢志兩部。後一部分包括麥加、默底納西聖城及吉達港在內；原屬現伊拉克及約旦王曾祖胡笙 (Hussein) 之統治地區，被前沙王伊平沙德征服。胡笙之第二子第三子，阿佈篤拉 (Abdullah) 及斐賽 (Faisal)，藉英人之助，得分別在約旦伊拉克立國。現伊王斐賽二世，及約王胡笙實屬堂兄弟，該二國係哈什米族人兄弟之邦。前沙王及現沙王均懼伊約合作，實行其對王室之不利舉動，故結埃敍以資對抗。

惟自本年二月於訪問美國後，沙王之政策，有基本之改變，即由與埃敍密切合作轉向獨立行動，同時由仇視約伊而轉爲接近。

美國爲使艾森豪主義在中東國家有順利之實施起見，沙國之友誼必先爭取。沙王在訪美期間似經被美方說服下列數項：

㊀與美合作，能增加其油業收入，使沙國社會安定，人民康樂。

㊁與埃敍合作可能引共產主義進入沙國，擾亂安靜，傾覆王室。

㊂埃敍二國，均係革命政權，與其接近，可能影響沙國之君主政體。

㊃擔保外力，包括伊拉克及以色列不敢侵沙。

故此次約旦政潮期中，沙國所持之立場，完全與以前相異。不但未同意埃敍支持納布西內閣之立場，且迫敍軍撤出約境，藉免造成推翻約旦王室之惡果。另一方面沙王在支持約王胡笙時，所採取之立場，似與伊拉克相同。伊拉克於四月十三日以重軍增援約旦邊境，以壯約王之膽量，並有密令，于必要時開入約旦護王。

伊拉克採取是項措施之原因有二：

㊀伊約間訂有一項兄弟同盟條約(一九四七)，約王遇難時，伊方有開軍救援之義務。

㊁抵制敍利亞以軍力干涉約局。

緣去年英、法、以進兵埃及時，敍、沙兩國各派有軍隊三千進駐約境。伊拉克當時所派之軍，則駐紮在約旦東北境外。

四月十三日，敍復派鐵甲車隊一千五百人進入約境，聲稱爲保護該國之被以色列襲擊。實則在助納布西及親埃敍分子作亂。

沙王聞悉上項消息後，經令其在約之駐軍，完全聽候約王命令，並以電話請約王將沙駐約之軍隊，認爲約軍之一部，可予隨時調用。

因獲得伊沙軍力之支援，約王乃於四月十四日正式向敍方提出最後照會，要求將增派之一千五百名機械化部隊立予撤退，否則將向沙伊兩國請援，予以驅逐。及至四月十八日傳敍已將一部分軍隊撤出。同日敍總理阿沙里 (Assali) 發表聲明，否認阿拉伯國家有侵襲約旦之意。

最後敍方見約王已控制局勢，親敍埃要人多被新組成之哈什米 (Hashem) 內閣拘捕時，其總統庫瓦特里，經率帶前約旦參謀總長突飛開羅，與納瑟商談後，再飛沙京，向沙王作瓜分約旦之建議，即約旦東南劃歸沙國版圖，西北則劃歸敍利亞。沙王不但未予採納，且勸促敍方將去年十一月進駐約旦之敍軍撤退，以免與伊軍發生正式衝突。沙王此種中正態度，有助于約王挽回僵局者不小。

四 艾森豪主義與約旦局勢

美國對中東所施新政策——艾森豪主義之目的有三：

①防止蘇俄及共產國家對中東任何國家之直接侵犯。

②防止共產黨在中東國家之傾覆活動。

③援助中東國家藉增强其抵抗共產滲透之力量。

關於第一項美國可自行決定而採取必要措施。

關於第二、三兩項，美國需與中東國家分別協商，俾便獲得其贊助與同意。美總統特使李查茲出使中東之對象，以阿盟國家爲主，其餘如巴格達公約國家之接受艾森豪主義，當已早成定論。因而在該特使到達前，經已表示歡迎。至阿盟國家除黎巴嫩(伊拉克亦係巴格達公約國)外，其餘均未表示。此實李查茲特使使命之大失敗處。其原因不外埃敍極力反對，因而蘇丹也門以及約旦均受其影響。至於沙烏地阿拉伯，自國王本年二月訪美歸來後，雙方已建立特殊關係。本年四月八日，兩國曾正式簽訂一項爲期五年之協定，規定美能繼續使用達赫蘭(Dhahran)基地，美國負責訓練沙國派送留美之空軍軍官。並於同月十日，沙美發表共同公報，一致努力反共。

至約旦則情形特殊。其國王傾向接受艾森豪主義，但其內閣(前納布西內閣)，因受敍埃之影響，則極力反對。

約王之傾向接受者，因深感自廢除英約條約後，英之津貼已告終止，而新與敍、埃、沙簽訂之財援協定，僅沙國一國可兌現，經如前述。約旦若無外方財援，實難繼續生存，在此種情形下，向美求援，自屬合理之道。傳約王早經向美表示，請示予以三千萬美元之援助。但此種巨數之美援若無相當之保障，則美似難允諾。美方所需之保障：第一，爲表明一明朗之反共立場，第二，在防止共產之滲透工作方面，與西方民主國家合作。

本年二月初，約王曾曉諭納布西總理嚴防共產活動，並於二月六日，命政府採取措施，禁止蘇俄宣傳品散發約旦境內。凡此措施，均係在謀取美方之好感，以求達獲美國援助之目的。

沙王由美歸來，曾與埃敍兩總統及約王在開羅會談三天(二月廿六——廿八)，對可否接受艾森豪主義，有所商討。最後沙王認爲各阿拉伯國家，關於接受與否可分別自行決定。

關於邀請美總統特使李查茲前來安曼訪問一節，約旦王宮與前納布西內閣間，亦辯論甚烈。約王於四月十日決定罷免納氏之目的，係在另組一親西方之內閣，以便歡迎李氏來約訪問。約王此舉，似曾于事先獲得美方之贊助，故對於鎮定納氏被罷免後所發生之政潮，及挽回危機方面，美國此次均出力甚大。在安曼方面美大使及美武官似曾參加各種幕後活動。由于約旦前參謀總長諾威爾及繼任參總職不越二日之哈雅里二人在大馬士革所發表之聲明，可證明此點。

哈雅里四月廿日稱：「彼曾奉命探詢各軍官意見，若人民起而反對願與西方合作之政府時，彼等是否準備開火射擊。各軍官均表示，不願命士兵開槍掃射本國人民。王宮於聆悉此項消息後，即與某外國武官秘密聯絡，認爲軍方有若干份子，企圖發動推翻王室及政府之政變，須于事先予以澈底消除。」

又諾威爾四月廿日曾稱：「本人在任時，駐安曼美大使曾使用壓力，促本人擔任首相之職，成立一軍事政府，以接受艾森豪主義。本人因拒絕接受，致被革職。」

在道義方面言，四月十六日美官方發表聲明稱：如約旦受外力攻擊，則美將援助約方。

四月廿三日杜勒斯發表聲明稱：美國願意支助約王胡笙維護該國獨立之立場。但任何實際援助，則應所由約王自行決定。廿五日，美總統及杜卿，對約局再度表示關切，並認爲約旦獨立與完整之保持十分重要。

在行動方面，美政府曾於四月廿五日，突然命令第六艦隊，立刻由法國領海開往地中海東部，以防不測。二日後，美方宣佈在普通經援項下，撥發一千萬美元，援助約旦，藉以安定局勢。

五月三日，杜卿在大西洋公約會上宣佈稱：美國派第六艦隊巡邏地中海東部之一舉，已使約旦局勢，轉向平靜。

結論

綜觀上述各點，約旦此次政潮之轉趨平靜，並非一方之功，而係多方之努力所促成：

第一：約軍之少數份子，在埃敍之挑唆及與納布西內閣之合作下，曾謀發動改變政體之舉動，但藉多數效忠王室軍官及部落士兵之擁護，約王乃得仍安於位。

第二：約國軍政要員中反西方者雖多，但傾西方者及溫和人士亦不少，同時宗教領袖、有地位之商人、地主及部落酋長，均忠於王室，成爲其內部之安定力，使能抵抗反對分子之勢力。

第三：伊拉克之救援，及沙王之以軍力財力支持，使約旦國王能抵制埃敍兩方之壓力。

第四：美國對約旦保持獨立與完整之關切，及以第六艦隊巡邏地中海東部，使蘇俄及國際共產組織，終止其在約旦境內之顚覆活動，並對與約不友善之國家，予以切實之警告，使勿以軍力侵襲約旦。

但由於上述各方努力所促成之安靜，似只係暫時，而非長期不至再生波潮的。至其主要之內在原因，諸如缺乏經濟富源，及東西兩部情況之懸殊，均絕非一時藉外助可以立刻解決者。緣約旦內部之政治，若東西兩部不能協調，似有重起劇烈爭執之可能。目前被軍力鎮壓下去之約旦河迤西人民，在不安現狀政客之鼓動下，似難長期安靜。再則由于約旦富源之缺乏，經濟無從建設，一般外援，純係救急，而非治貧之本。在此種自然勢力威脅下，約旦之將來，若非寄托於伊拉克，則有被敍利亞或他國併吞之可能。

至於由此次約旦政潮所造成之直接後果，除約王暫時得控制局勢，埃敍政策在約失敗，以及國際共產之滲透與顚覆活動已受重大之打擊外，埃及在阿盟集團之領導地位與聲望，無疑亦大爲降低。此外由于約旦局勢變化之結果，使沙烏地阿拉伯國王在國際上之地位相當提高。沙王此次對約所持之態度，大可影響阿拉伯世界，使其疏遠埃及之反西方政策，而轉向與美合作，共同抗共。同時沙王此舉對於回教世界本身，自亦有重大之貢獻。

戈慕卡主義的本質及將來

宋文明

一　戈慕卡這個人

一九五六年十月十九日，蘇首要赫魯雪夫、莫洛托夫、卡岡諾維屈和米高揚四人，由莫斯科趕到華沙，一下飛機，赫魯雪夫即指着戈慕卡的鼻子說：「你這叛徒，我們要指示你什麼是社會主義的道路，假若你不接受，我們就要整掉你。」可是經過一整夜緊張的談判以後，這位向莫斯科高舉叛旗的戈慕卡未被整肅，反而赫魯雪夫向戈慕卡低頭了。由此時起，戈慕卡的名字已成了波蘭獨立的象徵，他的努力、想法和一切概念，亦已滙合成爲一個向各方挑戰的戈慕卡主義了。

戈慕卡今天無疑已是世界注意的人物，但他的本人，却是一個瘦弱、尖頭、中等身材，早年害過長期肺病，右膝蓋骨欠靈活，甚至內臟也不很健全的人。他現年五十二歲，可是外表比實際年齡顯得更衰老；再聽他講話時微弱的聲音，使人更感到他的健康狀況遠比一般人所眼見的還壞。他於十二歲時即加入共黨，從事各種被上級所指派的工作。一九三七年曾被捕入獄，待納粹入侵，因獄卒潛逃始獲自由，即攜眷逃往蘇軍防區。一九四二年史達林格勒戰役之後，戈慕卡終被蘇軍遣返波蘭，領導其地下抵抗運動。勝利後，曾出任波蘭新從德國所獲領土的行政首長及內閣副總理；但至一九五一年，史達林以其犯有狄托罪嫌，遂下令監禁，直至一九五六年四月正式獲釋爲止。由於自童年以來的不斷的監牢生活及折磨，戈慕卡已養成了一種不可救藥的孤獨性格，缺乏幽默，不喜歡社交生活，甚至除了偶而牽着狗在庭院中走走之外，幾乎沒有任何的娛樂和嗜好。但是就在這一瘦弱的外表和孤獨性格底下，却醞藏着一種堅强的意志，和出人意料之外的頑强的戰鬪精神。這種意志的精神，就形成了今日這一戈慕卡主義的基本動力。去年十月二十日，戈慕卡正式出任波共第一書記，本年一月二十日，波蘭所舉行的大選，更進一步確定了戈慕卡的領導地位。至現在爲止，莫斯科雖以厭惡與不滿的眼光注視着戈慕卡的一切措施，但目下我們還看不出他們會以强力手段，阻止波蘭這一改變。所以戈慕卡主義，至少現時仍在它的黃金時代。

二　戈慕卡主義和狄托主義

什麼是戈慕卡主義？去年十二月初，當波蘭政府與波蘭天主教樞機主教維亨斯基簽訂協議，允許學校自由教授宗教課程以後，戈慕卡便鄭重發表聲明說：「除了人剝削人之外，共產主義具有足够的彈性可以忍受一切。」這一聲明，實際上便成了今日戈慕卡主義的中心思想。所謂有足够的彈性可以忍受一切者，便是指着共產主義不僅可以允許有政治自由、宗教信仰自由，而且亦可允許有私營企業、資本主義、和各種分歧觀念與思想的存在。當然戈慕卡所想像的自由，距離一般民主世界的標準，尙極遙遠。但，這一說法對於任何共產黨人，卻是一個破天荒的事情，尤其如戈慕卡這樣一個從小就參加共黨活動的人，更是絕對出人意料的。我們可以這樣說，自共黨的第二國際解散，而另成立第三國際以來，世人還沒有聽到過一個共產黨人會作過類似的說法。

一九四八年爆發的狄托主義，對於莫斯科的挑釁，固也不下於今日的戈慕卡主義；但追根究底，狄托主義祇是一種共產中央集權統治所造成的權力衝突，而非是思想上的差異。狄托於一面激烈攻擊史達林的暴政和對南斯拉夫的干涉的同時，一面却在國內亦同樣實行史達林式的統治方式。可以說，這一與莫斯科拮抗爲時數年的狄托，從未對馬列史的基本教條發生任何疑問；他自己也從未對重大的政治經濟問題提出過任何個人的特殊創見。因此狄托主義雖曾一度風起雲湧，終究對於人類思想和共黨基本觀念，並未發生何種顯著影響。可是今日的戈慕卡主義，除了是一種與狄托主義同樣性質的權力爭鬪之外，還兼有思想因素。這就是：今日戈慕卡對莫斯科的挑戰，不僅在向蘇俄爭取更大的自由與獨立，而且還在爭脫莫斯科在思想上的教條約束，以較爲獨立的見地去解釋馬克思主義，和以波蘭的實際情況來決定實行共產主義的不同道路。從歷史的目光來看，狄托主義好像由羅馬中央統治衰弱所形成的東羅馬；而戈慕卡主義，則一如馬丁路德教派。由於戈慕卡主義具有這種强烈的思想改革色彩，所以它的來勢縱不比狄托主義有聲有色，但它對共黨思想及共產主義運動的影響，却比狄托主義大過千萬倍。莫斯科近來所以用一種更焦急的心情注視戈慕卡主義者，不是沒有理由的。

三　戈慕卡主義在實踐上的表現

現在我準備把波蘭目前國內情況略加敍述，來證實戈慕卡的共產主義，究竟是否具備「足够的彈性可以容忍一切」：

①宗教信仰：在上面所提的去年十二月初所簽那件政教協定中，双方曾互相提出保證，以建立長期的協調關係。波政府曾保證：「爲了實現宗教生活的充分自由，政府決允許取銷一切過去所加限制」。教會方面也保證：「爲了集合全民努力，以促進整個國家福利，教會決支持人民波蘭的一切措施」。這種相互保證就是：政府決接受教會的獨立存在和信教自由，教會決接受共產主義的基本原則。根據這種協議，政府立即採取三大步驟：一、建立一

個新的宗教事務部：二、祇要獲得學生家長許可，學校准學生上宗教課：三、教會內部一切人事任命，不再受政府否決。這一辦法實行以後，各級學校立卽按照自願原則恢復宗教課程；但由於波蘭爲一天主教國家，最大多數人民都有根深蒂固的宗教信仰，所以這種原對宗教課程的自願選擇，結果却幾乎變成了一個全體一致現象，卽令其中有共黨官員的少數學生不願接受宗教課程，反而成了被大多數學生實行侮蔑、諷刺與嘲弄的對象。在這種情形下，波蘭今日的宗教問題，似已不再是信教是否自由的問題，而是應否強制他人信教的問題了；不再是政府迫害教會問題，而是教會壓迫個人問題。

②政治自由：本年一月二十日波蘭所舉行的大選，可以說是戰後以來東歐各國選擧中最自由的一次。在競選過程中，不僅波共中的史達林派分子，亦公開指責戈慕卡集團，而且若干獨立的小黨派，亦激烈攻擊波共而毫無忌憚。選擧是在相當有秩序及平靜的空氣下擧行，執政的波共集團並未顯然使用任何非法的手段，強制選民投票或企圖造成有利於自己的情勢。選擧結果雖然波共聯合集團獲得了百分之九十八點五的普通票，但若干獨立小黨派，亦獲得了重大的勝利。現在波蘭這一新國會的席次分配計：共黨二三七席，農民黨一一八席，民主黨三九席，另天主教黨一二席，獨立派五一席。事實上這一新國會仍完全由共黨控制的，因僅祇共黨本身的席位，就已超過全數四五七席的半數，再加上共黨聯合集團的票數，波共對這一新國會的控制更是百分之百地穩固。不過重要的意義就在這些小黨派的此次獲勝，並非由於波共故作表演，對各小黨實行善意的分配席位的結果，而是由於各小黨自作勇敢的競選的結果。而且這一新國會成立之後，一改過去讓這些小黨派議員分散就座的辦法，而允他們集中席位，一如西方議會內的反對派集團。當然沒有人會把這種景象予以過高估計，以爲波蘭就此將恢復西方式的議會制度；但這一改進所代表的象徵意義，確已引起各國的重視。

③新聞自由：談新聞自由，首先就要看有無新聞檢查。在今日波蘭，不但新聞檢查已經沒有，而且連習慣性的政治約束也很少發生作用。一位現年三十歲的名報人叫 Eligivsz Lasota 曾說：「在民主政治中並無新聞檢查的地位，沒有民主，也就沒有社會主義。」這可看出他們是把社會主義、民主與新聞自由看成三位一體、不可分裂的東西。因此之故，他們便放言高論，肆意攻擊，有時甚至演變到自我整肅，和自我諷刺的地步。如全國作家協會所辦的「新文化」週刊，和共產主義青年團所辦的「坦白話」，就曾公然攻擊蘇俄的東歐政策及對波政策；上述這位青年報人所辦的一種名叫 Po Pro-sta's 刋物，直接攻擊一批老朽集團控制青年組織，大肆指摘波蘭的農業政策和經濟政策，並嚴厲斥責史達林反動集團，把蘇俄的一切成就從藝術到經濟都說得不成話；「世界」週刊最近曾把喬治・奧維爾的「一九八四年」一書全篇連載；另一雜誌亦同樣連載阿瑟・考斯林的「正午的黑暗」一書，並讚譽這本書的暴露共產恐怖統治爲「非常徹底分析了史達林的方法」；其他有些報紙，竟率直讚美「眞正的美國式的民主和繁榮」；文化部所辦的一個機關刋物，甚至刋出一篇幽默小品，諷刺的說：「我寧可要帝國主義的可口可樂，而不要我們最好的國產伏特加」；諸如此類，波蘭的新聞自由情況，顯比過去有了很大不同。

更有進者，波蘭今日報章雜誌，不僅刋登與西方同樣的新聞和評論，而且也已開始仿效西方報章雜誌的外形和版樣。一個很明顯的例證便是：過去共黨集團的報章雜誌從不重視廣告，尤其從不刋登浪費性營業的廣告；可是現在波蘭報章雜誌，往往將整頁篇幅用作刋登一些大膽的私人營業廣告，如賣酒、咖啡館、甚至跳舞學校招生的廣告。由這些情形看來，波蘭的新聞業雖然還不是十足的西方式新聞業，但亦差不多了。

④經濟改革：今日波蘭在經濟領域內所進行的改革，比較現在新聞文化方面者更顯著驚人。這種經濟方面的改革，不祇在經濟事務與政策方面，而且也在經濟理論與思想方面。理論與思想的所以變，自然主要也在適應正在改變中的經濟現實。今日戈慕卡領導下的一批新的經濟設計者所奉爲圭臬的一個主要原則，不再是如過去堅持的「這是合乎正統的馬克思主義嗎」？而是「這一辦法可以行得通嗎」？在戈慕卡主義者看來，經濟政策方面的「行得通」，比這一政策的是否合乎馬克思主義的「正統」重要得多。基此認識，這些戈慕卡主義的新經濟學家們，便連續發表了若干不合乎馬克思主義「正統」的經濟理論。例如經濟學家 Jan Danisck 便說：「寄生的資本主義是一回事，生產的資本主義又是另回事。我們支持能增加國家所得和從不斷增產中產生利益的資本家。」另一個經濟學家也說：「我們可以確定，社會主義並不因爲服裝、拖鞋和一些小螺絲釘及小管之類的被私人工廠製造而垮台。相反的，私人經營更能使它們獲得改進，因除非如此，這些東西便無法找到顧主。」今日波蘭的經濟改革，實際便是根據這兩種說法而進行的。

在農業方面，根據本年一月九日所公佈的辦法，不僅讓獨立的農民合作社接收成千的被荒廢的國營集體農場，而且也部分恢復了農業生產中的私人經營制度，使農民對經由繼承，家庭分產等所獲得的土地，享有持有、買賣與租賃等自由，並允尊重土地上的自由財產權益。除此之外，爲了致力解除防害農民增產的各項限制，將較大農場的土地稅減少百分之四十至四十八，並將政府自本年土地收成中原定攤派糧食收購計劃減少三分之一。

在商業方面，政府不僅允許私人開辦各種服務性營業，而且亦將原由政府經營的大食物店、飯館和咖啡館等，統交給私人接收。自從私人接辦這些營業以後，立時營業風景丕變，生意鼎盛，打破了長期的沉悶與官僚氣息，給社會帶來了一股活潑興隆景象。至本年初爲止，僅華沙一地，私人企業已建立了一個大規模的商場、一個新的交易中心、和一九四五年以來華沙第一個私人百貨公司。

在工業方面，由於政府允許小規模私人資本的發展，將部份國營工業分散後交與民營，和國家實行貸欵及允諾私人企業免稅兩年的鼓勵性規定，已有數千家小型的民用品工廠，在全國各地一如雨後春筍地發展起來。並預料到了一九六零年，大約將有五十萬人民，或整個波蘭全部勞動力的百分之七，將要被僱用在這些私營工廠裏。

四　戈慕卡主義在觀念上的重大讓步

以上我說明了戈慕卡主義在今日波蘭所造成的波浪；現在我們要更進一步追問，這一戈慕卡主義究竟在整個共產主義運動中佔着何種地位？它是波蘭目前情勢的一種權宜之計？還是馬列史主義的另一變形？對這些問題的一項適當回答，對今後三十年的共產主義潮流乃至整個世界形勢，具有一種深刻的嚴肅意義。

現在一般流行的看法，認為戈慕卡主義不論表現出何種大膽的改變，都不是一種新鮮的東西。他們認為一九二一年的蘇俄，也曾實行過列寧的新經濟政策；第二次大戰中的蘇俄，也曾放鬆過對宗教的控制；至於現在的中共，它的經建步驟也並不完全是依照蘇俄的道路。因此他們便認定戈慕卡現在的這些作法，從積極方面講，不過是要求一切共產主義的施政能配合波蘭自己的實際需要，和適應波蘭的主觀條件；從消極方面講，主要是在糾正過去盲目計劃所造成的弊端，和緩人民的不滿情緒，設法穩定共黨政權。總之，他們認為戈慕卡今日這一切作法，為馬列史共黨鬪爭略策所許可的，是一種進兩步、退一步的權宜之計，準備以此讓步渡過一個艱困的階段，然後到某一時候，再行恢復舊觀，重履蘇俄的傳統道路。

可是另外有些意見，却和上述這種態度持不同的看法。他們認為今日戈慕卡在波蘭所行的這一切措施，遠不是蘇俄過去的新經濟政策，第二次大戰中對宗教的放寬，以及中共現在的經建步調所能比擬的。第一，蘇俄的新經濟政策和第二次大戰中對宗教的放寬，祇是對環境壓力的一種讓步，勉強容忍私人資本和宗教信仰的暫時存在，並不積極鼓勵這些。可是現在的波蘭，對於這些問題的態度，却含有一種鼓勵的意義。第二，不論蘇俄的新經濟政策和中共今日的經建步調，都不同時附帶政治自由的。而現在波蘭的戈慕卡主義，於恢復部份私人資本的同時，也進行一種大規模的政治改革，允許適度的政黨政治和新聞自由存在。第三，過去蘇俄所作的一切讓步，都並不牽涉任何的觀念問題；換言之，這種讓步祇是政策和進行步驟上的讓步，而不是思想上的讓步。可是現在戈慕卡主義的作法，這種讓步多少已發展到思想領域，直接牽涉到馬克思主義的本身。由於這種種明顯的不同，所以他們認為今日戈慕卡主義和過去的蘇俄新經濟政策之類，不能完全相提並論。

五　戈慕卡主義的將來

十年以前，美國的蘇俄問題專家肯南，就已預料要使蘇俄的共產主義繼續演變下去，其結果必然是農業生產的部份恢復自由活動，服務性企業的重歸私人之手，以及政治和社會生活的逐漸重上傳統軌道。肯南以為除非蘇俄的共產主義作此轉變，它將面臨不可克服的存在上的困難。現在看來，肯南這一預言是相當準確的；至少，他已準確把握到蘇俄共產主義運動中的一項反抗因素，祇要有相當的機會與條件，這一因素就會發作起來。不過，戈慕卡主義的是否眞正具有意義，還不在這一運動的本身，而是在於它能否持久；換言之，這一運動的意義，祇有從「時間」中才能取得正確的答案。

假若這一運動能夠維持上一個相當長的時間，那麼戈慕卡主義就會成為一個定型的思想，在全世界造成一個新例子，則其他各地共產黨人卽可能起而效尤，共同景從，以戈慕卡主義來代替馬列史主義。否則，這一今日來勢洶湧的運動，正如歷史上很多次的對馬列史主義的修正派一樣，不過曇花一現，略作反抗表示而已，到頭來還是要向莫斯科低頭的。所以現在問題的關鍵，就在波蘭的這一戈慕卡主義，能繼續獨立存在下去嗎？我相信今日沒有一個人，會對這一問題提供一個十分肯定的答覆。

照波蘭自己的想法，它們是準備要把目前這一現狀繼續維持下去的。㊀波蘭政府的輔助民營企業作法，是基於一個比較長遠的計劃。就現已所知者而言，其中有數項計劃是安排到一九六〇年的，距今尚有三、四年時間。且任何企業投資絕不是短期內卽可見效的，今波蘭政府既允許人民投資生產，就須等待這一投資正式實現後，才能正確考驗其對整個國家的利弊。若一面允許人民經營企業，一面又不管這一政策的成果，立卽決定取銷原計劃，顯屬一種矛盾行為，這樣的作法事實上是很少的。㊁波蘭政府已正式採取行動，進行與美國的貸欵談判。這可看出波蘭政府對其經濟重建，具有一整套計劃，絕不是朝令暮改，忽東忽西的。㊂波蘭當前的種種改革，主要是由於受了廣大羣衆不滿所引起的政治壓力，是出於萬不得已，除非波政府有充分能力，適當滿足羣衆要求，實沒有辦法可使之恢復原狀的。以上這些事實指出，戈慕卡主義是有其具體的存在條件和長期打算的，絕不會在短期內卽可消失或廢除的。

可是在另一方面，戈慕卡主義似將面臨重大的困難，危機四伏，若稍有不愼，可能卽遭遇整個覆亡的危險。㊀蘇俄方面雖在目下還不會用强力手段阻止波蘭這一種種改革，但正以極度不安的心情，注視着波蘭的一切發展，若到某一階段莫斯科認為戈慕卡的某種作法已超越了蘇俄所能忍耐的限度，蘇俄當毫不猶豫地採取其認為必須的干涉步驟。㊁波蘭內部史達林派的反抗，正與日俱增，已形成了對戈慕卡主義的一種重大阻力，並可能捲土重來，公然對戈慕卡主義實行政治反擊。㊂戈慕卡集團的本身，也因操之過急，不免產生了若干輕率的行動與言論，致為政敵所利用，據為削弱戈慕卡主義在波蘭人民中影響的手段。因此之故，戈慕卡最近不僅已主動地採取讓步表示，重新延攬史達林派份子參加黨政實際工作，和逐漸縮小新聞自由的範圍，趨向於恢復溫和檢查，而且還向他的黨人提出警告，要求審愼將事，以免產生不幸的後果。最近不久，戈慕卡便說：「現在我們多講些好事的時候到了，否則，我們的自我批評可能會發展到自我清算的地步。」這可看出戈慕卡本人已意識到處境的不易，前途的艱困，準備實行自我約束，以應付來自國內外的壓力。這裏有一點可以預料的是：從今以後，戈慕卡主義的論調將越來越低，步驟將越來越慢，祇有如此，它的繼續存在的可能性亦就愈多。

同時，在半個世紀以前，世界無政府主義者會預言，馬克思主義祇有和人類自由相結合，才有其存在價値。現在波蘭這一戈慕卡主義，便是共產主義首次嘗試向人類自由低頭的一種表示。戈慕卡主義可能失敗，但這一運動所顯示的歷史趨向，則具有長遠意義。這個戈慕卡主義被消滅，必有另一戈慕卡主義代之而起，繼續推進這一趨向。這並不是說戈慕卡主義具有很高的道德價値，而是說戈慕卡主義爲共產主義運動演變的必然結果，正如人類歷史上佛教、耶教、與回教的循歷史前進而分化一樣，是完全不可避免的。前面已經說過，今日戈慕卡主義之於馬列史主義，猶如馬丁路德教義之於羅馬天主教。馬丁路德以耳日曼民族主義運動作背景，向羅馬樹起反叛大纛，進行整個天主教的改革；這次戈慕卡主義，也同樣以波蘭的民族自由爲號召，毅然抗衡莫斯科，要求修正整個共產主義。馬丁路德教派經過長期的苦鬬卒抵於成，今日戈慕卡主義要想它對莫斯科的反抗具有任何歷史性功效，至少也要經過這種艱難過程。

總之，這一戈慕卡主義最後將證明它不過是一種波共統治者的權宜之計，還是一種馬列史主義有意義的變形，不是現在任何人可回答的問題，而是要用時間才能回答的問題，這種時間亦不能以月來計算，而是要用年來計算的。

一九五七、三、廿、于臺北。

詩二首

余光中

(一) 貝　殼

幽禁在我的淺藍色小玻璃缸裏，
海之囚的懷鄉病日漸濃了。
靜靜地它們臥在我窗前，
做一個飄盪着鹹腥味的壯闊的夢。

念故國此刻正是潮來的時候，
囂騷的沙岸擁擠得有如海的市集——
五彩的小魚羣最信謠言，向遠來客的浪與浪
打聽着七洋的消息。

而如今，哎，一切都渺如夢了，
月光的晚會，浪之舞，風之歌。
靜靜地它們流落在異域的小旅店裏，
交換着童年的回憶。

三月廿四晨

(二) 四　月

四月擎一隻柔藍色的玻璃酒杯，
飲我以淺淺三十盞的明媚。
我醉了，因我曾戒了一冬的陽光和風景；
初飲者宜有酩酊的滋味。

年輕的一九五七年來叩我多夢的窗，
以猶怯的鳥啼，以猶欲避人的草木淸芬。
噢，這害羞的處女是常愛臉紅的，
像杜牧之的小情人。

這破曉的眸，這近午的寐，這黃昏長長的睫毛，
爲何如此的像一個人？
我有了微濕的感慨，當我憶起
她天亡的姐姐，去年的春。

四月十日晨

來函照登

(一)

自由中國社執事先生：

頃閱四月十六日貴社半月刊第十六卷第八期第十頁刊載「我看選賢與能節約守法」一文中有「例如嘉義市長改選國民黨提名何茂取爲候選人後，黨外有力人物賴淵平原擬出馬與之角逐，乃該縣某治安機關保防秘書竟阻撓他的登記手續，有選擧監察小組委員當面警告他這樣作是違法的，該秘書仍有恃無恐的說是奉黨主任委員之命辦理的」等語與事實大有出入，緣本人曾任首屆民選嘉義市長，已無繼續競選三屆市長之意，且本人乃無黨派之人，自有獨立之人格與自由之意志，絕不受任何方面之覊束。特此函請

賜予更正以正視聽爲荷。

賴淵平拜啓　四月廿六日

(二)

自由中國出版社編者先生賜鑒：

一、頃閱　貴刊十六卷七期底頁讀者投書欄「這是什麼作風」一文，指超羣有囑該豐文書社禁賣「自由中國」與「民主潮」事，至爲駭異費解。

二、查言論出版之自由爲憲法所賦，超羣惟恐維護之不力，豈能自違，尙希貴刊明察賜予披露，以正視聽爲感，耑此即頌

編安

東勢讀者　王超羣上
五月八日

更　正

本刊第十六卷第八期陶百川先生文「一本萬利案奇觀」中「相對論」三字係「對等律」之誤。特此更正。

論議會機關應有的專家機構

孟　浩

一

時代總是不斷地朝前發展，典章制度則隨時代而演進。十八世紀正是議會當陽的時代，議會是時代的寵兒，也是全國政治的重心。在這期間，君主專制的餘燼尚未完全撲滅，人們對於政府是抱着戒惧之心。所以當時雖已有分權論的流行，但在實際權限劃分上，則行政機關的地位顯然遠遜於立法機關，行政機關許多行政權的行使常須受立法機關的控制。這就足够表明立法機關——議會的得天獨厚了。但到了十九世紀時代，局勢却在醞釀着轉變。這種醞釀是由兩個因素所造成：一則議會自已方面已具有廣泛的權力，他方面又沒有足以抗衡議會的機關。於是議會可以毫無顧忌，爲所欲爲；濫用職權，誤用職權的情事，更是司空見慣。這些行爲的結果，當然是招致人民的厭惡，由厭惡而演化成一種防範觀念，其表現即爲十九世紀之末迄二十世紀之初，尤其是第一次世界大戰之後對議會專橫的防範規劃。二則從社會經濟上說，由於工商企業的大規模發展，導致政府對於工商事業不能不加以管理。工商管理不是件簡單的事，必須具有各門各類的專家，才配談管理，才能摸着管理的門，才能收到管理的實效。所以到了現代的行政機關，不復是個只辦文書的機關，它的陣容已經改觀，是各門各類專家集結成的陣營。

兩種態勢明顯地擺着：立法機關的權力已由多方面予以約束，使其活動已有所局限，而其作風則仍因襲控制行政和批評行政。行政機關爲了適應新的社會經濟需要，已予以重大的改革，羅致了各方面的許多專家，以從事於調查研究設計推行科學管理工作。在新的局勢之下，立法機關要立法，則不能不觸及行政上的實際問題，這些問題包羅着人文科學、自然科學、社會科學諸方面的關係。不瞭解這些關係，則無從立法。不但立法機關自已無從着手自動去草擬法律，而且對於行政機關送來的法案，也無從着手審議。其唯一的作法，即先請行政主管機關代表或與法案有關的團體人員，作一番聽訊證言的手續，在這聽訊場合中，立法人員才對法案有關問題摸着門。在這樣情形之下，立法機關雖說是控制行政的機關，實則對於行政問題多不瞭解，事事反須請敎於行政機關。所以美國參議員新佛爾 (Senator Kefauver) 在他所著的「二十世紀國會」(A Twentieth Century Congress)一書中，即慨乎言之，美國的立法機關已成爲行政機關的尾巴了。

立法機關處此新態勢之下，確有陷於「無能」之譏。立法機關爲了解除審議法案的困難，爲了爭取居於主動的立法，爲了擺脫它所遭遇的厄運，於是在它的立法程序機構上也添置了許多專門部門，以協助立法人員起草法案，審議法案。這種作風，在美國國會、各州議會，表現得十分强烈。本文即就美國中央和地方立法機關的專家機能，加以簡約的論列。

二

美國國會圖書館規模的宏偉，典藏的豐富，是世所周知的。這些設備對於國會有重大的貢獻，自不待論。但它對於國會議員立法上的特殊作用，却另有所在，就是它有一個獨特的「立法參考處」(Legislative Reference Service——國人亦有譯稱爲立法資料室者)。按「立法參考處」的設置，本先見之於各州議會(詳見後文)，一九一五年時國會方面亦深感此一需要，乃於是年着手籌設。嗣後隨着事勢的需要，踵事增華，迭予擴充。對於協助國會議員的立法工作，確有不可磨滅的績效。尤其是在第二次世界大戰期間，對於各項複雜的立法問題，曾提供不少的資料和意見。據統計所示，在大戰期間，該處每年答覆有關立法的査詢問題，達五萬三千起。其特殊表現，可想而知。正因爲它在事功上有這些不可忽視的紀錄，所以一九四六年的「議院改組法」(Legislative Reorganization Act) 又將其體制加以充實，成爲圖書館中的一個獨立部門。立法委員王世憲先生，於去年赴美考察時，對於國會這一部門的工作，曾特別留意並於其所作「美國國會考察記」中謂：「現在(一九五五年)這個資料室共有工作人員一百五十二人，其中有法律、政治、經濟、歷史、各部門的專家。全室分歷史、美國法律、經濟、外交、行政、圖書室、與高級專員室七部分。全年的經費爲八十七萬五千元。」其特色是在這七部門的負責人，尤其高級專員多半是在學術界有地位的人。王氏在考察記中說：他們「在沒有加入本資料室以前，在大學裏，有的是擔任過校長、院長、教授，或者在美國聯邦或地方政府裏擔任過重要的職務。舉一個例子來說：現在的一位高級專員加洛威(George B. Galloway)，他是現在美國研究國會問題的一個權威者，他所著的幾本有關美國國會的書籍，都是被認爲現在流行的名著。再就一般用人行政而言，他們遇有出缺，即向美國全國二百五十幾個著名的大學，發出通知，招請人員，並請各大學提出最優秀的人選，以備選擇。他們於接到各大學所送來的申請書後，即由主任會同有關的高級專員和部門首長就所有的申請書，加以嚴格的挑選，特別在其學識與經驗上，研究其是否具有强大的潛能性；在學識上注意其是否具有創造的思想，與客觀的研究精神；在經驗上注意其是否具有優越能力，與服務精神。……」立法參考處的工作，除研究各項有關立法的專門問題，和編譯各國法令資料外，以隨時應議員的要求，商討問題，提供資料以及代議員起草提案爲主。

美國國會中的專家機構，除立法參考處之外，立法參事室（Legislative Counsel）是不容忽視的。國會之有立法參事室是緣於一九一六年哥倫比亞大學教授比門（Mildleton Beaman）的創導，經由哥大設立的「立法起草研究基金會」（Legislative Drafting Research Fund）的實驗，迨一九一九年國會乃正式通過法律，設立「立法參事室」。現在兩院各有這一獨立的專門機構，其組織體制，是置首席參事一人，助理參事、行理助理各一人，法律助理十一人，及書記若干人。這些人員，除書記外，均爲律師出身，計兩院的參事室共有律師二十八人。他們所任用的法律助理（Law Assistants）都是著名大學法律系的優秀畢業生，並須爲律師公會的會員。這一專家部門的任務，是在協助議員從事起草法案工作。據史實所示，衆院方面所審議的法案，百分之二十三的政府法案，百分之二十一的私家法案，百分之三十八的議決案，均由參事室起草，參院方面，則全部法案與議決案的百分五十都是出自參事之手。

至於各常設委員會中，各有專門人員（Professional Staffs）四人，以專家充任，擔任法案的撰擬和專門問題的研究。

美國的國會立法，即以右述各種專家的協助下圓潤地進行。

三

各州州議會的議員雖不無明法之士，而且有不少曾經執行律師業務，但大體說來，議員究非立法專家，也不應成爲立法專家。而處於今日科學的時代，在立法上亟需運用科學的智識和技術，何況爲議員者尤需賴適當的專家協助，才能作明智的立法。因此種種，各州議會遂多有「立法參考局」（Legislative Reference Bureau）之設。各州對於這一機構的名稱並不一致，有的稱爲局、有的稱爲部（Department）、或司（Division）、或組（Section）或所（Service）或館（Library）、或辦事處（Office）。雖然遠在一八九〇年之前的紐約州立圖書館中已有參考局之設，但一般人總認爲一九〇一年威斯康辛州議會之設參考部，乃爲這一制度的創始。按威斯康辛州有麥加錫（Charles McCarthy）其人者，本於經濟政治方面具有高度素養，他於一九〇一年爲該州州議會創設一種立法資料的服務工作（Legislative information service）。當時只有他一人獨當這份工作，他只有一張寫字檯，及少許借來的書籍，但他却善於答覆議員許多有關立法的問題，並善於爲議員們工作。因而有許多議員極爲嘉許這一服務事業，乃以法律規定設立這一服務的部門，從而產生美國各州議會中第一個「立法參考局」。現在各州議會中採用此制者，已達三十五州。各州對於這一機構的組織固多不同，但已嚮往於「模範立法參考局法」（Model Legislative Reference Act）的規定。這一法律是一九三三年由先進各州立法參考局代表、美國議員協會（The American Legislative Association）、全國各州圖書館人員協會（The National Association of State Librarians）及美國法學圖書人員協會（The American Association of Law Librarians）所聯合制定，以備各州採用的一種法律。因爲各州有了這一法律以爲範本，所以在組織體制上，雖不無小異，但可能日趨於大同。不論在組織上有何歧異，這一專門機構是負擔着兩種主要的任務：(一)設備法學圖書館及有關立法問題之資料，並協助各議員運用之。(二)協助各議員起草法案，以便向議會提出。更有若干州課這一機構以第三種任務，即準備各種州法律的定期修訂（Periodic revisions）。按設備參考圖書本是參考局普遍所履行的義務，以期各議員能得到有關立法的必要資料。這種圖書館所藏的固應備有各種書籍，但它所具有的應以特別報告、各種論文、報紙剪輯、各種小册子、各種統計資料爲主。擔任這種工作的人員，必須熟習各種資料的來源及其所在，以便在議員有所要求時，能於最短的時間內供應之。這種資料蒐集和編輯的工作，必須終年進行，但在集會時期則尤爲繁忙。有若干州中固有以檢察長（Attorney-General）以任協助起草法案之責，但以立法參考局擔任這一任務者究爲多數。擔任這一工作的人員自須具有法學的和政治的專門智識和技術。他們擔任這種工作必須應議員的請求而爲之，不能自己居於主動的地位去促請議員提出某一法案。惟關於各種州內法律的修訂工作，如遇有法律與憲法精神不協調，或各種法律牴觸，或某種法律已失效而應予廢止者，則應向有關方面及各議員喚起注意，有以便及時分別修訂。總之，這種專門機構的功能是在能提供有關立法方面的必要資料，並答覆議員所咨詢的意見，更協助各議員從事立法的技術工作。爲圓滿達成這些任務，這些工作人員，不但要有豐富的專門智能，而且要居於超黨派的地位，才能取得各方的信任，表現其公正服務的精神。

四

立法參考局之設，固有助於州議會立法技術的改進，但其所貢獻究亦有限，未能滿足立法上的全部要求，於是近年來又有設置「立法會議」（Legislative Council）以爲永久的立法研究委員會，以助進立法技術工作。這一法度於一九三三年由堪薩斯州首創之，密芝根於一九三五年仿傚之（但於一九三九年廢棄），迄於一九五〇年已有二十三州仿行。這一機構的組織各州不同，而且名稱亦有歧異。換言之，各州有以其他機構以負擔立法上的研究建議工作者。如濱夕法尼亞州是以「州政府聯合委會」（The Joint State Government Commission）作爲「立法會議」機構。其他相類似的機體，在緬因及北德科達西州則有「立法研究委員會」（The Legislative Research Committee），在密蘇里州亦有「立法研究委員會」（The Legislative Advisory Commission），在印第安那州則有「立法顧問委員會」（The Legislative Advisory Committee），至於加利福尼亞的「聯合立法預算委員會」（The Joint Legislative Budget Committee）雖亦擔任「立法會議」一類的工作，但其主要任務則偏重於預算耳。各州「立法會議」的組織上包括的人員由尼雅達州的四人至堪薩斯州的二十七人及阿肯色州的三十四人不等。其構成分子，納布拉斯加及阿克拉何馬兩州於一九四九年時是將全部議員成爲「立法會議」人員，但在兩者之中，會議的活動都是由行政委員會來領導進行。大體說來，大多數的「立法會議」都是包括全部議員，但亦有包括行政人員者。

因爲堪薩斯是首創這一制度且爲各州所仿做的一州，故其「立法會議」的組織和職權堪爲這一制度例證的說明。該會包括有參議員十人、衆議員十五人分別由兩院議長提經各該院會通過選派之，並以兩院議長爲當然會員。會中各主要政黨的席位是比照各該政黨議席分配之。至於該會的主要任務，得具列爲四：㊀蒐集有關州政府及一般福利的資料；㊁檢討以往立法的施行效力，並建議其中應行修正之處；㊂討論公共政策的各種重大事項，及關係全州利益的各種問題；㊃擬定立法計劃，以備次期集會時向院會提出。該會得視事實需要隨時開會，但無論如何每季必須開會一次。該會應分期向議會議員提出各種報告；其建議案應於所擬提出之會期集會前三十六天內完成並公開披露之。

在堪薩斯及大多數採用「立法會議」的州中都於該會中設有一個固定的蒐集資料的機構 (fact-finding agency)，形成爲一研究部門，由具有經驗的研究人員領導之，並有適當的人員以爲助手。其任務是對會議所提的問題提供資料，並以正式報告或其他方式提供其意見。研究部門的各種報告，不但分發會議中的諸人，而且分送州議會全體議員。全體議員因有此供應，得於議會集會之先，對於將來議會所需討論的各種重大問題，已有可靠的實際資料。

依會議討論的基礎及其研究工作的結果，如會議認爲恰當時，則會議得起草法案以便提出於各院，並建議將這些作爲會議的提案("Council" measures)而通過之。誠然，設置立法會議的理想本來是包括由該會將一定的立法計劃形之於法律格式，並且要提出建議意見。然而有些人却深恐如此一來，該會太過積極行動，將成爲一個「小型州議會」(Little Legislature)，則非事理之所宜。因有這一顧慮的關係，所以有些「立法會議」寧可將其活動限於立法問題的討論，指導有關問題的研究，並將研究結果提報州議會，而不表示建議的意見。

此外尙有一種立法研究設計機關更爲廣泛運用，尤其用之於不設置「立法會議」的州中，這就是「中間委員會」(The Interim Committee or Commission)。這一委員會是州議會於一會期中所設置，賦之以研究指定的立法問題，並命其於次會期中提出報告。據統計所示，僅在一九四七年的會期中，有三十三個州議會曾設置二六四個這一類的特別研究機體。就其組織說，有些中間委員會是完全由議員所組成，有些則尙包有行政人員或公民分子，甚或兩者都有。這種委員會固亦有固定的研究人員，從事調查研究工作，但其研究人員間亦有爲無給職者。總之，這一委員會是設立於兩個會期終始之間，於次一會期中向議會提報所負研究問題後，其任務乃告完成，其組織亦即解體。所以這種委員會亦可視爲一種臨時委員會。

五

時代日在進展，社會日趨複雜。政府所遭遇的問題日多，立法所須計議的問題亦日益繁重，而且日益專門化。議員是民意代表，其職責在能代表民意，能調節各方利益；至於立法技術的合理運用，不能課責於一般議員。然而當此科學時代，立法已非是一件簡單的事。路斯 (Robert Luce) 於其所著的「立法程序論」(Legislative Procedure) 中曾說過：「法律的制訂是需要智慧中最困難的工作。……這一工作須精通語文、明達法式、熟習技術的關係、具有憲法和法律智識、邏輯思考能力、遠見的非常才力、及有關方面的學識，愈廣泛愈好。」這些條件，自不能期之於一般代表民意的議員，而有賴具有專門學識經驗的各種專家。科學愈昌明，分工愈精細。各門各類的立法，有待各方專家貢獻其所能。議員固然是以立法爲本職、但不能期其能善立所有的法，在這時代，我們可以勉强說，世無立法專家，只有專家立法。美國國會和各州議會花這麼多的人力財力以確立專家的機體，其所費是不無代價的。這一作法是值得鑑取。

(上接第8頁)

之可能。可是那些受寃的人對我說，你究竟被人愚弄到什麼地步，才能覺悟呢？司法不能超然黨派而獨立，已是有口皆碑的事實；何況辦理選舉之人，就有許多是法院院長與首席檢查官，還能有選舉寃屈可伸嗎？倒是他們要教我們選無效，則易如反掌。隨時舉出許多事例，可以說各地皆有，使我無話可說。當

嗚乎！人民對政府不信任之心理如此，大半由選舉而來。對如此的疑懼民心，絕不容我們淡然置之。

據聞余登發先生已將所取得的證據，送呈省選舉監察委員會，請求覆核高雄縣選票。這正是收拾人心的好機會。覆核的時候多請些國民黨以外的人士到場監察，眞眞假假，還還個本來面目。即使覆核的結果，宣佈當選無效，推翻選舉的公告，也無傷大體。不過是嚴處舞弊人員而已。正可證明自由中國的公道尚在，政府絕不許違法的假事成眞。如此振作一番，必可收回已失的人心不少。假使覆查的結果，證明違法者僅屬少數人員，志在罔上邀寵，並非普遍現象，則更對政府有利。乃省選委會計不出此，聞已否決了余登發先生的申請。使一團疑雲，更籠罩了人心。於此，不得不再重複我的兩句老話：贏得一二縣市長不重要，收拾人心重要。嚴處少數舞弊的人，不爲損失；人心喪盡，損失太大！

現在省選委會既拒絕了余登發先生之請，我希望內政部長能自動的採取行動，緊握收拾人心的機會，清查此案。辦到水落石出，證明中央人物，未涉選舉安全措施之謠言的責任。對於國家尊嚴，極關緊要。秉公清查之，公佈其結果於天下，使人民知中央政府尚有公道，則一時人心的振奮，眞所謂亡羊補牢，猶未爲晚。

萬一內政部未奉命令，不便出馬，余登發先生既係國大代表，我更希望國大代表們能以援助同事的立場，仗義直言，出而組織調查委員會，以張公道是非於天下。總不要讓如此重大案件，沉淪下去。使激越的民情，不能宣洩於法理的途徑。這是我不必對選舉結果有所論列，因受「自由中國」之請，而發表這篇短文的惟一期望。

更有不能已於言者，下次再辦選舉，不宜再令司法官參與選政；即使選舉監察工作，亦可不必。如此始可保持其超然的尊嚴地位，以爲人民伸張選舉寃屈。人民心目中沒有一個是非的權威機關，一切皆須武力鎭懾，不但不是法治國家的現象；即專制時代，到此境界，亦難久安。耿耿此心，希望當局注意及之。

請看新竹縣試辦「國校畢業生免試升學」之成果

本社記者

去年三月教育部決定了「國民學校畢業生免試升學初級中等學校實施方案」之後，我們認爲該案儘管用意甚善，惟在現階段中缺點甚多，如經費之無法籌措，如師資之無法拼湊，以及勉强實施後，必使中學程度降低等等，乃苦口婆心的勸教育部不可立刻實施，如欲勉强行之，其結果是利未見而害先至。不僅不能作爲延長義務敎育爲九年之準備，反嚴重的損害了義務教育之素質。至對戕害兒童身心健康的惡性補習，不過推之於後一階段罷了。如教育部果欲剷除惡性補習，提高國民水準，必須先把義務教育辦好，如㊀擴建國民校舍，廢除二部制，使一年至四年的學生得以整天上課，㊁提高教師待遇，使國校教員不必另謀增加收入而去擔任補習，㊂精選師資，增加教學設備，使小學六年畢業生，眞能修完六年預定之功課，而有小學畢業之能力(本刊第十四卷第六第七兩期及第十五卷第六期)。

當教部這個方案在臺北各報刊出之後，立法委員也有反對的，報刊上也有抨擊的，座談會中也有不贊成的，政府當局也有不同意的，因此，教育部原擬於去年暑假全省一齊實施，而且於同年三月十日會以(45)普字第二七七八號令知教育廳查照辦理的國校畢業生免試升學方案，乃改於新竹一縣試辦。

試辦的結果，教育部對外表示十分滿意，認爲這是教育改進的一大成功，故臺南縣、嘉義縣和臺北縣等紛紛擬定免試升學計劃，呈報省政府核示，(見四十五年十一月四日及十一月九日中央日報)，大有自下學年度起(四十六年暑假後)全省一律實施之概。因此，立法院教育委員會決定前往新竹實地考察一次，以明眞相。教育部聞悉後，乃由張部長其昀、蔣司長建白等於去年十二月十三日陪同立法院教育委員會委員張希之等十五位，浩浩蕩蕩，一行四十餘人，專程赴新竹考察。教育部事前已與新竹縣府聯絡妥當，故當張部長一行抵達新竹後，即假縣府會議室，召集縣長、議長、教育科長、各中等學校校長等舉行座談會，聽取各方人士對免試升學方案實施後一般實況。據去年十二月十四日中央日報載稱，新竹縣長朱盛淇和教育科長覃吉生之綜合性報告如左：

「全縣四十萬縣民，對此一劃時代教育改革方案，首先在新竹縣實施，感到無上光榮。現方案已收到宏效，竹縣學童惡性補習已不再見，各地國校畢業生升學率，已普遍提高，各鄉鎮均有初中學區新設立，減少學生旅途往返麻煩。此一方案現已受到各界人士及學生家長熱烈歡迎，刻正紛紛自動發起捐欵興建學校，爲自己家鄉教育發展而努力。」

立法委員諸公聽了上述報告後，乃於當日下午二時，分成三小組赴新竹地區、竹東地區、新埔、關西地區各中等學校實地考察免試升學方案實施後教學、學生上課及建校情形。

茲覓得立法委員張希之先生考察報告(四十五年十二月二十四日提出，名曰『新竹縣試辦「國民學校畢業生升學初級中等學校實施方案」考察報告』)，特將原文錄陳於左，其所獲的結論，和本刊過去社論的預測是大致相同的。

× × × ×

『在前幾天，我們到新竹考察該縣試辦「國民學校畢業生升學初中方案」實施情形。今天就我個人所看到的問題，提出來作一簡單報告，以供大家研究的參考。

一、題外話：這次教育委員會同仁到新竹考察，教育部相當重視，協助解決交通工具問題，並給予種種便利；同時張部長偕同司長及主任秘書等陪我們整整跑了一天。這種熱忱，令人感佩。不過有兩件事，我感到不大滿意，並深引爲憾，在未報告本題前，不能不先加以說明。

(一)新竹縣試辦國校畢業生升學初中方案，其實施情形，本院同仁，尤其是教育委員會同仁，甚爲關切，所以我們要去考察一次，以明瞭實際情況。我們這次的「考察」和行政機關的「視察」不同，我們的目的是要瞭解在實施過程中發生什麼問題，問題如何解決；遭遇什麼困難，困難怎樣克服，以及優點是甚麼，缺點是甚麼。可以說完全是站在研究觀點去作實地的考察，並聽取有關人員的寶貴意見。可是我感到非常失望。在當日上午的座談會中，出席人員彷彿事先有個默契，把問題和困難都掩飾起來，一派官話，一味應付。尤其是教育科代理科長，除了報告幾個空洞的原則外，還說什麼「一切實施都很順利，只有一個缺點，就是宣傳不够」。教育是百年大計，一種新的制度的試驗，對於今後教育的改革，關係至大，我們希望事實上的成功，不希望宣傳的成功。如果辦教育只着重在宣傳，這是很危險的。下午我們看幾個學校，也都是事先安排好的。我參加的一組，所看的幾個學校，如「芎林」、「竹東」、「北浦」等校，均不會有問題。芎林初中有十九年歷史，具有相當規模；竹東中學是試辦社會中心教育最早的一個學校，校舍設備都够水準；北浦初中原爲竹東中學北浦分部，校舍于民國四十二年十一月即建築完成。這三個學校所收容的學生，都沒有超過其容量，根本沒有問題，我們實在沒有去考察的必要。這很淸楚的，也是從「宣傳的觀點」上作了這樣的安排。

(二)我們出發那天，我到的很早，那時只有教育部的一位職員，還有一位我不認識，他自我介紹是新竹二中的教員李左彰先生。他聽說教育委員會要到新竹考察，從新竹一早趕來，想把試辦國校畢業生升學初中實施情形，作一口頭報告；同時備有油印書面報告一件，署名負責。他最先遇到的是教育部的那位職員，就把書面報告送給他一份。我到時，他找教育委員會的召集人，經自我介紹後，他對我作了一個簡單的報告。油印文件我沒有讓他當場散發，後來我全部交給教育委員會秦科長保存，並告「事前不要分發，留作以後研究參考。」後來大家知道了，都向秦科長要。那就是標題「從新竹縣立第二初中看新學制目前之迫切危機」一份油印文件。出發時那位李先生問我，「可否搭我們的車回去」。我答應了他。在車上我沒有注意。事後據報告：教部蔣司長建白對他甚爲不滿，在車上要檢查他的身份證，下車後聲色俱厲，痛加申斥。行政官吏對學校教師這種態度，我深引爲遺憾。人民有「請願」之權，憲法明文規定。請願法（立法院第十四會期第二十一次會議通過，民國四十三年十二月十八日總統公布）第二條，「人民對國家政策公共利害或對其權益之維護，得按其性質向民意機關或主管行政機關請願。」學校教師向教育委員會申述他對某項教育設施的意見是合法的，教育部何得干涉！他不但可以向立法院請願，他直接向教育部請願也是合法的，又何能動輒申斥。對於這類案件的處理，教育部應切實加以調查。如果他所陳述的意見是正確的，應虛心接納，設法補救；如果歪曲事實，別有企圖，可作合情合理的處置。「士可殺不可辱，」我們提倡「尊師重道」，我們應該尊重學校教師的人格與地位，不應動輒申斥，橫加侮辱。我鄭重的請求，把我的話記錄下來，轉達教育部注意糾正。

二、新竹縣試辦「國校畢業生升學初中方案」之檢討。我這次到新竹考察，在座談會中沒有聽到什麼，到學校去也沒有看到什麼，只有我向縣政府所要的各種統計資料，提供了眞實的情況，使我有清楚的認識。現在我根據這些資料加以分析，就「經費」「校舍及設備」「師資」及「學生程度」等項，分別加以檢討。我相信我的態度是客觀的，沒有一點成見。我所提出的事實是眞實的，沒有一點歪曲。至于意見是否正確，敬請同仁指教。

（一）經費問題

這次新竹試辦「國校畢業生升學方案」，據「經費分擔明細表」，共需經費八百三十四萬一千三百零五元。其來源爲：①省政府專款補助二、一一一、〇〇〇元，縣政負擔二、五六〇、一八〇元，鄉鎮市公所負擔一、九七〇、〇〇〇元，地方等籌募一、六九九、一二五元。茲就經費分擔情形，分析如左：

①去年度省政府專欵補助二、一一一、〇〇〇元，佔全數四分之一强。明年度省政府是否仍繼續補助？如果省政府不予補助，這筆經費如何籌措？新竹一縣試辦，省政府要補助，如果其他縣市實施，省政府能否均予補助？這都是現實問題。如果省政府沒有力量補助，我相信明年度新竹縣在經費上就會發生困難，其他縣市恐亦無力實施。又省府補助經費，究係增列預算？抑由原列預算數內抽撥？如係原列預算數內抽撥，是否影響原訂教育計劃之執行？這也是值得注意的一個問題。

②縣政府負擔部份，我想是沒有問題。據新竹縣總預算看，四十三學年度教育文化費佔總預算數百分之三九、八七，四十四學年度佔百分之三四、七八，這事實說明其他部份的經費逐年增加的數字，比教育文化實多。從另一方面看，各縣市教育文化費在總預算上所列數字，都能達到憲法規定佔總預算百分之三十五。但就決算來看，多沒有達到這個比例數。以臺北市來講，歷年教育文化費都超過預算總額百分之三五，但在決算上只佔百分之二十三、四。這事實說明其他部份經費之追加，較教育文化費爲多。新竹爲一比較富庶縣份，增加二百多萬的教育經費，應該沒有問題。

③鄉鎮市公所負擔經費及地方籌募經費，其籌辦情形如何，縣政府沒有現成的資料，我要它補送，到現在還沒有送來。我想其辦法，不外以下幾項：第一，公有欵產之收益；第二，攤派；第三，由學生負擔；第四，爲補經費之不足，發動人民義務擔任新校舍之興建。至于賴樂捐方式籌集經費，恐不易得結果，難免落空。其實際情況如何，我沒有足資參考的資料，無法作具體說明。不過據朱縣長報告，某鄉鎮新校舍之興建，即由人民義務擔任。據調查新生入學，每人最低要捐獻建校費一百元，多至四百元、五百元、一千元不等。這雖名爲「捐獻」，實際等於硬性攤派。我以前曾說過「靠募捐來辦學校，這種辦法是臨時不是經常的，是可能的不是可靠的。」如果把這種臨時的不可靠的辦法列入計劃，這種計劃是不切實的，結果一定會落空。籌募既不可靠，只有採取「攤派」的辦法。

④據新竹二中教師李左彰先生書面報告，新竹縣政府頒行『試辦部訂「國民學校畢業生升學初級中等學校實施方案」實施辦法。』該辦法第四節第一項第六條規定：「凡在本縣內國校及省私立小學就學而其家長戶籍不在本縣之學生，如欲升入本縣內初級中等學校者，應依式塡具升學志願調查表，升學申請書(表格向縣政府教育科領塡)等件，由其家長向縣府申請登記，俟有缺額時由縣府通知，向臺灣銀行專戶存欵捐繳建校費五百元後，始分發入學。」又第三項第三條第③欵規定：「隨家庭于每年四月十六日以前遷入本縣者，應檢具升學申請書、升學志願調查表(表格向教育科領塡)、畢業證件、畢業成績單及全戶戶籍謄本等件，於七月十六日至七月底期限內向縣府申請登記，俟有缺額時由縣府通知，向臺灣銀行專戶存欵繳納建校費新臺幣一千元後，始能分發入學。」該項書面報告，簽名負責，其所舉事實，有條有欵，似非虛構。如果這種規定是確實的，這個問題相當嚴重，而且影響很大。憲法第十條規定：「人民有居住及遷陡之自由」，第一五九條規定：「國民受教育之機會一律平等。」爲什麼家長遷居，其子女入學，便要特別繳納建校費？這種規定無異剝奪了人民「自由遷徙」和「受教育」的權利，是違憲的。新竹縣政府是否訂有此項辦法，是否在實行此項規定，應請教育部切實查明處理。

（二）校舍與設備問題

「凡事豫則立，不豫則廢」。一種新方案之實施，事先必須有充分的準備，才不會發生因難。新竹縣於七月十二日奉到臺灣省政府指定試辦部訂方案的命令，只有兩個月的準備時間，不要說經費有問題，就是經費不成問題，校舍也不是短期內所能完成，設備也不是一時所能充實，在實施上自難免發生問題，遭遇困難。根據縣政府的書面報告，除原有數校如「新竹一中」、「竹東中學」、「新埔初中」、「芎林初中」、「關西農校」等校舍，大體足用外，其餘新設各校，校舍都有問題。湖口初中增建教室七間，現正在招標。新竹二中新校舍，已招標建築，尚未動工，現借用北門國校教室七間。新竹一中寶山分校已建教室三間；計劃增建教室兩間，宿舍兩幢，尚未招標。湖口初中新豐分校，新教室正在建築，尚未完成，借用新豐國校教室及辦公室四間。新竹二女中正在與空軍聯隊協商，騰讓東山國校作爲校舍。竹北鄉決定將竹北國校全部讓出，作爲新浦初中竹北分校校舍。其餘各校校舍，亦均在進行興建中。根據以上報告，只有五個學校沒有問題，其他學校都有問題。校舍既不能事前建築完成，如期開學，勢必採取兩種措施：第一，借用國民學校教室；第二，實行二部制或三部制（湖口初中一二年級卽實行二部制。）據新竹縣教育科調查統計，四十四學年度全縣國民學校教室共八四五間，學生共一〇八三班，尚差教室二三八間。原有教室已不敷用，而增設之初中新校舍多未完成。又借用國校教室上課，當然影響到國民教育之推行。中學校舍不足分配，實行二部制或三部制，學生程度底落，也是必然的結果。舊的問題沒有解決，又增加了新的問題。國民教育沒有改進，中學教育也辦不好。這就是實施「部訂方案」的結局。

就設備來講，除原有數校外，新設各校根本談不到設備。如湖口初中，原僅有圖書四百餘册，理化儀器二十五件，博物標本五十二件，史地掛圖三件，最近增購圖書二百餘册，體育用品十件，理化儀器十二件，史地掛圖十餘幅，勞動服務工具十六件。一個中學圖書只有六百餘册，我想今天在座的同仁，誰的藏書也不止此數。設備如此簡陋，在教育實施上，一定不會收到良好的效果。

(三)師資問題　根據新竹縣政府所編的師資概況表，全縣公私立中等學校共有教師四一四人，就學歷分析，師大畢業七四人，肄業四人，普通大學畢業一二二人，肄業二八人，專科畢業一二六人，肄業五人，師範及中學畢業五五人。就檢定情形講，合格教師三五八人，代用教師五十六人。就各學校的師資講，一個學校代用教師最多的有八人，師範中學畢業的最多有十人。師資之不健全，由此可見。

(四)學生程度問題　根據新竹縣中等學校四十五學年度第一學期學生學科成績測驗統計表，三科(國文算術常識)總分零分至五十分四十五名，五十一分至一百分二六八名，一百零一分至一百五十分六五一名，一百五十一分至二百分一〇〇四名，二百五十一分至三百分六〇三名。就個人成績講，最高分數爲二九八分，最低分數爲零分。就各校各科平均成績講，「國文」最高分數爲八二分，最低爲五一、二六分。「算術」最高分數爲七二、六一分，最低分數爲一七、五分。「常識」最高分數爲七九、四二分，最低分數爲四六分。

我們再就新埔中學看：參加測驗新生三一二名(男生二一二女生一〇〇)，三科總分零分至五〇分一四名，五一分至一〇〇分三〇名，一〇一至一五〇分五三名，一五一至二〇〇分八四名，二〇一至二五〇分九六名，二五一至三〇〇分三五名。個人三科最高總分二八四分，最低總分七分。個人國文最高分數一〇〇分，最低分零分。算術最高分一〇〇分，最低零分。常識最高分九六分，最低分五分。就各科成績講：「算術」零分四八人，一分至五九分一六四人，六〇分至七九分五六人，八〇分至一〇〇分四四人。「國文」零分三人，一分至五九分五七人，六〇至七九分九六人，八〇分至一〇〇分一五六人。「常識」一分至五九分一〇人，六〇至七九分一二一人，八〇至一〇〇分八一人。

根據以上的統計，我們可以看出，學生程度的懸殊和成績不及格學生所佔之成數。儘管按能力分班，其程度太差者，在教學一定有困難，同時牽涉到一個大的問題，試問國校畢業生升學初中方案，其目的究竟是什麼？是延長義務教育呢？還是解決升學問題？如果是延長義務教育，應本「國民學校法」所規定之目標，着重國民訓練，所有課程教材都應重新釐訂編選。但各學校一仍舊觀，毫未改變，這如何能達成國民教育之功能！如果是爲解決升學問題，試問三科成績零分的學生，何必再給他深造的機會？這種教育，可以說是浪費，辦教育沒有目標，豈不是徒勞無功。

(五)其他

①芎林中學有十九年歷史，校舍設備都具有相當規模，在實施新制前，其所招收學生有四分之一是鄰縣和軍人的子弟，自實施新制後，因受學區限制，只能收容轄區內的學生，結果學生減少，每班不足五十人，這樣一個校舍設備優良的學校，不能儘量利用，這不能不說是教育上的損失。

②在座談會中，私立義民中學校長的報告，有兩點很值得注意：第一，很多學生因爲不滿意學區初中，或因收費太重，都到外縣去升學。第二，自實施新制度後，私立學校招不到學生。過去每年報考學生有八九百名，今年報考者只有三十餘名，且多未入學。這都是現實的問題。

總之，新竹縣試辦部訂方案，問題很多，教育行政當局，應面對現實，切實加以檢討、研究，解決問題，克服困難，以期獲得事實上的成功；並根據試驗成果，決定今後施政計劃，決不可規避現實，自我陶醉，邀功釣譽，以宣傳爲能事。』

×　×　×　×

本刊要特別聲明的，就是本刊發表張委員這篇報告，事前未經徵求張先生的同意。爲要盡到與論界的責任，像這樣關係國家教育前途的重要報告，我們是有義務向國人報告的。因爲國校畢業生免試升學一事，在新竹試辦之後，旣有這麼多的缺點，國人應該明瞭，不能讓少數人在那裏自我宣傳。而且我們希望這個方案下學年仍只能在新竹試辦，暫時不必擴充到其他縣市。其他縣市如擬舉辦，必須事先對經費、校舍、師資等等有了辦法之後，再行按步實施。教育乃是國家百年大計，不要胡來亂幹，貽誤教育前途。

張先生這篇報告，其態度之客觀，措詞之嚴正，我想各位閱讀之後，必會感覺出來，用不着我爲之特別介紹。再者本刊元旦號(第十六卷第一期)刊載了馮文正先生一篇通訊，題爲「我關心免試升學的前途」，也可以供關心本問題的讀者的參考。

印尼通訊

朱安達——印尼的新總理

蘇益生

朱安達是印尼現任內閣總理，他是一個無黨派人物，在蘇加諾總統於三月間發表救時方案失敗後，從夾縫中擠出來的一張王牌。他從組閣以來，安撫軍人，平息叛爭，予鄰近各島，尤其是蘇門答臘，高度之自治。他在印尼政局萬難中，登上閣揆寶座，這不能不說他具有無比的勇氣，因此印尼人民，都目他爲當前政治上一個新生的象徵。

朱安達的名字，是爪哇人慣用的一個單名，在國際間來說，可以說是默默無聞的人，其實，他在印尼來說，是屬于第一流的政治人物，他在荷治時代，是潛伏在地下的革命英雄，他在共和成立以後，從四十六歲起，便一連出任過十二個內閣中的要員。

在本年四月八日，朱安達忽然由總統蘇加納博士提名組閣，當他拜受大命之餘，他靜靜地思考了一個晚上，然後毫不猶豫的挺起胸膛，組織他從政十一年以來的印尼第十七屆內閣。他在奉命出門組閣之時，他吻着他的夫人道：「我明知國家有重重的困難，但爲了印尼，爲了印尼人民，此時我不得不奉召，我好似看到上帝在向我招手。今天起，我是屬于印尼人民了。」

朱安達是個身材矮矮胖胖小個的人，他說起話來十分遲緩，或許是因爲他是學工程出身的，所以他在對任何一個話題下決斷時，必然經過一番思考。他有決心也有毅力，但當前的經濟上和政治上的危機，他是否挽救得了，對這位新總理來說，乃是一大考驗。

他登臺拜相以後，第一件要務乃是如何去設法改善中央與地方之間的一天天惡化下去的關係，這裏所謂地方乃是指鄰近各島，特別是爪哇島以外最大的島嶼——蘇門答臘。印尼各島，事實上軍人羣起，各佔一方，已經形成了內戰的形態。特別是東印尼以不流血的革命，而取得政權，宣佈與中央脫離關係，印度尼西亞事實上已經成了四分五裂了。

他是十分向人民負責的人，上公不到二週，自己很勇敢的，跑出都門，而至軍人已奪過政權的蘇中省及蘇南省視察。他在蘇中省已經受到叛軍領袖胡辛中校親自的歡迎，胡辛在禮貌上處處尊朱安達爲相國。朱安達在蘇中省很自謙的道：「我的內閣不是克服國家今日面臨種種困難的好內閣」，但他堅信各省若與中央政府親善合作，一切難題，當然能迎刃而解。

朱安達此行雖不能立刻奠定恢復中央政府與蘇島二省之正常關係，但他能够排除異議，毅然親至蘇島叛變省份一行，已予全印尼人民一個良好之印象，他不以相國之尊，遍巡蘇省，探視民間疾苦，這種親民之行，儼然有古風，甚至是曾經激烈攻擊他的緊急內閣的許多政治家及人民，也表示贊同他這種親民的作風。

在國外的人，很少知道朱安達是印尼政壇上一把能手，其實最近十年來，他常常代表印尼政府分訪各國，他在一九五一年，曾經率領一個印尼代表團赴東京媾和，同時也商討日本戰俘遣送問題。他在一九五五年曾率領了一批印尼工程人員，赴北平考察匪區工業。他也到過加拿大美國及西歐等地。

這位新相國不但是個虔誠的回教徒，而且曾數次赴麥加朝聖，他曾向人道，我每次去麥加，每次總是把心靈洗一洗，他相信人神相通的學說。

也許由于他是學工程的緣故，因此在前任阿利內閣中，他是擔任經濟建設及計劃部部長之職，他曾經計劃印尼經濟上的五年計劃，外資投資管制的藍本，以及合作開礦的條例：這等等的計劃，現在都在靜候國會咨文的批准，一但獲准，立刻可以實施。

當他在做經濟建設計劃部部長的時候，他曾堅密的與聯合國技術工作人員及美國國際合作總署等一度工作過，凡與共過事的外國人，都說朱安達的毅力很强，很能幹，也是一位和藹可親的人。

有一位和他共過七年事的印尼官員批評朱安達的作風說，他做事一定在限期前完成，雖然他說話很慢，但做事很快，他處處講速率及效能，他非常好學，尤其喜唸哲學和經濟學一類的書。他對於問題喜歡先分析，然後再下手去做。

印尼位于赤道上，原是天氣十分炎熱的，但朱安達每天能工作自八小時至十二小時之久，在工作的過程中，他幾乎每天在下午五時至六時，要玩一個小時高爾夫球，他說：「這是最好的娛樂與休息。」

他是清一色的回教徒家庭，有一位賢淑的妻子，回教多妻，但朱安達祇有一位妻室，他膝下已有四女，較長的兩個女兒，已在印尼大學攻讀法政，家中的陳設不完全是西洋化，有些荷蘭風情，但還有不少印尼本色。

朱安達個性十分沉默，也寡言笑，他不喜穿花花綠綠的衣服，像前任總理阿利那樣，但常常穿灰色西服，衣服顏色之深沉亦一如其人。根據凡是和朱安達來往過的人們，總是說朱安達的心是熱的，他是一個善良的「哈琪」(去朝過聖的回教徒)。

他雖然是當今印尼的內閣總理，但他喜歡參加雞尾酒會、招待會及晚宴。他很像一個清教徒，然而做了總理，上述一切的酬應，又不得不出席，但是每當他出席了這種盛會，有朱安達在座，必然四座談笑風生，他能講英語，荷蘭語及德語，自然印尼語更是說得幽默了，他所談的東西也是十分廣泛。

他從不飲酒，但吸煙至狂。因爲節省印尼的外滙起見，他老是吸印尼土製的烟捲，他省儉的作風，人們批評他，很像荷蘭人。朱安達出生于西爪哇，他的父親曾在荷蘭統治時代當一名督學。他曾入荷文中學唸書，先生們都稱贊他是一位好學不倦的學生，一九三三年他卒業于萬隆工業學院

(下轉第31頁)

熄滅了的星火

童　真

石靑伯坐在這小木屋的窗前，額頭緊抵着窗玻璃。從窗縫中鑽進來的一股股細細的冷風，在他耳畔噝溜溜地作響。在往時，碰到這種情形，他的耳孔就會發癢，好像有隻俏皮的小蟲直往裏鑽；然而，今天，他對于這富于挑逗性的風聲，竟能充耳無聞。

以這種姿勢，他坐在這裏已經很久很久了。透過那層窗玻璃，他曾看見：在藍黝黝的夜空上，幾顆稀疏的星在怎樣寂寞地閃爍。他也曾注意到：在夜的歷程將終時，牠們又怎樣凄涼地顫巍巍地殞落下去。就當牠們在天際劃着生命的弧線時，夜，滑過去了。然而，他，却似一座跌依在窗邊的石膏像，動也不曾動過。他不想動，太深的悲痛使他的心變得麻木了。而此刻，他看到，在窗外，黎明已在夜幔的後面漸漸顯露，蒼白而沉鬱，如一個滿懷心事的病弱少女，她爲了怕冷，終于裹上了那件厚厚的灰色棉披風——這是一個沒有陽光、陰沉而冷澀的早晨。

他終于移動酸麻的兩腿，站起身來。「白雪！」習慣使他衝口想喊，但這兩個字音還沒被形成，就噎死喉間了。牠已經死了，那條老狗！他把目光移向床脚邊，那用稻草破絮舖成的窩裏，僵直直地躺着那隻狗。連牠也永遠離開他了。

「白雪！」他激動地喊，跑了過去。他不能相信牠就此死去——他不敢相信，也不想相信。他要把牠喚醒過來。「白雪！」——一無動靜。他跪了下來，把手指插進牠的毛叢裏。以前，在冬天，牠曾多少次烘暖了他冰冷的雙手，而現在，一股寒森森的感覺，却由指尖直透上來。他從沒想到在厚厚的毛叢裏還有冷的存在！啊，這不是夢，牠確是在昨晚九點光景死了。他把頭垂偎在牠的背上，他那皤白的頭髮跟白雪那多日未洗、略現灰色的白毛混在一起，分不清彼此。他沒有淚，祇張着嘴，口水順着嘴角流出來。無聲的絕望的悲哀。

屋旁，開始有人在鋤地，或許那塊一直荒蕪着的土地是太堅硬了，一下一下的鋤鑿聲重重地敲打在他的心頭上。他彷彿看見鋤頭落處，褐黃色的泥塊飛濺開來，就像有人挖掘墓穴那樣。他這才記起，今天，他也要到不遠的坟山去掘一個坑兒，親自把白雪埋葬。

他根本不想吃早飯，昨天嚥下的晚飯依然梗在胸口。在窩邊，他瞧見昨晚的狗飼還原封不動地放在那裏，現在看來，牠竟像是祭品一般。那隻盛食的鋁碗，在幽暗的房間中閃着令人打顫的鉛灰色的微光。以後，他進食時，將再也用不着牠來裝盛狗飼了。以後，在這屋子裏看到的，將祇有他自己的一個身影，一雙脚印，感到的，也祇有他自己的呼吸！

他强打起精神，起身去找來一條半新的草蓆，把牠平攤在地上，又將白雪搬到上面，像打舖蓋那樣地把牠捲起來。草蓆是他在熱天時寢臥用的，這就使他有種自己也一同被捲在裏面的感覺。那條結實的舖蓋繩子也給拿出來了。在捆紮草蓆時，他總不時觸到狗的四脚和頭部。他的手在顫抖，他突然停下來，還以爲是白雪在動——但什麼都沒有，僵硬冷森，如這座低矮小木屋裏的空氣，如一個孤獨老年人的晚景！

蓆包已捆紮停當，他費力提起繩子，又在門邊拿了一個鐵鏟，開門出去。外面，風冷雲厚，寶島的春天哪有這麼冷峭肅殺過，這倒頗像故鄉江南的深秋。白雪很重，使他步履蹣跚，他想，祇有老年人和未成年的孩子，才會對這十多斤重的東西有不勝負荷之苦。

他緩緩地朝着坟山的方向前進。那條赭色的小泥路，很平坦，很光滑，踩在上面，就像踩在故鄉那滑溜溜的紅石板路上；那右手提着的蓆包，也像是當年上學時所帶的舖蓋。歲月如攝影者手裏的三脚架，一下子縮了回去，縮到那矮小的年輕時代。

他小時長得很矮小，十二歲時，看來還祇有八九歲。他對朋友總這麼解說，這是他先天不足；當然，他心裏何嘗不明白這是他吃得太差。他家裏窮，母親拖拖拉拉地帶着一羣小弟妹。他父親是個販賣女人們日常用品的貨郎兒。掮着一副貨郎擔，噗啷，噗啷，噗啷……無休止地搖着那隻小皮鼓，成天在外跑，挨家挨戶地，把這單調的聲響帶到農村樸實婦女的耳中，從她們那裏博取一些蠅頭微利。噗啷，噗啷，噗啷，噗啷……他一邊走，那鼓聲一邊響，他走得越快，那鼓聲也就響得越頻，宛如他是被那鼓聲追趕着，宛如那鼓聲裏有着妻兒們的啼哭。

打他有這種感覺起，他自己就立意要讀書。他不但要讀，而且要讀得好，讀得高。他大起來，也要做些大事，賺些大錢，他要讓父母享幾年晚福，讓弟妹們舒舒服服，讓自己……讓自己的兒女不要再過這種生活。他人雖小，但他的心却已懂得很多了。自來窮苦的孩子總是早熟的。當時，連他父母都無法瞭解他。他讀了三年私塾後，就被逼去學裁縫，跟着師父從這家趕到那家。倒臉水，調漿糊，呼嚕呼嚕地吹熨斗，薄薄的白炭灰從熨斗口裏揚出來，落滿了他一頭一身。師父不高興時，黑漆厚實的老尺便會倏地橫飛過來，使他光亮的前額平添上一個靑裏帶紅的大疙瘩。他學了一年，連縫針都拿不穩，師父叫他編鈕子，他總覺得自己好比是在攀登一條漫無止境的樓梯，一級復一級地，怎麼老是攀不到梯頂！

他不願在冷板櫈上度過他的一生，忙着爲人縫製嫁衣。五光十色的綾羅綢緞，不是他討生活的對象，他有他自己的理想。那時正是民國元年的仲夏。他受了革命黨人精神的感召，終于鼓起勇氣，帶着一些數目少得可憐的月規錢，不告而別，步行到寧波，考上了斐廸學堂。等他回到家來，他父母的心腸竟軟了下來，他們又悲又喜，像孩子似地對他哭哭啼啼：

「石青啊，天下哪個父母不望子成龍，說來說去，祇是因爲我們沒有錢。難得你要上進，千年瓦爿會翻身，我們就指望你了，好歹總得把你的學費張羅起來。」

這一段短短的日子，他不知道是怎樣挨過去的。每天，他的母親跑到外面去，求奶奶拜爺爺地去借錢，而他除了陪着幾個吵吵鬧鬧的弟妹以外，還死啃着書本。如果一個窮人想知道什麼是自找痛楚，那就是伸手去向人告貸。看着空手回來的母親，她那菜黃色的臉被過濃的悲哀浸得略微有些浮腫，他簡直不忍再去堅持他的主張，他簡直懷疑自己這樣做，是想拯救家庭，還是想拖垮家庭？最後，族長可憐他們，終于在公產名下撥出幾十塊錢，充當他第一學期的學雜費，以後，一概不管。那白花花的銀洋，洒上他們自己那白瀅瀅的眼淚，在白色天光下熠耀——那銀洋上的老鷹的翅膀正負着他的命運！

離家的前夕，打好了舖蓋，外面再用一張半新的草蓆包起來，裏面是一條薄被以及衣服、布鞋、書籍、臉盆等——他全部的行裝。初秋的早晨，在父母的叮嚀下，他提着舖蓋，開門出去。一陣風，迎面撲來，屋旁那枝梧桐樹滴溜溜地旋下一片巴掌般大的葉子來，不偏不倚地落在他的脚前，他彎身把牠檢起，放在短衫的袋裏。對這個貧困的家，他不勝依依抬頭望去，那條紅石板路這麼自如地伸展着，正像他父親掛在貨郎擔裏的緞帶。陡然，他勇氣百倍，向前走去——走向他未來的前程……

那條提着白雪的右臂膀，漸漸地越來越酸痛了，他祇得把牠放下，在路邊歇下來。年邁竟比年幼還無用呵！以前，他提着舖蓋，曾步行過三十多里路。兩臂由酸痛變成麻木，十指被舖蓋繩子勒得又紅又熱，一根根猶如剛出鍋的滾燙的油煎麻花，但他總是歇一歇，就馬上咬緊牙齒重新提起舖蓋趕路；因爲那紅石板路的盡頭，便是光明的遠景。祇有一步一步地前進，他才會一點一點地更其挨近它。年青的心中，有一堆用青樹枝燃燒着的希望之火；靠着牠，他可以什麼都不怕。然而時間漸漸過去，柴枝冒完了煙，變成了殷紅的炭，最後祇剩下一小撮微溫的死白的灰燼。生命從黛綠而梔紅以迄于蒼白，他也從那條紅石板路，走到這條赭色的小泥路來——走向那去埋葬白雪的荒涼坟山。

身邊不時擦過幾輛單車。他想，這個海島眞是單車的王國。幾乎每家都有一輛車子，從十來歲的孩子到五六十歲的老人，差不多都能騎車如飛。剛想間，嘀鈴，嘀鈴，嘀鈴……

又是兩輛單車風般地掠過去了。兩個穿童軍裝的十四五歲的男學生，前後唧接着，往鎮頭的方向馳去。車遠了，但鈴聲却被風吹落在他的身畔，久久不散。清脆的，悠揚的，悅耳的，響着年青人無憂無慮的歡樂。他這才記起今天原是星期日。這幾年來，日子對他已經沒有多大意義，那份掛在牆上的日曆，竟成裝飾品。有時，連一整月都沒撕掉一張，好似他故意想把歲月強留住；其實，目前這凄苦的日子縱使能强留住又有什麼用⁉他想留住的是那已逝的青春！

他年輕時，沒有過過無憂無慮的歡樂，但縱然這樣，青春自有牠本身的歡樂。他窮，他苦，但他有憧憬，有希望，所以他還是常常高興的。在學校裏，他不是一個頑皮的孩子。他有禮貌，肯用功，成績總是遙遙領先。每到星期日，當同學們三五成羣地外出遊玩時，他有時也眞想偷上一會兒懶，出去玩玩。但父親那噗啷，噗啷，噗啷……的小皮鼓聲却越過遼濶的空間向他逼近來。「石青啊……我們就指望你了……」他像猛地挨了一拳，倏然跳了起來，抓緊了書，好似這書就是落水人所祈求的浮木。

第一學期的學雜費是由公產名下撥給的。以後他以出衆的成績在善人所設的輔仁堂裏領得了一份津貼。在那裏畢業後，他以名列前茅由母校保送到上海的聖約翰大學，開始了他半工半讀的生活。這像是一個奇蹟。他，一個貨郎兒的孩子，竟能有緣踏入這個貴族化的大學。靜靜的夜晚，他獨個兒坐在校園中，那小皮鼓的聲音又響起來了，噗啷，噗啷，噗啷……不過沒有以前那樣頻急，叫人心亂，牠緩慢中帶着親切，帶着一絲讚許的溫存。現在，他可以不必再這麼怕牠了，因爲他現在已有理由相信他不會讓他的父親永遠搖着牠了……

手臂的酸痛略微好了些，石青伯重又提起白雪和鐵鏟前進。氣壓越來越低，猶如壓在他的頭頂上，他抵着整個天的重量，使他的背也微微駝了。突然，白雪的尾巴從蓆包裏漏了出來。硬挺挺地。他放下蓆包，仔細地把尾巴塞進去，再舉步向前。以前，當白雪健壯時，他到外面去，牠總是陪着他，時而尾隨，時而前導。有時，跑得遠了，就停下來等他，看他走近，得意地擺擺牠的白尾巴，軟軟地，有彈性地，有規律地，如在揮動一根四周紮着白色鬃毛、一根老長老長的瓶刷子，刷得他陰冷的心窩溫暖而舒平。然而今天，牠倒很像一根灰白的棍子，不，簡直像根沾滿了泥灰的哭喪棒兒——他父親出殯時，他拿的那根哭喪棒兒。

大學畢業後，他幸運地進入了揚州的鹽務稽核分所，充任三等科員，派在浦口協助緝私事宜，月薪一百元。但父親剛放下貨郎擔、小皮鼓，便伸伸腿死了。這可憐的老人，他大半生消磨在鼓聲裏，心靈永遠在喧鬧中顫慄。直至有一日，他眞能丟棄牠，他自己却也像鼓聲一樣消逝了。他得到噩耗，回家奔喪，想着父親一生所過的日子，淚如雨下。以後，他無論何時，一想到父親的死，只會熱淚盈眶，但他萬沒想到他的晚年竟比父親更凄愴；他父親死時，還有妻兒們隨侍在側。現在，他連最後一個友伴白雪也先他而去了。

安葬了父親，當晚，一家人圍坐在小屋的火盆邊。那時，冬意正濃。外面，祇有北風的哀嚎，一陣又一陣，連天地竟也有哭不完的傷心憾事！打紙窗的破洞裏望出去，月冷星寒，天空像塊古青銅，這麼幽森，這麼板實，那時，他簡直相信，如果有人用塊石頭向牠砸去，牠便會「噹」地發出聲來。屋子裏，火盆發出熱與光，母親的眼睛紅腫得像棗子。兩個已經出嫁的妹妹，正默默地在餵自己孩子的奶，而三個才十歲左右的小弟妹，却在溫暖的火邊昏昏欲睡。母親的眼色，悲哀中還略帶不安。她時時望着他。那時，他是一個多麼被人重視的了不起的英雄，他們的希望歸依于他，他們的命運寄託于他。他，要用隻手撐起這個快要傾圮的家。

「娘，」他終于開了口。「鄉下還有沒清的債務嗎？」

「全清了，石青……」

「娘預備以後怎樣？仍在這裏住下去？還是跟我到浦口去？」

他那矮小的，被長久的辛勞生活壓縮得像葡萄乾似的母親，聽了這話，簡直答不上來，去？還是不去？一生當中，她從不曾走出過這座村莊，彷彿在這塊土地上生根的樹，她擔心別處是否跟她適宜。她祇是尋找托辭：

「祇是這棟小屋怎麼辦？」

「關起來就得啦，這屋反正值不了多少錢。娘，我在那裏一個人也怪孤單的，你跟弟妹們搬過去，大家都有照應，弟妹們也好上中學了。」

「呃，就這麼辦吧——這個家幸而有你。回想十年前，你要進學堂，我東奔西跑都借不到一個錢，那光景多慘……」母親說着，說着，又哭了起來。他知道她並不是專爲憶起這件事而哭，她一生中經歷的苦難太多，抑制得太久，她要趁這個悲慟的時光哭個痛快。

他默然地望着火盆。火，漸漸小了。他撿起幾根松枝扔進去。松枝發出噼啦、噼啦的清脆響聲，一股火舌竄得老高，照光了圍坐着的人們的臉孔，也映紅了這黝黑的小屋子。一個松實在火盆裏給燒得通紅，活像一個紅瑪瑙。他的心情在悲哀中，略有一絲驕傲，以前，本是一個不值一顧的松實，而現在却已給鍛成一顆紅瑪瑙了。無論如何，他的努力，他的奮鬪，都沒有白費。

火熄滅時，已是子夜。他掌着燈，扶母親站起來，說：「娘，再過五天，我們就要走了。」

母親茫然地望着他。

「家裏的事，都無用娘操心，我來動手——該帶的就帶，該丟的就丟，你放心。」

母親把整個身子靠在他的手臂上。他忽然覺得平日這麼能幹的母親，如今却像孩子似地，需要他來保護。他當時不懂這是爲什麼，現在才知道老年人的心竟比孩子還脆弱，比孩子還要盼切溫情。

白雪，越來越重了。在途中，他放了好幾次，幸而，越過大溪，前面不遠，就是坟山。他走上一座吊橋。橋面上鋪着木板，他自己步履的蹣跚，再加上吊橋的幌動，使他感到猶如置身在一隻顛簸不定的小船上。攀住鐵索的欄杆向下望，他可以瞧見漲得很高的春水就在下面。那滿天雲塊，映得溪水也變成灰黯了，煞像暮靄低垂下的浦口江面。

他把家安頓在浦口以後，就經常在那一帶從事査緝私鹽的工作。帶着十幾個緝私兵，分乘幾隻緝私船，在江上巡邏，遼濶的江面，駕着小舟，徐徐滑行，回過頭來，映入眼簾的是泊在碼頭邊許多大小不同的船隻，向前望去，極目之處，依稀南京。他每天蕩漾于水面之上，感到悠閒自得，了無掛碍。他曾往來于清晨的江面，看朝陽怎樣把晨霧染成金色的薄紗，但他尤愛暮時的江畔，淡灰的天，淡灰的江面，淡灰的暮靄籠罩下的船艇和建築。一概全是淡灰色，宛如一幅淡雅超卓的中國山水畫，而他自己便是幸運的畫中人。時間過去，夜，隨着兩岸的萬家燈火來臨了。深邃幽黑的江面上，祇倒映出點點星星和燈光，像綴在黑緞上的顆顆寶石。他燃起一支煙，小船飛馳而過，那煙頭火的影子滑過水面，恰如掠過天際的流星。他撿亮永備牌的大頭長電筒，向江面掃射，猛然，他瞥見有十多隻模樣兒相仿的木船，正疏疏落落地從上游駛來，牠們揚帆疾馳，似乎是想急忙逃過這帶江面。他揚起電筒，用燈光做了訊號。幾隻小船便箭般地分向牠們竄過去。他們大聲地叱喝着：「停下來！」但那些木船祇是不顧一切地疾駛。他再一揮手電筒，一個緝私兵便舉起了槍，砰地朝天開了一槍。「停下來！」黑亮的江面上，那些木船忽地像膠住般地不動了。小船駛近去，他攀上那隻領先的木船，看見船上裝滿了一包包的食鹽。

「把完稅的單子拿出來。」他說。

船上的人探索過所有的口袋，但却拿不出來——他們根本沒有完稅，却推說單子丟了。一個中年漢子，彎腰拱手，笑容滿面，挨近他：「先生，眞是落掉了，後面十一隻船也是我的自已人，通融一點。」他從船頭艙板下拿出兩聽香煙，硬塞給他。他用電筒直逼着那兩隻香煙罐頭。那是兩聽大英牌香煙，金黃色的蓋子並沒有蓋緊。他打開一隻蓋子，罐裏實篤篤地塞着一捲十元鈔，再打開一隻，裏面又是一捲十元鈔。他怦然地心跳起來，那小小的鉛皮罐裏，竟是一宗他先前所夢想不到的財富，要用他父親十多年在鼓聲裏消磨的歲月才能換到牠！他一低頭，脚邊就是黑油油的深邃的江山，他稍一不愼，就會栽下去，永遠爬不起來。他打了一個哆嗦。舉起手，用力把罐頭摔到船艙裏。

「我用不着！」他說，然後，回頭向幾個緝私兵招呼：「告訴別的弟兄，把所有的鹽船帶到岸邊去！」

他不再理睬那鹽梟的打恭作揖、苦苦哀求，轉身站在船頭上，眺望浦口岸上的絢燦燈火。暗流漸漸在他身後流逝，燈火越來越近。在他人生的歷程上，那貧苦的暗流也終于過去了。他在處理這件事情上的奉公守法，廉潔忠貞，大大地博得了上司的信任，奠定了他日後在事業上的一帆風順的基礎。

他回家已是次日上午。他家住在二層樓上。他登登地衝上樓梯去，覺得自已剛做了一件了不起的事，別人都有避讓他的義務。那樓梯本是旣窄又陡，老年人攀登牠，好比攀山一樣吃力，而年輕人却正可以在這裏試試他的活力。他這麼一股氣地衝上去，毫不理會上面剛有人走下來。而那個年輕的女房客，手拿着鈎針、線團，正在鈎織一隻小小的錢袋。她以爲自已是個新來的房客，別人也會讓她的路。因此在樓梯的上端，他們兩個人便撞上了。要不是他倆及時攀住旁邊的扶手，準會摔下樓去。

他們面對面地站立着，僵持好久，像兩隻昂首相鬬的公鷄，誰也不肯讓誰一步。他看她雪白的圓臉漲成粉紅色，而她手中的粉紅線團也早已骨碌碌地滾下樓去。他揣想得到，牠一定沾滿了塵汚，躺在樓梯脚邊。他想，那粉紅線團眞像她圓臉的縮型。假使她的臉，不，她整個的身子，也像線團那樣滾下去，那她粉白的嫩臉是不是也會給摔得青腫腫的一團？他忽然感到不忍，慶幸自已沒有眞的把她摔下去。這一念頭，終于使他自動道了歉。

「對不起，撞痛你了——我眞太魯莽了。」他說着，向旁邊移了半步。

她頭一偏，這才微微一笑。粉紅線團突然變成了嬌媚的淡紅玫瑰，不是從花店裏買來的，而是剛從淸晨的花園裏採下來的。她的光彩把樓梯都照亮了。

他沒想到他的道歉，竟成了他們日後過往的砥石。不到一年，她便成了他的妻子。他倆一同度過了多少年和諧的愛戀生活！她替他生了三個孩子——一個女兒，兩個兒子。除了料理家務照管孩子而外，她空下來就喜歡織錢袋。大大小小、各式各樣、五顏六色的錢袋，裝盛銅板、銀角、大頭、鎳幣和鈔票。而她自身，也跟錢袋一樣，把錢一個個省下，藏進去，待別人需要時，又鬆開帶子，倒出來。至于他自己，則是一個永遠帶着錢袋、不虞匱乏的幸福丈夫。十五年中，他所希冀的，幾乎全都獲得了。嬌妻、愛兒、金錢、地位。他培植了弟妹，並爲他們婚嫁。他潤綽地安葬了母親——母親是含笑而死的，而他也因爲盡了子責，沒有像父親死時那樣悲痛。他想像二三十年後的自己，一個白髮蒼蒼的慈祥老太爺，同着自己的老伴，生活在兒孫繞膝的安樂氣氛中。他忽然覺得，人，辛勞一生，除對國家謁盡棉力而外，對自己，最重要的，無非是想享受晚年的一份安樂和溫馨。他沒有去揣摩孤妻究是什麼滋味，他可以不必去想牠，因爲那時，牠之離他是如此之遙遠，遙遠得像是永遠挨不着他。然而，料不到的事情却偏來了，是因爲他不幸生在這個戰亂的時代？

小路已到盡頭，坟山就在跟前，他慢慢地支撐着走上去。其實，說這是山，還不如說這是個大土丘。一眼望去，儘是高高低低的坟堆。黃土掩埋着白骨，不同的人生，但都歸于同一的結局。他悲嘆了一下，揀一塊空處，放下白雪和鐵鏟。他自己也在旁邊站下來休息。天，不知什麼時候已經下起毛毛雨來。白濛濛，毛茸茸，不斷地貼到他的身上、臉上，一如往日白雪用牠長着白毛的身子挨近他的那種感覺。那時候，牠挨着他，使他想起故鄉江南的白雪，四川自、貢一帶濃厚乳白的晨霧。他感到親切，又感到悲哀。此刻，他站在坟山上，俯視下面的溪澗、田疇、恍惚自己又站在自流井那傍山而築的鹽務局辦公廳的前廊上。

抗戰軍興時，他奉令調長四川鹽務局。靠着前廊的欄杆向外望去，前面是條如帶的溪水，溪那邊，則是一座座高聳的鹽井架，那模樣兒就像廣播電臺的鐵塔，右邊，在位于山巓的他官邸的下首，是刻着「中流砥柱」四個大字的石壁。在黃昏夕照下，牠顯得莊嚴而閃熠，如一面永遠不會被擊倒的勝利旗幟。每每，他激動得熱淚盈眶。想起外寇當前，國運維艱；而自己又値壯年，理該如何脚踏實地，埋頭苦幹，興利革弊，開源節流，爲國家增加稅收。在那幾年裏，他確實翦除了鹽務上的許多秕政。公畢回家，在夜深時分，他總還要在燈光下披閱他的前輩林振翰著的「川鹽紀要」，妻則在他身旁補綴衣襪。

「你先去睡吧，孩子都睡了好一會了。」他抬頭對她說。

「我陪着你，」她回答。「這裏是山上，太靜了。」

「不用了。這麼一把年紀的人，難道還怕什麼鬼怪？」

「我不是這意思，我是擔心你怕孤寂。一個人，年紀越大，就越怕孤寂。」

「可是，我有你，」他伸手捉住她的臂膀。「而且，我還有我們的孩子，卽使別人離開我，你們是不會離開我的。」

他想得太天眞嗎？一個人倘若沒有漫長的歲月來做試金石，你就永遠無法知道人生的變幻莫測。在熠耀璀燦的表面下，原隱藏着多少突發的不幸呵！

在川八年，他們天天盼望勝利還鄉。勝利畢竟來了。牠來得突然，使人們的心從痛苦一躍而臻于狂歡的頂峯。還鄉的夢，太平盛世的夢，晚年安樂的夢，在那不眠之夜，連續不斷地映現在他凝視着的帳頂布上，彷彿他小時候瞇着一隻眼，凑着鏡頭在看西洋鏡，令他心醉無已。

每個人都歸心如箭。各種交通工具上都擠滿了復員的人。那時，他恰好奉令調長浙江鹽務局，這自然叫他得意。他好容易才買到兩張車票，便叫妻和最小的兒子先行啓程，到重慶已出嫁的女兒家裏住幾天，等他辦完移交之後，再跟大兒子同去重慶滙合，然後南下。妻兒動身的那天，是個有霧的日子。妻穿着一件桃灰色的毛葛夾袍，這還是十年前在上海做的。梳着橫S頭。右手拿着一隻皮箱，左手提着一隻胖鼓鼓的粉紅錢袋，他再一注視，牠不就是她第一次碰見他時正在織的那隻錢袋！他喚了她一聲，她正跟在兒子後面跨上汽車去，回過頭來，微微一笑。那笑容又使他記起她第一次的笑容來。他內心的感情波動起伏。他想，雖然歲月和世事不斷地前進、變幻，幸而他們還有兩顆永遠不變的心。一時間，他簡直不想讓她先離開，即便是極其短暫的別離，他也受不了。他又開始喚她，她伸長了頸子，叫他放心。他的臉漲得通紅，他眞想告訴她他那時心中的感受，但他的喉頭却像被什麼梗住似的，說不出話來。他舉起手，揮着——不，招着，招她下來，熱切而迷糊地。車子的引擎響了，她不懂他這時的心緒，也揚起手揮着——車駛走了，進入霧裏，他仍然呆立在那裏，招着手，但她無法再看到他。霧已經把他們隔開了——而且把他們永遠隔開了。就在那天，她和兒子在車禍中死了。

他憂傷過度，生了一場大病。病中，他常覺得自己仍坐在那隻緝私船上，船身顚簸搖幌，江水寬濶混濁，使他頭昏目眩。他又覺得自己在攀登那既窄又陡的樓梯，沒有一個伴兒，沒有一絲光亮，他攀登得兩腿僵麻，腰背酸痛。而且，那消失了多年的父親的小皮鼓聲又響起來了，噗嘟，噗嘟，噗嘟……喧鬧中有那寂寞的悲哀。他忽然覺得自己眞的老了，老得像那快要被淘汰了的古老的小皮鼓的聲響。

他的病，使他丟掉了差使，因爲他久久無法前去杭州接事，上峯就以年老爲辭，叫他退休。他果眞老了嗎？從未成年起，多少年來，他一直在跟生活命運搏鬥，他過得太緊張，太辛勞了，他或許是該休息了。幸而，他的女兒已經出嫁，他的大兒子也只差一年就可以在大學畢業。想到他們，他略微感到安慰些。無論如何他還有兩個骨肉。在未來的歲月中，他們將會不斷地輸給他以溫暖。

他已經休息好一會了。他拿起鏟子，用勁鏟掘泥土。他沒有想到這鐵鏟今天會這麼沉重，是因爲裏面有那重甸甸的悲哀？

一年以後，他的疾病才告痊癒，這時，大兒子已在大學畢業，他成親養子之後，又去美深造，而他自己也就帶着媳婦孫兒從四川回到江南的故鄉，旋又因爲逃避赤禍從故鄉來到臺灣。這期間，他跟女兒一家人便失掉了聯繫。在異鄉的這座小木屋裏住下來，他雖沒有一個鄉友親朋，但却有媳婦的侍奉，孫子的承歡，倒也十分稱心。他最殷切的期望就是等待兒子的歸來。他計算着他的歸期，迫不及待地撕掉每天的日曆，想像着如果這一疊小紙片會像一羣鴿子似的一下子展翅飛去，那該多好！

「他回來後，這一次，我什麼都卸給他，不管了，我可眞的要過些安樂的日子。」

「他回來後，這屋子怕不够住了，我們要賣掉牠，租一座比較寬敞的房屋——不，或許他工作的機關有合適的房子配給他。」

「他回來後……」「他回來後……」每天，他在腦子中架設着的儘是一些「他回來後怎樣」的樓閣。直至兒子眞的回來，他覺得祇要兒子一開口，說這不好，說那不好，他馬上就會說出一套井然有條的計劃來。然而西裝畢挺的兒子來到家裏，對這小屋却採取漠然的態度。他等得不耐煩了。

「小青，」他說。「你覺得這屋子怎樣？」

「什麼——啊，當然，差一點，但還可以住。」

兒子正在逗他自己的孩子。

「你意思是住下去？」

「是的。」

「那你連一間書房也沒有，這總不大好，或者我們再搭一間。」

「什麼，你預備給我住？啊，說起這，我倒忘了，爸爸，我這次來，沒打算在這兒住下去。我已在美國找到了一個小小的工作，我是，我是……」

「你是特地來接家眷的。」他悻然地替他接了下去。

「還有你爸爸，如果你也喜歡去。」他不自然地說。

「不用在我面前說違心的話。」過殷的期望祇換來兒子這份淡漠的心意，他抑制不住悲憤，大聲地說，「你厭煩我，你儘管帶着老婆兒子遠走高飛好了，你大了，書讀成了，會賺錢了，該可以把老父親踢開了，『如果你也喜歡去』，這是多好聽的矯飾之詞！但我告訴你：我不喜歡。我不願求你憐憫，寧可在自己的國土上住下去！」

小青沒再答腔。但他住了半個月，待辦理好了妻兒的出國手續，便走了。那是幾年前了？六年多了。六年前的冬天，天寒風大。他送他們趁上北上的火車。小青嘴裏說得多好聽：「爸，我會常常寫信來的，祇要有機會，我就會回國來看你。」「爸，我經常會滙錢給你，你不用發愁。」難道他以爲金錢可以補償一切？那天，他不知道自己是怎樣走回家的。那條路變得又長又軟，他擔心自己隨時會陷下去，永遠站不起來。他到達小木屋前，簡直沒有勇氣去推門，那裏面，除了一些沒有感覺的傢俱用品而外，已沒剩下一樣活的東西了。但他還得進去，他沒有別的地方可去。他進去掩了門，坐在空落落的屋子裏，用手摀住臉。外面，風追逐着，尖叫着，裏面却是滿屋子的沉寂、空虛。他記起了那座曾經度過他童年的古老小屋來。小時候，他的天地多熱鬧，多擁擠！五六個弟妹，父親，母親，一家八九個人，塞在一座比現在還小的小屋裏。挨着，踩着，像竹簍裏的螃蟹：碰來碰去都是脚。當時，他曾厭惡過那種熱鬧、擁擠，現在，他却恨不得回到那個時候去。他突然聽見虛掩着的門被推了開來。是風吹開的吧！他沒有站起來去把牠關好。他想，讓風進來也好。風還會總吹動，會發出聲響，像是活的東西。人可以什麼都不怕，不過，他可不能不怕孤寂。他坐着，等待風的冷手掌的撫摸，但他却聽見門邊有嗚嗚的叫聲，這不是風聲。他從臉上放下手，向門邊瞥去。門邊躺着一隻狗，那隻每日來乞取殘骨剩飯的狗，一隻沒有主人、到處流浪的可憐野狗。牠抬頭望着他。牠那原本白色的毛，已被塵土沾汚得失掉了光彩。牠瞧見他在看牠，站起來，搖着尾巴走過來。他伸出手，在牠的頭上輕輕地拍了一下。牠嗚嗚地叫了兩聲，親熱地挨近他，用身子擦着他的兩腿。熱烘烘，隔着一層布褲，那種溫暖，剎那間直透到他心的深處。他不自禁地俯下頭去，牠也在抬頭看他。牠的眼睛是淺褐色，牠忠誠地、依戀地、戚然地望着他。他覺得那像是人的眼睛：牠懂得他的一切，因爲牠自己也是一條凄才的得不到溫情的狗。他忽然從椅子上滑下來，跪在地上，抱着他的頭頸，哭了起來。一股冷風從門縫吹了進來，但狗的身子却是足够把牠擋住了。

「白雪！」他輕輕地喚，那是牠前此走來乞食時、他看牠混身白毛而給牠取的名字。「白雪！」

牠又嗚嗚地低叫幾聲，用牠粉紅色的舌頭舔着他的臉，那舌頭柔軟得猶如海綿。

「白雪！白雪！」他放下雙手，用那遍佈皺紋的臉輕擦着牠的背毛，夢囈般地喃喃着。多少年前溫柔的往事都翻騰起來了。慈母懷中的舒適，愛妻臉頰的溫馨，兒女胖嘟嘟小手的柔滑……像潮水一樣地相繼湧來，但又像潮水一樣地，漸漸低落、消退、遠去；剩下的又祇是目前白雪身上所散發出來的那份溫熱。

「你不用走，你跟我住在一起好了。」他驀然大聲地說，像對一個人說話似的。

他把牠收養下來，當作他唯一的朋友，唯一的親人。牠的窩就舖在他的床頭邊。他躺着時，可以俯首看到牠。早晨醒來，他第一聲就呼喚牠。牠把前足架在床沿，用舌頭舔他的手，用鼻子嗅他的臉，把這天中第一次的溫暖帶給他。他常常替牠洗澡，牠的毛變得純白了，宛如一堆白雪。他走到那裏，牠跟到那裏；他坐下來，牠便躺在他的脚邊。他想說話時，儘可以對牠絮絮而談。在岑寂的下午和晚上，他坐在矮竹櫈上，撫着牠，回想起自、貢一帶的濃霧，懷念着江南一帶鬆軟的白雪。他輕輕地對牠說。

「白雪，你想去大陸嗎？」

牠豎起耳朵，睜着眼睛，諦聽着。

「你想去，對嗎？因爲我喜歡去。你是不肯離開我的。哪一天反攻成功，我就哪一天帶你回去。讓你見識見識跟你的毛一樣白的白雪。這裏雖好，却不是我的老家，我終究要回去的。我老了，我改變不過來，我對什麼都太陌生。我不懂別人，別人也無法懂我。我的記憶大半生根在大陸上，我太寂寞了。如果我有一個家人在這裏，那就好了，但他們都離開我了。你懂得我的寂寞嗎？你懂得的，對嗎？因爲你自己也身受過。我們兩個是好朋友，我們不能再分離了……」他說着，說着，有時，頭靠在白雪的背上，就這麼迷迷糊糊睡去了。多少個孤寂難熬的日子就這麼過去了。他還以爲牠永遠不會離開他。他沒想到牠也會老——或許牠在碰到他之前已經活了好幾年了——老得走不動，老得死了。

他一次一次放下鐵鏟來歇力，然後又繼續挖掘。終于他看看土坑已掘得差不多了。便丟下鏟子，解開蓆包，最後一次看着白雪。牠靜靜地躺着，沒有什麼比死更平靜了。昨天，牠還呼吸着，今天，牠已僵硬，而且快將入土了。近幾個月來，爲了牠跑不動路，所以除了買東西而外，他連門口都很少去。牠躺在窩裏，他在旁邊陪着牠。「白雪！」他喚，牠嗚嗚地低叫着，連這叫聲也顯得蒼涼老邁了。昨晚八時，他躺在床上，又聽見牠嗚嗚地叫了起來。他滑下床去。「白雪，你要喝水嗎？」他拿來了水，但牠沒喝，祇嗚嗚地叫着，聲音越來越低弱、顫抖而凄惻。「你不舒服嗎？」他說。他察覺牠的身子在痙攣。他用手遍撫牠的全身，又捧起牠的頭端詳。牠的視力已經有些減退，但他却瞧得出牠的目光正是恐怖、痛苦、留戀交織成的。即使是個對狗毫無感情的人，看到這，他也會感到不忍，更何況多少日子來，這狗已成了他生活中的伴侶，他冷寂心頭的惟一的星火！「白雪！」他忽然明白快要發生什麼，他自己將要失掉什麼。他嘶啞地喊：

「白雪，你不能……你不能……」

他把白雪放進坑裏，上面蓋了蓆子。爲了他，牠是不該死的，但牠終于死了。以後，在未來的日子中，他眞眞實實的祇有一個人了。他一鏟一鏟把土蓋上去。雨還在不斷地下着，一絲絲，一絲絲，他覺得他的心越來越空虛。眼前，那密密麻麻的絲都是從他心裏抽出來的，沉重地、一成不變地落入土中，隨着鐵鏟的揮動，牠們又伴着泥土，逐漸埋到那個安葬白雪的深坑裏……

石青伯葬好了白雪回來，關在自己的小木屋裏，一整天沒有進食，沒有走動。祇停停歇歇地哭了好幾次。這哭聲漏到屋外，跟他沒有往來的四近鄰居才知道他的那隻土狗死了。但他們都說：「這老頭兒眞是瘋瘋癲癲的，死了一隻老狗——以前還是一隻沒人要的野狗呢——也值得這麼痛哭流涕。唉，這老頭兒眞是瘋瘋癲癲的！」

（完）

(編者附啓：詩二首刊在第16頁)

我的解釋

讀周棄子先生「一個低調的批評論」書後

王　鈞

拜讀上期周棄子先生「一個低調的批評論」，對筆者在筆滙半月刊上所發表的對文藝批評工作的意見，指敎甚多。周先生因維護寫作自由心切，一見我贊成批評者過問作品的主題，立動義憤，不免有譏評過苛之處。現在我希望能有機會把自己的意思說得再清楚些，以便向周先生及本刊廣大的讀者請益。

我對寫作自由的意義十分了解。就此一意義來說，批評不但不能干涉作品的主題，也不能干涉作者所用的技巧。批評家常在寫作技巧方面建立許多規律，遇有不遵守者卽吵吵鬧鬧，直到有一天事實證明有一個不守規律的人是偉大的天才。因此批評工作受盡揶揄，從事此一工作被譏爲「世上最愚笨的人。」若就這些史實着眼，文藝批評根本不需要，或者我們只需要印象派一類的批評，目的只在「在美的事物前面安排座位讓行人駐足欣賞。」這是對文藝的高度尊重，事實上我們後人面對垂留不朽的藝術品時，態度也只能如此。這層拙見在那篇小文裏未曾談及，理合提出袪除周先生的疑忌。

我那篇小文，是拋開上述的最高境界而立論的，我認爲一個人在學習寫作的時候，不妨有人去過問他的結構、人物、情節、描寫乃至主題，文中處處將批評與學習對舉，是我以一個學習寫作的人表示對批評界(卽一些從事批評工作的人們之簡稱也)的希望，因爲批評界的人有「干涉癖」，此事最宜由他們來做；同時有鑒於過去寫批評的人太喜歡計較主題，後學不易獲益，故特地建議他們多着眼技巧，卽使討論到主題時也要由技巧着眼，因爲主題非通過技巧不能成立。這正是以創作之道責批評，說希望批評者能成爲作者的「醫生」「律師」，——其實是在請批評爲初步的創作改卷子，這樣對困而學之的人固然大有裨益，對早慧的天才也可以做到有啓發而不傷害。需要改卷子的時間是不會長久的，羽毛豐滿時自會翺翔而去。這是我個人對批評與創作兩者的關係所抱的期望，是否妨害寫作自由，請公決。

我那篇小文裏最引周先生反感的是「修正主題」的想法。關於我對作品主題上的意見，曾在其他刊物上寫過，現在只好約略重提，以補筆滙上那篇小文疏漏之處，使周先生能看清我的原意。通常作家在他的作品裏對世人有所敎訓，或對現世有所鞭責，或對政治及道德方面有所主張，依例稱之爲主題。另外，作者並不主張什麼或聲討什麼，他只在表現人性，自然，每次所表現的都有一個重心，此重心也稱爲主題。不成熟的作品常對重心把握不住，或者構成主題所用的事件不精當。我在筆滙上所假設的例子，屬於後面這一類。在那個例子裏，主題是描寫失業的痛苦(人性)，他如何失業並不重要，只要能造成失業的效果就行，只要能將主角的「人性」引發出來就行。假若批評者對作者說：「這人因工作認眞反而失業，未免不大好，還是改成因他犯了過失而失業吧。」這在抱前面那種主題觀的作者絕對不肯答應，對抱後面這種主題觀的人則容易商量。作品要緊的固然是求「眞」，不過「眞」不只一種，有眞壞也有眞好，志在揭發黑暗的人選那眞壞的，志在勸善溢美的人選那眞好的，志在表現人性的人則無成見，只選那最有藝術效果的，批評這一類的作品要從藝術效果着眼——亦卽由技巧着眼，替他想出有更高的藝術效果的辦法來，以代替其中你(指批評者)所不贊成的辦法。這種修正，實際上是順着作者的意旨做，使它更明顯，更獨立，幫助他刪除無關的枝蔓。所以我在那篇小文中說：「……(這樣修正)作者依然能不悖他寫作的初意一

我勸那些對批評有興趣的人自己彈低調，不要奢談思想，要多爲學習寫作的人服務，然後遇有「不放心」處可商量則商量之，如是而已。這跟「鐵幕極權」也有關係嗎？

我將此文儘量寫得短些，它的目的不是抵抗別人的譏評，而是希望被批評的各點未遭到誤解。

編者按：本刊上期發表「一個低調的批評論」，原文作者周棄子先生，對於王鈞先生大文的苦心善意，似乎並不缺乏認識和了解。周先生曾經說王先生的學例周到圓滿，可給那學例中的作者有幫助。周先生所「憂慮」的是，由於修正主題的辦法，可能導致有妨寫作自由的後果，這當然是值得考慮的。我們認爲王先生苦心善意；周先生語重心長；二者在基本上並無抵觸。不過我們還是要強調：自由乃文藝創作所必需。而「文藝批評」與「初學習作指導」兩者，也似乎以分開來談爲比較好。未知周王二先生以爲如何？

代郵

（一）

梅伍生先生：來函敬悉。先生是同意本刊第十六卷第九期讀者投書(二)「我掏出良心說話」一文的。如他們再不昧着良心講話，大函擬暫不發表。

（二）

「一羣軍中讀者」先生：

[illegible]大函所云二點，均已敬悉。本刊對在校學生已訂有優待辦法，以在學校內購買及逕向本刊訂閱爲限。至對軍人之優待，目前很難擬定，這正因爲如大函所云，本刊在軍中是被禁閱的。如親來本社訂閱，亦可仿照優待學生辦法優待。關於第二點建議，本刊改作32開本一節，目前無法改變。

自由中國社敬啓　四六、五、十一。

讀者投書

確立院士的標準與榮譽

陳一士

最近中央研究院學行院士會議，討論新院士的提名選舉，與促進學術研究的方針，極爲各方所注意，而寄予殷切的期望。

類似院士會議的學人組織，在西歐有些國家已有數百年的歷史。學人得以入選參加此種組織，莫不引爲最高榮譽，因此無形中它發生了促進學術研究，提高學術水準的功效。我國院士會議，開始於民國三十七年，爲我國學術界的創舉。依照法規，院士的選舉程序，極爲繁複嚴格，院士候選人的資格，必須第一，領導與其所學有關的學術機關五年以上，而卓著成績者。第二，對學術研究的成績有特別成就，而論文有創見者。而且所謂「成績」與「創見」，都要有很高的標準，絕不是通常泛泛者所可比擬。因此中央研究院的院士，在各部門學科中，可說都是第一流的學者。當院士會議未成立以前，中央研究院的最高組織爲評議會，及院士會議成立以後，評議會變成了院士會議的常設評議機構，雖然評議員不一定限於院士，但是我們看了中央研究院的法規，選舉聘任評議員的資格也很嚴格，大致和院士的資格相同。

第一屆院士的選舉，似乎辦理的很嚴格，但在宣佈分科推選院士候選人，當時社會上尤其學術界人士，頗有批評。不過後來選舉結果，大體上總還令人滿意，所選出的院士，其在學術上的成就，都能與上述的資格相符合，不失爲中國學人的最高組織。但其中如已故的院士吳稚暉與現在臺灣的王寵惠、朱家驊、王世杰諸先生，因爲在政治上的地位聲望較高，幾乎掩蓋過在學術上的成就，因而當時頗有一些人譏議這幾位先生爲「政治院士」。事實上這幾位先生在政治上的成就如何，倒很難下定論，而他們每人在其所學的成績，及其所主持學術機關的成就，卻頗著聲光，對近代我國教育學術的進步，貢獻不少。所以他們當選爲院士，是不應該有問題的。

這一次中央研究院在院士會議中所選聘的五位評議員：張其昀、董作賓、梅貽琦、趙連芳、錢思亮諸先生，都是教育學術界知名之士，董作賓先生本是第一屆選出的院士，他對於甲骨文與中國上古史的創獲，到現在還沒有第二人比得及他，其他四位先生雖然都在學術界多年，但如按上述資格嚴格地說，就不免顯出有一二位是較勉強的，我們很容易比較出來。而其中的一位先生，在不久以前，公開撰文說什麼原子能的原理，在我們孔子時已有發明，穿鑿附會，一時傳爲笑柄。他的治學方法與態度，根本大有問題，更遑論其學術的成就。以這樣的人厠身於最高學術評議機關，能不令我們懷憂嗎？好在這只是加聘的評議員，假如要選爲院士，實在還要愼重考慮。據說這次院士會議加選聘任評議員，爲求其公正，是採用秘密方法無記名投票，但是在提名候選人時（聽說每位院士都可以提名），有些被提名的根本不符合上述的資格，甚至有些在學術界不見經傳，頗令人駭異，幸虧選舉結果，總算不至太過背謬，可見多數院士還是有其標準。但如所傳屬實，在院士會議中摻雜上政治因素，感情用事，隨便亂提名，不但是不負責任，抑且有損最高學術機關的尊嚴，破壞了院士會議的信譽。我們知道學術機關的選舉固然要絕對民主，但卻是亂來不得的。中央研究院自從蔡孑民先生創辦以來，一直維持着很高的標準，所羅致的人材，與所發表的成績，都夠得上學術標準。他們的研究調查工作，雖然進行的不快，但向不粗製濫造，草率求功，這一點很值得稱道。在民國二十四年已故丁文江先生任總幹事時，設立了評議會，把中央研究院重新建立在一個合理的初步基礎之上，保持其學術獨立性。到了民國三十七年朱家驊院長更進一步設立院士會議，完成了最高學術研究機關的體制，奠定了中央研究院在學術上的超然獨立性，這是千年萬世的大事，關係我國學術的進步極爲重大。因此，我們希望院士會議要維持其在我國學術的最高標準與榮譽，在今年十二月選舉新院士時，不論在提名與審查資格的時候，務必嚴格守住上述兩項資格，純粹從學術上着眼，不受政治因素的影響，摒除私人成見和感情，愼重將事，選出新進的碩學鴻儒，使這個最高學術組織永遠成爲鼓舞後起學者所追求的榮譽。

（上接第23頁）

這間學校也是總統蘇加納博士的母校，他比總統晚了十年。一九三〇年以後，他曾爲學習工程師，日治時代當雅迦答爲日軍軍管時期，他爲水利局工程師。

日軍投降後，全印尼正掀起反荷蘭統治的民族革命，朱安達曾進入森林，從事游擊戰爭，他率領了許多青年，反對荷蘭的殖民帝國主義。

當他在卅五歲時，便已是交通部次長，以後不久便升任部長。一九四九年，他爲印尼經濟及財政事務委員會主席，他率領了印尼代表團，前往海牙與荷蘭舉行圓桌會議，力爭印尼之獨立主權。

雖然印尼的總理，向來都是短命內閣，新舊總理的上上下下，換來換去，五日京兆，一如法國，但朱安達仍身兼國防部部長，統握全國三軍之實權。

根據印尼政治觀察家的看法，朱安達和其他二十三名閣員，能不能把印尼帶上和平康樂之道，實在是一個很難說的問題，至少要二三個月以後，方可見分曉。

如果在二三個月內，他們——印尼的緊急事務內閣——不能使人民滿意，那末暫時潛伏着的軍人勢力和政治激潮，說不定會再起來，他們便又要倒下去了。

（四月廿八日雅迦答航訊）

自由中國　第十六卷　第十期　內政部雜誌登記證內警臺誌字第三八二號　臺灣省雜誌事業協會會員　四四三

給讀者的報告

遠在本屆地方選擧之前，本刊曾在一篇社論裏，呼籲朝野各政黨的領袖們：「寧可失去選票，不可失去民心」(見本刊第十六卷第七期社論(二))；接着在次一期的專論裏，我們又發表了蔣勻田先生的「人心重要」一文。我們對於選擧，有一最基本的看法，就是：選擧得失之事小，人心向背之事大。因此，本刊前此所發表的許多討論選擧問題的文字，都一致期勉本屆地方選擧能切實做到公平合理的地步，俾使人民信任政府實行民主的誠意，從而提高人民對民主政治的信心。現在選擧是過去了，國民黨已贏得了選擧的全面勝利，但却未必贏得民心的完全信服。相反，由於此次選擧，當局拒絕民青兩黨及無黨派候選人推派監選人員的要求，而在選擧先後，又普遍地發現許多舞弊情事，以致使人心鬱結，羣疑難釋。這些現象，我們自始卽一再引為戒懼，今竟不幸仍未能避免的發生了，能不令人遺憾？挽救之道，惟在針對事實，糾正舞弊，以期消散鬱結不平的人心。為此，我們要在「檢討本屆地方選擧」(見本刊上期傅正先生的大文)之後，更於本期刊出社論(一)及蔣勻田先生的大文。我們登載這兩篇文字，不僅在坦白指陳此次選擧中的諸多弊端，更重要的，還是尋求收拾人心的途徑。

本期第二篇社論申論「放寬對匪禁運的危險性」。由於英日兩國的壓力和要求，美國政府現在正和西方十四個國家在巴黎開會討論放寬對匪禁運問題。此事關係重大，不容吾人忽視。在本篇社論裏，我們愷切闡明，放寬對匪禁運不僅在理論上是荒謬不經，而且事實上將會遭致非常嚴重的後果。飲鴆止渴，與虎謀皮，終究是會惹火自焚的！於此，我們不能不警告西方國家，尤其是英日兩國的政治領袖們：毋惑於眼前虛妄的近利，而貽未來無法收拾之禍患！

中東是當前世界的多事之區。繼運河糾紛與以埃戰爭之後，約旦危機竟接踵而至。現在約旦國王終於擊敗了親蘇親埃親敍的顚覆勢力，使他的國家闖過了驚險的難關。這次政潮之得以平息，其原因固多，而美國政府之堅決態度，乃為其主因。因此，民主世界尤其美國政府，對共產份子在世界各地之顚覆陰謀，應一本堅定之對付政策，萬不可姑息養奸。目前約旦政潮已暫告平息，然未來發展則仍堪注意。本期沙淸海先生為文詳析政潮之前因後果，繪出約旦政局淸晰之全貌，甚有助於吾人對中東與世界問題之研究。

對於波蘭革命，本刊前此曾刊有龍平甫先生的長文，詳述其經過(見第十六卷第七期)。戈慕卡政權是波蘭革命後的產物。戈慕卡主義之產生對共產主義與整個世界形勢均具有深長之意義。本期宋文明先生的大文，客觀剖析戈慕卡主義之本質，並預測其將來可能之發展，是一篇極有創見的文字，值得向讀者推薦。

孟浩先生「論議會機關應有的專家機構」。他指出時代日趨進步，社會日趨複雜，國家法律之制定必須借重專家的知識。「世無立法專家，只有專家立法。」從美國國會的實例中，當可知專家機構對立法之重要也。孟浩先生之文以稿擠被積壓甚久，謹此深致歉意。

立法委員張希文先生在立院中對新竹試辦「國校畢業生免試升學方案」實施情形，曾提出一篇極為詳盡的報告。這篇報告根據實際資料，對該案實施後的流弊和困難痛加指陳，但其內容各報迄未發表。本刊記者經各方設法始覓得其原文，特在本期通訊欄中刊出，以供關心教育問題者之參考。

自由中國　半月刊　總第一八一號　第十六卷第十期

中華民國四十六年五月十六日出版

發行人兼主編：『自由中國』編輯委員會

出版者：自由中國社
社址：臺北市和平東路二段十八巷一號
電話：二八五七〇

航空版：友聯書報發行公司（香港九龍新圍街九號）

總經銷：自由中國社發行部

經售者：
美國　紐約友方圖書公司
日本　東京僑豐企業公司
韓國　漢城裕昌德號
馬尼剌　大中華日報社
　　新疆書店
印尼　椰嘉達天聲日報
緬甸　泗水文光圖書公司
印度　仰光振成書報店
澳洲　加爾各答塔梅學校
北婆羅洲　雪梨瑞田公司
星加坡　西利亞坡青年書店
　　友聯書報發行公司（小坡大馬路四六九號）
吉隆坡　友聯書報發行公司（馬華公會大厦三樓七室）
怡保　友聯書報發行公司（希尼華沙甘街十六號）
檳城　友聯書報發行公司（林連登律七十二號）
澳門　友聯圖書公司

印刷者：精華印書館
廠址：臺北市長沙街二段六〇號
電話：二三四二九

本刊經中華郵政登記認為第一類新聞紙類　臺灣郵政管理局新聞紙類登記執照第五九七號　臺灣郵政劃撥儲金帳戶第八一三九號（每份臺幣四元，美金三角）

自由中國

FREE CHINA

第十六卷 第十一期

目錄

社論
(一)雷諾判決無罪與臺北騷動事件之檢討
(二)我們要求一貫的僑務政策
發展臺灣經濟的方向……趙岡
劉自然案帶來的血的教訓！……傅正
日匪貿易問題……梁振超
通訊
伽納的獨立……龍平甫
奧地利社會黨的勝利原因……紀夢平
帶淚的百合……於梨華
劊子手……朱西寗
書刊評介
讀徐著「語意學概要」……張佛泉
讀者投書
這樣的辦法怎可不再修正？……鄭誠

中華民國四十六年六月一日出版
社址：臺北市和平東路二段十八巷一號

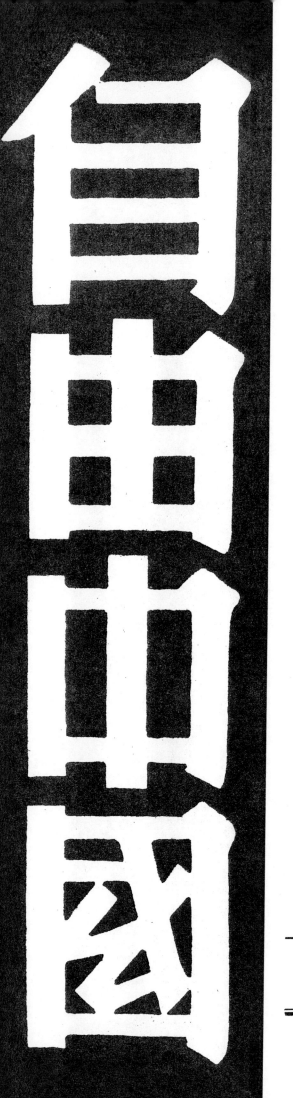

半月大事記

五月十日（星期五）
我駐越南公使館開始登記願去臺灣而不願入越籍之土生華僑。
運河使用國協會發表公報，拒絕埃及運河通航條欵。
哥倫比亞政變，獨裁者羅加斯總統去職，由軍事議會繼掌政權。

五月十一日（星期六）
美國定於本月至九月間連續試驗原子爆炸，邀請中日等四十七國代表觀察。

五月十二日（星期日）
美百萬人組織發表聲明，呼籲美人勿墮陷阱，堅決反對與匪貿易。
約但報紙揭發國際共黨陰謀，指責埃敍受俄主使圖推翻約沙伊王室。

五月十三日（星期一）
西歐盟軍統帥諾斯達率直表示，假若俄帝進攻歐洲，盟軍先用原子武器。
我軍事使節團飛韓訪問。
吳廷琰在美表示，旅越華僑國籍問題可有折衷辦法。
英首相正式宣布英船恢復使用運河。

五月十四日（星期二）
中央日報訊，匪區經濟瀕臨崩潰，物資缺乏，普遍發生黑市與搶購風潮。
中央社香港電，共匪割裂國土，將甘寧十九縣市劃爲「回族自治區」。
英外相在下院稱，放寬對匪禁運問題，巴黎會議未獲協議。

五月十五日（星期三）
艾森豪廣播强調國防預算重要，籲請美國人民支持。
艾森豪表示支持以色列派船試航運河。

五月十六日（星期四）
美衆議員周以德向衆院提報告，共匪經濟臨嚴重危機，自由世界應繼續禁運。
英國在太平洋耶誕島首次試爆氫彈。

五月十七日（星期五）
美轟炸機第三師長蕭特稱，亞洲如爆發總體戰，美即發動核子進攻，可於八小時內摧毀匪區及俄東全部目標。
外交部宣佈，安置旅越僑胞歸國，政府已作初步準備。
英下院辯論運河政策，麥米倫獲信任。

五月十八日（星期六）
日首相岸信介表示日與自由中國站在同一陣線。

五月十九日（星期日）
我軍事使節團自韓國經琉球返國。
立院毀臺公司整理小組通過審查報告書。

五月二十日（星期一）
安理會開會討論運河問題。
日首相岸信介啓程訪問東南亞各國。

五月廿一日（星期二）
立院通過臨時動議，堅決反對放寬對匪禁運。
艾森豪向美國會提出援外計劃咨文。

五月廿二日（星期三）
英工黨下議員傅利達抵臺訪問。
以色列總理宣佈支持艾森豪主義。
法衆院否決政府增稅建議，總理莫勒辭職。

五月廿三日（星期四）
韓國海軍訪問團抵臺訪問。
美軍上士雷諾槍殺劉自然案，美軍事法庭竟判決無罪。
司法行政部發言人對雷諾判決無罪表示初步意見，認其審判經過、法律援用及證據取捨，頗多顯失公平之處。

五月廿四日（星期五）
劉案判決不公，引起意外事件，美使館及新聞處被民衆搗毀。羣衆包圍警局，十一人受傷，一人死亡。
葉外長約見美代辦說明我對劉案判決不滿。
董大使訪勞勃森就搗毀使館事，向美表示歉意。

『自由中國』的宗旨

第一、我們要向全國國民宣傳自由與民主的真實價值，並且要督促政府（各級的政府），切實改革政治經濟，努力建立自由民主的社會。

第二、我們要支持並督促政府用種種力量抵抗共產黨鐵幕之下剝奪一切自由的極權政治，不讓他擴張他的勢力範圍。

第三、我們要盡我們的努力，援助淪陷區域的同胞，幫助他們早日恢復自由。

第四、我們的最後目標是要使整個中華民國成為自由的中國。

社論

（一）雷諾判決無罪與臺北騷動事件之檢討

由於雷諾宣判無罪而引起的臺北騷動事件，就其形成、演變、結局，這整個過程來看，我們想講的話很多。爲簡化起見，分做兩大階段來說：

從五月二十三日中午美軍顧問團軍事法庭宣判雷諾無罪的時候起，到二十四日下午一時止，爲第一階段。

從二十四日下午一時羣衆衝進美國大使館的時候起，到當日深夜羣衆歸散時止，爲第二階段。

我們可以首先概括地講：第一個階段，是中國人民對於一件蔑視同胞生命也卽蔑視人權的案件，表現其沉着的悲憤；第二個階段則是羣衆心理因時間的拖延而相激相盪，以致一發不可收拾，造成外交上不平常的問題，和同胞間流血的慘案。

現在從第一階段說起。

雷諾槍殺劉自然這一案件的宣判，是造成這一事件的直接原因。這一判決，我們從其審訊調查的過程看，顯然是不公平的。凡是雷諾一面的供詞，無一不被法庭採信。凡是不利於雷諾的若干事實（包括我國刑警所提供的資料以及現場的一切跡象）和證詞，一概不受法庭的注意和研考。尤其是對於一個「手持木棍」（據雷諾所說的）的人，放射兩槍，而且兩槍都已射中要害。說這是「正當自衞」，更是叫人不能心服。據說，雷諾與劉自然早有非法買賣的關係，雷諾之槍殺劉自然，爲的是金錢方面的糾葛，所謂「窺浴」，完全是一片謊言。關於這個傳說，已經立法委員謝澄宇提出，值得美國軍方調查雷諾行爲時的參考，我們在這裏並不以此作爲論據。

我們知道，中美兩國的法系不同。法系儘可不同，但在調查審訊過程中，所採信的資料，總得合乎情理之常，而不能任意取捨。這次雷諾案的判決，不僅是任意取捨資料，而且對於無法捨棄的資料（如放射兩槍，都中要害），也居然敢作不合常理的論斷，而斷作「正當自衞」。這決不是我們平素想像中民主法治的美國軍事法庭所做出的事。尤其奇怪的，當法庭宣判雷諾無罪的時候，庭中旁聽的美國人，羣起鼓掌。這一輕率的表示，除損及法庭的尊嚴以外，更是對於我們中國人沉痛心情的又一個分外刺激。在這種情形下，凡有血氣的人，怎能不起强烈的反感？於是二十三日下午臺北市就到處瀰漫着不平之氣，二十四日上午劉奧特華在美國大使館門前沉默抗議，以致引起羣衆之集聚示威。這一示威行動，由數十人而慢慢、慢慢地增加到數百人，數千人。在這兩三個鐘頭的時間內，政府方面如果有敏捷而適當的處置，是不會釀成當日下午那一連串的暴動事件的。可是當時在場的警察，人數太少，不能發生疏導阻隔的作用。讓這一理直氣壯的抗議示威行動，一變而成爲違法亂紀的騷動。這是一件極可痛惜的事。這是誰的過錯呢？我們在這裏無法責備羣衆。因爲羣衆心理之所以爲羣衆心理，就在於因人數的增多而加速變化。要防止羣衆心理之劇烈化，只有用疏導阻隔的辦法，化多爲少，化整爲零。可是當時治安當局對於這一局面，顯然沒有控制住。一任時間拖延，而人數愈來愈多。於是羣衆行動就從我們上述的第一階段演進到第二階段。這裏，我們不得不指出：責在我們政府（廿七日記者招待會上葉外長承認行動「遲緩」「效率較低」）。那一天蔣總統不在臺北，大家旁皇無主，誰也不敢負責任。這是我們政治上的一大弱點，由於這次事件而充分暴露出來。

從下午一時起，美國大使館被搗毀，五時左右美國新聞處被毀，接着由於警察捕人，引起警察與羣衆的搏鬪，在槍擊中有了傷亡。這一階段的事變，把前一階段的意義大大冲淡。而且在外交上，還要反過來要向美國賠償、道歉；警察與民衆之間，也留下流血的記錄。這是若干年來對內對外的一件大不幸事。

現在事情已經過了四天（本文廿八日脫稿），我們很可平心靜氣來講話：

第一、我們要向美國人說的，臺灣這次事件，如果說是「反美」事件，這種事件也是美援受援國家通常發生的，不過臺灣的這一次，程度更爲劇烈一點而已。這幾年來不僅在亞洲的受援國如日本、韓國、菲律賓等國，卽在歐洲的意大利、西德等國也都發生過類似事件。有人說，美援所到的地方，卽反美情緒成長的地方。這句話不是完全違反事實的。這其間，就值得美國人深深反省。美國是反共的領導國。領導的地位與權威，不是專靠物質力量來建立和維持的，同時也要靠道義的力量。道義的力量如何獲得？就要靠被領導國——尤其被領導國的人民心悅而誠服，至少要使他們沒有被欺負或受凌辱之感。也卽是說，不要危害受援國人民的民族自尊心和個人自尊心。自然，我們並不以爲美國人完全不懂得這個道理，可是美國政府派到我們這裏執行美援的人員（文職的也好，軍職的也好）慣以盛氣凌人的確實不少。這不過是舉一點具體的事例而已。雷諾宣判無罪，至少是那幾位陪審員蔑視中國人的生命，也卽是蔑視人權。尊重人權，是民主法治國家最起碼的條件，而蔑視人權的事件，竟出之於民主法治國的美軍法庭，這不是自損道義力量嗎？

我們瞭解，美國政府與人民當會爲了大使館被搗毀事件而感覺憤慨。這當然是羣衆的一個錯誤行動。但，雷諾宣判無罪在前，搗毀使館事在後，我們決不能因後一事件之發生而把前一事件完全抹煞。美國輿論，很少對整個經過作客觀的考察，作一句持平之論，似乎雷諾判決無罪之舉，已爲美國舉國所一致支持。這實使我們感覺萬分痛心。

關於美國軍事人員享有外交豁免權的問題，我們要求政府修改原有的協定，至少至少要做到美國軍人在執行職務以外所犯的罪嫌，應受我國司法審判。我們這一要求，美國政府爲維持中美友誼，應該很明智地接受。至於雷諾這一案件，司法方面的挽救，如果萬不可能，也應當有一行政處分，以平中國人民的憤恨。

其次，我們要向我們政府說的，這次事件演變和結局。無論如何講，政府是要負責的。從雷案二十三日中午宣判的時候起，臺北的人心浮動，晚報已有報道，政府能說一點不知麼？儘管陽明山的美僑住宅區當晚有防範的措施，但美國大使館及其附屬機構的安全，政府竟不注意到，到了第二天上午，羣衆在美大使館門口漸漸聚合的時候，美大使館也不斷地有電話給外交部，報告當時情形（見中國郵報載「美大使館公報」），可是，整個上午除少數警察視作正常維持秩序的工作，在那裏執勤以外，政府也是無所施爲。下午一時起大使館開始被打的時候，美國新聞處並無羣衆聚合，但政府對新聞處也無防衞的佈置，一任羣衆打完大使館後再打新聞處。到了這時，又復倉皇失措，由警察捕人而引起同胞間的傷亡。這一連貫的事變，都應該由政府負責，現在由於三位負治安責任的官員的免職，以及行政院的一度總辭職，算是負責任的表示。可是，我們實事求是地來看問題，這一表示是不够切實解決問題的。我們政治上的一大弱點，就在於分層負責的制度始終沒有確立。行政院在法律上的權力與責任，始終是憲法上幾項不生作用的條文。因此，在這次事件中，由於蔣總統不在臺北，行政院長遲遲不作主張，地方長官的臺灣省主席更是無所作爲。另一方面，在事態緊急時，省級機構的首長也可直接從長途電話中向總統請示。一個政府的職權是在這種狀態下運用，焉得不毛病百出呢？趕快確立健全的政治制度，是這次事件給我們的結結實實的教訓。

最後，我們還要講的，我們希望中美的外交關係，不致因這次事件而惡化。在反共抗俄的世界性鬪爭中，中美兩國是要精誠合作的。這一點當爲中美兩國所共同承認。有此共同的認識，我們想，這次事件，包括雷諾的判決無罪以及美國大使館等的被搗毀，總得有一合理公平的解決。同時，我們政府在對內方面，對於這次事件中傷亡的人，要予以安撫；被捕的人，應早日查明處理，該釋放的早日釋放。臺北市的臨時戒嚴令，也得儘早取消，以恢復平時狀態。

封面：後院（木刻）……何恭上
一周拾零……本刊資料室
毛澤東的豪賭（社論一）……本社
極權主義的誘惑……本社
蘇俄遺傳學爭辯……張君勱
大陸農村的「人民內部矛盾」……秦逖
中共大軍區存廢問題之研究……江一山
華人與華僑（星馬通訊）……惜萍
越南經濟情況（越南通訊）……匡南
高棉之遊……鍾果仁譯
自由人語　「人不是一個「常數」」……陳虹
奴才的今昔……何其瑩
蝙蝠（小說）……黃崖
祖母的扇子（散文）……蕭若

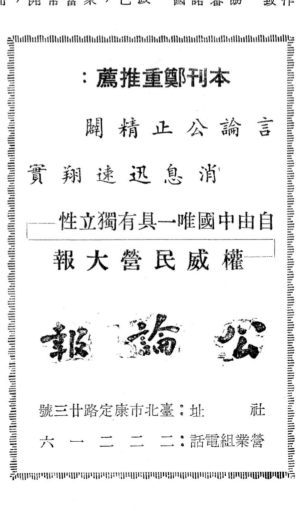

社論

(二)

我們要求一貫的僑務政策

越南政府於去年八月二十三日頒布法令，修改越南的國籍法第十六條，照新的規定：凡在越南出生，父母爲中國人者，均爲越南人，即在這項命令頒布以前出生者亦然。至九月五日，又頒布命令，禁止外僑經營十一種行業，其中七種，限期六個月實行，如魚肉類商販、雜貨業、柴炭業、平民當舖、布疋業、廢銅廢鐵業等項，均包含在內，這兩種法令顯然有其聯帶關係，目的是在藉禁令以達成强制歸化。我國政府鑒於這兩項法令損及我僑民權益，曾經一再與越南政府交涉，但是始終無效。現在歸化的限期已經屆滿，越南政府對不遵守命令辦理登記手續的土生僑胞，已開始强制執行，而商業禁令亦已使西貢堤岸等地數以萬計的僑胞受到失業的痛苦。而截至今日，我國政府所能採取的有效對策，祇限於協助一部份不願歸化的土生僑胞回國，除此之外，似已再也找不出任何更爲適切的辦法。

對這個問題，我們應該從法律的與政治的兩種觀點，去加以評斷。就法律的觀點來說，越南政府的片面決定，有甚多可議之處，而我國政府所採以進行交涉的理由，則振振有詞。一九三〇年四月十二日各國簽訂的海牙公約，對國籍問題的原則，曾明白規定各國應特許利害關係人於成年時按自由意志選擇國籍。所以我國政府所堅持的自由選擇的原則，有其確切的國際法的根據。又一九四八年十二月十日聯合國大會所通過的人權宣言，亦明定「無論何人，概不得被任意剝奪其國籍，或否認其改變國籍之權利。」可見自由選擇的原則，至今仍爲文明國家支持。越南修改國籍法以前，未曾與我國進行協商，亦與國際慣例不相符合。且此項法令，又追溯到既往，並且專對我國僑民而設，並不普遍適用其它各國的外僑。凡此種種，均有不合。這樣的法令，從法律觀點說，實屬無可辯護。

至於商業禁令，形式上雖非專對我國僑胞而設，但事實上受到最大打擊者，即爲我國僑胞。越南政府所規定禁止外僑經營的事業，均爲中小商業，且營者多爲我國僑民。此種禁令的頒布，無異使我多數僑民除設法歸化越籍以外，再也不能在越南生活下去，其爲一種强制歸化的手段，實至爲明顯。

可是儘管我們於進行交涉之時，能提出這許多堅强理由，但收效甚微，越南政府，竟是毫不爲動。此種情形，實使我們不得不對此種法令的政治背景作一番澈底的探討。我們應該明白，越南政府對華僑的措施，不是一個偶發事件，而是基於一個牢不可破的根本原則。我們也應該明白，這種原則，不是越南政府所獨有，而是爲東南亞各新興國家所共有。不僅在越南，我們在菲律賓、在泰國、在馬來亞，都會經逢到這同一類的問題，或至少在將來會逢到這同一類的問題。我們對越南的交涉辦不通，我們對其他國家的交涉也會同樣的辦不通。

這一切的原因，是在於我國僑民在各該國境內，有太多的人數與太龐大的經濟勢力。東南亞國家，有不少都是新興的獨立國，它們都難免懷有一種較爲狹隘的民族心理，對龐大的外僑勢力，不可避免的存有一種疑懼。所以，東南亞各國對華僑的政策，不是同化，就是歧視，它們總不會願意有這麼一個類似「國家中之國家」存在。歧視政策與同化政策二者比較起來，後者還算是較好的。

這是一個我們的力量所無法改變的事實，我們的整個僑務政策，應該要面對着這個事實，來加以釐訂而不宜作片面的想法。我外交當局對越南最近發生的事找不到有效的應付，我們應予諒解，因爲這是一個不可能有辦法的難題，我們不能希望當局完成奇蹟。國人中頗有提出絕交、撤僑、甚至武力護僑等等主張者，我們認爲這種種，絕對不應在考慮之列。這種辦法，不僅於事無補，且將使我們今後陷於完全孤立的境地。我們甚至懷疑協助不願歸化的僑胞回國一事，可能也不是一個妥善的辦法。如果請求回國的人數達數萬以上，我們就會感到難於應付；並且此例一開，其它各國再有類此事件發生，我們將如何辦理？也值得我們考慮。

我們始終不能發現，僑胞取得當地國籍，究竟對僑胞本身有什麼重大的不利。國籍與種族，可以是完全不同的兩回事；而且，國籍之改變並不就會損壞了種族的感情。猶太人就是一個明顯的實例。他們散處各國，都取得各該國的國籍，但猶太種族的團結力，卻是驚人的。我國的僑民，取得當地國籍與公民權，從客人成爲主人，進而提高了在各國的發言地位，並進一步參加各該國的立法機構，對本身利益，可以據理力爭，這樣無論對祖國言，或是對僑胞自身言，都是利多害少之事。强制入籍誠然是不妥，但能在一種和諧的情況下作一種雙方同意的安排，無寧是問題之最妥善的解決方案。

我們支持自由選擇的原則，但我們認爲一個健全的僑務政策，不在於爭取僑胞形式上的對祖國效忠。例如號召一些僑領來獻旗之類的事是沒有重大意義的。我們無寧是應該鼓勵僑胞與當地政府合作，鼓勵僑胞破除與當地居民的界線，和諧相處。祇要在合理的歸化條件之下，我們還應該勸導僑胞加入當地國籍。我國僑胞如堅持要保持與當地居民的那一條界限，其結果將定然是招來歧視。

我們現在是處於一個極須要「爭取與國」的地位。而越南與韓國，更是與我們同樣的站在反共鬪爭的最前線上，我們決不能爲了一個本屬無可奈何的問題，致使寶貴的邦交亦一併喪失。對越南事件的處理，微聞我外交部與僑務委員會的立場與見解略現參差。外交部多少傾向於緩和，贊成華僑歸化的。西貢發生僑胞攻擊我領館的不幸事件，可能就是由於此種政策的參差所引起。本來，僑務應屬外交業務的一部份，另設僑委會的意思，本身就欠明瞭，若由此而引起步調之不一致，那就更可能召致不良的後果。對整個僑務政策，我們要求一貫的觀念與一貫的原則，以便應付將來一聯串不祇是可能，而且是必然會發生的問題。

發展臺灣經濟的方向

趙岡

政府財經當局對於發展臺灣經濟，數年來確實做了不少努力，費了不少心血。可惜的是始終沒有弄清楚應該努力的方向。也就是說，對於發展經濟的方針尚須做深一步的探討。過去的財經工作過於着重技術問題，例如銀行信用政策之運用、物價之管制、以及外滙管理辦法三番五次的修改。當然這些技術問題都十分重要，但它們不是財經工作的全部。如果考慮到長期效果(Long run effects)我們必須要把原則和方針弄清楚。

欲確立發展經濟的方針，首先需要弄清楚經濟怎麼樣才算是向上發展，也就是說發展經濟的最後標的是什麼？爲政府多開闢了財源不是發展經濟的最後目的，發展出口工業也不一定代表經濟進步。甚至於國內生產總量或總值的增加也並不等於經濟發展。經濟向上發展的定義及衡量標準是國民每人平均眞實所得的增加。每人平均眞實所得的增加是國民眞實所得總值與人口數比值之增加。這種增加才代表國內一般生活水準之提高。大家平常總認爲生產量絕對值的增加就代表了經濟發展的程度，其實不然，在某種環境下生產總量的絕對值雖然增加了，但國民每人平均眞實所得却在日漸降低。生產量雖然增加了，但人民生活反而日漸貧苦。這種情形不但是可能，而且在落後地區常常發生。提高每人平均眞實所得是發展經濟的目標。政府財源的增加只是經濟發展的附帶效果，而非主要目的。如果平均實質所得不能增加，則任何開闢財源的理想終必落空。出口工業之擴大也不能用以衡量經濟之發展。平均眞實所得不變，增加輸出不過是拿更多的本國產品去換回外國產品而已，對於人民生活之改善並無裨益。

今天臺灣經濟所面臨的最大困難不在其他，而在人口問題，臺灣的人口增殖過速。根據政府公佈的統計數字，從四十年到四十四年每年人口的自然增殖率均在千分之三五以上。其中以四十年爲最高，達千分之三七·六。四十一及四十四年次之，爲千分之三六·一，最低的一年是四十二年爲千分之三五·一。如果加上每年從外面遷來臺灣的人口，則總的人口增加率尚不止此數。僅就人口自然增殖率而言，已屬全世界第一位。以人口繁殖迅速著稱的東南亞地區(臺灣及中國大陸除外)，其每年增殖率平均爲千分之一四，印度目前的增殖率也不過千分之十五。臺灣人口增殖率竟比印度還要多出一倍半，其驚人程度可以想見。

作者並非企圖把馬爾薩斯的理論重新搬出來，理論與事實都已證明人口增加在某些情形並不足爲患。相反的，在高度發達的國家中人口增殖是經濟發展一強有力的誘因。他們唯恐人口增殖率不够大，無法爲社會提供足够的投資機會，因而發生投資不足，及經濟恐慌。可是在落後地區，人口增殖過速却構成了經濟發展的最大壓力。由於人口增加超過國民所得的增長，於是每人平均所得日趨減少。人民生活水準日降，儲蓄能力及投資能力都日小，結果國民所得增長更趨緩慢，人民生活水準更趨下降。這種惡性循環不能切斷，則這個社會便永無發展的希望。充其量只是一個長期的經濟停滯。

現在就從臺灣的人口增殖率來看。按照目前的速度，不消二十年人口就要較今天增加一倍。如果在二十年內我們的總國民眞實所得無法增加一倍，則人民的生活便要下降。整個的經濟不是向上發展，而是向後退了。更實際一點來說，目前如果每年眞實國民所得總量不能增加百分之三·五以上，則人民的生活水準便要下降。如果能够增加百分之三·五，則人民生活雖未改善，却也不會惡化，如果每年眞實國民所得總量能增加百分之七至八，則二十年後，人民生活水準將較現在高一倍。如果眞實國民所得總量每年能增加百分之五以上，則五十年以後，人民生活可望改善一倍。

欲使眞實國民所得增加，必須靠每年不斷有新的投資及擴大生產。現在讓我們進一步來看看每年新投資多少，才可以使眞實國民所得能够每年增加達到上述各種百分比。其主要關鍵在於資本與產品之比率(capital-output ratio, 或稱 marginal capital-output ratio, 或稱 capital coeffècient)。投資一百萬元，假定能立時開始生產，則每年增加的產量不會也是一百萬元，而是十五萬元，二十萬元，三十萬元不等。全視該生產部門的資本與產品比率如何而定。在美國將各生產部門的資本產品比率全部計算，其平均值大約爲四。換言之，投資四百萬元，立卽開始生產，一年內將增加一百萬元的產品。在臺灣因爲沒有此類統計資料，無從知道這個比率的確數。對於東南亞各落後地區，有人曾對此項比率作過若干估計。所得之結果不一，大約在二·五與五之間。有些人認爲在這些國家中此項比率比英美各國爲高，因爲資本的利用率不高。由於技術落後，生產器財被浪費而無法充份發揮效用的情形甚爲普遍。另外有些人認爲落後地區此項比率一定低於英美。因爲在這些地區勞動力低廉，使用勞工的比例一定較大。資本的集約程度(capital-intensity)比英美爲低。究竟確數爲何，在沒有得到可靠統計資料以前無法斷言。美國在一八七九至一九二九年一段期間內——也就是美國經濟發展的初期，其平均資本產品比率爲三·〇至三·二。蘇俄在一九二八至一九三七年間，其此項比率據推算也是三·〇。據此，目前臺灣的資本產品比率大概不會低於三·〇。現在根據各種可能的比率，將每年必需的新投資佔國民所得總數的百分比列表如下：

Required net investment as %of tatal national income

Annual Rate of increase in national income \ capital output ratio	3	4	5
3.5%	10.5	14	17.5
5.0%	15	20	25
7.0%	21	28	35

根據上表，我們知道：在其他情形不變的條件下，如果要使每人平均眞實所得保持不變，也就是說人民的生活程度不會改善也不致惡化，臺灣每年必須的淨投資額(不包括原有生產器材的折舊及補充）相當於國民所得的百分之十．五至一七．五。如果希望在五十年後能將生活水準提高一倍，則每年必須將國民所得總量的百分之十五至廿五移做生產資金。如果希望在二十年內將生活水準提高一倍，則須將國民所得的百分之二一至三五投於生產事業。這樣高的投資比例，不但臺灣作不到，既使像美國那樣的財力與富裕程度也辦不到。根據政府對於民國四十年度的國民所得所做的統計，國民所得總值是一一、九〇〇、〇〇〇、〇〇〇元（新臺幣）。投資總額是一、五六二、〇〇〇、〇〇〇元，其中絕大部份是資本折舊。投資淨額僅爲三六八、〇〇〇、〇〇〇元，約爲國民所得總值的百分之三强。這個比數實在太小了。如果希望在目前的人口增殖狀況下能維持現有生活水準不使下降，則需要五倍於此的淨投資額。若希望在二十年內將每人平均實質所得提高一倍，則需要十倍於此的淨投資額。

也許有人會提出疑問，認爲情形絕不會如此嚴重和悲觀，近年來的國民所得每年增加比數決不止百分之三．五。這可能是事實。不過在比較過去數年國民所得增加的情形，應該注意下列幾點事實。第一、物價在一直上漲。如用物價指數來折算實質國民所得之增長，所用物價指數有無偏低情形，頗値得注意。若物價指數果有低估之情形，則所計算出的眞實國民所得之增長必偏高。第二、在過去若干年，許多生產部門是在恢復期間，而非在正常的狀況下向上發展。在恢復期間，很多在戰時被部份破壞而無法充份利用的生產要素與設備，得以逐漸被充份利用，所以新的投資不多，但產量增加却甚迅速。到目前爲止，這種恢復階段已成過去。未被充份利用的能力 (excessive capacity) 已全被充分利用。今後將是在正常的條件下發展。生產增加將完全靠新的投資，其發展將爲資本產品比率所決定。我們不能希望以前的那些有利的情形一直繼續下去。第三、近年來臺灣每年都接受了爲數不小的美國經援，這個數額補足了國內投資之不足。但是我們不能長此依賴外援。一個國家如把它長遠的經濟計劃建築在外援上面，其後果恐怕是十分危險的。

這就是今天在臺灣發展經濟主要困難所在。人口增加這麼快，可是資本累積的能力又這麼微弱。在其他條件不變的情形下，按目前這點薄弱的累積能力，如果人口增殖率能降到千分之十以下，我們才能保持現有的生活水準而不致下降。如果人口增殖率爲零，還要八十年以後每人實質所得才能較現在提高一倍。這個問題確是萬分嚴重。過去恢復時期的有利之點已不存在，而外援又不可長期依賴，因此不能不另覓解決之道。

解決這個問題有幾個方面。第一是積極方面，那就是設法增加投資，關於這個問題，國內人士在過去已有過長期的討論，應該已經可以得到結論。作者在此不欲多談。第二是提高已有資金的效用，也就是說要集中發展資本產品比率最小，資金週轉最快的生產部門。平均發展的理想本來不錯，不過在我們目前資金極度缺乏的時候，却不能作爲發展經濟的指導原則。當局應該不怕有所偏枯，不能一視同仁，而集中資金做最有效的使用。第三、消極方面我們要從人口問題着手。就目前的情形看，欲每年增加數倍的投資確非易事。消極方面的效果可能要大得多，人口問題是全部問題的癥結。如果聽任臺灣人口以目前這樣驚人的增殖率擴展下去，不但改善人民生活水準，發展經濟已成了不可能實現的夢想，即使有永無斷絕的外援，盡了最大的力量，充其量也只能作到維持現有的生活水準而已。作者並非故意危言聳聽。在一般人民對此缺乏認識的情形下，唯有喚醒政府當局及早正視這個問題。政府人士因爲根據國父的主張，及目前對於兵源的考慮，始終認爲人口增殖迅速是强大國力的保證。而不願相信人口會對一國經濟形成壓力。連最迷信於勞動價値說的共匪，如今都不得不向人口問題低頭，而極力推行節育運動。在某種情形下，勞動不但不能創造剩餘價値，甚至連恢復其勞動力本身所需之「價値」都創造不出。可見在事實的面前，一切與實際情形抵觸的教條均將失去其權威。

這一方面將牽涉到全盤性的人口政策，一方面財經當局要注意經濟政策的人口效果。我們今天的經濟發展的方向，包括美援的運用在內，務必要特別注意到這一點。

在這種情形下，一個合理的長遠經濟政策，應該是發展某些生產部門，使之一方面設法利用被浪費了的人力資源，一方面又可以降低人口的增殖率。同時還要照顧到投資與生產增加的比率。

現在我們進一步研究一下各種經濟開發的途徑在這方面的效果。第一先從農業投資說起。如果我們做一個週密的調査，一定可以發現，人口增殖最速的部門是農村。農村中的早婚習慣和家族制度大大提高生殖率。更糟糕的是在農村中由於人口過多，到處存在着隱蔽的失業現象。農村中一部份勞動人口的邊際生產力已然趨近於零。有了這一批農村勞動者，農產品未必增加，沒有他們產量也不見得就會減少。這是一種變相的失業，也是人力資源的浪費。可是要使他們轉業却頗不易。第一、他們的勞動是因家族關係而存在，不受一般工商業按邊際生產力而決定僱用勞工數量法則之支配。爲父兄及家長者，無法隨意解僱他的子弟。第二、這一部份的變相失業人口，雖然邊際生產已趨於零，但是他們仍有其交替成本 (alternative cost)。這一部份的人與家族中的其他成員共享一家的所得，所以在其他行業的工資並不比他們目前的享受高出相當程度的時候，他們是不會自動轉業的。

農業投資的第一個方式就是在原有耕地上增加資本，改良耕作技術，於是提高單位面積上的收獲量。這種發展經濟的方式在從道義上與短期效果的觀點來看，確是不錯，可是一旦考慮到長期的效果，這種方式就值得懷疑了！

第一、發展農村經濟不能減少人口壓力。農村是人口增殖最速的部門，發展這個部門無法使整個社會的人口增殖率下降。人口對經濟的壓力無法解除。

第二、這種投資的報酬遞減作用最大，長時期每年在這方面大量投下資金不合乎經濟原則。

第三、農村中目前已經有隱蔽的失業現象，在總的耕作面積不增加的情形下採用節省勞力的設備，是擴大對人力資源的浪費。改良種子，增加化學肥料的用量，改良工作方法等雖然可以提高農產品的產量，但是却無法根本解決農村中的變相失業問題。也就是說原來邊際生產力爲零的勞動，在技術改良之後，其邊際生產力仍然是零，並不受耕作技術改善的影響。譬如在耕作技術改良以前，某農戶一家六口在其土地上耕種的結果，每年可以收獲二千斤糧食。但實際上並不需要這麼些人參加勞動。如果其中一人轉業他去，該農戶每年糧食收獲仍會是二千斤。如今耕作技術改善，農村勞動人口的平均生產力增加。該農戶一家六口每年可以收獲三千斤糧食。但是若其中一人能轉業他去，該農戶每年的糧食收獲仍將爲三千斤。技術改良可以提高平均生產力，但是不能對邊際生產力已然爲零的勞動發生影響。

第四、首先發展農業生產的結果，使農村過剩人口轉業困難。前面已經提到。這許多隱蔽的失業人口雖然其勞動對農業生產無何貢獻，但却有其交替成本。一旦農村生產普遍增加，他們的代價也隨之增加，於是其他生產部門更難以吸收這批過剩的勞動力而加以利用。

發展農業的第二個方式是開墾荒地，這個辦法也有若干缺點。

第一：同樣無法降低人口增殖率。

第二：臺灣可供開墾的荒地面積有限，前途希望不大，不能作爲發展經濟的基本方針。

第三：在開墾荒地以前，必先興修水利，及其他準備工作，勢必要投下大量資金，但是每年能收回的成本很少。雖然這種情形並不等於是說投資會賠本。但是其資本產品比率很高，在資金極度缺乏的時候，是很不經濟的投資方式。

其次讓我們看一看工業投資的情形如何，一般說來，集中發展工業有下列許多有利之點：

第一、擴大工業生產就是相對的減少農業部門。整個社會的人口增殖率會逐漸下降，人口的壓力逐漸解除後，人民的生活水準會有更迅速的改善。

第二、擴大工業生產可以吸收農村中的過剩人口，於是減少對人力資源的浪費。

第三、發展工業所受限制較小，報酬遞減的作用小，符合經濟開發長遠計劃的理想。

當然，在各種工業部門中，其收回成本的速度不同，資本與產量的比率互異。所以尙需要進一步的選擇最經濟最有效的工業集中力量發展之。

從上述各項分析中，我們大概可以得到相當合理的結論，指出發展臺灣經濟理想的途徑。這許多考慮決不是理論的遊戲，而確有其嚴重的影響。臺灣現在籌措資金十分困難，而人口增殖率又這樣高，決不能不計投資效果，而一視同仁地去盲目使用。財經當局已經推行經濟建設計劃數年，應該可以根據過去的經驗精打細算，比較各種投資的效果，最後找出一個最理想的投資方向。今後要下決心捨棄那些效果較差的生產建設，而集中發展效果最大的生產部門。

這種經濟建設的方針，不但涉及本國資金的運用，而且應該包括美援的運用方式。如果上述種種考慮是正確的話，則如像農復會這類的美援機構都應該請他們轉移目標。捨棄發展農村的計劃，而將這筆美援使用於扶植民營的輕工業，提高工業生產技術，在都市中擴建平民及工人住宅，減少農村人口轉業的困難。

這種做法並非故意偏枯農村，而是間接的扶助農民，提高他們的生活水準。從道義上和短期效果來看，農民應該予以特別注意和扶植。但是從長期打算和全盤考慮的出發點上，我們目前不能採行這種直接扶植農村的辦法。因爲這樣作不能根本解決問題。工業發達農村人口減少以後，農民的平均所得自會增加到了相當程度，無須外力，他們自己就有餘力來改善農具，增加投資，改良耕作技術。這樣才是根本的對策。

目前政府把經濟建設的重點仍然放在農業生產上的另一個原因是市場的考慮。臺灣的農產品有比較穩定可靠的國外市場，多增加一分農產品就可以多換回一點外滙，工業品目前還無法找到可靠的國外市場來銷售。大量增產恐怕會發生找不到市場無法銷售的危險。這種現象確是事實。不過工業品找不到市場不是先天的原因，而是可以靠人力來解決的，例如調整不合理的外滙兌換率，提高產品的質量，採行獎勵出口的辦法等，一定可以使工業品在國外找到銷路。可是在這樣小的島上發展農業生產，却存在一種先天的限制。加上這樣高的人口增殖率，早晚有一天，臺灣將要進入根本沒有農產品可供外銷的地步，卽使再增加投資也屬徒然。

劉自然案帶來的血的教訓！

傅　正

臺北市在五月二十四日，因美軍上士雷諾槍殺國人劉自然一案，居然經臺北美軍特設軍事法庭宣判無罪，而使全國各階層感到驚愕與憤慨。民衆情緒經過了空前激動之後，終於搗毀美國大使館及美國新聞處，以至發生警民衝突流血事件，而造成了一死十餘傷的慘案，使臺北市及陽明山，不得不宣佈戒嚴和宵禁。

這件事，確實是政府遷臺八年以來，所發生的一次空前最嚴重事件，因而引起全國上下及世界各國的注視。

在這事件方過未了之時，假使能從事實的檢討中，而求得一些血的教訓，則對於中美雙方都不無意義。

很顯然，事件之所以發生，不在雷諾之槍殺劉自然，而在這一槍殺案，雖經過了所謂軍法審判，却沒有得到法律應有之「公平與合理」的判決。其所以有這樣一種判決，表面上的原因，固然是由於「美軍地位」協定之尚未簽訂，使得在華美軍，可以利用中美共同防禦條約附件之換文的規定：「此項人員(卽指美軍顧問團人員)在對中國政府之關係上，視同美駐華大使館之一部份」，進而享有所謂外交豁免權。但骨子裏的原因，還是由於美軍法庭的蔑視人權。記得美國遠在一七七六年七月四日，當建國之初發表「獨立宣言」時，雖然明確的宣稱過：「我們認爲這是極明顯的眞理：一切人都是生而平等的，造物賦予人類以若干不可剝奪的權利，例如生命、自由與追求幸福。」但十分的遺憾，這次負責審理劉自然案的美國軍事法庭，顯然是拋棄了自己的立國基礎與信念。此所以在整個審判過程中，僅僅乎採信了有利於雷諾的證據，而公然斷定其行爲是所謂「正當防衛」，這種不公平不合理的審判，怎能不使中國人感到驚奇與惶惑？這次參加審判的陪審員，顯然只知美軍的利益，而接受了被告雷諾的辯護律師史梯爾的意見：「你們的決定，不僅對雷諾本人，他的太太，他的八歲女兒，卽對每一個在臺美軍顧問團工作的父母子女，都有深遠影響。」陪審員一時絕沒有想到，比這影響更爲深遠的，是一個牽涉到保障人權的問題。試靜心想想美軍法庭的旁聽席上，很多美軍人員及眷屬，在聽到判決之後，居然熱烈鼓掌慶賀的情形，便可想見一般了！他們在鼓掌之時，只知道逞一時之快，却沒有想到，這掌聲，對中國人更加深了多大的刺激？這一切，都指出了美國人的一種心理病態，那便是白種人的優越觀念和施主心理，始終在內心深處作祟，此所以使一個兩槍殺人致死的雷諾，在享受豁免權之外，又獲得了法外的寬縱。要不然，縱然雷諾可以比照外交人員，而享受豁免權，假若美軍法庭在審判過程中，能堅守法律所標榜之「公平與合理」的原則，又何至激起中國人的反感？更何至造成這一嚴重事件？

判決不公平不合理的事件既成之後，假使中美政府雙方，都能迅作適當之處理，則臺北的空前騷動流血事件，又那裏會發生？更那裏會弄到幾乎不可收拾的地步？

就美國方面而言：當這一判決已引起中國人普遍不滿之時，始終未針對此種繼續泛濫的情緒，而加以法理上及態度上的進一步解釋，使得這種情緒能稍稍冲淡。很遺憾，我們只在報紙上看到，美軍顧問團一位聖約翰上士致劉自然夫人的一封以私人身份發表的公開信，對此次判決加以說明。這一封公開信，便已獲得了若干中國人的有限度的諒解，要是類似的甚至更進一步的解釋，能由美國官方正式提出，相信中國人的觀感，便可能有不同的轉變。但眞是不幸，無論是美國大使館或顧問團，都沒有這樣做。試想一個美國青年，在騷動過程中，已被百餘羣衆包圍時，僅僅說了這樣幾句話：「我宣誓，我是中國之友，我同情劉自然事件而引起諸君的憤恨情緒，但是，我請諸君判明事實，此事與我無關。我並非美軍顧問團人員，但是我要聲明，我對雷諾事件同樣氣憤，而且對死者遺屬同情，因此，我要求各位保護我的身體安全。」便得到了很多人的鼓掌喝采，而安然乘車離去。足見羣衆卽使在情緒激昂時，仍然是可以用理智說服的。眞使人感到驚奇，中國人在聽到判決後的憤怒情緒，爲甚麼始終沒有眞正引起美國官方的重視？以致使中國人深深感覺到，一如劉奧特華所說：「這不僅是我個人的悲哀，而是全中國人的悲哀！」此所以在騷動過程中，羣衆表現得那樣的激昂與憤怒。老實說，假使美國官方對於中國人聽到判決後的情緒，自始卽加以密切的注意，並立刻予以適當的解釋，事件便可能不至於演變到如此之糟了！

就中國方面而言：在這一判決確定之後，儘管已引起了全國的憤慨，以至各級民意代表及法學名流，都紛紛發表意見，認爲判決理由與事實不符，違背法理人情，失去正義公平的原則；但在政府方面，除司法行政部由發言人出面發表了一項所謂「初步意見」外，却沒有聽到高級官員，出面負責說幾句話，只有所謂「私下表示不滿」，似乎都有些畏首畏尾，難怪民衆感到更大的失望和憤怒。當騷動還沒有開始，僅僅是劉奧特華實行沈默的抗議時，如果處理得當，卽採取緊急的戒嚴防衛措施，事態便可能不至嚴重。直到事情已經發生，却只有警務處處長樂幹出面說：「這件事情我保證一定會有合理的處理，請各位退出這裏。」但這項勸告廣播，却並沒有發生半點效力。試想在那種場合，以區區警務處處長的身份，又能保證甚麼？更怎能取得羣衆的信任？直到事態已經擴大，也只知由樂幹「宣佈緊急戒嚴」而已！但到了那種地步，所謂戒嚴，又那裏會立刻收到甚麼效果？實在是萬分的不幸，在警察局之前，終於發生了警民衝突，而造成了政府遷臺後的空前流血慘案。這一慘案之所以造成，根據「聯合報」記者「被困警局四小時」的目擊報導，主要是起由於警察之抓人，以及派消防隊用水龍頭冲羣衆，反而更激起了羣衆的憤怒，轉使大家遷怒到警察局。而警察局之燈光全閉，據「徵信新聞」的報導，又可能是發生傷亡慘劇的另一個原因。很遺憾，政府在判決確定之後，似乎始終不知善爲疏導，要不然，事態又何至演變到如此地步？眞使人不解，我們的行政院院長，爲甚麼定要等事態已經嚴重之後才發表這樣一次談話？俞內閣十七人的提出總辭職，假使並非政治姿態的話，還不失爲負責知恥的表現。至於治安單位的各級主管之予以撤職處分，固然是罪有應得，但已無法挽救這一既成的事實了！老實說，這次騷動事件之發生，尤其是竟演變爲流血慘案，我們的政府當局和負責治安單位，眞應該負最大的責任！

這次因劉自然案所發生的不幸事件，實在是中美雙方的共同不幸，彼此的政府，還能不面對這一血淋淋的事實，而求有一個正確的認識嗎？

在美國方面：首先該認清一項事實，就是這一騷動事件，只不過如美國參議員勞勃森所謂，此與其他受美援的世界各國，所不斷發生的摩擦相同。可見這並非在中國發生的例外事件，相反的，倒是中國人特別講禮讓之道，以至直到現在才發生這類不幸事件。所以美國該首先反身自責，誠如美國衆議院遠東外交小組委員會主席濢布洛克所說：「當然，如果我們有外國部隊駐在美國，同時如果他們行爲不端，我們美國人中，我敢說，有一些會要求我們的法院管轄權，而判決他們的徒刑。」這種推己及人的說法，很符合忠恕的標準，實在是一種最正確的認識，美國人如果都能樹立這樣觀念，便可以心平氣和了。假使美國不能嚴於責己的話，則如馬尼拉市長陸遜所稱：美國國務院已經播下了某些錯誤的種籽，在自由中國及其他的整個亞洲地區，現在都有厭惡美國人的情緒存在。這一事實，確是一項較之這次的騷動更爲嚴重的事實，美國難道還要聽其滋長蔓延嗎？老實說，時至今日，美國如眞想使得自由國家，都能心悅誠服的接受領導，便該澈底糾正白種人的優越觀念和施主心理。中國固也是接受美援的國家，中國人本着「人之有恩於我也，不可或忘」的態度，確是十分的感激；尤其是今天大敵當前，更需要美國的軍經援助，這也是每個中國人所深切知道的事實。不過，美國也千萬不要忘記，這不僅是中國獲益，同時更是基於美國的利益和安全，只不過名義上是援助中國而已！假使美國因此而要求一種報答，但外交不是感恩，中國人絕不能以生命與自由以至人格尊嚴做代價的。我們的古聖孟子早就說過：「一簞食，一豆羹，得之則生，弗得則死。嘑爾而與之，行道之人弗受，蹴爾而與之，乞人不屑也。」中國人一直在貧窮落後的生活中掙扎，尙且能貧賤不移者，這實在是一種主要的精神，美國眞該因這次騷動的教訓，而認識這種偉大的精神。

在中國方面：政府實在該澈底知道民心的重要。例如當雷諾被宣判無罪時，有一位女記者，便當場哭泣起來。又如宣判後不久，據「合衆社」的報導，中國新聞記者，便拒絕美國陸軍部副部長賁努坎的記者招待會，以對審判的結果表示不滿。又如在劉奧特華沉默的抗議時，有一位四十左右的婦人，悲憤到放聲大哭，並且坦切表示：「我要哭！這種事情不哭，甚麼事情該哭？」又如在騷動過程中，便有幾位僑生在羣衆中高喊：「我們在國外受人家的氣，今天在國內還要受他們的氣，這種氣，不能再忍受。」末如包圍警察局的羣衆，據「徵信新聞」的報導：「各階層人士都有，但在最前面者，以學生武裝人士爲多，一般市民則多在後面。」根據諸如此類的事實，便可想到民心之爲如何了！所以對於俞鴻鈞院長的談話，只說到「煽動羣衆」之類，而對激起國人普遍反感，造成騷動的劉自然一案之審判不公，竟隻字不提，眞使人感到驚奇與惶惑，難道騷動是憑空而起？難道非把一切的責任硬放在自己老百姓的頭上不可？眞不知道這是從何說起！很顯然，這種羣衆普遍的情緒，似乎始終沒有被政府當局所眞正認識，以至在整個騷動過程中，除掉衛戍部隊的士兵，普遍表現了高度的容忍，以懇勸對付羣衆，而發生了疏導作用外，其他的治安人員，却沒有始終堅持這種態度，這實在是一大失策。其實，政府如能自始注意到羣衆情緒的轉變，而隨時加以疏導，情形便可能不同了！政府經過了這次的教訓，實在該認識民心之重要，而不要再迷信權力萬能了。

根據以上的敘述，足見中美政府雙方，都要負相當的責任。就是說：劉自然案之審判不公平不合理，及判決後的忽視中國人反應，以致種下了騷動事件的因，所以美國理當負最根本的責任。騷動事件之造成，尤其是警民衝突的流血慘案之發生，我們的政府當局，實在也要負重大責任。但要是美國只知追究騷動的責任，完全置劉自然案而不提，顯然是又一次不公平不合理的行爲。因爲追本窮源的說來，判決結果的不公平不合理，實在是促成這一事件的根本原因，如果說中美雙方要彼此向對方負甚麼責任，則美國理該首先向中國負責。但時至今日，在中美兩國之間，與其互相追究責任，還不如彼此共同檢討而求改進。紐約時報說得好：「中華民國受不住這樣，我們也受不住這樣，故急需恢復彼此間的諒解。」假使中美政府雙方都有這種認識，便該站在反共的大前提下，而接受這一空前的血的教訓。

四六、五、廿六。

日匪貿易問題

梁振超

自石橋湛山出任日本首相之後，我國輿論對於日本與匪黨貿易問題愈形不滿；其實，這已是六年前的事（一九五〇年三月，日本經美國國務院的正式認可而與匪黨貿易），目前不過是鑒於石橋湛山一向主張擴大對匪貿易，纔不得不舊事重提，予以忠告。現在岸信介代之而起，所取的政策，仍與石橋湛山無異。如是，我們又怎能不耿耿於懷？

究竟日本為什麼要與匪黨貿易？貿易的實際情形如何？展望如何？關於這些問題，我國論者，大多略而不詳。筆者願採客觀的態度，從事補充，並就正於讀者。

先說第一個問題——日本為什麼要與匪黨貿易？從經濟地理上看，日本是一個海島國家，資源有限，必須開闢海外市場，發展國外貿易，而匪區為其近鄰，具備種種的優越條件，按理不難成為日本一個最好的市場。其次，從歷史上看，日本自甲午戰役後，即處心積慮以中國大陸為其進出口的主要市場，即在一九三七與一九三八兩年，中日關係已趨於破裂的時候，日本出口至中國的（包括日本所謂「滿洲及關東地區」），平均仍佔中國總進口百分之一九·六，為世界各國出口至中國之最高者；至於日本自中國的進口，亦列於全世界的第三位(註一)，佔百分之一二·五，可見日本對中國大陸的依賴性。再次，從日本的人口問題看，她現有人口八千九百萬人，據估計每年增殖一百萬人，她如不設法開闢市場，發展工商業，經濟上就會有很大的危機。最後，從國際市場的現勢看，美國、加拿大、歐洲各國已有限制日貨進口的趨勢，對於日本影響甚大，日本不得不亟謀對策，多闢市場。由於上述種種經濟上的因素（政治的因素，下文另述），日本於是不辨對象，不擇手段，企圖舊夢重溫，恢復昔日在中國大陸的市場。

這個夢究竟是兇惡的或是甜美的？我們可從事實上加以分析：

日匪貿易，始於一九五〇年三月，是年自匪區的進口，計佔日本總進口百分之四·一，出口計佔總出口百分之二·四。可是，同年年底，因為戰略物資之禁止輸至匪區，日匪貿易也就大受打擊。其後則日趨下游，至一九五二年，進口的比率已降為百分之〇·七，而出口亦降至百分之零了。但自一九五三年起，由於日匪雙方之努力與戰略物資之逐漸解禁，日匪貿易略見好轉；一九五三年的進口比率已回升至百分之一·二，出口回升至百分之〇·三。直至一九五五年，日本所謂「戰後最佳之年」，其進口比率亦不過是百分之三·二，出口比率不過是百分之一·四(註二)。至於一九五六年，據說比上年略有增加，但目前只有零星的數字，尚未看到日本財政部正確的統計，姑不具論。從上述的情形看來，我們可以得到兩個概念：㊀日本現已一反已往與中國貿易的情勢，竟由出超變而為入超(註三)。㊁日匪貿易，在日本的進出口總值上，其比率極為微小。

今又從一九五六上半年，日匪貨物進出口方面加以分析。日本出口最多的是化學肥料，佔百分之三三·七；其次是水泥（百分之八·五），噴霧器（百分之六·七），白鐵片（百分之六·一），人造纖維（百分之六·〇），其他（百分之三十九）。又據報，其後數月，機器和水泥的出口都有顯着的增加；前者，全年總值一千七百二十四萬五千美元；後者，全年總值七百六十一萬六千美元。化學肥料、水泥、機器、人造纖維、都是日本的主要工業，必須找出口市場的。至於日本進口最多的就是食米，佔百分之三十四；其次是大豆（百分之二七·五），煤（百分之九·四），鹽（百分之九·三），鎂鑛脂（百分之四·五），蠶豆（百分之三·二），其他（百分之一二·二）。食米、大豆、煤、鹽都是日本的必需品，在經濟的觀點言，自然樂於多開闢來源，何況匪區路程較近，運費較廉。此外還有一不可掩的事實，日匪貿易自一九五三年以後則年有增加，例如，一九五五年，日本的出口比上一年增加百分之五十，進口亦增加了兩倍。(註四)這些都是迷人的數字，短視的日本商人又怎能無動於中？

可是，從日匪前三次所訂的貿易協定看來（一九五六年五月已將第三次協定延長一年），其結果與所懸的標的相距尚遠。第一次協定，始於一九五二年六月，終於一九五三年十月，其所訂定的貿易額為六千萬鎊，結果只達到三百零三十萬鎊，比率為百分之五·一，微乎其微。第二次協定始於一九五三年十月，終於一九五四年十二月，貿易額亦為六千萬鎊，結果只達到二千三百二十八萬鎊，比率為百分之三八·八；其中出口佔八百一十五萬七千鎊，比率為百分之二七·二九，進口佔一千五百一十二萬三千鎊，比率為百分之五〇·四。第三次協定，始於一九五五年五月，終於一九五六年五月，貿易額亦為六千萬鎊，結果只達到三千三百八十萬九千鎊，比率為百分之五六·四；其中出口佔一千一百零一萬九千鎊，比率為百分之三六·四，進口佔二千二百七十九萬鎊，比率為百分之七四·九七。當然，我們不能說日匪貿易未能到原定的標的就是沒有希望，沒有進展，這未免近於武斷。不過，從歷次的結果看來，雖則每次都有進步，但日本仍處於入超的地位，例如第三次協定的結果，日本出口只達到百分之三十七，而進口就達到百分之七十五。因此，我們至少要追問兩個問題：㊀究竟日本依賴匪黨多呢？還是匪黨依賴日本多呢？㊁為什麼他們經過三次的努力還未能達到原定的標的呢？

從表面上看，日本缺乏食品和工業原料，而歷年對匪貿易都處於入超的地位，自不能不說日本依賴匪黨多些。但，如深入一層，從日本與匪黨及自由國家貿易的比重看，或從匪黨與自由國家及共產集團國家貿易的比重看，可說：日本與匪黨，在經濟上可以互不依賴。何以言之？上文已經提及，日匪貿易在日本整個國際貿易上，所得的比率甚微，不足齒數；而日本與自由國家貿易的比率，歷年都在百分之九十以上，可知日本之與匪黨貿易，遠不如與自由國家之重要；換言之，即遇必要時，日本是寧願捨棄匪黨的市場而不願捨棄自由國家的市場的，自由國家的市場才是日本經濟命脈之所繫。

再就物資的進出口言，日本自匪區進口最多的是食米和大豆，其次是煤和鹽。食米、大豆和鹽都可取之於其他市場，無甚困難，下文另有闡釋，不擬在此費辭。至於日本的煤產量，在世界上原居第五、六位，但因缺乏焦煤，差不多全要自國外進口，每年約達三百萬公噸(佔焦煤消費量百分之五十以上)。戰前焦煤的來源主要是中國,但戰後就大多來自美國。日本廠商爲減低成本，就把進口的焦煤與本地的半焦煤混合使用。當然，一部份日本商人不免懷戀着已往中國大陸的資源市場，可是，現在日匪雙方，政治上既有種種障礙，而日人習於使用高度的美煤後(美煤含灰量爲百分之六・五，匪區開灤煤爲百分之七・七。前者的優點爲一百，後者爲五十三)，是否仍樂意使用匪區的煤，已成問題，而匪方願否大量供應，以壯大日本，亦屬疑問，此所以雖經雙方的熱心分子「大力」進行，而煤的進口量亦不過佔日匪貿易百分之九・四。由此可見，日本所需的煤，從匪區輸入，絕難如理想，且亦非必自匪區進口不可。

說到匪黨與自由國家及共產集團國家貿易的比重問題，更可見匪黨確是厲行一面倒的政策。據日本富士銀行的統計，匪黨自一九五一年起，對自由國家的貿易已驟然減少，至一九五五年，只佔匪黨國外貿易額百分之十強，而日本在此有限的百分之十強中，一九五五上半年的貿易價值亦只佔百分之一七・一，(註五)尚不及香港所佔的成數，可見，匪黨根本上就不打算依賴日本的貿易。至於物資方面，匪黨進口最多的化學肥料，可自西歐，尤其西德，獲得價廉物美的製品，水泥、機器亦然，不一定要從日本進口。

其次，讓我們解答第二個問題，爲什麼他們經過三次的努力還未能達到原來的標的呢？關於這一問題，日本論者的答案是：①戰略物資被管制出口，(據說屬於 COCOM 的，共四百項；屬於 CHINCOM 的，共六百五十項。)現在雖比一九五三年已放寬了十倍，但對日本的出口貿易影響仍大。②日本與匪黨無正常的外交關係，以致貿易談判備受影響。③匪黨對外貿易，由政府經營，而日本對匪貿易就羣龍無首，彼爭此奪，直至一九五五年十二月始由中日進出口協會 (Japan-China Export-Import Association) 統籌辦理，但仍無顯著的成績。④日匪貿易是以個別易貨制爲基礎，至去年底始漸次改用綜合易貨制，但仍缺少彈性。這是局內人親自體驗得來的話，即未盡其全豹，亦自可徵信。可是，在我個人的觀察，關於這一問題，匪日政治立場之不同，才是失敗的主要癥結。匪黨的作風，一向是以經濟爲手段，政治爲目的；而對共產集團以外的國家，尤存疑忌，正所謂「道不同不相爲謀」。除非日本也變爲共產國家，否則匪黨對日貿易就要看日本可被利用的程度而定了。日本雖已獨立，但仍是自由集團之一份子，匪黨自不能不顧利害，盡量滿足日本的需求。

日匪在經濟上既不必互相依賴，而貿易的障礙又如是之多，爲什麼他們仍費盡心力設法打交道呢？在我個人的觀察，日本之與匪黨貿易，由於經濟的因素者居半，由於政治的因素者亦居半。至於匪黨之與日本貿易，則百分之百屬於政治的作用，毫無經濟的因素可言，只不過是以經濟爲幌子和手段而已。

日本自與交戰國簽訂和約、恢復獨立之後，即無時不欲排除戰後的種種羈絆，回復戰前亞洲第一强國的地位；又因英國、緬甸、印度、印尼等國都已承認匪黨，而與日本同爲戰敗國的西德，雖未與匪黨建立邦交，但已從事貿易，不免見獵心喜，因此，就不顧中日道義的邦交，縱容人民團體與匪黨從事貿易活動，一面夢想如已往之能在中國大陸輸入大量原料，以供其所需，並輸出工業製品，以謀厚利；一面又由於畏戰心理之故，極力討好匪黨，並以討好蘇俄，使日本能在國際舞臺上插足，且爲異日留下一伏子。果然，此計已售其半，日蘇和約簽訂了，聯合國裏日本也得一席了，所剩下的一半就是伏子，那就要看國際情勢的演變，待機而動了。此所以我說，日本的主因，一半是經濟，一半是政治，否則，日本政府與民間不會唱此雙簧。

何以說匪黨對日貿易完全是政治的作用呢？上文我已指出匪黨在經濟上之如何不必依賴日本，讀者諒已了然於中，現更可闡說一下，以證明匪黨以經濟爲幌子和手段的方法。匪黨往往採用大掮客的「轉手貿易」方法，以促進對外貿易。一面由緬甸購入食米，一面又把食米售與日本和錫蘭；一面自日本購入脚踏車，同時又向馬來亞、泰國、緬甸、香港等地輸出；一面在香港出售水泥，又一面向日本訂購水泥。可見匪黨是以經濟爲手段，來引誘日本，拉攏日本，從而希冀達到分化自由陣營，和滲透、顚覆、赤化日本的政治目的。

現在我們可以進而討論日匪貿易的展望問題。

日本近兩年的國外貿易，確實有長足的進步。因爲生產增加，於是工業原料的消費亦甚多，一九五四年進口工業原料的消費指數，平均爲一〇三・三，至一九五五年已增至一一〇・〇。日本所需工業原料，其進口的依賴性比率，(註六)最高的是硫酸鑛、原橡膠、原棉、羊毛之類，自一九五〇年以來，都是百分之百；其次爲原石油(自百分之八十一至百分之九八・一)，鐵鑛砂(自百分之六四至百分之八二・五)，鹽(自百分之六〇・六至百分之八〇・四)，焦煤(自百分之九・四至百分之三二・三)，人造絲原料(自百分之二一至百分之二六・七)，煤(自百分之二・一至百分之九・七)。其中自匪區輸入的，自一九五四以至一九五六上半年，只有煤、鹽兩項，(註七)所佔數字不大，例如：煤，一九五四年是四萬七千三百五十八噸，一九五五年是十萬零三千八百四十四噸，尚不及從高棉、寮、越南等輸入的數字（一九五四年，二十三萬五千二百零四噸；一九五五年，十八萬七千零九十四噸），更不及自美國輸入的數字（一九五四年，二百九十二萬六千零六十一噸；一九五五年，二百三十六萬三千九百二十八噸）。至於鹽，除匪區外，日本更自埃及、西班牙、美國、意大利、法國海外屬地、印度、泰國、高棉、寮、越南等輸入，其中最多的是埃及（一九五四年，二十七萬八千零七十四噸；一九五五年，一十七萬六千七百九十一噸），次爲印度（一九五四年，二十一萬零二百五十七噸；一九五五年，一十五萬七千三百一十七噸），西班牙（一九五四年，一十三萬四千五百二十噸；一九五五年一十四萬八千七百二十五噸），最少的是法國海外屬地，但一九五五年仍輸入一萬七千五百零一噸。可見日本所需的鹽，除匪區外，仍可從其他地區輸入，但日本因運費上漲之故，自一九五五年起，採近地購買政策，於是從匪區購入的比一九五四年爲多。故就日本所需工業原料言，雖有近地採購的趨向，但匪黨歷年所能供應的只有兩項，數量有限，且皆屬日本所需的次要項目。

又如食品，其進口的依賴性比率，自一九五零年以來，以糖爲最高（自百分之九三·五至百分之九六），次爲大豆（自百分之二五·七至百分之六一·四），小麥（自百分之五二·六至百分之六〇·九），大麥（自百分之一八·九至百分之四五·九），最低是米（自百分之八·一至百分之一三·六），而在上述項目之中，自匪區輸入的只有米及大豆二項，但日本購米之地甚多，非必限於匪區，近者如臺灣、緬甸、泰國、高棉、寮、越南、巴基斯坦，遠者如美國、澳洲、秘魯、委內瑞拉、西班牙、意大利、埃及，除秘魯、委內瑞拉外，歷年都有成交，數量大小不一。至於大豆，除匪區外，日本會自美國及巴西輸入。一九五五年自美國輸入的共五十七萬二千零五十二噸，自巴西輸入的共三萬一千二百六十一噸；同年自匪區輸入的共二十萬三千五百二十三噸，約佔自美國輸入量三分之一強。由此可知，在食品方面，只有大豆一項匪黨稍佔份量，但日本亦非必自匪區輸入不可。

以言市場，戰前日本的出口，百分之五十輸往中國、高麗、和美國，百分之二十輸至印度（包括緬甸及巴基斯坦）、印尼、及臺灣。此爲日本重要市場之所在。戰後，除美國外，日本已失去遠東的市場，復由於進口比率之不斷變動，遂使日本難於決定何者爲主要的出口市場，何者爲主要的進口市場。但就出口方面言，較大而較穩定的市場，除美國外，當屬臺灣及香港，而非匪區。

日本出口貨物，戰前以紡織品爲最重要，一九三四至一九三六年的比率爲百分之五十二，戰後則降落，一九五五年的比率爲百分之三七·三，（註八）至於比較戰前增加的，計有五金、金屬製品、及機器：前二者，自百分之八·二（一九三四—三六）增至百分之一九·二（一九五五），而其中又以鋼鐵爲最多，由百分之八·二增至百分之一二·九；後者，自百分之七·二（一九三四—三六）增至百分之一二·三（一九五五）。化學製品所增甚微，自百分之四·三（一九三四—三六）增至百分之四·六（一九五五）。水泥亦略有增加，自百分之〇·五（一九三四—三六）增至一·一（一九五五）。

日本的鋼鐵輸出，其增加量雖較前爲多，但輸至匪區的則甚少，一九五五年只有一千八百四十八噸，但比一九五四年（三百二十七噸）已增加五倍以上，則爲不可掩的事實。縱有此事實之存在，但從供需問題言，日本主要增加的出口品，如五金、金屬製品（鋼鐵在內）、機器之類，都不是匪區的主要進口品（就匪日貿易言）則又爲不可掩的事實，何況日本鋼鐵生產量的增加將屬有限。

親匪日商認爲匪區行將施行第二次五年建設計劃之時，對於機器之類需要甚殷，必須設法輸至匪區，以謀厚利。但此類貨品，大多列在禁運物資之內，甚至棉織機件，以及小型摩托三輪車亦包括在內，是以雖經日商多方設法與匪黨訂約出售此類貨物，但其價值亦不過二百萬美元，實屬微小。

化學肥料亦爲日本主要出口工業之一。其在東南亞市場，雖佔地緣上的優勢，但仍遇到歐美國家的低價競爭，因此，日本不得不極力壓低生產成本，減低售價，可是，據日本方面的估計，縱使不發生超過能量的恐懼，每年出口亦難達到一百五十萬公噸。日本肥料廠商會於去年十日間，派遣代表團至匪區，專事推銷。日商認爲匪區較之其他亞洲地區尤爲重要，如能攫取匪區作爲一安定的市場，肥料工業的前途才有希望。據報該代表團已於去年十月與匪黨訂約，出售化學肥料五十七萬一千噸。不過，最爲日商所焦慮的就是日本在肥料市場上遠較西方國家爲落後，其如何競爭？如何加速趕上？不無問題。再在日本國內，其如何調整價格與供應，亦不易易。上述問題如無適當的解決，則日本在匪區市場的發展，亦爲有限度者。

至於水泥出口，一九五五年共計一百二十萬六千二百四十四噸，一九五六年共計二百一十五萬噸；大多輸至南韓、琉球、臺灣、新加坡、香港、泰國、馬來亞、印尼等地；輸至匪區的，既不能與南韓相比較，更不能與自由國家所佔成數相比較。其出口增加的原因：一爲日本國內需要之減少；一爲西歐國家因運費上漲以及國內需要增加而減少輸出，日本遂得乘虛而入。更可注意的，就是南韓與其他東南亞國家採購之活躍，要由美國國際合作總署資金的運用，故其市場亦不能認爲穩定；因此，日本不得不寄望於亞洲落後國家的開發計劃。（註九）

至於政治方面，我們要討論的共有三個問題。第一、日本會變爲共產國家，投入共產集團的懷抱嗎？現在日本實行民主，國內已有共產黨之存在，但勢力不大，去年上議院選舉，共產黨在團體選票中只佔百分之二·一（五十九萬九千二百四十票），在地方選票中只佔百分之三·九（一百一十四萬九千零九票），可見實屬微小。當然，我們不能不說危機業已潛伏，因爲日本的共產黨已享有政治活動與宣傳的自由，稍有不慎，即可燎原；但日本的社會制度，經濟結構，以及倫理觀念都與共產制度相逕庭，只要日本能夠政治民主、經濟安定，共產黨沒有武力，而又能防止共產黨力量的滲透，我相信日本的共產黨無論如何不會有急速或甚大的發展。因此，我們至少可說，日本是很難變為共產國家的。只要日本政府一日不在共產黨控制之下，日本自不會投入共產集團的懷抱。

第二、日本會承認匪幫嗎？由於英國、印度、緬甸、印尼、以及其他立場不堅定的國家已承認匪幫，又由於匪幫經濟上的引誘，與日本人畏戰心理的錯綜交雜，遂使此一問題成為日本政治上爭論的問題。在執政的自由民主黨方面，已一再否認此種可能性；最近日本第二大黨社會黨的黨魁片山哲，雖曾提出承認匪幫的主張，但已為首相岸信介拒絕，態度明顯，實無可疑；除非自民黨內部分裂，失却政治上領導的力量，為社會黨所乘，起而執政，才會發生問題，但亦不能斷定必承認匪幫，因為一國的政策，常受國際與國內情勢的影響而轉移，只要情勢上一如現在之不容許有此種錯誤的舉動，社會黨亦不致堅持原來的主張，自陷於絕境。何況在野黨的主張，往往以引起執政黨的困難，並以獲取與黨及選民的好感為目的，實在不會一成不變的。

第三、美國和日本的關係如何？近年來，日本人對美國的對日政策（包括和約與佔領時期的）和一般的外交政策雖有種種的批評與不滿，但大多數仍懷好感，何況日本在經濟上和國防上仍要依賴美國，美國對於日本實有舉足輕重的力量，縱使日本不願低首下心，也莫奈何。因此，日本對匪幫的政策就不得不有所顧忌，不得為所欲為，不得不惟美國之馬首是瞻。日匪貿易，如當時未得到美國的認可，我相信日本斷不敢輕於嘗試；如當時日本的經濟與貿易市場不成問題，而又無英國、西歐等國與匪貿易的先例，我相信美國亦不致出此一着；如美國不採取逐漸減少對外援助的政策，我相信美國亦不會同意。

現可將上文的分析，歸納為下列各點：㈠日本現為民主政治與經濟自由的國家，雖有共產危機的潛伏，但不會驟然改變而投入共產集團的懷抱。㈡日本由於國際與國內情勢的關係，不致捨棄自由中國而承認匪幫。㈢日本在經濟上和軍事上須依賴美國，因而政治上亦深受其影響。㈣日本在經濟上所依賴的是自由集團，而非匪幫與共產集團。㈤日匪貿易，由於政治立場之不同，經濟供求之不調協，結果未盡如理想。㈥日本所需工業原料，匪幫所能供應的，項目既少，數量亦不大，且屬次要。㈦日本所需原料及食品，來源甚多，非必需自匪區輸入。再就出口方面言，除美國外，臺灣和香港實為日本目前較大而較穩定的市場。㈧禁運限制一日存在，則日本對匪出口勢難大量增加。㈨匪幫對日貿易，目的只在利用日本以達到其政治目的，而不願壯大日本。

在展望上要作一總結之時，有兩問題我們事先要弄明白的：㈠由於國際關係之集團化，同一集團的國家，其各自採行的政策，已不能不顧及集團內關係較深的國家的意見，絕不能一意孤行，只圖本國的利益。㈡國際貿易，現仍是一個功利的問題，利之所在，趨之若騖，細大不捐，而其變動性亦大；雖然如此，但仍受政治的影響，政治可以決定其趨向。所以，說來說去，日匪貿易雖是一個經濟問題，但歸根還是一個政治問題。

從上文所歸納的各點看來，日本與自由集團實在是息息相關的，而其對匪貿易之未能盡如理想，一部份仍是由於政治的因素。假如日本在政治立場上與匪幫相同，假如日本承認了匪幫，假如沒有禁運的限制，假如美國對日本沒有舉足輕重的力量，假如我國沒有在聯合國的地位……那麼情勢就不同了。因此，我們可說，只要自由國家，尤其美國，能認識英國、印度等國對匪之失策，認識日匪貿易的影響，不光是我國而是整個自由世界的問題，從而堅定立場，運用種種足以影響日本的力量，使日本有所顧忌，知所止足，則日匪貿易，縱有進展，亦屬有限。

上文我已指出，國際貿易目前仍是一個功利的問題，眞有水銀瀉地無孔不入的情態，我們很難從遠大的利害來說服日本；又由於其變動性之大，自難以短期內的事實，遽推斷其未來結果的必然性。但大體上不無跡象可尋，故從上文所歸納的各點看來，只要所指出的若干因素繼續存在，則日匪貿易縱有進展，亦屬有限。

我們既知國際政治上的壓力足以影響一國的政策，又知日本經濟上需要之所在，那麼，如何運用國際上的政治力量以影響日本；如何在經濟上多與日本發生關係，並協同發展東南亞市場，以謀雙方的繁榮；如何運用國民外交，以去除雙方思想上的隔閡；實為我國所應熟籌深慮的。

在一般國內的市場上，正當商人都有不買賊贓的良好習慣。這就是善與惡的分界。難道國際市場就要泯滅了道義的規範？我們所希望於日本的亦不過是這種心情。再就日本所夢想的中國大陸市場言，現已為赤色恐怖所籠罩，大異於前；而日本與匪幫，在政治立場上既互異，在經濟需求上亦逕庭，如只顧一時的小利而忘却世代的安全，使共產黨有可乘的機會，那麼，她的夢，斷不會是甜美的！

附註

註一：第一為香港，佔百分之二五·五；第二為美國，佔百分之一九·九。
註二：根據日本財政部的統計數字。
註三：日本已往與我國貿易，除一九四八及一九四九兩年特殊情形外，皆為出超。
註四：根據日本通產省的報告。
註五：富士銀行根據聯合國亞洲及遠東經濟委員會一九五五年年報的數字計算。
註六：根據日本通產省一九五六年日本國際貿易的統計。
註七：根據一九五六年日本國際貿易第一一六號自匪區進口表的記載，只有煤、鹽兩項；但第八十九號鐵鑛砂進口表則一九五五及一九五五年均列有來自匪區的數字，前者為五八、五四六噸，後者為八九、五二〇噸，同一書中而有不同的統計，不審孰是。但據日本富士銀行的統計亦無鐵鑛砂，故採煤、鹽二項之說。又即使有鐵鑛砂進口，其數量亦甚少。
註八：紡織品現仍佔日本出口的第一位，但與戰前比較，其比率則降低。
註九：以上各段所列統計數字，大多採自一九五六年日本國際貿易。

伽納的獨立

龍平甫

本年三月六日非洲西岸英屬黃金海岸 (Gold Coast) 在英國王室代表肯特 (Kent) 公爵夫人主持下宣佈成立自治領，在不列顛邦協之內獨立，並改國名爲伽納 (Ghana)。伽納的獨立應視爲非洲政治上的一件大事：在它獨立之前非洲已有兩個黑人國家，但是伽納是第一個非洲黑人殖民地宣佈獨立的。黑人非洲將因伽納獨立的影響而發生重大變化。各國政府了解此義，故紛紛派代表團前往道賀，蘇俄派部長級的代表前往活動，美國由副總統尼克森代表參加，法國也派了司法部長米特朗參加典禮。

伽納分爲四部分：㈠前「殖民地區」(Colony)，㈡阿善第 (Ashanti)，㈢北部地區（包括前英屬多果蘭 Togoland 北部，註），㈣外伏爾大 (Transvolta)（前英屬多果蘭南部）。全部面積二三一九、六〇七方公里。人口五百萬，其中歐洲籍居民一萬三千。北部地區居民逾一百萬，阿善第人不及一百萬，前殖民地區人口二百五十萬，多果蘭人口四十萬。城市人口以首都阿克刺 (Accra) 爲最多，計十三萬五千。阿善第區首府古馬希 (Kumashi) 人口七萬八千，主要海港塞空第、大高拉第 (Sekondi-Takoradi) 人口四萬四千。

伽納人多分屬於衆多的部族。部落生活尙相當顯著，語言有五十餘種，因此英語仍是官方的語言。根據伽納人所操的語言可將伽納人分爲下述四大族：㈠：阿干 (Akan)族，主要分佈在海岸一帶，阿善第的森林區，及伏爾大平原區，㈡伽族(Ga)，㈢衣委(Ewe)族，都在東南部，㈣莫希大干巴(Moshi-Dagamba)族，在北部。四大部族中以阿干人爲最主要。阿干人的祖先大約自公元一千二百年以後分三批自非洲中部侵入今日的伽納，征服或同化原始居民。阿干族又分爲方第 (Fanti) 與阿善第兩支派，前者定居在沿海地帶，後者生活在阿善第區。根據傳說：阿干人是古代伽納帝國的後裔。這個帝國自公元三百年起在非洲中部蘇旦西部建立，其構成份子大約是猶太人或非洲北部來的伯伯爾(Berber)人。但自公元七百年起爲黑人佔有，於公元一〇七六年(或云公元一二四〇年)爲回教徒消滅。當伽納帝國存在時，其勢力從未到達黃金海岸。

一四七一年葡萄牙人航海到達今日伽納海岸，建立碉堡，收買黃金，於是有黃金海岸的名稱。接着荷蘭人、丹麥人、瑞典人、普魯士人、英國人紛紛前來建立貿易站，除收買黃金外，並販賣奴隸(直到一八〇七年始由英政府禁止)。一八二〇年英政府控制沿海貿易居留地，並於一八四四年和附近的酋長們訂立條約，置之於英國保護下。方第人從事貿易，易於和英人合作，阿善第人則不易屈服，經半世紀之久始爲英人征服。阿善第人的首都曾數次爲英人夷爲平地，至一九〇一年英人將阿善第王 Prempreh 流放到印度洋的 Seychelles 羣島纔算完成征服工作。不久英人採取結好政策，於一九二二年送回阿善第人認爲主權象徵的「金桌」，並於一九二四年將 Prempreh 釋回。旋承認其爲古馬希城最高首領，至一九三五年更承認 Prempreh 之任 Osei Agyeman 爲阿善第人之王。

伽納領土大部位於伏爾大 (Volta) 河谷。就地形言可分爲三部：㈠北部乾燥高草原區 (Arid Savannah)，㈡中部低窪熱帶雨林區（阿善第區），㈢沿海平原。伽納境內無大山，但有海拔達三千英尺的邱陵。以其位於熱帶，故適於熱帶農作物，而尤適於可可樹的栽培，可可成爲伽納最大出口商品，其產量佔全世界的百分之三十，次要的出口貨爲黃金、木材、錳、鑽石。一九五四年伽納主要出口貨及價格如左：

可可	八四、六〇〇、〇〇〇鎊
黃金	九、八二八、〇〇〇鎊
木材	六、六八四、〇〇〇鎊
錳礦	五、一三六、〇〇〇鎊
鑽石	四、二七二、〇〇〇鎊

由於可可對於國民經濟的重要，伽納人的獨立運動也與它發生密切關係。伽納人獨立運動大致可分爲三期：㈠一九二〇年以前有少數非洲黑人領袖及受過英國教育的非洲人組織「保障土人權利協會」。這個協會所進行的祇是消極的民族主義運動。㈡一九二〇年三月十一日若干非洲知識份子在阿克刺成立「西非洲民族大會」，要求自治，並獲得少許成就，如黃金海岸人民的利益由九名選出的代表來保障，但選出的代表仍受制於當局。至一九三〇年「西非洲民族大會」創立人 Casely-Hayford 死亡，該會亦告消滅，同年尼幾利亞 (Nigeria) 人 Azikiwe (今日爲東尼幾利亞首相)，Wallace Johnson (非洲 Sierra Leone 人) 在阿克刺創辦報紙，鼓吹獨立，黃金海岸人丹加 (Danquah) 也從事獨立運動。至一九三七年經營可可貿易的歐洲人公司組織壟斷機構，企圖使可可生產者接受規定的低價，後者一致拒絕，發動抵制英貨運動。使英貨輸入在一年之內由一千二百萬鎊減至六百萬鎊。於是英政府派 Nowell 調查團前來調查，調查團報告書宣稱歐洲人公司企圖壟斷可可貿易之違法，同時爲可可生產者計劃開拓市場的辦法。黃金海岸人民經此次經驗，對實現民族獨立愈有信心。㈢第二次世界大戰後獨立運動轉入新階段。一九四七年丹加及若干知識份子組織「聯合黃金海岸大會黨」(United Gold Coast Convention) 進行民族獨立運動。並邀請那時在倫敦留學的恩克魯馬 (Kwame Nkrumah) 博士回來參加。後者於是年十二月十六日回到離別十二年的祖國，擔任該黨的秘書長。不久他成爲黃金海岸獨立運動中心領導人物。並實現黃金海岸的獨立。

恩克魯馬在四十七年前出生於黃金海岸西南極端的一個鄉村中。他在今年伽納獨立之日發表「自傳」(Ghana—The autobiography of Kwame Nkrumah，出版於英國愛丁堡 Thomas Nelson & Sons 書店）談及幼年生活道：「我的家庭生活很平靜，我記得很少有爭執發生，家中婦女們每週輪流作飯，照顧父親，同時在田間工作，或作點小買賣以津貼家用。」

他於小學畢業後入阿契莫大中學（Achimota College），受副校長 Aggrey 博士影響很大。畢業後在一個天主教神學班教書；一度宗教信仰很强，有意加入耶穌會。但不久遇到 Azikiwe 博士，後者自美國留學歸來，在阿克剌創辦「阿克剌晨郵報」(The Accra Morning Post) 鼓吹民族主義思想。因他的影響，恩克魯馬向親戚借錢一百五十鎊買船票到美國，一九三五年入賓州林肯大學，以工作維持生活。他作過擦皮鞋及侍役的工作。為了實現黃金海岸的獨立，他與美洲的黑人組織發生聯繫，並研究政治及組織的技術。他研究如何解決殖民地與帝國主義問題，他讀過黑格爾、馬克思、恩格斯、列寧、馬志尼的著作，這些人的思想對他都有影響。但他認為啓發他最大的要算一九二三年出版的「加爾維的哲學與論說」(Philosophy and Opinions of Marcus Gorvey)，著作者所提出的「非洲乃非洲人的非洲」及「回到非洲去」的口號對他鼓勵甚大。

恩克魯馬於一九四五年去倫敦，在工黨理論家拉斯基 (Laski) 教授指導下從事研究，並一度與英國共產黨發生關係，夢想成立西非蘇維埃共和國，但是他的興趣似很廣泛，接觸是多方面的。他擔任「西非秘書處」(West Africa Secretariat) 的秘書，並印行「新非洲」(The New Africa) 雜誌。一九四七年終他應邀返回黃金海岸，擔任黃金海岸統一大會黨秘書長及該黨「青年組織委員會」(Committee for Youth Organization) 主席，他分析當時局勢，認為：㊀前往印度緬甸與日本軍隊作戰歸來的退伍軍人有强烈的民族意識。㊁英貨與土貨價格過於懸殊，引起土人的不滿意情緒。這兩個因素正可以利用來發動民族主義運動，於是自一九四八年一月起該黨發起抵制英貨運動。二月二十八日退伍軍人及阿克剌民衆結隊前往黃金海岸行政長官 (Governor) 公署，結果發生騷動，警察開鎗死二十六人，財產損失很重。恩克魯馬及該黨領袖五人被當局監視，失去行動自由。同時英國國會指派古塞 (Coussey) 調查團前來調查眞象。恩克魯馬對古塞調查團的建議及對英態度與黨內其他首要意見相差，於是脫離該黨，於一九四九年六月創立「人民大會黨」(Convention People's Party)，旋古塞報告書發表，並成為一九五一年黃金海岸憲法（又稱古塞憲法）的基本。但是恩克魯馬積極進行自治運動，並於一九五〇年一月發動所謂「積極行動」(positive action)，以甘地的非暴力運動為藍本。英殖民當局宣佈緊急狀態以對付示威、罷工及抵制英貨運動，旋阿克剌城內發生鬪毆，警察死二人，於是恩克魯馬及其他領袖被捕，於二月十二日被判處徒刑一年，但是十一日後被釋放，因為他所領導的政黨在此期間的大選中獲大勝。於是英政府改變其政策，開始協助黃金海岸民族自治，並與恩克魯馬合作。他由黃金海岸行政長官阿登克拉克 (Arden-Clarke) 提名組織內閣，最初僅獲得「政府事務首長」(Leader of government business)名義，到一九五二年三月始獲首相名號。英國當局自一九五一年起陸續將黃金海岸的政治權限移交給他，至一九五六年七月一日並向他移交軍隊控制權。

一九五四年六月十五日黃金海岸舉行普選，凡滿二十一歲的男女公民均有選舉權。參加競選的政黨有：㊀人民大會黨，㊁伽納大會黨 (Ghana Congress Party，以丹加為首領)，㊂回教協會黨 (Muslim Association Party，以 Bankole 為領袖)，㊃北部人民黨 (Northern People's Party)，㊄多果蘭大會黨 (Togoland Congress Party)。大選結果，人民大會黨在一〇四席中獲六十八席。

黃金海岸的獨立日趨具體化之時，其內部的爭執亦日趨表面化。黃金海岸有南部與北部居民的對立。南部人口衆多，經濟繁榮文化水準較高，北部人口少，文化落後，甚至尚有一些比較原始的部落社會。而阿善第人及北部人民對方第人不但有地域之見，而且存恐懼心理，怕英當局撤退後受方第人的壓迫。阿善第人及北部人民於一九五五年八月向行政長官提出修改憲法計劃。要求在獨立前召開制憲會議。當局派法律專家研究，因 Sir Frederick Bourne 的建議而由恩克魯馬於一九五六年二月在阿契莫大召集圓桌會議，反對派拒絕出席，並拒絕在國會討論。反對派民族解放運動 (National Liberation Mouvement) 首領 Kofi Busia 教授等人甚至聲言不惜脫離南部而獨立。至七月間英當局解散國會重新選擧，結果人民大會黨獲七十一席，反對黨派共獲三十三席。同年八月三日黃金海岸政府向國會提議授權政府俾請求聯合王國國會通過法律，使黃金海岸在不列顛邦協內獨立。投票時反對派拒絕參加。至八月二十三日 阿登克拉克將上述請求及請求宣佈獨立日期的文件轉達殖民大臣 Lennox-Boyd。因為後者於五月十一日在英國會下院宣稱：「如黃金海岸進行大選，而以合理的多數在議會通過，在不列顛邦協內獨立的議案，則英政府將擇期宣佈黃金海岸的獨立」。英政府旋規定一九五七年三月六日宣佈黃金海岸的獨立。九月十七日阿登克拉克將 Lennox-Boyd 九月十五日的電報交給首相看，恩克魯馬喜得流淚，他在自傳中寫着：「經過一會兒，我轉眼看行政長官，這時我們兩人都無話可說，可能都在回憶七年來的關係：始則懷疑，猜忌，誤會，繼則信賴，眞誠，友好，而今兩人則面對勝利的刹那，不可形容的刹那，永遠無法完全回憶的刹那。『首相』，行政長官說，同時向我伸出手來，『這對你是一個偉大的日子。這是你所奮鬪的終結』，『不，這是我們兩人所奮鬪的終結』。我改正他的回答道」。恩克魯馬表示對阿登克拉克的友誼與信任，請求英政府任命他為伽納獨立後第一任總督 (Governor General)。英國當局自然接受。但他的任期不會太長，因為英國擬以一個不是出身於殖民部的人任總督。

在正式獨立之前，恩克魯馬還得解決內部的爭執。反對派除要求保障地方自治外，並指責他具有極權作風，這種指責並非無根據。因爲他在自傳中也部分的承認了，因爲自傳敍言中有這樣一段文字：「資本主義對於一個新獨立的國家言是一個太複雜的制度，因此需要一個社會主義的社會。即使一個以社會主義及民主憲政爲基礎的制度仍需要在緊接着獨立的階段中有所憑藉，即以極權式的緊急措施來維持。因爲沒有紀律，眞正的自由是不能存在下去的。」此外反對黨派要求成立兩院制國會，加强司法獨立，改善文官制度，反對黨反對「不顧一切的獨立」，對英國統治權的過早撤退表示遺憾。他們要求北部自成一國，英政府則認爲分爲兩國不符合黃金海岸的利益。旋由於 Lennox-Boyd 本年一月下旬到黃金海岸調處，古馬希六七萬人民以喪服出迎。雙方談判結果，彼此讓步，對憲法問題獲致協議。

新憲法內容大致如下：㈠伽納以英君爲元首，在不列顚邦協內獨立，擁有內閣及英國式議會制度，㈡內閣由國會議員組織，並集體對國會負責，總督代表英君根據首相意見任命部長，如國會通過不信任議案而首相不於三日內解散國會，則總督將罷免首相。㈢最高立法權屬於英君及國會，國會由議長一名議員一〇四名組織，每屆國會以五年爲限，每年至少得召集一次。㈣成立公職委員會，公職任命由首相提名，總督發表，在提名之前首相得徵詢反對黨派意見，除少數重要職位由總督根據首相意見以任命人事外，其餘由公職委員會提請總督進行人事的任免升降及官紀的維持。㈤現行總檢查長繼續維持，如將來擬以內閣部長級閣員任總檢查長則首相應先徵詢反對黨意見，㈥成立司法委員會，由大法官(Chief justice)，法官等組織，其委員由首相提名任命，國會可以三分之二多數以行爲不端或身心能力喪失爲根據通過罷免法官的議案。總督根據司法委員會的建議進行司法人事的任免升降。獨立後將成立最高法院(上訴法院)，不服其判決者可向樞密院上訴。㈦總督根據首相提名任命審計長一員，以審核政府賬目，國會可以三分之二多數以行爲不端或身心能力喪失爲根據罷免審計長。㈧全國分爲五省，即(東省、西省、北省、阿善第省、外伏爾大多果蘭省 Tranivolta-Togoland)。省區疆土的變更須經有關省議會同意並經國會通過，如欲增加省區，須先得五分之二省區議會同意，並由國會通過，省議會對該省地方政府、農業、敎育、交通、衞生、公共工程、城市與農村建設、居室、警察及其他國會規定事項擁有權力，省議員每屆任期三年。此外並成立省憲委員會，將根據其建議由國會通過省憲。㈨根據習慣，各省成立部族首領院(House of Chiefs)，享有諮議權。㈩私人財產非經合法手續不得徵用，徵用時得予以適當賠償。當事人得因要求賠償而向法院起訴。⑪憲法修正案須經國會議員三分之二多數三讀通過始能成立。但關於憲法中重要條文(另有附條說明)的修正事項，須先提交省議會及部族首長院審議，省議會參照部族首長院意見，以三分之二多數贊成或否決該項修正案。若三分之二的省議會同意，則國會可以三分之二的多數三讀通過。任何限制省議會權力，或解散或停止其活動的法律或命令須經有關省議會同意。若省議會拒絕，可請該省公民投票表決，如獲簡單多數通過，是項法律或法令提案即正式成立。

在黑人非洲中，伽納人不但在政治組織方面表現相當成熟，而且具有優越的經濟條件。伽納的國民所得在非洲是非常高的，國民平均所得約爲英國人的六分之一，南部伽納人生活已趨向現代化，古馬希是一個黑人城市，市街居室歐化，汽車交通頻繁。伽納的財政情形也非常良好，政府歷年預算都有盈餘，一九五五年終黃金海岸在英國有二一二、〇〇〇、〇〇〇鎊存款，伽納五年建設計劃需款一二五、四〇〇、〇〇〇鎊，大部取給於此項存款，僅有一、五〇〇、〇〇〇鎊，來自英國的殖民地建設福利基金(Colonial Development and Welfare Funds)。由一九五一年至一九五五年投資於建設事業的金錢共五千萬鎊，而英國僅供應四百萬鎊。伽納政府經濟建設主要目標之一，即在開發伏爾大河的巨大水電資源，並利用其電力提煉豐富的鉛鑛。伽納政府希望英國及加拿大合作實現此計劃。

伽納的獨立將對其他黑人民族發生鼓舞作用，因此引起在非洲擁有殖民地的國家的不安。恩克魯馬公開聲明同情黑人民族獨立運動。他在自傳中這樣的寫着：「非洲其他地區若不解放，則伽納的獨立即不算完全。大陸其餘地方尙爲六個歐洲國家統治着，我們的榜樣應激發鼓舞那些仍在外族控制下的民族。」伽納的執政者是否會因推行非洲民族獨立運動而採取所謂中立主義，甚至和蘇俄勾結呢？恩克魯馬已確切答覆，他的政府不採取中立主義，而與不列顚邦協各國密切合作。他執政後已將黨內的親共份子排除，並聲明保障私人資本，企圖利用外資開發本國經濟，這可以說他不至投入蘇俄所設的陷阱而喪失政治及經濟自由。因爲一個甫經獨立的民族對於自由的感覺，比一個長期享受自由的民族更爲强烈。伽納獨立的前夕，肯特公爵夫人擧行伽納獨立紀念碑揭幕典禮，碑上的銘文是這樣的：Ghana's independence, March 6, 1957. Let this monument hold sacred in your memory the liberty and freedom of Ghana: the liberty and freedom which by our struggle and sacrifice the people of Ghana have this day regained. May this independence be preserved and held sacred for all time（一九五七年三月六日伽納獨立之日，讓這個紀念碑使你視伽納的自由爲神聖不可侵犯的；這個自由是伽納人民奮鬪犧牲而於此日重新獲得者，但願伽納的獨立永遠被保持及被視爲神聖不可侵犯的。」

(註)多果蘭是聯合國託管地。聯合國託管委員會於一九五五年指派印度、澳洲、敘利亞、美國四國代表組織調查團前往調查，並請其於是年十一月一日提出報告。旋提出報告主張公民投票決定多果蘭前途(合併於黃金海岸或維持現狀)。一九五六年五月九日英屬多果蘭擧行公民投票，計贊成歸併黃金海岸者九二七七五票，反對者六七五二九票，贊成者以北方人爲主，反對者以南方爲主。此項決定經聯合國批准，於是多果蘭歸併於黃金海岸。

西歐通訊

奧地利社會黨的勝利原因

紀夢平

五月五日社會黨的總統候選人沙爾夫博士（Dr. Adolf Schäef）以二、二五九、九七五票對二、一六〇、五五一票擊敗人民黨和自由黨的聯合候選人丹克教授（Prof. Wolfgang Denk）被選為奧地利聯邦共和國第三任總統。沙爾夫博士現年六十六歲，於一八九〇年四月十九日生於尼克魯斯堡（Nickolsbug 現屬捷克），在十六歲時即已加入社會黨。於第一次世界大戰時參加奧匈帝國軍隊，任職中尉。奧地利第一聯邦共和國時（一九一九年至一九三八年）服務於當時國會，同時在黨內擔任法律顧問事務。在陶爾夫士（Dollfuss 一八九二年至一九三四年）執政時（一九三二年至一九三四年）及德國合併奧國（Anschluss）時期（一九三八年至一九四五年）曾兩度入獄。至戰後一九四五年紅軍進入維也納時，這位法學博士沙爾夫隨即主持整頓奧地利社會黨，現任該黨主席。一九四五年十月被選為國會議員，同年並出任政府副總理以迄於今。

此次奧地利總統選舉的進行情形甚為平靜，參加投票選民的比例高至百分之八十五。然而在投票結果揭曉後，一般人對社會黨的勝利殊感意外，因為如就一九五六年五月十三日奧地利大選的結果作為推測此次選舉的根據時，右派勢力的結合應在這次總統選舉中以二萬票的多數壓倒社會黨，使丹尼教授榮獲奧地利聯邦共和國總統的寶座。但是政治問題究不簡單，沙爾夫在投票總數中終比丹克多得九九、四二四票而獲選。一般說來，沙爾夫在各選區中所獲選票亦都佔先，如在維也納沙爾夫得六九一、〇四三票，較丹克多獲二二八、五一二票。即如在希特勒故城布勞努（Braunau）小市中社會黨亦較右派的三、二六三票多得一、四三二票。選舉揭曉的當日人民黨主席，現任總理拉伯（Julius Raad）稱：「此次選舉社會黨候選人的致勝實由共產黨的支持所促成。」對這種說法我們只能認為是拉伯失敗後的自我掩飾。因為就事理看，無論如何共產黨是絕對不會支持右派候選人的。所以此理由我們認為實屬次要。我們不妨首先將一九五一年奧地利聯邦共和國第二任總統選舉投票的結果列表如下，作為初步參考：

候選人及所屬黨派	第一次投票結果	第二次投票結果
寇爾奈（Koerner 社會黨）	一、六八二、七六八	二、一七二、八〇六
費阿拉（Fiala 共產黨）	二二〇、〇一三	—
格萊斯奈（Gleissner 人民黨）	一、七二五、六九五	二、〇〇四、三九〇
白特奈（Breitner 自由黨）	六六二、五五九	—

在每一個選舉中，如某一候選人得有多數黨派的支持，但我們在推測其所能獲得的票數時，僅以單純的加法將政見不同甚至相悖的這些政黨單獨競選所能獲取的選票數字累積起來是不可能的。只因競選而不顧政見的聯合會使選民在心理上發生懷疑而改變投票的方向。這一點該是丹克教授在這次選舉中失敗的主因所在。奧地利「基督教民主派」的「人民黨」與新納粹傾向」的「自由黨」的聯合競選行動非但未能收獲聯盟之效；相反的，却使兩黨的原有選民部份改觀投向社會黨候選人沙爾夫博士。因為在天主教的選民看來，「人民黨」與反宗教的新納粹派合作，實有違信仰，故有謗議與懷疑。然而，如反過來看，在反宗教的選民眼中亦感自由黨在有意接受宗教的教義，與其原有政見實感相悖。

社會黨能以致勝的第二個因素仍建於選民的心理作用上。右派政黨的舊有選民轉而支持沙爾夫博士的舉動可以說明為：奧地利人民實有不願今日「第二聯邦共和國」的兩大政黨——社會黨及人民黨——的任何一個在政治上佔有過份的超越性的觀念。一九五三年選舉社會黨的佔先，繼以去年人民黨的獲勝，本次再轉讓沙爾夫博士中選。此一事實足資證明。再者，奧地利人民是頗富保守性的。社會黨候選人榮任總統可以抵制人民黨總理的政治，阻止自由黨參加政府，使今後六年內的奧地利得維持平衡的原局。這一點在今日國際局勢動盪不安的情勢下，在奧地利人民看來是有必要性的。

對原子武器恐懼的心情在這次選舉中亦促成沙爾夫博士的成功。上月法國史威澤博士（Dr. Schweitzer）及德國原子科學家禁止原子武器的呼喚，使奧地利的輿論頗受影響。在此種空氣下，丹克教授於競選時答詢記者却不智的提出擬廢止奧國國家條約（一九五五年簽訂）關於禁止奧地利具有某種類的條文。社會黨見機旋即將問題擴大，指責丹克教授贊同使用原子武器。同時該黨候選人却靈巧立願於其中選後向整個世界各國首長呼籲原子武器的裁軍，同時致電史威澤博士建議在維也納召開國際「原子危害」大會，將民衆的心理及敵黨候選人給予的便利，作最有效的利用。

此外，工人羣對沙爾夫博士的意外支持亦足加强其競選的地位。這在選舉後工人們對沙爾夫勝利的熱烈情況可以看出。奧地利人一般說來是不甚公開表現其政治的偏好的。然而五日的晚上，青年羣手持國旗在維也納街上高唱歡呼不停。

沙爾夫博士的成功雖也借助於共產黨勢力的支持，但就其在競選時的態度看來，這位新總統將來會追隨「第二聯邦共和國」總統的前例，把國家的利益放在一切「個體利益」之上。沙爾夫博士在事後亦自認為奧地利全民——擁護者及反對者均包括在內的——的總統，且立願成為一位無私的總統。一般人期望沙爾夫總統能成為奧地利民主政治的衞護人，繼續芮勒（Renner）及寇爾奈維護其國家內部的安定及鞏固其絕對的中立。

新總統上任後，現任總理拉伯將會循一九五一年寇爾奈總統上任時費格勒（Leopold Figl）總理的慣例向沙爾夫總統提出辭職。然而事實上，此舉只不過是形式而已，如拉伯提出內閣總辭職時是會受到挽留的。所以主要的問題却是因沙爾夫中選總統而遺留下來副總理空缺的遞補問題。這首先當會是社會黨領袖人物們研究的一個大問題。

四六、五、六

帶淚的百合

於梨華

淑華到中國同學除夕聯歡會的時候已經是九點半了，那個長方形的、飄着彩紙的禮堂已是人聲喧嚣。和她一起來的是一個唸經濟的華僑，矮胖、白皙、笑起來左頰上一個酒渦漾呀漾的，很有一點女人氣。他要淑華叫他彼得，淑華也沒有興趣問他中文名字，就偶而弓起舌頭叫他一聲比達。

彼得一進禮堂就漾着他的酒渦和人打招呼去了，淑華微微縐了一下未曾剃拔過的眉心，就獨自坐落在一個直背的椅子上。中國學生在三藩市的聯歡會、迎新會、同樂會……，她也參加了很多次，她雖然沒有和所有的人握過手，交換過抿嘴的微笑，但她却能或多或少知道一些他人的底細，至少，所有的面孔她是熟稔的——甚至連那些男孩子們笑臉後面的目的，她都能猜到一二。在外國的中國學生原也是太寂寞了，那份「局外人」的寂寞是實驗室或圖書館的空氣所攻不破的，所以每有一個同學會，大家都急切地去參加，即使在會完人散後，各人仍抱着一份沉重的、沒有找到知音的心情回家，也擋不住他們下次赴會時的急切的步子。

淑華到美已有一年半了。十八個月把她原來嫻靜的心壓得沉沉的。她來自小康之家，到美後進不起女生宿舍，住在一對老年無子女的猶太人夫婦家裏。那個尖鼻子、猫眼睛的女主人給她瑣碎的工作並沒有影響她的心情，那個肥大的、酒紅臉的男主人粗俗的笑話也沒拂去她臉上的笑影，只是那份難以分析的空寂之感壓了她的眉尖。

遇到有同學會，她脫下圍裙，把剪裁合身的旗袍小心地燙好，把一頭濃髮梳成一個圓髻——這樣可以把她蛋形的臉整個托出來——安靜地坐在房裏等門鈴。來接她的多半是同學會裏派來的。門鈴一響，她安靜地到客廳向那對夫婦說一聲，姍然而去，帶着一份盼望的喜悅。

夜一點一滴地溜過，她的喜悅也流得點滴無遺。男孩子很多，對她清淡如百合花般的臉注視的眼光也不少，但她的眼光却從未被那些注視所困。她雖然已讓時日洗盡了她少女的癡夢，但她也未抱着「做修女」的決心來美，她，眞的，倒是想在黃皮膚、直頭髮的同胞中找一副能令她感到困惑的注視，然而沒有，沒有。每個同學會完後，她讓盼望的喜悅滴在夜色中，悵然而回。

她坐在直背椅上，想着，感嘆着。她的手指輕輕地撫着銀色的披肩，她的眼睛，平靜地、毫無做作地向人打着招呼；那個是花花公子的小王，穿着一套米色的西裝，一條紫色的領帶把他臉上的紅斑更襯得躍躍欲飛，他正在向一個矮小甜美的女孩笑着——那一定是一個新來的女孩，淑華沒有見過她——他那副連牙床都露出來了的諂媚像是淑華所熟稔的，她一搖頭，抖落了一個難忍的笑。那個是斯文端莊的蕭太太，她正在和一個中等身材的男士在講話，淑華看不清那位男士的臉，只見蕭太太側着頭，微笑着，她的風度眞好，淑華想。那個胖胖的、高大的是小劉，他正躬着腰，在挑選唱片。小劉是主席，他的任務是致辭，選唱片，鼓勵大家跳舞。

燈光快暗下去時，淑華用眼光找她的男伴，他也似乎太不禮貌了，去了這麼久。音樂響時，她開始有點着急，正好蕭太太走過來了。

「淑華，妳一個人來的嗎？」蕭太太問

「我和一個華僑一起來的，一進門他就不見了，蕭先生呢？」

「他在那一頭打橋牌，淑華，妳見過韓先生嗎？」

「沒有，」她禮貌地欠了一下身，看了一眼蕭太太身後的男士。

「這是韓先生，他是邦平大學時的同學，最近剛從東部來，這是孟淑華小姐，加大藝術系的。」

他們兩人點頭爲禮。

燈亮了，淑華覺察到他的眼睛在她臉上休息，稍覺不安，正想找話題，蕭邦平蹣跚而來，他很胖，走起路來左幌右搖，頗像初學步的小孩。他頭髮的一角，總是搭在眼皮上，淑華每次看見他時，就覺得她自己眼皮發癢，癢得想格格一笑。

「怎麼沒有跳舞？」蕭先生問蕭太太，高聲地。

「怎麼跳？三個人。」蕭太太問蕭先生，低聲地。

「對不起，對不起，太太。」他深深地鞠躬下去，那一綹頭髮也毫不遲疑地進入他的眼睛，這下淑華眞的笑了，一連串，像手指滑過一排鋼琴的高音鍵，那位韓先生也笑了，短促的，低低的一聲，像一個低的和音，淑華看了他一眼，微覺困惑。

燈光暗時，蕭先生挾着他太太，蹣跚地進入人羣，韓先生也義不容辭地握着淑華的手尖隨入，他並不比淑華高多少，她稍抬一下眼皮就可以看見他的臉了，那是一張沒有年齡的臉，白皙的、無紋的——燈光下也難看見眼角細紋——他的臉屬于溫文爾雅一類的，高額，淡眉，直鼻，保守的薄唇，他的眼睛很特別，單眼皮，奕奕有神，眼瞳有一種孩氣的、無邪的坦率，這和他微禿的頭頂是極不調和的。

他們交談得不多，韓問她，幾時來美的，是不是一個人在美國，對美國生活是否習慣，淑華簡短地回答了，也沒有反問他的來歷，一曲舞完，韓送她回座，正好碰見那個有酒渦的華僑，淑華還未來得及爲他們介紹，就被彼得挾着入舞池了，她有點煩，却又不好說什麼，只好把那隻放在他肩上的手，用力把他推在相當距離之外。

「咦，什麼事？」他用英文問她，他不會說中國話。

「什麼事？」淑華反問他一句，揚一揚眉尖。

「你爲什麼把我推得這麼遠，我又不是一塊爛泥巴！」他說話時，有一股酒氣向淑華迎面撲來。「美國人跳舞不管多麼陌生，都是臉貼臉的，妳怎麼這樣老派？」

淑華也不知道那來的一股怨氣，把他推得更遠些，這樣她可以正面看着他的臉，「你又不是美國人何必跟他們學？就是要學，爲什麼不學一點好的？」

「誰跟他們學，我自己就是美國人……」

淑華一扭身，就掙脫了他的手，衝回她的座位，彼得也跟來了，臉氣得發白，那個小圓酒渦也早已躲入肉層。

「妳這是什麼意思？沒禮貌透了，我還沒有遇到一個中國來的小姐像妳這樣呢？」

「沒禮貌總比你沒有國家觀念好得多，自認爲美國人！你怎麼不把鼻子塡高，眼睛裏灌一點藍墨水？」

這時兩人的聲音都提高了，很多都轉過頭來看他們，蕭太太那一夥急步走過來問什麼事，淑華一急一羞，竟有點眼汪汪的，大家一見她這種情狀，就轉眼看彼得，都有點怒目而視之意，這時他酒也驚醒了一半，見大家圍着看他，也窘得說不出話來，淑華倒控制了她自己，請蕭先生送她回去。

「我的那邊還有一兩手橋牌就完了，妳能稍等幾分鐘嗎？」

淑華正想講却聽韓先生接口說：「如果孟小姐願意的話，我可以送妳回去。」

「好的，麻煩你了。」淑華說，然後拿起皮包，未向人道別就走了。

韓先生是加大航空系畢業的，他在東部一個中流的學校做了兩年研究工作以後，又被原校請回來教書了。學工程的多數是進工業界做事，薪水可以拿得比在學校裏做事的多一倍，韓建民對電視沒有興趣，車也開得不好，他的嗜好只是聽聽音樂，看看好一點的戲，錢多了反而增加煩惱，所以決心在學術界做事，回母校後擔任兩門課也相當忙。美國大學裏的男孩們是不易對付的，他們橫着坐在椅子上，脚架在前座的後頸，一邊把香煙噴向房頂，一邊問教授們許多困惱的問題。韓每下課後，總得用手絹擦前額(卽使是冬天)，以致把他的稀薄頭髮擦去了不少。回到他自己房間後，他總要把講的東西重看一邊，查查是否有講錯之處。一個中國人在異地教書總要處處小心，一個小錯不但使自己難堪，還會使他肩上的祖國失去光彩。

雖然他只教兩門課，一星期五天都很忙，只有週末他才覺得寂寞，他的鄰居是一對年青的美國夫婦和一個碧眼捲髮的小孩，他們常常好意地請他過去看電視，但電視裏的東西和他所需要的毫無連繫，他情願一人關在房內，把房門關得嚴嚴的，這樣外面愉快的笑聲可以被門擋回去，縱然從門縫裏可以鑽進來歡笑的碎聲，也可以用音樂把它們淹沒的。

孟淑華自那次晚會後也開始忙了，開學後總是忙的，外國學生每學期至少要修十四個學分，研究院的課尤其難。她的導師不太喜歡她作畫的風格，他認爲她的畫太細膩太柔弱，看了使人發暈，所以對于每個題目，她要化加倍的時間去畫一張合他心意的。她還選了一課「室內作畫」，那是畫裸體的模特兒，當那些玉潔冰瑩的模特兒一個個站在講臺上毫無羞意地向臺下廿五個男女學生笑着擺姿勢時，淑華就會手指發抖，兩眼下垂，簡直無法作畫。所以每次她只好在課後向他人借，這樣她又得化意外的時間。那些美國女孩睜着她們的大眼，問她爲什麼不能在課堂上畫時，她總是面紅耳赤，訥訥不知所答。

她覺得她是不該來美國的，這裏的一切都和她那麼不適合，在國內時以爲一到美國後，就等于入天堂了，機器、汽車、西餐、舞會，彬彬有禮的男士……到美國後雖然沒有完全進入地獄，但離天堂却實在還太遠。學校方面不習慣還在其次，主要的是精神上的痛苦，雖然名義上她是以勞力去換到她的住宿飲食，但她怎能沒有棲息在他人屋簷下的感覺呢？每天下課後，她擠在公共汽車裏回家，在她尚未把一天的疲倦恢復過來以前，她的女主人就敲門進來了。

「蜜糖，(美國老太婆叫什麼人都是蜜糖，那怕被叫的人是來自出鹽最多的死海)妳能幫我一個小忙嗎？」

一聲蜜糖，和老太婆臉上無破綻的笑，使淑華除了點頭允諾以外，想不出別的回答。但這一個小忙就一直要幫到晚飯後，洗完滿桌的碗時才算完成。然後她回房做功課，有時作到一半會癡癡呆呆地放下畫筆，對着桌上母親的照片出神。她父親早亡，靠着舅舅和母親撫養長大，自然她對她慈母有一種雙份的感情，照片上雖然沒有辛勞劃下的細紋，但她怎能不注意到他母親眼角唇邊的淒苦的陰影呢？她似乎又聽見她母親給她的臨行叮囑。

「這裏妳誰都看不上眼，我只希望妳到美國後遇到一個合意的，不要太挑，只要人靠得住，身體好就够了，長得漂亮，又不能換飯吃，淑華，妳也不小了，妳早一日定當，妳媽也早一日放心。」

淑華又何嘗挑剔呢？實在是中國人在美國的並不多，那些她認爲理想的，都被小巧的手臂鉤住了；那些對她注視的，又多半是不學無術，拿了父母的錢在國外恭敬地送入侍者的手的人。她又何嘗沒有試着和那些「話不投機」的男士們出去過，但每出去一次只是使她變得更沉靜，最後她決定背着老頑固之名，躲在房裏渡週末了，有時那對老年夫婦出去，她一人守着偌大一個房子，窗外風拂樹梢，夜鳥悲啼，令她寒心得蜷縮在沙發一隅泫然淚下，有時她一人在燈下夜讀，電話鈴像火警的鐘，劃破了寂靜的夜，令她驀地裏從椅上跳起，驚魂甫定，又不禁悲從中來。

在她這種淒滄無依的心情下，對韓先生單純老實的邀請外遊，自然不會峻拒了，他給她的印象不深，但也絕對不壞，所以在過除夕不久，當韓建民首次來請她去看戲時，她就慨然同去，而對他此後的邀請，也從未加以拒絕。

愛情，對一個十六七歲的女孩，猶如驟急的夏日的陣雨，來得猛而有力，把她整個地懾住了，陣雨後留給她的是天邊一條彩色的霓虹，使她沉醉，使她心靈美麗得猶如那條跨過天際的彩帶。愛情，對一個廿六七歲的女孩，猶如秋天的小雨，灑灑落落地和秋葉一起飄到地上，雨絲落到臉上給她一個安詳的撫慰似的快慰，雨脚收住後，天高無雲，猶如一片藍色的海，襯着高聳的尖塔，使她心神爽然，使她心靈平靜如水，毫無雜念。

十六七歲時的愛情來得突兀，燙得炙手。廿六七歲時的愛情來得遲緩，猶如溪流。

對於淑華，愛情來得遲緩而平凡，與其說她愛韓建民，還不如說她對他有一種敬重、依賴及信托的混合感情。他不是一個狂放的詩人，也不是一個對于人間瑣事最會健忘的科學家，他不是庸俗的歡樂的追逐者，也不是在邏輯學裏迷惑了自己的哲學家，他學的是工程，對文學，藝術及音樂都有恰到好處的興趣和常識，他按步就班，不想陞官發財，只想要一個够水準的生活，他是一個平庸的人，他從不願想像他是不平庸的或想表現他是不平庸的。淑華和他在一起覺得很安詳，她用不着擔心他會在黑暗的電影院裏突然伸過手來，也用不着憂慮他會在他朋友面前(尤其是女性)裝出和她素不相識的神情來。

他們常在週末出去，到金門橋公園看落日餘暉；聽太平洋在黑夜裏狂吻着岸邊的聲音；到電影院看看銀幕上人生眞諦的披露，到歌劇院聽聽女高音表演藝術的絕技，淑華好幾次帶着那幽婉柔轉的聲音進入夢裏，夢見玫瑰盛放，百合展顏，夢裏她是一淡裝少女，白紗掩面。

轉瞬間到了暑假，在美國，雖然暑假是一個將近三個月、逍遙自在的日子，但對大部份的中國學生講來却不盡然，他們多半利用這段時間做些短期工作，以作下學期的費用。淑華因對那個猶太老婦的「蜜糖」已厭倦無比，決心搬出來，和一個外國女孩同住在學校附近的公寓裏，一方面在外謀事。在她剛搬入公寓，尙在謀事之間，韓建民建議約着蕭家夫婦一起到離三藩市百餘里外的卡美爾（Carmel）去旅行幾天，以消散一學期來的辛勞，淑華因久慕其地的旖旎風光，一口贊成，蕭太太也愛看看變化萬端的雲海，蕭先生對他太太是唯命是從，所以兩位男士很快地就把行程決定了。

從三藩市到卡美爾的公路較常用的是公路一〇一和公路一，後者以崎嶇峻險出名，但因爲它沿着海邊走，也以它的美景著名，韓他們也就選了此路。他們動身時太陽已偏西了，陽光柔和地舖在海面上，像一幅黃色錦緞，微風過處，海水如鱗，有時車子一轉灣，他們只能看見一角天、一朶雲及一角海，風來時，好像把雲都吹入海裏了，車子再轉灣時，他們只見蒼綠的柏樹，直直地向藍天伸着，淡色的天、藍色的海和濃綠的樹互襯着，給人一個爽然的快感。

到卡美爾的「十七里奇景」時正是夕陽西下，他們把車停在路傍，走向松樹、岩石，目送下沉的落日，太陽如一隻熟透了的橘子，由彩雲擁着冉冉沉下，一抹餘暉隨意地塗在海的一角，把海劃成兩色，藍處猶如西方少女無邪的眼瞳，紅處猶如吉卜賽女郎媽紅的笑頰。一種沉靜的美和一種挑逗的美似在向這幾個東方拘謹的遊客爭求寵愛。太陽一下去後，黃昏猶如一巾薄紗向他們迎面拋來。

他們在城外靠海邊的旅館登記，就進城吃飯，竟意外地看見了一個中國飯館。

「咦，這裏也有中飯館，出人意料。」蕭太太欣喜地叫了一聲，急不待緩地跟韓走了進去。

「離這兒不遠處有一個翻譯官訓練學校，」蕭先生等大家都坐定後向他太太解釋着，「那裏一定有中國人在教書。」

「但他們那有時間開館子呢？」蕭太太問。

「當然不是他們開的，是三藩市那些有生意眼的中國人開的，廣東人最精明不過。」蕭先生說，然後低頭點菜。

「要是沒有這些精明的廣東人，你今天也吃不到中國菜了。」蕭太太回駁他。

「我倒無所謂，」蕭先生好脾氣似地笑笑，把掛在眼皮上的一綹頭髮刷到額角，「我是吃得慣美國飯的，不像妳，稱火鷄爲木屑。」

蕭太太正要反唇相譏，菜來了，大家正餓，沒有客套就動筷了，蕭家夫婦及韓建民因在美國呆久了，所以習慣把菜先用大匙放在自己面前的小盤裏，然後再用筷子往嘴裏送。淑華，也許是餓了，也許是不習慣，夾了一塊鷄丁就直接喂進嘴裏，等發覺時已被韓先生看見，她窘不自勝，急忙中向蕭太太說：「我也不喜歡美國菜，等我找到事一切安頓好，就可以請蕭先生和妳來吃便飯了，我會做幾個揚州菜。」

「便飯倒不要，」蕭先生接口說，他這時已吞下了一碗飯，愈發顯得一團和氣，「幾時請我們吃喜酒倒是眞的。」說着，把嘴朝韓建民努了一努。

這一下淑華紅了臉，她和韓建民交往將近半年，時常隨着他到蕭家玩，蕭家夫婦從不會開過她的玩笑，她有時不免有點納悶，因爲在美國的中國同學圈裏，「誰與誰好了」的事傳得最快，也最令他人興奮——大家在苦悶的生活中，有一件可喜的事談談總是令人興奮的，雖然可喜的事往往不是落在自已頭上。如果一個女孩和一個男士接連出去三次而又接連三次拒絕他人的邀請的話，大家見到她時就可以說一聲恭喜而用不着擔心吃一個半嗔的白眼了。淑華的朋友們，除了蕭家，早就半眞半假地稱她爲韓太太了，有一個美國女孩還向她拍胸擔保，願意把她美麗的客廳，借給淑華做婚禮後的招待會用，——美國女孩從嬰孩起到出嫁前對「結婚」一事最感興趣。

淑華知道蕭太太端莊嫻雅，不苟言笑，但蕭先生是一個不開玩笑晚上就會做惡夢的人，竟能對淑華不說幾句俏皮話，是很使她不解的，但當他眞的說了時，她又覺得嬌羞不勝了，她不發一言，把頭埋在飯裏。

「邦平，吃你的飯。」蕭太太的聲音使她抬起頭來，蕭太太平時講話總是溫存可親的，這句話却說得不必要的嚴重，淑華不解地看看她，她臉上沒有笑影，淑華瞟了韓建民一眼，他也板着臉，於是她也只好裝得很莊重，低頭吃飯。

飯後大家在狹小的街上走走，街道並無新奇之處，美國因爲工業過份發達，交通太方便，以致各城市失去其地特色，每個地方都是一樣：標準加油站、五分錢雜貨店、百貨公司、擁擠的藥店，都是一個模型出來的，甚至連加油站抽水馬桶房用的粗紙都是同一個牌子的。

他們轉了一下就回旅舍了，淑華和蕭太太回到她們的房間後，蕭太太就往床上一倒，閉着眼休息，好像不願講話似的，只說了一聲「對不起，淑華，我休息一下。」

淑華原有滿腔的話想傾訴，見她這樣慵懶，只好獨自倚窗而坐。窗外月光，穿過樹葉，朝她微笑。她癡然地想月光是否同樣地在這時照着她年邁的母親？一想起母親，她臨行對她的叮囑又回到她心裏來了。如果韓建民眞的向他提出結婚，她母親定不會反對的，她曾向淑華表示過（當淑華在信裏把他介紹給她）韓是一個誠實的青年，淑華何嘗不是這樣想呢？他對她是無微不至而誠懇的，她相信他是可靠、可以依賴的，她覺得她自已猶如一條在狂海中的弱小帆船，很想找一個寧靜而可以依賴的港口永久停息下來了，十六歲的女孩可以玩玩時間，廿六歲的女孩却不能讓時間玩她。

但韓建民並沒有向她表示過什麼，雖然他曾很斯文地暗示過他對她的愛慕，但他從未狂熱地吻過她，或手指顫抖地把她擁進他的懷裏，或跪着向她表示他是爲着她而活着的。有幾次，他吻她的唇，輕微得有如微風拂過，有幾次他握過她的指尖，有幾次他向她開了口，又無聲地閉上了。

他太謹愼了，謹愼得令人難解，他也許向蕭家夫婦表示過，但他們爲什麼不爲他轉達呢？她回頭看看蕭太太，她正好也在看她，兩人眼光接觸時，蕭太太搭訕地問。

「現在幾點了，淑華，我好像睡了一下。」

「快十點了。」

「眞的？我該去嗽口了，明天還得早起看日出。」說着，拿了牙刷走了。淑華有點煩膩，她自已是一個內向的女孩，有時眞希望蕭太太是外向的，這樣他們可以暢開來談談心事。她心裏一煩，就不願呆在屋裏，披了一件毛衣走向大門。經過洗臉室時，從半掩的房門後傳來蕭先生洪亮的聲音。

「妳既然不願意我開她的玩笑，那爲什麼不據實告訴她呢？」

「我那有這樣忍心，」蕭太太壓着嗓門說：「像她這樣嬌弱的女孩子是受不起打擊的，如果我是她，我也受不住這個刺激的。」

「那就一聲不響，讓建民向她求婚，我們去參加婚禮。」

「我是做不到的，你難道不替蘊英和她的孩子想想，她還是你們的同學。」

淑華在他們說到孩子這句話以前，還不十分了解他們所爭執的是什麼，但是「孩子」這兩個字像一條無情的馬鞭拂在她背上，使她痛得連心都抖起來了，她扶着牆，提起發抖的兩腿慢慢地向大門移。外面夜涼如水，她迎着夜風移向海邊，月色灑在海面上，染得海水像一卷散開了的銀藍的軟緞，幽幽地，那軟緞的邊緣齧着岸邊，像一個寡婦無盡的絮語，一陣風來，淑華打了一個寒噤，無緒地把毛衣穿好，心裏仍是寒得哆嗦，心寒與體寒原是兩回事呵，她心裏的滋味很多都絞在一起，她自已也不知道該啜泣一番還是長吁一聲，兩者都不能減輕她心裏的怨恨，應該恨的當然還是自已，自已太鹵莽，爲什麼不打聽一下韓的身世呢？一個頭頂微禿的中年男子，有妻室兒女也是意料中的事，爲什麼自已竟沒有想到？現在感情已付出了很多，那一片心裏的空隙要用多少時日的點滴才能把它塡滿呢？

她沿着海邊來回地走着，不知何時，她見有人向她走來，不高的個子，穩當謹愼的步子，月光下微禿的頭。

「蕭太太來告訴我說妳不在房裏，怕妳是來散步了，我想也許海邊涼，給妳送一件短外套來。」韓說。

她接過衣服，默然無語。

「妳願意一個人散步，還是要我陪陪妳？」

她仍是無話可說。

「什麼事，淑華？」他問得很謹愼，「是不是蕭先生吃飯時開的……」

「不是，」淑華搖搖頭，和婉地說，「誰是蘊英？建民。」

沉默，沉默，只有那微波擊岸之音，未能埋沒！

「淑華，」建民終于說了，一聲淑華，令她廻腸千轉，「我早就想告訴妳了，我在十年前，出國的前一年就結了婚，我的孩子已快十歲了。」

一個結了婚七年而見不到丈夫的女人，那個蘊英，該有多少怨恨呢？淑華無聲地想，她是不是舊婚姻制度下的犧牲者呢？可憐的，婚姻不能自主的女人呵！

「她是我大學的同學，唸天文的。」韓接着說，這使淑華大吃一驚，她的假想完全錯了，「我們婚後不怎麼和諧，她對她的事業太重視，我太看重家庭幸福。這十年中我們都在後悔彼此選擇的錯誤，我曾經好幾次想請她同意離婚，但我又覺得這樣對不起孩子，雖然我從未見過他，早幾年我曾想回去……」

「她現在在那兒？」淑華打斷了他的話。

「在北平，她現在教書，可以渡日，孩子已上學了，所以我想即使我們離了婚，他們還是可以過得很好的，但每次我寫信回去，總不忍提出離婚兩字，我曾和蕭家兩位談過，蕭太太覺得我應該回去團聚，邦平則認爲我們在一起既不快樂，就應該離婚。」

「你們是戀愛結婚的嗎？」

「是的，她是邦平介紹給我的。」

淑華默然。

如果她自已是一個局外人，她一定要勸他回到他妻子那兒去的，他們既然是戀愛結婚，又有相若的教育水準，又有孩子，他們應該知道如何去促進他們婚姻的美滿而不該互相放棄的。但如今她是一個局內人，韓又是一個理想的丈夫候選人，她對他又有一種感情的依賴，如果勸他回到蘊英那兒去，而她自己再去過那份無依的單調生活，那將是難忍的。她畢竟不是一個超人。蘊英至少有一個孩子可以相依爲命，當然，那個孩子將是最不幸的、無父之兒！

「淑華，請妳不要難過，我當然會把那邊的事先結束好再向妳有所表示的，我不會令妳委屈的。」韓打斷了她的思維。

「你有你太太和孩子的照片嗎？」淑華問他。

他從皮包裏抽出一張照片來遞給她。蘊英的臉很平淡，但眉目間有一種倔强的表情，嘴長得很秀氣。那個孩子胖胖的，很像他爸爸，尤其是眼睛。在未看照片以前，淑華對他們是毫無感情可言的，但看了照片以後，她竟然對他們產生了一種連她自己也不能了解的憐惜之情，那個孩子，睜着雅氣的眼，好像在向她問罪似的，她逃避似地把照片還給他，輕聲地說了一句。

「你的孩子長得與你很像。」

「我也覺得，」他說，不由自主地嘆了一口氣，「希望他將來的命運能比我的好。」

這句話無意的却觸動了淑華的心，一個沒有父親的孩子命運再好也是不會完美的，而孩童時代的歡樂與憂傷又能影響到他成長後的心情及命運，美國人對上一代疏忽，對孩童的幸福却重視無比的。在美國，犯法或不務正業的少年多半來自父母離異的、不愉快的家庭，如果將來韓的孩子有什麽不幸的命運，那是誰的錯呢？她不禁微抖了一下，伸手把短大衣緊裹了自己。

「回去吧！夜太涼了。」韓輕聲地說，「我們回三藩市後再詳細討論好了，千萬不要爲這件事而影響了我們旅行的心情，我是要妳到這兒來尋求快樂的。」

回旅館時，蕭太太已睡下了，淑華悄悄地溜進被窩，她直直的躺着，睜着眼想心事，她眼看着窗外明月西移，星星隱去，夜將盡時，她才長嘆一聲，蒙着臉睡着了。

第二天她睜眼時，蕭家倆和韓已去海邊看日出了，她匆匆洗嗽完，也就往海邊走去。路旁一枝百合，亭亭玉立，白色的花瓣，金黃色的花心，清麗絕倫，淑華不禁附下身去，用臉頰拂着小花，不知怎麽的，她竟落下兩滴淚來，淚珠盈盈地掛在花瓣上，百合似不勝其重，竟鬱然地垂下了頭，淑華慨然嘆說：「百合，妳何其柔弱，幾滴淚就令妳低頭？這樣妳怎麽能禁得起驟來風雨的吹打呢？」說着拭去花瓣上的淚痕，把小花扶正了，然後她又拭乾了自己臉上的淚漬，向海邊走去。

她已經決定她對韓建民的態度了。

（完）

（上接第27頁）

半晌，楊五那個瘦老頭忽然尖銳地笑道：「讓胖爺這一說，絕了不是？」他環顧着大夥兒，準備隨時再大笑一場。店堂裏其他的客人們也都望着這邊，連喝悶酒的那位乾少爺在內。

「我瞧着，噁心！」傅二初手插進板腰袋裏掏錢：「我說夥計，那口新鍋多少錢？算過來。」

「算啦！二大爺！幾文錢的事，還外氣？」掌鍋師父又擠了擠一隻眼，隨卽彎下腰去擤鼻涕，那聲音像是在撕破袴子。

「我也該走了。可是啦，我楊五還有抱不平要打咧！」

「走哶！找后大有那兎兒仔子去。」

兩個人一前一後地出去了，有點兒急急于離開這個是非之地的匆忙樣子。

兩個人去遠之後，這才年青的農家士子掉過臉去，驚詫地道：

「聶大爺，今兒趕縣來啦？」

那個喝悶酒的抬起頭來，彷彿不很認識他。遠處辦喜事的喇叭又響了，還夾着噼哩叭啦的爆竹聲。

劊子手

朱西甯

傳二初大赤着膊，單手叉腰，停在一家大字號的布莊門前，頭上盤着大辮子，會叫人覺得他是一條好漢；尤其手裏拄着把大板刀。

他是一有機會就亮他這一身好骨格的。

他一隻脚跨在石階上，等得不耐煩，隨時都要拔脚就走的樣子。交冬的天氣，上身是赤裸的，凍得白裏泛青。那肥厚的胸脯並不似想像中的劊子手，總有大遍黑黑的護胸毛。但是胸筋已經開始有些鬆了，是屬于中年人的。他手裏的那柄大板刀，上面凝固着的血液已經氧化成醬紫色。

「師父！」布莊的櫃枱那邊，春喜兒理起一塊茶綠底兒蒄紫小碎花的洋綢，回過頭來跟他的師父討商量：「你瞧這花色行不？」

「娘的個×！母母姐姐的！」

「師娘囑咐的，弄點細料兒好給麻大姨小孩兒送滿月。」

「你他娘跟師娘學手藝來着！」刀尖兒頓了頓青石板：「萬輩兒沒出息的兎兒崽子，你可還快着點咿！」

四周圍着些看熱鬧的，孩子們在穿着棉套袴的大人們的腿襠下面鑽動着，什麼也看不到。

布莊夥計把那塊五尺洋綢特用紅紙包了交給掌櫃的。後者得過半身不遂，扶着小夥計一蹬一蹬吃力地走下那個臺階。

「小意思，點兒粗布，擦擦寶刀罷！」掌櫃的笑得很昏庸的樣子。傳二初把大板刀移開些兒——怕把掌櫃的嚇着。他接過那布料道：「老規矩啦，掌櫃的。沒辦法！」

「好說好說，該當的。」

小夥計也不自覺地跟着老掌櫃點頭哈腰的。

春喜兒一旁抱着他師父的大棉襖和各家布莊討來的擦刀布，問道：「教軍場布攤子還去不？」

他師父一瞪眼：「那玩意呢？娘的，丟了？」

春喜兒忙挪出手來，腰荷包兒裏取出拳頭那麼大小的乾荷葉包兒交給他師父。看熱鬧的人們準都知道那裏頭包的是什麼東西。傳二初把大板刀交到他手裏，拿過棉襖，這才把盤在頭頂的大辮子扯下來，摔到光脊樑上去：「教軍場你自個兒去罷！」

師徒倆一走動，大夥兒就趕緊擠着讓路了，以致于一個孩子生着凍瘡的脚後跟被誰給踩上了，要命地哭喊着，還帶着罵。

「回來！」傳二初喊回了徒弟：「你可別亂吓唬人！你要是吓着人家的孩子，小心我找你腦袋後頭刀縫兒咿！早點回去砍三個番瓜等我瞧！」

春喜兒悻悻地去了，極不情願似地，但這是他的背影。他一轉臉就高起興來，他可以不必被逼着和師父一道兒去吃炒人心了。

在小城裏，出斬是條大新聞。迎春樓掌鍋的尤胖子估着是時候了，便招呼跑堂的去買鍋。而傳二初正好和買新鍋的夥計同時進了門。

「好夥計，正是時候！」傳二初拍拍夥計，這才把大棉襖披上身。那跑堂的陪着笑臉，一雙賊眼並不是生就的。瞅着傳二初手裏的荷葉包兒，任誰都會成了那個樣子。

迎春樓並沒有樓，一溜三間的門面，後邊連個退步都沒有，灶堂就支在當街。雨簷下面，一排掛着大塊的牛肉、豬肉、鼈蓋子的肥羊。魚皮魚肚之類的海貨讓街風吹乾了，打開着碰得吭吭響。掌鍋的嗙嗤嗙嗤敲打着熱鍋，掌鍋的和夥計們都是串通好了的，一個個誇張地忙碌着。其實年根歲底的時候，館子裏沒大酒席可做，門市小吃也沒什麼了不起，可是他們偏要那麼匆匆忙忙的，眞拿他們沒辦法。

傳二初和買新鍋的夥計沒招呼上兩句，掌鍋的尤胖子隔着灶臺就吆喝了：「怎麼說，聽說碰上硬漢子纏手啦？」

「別提了，差點栽了。二十多年的老手藝，夾了刀，你說這不他娘的過回頭了麼？」

這兩個胖子照骨格說，該是一個路上的人。而饕餮、貪杯、貪嘴之類的癖好，更讓他們結下了抹顊子的交情。隔個三五天要不共杯老酒，日子就像有點過不下去了似的。兩個都幹的是刀把營生，都很有點兒狠心，生命落在他們倆手底下，只有肉的意義。

尤胖子接過那個荷葉包兒，就着手裏掂了掂重：

「挺沉的、不是？」

「怎不？就憑那麼個橫大竪長的個頭！」傳二初檢了處靠近灶堂的座位坐下來。

「老遠瞧着，就是條結實漢子！還來着罵呢，把堂上老爺們罵慘了！」跑堂的夥計歪歪腦袋，很有贊佩的意思。其實他剛才提着潑潑洒洒的湯水提盒往錢糧櫃去送飯，才不敢去擠熱鬧呢！老遠裏光看見亡命旗的旗尖挑兒挑的，其他都是聽來的。

「先來壺綠豆燒咿！」

傳二初招呼了一下，閒散地四周掃了一眼。在座的幾個顧客沒一個惹眼的；或者說沒一個像能同他搭腔兒聊聊的。他顯得不很重要了，不像在大街上讓那麼多的人圍攏着。他乏味得很疲倦，搓了搓臉，把臉上的肉塊推來推去地推了一陣。

「怎麼樣，用新鍋罷？」

「好，用新鍋！」他呡了口酒，不用心地閉上眼，舔舔嘴唇，靜候着頂有把握的享受——包括酒、炒人心——他放心成那種安適的樣子。

「多放點兒胡椒麵兒——天冷不是？」

「行！」

他乏味得連這麼一個字也懶得吐了。但是就這麼一個字也讓他打呵欠打走了音。然後他閉着眼，抓頦子上的癢，嘴巴跟着歪咧在一邊：「我說，胖爺，少碰見今兒個這麼條硬棒漢子！」

「聽說是個莊稼戶？」尤胖子停了一下厨刀。

「大響馬也沒這麼挺棒兒硬的。」

「八成兒也是個不守本份的鄉棍子。」

「是個莊稼戶，那是不錯的，我們西鄉誰都知道。」臨座一個年紀青青的酒客插進嘴來。從那張不大自如的嘴巴上可以知道這人閱歷不深，但很懂得努力，希望多碰點兒大小場面。「就是啊，生頭野腦的，老跟人合不來。」

「照你這麼說，死者這份膽識倒也難得！」掌鍋的尤胖子切着菜，重下巴頦兒一下一下跟着哆嗦。閱歷不深的年青人頦子伸長着湊近來，聲音低低地道：「聽說，在大堂上瞎嚼亂罵——不像樣兒！」場面上常要做出這種體己的樣子的。

「誰說不像樣兒？」傅二初立刻楞着眼。像這種上人苦下了家業等着這一代讀點書撑撑門戶的農家士子，傅二初是瞧不上眼兒的。他道：「外孫有理還揍太公咩——人家罵得是個是處！」他冷着臉，扭過頭去，好像同這種土頭土腦的農家士子理論是不可理喻的。不過他又掉過頭來：「憑我吃的雖是衙門飯，行的可是朝廷王法。別說知縣老爺，他知府道臺若是貪臟枉法，依樣也得服王法！」

「說是衙門對面影壁牆也都挨罵上了，出決的時候。」跑堂的不能不把話兒岔開，要顧全客人。

「聽他們不省人事兒的瞎胡子亂唚！」傅二初食指狠狠地叩着桌面，嗓門大得像是同大街上的行人打招呼：「人家是指着影壁牆上那個『貪』(註——以前縣衙門對面的影壁牆上總劃着一隻近乎麒麟的獸圖，那個叫做「貪」，寓意提醒客吏們的操守)罵知縣大老爺咩！那堵牆有啥可罵的？瘋啦？癡啦？」

一切都使他生氣，他那副神情。

鍋上正燒炒得熱烘，蒸氣騰騰中，但見尤胖子東抓一把，西洒一把，有點呼風喚雨撒豆成兵之概。

「你說，胖爺……」

傅二初是只把尤胖子當作通事達理的，但是後者正在忙頭兒上，他又算了，無味地呷了一口燒酒。不遠處有辦喜事的喇叭，嗚哩嗚啦吹打着。

「今兒，倒是個好日子？」

他也不知問的是誰。他尋思着，人活着幹嗎啦？人都把死看做天塌地陷的大事兒，有什麼不得了的？這邊人頭落地，瞧着罷，那邊照樣還是迎婚送嫁。就看這店堂裏，熱鍋裏燒炒着那玩意，大家喫喫喝喝又是另回子事兒。那玩意，誰個胸口裏都有一顆在那兒蹦蹦跳跳的。

「二爺，辛苦了不是，今兒個？」

門前出現了一個皙白乾淨的瘦老頭，手裏握着隻鵪鶉袋兒。傅二初忽然有了精神，忙往裏面讓座，彷彿這店是他自己開的。瘦老頭踏在門檻上，跟這個招呼，跟那個招呼，在這個世界上混了一輩子，居然混得很有成就。他一路說道：「這個抱不平看誰來打罷！太說不過去！我說給你們大夥兒評評理看。」說着彎下身子，吹了吹椅子，並不馬上坐下。「后大有這小子，什麼錢他都用，也是個混事兒的嗎？說不過去。他地保是怎麼弄上手的？不是我楊五，他吃屁甭想趕上熱的！今兒我找他來，說不兩句，衝着我歪頦子白楞眼的。氣起我來，腳一跺，乾脆，趕他回堤窰子裏抱着爛腿喝西北風去！」

「怎麼回事兒，五爺？」傅二初待要遞過酒去，想起對方是在禮門的，又收了回來。「大人不見小人怪，跟那個小兎兒崽子鬪，犯不着。」

「跟他鬪？別髒了我！」老頭連忙吹了吹袖子，好像眼看就髒到自己身上來了。小姆指甲足有三寸長，捲成股兒套進紫竹管子裏。「剛不久，麻家小爛眼兒過來陪我燒煙，跟我說，今兒出斬的那個四子，六親九族一個也沒，善堂那邊捨了口二六的棺木，讓后大有給鬟換了個透風進亮的柳木匣。聽了這話，我這張臉沒處放了，他后大有幹上地保是我楊五賣面子薦的，什麼錢不好用，拿我楊五這張臉就地搓？我楊五還能混嗎？」

瘦老頭自己也承認是混的。

「后大有他娘的！」傅二初道：「那小子，墳頭上搶紙錢兒用的！你聽我說，五爺，這個抱不平，我打了！」

「別的我也不說了，我楊五要爭口氣，也不跟他后大有爭；可那口二六的，總得要他怎麼吞下去，再怎麼吐出來。不然對不住死者！」

「死的可裝棺了？」尤胖子親自把炒的那玩意兒端過來，扯起圍裙擦擦手，便坐下同傅二初共杯了。

「裝了棺總不能就算完事兒！」瘦老頭捲捲皮襖袖子，大姆指指着自己胸口窩兒：「我楊五凡事要就不管，要管，我就得管到底！甭說裝了棺，饒是埋進了土裏，他也得給我扒出來，換個二六的！」

「我看那倒也不必；人死了，也就什麼……」尤胖子灌了一口菉豆燒：「也就不必翻屍倒骨了。抱不平，你倆爺們都要打，我呢！無能！敬陪末座——轉個圜，叫他后大有多少拿幾文出來買點燒貨，給死者紮個紙人紙馬，也祭祭，閻羅殿上，咱爺們兒也算給他孤魂怨鬼裝了點兒體面。這麼着，你楊五爺面上也過去了。二位，我這話總還中聽？」

「掌鍋大師父這話有道理！」年青的農家士子要不是傾服得無以復加，就不至這麼衝口脫出了。

「說實在的……」楊五考慮着什麼，大姆指在胸前擦拭着，那上面佩戴的翡翠珏經常這麼擦動，已經油光水滑了。「我這張面子要捨也看捨在什麼上頭。二位光景也還不怎麼清楚，今兒出斬的那條漢子，身世少見那麼慘，那麼值得。我楊五今天打這個抱不平，不能不說是對那位漢子表表寸心。」傅二初抽抽鼻子，筷子磕着盤邊道：「這麼一說，娘的個×！這一盤上餚，我倒是吃它不下了！」

「倒不是那麼說，人各有份。人人要都像我胎裏素，生來見不得葷腥兒，天下早斷屠了。各人的口福，那是。我意思是說，今兒這條漢子，是個敢作敢為的大丈夫，單憑他把鄉董殺了，提着血刀親上衙門來投案，你說是個有種的罷？」

「你還沒聽那個罵法啦，五爺！」

「我怎麼沒聽到！昨兒晚上廖師爺在我那兒燒煙……」

「大堂上就罵開了，聽說是。」掌鍋的說道。

「怎不？衝着堂上老爺們，呸！唾沫吐過去，你們說他罵什麼來着？——我莊稼戶唾沫是吐到手心兒做活的，今天吐你們贓官，算我這口唾沫白糟蹋了！」

「罵絕了！罵絕了！這簡直是。」尤胖子拍桌打板地。

「可不是罵絕了！我傅二初心裏頭一佩服，手底下差了點兒出了毛病，找不到刀縫——二十年的老手藝，他娘的！」

「大師父！」大夥兒掉過臉去，買鍋的夥計提着炒過了人心的新鍋子問道：「摔啦？」摔鍋對于顧客們是個交待，對于這個貪玩的夥計則是件很有趣的消遣——公然地帶點兒揮霍却又不必痛惜的快意。他提到門前，摔在大街的青石板上。意外地那鍋子沒有料想的那麼粉碎，於是檢起來，又作了一次娛樂。

尤胖子回轉臉來：「大夥兒都傳着，這漢子是寃枉了。」從肩膀上抽下手巾擦了擦油膩的鼻子。那鼻頭紅紅的，把人弄成很傷心的樣子。

「也難說。」年青的士子老是有着什麼顧忌似的，不敢苟同死者是寃枉的。楊五道：「俗語說是：殺人償命。更別說殺的是個鄉董！試問，哪個鄉董大老爺不是有財有勢的地頭蛇？你說我這話呢？」瘦臉送到青年士子的臉上，彷彿徵詢後者有否異議。因爲座中只這麼一個鄉下來的，知道實情。後者却像受了栽誣似地道：「說是那樣說，也不罕定，就拿舍下說，家祖父就……」

「都沒好的，我說！」傅二初是有意掃農家士子的興了：「就說我家小孩子他三姨呀，吃盡了鄉董的訛欺。你到縣裏來喊寃告狀嘛，娘的個×！官官相護！就說今天這個死者啵，親娘讓人打死了，報仇殺人是不錯，可人家提着血刀來投案啦！還該判人家砍腦袋？王法離了皇城就另個樣了！說起來不錯似的，鄉董老爺——也是一鄉之主，掌管的也是王法。可那是幌子！不來錢兒，誰幹？就說他娘的我這份差事呀，朝庭不給糧餉養活我這一大家人家，我傅二初瘋了？我砍了二十年的人頭？還招徒弟傳手藝？啊？」他也不知是質問誰的，兩眼睛瞪着盤子裏的殘餚，一直這麼追問下去。那神情彷彿是說：「這一大盤子菜，我並沒動幾筷，怎麼就完了？這是誰偷嘴的呀？誰這麼下三兒？啊？」最後把筷子都拍地一聲放下了。

瘦老頭却道：「來錢兒呢，不錯的。不過聽說那位挨殺了的鄉董，這次可並沒撈着錢。」

「那——這條命是白貼了？」掌鍋的很感興趣。

「也說不上那個。話得說遠了，當初是兩家地鄰鬧事兒，一家是今兒出決的這個囚犯——」

「姓陸的。他老子在世的時候，是個窮訟師。」年青的士子一旁下了註脚：「那一家姓聶，是個小財主。」

「爲着河堤不是嗎？」那位跑堂的也知道一點。

「就爲的是河堤，弄得出了人命案子。」楊五道：「河堤原該從那位小財主聶家地裏起土，可聶家硬把河堤歪到人家姓陸的田裏。聽說聶家兒子是給縣大老爺遞乾帖子的，這裏頭就有文章。那位鄉董出面調停，不看金面看佛面，怎麼說也得買買父母官的賬，你說這話可是？啊？胖爺？」

「這麼一說，倒是有個影兒；他鄉董出來調停，少不得偏向着縣老爺門下的乾少爺。」

「着啊！」楊五拍了下桌子：「當初欽差大人領的人，劃的河堤，也沒擋着這位乾親家找到堂上，又私下裏往西彎了十弓子地。他鄉董有鼻子也不能衝着堂上擤，不是嗎？」

「所以啦，這話又說回來，」年青士子道：「他陸家孤兒寡婦的，武大郎挑空挑子——人沒人，貨沒貨，還跟人家聶家碰個什麼勁兒！依我說，哪兒不是忍口氣就過去了！」

「這口氣不是好忍的，小老弟，人家那是林地啊！」瘦老頭把袖子捲得更高了，好像又出了一個新的抱不平讓他來打了。年青的讀書人却道：「也難說；這位縣太爺的乾親家，家裏頭——不說掛千頃牌罷，總是個殷實戶，照說也不在乎河堤佔去的那點兒田地，別的不說，就是趕集的人畜牲口硬踩也踩出那麼寬的路。可是人家請來陰陽先生把那塊地來回走了三四遭兒，怎麼看，怎麼不宜動土。各人家的土脈風水，不能不護着，老先生你說呢？」

傅二初搶過去道：「這叫啥話？他縣太爺乾親家護風水，人家姓陸的地裏就沒風水？人家姓陸的娘兒倆可就全靠那點田地收成的呀！」

「還不光止這個，二爺！」楊五手指骨節敲着桌子道：「仗着給縣大老爺遞過乾帖子，這就不得了啦？訛了人家田產，還打死了人？」

「二位光景還不大清楚這裏邊詳情。」農家士子說：「也不是訛詐陸寡婦田地；開河堤的事兒吆呼一兩年了，到欽差領着人下來量地，也才把河堤劃定。這一劃可就把聶家西邊地頭給劃進去了。看風水的說什麼呢？說是馬頭上萬萬動不得土，若是犯了忌，小則家畜不利，大則人口不寧。姓聶的跟陸寡婦兩家是地鄰，中間隔着個土壠子——那是公地——河堤往西彎一點呢，也佔不了陸寡婦多少田，聶家也言明佔多少地，給多少錢……」

「可那是人家祖林哪！人家那裏頭葬着祖宗骨殖呀！誰個爲子孫的，這點不護着？」瘦老頭的袖子再捲就要捲到肩膀上了。其實傅二初就知道，楊家的祖林是讓老頭這個賢孝子孫一夜之間準了賭賬的。不過也許正爲着那個，瘦老頭痛定思痛，才分外着重一個人家的林地。

「林地是林地，河堤就是彎過去，也彎不到他陸家祖坟上，依着誰也都拿兩個錢兒容讓算了。不過陸寡婦那個老婆子不好說話，睡在田地賴着不走。你說……」

「那是人家的田呀！怎麼說是賴着不走！」

「這以後呢？」尤胖子倒是把不平放到一旁，急于探聽下文。

「老婆子仰臉朝天躺在田裏，嚷嚷着：『誰想搬我田裏一個土疙瘩，誰先來把我苦老婆子打死！我睜着眼兒一天，誰就休想把臭銀子堵住我嘴！』唉！那個老婆子，沒辦法！」

「後來聶家就下手了？青天大白日裏？」掌鍋師父惶惑地望着大家，好像怎樣也不相信天下能有這種事！然而上了客人，他不能不回灶堂上去忙了。

「沒那回事兒！」年青人直着頸子把話送給掌鍋的：「聶家把鄉董請來調停，也不行。以人家鄉董出了那個面子，她陸寡婦總該讓人說兩句話罷？不行；不惟不行，索性罵開了。像話嗎？氣得鄉董發了脾氣，招呼聶家僱工抬人。地是硬劃出來打河堤了，錢——休想一個子兒！」

「聽聽，他娘的！這也是管王法的鄉董出的好主意！」

「婦道人家，有啥辦法？」農家士子這次就不理會傅二初了。彷彿傅二初也就是「有啥辦法！」的那種人。他自管衝着尤胖子和楊五講說他的：「聶家僱工誰又眞去抬人呢，不過是走向前去勸說勸說。誰知道老婆子衝上來拚命了，一塊石頭差丁點兒扔到鄉董額蓋兒上，那還得了！造反了不是！她抓人咬人，人家不能聽着不還手罷？好！老婆子是倒下來了。誰又有把穩說定不是誤傷呢？大家也只說是老婆子裝瘋作邪，抬她回家去，沒理會，誰知就出了人命！沒天黑人就死了。你說這值得麼？」

「陸家兒子呢——今兒出斬的這個小夥子？」尤胖子隔着灶台插進嘴來。士子道：「她兒子挑八根線兒賣生薑黃梨去了。她兒子若在場，當場怕就要把事兒給弄糟了。」

「他娘的，橫豎是橫豎了，還怕什麽當場就把事兒弄糟了哔！」傅二初又插進嘴來。

「那也奇巧！」尤胖子掂着漏勺裏的燙肚皮，重下巴頦兒又跟着哆嗦了。「是聶家打死了他娘的，報仇也就該報在聶家身上，殺了鄉董那不是；……那不是那個了嗎？」

「沒來及下手呀！」年青的農家士子說道：「聶家是高院牆，外邊又是一道鐵絲圍子。就是殺鄉董，也還是路上碰上的，也怪那位鄉董沒防着小人，遭了暗算！」

「這話才不明事理哔！」傅二初把牙籤一扔，憤憤地道：「誰說沒來及下手？這話是誰說的？啊？說這話的人，過大堂在場沒有？笑話哔！」

尤胖子笑了，笑他老酒友的老牌氣：「敢情二爺在場？」楊五歪斜着點點頭，那份笑容就不如尤胖子忠厚了。他道：「過大堂的事，廖師爺倒是在場的！昨兒晚上咱們歪煙舖還談着。死者惹人佩服，就在他殺人殺到是處。你說我這話呢，二爺？——來不及下手，那不合情理；他聶家外邊留下了仇人，院牆再高，鐵絲圍子再緊襯，錯過他聶家一年三百六十天大門不開，二門不出，那是死腦筋琢磨的。我說胖爺，陸家這個小夥子一點不含糊，打定了主意幹鄉董，有道理！」

「敢情是！」尤胖子隨口應着。他這一類的胖子對什麽事都不大肯用心的。這使楊五老頭不得不跟自己提出盤問：「把鄉董幹掉是個什麽主意呢？照說，姓陸的這個小夥子是該把殺母之仇報在聶家身上。可是姓陸的這個小夥子，別瞧着是個莊稼戶，有見識，不那麽殺來殺去的。聶家再強橫霸道，至不濟欺欺四邊的地鄰。鄉董就不然了，一鄉之主，要是貪贓枉法起來，受苦的可就多了。大堂上，姓陸的供得好明白：『我殺了十個姓聶的，也抵不上一個鄉董老爺；我得檢省事兒的殺！』不凡常，這小夥子是個人物！我楊五也是場面上混了一輩子的人了……」

「你們說怎麽着？」年青士子忽然一臉的告密的緊張，大姆指偷偷從肩膀上指着背後：「那邊，牆犄角兒裏，什麽時候來的？奇巧不奇巧？」一面說着，捏了捏耳朵，手落到胸前又伸出三個指頭，打了這麽一個啞謎。一切神色都是機密的。弄得楊五和傅二初不明所以地望到那個方向，連停在灶台前候着上菜的跑堂夥計也讓這個啞謎引動了。

「會是？」楊五第一個明白了那個啞謎。

「……」年青人權威地點點頭。

傅二初還有點兒不屑似的，但是興趣很濃厚，止不住疑問地張望着楊五。後者用筷子蘸着桌上的水跡子，寫了個「聶」字。立時掌鍋師父也湊近來打聽長短——他那一道菜，火號上準欠了點兒功夫。

傅二初把棉襖披好，那就是說，兩隻襖袖還空空地吊着。他瞟着牆犄角兒那邊，慵懶地站起，極不情願似地，用一種並不以那邊牆角兒爲目的的神態走過去。那件大棉襖披在身上，好像駝着一個人，兩隻襖袖雖然空着，卻圓渾渾的，保持着微彎的形狀，彷彿生怕滑跌了下來那樣向前微彎着。在店堂裏，他慢吞吞地繞了一圈，又回到座上。

「你那是幹嗎啦？」尤胖子難得笑得那麽俏皮，他總是那麽本份的。傅二初轉了一遭回來，好像經歷了一件光榮的冒險，胳膊肘兒往後指了指，小聲說道：「那小子，一個人窩在那兒吃悶酒！噯，是乾兒子還是乾親家？」第一次對青年士子有這麽樣的好臉色。後者道：「老的已經花白的鬍子了，哪還這麽年青？」其實他們的聲音再大些，也保險那位乾少爺聽不見，然而他們很小心謹愼，而且每個人的臉色都表示了一點過失感似的。只有尤胖子嗓門照舊：「敢情你又去找人家刀縫兒了罷！找着了沒有？」

人家提到傅二初的行業，他總是很興頭的。「那總免不了。吃哪行飯，吆喚哪一行。你我老友了，可擋不住我登門一次，就瞅你一次頸子哔！」聲音又壓低下來：「我倒是奇怪，幹嗎湊着這個功夫跑來吃悶酒？」

「敢情天良發現，趕着收屍來了也不一定。」這次掌鍋的聲音就小了，縮着本就很短的脖子，好像那樣便可以把聲音壓低。

「呸！還天良呢！他娘的！」

「別呸不呸的，你們倆倒是同行。」

「同行？我傅二初跟那個沒天良的？」

「走遍天下只有你們這倆種人。」尤胖子把手巾往肩膀上一摔，走回灶上去。然後隔着灶台，擠着一隻眼睛：「殺人不償命的！」

（下轉第23頁）

書刊評介

讀徐著「語意學概要」

——民國四十六年三月再版　臺北三民書局經售

張佛泉

徐道鄰教授所著的「語意學概要」（香港友聯出版社印行）乃是第一部用中文討論「語意學」的書。「語意學」一詞係譯自 Semantics 一字，也就是討論語言文字之意義的一門學問。大約自一九三〇年牛津大學呂嘉慈教授 (I. A. Richards) 到北平清華燕京講學時起，我國哲學界已開始注意到意義之學。奧格敦和呂嘉慈便是語意學重要「經典」之一的「意義之意義」(The Meaning of Meaning) 的著者。此時尚未有 Semantics 這名詞。「意義之學」在初期只限於文學批評家和哲學家的小圈子內。近幾年來，在自由中國的學者中，徐道鄰、殷海光、劉世超等先生都愛讀語意學，和喜歡應用語意學。他們也已有關於語意學的零篇文章發表。但有系統的著作，當爲專書問世的，却須推徐先生的「語意學概要」爲第一本。這本書無疑地在中國思想界將會發生開闢新時代的作用！

徐著「語意學概要」共二百二十頁，分爲二十二章。第一章「語意學的源流和發展」和第二章「新興學科中的語意思考」可視作引論。第三章「七種不同的懂」、第四章「人與人的了解之三大障碍」和第五章「人類是他們語言的囚犯」，所討論的大體是人與人彼此間「交通」或「表達」(communication) 的困難，和語文對於人的思想以及人生觀的關係。第六章「語言是一種地圖」、第七章「語言地圖的形形色色」、第八章「地圖不能代表一切」、第九章「語言地圖需要隨時修正」、第十章「事實、推論和評判」和第十一章「語言中的抽象層次」，這六章則是介紹一般語意學 (General Semantics) 的大意的。第十二章「理智語言和情感語言」、第十三章「語言道路上的兩個强盜」、第十四章「兩値邏輯的語言和思考」、第十五章「吳洛波論語言的四種功用」、第十六章「二十五種不同的定義方法」、第十七章「摩立斯的語言類型論」、第十八章「指示語句及其四種使用」、第十九章「評判語句及其四種使用」、第二十章「規約語句及其四種使用」、第二十一章「組合語句及其四種使用」：這十章中除了第十三和第十四章再論到人們日常語文（特別是印歐語系）中的流弊，其餘八章主要是由不同的觀點，分析語文的功用。第二十二章「善於說話的人和不善於說話的人的故事」則是一個收尾。

徐先生這本書最大的成功處在明白淸楚，暢流易讀。一般讀者看到「語意學」這個書名，因爲從未聽見過這名詞，或許認爲它是難懂的。講語意學的書有些確是很專門、很難懂的 (Korzybski 的 Science and Sanity 便是一例)，但徐先生這本書確稱得起是深入淺出的。徐先生的這種本領可以比得上早川和 Stuart Chase。像這樣寫得明白，寫到中學生都看得懂，確是一種了不得的本領。嘗見有人作文，下筆就是佶屈聱牙，令人莫測高深。其實這倒是極易作的，反正不顧讀者，信意寫去就是了。如若打算寫得明白，則要大費心思，要設身處地，爲讀者着想，這樣才能寫到使他們讀得懂。

這不僅是寫作的技巧問題。這正是一般語意學本身的主要課題——爲求淸楚而努力 fight for clarity。我們常說，有一種意境，「只可意會，不可言傳」。現在我們的努力，便在多多注重「言傳」，要將不易「言傳」者，儘量使之能言傳，要將原認爲絕不可言傳者，也使之能言傳。淮南子道應篇中有一段故事，引在這裏：「桓公讀書於堂。輪扁斲輪於堂下，釋其椎鑿而問桓公曰：君之所讀何書也？桓公曰：聖人之書。輪扁曰：其人焉在？桓公曰：已死矣。輪扁曰：是直聖人之糟粕耳。桓公悖然作色而怒曰：寡人讀書，工人焉得而議之哉！有說則可，無說則死。輪扁曰：然，有說。臣試以臣之斲輪語之。大疾則苦而不入，大徐則甘而不固，不甘不苦，應於手，厭於心，而可以至妙者，臣不能以教臣之子，而臣之子亦不能得之於臣。是以行年七十，老而爲輪。今聖人之所言者，亦以懷其實，窮而死，獨其糟粕在耳。」這位木匠的話也正是老子所說「道可道，非常道；名可名，非常名」的意思。孟子亦曾謂：「大匠能敎人以規矩，而不能使人巧」。卽直至晚近法國哲學家柏格松(Bergson)的「玄學」又何嘗超出此說多少？然而我們所要注重的正在這「規矩」的傳授與積累。科學的知識卽使都是些「糟粕」，然而却全仗傳授與積累，世人才有今日的成就。「規矩」知道得多了，人們居然就更巧起來。今世的人在好多好多方面都可說比古人巧上多少倍。今日有許多的技巧，遠非輪扁所能夢想的。可道之道也多了；可名之名更多了。以前許多認爲不可道不可名的，現在都成了可道可名的了。這正是人類科學知識的進步。近年來語意學最大的貢獻，更在銳意求「互通」或彼此「表達」(communication) 的改善。意義必須是「公共的」(public)。若只是屬於「私自的」境界，無論這意境如何令個人陶醉，終談不到有何「意義」。眞正可靠的知識，嚴格的知識，就必須是公共的，必須能成一人以上的諸人所共享。例如數學或物理中的新理論，經一人的發明之後，最少也要一二位同樣有資格的專家用同樣的推理方式與步驟，予以證明。如果這新理論，無論如何非他人所能了解，且經過多年還不能爲他人所能了解，則此理論便難說有何價值。人的任何「直覺」(intuition) 或「突悟」(insight)，都須繼之以「公式化」，或用語文符號表達出來，使它能讓自己和他人共同做進一步的測驗，證明它或否證它。如有充分的證明，方能成爲科學知識中的一部分。

不但科學知識的意義必須是能用符號表達的，卽是詩詞、美術與音樂等，雖然「靈感」(inspiration) 在這方面似乎更顯得重要，然而藝術的產品如想令人懂得與欣賞，主要還須看它有無符號的重要性 (symbolic Significance)。例如一個鋼琴家在他的演奏會中，能令人欣賞的，主要在他能運用此樂器所特有的「音色」將它可產生的無窮的旋律與諧聲，用某種特定的程式表現出來。這正是郎澤夫人 (Mrs. susanne K. Langer) 的新的美術論。鋼琴家所表現的不能是他個人的感情。他沒有如此現成的感情，恰巧在臺上不早不晚發生出來，他更不會連續在多少晚上（如果他舉行一連串的演奏的話）都發生這樣的感情。如果鋼琴家的感情是這樣的現成，這感情便很難說是「眞情」，更稱不起是有獨特價值的「靈感」。我們絲毫不願否認「靈感」之重要性。「靈感」在理論與藝術方面都是最寶貴、最原動、最獨一無二的部分。但它却只是一個學說與藝術品之產生過程中的最初的步驟；如沒有方法隨卽將之具體表達出來，它便如電光，一閃卽逝，永不可復覩了。將來人們對于這「靈感」也許能加以更切實的研究，甚至能加以控制。現在它多少還是一種「神秘」。但人們對於繼「靈感」之後的表達的方法，實在一天有一天的發明與改善，並由此更誘發了更多的「靈感」與「內見」。

語意學在近年的興起，不只由於學術的興趣。尤其「一般語意學」(general semantics) 之能引起普通讀者的廣泛興趣，是有着歷史背景的。由於商業廣告和政治宣傳，各國的語文，在近年差不多都發生了極大的變化。惡性的政治宣傳更有系統地歪曲了語文的意義。希特勒和戈布爾斯博士在這方面曾有極大的「成功」。德國第一流的哲學教授喀西瑞爾 (E. Cassirer) 會對着這種情形，慨乎言道：「如果我信手翻一本近十年出版的書，一本理論的而非政治的書，一本論哲學、歷史或經濟問題的著作，我料不到我竟不再懂得德文。新字纂了許多；舊字亦換了新的用法。……以前我們用字，所用的是它的描述、邏輯或語意的意義，而現在則只在利用它的魔術性，用字的目的只在產生某種效果並勾起人的某種感情。……新字都是充滿了情緒與强烈的熱情的」（見 The Myth of the State, p. 283）。流亡到美國的喀氏所說的這些話眞是沉痛已極。納粹黨人所變的文字戲法，當時最流行的口號「德意志高於一切」，「你的民族是一切，你個人不算甚麼」，終究產生了怎樣的後果呢？這是今日世人有目共睹的。德國雖未至亡國滅種，但至少有一半却已淪於萬丈深淵！更大規模，更徹底的文字戲法，還要推橫跨歐亞兩洲的共黨。他們歪曲使用文字，新纂的名詞，其「精巧」，其「神妙」，有時眞令人「拍案叫絕」！馬列主義被尊爲永恒而普遍的眞理，它的基本設定被認爲絕無可非議。這本是最武斷，最不謙虛，最違反科學的批評精神的。但他們竟亦盜用了「科學的」「社會主義」的美名。又如他們所用「解放」一詞，乃係取自美國「解放」黑奴的意義，共黨巧用這二字到了如何的程度！再如匪共「一面倒向蘇聯老大哥」，却在另一面喊出「偉大的祖國」的號召，而在海外竟有許多人對這「祖國」發生許多幻想，對它的「偉大」得到莫大的心理滿足！在洗腦整風，批評與自我批評的永在的威脅之下，他們更唱起「百花齊放、百家爭鳴」的喜調來！這眞令人哭笑不得。

語文是符號之一種。符號自身原無意義。但自然語文，亦卽歷史性的語文，却在長期中「取得」了若干固定意義。人們見到某些熟知的字，不由得便對它發生某種反應。許多人見到「天地君親師」牌位上的幾個字，便不由得要拜下去。以前中國的讀書人沒有不知「敬惜字紙」的。這正是心理學上所謂「交替反應」(conditioned reflex)。這種情形「便很容易」被用作助紂爲虐，有意的利用歷史性的語文中一些字句對人所引起的第一聯想，以達到謀求金錢或權力等目的，作此事的人便是在變文字戲法。當希特勒喊「德意志高於一切」時，却已將德意志騎在他的跨下；當共匪唱「解放」時，不久竟將幾億人關入於一大牢籠——這就是文字魔術。歷史性的語文中的「包袱」已被巧妙地利用爲變戲法的氈子。

一般語意學由考季布斯基等當爲宗教來提倡，實不是偶然的。俄人痛斥語意學（讀早川所輯 Language, Meaning and Maturity 一書的最後一篇），也是我們可以料到的。我們講科學，首先要求頭腦清醒；談民主，首先要求不變文字戲法。語文不是好用的工具。人以爲自己在用語文，其實人正不免常爲語文所用。語文的力量每每成爲人們極大的「虐政」。

今日我們治社會科學的、談思想的、作家、記者、編輯、以及所有關心切身生活問題的人，都應讀徐道鄰先生這本「語意學概要」。早川等人的著作，在美國嘗售至幾十萬本。徐著在中文流行的世界裏，最少應該銷行一二萬册，這樣才能證明我們不願作自己語文的囚犯！

天下也竟有這樣無獨有偶的事。在西方出了一位考季布斯基，在我國出了一位徐道鄰，來提倡一般語意學。考氏的經驗是極豐富的，學問是非常淵博的。我嘗戲稱，徐道鄰正好比作考氏。徐先生因爲家學淵源，中國文史有極好的基礎。他到德國治法學，三十歲前所寫的德文書至今還常常與世上最有名的法學名著同樣被學者們徵引。他懂得拉丁、德、法、英、意好幾種文字。他還能讀自然科學方面的書，特別是生理學和心理學方面的著作。他過去在外交、政務和行政方面的經驗，又是許多教書匠所沒有的。徐先生到臺灣後埋首讀了好幾方面極新而極重要的英文書籍。從「語意學概要」一書中，我們可以看到他徵引並利用了好幾十本新書。徐道鄰先生在我國開始「語意學」這門學問，乃是再合適沒有的。「語意學概要」定當是開新風氣，打開新時代的一本書！

讀者投書

這樣的辦法怎可不再修正？

鄭誠

我國公務人員任用法實行有年，官階等級、升降遷調均有明文規定，雖不能稱爲一種完整的人事制度，但至少已具規模。近年來考試院對於公務人員任用法(以下簡稱舊法)，有所修正，於民國四十四年開始實施，一般人稱之爲新公務人員任用法（以下簡稱新法）。舊法現經修正爲新法，原來的內容，當然有所變更。爲增加讀者瞭解起見，乃將舊法的俸給部分與新法對照列表於左：

公務人員新舊俸給對照表

新公務人員俸給：等	階	俸級	本俸額	年功俸額	舊公務人員俸給：俸別	級別	任別
簡任	一階			770			簡任
				740			
				710			
		一級	680	680	680	一	
		二級	650	650	640	二	
		三級	625	625	600	三	
	二階	四級	600	600	560	四	
		五級	575	575	520	五	
		六級	550	550	490	六	
	三階	七級	525	525	460	七	
		八級	500	500	430	八	
		九級	475	475			
薦任	一階	一級	450	450	400	一	薦任
		二級	430	430	380	二	
		三級	410	410	360	三	
		四級	390	390	340	四	
	二階	五級	370	370	320	五	
		六級	350	350	300	六	
		七級	330	330	280	七	
		八級	310	310	260	八	
	三階	九級	290	290	240	九	
		十級	275	275	220	十	
		十一級	260	260	200	十一	
		十二級	245	245	180	十二	
委任	一階	一級	230	230	200	一	委任
		二級	220	220	180	二	
		三級	210	210	160	三	
		四級	200	200	140	四	
		五級	190	190	130	五	
	二階	六級	180	180	120	六	
		七級	170	170	110	七	
		八級	160	160	100	八	
		九級	150	150	90	九	
		十級	140	140	85	十	
	三階	十一級	130		80	十一	
		十二級	120		75	十二	
		十三級	110		70	十三	
		十四級	100		65	十四	
		十五級	90		60	十五	
同委任			80		55	十六	

修正後的新法，薪俸調整與官階劃分，當較舊法更爲具體。然而對於新進人員官階的銓敍，有欠公允，造成了目前公務機關中之極不公平的現象，顯示新法使用之不當，有再修正之必要。筆者爲文，主旨也就在此。

原來舊法規定，大學畢業者自委任四級起敍，薪俸一百四十元；高中畢業者，自委任九級起敍，薪俸九十元。而新法實施後，大專畢業經考試及格者，自委任十級起敍，雖然薪俸仍爲一百四十元，但其階級僅合舊法八十五元之級；高職畢業經考試及格者，自委任十五級起敍，雖然薪俸仍爲九十元，但其階級僅等於舊法六十元之級。以往大專畢業者，自任職公務員起最多三年，便可晉升至委任一級。而在新法的控制下，同樣的出身，受任公職十年甚至還不得晉升到委任一級，因爲自「委六」晉升「委五」時稱爲「跳階」，須三年一次總考的考績平均在八十分以上者。一次總考即能跳階，乃非易事，一次跳不過階，又要增加三年。因之，從「委十」升到「委一」，究竟需要多少年，事先是不敢斷定的！同樣的畢業學生，因適用舊法與新法，時間上雖僅一年之差，而晉升到委任一級時，可能有十幾年之別。

大學與專科畢業，銓敍官階完全一樣，未免有失公平，否則四年與兩年有什麼兩樣？在教育制度上，又何必有大學與專科之分呢？由於大學與專科一視同仁，在新法與舊法交替時，曾造成了古所未有的不公平現象。實情是這樣：張君與李君原是高中同班同學，均於民國三十九年暑期畢業於師大附中，二人一道投考大學，張君平時在校用功，成績優良，一試即名中榜首，錄取於國立臺灣大學，非常高興，幾年寒窗，究竟沒有白費。李君功課較差，臺大未取，其他獨立學院亦遭落選，最後僅僥倖錄取於「行政專校」。當時李君因屢次挫敗，認爲不及張君，內心深感羞愧，由於平時同學好友，張君乃費盡口舌時予李君勸勉。依照學制，大學四年專科兩年，李君於四十一年暑假「行政專校」畢業，奉命受訓一年，於四十二年八月分發就業，官拜委任四級。李君功課雖然較差，但工作却不在人後。第一年終考績列入甲等，晉升兩級，四十三年底官階升到委任二級，次年四十四年無疑地到達委任一級。其時張君臺大畢業後剛由軍校結訓歸來，經就業考試分發就業。新法正自其時實施，兩月後省政府委令賜下，官定委任十級，張君目睹委令，心痛難言。回想當年勸勉李君，而今反要接受李君來安慰自己了。「委一」與「委十」，十級之差，這是用功勤學者應有的懲罰嗎？多讀兩年書，如犯十年罪，人心都是肉長的，將人比己設身處地，稍加思索，能不同聲慨歎！目前臺灣公務機關中類似此種情形者不知多少人！

按照目前使用的新法，僅包括大專與高職兩種畢業學生經考試及格，或考取高普考者，因爲高檢高考尙未舉辦，高職畢業者自委任最低一級起敍。今後除此而外，均無公務員任用資格，當局解釋是遵照憲法規定，然我國自三十六年卽實施憲政，理應自該年起凡不符合憲法規定者，一律不得爲公務人員。可是事實並非如此，目前機關裏中學肄業及國民小學畢業者大有人在，且均係行憲以後銓敍合格的，官拜委任六級，薪俸一百八十元，比大學畢業者要高四級，較高職畢業者高九級。以年齡論之，國民小學畢業者當然年輕。彼此同在一個辦公室內工作，此種極不公平的人爲現象，豈能令人心服！如果說現在的教育水準不及以前，但至少大學畢業也不至於比不上國民小學生；如果說目前的教育特別普及，一般人均受高等教育，起碼也有中學畢業，可是實際情形並不如是。因之，現在一般大學生不僅失去自尊與自信，簡直沉於自卑與恐懼，對於事業與前途更不敢想像。如果有人說「大學敎育悲哀」，那末我就要說「大學畢業後更悲哀」！當局何以這樣做，筆者似乎不能明白究竟。但深信主張此種決策者，除了不知道辦公室內現有人員的眞實情形，或許另有說不出的苦衷，絕非有心糟塌這些新的知識青年。

根據公務員任用法第七條第一項：「高等考試及格者，取得薦任三階任用之資格，但其成績列於中等者，得先以委任一階任用，其期限不得超過二年。」按該項規定與舊法並無改變，雖名列中等者得先以委任一階任用，但期限不得超過二年，至少亦可自「委二」起敍。高等考試的任用官階旣未降低，大學畢業者何以降低六級？同條第二項：「普通考試及格者，取得委任二階任用之資格，但其成列最優者，得以委任一階任用。」由此可知只要普考及格，便與大學畢業經特種考試及格(就業考試)，取得同等資格，如成績列優等者還要超過好幾級。要知自四十三年起的就業考試，不論考試方法與考試科目，誠如「人事行政」第四期林振華先生大作「論臺灣省分發學生就業」文中所稱：「大專畢業生報考者，相當於高等考試之特種考試，高職畢業生參與之考試，相當於普通考試之特種考試」(摘錄)。銓敍官階，雖不能完全比照高考與普考及格資格，但也不應相差太遠，否則不僅有失公允，且刺激人心太甚。筆者認爲大學畢業經就業考試及格者，自委任一階五級起敍，最爲適當，比舊法規定差一級，較高考及格者相差五級，卽使高考成績名列中等者尙差三級，事實上亦只應有此距離。否則依照現時情形，高考及格與大學畢業經特種考試及格者要相差十級，如以時間計算，可能有十幾年之久，未免太高估高考，而過分輕視大學畢業者。普考及格者可自委任二階七級起敍，高職畢業經特種考試及格者自委任二階十級開始，與舊法規定差一級，較普考乃差三級。委任三階，則由各機關僱員經升等考試及格者升任。如此銓敍辦法，不僅新法本身使用適當，且與舊法比較，亦無太大距離，不論原有之公務人員，或使用新法後之新進人員，均無不平怨言，可收公平合理人人安心工作之效果。

再說就業考試中所稱之甲級人員，需要大專畢業方有資格參加考試，而「普考」只要高中畢業就有參試資格。大專畢業雖足有資格參加「普考」，但在歷年普考報名簿中，恐怕找不出一個大專畢業的；高中畢業者雖有心報考就業考試中之甲級人員，但爲資格所限，不能報名。二者不僅名義不同，實際上確有差別。高中畢業，考取「普考」，固然不易。而高中畢業能考取大學，更是困難。何況進入大學苦讀四年後，還要接受一年半的軍訓，再經就業考試及格，方能與高中畢業參加「普考」及格者，取得同等資格。此種極不公平的辦法，實在使人無法容忍。如僅就公務員任用資格言之，只要高中畢業考取「普考」已經滿足，各大學大可不必組織什麼聯合招生委員會，卽使大開中門免試進入，恐怕也無人問津，因爲四年寒窗與一年半的嚴格軍訓，究竟是不大好受。新法中公務員的官階劃分與薪俸調整，雖經過立法程序，但是對於大專畢業及高職畢業學生經就業考試及格自何階何級銓敍，在新法中並無明文規定，乃是考試院自行決定，一般無辜學子，遭此不平待遇，莫不義憤塡膺。現在正逢立法院開會期中，深盼代表人民口舌之立委諸公，能注意及此，並提出院會討論，以消除青年們的共憤。

際此共匪猖獗，國家危難之期，大陸億萬同胞，置身水火之中，我們還得醉生夢死企求高官厚祿嗎？我的答復無疑的是個「否」字。可是我們同是中華民國的國民，同爲反共抗俄的鬪士，何以遭受到如此不公平的待遇!?一部份人卽使有功受獎(薪俸提高)，但是另一部份人亦不應無故受懲(階級降低)，至少在同一時期，同一個辦公室內，亦不能有此懸殊不公平的現象存在。否則將迫使人心不安，影響工作情緒太甚！尤當反攻前夕，積極準備期中，團結人心，集中力量更爲殷切，雖不予青年以特別鼓勵，但至少也不可任意予青年以過分的打擊。因爲青年人的好勝心，原較其他一般人爲甚，如受到不白之寃，無法申訴，內心最感痛苦。青年人尤其是剛出校門初入社會者，心地最爲純潔，亦最能區分善惡，明辨是非。回顧以上所述新法之使用的不公平情形，極其顯著。謹祈專司其責諸公，能就實際情況，重加研討，再謀修正，而振人心。好在新法實施，時僅年餘，苟能對於大專及高職畢業學生之銓敍官階，積極着手修正，甚爲易舉，一個會議，一紙命令，多少人得以伸雪而因此振奮？這是一個公平的問題，與人心之影響甚大，願有關當局能注意及之。

自由中國　第十六卷　第十一期　內政部雜誌登記證內警臺誌字第三八二號　臺灣省雜誌事業協會會員　四七六

給讀者的報告

五月廿四日，臺北市民因美國軍事法庭對美軍上士雷諾槍殺我國公民劉自然案，審訊與判決不公，引起羣情激憤，致醞成搗毀美使館及新聞處，最後更演為警民衝突的流血事件。這實是中美兩國傳統友好的邦交史上，極為不幸而令人遺憾的一頁。我們必須指出，此次不幸事件完全是由於雷諾判決無罪而激起的一時激越行動，並非有意反美之表示。中國人民一向信任美國，並尊重兩國間的友誼，亦正因如此，此次顯失公平的判決給予中國人民太深的失望，並使中國人民自尊心遭受嚴重的傷害。這一事實是美國政府與人民必須認識清楚的。現在中美兩國當局應基於彼此諒解的立場，求取整個事件(包括判決不公與騷動事件)之合理解決，使不致有損兩國的合作與友誼。這可說是我國朝野人士一致的期望，也是本刊本期社論(一)與傅正先生的大文立論的要旨。此次事件發生以後，我們接到很多讀者來書，論點均大體一致，因篇幅關係不再一一登載。

越南華僑國籍問題是我們當前外交所面臨的一項重大的問題。此次越南政府修改國籍法，強迫我國土生僑民歸化越籍，同時並頒佈商業禁令，規定十一種行業禁止僑民經營。越南政府此項措施實違反海牙公約與聯合國人權宣言自由選擇國籍之規定。雖經我政府據理向越南政府提出交涉，而越南政府竟不為所動，實是令人遺憾的。本期我們的社論(二)，對此問題，除就法律的觀點以外，並從政治的觀點加以檢討。強迫華僑歸化事件，不僅在越南，而是我們在東南亞各新興國家普遍所將面臨的問題。因此，我們須要針對現實，作一深入的研究。我們以為健全的僑務政策應不在爭取僑胞形式上對祖國的效忠，無寧應鼓勵僑胞與當地政府合作，提高其在各國的發言地位。

政府財經當局對於發展臺灣經濟，數年來確曾作過不少努力，可惜始終未能弄清楚應該努力的方向。任何經濟政策的實施，如果目標不弄清楚，則一切努力常常不能產生正面的效果。過去我們的財經工作過於着重技術問題，而忽落了長期效果的原則和方針。本期趙岡先生對此加以檢討，探求發展臺灣經濟的方向，可供財經當局之參考。

本刊第十六卷第七期曾有社論申論日匪貿易的嚴重性。在那篇社論中，我們指出日本此一迷夢的思想背景，及其足以遭致的嚴重後果。本期我們再刊出梁振超先生的「日匪貿易問題」一文，論析日本為何要與共匪貿易、貿易的實際情形以及其前途。從這些客觀分析與許多實際資料中，我們不但可明瞭日匪貿易問題之本質，並可斷言其必然失敗也。

本期通訊兩篇，一為「伽納的獨立」，一為「奧地利社會黨勝利的原因」。前文對此一新興的黑人國家伽納獨立的歷史有詳盡之敘述；後文則對五月間奧大利總統選舉的結果加以分析。都是關心時局者所應一讀的。

自由中國 半月刊 總第一八二號 第十六卷第十一期
中華民國四十六年六月一日出版
發行人 兼主編 『自由中國』編輯委員會
出版者 自由中國社
社址：臺北市和平東路二段十八巷一號
電話：二 八 五 七 〇
航空版 友聯書報發行公司
(香港九龍新圍街九號)
總經銷 自由中國社發行部
經售者
美國 紐約友方圖書公司
日本 東京僑豐企業公司
韓國 漢城裕昌德號
馬尼剌 大中華日報社
新疆書店
印尼 椰嘉達天聲日報
泗水文光圖書公司
緬甸 仰光振成書報店
印度 加爾各答塔梅學校
澳洲 雪梨瑞田公司
北婆羅洲 西利亞坡青年書店
星加坡 友聯書報發行公司
(小坡大馬路四六九號)
吉隆坡 友聯書報發行公司
(馬華公會大厦三樓七室)
怡保 友聯書報發行公司
(希尼華沙甘街十六號)
檳城 友聯書報發行公司
(林連登律七十二號)
澳門 友聯圖書公司
印刷者 精華印書館
廠址：臺北市長沙街二段六〇號
電話：二 三 四 二 九 號

本刊經中華郵政登記認為第一類新聞紙類　臺灣郵政管理局新聞紙類登記執照第五九七號　臺灣郵政劃撥儲金帳戶第八一三九號
(每份臺幣四元，美金三角)

自由中國

FREE CHINA

第十六卷 第十二期

目錄

社論
怎樣挽救當前的危局？
臺北騷動事件的心理分析……徐道鄰
個人主義與英雄主義……東方既白
論新資本主義……劉道元
通訊
告大陸農民書……董時進
越南排華的遠因近果……趙家將
匈牙利報紙給予的啟示……姜懷平
試談新詩形式上的問題……嚴明
涼棚下……琦君
詩二首……張秀亞
讀者投書
為地理教本審查事質詢教育部……李月軒

中華民國四十六年六月十六日出版
社址：臺北市和平東路二段十八巷一號

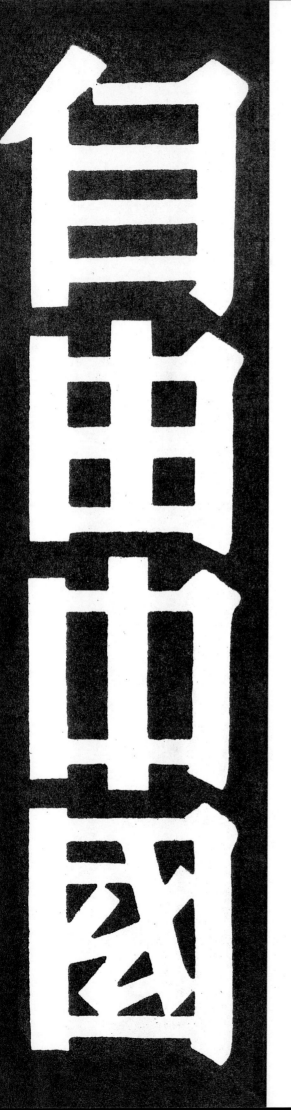

半月大事記

五月廿五日（星期六）

行政院開臨時院會，檢討劉案意外事件。

法總統考蒂囑布立溫組閣。

日首相岸信介與尼赫魯發表會談公報，要求禁止核子試驗。

五月廿六日（星期日）

行政院正副院長及全體政務委員爲北市不幸事件引咎辭職，均奉總統慰留。臺北衞戍司令黃珍吾，憲兵司令劉煒，警務處長樂幹，奉令撤職。

五月廿七日（星期一）

葉外長向中美記者宣稱，劉案引起不幸事件，由於抗議判決不公，羣衆一時情感衝動，決非任何普遍反美情緒之表現。

全國十二人民團體致電美國會暨人民對不幸事件表遺憾，並說明無反美用意存在。

美衆議院外委會開始調查臺北不幸事件。

五月廿八日（星期二）

美原子爆炸試驗在內華達州開始舉行。

威爾森、雷德福在參院外委會表示信賴蔣總統履行聯防協定。

五月廿九日（星期三）

杜勒斯招待記者稱，美國對華基本政策不受臺北事件影響，擬在不危及安全範圍內，減少海外基地，儘量召返美軍。

蔣廷黻力闢臺北事件係有組織之謠言，呼籲中美人士勿讓情緒矇蔽判斷力。

威爾遜在參院作證時，主張對臺北事件愼重處理，警告勿從小事件急求錯誤結論。

美德兩國發表公報，建議裁軍計劃獲致協議後，卽行召開四國會議，討論德國統一問題。

五月三十日（星期四）

蔣總統頒文美國基督十字軍雜誌，謂共產主義一日不滅，世界卽無一日安寧。

葉外長發表聲明稱，中美合作政策不變，兩國人民友好關係絕不因此次事件而破壞。

美軍顧問團長鮑恩稱，駐華美軍如減少，工作將無法進行。

我在沙地阿拉伯設立大使館，派王世明爲參事。

美衆院通過下年度國防撥欵三百三十五億元，較艾森豪原案削減廿五億元。

英外相宣佈放寬對匪禁運。

法總統再命傅里林嘗試組閣。

五月卅一日（星期五）

立法院通過四十六年度總預算。

我政府發言人稱，關閉大陸港口，我政策不改變。

六月一日（星期六）

蔣總統沉痛檢討臺北不幸事件，告誡全國同胞引爲恥辱，及時反省。

挪威步英國後塵，放寬對匪禁運限制。

六月二日（星期日）

日總理岸信介抵臺訪問。

六月三日（星期一）

全省各地解除宵禁，但仍繼續戒嚴。

巴格達公約理事會在巴基斯坦集會。

高棉實施棉化，十八行業華商接獲歇業通知。

六月四日（星期二）

日總理岸信介結束訪華。中日兩國發表會談聯合公報，同意加强經濟文化合作，並團結自由世界，保障自由亞洲。

菲人登陸南沙一小島，我提强硬抗議。

勞勃森演說，强調共黨圖經亞洲赤化世界，美應負起在亞責任。

六月五日（星期三）

艾森豪在記者招待會稱，美國與中國友好關係，絕不因臺北不幸事件而有變更。

越南華僑一萬餘人申請來臺，避免歸化。

岸信介向記者聲明，日不承認中共。

六月六日（星期四）

勞勃森在參院外委會稱，遠東共黨威脅嚴重，匪軍部署圖犯臺灣。

巴格達公約理事會發表公報，同意建立軍事策劃機構。

六月七日（星期五）

葉外長在立院表示，無論英國護航與否，我國關閉政策不變，並希望美國仍堅持全面禁運原則。

六月八日（星期六）

美參院外委會通過卅六億援外方案。

義大利新總理左里內閣獲衆院通過。

六月九日（星期日）

美百萬人委會聲明，譴責英國放寬對匪禁運。

黎巴嫩總選。

『自由中國』的宗旨

第一、我們要向全國國民宣傳自由與民主的真實價值，並且要督促政府(各級的政府)，切實改革政治經濟，努力建立自由民主的社會。

第二、我們要支持並督促政府用種種力量抵抗共產黨鐵幕之下剝奪一切自由的極權政治，不讓他擴張他的勢力範圍。

第三、我們要盡我們的努力，援助淪陷區域的同胞，幫助他們早日恢復自由。

第四、我們的最後目標是要使整個中華民國成為自由的中國。

社論

怎樣挽救當前的危局？

本年六月一日蔣總統發表文告，沉痛檢討五月二十四日臺北民衆搗毀美國大使館、扯下美國國旗、毆傷美國使館人員的事件，認爲這次暴動乃是類似義和團的又一次的排外的非法暴行，使整個國家的信譽和民族的尊嚴，蒙受了不易洗淸的汚點。總統並且自責「領導無方」，希望大家澈底認淸，「及時」自反，引爲共同的恥辱，從各方面力圖補救。

對於此一不幸事件，我們在上次社論中，只責備了美國和我們的政府，而未譴責當時參加非法暴動的羣衆，僅僅指出這是「違法亂紀的騷動」，「一個錯誤行動」，「若干年來對內對外的一件大不幸事」。因爲關於後者，我們尙需作進一步的檢討，自非那篇社論所能畢其辭。

爲甚麼我們只責備美國和我們的政府呢？因爲：

第一、在今日反共抗俄的艱苦鬬爭中，美國是一個「領導」國家，我們和我們的子孫能否免掉一場奴役的災禍，端賴美國的領導和其行動是否正確。就是說，美國人民要認淸自己地位的重要，制定正確的反共政策，而執行政策的人更需謹愼小心，絲毫不能感情用事，一步不可大意走錯，以免爲共黨所乘。換句話說，領導國家之所以成爲領導國家，要能高瞻遠矚，忍辱負重，隨時隨地顧及「被領導國家」人民的自尊心，必須以道義的力量來作爲建立領導地位的基石。我們之期望美國人民及政府者以此。

第二、我們責備我們的政府，事前疏於防範，臨事又復徬徨無主，措置失宜，結果遂釀成無可補救的損害。我們認爲「分層負責」制度之沒有建立，乃是這次事件給我們結結實實的敎訓。政府過去如能接受我們繼續不斷的建議，早日建立了健全的政治制度，發揮分層負責的行政效能，這樣辱及民族全體的事情，壓根兒就不會發生，縱有成百成千羣衆之示威行動，絕對不會變爲違法亂紀的行爲。

我們希望政府領導得法，至少要儘量減少錯誤，我們才可渡過難關，才能收復大陸。我們這幾年來的立論，一貫的是出於這樣的用心。

× × × ×

讀蔣總統六月一日的文告，我們深感那些沉痛言詞的內容，應該立即見諸行動，迅予逐步實施，則國家的信譽和民族的尊嚴，才可逐漸恢復。因之，我們在此願作進一步來檢討。現在我們要問：爲甚麼六十年前義和團的意識與行動會復見於此時此地？

蔣總統在其告全國同胞書中，曾經歷擧他本人親身經歷的三次事件：第一是鮑羅廷在黃埔軍校講演，竟謂義和團的行動是「中國民族革命的先驅」。第二是民國十五年國民革命軍北伐之際，共匪林祖涵煽動當時的第六軍，攻擊駐在南京的英美等國領館，撕毀其國旗，並搗毀敎會學校與傷害外僑，造成「寧案」。第三是民國三十五年，共匪向在華北協助我國軍受降的美軍攻擊，造成北寧路上的「安平事件」。蔣總統認爲這是「共匪叛亂的一貫陰謀，是將殘暴的共產主義，隱蔽在民族的感情後面，鼓動一般國民使用暴力，破壞邦交，企圖使國家民族陷於孤立的地位，然後可專供俄帝奴役」。蔣總統並鄭重的告誡國人：「這是現代史上的敎訓，是我們大家應當警惕的」。

對於蔣總統的這一個看法，我們是完全同意：但是正因其如此，我們就要進一步追問：此次臺北不幸事件之發生，六十年前義和團的意識與行動會復見於此時此地，究竟是受了甚麼影響呢？如果我們認爲此一事件是共匪所策動，那顯然是抹煞事實；而且果眞如此，那末，我們反共的前途也就未免太可悲了。如其不然，我們就應該硏究一下，是否近幾年來，我們執政黨與政府當局在領導方針上出了毛病？美國的通信社，曾將前年軍人之友社的總幹事江海東率領羣衆搗毀華美協進會主辦之服裝展覽會一事與此次事件相提並論。我們不要以爲這是人家故意深文周納，或者是一種神經過敏的看法，認爲這是完全不相關的兩件事。我們要知道，這兩件事儘管並無因果關係，然其爲基於一種「囂張浮燥」的心情，發爲「愚昧無知」的行動，則毫無二致。而其所以養成這種囂張浮燥的心情，一而再的發生這種愚昧無知的行動，我們不客氣的說，乃是由於這幾年來社會上流行的空疏的「革命」口號、「戰鬬生活」、以及狹義的「民族精神敎育」所造成的後果。政府自遷臺以來，爲着要維持人民對政府的信仰，不惜採用一切刺激人心的方法。一方面要積極爭取美援，一方面又說我們不需要人家的幫助，空喊「自力更生」，高唱只憑革命精神便可以反攻復國。一方面要大家臥薪嘗膽，一方面又虛驕自矜。平日儘量隱蔽事實的眞相，把言論自由壓縮到「若有若無」之間。只許歌功頌德，絕不高興批評。（關於劉自然一案，如果開始不封鎖新聞，讓劉自然與雷諾的關係在報紙上儘量披露，讓大家明瞭事實的眞相，證人的言詞可能會改變，而美軍法庭可能不會這樣判決。因爲根本扯不上是「鬩浴」，也就不會有「正當防衞」的說法。接着民衆的憤慨則不會有這樣厲害，而示威也可能不至於演成暴行。）

近七八年來，執政團體雖在大庭廣衆之間，也標尚民主自由，但在背後却把民主自由看作「毒素思想」，打擊迫害之不遺餘力。

茲爲證明我們所說並不是無的放矢之論，特再擧兩個擺在眼前的例子。最近我們發現一本秘密頒發的小册子，名叫「向毒素思想總攻擊」(四十六年一月頒發)，長二萬二千多字。書中對于自由思想的領導者濫肆抨擊。綜觀內容與措詞，與「淸算」「鬪爭」幾無以異：從民國四十一年冬胡適之先生返臺演講攻擊起，指責他那一次「向政府爭取言論自由」的言論，其目的是在「爲共匪特務打前鋒」。四十五年十二月還有一種秘密頒佈的特別指示，其內容爲小册子的綱領。一個執政黨和政府可以這樣胡天胡帝的秘密頒發指示，歪曲中傷，猶如黑社會黨會的作法，焉得不造成五月二十四日又一次類似義和團的惡果呢！

去年十二月間，國民黨的報紙中華日報社長曹聖芬，因爲本刋登載「淸議與干戈」一文，竟鼓吹羣衆「直接了當」毆打自由中國社，說這樣「反能收制衡之效」。這更是公然鼓吹羣衆暴動的事例。假定這篇文章眞是影射蔣總統有如曹君所說，試問在民主國度裏，人民諷刺總統，究竟犯了甚麼條欵？再退一步講，假定這篇文章眞有觸犯法條的罪嫌，在民主法治國家裏，也應該經由司法程序來訴追，報紙總不應該鼓吹民衆採取直接行動。自曹君發表鼓吹暴動的言論之後，港臺及海外的報刋著文斥責者不下數十篇，未聞國民黨當局對他有所譴責，是則今日不幸事件之發生，又豈是偶然？

×　　×　　×　　×

總之，根據以上的事實與敎訓，我們的結論是：爲要避免這類不幸事件的「再」發生，最重要的乃是我們從今天起，要力戒虛驕，袪除囂張浮燥的風氣，要面對現實，講實話，做實事，要盡量收拾那些空疏的革命口號。因爲今天我們必須建立法治，養成人民守法的習慣，而革命乃是非常之擧，非法的行動，這兩種根本相衝突的觀念是無法揉合在一起的。這是政治上的基本常識，我們不能諉爲不知，而把革命當作一個「美妙」的名詞來到處亂用。至於我們對於當前及未來的這一場艱苦戰鬪的承擔，必須培養一般青年有「沉着堅毅」的精神，決不是天天高喊「戰鬪生活」所能奏效，更非狹隘的「民族精神敎育」所能爲功。學校中「青年反共救國團」的活動，徒然浪費學生進德修業的時間，影響學校行政的一元化，學生入團，表面上是出于志願，實際上是硬性規定。明白事理的學生，對此敢怒而不敢言。表面敷敷衍衍，於是造成人格分裂。這就是一種不正常的辦法，亟宜予以取消。本刋提出這一主張，不自今日始。而且本月七日工商日報的社論，對於這一點與我們的看法也完全相同。

誠如蔣總統所言，由於共產黨之以義和團爲「中國民族革命的先驅」，遂發生了歷次羣衆破壞邦交的暴動，那麼，此次不幸事件之發生，難道執政黨團就不應對其七八年來的領導方針是否錯誤而自動的加以檢討與糾正嗎？

×　　×　　×　　×

蔣總統這篇文告，就對內的意義言，是希望我們大家做現代文明國家的國民，勿忘義和團事件的恥辱；就對外的意義言，是希望美國人民與政府的諒解，進而獲得他們的再信任。

誠然，我們每一個中國國民應該做一個現代文明國家的國民。但是，主持一國政治的，更須是一個夠得上現代文明國家水準的政府。我們的政府是否夠得上現代文明國家水準的政府，這次事件是一個最好的考驗。外表整齊好看而實際權責不淸的政府，到了重要關頭是破綻百出的。我們之需要一個夠得上現代文明國家水準的政府，並不是爲了討好友邦，而是非此不足以活下去。我們唯有使中國政府走上現代化這一條路，才能打開僵局，展開新的希望。這樣的政府，卽使不求友邦的信任，友邦也是會信任的。

改革是「迫切需要」的。過去幫我們講話的美國朋友，如諾蘭、勃里奇、周以德諸先生，已因臺北事件而塞住了口，目前實無法再表示同情我們的言論。如果我們沒有改革的實際行動表現出來，他們今後很難再幫我們講話，那末，只有讓那些指責和排斥我們的言論在那裏汎濫淹沒了。美國是個重視輿論的國家，輿論一旦形成了，執行當局很難逆水行舟，就是要支持我們，也有愛莫能助之苦。

急迫的改革是甚麼？

第一、要組織一個可以在民主國際有信譽的政府。這也卽是說，這個政府必須是名實相符的民主的政府。

第二、要使這個政府能夠切實發揮他的效能，而不致於有責無權。

先從第一點說起吧！今天這個行政院自非從速改組不可。現在的行政院經過這次事變，創鉅痛深，無法繼續工作，而對內對外也毫無威信用可言了。這樣不生不死的苟延殘喘下去，只有使我們自已吃虧的。我們要把改組政府看成一件迫不及待的改革者以此。

改組政府，不只是換換人而已，最重要的，是要從根本上改變政治觀念，更進而改變政治運作。如果這一點做不到，雖有第一流的大政治家，也將糟踏。現在先講人選問題吧。今日要抬出怎樣的人來組織政府，才能在民主國際樹立信譽呢，才可獲的中美雙方人民信任呢？我們說這些話，決不是要看美國人的顏色而行事。我們今天要反攻大陸，是要美國幫忙；我們今天要扼守臺灣，也是要美國人幫忙的。我們是為公理正義和民主自由而鬪爭，我們請美國幫忙，並不是甚麼可恥之事，何況美國是反共的領導者呢！

× × × ×

我們想，在今日行政院長的人選莫過於我駐聯合國首席代表蔣廷黻先生。這是此間很多人一致的看法。海外的反共而同情我政府的人士中間，也是「人同此心」。如果蔣廷黻先生肯來擔當這項工作，對內對外也可以一新耳目。

我們作此建議，絕不是對蔣先生有甚麼偏愛，今日是生死存亡的關頭，大家不可只顧「竊竊私語」，「椎胸嘆息」，而不肯作公開坦率的指陳。美國今後如對我們有所不利，其受害則是「我們全體」。我們對國是的意見，大家應該公開的提出來討論，不要見面則「唯唯否否」，背後則「怨言百出」。

假定蔣廷黻先生肯出來肩負這項艱鉅的任務，那末，要在甚麼條件之下才能使他達成這項任務而改變我們的政治局面呢？換句話說，要有怎樣的政治環境才能使他發揮才能，完成任務呢？這就首先要改變現在不合理的政治制度。

我們的憲法是一種「責任內閣制」。今後的政治組織，必須使行政院長能夠眞正負責，而不是被人在背後提線，然後他才可以發揮才智，行其所是。他有了錯誤，也就可以課他的責任。責任與權力是不能分開的。有權才有責，要負責必須先有權。現在的行政院長確實可憐得很，他是有責無權的。

要怎樣才可以負責呢？他必須是名符其實的行政首長。就指揮的權力而言，他必須能夠指揮軍隊、憲兵、警察和特務人員。如果這一點做不到，那一個來做行政院長，也不過是俞院長第二；蔣廷黻先生即令肯來也是不會改善現局的。聞俞院長辭職的理由，是事變發生之日不能指揮負責治安人員，調度憲警來維持治安。基於這一理由，如果這一點不能變，大家所希望的人未必肯來，我們也實在不情願把他們毀掉了。

要達成這樣的改變，還有一個根本問題必須解決，就是要請國民黨退為普通政黨的地位，把黨務與政務截然分開，今後要走民主國家的政治路線，這裏面問題甚多，當非三言兩語可以說完，可是這類的話本刊已說得够多了。

為拯救國家和民族，國民黨必須從速自動的來改變，儘管心中不願意，也必須這樣改變。這是大家唯一的生路。時間再不准許我們優游虛耗了。

臺北騷動事件的心理分析

徐道鄰

三月二十日的夜晚，據說劉自然侵入雷諾的院內，於是被雷諾兩槍打死。五月二十三日的美軍軍事法庭，宣判雷諾無罪。二十四日，臺北的民衆搗毀美國大使館，撕毀美國國旗，毆傷幾個美國人。軍警爲維持秩序又引致了若干的死傷。美國朝野震驚，因之檢討整個在外駐軍的問題，甚至於加緊考慮到所謂「擺脫」政策。

好像石子投水，波紋愈推愈廣。好像高山崩雪，雪球愈滾愈大，愈滾愈快，馬上到了可以引起嚴重災害的程度。

大凡一件小事之變成一件大事，一件簡單事情之愈來愈形嚴重，無一不是由於若干單獨因素之偶然巧合 (coincidence)，和若干心理機械之共同發生作用。臺北事件的演變，也正是如此。我想在這裏，對於這件事的經過，從上述兩方面加以檢討，也許對於問題的明瞭和處理，不無小補。

一、雷諾案件——如果劉自然無緣無故，要在深更半夜裏侵入一個美軍的住宅，當然是心理上不正常(要是「窺浴」的話，當然更是不正常)。而雷諾持槍外出，對一個未持「兵刄」的人，不先放槍警告，即對之直接射擊，而且在劉自然中槍倒地之後，還要額外地找補他第二槍，這樣的來「自衞」，當然也是一個心理不正常的人。一個不正常的劉自然，偏好碰上一個不正常的雷諾，一巧也。雷諾在黑夜中放槍，而兩槍皆中要害，以致釀成人命巨案，此又一巧也。(如果某種傳說屬實，劉自然和雷諾二人原有某種黑市交易的關係〔參閱Time, June 3, 1957, p. 17〕，那麼他們二人中，一個之黑夜過訪，一個之下手無情，正是許多不正常行爲的正常過程，並不是二人有什麼不正常的心理了。倘若這一點在當初能夠毫無遮掩地立刻判別清楚，弄個一清二白，恐怕案情要容易處理得多，也就不會引起後來許多意外的變化！)

二、軍事審判——雷諾犯罪，按照中美兩國的協定，要由美軍的軍事法庭審判。而美國的司法制度，是要用陪審制的，美國的法律觀念，是在證據不足時，寧願放掉一個有罪的人，不肯冤枉一個無罪的人。這兩個原則，幾百年來，一直代表着美國人的傳統的觀念和信仰。

「寧縱毋枉」，本來是法律上一個無可疵議的高尙原則。陪審制也不是沒有它的重要的優點。但是要選一個有學問，有經驗，有修養，有遠見的法官容易，要選若干個有學問，有經驗，有修養，有遠見的陪審官，就困難多了。要教這許多不一定有修養有遠見的陪審官在外國審判一個本國人，尤其是自己的一個袍澤，而在傳聞之中對方又是一個行爲非常可議的外國人(侵入私人的住宅，英美人一向比其他國家的人看得嚴重，如是「窺浴」，當然更屬下賤，如果是黑市交易的糾紛，就更是一個不足齒的壞蛋了)，要他們排除任何感情，考慮到一切可能的後果，要從嚴的一方面，而不從寬的一方面處斷，這在人類正常的心理上，可以說是一件近乎不可能的事。所以美軍法庭之宣判雷諾無罪，本不是一件太出人意外之事。

而恰巧中國一直是一個把人命看得非常重的國家。「罪疑惟輕」的原則，碰到了人命案，就不免要打個大折扣。一般說來，除去子報父仇，和丈夫現場手刄奸夫淫婦兩個例外，所謂「人命關天」，所謂「殺人償命，欠債還錢」，這兩句不分南北的諺語，正充分的代表了每個中國人頭腦裏根深蒂固的法律觀念。現在雷諾明明殺了人而被判爲絲毫無罪，中國人哪裏能心服？再加上被害的是本國人，殺人的是外國人，宣判殺人者無罪的也是外國人，而且都是那些穿的好，吃的好，住的好，坐汽車的一羣外國人，中國人哪一個能不憤慨？這個時候，誰還有功夫去想到我們近幾年來經濟安定，生產增加之有賴於美國的經援？我們國防堅固，軍力强大之得益於美國的軍援？誰還會想到成千成百的，白天黑夜中在空中和海上爲防衞臺灣而巡邏不息的美國弟兄？誰還會想到爲補貼臺灣的支出而掏腰包的一億幾千萬美國納稅人？更有誰會想到那些主張支持我們，而要和他們的反對者成年累月口舌論戰的美國議員，外交官，和各方同情我們的美國人士？

雷諾案子假設是發生在美國，被害的是美國人，沒有種族因素牽涉在內，我想就是法庭不一定要判雷諾爲有罪，至少案子不會結束的這樣快當，證據調査不會這樣的潦草，檢察官的辯論不會這樣的鬆懈沒勁。假設犯罪的是一個日本兵，一個日本的軍事法庭，在中國審判一個殺了中國人的日本兵，因爲同是看重人命的東方民族，我想這個日本法官，很少可能來一個「無罪」的宣判。假設事件發生在英國人，英美同是採用陪審制和强調「寧縱毋枉」的國家，那時美國法庭的無罪宣判，我想大概不會引起英國民衆像我們那樣的强烈的憤慨。甚至於說，假定這件事發生在我們在大陸上的時候，以我們平時能容忍有涵養的泱泱的風度，縱使感覺到憤慨，我想大概也不至於憤慨到完全喪失了理智的程度。而偏偏此事發生在此時此地的臺灣，這眞不能不說是又一個不幸的巧合。巧合者，一方面是美國陪審官們在異鄉對於被控訴的同種同胞的自然的同情心，一方面是受了八年煎熬的患難民衆的無窮的苦悶。這兩項心理因素，是這一個事件發展過程中最重要的關鍵。

三、抗議和暴動——在臺灣生活的中國人，不管男女老少，貧富貴賤，對於雷諾宣判無罪之感覺憤慨，我想沒有一個人是例外的。而對於這種憤慨的心情，想在行動上有所表現（發洩 release），更是任何一個正常的人的一種需要（need）。如若因此有若干人在計劃，在組織一種集體的行動，來表示一下大家憤慨的情緒，譬如開座談會，抗議，遊行等等，我認為這不但是合情，合法，而且是一種很智慧的擧動（因為一種看得見的行動 conspicuous action，不但使直接參加的人，而且可以使看見的和聽見的人，也都感覺到憤慨情緒的發洩，比把這種情緒壓抑在每個人的心頭上，要安全和健康得多！）如若當時有人提倡一個有秩序的抗議行動，我也要以臺灣大學法學教授的資格來參加一份的。

然而五月二十四日的抗議表示，何以竟演成了搗毀大使館，撕毀盟國國旗，包圍警察局的一種暴動行為呢？關於這一點，我們官方還沒有一種適當的解釋。而因為這一點之沒有適當的解釋，也就更引起了美國方面許多離事實更遠的揣測。

根據若干大家已經知道的事實，在二十四日上午，到美國大使館前面表示抗議的，一般普通民衆之中，還有不少在政府機關或類似政府機關服務的人。（這也是天經地義，一個人不能因為在政府機關服務，就喪失了表示憤慨的權利！）臺北市的治安人員，也許有一部份認識這些人物，因而誤認為這是某些機關的正式行動，因之對於當時羣衆之聚集，也就沒有太積極的阻止和疏導。甚至於說，他們本身也都是一肚子充滿着憤慨的人們，對於那些表示憤慨的羣衆，沒有心情來予以過份強硬的干涉，也正是情理之中的事！

然而這件事情的不幸的巧合也就在這裏。表示抗議的人，和負責維持治安的人，全都過份的受到了憤慨情緒的衝動，而忽略了羣衆心理學中的一個重要事實：就是憤慨的情緒是以羣衆為其食糧的，而羣衆愈多，理智愈被麻醉，情緒愈為高張，其表現的行為將吸引來更多的羣衆。此其一。臺灣的治安，雖然極端安定，但是誰敢擔保沒有一兩個心懷不軌的人物還在潛伏着？而雷諾案件所引起的廣泛的情緒，正是製造不安事件的天賜良機，他們哪肯放過？此其二。那些當初有意來表示憤慨的人，和在場維持治安的人，最初都滿以為可以臨時收兵，適可而止。却想不到火是不好玩的。羣衆的事情，一發就不可收拾，再加上有壞人在內，有心的促使事件之擴大。結果放烟火的一下子把房子燒着了，自己完全失去了控制。我想目瞪口呆，手足無措，大概是這些人此時的情狀。

示威變成了暴動，也還不是一下子就到了不能控制的程度，然而在這裏恰巧又遇到了第二個不幸的巧合。因為在羣衆開始激動之時，如若有地位較高的人出現，巧妙地使用軟中帶硬的手段，也未嘗不可以把羣情平息下來。就是在暴動已經開始之後，高級當局如果能迅速的堅決的表露出力量和決心，也未嘗不可以再把它鎮壓下來。至少在美國大使館被搗毀之後，他們是有充分的時間來保護美國新聞處的。然而他們却在那裏見神見鬼，對於鎮壓暴動之使用力量，居然表示懷疑，或者骨軟如綿，對於使用必須的力量和手段，拒絕負責。——本來在政府許多大員中，也並不是沒有若干有見解，有擔當的人。他們在二十三日的晚上，和二十四日的上午，也曾經一再促起有關人員的注意和警覺。可惜他們不是直接負責的人，一切着急和努力，完全白費。這是本事件這一個階段中的第三個巧合！——大家開會討論好幾個鐘頭，一直沒有行動，聽任事件之逐漸擴大。好像放烟火燒着了房子，大家有的在討論是不是應該去救，有的主張去救，却指揮不動救火車。一再的拖延，眼看着大火的蔓延，燒了一幢，再燒一幢，一直等到可燒的房子全都燒光之後，才遠遠的聽見救火車開動的聲音！

臺北事件之惡化，一誤於若干好事青年之幼稚無知，少不更事，再誤於若干治安人員之故作聰明，粗心大意，三誤於若干高級當局之推諉躲避，不敢負責。由於這三個因素之巧合，才使得這事件演變的愈形嚴重。這已經够悲劇了。然而從美國來的反映，竟然有些人誤會這是我們政府有計劃有組織的反美行動，可眞是更加離奇了！請問若干年來一直接受美國軍援經援和實施共同軍中防禦的一個政府，有甚麼理由要去反美？反美為了什麼目的？就是它對於美國有甚麼不滿的話，是不是一定要出之以這種暴動式的行動？試問計劃這一種暴動的人能期望着得到哪一種有利的後果？（所幸政府後來一連串的有力措施，很顯明的說明了它的態度和它對於這次事件之重視）。

四、暴動和反美——而在美國方面呢？他們這幾年來，一直知道在臺灣的中國，是他們二次大戰中共度患難的得力盟友，是在東南亞接受美援最多的一個國家，是和他們具有最深厚友誼的一個民族。怎麼一覺醒來聽到了中國民衆搗了他們的大使館，扯下和撕毀了他們的國旗，打了大使館還不够，還要再搗毀他們的新聞處，還接二連三打傷了多少美國人。他們怎不駭然大驚，朝野震動！怎不震駭於中國人反美情緒之熱烈，和其忘恩負義之迅速！誰還想起在這裏曾經有過一個殺人案件之發生？誰還想起中國是一個「殺人償命」的國家？誰還想起在這裏一個殺了中國人的美國人，竟被宣判無罪，而旁聽的一羣美國人竟然得意的大鼓其掌？（我不知道在美國法庭上，旁聽的人可以鼓掌不？）在這裏，美國人之祇注意到中國人之搗毀大使館，撕毀國旗，而全然忽略了審判不公的雷諾案件，和中國人前一天之祇注意到雷諾之宣判無罪，而忽略了美國是對我們友好的民主國家，和它近幾年對我們有力的援助，正是完全一樣。他們一時震動於中國人這一場激烈的行動，而沒有仔細去分析，在現場行動的一批羣衆(mob on the spot)，和平時的一般民衆(general public)，有很大很大的差別。而一個人在某一時間內對於某一事件的特殊反應 (specific reaction)，和其平時對於一個民族的情感和態度(general feeling and attitude)，又有天大的距離。在臺北大使館面前對於雷諾事件表示憤慨的一羣人，怎麼能代表平時一般民衆對於美國和美國人的正常心理？請問和世界上任何民族比較起來，中國人是不是特別仇外(xenophobe)？對於所有的外國人當中，中國人是不是對於美國人格外具有反感？尤其在中美共同防禦之下的今日的臺灣？這眞是可笑(ridiculous)之至！美國人是最相信心理學的一個民族，對於廣大羣衆的心理測驗(public opinion pooling)，美國的學者，在世界上是處於領導地位的。今天在臺灣的美國人員和他們的眷屬，一共有好幾千人，他們每個人都有與中國人接觸的廣泛經驗。我建議美國當局，來一個學術性的民意訪問(sampling interview)，訪問他們一下，看他們的判斷，在臺灣的中國民衆，是不是「反美」。

五、政治戰略和擺脫政策——爲了臺北的事件，美國當局開始檢討他們在外駐軍和其審判權的問題，這眞是再好沒有。臺北事件之發生，他們駐軍享受治外法權之不合理，是其中缺之不可的(sine qua non)要素。西德記者很不平的在說，美軍在西德，沒有治外法權，而是受雙重管轄的，想不到美軍在他們的佔領國(西德)內都不肯施用的制度，却施用到他們同盟國(中國)的境內。我想這不祇是中國外交的汚點，同時也更是美國外交的汚點！

美國在其友好國家的駐軍，常常給它帶來煩惱，這是一件事實。尤其出了許多人力財力，來幫助人家，結果換來人家的埋怨和批評。在心理上，這是很難承受的一種負擔。所以有不少的美國人，主張把駐外的軍隊，逐漸撤退。反正州際飛彈，彈道飛彈之迅速發展，使得若干前進的軍事基地，在戰爭的價值上，逐漸減輕，就是不幸丟掉若干基地給蘇俄，美國也可以「滿不在乎」。

這種「擺脫」政策之是否聰明，有關美國人的切身利害，他們自然會愼重的抉擇，不必我們爲之擔心。過去幾年間美國的國際政策，是堅決的防守着自由世界的空間，不再讓共產主義的地區擴展。同時給予友好國家以軍事援助，用以增加他們防衞的力量，來抵禦共產主義的侵略，另外有系統的予以有力的經濟援助，用以提高他們生產的能力，和改善他們的生活水準。這樣一方面使共產主義在這裏無法滋生，另一方面，反可以使鐵幕後的民族，感覺到他們生活之落後，而對於共產制度失掉信心和增强反抗。這是一種反攻性的政治經濟戰，進行得順利的話，可以不用掀開原子武器的射擊戰，而促成共產世界的瓦解；就是不順利的話，也對於未來的大戰的開始，有了良好的佈置；對於大戰後的收拾，有了適當的準備。對於若干在逃亡苦難中急想回家的人們，這個政治策略，也許不免有些緩不濟急，但是就原子戰的性能和人類整個的未來命運來講，它也許是今天美國惟一可循的途徑。

就這個意義來講，所謂「擺脫」政策也者，就是放棄上項政治經濟戰略之繼續推行，而寄託一切於未來的原子戰爭。也就是加强原子戰的必然性，和提前它的爆發。這一個賬如何算法，美國的決策當局，必然自有主意。不過，假使政治戰失敗的話，射擊戰還有什麼勝利可言？在一個共產主義的世界廢墟上，單獨一個自由主義的美國孤島，能否繼續生存？摧毀了共產首惡國家的武力，而不能得到其他國家和民族的向心，這個勝利究竟有甚麼價値？這種種問題，也必然都在美國的政治家和民衆的愼重的考慮之中，我們倒也不必爲之杞憂。

同時，所謂「擺脫」政策，所謂承認中共，所謂兩個中國者等等，這些不合邏輯，不合道義的理論，在今日的美國，是一定會常常被人提出，事實上也確實曾經被不少人提出過的。一個人在驟然提高了地位，當了一個領導者的時候，責任忽然加重，問題和困難忽然增多，自己的能力經驗，忽然感覺着不够。這時候常常會產生種種變態的心理，作出許許多多心理不正常的行爲。這個現象在精神病學上的學名，叫作「升官恐慌」(promotion panic)或「升官憂鬱」(promotion depression)。這本是人類正常的現象，在一個國家又何嘗不然。我想現在逐漸習慣於其領導地位的美國，一定會很快的克服它這種心理病態的。

個人主義與英雄主義

東方既白

（一）

羅素曾經在他著作裏談到，人也許有一種祖先遺留下來的好鬪的蠻性，他以爲人類如能在遊戲體育球賽等多發洩這種好鬪的情緒，一定可以避免戰爭與其他有害的鬪爭。

羅素的意思就是說人的本性中就有好鬪的成分，這本性無法改變，所以人類要避免戰爭，唯一的方法就是用無害處的鬪爭來疏導這原始的蠻性。

叔本華以爲人類所謂痛苦，就是意志之受到阻礙，意志如果能突破阻礙，那就是快樂。這也就是說人們永遠就以鬪爭的態度在對付環境與一切人生的際遇。叔本華的意志說也可以說是人類好鬪的本性的註釋。但人類的本性如眞是照他所說，則即常作體育球賽……一類的無害的鬪爭的疏導，恐怕也無法避免人類作有害的鬪爭的。因爲人類的慾求是多方面的，他的意志的伸展也是多方面的，並不因有了無害的鬪爭，就可以滿足其他意志的活動。

人類的本性是否眞有好鬪的成分，這好鬪性是否可以疏導發洩而轉移，又是否一定不能因進化教育而消泯，這在學理上還不能有完全肯定的或完全否定的論證。但有一點我們知道，自有歷史以來，人類還沒有脫離不靠鬪爭可以生存的環境；自有教育以來，人類也還沒有完全脫離使兒童消泯好鬪好爭的氣氛。

分析人類鬪爭的對象。第一當然是自然界；第二是傳統的文化思想與知識；第三是人的自己的心理；第四是人與人之間的鬪爭。但人與人的鬪爭還是由上面三種而來，如自然界財富之爭奪，如傳統的文化與信仰風俗的衝突，如一部份人之自尊心優越感之被侵犯。

這四種人類鬪爭的對象，如果人性中眞有好鬪性，而這好鬪性是可以疏導的，那麼我們正應該向上三種對象方面疏導，而避免人與人的鬪爭。許多自然科學家，如物理學家化學家細菌學家等都在與自然鬪爭；許多哲學家，社會科學家，歷史的，經濟的，社會的都在與傳統的文化思想知識鬪爭。許多文學家藝術家都是在與自己心理鬪爭中創造作品。如果這樣的疏導可以成功的話，那麼人類的戰爭當然可以避免。

我覺得人類的衝突與戰爭，都是有原因的，這原因可以是物質上的財富，或者精神上的信仰。所以叔本華所謂意志的被阻，就是指未能達到這些物質的與精神的對象的慾求而言。至于人與人的衝突，則是因爲有另外的人阻止人接近他所慾求的目的。所以倘若人可以直接與自然與傳統的文化思想知識與自己心理去鬪爭，人與人意志也就不會有什麼衝突的。

而羅素要把人類的好鬪性向球賽體育方面疏導，我覺得反而養成了人離開了實際上的目的而使人與人爲假定的目的而直接鬪爭了。實際上，這樣疏導，恐怕反而是使人與人鬪爭的一種培養。我不知道體育的發展史，但我相信這種體育上的鬪爭，恐怕也正是一個尙武的國家爲培養兒童鬪爭精神，以作將來與異族鬪爭之準備，因而創設而發展的。

在我所身受與我儕輩所受的教育中，似乎都沒有離不開叫人與人競爭。人與人競爭可以說是廣義的一種鬪爭。我覺得這就是提倡自我，發揚英雄主義的一種教育。

在學科中，不使兒童了解某一學科的意義，不引導兒童直接對于某一學科發生興趣，不使兒童直接克服知識上與趣上的阻礙。而鼓舞兒童爲與同學競爭而用功，這可以說近代教育上最大的一個罪惡。現代先進的民主國家，自然已有不少的改進，但並未完全脫離人與人競爭的鼓勵。叫人與人競爭可以產生許多弊害，第一是看重分數，第二是討教員歡喜，第三是產生妬忌隱恨的心理，第四是不顧自己的興趣與健康，第五是專門爲考試而讀書，第六是增長了學生的虛榮心與好勝心，第七是許多學生，雖是程度上跟不上，也不想退班或留級，以此爲奇恥大辱。第八是自大心理與自卑心理的養成。這些祇是我所想得到的弊害，恐怕眞正的弊害比我想得到還要多。但這些弊害，可以總括一句話來說，就是使人的興趣永遠移到直接與人的競爭鬪爭上，這種興趣，也卽是使人的自我與他人分離，永遠意識着我與人成了對立。繼之而起的是小集團的形成，集團與集團的競爭與鬪爭。這樣的人，往往就無法離開人而可以自己對學問事業有興趣。許多在學校裏讀書很用功很有希望的人，一出學校就再無與趣看書，他到了另外一個社會，又是把興趣放在與人的競爭與鬪爭上了。

等到人對一切失去了興趣，祇是對與人競爭上發生興趣，這就很容易被集體主義所誘惑，而參加秘密集團如黑社會如幫口如法西斯如共產黨了。

（二）

在複雜的社會中，人與人的衝突是難免的。可是在民主制度下與極權制度中，人與人之衝突有一個很大的分別。

在民主制度下，人的競爭與衝突一定爲什麼利益，不管物質的與精神的。這就是說因爲利益的衝突而形成了對立。可是在極權制度中，人的衝突則是直接的人的衝突，利益的獲取祇是勝利者的象徵。人與人的衝突，集團與集團的衝突，變成了一種先天的對立。

由于人與人單純的先天性的對立，就有集團的對立，這裏面就產生兩樣東西，一是英雄主義，二是個人崇拜。

個人崇拜原是從英雄主義而來。這可以說正是集體主義的產物。英雄主義的根源就是自我主義，一個人時常意識着自我，使我與儕輩競爭，不斷地謀領導儕輩，超于儕輩，這就是英雄主義。英雄主義也正是人與人集團與集團直接的競賽與鬪爭而產生的一種態度。我們自然也可以說許多自然科學家，社會科學家，文藝家也是英雄，但這不是我在這裏所論的英雄主義，英雄主義所指的正是以人爲對象在競爭鬪爭的一種態度。

當人的興趣被引到人與人的競賽與鬪爭後，人往往永遠追求着這些競賽，人人都是要做不平常的人。要做別人所不能做的事情。這些態度，在壞的方面發展，就是使人不能安份守己，不願守秩序，不尊重法律，他們要求特權，他們在社會上要有特殊的面子。在青年中形成的就是阿飛主義(Hooliganism)。黑社會的流氓與白相人也正是同一典型。他們用集團的組織成了一種特殊的越于社會的勢力，他們使別人必須「買他賬」，否則他可以打擊你，損害你。逐漸地他們造成了一種上海話所謂「吃得開」的地位。

這些「英雄」，要出衆必須形成集團，形成集團後，人在集團中越表現英雄，也就越成爲集團的領袖。所謂黑社會型的英雄，也正是這類集體主義英雄的典型，如果獲得了政權，他就是黨棍與官僚。現在如果還有人記得共產黨在抗戰前後怎麼樣在文化運動中鬪爭而操縱的，一定可以想到他們所用的方法正是爭取打擊與自拉自吹的方法。這些方法，也正是使集團的勢力擴大而成爲社會上的優越。

阿飛主義的青年，對于參加他們的人不惜用種種拉攏與打擊的方法來爭取。爭取了許多人就加强了他們的勢力，勢力越大，爭取越易，社會上也更對他們「買賬」。以後使不參加這個黑社會的青年根本就無法生存，也無法進學校讀書。

共產黨在抗戰前後的文化運動也就是用同樣方法。他們操縱了報刊，跟他們走的，他們捧你，不跟他們走的，他們打擊你。後來甚至可以使一個不跟他們走的作家文章無處發表，劇作無機會上演，演員無處演戲。

這些成功，所利用的就是自我的英雄主義。英雄主義由集團而有所表現，而集團在社會上的優越更鼓勵了英雄主義。

阿飛主義在美國因爲連環圖畫與西部電影的影響，非常猖獗，甚至波及了英國青年。一九五一年起，英國出了大批的文學連環圖畫，從許多古典文學中採取故事，加以彩色的插圖用精美的印刷出版，五年來已經代替了過去的美國式的連環圖畫。究竟在影響上是怎麼樣，我們還不得而知。

在臺灣，我祇聽到有十三太保之類的名稱，我還從香港一個電影女演員被綁遊烏來的消息上知道，阿飛主義與白相人也是很横行的。

這些阿飛主義、白相人、地痞、流氓……都是有他的集團，他在團裏有團裏的競賽鬪爭，對外又不斷與人競賽與鬪爭，作不平凡超越的表現而追求異于常人的地位。這些可以說是壞的方面。在好的方面發展，自然也可以產生戰場上的英雄，運動場上的健兒，俠義小說裏黑暗社會中刧富濟病的俠客。日本武士道，中世紀騎士等，也正是所提倡的好的典型。這些在社會上是大家都認爲英雄的角色，用不着我來多爲說明。

總之，上面所說壞的英雄與好的英雄，有一個共同點，這就是他們要求出衆超凡。而出發點祇在與人競賽與鬪爭。

倘若一個人之出發點不由于在與人競賽鬪爭好勝上，而在他個人對于他的工作、事業、學問直接的興趣與責任感，因而專心努力而有特殊的成就者，那麼即使一般人仍稱之爲英雄，也不是我這裏所說的英雄主義。這一點我們必須先弄清楚，因爲一個發于直接對于工作學問事業有興趣的人，同興趣放在與人競爭鬪爭上的人，雖然有時在表現上可以一樣，可是其性質與氣度，是完全不同的。第一、他不會妬忌優于他的人，他決不會破壞別人的成功，他也不想與人競賽，他祇是照着他的興趣，他的正常生活，安份地盡他的責任。第二、尊敬別人的成就而並不自卑。第三、他對于較他低拙的人決不驕傲與看不起，對于後進的人他一定願意盡力幫忙。第四、他可以與人合作而並不爭功。……用比喻來說，前者的人生如賽車場的駕駛，永遠注意着別人而面紅耳赤的想趕出人家，後者的人生是馬路上的交通，各人駕駛各人的車子，按着秩序，不與人衝突，憑着自己車子的性能與個人的興趣，自自然然的向前駛去。

（三）

提倡競賽，提倡英雄主義，這在貴族社會，軍國主義，帝國主義，種族歧視社會中一直奉爲正途。但到二十世紀，當民主自由思想漸漸地成了一個有體系的理論，因教育心理學兒童心理學等的發達，民主社會中一般有遠見的人，開始在教育上作另一種的努力，如鼓勵學生對于學問直接發生興趣，如考試不列名次，如不讓學生注意別個學生的成績，以及如道爾頓制教育的一類實驗，現在在先進民主國家已經是非常普遍。所以未能澈底的往那方面走的，是因爲第一、國際上還在走競賽的路線，第二、社會中有種族歧視的成見與對立，第三、一般社會人士及大部份家長的頭腦落後。這些代表英雄主義的連環圖畫與西部電影，正是爲適應多數落後人士的市場而產生。而其影響，決不是極少數的遠見的思想家教育家一時所能轉換。但是隨着社會的進步，新的思想的普及與有識人士的號召提倡，配合民主自由的思想與社會，英雄主義的思想與競賽教育一定會無法存在的。

可是在極權主義的國家就完全不同了。極權的國家的集體社會本是英雄主義所造成，而英雄主義也正是集體的產物。而有了集體以後，個人無法獨立，而必須依附着這個集體，盡力的與人競賽鬪爭而表示英雄，不斷地向頂上爬攀。在民主自由的社會中，因爲有自由的學術事業，工作可以讓人選擇而成爲興趣，這就是說，人可以直接的對學問事業，或甚至對名利對安全作追求的努力。在極權的社會，人已經無法有這些目標，唯一的目標就是與「人」競賽與鬭爭。不管集團中分成多細的小組，小組中的成員還必須有競賽鬭爭。這也就是爲什麼，共產黨對外必須挑釁與人競賽鬭爭，對內必須批評淸算，甚至對每個人要他分裂地作自我批判。

共產黨鼓勵人爲革命犧牲，鼓勵人到韓國參戰，鼓勵勞模，鼓勵突擊生產競賽，挑戰公債推銷，……這一切所謂工作，事業，雖是繪描了一個遙遠美麗的憧憬，算作遠期的收獲，但是與個人——要他去努力的個人——的關係實在太遠，所以除了使其興趣放在與人競賽鬭爭外，是沒有別的辦法的。所以他必須永遠製造競賽，製造英雄。

上面說過，人的興趣如果祇在與人競賽鬭爭，他的氣度往往是淺狹，行爲往往是卑劣的，他可以不擇手段，用不正當的辦法，淸算別人，陷害別人，他也可以用取巧的辦法，賽過別人，如通過人事關係靠拉攏巴結作種種舞弊。在鐵幕國家裏，工廠中，就不斷的有巴結幹部，僞造紀錄，或由偷工減料，增加產量一類的事情。

文化藝術界就有不斷的批評別人，打擊別人，甚至陷害別人以表現英雄的情形。老實一點的人，往往因想在競賽中成英雄而夫去健康與生命。人與人在競賽鬭爭中，永遠是敵對的，敵對就必須淸算打擊。人必須爭取羣衆，領導多數，以鞏固自己。這也就是共產黨中上至史太林托洛斯基，下至王實味胡風都要遭淸算與打擊了。

共產黨以自我批評爲武器，以造成凝固性很强的集體，使無人可以脫離這個集體而存在，因此人人必須面紅耳赤劍拔弩張的與儕輩競賽鬭爭，謀高出人頭的去作英雄的表現，於是最英雄的人也就爬得最高，最高的英雄成爲領袖，這就產生了個人崇拜。

個人崇拜乃是英雄主義的產物，當一個領袖，可以肅淸鎭壓一切異己的勢力的時候，他就須造成一種偶像性的個人崇拜，這時候，他必須被神化爲萬能，變成了一個祭師，代表了神，成爲聖經教義的最正確的銓釋者，使無人可以變動其領導地位。

在這樣的集體組織中，人無軌道可以遵循，一切的法則與教條需根據祭師的解釋，人無法對自己有興趣的學問事業努力，因爲個人無法有這個自由。人的興趣就祇有在領袖的指揮中作英雄的表現，俾被認爲英雄，而享受了優渥的待遇與特權。

這在所謂好的方面，在水災時可以產生爲防堤而捨生的農民，在工廠中可以產生了拼命而犧牲健康的勞模，在戰爭中可以產生奮不顧身的戰士。可是在壞的方面，也就產生了一羣以英雄自居的幹部在農村裏跋扈橫行，魚肉百姓，甚至任意吊打不服從他指揮的人，到處强佔良家少女。他在社會中可以不守秩序，曲解法律，要人人對他「買賬」，以爲這就是顯得他的特殊。在公債推銷競賽中，在農民儲蓄推行中，那些能最殘酷最凶厲的逼農民屈服遵認的幹部也就是最有成就的英雄，這些英雄以爲他可以不同于常人，橫行不法就是他的特權。這也正是與流氓地痞與白相人的同一典型了。

自從蘇聯淸算史太林以後，中共也響應反對個人崇拜，接着就極力抨擊個人主義與英雄主義。

共產黨把個人主義與英雄主義放在一起，可以說是完全不懂得什麼是現代的個人主義。我曾在個人主義與自我主義的一文中說明個人主義與自我主義的分別，說前者以「人」爲出發的思想，後者則以「我」爲出發的思想，英雄主義則正是自我主義的產物。這裏共產黨所指的與英雄主義一起的個人主義，實際上正是我所謂的自我主義。

在共產主義的理論中，英雄主義本來是沒有地位的。唯物史觀以爲歷史是生產手段與生產關係辯證的發展。社會的變動是必然的，並不需要英雄。可是在共產黨革命的過程中，共產黨所鼓勵的是爲革命犧牲的英雄。英雄主義就成秘密集團最必需的精神。當蘇俄的共產黨掌握政權以後，因實行共產主義的理論，使人覺到自己努力與自己改善生活，增加享受，保障安全等都沒有關係，以致農村崩潰，所以有新經濟政策。新經濟政策，就是使人覺得自己的努力可以使自己生活可改善，享受有增加，安全能保障的私產制度。這是回到人可以爲自己努力的舊路。改了集體農場以後，就不得不提倡人與人競賽以產生增產的英雄了。在工廠裏，工人也因爲自己努力並不能使自己生活改善，發生了普遍的怠工，因此就有史特漢諾夫運動，這運動正是把人與工作的鬭爭轉向到人與人的競賽與鬭爭的一個辦法。當時昂德列．紀德去蘇俄，他就發現蘇俄工人們生活的空虛。史特漢諾夫運動的成效，在紀德看來，就在很滑稽的疑問。比方一個工人，在史特漢諾夫運動前是每日產生二十單位工作，在史特漢諾大運動後，產生了二百單位的工作，那麼是不是這正證明當初這個工人正是對于他的工作不發生興趣或覺得不想努力呢？這以後，共產黨所統治的人民，始終是被驅策在競賽鬭爭的鼓勵中。這就是說，人對于工作事業的本身的努力已經失去了意義，就把意義安置在人與人的競賽鬭爭了。因此共產黨必須隨時隨地提倡英雄主義，而人人都必須面紅耳赤劍拔弩張去打擊別人，淸算別人，也必須謹防別人對自己的打擊與淸算。

這正是與我所說的個人主義基本上是完全不同的。

（四）

個人主義與自我主義是完全不同的，因此個人主義最反對英雄主義。個人主義覺得把個人放在競賽之中是對于個人尊嚴的一種侮辱。個人主義對于工作事業的勤儉刻苦奮鬭，是完全出于自己的興趣與利益，或是自己直接認爲有意義的，他的努力有自己的目的，按着他的需要與理想，走他自己的路，按着他生理的心理的條件盡他的責任。擧兩個簡單的例子。比方說某甲到某處去看一個明友，約定時間是下午三時，他預算了二時出發，三時準可以到。他不需要趕，另一個人某乙也到某處去，因爲他的事情在二時半，他很匆忙，他也許在二點一刻時候趕過了某甲，但某甲並不因乙趕過他而去與乙競賽。這就是說，甲的走路是甲的事情，他有他的計劃與理想，無須與乙競賽。可是在二點一刻，當乙趕過甲的時候，旁觀的人因此譏笑甲，鼓勵甲，鞭策甲，甲于是拚命與乙競賽，甚至故意把乙的車子撞倒以阻止他的行程。這就是說甲對于個人自己的計劃、理想、目的都放棄，而專以與人競賽爲目的。這也就是甲由個人主義的態度變爲英雄主義的態度了。又譬如對我們一羣人去旅行，目的是採標本，這裏面有人年輕力壯，走快些，有人年老力衰，走慢些，有人昨天有點受寒，走得更慢些。走快些的人可以多採些標本，走慢些的人情願少採些。這本來是很自然而諧和的事情。可是中途有人提倡競賽，作誰走得快，誰的標本採得多的比賽，于是大家氣喘如牛，汗流浹背，年老力衰的甚至摔了跤，受寒未愈的回來發高熱。也許走得最快，標本採得最多的就是這個受寒未愈的人，大家都說他帶病的人還能競賽第一，一致認他爲英雄。大家出錢，讓他進醫院養病，給了他一個紀念章。這前者正是個人主義所主張的，後者則正是集體主義所鼓舞的英雄主義。

把個人主義與英雄主義的分別弄清楚以後，我們覺得個人主義正是民主自由的骨幹，而英雄主義則正是集體主義的靈魂。

在馬克斯的理想中，始終以爲共產主義是可以由民主而實現，無產階級專政是可以由議會而勝利。所以在他的理論上並沒有英雄主義的地位，可是他竟不知道他自己在這他的運動後來也已經成了英雄了。馬克斯的學說，我總覺得是小學生數人的學說。他數了別人，而把自己漏去。所以自相矛盾的地方很多，最重要的也是最基本的，就是存在決定意識的學說，即所謂祇有無產階級才有無產階級的意識。可是馬克斯恩格斯就以爲自己是有無產階級意識的人，而忘了自己並不是無產階級。

共產黨現在所實現的，儘管自稱如何的根據馬克斯的學說，可是離馬克斯的理想不知有多遠了。馬克斯不主張英雄主義，而偏要主張集體主義，但他竟不知道一個集體之能够存在與維持，是必須依靠英雄主義的。現在共產黨因清算史太林，想揚棄英雄主義，這祇是一種瞞不了自己的謊話，要是沒有英雄主義，共產黨的集體也就很快的就崩潰了，這正如所謂「百家爭鳴」的口號一樣，要是學說思想上眞的允許「百家爭鳴」，那麼不出一年，共產黨的所謂思想體系就一定變爲思想屍體了。

個人主義是無法與集體主義相共處，共產黨不容個人主義是必然的，而這是早已被共產黨所摧毀，它已經將任何屬于個人的捲入了集體，把任何的個人都組織在集體之中了。現在所揚棄的個人主義則正是他們所必需的自我主義。因爲沒有自我的好勝爭强，就不會有英雄主義，沒有英雄主義就沒有共產黨的集體主義了。共產黨所以要說不要英雄主義，就是怕競賽鬪爭中超過他們的統治。狄托主義就是最好例子，當狄托要擺脫史太林的統治的時候，這個英雄主義就成了史太林主義所不能容了。當時如果狄托被史太林所摧毀，南斯拉夫還會這樣被赫魯雪夫所重視麼？所以在共產黨的大小組織中，祇有盡量與人競賽鬪爭得到勝利才是出路，這就是英雄主義。

（五）

至于個人主義，則不是與人競賽，而要隨時打倒別人的主義。個人主義是與自然或與事與物與環境競賽的主義。個人都根據自己的興趣與責任爲克服種種困難而努力。無論在物質與精神上他必求有所獲。所以他在別人不妨礙他自由地努力的情景下，他不會與人競賽與鬪爭。在民主社會中，人與人的鬪爭與衝突總是因爲在事或物的利益衝突。而法律條理與秩序就是爲彌除這些人與人衝突。大家遵守法律條理秩序，人與人祇有互助，就不必有衝突。人人都可自由的依着興趣事與物與環境去鬪爭。因此，在民主自由的社會中，人與人本質上決不是敵對的；在極權的社會中，人與人則是永遠是敵對的，永遠是互相妬嫉與仇視的。

因此個人主義是理性的，英雄主義則是狂熱的。個人主義對于有成就的人，有理性的尊敬，但不會有狂熱的崇拜。個人主義者認爲人的成就總是有限度，不會是萬能，也不會是全善。而强于某方面的人，一定會弱于某方面。我們對于某人之成就方面有理性的尊敬，但並不因此認爲他在另一方面也一定會優于別人。

個人主義是平凡主義，反對特權。在中國，往往聽到下面這樣的話，如某某究竟對于抗戰有功，他的貪污應當原諒，或某某在反共工作上有很多貢獻，他的誘姦少女或殺妻罪應當豁免。這一類的論調都是屬于英雄主義的意識的。對于社會國家有特殊貢獻的人，除規定的優恤條理以外，其他還是常人一樣。第二次大戰勝利以後，功臣如雲，如有功而可以到處優先，則特權就可以擾亂社會所有的秩序了。但以邱吉爾對于英國的貢獻，也並不以其抗戰之功勞而必須選他繼任爲首相。這就是先進民主國家的民主精神，民主精神是以人爲單位，人人是平等的人，他們雖也尊敬英雄，但並不崇拜英雄，本質上因此不是英雄主義。

從個人主義出發，在教育上，我們的立場與現代最新進的教育制度理想，是一致的，它反對競賽，反對競賽式的考試制度，（甄別的考試是另外的事情）。它反對鼓勵學生作不顧自己的興趣而爲好勝虛榮的努力，它反對鼓勵學生作不顧自己生理與心理的限度，違反健康的習慣而爲考試或分數作拚命的競爭。它要學生對學業發生興趣，對學科有自發的努力，它要學生並不妬忌優于他的同學，也不輕視次于他的同學。在社會上，這是與以人權爲本的民主自由之精神是完全符合的，它反對利用某一種小集團，如學生會學術研究會文藝協會兄弟會……一類的組織，在法律以外限制人思想與言論的自由，或用利誘威脅的方法叫人必須服從的某一種思想或主義作與人競賽的宣揚。我所以特別提到這些者，就因爲這些正是現在馬來亞星加坡的學生會與工會爭取個別的學生與工人的方法，也就是在大陸淪陷前共產黨所操縱的 文化團體對于個別 文化人的方法，而這也是所謂「吃得開」的白相人，與阿飛主義的青年們爭取同志的方法。我們以爲卽使具有正當目的的運動採取這樣的方法的，也都是基本英雄主義的提倡，其流弊一定比收效爲大，總之，這是屬于鼓勵人與人競賽鬪爭的英雄主義的典型。

前些時，臺灣發動一個文藝淸潔運動，其用意當然是好的，但是據我所讀到的文件與耳聞所知，有人借此報復私隙，有人因妬嫉別人而借此攻訐，有人以英雄姿態出現，用權威的口吻淸算別人與別人的刋物。由這個運動打倒了許多人許多刋物以後，勝利者就以英雄自居，動不動以我要寫文章駡你，我要用漫畫駡你去威脅人，使人對他買賬。到底流弊與收效如何，我想這是值得袞袞諸公用冷靜的理性作整個的反省的，其所以如此，就因爲英雄主義與民主自由無法相容，沒有再比英雄主義更能腐蝕民主社會，因爲民主社會是以人權爲本，英雄主義是侵犯人權的。

（六）

話到這裏，一個最容易被人提及的問題就發生了。有人就說，在現在我們反對極權主義的時代，你說的個人主義是不是可以對抗英雄主義呢？個人主義爲自己的興趣與事業而努力，其效率不是會低于競賽中的英雄主義呢？

我的答案正如相信民主自由可以對抗極權一樣，相信個人主義不但可以對抗英雄主義，而且還相信個人主義的效率高于英雄主義。我祇以教育上的現成事實爲例，道爾頓制教育出來的學生，其程度並不低于競賽制度下的學生，極權主義國家學生其程度都低于民主國家的學生。在競賽制度下的學生，他對于學科了解都不如道爾頓制度下的學生，原因是前者爲求競賽的緣故，他往往祇憑記憶硬記一些知識以應付考試，或猜度敎員的心理盡力致力于分數的獲得；而後者因爲興趣所至，因自己求知慾的要求而肯作更深入的研究；最主要的，是那些競賽制度中優秀的學生在進了學校以後，對于學業再不發生與趣，而自發自愛的學生離了學校以後，對于知識學問總是不斷的在求進步。

在社會中，英雄主義者必須附在集團中，必須不斷的有人與他競賽或假定一個敵人與他競賽他才能努力。他決不能與人和平共存的。因此當他離開集團單獨生存的時候，他就無法找到了努力的意義的責任。他對于高于他的人往往是諂諛服從低聲下氣，對于低于他的人，一定是作威作福。這也就是由英雄主義流于官僚主義的途徑，中共許多有成績有犧牲精神紀錄的幹部，一派到邊僻的縣鎭獨當一面時，都成了耀武揚威魚肉百姓的流氓就是這個原因。個人主義者對上級決不肯盲目的服從，對下級決不無理的作威作福，這因爲個人主義者以人出發，他把人看得完全一樣。他所努力的是對象是事，不是人；他對所謂上級下級，是對于事的處理的責任與程序，不是人；在事上有上級下級，在人上則完全是平等的。

因此，無論在效率與成效上講，個人主義都優于英雄主義。正如民主政治都優于極權政治。

現在許多民主人士，甚至歐美自由文化運動者以及世界上知名之士們，常常自卑地承認民主的效率不如極權，自由成效不如獨裁，這種說法，我覺得很可笑。民主的決議可能沒有極權的決議迅速，但決議以後，民主的執行效率無疑地是比獨裁爲高，因爲民主的異議是在決議以前，極權的異議則在執行之中。極權的控制失效或稍露敗象，馬上就會崩潰，希特拉之失敗就是一個最好的例子，自由無疑地比獨裁爲散漫，但自由的團結遠比獨裁的集體爲有力，因爲自由的團結是理性的，基于共同的理想，獨裁的集團是狂熱的，基于對獨裁的信仰。前者經得起挫折，後者一遇挫折就可以崩潰。

在現在民主與極權的對立陣營中，民主世界之所以顯得疲弱，我以爲還因爲不够確實地普遍地承認人權，不够切實地提倡個人主義。譬如現在美國南方狂熱地反對黑人同校，這種種族歧視的表現，就使我們對民主信仰的人心冷；譬如英法對于殖民地人民之種種限制，就使人對于爲民主自由努力的人徬徨。上次美國心理戰專家說美國的俘虜之所以不如英國的俘虜，是因爲這些被俘的兵士對于美國民主生活的精神欠了解。這也正是他們缺少個人主義的覺醒的明證。

（七）

以狂熱對狂熱，以英雄主義對英雄主義，以組織對組織，以信仰對信仰的反共，到法西斯主義已經登峯造極。且勿說法西斯主義的失敗的原因是什麼。卽使法西斯主義反共成功，對于我們人類有什麼益處，在法西斯治下的人民與共產黨治下的人民有什麼分別呢？

所以在個人主義立場下，覺得反獨裁反極權要從反英雄主義反集體主義反起。與其我們要掀起集體的反共的狂熱，不如切實地使每個人了解共產主義與其毒素之所在，使人人有個人主義理性的覺悟，而作發于智慧的團結。

倘若一個有强烈反共意志的領袖，使人覺得他反共成功也同共產黨的獨裁沒有什麼分別，那麼他無法啓廸每個人反共的理想，也無法團結眞正反共的人士。我們千萬不要忘記，在第二次大戰當德軍進入蘇俄之時，有多少烏克蘭的人民願意參加反共，但因爲德軍不與他們作平等的團結，結果這些人都失望而反願意爲共產黨效勞了。狂熱與英雄主義所激發的力量是暫時的，是受不得挫折，是經受不起理論與事實的比較；是必須時時鬪爭時時進展，它無法堅持，無法靜候，其成員是無法離開集團而保住他的狂熱的。因此個人主義認爲人人冷靜地用理性分別眞僞是非，認識自由之可貴，認識人權之可尊，認識極權主義的面目，從基本原則上對于共產黨共產主義作澈底的了解，才是反極權的最有效辦法。

時人有許多對于現在共產黨之和平攻勢如「和平共存」，如「歡迎歸僑」以及其「百花齊放」「百家爭鳴」之自由宣傳，起了桃色的幻想，這完全因爲這些人並沒有原則上了解民主，並沒有根本地有個人主義的覺悟，也沒有眞確地了解共產黨與共產主義的本質。這正如許多相信上帝的基督教徒盲目地相信共產黨的「宗教自由」的宣傳一樣，他們竟不知道共產黨的「宗教」是無法容納任何其他的宗教的。

在這個冷戰的時期，我以爲我們正應當喚起每個人有個人主義的覺悟，切實地建立一個民主自由健全的社會，使人人從理性思想上創發出反極權反共的理念，人人切實地努力于本分的事業或工作盡個人的責任，處處尊重每個人的人權與自由。如果自由中國多數的人民都有個人主義的覺醒，而自由中國的社會進入了健全的民主法治的社會；那麽我們不但可以讓共產主義任何的理論輸入，甚至還可以也不怕共產主義者入境，——他不但無法對人宣傳什麽，而且還會改變他愚蠢的信仰。

嘗讀一個日本記者從西德回國的文章，他說在西德，可以見到任何共產主義的著作以及共產黨的宣傳，但西德的青年絕無僅有的被這些學說與宣傳所愚；接着他感慨日本青年之浮燥無根，可以跟着一些簡單的口號亂跑。爲什麽西德的人民有這樣的根基。這因爲西德已眞正建立了民主自由法治的社會，這因爲西德的人民都有眞正個人主義的覺醒，這因爲西德接近東德，他們對于共產主義共產黨的面目早已了解得淸淸楚楚。

把西德的情形倒過來看，恐怕也就是我們中國在大陸上所以失敗于中共的原因。現在在香港的自由人士，他們可以看到任何共產黨的書籍，可以聽到任何共產黨的宣傳，但是爲什麽他們並不爲所動搖。此無他，原因還是經過了許多教訓，這輩人士對于共產黨有了澈底的了解，對于人權與自由有眞正的重視了。

經個人主義立場看共產黨，他們的反英雄主義則是一個自欺欺人之謊話，因爲集體主義乃是依賴英雄主義而存在的；他們的與世界「和平共存」的口號也是一個謊話，因爲英雄主義是必須依賴狂熱而不斷的找人鬪爭而存在的；他的所謂「集體領導」也是一個夢囈，因爲他的領導的集體，也一定是在競賽鬪爭之中要見高下的。而「集體領導」與所謂「百家爭鳴」，尤是無法統一的笑話。試問如果思想學說上可以「百家爭鳴」的時候，共產黨的集體可以憑什麽去領導呢？

個人主義是平凡的、常識的、理性的、從「人」出發的一種思想，同時也是最無法被集體主義極權主義所愚蒙所欺騙及所同化的一種思想。因爲集體主義與極權主義是超凡的、敎條的、狂熱的、它的根原乃由自我出發，而建立在與人作競賽鬪爭的英雄主義的基礎上面的。

因此，要眞正實現民主自由的社會，一定先要消除英雄主義，要消除英雄主義必須建立個人主義的思想。祇有個人主義，才可以使人與人和平共存，而也祇有民主自由的社會可以容納個人主義的「百家爭鳴」的文化。

一九五六、一〇、八

(上接第17頁)
個階段，衰落與復蘇則爲時極短暫，已至於在循環過程中不復成爲階段。而且由於鬆弛致生產降低的程度，在其鬆弛期間僅及上次高峰的百分之五左右，失業人數也只由最少的百分之二至最高的百分之七。同時，僅美國一個國家有此表現，其他國家則毫無影響。無怪乎很多人不承認這是經濟循環，而認爲是供給與需要的自動調整，或季節性的調整而已。

四　新資本主義為經濟發展鋪下坦途

自十九世紀中葉資本主義弊端昭著以後，兩種主義應運而起，威脅資本主義的存在。一是社會主義，一是共產主義。後者藉第一次世界大戰機會在俄國革命成功，又趁第二次大戰結束，因利乘便，西向將東歐十餘個國家闢入鐵幕，東擴將中國大陸及韓越的一部納入掌握，聲勢之大，氣焰之張，蓋世無比。社會主義在二次大戰後也在歐洲風靡一時，英國工黨兩次選擧獲勝，連續執政六年之久，西德社會民主黨逐年發展，幾可與艾德諾的基督教民主黨抗衡，北歐斯堪的納維亞半島諸國社會主義的勢力更大，非執政黨，即最大的在野黨。在戰後饑餓徧地，整個歐洲陷於危疑震撼之際，大有不入於社會主義則入與共產主義之勢。資本主義似已屆陷末日，無能爲力。及美國歐洲復興計劃(European Recovery Program)實行，大量物資與美元流入，以西德之復興，英工黨之失敗，六七年間使社會主義日趨下坡，迄今不克復振。在此期間共產主義違反人性的弱點畢露，最近以波蘭反俄，匈牙利抗暴爲契機，使所有鐵幕國家青年掀起唾棄共產主義的怒潮。至此，無論是共產主義或社會主義，不能繼資本主義而起，已爲鐵的史實所證明。

相反地，新資本主義經濟已經發展到民有民治民享的境界。美國企業組織私有，其資本爲全體三分之二以上的人民所共有，是民有。企業私有私營，有設備充實的研究組織，爲數衆多的科學專家，使生產技術日益改進，生產組織日益合理，是民治。年達三千四百億的國民所得百分之九十四左右用之於消費：五千萬輛汽車，四千萬個電冰箱，六千萬具電話，一億三千萬架無線電收音機，二千五百萬臺電視，分散於全體國民；貧富在衣食住行樂育生活的各方面差別很小，是民享。民有民治民享三者是林肯對民主政治所下的定義，在當時是指政治而言，今日則成爲經濟的。只有經濟發展到了新資本主義，林肯名言的精義才算實現。

由經濟制度而引起的經濟思想之澎湃矛盾衝突，百餘年來愈演愈烈。最近三十年，在資本主義經濟制度之外有社會主義與共產主義制度的樹立，鬪爭更加尖銳。迄新資本主義由資本主義蛻變而出至於現在，多數社會主義者與共產主義者已經回頭而研究新資本主義了。

總而言之，大量生產平均分配的新資本主義，已爲經濟發展開闢了坦途。

四六、二、一五　於臺中農學院

論新資本主義

劉道元

本文卽以美國近二十年經濟發展實况，說明新資本主義的特質，新資本主義與資本主義的區別，並將指出新資本主義為世界各國經濟開闢了一條新的道路。

一　什麼是新資本主義

美國現在所行的是新資本主義 (new capitalism) 的經濟制度，新資本主義是什麽？是怎樣來的呢？

自十六世紀迄本世紀初期，資本主義的發展，大體分爲三個時期。第一時期是自十六世紀至十八世紀上半期，經濟的主要形態爲商業，卽西歐各國的重商主義。由商業者購買工業者已生產的商品，進而前者向後者訂貨或指定應行生產的商品種類，以至於對生產者貸放資金供給原料以求獲得更大的利潤。第二時期是自十八世紀下半期迄十九世紀後半期，由於工業革命，家庭手工的生產變爲工廠機器的生產，生產力與生產組織起了根本變化，經濟的主要形態遂由商業變爲工業。生產組織由生產手段所有者之資本家與企業經營者之企業家，及受僱傭之勞動者三者所構成，逐漸演至企業家爲生產的中心。產業所有與產業經營分離，生產的營利目的益形顯著。隨資本之增殖，社會財富亦大爲增加。第三時期是自十九世紀末葉至本世紀初期，由於金融組織的發達與制度的健全，社會資金的借與貸皆經由金融家之手，以受信與授信的形式，使社會個人與團體的經濟行爲均依靠信用以爲進行。經濟的主要形態不得不由工業而變爲金融。

資本主義在這樣的發展過程中，給人類帶來了幸福，亦爲人類帶來了災害。幸福是社會財富增加，物質享受豐富，災害是貧富階級對立，經濟恐慌慘酷。愈趨於近代，災害愈益顯著。因之，很多學者認爲資本主義在三四百年中已盡了它的歷史使命，其發展已到了盡頭。如德國學者桑巴德 (Wernen Sombart) 在所著「近代資本主義」一書，將資本主義的發展分爲初中後三期。初期爲商業，中期爲工業，後期爲金融。依桑氏的意見，資本主義到了後期，就要沒落。馬克斯及「科學的」社會主義派也以資本主義發展到了金融資本主義，一定崩潰。經濟恐慌是資本主義制度與生俱來的致命缺陷。其他學派學者多有類似見解，不過舉出桑馬以爲代表而已。

資本主義是否已經沒落了呢？如以一九三〇年代的大經濟恐慌爲分水嶺，資本主義確已起了根本變化，或竟可說它已成爲過去。新資本主義已在此一時機由資本主義蛻變而出，成爲大量生產平均分配的新經濟制度。但現在只有美國經濟具備了新資本主義的條件，其他國家尙難談到。是以近年來很多學者，根據美國經濟的內容和其發展的趨勢，或認爲資本主義已柳暗花明有了新前途，或稱之爲新資本主義。

二　新資本主義的特質

新資本主義是由資本主義蛻變而來，前者的性質內含亦由後者經相當時間孕育而成。因此，新資本主義的特質多爲資本主義所有，但在一九三〇年代以後，已與本世紀初期資本主義所具者完全不同了。以目前看，美國新資本主義的特質，可以私有企業制度、國家對經濟事業的參與、和自由主義三者，總括說明之。

一九五三年一月艾森豪總統就職，首次致其國會咨文說：「一個繁榮的經濟，主要必須依賴數百萬私人企業。他們著眼於他們自身的利益，以及他們家庭及社會的利益，所以能够長期而繼續地產生社會的巨大財富，和廣泛的幸福。我們深信美國私人企業制度是世界的奇蹟之一。」艾克向國會說話當有事實根據，這些事實究是什麽呢？首先要指出的是少數大公司在生產上所佔的地位。美國有四百個大公司，所擁有的財產佔全國公私財產百分之三十五以上。二百五十個大公司的總收入佔全國公司總收入百分之四十以上，而其數目只及全體公司的千分之一。一九五〇年，僱用十萬人以上的若干產業，每一產業裏最大四個公司的生產量佔各該業生產總量之極大成數。例如汽車製造業，最大的四個公司佔百分之八十八；汽車零件業百分之六十九，肉類加工業百分之五十六，鋼鐵業百分之四十八。其他諸業多有同樣情形。平時如此，戰時更甚。第二次世界大戰期間，美國以租借法案援助同盟國家，因而有和平主義國家兵工廠之稱。供應之繁可以概見。這些供應，只二百個大公司就佔了一半。

其次是生產技術的改進與發明，多由私人企業承擔，它們在這一方面投下了龐大資本。一九五五年全美國有三千所以上的研究組織，五十億元的研究費用，五十萬以上的研究人員，其中十萬以上是科學專家。研究發明亦成爲競爭風尙。一九五四年通用汽車公司用一億元設技術研究中心，美國鋼鐵公司以一千萬元設實驗室，通用電汽公司用五百萬元研究光線對人畜植物心理和生理的影響，是最顯著的事例。由於私有企業組織有充實的研究設備，並有衆多的科學專家，故最近三四年來美國工業自動化有長足進展，由人工管理機器，進到機器管理機器。人力大爲節省，卽每人每小時的生產力大爲提高。與工業自動化並行的是自一九四六年以來保守秘密且只限於軍用的原子能，也於一九五四年交由私人團體研究並發展其和平用途了。

私有企業制度對現代經濟之所以能創造奇蹟，有上述這樣大的貢獻，全在社會上第一流人才多走進產業界。尤其在企業所有與企業經營脫離之後，聰明才智之士更以產業爲英雄用武之地。遠在一世紀之前，法國經濟學大師薩伊(J. B. Say)，美國學者華克 (F. A. Walker) 都認爲企業家總攬生產全局，利潤的有無和大小，決定於企業家才能的高低。近代英國劍橋學派開創者馬先爾(Alfred Marshall) 更強調此一說法。在新資本主義經濟制中，企業家更佔重要地位，也益證明理論與事實之符合。例如美國通用汽車公司總經理柯爾提斯(Harlow H. Curtice) 以經營得法，使一九五四年該公司的利潤率達百分之四十九點九，爲汽車製造業中利潤之最高者。一九五五年作十億元之新投資，汽車生產到八百餘萬輛之最高紀錄。他的年薪則爲六十五萬元。

新資本主義第二個特質，是政府對經濟事業的參與和對人民經濟行爲的干涉。經濟愈發展，政府的機能越見其重要，所涉及的事項也越多。不過這種參與和干涉不是消極的管制，而是積極的配合與適應，針對經濟發展的情勢，以政府的力量予以調整，避免過度與不及而已。影響最大且最直接者是政府的各項政策。如財政緊縮、赤字或平衡政策對於社會總支出的影響；通貨膨脹或收縮政策對於資金融通，及重貼現政策對於市場利率的影響；以及國際貿易政策對於進出口的影響，租稅政策對於生產趨勢的影響，和物價工資政策對於成本價格與生產量的影響，都是非常巨大的。

國會立法行政管理規則以及政府授權，對於經濟的影響也不可漠視。諸如童女工的保護，最低工資法，集體交涉與同盟罷工等，對於勞工者的地位與力量大爲增强。中央銀行公開市場活動，提高或降低一般銀行法定準備金，及重貼率之訂定等諸特權之授予。其他如銀行存欵之保險，銀行信用投機之防止，證券買賣保證金率之限制等，亦均由法令規定。社會經濟在法律軌道上活動，亦即因此得有所控制。

社會安全之加强實施，對於社會購買力之維持，有效需要之擴大，亦發生了直接作用。勞動者疾病傷害死亡有賠償，失業有保險，失依兒童有扶養，子女衆多者有補助，盲啞有救濟，老年退休有養老。凡此均使人民在「生老病死」不幸事件發生時，還能維持水準生活。因之，社會消費不至降低，生產得以照常進行。

公營事業是政府參與經濟事業的大事，但和新資本主義的、和美國的傳統精神不合。現在除小規模的公用事業仍有爲地方政府經營者外，一九三〇年代爲應付經濟恐慌，凡羅斯福總統所興辦的政府公司，業已結束殆盡。與國民經濟關係密切之交通事業，如公路橋樑機場碼頭等，雖幾全爲政府所興建，但這是幫助私人經濟的，不是與之爭利的。

新資本主義第三個也是最重要的一個特質是自由主義。沒有自由主義，前述政府對於經濟的參與和干涉將有百弊而無一利。有了自由主義與政府行爲相並行相制衡，則兩者不僅不悖，且能相成。有自由主義的存在，私有企業組織才能自由生產，自由競爭；因之才能維持自由工資與自由物價。而自由研究自由發明、以至於自由言論、自由出版諸力的結合，方能使私有企業對社會有偉大的貢獻。自由主義的精神和功效，艾森豪總統在其一九五三年一月致國會咨文中曾予以强調。他說：「我國民主的偉大經濟力量是在自由氣氛下發展並形成的。我們民族的特性反對任何人爲專斷的管制。」在同一咨文中又說：「最能適應我國經濟時刻變動之需要的是自由而富於競爭性的物價。」

三　新資本主義與資本主義的區別

新資本主義由資本主義蛻變而來，根據馬先爾連續原理 (Principle of Continuity)「自然不能飛躍」的學說，新資本主義與資本主義相異的新內容和新形態，都是由資本主義發展而成的。雖然形式上還有舊的遺留，但性質已全然不同。理論上和事實上都有這種情形。爲篇幅所限，僅就資本所有、工資變化、價格制度、社會階級及經濟循環等五項，說明新舊資本主義之不同。

先就資本所有看。近代生產，資本居於主要地位，其他要素降爲從屬。十九世紀末期及本世紀初期，資本屬於少數人，少數資本家擁有大量資本。因之，生產手段爲資本家所有，亦用以爲資本家謀利。一九三〇年代之後，情形變了，最近四五年來變的最快。即資本逐漸不再爲少數人謀利，而變成爲社會多數人所有，且爲多數人服務了。

美國現在約有四千五百個較大的股份有限公司，財產總值約爲三千五百億元。一九五二年，這些公司的股票持有人爲六百五十萬人，一九五五年底，增至八百六十三萬人。迄一九六〇底，將超過一千二百萬人。八年間幾增加一倍。較小的公司企業與個人企業爲數更多。如均作爲國民資本所有者看待，則股票持有人將在一千六百萬人以上。

如進一步，將八百六十萬人的職業加以分析，更可明瞭資本所有大衆化的實情：家庭主婦約佔總數百分之三十五，自由職業者百分之十三，工商業機構的低級職員百分之十八。公司的高級職員及經理人員僅佔百分之二，其餘百分之三十二則爲社會一般人。這些人的年齡平均爲五十一歲，多爲家庭中心人物。每家以四人計，則股票持有者和與之發生關係的人將近五千萬人。較小的公司企業股票之持有人和個人企業者、本人及其家屬尚未計算在內。

這僅是就股票持有人及個人企業者來說的。若擴而大之，將一般投資於人壽保險、財產保險、及勞動者投資於養老金基金等計算在內，則人數更多了。據調查，僅此三項，人數即在一億以上。資本所有大衆化了，才使資本主義在本質上起了根本變化，而成爲新資本主義。

在新資本主義下，工資也起了變化。無論理論或事實，工資在社會生產成果的分配上，均與以前不同了。在理論方面，過去有些學者認爲減低工資可以擴大就業，且由於工資減，成本低，物價下降，消費擴大，生產即可增加。現在的理論則反是，工資增加可以形成社會有效需要。消費財貨的需要增加，生產者自必適應此一趨勢而擴充生產。生產增加就業亦隨之擴大。再進一步看，既然生產增加就業擴大。生產者的收入總額是產量與物價之積，除去利息和地租，所餘者是工資和利潤。工資總額是就業量與工資之積。假定地租利息和物價不變，工資率亦屬固定，生產量與就業量增加，則工資與利潤即增加。工資與利潤的增加是平衡的。如工資率變高或低，工資的增加將高或低於利潤的增加。新資本主義生產量與就業量逐年增加，工資率又復偏高，故工資的增加是絕對的。

在事實方面，美國近年生產總值逐年擴大，就業量以人口增加而相隨增加，生產者收入總額與工資總額均絕對增加。復以工資率的提高，乃使工資增加更速。一九五四年七月以前，每小時平均工資為一元八角二分，一九五五年同一時期增為一元八角五分。一九五三至一九五六年四年之間，眞實工資平均年增加百分之二點二，而以一九五六增加者為最多。所以艾森豪總統在本年一月二十三日致國會經濟咨文中說：「一九五六年的工資增加，超過了生產力的上升。」以此，去年第三季的總利潤比第一季少八億元，而工資則增加四十億元。工資的絕對增加在整個經濟上影響若何暫置不論，新資本主義工資之絕對增加乃係鐵的事實，而為資本主義之所無。

資本所有大衆化，工資日趨增加，使價格制度起了本質的變化。自十九世紀中葉以還，生產組織由同業間的結合而為市場的獨佔，同時政府對人民經濟行為的干涉也日益繁多，而成為不完全競爭。不完全競爭的價格，使獨佔者地位優越，少數資本家獲得更多的利益，勞動者則處於劣勢，工資無法提高。政府的干涉每為消極的，對於分配的影響甚小。新資本主義不僅生產資本為大衆所有，工資隨生產之增加而提高如前節所述者，而且以累進租稅政策，使所得多者多納稅，所得少者少負擔，更以社會安全制度提高勞動者的地位，增加勞動者的收入。由這些因素所形成的價格制度，雖同為不完全競爭，却一面因為社會的有效需要加强，增加了消費者的購買力，使供給與需要的均衡益加鞏固，另方面在社會生產成果的分配上也與過去完全不同了。利息不歸於少數資本家，而歸於大數資本家所有者；利潤不再為獨佔者所私有，而分配於廣大股票持有人。勞動者日趨富有，社會地位日益增强，又與其工資之增加互相輔而相成。故新資本主義的價格制度是大量生產平均分配的一種方法。

資本所有大衆化和工資日趨增加之另一結果，則為社會階級的變化。資本主義為人所詬病的最大缺陷，是社會生產成果為少數資本家所有，形成了有產階級，相形之下勞動者收入減少而成為無產階級。分配不均，貧富懸殊。更由於階級對立，釀成社會問題。最近二十年來，這種情勢變了。就是中產階級日趨擴大，無產者與特別有產者則相形為數日益減少。一九四七年，二千元至一萬元年收入者佔全體百分之七十一，二千元以下者佔了百分之二十四，一萬元以上者佔百分之五。至一九五五年，二千元至一萬元者增加到百分之七十六，二千元以下者減至百分之十六，一萬元以上者高至百分之八。如以年收入二千元至一萬元為中產階級，則美國的中產階級佔人口之絕大多數，且其成數與日俱增。僅以收入七千五百元者來看，一九五五比一九四〇年即增加了十倍。

美國無產階級近年來之變為中產階級，依另一統計來看，情形更為顯著：一九三五年家庭收入在一千元以下者佔人口之大多數為百分之五十二，一九五四年則減至百分之十。在同一時期各級收入者均有相同之變化。如年收入在一千至二千元者，一九三五年佔百分之三十一以上，至一九五四年減到百分之十三以下。年收入二千至三千元者一九四六年為百分之二十五，至一九五四年減到百分之十三；年收入三千至五千元者，一九三五年為百分之三，至一九五四年增至百分之三十一；年收入在五千元以上者一九三五年不到百分之二，一九五四年增至百分之三十二。

最近數年大公司的股票向一般人民之手轉移，社會安全事項逐年增强，再配合上工資的絕對增加，中產階級的擴大，無產階級的縮小以至於無，將很快地實現了。

最後要討論到新舊資本主義經濟循環之不同了。經濟循環與資本主義是伴隨的，為資本主義制度的致命缺陷。根據經濟史的記載，經濟循環有兩種情形：一為大循環，八九年一次，自一七九五至一九三七年共出現十七次；一為小循環，三四年一次，自一八〇七至一九三七年共出現三十七次。在這五十四次經濟循環中，沒有兩次或兩次以上是完全相同的，但無論循環時間之長短，地區之廣狹，程度之深淺，如何不同，總要經過繁榮、衰落、蕭條、復蘇等四個階段。蕭條程度深時則陷於恐慌狀態。一九三〇年代的經濟恐慌，為時之久，波及之廣，程度之深，為歷次經濟循環之所無。

這一次的經濟恐慌是不是最後一次呢？新資本主義之形成前已說明，以最近二十年經濟變動看，經濟循環確已與過去完全不同了。不同的程度至於有人相信在上次大恐慌過去之後，不復有經濟循環，當不會再有經濟恐慌。

儘管有人持這樣的見解，但經濟循環還是有的，自一九三七至一九五六這二十年間共有過四次循環現象的發生。第一次是一九三八年。一九三〇年代的經濟恐慌，自一九三二年以後即有復蘇跡象，但上升甚慢，至一九三七年始正式趨向繁榮，一九三八年略為頓挫。次年即行上升。第二次鬆弛是一九四九年。由上年第四季開始，至次年十月結束。以後繼高增高，造成一九五二年的高峯。第三次是自一九五三年冬至一九五四年夏，各方顯露鬆弛現象，故有人以為共和黨又與美國帶來了另一次經濟恐慌。但一九五三及五四兩年的生產總值均比一九五二為高。一九五五年為美國經濟最繁榮的一年，即所謂艾森豪繁榮。不過，一九五六的上半年又行下降，即第四次的鬆弛。七月開始回升，九月即趕上第一季，全年生產總值四、一一〇億元，亦超過一九五五的三、八七〇億元最高峯。

總觀這四次經濟循環現象，只有三四年一次一點與過去之小循環相同。鬆弛的時間，長不過一年，短少於六月，並且越來越短，像似只有繁榮與鬆弛兩

（下轉第14頁）

告大陸農民書

——在國際農人聯合會成立十週年紀念上演詞——

董時進

儆寰先生：　此次參加國際農人會議，於五月十九日開會，至同月三十日結束。因為這個團體，乃係經濟組織，名稱為國際農業生產者聯合會。故會議討論者主要為關於推銷農產問題，各國津貼農人，維持農產市價，限制農產入口，及一般農產之國際貿易問題。此團體為農人組織之最大者，現有會員三千五百萬家，代表人口總數近二萬萬，代表國家約三十。美國農業部長，聯合國糧農組織會長均出席，可見美國政府對此組織之重視。我在該會發表告中國農人書，將共產黨壓迫農民情形昭告世界人士，使世界人士知道大陸農民現在是怎樣生活的，英文稿將由 International Peasante Union 發表，並已送美國之音及自由歐洲電臺，正譯成各國語言播送。茲將中文稿寄上，請予發表，此祝編祺。

弟　董時進敬啓　四十六年五月三十日

目前約三十個民主國家的農業界領袖正在美國普渡大學開世界農人大會，並慶祝國際農人聯合會成立十週年。中華民國是會員國之一，時進代表中國農業協會出席，有無限的感觸。在本會起初參加國際農人聯合會之時，中國的數萬萬農人都是自由的人民，他們多半自己有一些土地，並有自己的耕牛或騾馬幫助耕作。年中的收穫，除繳納國稅而外，其餘都是自己的，可以由他們自由處置，或食用，或出賣。

突然共產黨來了，他們對農人大喊其「土地改革」，「耕者有其田」。他們告訴農人：「你們終年勞苦，不得溫飽，都是受了地主富農的剝削，我們要把他們的田地分給你們，你們有了田地，就可以改善生活，發財致富了。」許多人均信以為眞。不料他們今天分了田，明天就把田地一律充公了，不單把田地充公，連耕畜農具等都充公了。又不單是把這些東西都充公，甚至於連農民們自己也充公了。

我說把農民也充公了，或許有一些人不明白，然而這的確是事實。在以前農人對於自己的事情和行動，都是自己作主。他們可以自由買賣或租佃田地，自己愛種什麼莊稼便種什麼莊稼，愛養什麼牲畜便養什麼牲畜。他們可以自由到各處地方去尋找工作。願意去那裏，就去那裏；願意做什麼，就做什麼。現在是如何情形呢？每個農人都必須參加農業生產合作社或集體農場，他們不但不許有田地，不但不許有自己的牲口和農具，而且種什麼莊稼，餵什麼家畜，今天幹什麼活，明天幹什麼活，一切都要聽政府的命令。他們所做出來的東西，不能收進自己的倉櫃，必須一律交給合作社，再轉交給政府。甚至於他們要逃往城市去謀生活也不准許，而要被抓起來解送回鄉。請問，這樣地做人，和牛馬有何分別？這豈不是連農人自己也充公了麼？

大家這樣地替共產黨做牛馬，而共產黨還是不滿意，還是成天家在那兒辱罵他們，鞭打他們，說他們是「忘恩負義」，「懶惰懈怠」，「忘了本」，「變了質」。共黨巴不得農人只做工不吃飯，為了要減少農人所要消耗的食物，為了兒童只能消費，不能做工，共黨們甚至於要限制農民生男育女呀。

共產黨所搜括的一些物產拿到那裏去了呢？當然他們自己要享用一部分，其餘乃是送到俄國去孝敬大鼻子了。所以城市的居民也是吃不飽。以前的市民要買好多肉有好多肉，要買好多雞有好多雞。他們買一斤肉，買一只雞，農民也就得到一斤肉或一只雞的價錢。如今市民們要想打半斤油，割二兩肉，都是好困難的事情。而且這些割肉或打油的錢都進了共產黨的荷包。

朋友們，現時的農人才眞是終年勞苦不得溫飽呀！

在這兒讓我附帶告訴你們一點兒關於臺灣農人的消息，你們知道，我既非國民黨員，也不是國民政府的官吏，決不會為臺灣吹噓。可是臺灣農民的情形和大陸上農民的情形眞有天淵之別。臺灣的農民每個人都自己有田地。這並不是政府搶奪了別人的田地分給他們的，乃是政府借錢給農民購買了田地。同時由於肥料供給的充裕，水利的開發，防治病蟲害藥劑及器械的普及等關係，農業生產逐年增加。因此不但本省糧食自給，而且有大宗農產品輸出。單是糖和米兩項每年出口價值已達美金一億元之鉅，茶葉及水菓每年也達美金二千萬元。臺灣比國內的一個小省還要小，又須給養由大陸移去的數百萬人口，而每年竟有大量的剩餘農產輸出，這是值得稱讚的。臺灣的農民有了這一筆大的進欵，拿去買穿的用的，所以他們的生活非常富裕。

大陸上的農民的生活是決不能和臺灣農民生活相比的。在共產黨的壓迫和搜刮之下，農民只能過窮苦的日子。農民要想翻身，非先推翻那專門刮地皮和奴役人民的共產政權不可。朋友們，不要忘記了共產黨之所以能奪得政權，是由於欺騙農民和利用農民作工具和替他們打仗的結果。現在我們既然知道是受了他們的騙，上了他們的當，我們就應該設法去推翻他們。不要忘記了，農民佔中國人口的百分之八十，只要農民多數覺悟了，下決心去摧毀這邪惡的政權，它是非倒不可的。

西貢通訊・四十六年五月二十九日

越南排華的遠因近果

趙家將

（一）反殖民・反封建・反華僑

「反殖民、反封建、反華僑」，是越南吳廷琰政府上塲後的三個施政目標。

在反殖民與反封建上，吳廷琰政府是相當成功的。目前法軍已全部撤離越南，廢王保大和其國內盤踞的軍閥土豪，亦已被吳廷琰政府以迅雷不及掩耳的手法肅清。

至於「華僑」，何故被與殖民封建等惡勢力同等視之呢？說起來，是有一番遠因的。

越南朝野間，分為親華與排華兩派。親華者大部份屬越南元老及人民，他們大都受過中國文化的薰陶或與中國人有血統上、貿易上的淵源。排華派亦稱為新派，他們曾向民間散佈華僑的「罪狀」，據筆者所聽到的約有下列數點。

（一）「追溯一百年前的歷史」：在一百年前，越南尚為遜清的附庸國，當時越南人民曾殺死一名法國傳敎士，法國乃向清朝大興問罪之師，然而清朝本身，已自顧不暇，遂任由法國攫取越南為殖民地，因此，排華派即以中國「出賣」越南的歷史為據，聲言反法之後，就要反華。

（二）「法華朋比為奸」：法國統治越南時期，因為華僑有着優良的傳統，同時在文化上及營商的技能，比諸當地人實在優勝萬倍，法國為着殖民地的繁榮起見，曾給予華僑不少便利，以致各種大企業、田產業，都落在華僑手中，越南的經濟遂把握在華僑手上，排華派忽視了「物競天擇、適者生存」的原理，却把滿懷妒憤，發洩在華僑身上。

（三）「華僑無惡不作」：法國曾在越境內開設規模龐大的賭場數處，以增加稅收，承辦這些賭場者多為華僑，或越南軍閥。而且，鴉片煙公開販賣，煙館林立，亦多是華僑經營。排華派不理會當時之背景，硬指華僑「無惡不作」。聞說在各鄉間，由官方組成宣傳隊，扮演煙民與賭徒，指責華僑使越南人走向墮落之途。

（四）「越南將亡在華僑手上」：傳說吳廷琰曾向一位政客談及，「越南寧愿亡在共黨手中，也不愿亡在華僑手上」。是否確有此言，筆者不敢證實。但其意義則十分明顯，排華派無時無刻，不感到華僑是一種重大之威脅。他們感覺到華僑除操縱着越南經濟外，其人口數字，復大得驚人，隸屬首都西貢之堤岸市，已全部變成華人城。排華派忘記了越南的繁榮，乃建築在華僑的血汗上，倘能充份利用此種繁榮的原動力，對這個初學步的新興國家之經濟發展，將大有裨益。他們只是朝思暮想，如何擺脫這種威脅。

凡此種種，都是排華派排華的口實，而今又是排華派當政，無怪乎華僑被捲進一個空前之浩刼中了。

（二）步步進迫・不留餘地

排華派中最激烈的人物是總統吳廷琰與副總統兼經濟部長阮玉書。

聽說阮玉書的血統有中國成份，他的父親是潮籍華僑，小時曾携同他返中國，但遭到中國母親的歧視，故此憤而歸越，隨越南母親姓阮，對於中國人遂留下不良印象。

吳、阮搭擋之始，即頒佈了一連串對華僑不利的命令。首先，僑營中學被通知停課，其理由是各僑中未向當地政府辦妥立案手續，但據各僑中校長表示，渠等已數度申請立案，皆未獲批准。

經居間人之奔走斡旋，使館與僑中校長之談判交涉後，方獲得一個折衷辦法，即：㈠以越籍華僑為校長，向當局辦理立案手續，㈡暫定一個過渡時期，在該時期內可以維持中文課程，每星期須授十小時越文。過渡時期結束後，必須全部照越南中學課程敎授，換言之，即要將僑中越化。

僑中校長集會商討後，感覺到有如下之困難：㈠若不遵令立案，學校封閉事小，倘越方派人接收，則小學亦受到牽連。㈡為數千學子學業計，只好見步行步，希望祖國政府在過渡時期內速與越方訂立文化協定。

所以，各僑中只有忍痛陸續向當地政府立案，過渡時期瞬即屆滿，最近越方且公佈華僑小學，亦要增授越文課程。未悉我自由祖國政府將何以善其後？

其次，霹靂一聲之國籍法令，震驚了整個僑社，該法令指出：凡在越南境內出生之華僑，均屬越南公民，此法令並具有追溯力。

表面上，此法令似為十一項禁營令及越南徵兵之先聲，然以越南的整個政策而觀之，則不難發現國籍法與僑敎、禁營配合，而成為越化華僑的一個大陰謀。

基於華僑對祖國的眷懷及深刻的國家觀念，僑胞大為激憤，儘管越方三令五中，派出華僑事務專員阮文黃四往遊說，用盡威迫利誘，入籍者仍寥寥無幾。

本年三月八日，是土生華僑國籍問題面臨考驗的一個重要階段，故自二月中旬起，人心惶惶，我公使館仍未有明朗之辦法公佈。及至三月九日，中越雙方始頒佈展期一月執行，一月後越方更不留餘地，「諭」令土僑身份證失效，限於五月九日以前要將身份證交回警局，換取收據，其涵義為於限五月九日以前全部土僑要轉入越籍，並隨之公佈了兵役法。

是時，十一項禁營行業中已有七項滿期，雖然阮玉書曾以十分婉轉而誘惑的口吻說道：「十一項禁營的鑰匙，是在你們(指華僑)的手中的，娶一個越南太太，或加入越籍，你們的業務立刻可以恢復。」

可惜華僑甘愿失業，甘愿餓死，甘愿停業，也不入籍，空辜負了阮副總統那媚態撩人的秋波。

於是僑胞失業的人數驟增，不少熱心僑胞，自動將欵項寄往各報，托代轉與失業僑胞，作精神上及物質上的支援。

西堤華文報界，本輿論之責任而大聲疾呼，紛紛指責越南政府措施失當，自由中國政府無能護僑。

但是越南政府，毫不留餘地，步步緊迫，進而派警到郊區「清鄉」，沒收土僑之身份證。限期非土生華僑，辦理華僑總核查手續。

在這種情況之下，四、卅。五、四。五、六。之請愿事件於焉發生，僑胞們向公使館呼籲「自由選擇國籍」，「恢復十一項禁營」，「救濟失業僑胞」。因爲越南警方的干預，以致引起華僑與警方大衝突，人們赤手空拳與武裝警衛對抗，傷者甚多。聞說有數人已經死亡，被拘捕者不計其數。

各中學僑生，醞釀於五月九日作徒手大遊行，持中華民國國旗及標語以示抗議國籍、禁營及僑教事件。惟尚在籌備中，越方已採取强硬措施，在我公使館四週佈防戒嚴，各學校附近，亦佈滿荷槍實彈的警衛，並由華僑專員阮文黃君邀集各校校長，警告要提防學生有所行動。

另一方面，我葉外長及鄭彥棻委員長企圖掩飾失職，發表了兩篇談話，泛指請愿事件可能有「共黨份子挑撥離間」。

俗稱：「一言興邦，一言喪邦」，葉、鄭二氏之談話無形中給越方以藉口，大事到學校搜捕僑生及到工廠拘捕華僑青年。甚至在路上看到其認爲形跡可疑之華僑，亦被拘捕，至筆者發稿時止，仍有百餘人未獲釋放。

及至撤僑事獲致協議後，人心稍告安定，然而撤僑是否「治本」之法，仍是疑問，故五月廿六日，華僑青年數百人，分別到所屬之幫中華理事會提出十一點意見請求轉達公使館，其重心是：(一)在國籍法未獲合理解決前，撤僑暫緩進行。(二)爲免骨肉分離，妻離子散，希望我政府以自由選擇國籍爲談判原則。(三)從速設立救濟機構，救濟失業僑胞。(四)儘量交涉十一項禁營行業復業。(五)保釋尚被拘留之僑胞。

越南方面，對西堤華文報界亦採取行動，以前負責檢查稿件之新聞處處長黃南雄，被認爲太放寬檢查尺度。遂另加派一名新聞總監處理檢稿，所有有關禁營及國籍之消息都不許刊登，除越新社報導者例外。

(三)　排華的後果如何？

排華後果如何？「事實」已給予越南政府一個有力的解答。

排華派當時雷厲執行上述之數項法令，可能作了錯誤的估計。他們看準了我祖國政府的軟弱拖延外交策略，更認爲國府偏安臺灣，面臨大敵，對海外華僑，已無法兼顧，因此，執行這些法令時，斷無後顧之憂。此外，華僑一向安份守己，言聽計從，在越南政府威迫利誘之策略下，定必紛紛入籍。誰知「一子錯，滿盤輸」。尤其是在經濟方面，自七項禁營行業停業後，整個市場陷入癱瘓狀態中。其中影響市場最重大的，就是雜貨行。

雜貨店依令停業後，貧苦市民之生活首先受到影響，傳說，甚多越南市民到警局控訴華僑雜貨店「抵制」越人，關門停業，警局乃傳訊店方負責人，他們答稱：「余等依令停業，若開門售物，則干犯法紀，萬一受罰如何」？警方沉思之後，囑他們開半舖，暗中售物，但他們請警局寫命令以便啓市，警局却拒絕了。

受到雜貨店停業影響最嚴重的，乃越南之工廠，舉例說，越南之煙枝工廠與肥皂工廠，其出產品以雜貨店爲最大量的分銷處，各店停業後，工廠出品滯銷，廠家叫苦連天。

越南首都市長，頗有意准許華僑雜貨店復業，但阮玉書却堅持己見，始終要「入籍」方予復業，目前此問題仍在僵持中。

越南人已經承辦之僑營生肉業，也受到重大之失敗，一方面由於華僑們寧可食無肉，用精神去支持失業屠夫；另一方面，是因越南承辦人之技術問題，因一般家庭購肉，往往零買十元五元，但在價目上之規定則是若干元一公斤，因此越人計算十分困難，同時在切肉技巧上亦不熟練，肉碎過多，以致無人問津。

越南民間，對華僑十分同情，記得一位越南人士嘆息道：「華僑死，越南人也要死了」。

可不是，華僑宛若人身上的紅血球，若把紅血球毀滅，人的生命將隨之毀滅。只是越南已勢成騎虎，無法轉圜了。

(四)　自由祖國・外交失職

本來，防病勝于治病，我政府既未能防病于前，事情發生了復無善後之法，未知外交部與僑委會所負的是甚麼任務？

在一般華僑的心目中，外交部及僑委會不能諱言是失敗的。茲列舉失職之處如後：我國既有使領館設在越南，對排華的醞釀竟一無所知。此其一。

僑教、國籍、禁營業法令頒佈後，未能速謀應付之策。此其二。

國籍及禁營均有半年之執行期，外交部應以三個月作談判，若無成就，最後三個月即應採取行動。拖延卸責，以致發生請願流血事件。此其三。

對土生華僑之人口估計錯誤，對僑情之隔膜，至宣佈撤僑後，大部份土僑對政府之漠不關心及兒戲態度發生反感，徘徊觀望，甚至逃往高棉及匪區。其實以人口比率計算，每一家庭中，如有兒女四人是土生，父母並非土生，則土生較非土生尤多一倍，最低限度，於一百萬人中佔五十萬以上爲土生，斷不會有如此錯誤之估計。此其四。

袁公使事事需要請示，方能進行，故諸多掣肘，影響外交工作。此其五。

我們不敢想像，撤僑之後，我政府是否即以爲萬事俱了？

越南華僑的危機，仍在與日俱增，如何善後，怎樣避免悲劇的重演，希望政府方面，有一個比較具體而澈底的計劃。

匈牙利報紙給予的啓示（西歐通訊）

姜懷平

近數月來，因於去年十月革命不堪紅軍迫害而逃往國外的匈民，間有自動返國的情事。這可能是受加達爾（Janos Kadar）政權花言巧語的廣播召喚影響所至。但這却並非是問題的主要關鍵。更不能因此認爲由蘇俄支持的加達爾政權已重建匈牙利的安定秩序，使足以引誘流亡國外的匈牙利人。部份匈牙利難民自願返國情事的產生，實因西方國家未能適當處理所致，使這成千成萬背井離鄉投奔自由的匈民的生活無以維持，致不得不再硬着頭皮重投鐵幕，再度牛馬不如的奴隸生活。儘管在去年十月納格（Imre Nagy）悲痛呼援時，自由世界未能盡到保障人權自由的責任，支持匈民的抗暴行動，及事後西方國家又未能理想的完成救濟匈牙利難民的任務，儘管紅軍的屠殺，加達爾的殘害志士及對返國的流亡人士及革命份子所施的殘酷迫害，壯烈的「十月革命」在純良的匈牙利人民們的心底上終必保持着深刻的印象。今日匈牙利外省報紙仍在繼續討論掀起「暴動」的原因，即可證實匈民的武裝革命行動雖爲紅軍的砲火一時平息，但匈民要求自由民主之急切迄未稍減，使加達爾政權不得不以「輿論」力量推却責任，自建「信譽」以操縱人民。

自匈牙利十月革命以後，匈境外省報紙多以更換名稱，且甚少行銷國外。這或許是因爲這些報紙的言論比較誠懇，能間接供給我們很多的寶貴的啓示的緣故。我們知道匈牙利共產黨機關報「人民之自由」及布達佩斯城內的報章均一致指稱去年十月二十三日掀起的反蘇革命事件是由反「革命」份子陰謀唆使思想失去領導的羣衆所致。在這點上，外省報紙却不能與官方定律保持一致作風，這並不是說在目前匈牙利有言論自由，可以任意反駁官方言論，主要還是因爲各地環境的異同，爲了鼓動羣衆轉向「政府」而不得不採取不一致的作風。在布達佩斯城內各報和雜誌的言論極力倡導支持「人民政權」，且不公佈關於「社會主義民主」，「國家共產主義」，「中立問題」及「蘇軍出兵問題的討論」一類的文字。這當係因爲匈牙利京城人民的情緒遠較外省易受激動的緣故。在外省，如東北部發行的「新途徑」，北部諾格拉地方的「諾格拉地人民報」，西部寇瑪羅姆地方出版的「寇瑪羅姆新聞報」和南方的「南方匈牙利」，各報近來却時以：十月革命的起因；蘇軍在「敉平」反「革命」勢力中的任務；國家共產主義問題；中立與民族獨立；社會民主問題等等一類題目撰著社論向人民解說。

關於促成十月革命行動的原因，外省報紙均承認係由於拉可西（Matyas Rakosi）和格羅（Ernö Gerö）主持黨政時所施的暴政所致，乃羣衆對「政府」反感的爆發。本來對匈民革命事件莫斯科及匈牙利黨政當局所持的說法——反「革命」份子的煽動陰謀——是無法爲人相信的。這批深受共產主義訓練出來的青年根本就不認識鐵幕以外社會的情形。即使在十月革命開始之時有「反革命」份子的滲透，但如果匈民對其「政府」政策毫無反感而絕對支持的話，則「反革命」勢力就是再大亦將被環境所孤立而無法發生任何微小的作用。其實匈牙利工人學生所掀起的反蘇革命，一方面在要求爲生存而必須的民主與自由，而另一方面却以不得已的革命行動來清除「社會主義」所受的汚點。對此事十月以後一段時期中在匈牙利各地所出版的革命報紙已有明白的解釋。至於在去年十月二十三日蘇俄進軍布達佩斯城以後當時的情形，「寇瑪羅姆新聞報」承認當時有絕大多數的人民在思想上已受「反革命」思想的影響。「諾格拉地人民報」更稱在十月二十三日以後黨的力量已完全解體，軍隊及警察亦不受指揮，是時如無紅軍的「援助」則已無法維持「人民政權」。由此看來我們怎能再相信「反革命」勢力陰謀的歪曲說法。而蘇俄藉口應「匈牙利政府」所請出動紅軍，實旨在保障其附庸國的傀儡政權，以眞正反革命的行動維持全民激烈反對的暴虐政權。

此外關於中立，民族獨立，國家共產主義，社會民主等涉及理論思想一類的問題，雖布達佩斯城內的報紙與雜誌均甚少論及或根本不予討論；然而外省報紙却對之特別注視，一再撰文。「新途徑」，「南方匈牙利人」，及其他地方報紙對中立問題一致聲稱：「一個社會主義的國家是不能中立的；匈牙利的中立將引起反對『人民民主』國家政權的運動。」在文字中同時爲蘇俄的武裝行動作辯護，但其所申述的理由中戰略考慮及共產世界的存在重於法西斯的危險，其實後一理由只不過是蘇俄出兵的藉口而已。對於中立問題的討論却時常導至國家共產主義問題，本來在共產主義政權的國家中，如欲實行中立政策，則脫離莫斯科的國家共產主義問題實爲先決條件。在三月底及四月初這一段時期內，外省報紙所撰述有關國家共產主義問題時，稱國家共產主義與國家社會主義實爲孿生姊妹，「諾格拉地人民報」更特別指出此一思想已爲南斯拉夫及波蘭某些人物及一些文化界人士所接受。有關社會民主問題，外省報紙亦不像布達佩斯的報紙與雜誌的沉寂，一再撰文討論，如近來「新徑途」曾以一整頁的篇幅撰述「工人團結」問題。稱目前在屢次辯論中時常涉及在今日環境下成立社會民主黨是否適宜的問題。「新途徑」的答案是「否」。其他各報著論的觀點與立場當不會有何出入，但對問題本身並未解決。

自匈牙利人民反蘇革命被大規模紅軍「敉平」後迄今已近六閱月的時光，而加達爾政權仍必須繼續不斷的向人民解說蘇俄出面「援助」的理由，且在態度方面又較去年底表現得比較懇切，這却是使我們頗值得回味的。況且匈牙利外省報紙亦承認有一部份數量相當可觀的人民仍在尋求關於去年十月以後在匈牙利所發生事件的解答，如「哈衛斯人民報」報導稱，衆多的人民今日仍在討論納格宣佈匈牙利的中立的舉動是否爲適合匈牙利目前局勢的應有政策。總之，我們在分析匈牙利外省報紙的報導與社論時可明顯得一結論，那就是自去年底以來匈牙利人民公開的革命行動雖爲暴力所平，但匈民的革命思想並未受到影響，所差者，亦僅在方法上的變化而已。

四五、五、二〇

試談新詩形式上的問題

嚴　明

記得抗戰時在東南「文壇」上曾有人與曹聚仁開了一場對於談詩的小小筆戰，當時在閩、浙、皖、贛一帶，很有一些人捲入了這場談詩的「戰渦」。筆者亦適逢其會，可是當筆戰方殷之際，一次浙贛戰役，烽火遍地的武裝戰鬪把紙墨文字上的筆戰不僅淹沒了，也同時冲散了。東南日報與前線日報忙於撤遷，愛好談詩的「雅士」也各自奔散，那場談詩的筆戰，亦就沒有結果而終止。此事屈指算來，已是十五年前的事了。

最近臺灣文壇上又談起這一問題，在近幾期的刊物中都有一些談詩論詩的文章。大都集中在「舊詩」與「新詩」的論題上。都有獨到精闢的見解，在詩的發展新途徑上，很有一些啓導作用。拜讀了這些文章之後，也引起了我對於談詩的一點擱置已久的興趣，因此也想來談談它。

所謂新詩，主要還是指白話詩而言，自五四運動之後，白話詩曾經風靡一時，全國各地的文學刊物中，曾出現過各式各樣各種題材的新詩，也曾經被人擧出過新詩的詩人，如徐志摩、劉大白等。但是，說也奇怪，在新詩中，使人能够完整記誦的很難有幾篇，能够被人傳頌的也很少，甚至嚴格地說，自新詩開創到現在的三十多年之中，眞正好的，也很難找出幾篇，在談論新詩時，這是一個很值得探索的問題。

詩當然不是完全做給自已欣賞的，是要使自己的情感與意想，能使讀詩的人，激起感應與反映，所以詩有許多是可以「和唱」的。至少也要使人可以欣賞，能够傳誦。詩如果不具有這點條件，再好的詩也顯得沒有光彩。我所說「至少」，是在梁文星先生所說「我們現在寫詩，不是個人娛樂的事，而是將來整個一個傳統的奠石」要求下的最低要求。新詩在這方面，原沒有先天上的缺憾，且由於沒有規律上的束縛，感情的表達與靈性的發揮，更可以暢所欲言。但是白話詩在記誦方面就差了，這是一個形式的問題。白話詩沒有一定的形式，文句的長短、音韻的調合，都可以隨作者的意思而走筆，但是讀詩的人，要想記誦各人的各首詩，那就不容易了。因此，白話詩不容易爲人記誦，亦難使人吟引，亦因此使白話詩不大爲人所欣賞。由此使我想起白話詩也應有一個美的形式與音韻，不過不必要像舊詩那樣過嚴的規律，我認爲這是白話詩中值得研究的一個問題。新詩與舊詩所主要不同的地方也在此。周棄子先生所說：「詩之爲詩；固然有關於形式，但詩之爲詩；並不決定於形式」（見文學雜誌一卷六期）我想對這句話有一補充：即是具有詩的形式與音韻的不一定成爲詩，但是成爲詩的，就必須有它的形式與音韻，否則就不是詩，而可能是散文是典論。白話詩最大缺憾卽是它時常與散文不分，因之白話詩不能給人一肯定的印象，甚至一個明確的認識，當然也就失去了吟誦的興趣。至於有人指出，三字經、千字文以及東嶽廟的神籤都有韻，而都不是詩，來否認章太炎先生那句：「無韻爲文；有韻者爲詩」所定的區別，太炎先生以韻來作爲詩與文的區別，只對了一半，而忽略了另一半的詩的形式。不過我們不能因爲東嶽廟的神籤具有詩的形式與音韻而不是詩，來否定詩的形式與音韻的條件。不錯，有許多具備詩的形式與音韻的不能够算作詩，但是詩却必定有它特有的形式與音韻，至於說詩與說話距離較遠，這與詩毫無妨害。對於詩的價值亦毫無損傷，最能損害詩的，倒是詩與散文不分，一篇很美的散文，究竟是散文，不能成爲詩，散文與詩具備的條件，有許多地方是相同的，例如特有的靈感與豐富的情愫所交織成的美麗的畫面，是詩的特出的部份，也是散文特出的部份，但是我們對於散文與詩仍應有一區別，這個區別，卽是詩有它特有的形式與音韻。東嶽廟的神籤這是在詩的範圍中說它不是詩，是說它的價值不是詩，其實神籤中仍有確是詩的詩句，如神籤中常有喩義轉機的借用句子，如「山窮水盡疑無路，柳暗花明又一村」。這兩句誰都承認是詩，但是被引到神籤只是失去了原有的情懷與景色。不過也由於這詩句的形式效力，而能被引用到無數相似的景物與事理上去，如果把這兩句變成了白話固然差勁，但如果再消失了它的句法形式，那就根本無法被引用以喩義，亦就無法傳誦，因之神籤之不是詩是品評上的判別，我們說它仍是在詩的範圍中說它不是詩，我們也可以說它是一首不好的詩，因而也有所謂「歪詩」「打油詩」等。因爲詩有好壞，所以才有欣賞能力的深淺與進展。詩的好壞，也只是詩的範圍內的區別，是詩的個別品評問題。我們可以把古今的詩，一一品評說這首好，這首不好，但是我們却不能一一地來區別說這首是詩，這首不是詩，如果說一定要有某種意義與程度的才是詩，那末初學詩的人，又如何入門呢？

說神籤不是詩，是具有詩的欣賞程度者，才相信，但是說滕王閣序不是詩，卽使不懂詩的人，也相信。其實滕王閣序中有許多較一般寫景詩中，更美的句子，可是不僅整個序文不能成爲詩，卽使單獨抽出幾句，也還不能成爲詩，只有一個條件可以成爲詩，那就是必須要把裏面的句子，經過詩的特有形式與音韻的編列，才成爲詩。如果把滕王閣序與神籤放在一起比較，何者屬詩？就一般說來，指神籤爲詩的，實在也不爲過。

自古以來，好的詩固屬很多，不好的詩更是不知其數，但這只是詩的區別，並不是「是詩」「不是詩」的區別，我們知道許多偉大的詩人，也寫過不好的詩。如「象徵派」詩人李義山曾寫過「歷覽前賢國與家，成由勤儉敗由奢」俗而濁且迂腐氣的詩句，較之他詠妓詩中的「神女生涯原是夢，小姑居處本無郎」，與宮女詩中「湘江竹上愁無限，峴首碑前淚幾多」的風流哀艷，眞難相信出諸一人之手。再者亦有在同一首詩裏亦有好壞不同的句子，如前面所說李義山「詠史詩」的：「歷覽前賢國與家，成由勤儉敗由奢。何須琥珀方爲枕？豈得眞珠始是車？運去不逢青海馬；力窮難拔蜀山蛇。幾人曾預南薰曲？終古蒼梧哭翠華」，首兩句雖然不好，但以下三聯却都好，對這一詩篇而論，我們不能分割開說前幾句不是詩，後幾句是詩，因之也就不能因它首兩句的迂腐氣而說它不成詩篇，因爲我們惟有認定它是一首詩，然後才能整篇的逐句的來比較出或是欣賞到它的好壞，如果根本說它不是詩，那也就無從談論它了。

胡適之先生曾經以具體的與抽象的來區別成詩不成詩。李義山的「歷覽前賢國與家，成由勤儉敗由奢」，胡先生說它不成詩，而杜甫的「綠垂風折筍，紅綻雨肥梅」，「芹泥隨燕嘴，蕊粉上蜂鬚」，「四更吐山月，殘夜水明樓」，與韓愈的「五月榴花照眼明」是詩。胡先生說是因爲前者用的只是幾個抽象的名詞，而後者則能引起鮮明的影像是具體的寫法，（見胡適談新詩第五段）不過胡先生這種說法，亦仍是在詩範圍內的品評，是做好詩的「要訣」，並不是從根本上認定它是不是詩，所以胡先生說：「凡是好詩，都是具體的；越偏向具體，越有詩意詩味，凡是好詩，都能使我們腦子裏發生一種——或許多種——明顯逼人的影像，這便是詩的具體性」。由此可知道胡先生對於李義山的「歷覽前賢國與家，成由勤儉敗由奢」，還是站在是不是好詩的標準來品評它的，也還是把它作爲詩來看待的，否則當不會拿它作爲詩的品論對象而作爲一個好與不好的比較例句。

除了具體的描寫之外，胡先生對音韻也曾舉爲重要的條件，他把具體的描寫作爲「眼睛裏的影像」，而把音韻作爲「聽官裏的明瞭感覺」。並引了姜白石的詞句「瞑入西山，漸喚我一葉夷猶乘興」，認爲這裏面「一葉夷猶」四個雙聲字，讀的時候使我們覺得身在小舟裏，在鏡平的湖水上盪來盪去。（見同段）詩的音韻最初成立，也是爲了能够吟詠，並且在吟詠中由於聲音的感覺而增加領會詩中的意味，久之音韻成了一定的規律，詩便不能離開這個規律了。一旦對這規律厭倦，或是感到它有所束縛與不適合，於是便有一次「解放」，一次改革，以另一種新的規律來代替。而這種改革與變遷，亦是詩人們自己促成或是創行的，每一次改革都是由一位或是幾位大詩人創作在先而後互相影響與模倣。經過不斷琢磨、修正、評論、然後定形而風行一時，（如李白的「鳳凰台」之模倣崔浩「黃鶴樓」）風行久了，便成爲後來遵循的規律，這與夏濟安先生所述英國詩的變遷法則，有點相同。

我們承認詩的寫法，必須要能够具體，但是具體性則是詩內的事，最先還是要在形式與音韻上成爲規律，這是詩的骨幹。有了這個骨子，然後才能以具體的描寫來充實與美化它。在舊詩中雖然有許多句子不是用具體的寫法，由於它具有詩的骨架，所以儘管說它不好，不像，但仍舊是屬於詩。當然這些抽象概念句子的詩，不僅不能爲學者所示範，且應予揀棄淘汰，我也並沒有意思說：「只要具有詩的骨架就算了，縱然不好，也可以湊合湊合」，而是在探討新詩的問題上所不能不涉及之處，舊詩中雖然有許多不好的詩，不像詩的詩，但是它給人的意識，仍不失爲一首詩，決不會把它當作散文，壞的詩固然不會有這種傾向，好的詩更不會如此，我們認爲寫詩不好，尙在其次，因爲要寫得好除了天賦的靈感之外，還得要功夫（包括多讀、多練、多觀摩等）。有許多寫詩寫一輩子亦寫不好一首，有的也僅得一二首甚至一二句好的，就這一兩句能够怡然自得，或是傳誦永久，也就不枉寫詩了。但是寫詩却決不可寫成散文，如果本來是寫詩的，結果寫了一輩子的散文，豈非有違初衷。關於這點，新詩最有這種危險，我對新詩所以要提出形式與音韻的規律問題，亦是由此而起。

我們說新詩最易冒寫成散文的危險，這是新詩本身的問題，不能全歸咎於作者，即連新詩能手如徐志摩、劉大白等人，雖然寫了許多新詩，結果却難免寫了的是散文，這是形式與音韻的問題，這問題不澄清，不僅抽象的描寫會不成詩，即使是具體的寫法，也會變成散文，這點連胡適之先生也不能免，例如胡先生在「談新詩」一文的結尾中曾贊舉他自己的一首「新詩」爲例，並先作了一個聲明：

我們徽州俗語說人自己稱贊自己的是「戲臺裏喝采」，我這篇談新詩，常引我自己的詩做例，也不知犯了多少次「戲臺裏喝采」的毛病，現在且再犯一次，舉我的「老鴉」做一個「抽象題目用具體的寫法」的例罷：

我大清早起，
站在人家屋角上啞啞的啼。
人家討厭我，
說我不吉利：——
我不能呢呢喃喃討人家的歡喜！

胡先生在談新詩裏，還引了他的另一首題名「應該」的詩：

他也許愛我，——也許還愛我，——
但他總勸我莫再愛他。
他常常怪我，
這一天，他眼淚汪汪的望着我，
說道：「你如何還想着我？
想着我，你又如何能對他？
你要是當眞愛我，
你應該把愛我的心愛他，
你應該把待我的情待他。」
他的話句句都不錯，——
上帝幫我！
我「應該」這樣做！

以上兩首新詩，是爲胡先生自認甚爲滿意的，後一首胡先生曾說是「這首詩的意思神情都是舊詩所達不出的」。至前一首，胡先生更坦白承認再一次「戲臺裏喝采」，對這一首的滿意自得，大有非再來一次「戲臺裏喝采」不可的程度，對於胡先生這兩首「新詩」，好壞暫且不論，至少有一個問題，即是看起來總不像是詩，如果換一種排列與略移動一兩個字和標點，實在是一篇散文，或散文中的一段。不信且看：「我大清早起，站在人家屋角上啞啞的啼，人家討厭我，說我不吉利，可是我不能呢呢喃喃討人家歡喜！」再看：「他也許愛我；也許還愛着我，但他總勸我莫再愛他，他常常怪我，這一天，他眼淚汪汪的望着我說道：『你如何還想着我？想着我，你又如何能對他？你要是當真愛我，你應該把愛我的心愛他；把待我的情待他。』他的話句句都不錯，願上帝幫我，我應該這樣做！」前面一段不是很像可以題名為一篇「烏雅的話」的散文，或是其中之一段？後一段不是像記敍文或是抒情文中的一段，甚至也像一篇個人的日記嗎？

我們不能承認好的散文就是詩，最多我們只能用「像詩」兩字來形容一篇散文的美，而決不能指它是詩。胡先生對於詩，對於文學造詣均深，但是就上兩首「新詩」而論，縱然是曾經「喝過采」的，而要說它是詩，是難令人心服的。為什麼它像散文，像日記而不像詩，倒不是我們對於詩已經有了一個習慣的印象與看法所致，而是由於它沒有詩所必須的美的形式與音韻，這並不能責之於胡先生，因新詩根本沒有創造了它的形式與音韻，假使胡先生是以上兩首作為新詩的創格而來答覆他人的詢問說是：「這就是新詩。」或是說：「這樣才是新詩。」那末它應當成為新詩的一格，為衆多人所傳誦與效法。但事實上並沒有達到這種程度，甚至連使人吟誦的意味也缺乏，這點胡先生想也承認的。舊詩在體裁與風格上是以成派成家為宗別，新詩也應該有這種境地，與這種作用，使後學者有所遵循與規範，這樣才是創造，否則每一個寫詩的人與每寫一首詩都是創造，那末詩也沒有什麼可談的，只要寫就是了，只要寫得出都是創造，這成何體統？所指「創造」，也必是在一定的基礎上才能夠做到，這個基礎，亦即是已有的詩的基礎，胡適之先生所說的：「詩體的解放」是有道理的。所謂「詩體」也就是「解放」的基礎與成果，如果根本不在詩體之內，當然無從「解放」起，同時詩體解放之後，又必須要另成立一種新的詩體以代替，否則「解放」豈不等於「完結篇」？因此創造也必定是從舊體中，脫變出來，既脫變出來之後，它仍得要另立一種新的體裁與風格不可，否則便沒有創造可言，三十多年來，新詩沒有成就，這是一個原因。

再說胡先生的以上兩首「新詩」為什麼不能說它創造了新的形式與新的音韻，那是它本身不具備形式與音韻的美，因此它不足以成為一格。我們也只能說它是胡適之寫的，而不能說它是「胡適之派的新詩」，或是「胡適之形式的新詩」。所以詩無論新舊，無論怎樣寫法，最低限度，它必須要有一種美的形式（當然這種美的形式是可以創造的）與美的音韻，這樣才能成為詩（毋論好與不好），否則它便成為散文、日記、小調、故事等等，而不能成為詩，即使有最好的詩意與最美的詩句，也仍不能成為詩，例如紅樓夢中的賈寶玉曾有幾句很有詩意的話，我們不妨照新詩的形式抄錄如下：

女兒是水做的骨肉；
男人是泥做的骨肉；
我見了女兒便清爽，
見了男人就覺得濁氣逼人。

這幾句話，如與一些「白話詩」作比較，亦當可以「喝采」的，但是賈寶玉這幾句雖然有詩意，像詩句，却究竟不成為詩篇，固然那時候詩體沒有解放，還沒有白話詩，曹雪芹沒有把它作為詩，即使現在也還只能說它是「像詩一樣美的幾句話」或是「很有詩意的話」而已，而不能把它作為一首新詩。如果賈寶玉的這幾句話，確實可以作為一首很好的白話詩，那末以曹雪芹那樣寫得一手很好的白話文，也必定能夠早把詩體解放而寫出幾首出色的白話詩來了。

所以白話詩也不即是「有詩意的話」，葉紹鈞和朱自清亦曾說過：『「詩意詩味」是抽象的「是詩」或「不成詩」』的分界，却不是具體的詩和文的分界。」這話是中肯的。因而胡適之先生所說的「越偏向具體的越有詩意詩味」，也並不能解釋為「越是偏向具體的寫法即愈是詩」，詩與文的具體分界，是韻與形式，在從前詩有韻、文無韻，分得很清楚，歌訣雖有韻，但形式不同，駢文雖有律，但不一定有韻，形式也不同，而新詩，既不一定有韻，更不一定有律，有的只是「行」，因之新詩與文（尤其是與白話文）最易混淆不分，以致寫詩的人寫成了散文，看散文的人，把它看成了詩。前面說過如徐志摩、劉大白等詩人，亦難免盡是寫的散文，此或許言之過甚，但至少他們寫的是散文還是詩，則不容易確定，例如白話文健者傅斯年先生，也好寫新詩寫散文，可是寫的結果是詩是散文，也分不清楚與他本意竟是不符，我們可以再節錄胡適之先生的一段話來證明：

> 我且舉一個朋友的詩做例，傅斯年君在「新潮」四號裏做了一篇散文，叫做「一段瘋話」結尾兩行說道：「我們最當敬重的是瘋子，最當親愛的是孩子，瘋子是我們的老師，孩子是我們的朋友，我們帶着孩子，跟着瘋子走，走向光明去」。有一個人在北京「晨報」裏投稿，說傅君最後的十六個字是詩不是文，後來「新潮」五號裏傅君又有一首「前倨後恭」的詩——一首很長的詩，我看了說，這是文，不是詩。

從上面這段話，可以證明傅斯年先生寫「前倨後恭」時，本來是寫詩的，結果寫成了散文。他寫的散文「一段瘋話」，都被人看作了詩，新詩與文之不分，由此可知，連胡傅兩先生在文學上的造詣之深，尚且把詩與文糾纏不清，新詩之沒有成就，誰又能否認呢？而新詩之所以沒有成就，實係由於新詩與散文不分，其所以糾纏不清，是由於新詩沒有創造它美的形式與音韻。由此可知新詩是同樣需要一種美的形式與美的音韻（和諧的自然音節——「聽官裏明瞭感覺」）。舊的詩體需要解放，新的詩體則需要在舊詩體解放中創造，並且詩體的解放與新詩體的創造是不無關係的，也可以說新詩體的創造是詩體的一種進化，胡適之先生也說「用歷史進化的眼光來看中國詩的變遷，可以說詩的進化沒有一回不是跟着詩體的進化來的」。「進化」是從已有的基礎上變革進展，不是從無中生有。關於夏濟安先生在「對於新詩的一點意見」中所說的：「我們所希望的是澈底的新詩，不是改頭換面，小脚放大，舊瓶新酒或是新瓶舊酒式的新詩」（見自由中國第十六卷九期），大概是要把新詩與舊詩完全脫離，另闢一個新天地之意。所以夏先生在同文中又說「我弟弟主張新詩人暫時放棄舊詩的領域。（注意「暫時」二字）不在陳腐的題材上去和舊詩人競爭」。夏先生這個意思很好，大概也意識到新詩的成就，不能令人滿意，同時也苦悶於新詩的發展途徑，所以想到索性擺脫一切陳腐，重新從「無」中另行創造出一個「有」來，較之於深陷在陳腐的題材與舊有領域上總要好一點，夏先生這個意思也似乎是不妨這樣嘗試一下，所以說「……假如承認我們現在還是在『嘗試』的階段……」。我個人是很爲同情夏先生的主張，過去也曾經一度有過同樣的想法，但是終於發現，這是不可能的，要把舊詩的領域放棄，或是把它放在一邊，即使是暫時，也是做不到的，這如同已經有了中國語言文字的人，硬要把中文暫時放棄而另行創造一種語言文字，是同樣地不易做到的，同時也沒有必要。梁實秋先生所說的「文學的傳統，無法拋棄」是很對的。其實舊詩的領域並不妨害新詩的開拓。詩是人的生活之篇，詩的領域，即是人的生活領域，這是無分新舊的。舊詩的領域其廣濶宏遠的程度，足可以使新詩在其中活潑游邀，同時舊詩的領域也沒有一定的限度，對新詩有任何限制或阻碍的地方。新詩之沒有開拓它的領域，是新詩的事，與舊詩無關，我們不能因此而對舊詩有何猜忌或怨尤。我們今天所要注意的，是究竟舊詩對詩（不是專指新詩）的進化上有些什麼束縛與阻碍，是詩的意味、題材、還是表現的方式（形式與音韻），這是我們談新詩問題的眞正所在。我認爲舊體詩唯一束縛阻碍着詩的發展進化的，是它的規律（形式與音韻）。所謂「詩體的解放」亦應着重在此，把舊詩進化爲新詩，主要的是對舊詩的規律作改革，改革的目標，應以適合發揮新語文的效力爲條件，要能使豐富的材料，精密的觀察，高深的理想，複雜的感情更容易更方便跑到詩裏去，我們可以把舊詩的規律暫時解除（不是舊詩領域的放棄），在適合以上的條件之下，另創新的詩體。這個新的詩體，不再因規律而使寫詩時受到束縛與阻碍。不過有一點；新的詩體應該要較舊的詩體更美，至少亦應具有詩所必須具備在形式與音韻上美的條件，然後所謂「眼睛裏明瞭濃麗與鮮明撲人的影像」和「聽官裏的明瞭感覺」才產生。所謂「把舊詩的規律暫時解除」，那是爲了不使其對改革中諸條件的要求有所牽制的假設，其實新的詩體既然是從舊體詩中進化而來，當然它與舊詩體就不無關係，這種關係的牽連，是指它可能保有舊體詩中的若干優點，因爲舊體詩並非一無可取。這點周棄子先生在「說詩贅語」中曾說到「詩意的精練而經濟的表達，經過無數人長時間的創造、修正、琢磨、實踐、才能獲得並奠定幾種固定的形式」（文學雜誌一卷六期）。不僅如此，舊詩的詩體，也是一步步進化而來的，從「三百篇」到騷賦，到五七言，到詞曲，每一次改革，都產生了一種新詩體，亦無一次改革不是在詩體上求解放的，如騷賦改革了「詩三百篇」的雜亂繁複的形式與音韻，而代之以較整齊的規律；五七言又把騷賦的規律于以統一簡化，而詞曲又改革了五七言的呆板僵硬，代之以較活潑與有變化的形式與音律，而更增進其美的條件。從這個變革的過程，可以看出每一次改革，都是從原有詩體的基礎上求進化出來的，每一次都保持了它原有的優點加上新的條件而結合成的，並不是把原有的拋棄了重新來過，這是進化過程中自然與必然的步驟，不能說它是小脚放大，或是新瓶舊酒。所以「三百篇」、騷賦、五七言等雖然經過改革，但是它在文學上的價值，依然存在，尤其是歷史的文化價值，更是不可磨滅，（這問題與本題無關，暫且不談，）五四運動後白話文創行，新詩亦隨之產生。亦由於新詩是隨白話文而產生，不是從五七言與詞曲中改革進化而來，致新詩沒有它的基礎，沒有接受詩的優美部份的遺產，脫離了詩的進化的步驟，因而不能建立它一定的形式音韻與章法，新詩之沒有成就，這也是一個重要的原因。

因此，我認爲新詩與舊詩的問題，是在形式與音韻的改革方面，而新詩的建立亦應在這方面致力，最主要的是新詩應在詩的原有基礎上求「解放」，求進化，能够保持原有的優點才能創造新的條件，建立起更完美的規律，而且必須要有建立它這種美的形式與音韻的詩體，新詩才有它發展的領域，同時這種改革與進化又必須是在已有基礎上經過無數的琢磨、實踐、修正而後獲得，不是憑空可以創造出來的，如果捨此他求，要想拋棄了已有的一切，在一個眞空的狀態中，另行創造，那祇是一種理想，不可能實現的，亦永不會走出一條路來。

除了詩體的形式與音韻之外，新詩與舊詩，沒有甚麼不同或是對立的地方，在詩意詩味、題材、寫作的方法等方面，都是相同的，誠所謂「體有古今，詩無新舊」。舊詩與新詩亦有許多相同的條件，例如精練的語言，經濟的文字以及最自然與適當的安置等，同屬新詩與舊詩的重要部分。此外靈感與情操更同樣是不可少的，至於寫作的方法，胡適之先生所說的「詩須用具體的做法」，又說：「做詩的方法根本上就是做一切詩的方法；新詩除了『詩體的解放』一項之外，別無他種特別的做法。」這是對的，不過，胡先生在解說詩的具體性中所說「眼睛裏起的影像」，在寫景寫物，描寫自然的方面，是必須的，但是在寫人寫事、喩理諷諭等方面就不能如此；這一點也是胡先生所沒有提及而我們必須注意的。

至於題材方面，舊詩與新詩同樣不應當限制在某一方面，夏濟安先生所說的『我們希望新詩人少去理會什麼「月」呀、「無聊」呀那些老調，新詩自然有東西可寫』。又說：『所謂詩意的題材，無非就是一般抒情詩裏常見的：如美麗的鄉村、秋天的月亮、思鄉、母愛、童年的回憶、理想的追求等等』。對於這點，我認爲不必一定限於寫那些題材，或是一定不要寫那些題材，這樣反倒受了限制。至於鄉村、秋月這種自然景色的描寫，舊詩寫得太多、太好，可能不會有什麼新的內容寫出，但也可能由於各種情感反映的不同而有新的描寫，對新詩來說，有益無害，至於思鄉、母愛、童年的回憶等，尤其可以發揮寫作的情懷與感想。新詩在這方面，正可以大大發揮，這些不但是詩的題材，亦何嘗不是散文的題材。許多好的散文，亦是由此而產生，舊詩對於這些題材並不能獨得與霸佔，新詩也儘可以迎頭追上，如能超越舊詩，豈亦非新詩的成就？新詩與舊詩在內容上有所不同的，應不在對自然景物的描寫與情懷感想方面，而是在社會事理方面，所謂「現代的詩，應該有現代的內容」，也應該是指這方面。夏濟安先生提出「說民主政治」的詩題，對於新詩的意境，確是一個開闢，亦很可能由此產生一些「現代的詩的現代內容」來。對於新詩在意境方面的開拓，是一個正確的方向。我們說舊詩把自然景物與哀感悲情寫得太多太好，毋寧說新詩對社會事理寫得太少太壞。舊詩對於社會情形有許多很好的創作，如杜甫的「石壕吏」寫天寶之亂時徵兵制的害處，百姓的痛苦，壯丁死亡，以及差役拉人的橫行等，極爲生動。又如白樂天以「戒邊功」之爲標目的「新豐折臂翁」和以「苦宮市」爲標目的「賣炭翁」描寫徵兵征戰傷亡之苦與官吏仗勢低價強買老百姓的東西等。都是那一個的「時代內容」。甚至白樂天在新樂府的序中說：「首句標其目，卒章顯其志，『詩三百篇』之義也」。因而白樂天被人稱爲「諷諭詩」派之主。這些寫社會情形的詩，是那個時代所產生的內容，在現代應有其現代的內容，這點確是新詩可以努力發展的境地，不過「說民主政治」似乎太籠統了一點，可以作爲新詩發展的一個意境，不一定適合爲一個寫的題目。因爲題目太籠統了，不容易寫得具體。「說民主政治」不能直接從本身來說，如果這樣說，容易寫成一篇論文，不容易寫成一篇詩，不如從某一件事，或是某一處地方的情形來敍述與描寫，從間接的曲達的事物中來涉及「民主政治」的本題，例如從一張選票來說，一個投選的行爲來說，一個民選的縣市長與一個選民的會晤、談話、接待表情等來說。總之應有一個適當的背景，這樣可能寫得較爲生動有力。這也就相當於胡適之先生所指「抽象」與「具體」的分野。

至於詩意詩味，則是題材與靈感以及技巧等結合成的產品，是以自然雋永爲主。

此外新詩與舊詩可能被人認爲不同之處的，即是「用典」。其實「用典」也只是一種詞句方面最經濟的用法。所謂「典故」多屬是具有「典型意義」的，有些「典故」只幾個字即代表一件事與一個感想。一個「典故」需要一大段話來說明，如果已經知道這個「典故」，就可以節省了許多話。如「東施效顰」「再作馮婦」「塞翁失馬」「聞雞起舞」等。如果能適合它的代表性，用起來可使文句經濟得多，「典故」本身無所謂美不美，只要用得適合，在全篇中安置得妥當，不失爲寫詩的一個工具，舊詩多有用「典」的，其實新詩也未嘗不可用，不過新詩的用「典」與舊詩所不同的，即是必須要非常通俗而爲大家所熟知，否則即與新詩篇不調和。

除了以借重用「典」來經濟寫句並加強「典型意義」之外，對於詩的內容，亦應注意其「典型意義」，即是不論何種描述，最好有其代表的作用，使讀者看了之後，有同感並能聯想，例如白樂天的「賣炭翁」，雖然寫的是「一個」賣炭翁。但因爲其有了「典型意義」，使讀的人，可以聯想到其他賣炭的也一樣，甚至想到賣炭如此，賣別的也可想而知，又如假定寫「民主政治」中一張選票的情形，使人可以聯想其他選票同樣的情形，這種「典型作用」寫文寫詩同所需要，不過寫詩更屬重要。

關於文字的精練與經濟，舊詩有許多現成的成語可用。而新詩則不然，因爲白話很少成語，這也是新詩寫作上一個缺憾，其實新詩對舊詩所用的成語，亦未嘗不可用，只要用得恰當妥貼，並不因用了成語，就顯得不是新詩。近十年來在白話文中已有使用成語的趨向，有的用括孤表示借用，有的乾脆直接安入。用得恰到好處的，反能增加文意的靈活與雋妙。這種成語的活用，彌補了白話的缺憾，新詩大可以如此嘗試。

新詩也不必非得要有「白」得澈底的白話句子構成不可，更不必定要有「的、呢、嗎、那」才算是新詩，有文氣的句子也不妨用，我認爲新體詩固應以白話爲主，但不應限於純粹的白話，尤其不必要「白」得澈底。新詩應是「詩體解放」後的詩，不應該再是白話文中的「附屬產物」。

最後我也想舉一首新詩爲結束，這是一首二十五年前南京一學校的校刊中刊載的，題目好像是「遊莫愁湖」，因我對它喜愛，所以還能記憶，是這樣幾句：

來到莫愁湖上；依然多愁，
見紅梅如血，淚灑心頭！
遠山淡淡，
近水悠悠。
湖本不知愁，
人自多愁。

當時正是「一二八」事件之後，想作者遊莫愁湖時有一種感懷而生，然後又有一點自解，寫時也許還只是一種嘗試。我不想對這詩多作介紹，還是讓讀者自己去品評，我只想說一點，即是這確像一首詩，而且不屬於五七言與詞曲，是一首新詩，毋論如何不能把它看作文，因爲至少它有一種詩的形式(也許不一定很美)，讀起來也有它的音韻(也並非不太好聽)，用字列句也還經濟與簡潔，因爲它具備了這條件。故不愧爲一首新詩，所以直到現在談到新詩，我還能記誦它。因爲它具有這種形式與音韻，所以我想凡是對這首新詩亦能喜愛的話，都可以很容易地記誦。

涼棚下

琦君

臥室的窗子當着西晒太陽，今年我們在窗外搭起方方一塊竹棚子，又牽上了開滿紫花的綠籐，屋子裏顯得涼陰陰地，微風吹送進來陣陣清香。暑天裏，我們可以一享「手倦抛書午睡長」的懶散滋味，雨夜，更可以臥聽竹棚滴雨聲。眞是再實惠，再詩意也沒有了。

守着這一角竹棚，我感到心滿意足，在閒適的心情裏，故鄉杭州那幢古色古香，冬溫夏涼的大洋房，和繞着房子周圍工程浩大的涼棚，不由得又浮現在我眼前。倒不是什麼今昔之感，是因爲那使我想起生命史上一段最「豪華」的日子。

那是一個特別炎熱的夏天，父親就又要上莫干山住兩個月洋派旅館了——父親原是非常崇尙西洋文明的。我就在一旁慫恿着，因爲他答應這次上莫干山一定帶我去開開眼界的。可是節省的母親却極力反對，她說上莫干山，太化費了，倒不如拿這筆錢在自己家裏搭上個大涼棚，一家人都受惠，秋涼後拆下收好，年年都可以用，父親想想也就贊成了。於是母親買了大批篾篷竹柱子，喊了工人來大興土木，搭起了高及四樓的大涼棚。記得那時化的錢是兩百銀元，一筆相當可觀的數目，母親還心疼地嘮叨了好多天，但想想父親可以不再去莫干山了，還是合算的。

有了涼棚，屋子裏眞陰涼多了。我最喜歡的是收放篷子，每天一清早，我就起來，幫着佣人放下東面的蓬子。下午，拉上東面的，放下西面的。一雙手拉繩子都起了繭，還是很有興趣地搶着做。我喜歡聽那滑輪發出咕咕咕的聲音，又喜歡篾篷嘩嘩嘩滑下來的痛快勁兒。可是父親却說話了，早上正好睡眠，放篷子把他吵醒了，下午睡午覺又被吵醒了，涼篷實在沒什麼意思。我悄悄地要求道：「爸爸，咱們還是上莫干山吧，莫干山多好呀！。」他一拍膝頭說：「對，還是上莫干山。」這一下可把母親氣壞了，搭涼棚的錢已經化了，父親還是要去莫干山。父親笑着說：「就再去一次，明年不去了，涼棚還是有用的。」母親雖萬分不愿意，還是爲我們準備這樣那樣的。她特地給我趕縫了兩件新旗袍，一件是紅花印度綢的，一件是淡藍喬琪紗的。對於這兩種時髦料子，我已經想了很久很久，母親總說我做學生用不着穿這樣好料子，這一下她忽然慷慨了，她說：「莫干山上可不比旁的地方喲，聽你父親說：吃飯的時候在大餐廳裏，個個人都得穿上最漂亮的衣服，才够禮貌，所以這兩件衣服你就在吃飯的時候穿吧。」我點點頭記住了，我已經樂得心花怒放，吃飯睡覺都沒心思了。父親搖了長途電話去「菜根香」大飯店定好房間，準備好一切，我就穿上喬琪紗新旗袍，隨着他飄飄然上山去了。

莫干山有兩個最大的旅社，一個是菜根香，一個是鐵路飯店，而菜根香的環境比鐵路飯店更幽靜些，所以父親選擇了前者。我們是坐汽車到山脚下，又乘轎子上山的。杭州的轎子是最舒服的，尤其是我心裏快樂，坐在裏面欣賞着沿路的風景，又斜睨着旁的轎子裏隱約可見的摩登仕女們，我摸摸自己的喬琪紗旗袍，心裏想，我的也不差哩？

我們住的房間空氣陽光都十分充足。朝東的窗外是一片翠綠的細竹林子，清早，太陽從竹林的那邊升起，金紅色的光從窗子裏湧進來，風吹着竹葉沙沙地響，小雲雀唱着清脆的歌，那情景就像是早春天氣。我擁着薄薄被子，躺在軟綿綿的席蒙絲床上，想像自己是童話裏的公主，生恐溫馨的幸福一眨眼間就全消逝，便只是望着窗帘上搖擺的竹葉影子，捨不得起床，直等太陽晒到枕頭邊，茶房敲門送早點了，才匆匆起身梳洗。

有一件懊惱事就是我沒有一身漂亮睡衣，像電影明星似的，撒開披肩的長髮，依在陽臺欄干上邊吃牛奶邊吸着新鮮空氣。我只好穿着舊「童裝」（我那時已經十四歲了，可是母親老給我做不三不四的洋服，看去就像是童裝。）躲在屋裏，以羨慕的眼光看着走廊裏來來往往穿着漂亮晨裝的女旅客，覺得自己兩件旗袍實在不够出風頭，就吵着要父親給我買一套粉紅綢睡衣，才够住頭等旅館的派頭。父親被吵不過，就在山上小店裏給買來一套，第二天一早，我就穿上「長其身有半」的睡衣，對着鏡子左右顧盼，覺得自己一下子就高貴起來了。

吃中飯的時候，我換上印度綢旗袍，隨着父親，畢恭畢敬地走進大餐廳，在一張小方桌邊坐下來。菜單是英文的，父親一個字兒不識，我也只認得「鷄」、「咖啡」幾個字，反正端上來什麼就吃什麼，西餐總是好的，父親說過，第一衞生，第二是營養豐富。不過要注意的，是吃的時候一定要懂得那一套規矩，父親在房裏已經一五一十地跟我說過了：右手拿刀，左手拿叉，切菜不能發出叮叮噹噹的聲音，喝湯時，勺子要從裏向外挖，吃完了刀叉並排的擺，還要吃就交叉着擺，喝咖啡時要把小勺子取出來……好多好多，我記也記不清，反正看着父親怎麼做，我也怎麼做。可是我坐在父親對面，左手右手就有點攪不清了。父親一下子用刀，一下拿叉，我更手忙脚亂得無所適從了。喝湯的時候我把盤子向裏托起來，父親輕輕地說：「盤子向外托，和勺子的方向一樣。」我生恐已被鄰桌的人看到了，羞得滿臉緋紅，便怨父親道：「你並沒有告訴我這一點呀！」父親只管教我，他自己吃完了刀叉還是放成個十字，我報復地伸手把它們平行擺好，說：「要這樣。」鄰桌一個滿頭銀髮的外國老頭兒看着我點點頭笑了。他身旁坐着一個七八歲的小女孩子，大概是他的孫女兒，黃黃的捲髮，一雙大大的藍眼睛，也不時地望着我，她躲在他祖父的身邊嘰嘰咕咕不知說些什麼，一會兒又咧開嘴衝我笑，父親拍拍我說：「過去呀！去和那個小番人談談呀！」（我們家鄉叫外國人為「番人」）可是我再也不肯去，因為我才念初中二，英文實在很蹩脚，父親偏逼着我：「膽子怎麼這樣小，我帶你來就是要你多跟番人在一起學會話，小番人說話也沒文法，你說錯了她不會笑你的。」我還是畏畏縮縮地不敢上前去，而那個小女孩子却走過來了。她摸摸我垂在兩耳邊的長辮子說：「Very dark.」父親問我：「她說什麼？」我說：「她說我的頭髮很黑。」父親大笑道：「這不很簡單嗎？你也說呀！你就說她眼睛很藍，很漂亮。」我急得一個字也說不出來，只是對着她傻笑，眼看她祖父過來牽着她的手走了，父親生氣地說：「你真不中用，怎麼連一句也講不來。」我也生氣地說：「您不該逼我，越逼我越說不出來，其實那句英文我會說的。」父親說：「那麼下次見了她就說吧！」

一天下午，那女孩一個人在草坪上拍羽毛球，父親又要我去跟她玩，我硬着頭皮走過去，心裏背着英文課本上的句子 "What is your name?" "How old are you?" 可是走到她面前，她友善地把拍子遞給我說：「Do you like to play?」我心裏一慌，連個「Yes」都不會說了，只啞巴似地搖搖頭，站在那兒呆看了半天就回來了。父親問我跟她談天了沒有，我說談了。問我談些什麼，我就把剛才背好了要說而沒敢說的話非常流利地背了一遍，他雖聽不懂，却樂得笑逐顏開，認為我的英文很有前途呢！

孩子的心情只是好新鮮，所以住不到一個月我就厭了，吵着要父親提前回家，母親也來信說家裏的涼棚這樣好，何苦在山上化寃枉錢，於是父親就帶我下山了。

回到家裏，母親問我莫干山好不好玩，我就把那豪華的生活一五一十的描述給母親聽，我說：「舒服是真舒服，就是跟番人說話和在大餐廳裏鴉雀無聲地吃番菜實在太受罪了。」母親笑笑說：「你也算見過世面了。」

那以後的幾年，父親就真的沒有再上莫干山，每年夏天，母親還請了大批客人來家裏避暑，說不要白費了偌大的涼棚。直至七七事變，舉家避亂回鄉，臨走時涼棚都沒有拆。等到八年抗戰勝利回到杭州，房子已被糟塌得破舊不堪，牆角裏，堆着些爛竹杠和爛篾篷，那是大涼棚的殘骸，對着滿目愴涼的景象我慨乎人事奄遷，一切已不能再恢復舊觀。而原來古色古香的四層樓洋房，因為人丁稀少，住在裏面，反覺得陰沉沉的有點像古堡了。

詩二首

張秀亞

（一）清晨

清晨着了淡藍的衣裳來了，
她採來帶露的玫瑰盈掬。
多少希望和夢
自打開的窗子飛出，
縈繞在她的裸足邊，
如同百靈鳥輕輕振翅。
「呵，在這樣可愛的辰光，
柱廊下的陰影都是綠色的，
你為什麼要憂愁？」
「你看那燦爛的日影在濶葉樹上緩緩移動，
如同神秘的愛情不能常在心中停留。」

（二）黃昏

沐浴着黃昏黑堇花的芳香，
蘆葦的影子翩舞在湖濱，
一片，兩片的木葉悄然落下，
那是夏天的榮華燃燒成的灰燼。
一個人騎馬盈盈的自水邊過去，
任你呼喚，從不回頭，
時光只匆匆的馳向未來，
馳向天邊那更美的黃昏。
我在影翳裏往前走着，
向了那自古就沉默的城垣，
城上旋飛着幾點歸鴉，
被夕陽燃燒成更多的灰燼。
城樓上，有生命的燈盞明滅，
永恒在敲着悠悠的鐘音，
我茫然的往前走着，
向了那無人看守的寂寞古城門……。

讀者投書

爲地理教本審查事質詢教育部

——兼論皖山脈與淮陽山脈之正誤

李月軒

各種課本，一經採用，卽係强迫讀物，故政府對課本之發行，持以審愼態度。在出版之前，規定由教育部審定，此種措施自屬必要。但代表政府之審查人，應以學行兼優、瞭解國策、經驗豐富者爲妥。設選人失當，或方法欠佳，非但難以符合「審愼」之原意，對於教育，且能發生扼殺的作用。

作者於四十三年冬受臺灣中華書局委托，編初級職業本國地理教科書，至翌年春脫稿，由中華書局送教育部審定，迄今兩載有餘，經過初審、複審、特審、複核、再複核，以及中間幾次的整理意見，合計約有八次之多。其中四次均以全書爲範圍，雖名有初複特核之分，然性質都爲初審。於是前以是而後以非者有之，前以應增而後以應減者有之，書中內容與標準地理本異者，囑改從標準本，與初中標準地理本同者，囑改從高中標準地理本，與高中標準地理本同者則又提出「他說」囑照改。如果將審者集合在一起，請他們編一本地理，我想可能因爲彼此意見衝突而打起架來。今則將許多衝突矛盾的意見都交與作者，硬使接受，作者實在不會運用「統一矛盾」的法則。在審查過程中，發生如此不合理的現象，應歸之於方法的不當，且違背審愼的原則——實質上變成刁難與阻碍。

審查工作，爲學術範圍內事，雖有見仁見智之分，但有些問題，是非顯著，勿容辨難，或略爲討論，卽可解決。審者代表政府，應站穩學術立場，從事審查，不可意氣用事，指黑爲白，强作者接受。而作者此次遭遇，卽陷入非正常的局面，設非身受者，幾不相信，在學術範圍內，於教部行文中，能有此種不合理情形發生。今爲使事件明白起見，謹擇出數條，將審查經過情形，羅列於後，以見梗概。

㈠「皖山脈蜿蜒中部，圍繞巢湖三面，是長江淮河的分水嶺。」（見本書上册第二十二課安徽省㈠）

初審意見：「皖山脈」坊間所出地圖集少見此名，編教本非做論文，用習見名稱較宜。

初審申復意見：編者按皖山、潛山、天柱山等名，均爲我國自古習用之名稱，尤以皖山較爲通俗，如舊云皖南皖北，卽指皖山而言。淮陽山脈名稱係晚出，就編者記憶所及，坊間地圖集將皖山脈標淮陽山脈，還不到二十年。且初期常將「淮陽」標皖山，大別山則仍用原名（現今之課本與地圖集尙有如此者）。皖山大別山是豫鄂皖地區習用之名稱，編者於課本中用皖山與大別山之名，其用意正與審者「用習見名稱」之意旨相同。

特審意見：標準地理本已用淮陽山脈，編者一定想用舊名，則將舊名於註中提出，對於該書亦無減色。

特審申復意見：皖山脈擬保留原句，理由如下：

(子)淮陽山脈命名不當——山脈在淮水南，不應名爲淮陽。

(丑)淮陽山脈界說不淸——約有下列三說：

①合大別山脈皖山脈稱爲淮陽山脈：

②合大別山脈皖山脈淮北之雲臺山，江南之鎭寧山脈均屬之

③稱皖山脈爲淮陽山脈。

(寅)名詞不統一——淮陽山脈亦有稱淮南山脈者（見附表）。

(卯)名詞不習見——淮陽山脈一名，各地圖集採用者，僅有少數，編者調查某中學一千餘學生所用之地圖集，約有二十種，其中採用淮陽山脈者，僅有四種，且此四種亦僅將淮陽山脈標於皖境，豫鄂界上均標大別山脈（見附表）。

地圖名稱	編製者	出版者	出版時間	豫鄂界上山脈名稱	皖省中部山脈名稱
中華民國地理教科圖		中國生命線雜誌社	四十三年	大別山脈	皖山脈
中國分省新地圖	金擎宇	亞光與地學社	三十七年	大別山脈	皖山脈
中國分省精圖	金擎宇	亞光與地學社	三十七年	大別山脈	皖山脈
新民中國地圖	徐退之	新民地學社	三十六年	大別山脈	皖山脈
中國新地圖	陳伯平	振亞與地社	三十六年	大別山脈	皖山脈
模範地理附圖	臺灣教育研究會	范陽堂	三十七年	大別山脈	皖山脈
中國分省圖	屠思聰	世界與地學社	三十七年	大別山脈	皖山脈
中華民國分省圖	陳宏謀	大同圖書社		大別山脈	天柱山脈
中國地理圖集	沙學浚		四十二年	大別山脈	淮陽山脈、皖山
中外地理教科圖	王紫坤等	臺光出版社	四十四年	大別山脈	淮陽山

最新中國分省圖		學友書局	四十三年	大別山脈	淮陽山脈
復興中國新地圖				大別山脈	皖山脈
中國地理教科圖	金擎宇	亞光輿地學社	三十五年	大別山脈	皖山脈
中國分省新圖	張起文	上海大陸輿地學社	三十八年	大別山脈	皖山脈
最新中國地理圖	時德涵	震球輿地社	三十八年	大別山脈	皖山脈
中國新地圖	時仲華	經緯輿地學社	三十七年	大別山脈	皖山脈
最新中國分省圖	時仲華	大衆地學社	三十八年	大別山脈	皖山脈
地理教科圖	劉江存	臺光出版社	四十二年	大別山脈	淮陽山
中國新地圖	洪懋熙	東方輿地學社	三十七年	大別山脈	淮南山脈、皖山脈
中國分省圖	時仲華	大衆地學社	三十七年	大別山脈	皖山脈

(辰)皖山、大別山名詞含義恰當，沿用歷史悠久，常聞習見，易於記憶，無須另造新名，況新名又有上述之缺點耶？

複核意見：皖山脈無此稱謂，須取消。——作者按複核人這十個字的意見，於此處提出，實在不像一個學人的口吻，而類似一位暴君。

複核申複意見：複核人前面曾云「……仍應照初審複審及特審人之綜合意見，切實修改」云云。觀此審者似已看過初複特各審之意見，對於編者之數次申復，自必附爲閱及。若然，則「無此稱謂，須取消」豈非否定一切事實，有失學人體統。現臺北書肆中，所售地圖約二十種，其中四分之三係用皖山脈之名，此種事實，對於審者作何解？

再複核意見：名詞之修改，應遵照最新之意見，而非以坊間書籍常採用者爲準。如最後教育部頒佈用某一名詞，則雖坊間地圖十分之九用某一舊名詞，此舊名詞亦應遵照修改。蓋政府公佈一新名詞，當然經過多數學者之研討與決議也。即非政府所公佈，如坊間二十種地圖用甲名詞，十種用乙名詞，但十種用乙名詞者爲新出版，則乙名詞更值得考慮採用，舊名詞亦不能恢復使用。但如非有非恢復舊名詞不可之重要理由，自以採用新名詞爲宜。今申復其意見有云，「現在學生所用之地圖集，約二十種，其三分之二係用皖山脈一名，此理並不充分，有如上述。

再複申復意見：關於皖山脈一辭，審者主「淮陽山脈」之理由：①教育部頒佈之名詞。②淮陽山脈係新名詞。關於第①點，查教育部並未頒佈以「淮陽山脈」一名代皖山脈及大別山脈之命令。關於第②點，審者乃肯定「新的就是對的」。此「新的就是對的」概念本身，實缺乏論理之根據。設新者爲非而舊者爲是，是否亦要棄舊而從新？皖山脈與淮陽山脈之命名，孰爲妥當，作者已於申復初審特審複核意見中，詳爲敍之。而諸審者均堅持改用淮陽山脈之新名。玆只有再條列淮陽山脈命名之不當與皖山脈名詞之適用於後。

(甲)淮陽山脈命名之不當：

①山脈位於淮水之陰，而非淮水之陽——「伏牛山脈以東……綿延於豫鄂皖三省邊境者，是爲大別山，以其位於淮水之陽，故亦稱淮陽山脈」(見中華民國三十七年年鑑。)作者按創淮陽山脈之新名者，根本不知我國「陰陽」二字在地理上之用法。彼只知山南爲陽，而不知河南爲陰，致有「以其位於淮水之陽，故亦稱淮陽山脈」之誤。設淮陽山脈一詞可以成立，則江陰、河陰等地名作何解耶？江蘇之淮陰，河南之淮陽，豈非應易名而稱乎？

②界說不清——約有下列三說：

(子)稱皖山脈爲淮陽山脈——見沙編中國地理圖集、劉編地理教科圖等。

(丑)合大別山脈皖山脈爲淮陽山脈——見標準高中地理。

(寅)合大別山脈皖山脈及淮北之雲臺山，長江南岸之鎭寧山脈均屬之。——見三十七年年鑑。

③名詞不統一：

(子)淮陽山脈——見沙編中國地理圖集、劉編地理教科圖、毛蔡合編中外地理教科圖。

(丑)淮南山脈——見洪懋熙編中國新地圖。

④名詞不習見——各地圖集多用皖山脈名稱，僅有少數用淮陽與淮南者(請參閱特審申復意見附表)。

(乙)皖山脈大別山脈名適用：

①名詞含義恰當——大別之本意即「這條山脈爲江淮兩大流域的區別」故稱大別。皖山因位於皖省中部，故稱皖山，舊云皖南皖北，即以此山爲界。可謂名實相稱，含義恰當。

②沿用歷史悠久——(子)禹貢：「內方至於大別。」(丑)太平寰宇記：「山有三峰，一曰天柱，一曰潛山，一曰皖山。」讀史方輿紀要：「說者以潛皖天柱爲三山，其實非也，以形言之曰潛山，言遠近山勢皆潛伏也。以地言之曰皖山，謂皖伯所封之國也。以峰言之曰天柱，其峰突出峭拔如柱也」。

③常聞習見，易於記憶——豫鄂皖諸省之人，無論識字與否，一聞皖山大別，均悉所指爲何，至於全國學人，更無論矣。常聞習見，自易記憶，敎本編者，實應注意此點。

綜上所述，皖山脈與淮陽山脈兩詞，孰是孰非，勿庸再辨。但歷次審者，均不顧作者之意見，漠視學術上之是非，原名恰當而棄之，新名背謬而襲用，審者只知橫斷山脈之橫字用錯，豈不知淮陽山脈之陽字爲非乎？橫斷山脈一名出自日人，猶可說也；淮陽山脈一詞，創自本國，不亦愧乎？一位中國學人不知中國文字用法，已爲不妥，而謬誤之名，又爲地學界所襲用，非但令人驚奇，亦中國學術界之恥事！諸審者意見，咸主以謬名代正名，實爲作者百思而不解，故不得不作如上之申復，作者非好辨，不得已也。希審者察之！

㈡「橫斷山脈」（散見書中西康雲南諸省課文）

複核意見：橫斷山脈名稱已不採用，可參考標準地理改正。

複核申復意見：除高中標準地理採用新名外，各地圖集，及初中標準地理均尚採用「橫斷山脈」之名，爲顧及學生升學起見，與初中標準地理採取一致。

再複核意見：「橫斷山脈」之名詞，實日人原始錯用，後則將錯就錯，極應改正。因橫字究竟作何解，引起許多誤會。依我國慣例，東西稱橫，南北稱縱，今此等山脈，均爲南北走向，反稱橫斷，殊令人費解。依此例東西排列之喜馬拉雅山，應稱爲縱斷山脈矣。第二種推想，則山脈走向與結構走向相符者，可稱「縱」，成正交者，可稱「橫」。但康滇諸山之走向，大致與結構相符，今反稱橫斷，亦說不通。本來縱橫二字，是指河谷方向而言，河谷與山脈平行者稱縱谷，成正交者稱橫谷，故谷有縱橫之分，而山實未便有縱橫之分。橫斷山脈之名詞，實宜廢棄，故更後出版之王益厓氏高中本國地理教科書，已不用此名稱，而僅稱滇南縱谷地帶，此乃經愼重考慮，並會商後決定的。否則學生問先生，此橫斷二字作何解，先生實難以答覆。

再複核申復意見：橫斷山脈一名之不妥，略有地理常識者均曉之。故此名之宜予更易，地學界咸有同感，但未有恰當新名之前，則寧用舊名。王氏高中地理課本，棄橫斷山脈之名，而代以青康滇縱谷高原一詞。作者之意，以縱谷形容高原，文義似欠妥，而於敍述西藏時，則用藏南縱谷，又無高原二字，似此則與敍述雲南時，用滇南縱谷，列入一類，此與實際情形，又欠符合。一切命名，應由實及虛，而不可以虛標實，谷以山成，不名山而名谷，在命名之原則上，似不妥當。且縱谷一詞，乃地形學上之術語，對於康滇山脈之南北縱走，東西併排，高山深谷相間等之地形特點，並未全部標出，甚至更能因此引起缺乏通論常識者，而以縱谷之縱乃指南北而言之誤解。當作者執筆時亦曾揣想初中標準地理本沿用橫斷山脈之理由：①初中標準地理課本之編者，必悉橫斷山脈名詞之不妥。②知不妥而仍用之，想亦爲在未創恰當新名之前，寧用舊名。於是作者乃決定與初中標本地理一致，採用橫斷山脈之名。

㈢「河流以粵江爲最重要，也是我國南部第一大河。上源有三：卽東江、北江與西江。」（見上冊第七課廣東省㈠）

複核意見：東西北三江，實皆分流入海，不能合稱爲粵江，應分別稱，出海相接處，乃稱珠江，三角洲可稱爲珠江三角洲。

複核申復意見：審者意見從未爲各敎科書與各地圖集所採納，作者亦不予接受。

再複核意見：沿用粵江，此不勉强，原意見是粵江不能用爲東北西三江之統稱。三江出海相接處，已稱珠江，則粵江流域，不如用珠江流域爲妥。蓋珠江確有此河段，且爲三江會流，自可用爲代表，粵江則並無此河段也。

再複核申復意見：按東北西三江會合後至入海，卽稱粵江，其廣州市南之一段，因江中有沙洲名海珠，故又特稱此段爲珠江。粵江與其上源諸水，則合稱粵江水系（王氏高中標準本卽用此名），其本支流所流經之地區，則稱粵江流域。中華出版最新中外地名詞典珠江條內有云：「舊稱西江北江東江流經之區域曰珠江流域，今改稱爲粵江流域，而僅稱廣州市南之一部曰珠江。」

㈣「廣西……簡稱桂，與粵省合稱兩廣或嶺南。」（上冊第十課廣西省）

複核意見：「嶺南」通常不包括廣西。

複核申復意見：「嶺南」可以包括廣西。

㈤「西境之武夷山，爲本省最高峯。」（上冊第五課福建省）

複核意見：武夷山是山脈，不是一個峯頭。

複核申復意見：武夷山是武夷山脈的主峯，並爲中國名山。

㈥「秦嶺山脈……乃江河的大分水嶺。」（上冊第四十二課陝西省①）

複核意見：「乃江河的大分水嶺」。河字不能代表黃河，江字不能代表長江。

複核申復意見：江河是長江黃河的本名，自禹貢以後，卽沿用之。

以上第一項「皖山脈」一詞，因與標準本相異，審查人不講是非，强人雷同。第二項「橫斷山脈」之採用，與初中標準本同，而令依高中標準本修改。第三項「粵江」之採用已與高中標準本同，則又引「他說」囑照改。第㈣、㈤、㈥三項，證明複核人實缺乏極普通的中國地理常識。

一部初職本國地理，在以上那樣不斷的審查申復中，滾了兩年。每次審查意見頒發下，書局卽要求作者全部接受審查意見。然作者亦有作者的人格，除對審者意見，儘量接納外，其十分不可者，則據理申復，祈保留原文。卽如此，書局尚認爲作者批駁太多，怕刺激敎育部，防碍出版。於是將作者之複核申復意見書扣下，不經作者同意，擅自另請他人，代作申復。作者所擬再複核申復意見書，已交書局三閱月，書局扣留不轉，並函知作者，局方爲爭取出版順利，擬全部接受敎育部審查意見，將書稿修改。書局如此行動，站在商人謀利的立場，未可厚非，但違背所訂合約及出版法，作者已函局方制止。唯如此僵持下去，問題並不能解決，作者乃擬親向敎育部交涉，而書局告以「送審係出版人(書局)的事，著作人親身接洽，敎育部必不受理。」作者在這雙方壓力之下，只有將問題公之社會，請學術界人士作一評論。

自由中國　第十六卷　第十二期　內政部雜誌登記證內警臺誌字第三八二號　臺灣省雜誌事業協會會員　五〇八

給讀者的報告

本月一日蔣總統發表文告，沉痛檢討五月廿四日臺北民衆搗毀美國使館，扯毀美國國旗，毆傷使館人員的事件，認為此次暴動乃類似義和團的又一次非法暴行，希望國人及時自反，引為共同恥辱，從各方面力圖補救。我們深感這些沉痛的言詞應該立即見諸行動，俾恢復國家的信譽和民族尊嚴。為此，我們要在本期社論中對此進一步提出檢討。我們以為羣衆暴動之發生，主要是由於心情的囂張浮燥，才發為這種愚昧無知的行動。而其所以如此，則是我們近幾年來的政治風氣所造成。近年來，我們政治當局似乎在思想上患了嚴重的精神分裂症，一方面在口頭上標榜民主自由，一方面又反其道而行。諸如革命口號之鼓吹，所謂「戰鬪生活」與狹隘的「民族精神敎育」之實施，使青年人習於狂熱與狹窄的民族意識。這些政治上的病症由於這次事件而充分暴露，如不澈底改革，前途不堪設想。我們檢討當前國家局勢，實已到了生死存亡的關頭，因此我們希望當局迅速採取有效的改革。在本期社論裏，我們對「怎樣挽救當前的危局」，提供了迫切的建議。這是我們唯一的生路，時間已不容我們再事蹉跎！

關於臺北騷動事件的檢討文字，各方登載已多，本期除社論外，我們還登有徐道鄰先生一文。徐先生此文着重於心理的分析，對整個事件與事件發生後的影響加以剖析，俾中美兩國人士對問題能有更進一層的瞭解，而在處理時有所補益。

個人主義是民主自由的根本。很多人之誤解民主自由乃由於對個人主義之不了解。東方既白先生年來對個人主義的理論多所闡發，先後在本刊與祖國週刊發表好多篇這類的文章。本期所載的「個人主義與英雄主義」是他這一連串論文中的一篇。在本文中，作者詳析個人主義與英雄主義之不同。個人主義是理性的，英雄主義則是狂熱的。個人主義是民主自由的骨幹，而英雄主義却是集體主義的靈魂。因此要眞正實現民主自由的社會，一定要先消除英雄主義，建立個人主義的思想。

資本主義給人類帶來幸福，亦給人類帶來災害。幸福是財富的增加，災害是貧富不均與經濟恐慌。但自一九三〇年代以後，資本主義已起了根本的變化，蛻變而為大量生產平均分配的新經濟制度。很多經濟學者稱此新制度為新資本主義。現在能具有新資本主義條件的國家只有美國。本期劉道元先生根據美國經濟及其發展趨勢說明新資本主義之內容與特質。新資本主義已經發展到民有民治民享的境界，為社會經濟的發展開闢了一條坦途。

最近臺灣文壇對於「新詩」常有討論，這是一個可喜的現象，因為新詩直到現在還沒有一個既定的形式可資遵循，希望由於這些討論，可以摸索出一條可循的路。嚴明先生的「試談新詩形式上的問題」一文，對於新詩的形式有獨到精闢的見解，是一篇很有份量的文字，特為讀者介紹。

自由中國 半月刊 總第一八三號 第十六卷第十二期
中華民國四十六年六月十六日出版
發行人兼主編 『自由中國』編輯委員會
出版者 自由中國社
社址：臺北市和平東路二段十八巷一號
電話：二 八 五 七 〇
航空版 友聯書報發行公司（香港九龍新圍街九號）
總經銷 自由中國社發行部
經售者
美國 紐約友方圖書公司
日本 東京僑豐企業公司
韓國 漢城裕昌德號
馬尼剌 大中華日報社
新疆書店
印尼 椰嘉達天聲日報
泗水文光圖書公司
緬甸 仰光振成書報店
印度 加爾各答塔梅學校
澳洲 雪梨瑞田公司
北婆羅洲 西利亞坡青年書店
星加坡 友聯書報發行公司（小坡大馬路四六九號）
吉隆坡 友聯書報發行公司（馬華公會大厦三樓七室）
怡保 友聯書報發行公司（希尼華沙廿街十六號）
檳城 友聯書報發行公司（林連登律七十二號）
澳門 友聯圖書公司
印刷者 精華印書館
廠址：臺北市長沙街二段六〇號
電話：二 三 四 二 九 號

本刊經中華郵政登記認為第一類新聞紙類　臺灣郵政管理局新聞紙類登記執照第五九七號　臺灣郵政劃撥儲金帳戶第八一三九號　（每份臺幣四元，美金三角）

自由中國
第十五集

第十六卷第一期至第十六卷第十二期
1957.01-1957.06

數位重製・印刷　秀威資訊科技股份有限公司
http://www.showwe.com.tw
114 台北市內湖區瑞光路 76 巷 65 號 1 樓
電話：+886-2-2796-3638
傳真：+886-2-2796-1377
劃　撥　帳　號　19563868　戶名：秀威資訊科技股份有限公司
讀者服務信箱：service@showwe.com.tw
網　路　訂　購　秀威網路書店：https://store.showwe.tw
網路訂購：order@showwe.com.tw

2013 年 9 月
全套精裝印製工本費：新台幣 50,000 元（不分售）

Printed in Taiwan

本期刊僅收精裝印製工本費，僅供學術研究參考使用